Peng Shuyou, a Medical Giant, and the Living Legend of Peng's Team

医学泰斗彭淑牖与“彭家军”传奇

主　　编◎蔡秀军

执行主编◎周素琴

ZHEJIANG UNIVERSITY PRESS
浙江大学出版社
全国百佳图书出版单位

图书在版编目（CIP）数据

医学泰斗彭淑牖与"彭家军"传奇 / 蔡秀军主编；周素琴执行主编 . —杭州：浙江大学出版社，2022.11（2023.3 重印）

ISBN 978-7-308-23051-3

Ⅰ . ①医… Ⅱ . ①蔡… ②周… Ⅲ . ①彭淑牖—事迹 Ⅳ . ① K826.2

中国版本图书馆 CIP 数据核字（2022）第 168630 号

医学泰斗彭淑牖与"彭家军"传奇

主编：蔡秀军　　　执行主编：周素琴

责任编辑　张　鸽　张凌静　冯其华
责任校对　季　峥
封面设计　续设计 - 黄晓意
出版发行　浙江大学出版社
（杭州市天目山路 148 号　邮政编码 310007）
（网址：http://www.zjupress.com）
排　　版　杭州立飞图文制作有限公司
印　　刷　浙江省邮电印刷股份有限公司
开　　本　889mm × 1194mm　1/16
印　　张　55.5
字　　数　1110 千
版 印 次　2022 年 11 月第 1 版　2023 年 3 月第 2 次印刷
书　　号　ISBN 978-7-308-23051-3
定　　价　598.00 元

写在前面的话

时光如同不停奔流的大河，又如腾空飞跑的骏马，转眼我已九十了！

无论是时日无多还是来日方长，我总要让秉承做一名好医生的初心付诸行动。这行动源自严父彭致达、慈母温尧琴从小对我的耳濡目染，他们身体力行，对我的教育意义极其深刻，影响极其深远，可谓受益终身。光阴虽如白驹过隙，但人生之路却漫漫长长。九十载，是大姐淑兆、二姐淑意，兄长淑干、淑锐、淑力，弟淑觉，妹淑妥，堂长兄淑度，以及贤妻谢隆化，爱子报春，无私的帮助和扶持，令我在医学这条坎途上，坚毅笃行，义无反顾，我在此一并致谢！

我还要感谢恩师余文光谆谆教导。他的大医风范始终是照耀我前行的明灯，每遇艰难，一想到恩师，浑身就有使不完的力量。

平台决定格局，格局决定高度，高度决定未来。在这里，我要特别感谢浙江大学，尤其是医学院、附属第二医院及邵逸夫医院的各位领导、同事，他们胸襟宽广，目光长远，让我在鲐背之年还能立足医院，继续发挥余热。

从未梦想过撰写传记的我，更要感谢蔡秀军院长安排具有较高文学素养和饱含医学人文情怀的周素琴老师执笔，她的努力和辛勤付出让我心存感激。

巴德年、刘允怡、赵玉沛、樊嘉、黄荷凤五位院士在百忙中挤出宝贵时间为本书撰写序言，让我备受鼓舞！

国内外诸多大名鼎鼎的院长和精英不吝赐教、赠言，洋洋几十万言，让我铭感五内。虽多为褒奖，但我更视为鼓励和鞭策，是对一名好医生的期望和要求。

浙江大学出版社张鸽主任及其团队张凌静、冯其华等的仔细认真阅稿，令我无法忘怀。我的其他书作，累计 392 万字的《彭淑牖论文集》（四卷）、全英文版的 *Hepatic Caudate Lobe Resection*（《肝尾叶切除术》）等都是例证。尤其 *Hepatic Caudate Lobe*

Resection 由浙江大学出版社和德国 Springer-Verlag 联合出版,成功入选第三届全国“三个一百”原创图书出版工程，并成为践行科技出版“走出去”战略的典范。

“彭家军”是我引以为傲的一个集体，是我的精神财富。她之所以强大，是因为她的每一份子都具有坚定信仰，把献身祖国医学事业视为自己毕生追求，这是一种博大的胸襟。因为有了这种胸襟，在各位大师兄的引领下，师兄弟之间情同手足，在攀登医学高峰的征途上，团结互助，你追我赶，不断求是创新，创造奇迹，形成了令人瞩目的“一枝独放不是春，百花齐放春满园”的“彭家军现象”。这个集体，特别让我欣赏并感动的是青出于蓝胜于蓝，虽花开四方，各自繁荣，但彼此善意，存异发展，和合竞争，共同提升。“长风破浪会有时，直挂云帆济沧海。”坚信在未来，一代更比一代强。

薛建国先生、苏英女士、钱晓鸣先生等人的加盟更是促进了“彭家军”的发展,给“彭家军”增添了别样活力，期望他们助力“彭家军”走向更大的辉煌。

最后，每一个成功病例的救治和每一台成功手术的背后，都凝聚着无数人的心血，护理姐妹们和其他科室同志们的配合与帮助是非常重要、不可或缺的。同时，诸多病友在治疗过程中的信任和配合也是至关重要的。我们是同一个战壕的战友，我们共同与病魔做斗争！虽然医学仍有太多的未知和局限，但我们都将一直努力，愿所有生命都能如夏花般绚烂！

本书的出版，献给上述所有善良的人。“极目楚天舒”“居高声自远”，让我们为健康中国梦而不断努力做出新的更大的贡献。

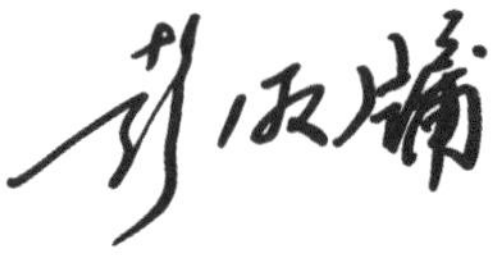

2022 年 9 月

浙医百十系列访谈之彭淑牖

序 一

1800多年前，东汉神医华佗发明了世界上最早的麻醉剂——麻沸散。他时常于患者酒服麻沸散后施行腹部手术，这是世界医学史上的创举。华佗也由此被后人尊称为“外科鼻祖”“外科圣手”。

1800多年之后，在浙江大学医学院也诞生了一位这样的外科宗师。他用一颗赤子之心践行着大医精诚，一生革新发明不断，专注于治病救人，缔造了许多奇迹；他躬身力行，言传身教，育桃李无数。他也是当前中国医学界唯一的集英、美、法和欧洲外科学院的荣誉院士于一身的外科医生。他功成名就，却在追求医学的道路上永不停步。

他就是我最崇敬的外科医学家——彭淑牖先生。

彭淑牖先生在中国外科界有个非常鲜明的特点：别人会做的手术他会做，别人不会做的他也会做；更重要的是他一生中或发明或创造了许多新方法、新术式，可以说是中国外科领域一个真正的创新能手。在我的记忆中，他发明了彭氏多功能手术解剖器，开创了捆绑式胰肠吻合术、肝尾叶切除术、正中裂肝劈开术等，最近他又研发了末梢门静脉栓塞术，诸如这些都是他的独创发明。

同时，彭淑牖先生还是一位医学教育家。他自己就是一位外科巨匠，而他培养的很多学生现在也都是中国外科领域的顶级专家，如蔡秀军、彭承宏、刘颖斌、李江涛、牟一平、洪德飞等。医学界尊称他们为“彭家军”。可以说，“彭家军”已经成为一支很有发展前程且能支撑中国外科领域发展的队伍。

对于彭淑牖先生，我曾经有过这样的评价：彭淑牖先生现在虽然不是院士，但在我心目中，实事求是地讲，他比院士还院士！

彭淑牖先生是我最崇敬的中国外科学家。

如果说祖国的医学史是一株参天大树，彭淑牖先生就是这株大树上的一枝一叶。他是一位把自己的一生与医学科学的大山融为一体，终身为挽救生命、解除病痛而奋斗的苍生大医。

药王孙思邈曾在医学巨著《千金要方》的“序”里写道：“人命至重，有贵千金。”而彭淑牖先生也终其一生努力演绎着：患者是医学天地的核心，我们一切努力都朝向它，我们全部工作都围绕这中心而运转。

我为浙江大学拥有彭淑牖这样的医学科学家而骄傲，更为中国医学界拥有这样的外科宗师而自豪。

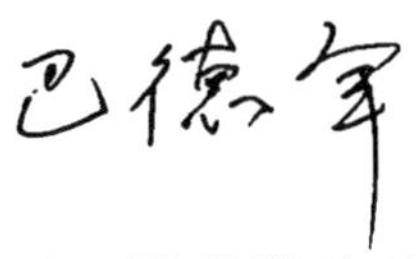

原中国医学科学院院长

原中国协和医科大学校长

浙江大学医学院名誉院长

中国工程院院士

2022 年 9 月

序　二

最近接到蔡秀军教授的邀请，为《医学泰斗彭淑牖与“彭家军”传奇》作序，我深感荣幸。我也想通过这次机会，为彭淑牖教授和他所培养的“彭家军”共同为我国外科的现代化和国际化所做出的伟大贡献，做一个简短的介绍。

自我国改革开放后，我开始接触国内不同层次的外科专家们，很早就已经认识彭教授。彭教授是一位在国内外的外科界都备受敬重的学者、卓越的外科专家，是多种外科手术的创建人。在这 30 多年的交往中，我深深感动于彭教授个人的高尚品格、渊博的学识、高超的外科手术技能、创新科技的思维和对后辈的谆谆教导。请容许我从这几方面详细地谈一谈。

彭教授为人十分谦逊，平易近人，勤奋好学。他曾经跟我在不同学术层面交流，例如讨论彭氏多功能手术解剖器应如何正确翻译为英文、如何写彭氏捆绑式胰肠吻合的相关文章，后来彭氏捆绑式胰肠吻合术闻名于世界。早年在由我主办的一次国际会议上，我做完肝外科进展的报告后，彭教授前来询问关于肝短静脉分离的解剖诀窍。此后，他潜心研究，经历 10 多年后，于 2009 年出版了 *Hepatic Caudate Lobe Resection*（《肝尾叶切除术》）一书，解决了肝脏外科技术中最困难的一个问题，把大部分外科医师认为的外科禁区——肝尾叶肿瘤变成了可通过外科手术切除的，增加了肝癌患者得以治愈的机会。

彭教授学识渊博。记得在 20 世纪 90 年代末，英国格拉斯哥皇家内外科学院请我推荐一名中国内地的外科医师到皇家外科学院授课，要求被推荐者在两天内用英语做 4 个不同内容的演讲，而听众们都是英国的顾问医生（级别相当于我国的部门主管）。我当时想到的第一个人选就是彭淑牖教授。他不但英语表达能力好，而且在几个不同的外科领域都有卓越成就。果然他不负我望，报告做得十分成功，从而入选为英国格拉斯哥皇家外科学院荣誉院士。

彭教授外科手术技艺高超。他在技术超困难的手术中使用他发明的彭氏多功能手术解剖器，进退自如。再难的手术，到他手里都能变得十分容易。我有幸多次跟他一起进行手术，在赞叹之余，还从中学习了不少有用的技巧。

谈到创新，他不但在外科技术方面做出创新，使得彭氏多功能手术解剖器分离、切割、止血、吸引四大功能几乎能同时发挥效用，而且给易出现并发症的胰肠吻合开创了一个全新的非缝合吻合口，降低了术后胰漏并发症的发生风险，并在肝脏尾段切除中开创出 5 种不同入路方法（右侧入路、左侧入路、双侧入路、前方入路和逆行入路），适用于大小和位置不同的尾状叶肿瘤手术。

彭教授对后辈的培训，不单在技巧，还在理念，以及作为医师和做人的态度，以身作则，潜移默化，引导后辈们成长。记得 20 多年前，我有次恰逢在杭州开会，参加了一次彭教授的生日晚宴。当时出席晚宴的有百多人都是彭教授的学生，而最令我震惊的是他的学生中有很多已是我国新一代的外科领袖人物，是国内不同医院的学科带头人。这个庞大的外科团队，现今已被统称为"彭家军"。通过阅读这本书，我相信读者们能对彭淑牖教授和"彭家军"以及这支优秀团队为我国外科界所作出的贡献和影响有更深入的了解。

最近得悉彭淑牖教授荣膺我国"十大医学泰斗"称号，真是实至名归，深庆得人。

正如《言医·序》中所言："学不贯今古，识不通天人，才不近仙，心不近佛者，宁耕田织布取衣食耳，断不可作医以误世。"我跟彭教授相识数十载，他不但在学识德才方面完全符合《言医·序》中所有要求，还在行为上远远超越了一个优良医者的标准。

能有机会作这恭疏短引，是我极大的光荣。我确信这本著作的付梓能成为彭淑牖教授及其团队在外科生涯中的重要里程碑。希望他和他的团队能继续站在我国外科专业的前沿，发光发亮。更希望其他外科同行们，能把彭教授和"彭家军"作为学习的榜样。

中国科学院院士
原国际肝胆胰协会主席
2022 年 9 月

序　三

与彭淑牖前辈相识相知多年，今日有幸受邀为《医学泰斗彭淑牖与“彭家军”传奇》写序，激动之余，感慨万千。

众所周知，彭老是我国国宝级外科大师，侠之大者，举世无双。他从医从教60余年，为我国乃至全球攻破无数医学难题，医林璀璨，泽披后世。在我的心目中，彭老又是不一般的医学泰斗，他虽90岁高龄，但依然活跃在医学一线，看病、手术、学术、教学一项不落。他仿佛早已把永无止境的探索刻进每一个细胞、每一个基因中，生命中的每一分每一秒他都在孜孜不倦地创新。这种精益求精、永不止步的科学精神令人叹服之余，真的值得我们每一位晚辈学习。彭老能获得全国肝脏外科“终身成就奖”，真乃实至名归。

彭老出生于医学世家，自幼便立下“治病救人”的志向，终其一生都在执着追逐此目标。他大爱无疆，视患者如珍宝，不惧疑难，不畏艰险，真正对患者做到“来者不拒”，成为同行口中“最容易请来的主刀”。多年来，他足迹踏遍全国，走向世界，经他妙手回春治愈的患者无数。他用自己一生的努力践行了儿时的梦想，无愧于“悬壶济世”的格言。

彭老春风化雨、桃李芬芳，至今共培养了26位博士研究生导师和4位“长江学者”特聘教授，包括蔡秀军、彭承宏、刘颖斌、牟一平、洪德飞等活跃于业界一线的临床大师和学术权威。他有教无类，俯首甘为引路人，医海浩瀚，薪火相传。他爱才惜才，亦十分关心青年医生的成长，时常提携和指导晚辈，手把手地教导年轻医生修改论文、指导手术。

彭老淡泊名利、潜心学术，虽荣膺美国外科学院荣誉院士、英国皇家外科学院荣誉院士、欧洲外科学院荣誉院士、法国外科学院荣誉院士等称号，但谦逊待人，虚心好学，心无旁骛，一身正气，任凭外界世事纷杂，甘受寂寞，求索不止。“医者风骨，中国脊梁”，当之无愧。

“少年志向一生随，妙手悬壶济世穷。白发苍颜心未央，披肝沥胆攀高峰。多国院士惊海内，饮誉九州人敬仰。素衣仁心淡名利，桃李满园沐春风。”

祝愿彭老杏林长青，桃李成蹊！

中华医学会会长

中国科学院院士

北京协和医院名誉院长

2022 年 9 月

序　四

为《医学泰斗彭淑牖与“彭家军”传奇》作序，我感到非常荣幸！也觉受之有愧！

我有幸在 30 年前慕彭淑牖教授（以下请允许我尊称彭教授为彭老）大名，与彭老相识，当时我仅是一名博士研究生，跟随我的导师余业勤教授目睹了彭老的风范。30 年来，我一直追踪并学习彭老的论文及一系列的创新技术方法，也跟随彭老的脚步不断成长。

在我的心目中，彭老是腹部外科的泰斗，是外科大家，也是我最为尊敬的医学前辈之一。从医 60 余年，彭老勇闯外科禁区，不断开拓创新，在肝、胆、胰、脾等普通外科临床实践，一直处于国际领先水平。彭老的外科技术高超，尤其擅长肝、胆、胰疑难重症，如肝尾叶肿瘤、高位胆管癌、中晚期胆囊癌、肝癌伴门静脉癌栓等的外科治疗。彭老潜心钻研，成功研制出多功能手术解剖器，并创立了彭氏刮吸手术解剖法，突破了既往外科解剖器械的局限，简化了手术过程。彭老创设了捆绑式胰肠吻合术，将胰漏的发生率降至极低的水平，解决了困扰世界医坛 60 年的胰漏难题。他的这些创举享誉国际医学界，并被分别命名为“彭氏多功能手术解剖器”和“彭氏捆绑式胰肠吻合术”。鉴于其卓越的临床创新及贡献，彭老获得了包括国家科学技术进步奖等在内的诸多荣誉。几十年来，彭老完成上万例手术，挽救了众多患者的生命，拯救了众多患者家庭。彭老的话朴实却动人：“或许对有的人来讲，十几亿中国人死个把没什么，但对每一个患者家庭来讲，死的都是亲人。作为医生，我们一定要把每一个患者都当作自己的亲人，千方百计地把他们从死神手里拉回来。”1990 年，他成功研制“胃减压肠营养同步导管”，并亲身试验，不顾自己高龄，硬要学生帮他把管子从他的鼻腔插入胃里，以此亲自体会患者的使用感受。这种视患者如亲人，全心全意为患者付出的精神让人由衷地钦佩。

彭老虽然著作等身，荣誉无数，却从未停止过创新的步伐。虽然已是耄耋之年，但依然活跃在临床、科研和教学一线。每周门诊、手术、互联网远程会诊、学术会议，其强度让不少年轻人都汗颜。彭老虚怀若谷，与时俱进，锐意前行，从不排斥任何新鲜事物，各种新技术、新概念、新方法，彭老常常第一时间熟悉、掌握。他知识渊博，即使在亚专科分科精细化的今天，在技术层面也常常走在同龄人甚或是年轻人的前面，他的很多理念比年轻人的还要前沿化。由于拥有无人可及的丰富经验，彭老能够做到高屋建瓴，站得更高，看得更远。近年来，他依然保持高产、高输出。例如：针对肝脏切除术中预期余肝体积不够的问题，他创立了末端分支门静脉栓塞术（terminal branches portal vein embolization，TBPVE），能够诱导剩余肝快速增生，使既往无法手术切除的患者获得肿瘤切除，改善长期生存，同时还能做到微创，大大减轻患者所受的创伤和痛苦。彭老精益求精，不断学习和创新，确是我们学习的楷模。

彭老是中国外科的骄傲，是国之瑰宝，他将中国肝脏外科推向国际舞台，为祖国赢得荣誉。他荣膺美国外科学院荣誉院士、英国皇家外科学院荣誉院士、欧洲外科学院荣誉院士、法国外科学院荣誉院士等称号，特别是美国外科学院荣誉院士，被世界外科医学领域公认为最高荣誉之一，这些殊荣，罕有人可企及。记得那年，我正巧获得美国外科医师学会会员（FACS）出席美国外科学院举办的会议，目睹了彭老在主席台上的受证仪式，国内仅彭老一位。我们无不为彭老获得如此崇高的荣誉，为中国的外科医生而感到骄傲。早在2005年，彭老即在德国汉堡为肝尾叶肿瘤患者手术，由此扬名海外，赢得赞誉。英国、美国等多个国家和地区的许多外科专家也慕名到中国来观赏他的手术表演。这些年来，彭老受邀出席国际会议并做学术报告近百次。

彭老除了是一位外科巨匠、创新大师外，也是一位好老师。因其精湛的技艺、高尚的医德而向他学习、求教的人络绎不绝。他乐于提携后学，对求教者，他总是耐心解释，悉心指导。他是“最容易被请上手术台的医生”，对学生手把手地指导手术。他常常自己制作、更新幻灯片内容，剪辑手术视频，让后辈学习到最新的技术，了解到最新的学术进展。彭老甘做人梯，对学生悉心培养、关怀备至。从医从教60多年来，彭老为我国外科领域培育了一大批人才。名师出高徒，在彭老的言传身教、悉心指导下，他的许多学生已成为业界的领军人物，活跃在国内甚至国际医坛。作为一个整体，他们被誉为“彭家军”。这些优秀的“彭家军”子弟，承袭着彭老全心全意为患者服务的精神，勤于工作，勇于探索，不断创新，他们遍布祖国各地，造福各方，并相互支持，一起推动中国外科事业蓬勃发展。

我有幸先睹彭老弟子们一篇篇发自肺腑的感人文章，回忆了他们在彭老的关心、培养下，以及与老师相处过程中的成长历程；也记录了彭老孜孜以求的创新精神，诲人不倦的崇高典范，患者至上的高尚医德，生命不息、学习不止的大家风范。我与彭老的大多数学生很熟悉，他们中有不少是与我相识 20 多年的朋友。我们常常在一起交流学术、切磋技术，畅谈彭老的为人、做事及做学问的高尚品德。这种品德总是感染和激励着一代又一代的年轻外科医生们，是他们成长路上的灯塔。

通读《医学泰斗彭淑牖与“彭家军”传奇》，一方面可以了解彭老其人；另一方面，不仅可了解中国肝、胆、胰外科技术创新和外科学发展的艰辛历程，还能学习到以彭老为代表的老一辈外科医生的优秀品质和大家风范，了解他成长为一名优秀外科大家的心路历程。我强烈推荐广大年轻的外科医生们认真研读，以汲取精华、助力成长！

中国科学院院士

复旦大学附属中山医院院长

2022 年 9 月

序　五

近日收到彭淑牖教授邀请为其传记作序，我感到十分荣幸，激动之余，过往的回忆涌上心头！

大学时期，我就听闻了彭教授的许多奇闻轶事。刚从国外归来的他，为人谦逊、精力旺盛、知识渊博、爱好广泛、思想活跃，对患者永不言弃，面对高难度手术勇于挑战极限，令人敬佩。“素衣赤胆豪侠义，白发苍颜天使心”是彭教授的真实写照。从医60余年，彭教授足迹踏遍全球，经他妙手回春的患者数不胜数，90多岁高龄的他仍奋斗在临床的第一线，很多来自英国、美国等多个国家和地区的外科专家慕名前来学习其手术技能。

彭教授不仅是外科专家，亦是发明家、科学家，他一生有许多发明创造，比如彭氏捆绑式胰肠吻合术、彭氏刮吸手术解剖法、彭氏营养管等。彭氏多功能手术解剖器的问世，解决了国际上一系列手术难题，突破了许多手术难点。时至今日，彭氏多功能手术解剖器已被国内外1000余家医院广泛使用，为广大患者解决疾病所带来的问题。同时，彭教授对各种肝胆胰领域术式的理念和实践的创新，更是激励我们这一代人成长，特别是对我研究生阶段的成长影响极大。

几十年来，彭教授言传身教、以身作则，其带领的“彭家军”涌现出了一批国内外知名的外科专家。他们遍布于祖国各地，真正实现了“桃李满天下”。不仅如此，在他老人家的身体力行之下，团队长期相互帮忙，相互支持，相互配合，成为国内外师生团体中一道亮丽的风景线。多年过去了，我自己也成长为导师、教授，但始终以彭教授的治学为榜样，以他的为人为楷模。

彭教授是国之大师，外科巨匠，令我辈终身学习。本书让我再次回忆起大学时光以及浙大时光，回味无穷。最后祝彭教授健康长寿！

中国科学院院士
复旦大学生殖与发育研究院院长
浙江大学“一带一路”国际医学院院长
2022 年 9 月

序　六

2022年11月，我的恩师彭淑牖教授将迎来90周岁生日。这一年，也是这位“外科界常青树”从医从教的第67载。他对外科的毕生挚爱，对科研的矢志创新，对教育的无 私奉献，对患者的入微关怀，对生命的豁达态度，言传身教，影响了一代又一代的学生。他率领日益壮大的“彭家军”在外科领域披荆斩“疾”、创新创业，为推动中国外科发展做出了卓越的贡献。

恩师作为一名外科医生，出类拔萃，用实际行动诠释了“医者仁心”。他永远将患者的利益置于首位，以患者为中心；同时，“以患者为中心”也正是他临床系列发明创造的原动力。他总能设身处地地站在患者的角度仔细观察以发现问题，反复思考分析问题，深入研究解决问题，从而不断超越自我，创造一个又一个临床奇迹，挽救了无数疑难危重患者的生命。

恩师是一位求真务实的科学家，他用系列创新发明注解了“科学家精神”。在临床科研上，他善于突破常规，不盲从于“教科书”，根据临床需求提出新方法、开辟新领域、探索新路径：他发明的彭氏多功能手术解剖器，开启了外科手术的一场革命，使过去许多被列为“禁区”的疑难手术变成了常规性手术；他开创的捆绑式胰肠吻合术，成功地解决了胰腺手术后胰漏的世界难题，成为临床创新的典范。

恩师又是一位甘当人梯的育人楷模，桃李满天下。他对学生倾囊相授，“手把手”地鼓励创新，激励学生在各自擅长的领域内发光发热，喜看“青出于蓝而胜于蓝”。目前，“彭家军”中有26位博士研究生导师、4位“长江学者”特聘教授，他们均为全国三级甲等医院外科界的领军人物，在自己的领域内指导、教育新一代青年学生，传承“彭家军”严谨求实的家训、矢志创新的血脉。师兄弟、徒子徒孙和“主心骨”彭教授之间也一直关系融洽，经常进行线上线下业务探讨，相互切磋。

"饮其流者怀其源，学其成时念吾师。"恩师像一盏明灯，指引着医学生们踏上临床创新的旅程；恩师更像是一位慈爱的大家长，率领"彭家军"攀登一座又一座医学高峰，创造一个又一个医学奇迹，不断地为佑护人类生命健康努力奋进，推动中国外科学水平从追赶到比肩再到赶超世界。在恩师90大寿之际，祝彭老师健康喜乐、事业长青，也祝"彭家军"不断强盛，再创辉煌！

教育部"长江学者"特聘教授

浙江大学医学院副院长

浙江大学医学院附属邵逸夫医院院长

2022年9月

目　录

第一篇　大师之路

个人传记

亲　友

第二篇　大师之徒

学　生

（以姓名拼音为序）

徒　孙

（以姓名拼音为序）

第三篇　大师传奇

国内专家

（以姓名拼音为序）

外国专家

（以姓名拼音 / 字母为序）

患者家属

（以姓名拼音为序）

后 记

大师之路

个人传记

〔第一篇〕

第一章

世外桃源
——五云洞

广东全年温和湿润，阳光充沛，属于亚热带季风海洋性气候。粤东地区以山地丘陵地形为主，河流水系发达。五云河是粤东地区第二大河流榕江的一级支流，沿河风光旖旎，因流经五云洞山而得名。五云洞山景色宜人，相传此处古代有五个仙洞，故名。明代洪武年间，梅州彭氏一支迁到这里定居。

清代彭华作《五云洞八景诗》，描述了五云洞山优美的自然风光：

不数遥青向岱宗，自瞻深翠谪高峰（鸡峰春色）；
虎踞苍岩峭壁幽，萧萧风急白云秋（虎岩秋风）；
未解登高望白云，嶂头一抹羡氤氲（雪嶂横云）；
玲珑罅折碧山围，百丈淙淙泻翠微（水礤飞瀑）；
洞口向人泛落花，石潭飞沫呈烟霞（花潭垂钓）；
苍茫樵径揗枫林，搓持渗差几望森（枫林听樵）；
半业琴书半业耕，乐皋阡陌自纵横（平野深耕）；
夜雨深山望欲迷，无端新碧开长溪（长溪新涨）。

物华天宝，人杰地灵。1939 年仲夏时节，广东省海陆丰县五云洞山（现广东省揭阳市揭西县五云镇）的一座老宅里，一位爷爷正在用毛笔给孙辈们写一首村谣。

五云洞是彭家庄，山清水秀好风光；
东有一曲青龙水，朝北流入三池塘；
南有庙山莲花峰，狮公尾山来生龙；
洛布径分二曲水，北泻瀑布鸡峰嶂；
西大人山甘泉排，五云江河绕村庄；
物华天宝人富贵，地灵人杰裔代昌。

彭松、陈明亮夫妇在五云洞与儿孙合影（彭淑牖供图）

老宅外不远处即是五云洞山。山虽不高，但多雨。雨后时分，放眼望去，山顶云雾缭绕，山脚古树参天，山涧水汽氤氲，山鸟啾啾悠悠。清晨金色的阳光洒在河面上，似乎覆盖了一层薄薄的金纱，熠熠生辉。一条瀑布像玉带，从岩壁飞泻而下，清澈的泉水积聚在一个状如酒缸、名叫石颈潭的水潭里，顺着山沟流淌。潭水澄澈见底，可以清楚地看见游弋的鱼虾在觅食、嬉戏，可谓“泉眼无声惜细流，树阴照水爱晴柔”。河沟里怪石嶙峋，或如猛兽，或似巨人，纵横拱立，经过长年累月的河水冲刷，已失去了原有的棱角，变得圆润而光滑。这一片巨石堆也成了村里孩子们的天然游乐场所。

此刻，这一片巨石堆里不时传来一阵阵清脆欢快的嬉闹声。

一群八九岁光景的孩童们打着赤脚，像小鱼儿般灵活地在巨石堆里穿梭跳跃，他们在玩捉迷藏。

“哈哈哈，阿牖，我抓到你了，你输啦。”一个皮肤黝黑、身体壮实的小男孩眼疾手快，一把扯住一个准备钻到两块巨石间缝隙里的小伙伴的裤腿。

这个叫阿牖的小男孩不甘心，还想铆足劲儿往石缝里钻。

“阿牖，你乖乖爬出来吧，不然裤子要被我扯下来了，要羞羞啦。”小男孩故意用力扯了一把对方的裤腿，做状要捣乱。

“阿力哥，不要拉裤子，我爬出来不行嘛。”阿牖只好投降，缓缓地从缝隙里倒爬出来，一边赶紧提好被哥哥差点拉下来的裤子，一边嘻嘻笑着，用胳膊抹去粘在脸上的干苔藓。刚才为了完美藏匿，他把整个脸都贴在粗糙的石壁上，糊了一脸石壁上的干苔藓。

“不公平，每次都是你赢我，下次我来抓你，我肯定能赢你。咦……阿觉呢，他还没被发现啊？”面容清秀、身板比较单薄的阿牖环顾四周，看见其他几个小伙伴猫着身子，还在继续捉迷藏。他拿起一块鹅卵石用力扔向潭子里，激起了一大片白色水花。

“阿觉古（弟），你们几个可以出来啦，我们要抓鱼、烤番薯啦。”阿牖大声喊着小伙伴。

这时，其他小伙伴闻声陆续从怪石堆里钻出来。孩子们嬉闹成一片，卷起裤管下河抓鱼虾螃蟹。今天不上学，孩子们相约准备在河沟边做一顿野餐。

五云洞石颈潭 兄姐们在潭中戏水（彭淑牖供图）

河岸边的田里，孩子们已早早垒起一个小土堆，小土堆的中间掏空，里面烧着柴火。等到土堆烧热，把红薯放在中空的洞里，压实土堆，借着余热，慢慢煨熟。这个方法是8岁的阿牖想出来的，之前他们把番薯直接放在火上烤，结果总是半生半熟。后来，他发现爷爷家灶台用炭火煨出来的红薯软糯香甜，于是好奇的阿牖蹲在灶台前，仔细研究观察了灶台的结构，脑子里快速地转动着，他想到了一个解决办法，并和小伙伴们在野外实践了几次，屡试不爽。小伙伴们对聪颖过人的阿牖佩服得不得了。

鱼虾螃蟹被孩子们陆续抓上来，处理干净抹上盐巴腌制后包在荷叶里，放在土堆上炙烤。很快，一阵鱼肉和红薯的清香弥漫在山谷，七八个孩子围成一圈蹲在土堆前，

大哥彭淑干带领弟弟们在地里烤番薯，弟弟们常从后面石垒的高墙跳下

眼睛直勾勾地盯着土堆里的美食，馋得直咽口水。

阿力哥是孩子王，他负责分餐。孩子们拿着滚烫的美食，还没等热气散去，便迫不及待地开吃起来，烫得嘴巴直吸冷气，好不容易龇牙咧嘴地吃完，个个意犹未尽。肚子填饱了，待会就有力气在河里游泳了。

"力牖觉（li you go），力牖觉，你阿妈来咯，快回家哦，快回来哦。"这时，村口的上空传来一阵温和浑厚的叫喊声，那是阿牖爷爷彭松的声音。

"阿妈来了！阿妈来了！阿力哥，阿觉古，快快快，我们回家。"

话音未落，"力牖觉"三兄弟如同射出去的箭，身手敏捷，涉水，翻爬怪石堆，一转眼，三个身影已经飞奔在村口的石板路上了。

母亲和二哥彭淑锐在老家五云洞老宅照顾"力牖觉"三兄弟（彭淑牖供图）

第二章

牧师祖父

在五云洞山脚下一个叫田心寨的小村庄里，有一座三层砖混结构——简单、大气、漂亮的西式风格的小楼依山而建。小楼布局合理，功能齐全，客厅、卧室、书房、厨房、仓库一应俱有，每个房间都宽敞整洁、错落有序；二、三楼两楼的防水露台大而不俗，其中二楼露台两边的柱子上还绑着一张帆布大吊床，旁边散落着一堆孩童玩的各种手工制作的玩具。屋后是蜿蜒起伏的山峦，远看俨如孔雀开屏，将小楼紧护其中；小院里种满了各种花草，春天到来，百花盛开，满院馨香；此外，院子里还有一个用石头砌成围墙的面积大约 300 平方米的池塘，里面饲养着鲤鱼、鲫鱼、草鱼、鲢鱼等；小院门前有一棵葱翠的老榕树，大榕树主干粗壮、盘根错节，周围种满了柑橘、香蕉、杨桃等果树。主楼旁侧有一块菜园和一排平房，除雇工用房外，还有猪圈牛栏，而且猪圈牛栏下都设有排污沟，实用又环保；菜园旁建有一座精致实用的活闸水池，借用附近农田灌溉的水渠，既可浇菜又可洗衣物，夏天孩子们还可以在这里游泳。小院外围两侧是一条叮咚作响的清澈溪流，就像两条洁白的丝带围绕着小楼。宽阔的庭院是老人们休闲锻炼、种花养草的好场所，也是孩子们放学回家嬉戏打闹的天地，整个庭院被孩子们搅得天翻地覆，好一副生龙活虎的兴旺景象，也显示出了一派春意盎然的田园风光。这幢别有风情的小楼名曰“受托围”，寓意为受上帝托付的庭院，长期安居乐业，子孙繁衍，荣神益人。

这是五云洞村的牧师彭松的房子，名字也是他自己命名的。相比于当时的民间住宅四合院或三合院，“受托围”独具一格，当地人称之为洋楼。房子是彭松的六个子女于 1929 年共同集资建造，1932 年竣工。（“受托围”在解放后被错划成“地主阶级”没收充公，正楼为梅江小学校舍，侧楼为农民使用，彭松也因此远走他乡，住在梅县儿子彭致明的家中。后经家族成员的不懈努力和申诉，1991 年 12 月 30 日，经揭西县人民政府正式通知改正为“华侨自由职业成分”并归还“受托围”产权，彭松的子孙

彭松在五云洞的旧居——受托围，于 1929 年开建，2007 年成危房而拆除（彭淑牖供图）

们终于卸下了背负多年的沉重的家庭成分包袱。经家族成员磋商，根据彭松生前遗愿，决定将“受托围”的所有房舍无偿捐献给当地继续办学培养人才，并将政府拨发的 4 万元维修费也悉数交给该校董事会维修大楼，并用余款建一所“春然牧师教室”，以纪念彭松毕生关心教育事业之初衷。）

彭松（1863 年—1949 年 4 月），字春然，生于清同治年间。

自 19 世纪以来，特别是鸦片战争后，西方基督教各教派的传教士纷纷来到中国，开始在东南各地传播基督教福音，最早向客家人传教的基督教教会组织是瑞士巴色会（又名崇真会，译自原名 Basel Mission）。彭松 12 岁时就读于五华县源坑一所由巴色会于 1866 年创办的文萃学校。在这所学堂里，彭松读完小学和中学，后专攻神学。19 岁时，彭松开始从事教育及宗教事业，担任揭阳县五经富自立堂会牧师，成为客家首任牧师。

彭松在基督教的教育中体认到旧社会、旧风化的恶劣，体认到社会民众的贫、弱、愚。他决心做耶稣的门徒，把终身事业奉献于教会，为社会人群服务。身为教会牧师，彭松主张教会实行“三自”（自立、自治、自养），表现出了中国基督教会信徒的民族气节，不愿仰仗洋人鼻息的坚定立场。

日常除在田间劳作之外，彭松便到附近各个村落传经布道。据汕头市档案馆藏《潮惠长老总会记事册》记载（岭东长老大会第 26 次会议，档号 C287），当年曾在汕头传教的麦克拉根（Rev. P. J. Maclagan）评价彭松“不仅是著名的教会领袖，而且是温和谦卑的活榜样”。他平素就喜欢帮助别人，时常接济贫困人家，那些点点滴滴的助人为乐的小故事，贯穿着彭松的日常生活，也影响着六个子女。因此，彭松的这个大家族在远近村落的口碑极好。

他教育子女始终不愿要求教会特别津贴，更不要国外教士的资助，宁愿自力更生。每个子女读完旧制中学后都要教书或者从事其他工作，积些款项准备升学用，或做苦学生赚学费。他要求子女要有一技之长，自立自强，洁身自好，抵御一切歪门邪道，树立起谦虚谨慎、勤劳诚实的家风。他尤其注重智力投资，把六个子女都培养成了有文化、有道德的新型知识分子。彭松对待子孙从来不厚此薄彼，从不重男轻女，这是中国一个较早思想开放、接受西方文明、相信民主科学的家庭。彭松的六个子女中，除学识渊博的老大彭致远当牧师外，其他四个儿子彭致达、彭致堂、彭致明、彭致祥，以及小女儿彭适如都在教会医院跟着外国医生学习，学成后在梅县及下面的丙村、松口、新铺墟开诊所，诊所的名字都统一叫培元医院。

此时，在彭松的客堂里，笑声融融。只见客堂中间摆放着一张花梨木小茶几，一个金色的十字架和一本客家方言译本《马太传福音书》躺在茶几上，两侧各摆放一张广式红木靠背椅，后方赫然挂着一幅楷体书法“同气连枝各自荣　些些言语勿伤情　一回见面一回老　难得几时会弟兄”。苍劲有力的毛笔字看得出主人的思想境界。

客家首任牧师彭松及其夫人陈明亮（彭淑牖供图）

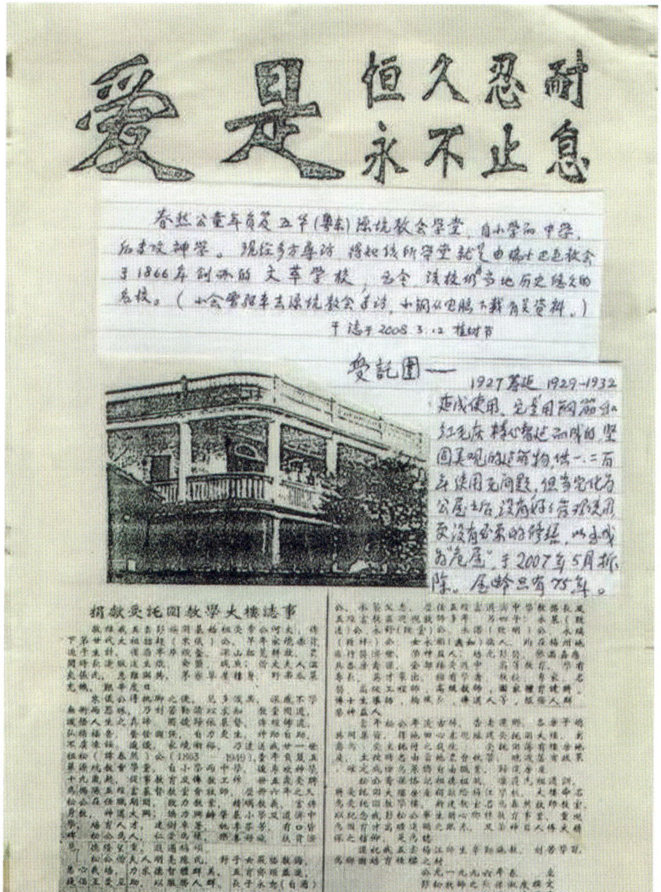

彭松求学简历（彭淑牖供图）

这是彭松自己写的一首诗，也是留给子孙后代的家训，希望他们相亲相爱，保持家庭和睦，以和为贵，各自发展；也是作为牧师的他常常用基督教赞美诗里的话告诫晚辈，凡事要荣神益人，建立良好的人际关系，凡事要显出善行的榜样。

一位中等身材，挽着发髻，面容姣好，气质优雅，略带疲惫，穿着一件蓝布对襟盘扣上衣的中年女子，这是“力牖觉”三兄弟的母亲——温尧琴（1896年12月17日—1979年3月31日），字欢欣。只见她手脚利索地打开随身带的一个包袱，取出里面的几样东西，恭敬地双手递给两位长辈。

“阿公，这是阿达让我带给您的止痛膏药，您腿脚疼的时候，可以抹一点。阿婆，这个是我给您织的一件毛线背心，天冷了可以穿。我手艺一般，您可别嫌弃哦。”

面容清瘦慈祥、一头银发的彭松坐在红木靠背椅子上，笑意盈盈地双手接过儿媳带来的药品。

“阿琴啊，你先别忙了。歇会儿，来，先喝口水。”彭松的妻子放下媳妇送的毛线背心，拉着媳妇的手，让她坐下来。

“赶了两天的山路，肯定累坏了。你们平时都在城里，平路走得多，这山路一走，晚上肯定脚肿得厉害，晚上让力牖觉三兄弟给你洗脚。”

“阿婆，路倒不是特别难走，一路上主要担心的是遇到日本兵。遇到一些关卡，

彭松和儿孙们（彭淑牖供图）

我们就绕道走，所以走得辛苦一些。还好我们提前把三个孩子送到这里来避难，前年3月的那次日军对梅城古塘坪机场的大轰炸，想想都后怕。”（据梅县大事记，1938年3月15日，日本侵略军飞机16架，轰炸古塘坪机场，投弹24枚，炸死炸伤群众5人。）

“力牖觉”三兄弟采甘蔗（彭淑牖供图）

“这兵荒马乱的年代，也只有我们这穷乡僻壤、荒郊野岭还有些许安宁日可以过，也算是万幸了。”彭松皱着眉、摇摇头，若有所思地用左手手指轻敲着福音书。

“力牖觉”三兄弟（彭淑牖供图）

“是啊，孩子们来这里都三年多了，三个人在村里的学校读书都不错，很乖呢。尤其是阿牖，你别看他放学后不是在树上掏鸟窝，就是在河沟里抓鱼抓蟹，在山里疯玩，可学习一样没耽误，教书先生都夸这个孩子脑子好使，爱琢磨，而且小身板结实了不少呢，你就放心吧。”阿婆宽心地说着。

“孩子们有爷爷、奶奶、伯伯、伯母照顾着，我们特别放心，我和阿达也感激不尽呢！”温尧琴用手将挂在额前的头发捋到耳后，感激地看着公婆。“主要是致远的心陪（妻子的粤语发音）在照顾他们，我和致远平时主要在附近这几个村子传经布道，忙着牧师的工作，管他们的时间也不多。“力牖觉”三兄弟和堂兄妹们打成一片，好着呢。喏，这不回来了，我听到三个细佬仔（孩子）的声音了。”彭松笑着用右手食指指向小院门口。话音刚落，三道身影像一阵旋风刮进来：“阿妈，阿妈，阿妈。”相继扑进了温尧琴温暖的怀抱里。

第二章

仁义双亲

山道弯弯，宛若丝带逶迤在崇山峻岭中。那一座座青山，连绵不断，一座挨着一座，不断地向远处延伸，气势磅礴。山风阵阵，早晨清新凉爽的空气从山间扑面而来。

“嗬哟，嗬哟……”一阵阵有规律的吆喝声在山间响起，山谷总有余音在回荡。在一条崎岖的山路上，一行人在山路上前行。打头的是一乘滑竿，彭松坐在其上，两个轿夫颤悠颤悠地抬着滑竿，一前一后两个人跑起来，衣衫带风，在细窄蜿蜒的山路上呼啸而过。

温尧琴斜背着一个蓝布包裹，手里提着一个竹行李箱，带着“力牖觉”三兄弟紧随其后，孩子们身上也斜挎着大小不一的背囊。他们的鞋子已经被露水打湿，但浑然不觉，反而对山路两边的花花草草、各种可爱的小动物爱如珍宝。

“阿觉古，你看那里有只蚂蚱，我抓来给你。”阿牖猫着腰，小心翼翼地拨开一片蕨草，在一片阔叶上蹲着一只漂亮的昆虫。昆虫全身淡绿色，身体两侧有两条淡白色的饰带，体形优美，一对罗纱大翅膀优雅美丽。阿牖眼疾手快，转眼间，这只可爱的蚂蚱已经在他的手心了。

“多谢阿牖哥！”7岁的阿觉轻轻地捏住那对大翅膀，抬高手在眼前，左看右看，欢喜得不行。

11岁的阿力则紧跟在阿妈身后，他把阿妈手上的竹行李箱换到自己手上，好让阿妈轻装前行。他又不时回头看看落在身后的阿牖和阿觉，提醒他们加快步伐。

一行人行至一条溪流处，坐下来小憩。

“阿力，你还记得三年前来五云洞的情景吗？”彭松接过温尧琴递过来的水壶，喝了一小口，头转向坐在一旁的阿力。

“阿公，我记得，我记得。我们三个是坐在箩筐里，阿力哥和我们的行李坐一个箩筐，我和阿觉古坐在另一头，被挑夫挑着，就这样像荡秋千一样，荡到爷爷家了。”

正趴在溪流边用箬叶接泉水喝的阿牗不待哥哥开口，先抢答了，还绘声绘色地用手左右摇摆演示前后晃荡的箩筐。

“是哦，那天我接了三个小萝卜头回家。转眼间，你们自己都能翻山越岭了，细佬仔长大咯。”彭松欣慰地抚摸着靠在他身上的阿力的小脑袋。

“这三年，山外战火连天，山里有短暂的安宁，你们也算是享受到了。这次回梅县，我就担心你阿妈带着你们仨，万一路上有什么事情发生。我虽然上岁数了，但毕竟经历的事儿多，遇事儿也能搭把手。再则，阿达兄弟四个我已有几年未见，正好趁这个机会见见他们。”彭松若有所思地眺望着远方的山峦。

“阿公，有您陪着我们，我们一点都不害怕了，您就是孙悟空手里的那根定海神针。只是这路途难走，辛苦您老人家了。”温尧琴感激地看着彭松。

“再走两个时辰，就到水寨村了，晚上就在你堂伯伯家借宿。明天一早就上路，顺利的话，估摸着下午能到梅县。我们也歇息好了，上路咯。”彭松在大家的搀扶下坐上滑竿，大家继续赶路。

这一路上，即使路遇日本鬼子关卡盘查，彭松凭借着一口流利的英语和牧师身份，都顺利过关。第二天下午，一行人终于抵达梅县。远远地，就见着五个中年男女站在北城门铁汉楼下焦灼地向前张望，这是彭松的五个子女：彭致达、彭致堂、彭致明、彭致祥、彭适如。

“阿达哥，你看那边，看着像是阿爸他们。哎，真的是他们，前面那个跑得最快的是不是阿牗？”四兄弟赶紧提步上前。

“阿牗、阿力、阿觉。”为首的彭致达看到小阿牗一路小跑过来，后面还跟着兄弟俩，他面带微笑，张开双臂。

“阿爸，我们回来啦！”三个孩子冲进阿爸宽大的怀里，亲昵地搂着阿爸的脖子，咯咯笑个不停。

经过一路的奔波，步入杖朝之年的彭松精神矍铄，脸上只有些许的疲倦之意。四个儿子朝父亲深深鞠了一躬，然后大家簇拥着彭松一起走向彭致达位于凌风西路的培元医院。阿牗三兄弟迫不及待地一路跑着进了培元医院。彭致达在这里租了高三层半、有三间门面的砖混结构小楼开建培元医院。医院后面是梅江的支流程江，河对面一片绿茵树林掩映下的房屋很别致。店面临街正处于三岔路口，水陆交通方便，行人熙熙攘攘；正对北街旁建有华侨剧院和一些商铺，店旁码头常有人洗衣、游泳、戏水；东西门店顾客摩肩接踵，西边不远处还有集市。门口常有送牛羊奶、芝麻糊、麦芽糖、仙人粄的叫卖声，还有卖五分钱一碗的卤水摊，各种沿街叫卖的小贩，好一派热闹的生活情景。

与五位手足合影（彭致达右二）（彭淑牖供图）

医院门口挂有一块铜匾，上书“培元医院”四个字。进入门厅两边的门柱上贴着一副彭致达亲自书写的楷书楹联“安得大裘覆天下　先求高雨及公田”，本意是希望大地能覆上一件温暖的大衣，滋润农作物的甘霖能遍及天下所有的良田。寓意是期望泱泱大中华，风调雨顺，国泰民安。

小楼一楼是诊所，二楼有两间朝南的房间设为病房。另外一间连同三楼的所有房间都是家人的起居室，三楼顶楼还有一个露台。孩子们一进大门，就闻到了久违的消毒水的味道。靠墙的位置是一长排摆满药物的架子，还有阿爸看病的诊室和一间小小的手术室，一切都是三年前的布局，孩子们看得亲切，同时不失礼貌地和诊所里的其他人员致意问好。

未做多久停留，三兄弟就迫不及待地“噔噔噔”上楼了。路上，阿爸告诉他们，他特地给他们弄了一个儿童文库，这下他们有各种各样古今中外的好书看了。

哥哥姐姐都去上学了，二楼小客厅静悄悄的。客厅布置极其简单，正中放着一张八仙桌，四张长凳子，这是家人吃饭的地方，也是孩子们写作业的台子。窗台上一盆红色三角梅恣意绽放，开得热火。夕阳的余晖被窗棂分割成几条玫瑰金的光束，悠悠然然地洒进靠墙的一个三层竹制书架上。书架上摆满了书籍，粗算至少有七八十本。

三个孩子从精神食粮缺乏的山野村落回来，乍一看到这一大堆散发着淡淡墨香味儿的书籍，惊喜不已。

书架上有唐诗宋词、安徒生童话、高尔基的《童年》、丹尼尔·笛福的《鲁滨逊漂流记》等各种古今中外的文学名著。当然，还有那本被翻得卷边破损的大家轮流诵读的《古文观止》,那是阿牖去五云洞之前最爱的一本书。他至今还记得北宋文学家苏轼那首《后赤壁赋》中的几句词:“江流有声，断岸千尺，山高月小，水落石出。曾日月之几何，而江山不可复识矣！”

“哇，这么多书！”三兄弟的眼睛都发亮了，嘴巴也不约而同地缩成“O”形，脸上洋溢着兴奋之情。

阿觉看到一本彩色封面的童话书，马上伸手想去拿，却被阿牖扯住了他的袖子：“阿觉古，先洗手。”阿觉看看自己一路上东摸西蹭的小黑爪，嘿嘿地笑着，并使劲把手在裤腿上摩擦着。

彭致达（1892 年 12 月 29 日—1987 年 3 月 31 日），字永慕，梅县培元医院院长，并兼任梅县医师公会会长。

彭致达和温尧琴开办的梅县培元医院，彭松和儿孙们在诊所门口合影，温尧琴怀抱彭淑觉，彭淑牖偎依在母亲身旁（彭淑牖供图）

彭淑锐（右）和堂姐夫、书法家丘观澜于 20 世纪 80 年代在梅县凌风西路的培元医院旧址（彭淑牖供图）

彭致达、彭致堂、彭致明、彭致祥等人早年在教会学校跟着传教士学医，毕业后四兄弟陆续在梅县、丙村、松口镇、新铺墟创办培元医院，相当于现在的医疗联盟机构。

彭致达兄弟几人在教会医院学的是全科医学兼外科，同时彭致达也是梅县公认的医术最好的全科医生。彭致达和几位手足创建的培元医院以治病救人为业务主旨，诊疗费和手术费是主要的收入来源，配药房只求收回成本、税金。培元医院在梅县人缘甚好，除医术医德堪称一流外，配药便宜不收取额外费用也是口碑之一。来培元医院就诊的远近患者络绎不绝。尤其对一些家境贫困的患者，医院经常免收诊疗费。

彭致达（二排右一）在五经富教会学习和学员合影（彭淑牖供图）

身兼梅县医师公会会长的彭致达平日里忙于临床诊治和处理各类公会事务，还与医界同仁们高举抗日大旗，组织公会积极捐款捐物助力前线，在救治前线送下来的官兵的同时不忘兼济四方百姓。

1937 年，抗日战争全面爆发之际，彭致达组织救护队，与日本留学归来的小弟彭致祥一起探讨研究，并结合国外的先进医疗技术，整理汇编出版了《战地服务——实用救护学》一书。该书涉及战场各类紧急创伤的处置方法，因此他派人及时将书送到抗日前线医护人员的手上。同时，他出版《快乐应战歌声集》，鼓舞民众抗日激情，成效显著。当时潮汕沦陷，潮汕人纷纷逃难到梅州嘉应等地谋生，所以梅州人气非常旺，经济发达。彭致达在当地的名望极高。他除开诊所全心为病患、产妇提供质优价低的服务之外，还做了很多社会工作，如招了许多五云洞乡民在农闲时来梅县修公路，他关心他们的生活，在家中组织娱乐活动招待这些乡民，让他们自强不息，自主自立。

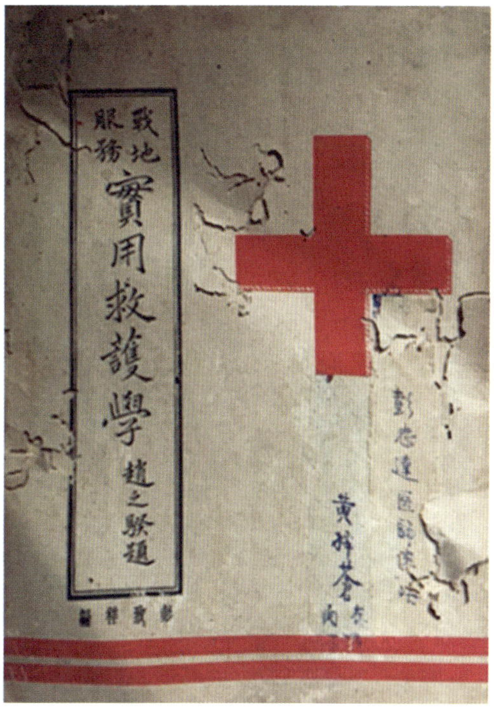

彭致祥主编的《战地服务——实用救护学》（彭淑牖供图）

梅江桥，桥下便是彭淑牖儿时和父亲、兄弟游泳的河流，顺流而下，直达梅江桥（彭淑牖供图）

彭淑干之子彭小会和夫人

这些进城的乡民后来逐渐扩大经营成立了营造厂（现在成为建筑公司），可以承建扩宽梅县的各种工程，甚至承包了梅江桥的建造。而这都得益于彭致达作为“中介”在政府部门与营造厂之间的良好沟通、互相信任。此外，他还帮助朋友创建“制冰厂”“摄影馆”等地方实业。

他帮助三个弟弟在松口、丙村、新铺墟开建诊所。兄弟的孩子们都在梅县上学，他都精心照顾，让大家衣食无忧。过往的朋友来到梅州，他都热情招待。每到周六，爱好音乐的彭致达都要在培元医院一楼举行“民乐演奏会”，与民间的民乐好手相约聚会。古筝、扬琴、胡琴、笛子……有时兴起，彭致达和五弟彭致祥也会操起板锯拉上一曲。悠扬婉转的民乐声吸引了很多人，店里店外挤满了邻里、过客、听众。一张长方桌上摆着点心、水果、香茶，供大家自行取用。

彭致达虽然平日分身乏术，但是只要有点闲暇时间，他要么带着孩子，约上几位朋友到梅县郊外的清凉山打猎；要么带着家里的童子军骑车到梅江上游，然后游到下游；甚至买了一艘小艇，艇尾装上马达，带着孩子们在梅江上垂钓。孩子们在彭致达这种高质量的陪伴下，个个出类拔萃。

彭致达和温尧琴共育有八个子女，其中有五个儿子（彭淑干、彭淑锐、彭淑力、彭淑牖、彭淑党）和三个女儿（彭淑兆、彭淑意、彭淑妥）。

彭致达和温尧琴夫妇（彭淑牖供图）

彭致达与小女儿彭淑妥

在孩子们的眼里，他们的阿爸无所不能，不仅医术高超、外语流利，而且兴趣爱好广泛，极有生活情趣；待人接物周到、细致，遇事冷静、沉稳，做事大胆、细心，讲求原则但也不缺乏灵活；对待子女极其耐心，绝不采用棍棒教育，也不会局限于口头教育，而会做到言传身教。出生于清光绪年间的他，身上极少有重男轻女的封建思想，反而对三个女儿宠爱有加。

为了打开孩子们的视野，多接触国外的一些优秀电影，他特地购置了一架手摇式电影放映机，让孩子们轮流手摇看电影。他热爱摄影，在三楼露台还单独开辟了一间照相馆，特地请画师画了一幅彩色田园风光和林荫小道的背景墙，有空的时候，他就给家人们拍照，有时候带着孩子们到户外采风。

彭致达告诉孩子们："Play while you play，Work while you work." 就是让孩子们将来长大后，工作的时候全力以赴，享受生活的时候就尽情享受。

妻子温尧琴，与他是同行，是一名远近闻名的产科医生。别看她温婉优雅，做起事情来可谓风风火火，颇有巾帼不输须眉的风范。此外，温尧琴还有一个梅县"第一人"称号，她是梅县唯一会骑车的女性，只见她经常骑着一辆白色的女式自行车，前面车篮里装着一个出诊箱，像个女飞人，快速自如地穿梭在梅县的各个弄堂小巷，行使着产科医生的神圣职责。

产科的工作大部分很紧急，为了第一时间赶到产妇家中，温尧琴特地买了这辆自行车方便出行，有时候半夜三更，也会有产妇家属前来搬救兵，她就骑车前往，家属在后面一路追赶。有时候遇到家境贫困的产妇，她连出诊金也免了。

因为温尧琴医术精湛，梅县各家公立医院在义诊时，都邀请她一起参与。温尧琴

儿女成群等待培育

温尧琴独照（彭淑牖供图）

也义不容辞，经常带着年幼的彭淑牖和彭淑觉一同前往。孩子们在一旁安静地等着阿妈义诊结束，然后跟着她在义诊医院自己开辟的一大块菜园里学习如何种菜。

温尧琴对每个孩子都爱而不溺，她与彭致达的教育观念是一致的，要在孩子走出去之前，给他们足够的磨炼和引导，让他们在离开父母之后好有能力打理好自己的生活，让他们能够面对各种诱惑与挑战，守住心中的底线。

平日若没有出诊的工作，温尧琴就是一个中国传统的贤妻良母，她把家里打扫得纤尘不染。但经常活干到一半，就会有紧急情况，家里人对此也都习以为常。为了方便楼上楼下联系转达紧急情况，彭致达索性装了两部电话，一楼有情况，马上电联二楼，做好准备随时出发。孩子们都已经习惯了二楼随时会响起的电话铃声，有时候趁爸妈换出诊工作服的空隙，他们主动帮忙准备出诊用的药箱子。

金杯银杯，不如产妇的口碑。温尧琴经常会收到家属们送来的蔬菜瓜果，每逢她接生的孩子满月时，家属都会虔诚地送来请柬，请她前来一起给孩子送祝福。温尧琴通常会备份薄礼，带一个家里的孩子一同前往。几个孩子中，彭淑牖去的次数最多，也因此在满月宴上偷偷学会了喝酒。

有时候在回来的路上，阿妈会告诉他一些产妇分娩的惊险故事。那一刻，彭淑牖总是用极其崇拜的眼神看着这位勤劳、温柔的阿妈。

年幼的彭淑牖目睹了父母亲行医救人的许多场景，一颗神圣的种子在他幼小的心灵深处悄然种下。

彭淑牖（小脚搁在帽子上）和兄姐弟

彭致达教彭淑觉写字

第四章

彭家八小将

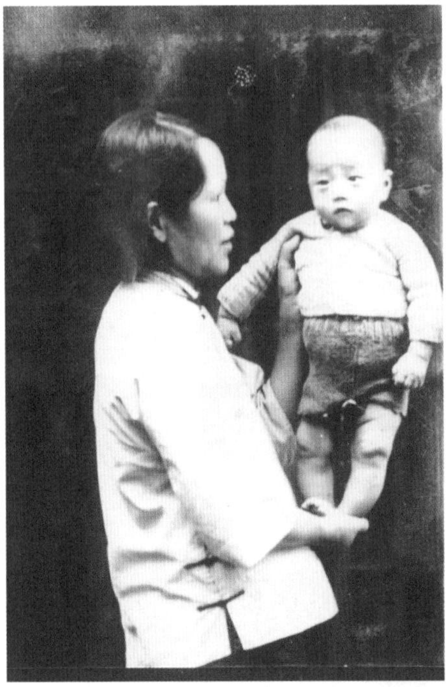
温尧琴和婴孩时期的彭淑牖，妈妈托着孩子的那双温柔有力的手，也托起了中国医学外科界的希望

“阿牖，你在做什么？”17 岁的彭淑锐放学归来，推开三楼卧室的门，发现和他同住一屋的彭淑牖，嘴巴噘得老高，都可以拴头牛了，手里还拿着一件物什，气呼呼地对棉被搞什么神秘动作。见二哥突然进来，他赶紧把棉被揉成一团，把手缩在身后，身体紧紧地贴墙靠着，眼神慌张地看着二哥。

彭淑锐疑惑地看着弟弟，好奇地走到床边，抓起棉被抖了抖，想看个究竟。结果刚一抖，好几团棉花从雾霭蓝棉布的被面一角飞了出来，飘在空中，有些还黏附在淑锐的头发上。被子密密实实的针脚也被淑牖拆得七零八散。

这床棉被是阿妈新近刚缝好的，棉花胎也是阿妈带着他们兄弟几个到棉絮加工店重新加工翻新的。阿妈说冬天快到了，南方的屋子湿气重，棉被变得又硬又潮。她索性把家里的棉被拆了再充点新棉花重新加工，这样盖起来蓬松、暖和。当时淑牖还抱着新缝制的被子说有棉花的香味呢，这才没到半个月，他竟然把棉被给扯烂了。

“说，怎么回事？你手里拿的是什么？交出来给我看看。”淑锐向弟弟伸出右手，稚嫩青涩的脸上神情严肃，一对剑眉凑在一起。他虽然只比淑牖大 7 岁，但是平时父母工作繁忙，无暇事无巨细地监管孩子，这个监管的任务曾经是大哥大姐的，现在大姐彭淑兆去苏州的东吴大学读书了，大哥和二姐在梅县的东山中学寄宿读高中，因此监管任务就落到他这个二哥身上了。

淑牖在二哥的盯视下，小嘴也不敢噘了，紧抿着嘴不说话，心虚地低头看着脚面，脚尖在地上前后磨蹭着，就是不肯交出“作案工具”。

“需要我自己来强拿吗？”淑锐忍着愠怒，声音分贝比刚才又高了些许。

“喏，给你！”淑牖听出哥哥语气中的怒气，思前顾后片刻，主动交出手里的破坏工具。

淑锐一看，是一把削铅笔的小刀，刀鞘与刀片的连接处还勾扯着棉花和棉线。

“说，为什么要破坏棉被，谁惹你了？”

“我同学喊我去踢球，可是阿妈不同意，让我作业写完再去，同学们就不敢再叫我了，管自己去踢球了，然后……”

“然后你就拿被子出气？”

“……”

“阿牖古，你都10岁了，怎么还跟街上两三岁的细佬仔一样不懂事呢？阿妈也是为了你的课业，你还要脾气，破坏东西。阿爸平日里教我们，遇事不要急躁易怒，管好自己的情绪。你都当耳旁风了？”

“……”

“今天这个事情，我不会和阿爸阿妈说，但是得罚你面壁2个时辰自省，晚饭不许吃。罚站结束后，自己把棉被缝好。不要辛苦阿妈帮你收拾烂摊子。”淑锐俨然一副兄长的威严模样，不容置疑。

淑牖自知错了，不敢有半句顶嘴的话，乖乖地走到靠窗边的墙壁，这样2个时辰不难熬。因为从窗户望出去，可以隐约看到美丽、宽阔的梅江，碧绿的江面像一块巨大的翡翠闪烁着粼粼波光。岸边的沙滩上，他的小伙伴们正在沙滩上踢足球呢。淑牖出神地远眺，心想过过眼瘾也好的，这样罚站也不觉得累了。

罚站结束后，彭淑牖开始了人生第一次的针线活。他并不知道，这一次无意中犯错后拿起的针线会伴随他一生，拯救无数生命。

二哥淑锐带领弟弟们做家庭作业

他在二哥的协助下，把被自己破坏的棉胎表面的棉线小心接好，并对照完好的被面，照葫芦画瓢折好被角，拿着一枚缝被子专用

1933年夏，彭松（前中）和彭致达（右一）、温尧琴怀抱彭淑牖与家人合影（彭淑牖供图）

彭致达、温尧琴夫妇和六个子女（后排中位为彭淑干，他左侧是彭淑锐，此时彭淑兆、彭淑意已外出求学）（彭淑牖供图）

彭家五兄弟叠罗汉（一层左起：彭淑干、彭淑锐；二层左起：彭淑牖、彭淑力；三层：彭淑觉）（彭淑牖供图）

的长针，一针一针地仔细缝合好，虽然针脚七扭八歪，但对于这个10岁的小男孩来说，已实属不易。这件小事过后，彭淑牖学会了戒怒，遇事学会冷静处理，虚心向哥哥姐姐们学习，把父母的家庭教育内化于心，外化于行，举手投足之间都显现良好的家风。

彭致达和温尧琴对八个子女都寄予厚望，竭尽所能让他们接受最好的教育。兄弟姐妹八个在梅县也被称为“彭家八小将”，外人对他们身上表现出来的品质素养赞不绝口。

时至今日，彭家八小将，只有老六彭淑牖和小妹彭淑妥还健在。在八个兄弟姐妹中，对彭淑牖影响最大的是大姐彭淑兆和大哥彭淑干。

大姐彭淑兆（1916 年 12 月 22 日—2013 年 8 月 26 日），排行老大。16 岁高中毕业于梅县广益中学，考上苏州东吴大学医学预科，后来到上海女子医学院读书、工作。在抗战时期，彭淑兆主动申请到安徽蚌埠行医，后来当地人感戴她的医德和医术，送给她一块赞誉的匾，这块匾挂在父亲在梅县的培元医院里，父亲也引以为傲。彭淑牖从小以大姐为榜样。1949 年，彭淑兆去香港大学执教，1971 年去英国皇家肿瘤研究院（Royal Cancer Research Center）工作直至退休。她具有病理学、哲学双博士学位，并被授予英国皇家病理学院（The Royal College of Pathologists）院士。

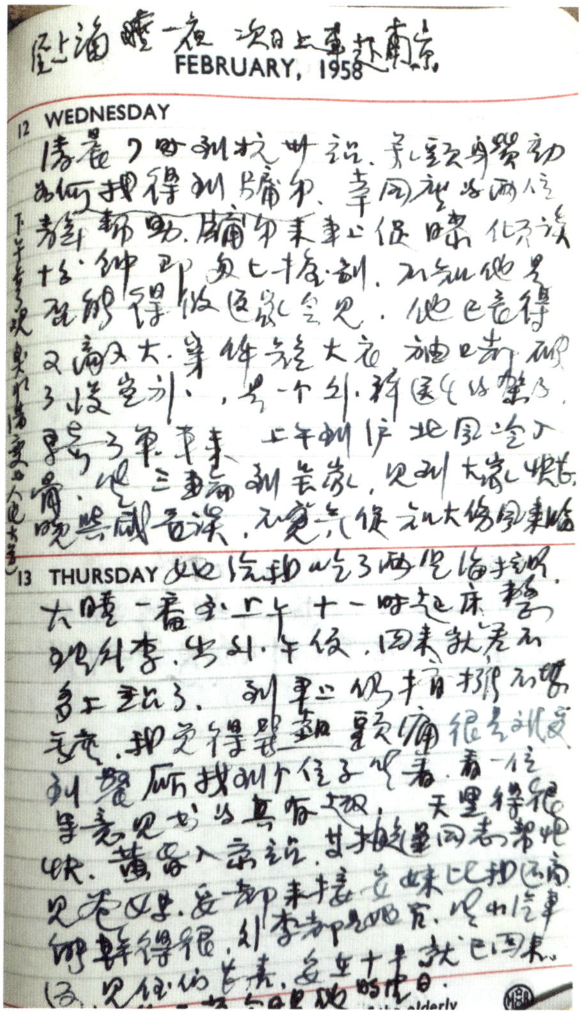

彭淑兆写于 1958 年 2 月 12 日和弟弟彭淑牖见面的日记（彭淑牖供图）

彭淑兆有写日记的习惯。1932 年 11 月 7 日，她在东吴大学一年级的一天，在日记的末尾写了一句：“今天母亲又生了个小弟弟。”这个小弟弟，就是彭淑牖。她对彭淑牖的一生有着重大的影响。

彭淑兆毕生专心科学研究，未事婚嫁。她一生都关心照顾着弟弟妹妹，所有的弟弟妹妹出国以及几位子侄出国都是她出资并吃住在她家，而且还资助陷入困境中的叔叔。

在彭淑牖高中时期，有一次小叔叔彭致祥指着彭淑兆取得病理学博士学位后戴着博士帽的照片，对彭淑牖说：“阿牖，你将来就需要这样！”彭淑牖看着照片上意气风发的大姐，心潮澎湃，暗暗下决心，一定要以大姐为榜样，好好学习，将来成为和姐姐一样优秀的人才。

二姐彭淑意（1921 年 3 月 9 日—2012 年 3 月 8 日），排行老二，中国

大姐彭淑兆东吴大学毕业回家，抱着牖弟（彭淑牖供图）

彭淑牖与彭淑兆人生最后一次合影

九三学社社员。1949 年 8 月毕业于华西协合大学医学院，获美国纽约州立大学医学博士学位。1949 年 9 月到四川医学院内科及内科教研室从事临床医疗及教学工作。1977 年，转入科研科承担《临床医讯》(现《华西医学》) 的编辑及选稿工作。1982—1985 年，赴英国伦敦大学医学院留学，进修学习内分泌专业方面知识，同时参与该校内分泌方面的门诊教学及实验室工作，并获“荣誉研究员”称号。此后，彭淑意一直从事《临床医讯》的翻译、编辑、审校，以及专业英语教学、教材编辑等工作。历任内科教研室助教、讲师、副教授、教授。彭淑牖回忆，当年考上大学的二姐要去四川成都报到，出发之前，发现自己的行李不见了。原来是彭淑牖不舍二姐远行，就把她的行李藏在全家人都找不到的地方。彭淑意得知是阿牖弟弟舍不得和姐姐分开才把行李偷藏起来，她疼爱地搂抱着弟弟说：“阿牖古，姐姐晓得你难受。但是姐姐已经买了出发的车票，后天就要走了，如果没有行李，姐姐在学校里就无法安心学习了。”彭淑牖这才主动把行李还给二姐。这段姐弟情深的一幕让彭淑牖铭记了一生。

1933 年，二姐彭淑意怀抱还在襁褓中的彭淑牖，左边两个男孩分别是大哥彭淑干、三哥彭淑力(彭淑牖供图)

大姐和弟妹们(意、干、锐)

大哥彭淑干（1923年5月25日—2009年7月8日），排行老三。高中就读于梅县东山中学，这是一所享誉海内外的重点学校，创建于1913年，是叶剑英元帅的母校。1941年，彭淑干以优异的成绩考取国立上海医学院，毕业后留在了上海中山医院工作。1951年，中山医院被要求派一名外科医生支援南京八一军区医院建设，彭淑干自愿报名前去支援。1957年，他随中国医疗队进入朝鲜，参与战后朝鲜的善后医疗救济。1958年从朝鲜回国后，彭淑干又再次响应新中国历史上第一次浩大的举全国之力的援疆壮举，带着妻儿，奔赴千里之外的克拉玛依油田511医院（现为新疆克拉玛依市中心医院），担任该院的外科主任，3年后任该院副院长。

据他和彭淑牖的书信往来记录，当年克拉玛依的气候和卫生条件极差。那时候真的是“没有水，没有草，鸟儿也不飞”“垃圾靠风刮，污水靠蒸发”，而且经常一刮就是8级以上的大风。彭淑干隔四五年才能回来一次，每次都要到杭州看望弟弟彭淑牖，而且会买很多塑料花带回新疆分给同事们。在戈壁滩上，

慈母温尧琴与意姐及仁、圣、文、钢、会合影，其乐融融

彭致达、温尧琴与长子彭淑干（左一）、次女彭淑意（右一）、小女儿彭淑妥（右二）及外孙丘希文在成都（彭淑牖供图）

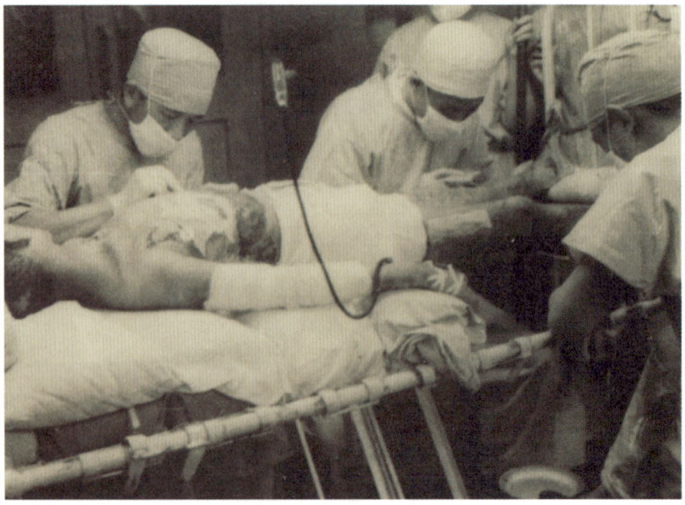

1963年，彭淑干为全身灼伤患者换药，当年的专用多板床为彭淑干设计

这些塑料花权当绿植了。

童年的彭淑意、淑锐、淑干在梅县骑母亲的自行车

艰苦的环境随着油田的发展也一天天好起来，在彭淑干和副主任邵德的带领下，外科开展了急诊抢救、颅脑外伤手术、心脏二尖瓣分离术、剖宫产术等多项手术。高超的医技在北疆地区打响了名气，彭淑干也因此经常被邀请到周边地县会诊、做疑难手术。新疆地域广阔，有些两地之间相隔上百里甚至千里，但是彭淑干对此从未抱怨过。

这一待就是20多年，在那片风沙漫天的苍茫戈壁滩上，彭淑干挥洒着生命的热血和激情，一心一意扑在病患的救治工作上，把一生都奉献给了克拉玛依油田，并和当地的老百姓建立了深厚的感情。

有一次，彭淑干胃大出血需要输血，当广播向市民发出紧急通知后，一下子有几百名市民来到医院门口排队自发献血，都说要保住这位好医生。

这件事对彭淑牖的影响十分深远，大哥对患者的无私奉献精神是他一生要学习的榜样。

二哥彭淑锐（1925年8月23日—2019年4月17日），排行老四。高中毕业前被少年空军学校录取，毕业后被送往美国培训3年，后来一直在上海的空军部队当飞行员，驾驶巨型运输机。当他回国时，正逢父亲彭致达买了一辆二手小汽车。生性好动活泼的他带着彭淑牖开车上街，结果他把汽车当飞机开，汽车在狭窄的道路上疾驰，差点撞到行人，把彭淑牖吓得够呛，好长一段时间都不敢坐车。直至后来，彭淑干从上海回来，手把手地教彭淑牖开车。彭淑牖笑谈，他15岁就开始无证驾驶了。

1949年，在上海解放前夕，彭淑锐被迫与国民党部队一起飞往台湾。1950年，他从空军部队转业。之后举家离开台湾，一直定居在美国洛杉矶。彭淑锐此去一别半个世纪，于20世纪90年代初才回到祖国与亲人团聚。

三哥彭淑力（1930年12月25日—2019年11月2日），排行老五。高中毕业考取了南京水利学校，毕业后在南京水利局工作。后因杰出的体育天赋被中国登山队挑走，1958年进藏，在中苏登山队担任俄语翻译。后因体力超人，他被安排担任登山队的开路工作。20世纪60年代，《人民日报》发过两次号外，一次是我国自行制造的第一颗原子弹爆炸成功，另一次是中国运动员登上珠穆朗玛峰。

1960年5月25日黎明4时20分，王富洲、贡布、屈银华三人克服种种艰难险阻，将红旗插上了世界最高峰——珠穆朗玛峰，完成了人类历史上首次从北坡登顶珠峰的

彭淑锐夫妇、堂兄彭淑宏（左一）、二女儿彭恩惠（右一）2009 年在美国家中（彭淑牖供图）

壮举。据中国登山队首任队长、中国登山协会首任秘书长史占春回忆，为了让王富洲、贡布等人成功登顶，彭淑力和许竞、刘大义三人侦察小组在前面开路。他们大胆地使用了冰雪作业和岩石作业相结合的复杂的攀登技术，依靠自己敏锐的双眼，透过重重艰险和困难，找到了安全的路线；依靠自己手里的冰镐，在坡度陡峻的冰面上，刨出一级级平平的台阶；拉起牢靠的保护绳索，在宽阔的冰裂缝上，搭起了一座座“桥梁”；在垂直的冰墙雪壁上，挂起一架架轻便的金属挂梯，开辟了一条安全而畅通的天路，打开了珠穆朗玛峰的“大门”，协助队员成功登顶珠峰。据《贺龙传》记载，由于天气极其恶劣，中国登山队的第三次适应性行军遇到了困难，队员们付出了不小的代价。彭淑力出现了较严重的冻伤，没能继续攀登，1961 年，经调养后返回南京工作。1975 年，45 岁的彭淑力作为当时中国登山队最年长的队员再次攀登珠峰，他利用自己丰富的经验，将年轻的后辈队员带到了海拔 8200 米的珠峰基地。2010 年，耄耋之年的彭淑力带女儿再次重游拉萨，他风趣地说：“对我来说，高原反应是个传说！”彭淑力走遍了拉萨的大街小巷，寻找年轻时的足迹，回忆美好的往昔。老当益壮的彭淑力对女儿说：“我身体没有什么不适，明年一定要去珠峰大本营看看！”

彭淑牖，1932 年 11 月 7 日出生，排行老六。

彭淑锐和小妹彭淑妥（彭淑牖供图）

锐、力、觉三兄弟抱着妹妹淑妥（彭淑牖供图）

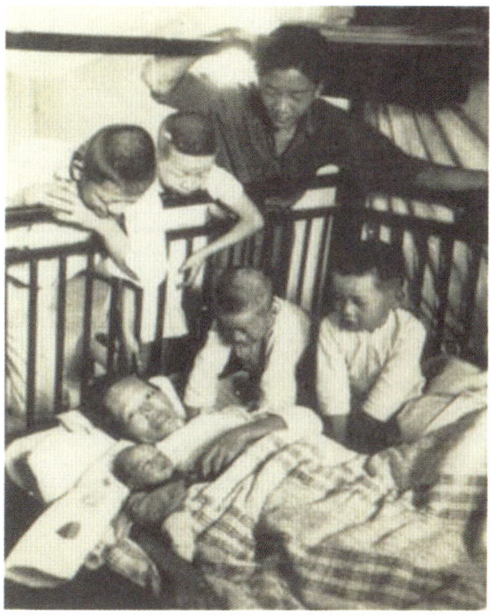

彭家五兄弟欢喜迎接小妹妹淑妥出生（彭淑牖供图）

彭淑力攀登珠峰纪念照（彭淑牖供图）

三哥彭淑力和女儿彭小青在西藏（新华网）

小弟彭淑觉（1934 年 8 月 19 日—2014 年 12 月 16 日），排行老七，中共党员。1957 年毕业于上海医学院。毕业后服从国家分配，到河北唐山铁路医院（现唐山工人医院分院）工作，成为一名放射科医生，后任放射科主任。1985—1987 年留学英国，进修学习介入疗法，回国后在医院开展，为 20 世纪 90 年代之首创。1991 年获北京铁路局劳动模范。

小妹彭淑妥（1940 年 10 月 27 日出生），排行老八，中共党员。在梅县读完高中后，考取上海师范大学，后来成为上海师范大学第三附属中学的一名数学教师。1990 年 4 月—2001 年 1 月担任上海市虹口区副区长及政协副主席。2000 年退休。

1986 年 7 月 2 日，身在伦敦的彭淑觉（右二）替彭淑牖出席英国女王为英国皇家医学会新总部揭幕仪式，照片为英国女王与参会者会见交谈时被记者拍下（彭淑牖供图）

彭淑妥与爱女黎晴（1975 年）

彭淑妥与丘希仁

四只猴子：彭淑牖、彭淑端、彭淑勤、彭淑正

第五章

童趣小学

梅城镇中心小学，创办于清光绪三十一年（1905年），是梅县师资水平和教学设备最好的一所小学，现名为梅州师范学校附属小学。

彭致达的培元医院门口有一个小斜坡，走过斜坡左转弯，进入一个弄堂，就是梅城镇中心小学了。学校教学楼是一幢三层砖混结构的西式风格建筑，外墙涂了米黄色的涂料。楼下的天井中间是一个造型优雅的金属旋梯，也通往教学楼的每一层。校园围墙周围种了一排高大的木棉树，时值初秋，树叶黄中泛着绿，在湛蓝天空的映衬下，如一位位美丽的仙子在微风中摇曳起舞。

9月开学季的第一天，学校门口人头攒动，洋溢着欢声笑语。学童们在父母亲的陪伴下陆续进入学校。力、牖、觉三兄弟从五云洞乡下归来后，彭致达夫妇把他们安排到了梅县最好的小学。夫妇俩对孩子们的教育非常重视，在开学前的一段时间里，他们要求三兄弟在家每天练字，要求字写得工整好看。尤其是彭淑牖，他的“牖”字，总笔画有15画，彭致达要求每一笔画都要写好，当阿力和阿觉写了好几遍自己名字时，阿牖还在写那个复杂的“牖”字。

彭淑牖也好奇，为什么家里这么多孩子，就他的名字最难写，他有时甚至会抱怨，同学们好几道题目都做完了，他还在一笔一画地写着自己的名字。

他问父母自己名字的来由。彭致达告诉他，1932年11月7日，彭淑牖出生的那天，正值立冬日。在梅县小住的爷爷彭松坐在窗边晒着暖阳，翻阅老子的《道德经》，听闻孙子出生，老人家欣喜不已。彭致达请父亲给这个刚出生的小男孩取个名字，彭松说容他想想。于是，他便顺手又反复研读刚读完的《道德经》第十一章：“埏埴以为器，当其无，有器之用。凿户牖以为室，当其无，有室之用。故有之以为利，无之以为用。”（释义：和泥制作陶器，有了器具中空的地方，才有器皿的作用。开凿门窗建造房屋，有了门窗四壁内的空虚部分，才有房屋的作用。所以，“有”给人便利，“无”

发挥了它的作用。)

彭松站在窗边仔细琢磨了许久，然后用手轻拍着窗台，对彭致达意味深长地说："最近连续几日阴雨绵绵，今天是立冬日，一早就有这么好的阳光从窗户照进来，是个好兆头。也许，这个孩子将来长大了不简单啊，带给人温暖。他是'淑'字辈，那就取名叫'牖'吧，'牖'是'窗户'的意思，和基督教的荣神益人有相通之处，都是为帮助他人开启一扇希望之光的窗户。"

听完父亲彭致达的解释后，小淑牖从此喜欢上了自己这个有独特含义的名字，撇、竖、横、点每一个笔画都更加认真到位地书写。在开学前，他已经写得一手漂亮、工整的钢笔字。

今天，温尧琴也带着三兄弟到学校报到，三兄弟手拉手一路蹦蹦跳跳。这个学期，三个人分别要上小学二、四、六年级。母亲在校门口轻声叮咛孩子们要用心读书，听老师的话。三个孩子忙不迭地答应，和母亲道别后，迫不及待地直奔校园。新的校园比乡下的更美，操场上有很多可以玩耍的东西，他们都看得心痒痒的。

彭淑牖跑得最快，他直接冲向旋梯，一路小跑上楼梯到二楼。他喜欢这个楼梯的造型，堪比一个大滑梯，虽然只能走不能滑，但比乡下的巨石好玩，这弯弯绕绕的体验很有趣。每天下课后，彭淑牖总是第一个冲出教室，在旋梯上跑上跑下，乐此不疲。有时候，他就蹲在楼梯脚下往上看，琢磨着这个旋梯是怎么造出来的，研究入神的时候连上课铃声都没听到。时间久了，同学们也见怪不怪了，都觉得这个旋梯是彭淑牖最好的玩伴。而在老师的眼里，虽然这个孩子成绩一般，数学还偏弱，但是淑牖的好奇心特别强，除学习课本知识外，他尤其对教室外面的各种东西充满兴趣，经常会向老师发问"一万个为什么"。小淑牖有时上课会走神，趴在窗台上观察窗外树上的小鸟是如何轻盈地在树间跳跃鸣啭的。这时候，老师也不会加以训斥，而是善意地提醒这个小男孩好收神了。

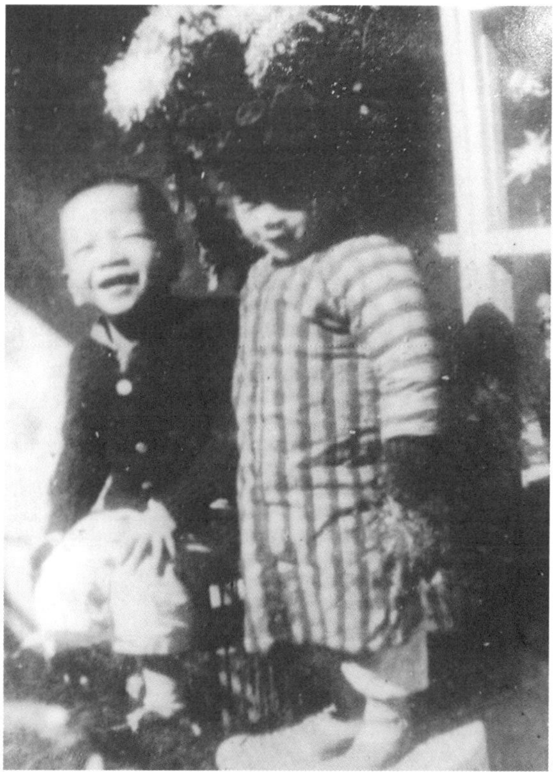

彭淑力(左)、彭淑牖(右)

彭淑牖在小学期间并没有什么要好的朋友，他下课就忙于"研究"旋梯和自然界的各种小生物；而每天放学后，"力牖觉"

这个小团体就一路小跑，回到离学校只有50米远的培元医院，那里有他们的儿童文库在等着。三兄弟最爱看《西游记》《封神榜》连环画，还有《白雪公主》《一千零一夜》《格林童话》。后来，父亲又托人陆续购买了商务印书馆出版的好几套《儿童文库》。

彭致达有时见孩子们宅家读书不出门，就主动把他们“赶出”家门，让哥几个到户外去撒欢，尽情释放孩子的天性。他在百忙之中还特地去买了一个小皮球，让孩子们一有空就在沙滩上光脚板踢球。几个孩子无拘无束地在大自然中尽情玩耍，每天回家都跟一个个小泥人似的，汗流浃背，父母亲看了反而很满意，说男孩子就应该这样玩。

大哥彭淑干每个周末从学校回家，就带着弟弟妹妹们在沙滩上进行各种体育活动。他们自己用三根棍子搭建跳高器械。大哥耐心地示范，彭淑牖在哥哥的指导下，学会了撑杆跳、单双杠倒立、跳绳等。

彭淑干是属于德智体美劳全面发展的模范，学业、体育、音乐样样都很出彩。他喜欢吹口琴，没事时就给弟妹们吹几首曲子。彭淑牖跟着大哥学习乐谱，后来看人家拉小提琴的样子很帅，尤其那些美妙的音符在琴弦上缓缓流淌着，时而高亢激昂，像涨潮时的海水拍打着海岸；时而委婉低沉，如泣如诉，像年老的慈母呼唤着久别的孩子。彭淑牖听得着迷，和父亲说自己想学小提琴。彭致达欣然同意，为他购置了一把小提琴，并请人上门专门指导。

家庭音乐氛围浓

彭致达对每个孩子都是满满的爱，对精灵古怪的阿牖尤其欢喜。他发现阿牖和少年时期的自己很像，学习能力强，胆子很大，敢于尝试新事物。

有一次，彭致达来了兴趣，说要带阿牖和阿力兄弟俩去梅江学习游泳，结果阿牖得意地告诉他，自己已经学会游泳了。彭致达十分诧异，这孩子啥时候学的。原来，彭淑牖带着弟弟彭淑觉和其他几个小男孩，在梅江的一条支流一起学的游泳。他起初站在河边，仔细看人家怎么游，请教如何换气。接着，他趴在浅水区把脑袋钻进水里，学着狗爬式划水，觉得有点把握了，他决定下深水区实践一下。

“阿觉古，不要怕，你先看我怎么跳，就这样。”只见彭淑牖深吸一口气，飞身一跃，噗通一声跳进河里。其他几个小男孩也争先恐后地跳下来。彭淑觉看大家玩得惬意，也就忘记了胆怯，眼睛一闭，跟着下水了。就这么在水里划拉划拉着，竟然学会游泳了。

彭致达看着眨巴着眼睛等他夸奖的淑牖：“嗯，胆子确实大了点。但是，你自己还没完全学会，就拉弟弟下水，这个要批评你一下。不过，阿爸也是这么学的游泳。”阿觉还跟彭致达“告状”哥哥的大胆，说在乡下的时候，每次稻子收割后，阿牖哥经常和那些孩子们从上一层梯田跳到下一层，高高的落差，他竟然一点也不怕，还能稳稳地站在稻田里。他每次就趴在田埂上，提心吊胆地看着哥哥跳。

彭致达宠溺地摸摸阿牖的小脑袋：“你啊，真不愧是一只小猴子，皮哟。”家里养了一只猫头鹰，彭致达买了一把气枪，到林子里打鸟给猫头鹰当口粮。阿牖对这支气枪很感兴趣，时常跟在父亲身后去打鸟，彭致达索性放手让他试一试。结果，阿牖拿着气枪有模有样，架起枪，眯着眼，瞄准目标，毫不怯场。之后，阿牖就成了这只猫

浪里高手彭淑牖

头鹰的"御用饲养员",每天放学快速写完作业,然后就到林子里打鸟。完成喂食任务后,他便抱着皮球到沙滩上练习踢球。自从看了一场精彩的足球比赛后,他对踢球产生了浓厚的兴趣。

1941年秋天,球王李惠堂率五华队来梅县邀请强民队比赛,彭淑牖的二哥彭淑锐和堂哥彭淑巍正好是强民队的队员。是日下午,球迷挤满了公共体育场。彭淑牖忘带钱买门票,于是就翻墙爬进体育场观赛。体育场里人山人海,也没人关注到一个翻墙而进的小不点。

彭淑牖进来后,直接走到球场的球门右后方,盘腿而坐,观看场上已经白热化的比赛。他睁大眼睛,看着李惠堂的脚如有磁力一般,将足球运传自如。尤其是进球的那一瞬间,他明明看着球在他脚下是直线飞向球门的,离球门还有十米远的时候,球竟然神奇地由直线变成一条弧线,稳稳地进了球门。彭淑牖看得目瞪口呆,尽管对方进了哥哥球队的球门,但他还是使劲地为球王炉火纯青的球技鼓掌叫绝。

从此,体育课成了彭淑牖最喜欢的课。每次体育课上,他就赤脚和大家练习踢球。课外很多时间他也花在了体育运动上,好在小学的课程并不多,语文、数学、英语,还有一门常识(其实就是小学版的科学)。他和其他天性调皮好玩的孩子一样,考试的原则是六十分万岁。当然,每次体育课的成绩都是优秀。

父母亲忙于工作,让孩子们自觉写日记,他们不定时翻看一下,了解孩子们的学习情况。每次看到彭淑牖的日记,基本是三天打鱼两天晒网,记的都是流水账。父母也不在意,只要孩子行为端正,学习习惯好,他们相信都能成才。

对于这几个孩子,彭致达夫妇静待花开。

第六章

笃学梅州

“丁零当啷”金属碰撞的声音从彭致达的小手术室里传出来。正好放学回家的彭淑牖再次被这个声音吸引住了，他停住脚步，趴在门上，透过门缝往里看。

只见彭致达和助手全副武装，戴着棉布厚口罩、白色的手术帽，穿着白色的手术服。两人正聚精会神地做手术，一个五六岁小孩模样的患者躺在手术床上。彭致达眼睛一直盯着手术野，径直向右侧方伸出右手，轻声说了句“手术刀”。

一把明晃晃的剪刀，“啪嗒”一声，快速递到他的手心。无影灯下，只见银光一闪，刺眼的光芒让门外的彭淑牖似乎感觉到了这把剪刀冰凉的温度，他下意识地脑袋往后缩了一下。只见彭致达将明晃晃的手术刀快速伸进孩子的口腔里面，飞快地一拉，鲜红的血就渗透了纱布。

彭淑牖不敢看下去了，赶紧蹑手蹑脚地逃开了。他心有余悸地跑到楼上问妈妈，爸爸在做什么手术。

妈妈微微一笑，说：“你阿爸在给一个孩子做唇腭裂修复术呢。”

“什么叫唇腭裂？”彭淑牖不解地挠挠头。

“就是咱们老百姓说的兔唇，喏，就是这个地方有个裂缝。”温尧琴用食指点了点上唇。

“阿爸这么厉害，这个手术也会做啊！我以为阿爸最厉害的技术就是给那些霍乱患者输液，把他们救回来呢。”彭淑牖对父亲的崇拜又多了一重。

据梅县大事记记载，1943 年，霍乱在梅县流行。彭淑牖记得曾经有一个上吐下泻、奄奄一息的人被抬进诊所。彭致达给患者打了点滴之后，他的症状很快得到了缓解。但若不及时救助，他可能很快虚脱、休克甚至死亡。

“你阿爸是教会医院的医生带出来的全科医生，中西医都会看，有时候也会用手术刀做一些门诊小手术。比如你今天看到的唇腭裂修复术，还有阑尾切除术，一些小

中学时期的彭淑牖（彭淑牖供图）

伤口的缝合啦。当然，大手术还得去黄塘的德济医院做。"

"我和阿力、阿觉去德济医院的花园里玩过。那里有个高个子德国医生，手臂上都是金色的汗毛，鼻子高高的，眼睛是灰蓝色的，可严肃了。我们每次看到他，都吓得躲起来。"彭淑牖兴致勃勃地用手比画着那个高个洋医生。

"阿牖，赶紧去写作业啦。再过半年，你就要从广益中学毕业啦。希望你能如我们所愿考上东山或者梅州中学。"温尧琴虽然平时对孩子的学习成绩并不特别重视，但是和天下所有的父母一样，都希望孩子能通过自己努力进一所能看见不同人生的好学校。

1946 年秋，彭淑牖从梅城镇中心小学毕业，考入了基督教会创办的广益中学（现梅州市梅县区广益中学）。广益中学创办于 1913 年，目前仍是梅县区一级学校，培养了钟惠澜、梁春广、张荣荣三位院士。其中，钟惠澜院士原籍广东梅县雁洋堡丙村，1916—1921 就读于广益中学，曾任北京协和医院内科学教授、北京大学人民医院院长、《中华医学杂志》（英文版）总编辑、《中华内科杂志》总编辑、中华医学会副会长等；1957 年，由周恩来总理点名指派，担任中苏友谊医院（现首都医科大学附属北京友谊医院）院长；1978 年，创立中国第一所研究热带病的科研机构——北京热带医学研究所，并任所长。

这所教会学校离家只有 500 米。除一座被花草树木簇拥的三层教学楼外，东边的翼楼作为教堂使用。彭淑牖一家都信奉基督教，温尧琴是虔诚的教徒，每周日上午她都会带着孩子们去这个教堂做礼拜，唱圣诗。教学楼的二楼有一间与众不同的展览室，里面陈列着一只老虎的标本，平时都锁着门。据说这只老虎是彭淑牖的父亲彭致达在梅县东南方的清凉山上打猎所得，并制作成标本送给了广益中学，作为学生们科学课的一个生物标本。彭淑牖第一次看到这只栩栩如生的老虎标本时，对文武双全的父亲更加崇拜得五体投地。

相比于小学，广益中学作为教会学校，校规非常严，不仅对学生有成绩要求，而且对学生有很高的礼仪要求。初中三年，彭淑牖从小学的散漫自由状态慢慢走出来，内心有了些许紧迫感，他也开始收心，把精力用在学习上。付出就有回报，他的学业成绩一直保持在中上水平，尤其对原先学之乏味的数学也逐渐有了兴趣。

在初中时期，学校老师经常会组织学生们上街义演宣传抗日。彭淑牖是歌咏队的一员，有时候他会给家人声情并茂地朗诵抗日救亡主题抒情诗《黄河颂》，他把诗人光未然那种澎湃的爱国热情用自己纯真的少年情怀淋漓尽致地演绎着，家人们受他的情绪感染，也跟着一起深情吟唱："我站在高山之巅，望黄河滚滚，奔向东南。金涛澎湃，掀起万丈狂澜，浊流婉转，结成九曲连环……"

彭淑牖的父亲和叔叔、姑姑们也一直致力于为抗日一线医疗队提供大后方的医疗援助。彭致达通过医师公会的平台和资源，不遗余力地协助抗日游击队的医疗队采购各类药物和器械，他一直和医疗队保持密切的联系。彭致达甚至曾只身一人穿过日军的封锁线，以医师公会会长的名义赴香港购买一些内地稀缺的药品。

彭淑牖有一次担心地问爸爸："阿爸，您这样做，不怕给自己带来麻烦吗？"

彭致达指着培元医院门厅的那对楹联"安得大裘覆天下　先求高雨及公田"，语重心长地说："有国才有家！国家存亡，匹夫有责！国难当前，你不能仅仅当一个孤立的出类拔萃者，而是要把自己紧紧融入这个国家中。好比我们这幢小楼，其中的每一块砖头唯有在整体中才具有自己的意义。"

彭淑牖肃然起敬，父亲这样的家国情怀让他动容。

时隔很久，彭淑牖的心里依然充满着父亲的言行所激起的直接回响，他似乎一夜之间长大了。他暗暗发誓，想要成为父亲那样有担当、有情怀的人。就像一棵年轻的树苗，迄今一直在缓慢、平和地成长着，突然，他似乎在某个不可思议的时刻悟到了自己的成长规律。

1945 年 8 月 15 日，日本宣布无条件投降，抗日战争胜利。1945 年 9 月 2 日上午 9 时，标志着第二次世界大战结束的日本投降签字仪式在停泊于东京湾的密苏里号主甲板上举行。据梅县大事记记载，1945 年 9 月 3 日，当日本无条件投降的消息传到梅县时，全县城乡万众欢腾，纷纷集会庆祝，晚上举行了火炬化装大游行。

那晚，彭致达一家人也举家欢庆，他格外高兴，含着热泪罕见地喝了不少酒。

1946 年秋，彭淑牖以优异的成绩考取了梅州学校（现梅州市梅江区梅州中学），他的生活层次发生了重大改变，他跨出了对自己毕生发展具有决定性意义的第一步。

梅州中学创建于 1904 年，清末著名外交家、诗人黄遵宪是创办人之一。学校培养了叶剑英元帅（之后转入东山中学），培养了中国远征军副总司令黄琪翔和四行仓库保卫战的抗日名将谢晋元、张榛盛、陈斐琴等 40 多位将军，培养了江欢成、张楚汉、廖万清等 8 位中国科学院、工程院院士。

曾任梅州中学校长的李时可（1891—1946 年），字良楷，是梅县著名教育家。早年毕业于日本高等师范学校数学系。在李时可初掌梅州中学校务期间，正值梅州中学创办不久，学校领导体制诸多变更，他苦心积虑，努力办好学校，为该校的巩固发展和校风的形成做了大量工作，深得社会人士的好评和师生的拥戴。在抗日战争期间，学校经费紧张，办学困难，而他推行战时教育，指导学生为战时后方服务。他又推动地方爱国民主抗日运动，普及民众文化知识。他办学作风扎实，公而忘私。他善于罗致人才，在职期间先后聘请孙波庵、黄海章、孙城曾、梁伯聪等大批饱学之士来校任教，保证了各科质量。

在得知彭淑牖被梅州中学录取后，平素不喜所谓的人情世故的彭致达，亲自带着儿子去学校拜见李时可，希望这位老校长给儿子未来的学习生活指点迷津。虽然当年2月，李时可因为健康原因已辞去校长职务，但是他的声名和威望在梅县百姓的心中丝毫不减。

彭致达面对老校长的态度非常诚恳、恭敬、谦卑。这让彭淑牖觉得自己何其幸也，虽然父亲平素极少过问自己的学习情况，但总在关键时刻出现，对自己的未来给予了厚重的期望。

李时可是一位严肃少言又特别务实的教育工作者，师生们都对他敬重有加。他看着稚气未脱的彭淑牖，语重心长地说了一番话："孩子，作为老师，我有三点想对你说。其一，你读书的宗旨要正大。三年时间很短，希望你能爱惜光阴，孜孜求学。眼下国家贫弱，内忧外患，你要立志为中华之崛起而读书才可。其二，砥砺德行，品行不可以不严谨对待和修养。不可善小而不为，不可恶小而为之。其三，尊敬师长，同学之间坦诚相见，互帮互助，共同成长。我相信学校的每一位老师都会用心守护你们的成长。"

李时可面对这位即将入学的莘莘学子，以真诚、严肃的态度讲述了如何求学、做人、处事，其中饱含着对国家、民族的深沉热爱和忧患意识，以及对学生的关爱和祝福。彭淑牖满怀敬意地看着这位身形瘦削、脸颊凹陷但威严不减的老校长，听着他富含深意的叮咛，不停颔首致谢。遗憾的是，当年10月，李时可老校长因病去世，梅县群众和梅州中学的师生们闻悉后，纷纷挥泪送别。

彭淑牖开始了在梅州中学的寄宿生活。虽然这里的食宿条件不比家中，但是他非常享受高中生活。他在这里结交了许多好友，同寝室的杨铭盛和他深厚的毕生友谊在此萌芽，两个人每天一起学习，一起运动，一起探讨人生的意义，共同进步，成了无话不说的挚友。

各科老师也给他留下了深刻的印象，尤其是化学老师曹老师。曹老师非常幽默，他力求"深入浅出"，把抽象的化学知识表达得通俗易懂、生动有趣，让学生接受、领会化学，进而深入理解化学。彭淑牖尤其钟爱这门课，他准备以后学化工，致力于工业救国。

此外，物理老师也知识渊博，善于把生活中的物理现象融入教学中，他用自己丰富的情感激发学生的学习兴趣，把枯燥乏味的物理课上得笑声不断、富有磁力。

梅州中学优秀的老师和深厚的文化底蕴使彭淑牖置身于一种良好的文化氛围之中，文化的影响力可以让人形成一种学习知识的内在原动力，进而形成自己的文化品位、事业追求及精神形象。

经过三年高中生活的洗礼，彭淑牖褪去了孩提时的稚气，逐渐走向成熟，他靠实力崭露头角，靠实力一路领先，他从一个懵懂的少年成长为一个立志报国的青年。

1949 年初夏，彭淑牖参加高考，尽管是酷暑难当的夏日，但他将这些外界环境所带来的困扰都置之脑后，专心备考，在考场上发挥顺利。高考结束后，已经在香港大学执教病理学的大姐彭淑兆写信给彭淑牖，让他赴港参加香港大学的入学考。当时梅州中学的学子可以直接报名参加香港大学的入学考。彭淑牖了解到香港大学的考试全部是英文，他自信自己的英语不错，便欣然前往。

但当他拿到卷子一看，顿时蒙了，仅语文的卷子就是文言文翻译成英文，英文翻译成中文，其他科目也是全部清一色的英文题目。

结果可想而知，但彭淑牖也释然，至少尝试了一次。

从香港回来，正好高考成绩出来了，他的成绩可以上燕京大学、国立中央大学等一流学府。而在填写志愿上，彭淑牖陷入了两难的境地。一直以来，他就想学习工业救国，所以也一直钟情于化工学科。父亲彭致达则希望他能学医救人，悬壶济世。

这时，已经在上海中山医院工作的大哥彭淑干打电话回来，让彭淑牖去上海。大哥是彭淑牖最敬重的兄长，于是便没有一丝犹豫，立即动身去了上海。

彭淑干和弟弟一番促膝长谈，分析了目前国内落后的医疗现状，建议他听从父亲的建议，学医救人。

“大哥，读高中的时候，我就喜欢翻看报纸杂志，知道中国很需要发展工业，就想学工科，比如机电、化学，我对这些的兴趣很浓，而且这次也被燕京大学化学系录取了，正好堂兄淑巍哥也在燕京大学，我们可以做伴。”彭淑牖有点犹豫。

“我能理解你的想法，你想工业救国。但你试想，没有强健的体魄，如何去抵御外物强敌？我们这个国家，这些年积贫积弱，内忧外患，唯有一个个强大的个体汇聚在一起，才能顶起国家的强盛。

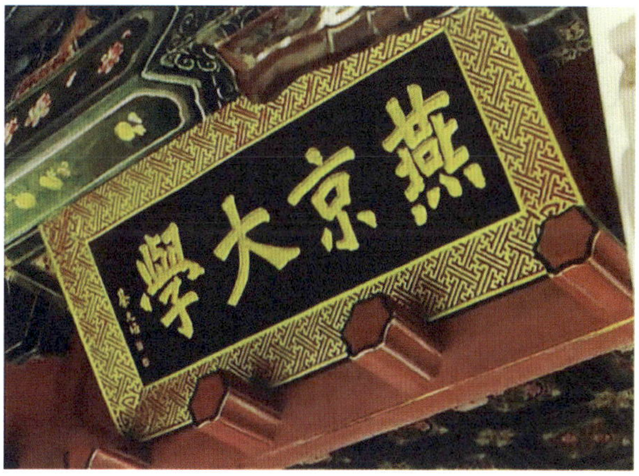

彭淑牖供图

我们不仅要锻炼自己的体魄，而且更要尽己所能提高国人的身体素质，让百姓远离疾患。白求恩医生的故事你肯定读过，他不远万里来中国，救助咱们中国人。救死扶伤是医生神圣的天职，荣神益人，这也是阿爸让你学医的初衷。”彭淑干看着若有所思的弟弟：“我希望你再考虑考虑。当然，无论你选择哪个专业，我们都尊重你的决定。”

“哈哈，顺便说句题外话，燕京大学是自费的，国立中央大学医学院可以公费。当然，你要自费读，我们也全力支持你攻读。若是学医，家人更是倾举家之力助你成材。这个医院资源放眼望去，我自信我们家足够深厚。父辈和大姐、二姐等毋庸说了，连大堂兄彭淑度医生也来信关心你的专业选择事宜呢。你也知晓，他 1942 年从上海医学院毕业后，一直在抗日医疗队工作，他肯定非常赞同你学医。”彭淑干端起茶杯，缓缓地喝了一口茶，润润喉。

彭淑牖不作声响，眼睛看着大哥右手边书架上的那一叠医学材料和解剖图谱出神。许久，他如释重负地双手按着桌子，缓缓地站起来。

“阿干哥，我决定了，弃工学医！”彭淑牖眼神坚定地看着大哥。

“好，欢迎成为同行，我相信你能做好一个医生！”彭淑干的眼中星光点点。

“阿牖古，我希望未来的中国，能在世界医学史上拥有一条属于咱们中国人自己走出的道路。”彭淑干拍着弟弟的肩膀，意味深长地说着。

彭淑牖心潮澎湃地看着大哥，拿出了那张高考志愿填报单。

第七章

求学南京

若问在中国近代教育史上，跻身于世界一流大学的是哪所？毋庸置疑，当然是拥有7院37系的国立中央大学。

据史料记载，国立中央大学是中华民国时期中国的最高学府，也是中华民国国立大学中系科设置最齐全、规模最大的大学，而且人才辈出，蜚声海内外。

1948年，在普林斯顿大学的世界大学“琅琊榜”中，国立中央大学超过了日本东京帝国大学（现东京大学），居亚洲第一，世界第九。

国立中央大学原址分为一部和二部两个部分，一部在南京四牌楼（现址为东南大学），二部在南京城北的丁家桥地区。现由这所高等学府衍生而来的高校已有十多所，校名均已改变。

1949年4月23日，南京解放。5月7日，南京市军管会接管国立中央大学。8月8日，国立中央大学更名为国立南京大学，翌年更名南京大学。

1949年9月，彭淑牖只身一人，背着行囊，来到了坐落于南京丁家桥地区的国立南京大学医学院报到，怀揣着梦想与期待，开始了他的大学生活。

彭淑牖刚入学不久，就迎来了举国欢庆的开国大典。1949年10月1日，毛主席向全世界庄严宣告：“中华人民共和国成立了。”

新中国成立之初，百废待兴，百业待举，方方面面需要建设和发展。各个行业的人都摩拳擦掌，期待为新中国的建设添砖加瓦。而作为学生，则都希望学有所成，将来报效祖国。彭淑牖从进校的那一刻起，就暗下决心，一定要有所作为，为祖国建设尽自己的微薄之力。

南京大学，成了彭淑牖逐梦开始的起点。

“千里莺啼绿映红，水村山郭酒旗风。南朝四百八十寺，多少楼台烟雨中。”杜牧的《江南春》让彭淑牖一直对神奇迷离的江南风景无限向往。

1949年，彭淑牖入大学前夕与家人合影（彭淑牖供图）

现在，彭淑牖终于站在江南这片热土上，面对来自五湖四海的新同学和陌生的老师们，满心的激动和好奇冲淡了他的乡愁，他决心一定要在这里有所作为。

虽然是亚洲排名第一的大学，但是南京大学的教学及生活条件依然比较差。在进校的前半年，全校学生住在由体育馆改建的宿舍里，非常简陋，都是以竹子为材料搭建的宿舍，每人一张床。全体学生住在这个偌大空旷的集体宿舍里，天气暖和的时候还好，但在湿冷的冬天，大家在这个漏风的宿舍里实在冻得够呛。

彭淑牖第一次被江南冬天潮湿、阴冷的天气给折腾坏了，因为梅县的冬天一件衬衫加一件薄外套就能打发了，他想着明媚的江南也和家乡一样四季如春，所以带的衣服、被褥都不够厚。没想到室内比室外还冷，在房间里都能哈出白气来，他的手脚都生了冻疮。白天还好，学习运动，这种阴冷还能应付。可是到了晚上睡觉，暖了前胸冻了后背，只能不停地起来裹被子，最后没办法，就把被子卷成筒子，人勉强挤进去，缩成一团凑合着睡觉。

就这样过了半年，新校舍盖好了，同学们都欢天喜地搬迁进去，终于可以有个像样的窝儿了。学生宿舍是12个人一间，彭淑牖生性温和、豁达，和室友们的关系也非常融洽。同宿舍有几个同学来自上海，家境富裕，他们经常会从家里带炒米粉和外地的同学分享。彭淑牖对美食向来欢喜，第一次尝到了如此美味的炒米粉，意犹未尽。

上海同学的个人卫生习惯也让彭淑牖印象深刻。他平时喝完茶，茶杯随手往桌子上一放，也不清洗，第二天继续用，而上海同学每次都将杯子细心清洗干净。彭淑牖看着同学亮洁如新的白瓷茶杯，再看看自己茶渍斑斑的搪瓷茶缸，虽然外表精致粗糙迥异，但是洁净度两相比较，云泥之别。于是，他也照葫芦画瓢，每天清洗杯子。

"此次去南京求学，希望你在学习上一定不能松懈，知识和经验在于积累。在学校里，不管是多小的事儿，只要是值得学的，你都可以借鉴学习。"他想起临行前父母的谆谆教导，不可事小而不为。

在南京大学的学习还是相当紧张的，前一年学习的都是基础学科。对于初接触医学的医学生们来说，一下子进入这么一个高深莫测的医学领域，各种复杂的医学术语，让他们一时摸不着头脑，学得力不从心也是常见的。尤其是医学生理学，由于该学科的理论性强、内容深奥而广泛，所以医学生在学习过程中容易产生消极情绪。好在这门课程的任课老师蔡翘是我国著名生理学家、医学教育家，也是中国生理科学奠基人之一。他把这门深奥的学科讲得通俗易懂、精彩纷呈，学生们也自然听得认真、投入。从小受医者父母的熏陶，耳濡目染，彭淑牖对这些深奥的医学知识充满了新奇，每一门学科都学得极其认真，医学生理学的成绩也一直名列前茅。

此外，还有一位教授耳鼻喉科的老师姜泗长，让彭淑牖特别欣赏。在彭淑牖的心目中，这位剑眉星目的帅哥老师极富个性。姜泗长 1938 年毕业于北平大学医学院，1947 年去美国芝加哥大学深造，1949 年回国，在南京大学医学院担任耳鼻喉科主任、教授，兼任江苏医学院耳鼻喉科教授。1959 年调到中国人民解放军总医院任耳鼻喉科主任、教授。1978 年任中国人民解放军总医院副院长兼耳鼻喉科主任。1994 年当选中国工程院院士。姜泗长博学多才，上课时风趣幽默，课堂知识丰富又不失严谨，深受广大学生的欢迎。这位风度翩翩的姜老师与人交流时，逻辑严密，言辞犀利，经常一针见血地提出观点。

1950 年 10 月 19 日黄昏，中国人民志愿军雄赳赳、气昂昂跨过鸭绿江，开赴朝鲜战场，抗美援朝战争就此拉开序幕。为了助力中国人民志愿军，南京大学组织了师生动员大会。作为留美归国人员代表，姜泗长发表了义愤填膺的演讲，他拍着桌子犀利地指出，美国所谓的自由和民主就是从别人口袋里自由拿东西。此话一出，马上激起了全校师生的共鸣，掌声久久不息。

坐在台下的彭淑牖听得热血澎湃，他写信给在上海中山医院工作的大哥彭淑干，说起了这场动员大会的感受。大哥很快回信给他，说阿度哥（也就是大堂兄彭淑度）参加了抗美援朝志愿军医疗队，已经奔赴朝鲜战场。彭淑牖收到来信后，心情久久不能平复。虽然平素与阿度哥联系不多，但是彭淑牖特别敬重这位处事稳重、为人谦和的大堂兄。彭淑度于 1942 年大学毕业，同年就被征调集体参加了国民党抗日队伍，一直在抗战一线从事救死扶伤的医疗工作。这次他再次响应国家的号召，奔赴朝鲜战场，救治志愿军战士。

身为中共党员的彭淑度于 1952 年 7 月—1953 年 8 月担任第五国际医疗队（由河南、江西、广州、武汉医疗队组成）副大队长入朝参战，在朝鲜三登志愿军后勤部（简称志后）一分部基地医院重伤大队工作，先后于 1953 年 1 月 29 日和 7 月 25 日经中国人民志后一分部政治部批准立三等功各一次，并荣获朝鲜军功章两枚，三级国旗勋章一枚。

三位兄长彭淑度（中）、彭淑干（右）、彭淑巍（左）

彭淑牖被阿度哥身上所表现出来的豪迈与激情所深深折服。他也发现阿度哥的这种大无畏的气概正好与南京大学的校训“诚、朴、雄、伟”完美契合。他能做的就是为阿度哥默默祈祷，早日凯旋。

而作为学生，彭淑牖心中始终牢记梅州中学老校长李时可当年对他的教诲：“为中华崛起而读书。”他此时深刻领悟到了梁启超的《少年中国说》：“少年强则国强，少年智则国智，少年富则国富。”他要成为一个有理想和坚定信念的人，并为之努力付出。作为医学生，他要认真学好专业知识，将来报效祖国。

从此，彭淑牖像上足了发条，除了吃饭、睡觉，所有的空闲时间都在学习医学。在这里，老师负责，同学融洽，彭淑牖很享受这样的学习氛围。唯一让彭淑牖感到不自在的是学校的管理。因为是军管会管理学校，学校实行的是军事化管理，学生们有严格的学习和作息时间，晚上自习的时候，所有的学生必须在一块学习。早上五点出操，晚上九点熄灯，不允许挑灯夜读，违者要被严厉批评——这种行为是无组织无纪律的表现。

彭淑牖觉得，白天学习的内容，晚上还要温故知新。有一次，他抱着侥幸心理，偷偷地拿着手电筒躲在被窝里看专业书，结果被查夜的军管干部发现了，把他从被窝里叫出来，做了一番严厉的批评。从此，他再也不敢“顶风作案”了。只好白天尽可能地多看书，晚上躺在床上，看着天花板，心里默诵各个学科的知识点。有时候背诵到忘情之处，会背出声音来。同寝室的同学被他的背诵声吵醒，也不埋怨，大家都习惯了彭淑牖的勤奋。此外，他还经常摸黑用手在床单上描绘人体解剖图，时间久了，床单也被“画”破了，好在他自己会缝补，也不在意床单上那一大块补丁。

那时，国内还没有专门的医学教学书籍，老师们都是将国外的英文医学书籍编写成讲义，用蜡纸刻印好后，再分发给学生们。彭淑牖的讲义保护得特别好，无论走到哪里，都把讲义放在随身背的帆布书包里，随时拿出来翻阅复习。

1951年，彭淑干服从组织安排调到了南京八一军区医院支援医院建设，担任外科住院医师。这对彭淑牖来说是个好消息，这下兄弟俩可以经常见面了，他有任何医学上的问题都可以请教大哥了。

兄弟俩都爱运动，彭淑干让弟弟在大学期间一定要锻炼身体、增强体魄。他对彭淑牖说："柏拉图曾说过，身体教育和知识教育之间必须保持平衡。有了健康的身体、良好的精力，才能平衡好工作和生活，为自己提供持续输出的能力。"

彭淑牖没让哥哥失望，他经常参加学校的各类体育竞赛，足球、排球、长跑、游泳，每样都出类拔萃。他还在南京大学组织的师生运动会上拿了学生组标枪比赛的第一名，成绩比教师组的第一名仅仅差了一点点。彭淑干周末有空经常带着弟弟到南京大学的体育系看学生们练习跳水，彭淑牖第一次大开眼界，惊奇地看着运动员被跳板高高弹起，低头团身，在空中优美地翻转，轻轻入水。他想起自己粗暴简单地"噗通"入水，决心也要学习跳水。彭淑干支持弟弟多学习不同的技能。于是，经过坚持不懈的练习，彭淑牖竟然也把跳水学得像模像样，他会燕子式、剪刀式跳水，也会在空中翻转。为此，他得出经验，有志者事竟成。

除体育运动外，彭淑干有时候周末会让彭淑牖跟他一起进手术室观摩手术，让弟弟提前接触临床，培养胆量和现场应急能力。彭淑牖就站在哥哥身边，看着哥哥做各种手术。有时候，彭淑干也会借用彭淑牖的学校资源开展医学实验。

有一次，彭淑干让彭淑牖带他去找学校的解剖老师，说借用学校解剖室的人体标本，对一把肋骨剥离器进行改良实验。原先的肋骨解剖器在分离肌肉和骨骼时，效果总是不尽如人意，于是他对这把器械进行了改良，在用于临床之前，想在实验室进行手术，看看效果如何。

解剖老师欣然同意了。彭淑牖陪着哥哥进入解剖室做实验，看着哥哥像往常在手术室一样聚精会神、一丝不苟。他恭敬地站在一旁做助手。当看到改良过的解剖器能快速又完整地分离组织时，哥哥由衷地说了句："太好了，成了！这样患者可以少遭罪了。"

哥俩从实验室出来时，彭淑干语重心长地对弟弟说："在临床上，一些器械千万别凑合将就着用，不完美的地方，一定要想办法让其完美，让患者受益，这也是医生的职责和追求。"

这句话虽然不响，但是让彭淑牖感觉如雷贯耳，在内心久久回响，一生都未曾遗忘。

第八章

二次选择

长亭外，古道边，芳草碧连天。
晚风拂柳笛声残，夕阳山外山。
天之涯，地之角，知交半零落。
一壶浊酒尽余欢，今宵别梦寒。

……

一阵低沉、悠扬的小提琴声从那幢以严格管理著称的学生宿舍楼里缓缓流淌出来，伴随着轻轻的男低音吟唱。

乐曲那深沉、纯净而略带伤感的旋律，听起来亲切、悦耳。琴音在寂静、幽暗的走廊里显得那么纯真、悠远。

在这间12人的男生宿舍里，6张高低铺，下铺和地上堆放着几件收拾完毕的行李，过道中间的两张长条桌并列摆放着，平时堆满了书籍和讲义的桌面，这会儿摆着一只用油纸包着的南京板鸭，散落着几包花生瓜子炒货，12只大小不一、粗糙精致各自迥异的白瓷杯、搪瓷缸里都倒了一些黄酒。

“彭淑牖，来来来，把琴放下，咱们喝口离别酒。从今往后，我们这个寝室的人就天涯海角，各奔东西了。”寝室长端起搪瓷缸。

彭淑牖把小提琴放好，其他同学也收敛眼里的离别伤感，纷纷端起眼前的杯子。

“这次分别，也不知何年能再次相聚，希望同学们各自珍重，将来我们定有机会相见。我彭淑牖转战浙江医学院，等你们来畅游西湖。”彭淑牖故意叫错自己的名字。大学两年半，没有一个同学叫对他的名字，把生僻字“牖”（yǒu）都读成“牖”（yōng），他也索性将错就错，一错到底，不予纠正。有时，他无意中把自己名字叫对了，同学们反而蒙圈了：“彭淑牖是谁？”

“俺回老家山东，在华东白求恩医学院静候同学们。”

“阿拉上海人，就在黄浦江边随时欢迎你们。”

“致敬我们的未来，感怀我们的往昔！”

“来，大家一起干了。”

“今朝有酒今朝醉。”一个同学率先一干为尽。

1951年，南京大学医学院从南京大学中分离出来独立建院，称为华东军区医学院。1952年，南京大学医学院更名为第三军医学院（后改为第五军医大学），划归部队系统。当时很多同学不适应改制后的军事化管理。1952年初夏，新中国进行高校院系大调整，允许学校里一部分学生选择去另外几所医学院就读，分别是浙江大学医学院、上海第二医学院、华东白求恩医学院。当时几所大学之间可以互相转学，让学生们根据自己的具体情况选择合适的学校继续深造。由此，一群有志青年将奔赴他们的第二所学校。

彭淑牖从小就在古代文人墨客的诗作里读到了钟灵毓秀的西湖，尤其是宋代苏轼的“水光潋滟晴方好，山色空蒙雨亦奇。欲把西湖比西子，淡妆浓抹总相宜”，还有白居易的“乱花渐欲迷人眼，浅草才能没马蹄。最爱湖东行不足，绿杨阴里白沙堤”。

每每背诵这些优美的诗歌，彭淑牖内心都涌现出有朝一日到西湖一游的念头，这个念头早已经如一颗种子种在了他的心里。他初来南京时，周末一有空就和同学坐公交车到南京城各处尽情溜达，走遍了历史圣地。他满怀喜悦地欣赏着那些坚实、恢弘的古老建筑物，仿佛从中读到了许多世纪的历史，感受着六朝古都的神秘气韵。

南京城和杭州城都依山傍湖，紧邻大江，自古就是江南繁华之地。同样是湖和山，南京以山胜，而杭州以湖明。彭淑牖自小就在梅江边长大，对水有种天然的亲近感。而他儿时常诵读老子的《道德经》，老子最崇尚的就是“水”。“上善若水，水利万物而不争”，更让他慢慢明白，人要像水一样，包容万物，顺势而为，以柔克刚，道法自然。于是，来“万顷西湖水贴天，芙蓉杨柳乱秋烟”的杭州便成了他不二选择。更让他惊喜的是，浙江医学院就在西湖畔。

浙江大学医学院的前身是1912年由中国西医学教育先驱、近代西医代表人物厉绥之联合同学韩清泉等人创办的浙江医学专门学校和1945年8月创设的国立浙江大学医学院两所学校合并（1952年2月）而成的浙江医学院，1960年4月更名为浙江医科大学，1999年在浙江大学并校发展次年，重组成立了浙江大学医学院。

彭淑牖转学浙江医学院的决定，由于书信往来不便，没有和父母协商；他只和大哥彭淑干做了一次深度的交流，表达了自己的想法，大哥支持他的选择。

就这样，1952年秋，彭淑牖再度背着行囊来到了他魂牵梦萦的杭州，开启了人生的第二次他乡求学的经历，也让他把人生的根深深扎在了杭州。

彭淑牖坐了几个小时的绿皮火车，终于从南京来到了位于杭州西湖边的浙江医学院，他办理好入学手续已近黄昏。但他兴致盎然，一路走到向往多年的西湖边。一轮庞大的红日，围着镀金边的狭长、明亮的云带，斜挂在天空中，好像把湖边的法国梧桐树的树梢点燃了，并向西湖里倾泻着它那橘色的光辉。湖面上波光粼粼，轻舟荡漾。在这样灿烂的仙境里，彭淑牖像个孩子一样兴奋，望着头上的夕阳宛若祥光缭绕，嗅着空气中若隐若现的桂香，很想与在枝头啾鸣的小鸟一起引吭高歌。

他自豪地回看身后不远处那片大树下若隐若现的黛瓦屋顶，靠近马路边的一幢二层砖木结构的红楼与绿树交相辉映，那里就是他今后继续深造的大学。尽管校园并不大，校舍低矮、简陋，但是“山不在高，有仙则名;水不在深，有龙则灵”，彭淑牖来之前就打听到，这所学府师资力量雄厚，名师云集，汇聚了众多的“仙”“龙”之辈，可谓卧虎藏龙。

命运的轮轴又开始缓缓转动，彭淑牖似乎感受到自己身上的每一个细胞都闪烁着展翅欲飞的渴望。

浙江医学院 55 届毕业照

（第一排右二：余文光老师；右五：王仲侨院长；左二：石华玉。最后一排右五：彭淑牖）（韩忠镕供图）

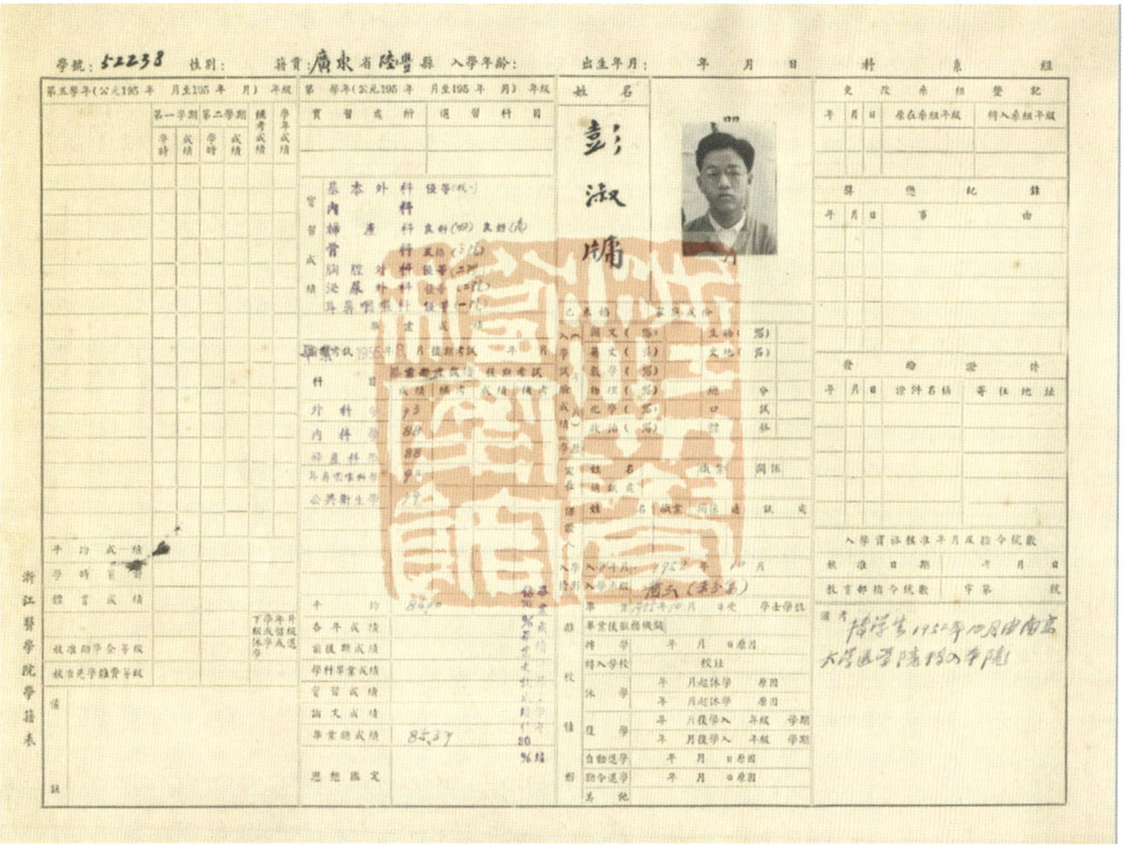

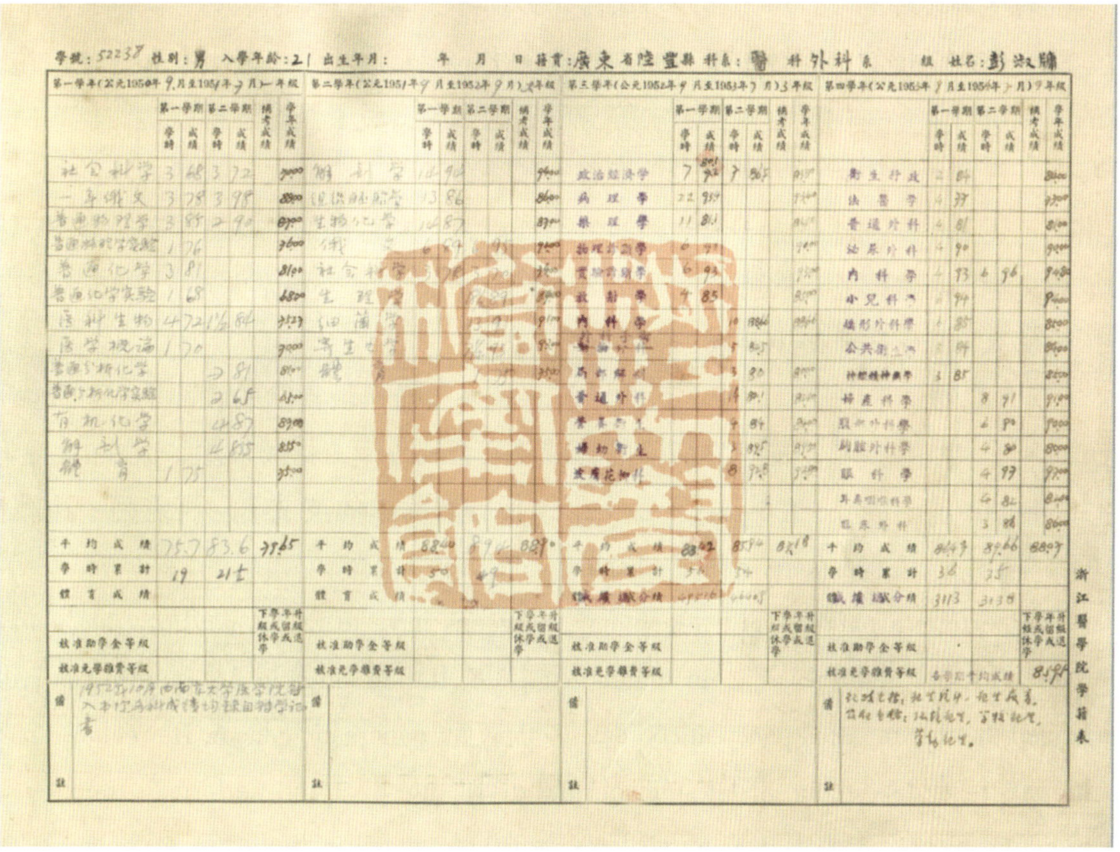

彭淑牖在大学时期的成绩单（浙江大学档案馆供图）

第九章

逐梦浙大

“胰头癌肿很可怕，很难治。好多患者是因为严重的黄疸、皮肤瘙痒、肠梗阻、腹水等来医院，疼痛很重，人很瘦，很痛苦，是个顽疾。对于这个疾病，诊断困难，我们只能依靠仔细的体格检查发现端倪。即使发现了，也多为时已晚。胰头癌肿的治疗更是困难，因为这个部位的解剖太复杂，器官太多，血管太多。我们国家患者很多，但是我们目前还做不了胰腺癌肿的手术。So, up to now, pancreatic cancer, incredible and uncurable!（所以，到目前为止，胰腺癌，令人难以相信，无法治愈！）”

随着一声轻轻的叹息声，在广济医院（现浙江大学医学院附属第二医院）的浙江大学医学院教学楼的一间教室里，原本妙趣横生的课堂增添了一丝无奈和迷茫。在旧式的木制讲台上，一位五十多岁、中等身材、国字脸、戴着黑边圆框眼镜、挺直的身板穿着一件灰色中山装的男老师，正指着一张夹在架子上，放大至报纸大小的黑白英文讲义，讲义中间豁然画着一个胰腺的解剖图谱，各个解剖部位均有中英文释义，旁边放着一本已经翻旧卷边的英文书 *A Textbook of Surgery*（《外科学课本》，1945 年出版，美国哈佛大学医学院 John Homans 教授主编）。

“胰头癌肿手术也是目前难度最大、步骤最多、操作最复杂的腹部手术。大家可能知道吧？胰头癌肿是不能孤立切除的，需要联合胰头十二指肠切除，p-a-n-c-r-e-a-t-o-d-u-o-d-e-n-e-c-t-o-m-y（胰头十二指肠切除术的英文）。”男老师一边缓慢地读出单词，一边将 pancreatoduodenectomy 写在黑板上。

“To perform a pancreatoduodenectomy, surgeons have to resect not only the head of the pancreas, but also the adjacent organs. In 1898, Italian surgeon Alessandro Codivilla performed the first reported pancreaticoduodenectomy for pancreatic cancer. He removed parts of the pancreas, duodenum, distal stomach and distal bile duct and performed Roux-en-Y gastrojejunostomy and cholecystojejunostomy, but the pancreatic stump was not closed. The patient died on day 18."

（要进行胰十二指肠切除术，外科医生不仅必须切除胰腺的头部，还必须切除邻近的器官。1898 年，意大利外科医生亚历山德罗·科迪维拉首次报道了治疗胰腺癌的胰十二指肠切除术。他切除了部分胰腺、十二指肠、胃远端和远端胆管，并进行了 Roux–en–Y 胃空肠吻合术和胆囊空肠吻合术，但胰腺残端未闭合。患者于第 18 天死亡。）

男老师用粉笔在黑板上画了胰十二指肠切除术的手术示意图，然后对视每个学生的表情。声音停顿了一会，男老师缓缓走下讲台，停在彭淑牖面前，问："Peng，why don't Dr. Codivillathe close the pancreatic stump?"（彭，为什么科迪维拉医生不关闭胰腺断端呢？）

彭淑牖挺身起立，很自信地回答老师说："Because the pancreas is a parenchymal gland not a hollow viscera, the parenchymal viscera can not be closed."（因为胰腺是实质腺体，而不是空腔脏器，所以实质脏器是不能关闭的。）

男老师没有任何回应，继续在教室内踱行，并边走边说："In 1935, an American surgeon at Columbia Presbyterian Hospital, Dr. Allen Oldfather Whipple, prepared to demonstrate his impressive operating skills to an audience of distinguished visitors. He would be removing a portion of the stomach from a patient with gastric cancer—a procedure Dr. Whipple had performed many times before. Or so he thought. As the surgery unfolded, Dr. Whipple quickly realized all was not as it seemed. His patient did not, in fact, have gastric cancer—he had cancer of the pancreas. With his invited guests looking on, Dr. Whipple had few options. He would have to improvise. Whipple performed an elaborate operation that included removing the not just the distal stomach, but also patient's pancreas head , gallbladder, extrahepatic part of bile duct, the whole duodenum, and the proximal portion of the jejunum. After the excision, Dr. Whipple further finished the gastrojejunostomy, choledochojejunostomy, and（停顿 3 秒）pancreaticojejunostomy（缓慢读出，并用眼睛的余光回望着彭淑牖）. With that one bold move, Dr. Whipple opened the door to surgically curing patients with pancreatic cancer. This surgery, now technically called the 'Whipple procedure' in recognition of Dr. Whipple's great imagination and courage, I think is the best treatment option available for many suffering from this deadly disease."（1935 年，美国哥伦比亚长老会医院外科医生艾伦·惠普尔准备向邀请参观的同行们展示他那令人印象深刻的手术技能。他将从一名胃癌患者身上切除一部分胃——惠普尔医生之前已经做过很多次手术。他还是这么想的。随着手术的展开，惠普尔医生很快意识到眼前的一切似乎并不一样。实际上，他的患者并没非胃癌，而是患有胰头癌。在受邀同行的观摩下，惠普尔医生几乎没有选择，他不得

不即兴发挥。惠普尔做了一个精心设计的手术，不仅包括切除胃远端，还包括切除患者的胰腺头、胆囊、肝外胆管部分、整个十二指肠和空肠近端部分。切除后，惠普尔医生进一步完成了胃空肠吻合术、胆总管空肠吻合术和胰空肠吻合术。通过这个大胆的举动，惠普尔医生为手术治疗胰腺癌患者打开了大门。这种手术，现在在技术上被称为“惠普尔手术”以表彰惠普尔医生巨大的想象力和勇气，我认为这是许多这种致命疾病患者最好的治疗选择。）

“迄今为止，我们中国人尚未涉足其中（备注：1951 年 4 月，北京协和医院曾宪九教授曾为一例十二指肠癌患者完成了我国第一台胰十二指肠切除术，但当时未公开报道），难度太大，这一块禁区也等待我们中国人去闯，也许就是未来的你们，打开这扇艰难而神秘的大门！”

男老师踱回到彭淑牖面前，小声说：“Sorry, you can sit down.”（抱歉，你可以坐下了。）

彭淑牖完全沉浸在刚才的讲课中，没有听见老师的话。

男老师停下脚步，轻轻摁了一下彭淑牖的肩膀，说：“Peng, please sit down.”（彭，请坐吧。）

彭淑牖这才发现自己一直站在那里。

男老师走回讲台，说：“I hope, en no, I believe, we can do it, and you can do it. This is my dream！ The dream will come true.”（我希望，嗯，不，我相信，我们能做到，你们也能做到。这是我的梦想！这个梦想会成真的。）

说到此，授课老师起初低沉的音调转而高昂，目光炯炯地看着台下认真听课的学生们。正在埋首认真做笔记的彭淑牖抬头与老师的目光交集，他读懂了老师眼中的那种期冀和鼓励。

彭淑牖凝望又已转身讲课的老师，脸上流露出崇敬和仰慕的神情，向老师投去近乎于温柔的景仰目光。

这位老师，叫余文光，福建莆田人，是中国医学史上泰斗级人物。14 岁时，他进香港圣士提反书院（St. Stephen’s College）学习英语；后入香港大学学医，1923 年毕业于香港大学医学院；1924 年赴英国剑桥大学攻读公共卫生学学位；1926 年归国，任圣路加医院外科医师，后任圣路加医院院长。为了获取更新、更前沿的知识，1932 年余文光再次出国到英国苏格兰深造，并获得 FRCS 荣誉（Fellow of Royal College of Surgeons，英国爱丁堡皇家外科学院院士，这是英国外科学界三个荣誉称号中含金量最高的一个）。他是第一位考入苏格兰爱丁堡皇家医学院的中国外科医生。次年，他就带着这个无与伦比的头衔荣归故里，仍旧回到莆田圣路加医院供职，并开始了他人生中最精彩的行医生涯。他是福建第一位（1926年）介绍自己革新的治疗胃十二指肠溃疡的毕氏Ⅱ式手术的外科医生。解放后，他又在浙江普及了这一手术方法。1945年，他再次赴英国伦敦大学，在贝尔哈姆医院Tamner教授的指导下，进行为期6个月的外科新技术进修；而另外的半年他去了美国，在明尼苏达梅耶医学中心进修。此外，他还去纽约长老会医院、密歇根医院、约翰霍金斯医院做了短期考察。余文光讲课用的*A Textbook of Surgery*就是他从美国带回来的“宝贝”。

1949年10月，余文光离开莆田来到杭州，并在广济医院（现浙江大学医学院附属第二医院）任外科主任。1951年，在他的倡导下，广济医院院长英国人苏达立医生主动将医院交给人民政府接办，改称“浙江医学院第二教学医院”，余文光任副院长兼外科主任、教授。几年后，他被任命为院长。

余文光是浙江大学医学院的外科学任课老师，主讲腹部外科学。学生们早已久仰余文光老师的大名，不仅因为他医术高超，而且他授课方式也是独树一帜，取其精华，贯通中外，抑扬顿挫，通俗易懂。余老师每次上课，教室里都座无虚席，学生们早早到教室里抢好座位。余老师授课时，绝无学生走神、打瞌睡，现场鸦雀无声，课堂上只听得学生们刷刷快速做笔记和翻笔记的声音。学生们从老师激情昂扬的讲课声中感受到一位饱读诗书的医学大师的风范。

余文光身为泰斗级大师，却为人谦卑、随和。学生们都喜欢课后围着老师继续探讨课堂上还没完全消化的一些问题，余老师总是不厌其烦地予以答疑解惑。

余文光反复叮咛学生们：“我这句话听着有点老套，但是我还是要说给你们听，课堂上的知识是有限的，你们一定要学会自学，还要学会归纳总结，多思考，多去图书馆研读各类书籍。学习不仅限于医学书籍，各种人文美学也要涉猎。做一名全方位发展的医学生，因为你们将来面对的不只是一个生病的人，而是来自各行各业的人。”

本来就一直埋首书籍的彭淑牖，听了余老师的这番话，如醍醐灌顶，下决心不再做一个单纯的医学书呆子。他明白了为什么余老师的课程能讲得如此丰富生动，因为他不仅讲解专业课知识，还融合了其他学科的知识。

从此，学校的图书馆什么时候熄灯，彭淑牖就什么时候离开。他把在南京大学蓄积的那些渴望多学习的能量都爆发了出来，如饥似渴地读了大量的书籍。

在这里，他还遇到了很多良师益友，包括秦文清老师、吕学正老师，田鲁谦班长，以及陈培德、金宏义、曾天定、韩忠镕、林乾良、杜国光、李家泰、葛酉新等。

主讲米丘林学说和巴甫洛夫学说的生理学老师蔡堡老师，1923年毕业于北京大学地质系；同年，前往美国耶鲁大学和哥伦比亚大学研究院专攻动物学，获硕士学位。先后在复旦大学、国立中央大学生物系任教。他把晦涩高深的生理学讲得富有趣味、

彭淑牖和恩师余文光铜像合影（彭淑牖供图）

生动活泼。学生们也不惧怕这门最难懂的课程。

教授解剖课的王仲乔老师是从德国留学回来的，他身上有德国人的严谨。上课特别严肃，不允许学生有丝毫的懈怠。尤其是在解剖室上课时，他要求每个学生都必须像面对一台正式的手术一样，做好每一步解剖动作，保护好每个组织，不能粗鲁对待遗体。他对学生们说："解剖一具尸体，一般来说你们不会遇到意外情况，你们会在表皮层下看到一块块肌肉、韧带、骨骼和组织。与你们看到的解剖图谱一致，但是你们在临床上碰到的患者是独有的个体，那是一个有生命气息的灵魂。所以，你们一定要从现在开始就心存敬畏。"

还有中国心胸外科创始人石华玉老师，主要讲授心胸外科的分论知识。石华玉早年毕业于同济大学医学院，后留学瑞士、英国，先后获得瑞士苏黎世大学和奥地利因斯博鲁克大学博士学位。石华玉老师不仅在本学科上声名卓著，而且家学渊源，多才多艺，在文艺、体育、音乐等领域都有所涉及。

教授骨科学的朱焱老师则极富创新精神。骨髓炎是一种病情复杂、严重，难以治愈并愈后易复发的疾病，尤其在20世纪医疗欠发达时期，这种疾病的治疗更为艰难。朱焱老师曾经对慢性骨髓炎的治疗做了一个大胆的创新，在患者做手术时输注抗生素，使血液中的抗生素保持在有效浓度；在给骨髓腔做清创引流时，血凝块中有抗生素，也取得了一定效果。朱焱老师后来转攻脑外科，他曾经甚至做了一次狗头移植实验。

他对学生说得最多的就是，医学要“苟日新，日日新，又日新”。

教授病理生理学的秦文清老师于1950年从江苏医学院毕业，到浙江大学医学院任教，是浙江大学医学院病理生理学的创始专家之一。秦老师因为多才多艺，所以被誉为医学院第一才子。年轻的秦老师和学生们差不了几岁，他很懂学生们的心，和学生们有很多共同的语言，男同学们和秦老师像兄弟一样相处。

在浙江医学院三年半的岁月里，彭淑牖的专业课成绩一直保持在年级前列。他不仅专业课出色，而且在体育竞技场上也一展风采。他是学校排球队的二传手，还是游泳队的主力。

在此期间，彭淑牖经人介绍了解了九三学社，当他了解到九三学社有着辉煌的历史，而且人才荟萃、群星璀璨时，他坚定了加入九三学社的信念。当知道许德珩、王淦昌、邓稼先、赵九章、王选、韩启德等伟大的学者、科学家都是九三学社社员时，他更增添了一份荣耀和自豪。

2016年，彭淑牖教授被评为“九三楷模”，韩启德院士为其颁奖

第十章

一个特别的实习生

窗外的冬雨淅淅沥沥，随风不期而至，飘洒在窗户上，沙沙作响。窗内，热汽凝结而成的水珠簌簌流泻下来，沿着木质窗棂慢慢晕开。冬天的夜来得早，加上下雨，很多人早早地就躲在被窝里取暖了。浙江大学医学院的图书馆里灯火通明，虽然室内也是湿冷无比，但是在一排排书架下，一群学生模样的读者忙着在查阅各类文献，似乎感受不到寒气逼人的冬日气息。

在靠窗边的一张桌子前，一个年轻人埋首在翻看一本厚重的《克氏外科学》，他仔细研读里面的普外科手术技术图谱，以及一些外科疾病的手术原则、麻醉、适应证和禁忌证、手术技术和术后护理，并不停地做着笔记。他时而仰首闭目思考，时而在笔记上奋笔疾书，时而搓搓双手，伸到嘴边哈热气。

他在面前的笔记本上画满了各种清晰的组织结构解剖图，边上用英文备注各个解剖要点和注意事项。

这个年轻人是彭淑牖，他当时已经是浙医二院的一名实习生。实习的日子比在医学院忙碌许多。每天早上五点他就得起床，从学校坐公交车去医院，协助值夜班的老师一起抽血，一直忙到晚上十点多才能回到宿舍。有时候患者少一些，他能稍微早点回来，就去图书馆查阅当天遇到的一些案例文献。

当天晚上，他查阅了三个手术技术图谱，都是余文光老师第二天主刀的手术案例，一台脾肿大，一台疝气，一台胆囊炎、胆结石。他把这三台手术的技术图谱研究得烂熟于心，在脑海中构思出整个手术的过程，虽然主刀医生是余文光老师，他只是做第二助手，但是他依然像主刀医生一样在每次手术前反复仔细研究每台手术的技术图谱、手术中可能出现的各种问题以及应急预案，并在脑海中至少过两遍。

他每次在手术台上负责拉钩子时，眼睛就一直盯着老师的手，心里想着下一步的手术步骤，手上也不敢有丝毫懈怠。根据老师的手术进程，他要及时调整自己拉钩的力度和角度，尽量使手术野清晰地呈现在主刀医生眼前。

余文光老师在手术台上话不多，每次到关键时刻，他都会告诉助手和实习生一些尤其要注意的事项。他的手术手法非常娴熟、干净利落，每一个动作都如行云流水般流畅，全程几乎没有多余的动作和步骤。

彭淑牖每次上台，都目不转睛地盯着余老师这双神奇的手，十个手指如同被施了魔法一般，在腹腔那个布满脏器、血管、神经的狭小空间里，自如、精准地找到病灶。有时候遇到一些疑难的手术，一下子无法找到病灶，余老师就会把手慢慢地伸进腹腔深处，仰头看着无影灯，一动不动，那只手像装了导航仪一样在全力搜索目标。一会儿，就听余老师轻声说一句："找到了。"

果真，大家轻轻挪开覆盖在上面的大小肠子，余老师的一只手轻轻捏着一个病灶，大家顿时佩服得五体投地。

这时，彭淑牖的眼睛里也全是敬仰，他心想，一个人要如何做手术，才能做到像余文光老师这样出神入化啊。

余文光老师在手术台上非常严谨，每台手术他都要做到胸有成竹。而在手术台下，他则是一位儒雅君子。

彭淑牖每次跟着余老师查房，都会注意到余老师有一个不起眼的细节。冬天的时候，在进病房前，他都会把双手搓热，把听诊器的听筒也搓热捏在手心里，然后双手插在白大褂口袋里。当走到患者床边检查身体时，他的手都是温热的，患者不会因突如其来的冰冷而受到刺激。

余文光老师对学生们说，医生要多站在患者的角度考虑问题，哪怕有些疾病是治不好的，也要在精神上给予患者足够的温暖。

他指着窗外冬日的暖阳，再用右手指着心脏的位置，语重心长地对学生们说："光有太阳的光亮还不够，更重要的是我们的心里要有温度。"这句话，如同窗外温暖的阳光直射进彭淑牖的心田，沁人心脾。

在临床上跟着余文光老师团队学习，彭淑牖每天都像打了鸡血一样，从早到晚忙碌着：为患者抽血、输液，做体格检查，跟着上一级医生查房，上手术台当助手，撰写、整理病历。实习生干的活儿，他一样不落，都干得很出色，深受科室医护人员的欢迎。

每次余文光老师查房提问，他总能对答如流，甚至还把自己在图书馆查阅到的文献资料补充在其中。多次的提问回答，也让余文光老师对这个实习生刮目相看，觉得这个孩子的基础打得相当扎实。

余文光鼓励学生们多看多思，对临床上很多看似很平常的问题，都可以尝试进一步研究所以然。他还嘱咐学生们要善于总结归纳，不要总是埋头苦干，有时要停下脚

余文光院长接见美国医学代表团

步看看自己做事的方式和方法对不对。要做成事，首先需要让自己的心定下来、沉下去，然后才能思虑周详、深远。一味地死干，有些事情就等于没干。

临床上经常会遇到突发情况，一些没有经验的年轻人有时遇事会慌了手脚。余文光告诫大家："真正厉害的人，'泰山崩于前而面不改色，麋鹿兴于左而目不瞬'。"

余文光老师的言传身教，就像大海上的一座灯塔，一直指引着彭淑牖朝那个方向靠近。余文光老师，是他一辈子学习和仰慕的人。

在实习期间，彭淑牖和哥哥姐姐一直保持着联系，他们都建议彭淑牖在临床上多观察、勤思考，把这些经验记录下来。于是，彭淑牖把在临床上的所见所闻所思整理出来，陆续写了几篇论文，并把文章寄给大哥彭淑干和大姐彭淑兆，请他们给出建议。文章修改后，再交给余文光老师审核修改。在实习期间，他已经开始在一些医学期刊上发表文章了。

彭淑牖选的是外科，但是他的内科成绩在班级一直名列前茅。大哥彭淑干一再叮嘱弟弟："阿牖，如果你将来做外科，那你一定要把其他科的专业知识学透学精，不然，你以后不大会有机会再去学了。"彭淑牖谨记大哥的这番叮嘱，每一门科目都沉下心认真学，决不为了考试合格而应付。

在实习期间，医院进口了一台十二导联心电图机，检查所得的心电图纸，彭淑牖全部能看懂，并能快速分析，给出诊断。这让心内科医生们对这个年轻的实习生也侧目相看。科主任听说他还把一本厚厚的《心电图学》吃得很透，于是就让他给大伙儿讲了一堂如何快速识别心电图的课程，这还是医院里第一次由一个实习生给医生上课。

这个勤奋好学、温文尔雅、多才多艺的年轻人自然吸引了很多关注的目光，其中，也不乏有很多爱慕者与追求者。

第十一章

彭氏刀法起源

合抱之木生于毫末，九层之台起于累土。

任何伟大的创举，都是从一小撮人的大胆创新开始的。

1953年，作为见习医生的彭淑牖有幸见证了老师余文光开展的第一台胰头癌切除手术，即同期进行胰头、十二指肠切除并同时完成消化道吻合重建的手术。有关这次手术的情况于1954年发表在《中华外科杂志》上，并被认为是我国第一例公开报道的胰十二指肠切除术。步随流水觅溪源，正是这一台手术深深地触动了年轻的彭淑牖。从此，他心里默默地将肝胆胰外科作为自己未来的职业和主攻方向。

冯某某是一位30岁的青年男性患者，1953年3月因上腹部饱胀、大便发黑、全身乏力、皮肤发黄和体重下降来医院就诊，先在浙江医学院第一医院（内科医院）（现浙大一院）住院检查。在当时，医院只有X线检查，没有超声、CT和磁共振等检查。在浙大一院发现了十二指肠第二部的管腔狭窄和胆囊肿大，怀疑是胰头癌。于是，在3月30日将患者转到了浙江医学院第二医院（外科医院）（现浙大二院）。

浙医一院和浙医二院距离很近，走出浙大一院东门，沿着直大方伯路向南步行约500米就能到浙医二院。余文光老师上午出门诊，回病房看到这个患者时已是下午3点左右。当时，浙医二院普外科只有七八个医生，下午时间大家都各自忙碌着。余文光老师一个人走到床边，仔细查看了冯某某的病历，并问了冯某某很多问题。

52岁的余文光看到这个30岁患者时，就像是父亲看到自己生病的孩子，心情沉重，他知道如果冯某某不能够手术，生命将很快到达尽头。余文光又想到他之前接诊过的很多像冯某某一样的患者，刹那间沉痛转变成了笃定。他思绪飘然起来，想起了他在英国和美国多次留学期间的见闻，想起了他看过的所有胰十二指肠手术的书本和资料，想象了手术的每一个步骤，想象患者手术后出院的样子。

余文光不再叹息，不再迷惘，他心里充满了一种希望，他想做一台从未做过的大手术，他要拯救这个年轻的生命。余文光将要走出病房时，发现彭淑牖一直默默地站在他身后，便问道："你怎么在这？"

彭淑牖回答道："我听到了有人问，你知道胰腺在哪里吗？"

余文光说："你再好好看看这个患者。"便走出病房。

余文光快步回到办公室，再次打开从国外带回来的医学资料。尽管他已经看过几百遍了，尽管他已经可以复述和背诵了，尽管他连每一行首行尾的字母都记得非常清楚了，但他还是想再看一遍。他知道，手术一旦失败，就意味着冯某某的生命将提前终止，所以他只能成功，也必须成功。沉重的压力不自觉地就压在了余文光心头，久久不能释怀。

3月末的杭州已是仲春，但还没到梅雨季节，天气宜人。下午6时许，夕阳即将落下，天尚未黑，余文光想好了对冯某某的整个治疗方案后准备回家，路过办公室时见到只有彭淑牖一人在看书，旁边已经支好了蜡烛但并未点燃。

余文光突然停下脚步，走回自己办公室里，拿起了几张泛黄的手抄纸，然后再次走出办公室，来到彭淑牖旁边。

彭淑牖马上起身说："余老师。"余文光看到桌上摆着国立中央大学医学院的解剖学课本，翻开的正是胰腺解剖的一页。

"小彭医师，早点回去吧。"余文光说完把那几张泛黄的手抄纸递给了彭淑牖，"有时间可以看一下。"

等余文光走出办公室，彭淑牖才坐下，发现那几张纸上是余文光手抄的一篇英文论文，右上角写着"CHARLES G. CHILD Ⅲ，Cornell University Medical College, Surg., Gynec. & Obst. 94: 31, 1952"[①]。

第二天，余文光组织科室大查房和病例讨论会。在病例讨论中，余文光教授详细讲解了胰腺癌的诊断和治疗方法、胰十二指肠切除术的发展历史、手术解剖学标识、外科操作要点和胃肠道吻合重建的方法。彭淑牖听得聚精会神，发现昨晚在看 Child 的英文论文时没有看懂的地方也逐渐明白了。冯某某入院时的全身状态很不好，需要先做治疗和调整，于是手术定在20天后进行。这也给了彭淑牖足够的学习时间。

1953年4月20日，冯某某被推入手术室，这台手术也吸引了全科室的医生前来观摩。余文光作为主刀医生，黄德赡、陈惠尔作为助手。在当时的医疗条件下，这台手术算是突破常规，甚至可以说是一台难以想象的手术。大家都抱有极强的好奇心，

① 注：Charles G.Child Ⅲ是当时美国康奈尔大学的外科学教授，Child 在 1944 年发明了胰十二指肠手术后的消化道重建方法，即 Child 吻合法，并沿用至今。手抄的论文是 Child 于 1952 年发表在《外科与妇产科学》（*Surgery, Gynecology and Obstetrics*）上的一篇论文，关于胰十二指肠手术的内容。

想知道这台了不起的手术如何开展。彭淑牖也早早地来到手术室，抢到了在主刀医生背后观摩的一个好位置。

手术室里比以往更安静，只能听见器械碰撞发出的轻微声响，所有人在聚精会神地盯着手术野，偶尔有几句轻声的对话。

“轻一点，我们先慢慢分离胃结肠网膜。弯钩再稍微拉开一些。”余文光目光专注地看着手术野，手术剪轻柔地分离着胃结肠网膜。

“德瞻，你把结肠往下拉一点；惠尔，你把胃往上提高一些，我准备用手探查胰腺。”余文光把剪刀递给洗手护士，右手缓缓地伸进一堆肠子的间隙里，又习惯性地仰头看着无影灯，似乎在思索什么。

“整个胰腺都很硬，看来情况不妙。术前我们在体格检查时发现患者右季肋下有个梨形的肿块，当时我们认为是胆囊肿大。现在找到根本元凶啦，就是胰头癌肿。”余文光喃喃自语，同时把他摸到的这个“元凶”呈现在手术者的眼前。

大家都低头看着这个“长相丑陋”的家伙，和成人手指差不多长的扁平脏器，表面长满了疙疙瘩瘩的结节。

“这是Banting氏胰腺，这些结节是由胰管堵塞引起的。你们看，胰头部还有新生物，这应该是一个癌肿。”余文光用右手食指轻轻点触着胰腺表面的结节和胰头。

“看来我们今天要经历一场前所未有的挑战了，和Whipple、Child医生一样，要和这个‘真老虎’来一次真刀真枪的决战了。”余文光语气略显凝重，但又看似波澜不惊，似乎胸有成竹。

站在一旁观摩的彭淑牖一听“胰腺癌”，全身的神经马上都警觉了起来，这可是要推开胰腺癌手术那扇神秘大门的起始啊。他一直记得半年前余文光老师关于胰腺癌的授课内容和20天前余文光老师给他的手抄论文，在他心中，做胰腺癌手术如同登山运动员攀登珠穆朗玛峰，要克服无数的艰难险阻。

为了看得更清楚，彭淑牖走出手术室找来一个踩脚凳，但再回来时原来的位置已经被人占了。他只能猫腰轻轻地走到另一边，踩着凳子放在余老师站的手术位置的对面，这样他可以清晰地观看余老师的每一个手术步骤。

脑海里闪过这20天来每次去图书馆查阅文献都看不到的胰腺癌手术的技术图谱，今天终于有幸看余老师亲自演绎。他要把老师的一招一式都刻录在脑海里，回去要把这些步骤用自己的笔画下来，可以反复学习。

只见余文光小心地切开十二指肠右侧腹膜，将胰头癌肿捏在手里，然后将胃幽门部分离，手起刀落，利索地将胆总管剥离，暂时结扎并切断。然后继续深入剥离胃十二指肠动脉，分离整个十二指肠并用温盐水巾保护已经剥离的肠断、横断胰头，再分离肠系膜上静脉和结扎来自胰头方向的小静脉，根据肠管变色的范围（血管离断后变为淡紫色）切断小肠，完成胰十二指肠切除术。切除的肿瘤标本被拿出腹腔，这时有些医生认为手术已经完成就离开了手术室，但彭淑牖知道手术还远远没结束，更难的操作还在后面。

彭淑牖搬着凳子回到余文光身后原来的好位置，继续目不转睛地盯着余老师的手，耳朵听着他们在关键时刻的轻声讨论。恰好在余文光要关闭胰腺残端时，彭淑牖打了一个喷嚏，他赶紧下意识地捂住口罩。余文光停下手术的操作，回身问彭淑牖："小彭医师，胰腺残端应该如何处理？我可以直接缝合关闭吗？"

彭淑牖不好意思地用手挠着脑子，回答："胰腺残端不能缝合关闭，因为会有胰漏，胰漏很危险，是严重的手术并发症，应该做胰腺-空肠吻合手术。美国的 Child 医生同期完成了胰十二指肠切除术和胰腺-空肠吻合术，可以减少手术后胰漏的发生。"

戴着厚厚纱布口罩的余文光，很欣慰地眨了一下眼睛，没有回答，低头继续手术。

彭淑牖没有收到回复，所以不知道这次回答是对还是错，愣在那里，和半年前课堂上的傻站一样。

"缝线！"余文光轻声地和护士说。

接过缝线后，余文光开始缝合胰腺断端，并继续和对面的助手喃喃低语。彭淑牖不敢相信眼前的操作，心中有无数个问号闪过，但他也不敢在如此关键的手术时节提

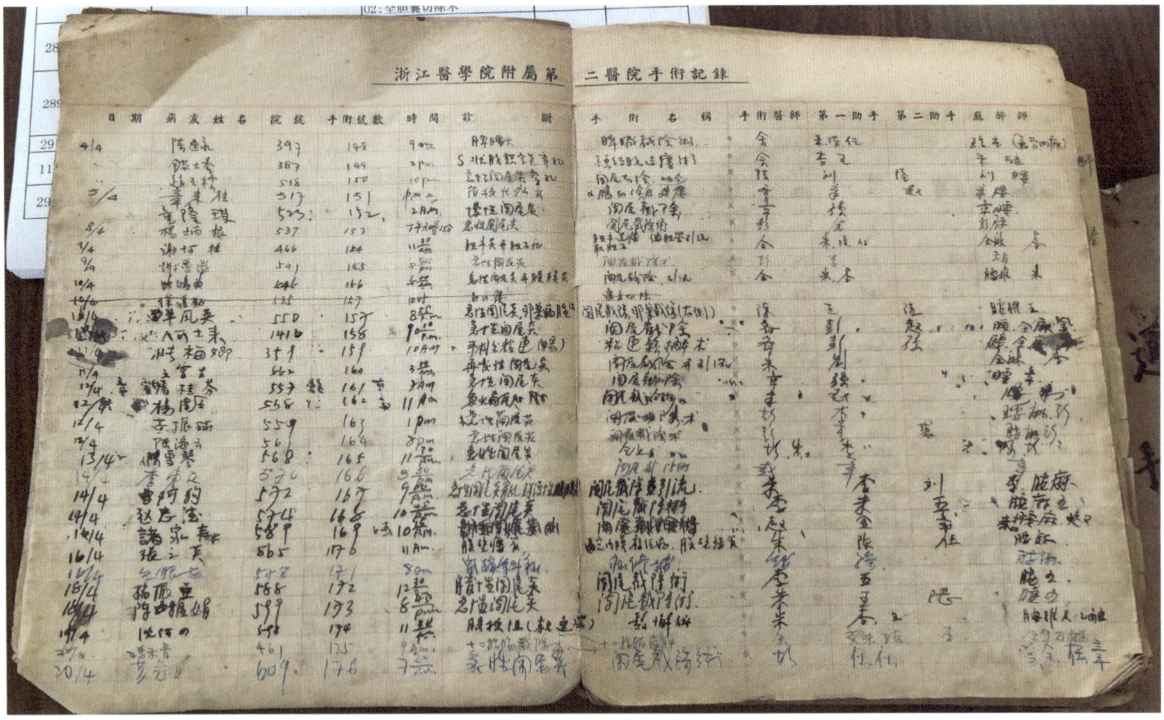

彭淑牖在实习时，手术室的登记记录单，余文光老师做的胰十二指手术在倒数第二排（彭淑牖供图）

问。他走神了，不知不觉地，余文光完成了剩下的胆肠吻合和胃肠吻合术，缝合腹腔，手术顺利完成。

余文光稍事休息后，再接着做第二台其他手术。

彭淑牖回到办公室再次拿起自己抄写的 Child 论文（余文光老师的手抄论文已归还），很有自信地认为自己没有抄错。晚上彭淑牖辗转反侧，黎明时分他突然想到了余文光直接缝合关闭胰腺的一个合理解释，于是更加兴奋。

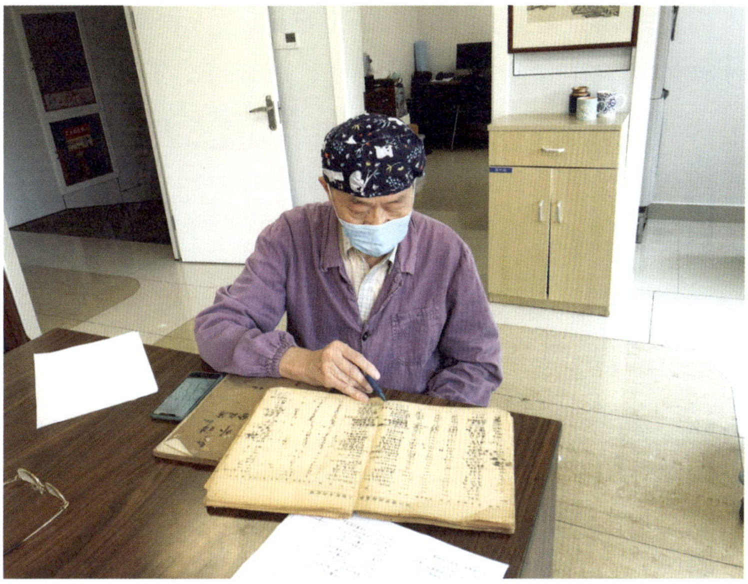

2021 年 9 月 29 日，彭淑牖教授在浙大二院手术室翻找早年的手术记录（彭淑牖供图）

第二天一早，彭淑牖来到医院后，马上到昨天做的这台胰腺癌手术患者的床边查看，患者精神状态还不错。他为患者测量了生命体征，都是平稳的。腹部切口的敷料干燥，腹部引流管引出少量的液体，是透明的，这是胰液。彭淑牖蹲下来看着引流袋里的胰液，心里升起一股敬畏之情。

原来，他想起在国立中央大学医学院上病理生理学课程时，书本上写道，胰液如果经过肠道，被肠液的酶激活后，会具有强大的腐蚀性，由此引起的伤害不可想象。昨天余文光老师的这台手术，胰液并未引流到肠腔里，那么胰液还算是“沉睡中”的安全体液，不会构成足够大的伤害。早晨查房时，彭淑牖向昨天手术的第一助手——黄德瞻求证，得到了肯定的回答。

第五天，胰液引流量突然增多至 1000 毫升，患者发生胰漏了。余文光查房时，用手捏着引流管，细心看着引流管里的液体。

“胰腺癌手术最常见的并发症就是胰漏，这个患者不可避免地发生了。”余文光似乎早料到这一步，没有丝毫的慌乱，用沉稳的声调对助手陈惠尔说：“为了减少胰液的分泌，我们可以尝试给患者口服麻黄素 0.05 克，每天 2 次，先试用 3 天看看。”

每天早晚，余文光都要到这个患者的床边认真查房，每次面对紧张的患者，他都会俯下身子，轻轻地握着患者的手说：“你就放宽心，配合我们的治疗，我相信很快会好起来的。”

大家回到医生办公室，余文光缓缓地说：“这个病例是我们的第一台胰腺癌手术，术后的并发症处理至关重要，你们每个人都要十二分地小心谨慎，防微杜渐，尤其要注意观察、记录腹部体征，积累、总结经验，对今后患者的康复至关重要。同时，还要多关注患者的心理状态，患者经历这么大的手术，内心肯定是很敏感的，你们平日里对自己的言行举止要多加注意，不可随意对待患者。”余文光面带笑容，用他睿智又微含关怀的目光看着大家。

窗外春日的煦风穿梭于柚子花开的浓郁气息中，淡淡地从远处随风飘至病区敞开的木质窗户里。一束束金线般的光束从窗外密密的松针缝隙里直射下来，投射在站在窗边的余文光的身上，仿佛给他镀了一层金色。

彭淑牖的目光追随着眼前这位和气寡言、慈祥可敬的老师，老师的技艺让追随者景仰，老师的谦逊让人敬重。“丹心未泯创新愿，白发犹残求是辉。”他始终是彭淑牖的榜样，是他的引路人。

术后第 16 天，这个胰腺癌手术患者终于传来喜讯，胰液引流管里完全没有胰液了。5 月 31 日，患者顺利出院。

彭淑牖全程参与了这个病例的治疗过程，并细心地完整地抄录了这次手术记录，下班后根据手术记录绘制手术图谱，他想给自己一个学习的机会。他没想到，冥冥之中，胰腺癌手术的学习成为他毕生探索的路途。

第十二章

外科病房的“小发明家”

1955 年，中国足球协会成立，浙江沿海岛屿全部解放，中国人民银行发行新人民币（万折一），周恩来总理出席万隆会议，“一五”计划通过第一届全国人民代表大会第二次会议审议。这一年，彭淑牖即将完成大学学业。他感觉国家越来越好，人民生活也越来越安定。彭淑牖按捺不住内心的欢喜和激动，等待国家分配工作。他希望像哥哥姐姐们一样，能在自己的工作岗位上做出成绩，为祖国做出应有的贡献。

毕业前夕，正值杭州梅雨季节。彭淑牖独自一人来到九溪徐村边的五云山。五云山是西湖群山中的第三座大山，海拔 334 米，因地处钱塘江和西湖两水相夹之间，水汽充沛；山上山下温差明显，形成山地云，经阳光强烈照射，彩霞斑斓，像极了儿时的五云洞。相同的名字、相同的景象，彭淑牖想家了，他想念自己的父母、想念爷爷的老宅、想念梅州中学旁的菊花糕和味酵粄……他喃喃道：“岚雾今朝重，江山此地深。滩声秋更急，峡气晓多阴。望阙云遮眼，思乡雨滴心。将何慰幽独，赖此北窗琴。”

走着走着，彭淑牖似乎走迷了路。突然，他停了下来，他又想到了自己在南京的大哥和成都的二姐。“国家哪里需要我，我就到哪里去，在哪里都是为社会主义建设努力。”

彭淑牖决定返回学校，树林中野莺啼叫似乎也变得悦耳起来了，“蛙鸣四野莺啼树，节近龙舟荔熟香”。在下山路上，他看到了远处的山峰和山脚下的钱塘江堤岸，又想到了毛主席的“五云山上五云飞，远接群峰近拂堤。若问杭州何处好，此中听得野莺啼”。彭淑牖想，如果能留在杭州也是很好的，因为杭州既有儿时的五云山、敬仰的余老师，还有让毛主席叫好的“野莺啼”。

1955 年秋天，彭淑牖终于完成了五年的大学本科学业，并顺利被分配到浙医二院（现为浙大二院）外科，成为余文光麾下的一名住院医师，正式开启了他的外科职业生涯。

与作为实习生完全不同，成为住院医师后，彭淑牖比原来更忙了，责任也更重了。

与实习时候的生活一样，他每天五点就去医院，开始一天的工作，抽血、查房、手术、写病历成了每天的主旋律，晚上九十点回宿舍，只有这会儿才有时间看书学习。

原本他还自信满满，以为凭借着大学五年的优异成绩，足够应付千变万化的临床工作。可是，在正式成为住院医师后，他才发现自己在学校里所学的知识是那么单薄，书本上的知识是前人经验的结晶，是静态的，而临床则是瞬息万变，是动态的。他觉得自己就是那个站在海边玩耍的孩子，对神秘莫测的大海知道的太少了。他渴望学习再学习，进入临床后，学习的对象就是各种各样的患者和疾病。

余文光一直教导年轻医生要勤于思考、勤于总结，不要对一些司空见惯的现象熟视无睹，要尝试从现象表面去寻找本质。

彭淑牖自幼就是一个好奇心极强的人，从小对各种事物都有一探究竟的态度，加之哥哥姐姐经常告诫他，要善于从不起眼的做事习惯中寻找新的解决方法，让事情得到完善的解决。从第一次在老家五云洞改造烤番薯的方法到如今真枪实弹的临床工作，他就像一个淘宝者，遇到一些认为不合理的处理方式，他就会另辟蹊径，想办法创新。

有一次，他的左手大拇指被一个榔头敲坏了，指甲盖下黑紫色的瘀血一直无法吸收，疼痛肿胀难忍，很影响日常一些操作性的工作。

常规的治疗方法就是把整个指甲盖拔除，清理瘀血。彭淑牖也准备抽时间把整个指甲盖拔除。这天他下班回去，端着脸盆去宿舍楼的公用盥洗室洗漱时，发现自己刷牙用的搪瓷牙缸有个针眼大小的洞，一股细细的水流从里面一点一点渗出来。彭淑牖含着牙刷，怔怔地看着这个细小的破洞出神，把满嘴的牙膏沫子都吞下去了也全然不知。突然，他灵光一闪，欢呼一声："我有办法了。"

第二天一早，彭淑牖来到科室，把一个 5 厘米见长的迷你小铁钻头交给病房的洪护士长，请她帮忙交给医院的中心消毒室高温消毒一下。洪护士长看着这个奇怪的小玩意儿，问道："这个器械哪来的？没见过呢，这是做什么用的？"

"到时候您就知道了。"彭淑牖故作神秘。

"肯定不是拿来做手术的，这玩意儿，看着没法在腹腔里大展身手啊？"护士长把小钻头和护士们做好的棉签一起放好，准备待会儿送到供应室统一消毒。

下午从手术台下来的彭淑牖拿到了已经过消毒的钻头。

"你到底要做啥呢？"护士长疑惑地看着眼前这个年轻人。

"护士长，正好也请您帮忙一下，请帮我消毒一下这个指甲盖。"彭淑牖伸出左手。

"你要撬指甲啊？哎哟，妈呀，有钳子不用，你反而要给自己动大刑了，而且连局麻药也不打，想想都疼。你这是什么思维啊？"护士长看看那块发黑的指甲，又看看那把小钻头，脑补“惨烈”的画面，不停地摇头。

“您看好了。”彭淑牖的眼睛里闪着笑意，拿起那个小钻头，锋利的钻头在指甲盖上轻轻地旋转。不一会工夫，护士长眼见着指甲盖被钻出一个小洞眼。彭淑牖用棉签轻压洞眼周围，指甲盖下面的瘀血一下子像股细流汩汩涌出。（彭淑牖．指（趾）甲下血肿 18 例临床报告．浙医学报，1959（3）：256–757.）

“哎，这个法子好啊，简单，好操作，而且动静小。”护士长看着彭淑牖的指甲盖下的瘀血一点点被挤压出来，现出了淡粉色的组织。

“年轻人，脑瓜子好使！我要和大家建议一下，以后临床上遇到这种情况，不要大动干戈地拔指甲了，就用你的这个钻头。你这个用完了，别带回去，就贡献给科室了，大家共用。”护士长忍不住竖起了两个大拇指。

彭淑牖善于改造器械的举动还不止于此。

从 1958 年 2 月开始，他发现麻醉科是用输尿管导管实施持续性脊椎麻醉的。在实行蛛网膜下腔插管时，需要导管有适度的硬度，而输尿管导管比较软，有时会影响穿刺，若力度不够，不能到达穿刺部位，若力度过大，又怕伤及马尾神经。那时，由于医疗条件限制，很多医院没有麻醉科，所以腰椎穿刺成了外科医生一项难度很高的操作，每次操作前还得保证有气管插管的设备，以防万一。

彭淑牖在做实习生时，就苦练腰椎穿刺技术，他有时候就用橘子做练习道具。他在练习的过程中发现，输液用的塑胶管无论粗细还是软硬度，都比较适合做硬膜下穿刺，美中不足的是塑胶管稍微偏软，而且没有刻度。

于是，他又脑洞大开。硬度不够，那就将塑胶管浸入冰醋酸，24 ～ 48 小时就能增加硬度，插管时不必在导管中加插钢丝芯。没有刻度咋办呢？一般颜料不能在塑胶管上染色刻度，他们将有颜色的小段导管套在乳白色的导管之外，再经压力蒸汽处理后，即能在乳白色的导管上留下有颜色的标识，利用这个方法可以随意制造刻度。

有了这个塑胶管做穿刺导管，就可以一个人单独操作了。如果用输尿管，则需要助手协助拔除钢丝芯，因为塑胶管的管腔很细，操作者可用 17 号导管针做腰椎穿刺以引入导管。若用输尿管导管（F3.5 号），则须用 15 号穿刺针做穿刺，势必会在硬脊膜上形成较大的穿刺孔。彭淑牖他们用塑胶管做了几十例穿刺，都没有发生严重的头痛。

彭淑牖在实践的过程中还发现，用塑胶管做穿刺麻醉，患者的麻醉效果非常好，马尾池的神经都能被麻醉，基本上达到了半身麻醉的效果，为手术创造了极大的便利条件。

这个塑胶管的新用法也给护理工作带来了极大的便利。塑胶管对组织的刺激性极小，彭淑牖多次将塑胶管安置于静脉中做持续输液用，相当于现在的静脉留置针，放置十余天都没有出现不良反应。因此，用塑胶管进行腰椎连续麻醉必然较用输尿管导管更为安全。（彭淑牖 . 应用塑胶管进行持续静脉输液 . 中级医刊，1959（10）：37–38.）

彭淑牖谨记老师和哥哥姐姐的教诲，及时整理总结临床中的各种发现和改进，并写了一篇论文发表于《中华外科杂志》。（彭淑牖 . 塑胶管应用于持续性脊椎麻醉 . 中华外科杂志，1959，7（1）：77–78.）

在 20 世纪五六十年代，囿于医疗设备落后，对腹膜后肿块患者的诊断极为困难，并且腹膜后位置深，周围都是各种脏器。因此，当时最常用的方法是腹膜后充气造影术，最早的方法是通过肾囊进行穿刺注气，缺点是一次只能进行单侧造影，而最大的缺点则是易发生空气栓塞致死的意外，使人视如畏途。

1947 年，西班牙人 Rivas 提出骶前注气法，完全替代了肾囊穿刺法。这个方法不仅可以进行双侧造影，而且发生空气栓塞的概率明显降低，但并非没有危险。据文献记载，该方法也有 20 多例空气栓塞致死的案例，说明这个方法尚不是绝对安全的。因此，人们亟须一种绝对安全、有效的方法。

彭淑牖反复研究之前专家学者的文献，探索改进的措施。他们研讨了空气栓塞的发生原因，发现有三种可能的原因：一是在注射过程中穿刺针进入血管；二是注气过程中针尖移动刺入血管；三是穿刺过程中刺破血管。

找到问题的症结之后，彭淑牖苦思冥想，寻找改进的对策，他经常对着那枚穿刺针出神，既然空气栓塞大部分是由针尖刺破血管，使空气进入血管而导致的，那么能否用一个相对有适当硬度又不会刺破血管的材料呢？他想起了塑胶管。

灵光一旦闪现，后面的思路也会一并泉涌。

彭淑牖让患者取膝胸坐位，将塑胶管插至骶前腹膜后进行注气，在盆腔静脉压力较高的状态下再打入气体，塑胶管未刺破血管，即使在注射气体的过程中有血管裂口，也可以通过提升静脉压（坐位注气）和限制注气压力来解决。而且在注气过程中可以随时调节注射的气体量，患者也可以取比较舒适的体位。彭淑牖在临床上试用了几次，发现此方法绝对安全，而且效果很好。

彭淑牖发现这个方法非常有用后，马上推荐给在唐山铁路医院做放射科医生的弟弟彭淑觉，让他按照这个方法给患者做造影显像，果真给患者带来了福音。

兄弟俩还联合写了一篇论文《技术革新：一种安全的骶前腹膜后充气造影术——利用塑胶管进行充气的初步报告》发表于《中华外科杂志》。

彭淑牖不仅对改进各种医疗小器械充满了激情，而且对临床上出现的各种问题也进行前置性研究。腰交感神经节切除术常被用于治疗某些神经血管疾病。文献一般讨论它的病理生理、手术适应证以及治疗后的各种问题，极少提及手术中可能出现的各种困难及错误。其实在这个手术中，有一个重要的步骤——切除神经节。而在这个手术中，可能发生一个重大的错误——漏切神经节，它的严重性在于手术可能彻底失败。

彭淑牖发现临床上把淋巴结当作神经节切除的错误率竟然高达 38.8%，究其原因是淋巴结和神经节在外形上极其像一对双胞胎，肉眼难以辨别真假。彭淑牖不希望这样的错误继续在临床上发生，他结合自己所学的知识查阅相关文献，并凭借组织学原理，发现了一个极其简单的甄别秘诀。

在手术过程中，将切除下来的结节剖开，稍加压力做一个涂片，染色后在显微镜下观察。如果是淋巴结，就会在显微镜下发现无数的淋巴球；反之，若是神经节，则不可能有淋巴球。

他把这个可靠又简单的鉴别方法告诉了老师余文光，并整理成论文交给老师审阅，准备向《中华外科杂志》投稿。

余老师仔细、反复地看了这篇题为“腰交感神经节切除术中的严重错误——漏切神经节 避免此错误的一种简易方法”的论文初稿，不禁摘下眼镜，细细打量眼前这个意气风发又聪明好学的年轻人。这个才二十出头的小伙子，时刻像个侦探一样，到处搜罗各种问题，并想办法加以改进，像个小发明家一样，经常给大家带来一些实用的小创意。他由衷地喜欢这个勤奋的学生，希望能把更多的技艺和经验传授给这个好学又有天赋的年轻人。他让彭淑牖尽快整理资料发表文章，分享给更多的同行。

彭淑牖参加工作没几年，已经陆续在国内最高级别的期刊《中华外科杂志》上发表了好几篇论文。当别人都为写论文找不到方向和切入点发愁时，他总是能在日常工作中信手拈来很多创新的点子。

1958 年，父亲彭致达来杭州看望阔别多年的儿子，还特地让彭淑牖陪着他去拜见了余文光老师，老人家朝余文光深深地鞠了一躬，感谢他对儿子的培养之恩。

余文光欣慰地告诉彭致达：“小彭是个天赋极高的孩子，这与你们父母从小的培养有密切联系，你们完全释放了这个孩子的天性，让他敢于探索，敢于创新啊！希望他能持之以恒，保持这样的创新精神。我相信，他将来必能为医学打开一扇窗户。我也是客家人，我会尽力帮助小彭的，希望小彭能‘源于斯，高于斯’，开拓进取，求是创新，我相信他一定会超过我的。”

父亲彭致达

彭致达看着风华正茂的彭淑牖，脑海中意象涟漪，他想起了父亲彭松当年给孩子取名字的那一幕。

“阿达，‘牖’就是‘窗户’的意思，我希望这个孩子将来能荣神益人，为别人开启一扇希望的窗户，不辜负我们对他的厚望。”

彭致达在彭淑牖的陪同下离开医院，他意味深长地拍着儿子壮实的肩膀，说道:“阿牖,此番来杭州,我很宽心,我看到了你的成长。不管将来如何,你就谨记你爷爷的叮嘱，此生学医，务必要荣神益人，精益求精，淡泊名利。”

“阿爸，我一定会牢记您和爷爷的嘱咐！不让你们失望。”彭淑牖坚定的眼神迎向父亲慈祥的目光。

第十二章

邂逅佳侣

当丘比特的金箭悄悄地射出去之时，被射中的人浑然不知。

1959年的春天，彭淑牖遇到了生命中的爱神。

像他这般多才多艺、儒雅博学、勤于创新的年轻人，在当时的单位里成了很多“丈母娘”心中的如意人选。

实习的时候，他曾被一些爱慕者表白过，而当时的他满脑子都想着学业，就以学业为重委婉地拒绝了。

转眼间，彭淑牖已经27岁了，身边同龄的差不多陆续步入了婚姻的殿堂，唯独他还在围城外面晃荡。反正父母也从未催促彭淑牖成家立业，他索性把精力都花在了工作上，他享受工作带来的那种成就感，尤其是看到备受病痛折磨的患者带着笑容康复出院，他的内心满是自豪，觉得自己的价值在工作中得到了升华。

20世纪60年代初，全国上下的医学院联合医院下基层办卫星医院，大医院配出内外科医生、护士各一名，医学院派出一个小班七八人，均是在临床实习过的学生。就这么一批临时人马凑成了一个小小的卫星医院，相当于现在的社区医院。

1959年，彭淑牖被派遣至杭州市半山工人医院参与卫星医院的工作。情理之中，他是卫星医院的外科医生，负责诊治一些小伤小病。

卫星医院院长包永善的爱人龚幼鞠也是浙江大学医学院的，她看着外科医生彭淑牖每天除了工作就是抱着书本啃，看着一表人才，可就不着急处对象。龚幼鞠有个同班同学叫谢隆化，是卫星医院学生班班长，也是浙江大学医学院的。

龚幼鞠看看谢隆化是单身一人，每天也是风风火火、忙进忙出，再瞅瞅这个“书呆子”彭淑牖，龚幼鞠心里琢磨着，这么优秀的俩年轻人似乎被爱情遗忘在某个角落里了，于是她想做一次月下红娘。

做红娘，首先得对双方的家庭背景有个了解，也要知道双方对未来另一半大致的要求。龚幼鞠这一打听，才发现自己这个红娘是做定了。彭淑牖来自广东梅县的医学世家；而谢隆化这位纤秀端庄的上海姑娘，父亲是民国时期的律师，解放后当了老师，母亲则是上海一家大医院的助产士，与彭淑牖的母亲是同行，这要是以后真成了亲家，共同的话题还挺多，不愁冷场。

那么，前期工作已经悄然准备就绪，现在就需要借东风烧把"爱情之火"，她相信她这个红娘一出马必能马到成功。未曾想，她点燃的星星之火竟然变成了一场马拉松式的爱情长跑。

有一天，龚幼鞠开门见山地对谢隆化说："隆化，我最近观察到我们卫星医院有个小伙子很不错，你看要不要认识一下？"

谢隆化白皙秀气的脸庞泛起了红晕，她懂老同学的心思，随即落落大方地问："是谁啊？"

"此人博学多才，无论是长相、学历，还是性格，都不错，也是我们的校友，高材生，广东人，之前在浙医二院，叫彭……"龚幼鞠想细细地做好铺垫。

"彭淑牖？"龚幼鞠刚想说名字，就被谢隆化抢先回答了。

"对，对，就是他。你认识？"

"早认识了，他是我们的老师，教我们做动物实验的。"谢隆化云淡风轻地笑着。她还以为是哪路大神呢，原来就是自己的小彭老师。她一想到每次上动物实验课，小彭老师看见女生那腼腆的样子，不禁哑然失笑。

"哎哟，真应了那句老话，不是一家人不进一家门。啧啧，瞧我，真是半仙。你们俩勉强算师生，彭淑牖比你才大了 6 岁，相当于哥哥。"龚幼鞠还怕谢隆化顾忌师生关系。

"我没那么古董的思想。不过，他不一定知道我，这么多学生，他也不一定能记住每个学生的名字。"

"那我就安排你们正式见个面？"龚幼鞠试探性地询问。

"哈哈，我们都在课堂上正式见过多少次面了。"谢隆化摆摆手。

"那不一样，你说的那是上课。现在是终身大事，总得要有个仪式感，我既然要做媒婆了，那你总得让我有大显身手的机会嘛。这样吧，我来安排，你们等我通知。"龚幼鞠生怕谢隆化临时改主意，不等她答复，说完扭身就走了。

画面转到彭淑牖的小诊室，龚幼鞠只见桌子上放了一把细竹篾条，都有 10 厘米左右见长。彭淑牖正埋头拿着一把小刀子削着一根篾条，两头削得尖尖的，又用砂纸磨篾条上的毛刺。

龚幼鞠一看乐了，这个小彭医生不仅会看病，还会做手艺活。

“小彭医生，你这是在做什么呢？在编织蛐蛐儿的笼子呢？”龚幼鞠拿起了一根篾条端详着。又细又圆的竹签，表面很光滑，看着也不像做小动物的笼子的选材，要么拿来串柿子，晒柿子干。可现在柿子才刚开着花骨朵儿，还早着呢。

“龚老师好。”彭淑牖抬头看见是龚幼鞠，站起身来致意。

“看不出来啊，你年纪轻轻，可你的这双手可真巧啊，能拿得了手术刀，还能做竹编匠人，啧啧啧，真难得。”

“您过奖了，就我这三脚猫的手艺，顶多做一双筷子。”

“那你这是……”

“哦，这个啊，我是做一个大隐静脉剥离器。”

“竹篾？静脉剥离器？这个是哪跟哪的逻辑啊？这玩意儿能扎进我们的血管里？这也太离谱了吧？！”龚幼鞠一想着这根竹签扎进血管里，鸡皮疙瘩也起来了，赶紧放下手里的竹条。

“您误解了，您看，现在咱们这卫星医院不是条件有限嘛，没有那么多的设备可以用，于是我就琢磨着用消毒过的竹条当静脉剥离器用，我试用了几次，效果还不错呢。这东西物美价廉，就是需要自己动手制作，时间要多花费一些。您看，我还写了一篇论文，准备投给《中华外科杂志》呢。”彭淑牖拉开抽屉，取出手写的稿子递给龚幼鞠看。[彭淑牖，马元章.简单的大隐静脉剥离器及其使用方法.中华外科杂志，1959，7(8)：815.]

“哈哈哈，佩服你的奇思妙想，文章我就不细看了。我今儿个找你有个事儿要商量一下。”

“您说，有啥事情需要我帮忙的，只要是我能力范围之内的，我肯定尽全力。”

“嗯，这个事还真得你付出百分之百的力气才行。”龚幼鞠又打量着文质彬彬的彭淑牖。

彭淑牖被看得不自在，但又不好问啥情况。

“小彭医生，你还没处对象吧？”龚幼鞠不打迂回战术。

“啊，这个事儿啊。怎么说呢，我还……”彭淑牖涨红了脸。

“你先打住，你不会在老家已经安排了娃娃亲吧？”龚幼鞠心直口快。

“没没没，我们家还是很开明的，父母不干涉我们孩子的事儿。”彭淑牖紧着摆手否认。

“那你就是单身一人，还没有意中人吧？”

“嗯。”

“那你对未来的那一半，有什么要求不？”

“要求啊？要求就是，就是……”

“就是啥？”

“就是和我有共同语言，能聊得来，家庭环境也差不多，不要差异太大，不然怕有矛盾。”彭淑牖如倒豆子。

“对长相、学历、性格没要求？”

“这个啊，只要过得去就行。”彭淑牖在龚幼鞠的连环追问下，连细细思索的时间都没了，只能跟着对方的思路走了。他也曾想有个美丽可人、有共同爱好的姑娘，两个人一起在西湖边闲庭信步，共赏春花秋月。可这会儿总不能说自己对外貌有啥具体要求吧，先把龚幼鞠应付过去再说。

“我明白了，你要找个门当户对的好姑娘，对吧？”

“嗯。”

“那也巧了，我有个同学，各方面的条件都和你还挺般配的。要么，我给你们俩安排安排？”

“也是学医的啊，那敢情好啊，有话题了，可以探讨很多医学问题呢。”

“啊呀，你这个读书人，满脑子都是专业，咋没点浪漫的思维呢。”

“……”

“你这两天啥时候有时间？”

“这几天还挺忙的，就是晚上下班后有点时间。”

“得得得，我明白了，我和我家那口子说一下，给你准半天假去见个面，人生大事，不能敷衍了事。”

“那她是哪里人啊，叫什么名字啊？”彭淑牖整个人都还懵圈的，突然来了一桩相亲大事。

“上海人，叫谢隆化，是你的学生。”龚幼鞠转身边走边回答，看着彭淑牖那呆愣愣的模样，觉得可爱至极。这个小伙子，虽然比她大，但是她的生活经验比这个单纯的大小伙儿丰富。她觉得彭淑牖这个人靠谱，给谢隆化介绍，肯定合适。

“啊，我的学生？谢——”彭淑牖一脸诧异，脑子里在快速搜索这个姓谢的女学生是何许人也，可他一时半会都想不出对方到底是哪个人，丈二和尚摸不着头脑地愣了半天。

三天后，西湖断桥，这一对年轻人在媒婆的安排下终于正式见面了。谢隆化没有特意打扮，穿着素雅的衬衫，梳着两根长辫子，背着一个挎包，一路欣赏着西湖美景，来到了约定的地点。远远看见一个戴眼镜的男青年穿着白色衬衫，手里拿着一本书，正专心致志地坐在一张椅子上看书。谢隆化一眼就认出了那是她今天的相亲对象——彭淑牖。

"咳咳咳。"谢隆化走到彭淑牖的身旁，故意发点声音。

彭淑牖闻声抬头，一看到眼前这个端庄秀丽的女孩，他赶紧放下书，拘谨地站起来搓着手。

"彭，彭老——，哦，不对，彭淑牖，你好。"谢隆化差点脱口而出喊老师，赶紧改口直呼其名。

"啊，原来是你啊！"彭淑牖红着脸，心脏咚咚咚地狂跳，他不敢直视谢隆化晶亮的双眸，但又不能转移视线，那样显得很不礼貌。

彭淑牖和谢隆化

"是啊，没想到吧。"相对于彭淑牖的别扭，谢隆化反而很自在。

"你好，谢隆化。"彭淑牖习惯性地伸出右手，要握手。

"这是同志的握手方式，我们还不是同志吧。"谢隆化笑看着彭淑牖那双指节长度均匀的手，没有伸出手回握。

"哦，对对，瞧我，都忘记这茬儿。"彭淑牖再度红着脸，缩回手在裤腿上来回摩擦。

彭淑牖和谢隆化结婚照（谢隆化父亲题字）

谢隆化看着有趣，大家口中的那位才子，此时就像一个可爱、羞涩的小男生。

就这样，两个年轻人愣是把西湖压了一圈，聊着各种话题，越聊越投机，越聊越默契。彭淑牖也从之前的拘谨到后来的侃侃而谈，他被身边的这个女孩深深吸引了。

"金风玉露一相逢，便胜却人间无数。"彭淑牖以前背诵秦观的《鹊桥仙 · 纤云弄巧》，不明白这句诗的真正含义，只能望文生义。此刻，他终于明白了。

他不时地用眼角的余光看着谢隆化灿烂的笑颜。在遇到她之前，彭淑牖也曾希望，将来的另一半能和他有共同的语言、相似的生活背景，这样两个人就不会有太大的差异和矛盾。

这一天，他觉得他的人生要迎来新的篇章了。

第十四章

“文革”岁月

彭淑牖和谢隆化这对大忙人，终于确定了恋爱关系。和其他年轻人的花前月下不同，这俩人基本没有时间见面。

两个人都单身，单位有什么下基层的业务，两个人都优先进入第一队列。

1960年，谢隆化从浙江大学医学院毕业，就被要求留校做老师。学校里开设了公共卫生系，亟须青年教师。谢隆化有过在卫星医院当小班长的经历，再加上她没有一点大城市姑娘的娇气，能吃苦耐劳，有啥苦活累活，她都冲在前面。

当公卫老师后，谢隆化到农村去锻炼实践的时间就更长了。那时，乙脑（流行性乙型脑炎）、副霍乱、流脑（流行性脑脊髓膜炎）在农村流行，流行病学调查显示主要是农村的卫生条件极差所致的。于是，浙江省卫生厅派遣谢隆化和工作组经常深入农村，和农民同吃同住，对乡村的卫生设施进行改造，尤其对露天的厕所进行改造。她在现场指导农民如何造化粪池，改善乡村的卫生环境。那几年，她几乎走遍了半个浙江的农村，去的都是穷乡僻壤之地。

“大跃进”时期的第一场运动是除“四害”。在运动最开始时，“四害”的定义为老鼠、麻雀、苍蝇以及蚊子；后来遭到动物学家的一致反对，1960年“四害”被重新定义为老鼠、蟑螂、苍蝇以及蚊子。

此时，彭淑牖作为科室的青年医生，也承担起下乡的工作，跟着工作队一起下乡，参与这场除“四害”运动。他每天忙完医疗工作后，经常拿个破脸盆，站在农民家的屋顶，把脸盆敲得铛铛作响，麻雀被惊得晕头转向。后来，他又忙着抓蟑螂、蚊子、苍蝇。总之，他每天都累得够呛，这些小动物不好对付，他和工作队同仁也绞尽脑汁想方法。

就这样，每次他完成任务回到杭州，谢隆化又已经跟着工作组下乡了，两个人有时候几个月也见不着一面。

“祖国需要我去哪里，我就去哪里。只要祖国建设需要，我定当义不容辞。”两位年轻人就这么简单和朴素，没精力和心思暗自神伤，也就不计较儿女情长了。

每次彭淑牖回到杭州，听说谢隆化又去了某个偏远山村，他就安慰自己，两情若是久长时，又岂在朝朝暮暮。

时间渐渐流逝，转眼间，两个人的爱情马拉松都跑8年了，彭淑牖从书生意气的青春豪放，到了含蓄内敛的而立之年。哥哥姐姐弟弟的孩子陆续出生，阿牖舅舅、阿牖伯伯、阿牖叔叔，每年他在家族中的“荣誉称号”随着新生命的诞生而叠加。父母对他这么迟尚未成家也不过多提及，只是偶尔委婉地说一下，点到为止。

1967年初冬，彭淑牖和谢隆化这对大忙人终于抽个时间把婚结了，结束了8年爱情长跑。此时“文革”已经开始,两个人的结婚仪式很简朴。双方家长、亲戚都没来。“文革”开始前，彭淑牖的父母也已经被大姐彭淑兆接到英国去生活了。没有婚礼，没有嫁妆，也没有彩礼，更没有婚纱照，两个人拿着单位开具的结婚证明，去照相馆拍了一张结婚证的照片。

谢隆化买了点日用品，彭淑牖花了几元钱买了点糖果分给同事朋友们。就这样，两个人搬进了浙医二院分配给员工的住房，位于杭州市马市街3号的一套30平方米的小房子里，终于有了一个小家。

两个人住的地方是筒子楼，厨房、洗漱间都是公用的。两个人婚后都忙于工作，谢隆化公共卫生系的事务繁琐、忙碌,彭淑牖的临床工作更甚,两个人几乎没时间下厨，对于谢隆化来说，在食堂吃饭方便多了。她不会做饭，但成家后，也得学着做。彭淑牖会做简单的几个菜，但他每天早出晚归，等他回家做饭，都到夜宵的时间了。

于是，谢隆化就到单位的小食堂点小炒，看师傅如何搭配菜系和炒菜的顺序。等她琢磨着可以出师了，就让彭淑牖买了一个火炉子。结果，炉子要先用木柴点燃，才能开工。从此，彭淑牖又多了一项工作，抽时间去郊区捡木柴，劈好，给谢隆化烧炉子用。刚开始，谢隆化不会烧炉子，经常弄得满屋子烟雾缭绕，呛得眼泪直流。后来，彭淑牖教她如何烧，火既大，烟又少。再后来，彭淑牖索性托人买了一个煤油炉子，这样就不用折腾去捡柴火了，烧起来也方便。

“文革”风起云涌，杭州的各家单位也随波挤进了“文革”中。

1962—1968年，谢隆化一直在乡下忙于公共卫生工作，等她回到杭州时，发现学院的各级领导多被揪斗，正常的教学秩序已经被完全打乱，教学工作基本停止，学校的教职工们早中晚集中学习。

谢隆化一下子从忙着下乡回到了每天集中学习的状态，时间慢慢丰裕了起来。在早中晚讨论学习的时候，大部分女同志带着毛线，在底下织着毛衣，谢隆化正好也趁机给彭淑牖织了几件毛线背心。

相比于谢隆化，彭淑牖的日子则艰难多了。"文革"开始后，他被余文光老师保护着，让他继续坚持在临床一线工作。他每天谨言慎行，勤勤恳恳地工作，生怕一不小心被揪斗。科室里已经有个女医生因不堪忍受屈辱，选择了轻生，好在发现及时，被抢救回来了，但是已经没法正常在外科工作了。医院只好给她调到其他岗位，而她医生的职业生涯也因此终结了。

尽管彭淑牖一再低调做人，但是由于他的大姐在英国，二哥在美国，海外关系成了他躲不过去的一道坎。于是，有一天早上来上班，医院的角角落落都贴满了白纸黑字的大字报，上面赫然写着"彭淑牖阴谋叛国"。

彭淑牖如同被雷击，全身上下都凉透了，但是百口莫辩。他呆呆地站在一张大字报前，握紧拳头，眼睛里冒着火，恨不得伸手去撕掉，但还是硬生生地忍住了。他想起了父亲彭致达曾经教导他，遇事一定要冷静，切勿意气用事，有时候意气用事反而带来祸害。彭致达和他分享过自己年轻时在梅江潜水，那时他的辫子刚剪掉，头发蓄得还有点长，有一次头发被江里的水草死死缠住了，他克服了内心的恐惧，憋着气，一点一点把头发从水草里解出来，最后成功脱险。彭致达说如果当时他被恐惧控制，心急之下硬扯的话，会把整个头皮都撕掉，而且更容易发生窒息。在这种危急的情况下，唯有保持冷静，才能化险为夷。

彭淑牖脑海中浮现出父亲睿智的双眸，深深地吸了一口气。他的牙齿紧咬着下唇，直到嘴巴里有股血腥味，才缓缓地松开，眼里的雾气更浓，他使劲地闭了闭眼睛，艰难地转身离开。他也想起了司马迁写《史记》的故事，忍辱，方能负重前行。

彭淑牖所到之处都是关于他的大字报。一夜之间，那个很受大家欢迎的彭淑牖成了人见人躲的"黑五类"分子。

彭淑牖低着头慢慢地走向科室，对面看见人，他也主动退到一边，不敢像以往那般热情地打招呼。他回想起几年前，自己曾经在无意中对同事说起哥哥姐姐在国外，没曾想这层海外关系竟然成了莫须有的罪名。此时，他已经不再想到底是谁揭发了他，总之现在的他身上已经有了抹不掉的"污点"。

彭淑牖拿出了装在口袋里的红宝书，来到科室听早交班。同事们看他的眼神极其复杂，谁也没说话，一种严肃到令人窒息的气氛萦绕在每个人的心间。余文光老师也神色凝重地看了一眼爱徒，欲言还休。他深深地明白此时说的每一句话，都有可能成为彭淑牖新的罪证，他最终没有开口和彭淑牖说话。

余文光自己也身陷囹圄，因为他的祖父是地主，他也被归为"黑五类"人员之列。当天做完手术也要被隔离了。彭淑牖看着恩师似乎一夜之间苍老了许多的脸和灰白的头发，一股悲怆的苍凉在胸中游走，无法排遣。

交班后，他默默地跟着老师进了手术室。在更换洗手衣的时候，60 多岁的余文光看看周围没人，低声对彭淑牖说了一句："话还是要说的，但要少说，不然人家会揭发你又有阴谋了。你是梅县人，总记得'宝剑锋从磨砺出，梅花香自苦寒来'吧？Break of dawn, there's no sun up in the sky. However long the night, the dawn will break."（破晓时分，天空还没有太阳；但不论黑夜有多长，黎明总会到来。）

彭淑牖怔住了，一股寒气从脚底一点点升腾而起，他现在已经身处漩涡中心了，一不小心，也许等待他的是一场劫难。从现在开始，他必须像走钢丝一样生活和工作。

手术室里再也没有了往日的那种热烈、轻松的学术氛围。

就这样，彭淑牖和余老师做完手术的第二天，他被迫离开临床，每天去门诊擦玻璃，扫厕所。门诊是工农兵坐诊看病，正规的医生则坐在一边当助手，帮忙开处方。彭淑牖每天穿着蓝色粗帆布工作服，在门诊的各个角落搞卫生，也不敢有丝毫的怨言。谢隆化得知爱人的处境后，爱莫能助，只能在彭淑牖每天拖着疲惫的身体回家后，给予精神上的支持。工农兵看彭淑牖还算老实本分，干活也勤恳，也就没再继续揪斗，让他回到临床上班。彭淑牖依然和往常一样，每天兢兢业业做好各项工作，下班后也不敢在医院停留片刻。

后来，医院派遣彭淑牖下乡，"文革"期间，他基本在浙江的各地农村插队，按他自己的话说，十年间，一直在农村"修理地球"，干农活。他在丽水松阳、云和的农村各待了半年，之后又去了绍兴新昌、金华东阳、磐安。

后来，他得知留在国内的六个兄弟姐妹均因海外关系受到了各种牵连，他的小弟彭淑觉还因此被揪斗批判、入狱。"文革"期间，他们没敢与国外的家人有任何联系，一则，怕他们伤心难过，也无济于事；二则，怕再被揪斗。在国内的兄弟姐妹也不敢有丝毫书信往来。

彭淑牖不断地从这个村镇到那个村镇，几乎没有在杭州好好生活过。

1971 年，儿子彭报春出生了，他请假回来陪伴几天，又匆忙回到乡下去了。对妻儿的内疚之情让他一直无法释怀，他对谢隆化亏欠得太多了，心里默默发誓，等将来形势好转，他回到杭州时，一定要好好陪伴妻儿。

在磐安镇插队时，彭淑牖每天跟着医疗队出诊，农民的大小毛病他们都看，实在看不了的，安排转院。当地的农民有个什么头痛脑热的，都来找他们。

1975 年的一个夏夜，彭淑牖吃过晚饭，在院子里稍事活动了一下，便去洗漱，准备看会书就休息了。结果此时，公社的大门被敲响了。他出去开门，一个老乡说家里有人生病了，请医生赶紧去看一下。

彭淑牖二话不说，回屋背起急救箱，就跟着老乡走了，连手电筒都忘了拿。一路

1963年，彭淑牖在上虞下乡（后排左二）（彭淑牖供图）

顺着老乡微弱的手电筒光，在崎岖的山路上深一脚浅一脚，来到老乡家里。等处理完患者的伤情，他一看时间也不早了，都快晚上十点了，怕太晚了，待会回去的路上遇到山里的野兽。于是，他走出村子，借着天上的月光，赶紧赶路。但是月亮像个调皮的孩子，慢慢地躲在乌云背后，不肯出来了。伸手不见五指，月黑风高，彭淑牖仗着自己的体育不错，想着一路贴着山路里面小跑，估计也能到住宿的地方。

他就这样摸黑凭着感觉走到一座石桥边，听到桥下细弱的潺潺流水声，彭淑牖心里提醒自己，过桥一定要小心。他慢慢地挪到河岸边，估摸着已经走到桥的这一头了，他心里定了一下，可以过桥了。这座桥他之前走过很多次，离他们住的公社宿舍还有四五里路。桥身有三四米高，桥面还是比较平坦的，桥底下很多巨石，这段时间雨水少，河沟里的河水也接近干涸，只有几股涓涓细流从石头缝里流出来。

于是，他放心地往桥面迈开了右脚。

突然，他踩空了！一瞬间，自由落体的失重感突如其来，彭淑牖大喊一声"啊呀"，内心的恐惧让他本能地想伸手去抓住点什么。可是，下一刻，他什么都不知道了。

也不知道过了多久，彭淑牖悠悠地醒来，脑袋昏沉沉的。他侧躺在一堆乱石之间，右边的身子被尖锐的石头棱角硌得生疼。他睁大眼睛，四周一片漆黑，思索了几秒，他发现自己还活着，还算幸运。于是想动一下身子，腰部的一阵剧痛袭来，他发现自己动弹不得。

"完了，瘫痪了。"他脑海里跳出了这个诊断，难道就在这个河沟里把自己交代了？他又试着动了动脚趾头，还能动。那可能是腰椎骨折了，他心想还算命大，没有把脑子摔坏。

“不行，我得回去。”他咬牙挣扎着想爬出乱石堆，要是晚上躺在这里，还不知有多少未知的蛇虫出没，危险重重。脑海里出现了家人的身影，他得回去陪伴他们。

夏天的晚上，河边的草丛里各种虫子在吱吱吱地叫着，远处的山坳里传来了狼嚎的叫声。彭淑牖躺在那里一动不动，不在乎身边有什么声音，他心里只想着该怎么爬回去。他在脑海里回忆来时的这条路，基本都是上坡的石头路，这些石头经年累月被踩踏，都变得比较光滑。只是爬上去的路很艰难，平时空手走都走得气喘吁吁。

1957 年 11 月，彭淑牖抱着大哥彭淑干的儿子与父母在南京灵谷寺合影留念（彭淑牖供图）

彭淑牖极其缓慢地让自己轻轻翻转过来，左手扶着腰，终于可以趴在那儿了。可是，怎么从这河沟里爬上去，对他是一个极大的挑战。好在之前他曾来过这个河沟里抓螃蟹，知道前方大约五十米处有个较为平缓的坡，他可以从那里一点一点爬上去。

穿着短袖的胳膊之前已经被磨破了，每爬一步，嵌在伤口里的细沙石如同锥子一般扎进皮肤里，钻心的痛，让他冷汗涔涔。他呻吟着继续往前爬，两条腿不能动弹，身体只能靠两条胳膊拖动着。

彭淑牖每爬一会，就趴在地上喘几口气，剧痛刺激使得他全身的神经都绷紧了。他的全身上下已经湿透，短袖衬衫估计也在刚才爬过河边的荆棘丛时被钩破，他腹部的皮肤贴着路上粗粝的石子，火辣辣地疼；眼镜也摔丢了，在完全适应黑暗后，在乌漆抹黑的天穹下，他仰头看见天际有几颗星辰若隐若现。此刻，他的脑海里浮现出很多美好的画面：爸爸带他在梅江上垂钓；妈妈像旋风一样骑车带着他穿梭在街头；大哥在沙滩边教他高低杠倒立；还有谢隆化给他织第一件毛衣时让他试穿；儿子报春可爱的笑脸，娇嫩的小胳膊挥舞着，小腿乱蹬着。一切美好的幻象在他眼前轮番出现，久久没有散去。

“我一定要爬回去！”彭淑牖用手抹了一把额头的汗水，深吸一口气，紧紧咬住牙关，再度开始在崎岖坎坷的山路上拖着身体爬行。每拖动一步都是在挑战身体的极限，全身各处的痛如同鱼鳞一般密布。两只胳膊估计早已血肉模糊了，他摸了摸，黏糊糊的。他趴在路边，用力扯了几把道路两旁的野草，在黑暗中凭感觉做了两个草垫，然后手和牙齿并用，绑在胳膊肘处，这样能稍微减轻一下摩擦引起的疼痛。

就这样一点一点拖动着剧痛的身体，彭淑牖几近虚脱。他的脑子里此时只有一个念头：“一定要爬回去。”爬了一个多时辰，彭淑牖依稀能看到公社的那幢房子了，他用尽全身的力量，大声地喊着队友的名字。他看到屋里的灯亮起来了，听到了那扇木质大门吱嘎开启的声音。

“我，回—来—了。”彭淑牖艰难地吐着字，便再次失去了知觉。

第十五章

三月疗伤待春归

当接到浙医二院的电话时，谢隆化被惊得手脚哆嗦。电话里只是匆忙告知让她明天一早赶紧随医院的救护车去磐安镇接彭淑牖回来救治，关于伤情具体有多严重，由于山村里医疗条件有限，谁都说不清楚，所以要接回到杭州，检查了才能判断严重程度。

清晨六点，医院派出的救护车在弯曲盘旋的山路上缓慢行驶着。因为道路狭窄曲折，弯道又多，司机也不敢开得太快。出发前，司机还备了一桶柴油放在车上，以防半路没油熄火，所以车厢里弥漫着一股浓浓的柴油味。

谢隆化从小就晕车，所以极不喜闻到这刺鼻的柴油味道，现在她和气味一路相随，再加上山路十八弯，她一上车就开始晕车、呕吐。尽管司机提醒她看看外面逶迤连绵的群山、碧绿的田野、青翠的麦苗和山路边的各种野花以分散注意力，但她闻着那股味儿，心里惦记着彭淑牖未知的伤情，压根没有心情看，最后连胆汁都吐出来了。

180 公里的路程，救护车足足开了 12 个小时，终于在傍晚太阳即将落山的时候到达了磐安镇。谢隆化顾不上自己虚浮的脚步，扶着路边的一棵树，稍微调整了一下气息，就踉踉跄跄地直奔彭淑牖和医疗队所住的村大队公社。

当她忐忑地推开彭淑牖住的那屋的木门时，屋内昏暗无声。

“彭淑牖，你怎么样了？”谢隆化看着黑乎乎的室内，声音有点颤抖。

吱嘎作响的开门声和谢隆化熟悉的声音，惊动了躺在床上休息的彭淑牖。

“谢隆化，你来啦，辛苦你了。”他略显嘶哑的声音充满了疲惫，又带着几许欣慰。

结婚这么多年，两个人都叫惯了对方的全名，索性也懒得改了。

谢隆化借着夏日余晖，适应了屋内的暗黑。她在门口摸索着找到电灯的开关线，轻轻地拉了一下线，“啪嗒”一声，那盏瓦数不高的灯泡亮了。

彭淑牖面色平静地平躺在一张农家竹编的硬板床上，原本那张儒雅清秀的脸庞现在都是或长或短被刮伤的痕迹，乱蓬蓬的头发下面一双眼睛依然有神，右边的眼镜片中间裂了几条缝，镜架也是歪歪斜斜的，两只胳膊包着纱布。尽管狼狈不堪，但是他的脸上还带着浅浅的笑意。

“你还能笑得出来，我这心都挂了一天了。”谢隆化看着他这番模样心里发酸，强忍着泪水。

“看到你来接我了，我心里欢喜的。”彭淑牖轻轻地说道。

谢隆化还是忐忑不安，不知彭淑牖的伤情具体如何，脸上的紧张一直没有退去。

“这里医疗条件不行，一时半会也查不了，也不知道到底伤在脊椎的哪一部分，我这心里七上八下的，很不踏实。”谢隆化紧蹙眉头。

“凭我自己的感觉应该是伤在腰椎，现在感觉还好，就是暂时走不了路了。”彭淑牖尽量用略显轻松的语气说道，右手拍拍大腿外侧。

“下半身有知觉吗？脚趾头能动吗？”谢隆化脑子里出现了最坏的诊断——截瘫。

“放心吧！我命大，幸运的是没把脑子摔坏。腿还能动，没瘫痪。只要有人扶助，我还是能慢慢挪几步的。你看。”彭淑牖了解妻子不安的心情，左右旋转着脚趾头和脚踝。谢隆化认真地盯着他活动的脚，长长地舒了一口气，悬在嗓子眼的一颗心稍微放下了一点。她拉了一张竹椅坐在床边，轻轻握住彭淑牖伤痕累累的手。

她发现彭淑牖床头的一张小方凳上放着一个铝制的饭盒，上面还搁着一双筷子，一摸都已经凉了，打开一看，里面是番薯丝加了一丁点米饭，还有一点早已被焖得发黄的蔬菜。

“你没吃饭？你的队友们呢？”谢隆化心里发酸。

“队友们都很忙，每天都得出去工作。他们中午回来的时候，就帮我把饭打回来了，吃好又匆忙出门了。我这么躺着，也不饿。坐起来也不方便，索性就不吃。这会儿看到你来了，我倒是觉得肚子在唱空城计了。”彭淑牖拍拍腹部，肚子果真在咕噜噜欢叫。

“我去给你打点热饭，顺便把午饭也热一下。我也饿了，早上吃的都吐光了，一路晕过来的。好在你还能动动腿脚，我也赶紧补充点能量。”谢隆化拍拍彭淑牖的手背，起身拿着饭盒径直去公社食堂。

第二天一早，医疗队的队员们到农民家借了木板，给彭淑牖做了一张临时硬板床，并把他抬上救护车。

车子又以龟速在山路上前行。这一次，谢隆化虽然还是晕得厉害，但是看着彭淑牖能被平安接回杭州，心里还是雀跃的。看着窗外的群山、田野，她似乎不那么难受了。

车子终于在傍晚到达杭州，彭淑牖被直接送往医院做 X 线检查脊柱。还真是运气，检查结果显示是腰椎骨折。骨科同事看过片子后，建议保守治疗。之后，谢隆化找了一个年轻的骨科同事，帮忙把彭淑牖背回到马市街 3 号的家里。就这样，一直以运动健将著称的彭淑牖在硬板床上足足躺了三个月，终于把腰伤养好了。

这时，余文光已恢复自由之身。他来到彭淑牖家中，看到躺在床上的彭淑牖，心里百感交集，往事历历在目。想起曾经那个意气风发的青年，那个对未来充满憧憬的才俊，历经磨难，如今已年届不惑。他心疼这个学生所遭受的一切，也欣赏他在磨难中所表现出来的冷静、理智和对学术追求的不放弃。在面对各种不公平待遇时，他依然勤奋踏实、不卑不亢地做着临床本职工作，不曾有半句怨言，把所有的痛苦和委屈都藏在心里，默默消化。

“高山仰止，景行行止。”彭淑牖望着自己最敬重的恩师，紧握他的双手，师徒相见，千言万语一时难以道尽。

在休养的这三个月里，在饱经沧桑之后，重归平静的彭淑牖开始对自己的过去、现在、未来有了一番深深的思索。

他想起和父母、手足们在梅县培元医院度过的快乐时光，父母亲的谆谆教导犹在耳边，仿佛又看到了父母在诊所忙碌救治病患的身影，那些患者经过救治带着笑容回家，康复的患者带着自家种的蔬菜来表示感谢的温馨场景。

他想起可亲可敬的爷爷彭松，想起了儿时爷爷写的村谣“五云洞是彭家庄，山清水秀好风光；东有一曲青龙水，朝北流入三池塘；南有庙山莲花峰，狮公尾山来生龙；洛布径分二曲水，北泻瀑布鸡峰嶂；西大人山甘泉排，五云江河绕村庄；物华天宝人富贵，地灵人杰裔代昌”，还有爷爷居住的如世外桃源般的“受托围”，如今已被充公没收，往日快乐的田园时光已不复存在。

爷爷的 6 个儿女 48 位儿孙，在“文革”期间，因为被划分为地主阶级的家庭成分问题，都饱受折磨，尤其是四叔彭致明、五叔彭致祥被红卫兵迫害致死，家族其他人在这十年间也噤若寒蝉，各自难保周全。每每想到此处，他总是忍不住潸然泪下，为亲人的悲惨遭遇倍感痛心。

他想起哥哥姐姐对他的各种关爱，还有“力牖党”小团体在五云洞山间嬉戏的幸福童年，赤脚在梅江岸边的沙滩上踢着自制的“沙田柚”足球；想起了当年和大哥彭淑干彻夜促膝长谈、立志学医的那一晚，自己怀揣着理想进入医学的世界，期待用自己的一技之长报效祖国，为更多的人带来希望和幸福。

他想起了余文光老师在课堂上授课的场景，还有掷地有声的那句“如何有效地开启胰腺癌手术这扇神秘大门，也许将来会被你们在座的各位推开”。那时候，他在课堂上听得满腔热血，期待自己和同学们有朝一日能实现老师的期望。

他想起和余文光老师、同事们每天在医院查房和手术的忙碌工作情景。

他再细想自己现在的处境，“文革”期间能正常在医院上班已属不易，根本不敢有过多的超前想法。虽然现在他的手术水平在医院同行里已经算是略有建树，但是还有很多医学高峰没有攀爬，他能做的就是那些很多人会做的手术，只不过技艺的高低不同。现在世界的医学发展究竟到哪一步了，外面的世界到底有多精彩，外国的同行都在开展哪些高端的手术，他一无所知。他被框在眼前的这个境地里，看不到也没有机会接触外面的世界，就好比隔着一层薄雾向往着外面美好的世界，满心的抱负无处安放。

他从在英国伦敦从事肿瘤学研究的大姐的来信里得知了国外的一些医学进展，但谈及的内容不属于他的外科专业领域。他渴望能亲自去国外看看，跟着那些业界大师学习。

他读过马丁·路德·金的《我有一个梦想》，他特别喜欢里面的一句话：梦想像一粒种子，种在“心”的土壤里，尽管它很小，却可以生根开花，假如没有梦想，就像生活在荒凉的戈壁，冷冷清清，没有活力。有了梦想，也就有了追求；有了奋斗的目标，有了梦想，就有了动力。

他的内心一直有个梦想——练就一身好本领，能救治更多的患者，能让中国的西医走上世界的舞台。他知道这个梦想很大、很远，他也不敢和人分享，因为别人会觉得很不现实。

当他激动地和谢隆化说起这个念头时，谢隆化淡淡地说这是个梦，要实现太难了，尤其是彭淑牖的家庭背景，更是难上加难，还是先把身体养好，把眼前的事儿做好再说吧。在“文革”期间，保持低调、谨慎是第一要领。

彭淑牖默默地点点头，认同谢隆化的提醒，先把眼前的日子过好再说。在这3个月里，他终于有点时间看书学习了，把之前因为下乡没有时间看的书全部搬到床头，如饥似渴地吸收着知识的能量。谢隆化笑他比儿子彭报春还用功，也欣慰他终于有点时间在家里陪伴家人了。

夜深人静时，彭淑牖时常想起失联多年的家人，也会黯然神伤。兄弟姐妹8人，各自在天涯。他祈祷大家都各自安好，尤其是在异国他乡的亲人。

他期待有朝一日，一家十口人能再次相聚。那时候，肯定是天朗气清，岁月静好，春满人间。

第十六章

远走英伦

1976 年 10 月，“文革”终于结束了。这是一个终点，却也是另一个时代的起点。

“文革”的终结，让中国孕育了多种多样的可能性。虽然物质仍然匮乏，但人们的内心却充满希望。

1978 年，中共十一届三中全会吹响了改革开放的号角。

对于彭淑牖来说，十年动乱的艰难岁月终于迎来了生机。

已经在临床工作 20 多年的彭淑牖更忙了，他要管三个医疗区域，一个是普通病房，一个是急诊室，一个是简易病房。科室的医生很少，像他这么高年资的主治医生也不超过一只手的数量。同时，作为男同志，他承担了科室的很多工作，每天就像陀螺一样，在三个不同的医疗区域折腾，有时候刚到普通病房，就听到急诊室那个提醒医生有急诊患者要处理的大铜钟“当当当”地响，他又赶紧撒腿冲往急诊室。

三个医疗区域的护士总是说，要找彭淑牖太难了，因为彭淑牖不是在去某个病房的路上，就是在另一个病房忙碌着。三点一线成了彭淑牖在“文革”结束后的临床工作的真实写照。

他每天都得像运动员一样，一路小跑穿梭在医院的各个角落，有时候他感叹幸而年轻时爱好运动，打下了结实的身体基础。

彭淑牖从小就被父母教育，每日都要反思自己一天的行为，是否有改进的余地。但是，在“文革”期间，不能随便讲自己的缺点，你想要做自我批评，那也只能在心里默默进行。在单位里，每天必须挖掘自己的闪光点。

他经常在夜深人静的时候，反省自己每日在临床工作上的各种情况，给自己把脉找不足。

沐浴在改革开放的春风里，他感受到了一种前所未有的期盼，他想去外面学习更多的东西。

科室里一位高年资的女医生郑树（后为浙江医科大学校长）被公派前往美国深造。

彭淑牖很羡慕郑树能有出国看世界的机会。在国内很多技术没有革新，他也很想有机会去学习，深藏在内心的那个梦想又开始蠢蠢欲动了。但是，对于他这个“政治背景不合格”的人来说，出国恐怕极难成行。

在“文革”期间，国内有可以公派去苏联读医学副博士学位的机会，彭淑牖知道这样的机会对于根正苗红的贫下中农来说，容易得到；但是对于他这个有海外关系的人来说，概率几乎等于零，但是他还是报了名，想着万一能通过呢。当然，最后的结果，他只能眼巴巴地看着别人出国去攻读学位。科室有外出进修的名额，但是幸运之神从未把橄榄枝伸给他，而来科室进修的外院医生却都是他负责带教培训。

对此，彭淑牖没有怨言，他始终抱着一种积极的心态，就如他一直欣赏的印度诗人泰戈尔写的那句诗：“光明就在我们的面前，只要你能捱住痛苦，走过重重黑暗，你的负担将变成礼物，你受的苦将照亮你的路。”

他想起大姐彭淑兆在“文革”前两度被周恩来总理接见，为了给曾经在日本留学的五叔彭致祥在“文革”期间遭受的迫害申诉昭雪，她多方奔波，通过驻英使馆直接给国务院总理周恩来致函，终于在 1978 年，彭致祥彻底平反。在整个过程中，大姐所表现出来的巾帼气概和执着坚定让他备受鼓舞和感动。

1979 年 5 月，彭淑牖接到在英国皇家医学院肿瘤研究院工作的大姐彭淑兆的来信。信不长，但是字字千钧，信中无不悲伤地说着，他们最慈爱的母亲已于 3 月 31 日病逝，希望他能设法来伦敦看看年近九旬的父亲。另外，希望他有机会能来英国学习，看看国外先进的医学技术。

彭淑牖接到来信后，悲痛不已。“子欲孝而亲不在”，他经常泪流满面地遥望西边的天空，回忆着最后一面见到母亲时她的音容笑貌。母亲是在生命中对他影响非常深远的一个人。母亲对家庭的任劳任怨，对孩子教育的尽心尽力，对患者的医者仁心，彭淑牖一生都无法忘怀。

彭淑牖自 1949 年离家到南京求学，因为路途遥远，从此没有回过广东老家。1953 年，彭淑牖赶到四川成都二姐彭淑意家看望父母；1957 年，在南京大哥彭淑干家与父母和大姐相聚；随后，大姐彭淑兆把父母接到香港，1971 年父母就跟着大姐定居英国。接着就是“文革”，整整 10 年几乎音信全无。彭淑牖与大姐在 1958 年后再也没有见过面。时隔 23 年，世道沧桑，他从 20 多岁的青年转瞬年届 50，人生一世，草木一秋。

彭淑牖希望能在父亲的有生之年再陪伴他一段时间，所以他竭尽全力想办法出国。同时，当时在国内，就连腹部外科难度很大的胆道手术据说都已经做到顶了，不可能再有新的突破。但是，彭淑牖不信，他觉得肯定还有更好的技术，只是在大家不熟知的世界的某个角落。

1958 年 2 月 17 日，彭致达、温尧琴和儿女、儿媳在南京合影（前排左起：彭淑牖、彭淑兆、彭淑妥、彭淑干。后排左起：彭淑力、彭淑觉、温尧琴、彭致达、彭淑干妻子丘惠娥，两婴孩为彭淑干两个儿子小钢、小会）

1958 年 2 月 17 日，温尧琴在南京玄武湖与六个子女合影（从右到左：温尧琴、彭淑兆、彭淑妥、彭淑干、彭淑力、彭淑牖、彭淑觉）

1958 年 2 月 17 日，彭致达和温尧琴在南京与子孙合影（彭淑牖供图）

谢隆化对彭淑牖出国的决定一开始并不是很支持，因为考虑到家里孩子还小，她的工作也忙，没法照顾家庭；再想着彭淑牖也年近 50 岁了，已经过了最黄金的学习时期，即便去了，也不一定能学到很多东西，而且这时候出国留学是遥不可及的梦，光审批、跑流程就堪比一座万里长城。

据说 1981 年 12 月 11 日，中国内地的第一次托福考试在北上广三地同时举行，考位一抢而空，参加考试者 732 人，报名费 19 美元，当时约合人民币 29 元。全国各地的考生们肩扛行李，挤着火车来到北京，美欧大使馆前蜿蜒数百米的签证长队成为当时的一道风景；大使馆门口排起通宵长队，许多人在大使馆门前打起了地铺，附近的居民甚至趁机推出了出租躺椅的业务。

但是，每当她看到彭淑牖拿着父母的旧照暗自神伤时，她的心也隐隐作痛，能理解这种相隔千万里也割不断的亲情。

再怎么不舍，谢隆化也不忍心看着彭淑牖再度抱憾终身。母亲的离世对他已经是一种啃啮的痛苦，如今眼看父亲也逐日老去，而自己不能服侍在侧，内心也是备感煎熬。

谢隆化辗转反侧，终究还是同意让彭淑牖怀揣思念和梦想飞向远方。经过一年多的准备，1981 年春，出国的事情终于一锤定音，49 岁的彭淑牖带着英国伦敦大学 Charing Cross 医院高级访问学者的邀请信，在谢隆化依依不舍的目光中毅然登上了南下的列车。他要先坐火车到广州堂妹彭淑恬家，然后去深圳与彭淑干的儿子彭小会一起前往英国，彭小会此番正要去英国读书。他们经深圳罗湖口岸入境香港。在香港堂姐家住了几天，终于买到了两张飞往伦敦的廉价机票。

当彭淑牖踏上香港这片土地时，他发现眼前的一片繁华让他眼花缭乱，原来外面的世界这么精彩。他内心期待着能在英国的大医院里看到更多的先进设备和技术。

经过13个小时的飞行，彭淑牖终于如愿以偿地踏上了他小时候读的狄更斯的《雾都孤儿》的所在地——伦敦。

大姐彭淑兆已经65岁高龄了，不便开车出行，于是便让朋友来机场接彭淑牖。

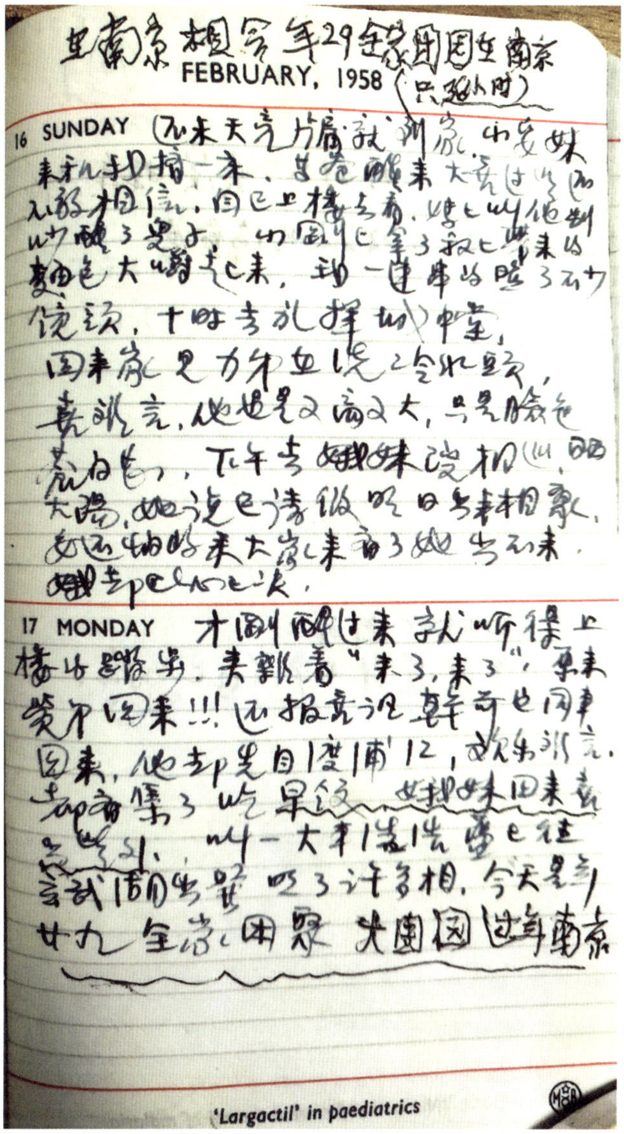

1958年2月17日，彭淑兆写的家人在南京团聚的日记（彭淑牖供图）

彭淑牖看着车窗外的热闹繁华、车水马龙，看到道路两旁不同肤色的人们在闲适地行走，他不由感叹，伦敦这个多元化的大都市如同一个大熔炉。这时，一群骑自行车的年轻人戴着安全帽，微微弓着腰，抓着车把手，像一支待射的箭在车流中自如、快速地穿梭，与他同侧的车窗擦身而过，带起一股微弱的风。彭淑牖看着这群潇洒的背影，不禁想起母亲当年在梅县骑车出急诊的情景。他仿佛在那一群年轻人中看到了母亲穿着白色的棉布对襟上衣、黑色的麻布裤子和一双圆头黑布鞋，骑着她那辆蓝色女式自行车，用一双有力的天足快速地踩着脚蹬子，一头齐耳短发迎风飘扬，像一阵迷人的旋风在梅县的街头忽闪而过。

彭淑牖出神地看着那些背影消失在街角，直到司机说快到目的地了，他才回过神，使劲揉了揉双眼，发现泪水已盈满眼眶。

“阿妈，我终于来了，您却走了。”他在心里轻轻地呼唤着，任泪水沿着双颊向下流。

车子进入伦敦郊区的一个住宅区，停在了一幢单独的带小院的两层住宅前。彭淑

1981 年春，彭淑牖初到英国伦敦，和爸爸彭致达、大姐彭淑兆、侄子彭小会合影留念（彭淑牖供图）

牖下车，站在车旁左右看了一下周围的环境，道路两旁绿树成荫，两旁的建筑整齐地排列着，一看就是个很幽静的小区。

他此时心里反而有种忐忑，手心也在冒汗，甚至有点微微发抖。虽然在异国他乡，他却依然有种近乡情更怯的感觉。

等车子缓缓开走，彭淑牖弯身提起行李，抬头发现已经有个老人拄着拐杖，站在他刚下车的车门另一侧不远处，正望着他。一位头发花白的女士扶着他。

“阿爸！阿兆姐！”彭淑牖箭步走到两个人面前，放下行李，欲向父亲下跪。

“阿牖，阿牖！”彭致达颤巍巍地伸出干枯犹如枯劲的树枝般的左手，拉着儿子的胳膊，让他起来。

彭淑牖泪眼模糊中，看到曾经年富力强、温文尔雅的父亲已经是一个耄耋老人了。父亲依然高瘦挺拔，头发花白稀疏，清瘦的脸庞上堆满了皱纹，深邃的目光依然闪烁着慈爱和睿智。

“阿爸，我来看您了！”彭淑牖张开双臂，轻轻地将这位老人拥入怀中，就如父亲抱着儿时的自己一样。

彭致达将头靠在儿子厚实的肩头，“呜呜呜”地像孩童一般失声痛哭，久久不能言语。彭淑牖温柔地拍着父亲的后背，他感受到父亲温热的泪水浸透了他肩上的衣服。

“你能来就好，能来就好！你妈妈，念叨你们 7 个兄弟姐妹，整整念了……念了

23 年。可惜，最后走的时候，也一没一能一见上一面。好在有你阿兆姐在身边。我以为这辈子再也见不到你一们一几一个了，没……没想到……还能见到你……”彭致达抽抽噎噎地说着。

彭致达与彭淑锐、彭淑意（左一、二）、彭小刚（后排中）、彭淑兆（右二）、彭淑腈在公墓祭拜温尧琴合影留念（彭淑腈供图）

彭致达和温尧琴在伦敦的墓地（彭淑腈供图）

彭淑牖心如刀割，脑海里想象着母亲躺在床榻上，在生命走向尽头的那一刻，她握着父亲和大姐的手。此刻，她已经无法言语，但那双眼睛里充满着无限的眷恋、不舍和牵挂，眼睛一直凝望着窗外东方的天空。在天的那一边，有她惦记了一辈子却无法再相见的几个视如珍宝的孩子，泪水无声地在她的脸上流淌。

彭淑兆安慰弟弟不要过度悲伤，不要太自责。她说："妈妈是个有大格局的人，她理解孩子们的不易，从来没有一句怨言。她走的时候还比较安详，如今你能在父亲晚年之际，远渡重洋，陪伴他几年，妈妈在天之灵肯定会很宽慰。"

三个人泣不成声，紧紧相拥，千言万语都在热泪中无声地诉说着。

彭淑牖在大姐的带领下，来到了母亲的遗像前。

一看到母亲遗像上那慈祥的面容、澄澈的眼神和恬淡的微笑，彭淑牖仿佛觉得母亲就站在他眼前。再细看那遗像黑白的相框上面一朵素色的白花，他才顿悟到：

妈妈在地下，自己在地上！

彭淑牖瞬间泪如泉涌，号啕大哭。他跪在地上，"咚咚咚"磕了几个响头，深情地呼喊着："阿妈，阿牖来看您了！阿妈，我来晚了。"

二十余年生死两茫茫，不思量，自难忘！

第十七章

查林十字街

伦敦大学附属查林十字医院（Charing Cross Hospital）是一所历史悠久的著名大型综合性教学医院，地处最繁华的伦敦西区查林十字街。

经过短暂的休整，彭淑兆便带着彭淑牖去见了伦敦大学附属查林十字医院第一任外科主任安东尼·约翰·哈丁·瑞恩斯（Anthony John Harding Rains）教授，一位享誉世界的胆道外科学专家。

彭淑牖站在查林十字医院大门口，抬头仰望医院那高大雄伟的住院楼，心里赞叹不已。在大门入口处左边，有个小花园，绿树成荫，小道斑驳，有一排长椅子，一些患者神态悠然地和家属谈天、散步。偶有医生穿着挺括的白大褂，里面是衬衫配领带，行色匆忙地从他跟前走过。目光接触时，对方会友好地朝他点头微笑。

彭淑兆告诉弟弟，英国的医生都是这样的装束，医院管理者很重视医务人员的着装和仪表，认为保持一个良好的职业形象，是对病患的一种尊重。

当他们来到外科病房主任办公室时，年届 61 岁的 Rains 教授已经在门口热情地迎接他了。这位老教授一点看不出实际的年龄，身子板直挺，一头灰白的银发梳得一丝不苟，一副黑边眼镜下是一双闪烁着睿智和慈祥之光的双眸，白衬衫、浅蓝色领带、黑西裤、黑皮鞋，举手投足之间尽是一副绅士范，而且没有一点医界老权威的架子。

"好一位 gentleman（绅士）！"彭淑牖在心里暗叹，从小在国外文学名著里读到的关于绅士的描述，此时在 Rains 身上看到了真实的版本。

"Dr. Peng, Welcome here to study."（彭医生，欢迎来到这里学习。）Rains 面带微笑，温暖的双手握住了彭淑牖的手，引他走进办公室。

彭淑牖进入这间宽敞的办公室，快速地打量了一下布局。装修简约大方，靠墙的两个玻璃文件柜里摆满了各类医学书籍，还有各式各样的奖杯、奖章；办公桌上有一部电话、一台台式电脑，还摆放了两张家庭合影，照片上每个人的笑容都很温柔、灿烂；

一盆金心吊兰摆在窗边的一个精致的白色涂漆金属花架上，此刻正沐浴在午后的阳光和清风中，翠绿色的叶边、黄白相间的叶心、清秀的叶形，让人心情不由地轻松快乐起来；窗外就是车水马龙的查林十字街。

彭淑牖看着那盆如同披了一层薄金的金心吊兰，不由赞道："This plant is so lovely！"（这盆植物真好看。）

"The presence of plants reduces physiological stress, prolongs attention spans, and increases well-being."（绿植可以降低生理压力，延长注意力的持续时间，并提升幸福感。）Rains 摊开双手，很潇洒地耸耸肩，满脸溺爱地看着这盆绿植。

他问彭淑牖什么时候出生的，彭淑牖回答 11 月 7 日。Rains 思索了片刻，拍拍彭淑牖的肩膀，告诉他冬天出生的人可以养点红色的植物，比如红菊。医生工作很忙，偶尔需要从自然界各种奇异美妙的精灵中汲取一些能量，养一小盆植物就是不错的选择。

彭淑牖腼腆地笑了，没好意思说自己从小到大没养活过一盆植物。

Rains 让助手送来两杯咖啡，彭淑牖闻到了那股久违又熟悉的香味。在梅县时，每当爸爸彭致达喝咖啡时，彭淑牖总是会偷偷地去尝一口，开始觉得又苦又涩，无以名状的一股子味道，随着品尝次数的增加，敏感的味蕾慢慢地喜欢上了咖啡的香醇。读高中时住校，班里很多同学有喝咖啡提神的习惯。但是自从离开梅县后，他再也没有喝过。

此时在异国他乡喝着纯正的咖啡，彭淑牖脑海里意象涟漪，在梅县时美好的少年时光画面一帧帧在眼前快速闪过。时光如白驹过隙，往事如烟，唯有舌尖上凝结的味道激荡着记忆深处的往事，那么清晰明朗。

Rains 向彭淑牖了解了在国内的一些工作情况，当他了解到在中国开展的胆道手术情况时，他眨着那双睿智而又有点调皮的眼睛说："I believe that you will gain something here."（我相信你在这里会有所收获。）

他打开书柜，拿出了一本米色封面、蓝色字体的图书，并在扉页上写上"This book is given to Dr. Peng"（赠予彭医生），并龙飞凤舞地签了自己的名字，转身面对彭淑牖，双手递出这本书。

彭淑牖没想到 Rains 教授如此慷慨、热情，赶紧双手接过并致谢。

Rains 告诉彭淑牖这是他写的一本书——*Bailey and Love's Short Practice of Surgery*，他又称其为"companion of surgery"（外科良友）。书里用很多真实的病例故事告诉年轻医生们如何做人、做事、做学问！如何做一名优秀的外科医生！

Rains 说，作为一名医生，必须诚实谦虚，敬重他人，爱护患者，要经常给自己把脉是否让每一个经过诊治的患者感到温暖了。做学问，勤奋是第一要素，凡是卓越的外科医生都不是天才，他们的成功都是踏踏实实、一步一个脚印学习和积累而来的。

作为一名外科医生，做好手术是根本；但对患者而言，更需要人文关怀。医生的心中要有满满的爱！给这些绝望的患者以信心和希望。

Rains 边说边用右手轻拍着左边的心脏位置，他慈爱的眼神，满面的笑容，让彭淑牖忽地想起了以慈悲为怀的爷爷彭松和以救死扶伤为己任的爸爸彭致达。

“荣神益人”“牖，就是希望之意”。彭淑牖似乎对这两句话有着越来越清晰的认知，这是他这一生要尽己所能去奋斗的事业。想到此，他把这本“外科良友”紧紧地贴在胸前，不停地点头认同 Rains 所言的观点。

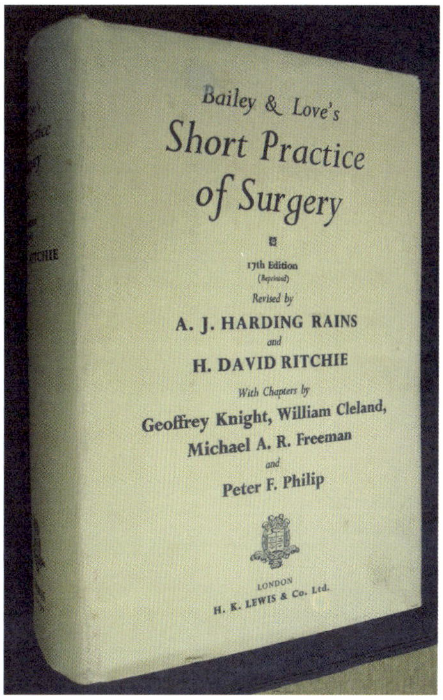

Rains 当年赠送给彭淑牖的图书（彭淑牖供图）

这是他在查林十字医院上的最珍贵的第一课。

Rains 带着彭淑牖进入病区，把科室内一位高年资主管医生 Gooding 介绍给他，作为他今后的带教老师。这是一位与彭淑牖年龄相仿的男医生，他很热情地带着彭淑牖参观了整个外科病房。彭淑牖看着整洁、安静的病房，陪护的家属极少，每张床都装有床帘。带教老师告诉他，在这里，患者隐私的保护是极其重要的。病房内护士和医生的配比比国内高，护士们也不像国内的护士姐妹们那样在病房里风风火火地忙碌着，每个人的脸上都带着职业性的微笑，让焦虑的患者在这种恬淡的笑容中释放紧张情绪。

带教老师告诉彭淑牖，科室每天早上有个早餐会，讨论科室的一些复杂疑难病例，这是一个学习的好机会，建议彭淑牖都来参加。

“There is a free breakfast.”（有免费早餐。）带教老师拍拍彭淑牖的肩膀，彭淑牖会心地笑着。

早上五点多一点，彭淑牖就要从大姐彭淑兆的住处骑车到查林十字医院，至少要骑行半个多小时，赶到医院正好可以赶上早餐会。

第一次听早餐会的讨论，对彭淑牖来说，听力是一个极大的挑战，美式和英式英语的单词发音还是有一些差异的，再加上他之前一直没有一个很好的英语语言环境，猛一进入全英语的环境里，大脑卡壳了。

彭淑牖在大学期间读的教科书都是全英文的，再加上童年时父母就重视孩子们的外语培养，他的英文功底还是很扎实的。“文革”十年，他没有机会也不敢学习英语。

彭淑牖在查林十字医院

"文革"结束后，他买了一台半导体收音机，经常晚上躲在被窝里偷偷收听"美国之音"的一个栏目，叫 Special English，其实是一种慢速英语，他在练习英语听力。为了快速提高自己的英语听力，他不断地利用一切机会让英语磨耳朵。晚上回去再学习一些英式英语，姐姐和父亲也成了他的陪练对象。经过十多天的磨合练习，彭淑牖的英语听力基本没有问题了。

在这里，彭淑牖没有行医资格证，在临床上只能观摩，不能接触患者。他每天跟着带教老师查房，做手术；有时也跟着 Rains 进手术室，看他做胆道手术。有一次，Rains 做了一台肝门胆管癌手术，这是彭淑牖迫切想观摩的手术。在国内他不敢做肝门胆管的上段手术，做得最多的还是胆管中下段手术，因为上段的肝门血管丰富密集，手术难度极大。他这次出国，很希望多看看国外的医生是如何开展这方面手术的。

他留意 Rains 做手术时每一步、每一针的走法，心里有很多个为什么，术后再查资料，直到搞明白为止。同时，他把这些所见所闻都整理成文字笔记，并画下一些关键的手术步骤。

彭淑牖在查林十字医院的实验室（彭淑牖供图）

作为观摩者，有时看着一些有行医资格证的医生做一些操作反复不成功的场景，彭淑牖恨不得伸手去帮忙，但是只能按捺着焦急的心，提醒自己，不能鲁莽，不然会给 Rains 教授惹麻烦。

有一次，他在一旁看着两位医生给患者做动脉造影。在做股动脉穿刺时，两位医生愣是没法将穿刺针扎进股动脉，反复做了好几次，都不成功，患者又遭罪。好在国外的医患关系很和谐，患者并没有抱怨发火，配合着医生的治疗。

对于彭淑牖来说，在股动脉上的这个操作是信手拈来的活儿，但是此时他只能干着急，只好站在一边尽可能给他们提供一些理论上的关键穿刺技术的建议：用左手拇指和食指在皮肤表面把动脉两端固定住，触及搏动点，垂直进针，见回血后，拔出针芯，快速将导管送入。就这么简单的技术理论，他要手和口并用演示，最终在他的理论指导下穿刺成功了，两个汗流浃背的医生朝彭淑牖竖起大拇指。

彭淑牖也很想在这里动一动手，尤其看 Rains 在手术台上做手术时，他的手就有点痒痒的。但是，只能在心里想，不能实践。

第十八章

直面“纸老虎”

1982年春，彭淑牖结束了在查林十字医院为期一年的学习。他觉得自己好不容易能出国一趟，一定要借此机会再多看多学，于是又向驻英大使馆递交申请，再延长一年的学习期限，很快得到了批准。

大姐彭淑兆在英国皇家医学院肿瘤研究院工作，又信奉基督教，在这样的平台上，她认识了英国各大医院很多学术上很有建树的外科大咖，于是逐一介绍给彭淑牖认识。

彭淑牖将要去深造的第二家医院是英国谢菲尔德大学皇家海莱姆（Royal Hallamshire）医院。

Royal Hallamshire医院的外科主任Alan G. Johnson教授是一个热情洋溢的人，他的人生哲学和彭致达很像，“Work while you work，play while you play”。他向彭淑牖介绍了他认识的好几位业界大咖，这几位医生都出版过与医学价值观有关的著作，并陆续送给彭淑牖。

“Patient centered.”在各位大咖的著作中，一切以患者为中心，不能与患者有任何的利益交换，书里贯穿的都是这样的思想和价值观。

他们很注重把“立德树人”作为根本任务的一种综合教育理念，医学生的宣誓非常庄严。

彭淑牖把他们的著作都细读了一遍，所谓“才不近仙者不可为医，德不近佛者不可为医”，中西方在医德仁心上的表述是一致的。

在这家医院，彭淑牖跟着Johnson教授上手术台，观摩他做肝硬化门静脉高压介入手术，在食管下段胃底静脉注射硬化剂，从而达到治疗的效果。这个手术让彭淑牖眼前一亮，在国内，治疗门静脉高压症通常选择全脾切除。

Johnson教授在手术前会仔细告诉彭淑牖有关这个治疗手段的适应证、禁忌证和操作方法，并提前给彭淑牖一些素材，让他去了解一些细节。

1982 年，彭淑牖在英国谢菲尔德大学皇家海莱姆（Royal Hallamshire）医院（彭淑牖供图）

在手术过程中，Johnson 教授每做一步操作，都会详细讲解注意要点。彭淑牖看着那根细软的导管通过食管镜明视下直接穿刺，到达食管下段和胃底静脉。通过影像，他看到了那一团迂曲的静脉丛，像一团杂乱的毛线球。只要稍微有一点硬物刺激，这团“毛线球”就会随时变成一个潜伏的炸弹，在体内引爆。

只见 Johnson 教授娴熟地用硬化剂栓塞血管，彭淑牖细细记录了每一个技术要点，准备带回国和同事分享，哪怕这个技术属于消化内科的范畴，他也愿意倾囊分享。

他和 Johnson 教授亦师亦友，Johnson 教授从来不对自己的手术技术有所保留，很乐意与彭淑牖深入探讨，并给予很多宝贵的建议。

在 Royal Hallamshire 医院学习了一年，彭淑牖依然觉得自己还没学够，他再次申请延长一年的学习期限。这一次，他踏入了北爱尔兰女王大学附属皇家维多利亚（Royal Victoria）医院的大门。这是一家规模很大的医院。同时，他经大姐介绍，搬到了新加坡籍内科医生李国安的家里借住，这样离医院更近一些。

在这里，外科有三个主任，一个是 Johnston 教授，另一个是 Parks 教授（英国皇家外科医学院的主席，其学术造诣及地位颇高），还有一个则是 Kennedy 教授。

在这里，三位教授都会让彭淑牖一起上台做手术，当第二助手。

有一次，彭淑牖跟着 Kennedy 教授上台做一个胰腺头部的肿瘤手术，这个小肿瘤只有指甲盖大小。Kennedy 教授准备将其挖掉，彭淑牖提醒他这个部位得小心。

Kennedy 教授不以为然，觉得彭淑牖过度紧张了：“你们中国人总是说纸老虎，这个就是纸老虎。”Kennedy 教授口罩下肯定是揶揄的笑容。彭淑牖没好再说什么，他知道对方的心里肯定轻视他这个没见过世面的中国医生。

结果不出 3 分钟，只见 Kennedy 教授手起刀落，胰腺头部的小肿瘤被挖除了，他扭头看了一眼彭淑牖，刚想得意地说点啥，结果助手提醒他胰管被切断了，透明的胰液正从断端如涓涓细流一般缓慢地流出来。

“Oh，My God。”Kennedy 教授懊悔地喊了一句。

彭淑牖也看在眼里，他心里已经有了解决方案。

他建议 Kennedy 教授将胰管近端结扎，向远端胰管插入导管，通过空肠袢引出体外。

Kennedy 教授半信半疑，彭淑牖很坚定地告诉他只有这个方法可行，还能避免出现更多的并发症，如严重的腹膜炎。他在出国前也做过类似的手术，一台胰腺假性囊肿序贯式引流术。来到英国后，他把这个案例写成论文，在 Johnston 教授的引荐下发表在《英国外科杂志》（*British Journal of Surgery*）上（Sequential external and internal drainage of pancreatic pseudocyst. British J Surgery, 1984, 71（4）: 317.）。

就这样，Kennedy 教授采纳了彭淑牖的建议，按部就班完成了手术的善后工作。术后的治疗方案也参考了彭淑牖的建议，患者很快出院回到社区康复。

这件事情让 Kennedy 教授对彭淑牖刮目相看，他后来但凡有一些重大疑难的手术，都邀请彭淑牖一起上台参加。

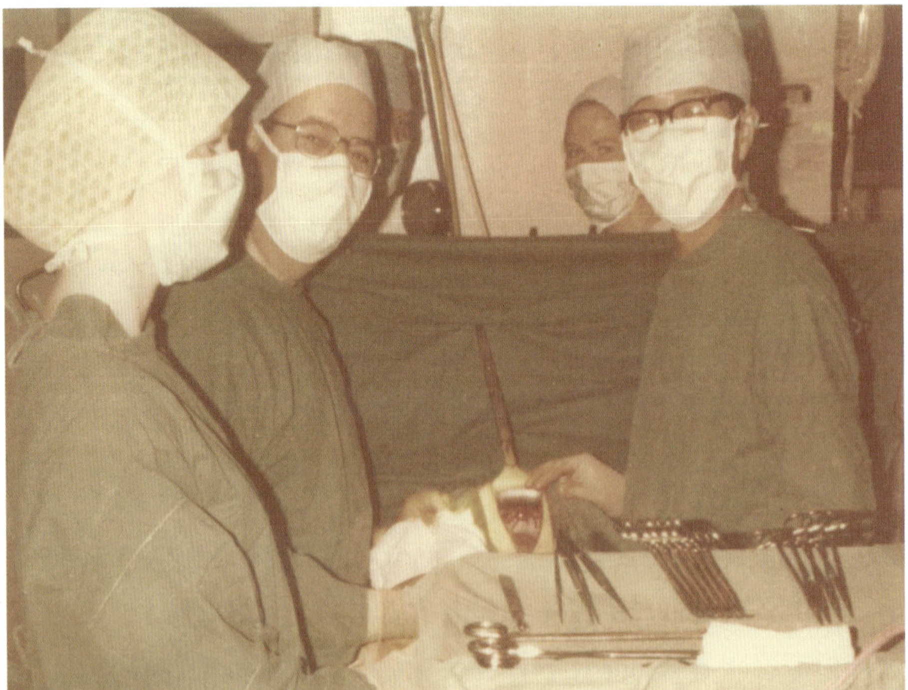

1982 年夏，彭淑牖与 Parks 教授一起做高度选择性迷走神经切除术（彭淑牖供图）

与两位前爱尔兰皇家外科学院主席合影（右一为 Parks 教授）

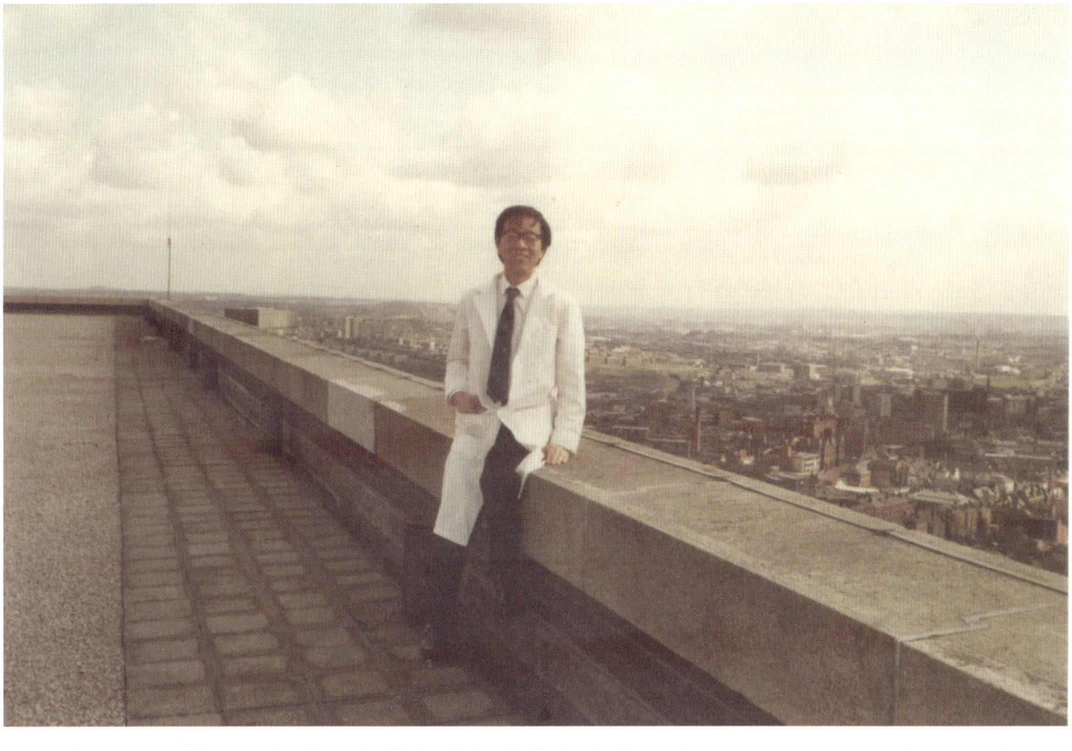

1984 年 4 月，彭淑牖在英国谢菲尔德大学皇家海莱姆（Royal Hallamshire）医院楼顶留念（彭淑牖供图）

科室的每个医生都对彭淑牖敬重三分，觉得这个中国医生手术台上的功夫确实了得，虽然他只是当第二助手，但是他在手术中的很多中肯又关键的建议给大家带来了很多便利。虽然中国目前的医疗水平还比较落后，但是这个中国医生练就的扎实的功夫值得他们敬重。

从此，彭淑牖的名声传开了，不久伦敦市长在会见他时，还特地提起了此事。

在这里，彭淑牖如同海绵一般不停地吸收着各种新知识。他仍然不满足于眼前学到的，还想涉猎更深远的，于是他跟 Parks 教授提出想攻读医学博士学位的想法。

拿到英国驾照的彭淑牖（彭淑牖供图）

Parks 教授没有当即答复他。过了几天，Parks 教授找到彭淑牖，很真诚地对他说："你已经是高年资的富有经验的外科医生了，我觉得你可以更多地进实验室学习一些最新的技能，可能比读一个博士学位对你更合适。我有个实验室，你可以随时去学习，只要你想去。"

就这样，彭淑牖放弃了读博士学位的想法，只要有空，他就去实验室做动物实验。实验室的主任非常热情，每次有动物实验手术，都通知彭淑牖来参加。

每次彭淑牖骑着自行车到达实验室时都是满头大汗，实验室主任看着他实在辛苦，于是告诉他，实验室有一辆闲置的公用的轿车，他可以开着到外面废弃的网球场去学习，争取把驾照考出，这样就可以开着这辆车来上班。

彭淑牖和时任伦敦市长（右一）合影

彭淑牖一听大喜，他 15 岁就开始摸方向盘了，对汽车的一些原理一点都不陌生。但是，当时在国内考驾照非常难且繁琐，等他想在国内拿到驾照，都不知猴年马月的事情了。

那时，在国内考驾驶证先要由单位

彭淑牖与Johnston教授及其儿子（彭淑牖供图）

彭淑牖于1968年做了欧洲第一例、全球第二例肝移植的专家Roy. Calne，FRS教授合影（彭淑牖供图）

开介绍信，到车辆监理所（那时不归交警管，是交通局的下属单位）领表登记，找本单位一名驾龄3年以上的老驾驶员当教练，签字画押，单位盖章同意，然后发给你两本小册子，一本是《交通规则》，一本是《机械常识》，回去自学，半年后申请考试。考试通过以后才能拿到实习证，跟着师傅跑车。在各种叫骂声中，实习大半年才能得到师傅的签字，然后再拿着实习证换取驾驶证。

就这样，彭淑牖在英国刻苦练习，并申请报名参加驾照考试。两个月后，他顺利拿到了英国机动车行驶驾照。

当Johnston教授给彭淑牖写进修总结时，不吝赞美之词，写了很多他在这里的表现，最后还写了他仅仅用了两个月就拿到了驾照，这是非常难得的，连本国很多考驾照的人都做不到。他说了一句："No mean fit."（不简单。）

Johnston教授很喜欢走近大自然，经常在休假的时候邀请彭淑牖和同事一起与他的家人们出去野餐、海钓。喜欢把海虾煮得烂烂的和大家分享，彭淑牖欣赏着老师不那么高超的烹饪技术，也露了两手自己的厨艺。Johnston教授尤其喜欢彭淑牖的含蓄内敛，说像一个谦谦君子。彭淑牖笑说自己属猴子的，也是个调皮的大男孩。

"猴子都是非常聪明的，而且模仿能力极强，难怪你手上的功夫这么厉害。"在一旁的Kennedy教授打趣道。

这时，Johnston教授也说起美国的医疗水平，建议彭淑牖有机会去美国看看，他可以帮忙推荐。彭淑牖一听求之不得，正好也去看看阔别几十年的二哥彭淑锐，顺道去美国的医院学习观摩，把欧美的最新技术都学习一番。

第十九章

春回大雁归

彭淑牖带着期待来到美国洛杉矶，与弟弟久别重逢，喜悦不言自明。

他带着Johnston教授的介绍信来到了洛杉矶的加利福尼亚州荣军（Califonia Veterian）医院里，在这里学习了4个月。美国医院和英国医院各方面都差不多，医疗技术也相差无几，他在这里结交了业界的很多大咖。

在英美两个国家，他利用所有业余时间阅读了大量医学前沿文献，并做了大量笔记。彭淑牖看到这些在国内无法第一时间接触到的文献，如获至宝，就如高尔基所言：我扑到书籍上，就像饥饿的人扑在面包上。

他把所有认为值得保存的文献都逐一详细摘抄，记了很多笔记。他在每一本笔记本上的第一页都写了两个奔放的字——“超越”。

他当时的感想是：西方的确有许多先进的东西，但即使在普通外科手术上，他们也还有大量的问题需要解决。这更加坚定了他创新、赶超的信心。

在英国四年，彭淑牖的眼界开阔了，对世界的医学发展有了一定的了解，也看到了国外医疗水平与国内的许多差异，国外医疗的这些优点值得带回国内学习借鉴。

更重要的是，他在这里认识了国际学术界的很多专家学者，有些还成了至交。

这时，原来的同事郑树已经在3年前从美国深造回国，后来担任浙江医科大学的校长。郑树给他来信，希望他回国，说科室里现在缺一个副主任，需要一个能在科室里带动学科发展的学术带头人，要把学科建设快速带动起来，觉得他非常合适。而且他在国外已经待了4年了，从时间跨度看，已经够长了。郑树连续写了两封信给彭淑牖，迫切希望他能回国。

彭淑牖陷入了沉思，英国这边的医院也曾向他发出邀请，希望他能考取英国的行医执照，留在英国做医生，而且在英国工作，待遇是非常优渥的。尤其是Johnston教授也曾真诚地提出，让他留在英国和他一起共事，因为他见识了彭淑牖精湛的手术技艺和面对危机所表现出来的冷静、沉着。此外，还有他的好学精神，彭淑牖身上的特质让 Johnston 团队一直对他刮目相看，希望能把这个优秀的同事留下来，为团队注入新的力量。

与此同时，在几位英国导师的建议下，彭淑牖郑重地向声名卓著的英国皇家医学会提出了入会申请，按惯例必须有 3 位会员教授的推荐，于是谢菲尔德大学附属医院的 Jhonson 教授、伦敦大学附属医院的 Rains 教授、北爱尔兰大学附属医院的 Parks 教授向英国皇家医学会提出了书面推荐。在这封推荐函中，他们写道：彭淑牖是一位非常出色的外科医生，具有强烈的创新意识，对其所研究的问题有着很深刻的洞察力，对所提出的问题能孜孜不倦地思考研究，直至最后得到解决。

入会申请材料经过英国皇家医学会的严格审核，最终顺利通过。彭淑牖顺利加入了英国皇家医学会，这为他以后的工作提供了更多的便捷条件。

面对诱人的工作待遇和舒适的工作环境，彭淑牖不是没有心动过，他也曾想过把家人接到英国生活，让孩子接受国外良好的教育，让爱人也在这里愉快地工作。他知道会很难，但是他很想再多陪陪已经九十多岁的父亲，替其他几位在国内的兄弟姐妹尽孝。

就在他有此想法的时候，谢隆化再次来信，说让她出国目前还很不现实，难如登天。她建议他回国，这几年，他在国外该学的也学得差不多了，世界也看过了，而且已经五十多岁了，年纪也大了，从各方面综合考虑，他也该回国了。

彭淑牖拿着两封来信，反复斟酌思索，感到一阵隐约的震颤透过全身，而一种清凉又平静的清晨觉醒之感却告诉他：离开的时候到了，不应当再有任何的踌躇和徘徊。

他决定和父亲、大姐也做一次深度的沟通。

彭致达听完彭淑牖的话语，略作沉思，手指在桌子上轻轻地叩打着桌面。

“阿牖，还记得当年我们一家人热血澎湃地朗诵《黄河颂》的那一幕吗？”

“当然记得，那一刻，我甚至含着泪水吟唱的。”

“那时候，你想得最多的是不是我们这个贫弱的国家何时能强大？”

“是的！阿爸，后来我想效仿工业救国，也是因为看到了我们被人欺辱的屈辱和不堪。”

“那么，你这几年所学的知识，在回国后，是不是可以帮助你们医院的外科发展？”

“我想多少能带动学科发展，毕竟我们科室目前就我在国外学习的时间最长。”

“如果留在英国，我相信你肯定会做得很好，家人的生活条件也会更优越。你觉得除此之外，还有什么更吸引你的？”彭致达以温和的目光看着彭淑牖。

彭淑牖低头陷入了沉思，他不知如何作答父亲的提问。

“法国微生物学家、化学家巴斯德说过一句不朽的爱国名言——‘科学虽没有国界，但是科学家却有他自己的国家’。这背后还有一个故事：德法战争爆发后，德国强占了法国的领土，出于对自己祖国的深厚感情和对侵略者德国的极大憎恨，巴斯德毅然决然把名誉学位证书退还给了波恩大学，他说了这句掷地作响的话‘科学虽没有国界，但科学家却有自己的祖国’。”

彭淑牖猛地抬头看着父亲透着慈爱、睿智的眼睛，坚定地点了点头。

“阿爸，我知道自己的选择了，我只是舍不得您和阿兆姐。”

彭淑兆轻轻地拍着弟弟的肩膀：“阿牖，你放心，阿爸我会照顾好的。你也该回去陪陪家人了，隆化一个人在国内带着孩子很不容易。”

“阿兆姐，我亏欠谢隆化很多，她是少有的好妻子，回去后，我一定会慢慢弥补。”彭淑牖用手拍着姐姐的手背。

“阿牖，我这辈子已经很知足了，受主恩典，8 个子女都荣神益人，各有千秋。于道各努力，千里自同风。你就安心回去吧，去好好做你要做的事情。”

彭淑牖满怀感恩地拥抱了父亲。

他复信给谢隆化和郑树，告知自己的归期。

在启程回国之际，他收拾行李的时候发现了一本随身带着的日记本，前面一部分还是他大学刚毕业时写下的各种日记，其中有一句写着：“我一定要用自己的毕生努力为中国的西医事业做出自己的贡献！”

微微泛黄的纸张，仍旧散发着青春气息的笔记，无不唤醒他几已忘却的昔日时光，往日强烈的壮志豪情顿时又涌上心头。

他久久地凝视着这句话，心潮澎湃，这是一个使命，一种自我鞭策，他要用他的行动和生命前进，坚定而愉快地跨越一切，前进。

回家，为了年少时的梦想！

回家既是人生的终点，又是人生的起点，是一种新生活的开始。回家的路并不遥远，就在脚下，只要能放下世俗牵挂，昂首阔步，就能回到那个温暖的家。

1985 年 3 月，和煦的春天，一个春风拂面的午后，浙江医科大学郑树校长带着几位副校长，满心欣喜地等候在杭州笕桥机场，他们的脸上都洋溢着欢喜。

他们在等待从大洋彼岸飞回来的那只“大雁”——彭淑牖！

2018 年 8 月，首届中国医师节，彭淑牖和郑树被授予浙江省首届“医师终身荣誉”称号

彭淑牖参加浙江大学组织的劳模疗休养活动（彭淑牖供图）

第二十章

一把梳子的灵感

回到国内，彭淑牖马上配合科主任着手开展科室的各项临床业务。千头万绪的工作，他需要逐一厘清思路。当时，外科医生并不多，工作量很大。

彭淑牖把科室当成了家，每天早出晚归，在完成日常工作的同时，把自己关于科室学科发展的规划与同事们商酌：未来学科准备往哪个方向发展，是胆道还是肝脏，亦或是胰腺？当时，胆道手术已经是科室开展得比较成熟的手术，也积累了一定的经验，而肝脏和胰腺领域还是一块待开垦的处女地。

彭淑牖和同事们分享了国外一些经典文献，并决定尝试开展肝脏手术。

当时，国内肝脏外科手术的开展还不普遍，只有吴孟超、汤钊猷等人在上海陆续开展肝脏手术。

1986 年，彭淑牖去上海参加一个肝胆学术会议。会上，法国巴黎大学肝胆研究院主任 Henri Bismuth 教授做了一个报告，他在报告中提到为一例肝细胞肝癌患者实施了肝脏移植术，患者术后效果很好。

Henri Bismuth 教授是国际肝胆领域最著名的专家之一，是现代肝胆外科的奠基者，并将先进理念与精湛技术推广到世界各地，为现代肝胆外科的发展进步做出了卓越贡献（1992 年，Bismuth 建立了经典的肝门部胆管癌分类体系——Bismuth 分型）。

坐在台下的彭淑牖听到这个报告时，他感到非常惊奇。

研究肝脏的内外科医生都很清楚，肝细胞肝癌在很小的时候易发生转移，侵犯周围器官。用肝移植治疗肝细胞肝癌，而且取得这么好的效果，让他备感惊讶。

Bismuth 教授的这一场报告会给了彭淑牖一个启发：他准备先把胆道手术放一放，尽快集中精力攻克肝脏手术。相关数据显示，全球每年新发的肝癌患者有近 70 万人，其中有 1/2 以上来自中国。

这时，彭淑牖有关肝脏手术的经验大部分来自国外的一些医学文献。他对科室同事说：“不借鉴书本来研究疾病犹如航行在缺乏航海图的汪洋大海，而一味死读书却无临床实践就等于根本没有下海。”

1986年，他做了第一台肝脏切除手术。与往常一样，他在脑海里反复模拟演练手术。根据文献资料报道，目前断肝手术主要采用指折法和钳夹法，这两种方法易造成胆漏和出血。

彭淑牖反复斟酌，最终选择指折法来剥离肝脏内的各种管道，即用手指一点一点耐心且小心翼翼地捏碎将要切除的肝组织，暴露出肝内的各种管道。肝脏是一个代谢十分活跃又十分娇嫩的器官，就像一块海绵，易碎、易出血。肝脏内的胆管、门静脉、肝动脉和肝静脉互相交错并深埋其中，处处是雷区。几位术者就像巧妇绣花一般，化指为刀，整整埋头做了近5个小时的手术。

但很不幸的是，术后患者很快出现了并发症——大出血和胆漏！经过团队的全力救治，患者九死一生，总算被救回来了。

然而，术后并发症也给患者带来了巨大的痛苦，这让彭淑牖陷入了沉思，他要敬重这一场外科手术的熊熊烈火。

根据文献和临床实践，钳夹法和指折法断肝都有很大的局限性，患者术后易发生并发症。

那么，还有什么更好的办法呢？彭淑牖又像一个淘宝者，四处查阅文献。这时，国际上出现了超声分离技术。彭淑牖一看，大喜，手术神器啊，得想办法购置一台，这样医院的肝脏手术就如虎添翼了。他赶紧找到时任院长的吴金民。

吴金民院长一听彭淑牖报出的价格，7万美元！太贵了！ 1985年，美元对人民币的汇率为1美元＝2.8元人民币。

这套超声吸引分离器价值需要约20万元人民币，这可是一笔巨款。

吴金民对彭淑牖说需要医院讨论再决定是否购买。彭淑牖只能耐心等。这时，正好神经外科也申请购买超声分离器。这正巧了，于是医院决定购置超声分离器①，这两个兄弟科室一起轮流使用。

结果等到彭淑牖带着满心的期待使用超声吸引分离器做肝癌手术时，他却大失所望，他发现这把“神器”并不如文献中所描述的那般好。

国外肝癌患者肝脏质地都是正常的，超吸器易将肝组织震碎。而中国85%以上的肝癌患者出现了肝硬化，用超吸器就好比拿着刀去切石头一般，其效果可想而知。

彭淑牖用超吸器做了两台手术后又回到了原路，用指折法。但是他不甘心，苦苦

① 超声吸引分离器（cavitron ultrasonicsurgical aspirator, CUSA，简称超吸器）：其超声原理是利用超声波极强的穿透力，震碎人体内部组织，含有水分越多的细胞就越容易被震碎。

思索，却找不到一种显而易见的方法。但是他总觉得应该还有一种更好的方法等着他去搜索，这是什么呢?

他想得脑壳都疼了，不由地用手挠着发胀的头顶。一摸头发，他发现长长了不少，于是决定下班后去医院门口的理发店理一理。

当他坐在理发店里时，他看到理发师用一把木质圆形的梳子给他先梳理一下头发，梳好后，理发师顺手把梳子放在彭淑牖面前的台子上。彭淑牖的思维还在神游中，无意中低头看见那个梳齿间夹杂着好几根被梳下来的头发，他伸手拿着那把梳子发呆。

理发师见这个顾客举止怪异，但也没说什么，还以为彭淑牖在感伤脱发的事儿。

彭淑牖定定地凝视着这把梳子，突然间，灵光一现。

“有了！”彭淑牖一拍大腿，拿着那把梳子，准备站起来。

“哎哎，同志，你干吗呢？我正在给你理发，差点把你弄伤，别动，头发还没理好呢，待会理个阴阳头我可不负责。”理发师被他惊得赶紧挪开手上的剃刀，一手用力按住彭淑牖的肩膀。

彭淑牖这才意识到，赶紧配合地坐下，手里紧紧地抓着那把梳子，脑海里的波澜已经翻江倒海。

隐约之中，他感觉似乎找到解决问题的突破口了。

第二十一章

小笔管神器

世上的路有千万条，有千万种不同的走法。

“走好选择的路，而不是选择好走的路。”彭淑牖在自己的工作日记本上写下这句话。句末那个飘逸的“路”字，笔锋凌厉，力透纸背！

彭淑牖最终选择了一条难走的路，但这也是风景最美的一条路。

要想走好肝脏外科领域的这条路，并非易事。一路上，没有像自动扶梯那样的便利工具可用，需要一步一个脚印，脚踏实地地前进。

彭淑牖发现文献上所言的几种断肝法都有各种各样的缺陷，原本寄予厚望的超声吸引分离器在实际应用中也不令人满意。从一开始，彭淑牖就面临着巨大的困难和挑战。

“工欲善其事，必先利其器。”

他苦思冥想，欲要找到这把神秘莫测的利器，终于在理发店的这把梳子上找到了灵感的火花。

彭淑牖激动得一晚上没睡着，辗转反侧。

第二天一早，他6点钟就到医院了。这时，他带的研究生蔡秀军已经在病房里开始了一天的工作。彭淑牖对这个工作勤奋、认真、好学的学生十分欣赏，每天早早地到科室，晚上也是最迟一个回去。而且和彭淑牖一样，喜欢琢磨研究，动手能力很强。

彭淑牖把蔡秀军叫到办公室：“秀军啊，你待会忙好手头的事情，帮我去医院隔壁的圆珠笔厂买一批圆珠笔壳回来，越快越好！”

“圆珠笔壳？”年轻的蔡秀军一时摸不透老师的想法，纳闷着买一把笔壳回来做啥用途呢？

“嗯，你先去买来再说，到时候我再和你一起细说。”彭淑牖眯着睿智的小眼睛，里面尽是笑意。

蔡秀军好奇地看着老师，心里琢磨着估计有好玩的事儿在等着他。

等蔡秀军抓着一把圆珠笔壳交给彭淑牖的时候，彭淑牖就如看到宝贝一样，拿着一根笔管反复端详着。

蔡秀军不知道老师的葫芦里卖的什么药:“彭老师，我们要用这些笔壳做什么用呢？”

“秀军啊，你晚上和我一起加个班，咱们师徒俩来制作一个独门神器。”

“独门神器？”蔡秀军讶然地也拿起一根笔管观察着，“这个塑料管，既不能做手术刀，也不能当剪子……”

“对，咱们就把不可能变成可能。”彭淑牖打断蔡秀军的嘀咕。

“秀军，你用梳子吧？”彭淑牖又笑眯眯地看着弟子。

“我，男孩子，不用梳子，手指捋一捋就成了。”蔡秀军面对老师今天的一番奇怪表现，不好意思不自觉地用手指捋了一下头发，难不成老师觉得他今天的头发太凌乱了？

蔡秀军实在猜不透，他的这个导师到底在想什么？

“今天晚上，我们用这个笔管，把这一端手工制作出一圈梳齿。梳齿的长度约莫在1厘米，厚度3毫米左右，这样在肝脏表面刮的时候，可以把肝细胞刮下来。我们不同规格的多做几个，看看哪个最合适。”

“彭老师，我没听错吧，用这个小东西刮肝组织？”蔡秀军的眼睛里闪着光。

“是啊，我是有这么个想法。刚才问你是否用梳子，你有没有发现，梳子梳头发的时候，可以把一些头发和头皮屑梳下来。同理，我们可否借助梳齿的工作原理，在肝脏表面试一试呢？”

“还真是这么一回事。”蔡秀军立马茅塞顿开。

“而且，这个塑料管还有好多优点，防锈，轻便，耐高温，表面光洁度极好，关键成本低。”彭淑牖如数家珍，听得蔡秀军连连点头赞同。

“那我们赶紧动手，早一点做出来，早点使用。”蔡秀军都有点迫不及待了。

师徒俩匆忙去医院食堂扒拉了几口晚饭，回到办公室说干就干，两个人各自拿着一根笔管埋头做手工，这期间还不断讨论和研究一些细节。桌子上摊着一大堆作废的笔管，原本整洁的办公桌此时俨然成了一个小加工桌。有同事看见这师徒俩埋头摆弄着这一堆笔管，也好奇地问他们要做甚。彭淑牖秘而不宣，说他们做个小工具而已。

两个人就这样专心致志地一直忙到深夜，终于做出了三把像模像样的“梳子”，每根梳齿厚薄和长度都比较均匀，在灯光下看，还真有点像把袖珍小刷子。

彭淑牖活动了一下僵硬的脖颈，甩甩酸胀的双手，推了推掉到鼻梁上的眼镜，满意地看着这三个艺术品。

虽然师徒俩坐得腰酸背痛，但是两个人的内心却充满了喜悦。工作的甜美存在于攻克难关的那一刻，工作的喜悦也并非玩乐所能替代。

蔡秀军仔细地看着手中的这把迷你型神器，想象着它在手术台上所向披靡的那一刻，兴奋之情油然而生。

“彭老师，咱们要是把这个真做成了，岂不是推动了医学发展的一大步。”蔡秀军像对待一块稀世宝贝一样，轻柔地用纱布擦拭着梳齿间的碎屑。

“但愿这个工具能在手术台上大放异彩，我相信，会的。”彭淑牖凭借自己对肝脏多年研究的经验和直觉，眼前的这个小东西将会威力无穷。

“明天你拿到医院消毒室高压消毒，千万要交代好，别弄丢了。过几天，我们有一台肝脏血管瘤手术，正好可以小试牛刀，看看效果。不过，这还是一个毛坯，我估计后续还会继续改进一些细节。”

“我相信这是东海龙王的一根定海神针，被我们师徒俩拔起来了。”蔡秀军开心地做了一个拔起的动作。

“但愿是根真正的神针！”彭淑牖意味深远地说着，眼睛的焦点再一次聚焦在塑料笔壳那一圈均匀的梳齿上。

他期待，过几天的手术台上会呈现一个魔法般的加成效果，曾经让他们困扰的问题，也许就在这小小的笔管下化解了。

他庆幸自己这么多年以来一直没有放弃遇到问题做深入思索的习惯。有时，不经意间的灵光一闪，会解决一个困扰许久的难题。

第二十二章

七刀八剪的终结者

清晨的手术室里，麻醉师和护士们在紧张有序地忙着第一台手术的准备工作。巡回护士和洗手护士一边清点着器械设备，一边问高举着刚洗好的手侧身进来的彭淑牖。

“彭主任，您今天这台肝血管瘤手术，估计又是一场艰难的鏖战。”

“嗯，一个海绵状血管瘤，风险不小。”彭淑牖一边戴着无菌手套，一边看着手术室墙上读片机上的 X 线片子。

“你们今天是不是也依然巧妇绣花，一点一点捏碎肝组织？我上次看着你们几个埋头在用指折法捏碎肝组织，都觉得我自已的小肝脏隐隐地作痛了。”洗手护士整理着无菌盘里的刀剪器械。

“沈老师，你把这个器械包打开，这是我们彭老师发明的独门神器，今天要大显身手了。”已经穿好手术服的蔡秀军指着放在无菌铝制小饭盒里的一个小包，示意护士打开。

“独门神奇？那得是多么高级的宝贝，我看看。”洗手护士好奇地快速打开无菌包，“一个塑料笔壳？小蔡医生，你们是不是放错东西了？”洗手护士拿起那根毫不起眼的圆珠笔壳，借着无影灯的光线仔细端详着，怀疑自己是不是拿错东西了。

“对的，就是这个笔管。“彭淑牖淡淡地说了一声。

“我见过各种变废为宝的做法，但也没见你们这么个变法。一根笔管上了手术台，能做什么呢？不过，尾巴上接个电动吸引器的管子倒是可以做吸引用，但也不至于吧，我们有的是比它高级的器械。”巡回护士表示不能理解这个宝贝的真实用途。

“笔管这前面一圈锯齿状的设计是干嘛用呢？跟梳子似的，你们师徒俩准备要扒拉啥呢？”麻醉师也好奇地凑过来看看这个其貌不扬的“神器”，他知道彭淑牖平素喜欢倒腾各种小发明，估计今天又有大动静了。

“现在秘而不宣，待会你们就知道了。”彭淑牖压抑着内心的期待，他也不知道这根笔管到底能有多大的神通。

一切准备就绪，手术正式开始了。手术室里恢复了一片肃静，只有呼吸机和麻醉机发出来的各种蜂鸣声。

彭淑牖用手里的柳叶刀一点一点解剖分离组织，终于到达目的地，一个状如小西瓜似的血管瘤出现在视野里。

“这是个小地雷啊，一不小心就引爆了。”彭淑牖用手指轻轻地碰触着血管瘤的表面。

“我估计今天这台手术至少也得 6 个小时，光你们分离肝组织也得 3 个小时。我得做好随时‘冲锋’的准备。”麻醉师盯着“小西瓜”，脑补着待会即将出现的各种激烈、紧张的场面，不由地扭头看了看身后已经备好的血袋。

彭淑牖继续埋头于手术野的清理，准备选择性入肝阻断血流。

“秀军，你还记得入肝血流控制法有哪些吗？说说各自的特点。”彭淑牖不忘任何教学的机会。

“有肝门血管结扎法，这个手法要特别注意血管与胆管的变异，以免错扎。还有一个是间歇性肝门血流阻断法，虽然不需要分离肝门血管和胆管，但因为肝细胞不能耐受较长时间的缺氧，原则上每次阻断 10 ～ 15 分钟。时间的限制对手术者有种心理压迫感，从而有可能影响手术操作的精确性。”蔡秀军流利地说着。

“嗯，很好。”彭淑牖没有抬头，他正准备将肝动脉解剖出来。“还有一种是全肝血流控制法，分低温和常温无血切肝。控制肝脏全部血流，使肝脏处于完全无血状态，适用于大血管主干旁的肝癌或巨大肝血管瘤的切除。”彭淑牖补充道，“上海的吴孟超教授用常温无血切肝法做了 3 例用常规方法难以切除的原发性肝癌的复杂肝切除术，并进行了腔静脉修补术。”

“那我们今天用……”蔡秀军盯着那个血管瘤。

这时，只见彭淑牖动作麻利地向门静脉注入亚甲蓝证实其供应范围后说：“线。”彭淑牖向后侧方伸出右手，洗手护士快速把缝线递给他，他对肝动脉做了原位隔离，不予切断。

“秀军，把弯钩拉开点，今天我们用选择性入肝血流阻断法。”只见彭淑牖手指翻飞，又用乳胶管扎紧肝十二指肠韧带内的门静脉和胆总管。

“前面说的肝门血管结扎法在理论上比较合理，问题在于门静脉分支的解剖和结扎既费时又存在一定风险。使用选择性断流不必去解剖个别门静脉分支，而在其总干上连同胆管一并临时阻断，这样既省时又能达到控制出血的目的。”彭淑牖抬头看了看对面的学生蔡秀军，用血管钳指着被隔离的肝动脉：“保留了肝的动脉血供，使阻断时间不受限制。因为门静脉的血流量虽占肝血流的 3/4，但其携氧量只占 1/4，其余

3/4 的氧由肝动脉供应。我们可以从容不迫地进行下一步了，我们是 1969 年提出这个方法的，从临床实际效果看，很值得推广应用。”

“好了，万事俱备，只欠东风。来吧，该是主角上场了。”彭淑牖直了直身子，轻声对蔡秀军说：“秀军，把笔管拿过来，尾部接上吸引皮管，我们试一试。”

“好的！”蔡秀军也按捺不住内心的好奇和激动，赶紧把早已准备就绪的塑料笔管递给老师。此刻，所有人的目光都被吸引过来，大家都热切地想看看这个小东西到底有什么魔法。

只见彭淑牖调整了一下气息，重新俯身面对手术野，右手如握笔样捏着塑料笔管，用有梳齿的那端在肝脏表面像耙子一样轻轻地沿着纵向的走向，小心翼翼地刮耙着血管瘤蒂部周围的肝组织，神奇的一幕出现了：被刮耙的肝组织一层层剥落，一条血管显露出来。接着，更多的小血管逐一显露出来，笔管尾部的吸引管同步吸走了碎粒和血水。随着刮耙的深入，各种大小管道都完整地呈现在手术野，手术野越来越清晰。

彭淑牖此刻就像考古学家般用小刷子一点一点刷出来了一座周朝早期的都城遗址。

“哇哦，这也太神奇了吧。”

“马良的神笔再现啊。”

“果真是一件深藏不露的法器。”

“走路不怕上高山，撑船不怕过险滩。彭主任，你们今天是轻松地爬山涉水啊。”

“是啊，把一场艰难的鏖战变成了施魔法的现场表演。”

几个围观者无比惊奇地看着彭淑牖手里的这支笔管，纷纷赞叹，仿佛此时它已经化身为一件魔笔，通身焕发着神奇的色彩。

彭淑牖和蔡秀军师徒俩相视而笑，前期的努力没有白费。

在刮肝组织的过程中，部分小血管有出血，蔡秀军配合电凝止血，还得用剪刀分离一些韧带，七刀八剪在手术台上竞相出场。

这台手术原本需要 6 个多小时，结果提前 3 小时顺利完成了。蔡秀军拿着那根笔管，

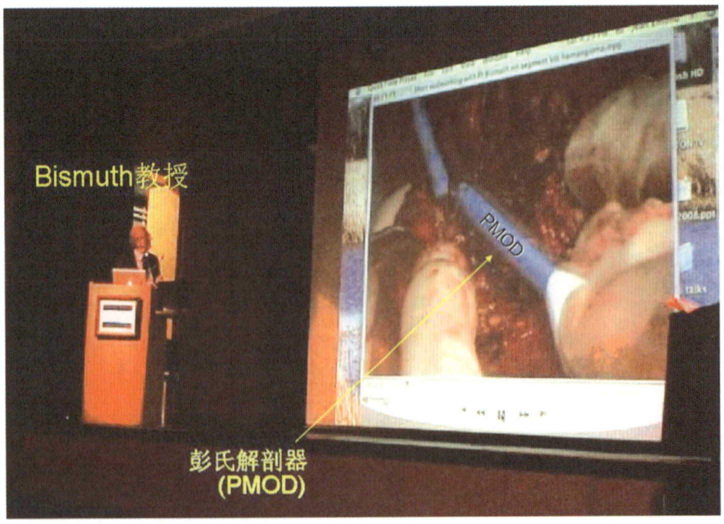

法国 Bismuth 教授在纽约国际肝胆胰会议上推荐彭氏多功能手术解剖器

准备自己亲自去洗，他怕弄坏了。

彭淑牖欣慰地看着蔡秀军的背影，再把眼神聚焦到器械台上的那堆刀剪，又再次陷入沉思。

这个笔管今天起到了刮、剥离和吸的作用，那有没有可能在此基础上，实现电凝和电切的功能呢？把传统手术过程中需要的刀、剪、镊子、钳子等器械都集中在一把器械上呢？

智慧的大门一旦被开启，灵感就会泉涌而出，成功也会迎面而来。

彭淑牖带着蔡秀军又再次对这个笔管进行了升级，他们将笔管与听诊器的听管连接，找后勤工人做了一个通电的结构设计，结果发现，前部一周都通电了，把一些不用电凝的血管也间接给“伤害”了。

师徒俩夜以继日地继续对这把器械刨根问底，不断改进。后来，他们在无数次的实验中找到了突破口，巧妙地将笔管的前部做了一个斜面，只有一个点是通电的，这样就能达到有的放矢的效果。

功夫不负有心人。经过两年多的反复研磨改进，终于在1990年，一把集合了电凝、电切、剥离、吸引四大功能以及将手术台上的“七刀八剪”全部凝聚成一把刀的多功能解剖器诞生了！手术者持这一把刀，就可以完成除缝合以外的所有操作。

从此，彭淑牖经常会接到杭州周边各家医院的邀请去做一些疑难手术，他就带着蔡秀军一起，怀揣着这个笔筒加听管的宝贝“神刀”，师徒俩在手术台上配合默契，再加上这把“神刀”加持，使得许多被判“死刑”的患者得以挽救，使得被列为禁区的手术变成常规手术，并让手术时间缩短了40%，出血量减少了50%。

每次完成手术，蔡秀军都要亲自去器械冲洗间仔细地清洗这把器械，并小心地保管和随身携带。这把独一无二的“神刀”，可是彭淑牖老师和他一起，经过3年多时间不分昼夜地打磨改进，最终研制出来的心血结晶！

彭淑牖和他的彭氏多功能手术解剖器（彭淑牖供图）

第二十三章

用一个袋子兜住"猛虎"

重症胰腺炎，如同藏在蔷薇丛中的猛虎，眯着凶狠的眼睛，伺机而动。

彭淑牖每次面对这只"猛虎"，都会瞬间在心里竖起一堵防御的篱笆。

在20世纪，重症胰腺炎的病死率可高达50%甚至70%。后来，随着治疗胰腺炎药物的成功研发，重症胰腺炎的治疗效果明显好转。即便如此，目前重症胰腺炎的病死率也在20%左右。一般来讲，大多数报道重症胰腺炎的病死率在15%～30%，即4～5个人发病，其中就有一个人死亡。不像其他疾病，病死率只有百分之几、千分之几。因此，重症胰腺炎的病死率是非常高的。

在重症急性胰腺炎的外科治疗中，手术时机和手术方式一直是业内争论的焦点。国内外众多研究胰腺炎的学者关于该焦点问题的文献陆续见诸于各类期刊，如辩论赛般，大家各持己见。有人主张早期手术，而坚持延期手术者也不乏其人。关于手术方式，除少数学者推崇规则性胰腺切除外，多数学者主张坏死组织清除＋腹腔灌洗。此外，术后引流也存在敞开引流和闭合引流的意见分歧。

彭淑牖一直密切关注着如何制服这只"猛虎"的百家观点，他发现在众说纷纭的文献论点中，有提倡拉链安置术的，有提倡袋形开放的，但始终没有一个有效的方法从根本上解决这两个争执不下的焦点。

思变，创新，才能行远。彭淑牖一直谨记大哥彭淑干30年前对他说的那句话："一个优秀的外科医生，关键是要能解决难题。"

难道就没有一个好的方法把这只"猛虎"彻底收入囊中，像观音的柳叶净瓶里的仙水，一滴就能化险为夷？

只是这"仙水"去何处寻觅呢？彭淑牖想得脑壳都发胀，依旧不得其解，犹如一块巨石牢牢地压在他的心头。

常规治疗胰腺炎有四大步：禁食，胃肠减压；抗感染，抑酸；抑制胰腺分泌；对症支持。

在20世纪80年代，抑制胰腺分泌的生长抑素等药物还没有研发问世。面对暗流涌动的胰液，无法用“堵”的方法让胰腺本身不分泌，那只有一条路可以走，学大禹治水，因势利导，不“堵”而“疏”。而该如何建立一个像大禹筑造的那种牢固、有效的导引渠，让胰液流到安全的区域呢？各方医生又八仙过海，各显神通。

自从1985年吴敦在《中华外科杂志》上发表《网膜囊碟形开放术治疗出血坏死性胰腺炎》一文后，不少单位相继开展了该术式。然而，这种术式也不是没有风险和缺点。若不加选择，千篇一律地应用，必然会给一些患者带来危害与痛苦，尤其是并发症的发生。首先是小肠脱出，可危及生命。其次，这种术式的一个常见并发症是巨大切口疝，创口剧痛令患者难以忍受。再次，这种术式还有一个潜在的风险：由于坏死组织不能很快脱落，反而会因伤口开放而使无菌坏死变成有菌坏死，从而加重感染，并引起其他器官病变而造成患者死亡。

这天傍晚，彭淑牖的科室里有一位重症胰腺炎患者在网膜囊碟形开放术术后12小时后发生胰性脑病、谵妄、躁动而致小肠脱出，生命危在旦夕。

护士赶紧通知彭淑牖有关该患者的紧急情况，医生们立即将患者送入手术室回纳小肠，缝合切口后进行腹腔冲洗，迅速控制谵妄、躁动，一般情况得以明显改善。8天后，再次手术清除坏死组织，重新改为开放引流。

这个患者总算转危为安了，而彭淑牖的脑海里则一直浮现着患者那一堆脱出到腹腔外的小肠和患者痛苦、烦躁的表情。作为医者，他的心情久久不能平复。彭淑牖发现，无论是拉链安置术还是袋形开放术，都仅仅适用于很小一部分患者。实践证明，对于多数患者，根本不需要敞开腹壁切口。

难道，除了现有的这些手术方式，就没有更好的路可走吗？彭淑牖相信这条路肯定就在某个看不到的拐弯处，只是他不知道该如何找到这个拐弯点。那一段时间，彭淑牖时常站在办公室窗前看着外面的树木发呆，他就像西天取经的唐玄奘，在无边无际的沙漠里苦苦寻找着水源。

知道了问题的所在，现在需要找到解决问题的钥匙。

“在想不通的时候，就出去走走吧，也许灵感就来了。”这是他在英国的时候，父亲彭致达对他说的。彭淑牖看看到了下班时间，于是就到病房里转了一圈，患者情况都还不错。

医院附近有个菜市场，人们提着菜篮子人来人往，热闹非凡。

彭淑牖看着时间充裕，估计谢隆化还没到家，他想去菜市场感受一下人间烟火气，买点菜回家。

进了菜市场，他就随便买了点时令蔬菜，又看见卖鱼的摊位有几条肥硕的鲤鱼在盆里活蹦乱跳，自小在梅江边长大的他喜欢吃鱼。他准备买一条回去，晚上做红烧鲤鱼。

摊主问他自己杀鱼还是在这里现场处理好，彭淑牖图方便，就让摊主直接处理了。一条活蹦乱跳的鱼儿成了滴着血水的模糊样儿。

摊主看彭淑牖也没提个菜篮子，手上还拎着几把蔬菜，于是好心找出一个塑料袋给他装菜。彭淑牖道谢，脑子里还想着医院里的事情，顺手准备把鱼也塞进袋子里。

“哎哎，同志，你一看就不是烧饭的主儿，这血肉模糊的一条鱼儿和这几把菜混在一起，您说合适吗？”摊主手指着那条鱼儿，大声提醒彭淑牖。

“哦，对对。你看我，脑子里想着别的事儿，没注意呢。”彭淑牖赶紧把那条鱼从袋子里提出来，鱼肚子里的血水不断地往地上滴着。

“算了，算了，我再给你个袋子，不然，这条鱼儿被您这么一路提溜着，这一路滴着血水，实在不文明，也不雅观。”摊主手脚麻利地把那条开膛破肚的鱼儿装进另一个塑料袋里，并扎紧袋口，随之将其塞进装蔬菜的大袋子里。

“这不，您现在把这个袋子塞进这个大袋子里，大袋套小袋，既安全又干净，清清爽爽回家烧顿好饭。”

“既安全又干净？”彭淑牖听到这句话，好像听到了一个天外之音，愣愣地看着手里的袋子发呆。

“这是怎么了？看着你像个有文化的人，这么简单的道理都不懂吗？这不是囊中取物吗？干净又安全。”摊主觉得今天的这个客人有点不对劲，心不在焉。他还特地示范了一番，如何从袋中取出那条鱼儿，又不污染其他蔬菜。

彭淑牖好像着了魔似的，呆呆地盯着那条鱼儿、那两个塑料袋。

“鱼和胰腺，小袋子和网膜囊，大袋子和腹腔。鱼和胰腺……”彭淑牖喃喃自语，眼睛里闪烁着惊喜。

摊主有点紧张地看着眼前的这个客人，他的眼神里浮现着担心，这人不会是从哪里钻出来的“大神”吧。

“对哦，把大小腹腔分隔开来，把胰腺套在网膜囊的造袋里。哎呀，我怎么没想到呢？！”彭淑牖把手里的菜随手搁在摊位上，双手击掌，兴奋地拔腿准备赶回医院。

“喂喂，同志，你的菜不要啦？”摊主扯开嗓子把彭淑牖给喊了回来，他敢保证，这个客人肯定受了什么刺激，于是他也客气了三分。

彭淑牖这才如梦初醒，赶紧回身提了菜，向摊主致谢，赶紧回家。

此刻，他恨不得马上飞到手术室，把刚才脑中的灵感变成现实。

1987 年 6 月的一天早上，彭淑牖主刀的一台封闭式网膜囊造袋术在手术室如期开展。一个重症胰腺炎患者在早期清除坏死组织后，彭淑牖和助手对手术野和胰腺周围间隙进行了彻底地冲洗，并将 12 根烟卷引流管及大口径多孔引流管并排置于胰头和体尾部最深部位，以达到充分引流的作用。

最后，最关键的环节到了。彭淑牖把已切开的大网膜上、下缘分别缝合固定于腹部横切口上、下缘的腹膜，从而形成“囊袋”，把大、小腹腔分割开来，随即缝合腹壁切口而封闭“袋口”。这样就可以把这个充满了危险隐患的“猛虎”——坏死性胰腺局限在一个小“袋子”里，它再怎么兴风作浪，也逃不出这方寸间的“如来佛手掌”，也不会城门失火，殃及池鱼了，腹腔内的其他脏器也不会被累及和感染。

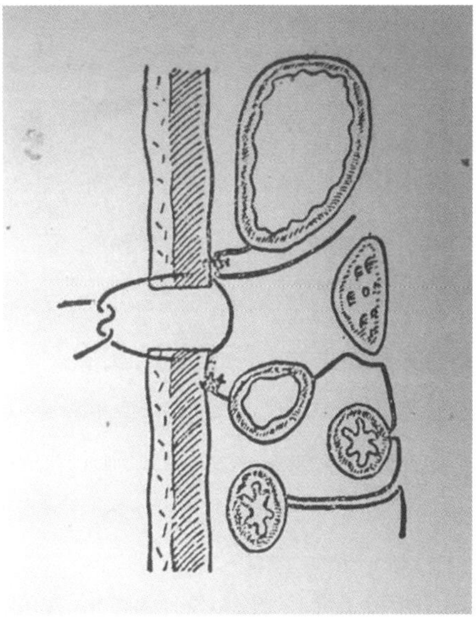

封闭式网膜囊造袋术示意图（彭淑牖供图）

哪怕术后1周后有胰腺坏死伴感染的表现，此时为分隔大小腹腔而缝合在切口周围的大网膜已经初步粘连愈合，医生也可果断拆除腹壁缝线打开“袋口”，直接进入和探查网膜囊，直捣“虎穴”，再次清除坏死组织，然后开放引流，切口不再缝合，从而形成延期袋形开放术。[彭淑牖，沈正荣，江献川，等．封闭式网膜囊造袋术和延期袋形开放术在重型胰腺炎治疗中的作用和意义．中华外科杂志，1991，29（2）：107–109.]

自彭淑牖提出这个术式后，很多医院也陆续开展，并且都达到了预期的效果。在20世纪80年代，针对出血性坏死性胰腺炎的外科手术治疗还没有腔镜后腹膜入路清创引流的微创方法，该术式使原本凶险、复杂的手术变得简洁、安全，正如那个卖鱼的摊主所说的“既安全又干净”。

面对洪水之灾，大禹总结了父亲鲧筑堤防水失败的教训，疏通河床，开凿渠道，终于出现了“九州既疏，九泽既洒，诸夏艾安”的局面，成为中华民族千古流传、妇孺皆知的美谈。

而彭淑牖面对凶险无比的重症胰腺炎，独辟蹊径，四两拨千斤，用简单、易行的方法就把这只令人谈之色变的“猛虎”轻巧地兜在了这个小小的“袋”中，为国内同行开创了一条安全、有效的“康庄大道”，更为无数重症胰腺炎患者推开了一扇希望之窗。彭淑牖总是对学生说，很多创新的灵感来自于生活的细节，一个优秀的外科医生不仅要有一个善于思考的外科脑、一双巧妇的手、一颗狮子的心，还要有一双鹰的眼睛，随时能发现藏匿在日常细节中的“珍宝”。

更重要的是，作为医生，心中要始终装着患者和他们的疾苦，患者是用自己的病痛向医生传授着医学知识。患者是医生职业生涯中最重要的老师，医生更应竭尽所能去帮助他们脱离痛苦。

第二十四章

勇闯肝脏外科“乔戈里峰”

肝脏像一团充满血液的“海绵”，只要轻轻一碰，它总会流血，并流个不止。多少年来，外科医生对此伤透脑筋，其中也包括彭淑牖。

提及肝脏手术，必须先搞清楚肝脏解剖学。提及肝脏解剖，就不得不讲肝脏的分段。1957 年，法国医生 Couinaud 依据肝脏管道的走行将肝脏分为八段。然而一直到 1982 年，Bismuth 发表了两篇相关文章，Couinaud 的分段理论才逐渐流行起来。在国内，吴孟超于 1960 年首次提出正常人体肝脏“五叶四段”的解剖学理论。“五叶四段”论大胆地提出将人体肝脏分成左外叶、左内叶、右前叶、右后叶和尾状叶，共五个叶；又将左外叶分为左外叶上、下段，右后叶分为右后叶上、下段，共四段。该理论不仅为肝脏手术提供了关键性的解剖标识，而且提出了肝脏内部的血管解剖特点，手术过程中血管、胆管的准确处理方法和原理，为肝脏手术提供了安全且明晰的理论指导。

多年来，肝叶切除术一直被认为是规则性肝切除的最小单位，这种概念在一定程度上限制了对某些肝胆疾病的外科治疗。这好比一只手的某个手指出现了病灶，在之前解剖理论的基础上，可能就需要切除整根手指和部分手掌。而在 20 世纪 80 年代的中国，那个使用“冷兵器”手术器械的时代，第一个探秘肝脏第八段生命禁区的人，绝对可以和勇闯“死亡之海”罗布泊的勇者相提并论。这在当时的中国医界激起了千层浪：不可想象，那可是无人闯入的禁区！而彭淑牖用一股执着的拼搏精神，一路披荆斩棘，所向披靡，直达禁区最核心部分！

彭淑牖的哥哥——彭淑力，曾担任国家登山队俄语翻译，多次参加国家登山队攀登世界高峰的任务。1975 年，45 岁的彭淑力最后一次参加攀登珠峰的任务，并成功带领年轻队员到达海拔 8200 米的营地。阿力经常和自己的弟弟说起攀登各大山峰的故事，而在彭淑牖心里也有自己的“学术山峰”。肝脏外科的Ⅷ段切除堪比世界第二高峰——乔戈里峰（肝脏Ⅰ段切除是“珠穆朗玛峰”，见后文）。

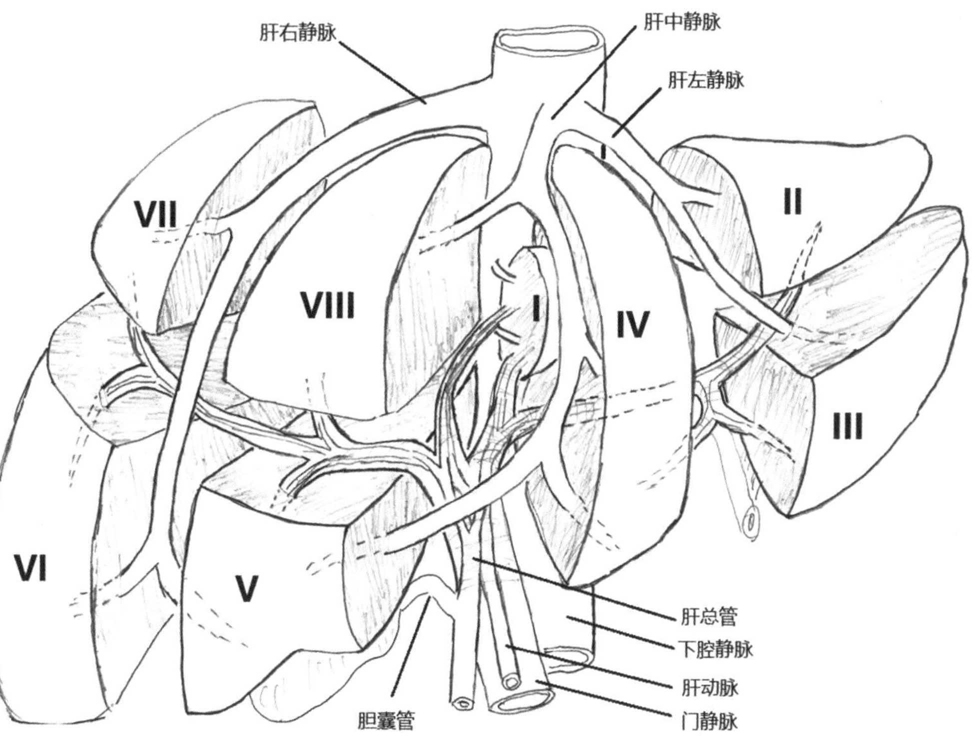

肝脏的八段解剖单位示意图（许斌绘图）

1985 年，彭淑牖从英国学成归来后，将研究的重点转移到肝脏手术上。在做肝脏手术的过程中，他发现位于肝正中裂附近，尤其接近第二肝门的病灶，常常是外科手术的难题，对该部位的病灶，常需行三肝叶切除术。

有没有一种可能，可以直接精准地切除局部的病灶，而保存更多其周围的正常组织？若要达到这个目标，就需要对肝脏每个节段的解剖结构有非常清晰、明确的认知，做到胸有成竹。

在英国时，彭淑牖阅读了大量国际医学界最前沿的文献，其中包括国际上肝段切除术的开拓者 Bismuth 的论文，他如获至宝，并溯源找到了 Couinaud 在 1957 年提出的八肝段（第Ⅰ—Ⅷ肝段）解剖单位理论的论文。回到国内后，彭淑牖积极研究探索，成功开展了我国外科界首例肝脏Ⅷ段切除术，并在国内最早提出了依据八个肝段进行肝段切除术的介绍文献（彭淑牖，郑树，吴金氏．第Ⅷ段肝脏切除术．中国科学院学报，1988（10）：86–90.）。

1987 年 6 月 12 日，彭淑牖接诊了浙江农业大学的一位教授，56 岁的冯教授。冯教授是因为感到肝区不适到校医院就诊的，校医院的医生为他做了 B 超检查，并对他说："肝脏有问题，需要手术，而且是个棘手的手术。"医生推荐老冯到浙医二院。老冯到浙医二院一查，CT 诊断为 7 厘米 ×7 厘米大小、紧贴下腔静脉的肝癌。肝癌不偏不倚，就在肝Ⅷ段的位置。在浙医二院，老冯从消化科、放射科、肿瘤科到外科，经过几位医生的转诊和推荐，一番曲折，找到了彭淑牖，说：“没有医生敢做他这个手术，实在是风险太大，除了留学回国的彭主任。”

每每遇到棘手的问题，彭淑牖就喜欢闭目静思。在接诊老冯后的一个晚上，彭淑牖在睡梦中想到了儿时的五云洞山，想到了鸡峰春色，想到了枫林听樵，想到了祖父的吟唱，想到了老屋前的大树……这时，就在大树下玩耍的彭淑牖突然想到了什么，这大树不就是肝脏的脉管吗？

法国雕刻家罗丹说：“生活中从不缺少美，而是缺少发现美的眼睛。”《礼记·大学》曰：“致知在格物，物格而后知至。”彭淑牖在半梦半醒间通过对肝Ⅷ段解剖位置的反复剖析，发现每一肝段都有独立的三管，即肝动脉、门静脉、胆管，就像大树的树枝、树杈、小杈，只要能切断对应肝段的脉管，理论上就可以单独切除任何一段。彭淑牖从梦中惊醒，豁然开朗，他相信他能通过手术让老冯恢复健康。

虽然肝脏第Ⅷ段位置很特殊，介于肝左静脉、肝右静脉及下腔静脉三根大血管之间，相当于一颗炸弹连着三根导火索，累及任何一根导火索，都会造成大出血而危及生命。而此时的彭淑牖没有丝毫犹豫，他果断接了这个烫手的“山芋”。他对老冯的病情进行了细致的研究，决定分两步走，逐一攻克。

首先开腹结扎肝固有动脉，选择动脉插管持续微泵化疗 2 周，环磷酰胺和 5- 氟尿嘧啶一日一剂量交替使用，使肿瘤缩小。2 周后继续口服替加氟。

3 个月后，彭淑牖为老冯施行了第二次手术。这次是直接到达虎穴，虎口拔牙。

肝脏堪称人的血海，而这次彭淑牖要在这片危机重重的海洋里切除一个长在最险要位置的肿瘤，下面都是肝脏最重要的血管通路，术中稍有不慎，就会引发“长江决堤”般的“洪灾”。

“没有金刚钻，别揽瓷器活。”彭淑牖为了这一次手术，一次次地查阅各类文献，并进行了无数次模拟训练，他闭着眼睛都能用手摸到肝区每个解剖部位，就如《卖油翁》中的那句“我亦无他，唯手熟耳”。这样一台复杂的手术，术中每个关键的动作都要反复训练几十几百次，才能做到炉火纯青、滴水不漏，从而达到胸有成竹。

就这样，凭借着那双神奇的手和坚定的信念，彭淑牖走上了手术台，为老冯做了一台决定生死也决定着开启中国人第一次闯肝脏禁区的肝Ⅷ段切除手术。

切除肝Ⅷ段的肿瘤，首先要解决血管阻断的问题，又要保证肝细胞不缺氧。

著名肝胆外科权威黄志强院士曾说：“肝脏的出血与止血是贯穿整个肝外科发展的问题。”这一问题，正是整个人类外科史上疼痛、感染、出血三大难题中，出血问题的现代版。而彭淑牖在这一历史性命题上立下了一块划时代的丰碑。

当时流行的是在肝门阻断下把进肝的大血管截住，以减少出血，便于手术，但是手术受到了 15 ～ 20 分钟安全时间的严格限制。彭淑牖在吴孟超提出的肝门阻断下肝切除手术的基础上，发明了间歇性选择性入肝血管阻断法，即手术做到哪一部分，就相应阻断哪一部分的血管，这一举三得，既解除了肝最大限度供血，又使手术得到了充分的时间，同时大大减少了出血。

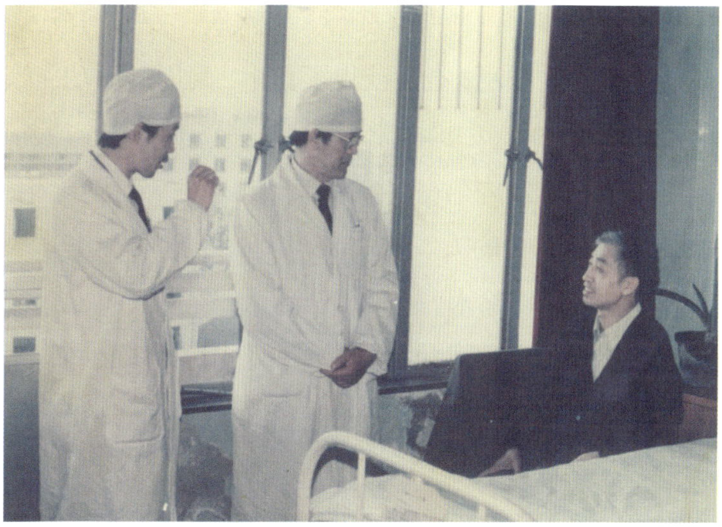

彭淑牖（中）和学生陆才德对国内第一例肝Ⅷ段切除术后患者冯祖安进行查房（彭淑牖供图）

术后冯祖安一直在彭淑牖的门诊随访，生存期达到 30 年（彭淑牖供图）

彭淑牖在研究肝脏解剖位置时，发现影响肝功能的因素主要是缺氧。如阻断肝动脉，它的携氧量达全肝的 80%，而血流量仅占 20%；如阻断门静脉，它的携氧量仅占全肝的 20%，血流量则占 80%。这样，根据术者的要求就可以灵活地控制阻断哪条血管和阻断多长时间。

手中有阻断肝脏血流水龙头的法宝，彭淑牖便可以气定神闲地开展手术了。

在切除第Ⅷ肝段时，第一步，他和助手小心翼翼地从肝正中裂上半进入，相当于侦察兵先行探路；第二步，从右叶间裂上半进入，逐层递进，等于破门而进屋内；第三步，在肝膈面隆突作一横切线，连通左右二纵切线；第四步，沿着右冠状韧带止点进入。完成上述四个切面后，用手指捏住，并向上提起整个右半肝，在其基底部钳夹，切断结扎进出的主要管道。在距离肿瘤外缘 1.5 厘米顺利切除整个第Ⅷ肝段及部分第Ⅳ肝段完整的肝癌病灶。

所有的步骤，彭淑牖都行云流水般，一气呵成，没有一点拖泥带水。

手术非常顺利，老冯获得了新生，两周后肝功能恢复正常。[彭淑牖，郑树，吴金民．第Ⅷ肝段切除术．中国医学科学院学报，1988（6）：31–32.]

彭淑牖在国内第一个拿下了肝Ⅷ段的癌肿切除手术，他一度成为国内做第Ⅷ肝段手术最多、最成功的人。从 1985 年 12 月到 1988 年 12 月，他一共完成了 42 例不同类型和范围的肝段切除术。

当得知彭淑牖成功完成第一例肝Ⅷ段切除术后，吴孟超大为惊讶，赞叹这位不可思议的勇闯生命禁区的勇者。

Preface

Although Counaud's study of the anatomy of the liver in the 1950s marked the beginning of a new era in modern liver surgery; and in the 1970s, huge breakthroughs in liver transplantation and regular resection of liver were made; nevertheless, it was not until the 1990s that caudate lobe resection was first documented. In the last decade, through the efforts of both western and eastern scholars of liver surgery, reports involving resection of the caudate lobe have gradually emerged. Most of these, however, are confined to individuals and small numbers of cases. Therefore, resection of the caudate lobe is considered by many experts as the ultimate field in liver surgery.

The caudate lobe is situated in a complex anatomical position. Namely, it is covered in front by the first porta hepatis, with the inferior vena cava (IVC) at the back, and its upper end lying close to the three major hepatic veins. Therefore, resection of the caudate lobe presents huge difficulties and risks. In order to reduce the operating risks and technical difficulties, the earliest caudate lobe resections were conducted in conjunction with other types of liver resection, that is, massive liver resection that included partial or complete caudate lobe. Advances in the applied anatomy of the caudate lobe, the development of modern imaging technologies such as CT and MRI, improvements in surgical instruments and facilities, and progress in the techniques of blood flow control and liver parenchymal transection, have all given much impetus to the development of hepatic caudate lobe surgery. It was not until 1990 when Lerut et al. reported isolated complete resection of caudate lobe. The anterior approach suggested by Yamamoto et al. made it possible to perform isolated complete caudate lobe resection for extra-ordinarily difficult cases. Moreover, the counter-staining technique invented by Takayama et al. made the borders of the caudate lobe clearly

肝段切除术式介绍及操作体会

浙江医科大学 附属二院外科 彭淑牖 江献川
附属一院肿瘤科 冯懿正

自1985年12月至1988年12月我们施行不同类型和范围的肝段切除术42例（见表）。未发生手术死亡，疗效满意。

表　本组肝段切除病因及部位

切除肝段	肝癌	血管病	胆囊癌	胆石	肝囊肿	外伤	合计
Ⅱ	1	1					2
Ⅲ	1	1		1			3
Ⅳ	2	1		2			5
Ⅴ	3			1			4
Ⅵ	3						3
Ⅶ	1					2	3
Ⅷ	4	1			1		6
Ⅲ＋Ⅳ					1		1
Ⅳ＋Ⅴ	4		2				6
Ⅴ＋Ⅵ	2						2
Ⅵ＋Ⅶ	2						2
Ⅶ＋Ⅷ	2						2
Ⅷ＋Ⅳ	1						1
Ⅳ＋Ⅴ＋Ⅵ	1						1
Ⅴ＋Ⅷ＋Ⅱ	1						1
合　计	28	4	2	4	2	2	42

〔注〕Ⅱ＋Ⅲ即传统的肝右外叶切除，未列入统计

段，纵（斜）线即右叶间裂，横线位于右肝上下缘之间相当于肝膈面最隆突处，于是右前叶的下段为第Ⅴ段，其上段为第Ⅷ段，右后叶的下段为第Ⅵ段，其上段为第Ⅶ段。

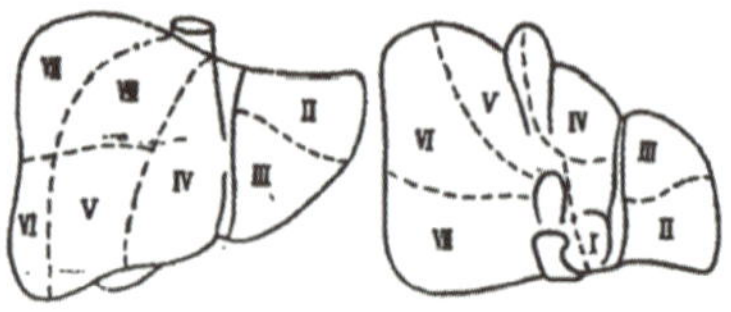

图 1　肝脏分段示意图
A.膈面观　B.脏面观

肝右静脉介于ⅦⅧ段之间，肝中静脉介于ⅧⅣ段之间。因此，第Ⅷ段之左侧为肝中静脉，其右侧为肝右静脉，其背面则与下腔静脉紧邻。胆囊正处于第Ⅳ Ⅴ段之间。

第一肝门为第Ⅳ段下部（方叶）所覆盖。

发表于《实用外科杂志》(1989，9（5）：262–264.)

第二十五章

登顶“珠穆朗玛峰”

刺骨的寒风吹在脸上，像刀子一般刮过脸庞。西湖边的湖滨路上，人们都缩着脖子，笼着手快速行走着。此时有一个高大的身影，一直定定地站在湖边。他出神地看着被风吹皱的湖面，侧脸看面色凝重，时不时引来路人的侧目。这个人是刚走出医院大门，信步来到西湖边的彭淑牖。

彭淑牖慢慢收回目光，抬头看了一下手表，深深地叹了一口气，用手轻轻地拍了拍湖边的石墩，准备回家。

3 个小时前，一位特警被送到浙医二院，28 岁，绿色通道，急救，必须马上手术。作为外科主任的彭淑牖紧急走上手术台……但患者的腹腔打开了又马上缝上了，因为他所患的肝尾叶癌在世界外科领域属于最可怕的“手术禁区”。

当彭淑牖步履沉重地走向手术室门口时，焦急等待在手术室门口的患者家属和同事看到他严肃的表情，那一刻，无声胜有声，空气似乎凝固了。

电视剧里的人们在听到坏消息时总是呼天喊地，捶胸顿足，但在现实人生中，坏消息有时候带来的就是震撼人心的静默，家属几乎瞬间就竖起所有不愿意面对现实的保护网。

彭淑牖面对沉默的家属，无力感充斥着全身，他脑子里浮现出刚才下手术台时看到在手术室墙角治疗车上的一个弯盘里放着那枚从特警左手无名指上摘下来的戒指，觉得格外刺眼。

他回到办公室，沉默，对每一个人都沉默。他对着办公桌上的一本台历长时间发呆，这个沉痛的日子在他的职业生涯中永远不会忘记。

坐在椅子上，他抬头凝视着挂在墙上的两张彩色肝脏解剖图，肝脏面观底部中间一个豆腐干大小的位置，标注着一个大大的红色英文字母“Ⅰ”，这就是肝尾叶！虽然是最小的一个肝段，却是世界医学界鲜有人登顶的一座“珠穆朗玛峰”！

彭淑牖想起上周刚刚给研究生们上课，专门提起这个肝尾叶切除的困难和风险均来源于其解剖关系的特殊性，尾状叶在第一、二、三肝门之间，肝脏的所有重要管道在这里交错、进出、毗邻。

第一肝门就是门静脉、肝动脉和胆管进出肝脏的第一个关口，血管多而密集，在肝脏的脏面，偏正中的位置。

还有三支肝静脉从肝脏出来，汇入下腔静脉这个位置，血管比较集中，临床上称之为第二肝门。

在肝脏与下腔静脉之间，有一些很小的血管（肝短静脉），直接引流肝脏的血液回流到下腔静脉，通常称之为第三肝门。

三个肝门犹如三国鼎立之势，在密布的血管丛中包围着肝尾叶。换而言之，肝尾状叶的前方紧邻第一肝门，后方则紧邻第三肝门。手术的风险在于分离前面时，易伤及前肝门结构，造成出血或胆管破损；分离后面时，则易损伤肝短静脉或下腔静脉，造成难以控制的大出血。

另外，手术的困难还在于手术野的深度，第一肝门是一个巨大的障碍，必须绕开它才能进行尾叶切除。打一个形象的比喻，就像我们总是掀着帘子做事，这帘子碍手碍脚，但又不能扯掉，还必须得保持它的完整性。

为了加深学生对这个特殊解剖位置的生动理解，彭淑牖把一本书靠着茶杯，如果把书比作肝脏，那么它背后的茶杯就是尾叶肿瘤。他翻掌为刀，做了一个手势，说："要把茶杯取出来，就得把书一劈两半。"要把血管如蛛网密布的肝脏一切两半，该需要多么高超的技艺？

听完这个解剖位置的介绍，当时有个学生就说："那我们要是做这个手术，岂不是踩着地雷行走，还不能把雷引爆。这怎么可能做得到呢？"

"是啊，做尾叶手术，这简直是堪比登顶珠峰嘛。"另一个学生附和。

"感觉做这个手术，风险 99%，成功率 1%。谁还敢做啊？"

"对，尾叶手术的难度远远超过其他肝段切除。但是我们不能因为觉得危险，就绕道而行了。我相信这一块领域势必会被攻克，只是时间的问题！不然那么多生命，我们只能眼睁睁地看着而无能为力，这样的场景你们愿意面对吗？"

学生们沉默了，陷入了沉思。

彭淑牖用一个图钉，重重地钉在尾叶的位置，并用红笔把这块最小的肝段描红，旁边备注"珠穆朗玛峰"。他拉开抽屉，里面有彭淑力寄给他的首批中国登山队登顶珠穆朗玛峰的一张照片。彭淑牖把这张照片也贴在肝尾叶的下方。站在解剖图前，他背负双手，久久不做声响。

特警的事情虽然随着时间的推移慢慢地被很多人淡忘，但是彭淑牖一直不能释怀，他时常想起那张年轻的脸庞和无名指上的戒指。

“总有一天，我会直捣这一禁区！”彭淑牖暗下决心。

1990年，经过四年多的研究，“人刀合一”的“刮吸手术解剖法与多功能手术解剖器”横空出世。彭淑牖用他的“神刀”挽救了一批用常规方法难以治愈的患者。

在他的高超技艺下，高位肝门胆管癌、胆囊癌、第Ⅷ肝段切除、超高位胆管损伤的修复等长期困扰医学界的手术，都被一一攻克。

但是，彭淑牖不满足于这些，他心中的那座珠峰还一直高高矗立在那里，他从未放弃对这座高峰的研究和探索。

自古凡是能成就大事的人，必然有不畏艰难的品质。其次，铁石心肠并非面对艰巨责任的好方法。仁心也驱使着医者，用尽全身的每一份力量，挽救每一个生命。

时间转眼来到了1994年5月11日，彭淑牖结束了上午半天的门诊，起身站在窗边活动一下身体。他看着外面春意盎然，绿化带里的栀子花绽放着，散发出浓郁的香味，沁人心脾，一身的疲惫也随之消失。

这时，门被敲响，护士带着一对风尘仆仆的父子进入办公室，歉意地对彭淑牖说：“彭主任，这个患者是临时加号的，他刚赶到医院，我看他的检查单，感觉有点严重，所以……”

“哦，没事，我看看。”彭淑牖一听说严重，马上转身坐下来。

眼前的父亲脸色黧黑，身体消瘦，陪伴的儿子脸色也蜡黄。彭淑牖一看，凭借多年的临床经验，直觉告诉他，这父子俩的肝脏似乎不大好。

父子俩憨憨地鞠了一躬，表示对他拖班看诊的感谢。

彭淑牖看着那位父亲：“坐下来吧，和我说说，你是哪里不舒服？”

父亲把儿子拉到跟前，说：“彭医生，是我儿子有问题。这是我们当地县医院做的检查单，医生们让我们赶紧来杭州想办法找到您。”

“哦？”彭淑牖马上把那张折得很整齐的B超单子打开：患者，李某某，男，32岁，乙肝病史，肝硬化。诊断一栏写着：肝脏占位。

彭淑牖再次抬头看看眼前这个消瘦、紧张的年轻人，父亲惶惶然地站在一侧。彭淑牖看看父亲的年龄和自己相仿，心里一动，那个特警的脸再次闪现在眼前。

“这样吧，小李，你这个病得进一步检查，你先住院，后面我们会根据你的检查制订方案。你们也不用太担心，先安心住下来再说。”彭淑牖微笑地拍拍小伙子的肩膀。

父子俩千恩万谢，没想到当地医生口中那个很厉害的彭淑牖医生这么随和、亲切。

小李当天就住进了病房，B超和CT检查发现肝尾叶肿块，甲胎蛋白水平奇高，远超400 μg/L。彭淑牖根据他的一般情况进行对症支持治疗，先改善肝功能。6月6日，彭淑牖给他做了肝动脉插管化疗。

小李的手术被安排在7月4日，经过近1个月的对症支持治疗，他的身体素质改善了不少，已满足手术的时机要求。

这一台手术，彭淑牖整整酝酿准备了两千多个日夜，今天终于有足够的把握，开始攀登肝脏外科这座最高、最险峻的山峰。虽然关于肝尾叶手术，近几年国内文献已有零星报道，但是对其手术细节仍缺乏具体的描述。彭淑牖在这几年一直反复模拟演练，推敲着每一步的技术关键点。

严密、细致的术前准备，强大的手术团队，他和同事江献川一起上台，并带着几个得力的学生——彭承宏、蔡秀军、牟一平、陆才德。手术室的氛围也随之升温，严肃而紧张。

剖腹进去后，可见肿块位于右侧肝尾叶，大小约4厘米×5厘米×5厘米。

“这个肿块不小啊，几乎把整个尾叶都侵占了，旁边的第Ⅵ段也有被侵犯的嫌疑。”彭淑牖神色凝重地看着肿瘤。

“彭主任，我们术前演练了无数遍，今天是实战了。我们跟着您的指令行事，确保每一步都走得扎实。”江献川看着彭淑牖，从他笃定的眼神里看到了信心。

“我们先预置阻断带，先游离肝下和肝上下腔静脉，这样可以防止万一手术中损伤下腔静脉而引起致命性的大出血。”彭淑牖下达指令。

阻断带预置完毕，并预演阻断，手术者和助手彼此默契，如何在紧急情况下互相配合，以免临时手忙脚乱。

在完成一系列准备工作后，手术台上的“明星”多功能手术解剖器出场了。尾叶切除，把它从第一和第三肝门之间分离出来，必须进行精细解剖，此时刮吸法更能显示其得天独厚的优越性。

“从肝正中裂进入，直达肝门，这是一条十分方便而重要的途径。我们就不用绕远路，这在以前是不大可能的手术入路，但是现在有多功能手术解剖器的强大加持，我们已经把不可能变成可能了。”“彭老师，我相信，今天我们肯定可以成功登顶。为了这一天，我们准备了那么多年。”彭承宏说道。

“得道者天助，我们一直在为破解它而不懈努力，今天会是有历史意义的一天。”蔡秀军也说道。

这些年，学生们跟着彭老师钻研探索，老师身上的那种探索精神和创造力也感染着学生们。

彭淑牖没多说什么，只见他手持多功能手术解剖器，时而切开肝组织，时而电凝出血点，时而吸走肝创面上的血水，手术中的“推”“剥”“切”“凝”“吸”等操作一气呵成。

肝正中裂被充分切开之后，肝门的结构清晰可见，即有可能在它与尾叶之间进行解剖。手术进入了白热化的阶段，每个人都屏息敛声，目光的焦点都聚集在手术野。

彭淑牖在助手的配合下，游离、切断、结扎从肝门进入该部分的门脉三联（门静脉、肝动脉和胆管），使得尾叶完全脱离肝门。接着进行尾叶与第Ⅵ段之间的离断，然后翻起尾叶，在它与下腔静脉之间进行解剖。这时显露三根肝短静脉，予以分离、结扎，然后离断。别看这又短又细的静脉，一旦它的断端回缩，就会造成难以控制的大出血。彭淑牖对手术野的每一根血管都予以谨慎的处理，以免一个小小的疏漏造成不可挽回的局面。

彭淑牖用多功能手术解剖器把尾叶与肝门及下腔静脉精准解剖分开后，轻轻翻起肝尾叶，确保三支肝短静脉已经安全结扎。

于是手起刀落，肝尾叶肿瘤被切除下来了！手术创面没有大出血！安然无恙！

一台单独完整肝尾叶切除术在这间小小的手术室里顺利完成了！

此刻，彭淑牖身上的手术衣已经被汗水浸透，但是他浑然不觉。

当彭淑牖把肿瘤轻轻地托放在不锈钢弯盘里时，他长长地吁了一口气，感慨万千地说道："这是一座肝脏外科的珠穆朗玛峰！我们登顶成功！我们可以向中国同行分享我们的经验和喜悦。"

话音刚落，台下的人用热烈的掌声向手术台上的所有术者致敬！

手术室外的小李父亲得知手术成功后，千言万语都无法表达他的感激之情，眼泪已经泛滥！这位淳朴的父亲朝着彭淑牖深深地鞠了一躬。

"感谢您救了我儿子！您是我们家的恩人！"

他深情地看着彭淑牖的背影，那么高大，那么庄严，犹如那座苍劲、雄奇的神峰——珠穆朗玛峰！

1995年，当医疗界同行们在《实用肿瘤杂志》上看到彭淑牖等人发表的关于《肝尾叶单独或联合切除》的文章（实用肿瘤杂志，1995（3）：143-145.）后，纷纷赞叹，表示肝脏外科的大肝癌、小肝癌、疑难肝癌三座高峰，都被逐一问鼎。

吴孟超攻克大肝癌，汤钊猷拿下小肝癌，彭淑牖突破疑难肝癌。换而言之，就是，吴孟超：能切；汤钊猷：早切；彭淑牖：切难切的。

硕果累累不忘初心，砥砺前行再攀高峰。彭淑牖对医学的追求永远是"求真、求善、求美"。他对每一台手术过程中的每个细节的反思改进，都让他在医学的道路上走得更稳健、更从容、更长久。不断地积累与改进，彭淑牖的肝尾叶手术技巧与时俱进，不仅开创了先河，而且成为肝尾叶外科手术规范化的"金标准"。

时隔20年，2014年在英国爱丁堡举办的第七届国际肝胆胰外科年会上，彭淑牖播放的肝尾叶手术录像被评为最佳录像，赢得了全球同行的掌声。

第二十六章

一位母亲创造的世界纪录

1996 年 1 月 3 日，彭淑牖开展了一台长达 8 小时的手术，这个患者是一位来自浙江省温州市龙港镇（现为龙港市）的 46 岁的女性个体户。在找到彭淑牖之前，她已经被当地医院判了“死刑”，她可能活不过这个春节。

这个患者叫陈新芽（化名），原先是一个农民，丈夫是一所中学的老师，育有 5 个子女。全家人之前的开销全靠陈新芽老公蔡庆（化名）那点微薄的工资。随着孩子们长大，陆续上高中、大学，这点收入已经无法支撑全家人的生活。为了让每个孩子都能受到良好的教育，不因家境拮据而半途辍学，陈新芽凭借身上那股子温州人敢闯敢拼的精神，决定“下海”，从农村来到龙港镇，开办了一家小小的印刷厂，承接一些广告印刷业务。

陈新芽既当老板又当员工，就这样拼搏了十多年，她的印刷厂逐步有了起色，业务也越做越大，两个儿子也加入公司帮助母亲一起经营。

总算苦尽甘来，一家人的生活也越来越好了，以为幸运之神向他们伸出了橄榄枝。

当一家人沉浸在幸福和喜悦之中时，生活却在悄然之中给了他们一记重击。

一天晚上，陈新芽像往常一样在厂里忙着，突然感觉右上腹一阵刺痛，连同后背也有牵拉痛，持续了好几分钟。她稍微休息了一下，慢慢好转，以为自己是过度劳累所致，便也没过多上心。

没过几天，同样的部位，同样的疼痛再次袭来。这次她去了家门口的一家小诊所输液，连续输了三天，但疼痛未见好转。次子蔡云（化名）点担心，就去问诊所的医生他妈妈得了什么病，怎么不见好转。小诊所的医生也说不出一个所以然。

家人不放心，于是带着陈新芽去龙港医院。检查结果一出来，医生就说情况不好，让他们别耽误，赶紧去温州的大医院进一步确诊。

在温州的大医院里，陈新芽的家属拿着报告单手脚发软，眼前发黑，陈新芽被诊断为胆囊癌。医生告诉他们，手术的难度和风险都非常大，他们目前做不了这么复杂的手术。

这个结果如同晴天霹雳在这家人的头顶炸响，蔡庆当场就晕厥了过去，五个子女躲着母亲哭成一团。母亲是这个家的顶梁柱，没有了母亲，等于这个家就要毁了。

大家统一口径，告诉陈新芽她肚子里长了个良性肿瘤，陈新芽信以为真。但是腹部疼痛发作的频率越来越高，每次都痛得缩成一团，家里人更是心如刀割、心急如焚。

亲朋好友紧急聚集，商量下一步怎么走。

“阿兰这辈子还没享福过，我不甘心哪！”蔡庆边说边抹眼泪。

“温州的几位大医生也会诊了，说婶婶的这个病得赶紧到上级医院去看。”

“我也私下问过其他医生，这么严重的病，在本地做手术成功的概率很低。”

“那去上海，还是杭州呢？”长子蔡振（化名）茫然地看着亲戚们。

“这里的医生说了，让我们去杭州浙医二院找一个叫彭淑牖的专家，听说非常厉害，目前只有他能做这个手术。如果他说做不了，那就……”

“无论花多大的代价，只要能看好我妈妈的病，我们都在所不惜。”蔡振抹了一把眼中的泪水。

“那怎么才能找到这个彭医生呢？”大家面面相觑，都是农民出身的本分人，也从来没去过杭州，更何况去找一家省级大医院的著名专家。

“我去问问我公公，他在温州市里工作，认识的人肯定比我们多。”蔡振的堂姐说道。

在堂姐的努力下，蔡振终于拿到了堂姐老领导写给彭淑牖教授求医的介绍信。这位老领导十年前曾找彭淑牖做过手术，对他的医术医德一直赞不绝口。

蔡庆父子俩像拿到救命符一样，含泪致谢，并把这张“救命符”仔细地收藏在贴身的衣兜里。

经过一番周折，蔡庆父子俩花了七千元巨资包了两辆出租车，一早就从温州出发去杭州，家里能做主的人都跟着一起来了。

此时已经快到大雪节气，初冬的清晨湿冷无比。蔡振看着铅灰色的天空、湿漉漉的地面、萧条的树木，再看看裹得严严实实、面容憔悴的妈妈，心情不由地沉重起来。但是一想到明天早上也许能找到救星彭淑牖教授，他的内心又燃起了希望之火。

他们相信，只要找到彭淑牖，母亲就有救了，这个家也能得以完整了。

出租车一路疾驰，不敢有丝毫耽误。途中陈新芽的腹痛发作了，他们只能找个路边的人家讨点热水，泡点葡萄糖粉，给她喝了暖身子。

车子开了 14 个小时，终于在晚上九点多到达杭州，他们找了浙医二院附近的招待所先住下。第二天一早，蔡振和堂哥揣着那张宝贝救命条子来到医院，一路打听彭淑牖的办公室。

办公室被敲响，彭淑牖起身开门时，见蔡振兄弟俩一脸不安地站在门外。蔡振看到他的工作牌上写着"彭淑牖"，眼泪马上涌出来了，顾不得激动，他马上把贴身保存的介绍信恭敬地递给彭淑牖，简单地说明了情况。

彭淑牖仔细看了看介绍信，抬头只见蔡振一直用急切的眼神看着他，他刚想说话，只见蔡振双膝一曲，准备下跪。

"哎呀，千万别这样。"彭淑牖赶紧伸手阻止他。

"彭教授，恳请您一定要救救我妈妈！这也是我们全家人的拜托。"蔡振不顾阻止，直接把脑袋磕在了彭淑牖办公桌的玻璃上，只听得"咚咚咚"作响，玻璃差点磕破了。

彭淑牖仔细翻看着陈新芽的病历，抬头对眼前的兄弟俩温和地说："你妈妈的病情很重，需要马上住院做些检查，进一步明确诊断。你们放心，我们会尽快给她制定一个合适的方案。但是，也请你们理解，这个手术的风险、难度和希望并存，当然我们会尽全力。"

从医院走出来时，蔡振看着手上的住院单，摸着肿痛的额头，仰头看着阴霾的天空，泪流满面。他一遍遍地轻喊着："我妈妈有救了，有救了！"泪眼模糊中，他仿佛看到了乌云背后那条明亮的金线。

在刚才与彭淑牖接触的过程中，彭教授始终没对他说一个消极的字词，始终面带微笑，说的每个字都那么笃定有力，他在彭淑牖温和又坚定的眼神里看到了母亲美好的未来。

陈新芽住进病房的第一天，彭淑牖便出现在病床边，满面笑容地安慰她："你看着精神不错，很好，你不用担心啊，没什么大问题啊。"原本满心疑虑和担忧的陈新芽，看到这么和蔼的医生，心情也好了一大半。

"彭主任，我们都听您的安排。"家属恭恭敬敬地站在一边。

根据陈新芽的病情，彭淑牖和他的学生彭承宏、牟一平制定了详细的手术方案。

1 月 3 日一早，陈新芽被送进手术室，家人们没有像其他家属那样焦灼不安地走来走去，而是安静地坐在手术室门外的木条椅子上。他们坚信，彭淑牖主刀手术，就像定海神针一般，肯定会给他们带来希望。

手术室里，64 岁的彭淑牖带着彭承宏、牟一平等人开启了这一台高难度的手术。

腹部常规消毒后，彭淑牖取右肋缘下切口 25 厘米，呈一个反向的"L"形，进入腹腔探查。

他们发现胆囊与肝脏紧贴，肝脏Ⅳ、Ⅴ段偏硬，表面有一个 6 厘米 ×7 厘米的肿块；

肝十二指肠韧带可触及几粒花生米大小的肿大淋巴结。

彭淑牖准备行胆囊癌切除术，用多功能手术解剖器分离肝左右三角韧带、冠状韧带、镰状韧带，游离肝脏，然后打开肝十二指肠韧带，见扩张的胆总管，分离、阻断门静脉，切除胆囊癌。

这一系列手法只见彭淑牖行云流水般的麻利，没有丝毫的犹豫。

“承宏，我们要充分解剖十二指肠韧带，剔除肿大的淋巴结，使得门静脉、胆总管、肝动脉骨骼化（把淋巴结像剔骨头一样清扫干净），不留一点隐患。”彭淑牖埋首在手术野，不忘交代学生注意事项。

待把十二指肠韧带周围都清理干净后，彭淑牖小心地往下探查胆总管，见胰头部有 2 枚肿大的淋巴结，浸润难分离，于是他果断地行胰十二指肠切除。

彭淑牖的手指像带着导航定位仪一般，一层层地深入，探查手术野，不放过任何一个隐蔽的角落。

当他探查门静脉、肠系膜上静脉与胰腺不粘连后，再次果断切除 40% 的胃。

妥善完成这几处关键“隘口”的侦察清理后，彭淑牖和助手们又在肝固有动脉埋入动脉泵，在胃网膜左静脉埋入静脉泵，动脉泵缓慢推注亚甲蓝，肝脏呈蓝色。检查腹腔无渗血，肝断面无胆汁渗漏，在膈下、肝下各置橡皮引流管一根，冲洗腹腔，逐层关腹。手术非常顺利！

当彭淑牖直起酸痛的腰，活动一下已经站得麻木的双腿时，他才下意识地抬头看了看墙上的钟，时针指向 4 点钟。

手术室外面，蔡庆和家属们一直目不转睛地盯着那两道神秘、厚重的大门，他们的内心有焦虑，但没有恐惧，他们坚信彭淑牖那双神奇的手肯定会给他们家带来希望和奇迹。

时间一分一秒地过去，仿佛过去一个世纪般漫长。这时，手术室的大门缓缓打开，只见一个疲惫的身影出现了。

“陈新芽家属在吗？”那个熟悉的、温和的声音在寒冷的手术室长廊响起。

“在，在，在，彭教授，我们一直在这里。”蔡庆一下子从椅子上跳了起来，直奔手术室门口。

“手术做完了，很顺利！这是我们切下的组织。放心吧，我们像拔野草一样，把胆囊周围的‘草根’都拔得很干净了。”彭淑牖声音沙哑，他一天滴水未进。

家属看着那个不锈钢弯盘里那一堆血肉模糊的组织，不停地双手合十，含泪鞠躬致谢。他们又高兴又愧疚，高兴的是陈新芽有救了，同时也感到对彭教授的恩德将无以报答。

手术后，陈新芽在监护室里住了三天就转回病房。彭淑牖每天都带着彭承宏、牟一平这两个学生一起来查房，每次都说："你今天的精神比昨天更好了，相信很快就能出院了呢。"

陈新芽每次看到彭淑牖都格外开心和踏实，身上的伤口似乎也没那么疼了。

同病房的病友都很羡慕陈新芽："你怎么这么有福气啊，能找到这么好、这么有名的专家，还每天两次来看你。我们都看得'眼红'哦！"

陈新芽亲切地喊彭淑牖的那俩学生为"小彭医生""小牟医生"。

不知不觉，陈新芽在医院里住了近两个月，其实她可以出院，但是医生不放心她腹部的那根引流管，怕她回家后不会护理而引发感染。

每次彭淑牖一出现在床边，陈新芽就问："彭主任，我什么时候可以回家哦，你看我走路都很稳当了，您就放我回去吧。"

"好好，我们再观察两天，肯定让你回去啊。"彭淑牖每次都耐心地回答。

1996年2月27日，陈新芽终于回家了。第二天一早，邻居街坊、亲戚朋友听说她回家了，都纷纷跑来探望，小院里站满了亲友。

有亲友开玩笑地说："我们老看着你家孩子坐在院子里哭鼻子，心想你在杭州肯定治不好了。没想到你现在能站在我们中间，和我们说话。你们家真是遇到了活菩萨、大神仙，上辈子修来的福气。"

手术后4个月，陈新芽身体基本恢复无恙，人也胖了，脸色也红润了。一贯风风火火的她又开始闲不住了，偷偷地跑到厂里帮忙干活。儿子们只好在离厂子挺远的地方买了套新房给父母住，这下才把陈新芽那颗闲不住的心给"束缚"住了。

陈新芽经常和邻居们讲述着这一段刻骨铭心的经历，她的就医故事被远近的人们传播着，连带着故事的主刀医生彭淑牖，都成了大家口中的神奇人物。

当时《浙江日报》正好有一期报道彭淑牖的事迹，蔡庆看到后，马上把这篇报道剪下来做成简报，精心装裱，挂在家里客厅最显眼的位置。每次亲友来访，他都带他们站在简报前，隆重介绍给他们家带来奇迹和希望的恩人——彭淑牖。

26年过去了，陈新芽一直健康地生活着，每次复查，所有的指标都正常。彭淑牖告诉她，她已经属于无瘤生存的患者了。彭淑牖每年都会打电话询问陈新芽的身体状况，陈新芽一家在彭淑牖身上看到了何谓医者仁心，他们也成了非常好的朋友。

2015年，在彭淑牖从医从教60周年的音乐会上，蔡庆和陈新芽夫妇被邀请参加，向在场来自全国各地的医疗界精英们分享了他们与彭淑牖之间这段不同寻常的交集。

2021年10月5日，笔者在丽水青田美丽的瓯江边见到了红光满面、步态轻松的陈新芽，看不出她已是71岁的老人了。

2015 年，彭淑牖和陈新芽夫妇合影留念（彭淑牖供图）

陈新芽（彭淑牖供图，摄于 2019 年）

当她得知自己创造了一个世界纪录，成为国际上第一个胆囊癌三期术后无瘤生存 25 年的患者时，陈新芽望着窗外的瓯江，深情地说道："没想到我一个农村妇女，还有这么厉害的世界纪录啊！彭教授是个了不起的医生！我的第二次生命是彭教授给的！如果没有他，我 25 年前就走了。他的恩情我这辈子都还不了，我就好好地活着，不让他担心！"

"如果说我妈妈创造了一个世界纪录，那也是彭教授创造的奇迹。我们一家人都是最大的也是最幸福的受益者。"陈新芽的儿子蔡振由衷地说着。

陈新芽说感谢的话无法表达，只有默默地记在心中。这么多年，这句话是全家人对彭淑牖最想表达的："高山仰止，景行行止。得众动天，美意延年。"

第二十七章

一字之别破解60多年的世界难题

胰腺，人体内的“万向节”，是连通肠、胃、胆的脏器。胰十二指肠切除术——这是世界外科领域的高难度手术之一。

治疗方法是切除患者的胰腺头部和相连的胆管、十二指肠等器官，术中为恢复患者体内“管道”的连贯性，需将残余胃、胆管、胰分别与肠重新连接起来。但是，由于胰腺很脆，且胰液的腐蚀力特别强，就会出现胰液流到哪里腐蚀到哪里的情况。

因此，术后的胰肠吻合口漏是最凶险的并发症，严重胰漏的致死率高达25%～50%。国际上胰漏的发生率约为20%，而即使是代表世界胰腺外科最高水平的美国约翰·霍普金斯医院，在1990—1996年，650例胰十二指肠切除术的胰漏发生率仍高达14%。

自1935年美国哥伦比亚长老会医院的Allen Oldfather Whipple教授在世界上开展第一台胰十二指肠切除术开始，胰漏便是长期困扰全球医学界外科领域的一道世界性难题。如何不使胰液外流？全世界的外科医生想出种种办法展开“阻击”，但不论是双层缝合还是三层缝合，两层之间总有空隙，而且针尾总是比线粗，缝合线孔本身也成了胰漏的管道，都可能成为胰液的“突破口”。

胰肠吻合口漏是胰腺切除术中的大难题，其病死率达50%！

这是一个困扰医学界的世界性难题！

每一篇关于胰腺手术的文章都在谈胰漏，几十年来先后有100多种方法来预防胰漏，缝合的每一种方式和细节都已被前人探索和求证过，效果却都不佳。

面对这个世界性难题，彭淑牖也在苦苦探索解决之道。

发现问题，分析原因，验证假设——这是解决问题亘古不变的三步法。

彭淑牖发现胰液是不会凝固的，胰漏也不是手术后即时出现的，而是通过大小胰腺管，如同涓涓细流，一点一滴地渗到腹腔，积聚到一定程度后才开始暴发，出现胰漏。

而即使是细如发丝的针线，也有可能在缝线周围留下间隙。

贯通肠腔内外的针孔和吻合口间的空隙，都是胰漏发生的主要原因！

那么，“缝”就是关键。但即使全球围绕“缝”展开的技术改进有 100 多种，却也始终堵不住“漏”。

还有什么办法能避免“漏”，又能达到安全治疗的目的呢？

“多思”是彭淑牖告诫学生激发创新的黄金法则。而他的工作法则是“永置患者利益于首位；仔细观察去发现问题，反复思考去分析问题，深入研究而解决问题；拒绝因循守旧，勇于改革创新”。

如果胰漏问题不解决，就意味着有无数患者在这个痛苦的深渊里挣扎着。

彭淑牖连做梦都在想着这个问题，却一直找不到灵感的火花。

一天，他在书房里整理书架上的书籍，一本小小的相册从书堆里掉了出来。他顺手翻看，都是儿时在家乡梅县与家人们的各种合影。

他看到一张他和弟弟妹妹在梅江上钓鱼的照片，自己提着一条比小外甥还大个的江鱼，不禁莞尔一笑。

看到躲在妹妹身后的弟弟彭淑觉，彭淑牖不禁想起了小时候刚学会在水里扑腾几下的自己带着不会游泳的淑觉来到梅江的支流边学游泳。他弯腰把弟弟的两个裤管使劲一扎，将上半身的衣服塞进裤腰里，袖口也扎得紧紧的。然后带着弟弟一起跳下水，扎紧的衣裤在水里快速充气，变成了一件简易的充气救生衣，兄弟俩就这样小狗学游泳似的，在梅江里学会了游泳。为此，彭淑牖还被父亲批评过，自己学游泳还半生不熟，就拖弟弟下水了。

少年时期和弟妹们在梅江上垂钓（右起：彭淑牖、丘希仁、彭淑妥、彭淑觉）（彭淑牖供图）

美好的往事让他的心情愉悦起来，在梅江和父亲、兄弟们一起畅游的场景一幕幕涌现在眼前，自己还得意地再次为父亲展示如何就地取材，制作救生衣。父亲直夸他善于发现，勤于思考。

“充气，救生衣，不漏气。”突然间，彭淑牖的“喀斯塔里亚灵感之泉”（希腊神话中的“缪斯之泉”，传说饮下它的泉水即可有作诗的灵感）又被激活了。

“如果把胰腺的断端套入空肠内，然后绑起来，那胰液岂不是就不会漏到腹腔里了？”彭淑牖茅塞顿开，他的脑子在快速地飞转，想象着胰肠捆绑的无数种可能，越想越兴奋。

彭淑牖一边把衣袖卷起来，露出手腕试着模拟操作，一边自言自语道："胰腺是实质性器官，好比是手腕;空肠是空的，好比衣袖。把空肠断端翻转，将胰和肠断端靠拢，简单缝几针，再把翻转的空肠翻转回来，用线捆绑好。

“就这么简单！天哪，我之前怎么没想到呢？”彭淑牖笑着摇头，更多的是对悬而不解的问题找到了解决方案的欣喜。

真是踏破铁鞋无觅处，得来全不费功夫。

彭淑牖在脑海里一遍遍构思手术步骤，越想越觉得这个方法肯定可行，而且简单、易操作。他内心有个声音不断地告诉他：这个方法也许真的有可能把困扰世界医疗界几十年之久的“?”拉直变成“!”。

1995 年 12 月 27 日，钱塘江畔的一家县级医院向彭淑牖发出为一名胰腺癌患者会诊手术的请求。这是一个因为发现黄疸而来就诊的中年男性患者，到医院一查，却发现是胰腺癌。当地医院不敢做手术，只好求助于彭淑牖。

这时候的彭淑牖已经先后攻克肝脏外科好几座艰险的“高峰”，再加上声名鹊起的多功能手术解剖器的加持，很多医院不敢收和不敢做手术的疑难患者找到了他。

彭淑牖详细评估患者的情况后，制定了手术方案。同时，他和当地医院的医生说了一些手术过程中需要配合的事项，至于他脑海中那个“卷袖子”的手术方案，他没有多讲，怕把人家搞糊涂了。

1996 年元旦过后，彭淑牖带着得力助手和“神刀”多功能手术解剖器上了手术台。

手术前的过程与以往的胰肠吻合术没什么迥异，多功能手术解剖器精准地分离着各个组织，“切开”“剥离”“电凝”“吸引”功能一应俱全。医生们在台上见识了这把神刀的魔力，都赞叹不已。

待到彭淑牖用多功能手术解剖器把胰腺颈部离断后，在断胰的过程中，他又仔细寻找胰管开口，尽量保证胰管的安全。然后，他对胰腺断面的出血点进行了细致的电凝止血，直至绝无渗血为止。这时候，他并没有像做胰肠吻合那样的操作，对胰腺做鱼口状切断，也不予缝合，而是用解剖器推开胰端周围松弛的蜂窝状组织，游离了 3 厘米，处理好出血点，便先将胰端“搁置”在一旁。

配合他做手术的几位助手有点诧异，但此时是紧要关头，便也没打断他做手术的思路。

只见彭淑牖此时将空肠断端犹如翻卷袖子一样外翻 3 厘米，翻转的方法是先在对侧系膜缘的肠断端缝一针，同根针线在距离肠断端 6 厘米处缝一针备用。再在靠近系膜缘的肠断端缝一针，同根针线在距 6 厘米处缝一针。两根线分别松松临时结扎后，便自然地将肠断端翻了过来。然后把翻转的肠黏膜用石炭酸加以破坏，使其丧失分泌功能。

“知道肠粘连的原理吧，如果肠黏膜都很光滑，是不会发生粘连的，只有表面粗糙，才会发生增生粘连。这个破坏的黏膜待会要和胰端靠拢吻合，让它俩慢慢成为‘连襟’，合二为一。长出来的空肠浆肌鞘与胰腺表面能迅速愈合，阻止胰肠液的外漏。”彭淑牖用手指着被破坏的空肠黏膜，认真地对助手们说着。

“彭主任，刚才没敢问您，咱们今天这个手术，和以前文献上看到的好像不一样啊，是不是精彩的还在后面？”一个助手实在忍不住好奇地问。

“对的，今天我们不用缝，用绑。”彭淑牖笃定的语气让大家更好奇。

彭淑牖继续手术的动作，把胰和肠断端紧紧靠拢，然后用丝线把两者做单层缝合，就是缝合时只缝卷起“衣袖”的内层，而不穿透全层，以避免针孔，再翻回卷起的衣袖，胰腺断端就套入空肠中，再用丝线在接近空肠断端两根动脉之间的系膜上穿过，环绕翻回的“衣袖”结扎捆绑。

这些娴熟的动作在他的脑海中演绎了无数遍，已经烂熟于心了。

所有人目瞪口呆，胰腺和空肠断端在彭淑牖的手下神奇地相结合，一看就像巧妇包扎的一个长三角粽子，妥妥地待在腹腔里。

彭淑牖用手再轻轻地捏了捏这个“粽子”，确保包扎得非常结实。

“你们看，这样一绑，就消除了间隙之间可能出现的渗漏途径。万一有少许胰液

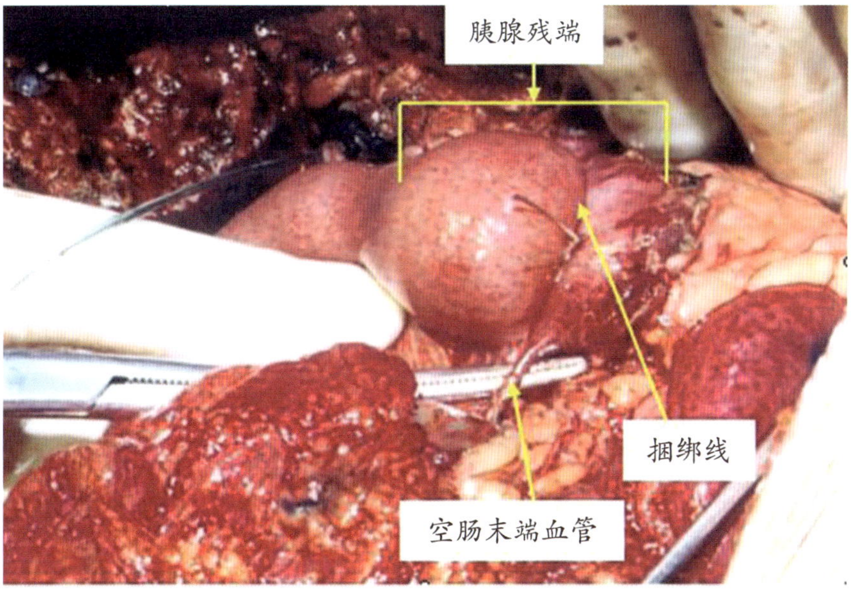

捆绑式胰肠吻合手术图（彭淑牖供图）

渗到套入肠腔的胰肠相贴面，由于胰肠已捆绑在一起，几道防线将胰液堵了个水泄不通，就再不会发生胰液外渗到腹腔了。”

“在这个术式中，有四个要点：一是将胰头与空肠套入；二是空肠黏膜与胰头黏膜吻合；三是把被捆绑线外端的空肠血管游离，捆绑线从游离的血管下穿过，使空肠在被捆绑后不致坏死；四是捆绑，前两项是传统技术，而后两项则是我最新的发明。”彭淑牖眯着的小眼睛里闪烁着睿智而自信的笑意。

果不其然，这个患者术后没有发生胰漏！

第二个，没有漏；第三个，不漏；第四个，依然不漏……

彭淑牖在一年的时间里，连续用这个捆绑法做了 28 例胰肠吻合术，都没有发生胰漏！他成功了！

困扰了世界医学界 60 多年之久的难题，就这样被彭淑牖破解了！

陈景润破解哥德巴赫猜想，摘取了数学皇冠上的明珠；而彭淑牖与时俱进，不断创新，攀登医学高峰，让一颗颗医学明珠在中国医生的手中灿烂！

第二十八章

吴氏三兄弟的劫

暮色像一张无形的网，悄悄地撒落下来，将整个大地笼罩住了。

彭淑牖走进病房的时候，看见窗边那个一动不动的人儿，瘦削的背影，塌陷的肩膀，映在窗玻璃上，更显得无助、伤感。

彭淑牖看得不由心里一颤，一股心疼之意从心窝处泛起。

“小吴啊，我来看你了，今天怎么样？”彭淑牖的声音比往常还要温和。

“啊，彭教授，您来啦！”那个背影闻声快速转身，脸上的阴霾还未来得及切换成看到彭淑牖的热情。

“小吴，刚才在想什么呢？”

“我，我在想我的老家。”48岁的吴义楼（化名）用低沉的声音回复着，“还有，还有我的两个哥哥。”他说到此，声音变小了，眼眶瞬间红了，瞬即低下了头，用干瘦的手背擦着眼角。

“老家是哪里的？”彭淑牖理解吴义楼心中的痛，轻轻地拍了拍他的肩膀。

“我和您是老乡，都是广东客家人。”吴义楼抬头看着彭淑牖，黯淡的眼神这会儿有了一点神采。

“是吗，那真是老乡了，有句话怎么说来着，老乡见老乡，两眼泪汪汪。”彭淑牖想用轻松的语气拨开吴义楼心中的愁云。

“是啊，听说您是我的客家老乡，我这心里捣鼓似的感觉，稍微好点。”

“不用担心啊，一切都会好起来的，你只需要放宽心，其他的交给我们。”彭淑牖眼镜后面的双眼闪现着温暖。

“因为相信您，只有您能救我，我们才不远千里从广东来找您的。也拜托您啦，帮帮我们家。”吴义楼坐在床沿，虔诚地抬头看着彭淑牖，“大哥二哥都走了。如果我再撒手走了，这家就彻底散了，这一大家子的人谁来照顾啊？”

吴义楼紧紧地握着彭淑牖那双有力的大手："我们吴家人的命运就交给您了。"

"我们一定会尽百分之百的努力！"彭淑牖回握他的双手。

彭淑牖离开病房，没有立即回家，而是在办公室坐了许久。他活动了一下僵硬的肩膀，摘下眼镜，闭着眼睛，揉了揉发胀的眉心。他想起了故乡梅县，想起了小时候和兄弟们在梅江边快乐玩耍的美好时光，这一房人丁兴旺的大家族让他特别自豪和温暖。

他的视线转向窗户，窗外树影斑驳，清晰地投影在窗玻璃上。春寒料峭，一丝寒意从窗户缝隙里渗透进来。

彭淑牖出神地看着那一窗树影，脑海里浮现出1995年秋天的某个晚上，他和团队一起抢救吴义楼53岁的哥哥吴义先那惊心动魄的一幕。

那天，彭淑牖正准备下班，突然接到急诊的电话，说有个从杭州周边一家市级大医院转过来的患者，胰腺手术后吻合口漏，引起大出血，请他赶紧来一趟。

彭淑牖一路跑到急诊室，看到了那个脸色蜡黄、嘴唇发青的患者，脸上罩着加压氧气面罩，面罩的水汽昭示着这个生命还有一丝微弱的活力。这个岌岌可危的躯体躺在白色的床单下，仿佛如一股青烟随时会消失。好几路静脉通路在快速地输液、输血，一群医护人员围在他周围，动作麻利地做着各种操作。家属一脸惊恐地看着眼前的一切，他们也知道亲人危在旦夕。

彭淑牖迅速检查患者的情况后，就让手术室做好准备，紧急手术。做好术前准备后，他快速走出急诊室，准备冲往手术室。

这时，他的白大褂被人从后面用力扯住了，彭淑牖扭头一看，是一个脸色发白的中年男子。

"医生，求您救救我哥哥，救救他，救救他！"男子哆嗦着嘴唇，豆大的泪珠沿着高高的颧骨滚下来。

"凶多吉少，我们会尽力！"彭淑牖来不及再细说，此时时间就是生命。匆忙扔下这句话，他便抬腿一路疾跑。

手术台上，当彭淑牖打开腹腔一看，所有人都震惊了。

一片血泊！

彭淑牖没说什么，心在往下沉。手上的动作如风驰电掣般，他把手伸进血泊里，认真地摸索着。等电动吸引器快速吸除血液后，他仔细审视着眼前的这片狼藉，脑子里想着手术方案。

"胰腺分泌的液体，乖的时候是透明的；不乖的时候，是极其恐怖的。"彭淑牖顾自嘀咕着，又似乎在对着大家说。

"我们现在面对的是一个'妖魔'，只能对它斩草除根！把剩余的胰腺切除。"彭淑牖叹了一口气。

时间在一分一秒地过去，手术终于做完了。等彭淑牖疲惫不堪地走下手术台，他心中已完全没有以往手术成功的那种成就感，步伐也显得沉重。

“凶多吉少。”他想起手术前对吴义先弟弟说的那句话。

彭淑牖和团队成员一起直接把吴义先护送入重症监护室，便再次和家属做了一次谈话。这次，他一脸凝重地出现在家属面前。还未开口，家属似乎已经从他的严肃表情中获取了一些不想知道的信息。

“情况不是很乐观，你们要有心理准备。”彭淑牖没有摘除外科口罩，眼镜片下那双疲倦的眼睛里隐约透出一丝令人不安的锐利，低沉的声音并没有像往常那样温暖和轻松。这句话刚一出口，便像冰封河面上一条缝隙里渗出来的冰水，在吴义先几位家属的心里无声地一点一点弥散开来。

时间在无声地流淌着，不知过了多久，彭淑牖结束了术后谈话，并把一张病危通知单和一支钢笔在桌面上慢慢推到家属的面前，几位家属紧紧地盯着那上面的几行字，沉默着。吴义先的弟弟吴义楼艰难地打开之前一直紧攥的右手，慢慢地伸向那支笔，眼看着要碰触到那支笔，他又迟疑了，把手缩了回来。所有人都盯着这只手，吴义楼犹豫片刻，拿起了钢笔。那支笔似乎有千钧之重，他握着笔，哆嗦着，笔从他的手中滑落。这个黑瘦的男子，用左手袖子擦了一把脸，终于艰难地在通知单上签下了知情者的名字。彭淑牖双手拿过通知单，低头看了一下，三个歪歪扭扭、没有一丝汉字之美的字：吴义楼。

吴义楼不敢直视彭淑牖的眼睛，低头看着彭淑牖那双修长的大手，讷讷地说了一句：“彭主任，求您，救救我哥。”瞬间，泪珠从他的眼角滚落了下来。

这时，吴义先的妻子绝望地双手掩面，靠着墙，蜷曲着身子，一点一点滑落，坐在地上，把头埋进双膝间。在她几乎窒息的抽泣中，悲伤的洪流淹没了谈话间。彭淑牖双手撑住桌子，缓缓地站起来，眼前的这一幕，他并不陌生，也是让他作为一名医者倍感痛苦的一幕。

“我们会尽全力挽救每一个生命！”彭淑牖把手放在吴义楼的肩上，声音依然徐缓而略带沙哑。

吴义楼僵硬地站在那里，怔怔地看着监护室的那道门在彭淑牖的身后缓缓关上，痛苦如同黄连，在他的心里一点一点被咀嚼。

彭淑牖和家属一起度过了极其煎熬的 8 天，吴义先最终没有挺过来。

监护室门口是悲伤的海洋，吴义先的家属在悲伤之海的海底几乎窒息。

家属蹲在监护室门口，悲痛欲绝的恸哭深深刺痛了彭淑牖的心。

彭淑牖从吴义楼处了解到，他们吴家有三兄弟。大哥吴义德四年前因为黄疸去医院检查，诊断为胰腺癌，发现时已经是晚期，没多久就过世了。

两年后，在浙江做生意的二哥吴义先也被查出胰腺癌。

彭淑牖敏锐地意识到吴家三兄弟患的可能是极其罕见的家族性胰腺癌。

据文献记载，家族性胰腺癌是已经确定的遗传肿瘤综合征，约占所有胰腺癌的3%，由于其发生存在垂直关系，所以一般认为是常染色体显性遗传。

对于家族性胰腺癌的临床诊断标准，目前一直存在争议，大多数专家将其定义为在一个家族不存在其他恶性遗传性肿瘤的情况下，出现两个或者两个以上的家族成员发生有病理依据的胰腺癌。

1973 年，MacDermott 等首次报道了胰腺癌的家族聚集性。1991 年，Ghadirian 等与国际癌症研究机构合作研究发现，7.8% 的胰腺癌患者具有家族史，是对照组的 13 倍。

他提醒吴义楼要定期检查，及早发现征兆。如果有异常，要及时与他联系。

从此，吴义楼一家人的头顶上仿佛乌云密布，随时有可能出现平地一个惊雷，害怕厄运在某个未知的时刻降临。

1997 年刚过完春节，很不幸，吴义楼被查出胰腺癌。他惊恐地拿着报告单从广东赶到浙江，找到彭淑牖。

彭淑牖为吴家三兄弟多舛的命运唏嘘不已，他一定要想办法让吴义楼好好地活下来，吴义楼身后还有吴家的后代需要他抚养。

彭淑牖也为吴义楼感到幸运，因为这时候他已经攻克了胰腺手术后的胰漏问题。

他相信，吴义楼肯定可以“完璧归赵”般回到家中。

做好一切术前准备后，吴义楼的手术如期开展。正如彭淑牖所料，手术过程很顺利，他为吴义楼做了捆绑式胰肠吻合术。在这台手术之前，彭淑牖已经成功做了二十多例这样的手术，没有一例发生胰肠吻合口漏。

吴义楼手术后第一天，紧张得跟一块木板似的，躺在床上一动不敢动，怕出血。家人也是如临大敌。彭淑牖非常理解这家人的心情，每天早晚来看吴义楼，每天给他打气鼓励，说他的病情一天比一天好。

吴义楼在医护人员的精心管理照护下，渐渐放下了内心的戒备，慢慢地下床活动了。

手术第 12 天，吴义楼腹部的几根引流管的引流量越来越少，而且丝毫没有胰漏的征象。

彭淑牖恭喜他已经闯过了第一关，后续就是慢慢休养了。

“小吴，再过几天，你就可以回家啦。”

“您说真的吗？我真的可以回家了？”

"是的，定期去医院复查。"

吴义楼一家人喜极而泣，仿佛在不知深浅的河流里顺利蹚水到达了岸边，终于可以脚踏实地了。

彭淑牖满面笑容地看着眼前的一幕，一如窗外那一棵杨柳枝头潜滋暗长的鹅黄，在早晨金色的阳光下熠熠生辉。

第二十九章

背驮式肝移植带来的新生

8月的杭州，酷热难当，火辣辣的太阳毫不留情地烤着大地，大地被晒得滚烫，仿佛一个巨大的笼子，使人透不过气来。

彭淑牖站在办公室的窗边，窗台上放着一盆茉莉花，满枝洁白的茉莉花散发着沁人心脾的阵阵清香。与室外的酷热相比，满室的清香令人的情绪也随之放松了。

他摘下眼镜，揉着发胀的太阳穴，让紧绷的神经稍事放松后，重新回到座位上，慢慢地翻看着放在桌子上的一叠厚厚的病历。

24岁的小伙子李亮（化名），从6岁开始就反复发作右上腹疼痛、寒战、高热、黄疸，被诊断为Caroli病（先天性肝内胆管囊状扩张症）。父母带着孩子跑遍各大医院，均被告知这是先天性疾病，目前没有特效药，只能做一些支持性治疗。

Caroli病的治疗较为棘手，关于其最佳的治疗方案仍有争论，严重病例的预后也往往较差。对于无胆道梗阻或胆管炎的患者，可暂不治疗，观察随访。对于症状轻微者，可以先采取保守治疗的方法。基本治疗原则是早期诊断、预防和治疗胆管炎。

这三年来，患儿进展为胆汁性肝硬化，并发食管静脉曲张破裂大出血，送到医院时，已经奄奄一息。经过抢救，总算是从鬼门关上把他硬生生地拉了回来。等待他的最有效的治疗方案只有一道单选题：肝移植。

一个小时前，李亮的父母无助地坐在彭淑牖的对面，患儿父亲紧张不安地搓着双手，患儿母亲含泪满脸期待地看着他。

“彭主任，我们这个孩子就拜托给您啦！能不能多陪伴我们几年，就看这个孩子的命了。”患儿父亲红着眼眶，嘴唇轻微地哆嗦着。

“这个手术的难度很大，但我们会尽全力的。”彭淑牖言辞恳切地说道。

“彭主任，我们全家都非常信任您！从我儿子住进医院后，您每天早晚来看他，安慰他，我们就知道找到了希望！”患儿母亲双手合十不停地说谢谢。

"小李的这个病情很严重，你们也知道。明天这台手术的风险和希望并存，希望一切顺利。"

李亮的父母千恩万谢，离开了彭淑牖的办公室。

彭淑牖看着他们夫妻俩略显佝偻、瘦弱的背影，50多岁，正当壮年、年富力强的时候，而这对夫妻仿佛经历了一个世纪的磨难。18年以来，夫妻俩每天都活在担心、害怕之中，天天祈祷着孩子的病情不要趋向严重，可是老天偏偏不垂青这个不幸的家庭，反而雪上加霜。

彭淑牖每次查房看见这个羸弱的小伙子，心里总是隐隐作痛，他比李亮的父母更希望患儿能有生存的机会，这是他作为医生的天职，也是作为一个普通人、一个父亲的情结。天下父母心，对于所有的父母来说，孩子就是他们的全世界和生命。

彭淑牖和团队一方面对李亮予以积极对症治疗，另一方面也密切关注肝源。同时，他一刻也没闲着，查阅了国际上各种最新的关于肝移植的手术文献，尤其是美国 Starzl 教授的肝移植手术。彭淑牖从在英国留学开始，就时时关注他的每一篇文献，通过手术图谱来还原肝移植的关键技术环节，一遍遍地在脑海里模拟演练手术。

终于在8月底的一天，彭淑牖得知有一合适的肝源，马上安排联系，紧锣密鼓地布置移植工作。

这一次，他准备做背驮式肝移植（piggyback orthotopic liver transplantation，POLT）。

美国 Starzl 教授和英国 Calne 教授在20世纪60年代后期就已尝试将背驮式肝移植应用于临床。直到1989年，Tzakis 等才对这种术式进行了较为详细的描述和总结。在国内，首例 POLT 由中山医科大学附属第一医院黄洁夫等于1994年施行。同济医科大学附属同济医院的叶启发等也在1995年9月成功开展了 POLT，该院也是目前国内施行 POLT 最多的医疗单位。

在肝移植的各种术式中，POLT 有其独特的优点。由于保留了受者的肝后下腔静脉，所以 POLT 具有不需静脉转流、无肝期较短、术中血流动力学稳定、肾功能损害较轻、术后恢复较快等优点。不足是手术难度较大，技术要求也较高。国内不少开展 POLT 的医疗单位在施行首例时出现一些问题，有些患者甚至在术后早期死亡。而吴孟超等的连续4例患者和丁义涛的5例患者均顺利康复。

POLT 的难点在于第三肝门的解剖，切除病肝而保留下腔静脉，必须离断全部肝短静脉。除3根主肝静脉之外，肝短静脉可有20余根，且粗细长短不一。由于直通下腔静脉，万一发生断裂，出血就如同汩汩直冒的地下水，十分汹涌。

因此，不少手术者采用"蚕食法"，但这种方法往往繁琐、费时，在进行肝移植时并不可取。

如何面对管道密集的第三肝门的解剖，彭淑牖的心里早已有一个万能之策，那就是刮吸法，该法不仅利于断肝，而且利于解剖。而彭氏多功能手术解剖器（Peng's multifunctional operative dissection, PMOD）是不可或缺的独门神器。

在此之前，彭淑牖在施行的50余例肝尾叶切除术中都使用PMOD，运用刮吸法来分离解剖第三肝门。解剖技术的要点是将组织绷紧，在筋膜上轻轻电凝一点后，即可在不通电情况下用PMOD推剥，使组织成为薄层，这样就能够看清其中有无管道，如果透视无管道或者血管很细，那么即可通电使用PMOD电灼。

PMOD作为一种功能齐全的解剖器械，具有电刀头、吸引头的作用。在深部出血时，可边吸引边电灼，止血效果很好。其头端是具有斜面的光滑金属管，用于推剥解剖。在整个手术过程中，术者可始终手持PMOD连续不断地进行操作，而不必频频更换器械，因此可节省很多时间。

凭借着50多例肝尾叶切除术解剖第三肝门的经验，彭淑牖相信这台POLT手术胜算很大。

经过严密、细致的围手术期工作，李亮的肝移植手术终于在1999年8月31日如期进行。

夏日的清晨，一轮耀眼的太阳从镶着玫瑰金边的云层后面冉冉升起，金色的晨光从云朵的缝隙中喷薄而出。刚过6点，彭淑牖就出发去医院做准备了。路上，他看着绿荫道上几位沐浴着晨光正晨跑的年轻人，浑身充盈着青春活力，恰如这一轮旭日。他那一瞬间被眼前的情景所感动，脑海里跳出了躺在病床上的李亮。

“李亮，希望未来的你也能舞动双臂，自由地去任何你想去的地方。”

病房里的李亮即将被送进手术室。在电梯口，父母紧紧地拉着儿子的手，眼神里满是依依不舍。母亲俯下身子，用脸颊和儿子的脸相贴。看着手术推车进了电梯，母亲用手背轻轻抹去了眼角的泪水。父亲轻轻地拍着她的后背：“一定会成功的，我们要相信彭医生！”

“会的，儿子肯定会平安回来的！”母亲望着窗外那棵葱绿的银杏树，扇形的叶子在阳光下熠熠生辉、生机勃勃。

肝移植团队兵分两路，一路人马去切取供肝，另一路则由彭淑牖带着彭承宏、吴育连、江献川等人上了手术台。

等待一切准备工作就绪后，手术开始了。他们经屋顶状切口进腹，用PMOD逐步解剖肝门游离管道，尤其对肝短静脉的解剖，在下腔静脉右前方比较容易游离，而在左前方，受到肥大的尾叶掩盖，游离比较困难。

彭淑牖发现李亮的肝尾叶特别肥大，并与下腔静脉有致密的粘连，从而增加了许

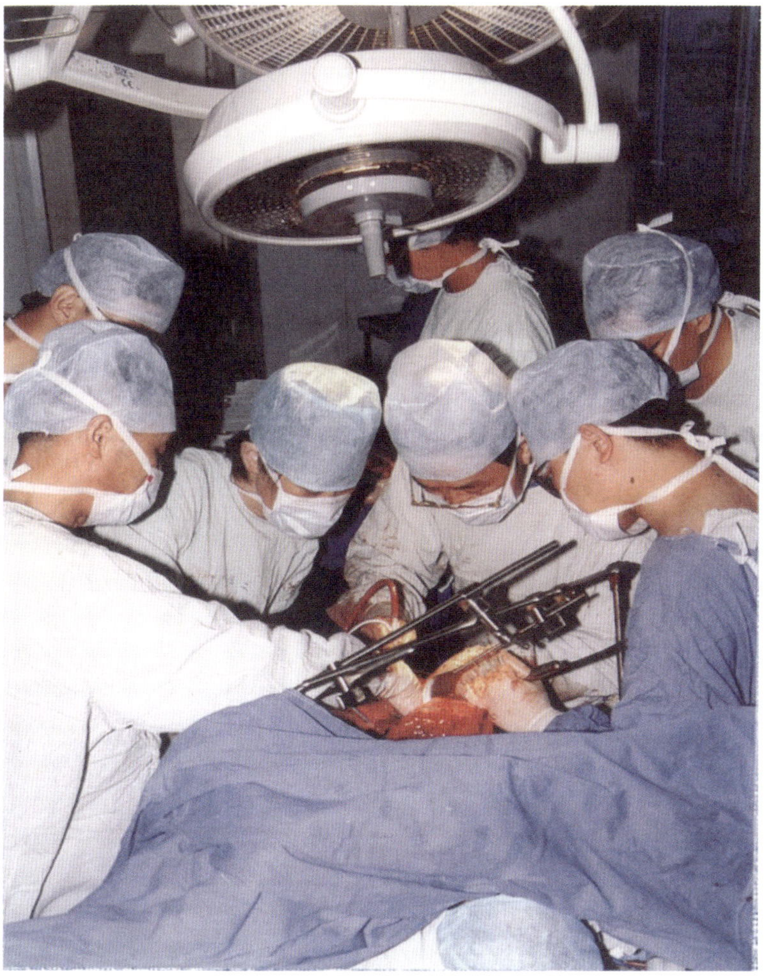

1999年8月31日，彭淑牖开展浙江省内第一台背驮式肝脏移植手术

多难度。在分离过程中，有两支肝短静脉断端回缩而出血。彭淑牖和助手立即提起肝上、肾上的下腔静脉阻断带和门静脉阻断带，化险为夷。

供肝被送进了手术室，彭淑牖对肝脏进行了精细的修整，这个环节花费了他很多的时间。

彭淑牖在研究各种文献后，发现不少医疗单位施行POLT失败的原因是流出道阻塞。因此，如何保证供肝流出道畅通就受到了术者的关注，这也是成功施行POLT的关键之一。

采用供肝的肝上、下腔静脉与受者的肝中、左静脉共干做端端吻合，吻合前需将两端组织用利剪修齐，并测算准确的长度。过短，则张力太高，吻合困难；太长，则更易因吻合口扭曲而闭塞。为了克服流出道狭窄的倾向，近年来国外出现将供肝的肝上下腔静脉与受者的下腔静脉直接吻合的术式，即在受者的下腔静脉前壁剪开一个倒置的三角形大开口，这既扩大了吻合口，又便于吻合，确实是一个很好的改进。

手术进行了14个小时，彭淑牖和团队终于顺利完成了浙江省第一例POLT手术。

当他拖着疲惫不堪的身体走出手术室，向等待在手术室门口的李亮父母说了“移植顺利”四个字时，在手术室外面等了一天的夫妻俩开始还以为听错了，他俩一脸焦灼又半信半疑地问了一句：“您是说，手术，顺利？”

彭淑牖轻轻地点了点头：“是的。”

夫妻俩愣愣地对视了几秒，转身一起双膝弯曲，准备下跪，彭淑牖赶紧阻止。

“成了，成了！儿子有救了，咱家有救了。”夫妻俩紧紧相拥而泣。

彭淑牖感动地看着眼前的这一幕，似乎看到了一个温馨的小世界再次在他眼前圆满。

夏天的夜晚，凉了许多，夜风轻柔地吹着。彭淑牖抬头仰望星空，一轮灿烂的满月，像一面光辉四射的银盘。

彭淑牖走出医院大门，轻轻地伸展了一下僵硬的脖颈，脚下的步伐也变得轻快了。

“明天又是一个艳阳天！”他扭头看了看住院大楼的点点灯光，李亮此刻正躺在一间亮着的病房里迎接新生。

第二十章

他给我的不仅是这30年的生命

1992年6月2日，非常闷热的一天。明晃晃的太阳如一个火球炙烤着大地，花草树木都无精打采地垂下了头。蝉儿在树上拼命地叫着“知了！知了！”

中午12点左右，外科病房里，52岁的朱光铣躺在手术推车上，正要被送往手术室。

昨晚他睡得很踏实，不再像前几天那般寝食难安、辗转反侧。此刻的他神色冷静，眼神笃定，心中并没有很多患者手术前那种七上八下的忐忑，因为他内心有个非常坚定的声音：我相信我的主刀医生彭淑牖教授，他肯定会让我平安地走下手术台。

朱光铣这次患病还得从1990年杭汽轮机厂送他到望江山疗养院体检说起。当时体检发现他的肝功能有几项指标不正常，但他本人并无不适症状，也就没多在意。而朱光铣的爱人警惕性很高，一直很重视朱光铣的体检指标，她自己就是一名医生。朱光铣这次的异常指标让他的爱人不敢掉以轻心，于是找到在浙医二院普外科工作的老同学朱松太医生咨询。朱松太便安排他来医院的肝胆内科住院，但是查了几天，也没有得出一个明确的结论。

此后，朱光铣又去了上海，请第二军医大学（现中国人民解放军海军军医大学）吴孟超教授诊治。吴孟超教授告诉他肝脏肯定有问题，否则不会无缘无故地出现肝功能指标异常，但从目前的这些检查来看，还不能确定具体的病变位置。据国外文献资料，有些类似他这种情况的患者需要随访25个月后才能确定肿瘤的位置。

就这样，朱光铣兜兜转转折腾了一圈，没有确切的诊断结果，只好回家密切随访观察。

明明知道有问题，可是却无迹可寻，只能耐心地等着那个潜藏的“凶手”逐步浮出水面。谁愿意站在悬崖边上，行走在风雪里？但这个磨人的过程，朱光铣没得选择，只能慢慢地熬，时刻关注自己的身体变化，祈祷着最好什么都不要发生。

1992年年初，朱光铣出现间歇性黄疸。他不敢马虎，立即去浙医二院消化内科门诊检查。这次的接诊医生是赵昌骏，他建议朱光铣尽快住院，彻底查一查。

于是，朱光铣再次住进消化内科。经过 B 超反复检查和胰胆管造影，朱光铣担心了 2 年的事儿还是发生了，那个在肝脏里深藏不露的“凶手”终于在 5 月 28 日被找到了，不偏不倚，就在肝门胆管的位置。

确定了朱光铣肝脏肿瘤的位置，主管医师们讨论，一致认为不管病灶是什么性质，都必须手术切除，而且这个肿瘤的位置在肝脏的要隘，手术难度非常大，必须得请彭淑牖教授主刀。

彭淑牖接诊朱光铣后，对他进行了全面的评估。彭淑牖仔细研究着朱光铣的病历，看着影像片子上肝门部那个“一夫当关，万夫莫开”的肿瘤阴影，脑子里在不断地演练最适合的手术方案。

肝门部胆管癌因其病变部位位置高、周围血管多、肿瘤经常浸润肝动脉及门静脉，故手术难度高，切除率低，并且仍有相当一部分患者由于手术方式选择欠妥，所以术后并发症多，影响术后效果。而且在当时，国内这个手术方式开展得并不多。

但是，对于肝门胆管癌患者，根治性切除是获得长期生存的唯一希望，其疗效与外科医生的诊疗决策和技术能力有着很大关系。因此，从外科技术角度出发，根治性切除率的提高有赖于手术技巧的提高。如何提高患者术后的生活质量和生存率，选择正确的手术方式，仍是该疾病外科治疗的重点。

这个极具挑战意义的手术该怎么做？彭淑牖的心中已然有了一套手术方案。而且他有信心能做好，因为他还有一个“神助攻”——多功能解剖器。

彭淑牖因为近期还应邀带着多功能解剖器去外省做手术，所以他必须在出差前完成朱光铣的手术。

完善术前的各种准备后，彭淑牖把手术安排在了 6 月 2 日下午 1 点。彭淑牖带着第一助手朱松太、第二助手李旭（当时是福州医学院的研究生），开启了这台艰难又激烈的战斗。

同时，为了以后医学生教学的需要，彭淑牖还特地安排了手术全程录制。

打开朱光铣的腹腔后，彭淑牖如同扫雷一般，先探查腹膜、肝脏有无转移，并探查肝门部周围，判断肿瘤的可切除性。此外，他还仔细地排查肝动脉、腹腔动脉、腹主动脉、肠系膜上动脉周围的淋巴结情况。

“在没有明确肿瘤可切除之前，切勿进行破坏性的肝门部血管分离。切不掉，分了也白分，患者还遭罪。”彭淑牖一边用无菌生理盐水清洗戴手套的双手，一边用低沉的声音对两位助手说道。

他继续探查肝门胆管，小心翼翼地用左手食指和中指由小网膜孔伸入，至肝十二指肠韧带前方，与左手拇指配合，探查重点为肝门部胆管肿瘤大小、浸润范围、阻塞情况，肝固有动脉、左右肝动脉与肿块的关系及搏动情况。

对于肝门胆管癌，大多数病例需附加肝切除术。Mistilis 于 1963 年报道了世界上首例联合肝切除及胆管切除治疗肝门胆管癌，该方法可以达到外科切缘无癌。实践表明，对于有手术指征的患者，肝部分切除或者半肝切除联合胆管切除可有效延长肝门胆管癌患者的生存期。

他在触摸朱光铣的肝脏时，指尖传递来的是较软且有弹性的感觉，肿瘤就长在肝门胆管的位置，还没有累及肝脏。彭淑牖顿时了然于胸，他对朱光铣这台手术的难度有数了。

这个肿瘤好比长在一棵树的树杈与树干之间，呈不规则的形态，向下方的树干伸出很多“触角”，且紧紧贴地附在树干表面，没有一丝缝隙。而这树干则是肝脏重要结构的集合点。做手术的过程，好比剥树皮，要完整地把树皮剥除干净，而树干不能有任何损伤，即手术者要切该切的，保必须要保的。

“大家午饭都吃饱了吧？看来今天这台手术，是要奖励我们吃夜宵啦。这台手术让我们好比踩着高压线干活，还必须保证高压线毫发无损。”彭淑牖气定神闲地仰头调整了一下无影灯的位置，轻柔的冷光照在手术野，仿佛一片清凉的月光洒向人间。

手术果真很复杂，难度很大，整整做到深夜 12 点，彭淑牖才走下手术台。

朱光铣一家人守在手术室门口，当看着汗流浃背的彭淑牖走出来，告诉他们手术顺利时，一家人先是怔了一下，过了几秒才反应过来，双手合十不停地鞠躬致谢。

由于手术及时，朱光铣的手术病理切片检查只发现局部癌变，术后不需化疗，大家直呼“万幸，万幸”。

手术后，朱光铣一度出现引流管胆汁不断流出的现象，历时近 2 个月，他和家属都很担心。

彭淑牖却笃定地安慰他说：“不要担心，等你身体再恢复一些，给你拍个片，就可以查出问题所在了。”果然，经过检查，原来是引流管顶住了缝合处，于是彭淑牖将引流管拔出了 1 厘米，1 周后便不再流胆汁了。

转到普通病房后，在医护人员的悉心照料下，朱光铣的身体很快康复，9 月初就平安出院了。1 个月后，朱光铣回厂按半休上班，不久即正常上班。朱松太医生安排他定期复查，未发现任何异常。1998 年，他从杭汽轮机厂退休后又受聘到西子集团工作了 13 年。在这期间，他每年都要到彭淑牖的门诊报到复查。

这一“报”就是 30 年，从未间断。

彭淑牖欣慰地对朱光铣说，他是个奇迹，在同类手术患者中，他是恢复最好的一个，

2018 年朱光铣游西湖

不仅寿命延长了，而且生活质量也是最好的。

随着时光的流逝，这一对医患成了好友。在朱光铣的心目中，彭淑牖不仅医术精湛、医德高尚，还拥有一副热心肠，从来不怕别人麻烦他。1985 年，朱光铣在内蒙古工作时受了伤，做了颈椎手术后留有后遗症。彭淑牖闻悉，便热心地介绍骨科专家为他诊治。

不光自己有事要找彭淑牖帮忙，有时候他的亲友有病痛，朱光铣也会第一时间请教彭淑牖。而彭淑牖总要认真考虑后才答复，从不怕麻烦。

30 年，洗净铅华，友谊是岁月最美的陈酿，两个老朋友惺惺相惜。每次朱光铣外出旅游，都不忘第一时间发一张美图给彭淑牖，感恩他带给自己充满生机的第二次生命。

“彭淑牖教授给我的不仅是 30 年的生命，更多的是对人生无限美好的愿景和憧憬！”朱光铣无限感慨。

第二十一章

如果没有他，我就是那个零

“你们看我现在的身体很棒，我又能到处飞了。正是因为彭教授，给了我第二次生命。如果没有技艺精湛的彭老，我今天就不能站在这里，也不能为国家做贡献了。千言万语，汇总成一句话：谢谢您，德艺双馨的彭教授！”

2015年，在彭淑牖从医从教60周年音乐答谢会上，王选锭紧紧地拉着彭淑牖的手，感慨万千，台下众多的听众也为之动容。

王选锭，浙医二院感染管理科主任、教授、博士研究生导师，被誉为中国感染界的“福尔摩斯”，他能从成千上万种细菌中找出造成患者感染的元凶，也是我国抗菌药物临床应用管理的引领人。他说，能取得今天的成就，归功于彭淑牖教授2005年为他做了那台高难度手术。

2005年元旦刚过，“工作狂人”王选锭才发现自己办公室抽屉里的体检单的体检时间已到截止日期的最后一天了。他一直忙于临床工作与参加全国各地的会议和会诊，把体检完全忘之脑后。这一年来，他自觉身体没什么大碍，心想一年多没体检了，正好路过体检中心，抽空先来做个腹部超声。

王选锭和同事一边有说有笑，一边躺到检查床上。

笑声在超声科同事把超声探头刚放在王选锭的腹部时，戛然而止！

“那个，王主任，你上次腹部超声检查是什么时候？”超声科同事刻意压抑着内心不安的涌动。

“怎么啦？有不对劲？我上次检查是去年夏天，不对，是前年夏天的事儿了。”王选锭两只手抓着被卷到胸部的衣服下摆，他似乎感受到一丝不祥，如同腹壁上那冰凉的探头，让人感觉到些许凉意。他的手不自主地把衣服抓得更紧了。

“嗯，你的肝脏有点问题，肝大。”超声科同事尽量用沉稳的语气说道。

“有点问题？”王选锭还是听出了那份不自然的刻意，但心里还在侥幸地想着，会不会是过度疲劳引起的肝炎或肝大?

"嗯，右肝有个肿瘤，挺大的。"同事决定如实相告。

王选锭怔了一下，多年的从医生涯，他知道同事的这句话意味着什么。他条件反射似地从检查床上坐起来，站在地上，头转向超声机的屏幕，没有说话。

那一刻，一丝恐惧从足底升腾而起:"肝癌，怎么办?"王选锭眉头紧缩，这种不由的恐惧，连同对自己健康忽视的懊悔、对未来事业的重新规划和对家人的愧疚，思绪万千,一时不知如何是好。

恰在此刻，王选锭听到了一个浑厚的北方口音，正在检查室外打电话说第二天肝癌手术的事，这是外科的刘颖斌也来体检中心了。刘颖斌是院内小有名气的青年才俊，王选锭在各种学术活动上多次碰到他。

王选锭突然放松了，声音不再沮丧，反而略带微笑，和超声医生说:"那，稍等我一会，好吗?我找门口刘颖斌主任看看，他是外科的"。走出诊室的路上，王选锭脑海里只有儿子活泼、调皮的模样，当年他的儿子才6岁。

王选锭走出诊室，看到刘颖斌的背影，他仍面向窗外在打电话:"明天第二台的肝癌有门静脉癌栓，彭主任交代，准备血管阻断钳和无损伤缝合线。"

等刘颖斌放下电话，王选锭从背后拍了一下刘颖斌的肩膀，说:"刘医师早啊，也来体检啊，正好帮我看一个肝癌患者。"

刘颖斌跟随王选锭走回超声检查室。王选锭指着超声显示屏，问:"你觉得这个患者还能治吗?"

刘颖斌看了一下，说:"是个大肝癌，这是谁的图像啊?"

王选锭有些不好意思地指着自己，说:"我。"

刘颖斌说:"你再躺下，我再看看。"王选锭重新躺回检查床上，超声同事重新开始检查。刘颖斌对超声同事说:"你再查一下门静脉的情况。"

门静脉有癌栓!肿瘤已经到了晚期!

王选锭如同遭了雷击，短暂舒展的眉间再次僵直。刘颖斌看到了王选锭的表情变化，说:"先住院吧，彭主任有办法。"

对啊，他的脑海里电光石火般出现一个人的影子——彭淑牖教授!

他知道彭教授救治了很多晚期肝癌患者，而且患者的预后都非常好，尤其是有个肝Ⅷ段的晚期肝癌患者，至今已经存活了17年(浙江农业大学教授)。

我要找彭教授，他肯定有解决的方案!

王选锭马上坐正身子。"彭淑牖教授在哪里?"他急切地问刘颖斌。

"彭教授在新疆乌鲁木齐，被邀请去做手术了。"

“什么时候能回来？”

“听说那台手术安排在今天上午。”

“那不知道他什么时候能回来？”王选锭有点失落地望着天色灰蒙的窗外。寒冬的阴天格外冷。

“今天下午应该能回来，因为他让我安排了明天的手术。”刘颖斌安慰他。

“我先安排一下家里的事和工作的事。”王选锭闭着眼睛说，虽然心里翻江倒海，但还是颇为镇定。

医院领导马上第一时间给他安排住院，并组织了多学科团队讨论治疗方案。同事们纷纷赶来，大家的心情都异常沉重。

面对这近乎凝固的气氛，王选锭的脑子里千头万绪。他明确地对治疗团队说：“我不做肝移植！”作为医生，他清楚肝移植对他意味着很多，尤其是在已经出现门静脉癌栓的情况下。

医院院长张苏展对王选锭说：“大家讨论的结果是尽最大努力创造条件，给你做根治性切除。”但是王选锭的左肝发育并不好，体积只有 22.4%，保留左肝的话是无法维持生命运行的。对于这个结果，王选锭已了然于心。

他不想做肝移植，但是留给他的路，似乎已经没有选择的余地。

浙医二院外科病房内，王选锭双臂环胸斜靠在床头，沉默不语。他怔怔地望着窗外那棵已然落尽华美叶片的银杏树，树枝干枯萧条，日落时，橙色的天空衬托出树木黝黑的轮廓，一种伤感、凄凉的感觉油然升起。“一棵凋枯之树，我比你更不堪，你来年可以萌发新绿，而我，还有春天吗？”

“选锭，你吃点东西吧，午饭没吃，晚饭多少吃一点。”妻子端着晚饭走到床头，她的声音喑哑，眼睛红通通的。

“我不饿。”王选锭继续看着窗外，轻轻应答道。

“……”妻子默默地转过身，双肩在轻颤。

他扭头看着妻子似乎塌陷的肩膀，心里一阵刺痛。

下午五点，病房里走进一个高大而熟悉的身影，不错，是老同学。蔡秀军和王选锭是 1981 级浙江医科大学（现浙江大学医学院）的同学，1986 年同时毕业留在浙医二院。1996 年 4 月，随着邵逸夫医院的兴建，蔡秀军调到了邵逸夫医院普外科，此时已是副院长。

王选锭赶忙起身，说：“你来怎么不打电话，你现在这么忙，还来看我。”

蔡秀军说：“颖斌早晨就给我打电话了，还有很多老同学也都和我说了。”蔡秀军指着王选锭的 CT 片，说：“这个肿瘤确实很大，还有门静脉癌栓，在我们读书的那时候，这肯定是治不了的；在我离开浙二的时候，也是做不了手术的。但现在技术在发展，彭老师已经可以开这种刀了，而且已经为不少类似患者做了手术了。”

两个老同学互相聊着，王选锭原本再一次跌入低谷的心里，再次出现了希冀。

晚上六点半，天空的黑幕缓缓罩住了整个大地，从窗户向外望，璀璨的万家灯火，如同落入人间的星河。

这时候，王选锭的电话响了，他接起来。电话也就持续了 1 分钟，王选锭挂了电话，马上从床上坐起来，面露喜色，已经消失一天的胃口一下打开了，对爱人说：“你快把晚饭热一下，我饿了。”

原来，电话那头的人是彭淑牖，他在电话里告诉王选锭，自己已经到达杭州萧山机场，半个小时后能到医院来看他。

王选锭快速地吃着晚饭，心里密布的阴霾一扫而空。他似乎看到了希望的灯光，如同那万家灯火在闪烁着。

2 个月前，他曾亲自陪同自己科室患病的老主任进手术室做手术，手术的主刀医生就是彭淑牖。王选锭站在手术台上全程陪伴老主任做完手术。在这次陪伴兼观摩中，他终于见识了人们口中的那把“神刀”——彭氏多功能手术解剖器，更是领略了彭老师在手术台上出神入化的高超技术。事后，他对同事们说：“彭教授做手术，那叫一个行云流水，没有一个多余的动作，就好像一位国画大师画一幅国画，一气呵成，妙笔生花似云锦。”

他当时就佩服得五体投地，彭老师能把这么高难的肝脏手术做得如此娴熟、利落，而且手术野非常清晰，他用多功能解剖器，术中出血极少，肝脏的创面也非常清爽。哪怕不是独一无二，彭老师也是屈指可数的，没几个人能出其右。而且彭老师作为一位严谨的学者，学术理论功底和造诣至深。他有多学科知识体系的构建能力，学习迁移能力超乎常人。他从实践中不断总结提升，再升华到理论，取得了很多成就和发明。即使是一些他从没做过的手术，通过扎实的理论功底和极强的感悟能力，他也能在很短时间内制定出独特的手术方案。

业内人士但凡看过彭淑牖做的手术，都会由衷地赞誉：“彭教授做手术的水平，那叫一个高，非常高！”

他急切地盼着能和彭淑牖探讨一下他的治疗方案，冥冥之中，强烈的直觉告诉他，彭淑牖肯定能有奇招救他于泥淖之中。

王选锭刚吃完一会儿，病房的门就被推开了，他望穿秋水的“大神”彭淑牖教授笑意盈盈地提着公文包出现在他的面前。

“彭老师！”王选锭快速上前，一把握住彭淑牖那双温暖、有力的大手。

“选锭啊，不要担心，我在路上看了你的病历资料，已经有方案了，我们有办法治你的病。”彭淑牖坐在床边，也不拘泥于寒暄客套，直接打开天窗说亮话。

“太好了，我就相信，您肯定有办法救我！”

彭淑牖告诉王选锭，根据最前沿的文献资料，日本医学界最近介绍了一项最新的治疗晚期肝癌的手术方案，而且有一个成功的案例，这个案例和王选锭很相似。考虑到王选锭的左肝质地非常好，决定先把患肿瘤的那侧肝脏血管栓塞，使之去功能化，然后让健侧肝脏代偿性生长，当超过40%的体积时，就达到了根治手术切除的临床指征。

王选锭认真地听着彭淑牖说的关于手术方案的每句话，句句如金，彭淑牖提出的这个方案与他心中企盼的治疗方案不谋而合，他对未来的手术方案充满了信心。

第二天，彭淑牖就组织了多学科讨论，大家的讨论意见分为两派，相持不下。有人建议根治性肝切除，但是对22.4%的余肝又心存顾虑；有人建议索性做肝移植。

彭淑牖不急于发表意见，他静静地聆听着大家的意见，当大家对两个治疗方案都无法定夺时，他意味深长地问了大家一句话：“如果此刻这个患者是你的至亲，又在有门静脉癌栓的情况下，你会给他做肝移植吗？”

讨论现场的专家们面面相觑，陷入了短暂的静默，大家都知道这句话的分量。“通过前期大量的国内外研究前沿文献，以及患者目前的情况，我个人觉得手术方案分两步走，先做介入，栓塞右肝动脉和门静脉，等待左肝代偿性生长到40%以上，我们就有机会给他做根治性切除。现在我们用时间换机会，我很有信心。”彭淑牖落地有声的话语，换来了大家的点头赞同。

很快，王选锭就被安排做介入手术，以医院放射科晁明主任为主的团队接过重任。晁明主任胆大心细，他的超选择介入技术非常高明。晁明主任决定先栓塞王选锭的门静脉，这个过程足足有两个半小时。躺在介入床上的王选锭，因为对治疗团队的绝对信任，让他能承受常人难以忍受的那种剧痛，没有哼过一声。

当晁明主任对右肝动脉进行栓塞时，突如其来的右肝缺血带来的剧痛让王选锭失控了，大喊着：“杜冷丁，杜冷丁。”用了几针杜冷丁，他依然痛不欲生，豆大的汗珠从他的脸上不停滚落，全身被冷汗浸透。介入团队赶紧联系麻醉科，准备静脉镇痛泵。在护送他进病房的路上，王选锭痛得说不出一句话，死命抓着同事的手，同事的手被他抓得伤痕累累。

最痛苦的一关，王选锭闯过来了！

9天后，彭淑牖检查他的左肝代偿情况，但发现不是很理想。他发现之前栓塞的肝动脉出现了交通支，于是再一次介入，把交通支栓塞了。又过了11天，在B超检查时，大家惊喜地发现，王选锭的左肝已经从原来的22.4%代偿增长到45%，完全达到了根治性手术切除的指征。

手术安排在2月21日，刚过完春节半个月。一早，彭淑牖走进王选锭的病房，还是那么儒雅、温和。

“选锭啊，明天咱们就要手术了。对于手术方案，你还有什么问题想了解的？”

“彭老师，我对您，百分之百的信任！我跟您说，我连遗嘱都没写。我绝对相信您会让我安全地回到病房！回到家人身边！”

两位医者的疗愈之手紧紧相握！

窗外，太阳出来了，千万缕金色的阳光倾泻在银杏树的树梢，如同镀了一层金粉。

“明天肯定也是阳光明媚的日子。春天快来了。”彭淑牖指着窗外和煦的阳光说道。

“是啊，前天是雨水节气。据说，雨水之后，春天是真的到来了。”

手术台上，阵容强大的手术团队，彭淑牖站在主刀的位置，几位得力助手——普外科方河清主任、刘颖斌、李江涛、唐喆。

彭淑牖精心设计了王选锭手术方案的每一步，确保每一个步骤绝对不能有丝毫偏差和颠倒，他和团队的几员大将反复交代术中每一个需要注意的细节。

在彭淑牖周密的手术计划中，手术最关键的环节是先取门静脉癌栓，然后做根治性切肝术，这个顺序绝对不能颠倒。这个治疗决策与当时关于肝癌晚期门静脉癌栓的治疗指南是完全不同的。当时也有人建议先切肝，把肿瘤连锅端走，但是这样做，无法保证门脉上端是否还有癌栓残留。在这个关键的决策点上，彭淑牖坚持根据肝脏不同的分型，只有先清除门脉的“雷”，后切除肝段，才能使手术做得干净彻底。

王选锭在彭淑牖鼓励的眼神中，安心地握住了他那双有力的大手。麻醉药起效，他安静地睡着了。麻醉后，彭淑牖和助手们取上腹部做一反“L”形切口，然后逐层进腹。彭淑牖用生理盐水洗手后，仔细探查腹腔，发现肿瘤位于右肝，直径约8厘米，周围有卫星灶。门静脉右支主干有癌栓，肝硬化较重，左肝有代偿性扩大。胃、小肠、大肠、盆腔和后腹膜没有发现明显的转移灶。

“选锭真是运气，这么大的肿瘤没有满腹腔跑。”彭淑牖欣慰地说道。

彭淑牖用多功能解剖器仔细分离肝门部，暴露肝动脉，结扎肝右动脉，分离门静脉。保护左支，游离出右支。同法离断右肝管，阻断左门静脉，然后阻断门静脉主干，打开门静脉右支，发现了那一团癌栓。

“一定要小心，这是一颗地雷。这个癌栓还算比较规则，有些烂糟糟的，就像碎饭团。”彭淑牖和团队成员像扫雷工兵，动作极其轻柔、细致，生怕触发栓子突然“炸开”。

几经细致的解剖游离，这团逃逸的癌栓终于被他们完整地取出来了。

“把近肝处封闭，远端放血，看看癌栓是否有残留。”彭淑牖交代助手，这个原理就好比原本堵塞的水龙头被清理干净后，放水冲管道，把污物彻底冲洗干净。

经过远端放血数次，彭淑牖确认无癌栓残留，这才准备进入下一步骤——切除右肝。

彭淑牖小心翼翼地开放门静脉左支，用无损伤线缝合门静脉右支残端。多功能解剖器在他的手中如同长了一双火眼金睛，轻松地游离肝脏，将右肝静脉暴露并结扎。

手术野在“神刀”多功能解剖器的加持下，很快被清晰地呈现在大家的眼前。磨刀不误砍柴工。为了使手术野更清晰，彭淑牖和助手们足足埋头清理了一个多小时。他们对每一个隐蔽的小角落都进行了彻底的“大扫荡”，不留一点隐患。彭淑牖对助手们说：“只有对肝脏周围的每个腔隙都进行地毯似的搜索，扫得一干二净，才能确保今后不再有任何隐患的种子在这里生根发芽。”

确认手术野已经得到全面清理后，彭淑牖这才气定神闲地拿起“神刀”，准备用刮吸法切除右肝及胆囊。手起刀落，那个原本阻挡王选锭命运之轮的恶性肿瘤，被完整地切除下来。

彭淑牖游刃有余地用“神刀”对手术断面利索地进行止血。他沉声问麻醉师，出血量有多少？麻醉师低头看看地上的电动吸引瓶，告知200毫升不到。彭淑牖不动声色地嘴角上扬：“很好，一切都按计划进行，不用输血。”

4小时后，王选锭被送回到病房。醒来后，他看着窗外灿烂的阳光，幸福的泪水瞬间盈满了眼眶：“谢谢您，彭老师！”

一台被很多人认为只有千分之一成功率的手术，就这样被彭淑牖四两拨千斤地完美收官。

手术后7个月，王选锭康复良好，坚持要重新回到工作岗位上。

经历风雨又见彩虹，再生后的他，幸福指数比患病前高了不少。他享受工作带来的乐趣，淡薄名利，陪伴家人。他逢人就说：“塞翁失马，焉知非福，这句话在我身上得到了印证。”

“我要好好地生活，开心地工作，这样才能对得起彭教授给我的第二次生命！”

他更是感慨万千地说：“如果不是在浙医二院，如果没能遇见彭教授，我那千分之一的概率可能就是一个零！”

经历了生死考验，王选锭对一切都看得更豁达了。好不容易得来的第二次生命，一定要为国家做些贡献。目前，王选锭醉心于疑难感染诊治临床和研究，怀着对遏制细菌耐药发展的强烈使命感和责任感，他全身心投入这项造福子孙后代的抗菌药物科学管理工作，潜心十余年，不断探索管理方式和方法，成功研发了“住院抗菌药物临床应用决策支持系统”“门急诊抗菌药物临床应用决策支持系统”“移动端抗菌药物处方权培训系统”等系列信息化管理工具，有效克服了医疗机构专业管理人

彭淑牖和手术后15年的王选锭

员短缺的难题，逐步形成了医疗机构抗菌药物管理这个全球性难题的整体解决方案，取得了独一无二的卓越成效。浙医二院的抗菌药物使用强度连续数年在全国公立医院绩效考核中获得满分且列全国第一，各项核心指标均持续改进、全面领先，近6年合计为国家节约抗菌药物直接费用超过10亿元。王选锭先后获2019年全国药学管理第1名和最佳案例奖，2020年首届中国医院绩效管理最高奖项“最佳绩效奖”，2020年被国家卫生健康委医政医管局授予“2020年度推进合理用药·年度人物”，还作为我国唯一的代表受WHO特邀参加全球抗生素管理策略制定。近年来，他每年受邀在全国传授管理经验累计百次以上；通过组建钉钉群，为全国数千同行答疑解惑3000多次，指导分析疑难病例1000多例；创建的移动端抗菌处方权培训平台参培人数已超10万人次，先后接待台湾、上海、北京、广东等省市近百家医院组团现场观摩学习，为促进全国抗菌药物合理性使用、遏制细菌耐药发展作出了突出贡献。而这也是对彭教授的最好报答。

第二十二章

终极境界
——复杂手术简易化

1987年5月底，浙江某市，夏天的气息日渐浓厚，湿热的空气中弥漫着栀子花的香味。但是，在这座城市的某一间办公室里，即使这样怡人的气息也不能带给人朝气蓬勃的感觉，室内的气氛很压抑、很严肃。几个开会的人都沉默着，一脸凝重。

原来，本市的一位公职人员在杭州开会时，突然呕血，被确诊为胃癌。

会议室里有六七个人，会议召集人一脸担忧地询问几位参会人员，这位同志接下来要在哪里接受治疗、请谁手术等性命攸关的问题。

空气似乎有点沉滞了，大家沉默了约五分钟。

这时，本市最大一家医院的两位院长都表示，我们对杭州的医院及具体哪个医师的胃癌手术水平如何，都不是很清楚。

此时刚从杭州学习回来的肿瘤科李医生被点名发表意见。他开始谈个人意见："杭州的大医院很多，我觉得应该请浙医二院外科彭淑牖教授手术最好。我跟他曾经有过接触，他的手术不仅精妙，而且极其细致。"

"如何请？浙医大郑树校长现在是浙江省人大常委会副主任，找郑树校长帮忙应该没有问题，也是最好的办法……"

一周后，在浙医二院的手术室里，一台胃癌手术从早上九点一直做到傍晚6点，足足做了9个小时。

手术台上的患者就是公职人员，主刀医生是彭淑牖。当他开腹进去时，发现腹腔有肿大的淋巴结，他要确保这台手术不仅做得好，而且要做得干净。彭淑牖像绣一幅刺绣精品一般，每一个步骤都小心谨慎，容不得一丝疏漏。他将腹腔的各个犄角旮旯都彻底"扫荡"了一遍，把第1、2、3、4、5、6、7、8组淋巴结区都清扫完毕，确认没有遗漏的淋巴结。

浙江医科大学郑树等人也在手术室观摩了这台手术，他们看彭淑牖做手术一招一式看似简单，实则蕴含着十足的功力。看到他做手术细致到极致的程度，不由地在心里连连赞叹。彭淑牖做这个手术相当于把一大块草地的草皮都翻起来，把所有的草根都彻底清理干净，不留一点隐患。

这位患者恢复得很好，手术后也很快返回了工作岗位。

这位患者术后健在20多年，每年他来杭州开会，都要抽时间去看望自己的救命恩人——彭淑牖医生，两个人也成了挚友。

也有人问彭淑牖，当初这个胃癌淋巴转移的患者为何能如此幸运？是不是他在做手术的过程中用了什么神秘的绝招？

彭淑牖淡淡一笑，说了一句："复杂手术能够简易化。"

读过《易经》的人肯定知道，在《易经》中有三个大原则，分别是变易、简易和不易，这三个"易"字都是变化的意思。

变易很好理解，说的是世间万物都是随时随地变化的，等同于佛家说的"无常"。古希腊大哲学家赫拉克利特说："人不能两次踏进同一条河流"。

简易不是简单，而是说如果我们学识不够，就不懂得变复杂为简易的法则。但如果我们懂得了世间万物复杂变化的原理和原则，再去理解那些法则之下的现象，就显得十分容易了。

不易则是说在万事万物变化的时候，有一个永远不变的东西，而就是这个东西"变"出了世间万象。

而彭淑牖说的简易化，并非草率、简单，其目的是使手术变得简易、安全、有效。该慢的步骤绝不轻率、随意，该快的环节就不能优柔寡断。这就需要外科医生有高超的技术水平和良好的专业修养。他和学生们说，做手术就跟带兵打仗一样，主刀者不能打无准备之战，要能把控整台手术的节奏，只有运筹帷幄，才能决胜千里。

同样，受益于这个复杂手术简易化手术理念的还有一位已经年届82岁的林先生。19年来，他听到最多的夸奖就是说他命大，当年如此严重的病情也能大难不死。

他总是满怀感激地说："我是遇到了两位救命恩人，遇到了两位德高望重、医术精湛、医德高尚的人民好医生！他们是彭淑牖教授和李嘉枝医生。没有他们，就没有今天的我。他们真的令人尊重，值得敬佩！"

2000年，林先生因患结肠癌在当地医院做了手术。3年后，发现有肝转移并做介入治疗，但治疗效果不理想，肝肿块越来越大。此后，他辗转于多地的医院，接诊的专家们因担心再次手术治疗没把握且难度大而未做决定。

林先生一家人仿佛轰然跌入了冰冷刺骨的寒潭之中，看不到希望。就在这时，已经退休的当年给他主刀的温州医学院（现温州医科大学）附属第一医院的李嘉枝医生得知这一情况后，立即向他推荐并联系了当时在国内外外科界有着“彭一刀”之称的彭淑牖教授。

林先生的女儿立即带着一大袋病历资料，先去杭州找彭淑牖。

林先生的女儿在门诊见到了 70 多岁高龄的彭淑牖，只见他满头银发、身体瘦削，但精神矍铄，丝毫没有专家教授的架子。

彭淑牖认真查看了病史资料后，抬头推了推眼镜，面带笑容，温和地对一脸紧张又期待的家属说了一句：“你让你父亲尽早来杭州住院做手术。这个手术可以做！我这两天要出国开会，你们可以这几天来办理住院手续，我一回国就可以给他做手术。”彭淑牖指着桌上的台历。

看到彭淑牖一脸的笃定，林先生的女儿还有点不可置信，颤着声音问道：“彭教授，您不是安慰我？我爸爸这个手术，真的可以做吗？”

“是真的！让你父亲安心地来找我吧。”彭淑牖从眼镜片后面流出来的淳朴、宽厚的目光，迎上林先生女儿闪着泪光的眼睛。

远在温州的林先生接到女儿电话的那一刻，一家人喜极而泣。林先生抹着眼泪激动地说，这位素昧平生的专家教授的真诚和鼓励，尤其是对他再次手术抱有如此的信心，使得他战胜病魔的信心倍增。

此后没几天，林先生就赴浙江大学医学院附属邵逸夫医院办理了住院手续，进行了术前各种检查。当时，因彭淑牖还在国外，手术就被安排在两天后进行。

手术前一天，彭淑牖回国了。他一下飞机，顾不上休息，就直奔医院查看林先生，宽慰他放松心情。

2003 年 9 月 11 日，林先生被送进手术室。主刀医生是彭淑牖，他的学生牟一平也一起上台。手术从上午 10 点多开始，等在手术室门外的家属忐忑不安。一直到傍晚 6 点多，手术才结束，林先生被顺利送回病房。

家属非常担心林先生手术中的情况，急匆匆地跑到医生办公室，想找彭淑牖询问情况。当他们准备推开医生办公室半掩着的门时，正好看彭淑牖穿着短袖的蓝色手术衣，一脸的倦容，脸上还有好几道口罩的勒痕，银发因为戴手术帽的缘故而略显凌乱。他安静地坐在椅子上，就着一瓶矿泉水，掰着一块月饼，很绅士地慢慢咀嚼着。家属们呆了一下，才想起今天是中秋节，彭淑牖在手术台上站了 8 个多小时，午饭和晚饭肯定都没来得及吃。隔着门缝看着的彭教授那一头银色白发和瘦削的肩背，深深地触动了他们，几个家属无声地交换了眼神，悄悄地离开了。

第二天医生查房，林先生被告知，手术非常成功！彭淑牖将肝脏的转移灶处理得非常彻底，像剔骨头一样把一些“可疑分子”干净利落地剔除掉了。彭教授追求手术的极致，所以手术时间也比较长。

林先生一家自然十分欣喜。10 天后，林先生出院了，定期来门诊复查。这一查就是 19 年，至今未发生任何并发症。

耄耋之年的林先生逢人就夸彭淑牖的妙手仁心，因为他的不放弃，让他额外得到了馈赠的 19 年，让他高质量地生活着，享受着人间最美好的天伦之乐。

《道德经》有曰：万物之始，大道至简，衍化至繁。

简不仅是一种至美，也是一种能力、一种境界，是拷问灵魂的终极问题。

彭淑牖不仅把手术做到了出神入化的境界，更是精于心，简于形，把许多人看来高深莫测的手术用最简易的方式呈现。这是他从医 67 年磨一剑的精髓！

第二十二章

多国荣誉院士，实现小叔60年前的夙愿

《尚书》有言“惟精惟一”，就是告诫我们要把心思镇定下来，一心一意地把一件事情做到极致，像庖丁解牛、梓庆削木。而决定一个人高度的，就是把一件事情做到极致的能力。“惟精惟一”这四个字用在彭淑牖身上最合适不过了，他凭借高超的外科手术技术和严谨求实的学术作风，在业界拥有无数的忠实粉丝。

彭淑牖一生交友无数，许多人成为他人生中的良师益友。而这些朋友也在他人生的某一片段中成为一个个摆渡人，助力他站在更高的舞台上。

1994年，浙江医科大学附属邵逸夫医院正式开张运行，成为改革开放以来内地第一家由港资捐建、美方管理的大型公立医院。在建院之际，彭淑牖接到任务，来邵逸夫医院担任大外科主任，与美方专家一起建设普外科，带领科室里的年轻人成长。

彭淑牖没有丝毫犹豫，带着他的学生蔡秀军、王先法等一起来到了邵逸夫医院。在这里，他认识了毕生的好友，来自美国罗马琳达大学的Clark Hoffman（克莱克·霍夫曼）医生。

两个人年龄相近，都在60岁左右，专业研究领域均是腹部外科，在很多话题上有着共同的见解，顿生相见恨晚、惺惺相惜之感。

每次霍夫曼看见彭淑牖从手术室里大步流星走出来，在他的脸上就能看到同行能理解的那种成就感和满足感。霍夫曼总是情不自禁地对彭淑牖说：“每当我看你走下手术台的时候，仿佛能看到一道胜利的曙光在你的眼里闪烁着。”

有时候，听说彭淑牖要做疑难手术，霍夫曼也会进手术室，像一个学生一样，恭敬地站在一旁，安静地观摩彭淑牖在无影灯下行云流水般的一招一式。外行看热闹，内行看门道。每一次，霍夫曼都会不由自主地竖起大拇指。“Dr. Peng，Your technique is perfect. It’s an artistic performance.”（彭教授，您的技术已经臻至化境，简直是艺术表演。）

霍夫曼对彭淑牖那种发自内心深处的欣赏和敬佩，对彭淑牖来说是无价的支持和鼓励。

两个老朋友不仅经常在一起切磋、探讨各种疑难病例，在业余时间，霍夫曼还开心地当起了彭淑牖的网球教练。霍夫曼的儿子在美国是一个专业的网球教练，他教会了父亲霍夫曼，而霍夫曼在中国又手把手地指导彭淑牖和邵逸夫医院的一群年轻医生。

在与彭淑牖朝夕相处的岁月里，霍夫曼在这个同龄人身上看到了太多宝贵的品质，除高超的手术技术外，彭淑牖谦逊、低调的为人，敬业、务实的作风，广泛的兴趣爱好，让霍夫曼啧啧称赞。更让他敬佩的是，彭淑牖像个好奇心十足的孩子，不断地探索外面的世界，常常从平时的生活中发现灵感的源泉，源源不断地创新设计，在临床上屡试屡效。

在霍夫曼的心目中，彭淑牖是医学界不可多得的外科奇才。

1999 年，霍夫曼完成在邵逸夫医院的指导工作，回到美国。在离开之际，他依依不舍地与邵逸夫医院的同事们惜别。他对中国有着非常深厚的情感，每当说起他在邵逸夫医院那段珍贵而又难忘的工作经历时，他总是饱含热泪：“我爱可爱的中国和智慧的中国人民！”

霍夫曼（中）与邵逸夫医院外科同事（左四为彭淑牖，左六为齐伊耕）

霍夫曼虽然回到了故土，但他和彭淑牖的友谊并没有因距离而疏远，两个人经常在线上做各种学术交流。霍夫曼认为这个老朋友应该站在世界医疗界的最高舞台上，展现他的刮吸手术解剖法、捆绑式胰肠吻合术等学术成果，尤其是彭氏多功能手术解剖器。霍夫曼这样评价彭淑牖的“神刀”：“这是继 200 年前镊钳发明以来外科器械最伟大的发明。”

在霍夫曼的极力推荐下，经过几轮严谨的审核，2004 年彭淑牖收到美国外科学院（American College of Surgeons）通知，正式当选为美国外科学院荣誉院士［Honorary Fellow of The American College of Surgeons, FACS（Hon）］，成为美国外科学院百年历史上第三位获此殊荣的中国大陆专家。在他之前分别是吴英恺院士、屠规益教授。

美国外科学院成立于 1913 年。在当今世界外科领域，美国外科学院荣誉院士被公认为是最高荣誉，目前在全球当选者不足百位。当选者不仅在专业领域具有领导地位，而且在医疗服务上也做出过卓越贡献。

2004 年 10 月 10 日，在美国新奥尔良的第 90 届美国外科学院年会开幕式上，彭淑牖被隆重授衔。当彭淑牖双手接过美国外科学院主席颁发的证书时，台下顿时掌声雷动。这一刻，彭淑牖想起了 60 年前，他在故乡梅县父母创办的培元诊所里，小叔叔彭致祥指着彭淑牖的大姐彭淑兆在香港获得博士学位的照片，意味深长地对他说："阿牖，这就是你将来应该有的样子。"这句话像灼热的铁水一般，在彭淑牖的意识中烙下印记，让他铭记一生。

彭淑牖教授当选美国外科学院荣誉院士仪式

往事如烟，却又历历在目。彭淑牖转身面向会场，面对着几百双聚集在他身上的目光，不禁感慨万千："细叔，您如在天有灵，肯定会很开心，我实现了您的夙愿，虽然隔了 60 年。"

当看到彭淑牖站在舞台上接受那至高荣誉时，霍夫曼也饱含热泪，一直在为彭淑牖热烈鼓掌。

2004 年，彭淑牖当选美国外科学院荣誉院士

Beger（左）、彭淑牖（中）、Bismuth（右）都是美国外科学院荣誉院士

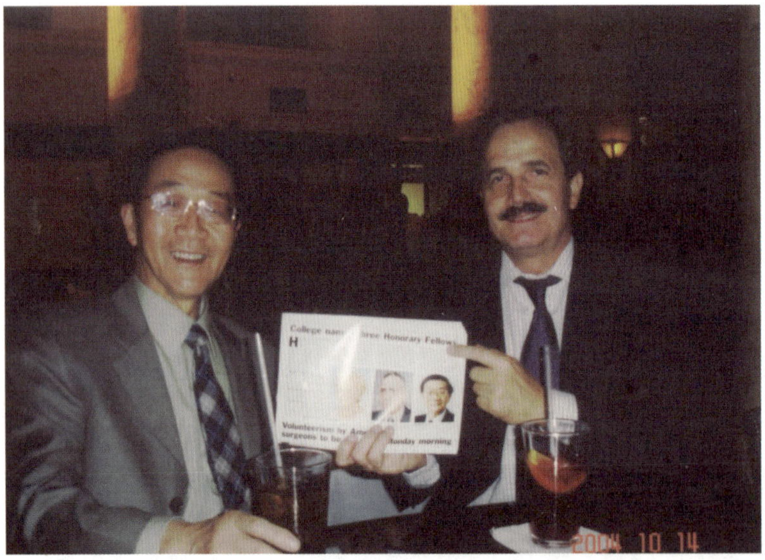

乔治·芒斯扬和彭淑牖在美国外科学院年会上

而在授衔仪式的当天晚宴上，彭淑牖遇到了一个惊喜，法国贝藏松大学中心医院的一位外科学教授拿着一份印有他图片和文字介绍的会刊，朝他一路小跑过来。然后和彭淑牖紧紧拥抱："我的老朋友，我从早上开始找你，整整找了一天，终于找到你了！我为你感到骄傲和自豪！你们中国人就是善于创造奇迹的人。"

彭淑牖也惊喜万分，没想到会在美国外科学院的年会上遇到这位法国的老朋友。他到底是谁呢？他就是 Georges Mantion（乔治·芒斯扬）医生，是欧洲第一个做多脏器移植（包括肝、胰腺、小肠等）的外科专家，若干年后，他也成为法国外科学院的主席。

他乡遇知己，两个老朋友有说不完的话题。在乔治・芒斯扬的心中，彭淑牖所获的荣誉实至名归，因为他对外科学的世界级贡献有目共睹。

彭淑牖自己也没想到，他的荣誉院士之旅才刚刚开始。

2006年，他又当选英国皇家外科学院荣誉院士，而这一次入选也是一种必然。起因是中国科学院刘允怡院士收到英国皇家外科学院的邀请，请他介绍中国大陆的一位教授，要在两天内做四场不同内容的演讲，听众都是顾问级医生（相当于中国的教授或副教授），如果能达到要求，将授予荣誉院士称号。刘允怡院士脑海里立刻闪现出一个人——彭淑牖，觉得这个角色非他莫属，于是便隆重推荐了彭淑牖。彭淑牖接受了这个请求，已经74岁的他，在两天之内全程用英语做了四场不同内容的专题讲座，获得了参会者的高度赞誉；次日，就被授予荣誉院士称号。

2009年5月，在奥地利维也纳举办的欧洲外科学院第17届年会上，彭淑牖当选为欧洲外科学院荣誉院士，成为中国大陆第一位欧洲外科学院荣誉院士。欧洲外科学院对其人员组成有严格限制，皆为在欧洲极有名望的外科专家。自学院组建以来，包括彭淑牖教授在内，只有28名外籍医学专家被授予荣誉院士称号。彭淑牖既是中国大陆首位也是目前唯一的一位欧洲外科学院荣誉院士。

彭淑牖当选欧洲外科学院荣誉院士的渊源来自Henri Bismuth教授。Henri Bismuth教授是肝胆外科领域的先驱之一，国际肝胆外科领域知名专家，法国巴黎大学肝胆研究院主任，法国第一个启动肝移植计划的医生。他的整个职业生涯都致力于建立和发展新的肝脏移植技术，通过培训来自欧洲、亚洲、南美洲、非洲、中东等地区的外科医生，将这些新技术传播至世界各地。彭淑牖在20世纪80年代中期就与Bismuth有学术交流，当时Bismuth来中国做学术演讲，彭淑牖在台下佩服得五体投地。后来，两个人在不同学术交流会议上的交流逐渐增多，慢慢地成为好友，Bismuth对彭淑牖研发的各项新术式和器械赞誉有加。也因为两个人是惺惺相惜的业界大咖，于是Bismuth想把彭淑牖推荐到欧洲的学术圈。就这样，彭淑牖成为欧洲外科学院28名外籍医学专家之一。

彭淑牖在欧洲的知名度在这个平台上慢慢被打开了。

2016年1月20日，国际著名的法国外科学院在巴黎举行隆重会议，授予彭淑牖荣誉院士证书和奖章。这是彭淑牖教授继美国外科学院、英国皇家外科学院和欧洲外科学院之后，被授予的第四个国际外科学院荣誉院士称号。

这次除Bismuth的引荐外，另一个推荐人就是法国医生Georges Mantion。彭淑牖和Georges Mantion相识源于新疆的一次手术演示。彭淑牖经常被新疆医科大学第一附属医院邀请去做手术，医院院长温浩在法国的博士后导师就是Georges Mantion。温浩

2006 年，彭淑牖当选英国皇家外科学院荣誉院士

院长每年都要组织一次国际学术会议，Georges Mantion 都会受邀前来参加，并且现场做手术演示。Georges Mantion 是欧洲颇具影响力的外科专家，每次他做学术报告，台下都人满为患。

有一次，彭淑牖和 Georges Mantion 同场做两个手术演示。彭淑牖很快就完成了手术演示，等他下手术台时，Georges Mantion 还在做一台 Appleby 手术（即胰体尾癌根治术联合腹腔干切除术），于是彭淑牖回到会场拿过话筒给全场的学员做翻译。等 Georges Mantion 下手术台，看到彭淑牖如此利索地完成一台高难度的手术演示，并主动给他的手术演示做翻译时，既敬佩又感动，两个人就此结下了深厚的友谊。

彭淑牖当选法国外科学院荣誉院士那天，Georges Bismuth 带着夫人一起出席了授衔仪式。老朋友获得至高荣誉，他肯定要在现场亲眼见证那荣光时刻。

从医 67 年，彭淑牖荣誉等身，大大小小的荣誉不计其数。

他是 2006 年"全国五一劳动奖"获得者，也是"何梁何利科技进步奖""吴孟超肝胆外科医学奖"获得者。2018 年 8 月，彭淑牖成为浙江省首届"医师终身荣誉"称号获得者。2021 年 12 月，获得第五届"人民名医"荣誉称号。

2016 年，彭淑牖当选法国外科学院荣誉院士，Georges Mantion 为其颁发证书

2016 年 10 月 17 日，彭淑牖参加美国外科学院年会，在主席台上自豪地拉开五星红旗

2022 年 3 月 18 日，在第七届中国医学家年会上，为表彰对推动行业前行贡献巨大力量者，大会授予包括多名“两院”院士在内的医学专家“十大医学泰斗”荣誉称号，彭淑牖的名字赫然在目。

面对此殊荣，彭淑牖内心确实很激动。因为当一名好医生是他的毕生追求，当一名好医生其实是很幸福、很美好的。“十大医学泰斗”这一荣誉是对他毕生追求的价值的肯定，也是对过往所有的努力和荣誉的一种高度凝结。

2022 年 7 月 7 日，《医师报》梁敏怡赶到杭州，送来了“十大医学泰斗”的证书和奖杯

彭淑牖获此殊荣后，引发许多患者及家人的回忆。而这些别人回忆起来的事他基本上都忘了，因为他一心只想着救人，也因为得到他救治的患者不计其数。获奖当天，有一位女士给他发来了很长的文字。

彭教授，您医术精湛有目共睹，获此殊荣理所当然。50 多年前，我姐夫在大学任教，因便血去当地最大的一家医院就诊，确诊为“晚期直肠癌”，必须立即住院手术切除，并做人工肛门。我姐姐带着哭腔来电告诉我，说姐夫已准备在当地住院手术了。我建议他们还是来杭州再复查一下。

那天，我姐姐和姐夫从外地赶到浙医二院已是晚上 10 点钟左右，外科值班大夫正是您彭医生。彭医生进行了肛门指检，不到半分钟就肯定地说：“不是直肠癌。”姐姐和姐夫惊得差点不相信自己的耳朵：“真的吗？”彭医生莞尔一笑：“肯定不是直肠癌，可能是内痔或息肉出血，可做个直肠镜确认。”几天后，经直肠镜检查，果然是一颗小息肉出血，当即就被摘除了。

现在我姐夫已 92 岁高龄，退休后一人独居，买米买菜、洗衣烧饭、拖地搞卫生……统统自己搞定。每天还要走路锻炼，每天看书写文章超过 4 个小时。

夸彭教授您是“转世华陀”，恐有阿谀之嫌，但彭教授您短短半分钟的肛门指检，改变了我姐夫后半辈子的人生道路，却是事实！

感谢当年的值班大夫彭医生！感谢现在获得殊荣的彭教授！

感叹因为彭淑牖改变人生道路的还有一位钟先生。1991 年 12 月 31 日，在新的一年到来的夜晚，连续出差多日回到家中的钟先生突感身体不适，随后大口吐血。钟先生说，血呈咖啡色，吐了半脸盆，他和家人都吓坏了。钟先生随即被送到附近医院检查，发现有胃部大面积溃疡，初诊有胃癌之嫌。在那个年代，患癌即意味着死亡。医生不敢轻易下结论，患者和家属也不愿意相信。结果医生就当胃溃疡进行治疗，1 个月后再做检查，症状非但没有好转，而且有迅速恶化的趋势。这时断定非胃癌莫属，预计只有 3 ～ 6 个月的生存期。

医院请彭淑牖前去会诊。彭淑牖一看：低分化胃癌，腹腔内广泛转移。虽然错过了最佳手术时期，但彭淑牖还是决定亲自为他手术，为他争取一次生的机会。手术整整做了 5 个小时，患者 3/4 的胃被切除，剩余组织被清理得很彻底。

时光如梭，年逾古稀的钟先生已经又健康地走过了 31 个年头。他说现在要向彭教授看齐，向天再要 30 年。

面对如此众多的荣誉，彭淑牖淡然处之。他笑眯眯地说："荣誉是对过去工作的肯定，接下来我还是要继续努力，争取取得更大的成绩。"

孔子说过："三人行，必有我师焉。"年届九旬的彭淑牖心态一直处于青春期，被每位敬慕他的人称为有大智慧的"小伙子"。他经常和年轻人一起学习探讨新知识，对新事物充满了好奇心和包容心，忘记年龄束缚，力求老有所为。正如那一句："一切真实而伟大的东西都是简单而谦虚的。"

FACS (Hon.) Presentation 2004

(Chairman)

Three candidates are to be presented tonight for Honorary Fellowship.

We were expecting... to be presented tonight, as received approval of the board of the regions, and will be presented by a sponsor.

I now recognize Dr. Jack McAninch who will present his candidate for Honorary Fellowship. Dr. McAninch.

...

I now recognize Dr. H. Clark Hoffman, who will present his candidate for Honorary Fellowship.

(Dr. Hoffman)

Ladies and gentlemen. It is indeed a distinct honour for me to present to you this evening Professor Shuyou Peng, from Hangzhou, China, for Honorary Fellowship in the American College of Surgeons. Shuyou Peng was born and raised in the city of Meizhou in Guangdong Province in southern China, he received his medical training at Zhejiang University in Hangzhou, where he graduated with honours in 1955. His surgical training was at the Second Affiliated Hospital of Zhejiang Medical University, also located in Hangzhou. During his years of residency, he published 15 papers. Upon completion of his surgical training, he became an Attending Surgeon and Lecturer in Surgery at the hospital where he trained. In 1981, he became an Associate Professor and was invited to the United Kingdom as a Visiting Professor. He spent four years doing independent research, at Charing Cross Hospital in London, the Royal Victoria Hospital at Queen's University in Belfast, Northern Ireland, and then at the Royal Hallamshire Hospital in Sheffield, England. His primary research was acute pancreatitis, and his secondary research dealt with issues associated with portal hypertension and ischemia of the colon. While in United Kingdom, he published 4 papers and became a member of Royal Society of Medicine of United Kingdom. Upon his return to Hangzhou in 1986, he was made a full Professor and appointed Chairman of the Department of Surgery at the Second Affiliated Hospital, where he has trained numerous Residents and Fellows over the past 18 years.

In 1994, he was appointed Senior Consulting Surgeon to a new hospital in Hangzhou that bears the name of its benefactor, Sir Run Run Shaw. The hospital was built with the express purpose of bringing modern Western medicine to China. Sir Run Run Shaw asked Loma Linda University to supply both administrative personnel and clinical professors to provide this Western expertise. The original contract was for five years, but then was extended twice for a total of twelve years. I had the privilege to be the first Visiting Professor to the hospital in 1994, and have been able to return each year, for the past ten years. It was during the first two years of my stay at Sir Run Run Shaw Hospital, I became aware of the unusual talents of Dr. Shuyou Peng. He is a master surgeon, never in a hurry, making each stroke purposeful, though operating time is minimal. It is an absolute joy to watch him split a liver and remove a large tumour from the quadrate lobe adjacent to the venae cavae. Using a simply suction cautery dissector of his own design allows him to do these resections with minimal blood loss. Many of our surgeons will consider these tumours inoperable. However, I have watched him do these resections, and I have been able to review the five–year survival rates which are unbelievably good. His follow–up records and documentation of each case are commendable, and his concern for each patient is remarkable. With all of his talent he is perhaps the most humble of all surgeons with whom I have had the privilege to work and know.

Since completing his surgical training in 1963, he has been the author and co–author of 360 papers, and several additional papers that are yet to appear in print. In addition, Professor Peng holds membership in 13 different societies, including the Pancreas Club in United States, and sits on the editorial board of 5 different journals. This past winter he was awarded the highest honour the Chinese Government can bestow to a person in Science and Technology, that being the Ho Leung Ho Lee Foundation Award, which is given to those who have achieved outstanding innovation or made extraordinary contributions to science or technology.

At an early age, Shuyou Peng started to play the violin. His passions for playing this instrument continued up to his university years, but at that point he stopped his playing because of time constraints with his other studies. However, he did develop a love and appreciation for classical music that continues to this day. His involvement in sports has included swimming, volleyball, Chinese chess and, like many Chinese people, he took up table tennis. He became a competitive player through his years of surgical training and, at one point, he was the Inter–University Table Tennis Champion of Zhejiang Province.

Mr. President, it is with great pleasure that I present Professor Shuyou Peng, an extraordinary man, a gifted yet humble surgeon, educator and a personal friend, for Honorary Fellowship in the American College of Surgery.

...

(Chairman)

By and with the authority vested in me by the Fellows of the American College of Surgeons, I admit you, Professor Shuyou Peng, Hangzhou, People's Republic of China, to Honorary Fellowship in the College, and to all rights, privileges, distinctions pertaining thereto, and testimony thereof; I direct that you shall be invested with the hood appropriate to this Honorary Fellowship.

And I present you this diploma, bearing the seal of the college, and the inscriptions of the appropriate offices. Congratulations.

【中文翻译】

（主席）

今晚将向 3 位杰出人士颁授荣誉院士。

这些人士都得到各地区委员会的批准，并将由他们各自的推荐人进行介绍。

我现在邀请 Jack McAninch 医生介绍他的荣誉院士候选人。

……

我现在邀请 H. Clark Hoffman 医生，他将介绍他所推荐的荣誉院士。

（Hoffman 医生）

女士们，先生们。今晚我非常荣幸地向您推荐一位美国外科学院荣誉院士，来自中国杭州的彭淑牖教授。彭淑牖出生于中国南方的广东省梅州市，他于 1955 年以优异成绩毕业于浙江大学医学系，并曾在浙江医科大学附属第二医院接受外科训练。在担任住院医生期间，他发表了 15 篇论文。完成外科培训后，他留院成为一名主治外科医生与外科讲师。 他于 1981 年晋升为副教授，并应邀到英国做客座教授。他在留英国 4 年，在伦敦查林十字医院、北爱尔兰贝尔法斯特女王大学皇家维多利亚医院和英国谢菲尔德皇家海莱姆医院做独立研究。他的主要研究内容是急性胰腺炎，次要研究内容涉及与门静脉高压症和结肠缺血相关的问题。在英国期间，他发表论文 4 篇，并成为英国皇家医学会会员。 他于 1986 年回到杭州，担任正教授与浙医二院外科主任的职务。18 年来，他在那里培养了众多住院医师和研究员。

1994 年，他被任命为杭州一家新医院的高级咨询外科医生，该医院以其捐助人邵逸夫爵士的名字命名。邵逸夫医院的建造目的是要将现代西医带到中国。邵逸夫爵士要求美国罗马琳达大学提供行政人员和临床教授，以提供有关西方专业知识。最初的合同为期 5 年，但随后两次延长，总共 12 年。我有幸在 1994 年成为该医院的第一位客座教授，并且在过去的 10 年里，每年都去访问。在邵逸夫医院的头两年，我开始见识到彭淑牖医生的非凡才能。他是一位外科大师，手术时从容不迫，每一刀都目的明确，使手术完成得极有效率。看着他切开肝脏，从与腔静脉相邻的方叶上切除一个大肿瘤，令人赏心悦目。他用的是自己设计的简单刮吸烧灼解剖器，这使他能够以最少的失血量实施这些切除术。我们许多外科医生会认为这些肿瘤是无法手术的。然而，我看过他做这些切除术，而且我也回顾了这些手术的 5 年生存率，结果出色得令人难以置信。他对每一个病例的随访记录和文件都值得称道；他的才华、他对每一位患者的关心都令人钦佩。他可能是我有幸与之共事和认识的所有外科医生中最谦逊的一位。

从 1963 年完成外科培训起，他是 360 篇论文的作者和合著者，另外还有几篇即将发表的论文。此外，彭教授还拥有包括美国 Pancreas Club 在内的 13 个不同学会的会员资格，并担任 5 个不同期刊的编委。去年冬天，他获得了何梁何利基金奖，这是中国政府授予科技界人士的最高荣誉，授予那些在科技领域取得突出创新或做出非凡贡献的人。

彭淑牖很小的时候就开始拉小提琴。他对演奏这种乐器的热情一直持续到大学时期，那时他由于时间所限而不得不停止拉小提琴。然而，他对古典音乐的热爱和欣赏一直持续到今天。他所参与的体育运动包括游泳、排球、中国象棋，并且，和许多中国人一样，他也打乒乓球。经过多年的训练，他成为一名出色的球员，他曾一度荣获浙江省乒乓球校际冠军。

主席先生，我非常高兴地推荐彭淑牖教授获评美国外科学院荣誉院士。他是一位非凡的人，一位才华横溢而又谦逊的外科医生与教育家，他也是我的朋友。

（主席）

经美国外科学院院士们授予我的授权，我承认您，中华人民共和国杭州的彭淑牖教授为本学院的荣誉院士，并享有与美国外科学院有关的所有权利、特权和荣誉。您将获得此荣誉奖学金的兜帽。

我向您呈递这张文凭，上面有学院的印章和相应办公室的铭文。恭喜您。

第二十四章

国际医学界刮起一股“彭旋风”

20世纪90年代中期，彭淑牖研发的多功能手术解剖器和刮吸法、彭氏捆绑式胰肠吻合术逐步在临床开展应用后，其显著的效果也在业内引起热议，在国内外掀起一股“彭旋风”。除国内络绎不绝的各类手术邀请和学者参观外，来自英国、美国、意大利等多个国家和地区的30多位外科专家也慕名前来参观彭淑牖的手术。

国际肝胆外科领域的先驱之一、法国巴黎大学肝胆研究院主任Henri Bismuth曾在中国的一次学术会议上聆听了彭淑牖关于刮吸法手术的演讲，当看到那把外形简约、长约10厘米的彭氏多功能手术解剖器能达到如此惊人的手术效果时，他极为惊叹。等彭淑牖下了讲台后，Bismuth主动上前打招呼，说有机会一定要当面见识多功能手术解剖器和刮吸法的神奇魔力。

2006年，Bismuth受邀来上海参加一个国际肝胆胰学术会议。他并没有买直达上海的机票，而是提前一天先抵达杭州。一出机场，Bismuth就马上联系彭淑牖，说要跟着他一起上手术台，看他做刮吸法手术。

彭淑牖正好有一台肝尾叶切除手术，于是邀请Bismuth进入邵逸夫医院的手术室，两个人一起上台。

众所周知，肝尾状叶位于肝脏的中心深处，上方紧邻肝脏的三条重要回流静脉，前方紧靠第一肝门，里面包含重要的大血管和胆管，头顶是第二肝门，后方则是下腔静脉，有双侧性的血液供应，多元性的静脉回流。它所在的区域空间狭小，复杂险要，操作难度大，此段的肿瘤切除一直以来都具有极大的挑战性，为此被视为肝脏手术的禁区。

Bismuth像一个充满求知欲的学生，做彭淑牖的第一助手。他聚精会神地盯着彭淑牖手中的那把“神刀”在手术野所向披靡，纵横驰骋，禁区里阡陌交通的各种管道都清晰地暴露在手术野，而且出血量少。大约2小时，手术就顺利完成了。Bismuth

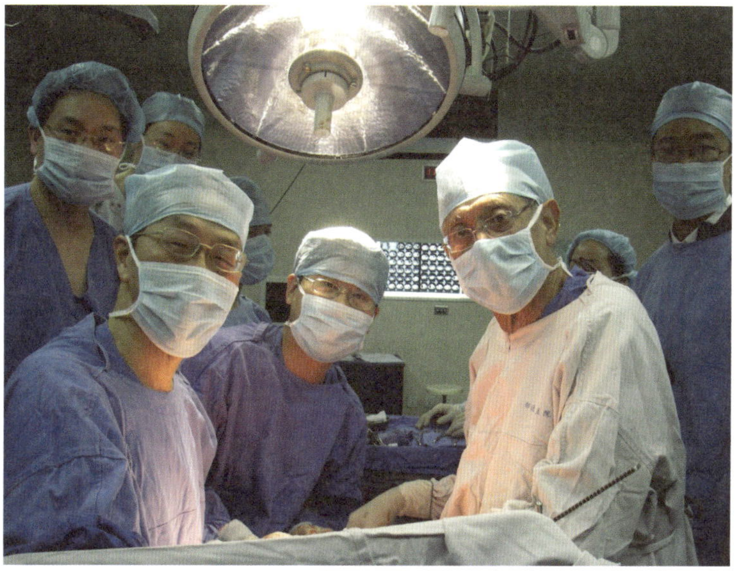

法国著名教授 Bismuth 专程来杭观摩手术

与国际医学界“胰腺之父”Beger 在国际学术会议上

还意犹未尽地拿着多功能解剖器反复研究、比划，不时地竖起大拇指点赞，他真正身临其境地领会了刮吸法无穷的魅力，还有传说中的“神刀”所呈现的令人深深折服的魔法。

第二年，在纽约举行的国际肝胆胰外科世界年会上，Bismuth 向全球同行隆重介绍了刮吸法和多功能解剖器。从此，刮吸法在国际医学界声名鹊起。

2005 年 10 月，彭淑牖受邀去德国威斯巴登参加国际大肠癌会议，德国被誉为“国际胰腺之父”的 Hans Beger 也受邀参会。彭淑牖和 Beger 此前多次在国际学术会议上有过交集，所以老友相见，不亦乐乎。

彭淑牖在会上分别作了“肝切除中国标准”“肝尾叶切除术和经肝正中裂肝尾叶切除”两个主题演讲。本次会议主席是 Beger 的学生 Link，是 Sklepios Paulinen 医院的外科主任。他在台下听完彭淑牖的演讲后，即刻激动地上前握住彭淑牖的手，说能否请彭淑牖明天到他们医院做一台肝尾叶切除手术。患者是他们医院的一个五官科医生，一年前因大肠癌做了手术，当时已有肝脏转移，因转移灶在肝尾叶，手术难度极大，所以他们不敢贸然切除，术后密切随访。结果最近一次的检查发现，肝脏上的转移灶增大了，必须切除。正好天降大师相助，他马上请彭淑牖出马主刀做这台手术。彭淑牖欣然答应，正好他也随身带着一把多功能解剖器。

第二天，彭淑牖带着弟子稽振岭、刘颖斌一起进入 Sklepios Paulinen 医院的手术室，主刀医生 Link 教授和彭淑牖一起上了手术台。Link 教授也真正见识到了刮吸法手术带来的前所未有的震撼，由衷地表示赞赏。

手术如彭淑牖所预期的，非常顺利。后来患者很快康复出院了，至今还健在。

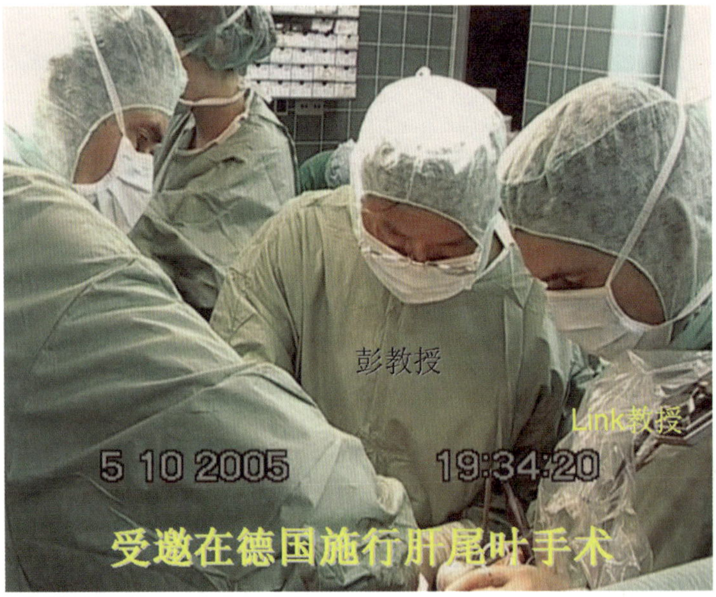

受邀在德国施行肝尾叶手术

恰逢吴孟超院士在柏林访问，得知此事后，第一时间从柏林打电话祝贺彭淑牖在德国做的这台超高水准的手术，为彭淑牖感到自豪，也为中国同行在国际医学界发出中国声音而振奋。

故事还在延续。第二年，Link 教授亲自带领一个医疗队，不远万里来到中国，直奔邵逸夫医院跟着彭淑牖学习刮吸法手术。当医疗队回国的时候，订购了很多套彭氏多功能手术解剖器带回德国。

此外，意大利彼得拉-利古雷市圣科罗娜医院普外科主任 Pellicci 教授也折服于刮

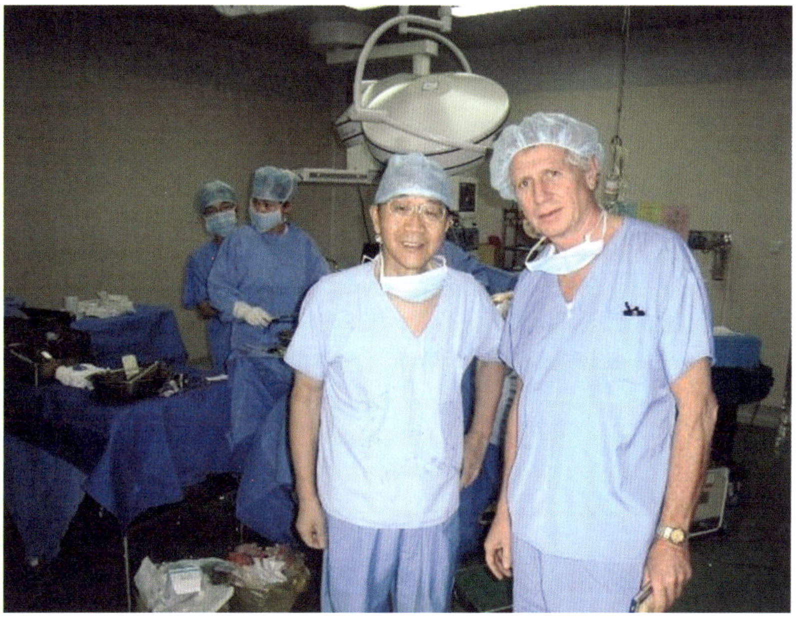

意大利 R. Pellicci 教授专程前来杭州

吸法的魅力，从意大利专程来到中国，拜师彭淑牖，学习刮吸法手术。

彭淑牖的两大法宝，除了刮吸法手术外，还有一个秘籍就是彭氏捆绑式胰肠吻合术，也同样吸引了无数国际同行的注目。

自 1935 年美国实施全球第一例胰腺癌切除手术以来，人们一直没有很好的办法来解决胰漏问题。

1995 年 12 月 27 日，彭淑牖完成了第一例“捆绑式胰肠吻合术”，把胰肠吻合中的“缝”改为“捆”，一字之变，居然就解决了困扰世界医坛 60 多年的难题。这个方法在中国推广应用 1000 余例，仅有 2 例发生胰漏，胰漏发生率为 0.2%。实践证明，该方法是可行的。美国著名外科学教授克莱克评价说：“他的技术和创造在外科史上具有时代意义。”

裘法祖院士于 2004 年在《中华外科杂志》上发表了一篇论述《临床外科医生如何创新》，他以捆绑式胰肠吻合术作为典型范例向同行们诠释了何谓创新精神。他在文中这样表述：“著名俄国诗人普希金说过‘灵感是在人们不断的工作中产生的’。什么是灵感？简单地说就是‘直觉’。在科学思维中，直觉的例子不胜枚举，但‘灵敏’或‘直觉’只有在丰富的实践经验中才能感悟出来。我在这里举 4 个例子：第一个，浙江大学医学院彭淑牖教授在多年的临床实践中发明了捆绑式小肠胰腺吻合术式，减少了胰漏的发生，提高了手术成功率，已在国内外近 100 家医院推广应用，并因此获得了美国外科学院荣誉院士称号……”

2002 年 3 月 18 日，在英国皇家外科学会年会上，作为为数不多的几个具有英国皇家医学会会员身份的异国医生，应学会主席伯克斯教授的邀请参会。年会上，彭淑牖走上讲台，用流利的英语向英国的外科精英们介绍了他的这一发明。在西方一向占优势的外科学领域，一位中国医生当起了他们的导师，这让英国同行们惊讶不已，而更让他们惊讶的是，彭淑牖发明的操作方法竟如此简单！中国的中医与武术一样，融合了道家的老庄思想，强调简洁、平淡，凡事讲究化“繁”为“简”，化“平凡”为“神奇”。彭淑牖秉承了老庄思想，以中医简洁的理念去变革西医，并用以指导他的一系列创新。他在介绍这项发明时说：“其实很简单，就是将肠子的断端像卷袖子一样向外翻，然后将胰端套入肠子，与肠子的内层缝合起来，再将翻起的肠子原样翻回来，与胰端捆牢，几道防线就将胰液阻截了。”彭淑牖用两个纸卷形象、生动地描述了他的这一重大发明。

但就是这个看起来简单的方法，挽救了许多胰腺癌患者的生命。据统计，采用这种手术方法，浙医二院完成的 200 例病例均未发生胰漏；在全国 80 家医院推广应用 1000 余例，仅有 2 例发生轻度胰漏，系操作不规范所致。这一项目获得 2001 年浙江省科学技术进步奖一等奖。英国皇家医学会外科学会主席 T. G. Parks 教授在高度评价“捆绑式胰肠吻合术”时说道：“毫无疑问，我认为这项新技术具有很大的吸引力和号召力，将会在国际上广为应用，并可望成为标准术式。”

意大利米兰医院外科主任 Di Carlo 教授是意大利顶级的医学专家，在胰腺领域颇有造诣。当他在国际学术会议上聆听了彭淑牖发明的彭氏捆绑式胰肠吻合术后，也专门前来拜师学艺。

而来自法国外科界对彭氏捆绑式胰肠吻合术的前瞻性研究结果则是：我们的研究支持且重复了彭氏捆绑式胰肠吻合术的出色结果，可以降低胰漏发生率，尤其对正常

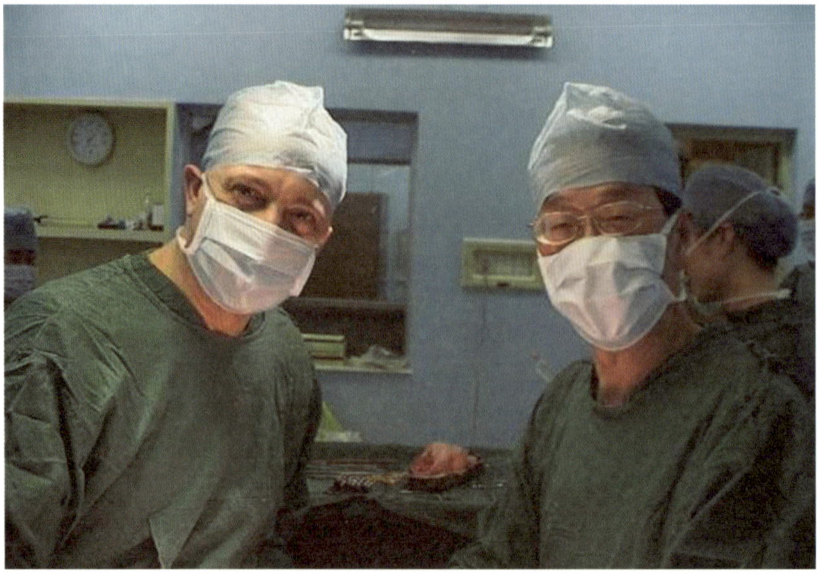

意大利专家 Di Carlo 教授前来参观学习（彭淑牖供图）

胰腺质地。两个器官（小肠和胰腺）如果尺寸差别太大，应该作为彭氏捆绑式胰肠吻合术的禁忌证。结论：胰十二指肠切除术后，彭氏捆绑式胰肠吻合术是安全且保险的一种重建方式。

2004 年，德国海德堡大学外科学 Buchler 教授在国际肝胆胰外科世界年会的专题报告中重点推荐了捆绑式胰肠吻合术。

同时，捆绑式胰肠吻合术也进入了美国外科学院的继续教育课程。

2007 年 7 月 25 日，彭淑牖教授收到美国霍普金斯医院外科学专家 Wolfgang 的电子邮件。Wolfgang 对刚结束的中国之行表示满意，对彭淑牖在捆绑式胰肠吻合术上给予他的指导表示感谢。受霍普金斯医院外科主任 John Cameron（约翰·凯迈隆）教授派遣，Wolfgang 于 7 月 18 日至 20 日来到杭州观摩彭淑牖的捆绑式胰肠吻合术。霍普金斯医院的知名度已连续三年排名全美首位，该医院有一半患者来自世界各地。

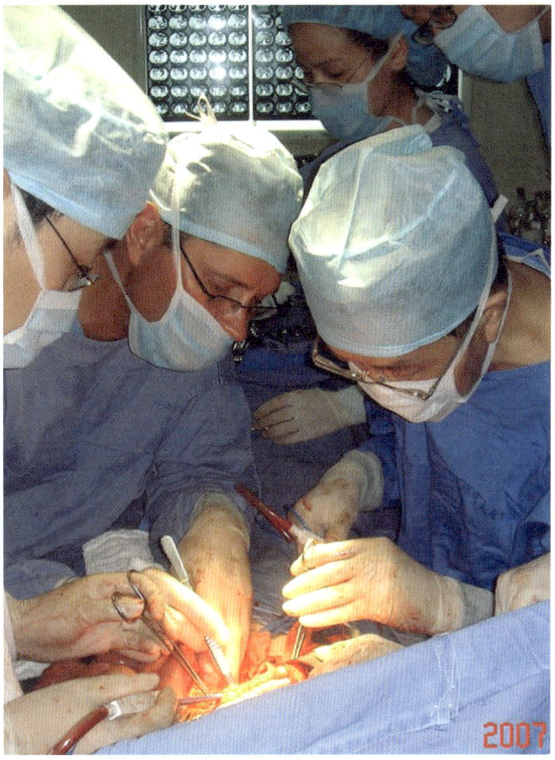

美国外科学专家 Wolfgang 在杭州向彭淑牖教授拜师学习

在世界各大医院中，一般每年能做 50 例左右的胰十二指肠切除术的即属于“高流量”医院，而霍普金斯医院每年能做 350 多例。

霍普金斯医院的胰腺切除术的巨大知名度来自凯迈隆教授。凯迈隆教授是世界著名的肝胆胰专家,像他这样的世界级专家,在美国仅有两位。他个人已经做了1500多例。作为胰腺专家，凯迈隆用多种胰肠吻合方式进行胰十二指肠切除。然而，尽管他的手术已臻完美，但一个难题却依然难以解决——胰肠吻合口漏问题。在霍普金斯医院，胰漏的发生率达到 20%。

对凯迈隆来说，曙光是在 2003 年 3 月出现的。在美国肝胆胰外科年会上，中国彭淑牖的报告引起了他的注意。彭淑牖在报告中介绍了他发明的捆绑式胰腺吻合术。这个报告使凯迈隆感到震惊：在彭淑牖的 150 例胰腺切除术中，竟无一例发生胰肠吻合口漏！

同年 7 月，凯迈隆任主编的美国 *Journal of Gastrointestinal Surgery*（《胃肠外科》）

杂志发表了彭淑牖的论文。凯迈隆开始关注这位东方同行。中国专家的神奇方式引起了凯迈隆浓厚的兴趣，2006 年开始，他按照彭淑牖文章中的方法进行了捆绑式胰肠切除术，居然没有出现胰漏。

为什么彭淑牖能做到无一例胰肠吻合口漏？最正宗的手术是怎么做的？凯迈隆决定派得力助手 Wolfgang 到中国向彭淑牖学习。

2007 年 6 月 11 日，Wolfgang 给彭淑牖发出要求学习观摩彭淑牖手术的邮件。

其实，从 1996 年发明这一方法后，彭淑牖一直致力于推广这一技术。他认为自己的成果应让全国乃至全人类患者分享。

2007 年 7 月 18 日，Wolfgang 来到浙大二院和邵逸夫医院。彭淑牖专门安排了 6 台手术供他观摩，他亲自主刀做了 3 台胰十二指肠切除术和 3 台肝切除术。

Wolfgang 兴奋地说：“回去后我们马上在霍普金斯医院开展此项研究，并希望您能亲自到美国来指导！”临别时，他握着彭淑牖的手激动地说：“您是我见过的世界上最好的外科医生！我是您在美国的编外学生（extra-curriculum student）。”

时隔 14 年，2021 年 12 月 20 日，Wolfgang 在中美线上学术会议上看到彭淑牖，激动之情溢于言表：“我现在把自己形容为彭医生在美国的荣誉学生之一，我是来学习 Binding PJ– 捆绑式胰肠吻合术的，我觉得我学到了很多。”

面对这股学习热浪，彭淑牖由衷地感到欣慰，无数的患者在这股“旋风”中得以安全着陆，迎来第二次高质量的生命。

Wolfgang 在 2021 年肝胆胰肿瘤循证医学论坛中美病例研讨会（线上会议）精彩发言

NYU Langone Health
Christopher Wolfgang, M.D., Ph.D.
• Chief, Division of Hepatobiliary and pancreatic surgery
• NYU Langone's Department of Surgery

第二十五章

两度问鼎国家奖

2001年12月，对于彭淑牖来说，前半生的不懈努力在这一年收获了一个个沉甸甸的硕果。

这一年，他研发的“刮吸手术解剖法的建立与多功能手术解剖器的研制”获得了国家技术发明奖二等奖，这是中国外科界摘取的第一个国家最高发明奖项。

2002年2月1日，中共中央、国务院在北京人民大会堂隆重举行国家科学技术奖励大会，江泽民、朱镕基、胡锦涛、李岚清等党和国家领导人出席了会议。江泽民总书记为获奖代表颁奖，朱镕基总理讲话，胡锦涛副主席主持大会，李岚清副总理宣读奖励决定。会上，颁布了2001年度国家科学技术奖励获奖人选和项目。其中，获国家自然科学奖二等奖18项，国家技术发明奖二等奖14项，国家科学技术进步奖一等奖17项、二等奖174项；德国科学家米夏埃尔·佩策特等6位科学家获中华人民共和国国际科学技术合作奖。

2002年2月1日，在北京人民大会堂领取国家技术发明奖二等奖（右三：彭淑牖）

站在全国最高领奖台上，彭淑牖从国家领导人的手里庄严地接过那张凝结了所有努力和汗水的鲜红的荣誉证书时，内心的激动不言而喻。

他的学生蔡秀军、刘颖斌等几乎用尽全身力气为导师拼命鼓掌，眼眶盈满泪水。尤其是刘颖斌，虽然他没有全程参与这个殊荣的创造过程，但是在帮导师整理报奖申请材料的过程中，他身临其境，感受到这份至高荣誉的背后，彭淑牖和弟子们对医学事业的坚定使命和担当。

刘颖斌把堆积如小山的多功能解剖器的资料，一丝不苟地耐心梳理。他用倒推的方法溯源彭氏多功能手术解剖器（PMOD）和刮吸法的诞生，足足花了3个月的时间，终于把所有关于PMOD的资料分类整理成16本材料汇编，3万多页，摞起来有一块空心水泥砖头那么高。

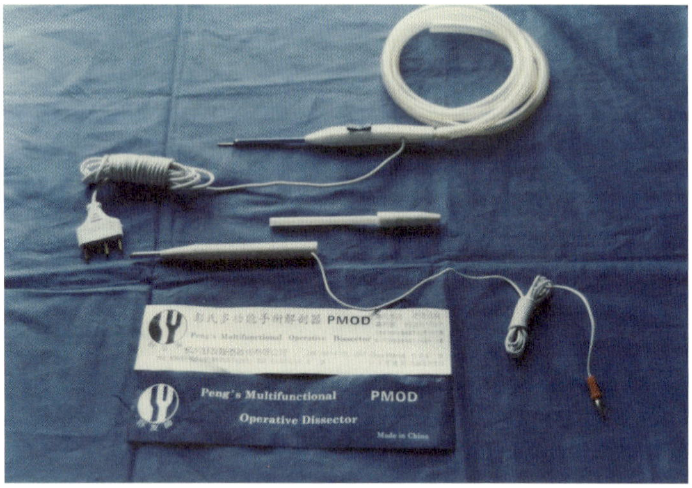

彭氏多功能手术解剖器

2002年2月1日，弟弟彭淑觉专程从河北赴京陪哥哥共享获奖的喜悦

在整理资料的过程中，彭淑牖和学生们没日没夜地开会讨论总结资料。首先是要给这把刀冠名，这把刀最早的名称叫作断肝器，后来觉得相比于它所呈现的四大功能，这个名字太局限。经过好几轮的激烈讨论、斟酌，最终大家一致决定叫彭氏多功能手术解剖器。用这把刀做的手术方式叫做刮吸手术解剖法。就这样，这把刀正式有了一个响当当的大名，手术方式也应运而生。

刘颖斌看着眼前这一大摞资料，感慨万千，在这过去的3个月中，他全身心地沉浸在PMOD诞生的旅程中。

他似乎看到了在1988年的某一天，彭淑牖从一把梳子得到灵感时那种难掩激动的喜悦，和师兄蔡秀军在深夜埋头用锉刀把一根根塑料笔管磨出锯齿，打造PMOD雏形的情景。

他仿佛能感受到当年彭老师和师兄蔡秀军把一起组装的 PMOD 当做一件稀世珍宝带进手术室，一起用这把神奇的手术刀同台成功地完成一台高难度的肝脏血管瘤手术时，师徒二人相视而笑的默契。那一刻是 1990 年春天一个阳光明媚的午后。

资料中有很多关于彭老师和师兄们自发组成技术攻关小组，不厌其烦地根据临床的需求对这把手术刀进行许多细节改进的记录；更重要的是，临床一线用一个个真实的手术案例验证了集合电凝、电切、剥离、吸引四大功能于一体的 PMOD 所带来的手术方式的革命性改变。

数据和疗效是医疗界最简洁、有力的语言，PMOD 和刮吸手术解剖法在临床上所带来的一组组可喜的大数据和口碑让彭淑牖和 PMOD 在医疗界声名鹊起。每一次，彭淑牖在中国外科界的各类学术会议上的演讲结束后，身边总是围着一群同行，大家都带着好奇心，想一睹 PMOD 的风采，而随之来的就是全国各地邀请彭淑牖的手术会诊单像雪片似地纷沓而至。

彭淑牖像个空中飞人，随身带着 PMOD，跑遍了大江南北，最远的是新疆、青海。同行们见证了 PMOD 的神奇功能，把很多不可能的手术变成了可能。

有一次，北京大学肿瘤医院邢宝才教授邀请彭淑牖赴北京会诊一个肝右叶巨大肿瘤的患者。在彭淑牖中午飞达北京时，邢宝才教授有点为难地说，早上医院刚组织了一个 MDT（多学科诊疗）会议，与会的专家们讨论后，觉得这个患者手术的可能性几乎没有，因为术中出血是无可避免的致命因素。彭淑牖听完后，微微颔首。他把患者的各种资料详细地做了一番研究，胸有成竹、面带微笑地告诉邢宝才教授：“这台手术可以做。”

第二天上午，彭淑牖和邢宝才同台手术。他用 PMOD 行云流水般地分离肝组织和肝内的各种管道，手术野清晰地出现在术者眼前，然后完整地切下肿瘤，术中出血很少，总共也就用了 3 个多小时。

这个巨大肝肿瘤手术成功的消息不胫而走，同行们再一次领略了神奇的 PMOD 让更多的不可能成为可能。因为 PMOD 给无数患者带来了福音，所以它的获奖也成了水到渠成的事情。

2000 年，“刮吸手术解剖法的建立与多功能手术解剖器的研制” 获得了教育部科技进步奖一等奖和浙江省科学技术进步奖一等奖。

随后，浙江大学借此契机通过教育部申请国家科学技术进步奖。

在这个申报的过程中，初评顺利通过。在复评的时候，评委会有部分专家对这把其貌不扬的圆珠笔管样的手术刀有疑惑，这把刀真的有如材料中所言那么神奇吗？评委组有黄志强院士、裘法祖院士、吴孟超院士、汤钊猷院士等人，他们对 PMOD 并不陌生。而有几位评委不是腹部外科领域的，觉得PMOD很悬，需要实地鉴定。

于是，评委组派出了来自北京、武汉等地的最顶级的专家团，有中国医学科学院肿瘤医院唐院长、武汉同济医院陈实教授、中国科学院力学研究所陶祖莱研究员等，专程来到杭州，直奔浙医二院，进手术室亲眼看彭淑牖用PMOD做手术。

专家团进入手术室后，惊讶地看到这台肝切除的手术台上，原本应在器械台上排满一长溜的刀剪钳，现在只有3把手术常规器械钳子、剪刀，以及一把PMOD。在他们以往的印象中，这样的大手术，外科医生的“武器库”——刀剪钳镊勾，手术台上的十八般兵器都会陆续登场。

PMOD的首秀就让专家们诧异不已。而接下来的手术过程，让专家组的每个成员都大开眼界，只见PMOD如有一双法眼，在腹腔内自如地游走。电凝、电切、剥离、吸引，四大功能通过一个小小的按钮自由切换，阡陌交通的肝管、胆管、动静脉等管道在PMOD抽丝剥茧般的操作下，逐一清晰、完整地呈现在眼前。

手术做得彻底，出血少，用时短！在这一刻，所有专家不约而同地达成了共识，连连竖起大拇指：“你们这个东西实在太好了！这把器械救了这么多患者，我们看了手术过程，很感动。简单的发明解决了一个复杂的问题，这本身是一个伟大的发明。”

武汉同济医院的陈实教授全程录下手术视频，说要带回去好好学习。

就这样，专家团回到北京后，经过认真的研究和讨论，觉得应该授予科学技术奖发明奖，这是比科学技术奖进步奖更上一个难度的奖项。

在书面鉴定的过程中，北京医院原院长、吴阶平教授的弟弟吴蔚然教授亲自带着刘颖斌到医院办公室盖章。之后，刘颖斌又去找解放军总医院黄志强院士、北京大学人民医院冷希圣主任做书面鉴定。为了当天赶回杭州，刘颖斌在冷主任手术室外等待了足足3个小时！

从1988年彭淑牖的灵光一现，到2001年的尘埃落定，砥砺13年，PMOD和刮吸手术解剖法终于不负众望，问鼎了中国外科界第一个最高级别的国家发明奖：国家技术发明奖二等奖！

2002年5月15—18日，在美国匹兹堡举行的“世界新发明新技术展示会”上，彭淑牖的“刮吸手术解剖法和刮吸手术解剖器”荣获医学类唯一的一等奖。此展示会汇集了全世界1000多项发明成果，其中医学类150项。与会的外国专家对彭教授这项发明的创新性、先进性、实用性给予了高度评价，认为这是外科手术及手术器械上的一项重大突破，是对世界外科学的巨大贡献，应向全球医学界推广。

2004年，彭淑牖的“捆绑式胰肠吻合术的临床及实验研究”再一次荣获国家科学技术进步奖二等奖！捆绑式胰肠吻合术破解了困扰世界60多年的胰漏难题，在国际上引起了一股热烈的“彭旋风”，吸引了世界顶尖医疗机构的同行们分别从美国、法国、意大利等不远万里奔赴来到浙江杭州，找到彭淑牖请求拜师学艺、观摩手术。黄志强院士也曾在中国外科成立 50 周年大会上的讲话中，连续 3 次提到彭教授的 PMOD 等 3 个项目带给中国外科学界甚至全球外科界的深远影响。

收获两项国家级大奖，使得中国医学界说起“彭淑牖”这个名字时都会肃然起敬。而彭淑牖却格外淡定，“花开两朵”背后，是他几十年如一日在医学领域孜孜不倦的探索和最本真的初心。

在获得殊荣的那一刻，彭淑牖再次想起了 55 年前的那个夜晚，大哥彭淑干和他促膝长谈填写高考志愿，让他立下学医救国的凌云壮志。55 年的岁月长河里，他承载着家人对他的殷殷期盼，秉持“以患者为中心”的原则，在行医的路上永远追求完美，有所为、有所不为；默默耕耘、奋斗，静待花开，修成正果。

这一生，他用毕生的心血挽救了无以计数的生命，他把这些经验全部用文字详细记录下来。从 1955 年大学毕业开

新作赠予黄志强院士（中）

新作赠予美国外科学院原秘书长 Thomas Russell

新作赠予德国海德堡大学医院 Buchler 教授（院长）

始，迄今他已经在国内外各类期刊上发表了 768 篇文章。出版 3 部英文专著（*Hepatic Caudate Lobe Resoction*；*Pancreatic Cancer, Cystic Neoplasms, and Endocrine Tumors*；*Hepatocellular Carcinoma*）。这些凝聚着他这一生的经验和智慧，是留给同行和后学们不可或缺的宝贵财富。

大音希声，大象无形，大道至简。彭淑牖终其一生的努力就为了一个最简单的梦想：做一个老百姓口中的好医生。

“彭淑牖是个好医生！”这朴素无华的 8 个字，是彭淑牖一生追求的动力和源泉，也是他今后继续为之奋斗的目标。

彭淑牖两度问鼎国家奖

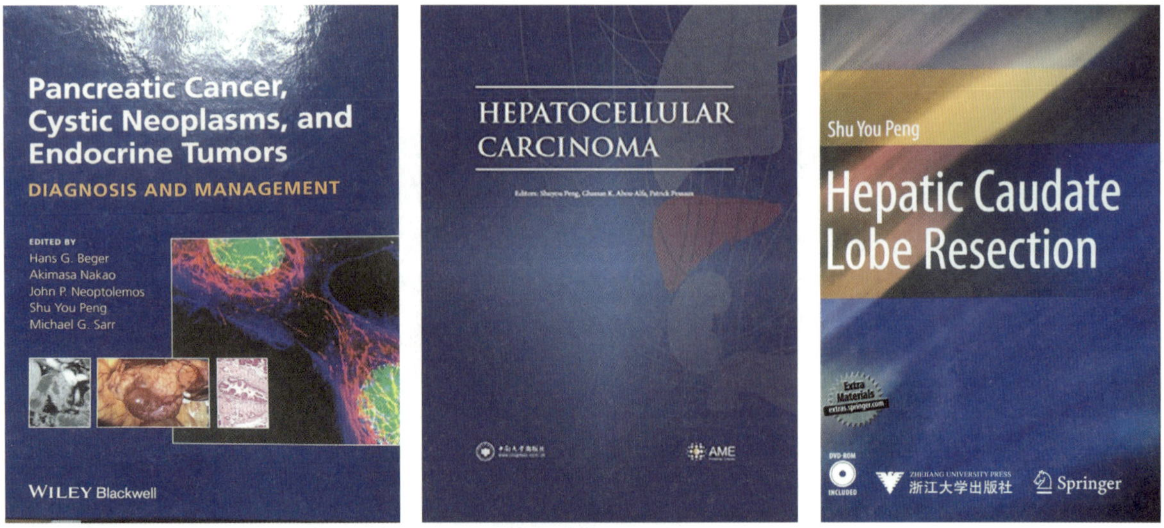

彭淑牖的英文专著

第二十六章

用生命赋予产品生命的“舒友”

2004年4月底，杭州春天的味道将要变成春末夏初的味道。太阳每天早早地爬上来，暖风机一样的西南风要吹起来了。

又是一个平常的星期六早晨，8点钟不到，太阳已经高悬空中，热烈地照射着大地。彭淑牖在医院结束查房，走出医院大门，抬头看看白晃晃的阳光，擦了把额头的汗水，戴上头盔，就准备出去办事。

“幸亏早上吃得饱，不然要推这个老爷车可费老劲儿了。”彭淑牖心里暗忖，一边铆足劲儿推着一辆时常罢工的老爷摩托车上坡，车子放空挡后被缓慢地推上坡。车后座还绑着有半个行李箱大小的黑铁块，重约40斤。

上坡后，彭淑牖跨上车座，慢慢溜坡滑行，车子慢慢地启动了，在杭州城郊外一条尘土飞扬的路上飞驰着。

有人说，喜欢摩托车的人是永远年轻的。彭淑牖骑摩托车倒不是因为喜欢玩机车，而是他的另一个身份需要有这么一个代步工具。

他今天要带着这个大家伙去杭州九堡一带找一个五金作坊，完善一个非常重要的模具——彭氏多功能手术解剖器的模具。这个模具能否制作成功投入使用，在某种程度上决定了这把手术解剖器未来能走多远。

72岁的彭淑牖像个骑士驰骋在乡间小路上。他身后不远处是一辆公交车，车上有双目光一直追随着他的背影，这双目光的主人是彭淑牖的合作伙伴——苏英。她今天要和彭淑牖一起到郊区找作坊解决模具制作的事情。潜心钻研医学的彭淑牖教授很实诚，面对那些精明的小老板们，苏英怕彭教授应付不下来，而她呢，伶牙俐齿，善于与人交流。

彭淑牖自从研制了第一把手术解剖器后，就在临床上小范围使用了，效果出乎意料地好。但毕竟只有为数不多的几把，使用的人也很局限，供小于需。为了能让更多的医生用上解剖器，让更多不可能的手术成为可能，于是彭淑牖有了一个大胆的想法——这把解剖器能否批量生产？

这个想法如雨后春笋般，逐渐在他的内心占据了重要位置。

彭淑牖是个行动派，无论成败，他都想尝试一番。于是在2001年年初，彭淑牖决定推开创业的大门。

创业最好有搭档，彼此扶持，相互鼓励，一起度过创业必经的难关。最好搭档还能互补，比如说一个是技术专家，一个更懂商业或运营。彭淑牖对商业一窍不通，他可以负责技术，但是市场运营，这个人选找谁好呢？

经过一番考量和观察，他找到了原来在外科研究所工作，后来调至科教科的老同事——苏英。

在为人善良的苏英身上，彭淑牖发现她有远大的事业心、对医学的执着和热爱，还有积极向上的进取精神。还有一点，苏英的沟通能力是他望尘莫及的。虽然苏英也不懂商业，但在彭淑牖的潜意识中，强烈的直觉告诉他，苏英这样的中国式合作伙伴值得争取。

听完彭淑牖的初心——把这个发明变成有力的武器，去救更多的患者后，苏英没有多做考虑，就简单地觉得这是好事，爽快地答应帮他一起把这事儿启动起来。

没有经历过创业的人是无法理解创业的艰辛的。老话说万事开头难，熬过开头，事情就成了一半。

可是，彭淑牖和苏英的这项“事业”开头可谓千难万难，哪怕做一个简单的器具，如要批量生产，就要找厂房，物色工人，找原料和零件。更何况两个从事医学的人，突然180度大转弯，在繁忙的临床工作之余去“创业”，要制造一把救人的新式医学“武器”，更是难上加难，其中的艰辛可想而知。

首先是场地，他们几经奔波考察，最终在杭州市机场路附近的浙江省农业科学院租了一个面积约500平方米的厂房。这样，器械制作好后，主要在这里做无菌消毒。

然后是模具的制作，他们没想到做一个模具的过程是如此磨人。在创业初的每个周末，彭淑牖和苏英就在杭州城里、郊外走街串巷，专门找那些做五金的小店。

很多五金店老板好奇地看着彭淑牖手工制作的解剖器样品，听说是一把手术刀，都半信半疑。有些直接拒绝了，说没法做；有些则是答应尝试一下。总算有一家愿意接单，可模具做了一半，对方直接说没法组装，就半途而废了。

产品的优劣是一个创业公司能不能存活下去的核心因素，所以在企业的初创阶段，创始人一定要投入极大的精力到产品上。

今天，彭淑牖就是带着这个半成品的大铁块，骑摩托车准备再到杭州的郊区九堡

2022年4月12日，彭淑牖在儿子彭报春（左一）和苏英（右二）的陪同下参观安吉舒友公司

一带去找找其他五金加工厂，看看是否有人愿意把这个半成品给完善了。

让彭淑牖庆幸的是，批量生产多功能手术解剖器一事得到了妹妹彭淑妥、妹夫黎富均和她的女儿黎晴、女婿陈立智一家人的大力支持。因为他们在十几年前就认识了这把武器的雏形，也从彭淑牖的描述中大致了解了它的不同寻常之处。总之，这是一把能救命的利器。

1991年春，彭淑牖去上海开会，顺便抽时间去看望妹妹彭淑妥一家。兄妹俩寒暄几句后，彭淑牖像儿时逗妹妹玩乐一般，有点神秘兮兮地对彭淑妥说："妥妹，我最近做了一个有趣的宝贝，给你瞅瞅。"

"阿牖哥，你不会给我做了个新奇的玩具吧？"彭淑妥想起儿时的自己是阿牖哥哥和阿觉哥哥的小跟屁虫，他们经常带着她一起出去玩，有时候阿牖哥哥还会做点手工小玩具给她玩，那时候她就特别好奇哥哥的手怎么那么巧。

彭淑牖笑而不语，从包里拿出一支"笔"。彭淑妥和女儿黎晴凑过来一起看这支笔，这分明就是一根圆珠笔套，但是尾部带了电线。

"这是？"彭淑妥不解地看着这笔套。

"这是一把手术刀，前面这根"笔芯"就是电刀功能，换个开关就是吸引功能，一刀两用，边切边吸。这是第一代手工打造的样品。"彭淑牖拿着笔套在空中示范手术操作。

"哇哦，这么好的东西，简单又神奇，了不起。舅舅您可以去申请发明专利呢。"黎晴的爱人陈立智认真端详着这根塑料笔管，一脸崇拜。

"我们先用用看，听临床医生的反馈意见再改进，以后还有第二代、第三代……"彭淑牖一脸希冀。

后来，彭淑妥经常会接到哥哥的电话，说这把手术刀在临床上的反馈相当好，彭淑牖的兴奋之情在电波中不断传递过来。彭淑妥一家人由衷地感到高兴，尤其是黎晴，把舅舅当做自己的偶像崇拜，支持舅舅将技术转化为产品，为人民群众的健康服务。

2003 年，国务院副总理李岚清来浙江大学视察，浙江大学专门设立了一个展位来介绍彭氏多功能手术解剖器（PMOD）。李岚清副总理在展位前认真听取了苏英所做的产品介绍后，对这个看似简单的手术器械给予了高度评价和肯定。

产品被国家领导人肯定，这无疑是一针强心剂，更加坚定了彭淑牖等人坚持大规模制造这个产品的决心。于是,就有了文章开头彭淑牖骑摩托车找五金作坊打造模具的故事。

办企业得有个名字，这个未来的企业叫什么好呢？苏英想了好久，她觉得这个企业的主旨是把彭淑牖的发明弘扬下去,那就取一个和"淑牖"的谐音字。苏英查看字典,找了好几个组合,最后发现"舒友"这两个字的寓意特别好,舒——舍己予人,友——和谐健康。舒友，舒舒服服做朋友。彭淑牖一听也不错，欣然同意。

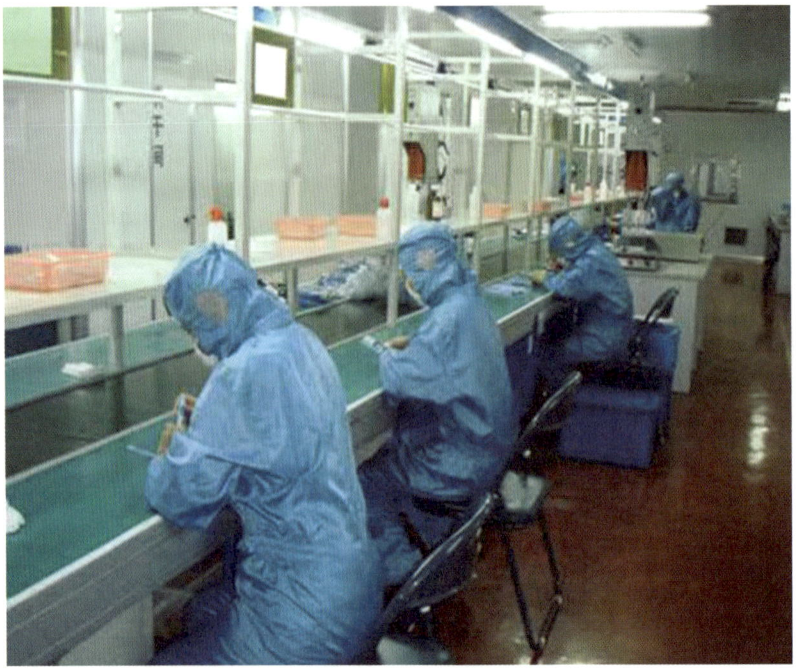

"舒友"当年在浙江省农业科学院的小厂房

"舒友"现在安吉园区的厂房

这一年，苏英也经历了人生中前所未有的艰辛和煎熬。因为他们俩都不懂商业规则，公司创立的头一年，几乎只有投入，没有产出。而且彭淑牖作为外科医生，终日忙于临床工作，根本没有足够的时间来管理公司的各项事务。于是乎，管理公司的重任全压在了苏英身上。苏英白天在医院上班，晚上和周末的时间都花在了舒友公司的内部管理上，如机器设备、卫生安全、人员管理、交通运输等，事无巨细。

在公司正式创立的初期，产品的销售也遇到了各方面瓶颈。

面对接踵而至的种种困难，彭淑牖和苏英从来没有想过放弃。他们坚信，人因梦想而伟大，而作为一个人，只有为社会做点有意义的事，才能让人生富有意义。

21 世纪初期，国产创新医疗器械尚未全面崛起，与欧美国家还有一定的差距。当时，国内好多医院对多功能手术解剖器还没有深入的了解，有些医院直接告知他们只用进口的手术器械。那时，知名度的打开基本靠彭淑牖和他的弟子们在各个学术会议上介绍刮吸手术解剖法时一起介绍。

会后，会有很多同行购买，但是有些人还不习惯使用，就放在抽屉里了。彭淑牖就带着弟子们利用外出手术会诊的机会，充分展示 PMOD 的魅力，并且手把手地教对方使用。在同行们学会使用后，就发现了这把器械的玄妙之处。彭氏多功能手术解剖器的口碑就这样在业内传开了。

让彭淑牖特别感动的是，广东省中医院大外科主任谭志健教授，当年到上海吴孟超院士这里进修，听人说起 PMOD 的神奇用法，于是也买了一把 PMOD 带回广州，并马上在临床上使用，发现果然名不虚传。感恩之心时常留存在他的内心，每年中秋节，他都会给未曾谋面的彭淑牖寄去家乡的月饼来表达自己的感激之情。直到四年后，两位惺惺相惜的外科同行终于见面了。后来，谭志健带着他们医院的院长和书记一起专程来到杭州，隆重邀请彭淑牖担任广东省中医院肝胆胰外科客座教授。

谭志健用 PMOD 做了 400 例胃癌手术，他在广东向同行们大力推荐这把器械。当他听彭淑牖说“彭家军”已经开始做腹腔镜下肝切除手术后，他马上学习并在临床上开展。

北京大学肿瘤医院的邢宝才主任在使用 PMOD 后，非常真诚地告诉彭淑牖，感谢这把器械，使得他原本在肝脏手术时盲操的部位，变得清晰、可视、可控。

正因为有很多这样的有识之士对 PMOD 的高度认可和推动，舒友公司和 PMOD 在业内的口碑越来越响亮。手术者持 PMOD 可以完成除缝合之外的各种操作，术中不必频繁更换器械，而且手术产生的烟雾和渗血可被随时吸引，保持手术野清晰，大大提高了手术质量，也保护了医护人员的健康，故 PMOD 被业界称为环保电刀。

随着业务规模的不断壮大，在苏英的操持下，舒友公司在湖州市安吉县建造了全新的生产基地，2011 年成为国家高新企业，2021 年又被评为“国家专精特新重点小巨人”企业。舒友公司不断根据临床医生的需求进行技术攻关，满足不同外科领域的手术要求，苏英和研发团队要把 PMOD 的临床使用范围从腹部外科向上向下向左向右延伸出去。PMOD 现已形成肝胆外科、甲状腺外科、乳腺外科、神经外科以及健康手术系统五大系列，三十余种规格产品，广泛应用于全国 1000 余家医院临床工作。经过 10 多年的快速发展，中国医疗器械行业已经从专注于低价值耗材转向投资高端和高附加值领域。

舒友能做到专业化、精细化、特色化、创新能力突出，得益于强大的研发团队，研发团队主要负责新技术、新产品开发及新技术的转化。同时，舒友建立了省级高新技术企业中心。中心现有专职研发设计人员 30 余人，是一支学历水平高、专业结构合理、经验丰富、业务素质高、创新能力强的科技研发队伍。

让舒友公司全体员工自豪的是，舒友在细分领域引领行业发展，并延伸到了不同的领域，不仅提高了医生的手术量，更重要的是帮助了患者，国内医疗器械产业圈纷纷以舒友公司为标杆。

舒友公司坚持把质量视为公司的第一生命，层层把关，确保产品的安全性、可靠性，产品在国内外受到了广泛好评。2003 年，公司通过 ISO9001 和 ISO13485 认证；2005 年，公司在同行业中率先通过美国食品药品监督管理局（FDA）和欧盟 CE 认证。2012 年，获得国家 GMP 认证；2021 年，舒友获“国家级专精特新重点小巨人”殊荣。

目前，公司在北京、上海、广东、江苏、浙江等地建立了固定成熟的销售网络，产品远销美国、法国、欧美、中东等国家和地区，深受用户欢迎。

面对公司的日益强大，苏英时常心怀感恩。她说，展望未来，舒友公司将“从爱出发、用心行动、以患者为中心”，开发制造出更加优良的医疗器材，为顾客提供更加优质的服务，为人类的健康事业做出更大贡献。

“凝聚创新之智，承载生命之托”，这是舒友公司的企业使命。秉持着这个使命，舒友公司未来的目标是要做世界第一品牌的外科医生最大的创新基地，成为受尊敬的世界电外科第一品牌。

当初一把小小的 PMOD 挽救了无数的生命，如今它引领着中国甚至世界电外科产业。在实现梦想的路上，彭淑牖和舒友的同仁们牢记创业的核心价值观，用自己的生命赋予产品生命，再救治患者的生命。

这一切，不禁让人想起 PMOD 的创始人彭淑牖家族的祖训：荣神益人。

这一生，彭淑牖都在身体力行地奋力践行着这四个字！

第三十七章

退而不休的“90后小伙儿”

“他这一辈子，没有休息天，家是旅馆，医院是家。”在杭州城南一个普通的住宅区里，一套80平方米左右的老房子里，彭淑牖的爱人谢隆化微笑地看着坐在窗边一张老旧的办公桌前，埋头查询着电脑里的医学文献的彭淑牖，有点“无奈”地摇头。

“几十年来，他每天早上6点出门，晚上八九点回家，有时更迟。在家里，你几乎看不到他的影子，即使在家，也是一个典型的‘90后’低头族，忙着写文章，回微信上的各种消息。让他陪我下楼在小区里散散步，他都没时间，真的是忙了一辈子。”谢隆化笑着摊摊手。

彭淑牖听到妻子对他的评价，抬头不好意思地笑笑，继续埋头工作。

“他家务活基本都不会做。当然，天天在医院里围着患者转，也没时间在厨房围着灶台学了。”谢隆化对在手术台上所向披靡的丈夫在家里的表现，很委婉地提出意见。

“哪里哦，我会烧几个菜，还会洗碗呢。”彭淑牖马上“不谦虚”了。

“你会洗碗，那也是去年我摔伤卧床，没法下厨了，你才刚开始学的呢。”谢隆化在2020年新冠肺炎疫情防控期间，坐公交车去超市买菜，下车时不慎摔了一跤，把腰椎摔伤了。

这一摔，把忙碌了一辈子的彭淑牖惊到了，赶紧放下手头上所有的工作，在家尽心尽力照顾老伴。除了每周请钟点工上门做一次大清扫外，彭淑牖也积极主动地承担起已经落下了几十年不做的日常家务活，买菜、烧饭、做菜、洗碗，样样都学会了，而且做得像模像样。

对于老伴积极上进的表现，谢隆化也不忘及时给予肯定和认可。言语之间，对于忙碌了一辈子的丈夫，她满满的心疼。

“他也就疫情防控期间没法出门了，只好在家宅着，总算是有了一段比较长的休息时间，但还是每天忙着写文章。闲不下来的一个人，没办法。有时候我晚饭做好等他回家吃饭，他都要忙到七八点才从医院回来，饭菜凉了再热，直到他回家。平时，我们俩就各忙各的，互相不打扰。”谢隆化一脸柔和的笑意，看看坐在窗前的彭淑牖，两台笔记本电脑同时开着，科室里的医生也时不时打电话过来征询各种诊疗意见。

“谢老师是个好老师，也是一个严格的老师，我平时在家里很乖的，坚决听从谢老师的指挥。”彭淑牖不忘幽默地回一句。

“我才不管你这个大忙人呢。”谢隆化也忍不住笑了。

老两口就像两个可爱的孩子一样你来我往，让人忍不住一乐。

别以为彭淑牖慢慢地从临床一线下来，时间会更充裕，可以在家含饴弄孙，享受天伦之乐，其实不然。

按照法定年龄，彭淑牖理应在20世纪90年代就可以办理退休了。但在他的认知里，他的医生职业生涯字典里没有“退休”两个字。

纵观他的一生，想象力丰富，大胆创新，这是彭淑牖鲜明的标签。

他在85岁之后，又创立末梢门静脉栓塞术，建立门静脉癌栓治疗新策略——取栓优先。

为便于制定治疗策略，外科医师对胆道损伤、肝门部胆管癌、胆管癌栓及胆管扩张症等胆道系统疾病制定了多种分型，有的疾病甚至有10余种分型，各种分型均以数字或英文字母表示，容易混淆且难以记忆。20世纪50年代，吴孟超院士提出了肝脏五叶四段理论，并用于肝癌的解剖分型。该分型简明、实用，一直沿用至今。为了克服各种胆道疾病分型过于复杂的问题，彭淑牖和弟子们认为可以效仿肝癌的分型方法，直接用解剖部位来命名。

这五种分型分别是胆道损伤、肝门部胆管癌、肝内胆管癌、胆管癌栓、胆管囊状扩张症。这样不仅便于记忆，更可直接据此初步制定治疗方案。这一年，彭淑牖87岁。

他一周5天工作日，依然早出晚归，自己开车到邵逸夫医院、浙大二院坐门诊、会诊。患者都是从全国各地赶来，抱着最后一丝希望的疑难杂症患者。他每周还要安排一两台复杂手术，经常和浙大二院肝胆胰外科副主任李江涛一起上台，他可以连续站几个小时跟完一整台手术。

有时，周末还要去省内外参加学术会议，每次都是带着谢隆化一起前往。他说谢隆化喜欢亲近大自然，喜欢出去走走。他开会，谢隆化就在周边走走看看。

现在因为疫情防控，彭淑牖要参加的一些线下会议改为线上举行，他就在家认真准备课件，虽然是线上会议，但他依然认真地做好每一张PPT。出现在视频那一端的他，也总是西装革履、衬衫领带。有时，他用一口流利的英语和大洋彼岸的同行们畅聊最新、最前沿的医学动态；有时，针对新近参与的复杂手术案例，他如庖丁解牛般地讲

彭淑牖和谢隆化在法国巴黎参观罗浮宫

彭淑牖和谢隆化在哈尔滨

解每个手术步骤及注意事项。有人感叹，每次听彭淑牖的演讲，与会者不仅仅学到手术技巧和思维、理念，更多的是感受到一位德才兼备的学者身上所散发出来的那种“道”和“术”结合而达到的境界。

然而，即使已经获得如此之高的专业造诣，彭淑牖依然没有停止学习，尤其是面对当下“互联网+”的这股洪流，彭淑牖越来越觉得医生不能仅满足于坐在诊室里看病，而要好好利用便捷的互联网技术，更快、更方便地为患者提供服务。从 2015 年 12 月

7日，全国首家互联网医院——乌镇互联网医院诞生开始，彭淑牖就非常关注。“互联网的种种优势决定了互联网医院就是今后就诊模式改变的趋势之一，不论是患者还是医疗机构，都应该主动去适应。”彭淑牖对这项新生事物充满了肯定，作为首批专家，他已加入乌镇互联网医院的胰腺癌诊治中心。

“像彭淑牖教授这样，一心一意为患者耐心服务、拥抱互联网的医学大师，值得我们推崇。”时任乌镇互联网医院院长张群华感慨道。

90岁高龄，退而不休的彭淑牖一边潜心深入学术研究，带着晚辈们奔波在临床一线，以身作则，阐释医者仁心；一边认真努力地生活，把平淡的日子过出了乐子。他善于寻找平凡生活的乐趣，让柴米油盐也能开出花。

由于上了年纪，腿脚毕竟没有年轻人灵便，出门购物确实不便，彭淑牖老两口就紧跟时代潮流，学会了网购。

谢隆化在手机上装了一个专门买菜的软件，开心地说再也不用跑菜市场和超市了，直接手机上下单，送菜上门。

彭淑牖也不甘示弱，除了各类工作软件外，各类购物软件也用得非常顺溜。有时晚饭后，他会上手机看一下微信直播，看到喜欢的美食或琳琅满目的日用品，好奇心如孩童般强烈的他都会买来试一试。他回复微信的速度，可以用“秒回”来形容，中英文切换自如，让微信另一头的人有种错觉，感觉和自己对话的人是一个思维活跃的年轻小伙儿。

彭淑牖在打乒乓球

彭淑牖对新知识和新技能都抱有强烈的好奇心，很喜欢虚心向年轻人请教。比如拍照，他会实地请教摄影师，并上网看教学视频，学习拍照技巧，如何掌握角度、光线、色彩、构图等。不爱种花草的他，甚至也从零开始学习养株小植物，细心呵护。这些曾经不被他关注的生活中的点滴细节，都如同点点繁星，在他的日常生活中慢慢鲜活起来。

“我觉得我的各种互联网生活技能和各种APP的使用远远超过了我的那些学生，他们忙于工作，没时间研究。”彭淑牖有点得意地展示着他在各个APP上买的“宝贝”，如手持迷你电风扇、拆快递包裹的小刀、挂耳的小耳麦、剥水果皮的小工具等，各种生活用品琳琅满目。

“我最近还在微信直播购物里买了一点黄鱼鲞，质量很不错呢。”对于自己精心购买的商品，他颇感满意。关键是不仅便捷地解决了生活所需，而且节省了不少时间，他可以专心做学问。

运动一直是彭淑牖保持充沛精力的法宝，他酷爱游泳、打球。

他经常和学生们说，一定要培养一样运动技能。身体是革命的本钱，只有健康的体魄，永远保持旺盛的精力，才有资格去迎接来自各方面的挑战。如果百病缠身、弱不禁风、朝气不足、娇惯有余，怎么可能通宵干活、手术台上站十几个小时、背患者抬患者呢？没个好身体，患者没治好，自己先累倒了，最后反倒是要多救一位，这不添乱嘛？学生们在他的影响下，都热爱游泳，经常和老师在各种学术会议之余结伴游泳。

80 岁时，彭淑牖和几个学生一起到泰国参加一个学术会议。会议结束后，一行人到海边游泳。学生担心老师年事已高，不便下海，便委婉地说：“彭老师，我们几个比赛，您给我们当裁判。”

彭淑牖笑着摇摇头：“那不行，我当年可是游泳队的主力哦。”

他没接着说，这风平浪静的近海最适合游泳了。要知道他 9 岁刚学会狗刨式游泳时，初生牛犊不怕虎，就自告奋勇拉着 7 岁的弟弟在水流湍急的梅江支流扑腾了。现在还年富力强，怎么甘心在沙滩上当裁判呢？

徒弟拗不过老师，于是，师徒几人一起下水。开始大家还心领神会地在老师周围游着，一定要保护好老师的安全。彭淑牖当然明白学生们的用心，乖乖地游着。结果游了一小段，学生们纷纷露出水面换气，目之所及，却见不到彭淑牖的影子，一下子慌了神。

“咦，彭老师呢？”

“刚才还在我旁边呢，怎么一下子不见影儿了。”

和学生们一起畅游

“快快，大家分头看一下。”

学生们赶紧憋气潜水，没发现老师的踪影。就在学生们紧张得想喊彭老师时，彭淑牖在几米之外冒了头，又马上潜回水中。

学生们万万没想到，老师的体能还保持得那么好，水下憋气和游泳距离甚至超越他们。

学生们说每次看到彭淑牖，他总是笑眯眯地问："最近有什么创新啊？"他总是对年轻人说要活到老、学到老，要永远保持一颗青春少年蓬勃之心。

厚积薄发，才能大器晚成。有趣的是，他最重要的发明和700多篇论文，恰恰都是在60岁之后诞生的。"这也许可以给年轻人一些启迪，几十年对外科手术'完美方案'的找寻，终于让我得到了灵感的喷发。"

年届九旬，他依然每天工作十几个小时。业余时间，他全身心投入研究工作，改论文、审稿，他每天工作到晚上十一二点才休息。他的睡眠质量极好，一觉睡到天亮。每天还要学习英语，虽然他的英语水平已经远远超过了很多人。

没有疫情的时候，每个周末，他就变成了"空中飞人"，往来于不同的城市、国家参加各种学术会议。有时候刚做完报告，拎起包就匆匆赶去下一个城市。他自己制作、更新幻灯片内容，剪辑视频手术，为的是让后辈学习到最新的临床病例和学术进展。

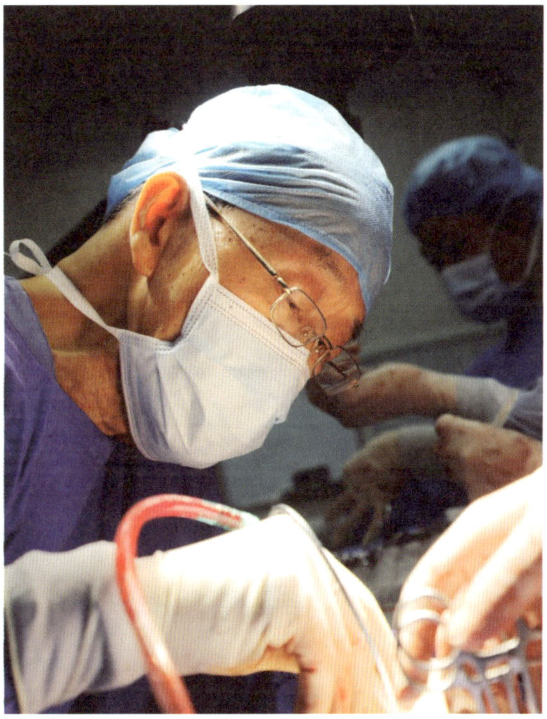
老骥伏枥

哪怕是这么长时间、高强度的工作，彭淑牖依然感到时间不够用："停不下来，总想着再多帮患者做点什么，再多为这个领域做点贡献。"

"我从没想过退的时候，即使我做不动，我还可以写，写不了了，我还可以说……"彭淑牖补充道。

彭淑牖作为专家学者有着严谨的一面，而在工作之余，他又仿佛是邻家一位和蔼可亲的老爷爷。徒孙们每次看到可亲可敬的彭淑牖，都会自然地围过来，视其为一颗明亮的星星敬仰着，积极地向他请教各种问题。彭淑牖每次都会尽己所能给他们解答，而且还会像孩子一样地配合小年轻们，摆各种姿势与他们一起尽情地嗨皮，毫无违和感。

他说自己是个老顽童，也是老"玩"童，喜欢和年轻人一起工作、一起休闲。

彭淑牖从小受父母和兄长姐姐的影响，痴迷音乐。在童年时期，父亲教会他拉小提琴、吹口琴，后来他又学会拉二胡。在"文革"期间，他在心情郁闷时会找一个没人的地方，拿着京胡拉上一首《沙家浜》。在悠扬激昂的旋律中，他忘却了自己经历的各种苦难，让思绪飘进沙家浜的芦苇荡，感受那股红色的革命力量。往事如烟，他时常回忆起那段特殊时期音乐带给他的力量。这两年，他又从零开始学习弹钢琴，时不时在家里用京胡拉名曲《二泉映月》，用钢琴弹奏《小夜曲》《茉莉花》等。其实，对于彭淑牖来说，业余时间里最享受的是一边翻看着医学书籍，一边欣赏贝多芬用生命的力量演绎的灵魂之作《第九交响曲》。

他尤其喜欢贝多芬的《第九交响曲》第四乐章的《欢乐颂》，这首曲子唱出了人们对自由、平等、博爱精神的渴望，体现了贝多芬与坎坷的命运作斗争，换取美好生活的哲理思想。

他说他这辈子一直践行着祖父的谆谆教导：荣神益人。他用自己毕生的努力，为更多人换取更安康、更美好的生活。

大师之路

〔第一篇〕

亲友

彭淑妥：阿牖哥哥是我的半个爸爸

彭淑妥，“彭家八小将”最小的妹妹，曾先后担任上海市虹口区副区长、虹口区政协副主席。

人间最美的感情便是人世的亲情。岁月如歌，如今回忆我与阿牖哥之间的手足情，仿佛昨日重现，泪水湿润了眼睑，那是留不住的岁月，忘不掉的手足之情。

我是家里的老幺，上面7个哥哥姐姐对我百般宠爱，父母更是视我为掌上明珠。小时候我体质弱，为了让我多吃点高蛋白的食物，哥哥们经常去树林里想办法打各种鸟，然后带回家让母亲炖汤给我喝。尤其是阿牖哥，他比我年长8岁，对我这个小妹妹格外呵护。有一次我调皮捣蛋，结果不小心从楼梯上摔下来，把嘴巴磕破了，父亲要给我缝针。我吓得哇哇大哭，阿牖哥心疼地搂着我，轻声地哄我：“妹妹乖，妹妹不哭。”结果我哭得更厉害了。最后，父亲没办法，说：“啊呀，不要哄啦，妹妹嘴巴疼，肯定要哭的。”就这样，母亲搂着我，阿牖哥拉着我的小手，让父亲顺利完成了伤口缝合。我至今还依稀记得阿牖哥当时看着我紧张又疼惜的样子，仿佛都要哭出来了。

我从小就是阿牖哥的小跟屁虫，虽然运动能力差，但是特别爱跟着他玩。那时候，我父母经常鼓励哥哥们出去闯荡，练胆子。“力牖觉”三个小哥哥经常去梅江游泳，阿牖哥就让我远远地站在岸边，看他们三个“扑通扑通”地跳进江里。特别是阿牖哥，游得最快，我就在岸边拍手欢呼。有时候，他们怕我一个人在岸边无聊，就给我在离岸好远的地方挖个小水坑，抓点江里的小鱼、小虾、小螃蟹，让我安全地玩儿。

他们三个人最牛的一次是从梅江上游坐着木筏一路顺着激流险滩漂流下来。他们说要是木筏翻了，就跳进江里游回来。我那天在下游一直翘首等待，当我看到他们的身影出现在江面上时，就使劲喊：“阿力哥、阿牖哥、阿觉哥。”三个哥哥激动地跟我分享一路上的惊险刺激情节。阿牖哥的游泳技术特别好，他曾经还在大浪滔天的江里救过人，我特别羡慕他的勇敢，可我就是不敢在水流湍急的梅江学游泳。

我一直到上了大学后才学会游泳，是阿牖哥在杭州的游泳馆教我的。我当时和他说，我要学那种嘴巴露在水面能喊救命的泳姿，于是阿牖哥教我仰泳。我当时学好后和他说：

彭淑妥（图中最小孩）与兄姐

"我先试一下，看看我叫唤时会不会沉下去。"阿牖哥笑呵呵地说："没事，我就在旁边看着，你尽管试。"于是我在水里乱喊一通，还真没沉下去。后来，我的生活就离不开这项运动了。

我对阿牖哥是很崇拜的。说一个小故事，我读初中的时候，有一次上语文课，遇到一个生僻字"牖"字。语文老师就问，谁认识这个字，同学们都没举手。我就说这个字读"yǒu"，窗户的意思。老师当即表扬了我："彭淑妥平时就爱读书，所以她就认得这个字。你们以后都要多读书。"而我呢，很不识相地举手："老师，不是我爱读书读出来的，因为这个字在我哥哥的名字里，他叫彭淑牖。"我对这个哥哥特别崇拜，我很喜欢这个"牖"字。

我这个阿牖哥啊，像我的半个爸爸。我在上海读大学的时候，他刚刚工作，收入也不多，但是他每个月都匀出一部分工资给我当零花钱。我那时候读书学费和食宿费都是全免的，开支也很少，但是我的零用钱是很富足的。

他每次来上海，就一定会到上海师范大学来看我。有一次，他为了给我个惊喜，没提前告知就来我们学校了。那天我们正在上体育课，他在等我下课的时候，看到有一个人在玩大铁环时摔下来了。看到我以后，他很紧张地说："我刚才看到一个同学从大铁环里摔下来了，如果受伤了，是很危险的，你认识这个同学吗？"

我看着他脸上那种关切的神态，很感动，就笑嘻嘻地说："那个人就是我呀，是我摔下来了。"听我这么一说，他一下子跳将起来，紧张得不得了。他让我站好，按着我的脊柱，一个一个地方细细地按下来，边按边不停地问："痛不痛？痛不痛？"这是我第一次见我沉着镇静的阿牖哥这么惊慌。

"文革"期间，物质很匮乏，我们在上海的生活很艰苦。阿牖哥就经常托开往上海专列的列车员给我带点杭州的茶叶、小核桃、鲜笋，还有连用配给票都买不到的鸡蛋等。虽然他自己在此期间也是备受煎熬，但是心里却一直惦记着我这个妹妹。他还教我剥笋壳减少垃圾体积的方法，就是把笋壳套起来勿让其散开。此法甚佳，我现在也是这样剥笋壳的。

哥哥把对我的爱也一样给了我的女儿，我甚至感到他对我女儿的爱超过了他对他自己儿子的爱。有一次，他看到我女儿一蹦一跳朝他跑来，他就跟我讲："妥妹，小晴很像你小时候跑过来的样子。"听他这么一说，我仿佛回到了童年时期，我每天在家门口的弄堂里眼巴巴地等他放学回来，跑过去迎接他的那一幕。那一刻，我很感动，哥哥还记得那么多往事。

阿牖哥对我们的真情是很深沉、很含蓄的。有一年，我女婿要做甲状腺手术，他本来就有晕血症，更别说做手术了。但是他对阿牖舅舅非常信任，他说："我要舅舅来，舅舅来我就放心了。"我的阿牖哥闻讯后，百忙当中安排出时间赶到上海，守在手术室门口。我女婿得知舅舅就在手术室外面，就非常踏实地接受了这个手术。

在阿牖哥 80 岁那年，正好遇到我要做胆囊结石和卵巢囊肿的手术，他专程赶过来陪我。本来医院说可以安排他进手术间观察，但是哥哥知道，按规定他作为家属是不能参加手术的，所以他遵从他们的规定，忐忑不安地在手术室外边等着。手术室里有他的学生邓贵龙，隔几分钟就发信息给他"麻醉好了""开始摘囊肿了""术中病理冰冻结果是好的""现在开始进行胆囊切除了""您放心了"……就这样全程跟他报告。

我不知道阿牖哥就一直坐在手术室外面等我手术结束。等我麻醉醒来睁眼看到的，就是哥哥在旁边握着我的手。我看到哥哥在，心里就特别踏实。我醒来后有呕吐，哥哥就安慰我："这是正常的，正常的，你放心，一会儿就好了。"只要他在身边，就像定海神针一样，我们都不慌。

哥哥知道我 60 多年都没有回梅州了，正好有一次他在梅州有一个手术会诊，于是他就安排我和我先生同行。到了梅州，他忙他的手术，我们俩就去寻根了，可是我怎么也找不到以前住的地方了，原来我们住的地方已经变成宾馆了。第二天，哥哥抽空带我们到凌风西路，最早的培元医院的旧址。哥哥指着巷子上边的一个窗口，说："妥妹，你看那个窗口，就是你出生的那个房间。"他边走边跟我一起回忆，从巷子后边穿出去到了梅江桥，他朝着桥边的一个地方说："那就是你小时候跟着我们一起玩，看我们游泳的地方。"这些回忆真是非常甜蜜。

阿牖哥非常重情，这又让我想到一个沉重但温馨的小故事。我的小哥哥淑觉因为心脏血管闭塞严重，之前放了很多支架，但是周边的小血管也有很多闭塞，无法再做手术，他也意识到了这个问题。2014 年，小哥哥一过 80 岁，就下决心要来上海、杭州。

彭淑妥和阿牖在家乡梅州

我事后想起来，可能这里是他读大学的地方，他要和我们做一次告别。我陪着小哥哥去了他的母校——上海第一医学院，然后又到杭州，阿牖哥带着他去检查心脏。

之后，阿牖哥语重心长地叮嘱我："妥妹啊，你现在可不能让阿觉哥像以前那样发力走路了，因为他的心脏实在缺血缺得厉害，一定要慢慢走，慢慢走。"

我听了心里很难受，遥想到当年阿牖哥去英国留学前，大哥淑干组织我们在国内的几个兄弟姐妹带着家人一起来杭州与阿牖哥相聚，为他送行。我们一群人从天南地北浩浩荡荡齐聚杭州，然后又游览黄山。我至今记得阿觉哥牵着我的手奋力登百丈崖，那个时候他多有力啊。

我掩饰着自己内心那种无可奈何的悲怆，和阿牖哥一起陪阿觉哥上龙井山的茶庄去喝茶，然后我和小哥哥一起回到上海。没想到第二天，阿牖哥这个大忙人居然安排了 3 天时间到上海来看我们，这次是他前所未有地因私原因来上海的。他到上海一般是开会、会诊、开刀，每次我们都是匆匆见一面。

这 3 天，我们兄妹仨形影不离，一起唱歌、畅聊，回忆往昔，度过了终身难忘的 3 天。后来，我陪阿觉哥回到唐山，没多久，他就去世了。我想他是带着这份美好的兄妹情谊告别人世间的。

阿觉哥去世后，阿牖哥到美国参加外科学院院士大会时，取消了原计划中一个重要的行程，飞到洛杉矶去看我二哥淑锐。因为他也感到兄弟手足见面是一次比一次珍贵，他宁可放弃一些重要的活动，也要再见哥哥一面。想到这些往事，我感到非常温馨，但是也有一点沉重。现在我们8个兄弟姐妹，就剩我和阿牖哥两个人了，其他几位都因各种原因离开了。

人老了，就经常会想起很多陈年往事，也倍加珍惜每一次的相聚。

阿牖哥曾和我笑谈，他去了英国之后，住在大姐淑兆家里。兆姐作为一个学者，不仅严格要求自己，而且对阿牖哥亦是如此，每天早早地就把阿牖哥给“轰出”家门。阿牖哥说他每天去医院的路上，要在寒风中行走好长一段时间。大姐看到阿牖哥的悟性特别高，经常给他介绍一些业界同行认识，开阔他的眼界。阿牖哥非常努力，在英国的医院从开始不被待见，到后来备受尊重，他用专业实力令国际同行对他刮目相看。

彭淑安和阿牖在西湖泛舟

后来，二姐淑意和小哥淑觉也先后去英国深造。意姐到英国后，不仅要学习，还要花很多精力照顾父亲，因为大姐不谙家务事。阿牖哥就每天把医院里学到的内科知识和二姐分享，帮她补课。意姐说幸亏有阿牖哥相助，她后来的毕业论文也是阿牖哥一起帮忙修改完成的。在阿觉哥去英国前，阿牖哥就有意识地接触放射科的医生，学习了很多放射学知识，并用心物色适合阿觉哥深造的医院。兄弟俩回国后还一起做了不少学术研究，如介入治疗方面。

阿牖哥还用针灸治好了英国一位退休警察的关节痛，那个警察非常感激，说要免费教阿牖哥学开车。

阿牖哥和阿觉哥感情特别好。我记得1976年唐山大地震的时候，我们都担心在唐山工作的阿觉哥，四处打听无果，真是心急如焚。后来几经周折，终于得知阿觉哥平安无恙，我马上把这个平安的消息告诉阿牖哥，他含着热泪拿起小提琴拉了一首曲子。

阿牖哥和父亲一样，兴趣爱好特别广泛，吹拉弹唱样样精通，体育方面更是，稍

2016 年 8 月 14 日，彭松家族子孙相聚在广州（彭淑妥供图）

微学几下，他很快就能上手。我觉得他有一种钻研精神，会在一些表面看起来毫无关联的事物之间找到其内在的联系，举一反三，融会贯通，所以他的手也特别巧。

阿牖哥还有很强的号召力。2016 年 8 月 14 日，哥哥邀请部分亲人在广州一聚，结果全国各地包括香港的亲人齐聚一堂，老老少少来了有 78 人。我们为此特地买了一个手提广场扩音设备带去！真的值得怀念的聚会！我们把那一场聚会取名为“彭松家族世纪之约”。

虽然我和哥哥年岁已高，但我多么希望自己还是当初那个穿着白色连衣裙的小女孩，在培元医院门口的凌风西路弄堂里，等阿牖哥放学归来，手牵手一蹦一跳地回家……

彭荣光：他是彭氏家族的荣耀
——我的堂兄彭淑牖

彭荣光，彭淑牖三叔彭致堂的小儿子，彭淑牖堂弟。

祖父母生育有五子——永恕、永慕、永舒、永诺、永瑞，和一女——永顺。我是永舒公彭致堂的小儿子，1946 年生，1964 年知青下乡，曾任广东省韶关地区公安局刑侦科法医、韶关市第二人民医院内科主任兼医务科副科长、深圳市龙岗中心医院信息、病案（质控）科科长，2010 年退休（后续聘多年）。妻子刘卫英同在该医院工作，任护理部主任。

天行健，君子以自强不息

祖父曾在教会学校就读，是客家首位基督教牧师，终身奉献给了教会。祖父严格要求每个子女在读完旧制中学后，都先从事教师或其他工作，积备升学款项，做苦学生，要有立身技艺。择业要求是医师、教师、工程师等慈善利民职业。

祖父喜习诗经，善诗文，告诫子孙要和睦相处、妯娌互敬。曾留下诗文："同气连枝各自荣，些些言语勿伤情，一回见面一回老，难得几时会弟兄。"

祖父子孙繁衍，悉数出外求学，散落国内外，精英辈出。

学以致用彭氏家族，不待扬鞭自奋蹄

祖父的 5 个儿子均在教会、福音医院习医，女儿是潮汕海丰助产学校首届毕业生，曾在梅州设妇产科诊所。

祖父长子永恕本可从事医学工作，为照顾父亲退休起居，留在海陆丰五云洞任道济中学教员。各位兄弟共同集资，购地建屋，铺路修渠，筑墙挖鱼塘，建一西式楼房，取名"受托围"，是父亲养老及兄弟聚会场所；亦可事农耕，教育子孙爱劳动的良习。

祖父其他 4 个儿子均从事医务工作。先由次子永慕在广东嘉应（梅州）开设培元医院，并先后协助 3 个弟弟各在梅州丙村镇、松口镇、新铺镇开设培元医院，业务均

为夫主内科、儿科兼小外科，妻则以儿科及妇产科为主。在那个年代，当地诊所以中医、草药治疗为主（我父亲是当地拥有医学业务执照的三人之一）。

培元医院以西医为主体，在当地独树一帜。因服务尽责，科普卫生防疫等知识，德艺双馨，在当地口碑甚佳。我听闻父辈兄弟常回祖父家探望，亲情甚笃，为建祖居，各尽所能，出资多少不较，从而使祖居能很快建成。

有忠孝报国情怀。在抗日战争时期，二伯父曾编纂《战地服务——实用救护学》等科普书册，父辈们多次救治伤病员。我父亲因救治抗日游击队员被追捕，为避险而远走泰国，后被抄家，没收全部医疗设备，父亲因而送三个女儿参军，加入解放战争。新中国成立后，父亲回国再次开设培元医院，因地方政府办联合诊所，就将所有医疗设备毫无保留地捐赠给政府，同时把房屋也无偿借给联合诊所。

父辈们亦常帮助侄辈们的生活学习，鼓励长进成材，支助外出读大学费用，或将侄辈们带进医院学医疗、护理技术，使之有一技之长。有长辈们谆谆教诲，各自历经磨练，自珍自爱的彭氏家族更为励志图强。

上善若水，水利万物而不争

祖父母生育五子一女，子孙繁衍，散遍国内外，精英辈出。为省篇幅，以下记录孙辈简集概况（曾孙辈多在国内外求学就业，此处不述）。

祖父之五子，均养育成长，出生年最长者是1916年，最小者是1948年。子辈再育孙辈，合计已42人，其中男20人，女22人。

尊祖示职业选择：

（1）医学界类：28人。

内科（血液、内分泌、心血管、神经内科）＋外科（普外、神经外科）21人；

影像学、防疫、妇产、儿科及护理专业7人。

（2）教师及行政管理：9人，其中飞机师1人、航海1人。

（3）机械工程及经济管理：经济管理师2人，测绘师1人。

以上均以彭氏孙辈计算的人数，其各配偶多为同类别职业，不另记录。

各有成就，业绩斐然

执医治病救人，教学育人成才，政务管理尽责。所有学科也像一树一树开花，潜心励志，不待扬鞭自奋蹄。我们这一代也激励下一代子孙辈，为彭氏宗族当自强。

兄弟姐妹们各有成就，业绩斐然，甚有载誉世界行业者。因子孙外出定居，为帮助祖屋居地学生营造学习场所，把兄弟出资建造的祖居经自行出资修缮后，连同生活活动场地无偿捐赠给当地政府办小学场地。

彭家子孙记录了一份厚重的篇章，其中在国内外医学界有崇高声誉者，祖国召唤、主动参加革命有贡献者，业绩突出被委派为地方行政领导者如下。

（1）大伯之长子：上海医学院毕业，被征调参加抗日队伍，参加抗美援朝战争，任手术队队长；参加中国人民解放军，回国后曾任某医院院长、党总支委员等职。

（2）大伯之四子：云南医学院六年制本科毕业，支援西藏建设，从事医疗工作，任某医院副院长兼外科主任。

（3）二伯之长子：上海医学院六年制本科毕业，应召赴朝参加抗美援朝战争，回国后随解放军 511 医院赴新疆支持石油基地建设，任外科主任。

（4）二伯之长女：在英国取得医学、哲学及病理学博士学位，于英国皇家肿瘤研究院工作，致力于肿瘤相关研究，取得了重大成果。

（5）二伯之三子：曾在苏联学习，在全国总工会工作，后被派参加中苏联合攀登珠穆朗玛峰登山队，任俄语翻译；1958 年被选为登珠峰探路侦查主力，1960 年制定登山方案；1975 年参加首次中国珠峰登顶主力队，因配置氧气不够，将自己的氧气瓶让给他人，并照顾一名高原反应的队员，他本被排第二名冲顶，因一些原因，在距峰顶约 150 米留下……2019 年 10 月底，央视拍摄组为纪念登珠峰 60 周年拍摄《攀登者》纪录片，拍摄组多次采访他，采访次日，溘然辞世，拍摄组感到震惊，急发唁电，随后专程前去并以拍摄组名义设置灵堂悼念。

（6）二伯之四子：被授予美国外科学院、英国皇家外科学院、欧洲外科学院、法国外科学院荣誉院士，在国内多次获得国家级奖项。

（7）二伯之三女：上海师范大学毕业，工作后因业绩突出被提拔为上海市虹口区教育局局长，后任虹口区副区长及区政协副主席。

（8）父亲之长女、次女及四女 3 人：均参加中国人民解放军，后长女、次女分别在海军 423 医院、广州陆军 157 医院任军医，四女在解放军总政八一篮球队、八一体育工作大队训练处工作。

心存忠义，报效祖国

父辈子女的学业及职业以医卫、教育及机电工程类为主。在学习、工作期间，适遇新中国百废待兴、国家经济困难时期及组织整改。理解一些社会问题，克服困难，心怀祖国，学好用好专业技术，是每个公民应有的爱国情怀。

学以致用，潜心励志，为祖国富强多做贡献。我们这辈代，大部分专业人员具有高级专业职称，在高等院校多被聘为教授、学科主任、高级教师、医院院长等，五叔的小儿子在深圳市曾在多所中学任校长，颇有建树。

这辈代的子孙们，许多在国内外高等学府就读或已就业，是铸造彭氏家族的力量延续。

营造好家族亲情的氛围

祖父遗训要我们和睦相处，敬畏人格规训。家族人散居各方，但血脉相连，虽远而不疏。大伯之四子及二伯之长子生前与我常有书信联系，赠寄自编书籍及家人照片，较相近的四叔的小儿子及五叔的儿女及子侄亦聚会安有。

我家兄姐们虽居各地，亦能相互关照。我参加中山医科大学学习班和全国内科消化专业班一年，在孙逸仙纪念医院上班进修期间，常周五下班后到姐家吃晚餐，帮做菜等，回院时姐常放好食物让我带回……

诸多常事体现了家族亲人们的德行与修养。进入互联网时代后，家族亲人们可通过视频联系，组建家庭群聊。每天聊些社会人文轶事、地理景点、饮食推荐及国内外新闻动态，既传递了正能量，又拉近了大家的距离。

已知究其未知，知知善其未知，谓之学无涯者

淑牖兄在我们兄弟姐妹中被视为标杆式的榜样，他的家国情怀尽在行动中。他博学睿智，为救治患者殚精竭虑，学以致用，解决难题能从层次及不同角度去分析，从实践中找出存疑之处，以患者为中心，运用医学、哲理，去分析、去改革。敢走前人没走过的路，锐意创新。就像他常说的：“患者是医学天地的核心，我们的一切努力都朝着它，我们的全部工作都围绕着这个中心而运转。”从实践出发，把“七刀八剪”变革为集电切、电凝、吸引、剥离等于一体的彭氏多功能手术解剖器，将高难度手术革新为常规手术。因而，国外医学界为之震动，赞誉为“彭氏刀”。这个革新方式也被运用于腹部多脏器手术，并推广至甲乳、骨科、五官及神经外科。这是医学界划时代的进步。

胰腺手术发生胰漏是一个世界性难题。胰漏问题长期困扰着世界医学界。淑牖兄潜心析辨，殚精竭虑，他根据液体的动力学特点，考虑到胰十二指肠吻合因胰肠连接的针孔易发生胰漏，而在实践中设计新方法，依据肠腔管状形态，将空肠断端分层，将外层外上翻，再将胰腺残端套入肠内缝合，然后外层翻回复位再施行捆绑术，从而消除了胰漏之虞。困扰了60多年的难题得到了有效解决，再次引起国内外强烈的震动，被称为“国际标准”术式。

成功是努力和来源的结果。勿以善小而不为，勿以繁简论医术。治病救人没有最好，只有更好。

淑牖兄无所畏惧，宠辱不惊，不计较得失，不争功利，心存忠义，一身中华风骨。鲐背之年仍站在手术台上。报效祖国，为民造福，是彭氏家族的骄傲！

淑牖兄常思念亲人，多年前在微信群邀约彭氏家族各辈代亲人聚会，各处亲人云集羊城，称之为“彭松家族世纪之约”。有一次，他去梅州办事，亦邀请在梅州的亲人聚会，并专程驱车到松口祖父公墓前拜谒。2019 年，他到深圳参加学术会议，和在深圳的亲人们及国外留学来深圳的孙辈们共欢。我携带女儿、女婿及孙女前往。女儿及女婿均在我工作的医院上班，女儿文君是心血管内科医师，女婿是神经外科医师，均取得高级职称，都是医院专业技术骨干。女儿说他们甚为敬仰淑牖伯的治学实干精神，女儿更加扎实工作，积极参加国家级考试，被授“中国心衰中心认证专家”称号。他们表示要向长辈们学习，励志奋进，做一个人民的好医生。

丘希仁：梅江养育出来的人民好医生

丘希仁，原中国科学院成都科学仪器中心主任，彭淑牖外甥。

这是我一直珍藏着的淑牖舅与我游江的老照片。少年的淑力舅，带领着他的牖弟妥妹和我下江戏水的情景。

童年时期，力、牖舅和妥姨三位（牖舅抱着我）在梅江游泳

牖舅品学兼优，有着坚强的意志和强健的体魄，是梅州路人皆知的浪中高手。

他不愧是梅江养育出来的人民好医生！

想必牖舅能够忆起抗日战争年代外公组织“梅县救护队”的急救箱（其中一个药瓶还有“梅县救……”的字迹）。

这个急救箱是在我妈妈住的旧宅面临拆迁时，弟弟希文让我去整理旧物时发现的。兄弟中只有我知道它的来历：抗战时期，我父母由广东转辗入川，外公赠给他们，带着它来到华西协合大学读医。

这些物品背后的故事，妈妈曾经简单地给我讲过一些，还看过外公救护队训练的照片，这些老物件彰显和佐证了外公的爱国抗日之心。这些故事或许牖舅会更明了。

当年的急救箱和药瓶

代代相传，我的孙女丘紫笑也已 12 岁，即将升入初中。期望她可以学习和传承前辈的优良品质！

黎晴：牖舅推开的那扇窗，让我看到满天繁星

黎晴，彭淑妥之女，目前定居在美国旧金山。

在彭氏家族微信群里，我是个默默的潜水员。群里各位大医生时不时分享科研和专业心得，我是个外行，就只是追星一样追舅舅的工作动向和照片。在生活中，我则是舅舅最宝贝的外甥女，自豪满溢，因为我妈是他最宝贝的妹妹。

母亲是外婆外公 8 个孩子中的老幺，从小就是在父母和兄姊的关爱下长大的。她读高中时，是刚新婚不久的大舅舅和大舅妈的大灯泡；在上海读大学，则是牖舅资助的。虽然那时牖舅自己也刚刚工作，母亲当时学费全免，但其他所有开销包括零食，都是牖舅给母亲的。他是母亲坚强而温暖的后盾，让妈妈可以在上海心无旁骛地学习。我妈妈在实习期间受到了好评，毕业后得以留在上海工作，这无异于给妈妈开了一道通往美好未来的门。

我能听懂客家话，都是"夜校自学"的，其中一半则是舅舅的功劳。舅舅只要有机会就会来上海看我们。晚上，他们兄妹俩低声聊天，我管我睡觉。但有天听到他们说到我，便竖起耳朵来特别关注了一下，我发现我居然听懂了！虽然有点小得意，但我也知道，舅舅来看我们所花的时间和精力，他和妈妈一起给我营造的这个语言环境，是关键。

我还小的时候，舅舅来上海看我们，无论多忙，每次都会坐下来听我拉琴，兴致高的时候，也会拿过琴亲自拉几下。不管我拉得有多刺耳，舅舅都会用鼓励、欣赏的目光看着我，静静地听。这个"传统"延续到了下一代。舅舅来旧金山参加美国外科学院年会，会议安排得很紧凑，他居然抽出时间去老师家旁听我儿子的课，静静地听他拉琴。我不知道他听我们拉琴时在想什么，但我知道我自己常常会想起小时候学琴的一些小事，想起深夜为我抄谱、陪我练琴的父亲，还有听我拉琴的舅舅以及他对小辈的耐心和鼓励。

能与舅舅来上海看我们的快乐比肩的，是去杭州舅舅舅妈家小住。相对于我们在上海只有 10 平方米大的家，舅舅家虽然也不大，但在我的感知中，那就是游乐场般

的存在，水泥地、木楼梯，还有个公用天台，都是我玩耍的天堂。早上走到天台，可以看到晨曦中低调、柔美的青瓦灰墙，午间在习习穿堂凉风中瞌睡；晚上吃完饭，听家人聊天；我和表弟窜来窜去，发人来疯。我还喜欢黏在舅舅身边看他处理食材，他会给我看鱼鳃，讲解鱼泡的作用，还指给我看甲鱼的心脏。

喜欢杭州的不止我，舅舅杭州的家几乎成了亲戚们的集散地。回头想想，在物资缺乏的年代，这是多大的担当！妈妈说他们8个兄弟姐妹从来没有在一个屋檐下聚齐过，最多的一次，是5个，浩浩荡荡拖家带口的十几个人，在杭州，在牖舅家。舅舅舅妈倾心照顾我们，记忆中那次聚会，除欢声笑语（当然啦，我在小辈中是唯一能听懂客家话的）外，还有就是夕阳余晖下踏着黄鱼车，载了200多斤西瓜出现在弄堂口的牖舅。

牖舅从来不是外向、侃侃而谈的，但对我们的关爱甚至宠溺都是细雨般温润而周到的。我妈妈手术，我先生手术，他都全程等在手术室外。后来他们说，被推出手术室第一眼就看到舅舅，让他们都安心无比。妈妈更是说，舅舅是她的定海神针。

这定海神针不仅在海底，还在互联网上。妈妈去做白内障手术，术前一晚她拿着手机给我看："你舅舅，我哥哥，微信给我转了个大红包啊！我不要，他说一定要收下，

2014年在美国旧金山（黎晴供图）

彭淑牖在欣赏黎晴爱子拉小提琴

是他的祝福。哎，有哥哥真好！”脸上的笑容根本不像历经人生 80 年的老太太，更像一个在小朋友群里炫耀的傲娇小公主。

现在在疫情相关的报道中有很多老年人不会用手机，但 90 岁高龄的舅舅完全游刃有余。有次妈妈微信问我，她收到了快递的虾饺，是不是我下单买的。我一脸糊涂，后来“破案”了，是舅舅觉得好吃，就在网上下单给自己妹妹也买了几份。之后，舅舅还在微信直播间里下单买了妈妈最爱吃的大闸蟹，往后收到食品妈妈就不再问我了，一定是舅舅买的。舅舅平日里工作安排得满满当当，但是他心里总惦记着自己的小妹妹，再忙也要挤出一点时间给妹妹张罗一点她爱吃的东西。他还常与我们分享歌曲和乐曲，我最近想挑战自己，开始跟着课程学涂鸦，于是舅舅在百忙之余发给我绘画教学小视频。

我父亲和舅舅的关系也相当亲近，有次他出差去杭州，回来后带着两个大饭盒的油炸臭豆腐。我和妈妈捏着鼻子问哪里来的臭味，爸爸像献宝一样展示给我们看，说：“这是你哥哥送我的，因为我说你爱吃。”妈妈惊呼：“牖哥上当了！我又不吃臭豆腐的！”我暗地里想，那么亲近的舅舅，要么感慨自己妹妹口味变了，要么就是知道但不点穿爸爸，爱屋及乌呗。

爸爸写得一手好字，舅舅来上海，一有时间还会和他一起研究字帖。妈妈说，舅舅是她见过最好学的。我也记得开车和舅舅过金门大桥，舅舅看了一下车的表盘，再拿出手机看了一眼时间，我以为他要赶去哪里，他说他就是想知道当时的车速，看一下经过大桥要多少时间，这样多几个侧面数据，比死记硬背桥长更不容易忘记。

说到桥，我想起妈妈告诉我的一件事。她说舅舅年轻时有次要去郊县给患者动手术，结果下雨发大水了，摆渡船都停止服务了，舅舅居然游泳游到对岸，及时给患者治疗。还记得有一天妈妈非常紧张，几乎属于半哭状态，才知道舅舅在出去看诊的路上摔到了干涸的河床上，把腰摔坏了。妈妈特别担心他伤到脊椎，万幸舅舅后来慢慢康复了。妈妈和我说，舅舅不拒绝患者，在各种环境条件下，他尽力做很多手术来帮助患者，为患者负责。于是，我也把这些故事讲给我的孩子们听，让他们也学习舅公的敬业精神，不计较工种和工作量，积累经验，在各自的领域踏踏实实进步。

舅舅对患者的关心，我是亲眼见过的。有天晚上舅舅带我们出去吃饭，按平时舅舅会全程陪着我们，但那次他让我们自己在景区里走走，他需要去看一位患者。我说："哇，那么晚，舅舅还要去医院啊？"舅舅带着浅笑，说那位患者第二天动手术，有点紧张，所以他去看看，安抚一下，让他能睡个好觉。妈妈看着我，下巴向上点了点，说："不光是我，对吧，你舅舅就是定海神针。"

是的，舅舅是妈妈的定海神针，也是我们的楷模和榜样。他 90 岁高龄还在手术台上治病救人，还编写专业书籍，还在和"彭家军"一起为医学做贡献，我还有什么理由不努力呢？

20 岁那年，我第一次出国远行，从上海出发，在火车上自觉只身孤影，对前程忐忑不安。火车在杭州站短停，月台上我看到舅舅朝着我小跑过来。我很想和舅舅说其实我有点怕，但看到他鼓励的眼神和低声的叮咛，我就不再紧张了。

火车要开了，在汽笛鸣叫声中，舅舅搂住我说："努力！ Be safe and good luck，小晴！"在我额头印了一个吻，印入他的祝福和疼爱。于是，他为我打开了一扇天窗，满天星斗，陪我勇敢向前，至今，致远。

彭报春：我的父母亲

彭报春，彭淑牖的儿子，经济学博士。

自小我就看到父亲工作忙碌。他常常需要工作到很晚才回家，或在下班之后，又被叫出去做手术。母亲在浙江医科大学任教，与父亲一样辛勤地工作。父母亲在家里的时候，就记得他们各自在书桌前，在一杯清茶、一大堆我看不懂的医学书籍的旁边，读着、写着。

父亲去英国进修时，我还很小。那天，母亲带着我，在火车站外与他挥手道别。这一幕我一直都记得。在那个年纪，对于将要有一段时间见不到父亲这件事，是似懂非懂的。父亲在英国进修了5年多。就我那时候的感受而言，5年是一段很长的时间。在这段时间里，虽然没有机会亲眼看到父亲在英国的各样努力，但却见证了母亲在努力工作的同时，也在为这个家辛勤操劳着。

母亲为我的学习付出了许多心血。她自己从小就成绩优异，在医学院上学的时候更是如此。她在专业之外，也有广博的知识与才能。假日，她带我去风景区游玩时，会娴熟地讲述各样古迹后面的历史渊源。母亲对书法很熟悉，写的字也很清秀。

母亲是医学统计学教授，对于学习，她十分强调专心的重要性。她多次讲起在她自己的学生时代，同学们是如何训练在嘈杂的环境中专注读书的。到我参加升中学考试的那天，母亲与我一起来到考场门口，她目送我走进考场，眼中满是关注。

父亲完成在英国的进修后，母亲去了美国进修；之后不久，我也和父亲一样，出发去英国。离开的那天，父母亲与我一同去车站。在站台上，随着缓缓开动的火车，父亲边跑边挥手，他的身影一直都印在我心里。

那次一别，又是另一个5年。再次回家时，我已经开始读大学了。我学的是经济学，先在伦敦政治经济学院取得硕士学位，之后进入牛津大学，2003年取得博士学位。接着前往圣安德鲁斯大学工作，继而转往曼彻斯达大学执教。为了能就近照顾年迈的双亲，我于2012年转往香港理工大学执教。父亲的专业世界，对我而言，一直像隔着座山。而父亲在学问上的潜心钻研、醉心探索，多年来从没有改变过。我记得当年他努

2006 年父亲被评为英国皇家外科学院荣誉院士时，彭报春陪同父亲到英国格拉斯哥领奖

力学习英语的时候，那些一抽屉一抽屉装得满满的、他一直坚持聆听的卡带。我也记得那个年夜，父亲与我讲起了各种各样打结的方法。他说得兴致勃勃，因为对他而言，那不只是他的专业技能，更是他一直在不断摸索、尝试改进的东西。他的这种敬业精神，感染力是很强的。

后来我在国外，不常有机会在父亲的身边，是母亲在他身旁默默地支持着他的工作。2006 年，父亲获得英国皇家外科学院荣誉院士的时候，我与他一起去英国格拉斯哥领奖。那时，看着那些英国的资深医生把教室坐得满满的，聚精会神地听父亲讲课，不禁又想起了小时候那许许多多个夜晚看到的在灯下全神贯注钻研着的父亲，想起了他与母亲多年不懈的努力与辛劳。

我从父母亲的榜样中看到，天赋与能力，是给人的托付与使命，是需要以专注与热情去辛勤培育，以造福于人的。

代代相传，我的女儿彭悦恩也已 12 岁，即将升入初中。期望她可以学习和传承前辈的优良品质。

2009 年，彭报春与父母亲合影（摄于广州）

幼年的彭报春与父母亲

彭报春和彭悦恩

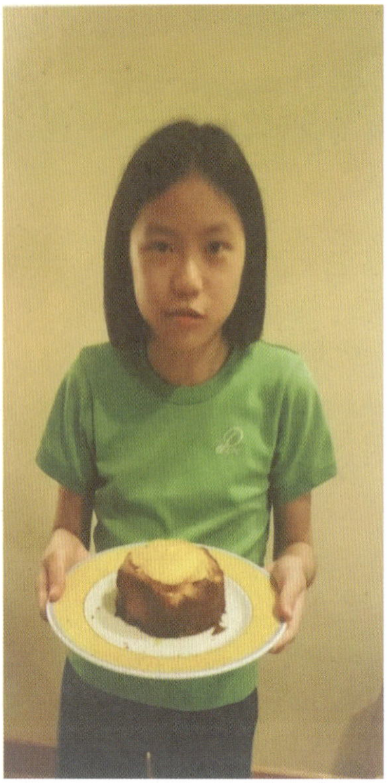

彭悦恩自制蛋糕敬祝祖母生日快乐

〔第二篇〕

大师之徒

学生

（以姓名拼音为序）

白明东：难忘师生情，难舍同学谊

——忆我的浙大岁月

白明东，主任医师，四川江油市第二医院外科主任。

近期接到浙江大学医学院附属邵逸夫医院蔡秀军院长的短信，说他们在写彭淑牖老师和“彭家军”的故事。作为“彭家军”的一员，这个条短信勾起了我美好的回忆。

彭淑牖教授和白明东

初　见

1999 年 9 月，我考入浙江大学医学院攻读博士学位。入学后不久，一天早上 8 点多，我的师兄陈晓鹏和史留斌一起来到位于杭州解放路的浙医二院门诊部大楼见我们的导师彭淑牖教授。门诊楼楼高 5 层，楼后有一片面积不大的小树林，林中竖立有浙医二院外科前辈余文光教授的铜像。

彭老师的办公室在四楼，过道两侧是一些实验室，楼道很陈旧，通向办公室要经过一道钢栅栏。我们在栅栏外等候，因为是头一次来医院，第一次面见导师，大家比较紧张，四处张望，心神不定。

按照约定，大约 9 点，大家忐忑不安地轻敲办公室门，彭老师开门，笑吟吟地把我们仨让进房间。房间不大，陈设简陋，凌而不乱，一张不大的书桌和上方顶头的简陋书柜、一张行军床。密密麻麻的书籍和资料，见缝插针地堆积在各处，房间散发特有的纸墨味，霎时让人感受到一种浓厚的学术气息。

彭老师轻声让我们坐下，他将转椅调过来，面对我们。老师中等个头，不胖不瘦，皮肤白净，戴一副圆边眼镜，精神矍铄，儒雅干练，不像近 70 岁的人。"他多么睿智啊！"我心里这么想。

老师和我们简单寒暄后，一边递茶，一边问："初来杭州，你们的住宿条件好不好？现在正是最热的时候，有没有空调？"他讲话语速稍快，随和，轻声细语，普通话略带南方口音，听起来很亲切。一番言语，拉近了师生距离，我们感觉放松不少。得到回答后，老师说："条件是差一些，北方人到杭州总感觉有些不适应，像进了蒸笼，特别闷热，要多冲凉，多喝水，这几天还不太忙，正好有时间准备凉席和风扇。"老师指着我说："学校食堂吃得惯吗？医学院学生本地人多，食堂都是杭帮菜，主食主要是大米，西北人主要吃面食。"老师又说："饮食上面还要多克服一下，习惯了慢慢就会好一些。"他转头对着坐在旁边的晓鹏和留斌："你们俩可能会好一些。"

随后，他询问了我们各自的学习与工作经历、研究基础等情况，表示欢迎我们来到浙大做他的学生，但要我们一定要有思想准备，因为博士研究生的工作和生活并不轻松。温馨的氛围中，透露出老师简约而又不简单的学者态度，流动着他干练而又闪烁着思想光辉的智慧话语。

彭老师介绍了教研室秘书范明敏老师，说如有困难，可以联系范老师，也可以直接找他。还说，我们的师兄刘颖斌就和我们住在同一栋楼，他比我们高两届，许多情况他比我们熟悉，有事情也可以找他，已经嘱咐过了。

果然，后来我们有很多事情得到了刘师兄的帮助，包括我自己的课题和生活，有几次他还请大家去喝美味的羊骨头汤。行文至此，似乎仍然能闻到热气腾腾的香味，虽然他那时也只是拿微薄的博士津贴，家中还有妻儿。这是后话。

彭老师当时就已经是中国外科学界的泰斗巨擘了，他的名字如雷贯耳。他朴实无华、学养深厚、思维敏捷，是我们后辈终身仰视的大家，有幸听到了他的亲口教授，实乃不易，并终身难忘。

23 年过去，虽然那栋旧楼早已拆除，但是对我来说，当时的场景仍历历在目。

挂　历

老师办公桌顶头书柜上挂着一幅挂历，上面用圈圈勾勾标注了每天的日程，密密麻麻写满了整个挂历，包括每天的手术、研究生的指导、外出参会和讲学、外出会诊和手术。老师每天提前半小时来到医院，白天站四五个小时做手术，晚上10点他办公室的灯依然亮着，周六和周日也是如此，像钟表一样准时和不歇。彭老师作为我国著名肝胆外科大家，西至新疆，北到东北，南至粤桂，祖国到处留下了他讲学和手术的足迹。他多半时候一下飞机并不回家，而是直奔医院。那时他已是望七之年，走路还是步履矫健，神采奕奕，无论再忙再累总是毫无倦意。我一直纳闷，一个人怎么会有那么多精力啊！有人说一是基因，二是乐观，大概此言不虚吧。

月　饼

读博艰苦吗？老师一直跟我讲过读博是艰苦的。对我而言，中年读博更是如此。我读博的时候，儿子刚满3岁，而我独自在外，有时会碰到一些痛苦的问题。有一年中秋节，我独自待在宿舍，特别想家，加上课题“捆绑式胰肠吻合术的实验研究”久久理不出头绪，心中十分烦闷。

下午，刘师兄拿了一盒月饼来到宿舍，刘说：“中秋节了，彭老师买了月饼，叫我送给你们，彭老师有事就不来看你们了，吃了月饼就不想家了……”

我真的好感动！多年过去了，许多事情消失在记忆的长河里，但至今我也忘不了彭老师的月饼之情。

修改论文和文章

撰写大论文本身虽有潮起潮落，但总会归于平坦无波，然而记忆深处那些温暖的往事，无论如何都是值得纪念的。

老师不只有炉火纯青的手术技艺，他的中英文字功底也十分了得，还有异乎常人的超强大脑和远见，你不得不佩服他的功底和记忆力，而这些功底和禀赋停落于学术方面，执着于某些具体问题时，便是老师教导我最重要的东西，即传统和细节，看似平常，却也醍醐灌顶，甘露洒心。

在指导我写博士论文时，老师强调：“论文传统的样式有其固有的道理，题目新颖、大纲规整就等于论文完成了一半，论文大纲应紧扣主题，抽丝剥茧，层层推进；论文写作过程中，集中说明一个问题，把这个问题说深谈透了，与问题无关的就不再涉及。还要注意两点，一是章与章、节与节之间需要过渡，论文才能浑然一体，二是提炼标题，标题应当凝练、贴切、醒目。句与句之间要有过渡和逻辑性，读上去自然润滑。”他又是个讲究细节的人，当我翻开他返回的稿子时，发现他连我文中的病句、错别字、标点符号使用不当都一一标出了，诸如胰漏的发生率等的数字也都修改和标注得清清楚楚。

一语点醒梦中人。在撰写过程中，我遵循老师提出的要点，在修改中完善、在郁闷中增补、在痛惜中删减、在醒悟中校核、在恍然中调整，黔驴技穷时在西湖畔溜达，写不下去就四处转悠，逐渐前进到在愉悦中润色收官的阶段，后来历经数月日日夜夜的煎熬，几易其稿，最终完成了博士论文，并顺利通过答辩。通过撰写博士论文，我获得了学位，收获了欢乐，也由此奠定了我的科研基础，训练了我的学术思维，在这以后我写过一些论著，做过一些事情，如果没有当年老师耳提面命，悉心指导，怕是这一点小小的成绩可能都无从取得。

老师提携后生的大家风范也常令我感动。2000 年 11 月,《腹部外科杂志》请他写一篇有关腹膜外肿瘤的命题文章，作为"专家笔谈"在其 2001 年第一期发表。老师特别令我以合撰者身份先行起稿，要求我在两周内将初稿交给他，以便按期发表。真要命，我那时完全是个生手，除了硕士研究生刚毕业后发表过两篇论作外，有五六年未再拈笔，无名之辈，怎能与老师同署专家之列？我真是寝食难安，但师命难违，最终被先生"逼"得写完初稿，急忙交差，心中惴惴不安。先生看了一眼稿子，说："你后天上午来吧。"我如约而至，他说："文章我看了，上面有修改意见，拿回去好好整改，改好了再给我看。"

彭老师在稿子上认认真真地做了批阅，无论是遣词造句、构架条理还是观点结论，都不敷衍了事，文稿上留下了圈圈点点的笔迹。老师还亲自加上了手术图片和大段内容，其中还有不少点睛之笔，比如，"熟练运用合适的手术器械如彭氏多功能手术解剖器（PMOD）可有极大帮助。因为它具有刮、吸、切、凝等多种功能，所以术中不必频繁更换器械，便于分离及止血。利用 PMOD 推剥，能在血管之间分出间隙，看清血管之后，就容易处理：对较大的血管可以结扎；对许多较小的血管，可以做长段的电凝止血而无须结扎，这样便能减少出血并显著缩短手术时间。不少以往按传统方法无法切除的后腹膜肿瘤都能获得安全切除。"又如："肿瘤被重要的血管如下腔静脉、腹主动脉或肾蒂骑跨时，可先将一侧的肿瘤完全剥离，然后推到对侧继续游离切除；或者当瘤体太大，无法从血管后方的间隙推过时，可先切除其中一侧的部分，然后再切除血管另一侧的肿瘤。当然其前提是肿瘤为良性且其血供并不丰富，才有可能采取这种非常规的措施"。如此反复修改和补充了三次，总算过关。

我们仨

我们仨，取自杨绛先生的同名书名，没有别的意思。

陈晓鹏，安徽芜湖人，1967 年 9 月生人，瘦高，带一口浓重的安徽芜湖口音，性格儒雅，手指细长，大脚。史留斌，河南洛阳人，小我 4 岁，中等个，微胖，说普通话，带河南口音，豪爽。我们仨在 1999 年 9 月拜师于先生门下。不同的是，我和晓鹏属于计划外的，毕业后还要回原单位，留斌倒好，他可以自由决定去哪，我俩多少有些羡慕。

我们生活和学习都在浙江大学湖滨校区，也就是合并前的浙江医科大学校本部，和别的医学院不同，校本部面积很小，但有四所大型附属医院。学校有一栋主楼，中间部分如利剑直插云天，两边是翼楼，1999 级全体博士生都在一楼上课。

第一学期的课程有英语、日语（选修）、政治、统计学和分子生物学。印象中，教分子生物学的是罗建红老师，当时 30 多岁吧。日语老师是一位很洋气的女老师，也 30 出头。罗老师发的是学校自编的一本薄的分子生物学教材，同班年轻同学学起来很轻松，晓鹏很认真，留斌比较聪明，但我年龄稍大，图书馆又没有好的参考书，多少感觉有点吃力。日语老师发音很好听，大家不温不火算是考过，但因为不常用，多半还不到博士毕业就已经还给老师。政治课老师知道大家不愿学，老是在上课开始和结束时点名，间以不定时的课堂小考，搞得大家心惊胆战，课堂纪律倒是好了不少，不过最后老师没有难为大家，全部过关了。英语和统计学我还是学得比较轻松的。

开始我和晓鹏同住一间，但我俩都有严重的失眠，有时听不得一点响声，给管宿舍的老师反映后，待上届博士生毕业离校后，分别调整到了小的单间，情况变得好多了，但到现在我还心存感激。

杭州的夏天非常闷热，外地人初到的感觉就像进了蒸笼，蚊子又多，三人刚到就有些吃不消，赶紧到解放路买了电风扇、凉席和蚊帐，每天要冲好几次凉水澡，风扇整夜不停，才可入眠，但早上醒来，身下的凉席上总有一摊汗水。冬天没有暖气，盖上厚被仍然感觉被窝冰冰凉的，用了电褥子，感觉好过一些。印象中，一位来自南通的学妇产科的男同学最为不同，他竟然冬天睡在凉席上，只盖一床薄薄的被子，大家见了，不禁悚然。

食堂距离宿舍大约只有七八十米，因为学生多半来自浙江本省，食堂菜肴以杭帮菜为主，好像做什么都要加糖，很不适合北方人口味，菜式也比较单一，同学吃得津津有味，我吃不惯，就会买了榨菜和着菜一起吃。早些年听说医学院搬到了新址，学生也来自全国各地，食堂的菜式应该南北方都有了吧，现在的学生有口福了。

为了方便去医院，大家去旧货市场买了二手自行车，我买的凤凰牌，带车牌号，大概花了 190 元，骑车到解放路的浙医二院只需十来分钟，没有手术的时候，赶回学校吃饭没有问题。虽然是旧货，但我们仨的自行车都非常好骑，老伙计伴随我们转过了3年的读博生涯，也带我们行驶过美丽的断桥残雪、苏堤、白堤、柳浪闻莺和曲院风荷，不惧风雨，从来没有坏过，临毕业离校前留给了师弟，我舍不得，它是我工作和学习的见证，是真挚的朋友，我有时还会想起它。

三年的同窗时光，我们几乎形影不离，一起吃饭，一起上课，一起去医院，一同做实验，一同在西湖边散步，互相帮衬，建立了深厚的情谊。

做动物实验

“捆绑式胰肠吻合术”是彭老师在胰腺外科的创新性成就，临床实践证实有非常好的效果，但尚缺实验和理论支撑，老师将这个课题交给了我，体现他对我的信任。

在实验常用的大动物中，猪的消化系统与人的最为接近，且浙医二院老师和师兄们已经有过实验的经验，因此很自然，选猪作为本项实验动物再合适不过了。

但在课题设计上还是遇到了很大困难，老师要求师兄弟们一起讨论，帮助解决问题。

刘颖斌师兄，山西人，高个，大骨架，喜调侃，在师兄弟中威望很高，虽与我同岁，但有乃兄风范，大家习惯称呼他老刘。孟兴凯师兄，内蒙人，个子不高，微胖，做事稳重妥帖，爱说笑话，是我们这伙人的“军师”，大家称他老孟。那时天气很热，老刘房间窗台摆放有一台老旧的“空调”，冷气吹来，清爽舒服，大家喜欢到他房间，或卧或坐，挤在一起，你一言我一语，课题设计就是在这凉爽和轻松的气氛中逐渐完善的。

正式的手术做模是在动物实验室的手术间进行的，晓鹏、留斌和我先去猪舍给注射镇静剂，抓猪，称重，摆位，二院麻醉科李明珠（记不太清楚了）老师负责麻醉、插管，实验室的孙菊妹老师做巡回，先消毒铺巾。老刘和老孟那时也各自忙于课题的后期工作，随后会在约定的时间赶到。大概前期的手术由老刘、晓鹏和留斌操作，老孟做台下指导，我做协调；后期是我、徐军明、陈晓鹏、史留斌和程向东、王涌、唐喆硕士师弟及下一级博士师弟潘金飞完成的。

军明的手真好，纤细修长，灵活，像女孩的手，做结缝合很潇洒，深部结喜用中指下压，师承了浙医二院的风格，PMOD使得也好。他是余姚人，小我5岁，高鼻梁，瘦高个，正宗的浙地吴语普通话，说话柔和，听起来仿佛如沐春风，特别舒服。那时我在想，他以后一定会是一位优秀的外科医生。

没有他们，我就完不成实验。

我忘不了他们。

德飞和我

洪德飞是杭州本地人，个子不高，偏瘦，说话温和平缓，爱笑，待人和气、热情，喜欢穿一件蓝黑色西服，偶尔打领带。那时他是邵逸夫医院的在职博士研究生，我们同级的师兄弟，但要晚一年毕业。

他那时还有常规的临床工作，很忙，即便在第一学期理论课，也是匆匆忙忙来，急急慌慌去。不过偶尔会到博士楼，一起闲叙。有次他下班休息了，邀请我们去邵逸夫医院和家里参观、小坐，他的家就在医院内，房间不大，有杭州人特有的干净和清爽。他不抽烟，我和晓鹏烟瘾大，他会把家里待客的好烟拿给我们。

有两件事印象很深，忘不了。

2002 年 3 月，我的课题做完了，毕业答辩的时间就在 6 月，同级的同学都在整理资料撰写毕业论文，赶在规定时间内完成论文打印、外送评审和幻灯片制作。我没有电脑，兰州家里有一台电脑，可拿不过来，快毕业了临时再买一台也不合算，怎么办？我满面愁云，着急上火。某天，德飞来宿舍，知道了这件事，说：“老白，不要着急，我家有一台电脑，你先用着吧。”

下午，德飞又来了，他从庆春路邵逸夫医院内的家里，用自行车驮来了电脑，抱到三楼我的宿舍，帮我接好电源和插线，那个时候的台式电脑还是有些分量的，德飞给我鼓劲：“这段时间可是要咬得住呀！时间紧张，我帮一点小忙，有困难给我电话。”

就是靠着这台电脑，我撰写完了论文，德飞帮了大忙了！

还有一件事，大概是 6 月底，毕业离开学校前，他来看我，带来两罐西湖龙井，我感谢他，他说：“不要谢，以后有机会去兰州请我吃兰州牛肉面好了。”可到现在，我还没机会请他吃过牛肉面……

我很喜欢德飞，也很感谢他！

后　记

当年报考浙江大学医学院，有一个朴实而简单的理由，杭州有美丽的西湖，她在苏东坡笔下是那么地美，去过的人也都说那里有多么好。我这个从未到过江南的西北人，心中自然生起向往之情：如果能够在那里读书，该有多好！后来，我在美丽的杭州和浙大医学院度过了 3 年难忘的时光，有幸在彭老师门下，受到殷切教诲；和同学们也结下了高情厚谊，有的成为芝兰之交。如今，大家都已在全国各地成为业务骨干，能在杭州再相聚的机会极少。雨天的西湖依旧还会烟雨朦胧，令人怅惘吧，苏堤和白堤还有熙攘的人儿走过吗？保俶塔还站立在山顶上吧？

转眼 20 多年过去了，当年和我一起学习的这一班人，现在都是 50 多岁的人了，回想我们 30 来岁生龙活虎一般的年月，一道学习研究，一起做手术，青春没有虚度，多么值得留恋啊！

蔡秀军：师恩如炬，照我前行

蔡秀军，教授、博士生导师，教育部"长江学者"特聘教授，浙江大学医学院副院长，浙江大学医学院附属邵逸夫医院院长；创建首个微创医学学科；建立了腹腔镜刮吸解剖法肝切除术、腹腔镜下区域性肝血流阻断技术；在国际上首创完全腹腔镜下绕肝带法二步肝切除术；发明了可降解支架，创建"支架法肠道吻合术"和"支架法肠转流术"。

时光荏苒，不知不觉，我与导师彭淑牖教授相知相识已30余年。他对临床的毕生挚爱、对科研的矢志创新、对教育的无私奉献、对患者的入微关怀、对生命的豁达乐观，像火炬一样照亮我前行的方向，一直鼓舞着我在外科学领域持续思考、钻研，促使我和团队打破常规，不断推陈出新、精益求精，并取得优异的成绩。那些与老师在学生时代、开疆拓土时期共同经历的点点滴滴，是我人生中最重要的一笔财富。

1986年，我从浙江医科大学毕业后被分配到了浙医二院普外科，自此开启行医生涯。当时，彭老师已经是浙江外科领域的"传奇人物"，留学交流结束后从英国回到浙医二院担任外科主任和外科研究所所长。1988年，当时还是住院医师的我，一边工作一边备考研究生，虽然有着两年的临床经验，但不管是外科实战还是医学研究，我倍感自身存在诸多不足。幸运之神总是会眷顾有准备的人，经过层层选拔，四个候选人中最后只录取了两个，我有幸成为彭老师带的最早一批学生之一。

1993年，蔡秀军（后排左一）博士研究生毕业，与齐伊耕、彭淑牖教授（前排左四、五）等人合影

彭老师是我行医路上的引路人，他的悉心点拨、身体力行，让我更加充分理解"医者仁心"背后的职业信仰，也让我的思维方式逐渐打开。在临床上，彭老师经常鼓励我对每一次手术进行回顾性思考、分析，总结手术操作的每一个步骤，分析存在的问题和

缺陷，找出可以改进、提升的地方，制定出解决方案；此外，他提醒我要时刻关注患者主诉，“以患者为中心”，从患者的自身感受出发来分析手术、治疗方案是否有进一步改良的空间。这些临床、研究的思维方式一直启迪着我，让我得以锤炼出对外科的一种前瞻性思考，保持对患者尽心尽责的态度，也为日后的系列临床创新埋下重要伏笔。

彭淑牖最早的三位学生（右起 蔡秀军、陆才德、彭承宏）

对临床医学来说，失之毫厘，差之千里。正因为如此，彭老师对学术研究极其严谨，对学生要求非常严格，对患者也是尽心尽责。他时常警醒我们，一个疾病的背后是一条鲜活的生命，关系到一个乃至数个家庭的幸福。行医是个精细活，不能打马虎眼，要尽善尽美地去服务患者。我记得有一次，在二院工作没多久，团队遇到了一个危重患者，患者的白细胞从一万六掉到三四千，当时我们都没有察觉，彭老师查房时及时发现，对我们进行了严厉的批评，这件事我一直记在心底，鞭策自己在临床上要更加一丝不苟、尽心竭力，养成良好习惯，更好地服务患者。彭老师对患者可谓倾心倾情，他每次出差交流回来，无论是在国内还是从国外回来，一下飞机第一时间不是奔回家中，而是把行李往办公室一放立马到病房去探望自己的患者。这种对职业严格、严谨、务实，又充满人情味的态度，潜移默化地影响着我，也成为我日后对学生们的守则。

彭老师从自身系列创新实践告诫学生，临床医学的发展离不开创新，而创新是为了更好地造福患者。很荣幸自己从 20 世纪 80 年代开始就跟着彭老师搞创新，他在临床上的系列创新成果我几乎都参与并见证，这种创新氛围耳濡目染地影响着我日后不管是临床上还是管理上的创新实践——或是在彭老师临床创新基础上的不断传承，或是受其思维方式影响而进行的系列原创性创新实践，或是将这种创新思维运用于医院管理创新。

80 年代是较为艰苦的时期，也是我临床积累阶段。因为是在职攻读硕博，白天临床工作、晚上做动物实验是常态，也是在那时，经由彭老师“手把手”指导，我开始尝试着从临床中发现问题、从研究中破解问题。我有幸见证并参与了被外国专家称为世界外科领域划时代进步的“彭氏多功能手术解剖器”从想法到落地的整个过程。20 世纪 80 年代末，切肝器械存在各种不足，用起来不利索，导致许多疑难肝癌切除成

2012 年 10 月 12 日，彭淑牖率领“彭家军”众成员去宜昌参加宜昌市肝胆胰外科新进展研讨会，摄于上海虹桥机场

为禁区、一般肝癌切除耗时巨大等临床问题出现。针对这些问题，彭老师一直在思考改进方案。我记得有一次彭老师下完手术台，跟我分享了他的新想法：如何将外科手术用到的手术刀、止血钳、镊子等七刀八剪变成“一把刀”。这是老师在无意中把玩圆珠笔时的突发奇想，他将圆珠套管的头做成一个像梳子一样的东西，像梳头发一样在类似肝组织上实验刮剥，肝组织被一层层剥落，结果，一条条血管显露出来，刮下来的肝组织用吸收器吸走，遇到小血管就更换器械进行电凝。虽然看似简单的原理，但却能够代替传统外科手术的各种刀刀剪剪。听完彭老师“化繁为简”的想法，我更加心生敬佩。

有想法就付诸行动是彭老师的一贯作风。在那次头脑风暴后，彭老师带着我开始着手这款手术工具的落地，他经常顶着烈日带我到杭州一家车床厂进行工具的设计、打磨、组装，并不停地优化方案。功夫不负有心人，跑了无数次工厂，改了无数版设计方案，又经过长达四五年的动物实验，这把将电切、电凝、吸引、剥离四大功能合而为一的手术器械终于诞生了。最初诞生的这把刀是我们师徒的“至宝”，彭老师带着我出去会诊时都会带着这把刀，每次手术后我都要自己小心翼翼地清洗器械，生怕别人弄坏了。后来，多功能手术解剖器开始量产，还在国内外 600 余家医院广泛使用，使原被列为禁区的疑难手术变成常规手术，推动我国肝胆胰外科手术水平与国外水平并驾齐驱。2001 年 2 月 1 日，我 38 岁时，有幸作为主创团队成员之一与彭老师以“刮吸解法的建立与多功能手术解剖器研制”捧回国家技术发明奖二等奖的荣誉，跟彭老师从北京回杭的路上，我一路心潮澎湃。

从临床中来，到临床中去，这是彭老师躬身践行的创新之路，这条创新路径也深深影响了我后来在腹腔镜领域的系列创新实践。1996 年 4 月，邵逸夫医院开业两年之际，当时浙医二院院长吴金民教授兼任邵逸夫医院中方院长，从浙医二院抽调了一批专家到邵逸夫医院。为了发展壮大邵逸夫医院普外科，彭老师带着我开启了邵逸夫医院普外科的拓荒之路。彭老师是浙江外科的金字招牌，为邵逸夫医院带来了外科发展的很多经验和声誉。彭老师对国内外临床新事物始终保持着强烈的好奇心和探索欲。当时，美方专家将腹腔镜技术引入邵逸夫医院，彭老师鼓励我们年轻的外科医生掌握腹腔镜技术并进行不断创新。

将腹腔镜技术运用于肝癌切除手术，是我当时的临床方向，在做了将近 20 例腹腔镜下肝切除手术后，对未来还有些不确定的我，得到了彭老师的大力支持，他告诉我腹腔镜下肝切除术在未来定是大势所趋，希望我继续坚持在这一领域不断深耕，这让我更加坚定了信心。因为当时国内外都没有专门用于腹腔镜肝切除的手术器械，在实施腹腔镜下肝切除术几十例后，我发现手术操作很繁琐，切肝可以完成但效率不高。针对这一问题，我抱着试试看的态度，在吸收“彭氏多功能手术解剖器”“由繁入简”的思想后，着手研制专门用于腹腔镜肝切除的手术器械。为了研制出这款解剖器，我前后花了约 3 年时间，在画了四五十张样稿之后，才最终定型，其间彭老师给了我莫大的鼓励。现在，这款“腹腔镜多功能手术解剖器”手术器械及创建的腹腔镜刮吸解

2017 年 10 月，彭淑牖学术思想研讨会

2014 年 10 月，邵逸夫医院第九届国际学术周，蔡秀军和彭淑牖合影留念

剖法切肝术已在国内外 308 家医院应用，并写进美国教材。随后，沿着这一创新路径，我在腹腔镜外科领域开始了“拓荒”之路：创建了腹腔镜区域性血流阻断技术、腹腔镜冲吸钝性解剖法显露“三管”结构技术，首创完全腹腔镜绕肝带法二步肝切除术，完成我国首例完全腹腔镜下胰十二指肠切除术。我也凭借着腹腔镜技术在肝胆胰外科的应用研究以第一完成人身份荣获 2009 年度国家科学技术进步奖二等奖。

临床医学是一个不断完善、一直迭代的学科，随着技术的进步，许多以前无法解决的难题被外科医生一一破解。这是外科学的魅力，也是彭老师教会我的临床创新之道——对外科学千万不要墨守陈规，因为复制技巧很容易，但打破常规很难，既需要创新也需要勇气，更需要有“静待花开”的坚持。在参与了彭老师多个临床发明创造后，我更加深刻理解他所传授的这个道理，并将这种发现问题、解决问题的思维方式融入日常的临床工作，继而探索出一系列原创性的发明成果。

2005 年 3 月，我和团队完成了国内第一例完全腹腔镜胰十二指肠切除术，术后患

2017 年 6 月 2 日，蔡秀军、彭淑牖、刘允怡院士（前排左起三、四、五）等参加邵逸夫医院微创外科培训中心和动物实验中心启用仪式

2021 年 5 月 27 日，彭淑牖教授作为答辩委员会主席参加邵逸夫医院研究生毕业论文答辩会

者没有发生任何并发症，这是当时国际文献报道的唯一一例没有并发症的此类手术，但是手术时长却达到了 8 小时。在进行回顾性分析时，我发现其症结在于术中肠缝合技术——在开腹状态下，对肠段进行缝合，一针只需要几秒钟，但在腹腔镜下，医生缝一针则需要 5 分钟。在彭老师“捆绑式胰肠吻合术”的启发下，我在手术之后的两年里都在思考并尝试加速肠缝合或者不用缝合的方法，并最终在国内外首先提出“免缝合的支架法空腔脏器吻合技术”这一全新理念，第一代可降解支架在经过十余年的动物实验后也应运而生。

从彭老师身上我深切领会到临床创新永无止境，有了创新的基因，才会有创新的传承。后来，一位浙大老教授身患直肠癌来邵逸夫医院手术，手术需要做肠造口，但老人家对造口深有顾虑，就打电话给我。我当晚几乎一宿没睡，一直在思考是否有可以避免做造口的全新方法。很快，一个新的想法诞生了，在第一代支架产品基础上，我在原有支架上设计了一个隔断，将其放置于回肠末端，用引流管将消化的食糜排出体外，这就是目前已经在临床应用百例的原创性发明成果“支架法肠道转流术”，这一创新成果打破了临床沿用近 170 年的常规手术，既保护远端吻合口，又可避免 3 ～ 6 个月的人工肛门留置及二次回纳手术，显著减轻患者生理、心理的痛苦。

彭老师是良师也是益友，在我前期很多重要的手术现场，他都在一旁保驾护航，在我遇到瓶颈时又经常鼓励我、点拨我。他是怀着一份大爱来传道授业解惑的，他希望学生成长成材，“青出于蓝而胜于蓝”。彭老师不光鼓励学生创新，还会对学生的创新进行进一步改良与完善。当时，针对如何挽救术后剩余肝脏体积不足的较晚期巨大

2022 年 7 月 7 日，彭淑牖教授手捧 2021 年度“十大医学泰斗”荣誉证书，蔡秀军教授为其颁发荣誉证书

彭淑牖、蔡秀军等人参加美国外科学院年会

肝癌患者，我和彭教授探讨后，决定在腹腔镜下用一根“绳子”解决——用一根有弹力的绳子，绕肝脏一周，进行捆扎，阻断了左右肝脏之间的交通血流，等一侧肝脏养大后再行切除手术，这就是“蔡氏 ALPPS”手术的由来。后来，运用“肝脏养大”原理，彭老师继而发明了“末梢门静脉栓塞术”，为这群肝癌患者提供了一种新选择。

彭老师是中国外科领域的常青树，如今 90 岁高龄仍活跃在临床教学工作中，他这种“一生只做一件事”的热爱与坚守鼓励着一代又一代的“彭家军”。彭老师对工作是鞠躬尽瘁的，但在生活上，他又是幽默风趣的，他的生活是丰富多彩的，他喜欢踢球、唱歌、游泳。犹记得在学生时代，当我们的研究课题有新突破时，彭老师会带着我们去 KTV 唱歌，他的粤语歌、英语歌水平无人能及，他日常健身的习惯也让他体魄强劲、精力充沛。

人们常说，最高级的师生关系是相互成就，彭老师就是这样一位德高望重的师者，他对学生们倾囊相授，鼓励学生发光发热，在各自所擅长的领域出彩。也正因为有他这棵外科界“常青树”，“彭家军”才得以开枝散叶，在业内的规模逐渐壮大、影响力日益提高，为推动中国外科学的发展做出重要贡献。而彭老师也真正用实际行动诠释了“一个人可以走得很快，一群人才能走得更远”在医学领域的真谛。

曹利平：随同彭老师的两次印度之行

曹利平，医学博士，教授，主任医师，博士研究生导师，浙江大学医学院附属邵逸夫医院普外科肝胆胰外科主任。

自 20 世纪 80 年代开始跟随彭淑牖老师读研、手术、做临床科研，时光荏苒，至今已有 30 多年了。彭老师身上所散发出来的人格魅力，他对科研工作的孜孜不倦、对学生的耐心关爱、对临床业务的精益求精等工作和学习的精神与作风，无不对我的成长过程产生着巨大的影响。庆幸的是至今我仍常有机会当面聆听他的教诲，做他的手术助手，为此我倍感荣幸和自豪。

在彭老师身边工作学习的 30 多年里，我除了不间断地跟随他学习临床技能，做临床科研外，还多次陪同彭老师出席国内外的学术会议，其间值得我回味及与大家分享的事不胜枚举。20 余年前，我两次陪同彭老师前往印度。两次同行，直至今日我回想起来仍历历在目。

2002 年 9 月 1—3 日印度外科协会在印度南部城市科钦（Cochin）举办“胰腺疾病——问题和解决方法”专题会议，会议由科钦市的 Lakeshore Hospital（湖岸医院）主办。鉴于彭老师在国际外科界极高的学术地位，尤其是彭老师独创的捆绑式胰肠吻合术在手术操作上提供了便利、能有效地降低胰漏发生率等方面已得到了国际外科同道们的普遍认可和高度评价，在越来越多的国家和地区开始推广，主办方特邀彭老师出席大会并作主旨发言。彭老师为了给我一个学习和锻炼的机会，嘱我同行。

在当时，国内学者鲜有出国参加国际会议的，更何况是去一个古老而神秘的国度。出发前问遍了周围的人居然没人到访过印度，心中难免忐忑。

彭老师在科钦受到了隆重的欢迎和高规格的接待。科钦是著名港口也是印度的海军基地和主要海军造船基地，在会议前一晚的 VIP 欢迎会上主办方请了一位印度海军将军前来致辞，他说注意到了有两位“外国友人”来到了美丽的科钦，我环顾四周发现参加欢迎会的外国人确实也只有彭老师和我。一位高大英俊的海军水兵在将军致辞时一直伫立他的侧后方，在整个过程中那位水手笔直地站立着目视前方一动不动，第一次觉得印度的小伙真的好帅。欢迎会上东道主向与会的VIP嘉宾隆重介绍了彭老师，并对彭老师的学术造诣和创新思维表示由衷的敬佩和高度的赞许，大家也用热烈的掌声对远道而来的彭老师表示欢迎和敬意。

在本次会议上，彭老师主要向大家介绍了捆绑式胰肠吻合术。流利的英语、图文并茂的演讲加上手术录像演示，彭老师的发言激发了与会代表极大的热情和兴趣。会议间隙彭老师常常被参会代表里三层外三层地团团围住请教问题，即使在中午就餐期间也是如此。我也见缝插针地向那些无法挤到彭老师跟前的代表讲解捆绑式胰肠吻合术的具体操作要点及术中术后的注意事项，面对印度同行们如饥似渴的学习劲头，想到能把充满智慧的中国人首创术式——彭老师独创的胰肠吻合术式推广介绍给国外同行，心中也是满满的喜悦和自豪。

出于对彭老师的崇拜及对中国历史和文化的向往，印度友人特意带我们去看了矗立在科钦港海边那一张张巨大的"中国渔网"。据说这种打鱼工具的原型是郑和在沿着"海上丝绸之路"下西洋的远航中被带到了航船多次停靠的科钦港，迄今已使用超过500年。当天跟随彭老师踏上了这座几百年前"海上丝绸之路"的重要驿站，跟随着彭老师向友邦的同道们传递中国人民的友谊，推广中国人的创造发明，同时心中也竭力向外宣扬中华文明的先人们充满敬意。

次年，我随同彭老师又一次来到印度。

2003年8月28—31日，第七届亚洲肝胆胰外科大会暨第二届印度国际肝胆胰大会在印度的金奈（Chennai）召开。作为国际著名学者的彭老师受到了大会的特别邀请；而作为印度之行的"老手"，我也再次陪伴彭老师飞往金奈。

金奈的会议规模相对较大，与会代表也较多，同时也有一些欧美的外科专家前来参会，但中国去参会的医师仍是极少，只有吴孟超、刘允怡、陈孝平等少数几位和彭老师一样的著名学者作为大会特邀代表参加了会议。彭老师在此次大会上做了关于刮吸解剖法和捆绑式胰肠吻合术的讲座。同样，神奇的彭氏多功能手术解剖器（PMOD）和独具匠心的捆绑式胰肠吻合术激发了与会代表的极大兴趣和热烈的讨论。

茶歇期间几乎就成了彭老师的独家新闻发布会，兴趣盎然的代表们围着彭老师讨教有关PMOD和捆绑式胰肠吻合术的操作细节，彭老师则一遍遍耐心地对络绎不绝的代表们做着详尽的讲解。出国前，我们还特意带上了一些PMOD样品。会议期间，我们以实品向参会的各国代表讲解PMOD的使用方法及优点所在，目睹神奇的PMOD手术操作录像又同时接触到了PMOD的实品，在代表们啧啧称奇声中所带样品很快被索取一空。

金奈之行回国后还发生了一件令人印象深刻的小插曲，我在会议期间为吴孟超院士等拍摄了一些照片（那时候照相技术的主流还是用胶卷然后冲洗扩印），回国后将照片冲洗完邮寄给了吴孟超院士。颇感意外的是，几天后收到了吴院士的回信，吴院士在回信中除了对收到照片表示感谢外，还表达了和彭老师在印度的相聚以及进行学术交流的愉悦之情，并一定要代问彭老师好。这也体现了两位外科大师互相敬佩、互相尊重并惺惺相惜的深厚友谊。

若干年后，我曾第三次踏上印度的国土。那充满喜感的印式英语、摇头式的赞许方式、充满着浓郁咖喱味的菜肴等，使我情不自禁地想起陪伴彭老师的两次印度之行。彭老师那翩翩的风度、流利的英语、高超的沟通与交流能力、极具渲染力的演讲水平，无不使我受用终身。

彭淑牖教授不仅是学富五车、享誉中外的学术大师，还是中印民间文化与科学的交流大使，当之无愧。

2016 年，曹利平和彭淑牖教授参加邵逸夫医院国际微创外科大会

陈灵华：您是医学界的不老传说

陈灵华，副主任医师，浙江大学医学院附属邵逸夫医院普外科。

本科毕业后，我先后在浙医二院完成了外科硕士研究生和博士研究生的学习。能成为彭老师的学生，接受彭老师的言传身教，是我一生的宝贵财富。

在临床和科研上，彭老师一直走在创新的前沿。他总是能够抓住临床上的难点和痛点，敢于突破禁区，以一种全新的思维和手段去解决问题。在20世纪90年代，彭老师凭借彭氏刮吸法先后攻克了当时还被医学界视为畏途的肝Ⅷ段和尾叶切除术。90年代末，当时胰十二指肠切除术胰漏的发生率和死亡率还很高，彭老师发明了捆绑式胰肠吻合术，极大地降低了Whipple术后胰漏的发生率，在国内外引起了极大的反响。当ALPPS手术大行其道时，彭老师敏锐地注意到ALPPS需要一期行患侧肝脏离断和门脉结扎，二期再行患侧肝切除。两次手术大大增加了手术并发症的风险，并提高了并发症的发生率。针对这种情况，彭老师创造性地将门静脉栓塞（PVE）与ALPPS结合在一起，提出了末梢门静脉栓塞术（TELPP），将ALPPS术式发展到一个崭新的高度。彭老师的创造发明不一而足，而他在平时工作中，也常常会指点我们哪个方向值得探索和尝试。彭老师的创造性思维，使得他在以跟踪学习为主的医学界，永远占据学术的高地，也激励我们善于思考。

彭老师在临床工作中极为耐心、细致。每一个请他指导的手术，他都会在术前亲自了解每个细节，包括病史、影像学检查和检验结果。在术中，他永远是你的坚强后盾。他总是把学生推到主刀的位置上。每一个不经意的细节，也会得到他的教导；每一个小小的进步，都会得到他的鼓励。手术后，彭老师还会不厌其烦地了解患者的病情。从他身上，我学到了"认识、负责、胆大心细"，再权威的医生，也是细节决定成败；更体会到了何为"授之以鱼，不如授之以渔"。我想这也是"彭家军"桃李满天下的强大根源吧。

彭老师也是个善于学习和勤奋工作的楷模。记得2002年，我在做博士研究，普外科实验室就在浙医二院门诊楼5楼，恰好在彭老师办公室的隔壁。当时我整天泡在实验室里，常常能看到彭老师早出晚归。有一回，我脚扭伤，行走困难。深夜，我太太来接我，在电梯里竟然还能碰到彭老师。让她至今仍很感慨！一个这么大的教授还这么努力。撰写博士学位论文时，有一次我找老师修改论文，有个复杂的 Word 文档编辑，我担心老师对其陌生。想不到彭老师说:“这个我会，你不用担心！”正所谓“活到老，学到老”。老师的心，永远年轻！

彭淑牖教授和陈灵华

除彭老师亲自教导外，师母谢老师也是我的老师。记得读硕士研究生时，烧脑的统计学课程是师母亲自授课的，师母对浙医二院的外科研究生特别重视，要求也特别严格。每次上大课时，浙医二院的外科研究生个个都会被谢老师提问，现在还能回忆起当时自己回答问题时的惴惴不安。从此，统计学上课就没敢开过小差。尽管学的内容现在基本都已经还给谢老师了，但当时我们浙医二院的几个外科同学，统计学还是感觉当时学得很扎实的。

时光如梭，作为学生，我已从初见彭老师的毛头小伙变得双鬓染白，而彭老师还是那么精力充沛，时时给我们带来创新的头脑风暴。

彭老师，您是医学界的不老传说，也是我们“彭家军”永远的骄傲！

陈秋强：成为“彭家军”一员，打心底里骄傲

陈秋强，教授，硕士生导师，原湖州市第一人民医院大外科主任、胸外科主任。

第一次去找彭淑牖教授是在 1999 年，我在读在职研究生。那时，彭淑牖教授已经桃李满天下，名满浙江，誉在全国，影响力辐射到西方大国及欧洲等地。由于当时外科界的博士研究生导师屈指可数，所以想读彭教授的研究生是非常不容易的。当时彭教授在省内外科界德高望重、一言九鼎，而且还发明了彭氏电刀、研发了捆绑式胰肠吻合术、成就了背驮式肝移植。我是地级（三级）医院的外科医生，日常用的手术刀几乎都是彭氏电刀，对彭氏电刀非常熟悉，因此对彭教授也是充满崇拜。

后经某专家介绍，我联系到了彭教授，想报考他的硕士研究生。我终于在浙医二院彭教授的办公室见到了彭教授。彭教授儒雅的学者风范、热情的接待，给我留下了深刻印象。当然在去求师拜访以前，我还是做了一点点小功课，上网检索了彭教授历年来发表的文章及研究方向，做到有的放矢。功夫不负有心人啊，彭教授非常乐意接受我做他的硕士研究生。

在读研期间，由于得到彭教授的指导，我第一次申报湖州市科技局的课题就成功立项，而且有科研经费。我将它作为我的学位课题。学位论文完成经过开题报告、结题报告、论文审核等多个环节。在彭教授的悉心指导下，我完成了硕士学位所需的一系列工作及任务目标。其间，彭教授亲自联系相关专家，让他们帮助审核、修改指正我的论文，让我非常感动，这也使得我的学位论文顺利通过专家评审。最终，论文发表于《中华实验外科杂志》，这是我的第二篇“中华牌”论文，同时我的市级课题也顺利结题。

在跟随彭教授学习期间，我认识了省内外科界的许多大佬，开阔了眼界，同时也认识与熟悉了彭教授的许多博士研究生及硕士研究生（师兄弟们），给我以后的工作带来了许多合作与交流的机会。

最让我难以忘怀的是彭教授的学生们即我们硕博研究生团队，师生关系、师兄弟、姐妹间关系相当融洽。彭教授的学生遍布内地和香港地区，团队之间有机会就通过各

陈秋强和彭淑牖教授合影

种形式互通有无，没有机会则创造条件互相联系、互相支持、互相帮助，比如借助学术平台、召开学术会议等。圈子决定人生，在这样正能量的团队里，想不进步都很难，否则有对不起导师、对不起大家的感觉。师兄弟们现在几乎都是国内各单位响当当的重量级人物，有院长、科主任、学科带头人等，而且有不少已经是博导、硕导了。顺便提一下，我也已经带了 5 位硕士研究生，毕业了 4 位。

彭教授不仅学术上成就斐然，而且业余爱好也有诸多强项，比如唱歌，假如不是亲眼所见、亲耳所闻，怎么可能会把一个“文弱书生”与中气十足的歌手相提并论呢？！

我以自己能成为“彭家军”的一员为傲，也以不辱“彭家军”为荣。

陈晓鹏：他用一双上帝之手重塑生命之花

陈晓鹏，主任医师，教授，皖南医学院第一附院（弋矶山医院）肝胆外科一病区主任。

1998年，我在皖南医学院第一附属医院（弋矶山医院）普外科完成住院总医师的锻炼培养。其时，硕士毕业已满3年。但我很清醒，自己在临床和学术上仍有许多不足，准备考博进一步深造。放眼外科学界，名校名师众多，特别是北上广的高校对青年医师吸引力巨大。至于我，究竟报考哪个院校、哪个导师，一时拿不定主意。

于是，我便广泛阅读专业期刊。我有意在肝胆外科方向发展，浙江大学医学院附属第二医院的彭淑牖教授给我留下了深刻印象。他的刮吸断肝法、肝尾叶切除术、高位胆管癌根治术、肝胰十二指肠切除术、捆绑式胰肠吻合术及治疗假性胰腺囊肿的序贯式外内引流法等，均是当时肝胆外科顶尖或创新的高难度手术。我想如能师从彭教授，将会学到自己所缺并需要的许多东西。我抱着试试看的心理，给彭教授写了一封信，表达自己想报考的愿望。

半个月后，我收到彭教授的学生徐军明（后来成了我的师兄，现在上海市第一人民医院普外科工作）的回信，他受彭教授委托，表示欢迎我报考，并对新浙江大学及他们读博培养过程作了大致介绍。师兄的回信，坚定了我考博的信心。此后，我便投入紧张的复习中。1999年4月，在杭州完成笔试后，我到浙医二院参加面试，那是第一次见到仰慕已久的彭教授。他身材不高，戴着一副金丝边眼镜，镜片后透着慈祥的目光，充满智慧。彭教授和蔼可亲，打消了我面试的紧张感，所以我发挥不错。最终，我以优异的成绩被浙江大学录取，攻读外科学博士。单位领导和同事对我攻读彭教授的博士，表示赞同。大家一致认为，师从彭教授一定能学到更多实用的外科专业技术和知识。

正如同事所料，读博期间的临床学习大大开拓了我的眼界。在浙医二院外科，我见到许多未曾见过的肝胆外科手术解剖技术，也学到很多手术技能。给我留下印象深刻的有：彭教授和他的同事轻松地将肝脏作极限游离，以致可以将肝脏完全托出切口外，利用彭氏多功能手术解剖器进行刮吸法断肝、切除肿瘤，创面规整清晰。做肝门部胆管癌切除时，通过解剖肝门板、肝方叶切除、肝正中裂劈开、半肝切除等方法，显露高位胆管，提高肝门部胆管癌的切除率。做胰头十二指肠切除时，应用捆绑式胰肠吻合术，200 多例术后均无胰漏。利用 PMOD 清扫肿瘤淋巴结，所遇血管均作骨骼化显露。20 世纪 90 年代末至 21 世纪初，国内外罕见开展肝尾叶切除和肝门部胆管癌根治这样的高难度手术，特别是单独完整的肝尾叶切除，一度被视为手术禁区。而彭教授利用刮吸法和肝门解剖控制技术，不断突破手术禁区，创造了众多手术奇迹，挽救了一位又一位患者的生命。鉴于彭教授在肝尾叶切除和肝门部胆管癌根治方面的丰富经验和巨大影响力，华西医院严律南教授邀请其为其主编的《肝脏外科》（2001 年，人民卫生出版社）撰写肝尾叶切除和肝门部胆管癌的肝脏外科问题等章节。

最令我难忘的是一例巨大肝尾叶切除术。2000 年 9 月的一天，原单位有位副院长因黄疸进行磁共振检查，发现肝尾叶巨大肿瘤。上海某大医院知名专家会诊，表示已不能手术切除。患者家属和我当夜驱车赶到杭州彭教授家中，经彭教授阅片，认为系肿瘤压迫肝门引起黄疸，但尚无转移，仍有手术切除机会。患者的肿瘤直径足有 13 厘米，背靠下腔静脉，前顶 3 支肝静脉，下压第一肝门左右肝蒂，上抵第二肝门，手术难度巨大，风险极高。然而，彭教授不畏困难，反复阅片讨论，制订了详细的手术计划；在精心准备后，对患者成功地施行了巨大肝尾叶肿瘤切除。

我有幸参加该例手术，原单位一位外科院长也亲临手术室参观。这台手术给我们带来了巨大的震撼，是我至今所见过的难度最大的手术。彭教授先充分游离肝周韧带、肝上和肝下下腔静脉；细心结扎处理肝短静脉，将肝尾叶与下腔静脉完全分离；再行肝正中裂劈开，直达肿瘤表面；再分别向上、向下将 3 支肝静脉根部和左、右肝蒂逐一从肿瘤表面剥离下来，并分别予以控制；然后，向两侧将左、右半肝和 3 支肝静脉干分别从肿瘤表面游离开来；最终完整切除肿瘤，余下的左、右半肝均仅剩肝蒂和肝静脉与人体相连。手术历时 9 个多小时。术后，患者黄疸很快消退，肝功能恢复。家属一致称赞彭教授手术技艺高超，及其不畏困难、敢于攻坚的勇气。手术过去 20 多年了，当年参观手术的那位外科院长提起此事，仍赞叹不已。

彭教授的忘我精神同样令人难忘。我到杭州读博，在我原单位乃至芜湖市及皖江地区与彭教授之间架起了一座桥梁。节假日回芜期间，我常到原科室与同行交流，大家更多地了解到彭教授高超的外科技术，时邀彭教授会诊、手术、做报告，或送患者到杭州治疗。我担负其中联络工作，并多次陪同或接送彭教授往返。其间，我更多地感受到彭教授不辞辛苦、治病救人的忘我精神。

那时，已进入古稀之年的彭教授经常受邀到国内外手术会诊或会议报告，非常繁忙。而杭州距芜湖 300 多千米，那时高速公路还很少，也没有动车、高铁，彭教授每次往返十分辛苦。尽管路途遥远，路途颠簸，但彭教授总是有求必应，从不拒绝。彭教授一心为患者考虑，自己从不讲究吃住和接待，有时时间紧，一块面包、一顿快餐就算一顿饭。他善于休息，乘车时除了思考问题，就是安心入睡，所以能较好地保持体力。有几次，我们是夜里一赶到芜湖，就开始长达几个小时的手术；第二天一早，彭教授又到病房看望手术患者，接下来还要为另一个患者手术。他很少给我们讲什么大道理，他用自己的行动诠释作为一名外科医生和导师的意义。

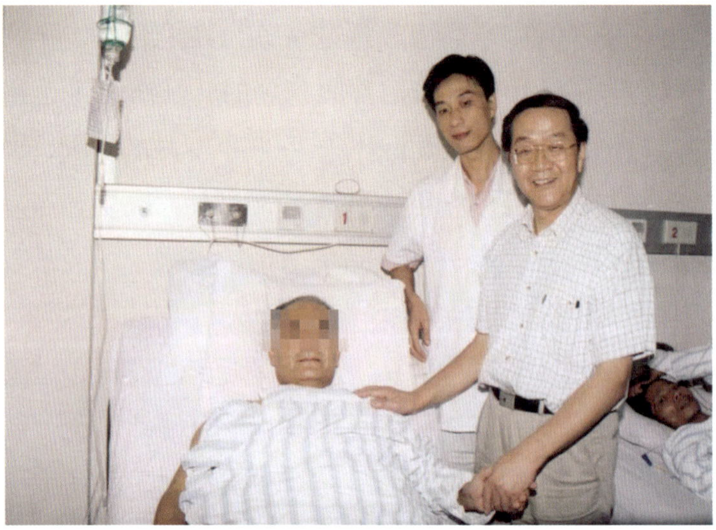

陈晓鹏请彭淑牖教授到安徽会诊

如今，我博士研究生毕业、回原单位工作已满 20 载。可能是由于自己努力不够，工作上没有取得什么成绩。有时候，觉得应该放弃了，因为外科做得出色的毕竟是少数人。但想想耄耋之年的彭教授还在临床奋斗，还在不断创新发展，又自觉十分惭愧。据我所知，尽管彭老师年轻时就十分努力，很出色，但真正取得较大成绩是在他 55 岁从英国留学回来以后。其间虽也有很多曲折，但经过不懈努力，70 岁以后，彭老师相继获得国家科学技术进步奖两项，国家技术发明奖一项，多国荣誉院士称号。但他从不满足于此，仍不断摸索创新，几乎每隔一段时间，就会有新发明、新技术问世，如捆绑式胰胃吻合术、改良的绕肝提拉带、胆道疾病新分型、多种改良的二步切肝法、胰腺系膜切除等多项新技术和新理论，受到国内外同行的高度关注。

2022 年，在第七届中国医学家年会上，彭教授被授予"十大医学泰斗"荣誉称号。他总是站在外科的前沿，引领肝胆外科发展。他是外科界的一座丰碑，更是我们学生的骄傲。

锲而不舍、不断创新，正是彭教授及其带领的"彭家军"精神的最好总结。

邓贵龙：他的学术风格是“彭家军”的烙印

邓贵龙，主任医师，上海交通大学附属第一人民医院普外科。

2000 年，我有幸考入浙江大学医学院第二附属医院普外科彭淑牖教授门下，成为一名博士研究生，这是我医学生涯中最为重要的一段学习经历。这段难忘的经历也常常被医学同仁们谈及。彭教授在外科领域杰出的工作能力及取得的非凡成绩，在让我引以为豪的同时，也鞭策我砥砺前行。

在成为彭教授的学生之前，我已经对彭教授在手术学领域所做的杰出工作有所了解。在进入临床工作后，经常协助彭教授拍摄手术录像，在这个过程中，仍然被彭教授手术中的耐心细致与创意所震撼。一些当时被视为手术禁忌的晚期肿瘤患者（Nevin Ⅴ期的胆囊癌、Bismuth Ⅳ型的肝门胆管癌等），在彭教授的精湛技艺下得以手术，创造了能长期生存甚至痊愈的医学奇迹。

为了取得最佳的拍摄效果，我有幸经常站在彭老师的身后拍摄手术全过程，由此我得以完全感受、学习彭教授的手术技巧及手术思路，这对我将来成为独立的外科主刀医生有着极为深远的影响。当时一起学习的还有很多进修医生及研究生，我们一起观摩、学习彭教授操刀的手术，大家对我能有这样的便利条件近距离学习表示极为羡慕。在彭教授的耳濡目染下，我很快掌握了肝胆外科手术学的解剖理论体系。当时在浙医二院参观学习的一位国内知名的肝胆外科专家，与我探讨第三肝门的解剖及绕肝提拉的手术技巧，我为他进行了完整的解答，他不禁感叹：“彭教授的学生对肝胆胰解剖手术学知识太了解了。”为此，我不免心内有着一丝骄傲和自豪感。

我们在观摩学习彭教授的高超手术技艺的同时，也常常向他请教手术的技巧和手术思路的训练方法。彭教授在耐心予以详细解释的同时也会提出一些尖锐的反问，比如：“这个问题最近哪篇文献提到过，并且提出合理解决方案，你最近是不是没有看文献？”这让我们在敬佩彭教授对国内外肝胆胰胃肠手术前沿进展熟稔之余，也心生压力：在向彭教授提出问题之前一定要先了解自己所提出问题的基本文献及最新进展。这也促进了我们持续深入学习。

初次进入彭教授办公室的学生，大多对其在办公室里被大量的中英文专业书籍、杂志以及手术录像所包围的情形有深刻印象。这都是彭教授的日常工作，审稿、约稿、手术视频制作、参加会议、医院日常工作、手术等，基本每天都是日程满满。

2002 年 11 月，邓贵龙（右一）和师兄弟们参加彭淑牖教授 70 岁生日聚会

初在浙医二院临床学习工作查房时，很少碰到彭教授，也曾经问过师兄，他们说，彭老师年近七旬，起得比较早，经常六点半就已经独自开车到医院了，一般先查房看过手术患者，和管床医师沟通患者的治疗方案，然后在办公室审稿，看最新的国内外文献，八点以后开始安排手术、会议及研究生的工作等。充沛的精力及节奏紧张却有条不紊的工作安排，令我们这些按部就班工作的年轻人惭愧不已。

彭教授在医学领域取得了很多广为人知、极具开创性、卓越的工作成就，他所形成的温和细致、勇于创新、善于总结、锐意进取务实的学术风格特征，也是"彭家军"人才辈出的原因之一吧。

每当遇到困难时，我就会想起彭教授对我们的鞭策："别的人能做到的事情你为什么做不到？"彭教授的发问，让我们振聩发醒的同时也督促"彭家军"不断前行，激励大家取得一个又一个成绩，做一名优秀的外科医生，造福广大患者。

杜卫东：他是我这一生的丰碑恩师

杜卫东，主任医师，硕士研究生导师，浙江中医药大学暨浙江省中医院普外科/肝胆胰外科。

1998年，我院（浙江省中医院）为培养年轻业务骨干，与浙江医科大学（1998年9月15日，新浙江大学宣告成立，即浙江大学、杭州大学、浙江农业大学和浙江医科大学四所高校合并组建新浙江大学。浙江医科大学改称为浙江大学医学院）签署协议联合培养在职硕士研究生。这对我们来说是个天大的好消息，于是我向科主任提出是否可以申报。由于我身份特殊（属于教编而在医院工作），培训费由医院出，科主任让我请示主管该项目的副院长叶再元教授。叶院长很开明，说："只要选拔考试能入围，就能去。"我刻苦复习了英语及专业课，选拔考试考了全院第一，那就是说我具备了联合培养的条件，但还是有一些争议，就是培训费由哪里支出。叶院长力排众议，提出浙江中医学院和浙江省中医院是一家，一次培养，两院可用。于是，我的在职硕士研究生学习成行了。

浙江医科大学方的导师是谁呢？

正是大名鼎鼎的彭淑牖教授！

我内心既欣喜万分，又惴惴不安：欣喜的是我又能求学深造了，而且是由彭淑牖教授和叶再元教授联合指导；不安的是在两位大名鼎鼎的教授指导下，我是否能不负期望完成学业？还有，享誉国内外的彭老师是否高高在上、难以交流呢？

第一次拜访彭老师是在他的专家门诊。看到我拘谨的样子，彭老师拉了把凳子，和蔼地说："杜医生，请坐，刚好这里有位患者，我们一起研究一下，看一下怎么治疗比较好？"彭老师细致地问诊后，根据患者病情进行针对性的查体，并对关键点作了提示，然后拿化验单仔细看后递给了我，对着阅片灯上的CT片分析起来，不时提问我几个问题，我也把自己的看法及平时阅片时碰到的疑惑一股脑儿地说出来并请教了一番。

彭老师先回答了患方的问题，确定治疗方案后，指着跟着他出诊的几位学生对患者说："请放心，我会带着这些能干的年轻人尽力而为的，很有希望。"患者如释重负，带着感激和希望离去。彭老师和颜悦色地问了我的求学过程、工作经历、培养计划和生活习惯，使得我拘谨而畏惧的情绪逐渐舒缓下来。末了，彭老师鼓励我说："小杜，你是上海医科大学毕业的，基础扎实，在临床上多下功夫，多动脑筋，做些科研，帮助患者，提升自己，对未来发展很有好处！"

出门后，我就想，彭老师这么谦和，第一次登门就不吝指教我，对患者又是那么亲切，给患者以信心和希望，这都源于他高超的医术和"永置患者利益于首位"的信念。能跟着这样的导师学习，三生有幸！

为了能按培养计划的时点完成学业，我广泛阅读文献。受彭老师的指导，从临床工作中发现问题、加以思考并设计课题，希望最终能解决临床问题。当时胰腺癌的早期诊断是业界的一个难题，针对此问题我查阅了当时国内外的大量文献，设计了有关胰腺占位穿刺活检的课题；在临床工作中发现较大手术后即使有较充分的营养支持，人血白蛋白水平也会明显下降。我查阅文献后也设计了个实验课题（由于我在浙江省中医院工作，所以课题带中医药特色）。于是拿着这两个课题的手写稿去请教彭老师，对于前者，彭老师指出"出发点很好，可行性差了些"，从胰腺癌诊断的血清学、病理学、诊断技术等方面给予了指导，并推荐我一本有关组织、细胞培养的书，让我对课题内容和技术路线做些修改；对于后者有关低白蛋白血症与中药的课题，彭老师指出所用中药最好是单体且应用方便的。关于样本数的确定和之后的统计方法，彭老师推荐了当时浙医二院外科赫赫有名的擅长统计学的周老师。由于准备充分，加上两大名师的指导，实验过程较为顺利，我在周老师指导下对实验数据进行统计分析，免除了自己可能用错统计方法而致结果不可靠的情况，这是后话。请教好课题问题后，彭老师叮嘱我："对待科研工作尤其要谨慎、认真，容不得半点虚假。"

彭老师学识渊博，在临床上是大家，在科研上是大师，任何时候登门求教，对我所提的外科学问题他都能旁征博引，精准指出短板所在，并予以分析，引导解决，令弟子钦佩不已！

由于是在职学习，所以还会在自己单位上班，期间若碰到疑难病例或者家属要求请外科领域的顶尖专家，我就很自豪地把全国乃至全球的知名外科专家彭老师扛出来，为这些患者排忧解难，彭老师也总是欣然应允。

印象比较深的是我院的一位引进人才，40 多岁，一次朋友小聚酒后出现了黄疸，院内组织讨论有两种意见：一种认为隐匿性结石或炎症出现黄疸，另一种认为有肿瘤可能。双方意见相持不下。于是，我请彭老师来分析病情，他亲自询问患者病史并对其仔细体检，提出考虑壶腹周围肿瘤可能性大，并建议 ERCP（经内镜逆行性胰胆管造影）及检测胆管胆汁的 CEA（癌胚抗原）及 CA19-9（一种肿瘤标志物，也就是糖类抗原 19-9），以获得更多依据。3 天后，我拿着化验单和 ERCP 的胶片到彭老师办公室请教并预约手术时间，彭老师百忙中挤出时间，带着手术神器——彭氏多功能手术解剖器，并带来两大“护法”许斌和王建伟（他俩主要轮流扛着摄像机拍手术录像，那时的机器又大又重，使用卡式磁带，没点功夫，摄像机是扛不好的，录像也录不好的）。

彭老师的 Whipple 手术如行云流水般，彭老师还演绎了捆绑式胰肠吻合 I 式。患者术后恢复很快，休养一段时间后正常上班，现在已退休，并继续在医院发挥余热。是彭老师早期而精准的诊断及高超的技术，给了患者第二次生命。

从此，我院普外科电刀使用“彭氏电刀”，手术解剖都用“彭氏刮吸法”。我也熟练应用此刀此法成功救治了很多患者。后来，我院普外科多次邀请彭老师来指导手术，每次他都会带来创新的理念、创新的技术和改进过的器械，让我们惊叹不已！

彭老师时常教导我们“拒绝因循守旧，勇于改革创新”“不断超越自我，赶超国际水平”，他自己这样说，也是这样做的，身体力行，所以他能成为至今全国唯一的集多国荣誉院士称号于一身的大家！

迄今，有数不清的疑难杂症患者在彭老师的治疗下获得新生。不仅如此，彭老师还培养了一支蜚声于国内医学领域的“彭家军”。“彭家军”在医学道路上探索，在救治病患中行进，在创新实践中结果，成为医学界一道靓丽的风景线，这与彭老师的言传身教、身先士卒密不可分！

能成为“彭家军”的一员，是我一生的荣幸！彭老师无论是为人、处事，还是做学问、干事业，都是我心中的一座丰碑！

陈维善、陶惠民、范顺武、张建民、陈高：他是一位竭力托举下一代的大师

——彭老师与五位“俗家弟子”的故事

陈维善，主任医师，博士研究生导师，浙江大学医学院附属第二医院脊柱外科主任、骨科副主任。

陶惠民，主任医师，博士研究生导师，浙江大学医学院附属第二医院骨科副主任。

范顺武，主任医师，博士研究生导师，浙江大学医学院附属邵逸夫医院骨科主任。

张建民，主任医师，博士研究生导师，浙江大学医学院附属第二医院神经外科前主任。

陈高，主任医师，博士研究生导师，浙江大学医学院附属第二医院神经外科主任。

1995 年，由于浙江大学还未设立骨科和神经外科专业的博士学位点，所以这两个学科还没有博士研究生。而彭教授当时已是我国乃至国际著名的外科学大家，他指导的外科学博士点是肝胆外科的圣地，也引来包括我们骨科和神经外科医生在内的非肝胆外科医生的羡慕。在浙江大学的协调下，我们五位有幸成为彭教授的学生，成为浙江省首批骨科和神经外科专业的博士研究生，也与彭老师结下了一世的师生情。在彭教授的为人、为师理念的影响下，我们五位都已成为这两个专业的学术带头人、博士研究生导师。尽管我们由于专业不同，后来与导师的交往不是太频繁，但与导师的相处细节仍历历在目。

陈维善：他严谨的治学精神影响了我一生

记得有一次到彭教授门诊五楼的办公室请示课题研究问题，彭教授正伏案为他的学术论文选择插图，那是肝门部位的术中照片。我被惊艳到了，那是 20 世纪 90 年代，从来没有看到过这么清晰、立体感超强的彩色照片，就像国外的摄影画报插图。彭教授正在十几张照片中反复比较做选择，见我进来就笑着问我：“你觉得哪张比较好？”

“天呐，每张都非常惊艳呀！”我惊奇地翻看着每一张照片。彭教授则摇摇头说：“我都不太满意。这张胆管显示角度欠佳，这张照片会给读者造成误导……”

当我离开他办公室时，满脑子都是那一大叠肝门部的手术照片。几十年过去了，那个场景在脑海里依旧清晰，可以说彭教授严谨的学术态度影响了我一生。

陶惠民：细微之处洞见老师的格局

第一次见到彭老师，大约在1988年，我大学毕业不久，在浙医二院普外科轮转。有一天，上级老师说有一位刚从英国回来的主任要来英语查房，需要准备患者资料，而且需要用英语汇报病史。我当时确实有点紧张，准备了一个晚上，第二天带着一颗忐忑的心，跟着各级医师十余人，尾随彭老师查房。

彭老师身着笔挺的白大褂，打着领带，我心里暗赞，好一位温文尔雅的绅士啊。他透过眼镜片，用那双睿智的眼睛注视着我，温和地问：“你是新来的？”我怯生生地回答：“是的，我是从骨科来轮转的。”他微笑地说：“欢迎来轮转。”

他带领大家来到患者面前。首先，他先问患者好，稍微了解患者情况后，转到教学查房。他似乎并不需要最年轻的医师先介绍患者，而是从最高主任医师开始用英文介绍患者的情况。我一下从紧张的情绪中平静下来。接下来，他用流利而自信的英式英语详细分析患者的病情、治疗过程，术后可能出现的情况，全面系统讲解，我当时就觉得受益匪浅。接下来，他提问我们几个基本问题，通过提问，了解我们对临床基础知识的掌握情况，以及上级老师教学的效果。

在后来的接触中，彭老师总是告诉我们：“对患者，疾病诊断最重要。要做好手术，首先要有正确的诊断，对疾病过程要了然于胸。手术讲究高质量，每个手术都要充分准备，术前要心中有数，术后要回顾下次怎么改进，否则就不是个好的外科医生。”在我后来的外科生涯中，我一直牢记彭老师的教诲，所做的每台手术都有术前计划、术中困难的应对及术后并发症的防范。

随着外科轮转时间的增加，我与彭老师的接触机会也越来越多。如何提高肝胆外科技术，也是老师一直关心和追求的目标。记得当时很多肝内胆管结石患者，首次取石不彻底，往往放置胆总管引流，接下来，要了解结石的情况，需要做胆道镜检查。当时科室好像刚开始进行这项检查，因此每次做这项检查时，彭老师总是全程陪同，给做检查的老师讲解技术要点，指导他们规范技术操作。

有一次在做检查时，彭老师突然快速掀开手术铺巾，当时，我们都不知道发生了什么事情。电光石火之际，只见彭老师急速给患者做体外心脏按压。原来他在检查过程中突然发现患者迷走神经反射导致心搏骤停。彭老师第一时间发现，患者被抢救回来了。从这一件事就可以看出彭老师的细致、严谨和全局观念，总能在其他人之前及时发现患者情况。因此，我也在后来形成了前瞻意识，及时发现问题，避免发生意外。

外科轮转结束后，我内心一直有个愿望：攻读博士学位。终于在 1997 年有幸成为彭老师的一名博士研究生。

此后，只要彭老师碰到我，不论在路上，在手术室，还是在食堂，他的第一句话总是："怎么样？"短短三个字，饱含对学生的工作、学习的关怀，总给人一种温暖的感觉。

范顺武：竭力托举下一代的大师

与彭老相处的细节非常之多，但对我个人影响最大的应该是彭老师对专业上的不知道自己已经知道的大师境界和博大的胸襟。

记得彭老 65 周岁给我们做报告时说，由于在担任科主任时，临床和行政事务繁忙，抽不出太多的时间搞科研和发明，所以他是 60 岁之后才有精力专注于科学研究，并先后获得国家科学技术进步奖和国家技术发明奖。

他的这番发人深省的话让我们懂得了一个道理：种树的最好时机是"十年前"和"现在"，对学术上的追求永不言迟！受他老人家的影响，我于 1999 年从浙医二院只身一人来到邵逸夫医院骨科，带领一群年轻人从头开始将邵逸夫医院骨科建设成在国内有一定知名度的学科。

我很喜欢这段话：一个好的家族的意义，不在于有多殷实、富贵，而在于每一辈都能够竭尽所能，去托举下一代更上一层楼！彭老就是全力扶持年轻人、心胸宽广的导师。

记得 2021 年彭老交给我一个骨科疑难患者，我们团队全力以赴完成了高难度手术。之后不久，彭老特地邀请浙江日报集团的著名记者薛建国老师，在不同的新闻客户端上报道了该例患者的治疗过程。彭老时刻想到的是如何竭尽全力托举下一代更上一层楼！在彭老的言传身教之下，整个"彭家军"都用行动传承彭老的优良作风，诠释人类文明进步的真谛，这也是"彭家军"能够走得更远的核心基因！

陈高：他用行动诠释了有担当才能有作为

记得初见彭老师是在 1985 年，那时我还在普外科轮转，彭老师刚从英国留学归来，担任普外科主任。彭老师每次出现都穿戴整齐、风度翩翩，待人接物彬彬有礼，给当时的我耳目一新的感觉。有一次，虽然受到了"元老"同事的无礼责难，彭老师也只是微微一笑，便转身又忙工作去了。子曰："人不知而不愠，不亦君子乎？"彭老师这种儒雅的君子气质和深厚的文化教养深深地触动了我，当时也在我的心中埋下了一颗种子，从此我便立志要以彭老师为榜样，学习他高贵的品质。

在工作中，彭老师也是一位治学严谨、敢于担当的人，主动承接疑难复杂患者，对自我要求也极高。若出现问题，先反复自我检讨，从不让下级医生担责，在院内树立了极佳的口碑。同时，彭老师对物质的要求却很低，一件从英国带回来的西装，不知穿了多少年。有时候因为手术错过了饭点，彭老师就只吃几块饼干，就着一杯开水解决，以至于彭承宏师兄去上海前，特意叮嘱我一定要看好彭老师的饼干盒。转眼20年过去，每逢节假日给彭老师添饼干已经成为我的习惯。

彭老师在医学界威望很高，不但有精湛的技术，还有许多发明和成果转化。但他从不以追求自身权益为目标，并常常教导我们，医生的初心源自对患者、对生命的大爱，对于个人得失不应过多计较。遇到经济困难的病患，彭老师还会发动学生，想尽办法给予支持。

几十年来，彭老师的视野和学科建设的思想及以解决临床实际问题为目标的学术研究方式一直深深地影响着我。这些年，师兄张建民与我先后担任浙医二院神经外科主任。我协助师兄把浙医二院神经外科带进复旦排行榜前5位，在浙江省外科系统各学科里排名第一，并各自牵头承担了“十三五”国家重点研发计划重点项目，在脑机接口、出血性卒中研究领域居于全国前列。

我想，彭老师勇于担当的医者精神、优秀的人文素养和自由独立的学术思想，堪称医学界的“精神贵族”，这也是我们学生毕生追求的目标。

张建民：一日为师，终身为父

彭老是我的博士研究生导师。说起我和彭老的故事，冥冥中感觉有一种缘分。大家知道彭老从事普外科工作，而我是神经外科专业，两人怎么会成为师徒呢？这要从我们医院当时的情况说起。

浙江大学在1998年完成四校合并。合并后的新浙江大学（简称浙大）作为我国教育部重点院校，在师资队伍及学科建设上要求都很高。我在2000年晋升为教授，那时浙大的晋升条件比原来的浙江医科大学难了许多，特别是教学编制，难度差不多是医疗编制晋升条件的一倍，而且每年不断加码。作为科室副主任的我也深感压力倍增，因此下决心再补读一个同等学力博士学位。但2002年，我们神经外科作为三级学科还不是博士学位点，没有单独招收博士研究生的资格，需要挂靠在大外科的二级学科下。当时大外科具有招收博士研究生资格的老师不多，也就只有屈指可数的几位。因此，我就去请教我的硕士研究生导师，也是创建我们科室的老前辈之一陶祥洛教授，看看谁比较合适。陶老就推荐了彭老。于是，我去找了彭老，希望他能做我的博士研究生导师，同陶老一起联合带。彭老很高兴，二话不说就答应了，并说：“没问题，相信你一定能顺利完成博士研究生学业的。”就这样，2002年3月，我正式开始攻读在职博士学位，成为“彭家军”的一员。

彭老和陶老联合培养我，彭老主要指点了我读博的大致要求、框架。他对人生和职业的追求，尤其他在国外学习的经历让我深受启发和鼓舞。专业博士学位论文主要由陶老把关。经过 3 年的努力和耕耘，2005 年春我顺利通过了博士论文答辩，取得了博士学位。其中在读博期间的2004年，我还顺利取得了浙大的博导资格。有人开玩笑说，我可以自导自演了。

博士毕业后的第二年，也就是 2006 年，我担任了科室主任。一方面，庆幸自己在前几年补上了博士学位，使得有机会出任这一岗位；另一方面，也深感以后的担子更重了。恩师彭老和陶老两位前辈也一直作为我的人生和事业的楷模激励着我，对我的职业成长和发展起到了重要作用。两位前辈无论为人还是做事都是我前行的明灯。

彭老给我留下特别深刻印象的还有几个方面。

第一个方面关于彭老的为人和敬业精神。我和彭老打交道其实早在我毕业进医院后的第三年（1985 年），作为刚毕业的住院医师需要去相关科室轮转，考虑到我们见习、实习都在浙医二院，所以 1985 年我们去外科轮转的时候想申请缩减一些时间尽早回本科室工作。当时刚回国作为外科主任的彭老朝我笑笑，不置可否。我对彭老的第一印象就是和蔼可亲，有事先让你自己反思、考虑。我从其他医生口中了解到彭老非常重视对年轻医生的基本功培养，所以我想彭老朝我笑笑的本意应该是希望我按期进行外科轮训，打好基本功。我也就安下心来认真完成外科的轮转培训，进一步巩固外科常见病处理及提高基本技能。这对后来神经外科疾病的诊治很有帮助。

后来通过与彭老的接触以及从医院同事口中了解到，彭老平时对同事、对患者、对学生都是坦诚待人，乐于助人。而他对待工作又非常敬业和严谨。他的为人处世深受同行和患者及家属的高度赞许。彭老平时要么在手术，要么在办公室查找、整理资料，有时甚至饿着肚子工作。正因为如此，作为他的学生，我们早年有时会准备一些饼干等放在他办公室里，以便他饿了又没时间吃饭时可以略微充饥。

彭老在专业上的造诣特别令人敬佩。医院有位主任早年患了巨大肝癌，周边也已扩散，看到检查结果，大家都觉得这位主任不管怎么治疗都生存期有限。但彭老却运用他精湛的技术为这位主任做了手术，再配以化疗等其他治疗手段，

彭老参加腹腔镜操作培训

结果这位主任到现在也没复发，可以说彻底痊愈了。这可以说是彭老手术登峰造极的一个典型病例，被广为称颂。彭老还一直践行“活到老，学到老”，看到微创腔镜外科应用越来越广，他也亲自参加培训，了解腔镜操作和使用，这样他就有更好的发言权。我也常把彭老培训腹腔镜的照片放到我的PPT里面，介绍给我的学生和同道，激励我们作为“医生”，需要学习“一生”。

腾讯视频在我院拍摄的职场真人秀综艺类节目《令人心动的Offer 3》并于2021年底热播。教师节的那天，我带着“神外三子”去敬拜彭老，彭老教导我们：“请大家奋力前行，不断超越自我。”这不但是对我的学生的一种鞭策，而且更是对我一生的鞭策。

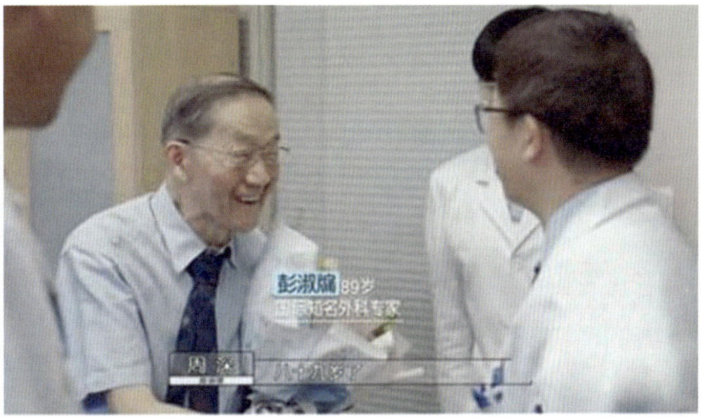

彭老在《令人心动的Offer 3》节目上

《令人心动的Offer 3”》节目中彭老勉励徒子徒孙

彭老给我留下深刻印象的第二个方面是关于他的创新精神。彭老从医60多年来在肝胆胰外科领域硕果累累。他的“刮吸手术解剖法”和“捆绑式胰肠吻合术”分别获得国家技术发明奖、国家科学技术进步奖，对外科手术领域产生了深刻的影响。国外学者称前者为外科手术上的一场革命，后者则解决了困扰世界医坛60多年的难题——大大降低了胰腺手术后的胰肠吻合口漏的发生率。他是美国外科学院荣誉院士、英国皇家外科学院荣誉院士、欧洲外科学院荣誉院士和法国外科学院荣誉院士。就像《令人心动的Offer 3》里所介绍的那样，他是“国际知名外科专家”。在我们心里，他也早已是我国的“院士”。

彭老的创新精神也不断激励着我，在日常工作中我也密切关注创新工作。比如，与医疗公司合作研发了集术中冲洗和吸引器于一体的“手术冲吸器”；与医疗器械公司合作研发了“枪状钛夹钳”，用于经蝶手术中海绵间窦出血、鞍膈脑脊液漏等的夹闭。更重要的是与浙大工科团队合作，在脑机接口临床转化研究中做了不少工作，取得了不少成果，如获得千万级经费的“十三五”国家重点研发计划项目资助；在国内首次通过对一位高位截瘫志愿者脑内植入 Utah 阵列电极，实现意念控制机械手完成三维复杂上肢运动功能；完成我国首例由团队自主研发的闭环神经刺激器治疗癫痫植入手术，并取得满意效果，目前正在全国进行多中心临床研究。

彭老给我留下较深印象的还有他的体能。大家知道外科医生手术时不仅费脑，更费体力，尤其是一些大的复杂手术。外科医生如果没有良好的体能，要圆满完成手术，有时可能会“心有余而力不足”。因此，相比于内科医生，外科医生往往更需要拥有健壮的身体，具备良好的体能。彭老在这方面也是以身作则，平时注意锻炼，为后辈树立了很好的榜样。彭老喜欢并擅长潜泳。他的潜水时间，我们年轻一点的人都望其项背，自叹不如。彭老正因为平时注重体能训练，所以才能够在 90 高龄还到处“飞刀”。

我以前也喜欢运动，和彭老一样也最喜欢游泳，还是原浙医大一个自由泳校记录保持者。具备良好的体能，我们才能胜任大手术。我曾在德国进修时跟着导师参加了这辈子最长时间的手术，持续 16 小时。我自己的记录是 12 小时。2020 年新冠肺炎疫情刚暴发时，我碰到一位温州来的患者，颅内深部肿瘤伴颅高压，但因是新冠肺炎“疑似病例”，那天手术是在三级防护下（着全套防护服，戴防护镜，且手术室不能使用空调）做的，做了整整 10 个小时，下了手术台我感觉极度疲惫，但还是挺过来了。

一日为师，终身为父。彭老因其为人处世将永远是我们学习的楷模，更是我们不断前行的宝贵财富。衷心祝愿彭老健康、长寿、快乐、平安。

冯雪冬：他“不放弃患者”的教诲，成为我的职业信仰

冯雪冬，主任医师，香港大学深圳医院胃肠外科。

2002年，我有幸成为彭淑牖教授的一名博士研究生。因为自身是非科班专业（肿瘤外科）出身的外科医生，所以初到彭老师门下就读内心充满忐忑。但彭老师作为一位享誉全球的外科大家，却用极其平易近人的处世风格让我有了自信。跟随恩师学习三年，使得自己的临床外科技能完全能独当一面。

我在就读期间，有幸参加了彭老师在美丽的西子湖畔杭州发起并召开的世界胰腺外科大会。见识了美、德、印等国际的顶级专家、学者及我国各地专家、学者都慕名而来的盛况。大家对彭老师发明的彭氏多功能手术解剖器、刮吸法肝切除、捆绑式胰肠吻合术赞叹自不必说。大会上有一位特殊来宾让我至今难忘。他曾经是一位晚期胆囊癌患者，而当时晚期胆囊癌的5年生存率几乎是零，因为已至晚期，求医无门，所以慕名找到彭老师。彭老师仔细评估他的病情之后，用精湛的手法为他做了肝胆胰外科最难最险的肝胰十二指肠切除术（HPD）。到开会那年，这位患者已经健康存活了10多年。听说彭老师组织了大会，他激动地非要给大家讲一讲他和彭老师的故事。现场的中外来宾无不为这个奇迹拍手叫好。这让我真切感受觉得高尚医德和精湛医术真的是能创造奇迹。诸如此类把“不可能”变成“可能”的案例，彭老师的每一个学生都不止一次见识过。

毕业后，我回到了老家内蒙古一个偏远的地级市医院，组建了医院的肿瘤外科。有一次和手术室护士、助手聊天谈起我的老师彭教授。我讲彭老师发明了一种非常实用的外科手术器械PMOD并获得了国家科学技术进步奖。没想到他们说我们医院有这个东西，只是很久了没人会用，这让我既惊讶又赞叹。赞叹彭教授在国内外外科界的影响力传播之深远，要知道这是一个只有40万人口的偏远小城。后来，我自己靠着这把PMOD和彭老师传授的外科技术创造了一个小神话：一位晚期肝癌破裂出血的患者，我给他做了5次肝脏手术，存活了13年。其中有一次，他人在新疆发现肿瘤复发，不远万里非要回来让我手术。在与他一次次的交流中，我告诉他很多像他这样的患者

得到了很好的治疗，完全得益于我的恩师彭教授传授给我们的理念和技能。彭老师教诲我们“不放弃患者，不放弃希望”的精神，成为我的职业信仰，相信也会由此让更多的病患受益。

上海举办世界博览会期间，我们单位组织去上海参观。因为难得有机会离杭州那么近，我就抽了半天从上海到杭州看望彭老师。虽然过了这么多年，但他仍然在那个不大且周围堆满了书籍的办公室办公，也依然是让我感到温暖的老师。聊了彼此分别后的情况后，他老人家给我拿了一张光碟，是他最近在研究的捆绑式胰胃吻合术的手术视频。这让我又一次赞叹他老人家身体力行地给我们这些晚辈展现“老骥伏枥，志在千里”的精神。大可在成就堆和功劳簿上享受的他，却仍然选择思不停歇，技不止步，去追寻更多的突破。

近几年，微创外科的发展大大改变了外科手术的理念。两年前，我来到深圳并且转到胃肠外科工作。本有些遗憾离开了肝胆专业，但很快发现彭老师敏锐的思维在微创外科领域也大放异彩，将既往发明的手术器械进行了合理且完美的升级和改良，使得需要使用这些器械的胃肠外科手术一样变得简单易行，大大地提升了手术操作的合理性和效率，让微创外科手术也从中获益。

彭老师的思想理念曾教导了我们“彭家军”的许多人，将来也一定会继续百尺竿头更进一步。祝福彭老师身体健康，带领更多的“彭家军”弟子走向辉煌。

何小伟：他永远都是我的顶级大师远程热线

何小伟，主任医师，江西省吉安市中心人民医院肝胆外科主任。

第一次听到彭淑牖教授的名字，是因为蒋筱强教授。那是1996年秋天，我硕士研究生毕业。离开南昌之际，与导师蒋教授话别。谈到刚在西安落下帷幕的外科年会，博学的蒋老师高度推崇彭教授的学识，尤其对彭教授发明的彭氏多功能手术解剖器和刮吸解剖技术赞叹不已！

后来，陆续听闻很多医院的同行争相邀请彭教授亲临指导，并且完成了一个个复杂的手术。彭教授所到之处，留下了许多传奇案例，而独特的刮吸解剖技术成为当时一股强劲的技术流，影响一代代外科医生。正是有了该技术的加持，很多外科医生得以突破瓶颈，完成了他们以前难以逾越的手术高峰。

从此，我关注彭教授的文章，慢慢窥见他的原创理念和技术，了解到彭教授在外科界的贡献，心生敬仰。希望能有机会得到他的教导，成为一个像他那样的优秀外科医生。2003年，拿到博士学位后，我以博士后的身份，投入彭老门下，得偿所愿。

那年9月的一个清晨，吹着西子湖飘来的风，我似乎闻到了千年的芬芳。我走进浙医二院门诊大楼，来到彭老位于19楼的办公室。办公室约有二十几平米，中间一张办公桌，边上有沙发、书柜。其中，有一个铁柜，堆满了手术录像磁带，显得特别瞩目。桌上放着一台电脑，彭老正伏案于桌旁收发电子邮件，一封接一封，非常忙碌。他一边发邮件，一边抬头招呼我坐下，温和又慈善。眼前的老者，身躯单薄，目光睿智，一副典型的知识分子形象；语言简洁，准确有力，发散大匠气场。我仰慕已久，一直期待教诲，此刻相见，犹如见佛，渴望开悟。几句寒暄，惶恐地切入专业，谈了自己在临床实践中常遇见但又觉得难把握的一些困惑，比如手术干预粘连性肠梗阻为最佳时机等。这是很粗浅的问题，但是彭老师依然非常认真地倾听，并分享自己丰富的临床处理经验，令我茅塞顿开。彭老师也肯定我有临床体会，神态温和、亲切，我的拘谨感也渐渐消失。

话题展开，涉及一些困扰全球肝胆外科医生的临床难题，彭老师提出自己的观点，其中有很多原创性技术，得到了全球同行的认可。比如，胰十二指肠切除术中，术后胰漏一直困扰全球外科医生。多少年来，人们倾向于设计越来越复杂的缝合技术，试图解决这个难题却总也解决不了。彭老师发明的彭氏捆绑式胰肠吻合术，以捆绑解决针眼缝隙，让液体无处可漏，终成解决难题的绝妙方案。彭氏捆绑式胰肠吻合术既体现独立思索精神，又是求真务实的结果。大道至简，深深地影响了我们这些跟随他的学生们。

彭老师是改革开放后最早留学海外的一批学者，英语非常流利。基于良好的沟通能力和开放的全球视野，彭老师拥有肝胆外科界很多顶级专家朋友，并对国际上最新技术理念进行实时跟踪。任何一项有价值的新技术出现，彭老师都会很快融入、掌握，并在实践中改良提升，最终使其成为自己技术体系的一部分。比如，绕肝提拉带技术是法国医生发明的，彭老做了改良，使得切肝断面方向的指引和止血效果更好，这令我非常佩服。

2004年春，浙医二院在杭州举办了一届精彩绝伦的国际肝胆胰外科学术会议。作为组织者，彭老师邀请了全球肝胆外科领域大部分的顶尖专家。我目睹了彭老师与全球精英的现场专业讨论，巨量的专业词语，双语无障碍地转换，从容不迫，行云流水，让我震撼不已。从此，我暗下决心，要学好口语和专业外语，希望有一天也如彭老师那样，走出国门，走向世界。

彭老师治学非常严谨，绝不人云亦云。2005年，我准备撰写一篇关于胆道狭窄修复术的论文。苦于无这类手术的实践体会，动笔之前，我认真查阅了中外学者的相关文献报道，仔细阅读了不同专家的术式和技巧，以图弥补感性认识的缺失。因为线性的文字描述很难让读者获得真实的空间感，所以经过一个多月的琢磨，我依然对各种术式理解不透彻，如雾中看花。于是，我带着凑成的初稿，去求教彭老师。彭老看稿后，直言我描述的方法是术语的拼凑，不知关键所在，也没有自己的观点，特别是其中有关肝门解剖方法的引述有误，在实践中，很难行得通。彭老指出，没有实战经验，就无法分辨不同路径的优劣，有些错误，以讹传讹。他耐心讲述他的方法，关键的步骤、关键的技巧、解剖学基础，我仿佛有了一种实战的模拟体验。无疑，这种讨教过程是最珍贵的学习机会。再后来，经过多次讨论，不断修改，逐条确认，文稿终于得到彭老的认可。论文发表了，更大的收获是，我领悟到胆管损伤修复的关键技巧。后来，我离开杭州，离开了彭老师，继续从事肝胆外科临床工作。遇到同行求助胆管损伤的修复，我因为记得彭老师教过的方法，所以屡屡不辱使命。每次成功，我都由衷地感谢当初的开悟，成就自己，帮助同行，救了病患。

由于工作变迁，我离杭州越来越远，但与彭老师的距离似乎没有改变。2015年，我以人才引进方式回到老家江西吉安，在一个地级市三甲医院任普外科主任。工作中，每当我遇到没有经历过的疑难病例，或没有把握处理的复杂问题，常常求助远方的彭老师。每次铃声响起不久，都会听到彭老师熟悉的声音。因为有了彭老师，我就如同有了一条顶级大师的远程热线，无论多晚，无论多忙，畅通无阻。不记得多少次了，连通的生命线，一端是站在无影灯下全身手术披挂的我，另一端是睡梦中醒来的 80 多岁高龄的彭老师，远程实时指导，直到问题解决。每次我离开无影灯，轻松地走到窗前，遥望窗外星空，想起远方的老师，心里充满了感激。

彭淑牖教授和何小伟

曾经，我问：“彭老师，在大部分人退休的年龄，你依然拼命工作，累不累？”彭老师沉吟片刻道：“我忙，因为还有很多人需要我，被人需要，感受到活着的价值。”是啊，这不就是生而为人的意义吗！人生起起落落，既有鲜花和掌声，也有挫败。灰暗时刻，这句话，犹如火种，再次点燃希望，激励我继续向前奔跑。我也知道，这种心灵的触动可能珍藏在每一位“彭家军”子弟的记忆里。彭老师，就像石阶，支撑着我们这些弟子一步步向上攀登。

西子湖畔那难忘的两年，连同彭老师的教诲，永远刻在我的记忆里。时光荏苒，依然清晰。

在这里，想对彭老师说一句：“彭老师，辛苦了！谢谢您！”

洪德飞：老师的从医誓言将是我一生的功课

洪德飞，主任医师，博士研究生导师，浙江大学医学院附属邵逸夫医院普外科。

我于 1997 年实现梦想，考上了彭老师的外科学硕士研究生，2002 年外科学博士毕业，追随彭老师至今已有 25 年。

在这 25 年里，记不清有多少次彭老师在无影灯下不厌其烦地指导我完成一台台复杂的肝胆胰外科手术。记得有一次，彭老师刚在美国外科年会做了学术报告回国，从上海浦东国际机场下飞机后就直奔邵逸夫医院手术室指导我做肝尾叶癌切除术；2005 年，我做第一例腹腔镜胰十二指肠切除术时，彭老师一直坐在手术室给我压阵，指导、鼓励我，直到晚上 9 点钟才离开手术室回家，他还叮嘱我："手术下来后，一定要来个电话报个喜。"晚上 10 点半，我下手术台后，打电话给彭老师，激动地告诉他："手术成功了！"彭老师高兴地说："好极了，你是国际上第一个把捆绑式胰肠吻合术应用到腹腔镜胰十二指肠切除术的外科医生，也是国内第三个完成全腹腔镜胰十二指肠切除术的外科医生。"

在这 25 年里，记不清有多少次彭老师带着我走南闯北外出会诊，去挽救一个个危重病友。在新疆乌鲁木齐，肝癌切除术；在四川华西医院，胰头癌根治术；在江西革命老区，肝门胆管癌根治术……每一台手术演示的背后都是他对我的无言之教。这无数次的记不清就像涓涓细流汇聚大海，让我从一个小医生逐步成长为一个能够独当一面，有技术、有担当的外科医师；这无数次的记不清就像一千零一夜的故事，梦幻般地引领我进入肝胆胰外科天地。

在这 25 年里，也记不清有多少次彭老师带我走出杭州、走出浙江省、走向全国、飞向国外，去参加国内外学术交流，把一个小医生介绍给国内外外科界的大佬，让我能够一次又一次认识到学无止境，天外有天，一个外科医师需要一辈子不断地学习和交流。记得有一年参加芝加哥美国外科年会，为了给我省钱，彭老师让我住在他的房间内，每次出国参加国际学术会议，彭老师总带着我一起参加 VIP 早会、晚宴。

记得有一年在中国香港参加学术交流会时，浙医二院有位血液科专家被诊断为晚期肝癌，彭老师在香港接到求救电话后，就在电话内组织专家讨论病情，并提前结束学术交流会回医院为同事诊治。还记得有一次去上海参加师兄刘颖斌教授主办的学术会议，那一年我刚买了新车，我当司机兴奋地带着彭老师和师母一起去上海，可车刚开出杭州就被追尾了。彭老师教诲我说：“虽然你开车开得很好，不会去撞别人，可别人会撞你。”这就是人生。

在这25年里，也记不清有多少次我们一起唱歌和跳舞，通常会嗨到凌晨两点，我们才恋恋不舍地回去休息。在平时，我们也经常交流唱歌、跳舞的体会，记得彭老师为了让我学“伦巴”，还特意下载TV转发给我；有喜欢的歌，我们都互相转发、练习。我们都记得对方喜欢唱的歌曲，彭老师总是说：“德飞，你先来一曲。”

2015年，在我主办的彭淑牖教授从医从教60周年音乐答谢晚会上，彭老师高歌一曲《从头再来》。这首歌时时刻刻鼓舞着我：人一辈子总有起起伏伏，从头再来都是美好的开始。在欢迎晚宴上，我邀请了香港中文大学中国科学院刘允怡院士、哈尔滨医科大学附属医院姜洪池老师、邵逸夫医院蔡秀军院长（学生代表）、中国实用外科杂志编辑部田利国主任和彭老师一起在主席台上进行了访谈。短短两个小时，我们让台下1000多位来自全国各地的同行聆听了彭老师从医从教60年的传奇故事。

在这25年里，我们一起在泰国的大海里畅游过，一起爬上武当山体验过，一起在草原上奔驰过，一起在沙漠内滑翔过……我们一起在美好的生活里留下了无数精彩的人生瞬间。

2022年8月，洪德飞和彭淑牖教授在天目山

彭老师传承给我的最永恒的是他的从医誓言：一切以患者为中心，技术上要做到精益求精，苛求完美；还要坚持不唯上、不唯洋，不断创新，勇于解决临床难题；更重要的是要把先进的技术和宝贵的经验传授给同行，才能造福更多的病友。这“一个中心，三个层次”的从医誓言也将是指明我从医、从教一辈子的灯塔。

对剩余肝不足的巨大或多发肝癌的外科治疗一直是肝胆外科研究的热点和难点。2012年，被Clavie等国际著名肝胆外科专家命名为联合肝脏离断和门静脉结扎的二步肝切除术（ALPPS）兴起了二步肝切除的热潮。ALPPS 被视为肝脏外科的"里程碑"术式、革命性的手术策略和肝胆技术的创新。ALPPS 可以使肝脏快速养大，第一次就是开刀把营养肿瘤的血管（门静脉）结扎，在健侧与患侧肝之间切开，两周之内使健侧肝增大 49% ～ 100%，然后进行第二次肝癌切除手术，有效率达 80% 以上。但是其需要二次大手术，严重并发症和死亡率分别高达 25% ～ 40% 和 10% ～ 20%，费用高，痛苦大，远期疗效还不确切。当时，ALPPS 可谓风靡国内外，肝胆外科技术处在世界巅峰的彭老师完全可以胜任 ALPPS，可彭老师并不媚外，却一直在思考：有没有不开刀的方法把肝快速养大，把二次手术变成一次手术，这样不仅可以大大地降低医疗费用，减轻患者的痛苦，更重要的是能保证手术安全，把并发症发生率和患者死亡率降到极低。

2016 年，在彭老师的指导下，我在国际上首创了经皮微波 / 射频消融肝实质离断联合门静脉栓塞（percutaneous microwave/radiofrequency ablation liver partition and portal vein embolization for planned hoepatectomy，PALPP）介入快速养肝技术；同年，彭老师再次带领团队首创了末梢门静脉栓塞术（terminal branch portal vein embolos，TBPVE）介入快速养肝技术。TBPVE 费用低、安全、效果好，完全可以替代 ALPPS，因此得到了普及推广。其不仅可应用于余肝不足的原发性、继发性肝癌，而且可应用于余肝不足的肝门胆管癌和胆囊癌的治疗，造福广大肝胆肿瘤患者。通俗来讲，TBPVE 就是应用经皮穿刺向供应肝胆肿瘤的血管内（门静脉）注射 2 支胶水碘油，把营养肝胆肿瘤侧的大小血管全部堵塞，2 周内让健康侧需要保留的肝脏快速养大。目前，应用 TBPVE 的肝癌、胆管癌者有 200 余例，2 周之内肝养大约 60%，有效率达 100%，并发症发生率和患者死亡率分别低于 5% 和 1%。TBPVE 是目前最省钱的、患者痛苦最轻的唯一一种不用手术的快速养肝技术。

胰漏一直是困扰胰腺外科的国际难题，严重级胰漏危害极大，需要多次手术，费用高，患者不仅痛苦不堪，而且病死率高达 30% 以上。彭老师带领团队经过多年研究，于 1996 年发明了彭氏捆绑式胰肠吻合术，这不仅颠覆了传统胰肠吻合的理念，而且与传统胰肠吻合术对比研究表明彭氏捆绑式胰肠吻合术能够显著降低胰漏率。但有专家研究后提出，彭氏捆绑式胰肠吻合术也有缺点，如果胰腺太大，可能无法套入空肠。为了解决这个问题，彭老师带领团队潜心研究并于 2008 年发明了捆绑式胰胃吻合术，然而胰胃吻合术虽然降低了胰漏发生率，但术后容易发生胰腺残端被胃酸腐蚀引起消化道出血，并且相对不符合消化系统的生理结构与功能。于是，彭老师带领团队又开始潜心研究，于 2011 年发明了捆绑胰管对空肠黏膜吻合术，这充分体现了彭老师不断创新、苛求完美的从医誓言。随着腹腔镜和机器人胰腺外科的发展，开腹时代复杂的胰肠吻合技术成为制约腹腔镜胰腺外科发展的瓶颈。基于彭老师不断创新的思想，以及彭氏捆绑式胰肠吻合的理念，我于2016年提出胰肠吻合瘘管愈合学说，发明了洪氏一针法胰肠吻合术，并于2019年完善了洪氏胰肠吻合理论与技术体系，不仅简化了传统复杂的胰肠吻合术，破解了腹腔镜胰肠吻合术的国际胰腺外科难题，推动了我国腹腔镜胰十二指肠切除术的发展，而且使得临床胰漏发生率得到显著下降。

记得有一次在全国召开的外科学术交流大会上，我刚做完洪氏胰肠吻合术的学术报告，有位国内著名的胰腺外科主持专家向我提问："您发明的洪氏胰肠吻合术是否在否认彭老师的捆绑式胰肠吻合术？"我回答："洪氏胰肠吻合术正是传承了彭老师的捆绑式胰肠吻合术的理念与技术发明，更是传承了彭老师为了苛求外科技术的完美，需要不断创新的精神与动力。"

我虽然没有招收很多研究生，但我始终铭记老师的教诲，只有把好技术和好经验传授给越来越多的同行，才能造福更多的病友。无论是来院学习和交流的同行，还是外出会诊，我总是毫无保留地将我的所学所研以各种方式，比如无剪辑手术录像、专著、手术讲解、手术演示、微信交流等，传授给同行。这多么像彭老师教我的一招一式——刮、吸、分离、悬吊、结扎、缝扎、捆绑。我也可以自豪地告诉彭老师，正像他当年带着我走南闯北一样，我也把我的技术和经验传授给了祖国各地的众多同行，也拥有了众多外科粉丝。

黄从云：彭老师教导我用实力打破质疑

黄从云，主任医师，医学博士，汕头大学医学院附属粤北人民医院肝胆外科主任。

20世纪90年代初，我在暨南大学的硕士研究生专业是肝胆外科，导师罗伯诚教授、陈君显教授在肝脏外科造诣很深，罗伯诚教授是我国最早从事肝癌外科治疗的学者之一，手术操作几乎是教科书的翻版，在导师那里也见识到一些古老的、临床上没有再用过的肝脏外科器械。工作几年后，很想进一步提升自己，导师推荐我报考他的老乡兼校友——浙江大学附属第二医院彭淑牖教授的博士研究生。2003年春，我有幸如愿成为彭淑牖教授的弟子。

入学后第一次见导师，我就按习惯方式说话，想到哪说到哪，没有章法。彭老师一边和我交谈，一边纠正我说话的逻辑性。从彭老师办公室出来，我出了一身冷汗。从此，对于说话讲求逻辑性这一点，我终身受用。

有别于当时肝脏外科技术的是，彭老师的手术技巧令我叹为观止。2006年，彭老师做1例第Ⅶ段邻近肝右静脉的肝癌切除术，我想这种肝癌切除要么扩大肝切除范围，要么出血多。但实际上，第一次见到彭老师用彭氏多功能手术解剖器刮吸法断肝，不但保住了肝右静脉，而且出血量极少。这种神乎其神的技术对我来说十分震撼：原来技术还可以这么玩的！

三年的学习时光一晃而过，随后我又在彭老师的指导下开启了人生的后半场。

肝癌是粤北山区的特色病，以大肝癌多见。肝癌切除最严重的并发症为肝功能衰竭和大出血，术前了解余肝体积和肝内管道结构对手术至关重要。当时肝胆外科学术界提出虚拟肝切除的理念，关键技术是通过CT/MRI数据重建肝脏，术前模拟肝切除，计算余肝体积和肝切除所遇到的管道，以免大出血和肝功能衰竭等。

我从2006下半年开始从事这个领域的探索。早期举步艰难，主要是当时的肝脏3D重建软件技术不成熟。然而，虽然3D重建结果不理想，但也能够指导临床工作。在取得了一些成绩后，我向彭老师汇报。彭老师具有长远眼光，他鼓励我开展3D重建技术，他认为这在不远的未来是极具发展前景的。经过十几年的努力，肝脏3D重建时间从开始的 7 小时缩短到 1 小时之内，最关键的是效果逼真。在这个过程中解决了一些问题，例如，肝内管道（肝动脉、门静脉、肝静脉和胆管）配位准确性，肝门部扩张胆管识别准确性。近些年来，我们结合其他软件联合处理，肝脏 3D 重建十分逼真。

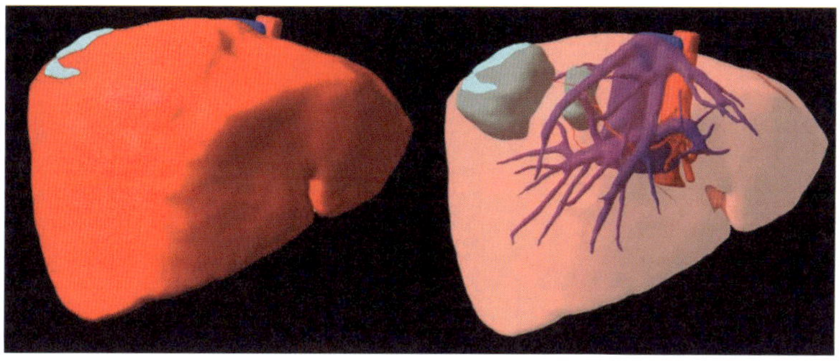

3D 重建

肝脏 3D 重建是虚拟影像，如能变成实物，效果更佳，特别是复杂的肝脏手术。但 3D 打印不是把 3D 重建数据导入 3D 打印机就能解决的。于是，我们从 2015 年开启了这方面的研究。

肝脏 3D 打印始于 2013 年美国学者 Nizar Zein（尼扎尔·泽恩）。清华长庚医院董家鸿教授于 2015 年 3 月 15 日报道了用 3D 打印技术完成了 10 例胆道癌切除，使以往一些被认为“无手术价值”的手术得以顺利进行。2015 年 3 月 18 日，我们完成了第 1 例肝脏 3D 打印，从开始的组装式 3D 打印发展到现在的整体 3D 打印，可以协助临床医师更好地开展临床工作。但单色 3D 打印的后期上色困难多多，我们从 2019 年开始又探索彩色 3D 打印。

彩色 3D 打印的设计理念是打印外观不是太复杂的物体，而肝脏彩色 3D 打印却需要打印肝内微细管道结构。我们花很大精力摸索出彩色 3D 打印机双喷头的回缩速度、距离和温度等适宜的参数。

肝脏 3D 打印可帮助不同资历的外科医生，通过分析 3D 肝脏模型，对肝脏解剖结构的认识达到一致性，修正根据虚拟 3D 制定的手术方案，预演手术过程。与患者和（或）家人根据实物模型共同分析病情、了解手术过程，从而缓解其对手术的恐惧感和神秘感，理解手术医师所承受的手术风险。

肝切除术后肝功能衰竭的原因很多。肝胆外科医师多关注余肝体积，对门静脉压力关注不多。十几年前，我们 1 周之内出现 2 例肝切除术后肝功能衰竭。回顾性分析，瘤体不大，余肝体积足够，手术过程顺利，出血不多，术后感染指标不明显，考虑肝功能衰竭与门静脉压力相关。此后，我们开始关注肝切除患者的门静脉压力。

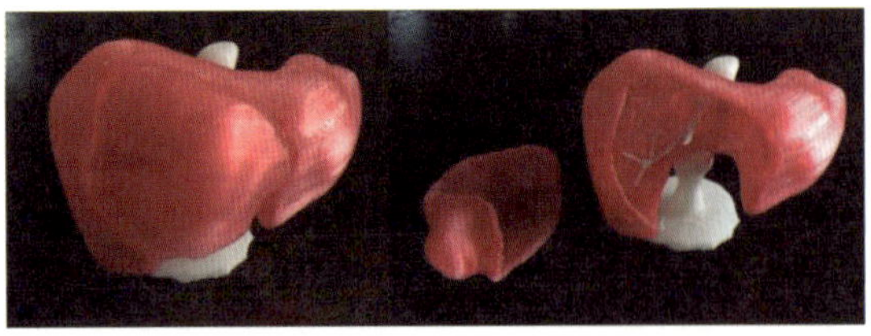

肝脏 3D 打印

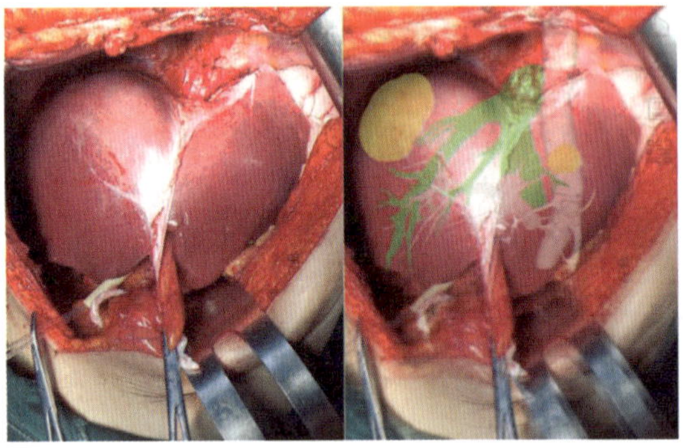

肝脏 3D 重建与术中肝脏融合

我们从计算流体力学基础学起，重点关注如何通过计算流体力学模拟门静脉压力。十几年的努力得到回报，模拟的门静脉压力接近临床实际数据。在这一过程中主要解决如下问题：简单化处理门静脉 3D 模型光滑化等步骤，修正门静脉压力模型。这些至关重要，需要花费大量临床实践来验证完善。

目前，门静脉计算流体力学在医学领域应用不多，但前景光明。例如，模拟结直肠癌细胞肝转移灶的分布、模拟胆道流体力学等。

这些年来，在彭老师的指导下，3D 重建、3D 打印和计算流体力学的应用趋向成熟。以彭老师为指导，联合师兄，浙江大学医学院附属第二医院李江涛、深圳大学附属罗湖医院李海军、深圳数泽科技有限公司罗创新，成功申请了广东省生物医学创新平台建设项目，从而使得这些研究得以继续。

肝脏 3D 重建能为手术者提供精准的解剖，明显减少手术并发症。如果术前肝脏 3D 重建能与真实肝脏融合，则能更上一层楼。2012 年开始，我们开始多态融合技术的研究。第一阶段，借助投影仪，把 3D 重建投射到肝脏表面，但一般的投影仪流明不够，融合不理想，临床应用不大。第二阶段，随着相关软件的开发，在电脑上实现融合，我们对精准度相当满意。第三阶段，经过改进，借助手机，3 ～ 5 分钟即可完成满意的融合。

余肝体积不够是肝切除术后肝功能衰竭的重要原因。十几年前，APPLS 出现，能快速增大余肝体积。彭老师即电话问我能否临床开展。结合自身条件和医院环境，开展相当困难。过了一段时间，彭老师提出一种设想，用介入的方法达到 APPLS 的目的，即栓塞患侧门静脉分支主干及其末梢，从而减少正常肝脏门静脉血流流向患侧肝脏，达到 APPLS 的效果。我认为这种方法十分可行，即与介入科张有用教授探讨，在彭老师的指导下，第一步，通过介入方法，即栓塞门静脉分支主干及其末梢，促进余肝增生；第二步，手术切除肝肿瘤。前 2 例取得意想不到的效果。我们又转战江西省吉安中心医院何小伟师兄处开展第 3 例，效果斐然。第 4 例由彭老师亲自来到粤北医院开展肝癌切除。借此机会，我们医院聘请彭老师作为我院外科顾问，以更好指导这一研究的开展。在总结前十几例数据发现，如果同时栓塞肿瘤动脉，余肝增生更加明显。我们把重点转到 TBPVE + TACE 的探索上。经过不懈努力，这一技术逐渐得到完善，完全可以促进余肝增生，达到安全肝切除。第 2 次手术推迟到介入后 1 ～ 2 个月，效果更好。并且肝脏增生与余肝体积密切相关（余肝体积越小，肝脏增生越明显）。

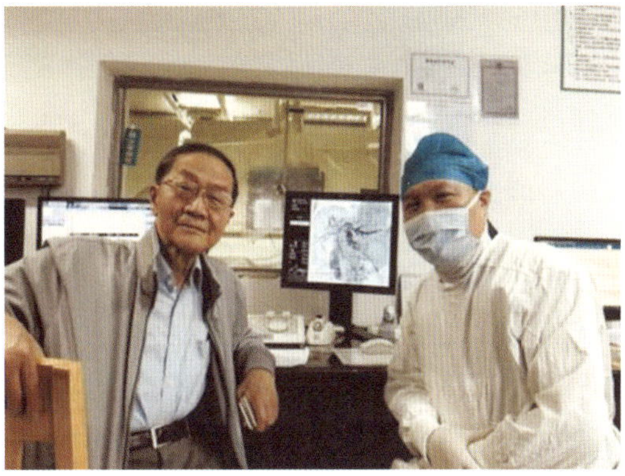

张有用教授做完 TBPVE 后与彭老师合影

肝脏手术的关键是断肝。各种方法各有优缺点。外科医师常采用自己熟悉的器械断肝，特别是彭氏多功能手术解剖器（此处简称彭氏刀）发明后，借助一项器械达到断、刮、吸、凝等作用，但是只有部分医师达到应用炉火纯青的境界。我悟性有限，在离断肝实质时，部分肝内血管凝断后仍出血，止血费劲。为此，我们把普通血管钳尖端磨细，用电凝钳夹肝实质，彭氏刀离断；如果仍出血，再用脑科双极电凝镊止血。但缺点也明显，例如，要持续注水防止结痂；操作不慎，电击穿手套，灼伤手指。彭老师认为有改进的空间，结合两者的优点，发明一种新的断肝器械，即双极断肝电凝镊（彭氏镊），应用离断肝实质的新方法——镊夹法。用电凝镊离断肝实质，镊尖精细解剖肝内管道，达到肝内解剖的目的。在离断肝实质的过程中，彭氏刀与彭氏镊珠联璧合，手术操作一气呵成、行云流水。

彭老师每次到广东来讲课，我都会得到老师的教诲，进而增加对肝胆外科领域的认识。有次彭老师问我："断肝血流控制用什么方法？"我说我采用当时的主流观点，不阻断肝门，但断肝过程中出血较多。彭老师给我举一个例子："我和你一起爬 10 楼，你一口气爬上去，我爬一层休息一下，总会爬到 10 楼，结果是一样的。"我瞬间茅塞顿开。此后，对于肝脏手术，我得以从容应对，游刃有余。

最后以彭老师的话作为结尾："新技术、新事物的初现，质疑声音很多。别管这些，努力做出成绩来，质疑声音自然会消失。"

嵇振岭：他是一本永远读不够的辉煌巨作

嵇振岭，主任医师，教授，博士研究生导师，东南大学附属中大医院普外科主任。

1995年4月，全国第六届胆道外科学术会议在上海召开。大会设了一个胆道疾病肝脏外科的分会场，由北京301医院刘永雄教授做主持。会议进入讨论环节时，只见一位戴着眼镜、个头不高但神采奕奕的中年学者要求插放几张肝切除的幻灯片，主持人说因为时间关系只能讲5分钟。这位讲者健步走上讲台，播放了几张精彩的肝切除图片，介绍了一种独特的肝切除手术工具，讲解持续了半小时，台下观众掌声雷动。讲解结束后，黄志强院士站在会场的过道中进行点评，他说这几张肝切除的图片非常精彩，是浙江的彭淑牖教授做的，他在胆管癌治疗方面水平领先于全国。会议结束后在回宾馆的路上，我迫不及待地追上了彭教授，同行的还有贵阳医学院胆道外科的夏亮芳教授，大家进行了简短的交谈，彭教授馈赠了我一把彭氏多功能手术解剖器。就这样，我第一次与彭老师见面就感受到了他在外科领域的精湛技艺、创新意识和执着的科学精神，对青年人也和蔼可亲，心中暗想要是能有机会做他的学生，一定会进步很快。不曾想，这一场学术会议真成就了我们的师生缘。

时间过得飞快，转眼到了2000年，我已经担任东南大学附属中大医院的大外科主任，但是觉得自己的学历还需要提高。于是在史留斌师弟的引荐下，报考了彭老师的博士研究生。我是在职同等学力申请学位的，因为985高校的研究生院有学分互认制度，所以我一个月的生物化学实验课程在浙江大学进行，其他学位课程在东南大学完成。随着宁杭高速公路的开通，我会尽量找机会前往杭州。每次到杭州，总要和彭老师见面，也和师兄弟们聊聊。大家谈论更多的还是彭老师的发明创造以及各自的专业课题。后来，彭老师的许多成果也有这群粉丝弟子们的贡献。

2005年我完成了博士学位论文，并顺利通过了论文答辩。在浙江大学的毕业典礼上，仅两位博士研究生代表发言，我是其中之一，为此深感荣幸。记得我的发言稿中有如下几句话："衷心感谢彭淑牖老师，他在学术上的造诣、技术上的求精、专业上的热爱、事业上的成功，深深地吸引了我，我为能成为他众多弟子中的一员而感到自豪。

衷心感谢浙江大学，因为有彭淑牖教授这样的导师，他在外科学上有很多贡献、有很多发明、有很多创造，使得浙江大学吸引了我，我为能成为这所大学的学子而感到骄傲。”5年的学习结束后，我对彭老师有了更加深刻的认识，他对技术的创新、对专业的热爱、对事业的执着追求，让我终身难忘、终身受益。

彭老师是一位著名的国际外科大师，他在肝胆胰外科的成就得到了国际同行的认可，代表着国际最高水平。2005年10月，国际大肠癌协会年会在德国威斯巴登举行，彭老师受到学会主席Link（林克）教授的邀请前往，我的师弟刘颖斌教授也随同出席。彭老师在大会上做了开场发言，重点报告了肝切除技术。我也在会上介绍了腹腔镜肝切除技术。其间，彭老师在威斯巴登APK医院和Link教授一道完成了一台肝尾状叶切除术。这次会议让德国同行领略到了中国肝脏外科的先进技术与领先地位。会间，我向德国的老师Beger（贝格尔）教授介绍彭老师在胰腺外科的工作，他很认真地对我说："Peng is a real pancreatic surgeon.（彭教授是一位真正的胰腺外科大师）"会议结束后，我们到斯图加特的Marien（玛丽）医院参访，这是一家教会医院，也是Tuebingen（图宾根）大学的附属医院，外科主任是前德国外科学会主席Bittner（比特纳）教授，他邀请彭老师做学术演讲，彭老师的报告令德国同行对中国的肝胆胰外科刮目相看。2006年，Link、Bittner以及其他几位德国教授到中国访问交流，还专门到邵逸夫医院参观了彭老师的肝尾状叶切除手术。他们非常钦佩彭老师，一是赞赏彭老师精湛高超的技术，二是感慨彭老师有数量之多、数据完整的肝肿瘤病例资料。作为彭老师的弟子，我们也感到非常荣耀和自豪。

2006年10月，国际肝胆胰外科协会中国分会第二届会议暨第九届全国肝脏外科会议在武汉召开，裘法祖院士、黄志强院士、刘允怡院士、吴孟超院士、陈孝平院士、王学浩院士以及国内外著名肝胆胰外科专家云集。裘老用汉语和德语致辞，德国的Buechler（比希勒）教授说裘老的德语是巴伐利亚口音，给大会增添不少乐趣。记得在一场肝脏外科技术的专场会议上，彭老师以及弟子们占据了发言目录的绝大部分。我们几位学生还和彭老师一道合影。这样的场景在后来的肝胆胰外科会议上成为一道亮丽的风景线。只要有彭老师出席会议，一定会有一批彭老师的学生站在一旁。我记得巴德年院士和刘允怡院士都曾在学术报告中提到彭老师及其弟子们对中国肝胆胰外科的贡献。于是后来就有了“彭家军”的美誉。彭老师不但是一位著名的外科专家，还是一位伟大的医学教育家，因为他带出的一批学生，个个勇于创新，人人精于技术，是彭老师把这支队伍打造成了中国肝胆胰外科的“尖刀连”。

2010年，在无锡的一次学术会议上，我向彭老师请教如何用英文表达“索带提拉法”这一概念。我对微创外科很感兴趣，探索了用腹腔镜行胃肠道间质瘤切除手术。如果是位于胃后壁的间质瘤，采用胃前壁切开，然后用一根条带将胃后壁的肿瘤蒂部套住打结，这样就可以将肿瘤下面的蒂部集束，然后提拉索带，肿瘤就从胃前壁的切口暴露出来，胃后壁也有足够的间隙被切割器离断。这一方法的创用来源于彭老师的肝中叶切除“绕肝带”方法。我很疑惑胃间质瘤切除的操作能否用类似的词语表述，彭老师坚定地说“a band lifting”（没问题）！很快，这篇文章在 *American Surgeon*（《美国外科医生》）杂志上发表，国外的编辑没有提出任何异议。文章发表后，我沉浸在喜悦中，因为这是中国专家的首创报道。非常感谢彭老师的创新方法，“绕肝带”在胃肠外科得到了应用，更要感谢彭老师对我英文的辅导。

彭淑牖在他的新书签名会上和嵇振岭合影

一日为师，终身为师！不论弟子们成长得多么优秀，我们都能够从老师的宝库中汲取营养。大家要举一反三，延伸拓展，不断累积和丰富“彭家军”的外科成果。

2018 年 12 月，第八届金陵国际微创外科会议在南京召开，会议安排了肝胆胰外科专场，彭老师率“彭家军”弟子出席大会。我在师兄弟的大力帮助下，收集了一些关于彭老师的资料，制作了《外科大师彭淑牖和他的彭家军传奇》视频在大会播放，片中主要介绍了彭老师及“彭家军”的七大传奇：一是“手术刀切断地狱之路，治愈一批不可治愈的患者”；二是“四大创新发明奠定了国际外科大师地位”；三是“集英、美、法、欧洲等四大院士称号于一身”；四是“为英国皇家外科医师学院高级医师授课”；五是“走上国际学术讲坛百余次”；六是“获得国内重要奖项无数”；七是“造就了中国肝胆胰外科尖刀连——‘彭家军’”。

外科大师彭淑牖和他的彭家军传奇

这个视频所讲的故事是真实、有形的。但是，由于水平和时间有限，仍留有一大遗憾——没有讲明白彭老师对医学的无形贡献，这个贡献就是彭老师“大医精诚、仁心仁术”的医学思想，它很值得我们去发掘、去领悟、去追求、去传承……

李兵：润物细无声，这就是老师对我们的教导

李兵，主任医师，硕士研究生导师，哈尔滨医科大学附属肿瘤医院。

在跟随彭老师学习的过程中，每次碰到他，他都有新想法、新的见解和我讲，当时我特别惊奇他怎么会有这么多的想法，也特别好奇他怎么能够不停地思考。

有一次和彭老师到邵逸夫医院做手术，彭老师在路上和我讲，肝尾叶如同肝门有肝门板一样，也是有肝板同肝脏的其他部分分界的。当时没有人提出肝尾叶是有肝板的，这个观点非常具有创新性。

还有一次，他到邵逸夫医院做手术回来，在浙医二院看到我，问我："你知道我干什么去了吗？"

"你不是到邵逸夫医院做手术去了吗？"

"那你知道我做啥了吗？"

当时，彭老师刚首创肝脏正中入路肝尾叶切除术，把肝脏像翻书一样，从中间打开，取出尾状叶后再将肝脏合上。我猜测他肯定是切尾状叶了，并且肯定是一个新术式。当时好像还没有人做过左侧入路单独尾叶切除，我就说："您做了个完全左侧入路的单独尾叶切除？"

他笑眯眯地说："对了。"

"这个入路好像没人做过，您肯定思考了很长时间、考虑了各种情况，然后设计了这个入路。"

"是的"。

当时我就特别佩服彭老师的这种不断探索、矢志创新的精神，这也对我后来的人生产生了很大的影响。

每次彭老师到实验室碰到师兄弟的一些学生时，虽然不认识，都会和他们一一微笑、点头、打招呼，一点没有大教授的"架子"。有时候，有些年轻学生自以为是地给彭老师讲解，彭老师从来不打断，总是微笑聆听着，一直到对方讲完。然后他笑一笑，问对方："你为什么这么认为呢？"一直到对方认识到自己错了。我想任何人都有可能

说得不对的时候，但作为一位大家、老师，能够认认真真地听完对方的陈述，而不是一听到对方有不对的地方就随意打断，让学生完完全全地表述出观点、见解，再因势利导。这么博大的胸襟，也是令人钦佩的。

还有一次，某医科大学附属医院邀请彭老师去做手术，当地医生描述肿瘤的位置和我们看到的不一样，很明显他们是看错了。彭老师说诊断不一致，让我再问问当地医生，我当时觉得很明显是他们错了，还有什么可问的。但我还是去问了，当地医生说："我们听彭老师的，一切以彭老师的诊断为准。"我当时洋洋得意地向彭老师汇报，就好像打了胜仗一样，告诉彭老师："他们说以您的意见为准。"但彭老师出乎我意料地告诉我："你再去请影像科主任看一下。"他已经联系好了影像科主任。

我又到影像科请教了影像科主任。当时，影像科主任特别细心且耐心地给我分析、讲解了那几张片子，我收获了很多。影像科主任最后告诉我，他的结论和彭老师的一样。我又回来告诉彭老师："影像科主任的意见和您的意见是一致的。"我当时觉得彭老师太过认真了，但这件事对我的影响也特别大，因此我在后来的工作中能够密切地与影像科合作，虚心向他们请教，发现他们的错误也能够本着谦虚的态度和他们探讨。

彭老师对学生的培养是亲力亲为的，我们"彭家军"就是在彭老师这样"随风潜入夜，润物细无声"的教导下成长的。在我们观摩手术的时候，彭老师每次做到关键步骤时，都要问我："李兵，你看到了吗？"我说："看到了。"他有时怕我没有真正看懂，就给我再讲解一遍；有时为了能让我认识更深入，会说："你看好了，我把标本再放回去，重新演示一遍。"然后他会把标本放回原来的位置，一边讲解，一边演示。

李兵与彭淑牖教授及其夫人谢隆化合影

在后来的工作中，每次遇到难题向彭老师请教，他都如同当年在他身边时一样，耐心地给我讲解，并且细心地告诉我需要关注的一些非常小的细节。后来有一次参加学术会议，彭老师在主席台上做完报告后来到我的身边，详细地询问了我的工作、学习情况。然后告诉我“简单的就是美的”，并用英文写在纸上，我对这句话印象特别深。遗憾的是我送彭老师出会场后，返回来时桌子上的这张纸没有了。本想把彭老师题字的纸留下来，作为我工作生活的座右铭。

彭老师在生活上非常俭朴，我那时候经常看到彭老师中午就在办公室喝杯咖啡，吃点方便面或者面包，我说他总这么吃，营养不够，他总说：“够了，简单吃点就行。”有一次，彭老师要到台湾讲学，给了我一件衬衫，让我帮他熨一熨，我看衬衫有点旧了，就说换件新的吧。彭老师说：“不用，这个挺好的，你就帮我熨熨就行。”彭老师热爱体育运动，我记得他曾经告诉我，他当年是校体操队员。有时工作累了，他就打电话给我约打乒乓球。他当年的体力好得真是让我吃惊，我们有时打好几个小时的球，我都感觉累得不行了，彭老师却一点都不累，我经常借着喝水的机会休息一下，彭老师却既不喝水也不休息。

作为“彭家军”的一员，我们师兄弟之间经常互帮互助。在我进修学习期间，牟一平师兄、洪德飞师兄、李江涛师兄、刘颖斌师兄、许斌、王建伟都在学业上和生活上给了我很大的帮助。刘颖斌师兄有很多课题与我合作，我也尽最大努力收集标本和进行流行病学调查，帮助他一起了解胆囊癌患者术后的生存情况。

我个人感觉“彭家军”的灵魂应该还是一个团队精神，有什么样的团队，就能做出什么样的业绩来。这个团队传承着彭老师谦虚谨慎、不断探索创新的精神。无论在什么地方、做什么事情，没有一个团队、没有一个团队精神，是很难做好事情的。

李海军：他是我永远的肝胆胰外科领航人

李海军，主任医师，教授，博士研究生导师，深圳大学附属第三医院普外科主任。

能够师从彭淑牖教授，成为他的学生，是我医学求学生涯中最大的荣幸。2000 年，从新疆医科大学硕士研究生毕业的我心生了考博的想法。当时我入行普外科的时间不长，加之当时的信息获取手段有限，主要通过阅读多本肝胆胰外科专著中彭淑牖教授所撰写的专题内容，才认识并了解到彭教授的相关信息。我有幸得到作为新疆同乡和同门师兄的许斌教授的引荐，于 2001 年成功考取了彭教授的博士研究生。3 年的读博过程，特别是跟随彭教授查房、病例讨论、做手术和开展科研及论文写作，一路走来，对肝胆胰外科的认知逐渐从粗浅到对该领域主流和顶尖手术及相关外科技术发生了根本升华，尤其是彭教授身上所具备的外科大师的严谨、坚韧、创新、追求卓越的品格和魅力更让我终身受益，彭老师是我学习的榜样与楷模。

严谨和坚韧

在读博期间，作为外科医生，最大的兴趣是学习如何做好一台复杂的肝胆胰外科手术，复杂的中央区肝癌、胰头癌及肝门部胆管癌切除术，都是像我这样刚入门的博士研究生最感兴趣的手术。记得彭教授每做一台这样的手术，都会吸引很多同学及中青年医师围观。

为了珍惜这来之不易的学习机会，师兄弟们总是尽早赶到手术室，占据有利的阵地，同时尽可能熟悉相关的影像及案例资料，在心里预判手术的入路，推测手术中可能出现的难点及风险等。等到彭教授出场，我们又常常一边专注观摩学习手术流程及细节，一边又不时地肯定及推翻自己术前所做的判断。

每每在手术中遇到困难或者风险时，彭教授总是用其精湛的技术化险为夷，甚至还化“腐朽”为神奇，而且彭教授总会在可能的情况下为我们现场答疑解惑。3 年来，无数例各种类型的复杂肝胆胰手术被我们反复学习与观摩，每次都会有认识和理论上的提升。这也是我目前认为读博的最大收获之一。

印象最深的是一次肝门部胆管癌Ⅳa型的病例。术前，师兄弟们通过影像学资料预判手术极其困难，根治性切除的概率不高，要想做到切缘阴性和重建通畅的胆肠吻合更是难上加难。手术开始后，彭教授进腹腔探查时发现情况远较我们想象的复杂，肝门部呈基本冰冻状态，看似无从下手。就在我认为肯定要放弃手术时，“意外”出现了。彭教授手持彭氏多功能手术解剖器（PMOD），仔细地探查肿块四周后，只轻轻说了句“今天手术很困难”，便开始对这个巨大的肿块进行精细雕琢解剖。

时间在一小时一小时地流逝，一个上午很快就过去了，这时仍然没有看到我们希望看到的肝动脉和门静脉的影子。我们的耐心逐渐降低，于是三三两两上楼午餐。等我们再次返回手术间时，见彭教授的手术台上赫然多了两条血管带，其中一条已经套住了一段肝动脉。这时，手术才有了希望和盼头。

很快，彭教授运用PMOD找出了门静脉主干。手术最精彩的时刻到了，只见彭教授出神入化地使用PMOD，运用他那庖丁解牛般的技艺，对肝门部进行骨骼化，逐渐分离出肝动脉主干及右支、门静脉主干及右支，分离并切断左肝动脉、门静脉左支、胆总管下段、右前和右后的胆管后，又逐步切除左半肝及尾状叶。

到肝顶部的时候，麻烦又出现了，只见肿块上缘紧贴肝后下腔静脉的左侧壁，并且发现肝中静脉和肝左静脉共干也受到肿瘤侵犯。我心里想，这种情况下，只能做姑息切除了。可意外的是，彭教授依然是不慌不忙地控制了肝上及肝下下腔静脉，然后在肝后位置放置了下腔静脉阻断带。等一切都准备充分的情况下，他切除了患者受侵的下腔静脉，并进行了重建。这时候我才松了一口气，认为这么复杂的手术终于要结束了。

而这时，已经是下午4点30分。让我们不敢相信的是，右前和右后叶胆管的上切缘病理为阳性，而手术至此时已经进行七八个小时了，大家都已经非常疲态。我当时认为已经尽最大的努力了，但彭教授依然认为可以再争取切缘阴性。于是，彭教授又进一步向右肝内解剖肝右前支和右后支胆管，并再次切除胆管直至切缘阴性，右肝内胆管断端也由两个变成了四个。此时，手术台上所有助手都已筋疲力尽，建议放置引流下台。但彭教授仍然坚持进行了高位肝胆管成形、盆式肝胆管空肠吻合术。至此，手术时间已近10个小时。

这一台手术，尽显彭教授作为医学大家的严谨、执着及坚韧不拔的品格，尽最大努力为患者提供最高水平的医疗技术。后来，我还持续关注了该患者。该患者术后两年复查并无异常，并与彭教授合影留念。其实，当时彭教授已七十有余，手术时间之长、困难风险之大已是肝胆胰外科手术的极限。至今，我们师兄弟谈及这台手术，都对彭老师钦佩不已。他这种外科大师的风采一直影响着我——要不畏困难，勇于挑战，争取患者的最大获益。

创新和追求卓越

彭教授一直坚持创新，并在全国推广，包括 PMOD 开发与应用、捆绑式胰肠吻合术Ⅰ式及Ⅱ式、捆绑式胰胃吻合术、应用绕肝提拉带无血切肝技术的创新、劈离式前入路肝切除术等。有幸在我读博期间这些创新一直在研究和走向成熟化。彭教授每做一次创新都旨在解决当时最困难的临床问题，所以在全国甚至全世界影响极大，每一项创新的背后都凝聚了彭教授对肝胆胰领域亟待解决问题的长期思考和探索，每一步创新和成熟推广都是大量艰辛又执着的付出，最终累累硕果无不体现彭教授追求卓越的医学大家的境界。

所幸的是在读博期间，我对这些创新都有临床观摩和些许理论认知上的体会。毕业后回到新疆医科大学附属肿瘤医院肝胆胰外科，带着彭教授的创新技术和学习体验，在临床工作中快速成长。从 2005 年到 2014 年的近 10 年里，每每在临床上遇到困难，都是彭教授不远万里来到新疆在手术台上亲自手把手地带教，平均每年 3 ～ 4 次。这让我在肝胆胰恶性肿瘤手术技术和外科理念上不断成熟，也更切身体会到这种创新及革新给患者带来的益处，我也由此在短时间内成长成为新疆肝胆胰外科界小有名气的“外科医声”和“手术高手”，申请并获得了 8 项省自然科学基金和 2 项国家自然科学基金，发表了 20 余篇论文，最终顺利晋升为主任医师、教授、博士研究生导师，并担任科室副主任。

2014 年，因工作关系，我调至深圳大学附属第三医院普外科担任科主任。虽然这只是一个基层的三甲医院，普外科底子较薄，但通过我们在临床上积极开展各类复杂的肝胆胰手术，并一直秉承彭教授的先进理念和技术，在各类专业研讨交流会上积极介绍自己的手术病例，逐渐为深圳市同行所认可，我也因此而担任第一届、第二届深圳市肝胆胰专委会副主任委员。

作为彭教授的学生之一，我虽然平凡，不能与“彭家军”众多活跃在全国各大中心的有着辉煌成就的师兄弟们相提并论，但作为一名外科医生，我始终认为能成为彭教授的学生，成为“彭家军”的一员，是我最大的荣幸。

我在肝胆胰外科工作近 20 年中，培养了 16 名硕士、博士研究生，更有许多追随我多年的“铁杆粉丝”，其中不乏许多生存 10 年以上的肝癌、胰腺癌、胆管癌、肝管癌的患者，他们的亲人或朋友一旦有需要，都会第一时间找我给出治疗建议，有的甚至还不远万里地从新疆来到深圳找我做手术。

这些都让我感觉到无比荣耀，同时也深知这种荣耀都来自于彭教授的培养。感激彭教授的谆谆教诲，您是我们肝胆胰外科生涯路上的永远的领航人。

谢谢您！

李江涛：两个“70后”的合影，见证我20年的蜕变

李江涛，教授，主任医师，博士研究生导师，博士后合作导师，浙江大学医学院附属第二医院外科、肝胆胰外科副主任，浙江省卫生高层次创新人才。

在我办公室摆放有一张与恩师彭淑牖教授的合影。这张照片于2004年6月摄于美国华盛顿，有特别的纪念意义。2004年6月2日至6日，第6届国际肝胆胰外科世界年会在美国华盛顿召开，这也是我第一次出国参加国际学术会议。每当看到这张照片，仍能想起当时和彭老师一同参加这次会议的很多细节，历历在目。

当时出国参加学术会议不像现在这么方便，我记得当年2月的一天，彭老师跟我说：“我们有两个主题被这次会议接受。你和我一起去，出国的准备工作都交给你了。”当时听说要我一起出国参加学术会议，我的心情既激动又忐忑不安，激动的是当时出国机会很少，能代表师兄弟们陪老师一起去开会是一种荣誉；忐忑的是我之前没有任何出国经历，而且也是第一次参加国际学术会议，当时很担心行程准备过程中会有什么疏漏而影响老师参加这次重要的学术会议。

那时，彭老师的外出会诊很多，同时还在准备申报捆绑式胰肠吻合术国家科技进步奖的材料，大家都非常繁忙。我也是博士后刚刚出站，留在医院工作还不到1年，临床科研工作也很忙碌。当时出国材料准备也不像现在可以随时检索到相关信息供参考，因此准备过程中还是会有不少疏漏和错误的地方，尤其是英文申请表的一些细节。我记得我把材料发给彭老师核对时，如有错误，他也不会责备和批评，只是告诉我哪些部分需更改，哪些英文中标准的用法应该是怎样的，而且无论多晚，即便是在他外出会诊很疲惫的情况下，他也都会第一时间电话告诉我申请表中的细节问题。即使到今天，如果我有事情给他发信息或打电话，也能很快就收到回复。他对学生的信任、耐心和及时为别人着想的精神都让我学到了很多，尤其是对年轻学生的不足和缺点，他能一直保持宽容和包涵的心态并给予鼓励，这种为人师耐心培养年轻医生的品德也一直是我学习的榜样。

繁琐的行前准备工作后，我们在会议召开的前一天到达美国华盛顿。当时的经济

条件和现在无法同日而语，为了节约外汇，我们在主办方推荐的会场旁选了一家大学的公寓，虽然简单但也干净舒适，最重要的是离会场近，走路十几分钟可以到达。彭教授在这次会议上有一个学术报告，是止血板联合绕肝提拉技术用于肝尾叶切除，还有一个是刮吸手术解剖法在肝胆胰外科应用的海报（poster），行前我们已经准备了会议报告的幻灯片（PPT）并进行了反复修改。

之前我曾随彭老师参加过几次国内的学术会议，每次准备学术报告都要加班，晚上和他经常一起改PPT到深夜。我本以为这次经过长途飞行，还要倒时差，大概不会像以往一样再做修改了。没想到安顿下来后，他还是说："江涛，PPT还是有些需要修改的地方，我们再改改好吗？"

我记得当时报告内容中有绕肝提拉技术用于肝尾叶切除的手术录像，当时剪辑录像的电脑不像现在速度这么快,软件也不是很好用,经常有卡顿。那次会议正式报告前，我都是白天在会场，晚上和他一起在电脑前看手术录像、改PPT，包括手术中的字幕添加、每个手术动作的播放时长和PPT的语言文字，都是反复斟酌，改了又改，就是为了会议报告能取得最好的效果。我们基本上每天晚上改到凌晨一两点。

我至今仍记得他说过："手术录像放出来时要让同行一看画面就能明白解剖，否则手术做得再好别人也看不懂。"彭老师在做这次会议报告时，在国际上并没有太多的肝尾叶切除相关的文献，我们所总结的肝尾叶文章是当时国际上发表的最大宗的病例报告，手术录像又清楚流畅，国际同行在报告后提了很多技术性问题，此次报告获得了国际同行的热烈反响。5年后，浙江大学出版社与施普林格（Springer）出版社为彭老师联合出版了国际首部肝尾叶切除相关的英文专著 *Hepatic Caudate Lobe Resection*（《肝尾叶切除术》）。

现在回想，当时每一张手术图片、每一分钟的手术录像、每一张PPT，都是背后无数时间的付出和对手术细节的完美追求。当时我30岁出头，已然感觉很辛苦，可想而知彭老师那时已是70岁出头，他的付出就更值得崇敬和钦佩了。

经历了这样的锻炼，我对手术的理解和手术录像的剪辑编排，以及如何取得国际学术会议报告的良好效果，都积累了丰富的经验。因此，2010年我代表浙医二院获得了中华医学会外科学分会主办的全国青年外科医生手术技能比赛一等奖；在2014年韩国首尔举办的第11届世界肝胆胰外科年会上，我完成的肝癌手术切除录像获得了最佳录像（Best Video）奖。这些成绩都与那时彭老师对学术精益求精的态度和言传身教分不开，可以说我的学术生涯也一直被深深地影响着。时至今日，我也已培养近30名硕士研究生，在培养过程中，他们也像我们当年一样，都是会扛摄像机、会剪手术录像的外科医生，这也成为"彭家军"的传统和标签。

这张照片，就是会议报告任务完成的当天下午拍摄的，记得在从会场返回酒店的途中，彭老师提议说：“江涛，我们一起拍张照片，留个纪念吧。”照片中的背景是华盛顿街头宾夕法尼亚大街。当时美国很多政府机构位于这条街道上，像美国的财政部和司法部、国会山都在这一带。当时也没有手机导航，只有从酒店拿到的一张市区地图。当下才意识到，我们来到华盛顿几天了，每天匆匆路过的这条街道竟然有这么多有名的历史建筑。

2004 年 6 月，李江涛和彭老师合影于美国华盛顿

这次会议中还有几个有趣的插曲，也让我记忆颇深。当时，刮吸解剖法进行海报展示。为了更好地展示这项技术，除展板外，我们还带了电脑，准备了手术录像。在规定的展示期间，彭老师一直站在展板前，不停地为路过展板的国际同行讲解刮吸解剖法。我也是第一次听彭老师用英文讲解刮吸解剖法，也正是在壁报前我首次见到了大名鼎鼎的范上达教授，还有来自国内的陈孝平教授、邹声泉教授。听着范教授和彭老师两人讨论刮吸解剖技术和捆绑式胰肠吻合术，还意外得知范教授也在应用捆绑式胰肠吻合术，见识了两位大师对学术的钻研、专注和惺惺相惜之情。

有意思的是，也是在展板前向一位国外教授介绍刮吸解剖法时，交谈中意外得知他是胰腺外科领域国际著名的美国梅奥诊所（Mayo Clinic）的外科主任 Michael G. Sarr 教授。Sarr 教授聊起他曾是 2002 年一个中国团队在 *American Journal of Surgery* 发表的捆绑式胰肠吻合术的审稿人，Sarr 教授是该期刊当时的主编。说起这篇文章，尽管审稿后时隔两年，但他仍记忆犹新，交流中他也才知道面前这位来自中国的 Prof. Peng（彭教授）就是这篇文章的作者。

会后，我们又马不停蹄地赶到了美国底特律附近的普洛维顿斯（Provindence）医院，彭教授应邀在该院外科的大查房（grand round）报告了刮吸解剖法在疑难肝胆胰外科手术的应用。记得当时彭老师做讲座时我在第一排放PPT，会议室来了很多外科医生。手术是外科医生的共同语言，彭老师报告的很多手术录像解剖清晰、步骤流畅，引起了美国同行对该技术的浓厚兴趣，提问很多。

彭老师用英文做报告时的驾轻就熟，回答问题时的气定神闲，都深印于我的脑海。当时在想，我如果以后有机会能像彭老师一样在美国的大查房做报告就好了，但当时想想自己的英语水平，还是觉得估计此生也不能实现。

记得会后和彭老师聊起他的英语为什么这么好，他告诉我要多听、多练，也鼓励我每天都要听，我才知道他一直都在坚持听英语。我第一次参加国际学术会议就在这紧张而匆忙的学术之旅中结束了，但其中学到的宝贵经验一直深深影响着我。

回想个人成长的经历，在与国际同行交往中如何展示自己的学术成果，如没有彭老师的言传身教、帮扶和多年的学术资源积累，我们不知要多走多少弯路。此后，我又随彭老师参加过多次的国际学术会议，每次都能学到新的东西，取得新的进步。后来，也在国际学术交流中有了自己的很多第一次并逐渐能自如应对。2014年，我获得美国外科学院国际客座学者奖，并在美国外科年会上报告肝癌门静脉癌栓的治疗经验，应邀赴美国科罗拉多大学外科学系的大查房做报告。前人栽树，后人乘凉。假如没有彭老师给我们搭建这么好的国际交流平台，这些荣誉，我都是不可能获得的。

记得与我一同入选国际客座学者的来自印度的Tewari教授和德国的Croner教授在与我交流时，得知我是彭教授的学生时，脸上满是羡慕的表情，他们都知道捆绑式胰肠吻合术。包括后来我到美国学习时，约翰·霍普金斯医院和纽约斯隆凯特林纪念癌症中心Yuman Fong等知名教授都知道彭教授的创新。

2016年在瑞士的一次国际会议上，一名来自意大利的外科主治医师与我交流时，听说我是彭老师的学生，马上决定申请到我所在的浙医二院滨江院区一个月，观摩我们的手术。之后又陆续有巴西、美国、新加坡等国际知名大学的教授来到我们科室参观手术与交流。

作为彭老师的学生，我们深感骄傲，也深知我们是站在巨人的肩膀上，没有彭老师多年来奠定的坚实的国际交流基础和传承，我们的学习之路和国际交流之路根本不会那么平坦。

此后多次随彭老师参加国内外学术会议，每次报告都是这般认真仔细地准备。而且有幸先后随他经历了捆绑式胰胃吻合术等捆绑式系列吻合技术的改进，绕肝提拉技术改进及在国内首次应用，以及末梢门静脉栓塞技术的创新等工作。

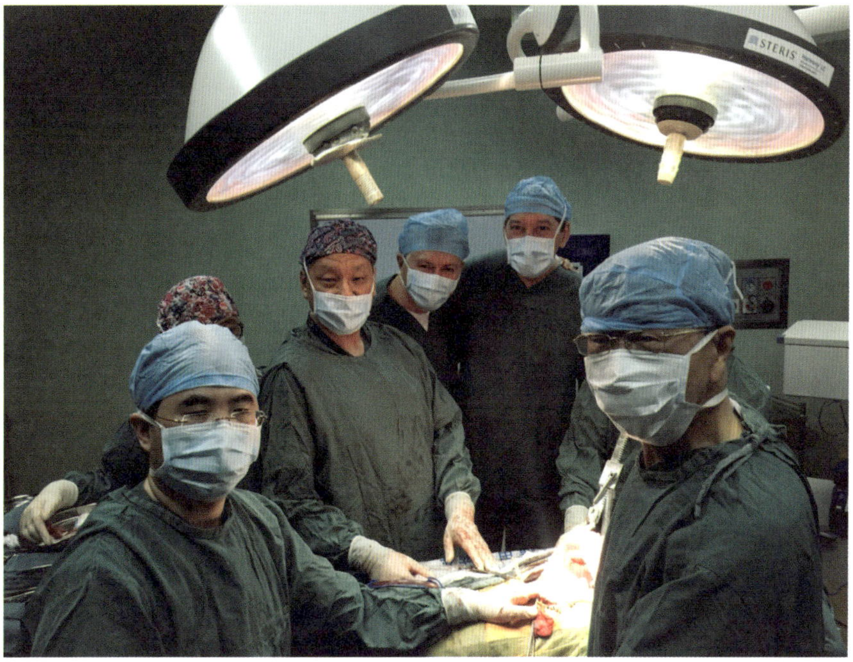

2017 年 5 月，两位巴西的教授到浙医二院滨江院区观摩彭老师、李江涛的手术

记得和他一起准备绕肝提拉技术创新工作时，他让我检索下文献，看看肝后下腔静脉的解剖情况。我跟他汇报了检索结果，临床的文章只有法国 Belghiti 教授的一篇。他很兴奋地说："该技术还可以改进得更好，未来对肝外科将是一个非常有用的技术，我们尽快尝试下。"

正好那段时间有个患者可以做右半肝切除术，我们初次尝试就取得了成功。记得当时建立隧道时我们采用了手指通过、血管钳、探条等不同方法，提拉带也是尝试了采用导尿管、松紧带等不同材料，对技术的每一个步骤和细节反复总结与改进。那段时间我经常陪他出去会诊。有一次在飞机上，他特意和乘务员多要了一套餐具，回来后才知道他在飞机上吃饭时也在思考此事。他看到塑料刀具有一定柔韧性，让医院的工人帮他在两端打了两个孔，带子穿过孔后就变成了绕肝提拉时压迫肝脏断面的止血板。积累了几例病例后，我们整理成文投稿。《中国实用外科杂志》的田利国主任给予了大力支持，投稿后很快就见刊了。

投稿前，绕肝提拉法的英文如何翻译为中文，他也是反复斟酌。记得他还专门写邮件请教几个在国外的中国医生，最后才确定了"绕肝提拉"这简便、易记又形象的名称。还记得当时为了在文章中更直观地描述该技术，他几次带我找当时医学院解剖教研室的郑放教授，向郑教授讲解手术步骤，并绘出手术示意图。他对外科创新的执着追求与专注，从术前准备的细节到如何把文章写好、写得严谨，都深深地影响了我。

面对临床问题，彭老师一直在不停地思考，寻求解决办法。矢志创新是他传承给"彭家军"的精神瑰宝。师兄弟们争抢着在专业上创新,不断想着如何为患者解决问题。因此，每逢国内学术会议师兄弟们聚在一起时，话题也离不开各自在外科技术上的一些新技术和实践。

闲暇时每当看到这张照片，不禁感慨时光流逝，我已在彭老师身边工作学习 20 余年。如果当初不是有缘师从彭老师，可能我的学术之路和人生将会完全不同，但可以肯定的是，一定没有现在这么精彩和有意义。

我是在 2001 年夏天在中山医科大学博士毕业前，经孟兴凯师兄引荐到彭老师处做博士后的。当时，我的博士研究生导师区庆嘉教授得知我有意到彭教授这里来学习时，也对我说彭教授手术做得非常好，你要跟着彭教授好好学习。此后，我一直在彭老师身边学习、工作和成长。在我的眼中，他就是一位谦和、可亲、如慈父般的学者，除学术上的指引外，我还从他的身上学到了很多为人处世的道理。

犹记得我第一次单独在法国的世界肝胆胰外科年会做学术报告时，彭老师担心我听不清楚国外同行的英文提问，会前很早就来到会场，找到最靠近讲台的位置坐下。遇到我听不懂或没听清的问题时，他会用中文重复一遍问题，而且这个位置能有一个最好最清晰的角度，为我拍摄一张讲课的照片。不仅是对我和"彭家军"的师兄弟，出国参会时会场内如有英文水平不太好的国内年轻专家发言时，他也会如此，用行动积极帮助和鼓励国内专家走向国际舞台。近年来，高水平国际会议上有越来越多的国内中青年专家做会议报告，其中也有很多与彭老师这种甘为人梯、乐于助人的帮扶离不开。

2015 年，医院派我到滨江院区组建肝胆胰外科，团队中年轻的医生和学生较多，彭老师又肩负起了培养年轻医生的责任。记得科室刚成立不久，有一个年轻医生，他还不熟悉，就跟我要了他的电话，说："你太忙，这位年轻医生前几天在一个会议汇报病例时的 PPT，可以帮他一起提点建议，他将来可以做得更好。"像这样的事例，数不胜数。现在我们的科室和团队逐步壮大发展，都离不开彭老师润物细无声般的关怀和付出，这些细节就像家中长辈对晚辈成长中的关爱和呵护。

直至今日，每当看到这张照片，回忆起当时彭老师正好 70 岁出头，而我是 20 世纪 70 年代生人，可谓是我们两个"70 后"的合影。这张照片也一直让我记得彭老师多年来在为师、为医、为人方面对我的指导、帮助与言传身教，也时刻提醒我作为一名医生、一名老师，不要忘记彭老师所说的"永置患者的利益于首位"的初心，要怀有"不断超越自我，赶超国际水平"的雄心，更要有"不因事小而不为，莫为困难而却步"的实际行动和坚持，传承和发扬"彭家军"精神，努力造福更多的患者。现在彭老师已是"90 后",衷心祝愿彭老师能健康长寿,永葆学术青春,继续为国家培养更多的人才。

李克强：致敬我的“医疗器械转化医学”的引路人

李克强，宁波英思泰格生物科技有限公司董事长 / 总经理。

20 年前的春天（2002 年 2 月），我来到了人间天堂杭州，拜师于彭淑牖教授门下，成为彭老当时唯一的 PhD（指哲学博士学位，现泛指学术研究型博士学位）博士研究生。

记得若干年前在一次宴会上，我向彭老自嘲“不务正业”，辞职下海，放下手术刀，转型从事医疗器械的转化和生产，不能像师兄弟们那样成为外科大家。彭老笑着告诉我说：“这怎么能算是‘不务正业’呢，虽然放下了手术刀，但是你用的是‘分子刀’（分子生物学技术），我也开发过‘彭氏刮吸刀’啊，希望你能多开发出一些医疗器械好产品，应用于临床。”

如今做企业不像早些年产品往往供大于求，尤其医疗器械行业，迭代很快。如果没有创新，做出的产品不能真正解决临床医生的痛点，很难被市场接受。产品的设计成为医疗器械行业举足轻重的事情，甚至比技术更为关键。我在进行产品设计时，经常就会想起彭老的“刮吸刀”，它有几个特点值得我借鉴。

李克强与彭淑牖教授合影

实用：贴近临床，能实实在在地解决临床问题。

简洁：大道至简，设计上不要花里胡哨，能解决临床问题的技术就是好技术，不在于技术上有多难。

低成本：成本可控，符合中国国情，产品除了物美，更需要价廉。

在这些年的创业过程中，我主持开发了一些产品，比如宫颈癌早筛检测试剂盒、膀胱癌早筛检测试剂盒。彭老曾经勉励我开发一些肝胆胰肿瘤的早筛产品，因为肝胆胰肿瘤恶性程度高，预后往往不太好，所以其早期筛查和早期诊断更为重要。但是，由于肝胆胰肿瘤的特异性标记物一直较难寻找到，所以作为主攻肝胆胰的“彭家军”一员，我一直较为遗憾，至今未能在肝胆胰领域开发出合适的产品。

近日，“不明原因儿童急性肝炎”在全球陆续报道，相关信息指向可能与F组41型腺病毒感染相关，我公司的“A群轮状病毒、F组肠道腺病毒40/41型核酸检测试剂盒（PCR-荧光探针法）”成为国内唯一获批上市，能进行粪便样本F41腺病毒核酸检测的产品，获得了市场的追捧。当时，我想起了彭老所说的“分子刀”。

从手术刀转型“分子刀”，历经12载，虽然经历了不少困难，但是每当想起彭老的勉励，我又能重拾信心继续坚持。

在此向我的“医疗器械转化医学”引路人、我的导师彭淑牖教授90华诞送上祝福。

祝彭老：日月昌明，松鹤常春！

李其云：爱徒如子，学生心中的定海神针

李其云，主任医师、教授、硕士研究生导师，江西省肿瘤医院腹部肿瘤外科主任。

彭老师对我影响深远，是我这一生中最尊敬的恩师，与他之间的故事特别多，但这几件事一直存留在我的脑海中，难以忘怀。

2002 年 9 月，世界华人消化大会在北京香山饭店召开。会议规模盛大，参会的除国内众多著名专家外，还有数十位外国专家。那天午餐时，我遇见了彭老师以及刘颖斌、杜建军等几位师兄弟。天气晴好，餐后我们几位师兄弟临时决定陪彭老师去登香山最高峰香炉峰，刘颖斌因为下午会议安排了学术报告，需要准备，所以没去。

我们一路有说有笑地陪着彭老师，可坐缆车刚到达香炉峰没几秒钟，双脚还没站稳，彭老师的手机铃响起来了，是刘颖斌从会场打来的电话，说他下午的学术报告提前了，会场上坐了许多外国专家，怕自己应对不了这种场合而怯场。

彭老师顾不上欣赏风景，当即决定坐缆车下山返回。下缆车后，我们跟着彭老师一路小跑来到会场。此时，刘颖斌正在台上做英文报告，见到彭老师进入会场后，彼此一个默契的眼神交换，让刘颖斌信心倍增，顺利作完报告并回答了国内外专家的提问。

李其云（左）和彭淑牖教授（中）、刘颖斌（左）合影

2004年8月，我科里住进来一位腹膜后肿瘤患者，该患者此前到过江西省内多家大医院就诊，均因手术困难而未被收治。患者和家人抱着一线希望来到江西省肿瘤医院。我查看患者有关影像资料后，发现肿瘤巨大，位于胰十二指肠后方，紧贴下腔静脉、腹主动脉，压迫门静脉及腹腔动脉干，手术确实难度大、风险高，但还是有切除的希望。望着患者和家属期盼的眼神，我建议请国内“高手”来做手术，以求胜算，家属请我尽快联系大专家。这时，我的脑海里浮现的第一个人就是彭老师。在电话里，彭老师当即答应安排好时间来南昌做手术。我将消息告诉患者及家属，他们喜极而泣。

在确定手术前一天下午，彭老师和杜建军从杭州坐火车来到南昌。放下行李后，他顾不上休息就到医院查看患者，并向家属耐心讲解了手术方案。第二天上午，由彭老师主刀，我和杜建军做助手。在手术过程中，彭老师手把手地传授技巧和经验，运用刮吸手术解剖法，如庖丁解牛般将这一巨大肿瘤顺利切除。

2004年12月的一天下午，我接到江西医学院第一附属医院普外科秦克旺副教授的电话，说彭老师和刘颖斌正从内蒙古乘飞机到南昌昌北机场，要我和他一起去机场接彭老师他们。在车上，秦克旺说彭老师是应赣南医学院附属医院的邀请，取道南昌到该院做一台胰十二指肠切除术。他愧疚地说去赣州的火车票很紧张，好不容易才买到了两张今晚的硬卧火车票。

傍晚时分，我们接上彭老师和刘颖斌后，秦克旺为没有买到软卧票深表歉意，彭老师很理解并向秦克旺表示感谢。在路上，我们得知彭老师当天上午在内蒙古一家医院做了一台肝癌大手术，随后他又轻松地拉起了家常，关心起我们的成长。

到了南昌火车站，我们就近找了一家餐馆简单吃过晚饭后，就送他们俩上车。当天天气寒冷，车厢内人声喧嚣，空气污浊。要知道那时的火车速度较慢，南昌到赣州要将近8个小时。哪怕是准点，他们也要在逼仄拥挤的车厢里度过这么长时间，但彭老师非常坦然，没有任何怨言。临别时，彭老师突然将两张明天晚上从南昌飞往广州的机票交给我，说担心赣州的手术复杂困难，还有天气变化影响返程，万一赶不上飞机，要我将机票退掉。那一刻，我打心眼里敬佩彭老师做事细致。

第二天是星期六，江西多地下雪，我在家待命。上午10点左右，我接到彭老师打来的电话，说手术顺利完成，正准备坐汽车走高速公路直接到昌北机场，中饭就在汽车上吃盒饭，要我送机票到机场汇合。那天路面湿滑拥堵，我还有点担心他们能否准时到达机场，我估算着他们到达的时间。下午3点，我们几乎同时到达机场，这时离飞机起飞时间很近了。只见彭老师一下车就飞奔机场大厅办理登机手续，我和赣南医学院附属医院的王小农副院长拿着行李紧随其后。

我看着飞机起飞的那一刻，心疼彭老师又要辛苦了，到广州后又有一台大手术等着他主刀……

李旭：在他身边两年的熏陶，成就了现在的我

李旭，主任医师，副教授，福建医科大学附属第一医院胸外科主任、肺部肿瘤诊疗中心主任，福建省创伤医学中心副主任。

我十分荣幸于1990年考取浙江医科大学（以下简称浙医大）外科学硕士研究生。那一年，浙医大所有院系总共招收硕士研究生60名，彭老师的硕士研究生就有4名——高原、牟一平、秦仁义和我。我们经过一个学期的理论课学习之后就进入了浙医二院六西、六东病区进行临床学习，受教于彭淑牖教授。我所在的医疗组还有余长锋教授、曹利平老师、陆才德大师兄、朱松太老师。那是人生中最美好的两年时光，不仅为我的外科生涯打下了坚实的基础，而且让我学会了外科临床思维，掌握了临床研究的基本技能。30多年过去了，我始终感恩于彭老师及各位老师的教导，许多细节永难忘怀，谨记下点滴向彭老师致敬。

最让我难忘的是彭老师吃苦耐劳、精诚追求的精神。彭老师总是身体力行，每逢高难度手术必然亲自上台，也从不挑助手，从不抱怨手术室内的任何人和事，术前精细规划，术中胸有成竹，操作行云流水。我清晰地记得1992年初夏，杭州天气炎热，有一名肝门部肿瘤（肿瘤位于左右肝管汇合处）患者，辗转求医慕名找到彭老师。彭老师术前精心规划，设计了两根支架管从肝管到空肠到体表。手术中操作一如既往地流畅，切除了患者第Ⅳ段肝脏，将左右肝管分别与空肠吻合，不到4个小时，手术就结束了。那天恰逢手术室空调维修停运，彭老师毫不在乎30多度高温，心无旁骛。手术结束后，厚厚的手术衣湿透了大半。手术后，彭老师每天都来巡视该患者，术后患者恢复也极其顺利。这一例患者就让我学到了非常多的临床知识，我从中受益匪浅。

从那以后，我在处理一些疑难病例时，总能够借鉴到其中的精妙之处。几年前，受此启发，我治愈了一例食管癌术后胸胃气管瘘的重症患者。每每治愈患者感到欣慰时，我总是会想到彭老师和各位老师的教诲，心怀感激，难以言述。

随着临床工作的积累，回看我自己的临床及科研工作，发现个中也有了一定的特点，这些特点是深受彭老师的影响而来的。最大的受益来自他巧妙的临床思维和大胆尝试、求真创新的精神。

我在浙医二院外科学习的那两年适逢彭氏多功能手术解剖器（PMOD）、彭氏营养管的研创。当时体会尚不深刻，现在感悟越来越深刻。在我们医院不间断地使用了30年，还没有听闻有哪一位同事说不好用。记得2005年在瑞典卡罗琳医学院访学期间，我参加了欧洲心胸外科年会，在会上看到了PMOD，倍感亲切，经询问才知道是欧盟从彭老师处引进的专利权，自豪感油然而生，逢人便说那是我老师的发明。

与PMOD同时期研创的还有彭氏营养管，当时常由彭承宏师兄操作使用，让我印象十分深刻。现在，该方法已在我国各大医院的食管外科中常规使用。回看彭老师的创新和设计，真是前卫啊！我相信彭老师这些探索性思维的精髓一定激发和促进了我们这些学生思考能力的提升。

彭老师严谨治学、一丝不苟、高尚的医德也让我难以忘记。他对学生既严格要求又关心爱护。每次外科大查房时，场面宏大，像极了江湖论剑，我们这些"小弟"跟着"大侠"，常常被提问到。几场大查房下来，理论知识大增，不知不觉中学会了临床疑难病例讨论该从哪里下手，如何查阅各种文献资料来获取知识，等等。

手术操作则最能体现彭老师时刻呵护患者的大医风范。记得每次胆道手术（常常是二次或多次胆道手术），他总是会教诲我们游离一块大网膜瓣放置于肝门部，以便将来万一再次手术时解剖而不误伤。这个方法我也从不曾忘记，让我常常可以在术中灵活地将大网膜瓣和带蒂纵隔脂肪垫用于各种组织修复与加固，使手术更加完美。这些看似细小的临床经验无不体现出彭老师精妙的手术美感。彭老师还常常在休息时间来查房看患者，他查得一丝不苟，总能够发现我们在细节上存在的一些不足并教导我们，使我们养成了注重临床细节的好习惯。

还有，彭老师低调、务实的品德广为业内称道，毋须我赘述。

短短两年临床学习，我深受彭老师和各位老师的教诲。毕业时，彭老师得知我要回福建工作，便在华东六省一市外科会议时向当时我院副院长林永堃教授推荐了我，使我得以顺利地回到福建医科大学附属第一医院工作。虽然改行做胸外科工作，但时刻没有忘记在浙医二院外科那段难忘的日日夜夜，感恩再感恩，师恩似海！

祝愿彭老师老当益壮，宝刀不老，带领我们"彭家军"热血丹心，牢记使命，再铸辉煌！

2012年11月，彭淑牖学术思想研讨会（右起：李旭、秦仁义、彭淑牖教授及夫人谢隆化、高原）

梁刚：遇见您，是我一生的荣幸

梁刚，副主任医师，浙江大学副教授，浙江大学医学院附属第二医院普外科。

“你以后怎么打算？是继续读博，还是重新工作？”1993年，我的硕士研究生导师，浙江医科大学附属第一医院外科林建灿教授问我这个问题的时候，我有点迷茫。

我1987年本科毕业后，按分配回到老家浙江三门县人民医院工作，最初的临床工作带给我极大的新鲜感，凭借自己的所思所学，解除患者病痛，带给自己很大的成就感。但很快我就发现，单凭所学的本科知识，实在过于浅薄，很多疑难问题难以解决。而三门是个小城市，距离学术前沿以及外科大师也比较遥远。面对有些棘手的疾病，我束手无策。毕业3年后，我做了一个决定：还是要继续学习，学习更多的知识，学习更多的手术技巧。于是，我重新考试，回到了熟悉的浙江医科大学，攻读硕士学位。3年时间一晃而过，期间我的导师孙义国教授、林建灿教授在我的学习上给了很多指导，对我也很照顾。3年后，我又一次面临人生的重大选择。是去还是留？

“我建议你还是继续攻读博士学位，你勤于动脑，动手能力强，读博士对你的职业发展更有利，彭淑牖教授水平很高，你如果想继续读，建议你去找他。”林老师给了我他的建议。其实，我已经不止一次听说过彭教授的大名了。在读硕士期间，我多次听说浙医二院外科彭淑牖教授的手术水平极高，人品极好。如果能有机会成为他的学生，是我求之不得的事。所以我下决心继续攻读博士学位，并且要成为彭教授的学生。当时我并没有意识到，这一刻的决定对我以后一生的发展有多么重要。

和彭教授的交流很愉快，他是那种不管和谁交流都能让人如沐春风的人。1993年秋天，经过一轮考试，我顺利地成为彭教授的一名学生。

当时，彭教授当博导不久，但门下已有多位弟子，在我的前面有彭承宏、蔡秀军、陆才德三位师兄，和我同时入门的还有秦仁义、牟一平等同学，大家其乐融融，相处融洽。在彭老师的教导下，大家一心投入医学的学习中，我们如饥似渴地吸收最新的医学知识、攀登医学高峰。

彭老师很爱学习，但他更爱思考。他最常说：“我们要学习书本知识，要学习指南，但不能迷信，要有自己的看法，要自己多琢磨。”他是这么说的，也是这么做的。当时的外科手术技术处于飞速发展的阶段，大家都在用心思考，如何才能解决复杂肝切除、胰十二指肠术后胰漏等“拦路虎”。彭老师做手术喜欢复盘总结，他每完成一台手术都会仔细回想手术中不完美的地方，是否存在可供优化的步骤，是否有办法更好地暴露等等，并且把这些思考都记录下来。这个习惯也影响了我。患者才是医生最好的老师，一台手术我们不仅要做下来，而且要做得尽量完美，这样我们的技术才能得到提高、才能进步。

针对当时广泛存在的肝脏手术解剖问题，常规的电刀凝血效果不好，因为肝脏出血后将创面浸湿，同时遮蔽了出血点，单纯电凝很难止血，助手吸引器配合的时机又很难掌握，那么有没有办法将电刀和吸引器结合起来呢？有了这个灵感，彭老师就自己找工厂尝试制作，并在实践中改进，最终发明了彭氏多功能手术解剖器。它融吸引与电凝于一体，是外科手术器械的一个新的突破，特别适合进行断肝、胰等血供丰富的实质性脏器的操作，速度快，出血少，操作方便，止血效果好，一经推出，就获得了广泛的认可，在全国得到了推广和应用。

彭老师在工作中言传身教，在生活中对我们也非常关心，他常说：“工作的时候要认真，该休息的时候也要休息好。”他自己本身就是个非常多才多艺的人，爱唱歌，会打乒乓球，会游泳，年轻时甚至还是排球高手。他一直都非常注重体育锻炼，所以他的身体一直很好，眼不花，手不抖，精力极其充沛，我有时甚至有一种错觉，他似乎比我还要年轻，不管是临床工作还是手术，或者学术成果，都取得了我们难以企及的成就。有些人生来就是让人羡慕和佩服的，彭老师可能就是这样的人吧。

我自己对手术非常感兴趣，动手解除患者病痛对我来说是一件非常有成就感的事情。彭老师每次手术时，我都尽量上台或者在台下观摩，揣摩手术技巧，彭老师也毫不藏私，手把手地教，所以我的手术水平上升很快。在博士期间，普外科的大手术我基本能完成；到博士毕业，我甚至已经能独立完成胰十二指肠手术。这一切都离不开彭老师的悉心传授。

彭老师思想非常开明，鼓励我们要有自己的创造和想法。在他的指导以及启发下，我逐渐形成了自己的一套手术操作习惯，吸收彭老师的操作特点，自创了小切口甲状腺癌根治术，比传统手术的切口要小一半以上；同时挖掘传统电刀潜力，自创了刮凝法，止血效果更好，能直接凝闭小血管，如果熟练掌握，甲状腺手术甚至可以不用结扎线。其间，彭老师一直鼓励我、启发我，并帮我解决所遇到的问题。可以说，如果没有彭老师无私的帮助和鼓励，就没有我的这点小成就。2021 年，我被浙大 二院外科授予“手术大师”奖，心有惭愧，只有更加努力地工作，才能对得起彭老师的谆谆教导。

彭老师一直像太阳一样温暖着我们，也像一把大伞保护着我们。还记得有一次，有一个同学做腹腔镜胆囊切除手术，因为当时腹腔镜手术开展少，对解剖结构不熟，不慎损伤了肝十二指肠韧带的结构，这可是严重的错误，且如果修补不顺甚至可能造成更严重的后果。当时彭老师得到消息，第一时间就赶到手术室组织抢救，并迅速控制出血，修补损伤的结构，患者也转危为安了。我们看着彭老师镇定自若的身影，内心马上就安定下来，感觉有了依靠。后来我问自己："如果我们医院没有像彭老师这样的外科大师，碰到这样棘手的问题我们能解决吗？"答案显然是否定的。这件事也给我一个警醒，千万不能骄傲自满，手术一定要谨慎，如果不慎有什么意外，也必须掌握处理意外的方法。光做一台手术并没有什么了不起，能解决这些突发情况才是真实地体现一个外科医生的水平。

1996 年，我博士毕业，留在了彭老师身边工作，一直到现在。可以说，我这一生都与彭老师有着解不开的缘。师恩，就像一根无法扯断的丝。在彭老师身上，我真正地体会到了大师应该是什么样的。大师，不仅要有高超精湛的技艺，而且要有包容和奉献的心胸，也要有充沛的精力、灵活的思维，更要有责任担当。我一直都在向彭老师学习，但越学，我就越觉得彭老师的成就实在是一般人难以企及的高峰，而这背后是彭老师数十载的风雨坚守。

这一生，遇见彭老师这样的恩师，是我一辈子的荣幸。

刘付宝：桃李不言，下自成蹊

刘付宝，主任医师，教授，博士研究生导师，安徽医科大学第一附属医院高新肝胆胰外科主任普外科副主任，安徽省学术技术带头人。

在多年医学求学及30多年的外科行医路上，彭淑牖老师是对我影响最大、最深的一位。今天，有幸能以文字的方式讲述我与恩师之间的这段缘分，甚是高兴而自豪。

2003年春夏，非典疫情致使当年研究生复试由线下面试改为函询。当时，网络不发达，线上面试条件不具备。我的函询材料提交后不久，6月中旬便接到了浙江大学博士研究生的录取通知书。9月初，如愿来到心仪已久的名校——浙江大学。欣喜之余，特别期待未来在这所高等学府的学习生活，更希望导师能带领我攀登医学高峰。美丽的湖滨校区让人心情放松，我一门心思扑在学习上。第一学期是理论课，第二学期后进入临床和实验研究。

我和薛建锋同期进入浙江大学医学院。当确定师从著名的彭淑牖教授时，我们欣喜若狂。后来才知晓，我俩是彭老师招收的最后一届博士研究生，可谓关门弟子。因此，彭老师对我和薛建锋也格外厚爱。

如今，虽然我已毕业16年，也培养了多名硕士研究生、博士研究生，但彭老师对我的谆谆教诲仍时刻在心，历历在目。老师在为人处世、学问研究等诸多方面，一直令我心怀崇敬、钦佩并仰望。

那时，彭老师的名医门诊是每周二的下午，在国际楼的二楼。记得有一次，老师从上午进入手术室，直至下午两点下手术台，认真、精准地完成了一例复杂的肝胆胰手术后，只吃了一个盒饭，就急匆匆地从外科病房赶到门诊部。那天，有很多外地慕名而来的新患者和术后随访的患者，他们团团围在诊室门口。彭老不慌不忙地扒开拥挤的人群，安静地坐下，柔声细语地开始问诊。每位新患者，彭老师都细致地询问病史，做体格检查，认真阅读影像资料，面面俱到。彭老师的和颜悦色拉近了他与患者之间的距离，使得他们能放松地叙述病情。其中，有位来自温州的70多岁的张大爷，经朋友推荐大老远跑来找彭老师。张大爷在他院被确诊为肝右叶肝癌伴肝内转移，不太适合手术了。可老人急切的心情和求生的目光触动了彭老师。陪同的老伴及子女们也在一旁恳求道：“彭教授，请您救救老张！他是抗美援朝的老战士，我们相信您，您一定会有办法的！”这时，彭老师眼神坚定，伸出手来握了下张大爷的手，尔后，又拍着他的肩膀说：“老张，今天就给你办住院，尽快完善检查，等我们多个学科会诊后，给你制定最佳的治疗方案，你放心吧！”彭老师话音刚落，张大爷紧锁的眉头舒展开来，笑着对老伴说：“看，我们有救了！今年孙子的喜酒能喝上啦！”

开好住院证后，彭老师特意嘱咐张大爷的子女办好住院手续后再回门诊一趟。彭老师得知张大爷退伍以后身体一直康健，从没生过病。此次突然发病，就被当地医院诊断为肝癌晚期，又逢其孙子下月底即将举行婚礼，一家人急得像热锅上的蚂蚁。彭老师首先安抚了患者家属的情绪，并将张大爷的病情如实相告：“肝癌诊断明确，病程确实是晚期，我们先介入栓塞，联合保肝抗病毒，综合治疗。只能控制病情，提高患者的生活质量，延长老人家的生命！”另外，彭老又叮嘱张大爷的家人，肝癌虽没有传染性，但张大爷有乙型肝炎及肝硬化。乙型肝炎会传染，建议他们都要做乙型肝炎和肝功能的检测。若有乙肝，早期治疗，可防止肝硬化或肝癌的发生。彭老师细致、严谨的工作态度及人文关怀令张大爷的家人倍感欣慰。

这次随彭老师出诊门诊的经历，令我经年难忘。彭老师的和蔼可亲，视患者如亲人的大爱，深深地影响着我，并将会延续至我的整个从医生涯，更会转化到我自己所带学生的一言一行中。

彭老师每次完成的都是高难度的肝胆胰手术。多年来，在国内外学术交流和研讨会上，彭氏刮吸解剖法、肝后隧道悬吊法、肝尾状叶切除、逆行性肝切除、捆绑式胰肠吻合等先进理念和精湛手术技艺被同行争相效仿，大家纷纷汲取“彭氏经验”。彭老师每一台复杂的手术都要摄像，我和建锋扛着录像机，站在他身后的手术观摩凳上，不敢有丝毫懈怠，生怕哪个关键步骤漏掉。术毕，再将视频编辑、刻录、保存到电脑。

那时，彭老师经常在国内出差会诊，省内更是常被邀请救急。2005 年 10 月的一天，我陪同彭老师去外地会诊，任务是拍摄手术视频。记得那是一个周五的上午，我们从杭州萧山机场坐飞机到天津，赶到医院准备手术时，已是下午 4 点多了。一台肝右叶巨大肝癌合并肝静脉癌栓，癌栓上限已到膈下腔静脉的手术，正等着彭老师，我在他身后摄像。手术难度非常大，一直做到晚上 9 点多，不过，最终顺利。我们吃完晚餐到宾馆休息时，快凌晨一点了，我有些累，可想而知，彭老师更累。

第二天早上 6 点，我们又匆忙坐汽车从天津赶到北京首都机场，乘上午 10 点多的航班飞福州。当时，天津没有直达福州的航班，只能从北京起飞。我们到达福建医科大学附属协和医院时，已是下午 2 点，会诊的是一台过往多次胰腺炎病史患者的胰腺癌手术。此次手术，采用根治性胰十二指肠切除，胰肠吻合采用捆绑Ⅱ式。术中，很多年轻医师围观。彭老师手术操作行云流水般，解剖清晰，血管骨骼化，吻合精准，手术野完美；经过 5 个小时的奋战，再次完成了一例复杂的胰十二指肠切除术。术毕，福建医科大学附属协和医院外科主任及其科室医师请彭老师吃宵夜。席间，大家请教彭老师术中关键步骤的契合和注意点。问题接二连三，彭老师微笑着一一作答，使得我们在脑海中又复盘了一台精准手术！我和彭老师回到宾馆休息时，几近午夜。

第二天早餐时，彭老师严肃地问起我这两天的感受。我恭敬地回答道："收获颇多，受益匪浅。希望能多多跟在您身边学习！"彭老点点头："嗯，要融会贯通！"当他发现我早餐吃得很少时，又认真地对我说："早餐要吃好还要吃饱。完美的早餐有五道程序，依次是热菜、凉菜、点心、鸡蛋、牛奶，再加一点水果。外科医生，要能吃能睡，才有精力和体力做好手术。"我从此记住了他的教诲，无论早上时间有多紧，我都要吃好早餐，以备上午手术时的精力消耗。

一路上，彭老师总是抓紧时间休息。从杭州到天津，从天津到北京，从北京到福州，无论是在汽车上还是在飞机上，他都能睡一个小时左右。醒后，精神焕发，与我一起观看录制的手术视频，分析手术的关键环节、手术操作的要点。回到杭州后，我在一周内将两部录像剪辑好并做了两个病例的 PPT。PPT 的内容、字体、排版，彭老师都帮我做了仔细修改和优化，视频也经他不断删减或增补，做成简易版的 10 分钟和 15 分钟的，又制作了一份精简版 8 分钟的，且分别刻录成盘，留存学习。

这次跟随彭老师外出会诊，使我受益终身。从视频拍摄、收集患者术前影像学资料，到后期的剪辑与制作，我从中获益良多。彭老师严谨治学、精益求精的工作态度，良好的生活习惯，对我而言，都是一次全新的洗礼。

外科医师不仅要做好临床工作，还要召开和举办有影响力的国际或国内的大型学术会议。2004 年，彭老师在杭州举办第四届国际胰腺癌大会，国内顶级的胰腺外科专家均出席了大会。与此同时，还邀请了国际著名的胰腺外科专家——来自德国的 Beger 教授及其夫人莅临盛会。不管是会议的前期准备还是会中的学术报告，甚至专家代表们的住宿及用餐安排、VIP 接送或陪同，彭老师均亲力亲为。他幽默地说："举办学术盛会犹如做一台复杂的肝胆胰手术，需要认真统筹计划，精心组织，成败在于细节。"这让我明白了老子《道德经》里"天下大事必作于细"的道理，天下的大事必从细微的做起。

3 天的会议，学术氛围浓厚，聚焦胰腺外科的热点和难点问题，主旨会场及分会场的内容新颖丰富，不断碰撞出思想的火花，引领国内胰腺外科技术走向国际。

彭淑牖教授及夫人与两位徒孙

2021 年 11 月 26 日，彭淑牖教授出席安徽省第四届肝胆胰外科名家江淮论坛

彭淑牖教授在第四届肝胆胰外科名家江淮论坛上做学术报告

2021 年 11 月 26 日，彭淑牖教授莅临安医大一附院高新肝胆胰外科参加 MDT 并进行教学查房

彭老师每次参加国内或国际会议所做的学术报告，内容前沿又精彩，实际操作性强，而 PPT 的展示也非常生动、优美。彭老师常说："好的 PPT 都是不断修改、完善和润色出来的，只有这样，才能达到最佳传播效果。"2015 年，彭老师带领我们师兄弟一行 6 人，参加在泰国曼谷召开的亚太肝胆胰国际学术大会。他的大会报告英文 PPT 修改 10 余次，但最后报告只讲了 15 分钟，赢得了满堂彩。正应了"台上一分钟，台下十年功"这句话。彭老师每次的学术报告都令人期待，受欢迎程度更是不言而喻。

2006 年 7 月，我博士毕业后，来到安徽医科大学第一附属医院肝胆胰外科工作，师从国内著名的肝胆外科专家耿小平教授。在两位恩师的言传身教下，经过多年的努力奋斗，我曾荣幸地担任安徽省医学会外科学分会学术秘书、青年委员、委员，现任副主任委员。其间，耿教授多次带领我承办了安徽省医学会外科学大会，并分别于 2011 年、2019 年、2021 年三次邀请彭老师来安徽传经送宝。每一次，彭老师的报告都是紧跟学术潮流的新颖专题内容。会上，座无虚席，讨论热烈，很多医生争先恐后提问。耿教授见此情景，打趣道："彭老在我们安徽的粉丝最多啊！"

特别是 2021 年 11 月，彭老师不顾高龄和新冠肺炎疫情多变，亲自来到了我工作的安徽医科大学第一附属医院高新院区肝胆胰外科，为大家做了肝胆胰手术技术的改进与创新的精彩报告。他的结束语——"成就他人，功在后人"，令全场和线上的同行感动。这充分体现了一位外科大家的道德品格和精神境界。

报告之后，他还与耿小平教授共同参加了疑难病例的多学科诊疗（MDT）讨论，通过临床实例分析精辟准确地表达了自己对诊治方案的独到见解，短短几十分钟使大家受益匪浅。会后我们送行至电梯，望着他微弯的背影，内心十分激动和感激，感谢他老人家长期以来对学生的关心和对安徽外科发展的无私帮助！我为能成为"彭家军"中的一员感到无比自豪。

彭老师曾给予我厚爱与厚望，虽然目前取得的成绩可能还不能让恩师满意，但砥砺前行的脚步不敢松懈。多年来，我亦承蒙"彭家军"师兄弟们的关心和帮助，来安徽做学术交流和手术演示。他们分别是彭承宏教授、蔡秀军教授、牟一平教授、秦仁义教授、刘颖斌教授、洪德飞教授、陆才德教授、吴育连教授 嵇振岭教授、李江涛教授、王新保教授、虞洪教授、梁霄教授、陈晓鹏教授、薛建锋教授、王许安教授等等，不一而足。我的研究生还曾去刘颖斌教授的胆道研究所学习，在各位老师的指导下完成了研究课题。他们为我们团队的成长做出了无私的奉献，在此，真诚地道一句："谢谢'彭家军'！"

桃李不言，下自成蹊。彭老师多年辛勤的培育，终使得"彭家军"茁壮成长、开花结果，在全国各大医院已成为中坚力量和中流砥柱。承师"笃行致远，惟实励新"，我们希望为中国肝胆胰外科贡献更大的力量，为恩师彭淑牖的人生篇章增光添彩！

刘建生：一张名片结下一生师生缘

刘建生，教授、博士研究生导师，山西医科大学第一医院肝胆外科主任、外科教研室主任，山西省医学会外科分会主任委员。

我与彭淑牖老师的初识是在1995年上海举行的第六届全国胆道外科学术会议上，当时我作为一名年轻的外科医生第一次参加全国性的外科学术会议。记得当时有一个上午的会议由上海瑞金医院的张圣道教授主持，会议即将结束时，彭老师站起来，向大会请求给他3分钟，有几张幻灯片放一下。但当时会议就要结束，主持人说："下次吧，大家也该吃饭了，别耽搁时间了。"彭老师坚持说就3分钟，相信对大家会有意义的。主持人说："好吧，看看各位代表的意见。"话音刚落，会场响起一片掌声："放吧，放吧！"

接着，会场主屏幕上出现了彭氏多功能手术解剖器的手术图片，这是我第一次看到这把神器在肝脏手术中应用的画面，的确非常震撼。短短几分钟，会场一片哗然，感叹、惊讶、赞美声充斥着整个会场，我从内心由衷地敬佩台上这位了不起的外科医生。

会后，我冒昧地找到了彭老师，详细询问了这个器械的功能以及如何在手术中应用，彭老师耐心地一一详细讲解。要知道当时我只是一名年轻的外科医生。彭老师还给了我一把彭氏多功能手术解剖器，并给了我一张名片。正是这张名片，让我和彭老师结下了一段师生情。

1997年，在山西医科大学第一医院外科工作10余年的我报考了上海第二军医大学长海医院的博士研究生，当时还不是全国统考，是学校自主招生，可以同时报考其他学校。为了多一点选择，我同时报了南京医科大学第一医院的博士研究生。由于各种原因未能被上海第二军医大学录取，我就到了南京参加考试。南京医科大学是第一次招收博士研究生，考试比上海的还要复杂，仅外语就考了一天半，包括听力、会话、写作、专业外语等。报考人数记不清有多少了，最后上线的共有四人，我是其中之一。我记得当时的主复试老师是武正炎教授，全英文复试，问了好多问题，结束后让我们回家等消息。

回家后等了多日没有任何消息，我不放心，就又只身一人跑到南京，找到武正炎教授问问情况。武正炎教授非常热情地接待了我，说他们学校只有一个招生名额，顶多再可以扩招一个，但他们想多招一些，为此学校和他本人都给教育部打过报告，希望增加名额，但目前还没有消息，让我再等等。

1997年是教育部招生卡得最严的一年，旨在宁缺毋滥，尤其是南京医科大学第一次招博士研究生，增加名额的可能性非常之小。我内心非常焦虑，考一次且上线不易，不愿轻易丧失机会。也许是鬼使神差，我走之前带上了彭老师给我的名片。我心存侥幸地打通了彭老师的电话，说明了我目前的情况，大胆地问彭老师能否转到他的名下。

大家试想一下，博士研究生大概还没有跨校转录的，何况我又没有报考彭老师的博士研究生，浙江医科大学和彭老师会要我吗，希望太渺茫了，不敢想象。没想到彭老师非常热心，告诉我他本人没有意见，同意接收我，但具体要和浙江医科大学研究生处联系。我当时别提多高兴了，犹如在黑暗之中突然看到了一缕阳光。就这样，最终我顺利地从南京医科大学转到浙江医科大学，正式成为彭老师的一名博士研究生。

能成为彭老师的学生，跟随他学习，是我一生最宝贵的精神财富。三年时光，亲眼目睹了彭老师的工作作风、科研精神，领略了他大胆创新、甘为人梯的人格魅力。

全国许多医院不敢处理的疑难杂症，患者慕名找到彭老师，均得到很好的诊治。记得当时有一位参加中英谈判的年轻女代表，得了结肠癌并肝转移及下腔静脉癌栓，专程从香港回到杭州，找到彭老师。经过彭老师先后多次高难度手术治疗，患者恢复良好。经常参加全国学术会议的外科医生都知道彭老师挽救了许多晚期肝癌患者的生命，对彭老师精湛的手术技艺赞不绝口。

在学期间，我有幸参加了浙医二院第一例由彭老师做的背驮式肝移植手术，这也是浙江省的第一例。手术非常成功，彭老师也特别高兴。之后，彭老师有一次和我交流，说道："看来肝移植也没有那么神秘么。"我开玩笑地说："彭老师，也只有您敢这么说。谁敢说肝移植那么容易，您之所以认为肝移植没那么神秘，是因为您已经把肝脏的手术做到了炉火纯青的地步，就像张飞吃豆芽，小菜一碟。"彭老师和我都会心一笑。

彭老师给我看了许多他手术时的照片，这些照片也是我们作为外科医生需要学习的宝贵资料。彭老师所做的手术，几乎都保留了手术照片，有条件以后还保留了影像资料，这对我们提高手术技巧、积累临床资料、开展临床科研都极有价值。

跟随彭老师学习期间，我不敢有丝毫懈怠。努力做好每项工作和科研，生怕由于我的不努力给老师丢脸。我的博士毕业论文得到了裘法祖、黄志强两位院士的高度评价，并获得第三届全国善宁有奖征文一等奖，2000年在杭州举办的全国胰腺外科会议上，黄志强院士亲自为我颁发了获奖证书。

三年的学习时光一晃而过，但留给我的却是一生用之不竭的精神财富，也有幸结识诸多"彭家军"弟子，包括彭承宏、蔡秀军、吴育连、洪德飞、秦仁义、牟一平、史留斌、孟兴凯等师兄弟，他们都已成为全国知名的外科大家，也是我学习的榜样。

在这里，我要特别提一下刘颖斌老弟，他和我同一年拜师于彭老师门下。巧的是我俩都是山西人，在校期间我俩互相帮助。毕业以后我去了美国，他留在了浙医二院。两年以后，我回到了离开5年的山西医科大学第一医院，成长为硕士研究生导师、博士研究生导师。在培养研究生方面，刘颖斌师弟给了我巨大且无私的帮助。他到了上海以后，我的许多研究生是在他的实验室做课题的，并且没有收过任何费用。他经常开玩笑地和我说:"哥哥，你欠我有几十万啊。""彭家军"之所以在全国有很好的发展，成员之间的互相帮助、良好合作起到了巨大的助推作用,这也是"彭家军"的灵魂之一。

总之，能成为彭老师的学生，成为"彭家军"的一员，我感到非常荣幸，也感到肩上的责任重大。虽然已做了十余年山西省医学会外科专业委员会主任委员，但感到做得还很不够，我将继续加倍努力，为山西的外科事业奉献自己的力量，不辜负彭老师对我的培养，争取为"彭家军"增添光彩。

刘建生（左二）和彭淑牖教授（中）等人一起参加国际肝胆胰协会中国峰会第一届学术研讨会

刘颖斌：他为我擎起了人生的灯塔

刘颖斌，主任医师，教授，博士研究生导师，博士后合作导师，上海交通大学医学院附属仁济医院胆胰外科主任、上海肿瘤研究所所长、上海市胆道疾病研究重点实验室主任。

古之学者必有师。师者，所以传道授业解惑也。千百年来，为师者，以赤诚之爱、智慧之光，照亮着学生们前行的道路。我 33 岁，他 65 岁，那是 1997 年秋日，我成为彭教授几十个弟子中的一员。

忆往昔

其实我和彭教授的缘分可以再往前追溯。1996 年，我还在江西医学院读硕士研究生的时候，我的硕士导师蒋筱强教授与我交谈时就提起了彭教授。缘由是他们在西安的全国会议上相遇。蒋教授在听完彭教授的学术报告后，被他的外科理论和技术所折服。回到江西后，恰好蒋教授问起我未来的打算。当我把想读博士的想法告诉蒋教授时，他极力推荐我去读彭教授的博士，还送给我一把第一代的彭氏多功能手术解剖器，并且嘱咐我查找彭教授及相关领域的文献来学习，勉励我从中悟出一些道理。同时还特意将我的硕士学位论文寄给彭教授评审，这算是我与彭教授的第一次“见面”。自 1996 年至今，我们的师生缘已延绵 26 年。

忆往昔，这一切对我来说，感觉冥冥之中命运早有安排。后面发生的就是刚步入而立之年的我在一代外科大师身边学习成长的故事了。半生师生缘，是这个世界上用光阴与爱、奉献与智慧雕刻的情缘。如果要用两个字来总结这段缘分，“亲”和“情”可以大致概括。

1997 年 9 月，我启程赶往浙江，那也是我迈入人生新阶段的开始。按捺不住的好奇、崇敬、激动，是我迈入浙江医科大学校门的感受。至今我依然清晰地记得第一次拿着培养计划和刘建生师兄到浙医二院门诊五楼找彭教授的情景。每每想起，一个谦和、慈爱的形象就会在脑海中跃然浮现，仿佛刚发生过一样。彭教授先是简单地询问了我俩的基本情况，看了我们所选的课程，还细心地了解了我俩的一些生活习惯等；简单交谈后，又带着我们到对面办公室见了彭承宏、吴育连、范敏敏等诸位老师，一一做介绍后，就打电话给当时的教学老师王家骅老师。这是我第一次真实地见到彭教授。这次见面倍感亲切，一份不自觉的归属感油然而生，这也是彭教授的人格魅力所在——低调又谦和。从此，我也自然地融入了这个优秀的团队。随后数十年，我一直在彭教授身边学习。他的言传身教，身行一例，胜似千言，我也因此有幸近距离感受到了大师的风采。

我依然记得第一次陪彭教授外出会诊的情景，彭教授亲自开车带我去宁波。我们一路奔驰在高速公路上，那 120 码的车速，如同我当时的心情一般，刺激又激动，令人心旷神怡，至今历历在目；我们一起第一次坐飞机到沈阳会诊，在当地结识了田利国主编、陈俊青教授、徐惠敏教授、王振宁校长等。也还记得我们一起去山西为我在县医院工作时期的老师李庆院长做胆囊癌根治术（HPT）。也是从那时开始，我意识到胆囊癌的治疗不能仅仅局限于外科手术，于是我便立志要做胆囊癌的基础研究，这也成了我毕生的事业之一。在彭教授身边，除自身的成长外，最关键的是，踩在巨人的肩膀上，更容易找到人生的灯塔，让我走得更远、飞得更高。这一件件往事，时时会涌上心头，未曾忘记。

博士研究生期间，术后胰漏在胰腺术后的并发症中越来越受到关注，因此彭教授一直尝试改良胰肠吻合的方式，当时彭教授团队发明并命名了捆绑式胰肠吻合术。我当时的课题之一就是找到支持这种新型手术方式的证据。为了证明这种术式的有效性和安全性，基础理论的支持尤为重要。为此，我们师徒二人可以说是日思夜想；在日常工作中时时探讨，甚至在出行的火车上、飞机上、汽车上、宾馆里常常讨论到深夜；仔细地确定实验方案，反复斟酌实验指标。在彭教授的指导下，我终于完成了自己的课题，也赶在他成为国家重大科技奖励获得者之前，发表了文章，这也为在国际上奠定和推广捆绑式胰肠吻合术做出了自己的一点点贡献。这也算是我们师徒二人一同奋斗的成果之一。其实对我来讲，相比于和彭教授一起解决一个临床问题的经历，所获得的成果反而没那么重要了。这过程中还有一个很有趣的小插曲。当年在发明捆绑式胰肠吻合术时，正值我国航天事业的快速发展时期，几经推敲，最后我们借用“长三捆”升天的这个谐音将手术方式命名为“捆绑式胰肠吻合术”。这算是我们的第一个小成果，也一直是令师徒二人兴奋的话题之一。

刮吸手术解剖法是彭教授亲自建立的，也是他长期屹立于国内外外科学界的绝招之一。在他身边，常常听他讲起，最早的肝癌手术极其困难。对于中国绝大多数肝硬化、肝癌的手术患者来说，超声刀解剖时间长，水雾大，效果差。他常常感慨：“如果能够有一种全新的集吸引、电凝、电切、分离四种技术为一体的手术工具该有多好啊。”古人云：“工欲善其事，必先利其器。”他常常回忆起创业初期，为了做出一款好用的手术工具，他顶着烈日和蔡秀军师兄到杭州一家车床厂设计、打磨、组装的情景。创业的艰辛，历历在目，难以想象。最终，彭氏多功能手术解剖器的问世，使彭教授得以解决了国际上一系列手术难题，突破手术禁区，比如肝尾叶切除、肝Ⅷ段切除、肝门部胆管骨骼化清扫等。时至今日，仍有很多外科专家使用彭氏多功能手术解剖器为一个又一个患者解除病痛的折磨。

同时，针对当年胰十二指肠切除术后胃排空障碍等一系列并发症的发生，彭教授又设计了彭氏营养管。在设计的过程中，他坚持亲自把营养管插入自己的鼻子里来体会插营养管过程中的耐受情况，并在后续的改进过程中尽可能地使不适感最小化，充分体现营养管“以人为本”的顶端设计理念。此外，他很早就提出了体温记忆塑料的理念，让我崇拜不已。彭教授不仅是外科专家，而且是发明家、科学家。

3 年博士研究生学习期间，彭教授带着我走过了不少的祖国山河大地，如内蒙古、云南、广西、广东、山西、河南等。在当时的杭州笕桥机场，我们已然是常客。陪着彭教授出行期间，我也重新塑造了不少生活和工作上的态度和习惯。比如要时常记录工作笔记、手术心得、出行日记，甚至彭教授还建议我在打车的时候要留发票，目的是在丢东西的时候能够方便找回。彭教授对事情处理的严谨与细致，可窥一斑。3 年博士生活也让我的性格、工作作风、为人处世在潜移默化中发生了改变，对事业的追求也有了全新的改变，自己也成熟了很多，进步了不少。

2000 年，在彭教授的指导下，我顺利毕业并留在了浙医二院工作，于是有更多的时间和他老人家朝夕相处。此时，刮吸手术解剖法已风靡国内外，有不少医院在使用。刮吸手术解剖法作为外科学界最为重大的发明之一，自然受到了国内外的关注和好评。2001 年，彭教授也因此获得了国家技术发明奖二等奖。这不仅是彭教授团队的光荣，也是中国外科学界的荣耀。2002 年 2 月 1 日，我有幸陪彭教授进入人民大会堂领奖。在领奖的前一天，彭教授专门带我去理了发，还在友谊宾馆旁边的小酒馆里小酌一杯。回忆起刮吸手术解剖法建立的整个历程，彭教授感慨万分。现在回想当时的情景，仍然记忆犹新。刮吸手术解剖法得到了国内许多大家的赞同和欣赏，如朱预教授、吴蔚然教授、黄志强教授、冷希圣教授和黎占良教授。彭教授感慨万分，也第一次喝了不少的“红星二锅头”，向我讲述了和他们相识的过程。这一幕幕场景好像发生在昨天一样，清晰而意犹未尽，我甚至还能闻得到“红星二锅头”的味道。

2004 年，捆绑式胰肠吻合术已然风靡于国内外。在此期间，有不少来自德国、英国、美国、印度、沙特等国际外科学专家，以及我国香港和台湾等地区的外科专家，分别来到浙医二院和邵逸夫医院参观学习。我也有了很多与国外友人交流及出国交流的机会。在交流和学习的过程中，我各方面的能力提高了不少。

其中特别令人感动的是，2003 年在英国爱丁堡举办的一次学术交流会议上，我第一次登上国际舞台做演讲。那时，我的英语不太好，我很是焦虑。那天晚上，彭教授深夜还在帮我一起整理 PPT、抄写第二天发言要用到的英文单词和讲稿，并安慰我不要紧张。第二天的会议，他一直坐在第一排，看着我演讲，一直到结束。我在台上偶尔扫到他的目光，心中满满的踏实和感动。在这期间，讲座的手术录像也得到了大会主席的高度赞扬，主持人幽默地夸奖道："您这个一下子把肿瘤就切除了，看起来像一片蛋糕（looks like a piece of cake）。"这次经历也进一步提升了我要在工作上奋斗的自信心，从此我不再怯场。此后，我的演讲与交流的水平也不断提高。非常巧合的是，当我们参加完这次会议，落地上海浦东机场的时候，第八届全国胰腺外科会议在青海举行，我选送的开腹式胰十二指肠吻合术视频获得了大会比赛的第三名，而排在前面的恰恰是我非常崇拜的蔡秀军和彭承宏师兄。这样的成绩使我在学习的道路上愈加努力，愈加珍惜，以至于每到职称晋升和硕导、博导评审时，我都有意通过自己的手术水平和技艺获得大家的认可，这在当时的浙医二院也传为美谈。这一切都与彭教授的言传身教分不开。

2004 年，捆绑式胰肠吻合术获得了国家科学技术进步奖二等奖。尽管有此殊荣，但是在实际使用的过程中，由于胰腺的粗细和空肠的匹配以及缝线和技术方面等问题需要优化，彭教授在以后的几年中仍然继续完善捆绑式胰肠吻合术系列，如捆绑式胰胃吻合术、捆绑式胰空肠单侧荷包吻合术等，并推广这个手术方式的应用，对提高当今胰腺癌外科手术安全性做出了很大的贡献。非常难忘的是，他和赵玉沛教授讨论关于胰腺手术的场景，围观两位大师探讨本领域的难点及可能的突破，让我受益匪浅。

在浙医二院的几年，不仅我的外科技术和理论知识得到了空前的提高，而且个人的学术造诣也不断提升，并在 2008 年获得了浙江省杰出青年团队项目。可以这么说，我取得的所有成绩都与彭教授的辛勤培育密不可分。

除专业技能外，为人处世的道理，彭教授也倾囊相授。记得第 12 届全国胰腺癌大会在杭州的新侨宾馆举行。赵玉沛院士陪同朱预教授到会参加，我负责接待两位教授。看着赵院士非常耐心地陪着朱老先生登记房间号，引导路线，将朱老先生搀扶进房间等一系列温情的动作，我深受触动。晚间吃饭的时候，彭教授以此为例对我们进行了谆谆教导，不仅提起了他与导师余文光教授之间的点点滴滴，还提起了裘法祖老先生的做人、做事、做学问的人生格言——做人要知足，做事要知不足，做学问要不知。让人深有感触，至今难忘。

师生情，它清澈，不夹杂一丝杂质！

启新程

2008年，在蔡秀军师兄的推荐和全志伟教授的邀请下，我开启了人生的又一次奋斗历程。我决定进入上海新华医院普外科工作，开启我人生的第二次创业之路。来到上海之后，虽然我不能时常陪伴在彭教授身边，但是彭教授依然经常电话关心我的生活和工作情况，也常常一起探讨关于肝胆胰外科手术治疗方式的改进。其中，胰腺癌和胰头癌的全系膜切除理念便是彭教授督促我在国内首先提出的，我也由此开展了一系列临床和基础研究，取得了些许成绩。此外，我还在国际上较早地提出肝内胆管癌解剖性肝切除与肝门部淋巴结清扫的治疗理念，并取得了较好的治疗效果；在国内外率先进行和完善了胆囊癌根治性切除的诸多手术方式，填补了国际上数项治疗理念的空白。这都与彭教授的探讨、指导密不可分。此后，每次在国内外的学术会议上和彭教授相遇，我都倍感亲切。可以这么说，在我至今的整个外科医生生涯中，我每个手术方式的改进和创新都离不开他老人家的指点。腹腔镜微创手术是我外科生涯中的弱项，也是我一直急于改善的方向。每次见面他都会鼓励我，让我不要太急。他经常对我讲："你有基础，手术技巧也好，不要紧，要静下心来，稳扎稳打，静心操作，细心操作，一定能成功的。"在他的鼓励下，去年（2021年）我就完成了50余例腹腔镜肝胆胰微创手术，基本上能够突破腹腔镜操作曲线，今年（2022年）计划突破100例，就基本可以成功实现外科医生的一个微创化转型，其间喜悦的心情不亚于当年刚参加工作时。

2020年6月，在曹晖教授的引荐和李卫平院长、夏强书记的邀请下，我再一次挑战职业的高峰，出任上海仁济医院胆胰外科主任和上海市肿瘤研究所所长一职，在面临选择和取舍的纠结时刻，彭老师给予了极大的鼓励和支持，让我坚定了自己的选择，并毅然全力投入，短期内得到同道们的认可和支持，并顺利开展工作。在彭教授身边，我还锻炼了科研和论文写作的基本能力。记得有一次，《中国实用外科》约写关于背驼式肝移植的文章。他引经据典，不到2个小时就把文章写好了。

2012年上海胆道外科大会，刘颖斌和彭淑牖教授、Bismuth教授合影留念

我就在他身边，一边看着他写文章，一边听他讲解着国内外的研究现状，整个过程一气呵成，令我崇拜至今。他知识渊博，学术涉猎广泛。这也一直激发我不断学习的热情。

在彭教授身边工作的20多年里，我最大的感受是他从不放弃患者，对待疑难杂症不折不挠。陪他手术的过程中，许多人认为不可能切除的手术，在经过他几个小时的艰难分离后都能一举切除，这种不抛弃、不放弃的精神一直锤炼着我。记得有一次我们去西北会诊并做一例胰头巨大肿瘤手术，当地的主任老师都开始打退堂鼓了，但是彭教授一边仔细分离，一边说："不要着急，我们再分分看。"历时7个多小时之后，肿瘤终于被完整地切除下来，大家不禁发出由衷的赞叹。诸多类似例子，比比皆是。

师生情，它轻柔，如春风缓缓送我前行！

传薪火

几十年来，"彭家军"涌现了一系列国内外知名的外科专家，这与他老人家的言传身教、以身作则密不可分。他们遍布于北京、上海、广州，及云南、湖北、山西、浙江、江西、内蒙古等知名三甲医院，真正实现了"桃李满天下"。不仅如此，在他老人家的身体力行之下，团队长期相互帮忙、相互支持、相互配合，不愧是一个团结向上的师生团体，成为国内外师生团体中一道亮丽的风景线。

彭淑牖教授和刘颖斌

时光荏苒，岁月如梭；人生天地之间，若白驹过隙。转眼间，自己作为彭老的弟子已有20余年；回首望去，自己从医也有37年之久。彭老培养学生的风格，现在也传承到我的基因中来，这算是对我的"表观改造"。甚至于我与学生第一次见面交流的内容，都与我第一次与彭老见面时的谈话内容一脉相承。桃李不言，下自成蹊。每年开学季，我看着我身边年轻的徒儿们，常常想起当初我们师兄弟围绕在彭老身边的情景。至今，我已有51名学生成为他"彭家军"的第三代成员。每每想起，不亦乐乎，这也算是彭老在我这里的师门传承，生生不息。

师生情，它延绵，似长河中的朵朵浪花！

落其实者思其树，饮其流者怀其源。半生师生缘，一生师生情。在我的人生道路中，他，彭教授，为我擎起人生的灯塔！

柳咏：一次进修，结下一生的师生缘

柳咏，教授，主任医师，南京中医药大学附属常州市中医医院普外科学科带头人、消化道肿瘤 MDT 首席专家、普外科教研室主任。

时光飞逝，回首往事，我加入“彭家军”这个大家庭至今已有 20 余年。恩师彭淑牖教授在外科专业领域的造诣和他对外科学的杰出贡献举世瞩目。除此之外，与众不同的是他还带出了外科学史上一支特别的队伍——“彭家军”。近几年，彭老师在很多次会议上讲课的 PPT 中有提到“人生无悔”，我觉得这四个字是对老师人生最好的诠释。

我于 2001 年底来到浙医二院普外科进修。来浙医二院之前，我在新疆维吾尔自治区人民医院普外科负责包虫病研究室的工作。2001 年夏天，时任业务院长的唐和年教授找我谈话，说：“医院要盖外科大楼了，要建肝胆外科，组织上准备送你去进修学习。”

在我填表签字时，时任普外科主任戈小虎说：“你这次不要去北京、上海进修了，去杭州浙医二院彭淑牖教授那里学习。我这次开全国会议时，看过彭教授的手术录像，他做的手术不一般。”于是，我放弃了已勾选的北京和上海的医院，重新填写了浙医二院。自此开启了与恩师彭淑牖教授及“彭家军”20 余年的缘分。

初到浙医二院，我就被科室那么多的手术吸引了，除常规手术外，在这里第一次看到了手术学上腹部外科的各种经典术式。尤记得那是到浙医二院进修一周后的一天，我第一次看到了手术台上的彭教授。他是那么专注，尽管四周里三层外三层围着从全国各地前来进修的医生，其中还有扛着摄像机的师兄们（自此养成了录制手术过程的习惯，这个习惯也影响了我整个职业生涯，反刍手术，不断精进自己的技术）。我努力地挤了进去伸着头看彭教授做手术：肝门被阻断了，基本无血，术野很清晰。

他一边做，一边给大家讲解解剖、刮吸技术和手术要点等。手术结束后，彭教授蹲在地上，仔细地把标本擦干净，又耐心地给大家仔细讲解了一遍。他精湛的手术技艺和严谨的职业素养深深地震撼了我，他就是我的偶像，是我职业道路上的明灯。“我要像浙医二院外科那些学长一样做他的学生。”就此我许下了心愿。

进修 4 个月后，幸运之神眷顾了我，在浙医二院外科各位老师的帮助下，在学长们的支持下，我顺利地考上了彭老师的博士研究生。从此，我成为“彭家军”的一员。

在这个大家庭中，我感受到学术和解剖的魅力，让我更加坚定了成为一名腹部外科医生的决心，并一生为自己的选择感到骄傲。在临床工作和课题研究中遇到疑难问题时，给老师打电话，他都会在约定的时间提前在办公室等我，并找出类似的手术图片、视频和病案，耐心地为我做解答。他是一个严于律己、很守时的大大佬。当然，除了老师外，师兄弟们也都给予了我很大的支持和帮助，这让我一直觉得在“彭家军”这个团队里没有解决不了的专业问题。

2019 年 12 月，彭老师携师母到常州参加常州市中医医院学术活动

2002 年夏天，我陪彭老师回到新疆参加肿瘤医院和新疆医科大学附属医院举办的学术讲座。会上，彭老师对刮吸刀和刮吸手术解剖法进行了系统的讲解和演示，温浩教授和张国庆教授对此产生了极大的兴趣，与会的新疆同道惊叹于彭氏多功能手术解剖器的神奇。我也是从 2002 年开始运用此技术至今。如果离开“彭氏刀”，我可能都不会做解剖了。

新疆之行，我们还去了美丽的天山，对于住帐篷和在山里用泉水煮羊肉，彭老师没有任何不适应，愉快地接受，毫不吝惜地赞美了新疆的风土人情和美食。上山时路滑，我们想要搀扶他一把，他说：“我自己可以。”记得还有一次，在手术室门口，我正准备帮老师拿鞋子，彭老师对我说：“谢谢，我自己可以。”彭老师的谦和、儒雅、平易近人，对我产生了深远的影响。

作为一名外科人，强健的体魄是必不可少。复杂疑难手术还经常需要彭教授指导，年近 90 岁的他还能够陪大家做完整台手术。众所周知，游泳和打乒乓球是彭教授擅长和喜欢的运动。无论工作有多忙碌，甚至外出参加会议期间，他都会抽出时间锻炼，这应该是他保持敏锐思维和充沛体力的秘诀。闲暇之余，彭教授还喜欢唱经典的英文歌曲。我们师生之间一直保持着沟通，他身体力行地做着表率，经常对我说：“创新源于临床需求，要永远保持学习的能力，学习是不分年龄的。”他非常细致和体贴，会经常问起我女儿的现状，还经常赞美她：“飞飞是好样的。”

2021 年 7 月，彭老师携师母和柳咏在杭州参加学术活动

时光荏苒，包括我在内的“彭家军”的每一位成员都以彭教授为傲。彭教授打造的这支队伍遍地开花、结果，学生们遍布全国各地的三甲医院，他们都是学科带头人和领军人物，为当地的外科发展做出了重要贡献。在“彭家军”中，我是“彭二代”，我依然在临床一线工作，坚持以患者为中心，从不轻易放弃一个患者。现在各地已经涌现了优秀的“彭三代”“彭四代”。我们必将以彭老师为楷模，生生不息，将“彭家军”精神一代一代地传承下去。

陆才德：一代宗师，人生楷模

陆才德，教授，博士研究生导师，宁波市医疗中心李惠利医院肝胆胰外科首席专家，宁波市器官移植研究中心暨器官移植重点实验室主任。

1986年底，得知浙江医科大学获批临床博士点，即将招收外科学博士研究生时，还在浙医一院准备硕士毕业论文的我萌生了继续攻读博士学位的愿望，并在翌年5月参加了当时的全国统一考试。1987年8月硕士研究生毕业后，我被分配到浙江医科大学附属第二医院（简称浙医二院）外科，同时亦收到了博士研究生的录取通知书。当时，浙江医科大学外科学博士点设在浙医二院，指导老师是齐伊耕教授和刚从英国归来不久并担任外科主任的彭淑牖教授。那几年，由于齐教授大多数时间在美国，所以事实上，我也成了彭教授回国后指导的第一个博士研究生。

20世纪80年代，我国的研究生教育刚刚起步，很多制度不健全。1987年，浙江医科大学首届录取的临床各专业博士研究生加起来仅有4名，前3名当时都已在原专业岗位上工作多年且小有成就，全部是在职攻读，导师亦均是原专业的指导老师，唯有我在报考时是在读硕士研究生，故研究生办公室从学籍管理的角度要求我办理全脱产学习。

我那时已年近不惑且已有家室，非常珍惜在浙医二院外科的工作，既可让我养家糊口，又能给我大量的外科临床实践，故一直拖着未去办理。第二年，研究生办公室下了最后通牒，要么办理转学籍全脱产，要么终止学业，除非浙医二院领导出具正式报告同意在职，而这在当年是非常困难的。在向医院领导反映具体情况的同时，我找到了彭淑牖老师，在他的大力推荐和帮助下，我才得以在浙医二院外科工作的同时继续完成学业，这为我的人生能跃上一个新的台阶奠定了基础。现在回想起来，如果没有恩师的提携和帮助，我这辈子可能也就与博士学位失之交臂了。

20世纪80年代初，肝脏外科在浙江几乎是个空白。彭老师回国后大力开展肝脏外科手术，大量肝癌患者接踵而至，其中也有不少是肿瘤无法切除的。当时，肝动脉化疗栓塞（TACE）治疗不可切除肝癌技术刚刚兴起，主要在上海第二军医大学长海医院和中山医院开展。我考虑是否把对TACE的研究作为博士学位论文的课题，这个想法得到了老师的高度赞赏和肯定。好在医院原已具备肝动脉造影（DSA）的基础，经过在长海医院数天的观摩学习后，我率先在浙医二院开展了TACE治疗不可切除肝癌技术，并在此基础上开展了不同栓塞方法对疗效影响的临床研究。

彭老师经常在紧张工作间隙来导管室指导我的课题研究，由于所有的栓塞材料特别是导管都是从国外进口的，既紧缺又昂贵，所以在老师指导下，我把用过的已经变形的导管头通过热冷水浸泡重新塑形，消毒后重复使用，以提高利用率，降低成本，减轻患者的经济负担。从现在的观点来看，这样做不符合操作规范且显得有点可笑，但在当年却是能使更多患者得到治疗的有效方法。

论文从设计撰写定稿到请国内专家评阅无不倾注了彭老师的心血。答辩环节，彭老师亲自联系了汤钊猷院士，最后组成了以汤院士为主席及学术界泰斗夏穗生教授等国内知名专家为成员的答辩委员会。从接送各位答辩委员会老师到答辩会每个细节，彭老师都一一过问，很多事他甚至亲力亲为。我记得为了给夏老安排住宿，彭老师利用自己的关系，把夏老安排在当时还未对外开放的西子国宾馆。尽管我已工作多年，但由于缺乏在大型场合演讲的经历，所以面临答辩难免有点忐忑。答辩会前，彭老师数次和我讨论论文的细节，模拟答辩委员会专家可能会提出的问题并做准备，使我增强了信心，最终较好地完成了博士论文答辩。当答辩委员会宣布论文通过，可以授予我医学博士学位时，现场包括浙医二院吴金民院长在内的所有人都发出了欢呼声，彭老师当时也很激动。他多年以后在不同场合还多次提到吴院长当时说的一句话："陆才德是浙医二院成立120年来第一个自己培养的医学博士，将来应该载入院史！"

从1987年秋进入浙医二院到2001年10月离开，除中间有2年去日本进修学习外，我在浙二医院学习、工作、生活了12年，有幸学习和见证了彭淑牖教授作为一代宗师在此期间的诸多发明创造和学术成就。他发明的彭氏多功能手术解剖器集中体现了"大道至简"的哲理，在各种手术器械层出不穷的今天仍有其独特的价值，我沿用至今。

平时工作中从跟随他查房到参加手术，导师一丝不苟、严谨、求实的工作作风，善于在临床中发现问题、追根究底并将其转化为学术问题的科学探索精神，耳濡目染，对我产生了很大影响。

记得有一次我协助他为一个合并有严重肝硬化第Ⅷ段肝癌的患者做切除手术。肿瘤直径约为2厘米，因为夹在Ⅷ段门静脉两个分支之间，所以我们在肝脏表面摸不到肿瘤。在当年缺乏术中B超，更谈不上三维重建技术的条件下，彭老师依据术前CT，凭借脑海中对肝脏解剖的深刻理解，精准切除了肿瘤。术后我对标本进行了清洗与固定，并逐一标记了肿瘤和周围的血管，彭老师见后大为赞扬。那一幕，我至今记忆犹新。

对下级医师每个进步都不吝表扬的同时，彭老师也在一些细节上展示了他的学者风范和人文情怀。有一次查房时，有位医师用脚将引流袋勾起来以展示其内容，当即遭到了彭老师的批评。他亲自蹲下去，用手将引流袋拿起来仔细察看引流液的颜色和性质，用行动诠释了“敬畏生命，敬畏疾病，敬畏患者”的真正含义。

岁月倏忽，我离开浙医二院来到宁波已 21 载，其间多次请彭老师来宁波做手术、作演讲,传道授业,展示“大道至简”一代宗师的风采。随着阅历的增加和时光的沉淀，许许多多当年跟随老师时不甚理解的教诲和点点滴滴都成为我宝贵的精神财富和行动指南。作为宁波大学医学院外科学的学术带头人，我指导的硕士研究生和博士研究生（包括浙江大学的在内）亦有 50 余位，他们都在各自的岗位上为人类的健康奉献自己的力量。

薪火传承，生生不息。我想这就是蕴含在“彭家军”传奇里的真谛吧！

马高祥：是他，让我懂得了医学的真谛

马高祥，主任医师，中国医科大学绍兴医院党委书记。

2002年，我有幸考取浙江大学的硕士研究生，并师从彭老师门下。那时刚学医的我，对生命的理解还不够深刻。虽然读研之前我已经有过一段从医的经历，医学知识学了不少，可是对于医生这样一个特殊的职业，知识仅仅是其中一小部分。在遇到我的引路人彭淑牖老师后，我才真正明白什么是医生，什么是生命。在短暂的3年硕士研究生学习生活之后，我又和彭老师相处了20年。其间，彭老师集严师、慈父、仁医于一身的形象，在我心目中不断地清晰化。

跟彭老师上手术台

在迷宫一样的手术室里，我有点找不着北了，眼前一位位戴口罩、穿洗手衣的人在忙碌地穿梭着。彭老师看出了我的迷茫，走到我身边，认真、仔细地给我讲解了手术室的布局，并反复强调了手术室的无菌原则，手把手地教我消毒、铺巾、穿手术衣。在台上，彭老师不停地给我讲解器官的解剖、结扎、止血、切除要领。我第一次发现外科理论知识与手术台上的操作原来结合得如此紧密！而将理论与实践真正融会贯通的人，正是眼前的彭老师。

跟着彭老师查房。在认真听取下级医师汇报病情后，他总要耐心地对患者进一步补充问诊，中间还时不时闲聊几句。对于外科患者来说，几句家常，不仅拉近了医患之间的距离，还缓解了患者的紧张、焦虑情绪。彭老师经常亲自查体。“尽管各种检查、检验手段日新月异，但是基本查体更能让医生掌握第一手资料。”这些话，彭老师经常挂在嘴边。对于术后患者，彭老师也会在病床边观察引流液的颜色和伤口的恢复情况。这种对工作一丝不苟、待患者如亲人的工作作风，让我认识到外科医生不仅要有精湛、娴熟的技能，而且要有一颗真挚、善良的心。

跟彭老师出专家门诊

作为国际著名的肝胆外科医生，彭老师的门诊量可想而知。面对不同患者的各种诉求，彭老师总是耐心解答，尽可能地满足患者加号的需求，让每一位患者都能满意而去。尽管自己是一位大牌专家,但彭老师问诊的细致程度,超乎我的想象。问诊完毕，彭老师会根据患者病情有针对性地进行查体，这种严谨的工作方式对我诊断思路的培养是至关重要的。

跟彭老师做医学实验

对于学位论文阶段的科研工作，我是初次接触，尚有很多不懂的地方。彭老师在得知我的实验情况后，多次找我谈话，分享他科研的经验和思路，这让我少走了很多弯路。答辩前，彭老师逐字逐句修改我的硕士学位论文，每一句话，每一个字，都经过彭老师的细细推敲。“科研工作尤其要谨慎、认真，容不得半点虚假。”彭老师常对我说。

彭老师对自己的研究生、年轻医师饱含热情，也寄予了厚望。他总是希望把自己所学倾囊传授给自己的学生，他手把手地带教研究生和年轻医师，不厌其烦地一遍又一遍地做示范，力争让每个学生都能从自己身上学到一技之长。也正是他的这种无私奉献的精神使得他桃李满天下，并且学生们在各自的岗位上都出类拔萃。

挑战让人充满激情，勤奋使人永不止步，在挑战中创新，在创新中享受乐趣，这或许正是彭老师真实的写照。跟随彭老师学习的 3 年里，我从老师的身上看到了作为一名优秀外科医生所具备的可贵品质。老师勇于挑战，超越自我的执着追求深深地影响着我，使我终身受益。

牟一平：为师亦如父，浓抹一生人

——师从彭淑牖教授32年感悟

牟一平，主任医师，教授，博士研究生导师，浙江省人民医院院长助理、普外科主任。

我于1990年考取浙江医科大学外科学硕士研究生，并有幸成为彭淑牖教授的学生。在彭老师的鼓励和支持下，于1992年提前转博，1995年博士研究生毕业，留在浙医二院工作。之后，我一直在杭州，长期得到彭老师的帮助和指导，至今不觉已有32年。回想这32年，我感慨万千。彭老师谦和、慈爱，工作上精益求精而又敢于攻坚克难、创新创造；从医时视患者为亲人，始终把患者利益放在首位；为师上待学生如子女，谆谆教导。这些知行合一的高贵品质，如春雨润物，无声却浓抹着我的一生。

读研期间，我一般早上7点到病房，但彭老师总比我到得早。他在交班之前，会先查看近期手术和危重的患者，亲切地与患者及家属交流病情，有时也聊聊家常，缓解患者和家属的紧张和焦虑情绪。了解到有患者家属外出买早饭时钱包被盗的事件后，他就常常在早上带一些豆浆和包子，将其分给一些边远地区来的患者家属。彭老师对待患者，真正体现了医者仁心，不仅关心病情，也关注患者的心理，总是教导我们治病不能只针对躯体疾病，更要有全身和全局观念，关注其心情和心理需求，把患者的利益放在首位。这一点一直是我在临床工作中谨遵的原则。

彭老师敢于攻坚克难，对于复杂危重病例，只要患者和家属不放弃，他就会查文献、想办法，不懈努力。记得我刚在浙医二院工作时，遇到一个外交官前来求医。她罹患结肠癌5年多，已多次接受手术及化疗，因肿瘤复发致尿路梗阻，并发了尿毒症。施行手术的英国等地的国际知名医院医生都觉得该放弃了。但患者和家属仍不死心，抱着一丝希望来杭州向彭老师求救。彭老师仔细分析病情，耐心地与患者和家属沟通与交流，勇敢地接受了挑战。最后，在血透等综合治疗的基础上，毅然决定再次对其施行手术，切除肿瘤。患者术后恢复顺利，旅居南京，经常寄名信片致谢，分享她与家人的喜悦。这对我也是很大的激励，给了我接受危重病例的勇气和胆识。

我在担任邵逸夫医院普外科主任期间（2003—2015年），曾遇到一例70多岁肝癌合并下腔静脉癌栓的患者，癌栓已长入右心房，随时有脱落致肺梗死及死亡的风险。该病例在10年前即被诊断为肝癌，是我在彭老师的指导下予以治疗的，所以他对我们非常信任。家属深知个中风险，但救治愿望强烈，态度坚决。面对这样危重复杂的病例，我再次向彭老师请教。我们仔细讨论，反复斟酌，制定了手术方案和各种应对策略。最后，我们与胸外科郦志军主任团队合作，在体外循环下先取出右心房和下腔静脉的癌栓，再在全肝血液阻断下将肿瘤完整切除。患者术后恢复顺利，存活了3年多，家人非常感激。

这件事后，我对一些疑难复杂患者也更有信心和勇气。2015年的某天晚上10点多，一例胆管下段癌患者在行腹腔镜胰十二指肠切除术（LPD）时，二次胆管切缘阳性，第三次左、右肝管分别离断送检，左肝管阴性而右肝管仍然阳性。术中再次与家属谈话，他们坚持手术的态度坚决。我们当晚即追加腹腔镜右半肝切除，终获R0切除。患者术后恢复顺利，然而患者3年后不幸又患上食管鳞癌，他又跟随我们来浙江省人民医院治疗。又一例55岁的外科医生，2016年9月因梗阻性黄疸来诊，检查发现胰头肿瘤侵及下腔静脉和右肾静脉。我们经过多学科讨论精准评估，耐心地与家属沟通交流，并充分尊重其知情同意、积极综合治疗，于2017年3月行“腹腔镜胰十二指肠切除＋右肾切除＋下腔静脉阻断下切开取栓、整形吻合”。这在腹腔镜外科技术中勇攀了一个新的顶峰。患者术后11天出院，至今存活，也是创造了奇迹。

彭老师不仅手术时精益求精，而且善于在临床上发现问题并针对问题进行发明创造，解决临床问题，最终是患者获益。在他还是实习生的时候，就针对当时膀胱手术后导尿管的不足，发明了“膀胱潮式引流”，并发表于《中华外科杂志》，这给了我很大的启发。他曾设计“序贯式外、内引流术治疗胰腺假性囊肿”，克服了内引流吻合口漏的风险和外引流体液丢失的不足，我从中感受到了辨证施治的精髓。他研制多功能手术解剖器（PMOD），创建刮吸手术解剖法，设计捆绑式胰肠吻合术等新术式。这些创新创造，解决了诸多临床问题，造福患者，使我学到了临床也要有创新及研究的才能。

彭老师治学严谨、细致。我在浙医二院接受临床技能训练期间，每当我把手术相关资料送到他的办公室时，他都会询问：“牟一平，你看我们今天的手术有没有走了弯路，下次有哪些地方可以改进？”这也让我养成了记录每一台手术病例资料、关键之处绘图、经常反思手术细节的习惯，传承他精益求精的工作作风。当时还没有个人电脑，学术交流用的幻灯片，要先在专业的电脑打字店打印，再到浙江医科大学图书馆摄影、制片。当我去浙江医科大学图书馆制作博士答辩幻灯片时，工作人员一看就知道我是彭老师的学生。他说：“一般学生是拿着打印好的论文来直接照相制片的，只有彭教授的学生，每张片子不超过 8 行，每行不超过 15 个字。”这些要求使我终身受益，并将其作为“彭家军”的演讲风格要求我的学生，就这样一代一代地传承下去。

彭老师严谨治学、知行合一。早年，他带我去我国香港，或去美国参加国际性学术会议时，一路上都会和我反复讨论、完善报告内容；大会报告前一晚，彭老师还要反复演练，并叫我计时，模拟提问。近 10 年来，他每次来我们医院举办的“胰胃疾病诊治进展高峰论坛”做专题报告，选的题目都非常新颖、实用，从技术创新到学术研究及学科建设，且内容都是他亲自制作的，好几次为了剪辑手术视频干到凌晨 2 点多。我感慨于彭老师对我的支持，又有点自责和羞愧。

彭老师和谢老师一起欢送徐晓武博士去复旦大学肿瘤医院工作

日常生活中，彭老师又像和蔼可亲的父亲，待我们如自己的子女。记得 1995 年我博士毕业刚工作，他就鼓励我去学车，有时还借车给我练练手。坐他的车时，他会耐心地传授自己的经验，路见其他车辆随意变道、习惯性踩不需要的刹车等不合理现象，他都会及时指出，像父亲一样谆谆教导。当我的第一个博士研究生徐晓武去上海工作时，他携谢老师一起来送行，并赠送与德国 Beger 教授合著的英文版专著，就像给子孙送传家宝。

他不但鼓励、支持我创新，更难能可贵的是还理解、包容我与他“唱反调”。2012 年，按照浙江省首批创新学科“微创胰胃外科学”和浙江省重大科技专项“基于多学科合作的胰腺外科微创化和个体化”的规定，我到美国梅奥诊所（Mayo Clinic）进修学习腹腔镜胰十二指肠切除术。根据腹腔镜手术野放大、二维的特点，胰肠吻合不适合做捆绑式，但可以按显微外科的要求做导管对黏膜的胰肠吻合。腹腔镜放大倍数较手术放大镜更高，可能比传统的显微手术更有优势。当时，彭老师热衷于捆绑式胰肠、胰胃吻合的多中心临床研究，我有些为难。许多师兄弟提醒我在“捆绑式胰肠吻合”的国家奖中位列第三，不能“唱反调”。但他知道后，非常理解，鼓励我开展腹腔镜胰十二指肠切除术（LPD）时做导管对黏膜的吻合。在我顺利完成 50 ～ 60 例病例，患者出血少、恢复快等微创获益明显时，他还极力向各位同道和学生推荐。广东省中医院的谭志健教授和武汉同济医院的秦仁义教授当时只做开腹胰腺手术，但都在他老人家的号召下都来观摩学习。

彭老师在第四届胰胃疾病诊治高峰论坛上做题为“医教研究的核心与平衡”的报告，介绍其工作原则与方法

彭老师在第四届胰胃疾病诊治高峰论坛上做完报告和专家合影

可以说，90 岁高龄的彭老师仍然亲自指点学科前沿，带领“彭家军”冲锋陷阵。也正是有像他这样的前辈的认可和鼓励，近 10 年来，我国 LPD 的单位和病例数呈爆发式增长，实现了跨越式发展。

彭老师一生都在治病救人、教书育人。他善于将复杂问题简化，其发明创造都很实用，可推广。他曾有个关于《医教研的核心与平衡》的报告，提到了他的工作原则与方法：“永置患者利益于首位；仔细观察去发现问题，反复思考来分析问题，深入研究而解决问题；拒绝因循守旧，勇于改革创新；切勿迷信洋人，也不盲从权威；不断超越自我，赶超国际水平；不因事小而不为，不因困难而却步；勤于积累，厚积薄发；努力学习，学无止境。”这些风格，在彭承宏、蔡秀军、秦仁义和刘颖斌等杰出师兄弟中都得到了传承。

经师易遇，人师难遭。彭老师视患者如亲人、视学生如子女的高贵品质，浓抹了我的一生。我的点滴成就源自彭老师的培养、支持和理解。遇上彭老师是我今生的荣幸，师恩永存于心。面对我的学生，我也尽力把这些高尚品质和治学态度传承下去，浓抹一生人，让“彭家军”薪火相传，生生不息。

潘金飞：无论走到哪里，我都是“彭家军”的一员

潘金飞，主任医师，广西壮族自治区人民医院自治区人民医院肝胆外科。

我是广西壮族自治区人民医院肝胆腺体外科的一名医生。2000年，我有幸成为“彭家军”的一员。20年前与导师和师兄弟们相处的经历记忆犹新，历历在目。现在回想起来，导师的关怀和悉心指导、师兄弟们间的互帮互助与扶持，令人感动。关于彭老师在外科学上的创新和发明，我们都很了解了。他工作中严谨、认真负责的态度，同样令人钦佩。

记得2001年，彭老师组织师兄弟们聚会。可到了晚上8点，彭老师还有台复杂手术没有完成；大家一直等待，到了晚上9点多，彭老师还在做手术，最终彭老师还是没能出席聚会。

彭老师做的手术都是复杂、高难度的，解剖和术野干净清晰，操作细致，让我这个从祖国边陲来的学生大开眼界，也由衷为自己能成为“彭家军”的一员而感到自豪。

彭老师对学生的指导也很用心。有一次，彭老师组织了课题选题座谈会，将历届师兄们的选题方法和经验提供给我们作参考，鼓励大家追踪专业发展前沿。

除医学专业上的卓越成就外，彭老师也有极具人文情怀和豪迈的一面。在他71岁大寿的寿宴上，他给我们介绍了他一生所致力于的医学研究的思路和成果，最后还引用李白的诗《将进酒》作为结束语，令人回味！晚宴结束后，我的师兄白明东说：“老板不是一般人！”我深以为然！

在加入“彭家军”之前，我做手术不够精细。在彭老师的言传身教和悉心指导下，我的手术风格在潜移默化中发生了很大的改变，每例手术我都认真细致、力求完美。毕业后，我也在自己就职的医院和广西省内推广彭氏多功能手术解剖器的使用，展示刮吸刀的诸多优点，现在我们这里很多外科医生已经习惯使用刮吸刀了。

毕业回到原单位后，一旦遇到复杂和特殊病例，我也会请彭老师过来会诊、做手术，每次都会引来不少观摩手术的同道中人，大家都被彭老师炉火纯青的技艺所折服！

在彭老师的指引下,“彭家军”的师兄弟们在外科领域成就斐然。“万变不离其宗”,借徐军明师兄的一句“名言”:“无论我走到哪里，开刀只用彭氏多功能手术解剖器！”

彭氏多功能手术解剖器是“彭家军”的一件制胜法宝，彭老师更是“彭家军”的一根定海神针。无论走到哪里，我都为自己是“彭家军”一员而感到自豪。

彭承宏：医路与人生的启明星

——我的老师彭淑牖

彭承宏，主任医师，教授，博士研究生导师，上海交通大学医学院胰腺疾病研究所所长，上海交通大学医学院附属瑞金医院前普外科主任。

“紧张吗？”彭老师问道，我点了点头。老师看出我是第一次坐飞机，亲切地安慰我说：“不要紧张，飞机遇到气流都会颠簸，一会儿就过去了。”简单的一句关心，使得我马上平静下来。记得那是1990年秋天，老师带着我去福州参加一个全国性学术会议，乘坐的是加拿大庞巴迪公司生产的一架小型飞机冲8（Dash 8），一排3个座位，从杭州笕桥机场起飞，飞往福州义序机场。一转眼30多年过去了，日月变迁，现在两地都修建了新机场，然而彭老师领我第一次坐飞机，第一次到外地参加学术会议的经历，却历历在目，令我终身难忘。

彭老师就是这样的一个人，除有着高尚的医德、超强的手术技巧和杰出的学术造诣外，对我以及其他师兄弟姐妹来说，更多的是经常能感受到他老人家对我们如父般的关心和温暖。

不满足于现状，敢于创新钻研，善于发现临床中的实际困难并予以解决，彭老师用自身的努力为我们树立了一个杰出外科医生的标杆。20世纪90年代初期，国内开展肝脏手术的医院不多，尤其一些复杂的肝手术就更少了。由于技术短板与器械落后，作为肝脏手术最基础操作的断肝恰恰就是难点，针对当时一些断肝方法的缺点和不足，彭老师开始钻研并研制新的断肝器械。最初利用旧收音机上的天线，和江献川老师去车间将旧天线空心钢管的一端用锉刀做成梳齿状，手术中试用以刮的手法来解剖离断肝脏，结果使用效果不是太好。在前期尝试的基础上，后来老师又将空心钢管的一端做成一定角度的斜面切肝，配合术中吸引，这样既可以刮除肝组织，解剖显露出肝脏实质内的管道以离断肝脏，又可吸除碎屑和血液等液体，使得手术创面非常干净，操作也很方便。

经过反复实践，不断改进，彭老师最终发明了一种新的手术器械——彭氏多功能手术解剖器，也就是大家熟知的PMOD，同时在此基础上创立了一种全新的手术方法——刮吸显露解剖法，很好地解决了国内外在断肝方面的各种问题。新的器械和新的技术方法一经推出，就受到了国内众多家医院的高度关注，引领了一股风潮，于2001年获得了国家技术发明奖二等奖。数十年过去了，“彭家军”的众多弟子都很好地掌握了这项技术，在各自的工作中迅速成长，成为科室骨干或领军人才。我自己也深深受益于此项技术发明，能够把外科手术做得又快又好。同时，在彭老师的鼓励与影响下，我在刮吸显露解剖法的基础上，又提出适合自己的溶脂显露解剖法，应用于开腹和腹腔镜手术中，取得了很好的效果，并在后来的达芬奇机器人辅助手术的开展中发挥了巨大的作用。

1993年，彭承宏和彭淑牖教授师生俩留影

处处为患者着想，治病救人勇于探索，敢于担当，是彭老师给我们做出的又一表率。2000年前后，南京有位患者的儿子慕名来杭州找到了彭老师。他父亲肝癌晚期，又因为原有慢性肝病造成肝衰，情况危急，当地医生告诉他，肝移植是唯一可选的治疗方法，而这种手术，在当时的国内，能开展的中心屈指可数。20世纪末，浙江大学医学院附属第二医院的肝移植团队在老师的带领下，成功地开展了背驼式肝移植，在国内小有名气，而彭老师敢于挑战复杂疑难手术的名声早已传遍大江南北。于是这位患者来到杭州。结果入院检查后又发现有肺部转移，面临手术治疗不能根治肿瘤和术后短期复发的问题。

现在我依然清晰地记得那天家属谈话的情景，彭老师亲自与患者家属交谈，把手术风险、术后排异、肿瘤复发等情况逐个耐心地予以详细解释。结果，家属听完反倒做彭老师的工作，他说患者原本是一家卫生院的医生，对这些情况都很理解，也知道自己病情严重，时日不多，迫切希望接受手术治疗，以延长自己的生命。更重要的是，他希望通过手术能站起来参加3个月后女儿的婚礼，这是他人生终点前最后的愿望，因此无论手术成败，他们都无怨无悔。

经过慎重考虑，仔细检查，充分准备，最终彭老师带领我们成功地给患者完成了背驼式肝移植手术。手术后，患者恢复也非常顺利，1个月不到就完全康复出院了，患者也如愿参加了女儿的婚礼。患者儿子高兴地将婚礼照片寄给彭老师。彭老师看到患者康复后西装革履、笑容满面地参加婚礼的照片，愉快地与我们分享。

彭承宏和彭淑牖教授师生俩留影

也许现在有人会说，这个患者没有手术指征，做那么大的手术也没有意义。但要知道的是，那可是在20多年前，肝移植刚刚起步的探索阶段，正是因为有各种探索，才有后来的成熟与规范。与此同时，彭老师作为当时已经闻名遐迩的外科大家，愿意赌上自己的声誉与地位，为这样的患者做复杂的肝移植手术，一方面是患者家属予以充分的理解，另一方面，也更为重要的是因为彭老师总是把患者的实际诉求放在首位，凡事从患者的角度思考问题。这样的风范和言传身教也深深地印在我的心里，并始终贯穿在我的医学之路中。

除学业和工作上的关心和爱护外，彭老师也很注重我们学生的全面发展。老师的眼光非常长远，除了自己紧跟时代潮流，他也要求我们不能目光短浅，要与时俱进。记得20世纪90年代中期，老师曾对我们说："新时代的年轻人要跟上时代发展的步伐，必须掌握3样技能：电脑、英语和驾驶。"在老师的影响下，我从386电脑开始，渐渐成为电脑发烧友，为了让电脑更快地运行Windows系统，我花了6000元买了4条2M的内存条，插在电脑内存卡座上，改装自己的电脑，逐渐体会之中的乐趣。1996年春天，在老师的支持下，我利用周末参加驾校学习，每周去转塘驾校1～2次，学习驾驶东风大卡车。当时教练指导的二步换挡法，至今印象深刻，就是每次加减档时，必须先切入空挡，轰一下油门再切入下一档位，不能直接换挡。3个多月后，我顺利拿到了驾驶证B照。彭老师说："你刚考完驾照，要有辆车熟悉一段时间，不然容易忘。"几天后，彭老师帮我借到一辆驾驶座位在右边的丰田皇冠车。那辆车虽然车龄已10多年，但发动机性能非常好，这让我美美地过了把车瘾。就如同老师在手术台上给我们亲自示范，言传身教，在生活、学习的各方面，老师都引领着我们进步，就像那东风卡车的司机，帮助我们紧紧把握方向，不偏不倚，助力我们走向人生的巅峰。

2001年秋，我的人生和事业迎来了最为重大的转折点。上海瑞金医院外科邀请我参加肝移植工作的开展，当时已经44岁的我彷徨、犹豫了。有人说："你已经是浙江省外科最好医院的外二科主任，又是省医学会外科分会的副主任委员，还想要什么？”也有人说：“你一个外地人想在上海站稳脚跟，开展工作，难度是非常大的。”家里人也不太支持，为我担心。

彭淑牖教授和彭承宏

我怀着忐忑不安的心情找到彭老师，他对我说：“瑞金医院是上海最好的医院，你应该去。”还说上海的平台不一样，会有更多的机会、更好的发展，相信我一定会做得更好。老师的话给了我莫大的鼓舞和勇气，我也听从老师的建议，来到了上海瑞金医院，在李宏为院长的支持和培养下，慢慢适应并逐步开展工作，不断取得成绩。尽管人在上海，但彭老师对我的关心丝毫没有减少，在各个学术会议的间隙，我也会找机会和老师喝两杯、谈谈心，聊聊工作生活中的点点滴滴以及我的心里话。

一转眼，又 20 多年过去了，现在的我常常会想，如果 20 年前，没有老师的鼓励和支持，我会不会迈出这勇敢的一步？如果我没有迈出这一步，我的人生又会怎样？人生没有如果，我非常庆幸和感恩能在 1989 年秋成为彭老师的学生，从此逐渐明晰了努力方向和奋斗目标；2001 年，我在老师的鼓励下来到上海瑞金医院，这次转折让我进入了更广阔的天地，学术造诣得以更上一层楼。人生中的这两个重大转折，背后是彭老师对我的无限支持，让我在选择之时更有底气和信心，最终也成就了现在的我。

一日为师，终身为父。数十年来，彭老师门下人才辈出，老师培养了数十名优秀的外科医师，他们现在都作为骨干奋斗在大江南北的各家医院，大家有着一个响亮的名号——“彭家军”。在我们心中，彭老师就是这样的一位长者和智者，在人生的各个阶段，在工作与生活的方方面面，不断关心和爱护我们。“师者，所以传道授业解惑也。”唐代韩愈在《师说》中如是说道。在我心中，彭老师就是师道最为坚定的杰出践行者，就如同天亮时分的启明星，为我指引前进的方向，引领着我不断前行。

钱浩然：老师是我心中一座神圣的高峰

钱浩然，主任医师，浙江大学医学院附属邵逸夫医院普外科。

我于2002年9月到浙江大学医学院附属第二医院普外科攻读彭淑牖教授的博士研究生，2005年6月毕业以后经彭老师大力推荐，进入浙江大学医学院附属邵逸夫医院普外科工作至今，想来认识彭老师也有20年了。

我不喜也不善于与人打交道，所以虽然认识老师很久，但其实并没有和其他师兄弟一样与老师接触那么多。不过经过一些短暂的接触、交流，老师的个人魅力还是深深地影响了我的工作状态乃至人生态度。现举两三事简述如下。

老师的字典里没有“躺平”这个词

2002年，我有幸成为“彭家军”一员的时候，老师已经是国内乃至国际赫赫有名的肝胆胰外科大家了，其原创性的彭氏多功能手术解剖器（PMOD）和捆绑式胰肠吻合术先后获得了浙江省科学技术进步奖一等奖、国家技术发明奖二等奖和国家科学技术进步奖二等奖。老师也年逾七旬，按照普通的人生轨迹，也是时候功成身退，从手术台前过渡到讲台前，去向后辈传授他人生的成功经验了。也就是他其实可以“躺平”了，因为老师早就实现各种“自由”了。不过彭老师并没有这样做，他至今依然活跃在医疗的第一线。用王先法主任的话说，就是：“他有时间，宁愿去手术室，像蚂蚁啃骨头一样，把肿瘤和重要血管剥离；或宁愿去写学术论文；早上的时间宁愿沉浸在英语新闻中。”

正因如此，在PMOD和捆绑式胰肠吻合术之后，大家又看到了关于肝脏尾状叶切除的策略更新，看到了捆绑式胰胃吻合术等一系列技术的拓展和延续，看到了胆管疾患的彭氏分型，直至最近还有末梢门静脉栓塞技术，等等。他真真正正做到了笔耕不辍，钟情手术！

奇怪的不搬家的理由

从我成为彭老师的学生开始，直至我工作了很久之后，彭老师一直居住在一套所谓“老破小”的房子里。记得有一年夏天，彭老师因为看门诊后顶着烈日走了一段路回家，下午便出现了呕吐的症状。这下急坏了大师兄蔡秀军院长，于是他给我指派了一个任务，陪同医院神经内科的两位同事去老师家里看望并做相应的治疗。到了老师家以后，王主任她们通过问诊和检查，判断老师患有耳石症，即刻就给他进行复位。我在一旁闲来无事，就在门口的小厅里坐着，也顺便仔细“参观”一下老师的“豪宅”。当下，想到用一句名言形容最贴切不过：“斯是陋室，惟师德馨。”房子总面积很小，给人留下深刻印象的除了几个书架满当当的书和杂志以外，就是斑驳发黄甚至有部分开始脱落的墙纸，当然还有夏日午后的宁静和外面的蝉鸣。

而后有一次老师来邵逸夫医院指导手术，午餐闲聊时我就很好奇地问他为什么不搬个大一点的房子住。彭老师寥寥数语，给了个很奇怪的理由：“那里住惯了，也很安静。搬家最大的麻烦是容易丢东西，有些资料丢了就没有咯！”

吃好、睡好、心情好——老师长寿的秘诀

彭老师如今已经 90 岁高龄了，是这个年龄为数不多还能活跃在手术第一线的国内外科翘楚，体力和精力让我这个比他年轻近 40 岁的“小伙子”自叹不如。记得读书的时候曾经陪老师去外地会诊和开会，无论是在飞机上、火车上（那时还没高铁）还是汽车上，只要有时间，老师都会打个盹，真应了那句话：“上车睡觉，下车手术。”老师的理论是打盹 10 分钟，相当于睡了 2 小时。到酒店住下后，第二天早上一起吃早餐。我照旧是一碗粥、一个茶叶蛋。老师则不然，先后起身三次拿食物，每次都还能说道说道。比如燕麦泡牛奶，一定要冷的牛奶；又比如不同类型的煎蛋，英语该怎么表达等。记得有一次早餐我们靠窗坐，看着窗外的露天游泳池，老师说：“小钱，我在你这个年纪的时候，看到这一池的水，就一定会下去游泳。早饭，糯米饭我能吃一斤。”

如今，我也习惯于有空就去游泳（当然糯米饭是吃不了一斤了），或多或少受老师的一些影响。我想，正是彭老师年轻时扎实地打好了身体基础，才能在他需要用身体应付繁重的工作时顶得上，才能在鲐背之年还为中国的外科事业继续发光发热，才能把他的精彩人生继续更精彩地演绎下去，才能真正成为一个传奇，立于可能我永远也达不到但却愿意不断接近的巅峰。

秦仁义：得师如此，何其有幸

秦仁义，主任医师，教授，博士研究生导师，华中科技大学同济医学院附属同济医院肝胆胰研究所副所长，胆胰外科及腔镜外科中心主任，胆道、胰腺外科学术带头人。

我于 1991 年有幸成为彭老师的学生。那一年，彭老师招收了 5 名硕士研究生，其中两名来自外省，一个就是我，来自贵州。

参加硕士研究生面试时，我抽到的专业面试题目是“甲状腺手术时喉返神经损伤的处理方法”。说实话在那个时候，我在临床中从未遇到过这样的病例，也未在文献和教科书中看到过。我当时稍作思考后就凭借着想象回答：“可把声带缝合连接到胸锁乳突肌上。”

当时彭老师没有说我对错，接着问我：“有没有遇到过喉返神经损伤的患者？”我回答：“没有。”

彭老师笑着问：“有没有在书中或文献中看到过喉返神经损伤的处理方法？”我说也没有，只是想象着可以这样处理。

当时彭老师不但没有批评我，反而表扬我有想象力，并嘱咐我要多读书、多看文献。虽然我回答错了，但老师录取了我。彭老师给我留下的第一印象是和蔼可亲，知识渊博，海纳百川。

拜师于彭老师门下之后，有件事让我终身难忘。那是在我读硕士研究生的第二年，我无意中从他人那里得知彭老师可以收转博研究生，这样可以缩短读硕士研究生的时间，这一下提醒了我。第二天，我就风风火火地找到彭老师并汇报了我的转博想法。但彭老师却直率地告诉我，转博名额只有一个，且已经答应我们师兄弟中的一个。

我当时年轻气盛，直言老师应该让我们参加考试、公平竞争，丝毫没有顾及到自己的行为会不会给老师带来困扰或麻烦。没有想到的是，彭老师竟毫不犹豫地答应了。

很幸运的是，我的分数比竞争对手多了 5 分。我兴高采烈地到彭老师办公室汇报，他严肃地对我说了一句：“5 分是没有统计学差异的，你要继续努力！”我以为自己没戏了，却不承想老师依然根据分数录取了我。后来我才知道，老师为了招收另外一个优秀的学生，费了很大的力气才争取到了第二个招收名额。这件事让我终身难忘，要不是老师的公平公正和对人才的爱惜，我不可能有今天，更不会有今天的成绩。

彭老师在工作上非常严谨，持之以恒地追求创新及转化，非常注重我们学生临床能力的培养。我硕博连读共用了 4 年半，但我有 3 年半的时间花在临床实践上。进校的前半年上基础课和做选题，最后半年在广州试工。

在 3 年多的临床实践中，有几件小事让我受益终生。我在临床硕博连读期间，正是彭老师在国内率先实施肝尾状叶切除的初期，手术的风险很大，围手术期的观察和处理非常重要。彭老师每次做完这种大型手术后，不管多累，晚上都会电话询问我们值班医生关于手术患者的情况，甚至从较远的住处开车到病房查看。

有一天晚上我值夜班，10 点左右彭老师打电话问我手术患者情况，我说患者生命体征平稳！彭老师马上反问：“什么叫平稳？如果患者的基础心率是 60 次，现在是 90 次，是平稳还是算异常？”我一下子面红耳赤，不知如何作答。接着，彭老师在电话里耐心地教我如何观察这种重危患者的术后指标，包括尿量、引流量等。

另一件事是在我做住院总医生排手术时将一个脾脏实质性占位患者的术前诊断写为脾癌，彭老师严肃地质问我“你怎么知道是癌？有病理检查吗？”我马上意识到这样写是极不严谨的！

彭老师在工作中的创新精神也影响了我的医生生涯。我亲身经历了彭老师发明刮吸刀的全过程。当时，彭老师切肝时需要助手的吸引器跟着他的普通电刀走，但吸引器总是跟不上电刀的操作，导致手术野不清楚，使需要结扎的胆管或血管被切断。面对这样的困境，彭老师突然想到将吸引器套在普通电刀上，由此获得了较好的效果。随后，彭老师在实践中逐步完善，最终研制出那把非常实用的彭氏多功能手术解剖器！在这期间，彭老师还发明了多功能胃肠营养管。为了体验患者使用营养管的感受，他给自己插了营养管，这让我敬佩不已。彭老师经常教导我们，一定要从临床上发现问题，然后思考解决问题的方法。老师勤于探索，勇于创新的精神一直鼓舞着我。

我从 1995 年毕业离开杭州至今，已有 27 年，但我毕业那一年的事让我记忆犹新。我于 1994 年下半年完成博士学位论文答辩，论文和答辩都取得了较好的成绩，而且博士研究生期间的研究成果获得了浙江省卫生厅科技进步奖一等奖和国家实用新型专利。当时，彭老师和浙江医科大学的郑树校长都希望我留院工作。但由于我自身的原因，我去了深圳、广州，并在广州一家大型医院试工半年，但我当时始终感觉那里不是我的长远发展之地。

考虑再三，1995 年下半年，我又返回杭州，并向彭老师表明我意欲留杭，但彭老师告诉我留浙江医科大学附属第二医院的名额只有一个，并已给了我的师兄弟，他建议我去刚开院一年的邵逸夫医院。我虽然答应去，但彭老师知道我内心很勉强。之后

2012年11月，秦仁义（右二）和师兄弟们参加彭淑牖学术思想研讨会并与彭老师夫妇合影

的几个月里，彭老师不断地在外给我找合适的医院，但都没有一个我满意的单位。直到一个周末他出差回来，很高兴地告诉我，有人告诉他裘法祖教授要招收一个临床博士后，是中南地区的第一个博士后，希望我去试试。我当时听到这个消息后也很兴奋，决定去试试看。到武汉后才知道，报裘老师博士后的人很多，有幸的是最终我成了裘老师的博士后研究生，也是他一生中唯一的一个博士后研究生。

从1994年我毕业后，为了我工作的事情，彭老师像父亲一样一直为我焦心劳思。彭老师如父般的胸怀和担当深深地打动着我，并影响了我的一生。后来，我也成为研究生导师，自此我也严格要求自己以彭老师为榜样，急学生之所急，想学生之所想，尤其是对于学生的去向，我也会像彭老师一样，为学生做最好的安排。

彭老师告诉我们，“欲当大事，必须笃实”，而我们“彭家军”的灵魂就是实干、创新。“彭家军”的各位师兄弟在彭老师的带领下，多年来以一颗匠心踏实深耕，成绩斐然。我也取得了一些成绩，比如：提出并实施了胰头部肿瘤的分型；提出并实施了胰头供血动脉优先离断的胰头十二指肠切除（pancreatocoduodenectomy，PD）；创新性地实施了置入式的胰管空肠吻合术；创新性地实施了腹腔镜下保留胃十二指肠的膜内胰头全切除术；多中心RCT研究证实度过学习曲线后，腹腔镜胰十二指肠切除（laparoscopic pancreatocoduodenectomy，LPD）的短期结局不次于开腹胰十二指肠切除（open pancreatocoduodenectomy，OPD），且具有微创的优势；多中心回顾性研究表明，LPD在学习曲线期间的术后并发症发生率高于OPD。这些学术成绩也让我在同行间赢得了一定的影响力。

虽然我们“彭家军”遍布大江南北，但是空间距离并不影响“彭家军”各成员之间的互通互联。我们谨记彭老师的教诲，师兄弟之间团结友爱，无论是会上还是会下，时时交流经验，互帮互助，携手并进。

得师如此，何其有幸！

愿所有的学子都能遇到自己的“彭老师”！

史留斌：一路走来有您在旁，真好

史留斌，教授，主任医师，复旦大学附属华山医院普外科。

接到彭淑牖老师的微信邀请，脑海里不时浮现出24年前（1998年）考博和师从彭老师学习期间的情景，内心波澜起伏，默祝恩师万寿无疆。

遥想当年，初识彭老，是在1997年9月10日—12日在河南省郑州市召开的中华医学会第十届全国外科学术会议。第一次听彭老师做大会演讲，题目已经记不清楚了，但当时会场掌声雷动的场面久久不能忘怀，着实让我羡慕不已。会后，我就大胆地去请教彭老师。因为当时我妹夫也在郑州工作，就邀请妹夫一起陪同老师参观郑州黄河大桥和河南博物馆。记得彭老师知道我是河南洛阳人时，说他和我是老乡，广东梅州客家人的祖上是从中原迁移去的，当时我倍感亲切。

硕士研究生毕业在临床工作3年后，也就是1998年的春节后，我终于有幸再次拜见了仰慕已久的彭淑牖教授。初见有些拘谨，但是彭老师儒雅的风度、和蔼的笑容、亲切的问候，瞬间让我感到轻松很多。可亲可敬的一幕幕，至今历历在目。这也促使我奋发图强，立志报考彭老师的博士研究生。经过一番努力，1998年我终于如愿以偿。小插曲又来了，当时我在南京的工作单位因为我合同期未满，所以不放我走，要第二年才允许我报考离开。当时我心灰意冷，复试的时候，记得是和孟兴凯、徐军明师兄一起，复试秘书长是王家骅老师。

复试结束后，我跟彭老师汇报了原单位的这个要求，老师很认真地告诉我："没关系，可以保留学籍，明年再来，或者第二年过分数不用复试直接录取。"好的导师都是可遇不可求的。古人云："人不如鸟，耻乎，耻乎，莫若师文王。嗤乎，予尝求古人仁之心，才觉腹中所学，皆从尊上，若无吾师，定如草莽，教化之恩，不知何报。"彭淑牖老师，真的是我三生有幸才能遇到的好导师。

经过第二次博士研究生入学考试的洗礼，我终于在1999年秋季顺利拜入彭老师的门下，如愿来到了美丽的杭州西子湖畔，和我一起被录取的同学还有洪德飞、陈晓鹏和白明东。大家开启了心仪的博士求学之旅。

关于初见彭老师的情景，我的老同学白明东（老白，标准的军人，从兰州军区总医院考入），他的回忆写得情真意切，这里不再赘述。

对我触动最大的是，1999 年国内肝移植方兴未艾，当时去彭老师的办公室，聆听老师当面赐教。彭老师就让我去图书馆查找一篇扩展环生长因子（growth factor）的原始文献。他告诉我，引用的文章一定要查到原始出处，这样才严谨、有说服力，才是对读者负责。作为新科学生，转瞬间，我突然也想成为像他这样谆谆教导学生的先生。3 年的时光里，老师严谨的教学态度、渊博的学识，给我留下了极其深刻的印象。对于器官移植这门大学问，我也就越发心向往之。

记得有一次《中国实用外科杂志》约稿，写一篇关于晚期胆管癌综合治疗的综述。按照彭老师的建议，我先查阅相关领域的文献，了解国内外研究进展，写综述论文。那时候还没有网络，只能靠人工检索。我使尽浑身解数写出一篇综述草稿交给老师审阅。他逐字逐句修改，勾画出译文不准、文字表达欠妥的地方，甚至连标点符号的错误，也事无巨细地一并点出。其间多次修稿，校对无误，才准予投出。

老师这种严谨细致、认真负责的治学态度深深地感染了我，至今仍然深受影响。经此一役，我对当时相关领域国内外的研究进展有了初步了解。顺理成章地，在老师的悉心指导下，确定了我的博士研究生学习期间的研究方向。“原位辅助肝移植的实验研究”，这是小彭主任的浙江省科学技术委员会课题。备受尊重的彭承宏教授，也是我的师兄，他学识渊博、治学严谨、师德高尚，是我终身学习的楷模，博士期间给予了我无私的帮助和支持，在此深表感谢。

在彭淑牖老师和彭承宏师兄的辛勤培养和指导下，我于 2002 年初完成了所有的大动物实验。过程之艰辛，至今历历在目。随后，着手起草博士学位论文，准备论文答辩。在第一、第二稿，再修改，直至定稿等整个写作过程中，彭老师逐字逐句审阅、批改，期间给予的指导无数，让我永记心间。当论文相继被国家核心期刊和国际期刊接收、发表之时，我那激动的心情无法用语言表达。3 年的研究成果先后以第一作者发表了 5 篇论文，包括两篇国家核心期刊论文、两篇英文 SCI 收录期刊论文（当时博士学位无 SCI 论文要求）。从文献检索、科研思路、研究方案和方法，到结果统计分析和中英文论文撰写，其中的训练和积累，均为之后的科研学术工作打下了扎实的基础。这些都得益于我敬爱的导师——彭淑牖教授的谆谆教导。是年夏日，我顺利通过博士学位论文答辩，也获得当年“浙江省优秀博士毕业生”称号。之后，与老师沟通期望继续从事临床工作，兼顾科研。彭老师对我的选择给予了极大的信任和支持，推荐我去广州中山大学附属肿瘤医院李锦清院长做博士后研究，并亲笔书写推荐信，后来出于种种原因我未能成行，至今遗憾！

2002 年 8 月，我赴复旦大学附属华山医院博士后流动站做器官移植博士后研究。彭老师又是谆谆教诲，引荐我拜师于张元芳院长、倪泉兴教授和蔡端教授。得益于在杭州读博期间所获的研究和临床技能，两年的博士后工作得心应手。

我时时在心里由衷地感谢彭老师在我博士研究生期间为我所做的辛勤付出，及给予的教诲，并且他一直激励指引着我奋蹄前行，使我在日后的各项工作中能够独当一面，这种恩情似海深，比天高，我根本无法忘怀，也不能忘怀。人生起起落落，坎坎坷坷，但因为有彭老师，我从胆小变勇敢，从虚无变充实，从无知变稳重。

最后我想说：愿夏凉冬暖，风调雨顺，家事平和，出行平安，希望老师万事胜意，岁月喜乐。弟子敬祝彭老师健康长寿，万事如意！

2013 年，第 100 届美国外科学院年会，史留斌与 Bismuth 教授、彭淑牖教授（左一、二、三）等人合影留念

谭志健：“刀”下留情

谭志健，主任医师，教授，广东省中医院大外科主任。

有道是无巧不成书！当年我认识彭淑牖教授纯属偶然——因“刀”结缘。

时光倒流至1996年秋天，在上海东方肝胆外科医院进修学习的我，正收获着肝外科领域关键理论和实践经验。期间，有个特别的意外收获，竟然来自进修医生间天南地北的一次闲聊。

一个晚上，来自浙江省绍兴市上虞人民医院的何军民主任拿来一把手术器械，介绍说是杭州彭淑牖教授发明的解剖电刀，可带刮吸功能。

我看看又摸摸，发现这把电刀的刀头形状特别，但让我觉得更特别的是，彭教授名字中的“牖”字，我不认识这个字，不知如何发音，也别说其字义。

好奇心使我很快知道了发音，明白了“牖”字的本义——“窗户”。

也知道彭教授曾用名字来陈述使命：“我的名字已昭示一生的奋斗目标——努力多挽救一些患者，为生命多开一扇窗。”

于我而言，则是偶遇彭氏多功能手术解剖器，因“刀”结缘彭教授，彼此相识相知，彭教授帮助我打开了学习和探索外科技术的一扇“窗”，让我走出一条不一样的外科之道。这可真是想不到的机缘巧合。

特别的事情特别容易入脑，并形成长期记忆。

虽然转眼间20多年过去了，但此情此景依然历历在目。

1997年5月，结束进修回院后，我顺利开展了首例相对简单的左肝外叶切除术。

然而，第二例就遇到困难了。这是一位左肝巨大占位的患者，有多次手术史，并且估计存在腹腔粘连。当时一个念头闪过——不如试试彭氏多功能手术解剖器。在那个电子邮件和手机还没有盛行的年代，我马上给绍兴市上虞人民医院何军民主任写了一封“借刀”的信，何主任很快就寄了两把过来。

第一次用这个刮吸刀开始并不习惯，它和普通电刀有很大的差别，体积相对较大，后面还连接负压吸引管，第一感觉是不够灵活，刀头呈椭圆形斜面，与普通电刀纤细的柱状刀头完全不一样。切肝时发现，通过椭圆的刀头刮碎肝组织留下管道，同时利用负压吸引将刮碎的肝脏碎屑和血水及时吸走，留下清晰的手术野，这与传统的做法形成巨大反差。

这台相对复杂的手术得以顺利完成，也留下了第一次用“刀”的两个印象——特别与好用。

1999 年 8 月，我已利用彭氏多功能手术解剖器成功完成数十例肝脏手术，既兴奋又有不少困惑。我当时萌生了一个想法，要用刮吸解剖法做好手术，一定要跟彭教授学，因为他是发明者，相信他是该技术的权威专家。

怀着忐忑的心情，我给彭教授写了一封信，求教应用技巧。

没想到，彭教授很快回信，“获悉您应用 PMOD 进行了数十例肝脏手术，十分高兴，祝贺您的成功。实际上，PMOD 可用于任何手术，使用时有几点要注意：①进腹后要把前端的刀头拔除；②不要经常通电，因为 PMOD 主要用来推剥组织进行解剖；③若需通电，除了切开皮肤外，全部用电凝而不用电切，如需切开组织，可先电凝一下，然后推剥；④用大拇指按电钮，鼓励多用以熟能生巧，手术就会得心应手。”

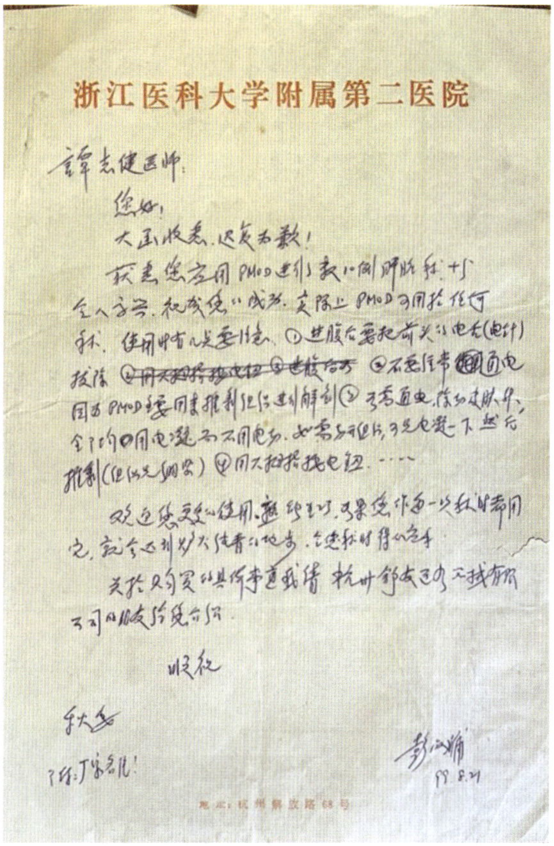
浙江医科大学附属第二医院

谭志健医师：

您好！

大函收悉，迟复为歉！

获悉您应用 PMOD 进行数十例肝脏手术，十分高兴，祝贺您的成功。实际上 PMOD 可用于任何手术，使用中有几点要注意：……

此致

敬礼

彭淑牖

99.8.21

地址：杭州解放路 68 号

彭教授 1999 年给谭志健的回信

这封信不仅给了我极大的信心和鼓舞，而且也在操作上给我以明确的指引。

后来，2003 年 10 月，于第二届中国外科周厦门会场，我第一次见到彭教授；2004 年 8 月，在浙江大学医学院附属邵逸夫医院，我第一次近距离观摩彭教授做手术。这些都给我留下了深刻的印象。

至今，我打心底里都觉得首先得感激彭教授的知遇之恩！

广东省中医院院领导一直秉承吸收中西文明成果的开放思想，重视发展普外科尤其肝胆胰外科。为了能够系统地向彭教授学习，2005 年 5 月，吕玉波院长聘请彭教授为客座教授，从此我有了更多跟着名师学习的机会，我们的学科发展也真正走上了快车道。

2009年，我们医院正式成立肝胆胰外科，彭教授作为学科主任导师，每隔一两个月便来科室带教，对团队建设发挥了积极的作用。彭教授对我们的指导不仅仅是如何用“刀”，还有他开阔的视野、丰富的临床经验，以及勤于学习、善于思考、敢于创新的作风，这些都深深地影响着我们的各级医生。

在彭教授的带领和指导下，我潜心钻研刮吸解剖技法，不断领悟、体会操作技法和技术内涵。运用刮吸解剖技术，我也成功处理了大量复杂和高难度的手术。同时，将其拓展应用于腹腔镜肝胆胰手术领域，也取得了意想不到的效果。

如在2013年10月，科室收治了一例右肝巨块型肝癌心房癌栓疑难病例。彭教授专程从杭州赶来，并于术前讨论时提出了重要意见。术中，彭教授专门站在助手位置，指导我和何军明主任开展手术。应用刮吸解剖断肝20分钟便将右半肝完全离断，全程暴露生长癌栓的肝后下腔静脉及右肝静脉。接着，由心胸外科林宇主任开胸，在下腔静脉和右心房旁路搭桥，阻断下腔静脉，在不进行体外循环、心脏不停跳的情况下操作。在准备切开下腔静脉取栓的关键时刻，彭教授以温和又坚定的语气对我说：“不用紧张，你来，前期工作很充分，做得很好。”

2004年8月11日，在彭教授工作室

2006年12月，在广州

听到彭教授的鼓励，我的心情由紧张转为冷静和淡定，迅速切开下腔静脉，取干净右心房及充满肝后下腔静脉的癌栓，将右半肝及癌栓整块移除，缝合好下腔静脉。麻醉科赵高峰主任团队应用先进的食管超声技术监测整个取栓过程，既保证了取净癌栓，又避免操作过程的癌栓脱落。术后复盘时，大家都表示非常敬佩彭教授的胆识和经验，而我还沉浸在彭教授言传身教的情景中，以及又一次使用彭氏多功能手术解剖器的美妙体验。

经过10年的沉淀，2006年12月，在彭教授的支持下，我们团队主办全国刮吸解剖技术应用研讨班，演示肝脏复杂手术。

2007 年 4 月，“刮吸解剖技术培训中心”成立。

2007 年 4 月，“刮吸解剖手术系列光碟”（肝切除术、胃癌根治术、胰十二指肠切除术）在全国出版发行。

2010 年，受邀与彭教授合编《肝脏门脉高压外科学》中“肝切除术”章节。

2011 年，美国著名肿瘤外科专家 Noaman Syed Ali 教授专程到我院观摩刮吸解剖手术，并给予高度评价。

正如科室老主任蔡炳勤教授题词“刀里藏乾坤，交汇知音韵”一样，彭氏多功能手术解剖器和刮吸解剖技术魅力无穷。

在开放手术取得长足进步的同时，彭教授教导我们不要裹足不前，要向新的征程——腹腔镜肝脏、胰腺手术领域探索、冲刺。同时，要理解虽然彭氏多功能手术解剖器能解决很多手术难题，但不必守着一把刀，也可以使用其他工具，但是刮吸解剖技术的理念依然具有指导意义。在他的指引下，我们的团队开启了因“刀”而升华的历程。

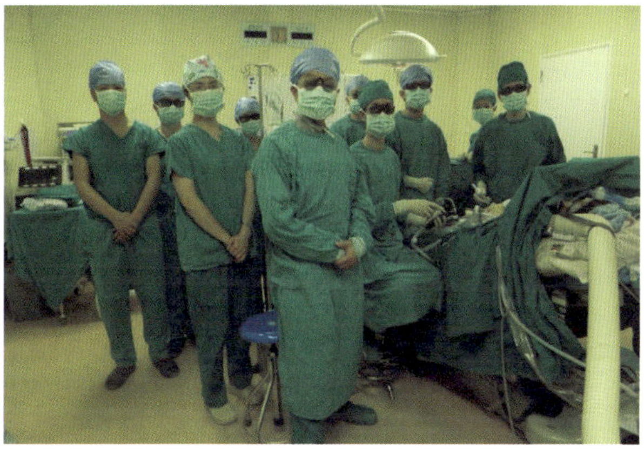

2013 年 10 月，彭教授在广东省中医院指导开展右肝巨块型肝癌心房癌栓手术

在 2009 年、2013 年 和 2014 年，彭教授专门帮我联系，到邵逸夫医院向蔡秀军院长观摩学习腹腔镜肝脏手术，向牟一平教授学习腹腔镜胰腺手术，而且他全程陪同。

正是有彭教授匠心独运、开拓创新精神的引领，并坚持以患者为中心的理念，给广东省中医院肝胆胰外科尤其腹腔镜肝脏和胰腺手术的发展注入了新的动力和活力。

2017 年 5 月，彭教授出席广州“首届羊城胰腺微创外科论坛”

经过多年的不懈努力，团队培养了多位年轻骨干，如肝胆外科何军明主任、胰腺外科钟小生主任、腹部外科黄有星主任。其中，何军明主任以高超的腹腔镜肝外科技术享誉全国。

彭教授帮助打造享誉业界的胰腺

外科“金牌团队”。目前，胰腺中心团队胰腺肿瘤微创诊治率接近90%，胰腺良恶性肿瘤微创技术处于业界先进水平。在彭教授的指导下，总结出原创性“谭氏三步法动脉入路”，成为应对常规化开展复杂腹腔镜胰十二指肠切除术（LPD）的关键技术，并在由四川大学华西医院彭兵教授主编的《腹腔镜胰腺外科手术学》中推出；基于肿瘤手术学 No-touch 理念，在国际上率先推出原创术式——原位胰十二指肠切除术，于2020年10月发表于《中华外科杂志》。

2019年2月，在肝胆胰外科成立10周年学术交流会上，彭教授首先肯定了学科发展成绩，题诗“行将足八五，年华未虚度；志健建伟业，病家获幸福”，并寄语青年才俊“后浪推前浪，出蓝青更蓝；盼君齐发力，创新古人无”。

令我感动的是，彭教授百忙之中写下这首诗，并将我的名字嵌入诗中，从中体现他对后辈的提携和厚爱，为后辈学有所成而高兴的胸怀。

饮水思源，不忘感恩之心。有人说过，人的一生似乎漫长，但紧要的关头只有几步。我庆幸的是，在对的时间遇到对的人，彭教授正是我人生中的良师益友，让我不禁感怀：遇见彭教授，真好！

彭教授令人敬仰的不仅仅是他那高超的外科技术，更宝贵的是他的思维方式和人格魅力！

每次，当我拿起那把轻巧的彭氏多功能手术解剖器时，除了感受它格外的分量外，还有这把“刀”留下的一串串故事、一段段情谊……

万钧：肝胆外科研究的启蒙者

万钧，香港大学李嘉诚医学院外科系终身教授，博士研究生导师，外科临床转化与基础研究中心主任，肝脏移植与肝癌研究中心主任。香港科技协进会主席，2018—2019 年国际肝脏移植学会主席。

肝胆外科的启蒙者

2019 年在多伦多举行的国际肝脏移植学会（ILTS）年会上，我有幸作为学会主席和大会主席在会上致辞，在感谢我职业生涯中最重要的三位导师时，首先致谢了我的恩师彭淑牖教授，彭教授是我肝胆外科的启蒙者和引路人。想当年我医学院毕业前已决心投身外科，当时指导我外科实习的李君达老师得知后，马上领着我噔噔噔地爬楼梯去浙医二院门诊 5 楼彭教授办公室叩门求见，彭教授在堆满书籍的办公桌上抬起头来打量我这个不速之客，他儒雅、睿智的学者形象给我留下了深刻的印象，我也如愿在毕业后留在浙医二院外科工作，成为一名住院医师。

浙医二院外科两年的住院医师生涯使我获益良多。在科主任彭教授的带领下，大外科的工作虽然忙碌但井然有序。在彭教授和王家骅主任、江献川主任、蔡秀军教授、吴育连教授、曹利平教授、陆才德教授和牟一平教授等众多前辈与老师的悉心指导与帮助下，我得到了有关外科手术技能的全面培训，这为我之后去香港大学读博，在范上达教授及卢宠茂教授的带领下，参与玛丽医院的肝胆外科手术及肝脏移植术打下了良好的基础。

我在浙医二院外科作为年资最低的住院医师，晚上值班参加急诊手术及写病历自然是家常便饭。有一次，一台急腹症剖腹探查手术持续了一个通宵，病因也还是不能明确，我一开始就在，从准备手术、家属签字到洗手上台，探查手术中高年资医师们不断被请来指导，从主治医师到副主任医师，最后在凌晨四五点时，主任彭教授也被请到了手术室。在手术台上，虽然大家都在为复杂的病情而焦急，但彭老师看着我满脸的倦容先问我是否吃得消，我当然不能示弱，说完全没有问题。

彭教授接着说外科医师真的是要体力、脑力都在线才行，如果体力跟不上，判断力就会受到影响！彭老师的一席话让我受益匪浅，日后我不仅能在十几小时的肝移植手术中坚持下来，而且能在许多国际学会的理事会及委员会上克服时差，为中国及亚洲学者争取机会而斗智斗勇时始终保持头脑清醒。

彭教授也是最早鼓励我走向国际舞台的鞭策者。早年海外留学及培训的经历使得彭教授具有独特的国际视野和非凡的洞察力。在我跟随彭老师读研期间，正好有一个难得的机会去香港大学（以下简称港大）读博，彭教授毫不犹豫地表示百分百支持！他认为能走出去见识不同的事物，涉猎新的领域对年轻人很重要。我记得当时彭老师在百忙中还特别为我饯行，现在回忆起来仍然是心怀感激，当然也有一丝的愧疚。

开阔国际视野的引领者

彭教授常年活跃在肝胆胰外科领域的国际舞台上，他的许多精彩报告令国内外同行大为折服。他的言传身教对我走向国际舞台起了最初的推动作用。我在肝脏移植研究领域中取得的一点小小成绩都离不开彭教授的鞭策。我在港大读博及工作期间，彭教授也曾多次应港大的邀请，在由港大外科系主办的国际外科研讨会上做主题报告，彭教授许多有关肝胆胰手术的创新技术常常成为大会的焦点。彭教授也和蔡秀军教授、刘颖斌教授多次来香港参加国际会议。记得我第一次回浙医二院讲课还是刘颖斌教授邀请的，可能是 20 年前吧，刘师兄当时居然铺了个红地毯来迎接我。那一次的浙医二院之行，开启了我回内地和各位师兄姐弟交流互动的旅程，也和多位“彭家军”成员在国内、国际会议上相见，为他们的精彩报告而折服。弹指一挥间，20 多年前的合照尤为珍贵。

万钧和彭淑牖教授夫妇、师兄蔡秀军合影

彭淑牖教授和万钧

科研创新的鞭策者

彭教授对我在外科领域尤其是肝胆外科的研究发展有着至关重要的影响力。他是以临床问题为导向，将临床、转化与基础研究相结合的完美典范，对我在港大外科系建立临床转化与基础研究中心有非常大的启迪。彭教授在肝胆外科领域一直有许多原创性的成果，包括新术式、新器械和新理论，这些成果不仅仅发表在国内外的顶级期刊上，更重要的是在临床上得到广泛应用，不断突破极限，挽救了众多原本失去手术机会的肝胆胰肿瘤患者的生命。受彭老师的影响，我在肝移植和肝癌领域的研究也以临床热点为导向，并建立了多学科及跨学科的科研合作平台。彭教授除科研创新源于临床的理念让我受益匪浅之外，其严谨务实的态度更令人折服。

早年在彭老师门下读硕士研究生时就感受到他的高标准、严要求，不仅在科研项目的设计上要尽善尽美，而且对于细节他也要求大家做到 100 分！当时，我看到彭老师严格要求师兄们，心里还暗暗觉得老师是不是过于吹毛求疵。在许多年后当我自己成为博导后，我才感悟到彭老师早已用国际标准来要求大家了！他对临床、科研及管理的国际理念一直就走在时代的前面。

近 10 年来，我也频频回内地参与“彭家军”成员组织的会议，包括博士学位论文答辩。我与蔡秀军院长、刘颖斌主任和牟一平主任等的团队有深度交流，他们务实而创新的科研项目也让我大开眼界。最近，我和刘教授的学生李茂兰博士还成功申请到了由科技部和香港创科署资助的联合项目，这也是实质性合作的初步成果。

自从 2005 年在港大成为博导之后，共有 25 位以上的博士从我的课题组毕业，他们来自浙江大学、南京医科大学、清华大学、天津大学、上海交通大学、中南大学湘雅医学院、华中科技大学、中山大学、香港大学及香港中文大学等高校，也有 30 位以上的来自英国、美国、法国、日本、德国、澳大利亚等国的访问学者在我们实验室参观交流。秉承彭教授科研就是要不断创新的理念，我们团队在过去的 15 年里有幸获得了多项国际奖项，许多博士研究生毕业后也成功踏上国际舞台，成为国际学会的委员会成员。

彭教授是我职业生涯中的启蒙者和引路人，他勇于创新、以人为本及终身学习的精神一直鼓励着我在肝移植和肝癌的研究领域中砥砺前行。

万钧与彭淑牖教授及几位积极开展肝移植的师兄弟合影

王建伟:"航空餐"的故事

王建伟，主任医师，博士研究生导师，浙江大学附属第二医院大肠外科。

各大航空公司的航空餐着实称不上美味，即使是商务舱的也不能除外。但是每次跟随彭老师外出参加学术会议、学术会诊的航空餐，我都享用得津津有味。一边用餐，一边和彭老师讨论一些学术问题。彭老师会深入地讲解许多最新的手术进展，并引导我一起参与思考、挖掘、讨论。因为在飞机上，彭老师说话声音很轻，可我听得异常认真，因为彭老师字字珠玑。谈到精彩之处，老师会拿起手边的物品给我演示讲解，这个时候航空餐盒里的塑制餐具就成了“教具”，比如利用塑料餐刀演示刮吸解剖法的技巧，利用叉柄做了压肝板以模拟控制肝断面的出血，利用橡皮筋模拟捆绑式胰肠吻合术的捆绑，以至于我总是偷偷地把这些简易“教具”带回去，到临工部打磨成手术器械模样来操练，似乎老师用来比划的教具更具有手术魔力。

慢慢地，我自己也开始带硕士、博士研究生了。在思考如何做到言传身教成为好导师的时候，我总是不断地回现彭老师指导我们的情景。老师可以把每一个片暇时刻变作学习指导及生活关怀的机会。

“要坚持学术自信，以原创为驱动。”老师总是告诉我们不要盲从权威，不要盲从洋人。中国医生心灵手巧，思想深邃，一定可以做出自己团队独特的医学成就。“秉承严谨，一直思考创新”是老师在各个临床细节上带给我们的“学术瑰宝”，润到了我们的每个工作环节。

有一次，我们接诊了一位罕见的直肠癌巨大肝脏转移的患者，经过多学科诊疗讨论，给予患者全身化疗联合靶向药物治疗，再利用独特的末梢门静脉栓塞技术，使得起初根本不可能有手术机会的患者获得了顺利切除直肠癌和肝转移癌的机会。有一次国际会议机会，我和彭老师把这个病例分享给了欧洲顶尖的外科专家 René Adam 教授（法国 Paul Brousse Université Paris-Sud 医院），他吃惊地说没想到中国专家能完成如此精妙的治疗策略和手术设计。

虽然我后来从事结直肠肿瘤外科的工作，但是彭老师从实践细微之处对我的教导仍然一直指引着我的临床思维惯性。所幸我留在浙医二院工作，能多有机会向老师请教。回想跟随老师的这么多年时光，有许多记忆深刻的瞬间，还有许多有趣的故事——“吃红烧肉的故事”“打乒乓的故事”“游泳的故事”，等等。相比之下，我总觉得“航空餐”的故事，记忆尤格外深刻。

彭老师用身体力行教导我们：寂静沉淀，创新不辍，就一定会有理想的成果。

王建伟与彭淑牖教授合影

王先法：珍藏在心中30年的师生情谊

王先法，主任医师，浙江大学医学院附属邵逸夫医院普外科副主任。

人如其名，彭老师是一位温和、善良、有好品德的老师。他以渊博的知识、丰富的经验、创新的思维，给学生谆谆教导。这恰似给我们开了一扇窗，通过这扇窗，给我们展示了一片医学的浩瀚大海，让我们不断地去探索、去追求、去实现梦想。

1982年，我报考浙江医科大学，因为从小切身体会到农村的医疗条件差，就医困难，所以毕业后想到基层医院工作，为农村患者解除病痛。但在基层工作几年后感觉很多问题难以解决，尤其是对一些疑难复杂病例和肿瘤患者，感到束手无策，为此想着进一步深造。

1992年有幸师从彭淑牖教授，来到浙医二院开始硕士研究生阶段的学习。第一次见到彭老师，老师给我的印象是谦逊而威严。见面时，我报了自己的名字，简单讲了自己的情况，彭老师就给我指定了带教的江献川老师。因为彭老师的学生众多，刚开始时他对我的印象不深。我完成硕士研究生的理论课程学习之后，到江献川老师、彭承宏师兄的肝脏组参加临床实习。

当时的肝切除是大手术，每当有肝切除手术，麻醉师、手术室护士都是如临大敌。据说在彭老师从英国回国之前，以及来到浙医二院之初，做大的肝切除手术，术中患者出血量很大，血压时常会降到很低甚至到零。自从有了彭氏刮吸法和彭氏多功能手术解剖器，肝脏手术才步入精细操作的程序，术中患者血压渐渐趋向稳定，自此也才开始进军肝脏手术禁区——肝尾状叶切除，这是个伟大的成就。

我的硕士研究生课题是彭老师申报成功的省级课题"单纯十二指肠切除的实验研究"，实验动物是20条家犬。在浙江医科大学的动物房养狗，必然有被狗咬到的危险，幸亏当时蔡秀军、彭承宏、秦仁义师兄在读博士，他们有大动物实验的经验，给予我很多的指导，终身难忘！

从"单纯十二指肠切除的实验研究"到"捆绑式胰肠吻合术"等，彭老师在胰腺领域的一项项科研创新斩获了许多大奖。毕业前，彭老师让我印象深刻的是他亲自修改我的毕业论文，因为我的科研功底相对较弱，彭老师一拿到我的论文看了之后，就在开头一段修改了很多，并严肃地指出了论文存在的诸多问题。后来，论文反复修改3次才得以成文。

工作之后，我会经常请彭老师指导手术，他常给我们讲手术思路、手术解剖、手术技巧。记忆犹新的是他讲过的一句话："在还不知道组织下面是什么结构时，你千万不能轻易下刀。"彭老师严谨的态度、严格的作风，让我等受益终身。

光阴荏苒，如今彭老师已经90岁高龄。记得5年前我与彭老师做一个胰腺手术，花了整整11个小时，从早上9点做到晚上8点多，手术期间不吃饭、不喝水，彭老师的体力超乎想象。现在他还能在手术台上连续站上5个小时，因爱惜老师的身体，有时候我劝彭老师手术时不能站得太久，请先下手术台，但他会坚持说道："关键步骤没有完成，我不下去。"他对挚爱的工作倾注一生。

能遇到这样一位备受敬重的老师，实为人生之幸事，这一份珍藏在心里的30年朴素的师生情也让我倍感温暖。

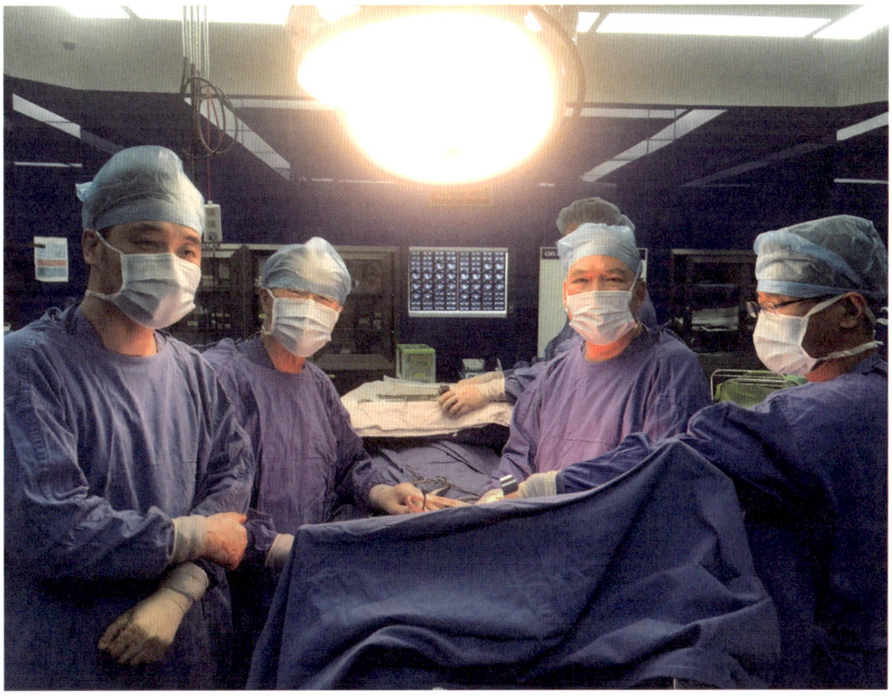

王先法和彭淑牖教授同台手术

王新保：身体力行，诠释生命至上

王新保，主任医师，教授，硕士研究生导师，中国科学院大学附属肿瘤医院（浙江省肿瘤医院）肝胆胰外科主任。

人生得遇一良师，受益必将是终身的。我很庆幸成为彭淑牖教授的学生。

彭老师对我的影响不仅在于言教，更多时候是其行为对我心灵的触动，春风化雨，润物无声。这种获得既是专业上的，也是精神和品格上的。在彭老师身上，我读懂了什么叫大医情怀。

记得2017年夏季的一天，我接诊了一位来自东阳的患者，通过询问病史，得知两年前，患者因结肠癌在当地医院接受过肠肿瘤切除手术。这次来杭州就医，是因近期感到上腹部胀满不适。

听了患者陈述后，我让他先去做CT检查。结果发现其右肝有一个巨大肿瘤，并伴有多个小病灶，结合病史，考虑应该是肠癌肝转移。根据患者的这一情况，我决定先给患者进行3个周期化疗。3个周期后复查，患者肿瘤稳定。按常规来说，这时手术切除应该是根治肿瘤的最好方法，但问题是肿瘤虽然稳定，但瘤体仍然较大，经评估需要作扩大右半肝切除才能达到根治的目的。

可接踵而至的难题是，如果完全切除肿瘤，患者剩余肝脏体积不足30%，根本不够维持术后肝功能需要，更何况患者又经过多次化疗，体质极度虚弱，怎么办？面对患者对生命渴望的强烈目光和家属无奈绝望低落的情绪，如果放弃，我实在心有不甘。

路在何方？老实说，一开始我就想到了彭老师，想到读博士后期间跟在他身边的点点滴滴，有心想请他出马指导，可内心又是矛盾的，当时彭老师已经85岁高龄，不忍心打扰他老人家。但后来，经过一番思想斗争，我还是决定向老师求助。因为跟随彭老师学习期间，他经常教导我们："作为医生，不管你到什么时候，不管社会怎么变，但只要你作医生一天，就要始终牢记患者第一。"当时只想着跟彭老师学技术，没有领会他话中的深刻含义。今天面对患者的期盼，我愧觉自己学艺不精，没有十足的把握完成手术治疗。于是，怀着忐忑的心，拨通了彭老师的电话，老师在电话中仔细询问我最近生活、学习、工作情况，我借机告诉他最近遇到的这个犯难的病例。老师耐心地听取了我对该患者的病情描述，要我把患者的资料带过去让他先看一下，我听后十分激动，当即约好时间。

离开彭老师独立工作已有10多个年头，当我再次走进他的办公室时，看到老师办公室的新编书籍和最新的中外文期刊，惊呆了，顿时羞愧难当，85岁高龄的老师仍在看书，看最新的中外文期刊。进屋时，老师正在看一个手术视频，见到我面带微笑，马上起身，示意我坐下，并指着视频对我说："新录制的，看看有没有需要进一步改进的地方？"

谦和的老师精神头十足，在医学的道路上孜孜以求，不知疲倦。此前总认为自己跟着彭老师两年，已经学到了老师的外科精髓，再加上临床十几年的实践，有点成绩，就沾沾自喜了，这种自满表现实在不该。

彭老师虽然看出我表情有点异样，但什么都没说，让我把患者的病情又详述一遍，随后接过我带来的患者CT片，仔细观看后，他提出该患者可采用ALPPS术式进行手术。当我听到这个术式名称时，顿时懵了，彭老师就知道我对该术式不太熟悉。他没有批评我，而是给我详细地讲解了该术式的起源、适应证及目前的进展。85岁的老师仍在不停地学习，仍在密切关注外科最前沿的动态。与其相比，我还有任何不学习、不努力的理由吗？

最后，我怯怯地问彭老师是否可以亲自指导手术。让我激动万分的是，彭老师竟然爽快地答应了。

彭淑牖教授和王新保

确定手术那天，彭老师如约来到浙江省肿瘤医院手术室。因该患者有过手术史，前次手术后又出现过腹腔内感染，所以做过腹部外科手术的医生都明白，这样的手术，难度可想而知，再加上 ALPPS 本身又是创新难度很高的手术。手术从早上 8 点半开始，彭老师一直站在手术台，都没有坐下休息；一直到下午 2 点多，参与手术的年轻医生有点站不住了，下手术台吃东西，而手术台上的彭老师仍全神贯注，没有要休息一会儿的意思。这时，麻醉科的老师看不过去了，直接质问我说："你老师都 80 多岁了，你就不能让他休息一下，吃过饭再手术？"

我跟过彭老师两年，了解老师的性格，一台手术做不完是不会中场休息的，所以就没有想到应该让彭老师休息一下。经麻醉科老师的提醒，我这才突然意识到，是啊，从我跟彭老师学习到现已经过去 15 年了，彭老师现在已经 85 岁了。于是，我很抱歉地请彭老师稍休息一下。但令整个手术室人员意外的是，彭老师却说："那怎么行，手术还没结束，患者还在手术台上，我怎么能休息。"在彭老师的大力支持下，这台手术最终顺利地完成了。

是的，患者第一，患者在手术台上，"我"怎么能休息！

什么是医者仁心，什么是患者至上，彭老师没有用华丽的辞藻、动听的语言，却给出了最好的答案。

此后，我谨记此言，不忘初心！尽管资质平平，却全身心用在每一位来诊的患者身上，用在每一台哪怕很简单的手术上。

王新保（右一）等人聆听彭淑牖教授授课

吴育连：我见证了刮吸法在肝脏禁区创奇迹

吴育连，主任医师，教授，博士研究生导师，浙江大学医学院附属二院普外科主任。

我是恢复高考后第一届高考考生，1982 年从浙江医科大学毕业后，留在浙医二院普外科工作至今。我本人一直喜欢工科，学医是高考的第三志愿，应该说我其实不喜欢学医。但在后期临床课学习及实习中，我觉得如果要当医生，就只能选择外科。由于浙医二院普外科和医院同龄，历史悠久、底蕴深厚，所以我当年以分配到浙医二院为荣。我们这些高考恢复后的第一批医学生在临床课程学习及实习中得到了医院外科界泰斗级大咖郑树、吴金民、齐伊耕教授亲力亲为的言传身教，感觉非常幸运。

当我在麻醉科实习轮转时，一位麻醉科老师和我提到了当时还远在英国研修的彭淑牖医生，她说彭教授是浙医二院外科最有才华、勇于创新的医生。

在我攻读齐伊耕教授的硕士学位第二年，彭教授受郑树校长邀请回国成为我们的主任。虽然彭教授当时并不是我的导师，但他对我的学位论文、答辩的指导让我至今铭记在心。20 世纪 90 年代初期，我作为彭教授的下级主治医师、同事和学生，在临床第一线见证了彭教授对肝胆胰复杂疑难手术系列化的创新研究，也见证了第一代优秀“彭家军”队伍——蔡秀军、彭承宏、秦仁义、牟一平和刘颖斌的茁壮成长。

我印象最深刻的是我作为第一助手，帮彭教授开一个 25 岁小伙子的肝尾叶直径达 6 ～ 7 厘米的巨大肝癌，这可能是我科第一个应用刮吸断肝技术的肝脏高危区域巨大肿瘤手术，这是我第一次真正了解到这个技术创新的巨大优势。而后我见证了彭教授刮吸断肝法获得国家技术发明奖二等奖。后来，我还非常有幸和彭教授、彭承宏一起参加了第一例背驮式肝移植。和彭教授同台工作的经历，为我在 2000 年彭承宏去上海瑞金医院后接管浙医二院普外科工作奠定了扎实的临床基础。

彭教授对事业永无止境的追求是我们这一代人学习的榜样。20 世纪 90 年代，我和彭承宏的办公室就在彭教授办公室对面，我们经常中午买盒饭时给彭教授送一份，而晚上我们离开时他都还在，有时还问我们是否还有剩下的盒饭，他晚上还要工作。节假日我们值班时，也总能见到彭教授还在办公室，我经常感叹我做不到像彭教授这么敬业，但我还是受彭教授精神鼓励，在 1996 年（硕士毕业 7 年之后）成为彭教授的在职博士研究生，真正成为“彭家军”的一员。

现如今“彭家军”已经遍布全国各地，我为彭教授和“彭家军”而感到自豪。彭教授是我们永远学习的榜样。

2012 年肝胆胰外科与微创新技术研讨会合影（左起：曹利平、彭淑牖、吴育连）

徐军明：难忘杭州，更忆那份温暖的归属感

徐军明，主任医师，教授，博士研究生导师，上海交通大学医学院附属第一人民医院肝胆外科主任、器官移植中心主任、普外中心副主任。

2002 年 11 月，徐军明参加彭淑牖教授的 70 周岁生日聚会

最初见到彭淑牖教授是在 1995 年，在浙医二院的手术室。那时，我还是一名年轻的进修医生；彭教授早已名满天下，是手术室的神，他主刀的每一台手术，围观的年轻医生总是里三层外三层。彭教授会边做手术边耐心讲解，其间有胆大老成的医生会提问交流，而我则默默地站在彭教授身后，一个问题也不敢提，经常为围观手术而误了饭点，待手术结束，回宿舍后做手术笔记（这是从实习生开始养成的习惯），翻看各类手术图谱。那时精力充沛，充满好奇，觉得自己每天都在成长。也是在那段时间，觉得自己应该考研，在考前一个月，我向分管教育的曹利平老师提出想休假几周备考，他立马答应。一直感念曹老师的帮助，也总是感慨“蓬生麻中，不扶自直”。浙医二院在彭教授这样一代代杰出人物的熏陶下，自然会孕育出曹老师这样年少成名、大气厚重之才。

面试后确认自己的导师是彭教授后，我很兴奋，晚上专门找好友林仙明（当时王家骅老师的在职研究生）讨教研究生生涯的经验。开学第一天照例先到彭教授办公室报到，彭老师细心询问生活学习情况后，带我到对面外科教研室，见过彭承宏、吴育连、范明敏、苏英等老师。

有一次，彭承宏老师叫我去替彭教授办签证，但工作人员把名字“Peng Shuyou”误写成“Peng Shuyong”，当我兴冲冲地把护照交给彭教授时才发现这一错误。因为有可能耽误出国交流，我当时吓得不轻。也许是为了安抚我，记得彭教授很平静，并自

嘲医院里也有好多人把他的名字读成"PengShuyong"。那一刻，彭教授的宽容让我对他的亲切感油然而生。过后，我愧疚很长一段时间，并暗暗告诫自己，细节决定成败，作为外科医生要细心再细心。

读研5年期间遇到许多令人印象深刻的病例，其中一例记忆尤其深。一天晚上，急诊收治一例农民工，初步诊断为"感染性休克，急性胆管炎"。当时我值一线班，牟一平师兄二线，蔡秀军师兄三线，沈正荣教授总值班。牟师兄带我一起上台，开腹后发现肝脏灰白萎缩，其实是"暴发性肝衰竭"，与术前诊断不符。赶紧叫来蔡秀军老师和沈正荣老师指导，做了"胆总管切开引流＋肝活检术"，患者病情危重，需尽快结束手术。手术下来在值班室陪蔡秀军老师一起抽了好多烟(感觉他平时很少抽烟)。当时他很自责，一夜心事重重。多年后，蔡秀军老师成为蔡教授、杰出的外科医师并荣任邵逸夫医院院长，现在想来也是情理中之事，因为面对工作中的困境，一个医生能自责自省，既是对患者的负责，也是自我完善、自我提高的不二途径。

后来在死亡病例讨论会上，果然看到钱礼老教授做出严厉批评，但也看到陆才德大师兄拿出一堆中英文资料，据理力争认为这两种疾病有时临床表现相似，极易被误诊。这让年轻的我在冷峻的学术争鸣氛围中，感受到一抹温暖的师兄弟情谊。后来在此类科室讨论会议上，当钱老在台上近于布道"贤而多财则损其志，愚而多财则益其过……"谆谆教诲年轻医师时，彭教授总是笑眯眯地坐在第一排，话不多，但一旦开口，总能让人如拨云见日，茅塞顿开。此皆源于彭教授深厚的学养、对学科前沿深刻的洞察，及谦逊、睿智的品格。在我们学生眼中，彭教授是"静水深流，智者无言"的典范。

课题选择对学生关系重大。当时刚开始盛行分子生物学实验技术，记得我第一个想做的课题是用PCR技术检测外周血脱落癌细胞在肝癌预后判断中的价值研究。彭教授认为该课题不妥。他告诉我研究生期间的时间极其宝贵，此类课题适合基础研究的人去做，外科医生的选题一定要紧扣临床实践。后来，我将课题改为"肝脏隔离灌注区域化疗的实验研究(以猪为动物模型)"。事实上，这期间的课题训练对我动手能力的培养，以及后来选择肝移植专业均有重要影响。后来随着自己阅历的增长，我才慢慢了解彭教授这一理念深得德国和美国外科住院医师培养制度的精髓。每次参加国际器官移植大会，总能看到临床医生在一个会场探讨临床问题，基础研究者在另一会场讨论基础科研问题，泾渭分明，无他，术业有专攻。这一理念也影响了我现在自己带学生及选题的价值取向，求真务实，莫误人子弟。

研究生期间虽然紧张忙碌，但现在回忆起来仍倍感亲切。当时我为了第二天做动物实验，前一天晚上需去杭州市肉联厂采集猪血。幸有孟兴凯、史留斌、程向东、白明东、陈晓鹏、潘金飞、邓贵龙、戴德坚等一众师兄弟的大力帮助，课题才得以完成。

当时我所能给予他们的“报酬”，最多就是后半夜回到学校宿舍门口，在大排档点上一碗猪蹄面，更多的时候则因为回来太晚啥都没有。实验连续失败两次后请彭承宏老师前来指导，其间细节如在眼前。

更有求学期间忙里偷闲找乐子的趣事。记得一年中秋节，我和刘颖斌、孟兴凯三人在宿舍玩扑克，一局10元，一下午竟决出180元，晚上买了个花篮去彭教授家拜节，师母帮我们分月饼，沏龙井，幸福满满。不是一家人不进一家门，所谓对“彭家军”的归属感和温馨回忆，于我而言，首先来自于师母给我们沏的那一杯香气四溢的龙井茶。

离开学校后，彭教授一如既往地给予我们支持和鼓励。2006年，我们团队申报上海市科学技术进步奖时，彭教授第一时间发短信告知：“已上一等奖，热烈祝贺！”这条短信我一直保留到2007年去美国学习前夕。

当我们碰到疑难杂症时，经常请彭教授前来指导，他的每一次言传身教都弥足珍贵。彭教授爱唱歌，故每次趁彭教授来上海的机会，我总会叫上刘颖斌、史留斌、杜建军、邓贵龙等几个在上海工作的师兄弟陪彭教授去唱歌放松。彭教授热爱生活、积极进取、乐观通达的处世哲学同样值得我辈学习。

转眼彭教授已90岁高龄，在我心中，彭教授始终年轻儒雅、思维活跃、睿智可亲。“彭家军”更是人才辈出，他们是一个个出色的外科医生、饱学的学者，还有些已是优秀的医院管理者。

经历了成长的痛苦和欢乐之后，于我个人而言，他们是我生命的一部分，是自己必须呵护和善待的亲情与友情。在“彭家军”这个大家庭面前，自己内心会变得更平静，自我会变得更谦逊。

许斌：站在巨人的肩膀上看世界

许斌，主任医师，浙江大学医学院附属邵逸夫医院普外科。

每当与朋友、同事及外科的同道们谈起我的导师彭淑牖教授，大家总是心怀敬仰之情。他们都十分羡慕我能有机会在这样一位外科大师的门下求学。外科同道及学生们对彭教授的敬仰不仅仅是因为他丰硕的学术成果、严谨的治学精神，还因为彭教授高尚的人格魅力。

彭教授是我国最早开展背驮式肝移植的外科专家。在2000年我入学之前，彭教授就已经连续完成10例背驮式肝移植并全部成功。彭教授的一系列学术成果和理念，如“彭氏多功能手术解剖器”“刮吸解剖法”“捆绑式胰肠、胰胃吻合法”“正中经肝脏入路尾状叶切除术”“下腔静脉及肝静脉血流控制在肝切除术中的应用”“以肝静脉为标志的解剖性肝段、叶切除”“绕肝带提拉法在肝切除中的应用”“前入路肝脏巨大肿瘤的切除”“TACE联合门静脉末梢栓塞术后二期切除肝脏肿瘤”等等，广为外科同道们借鉴与学习，已经融入我们的外科实践，成为这个时代外科专业的鲜明印记。

彭教授集美国外科学院荣誉院士、英国皇家外科学院荣誉院士、欧洲外科学院荣誉院士、法国外科学院荣誉院士等荣誉于一身。彭教授从医执教67年，共培养了67位学生，其中有26位博导、4位“长江学者”特聘教授，他们中的大多数人已成长为外科相关专业的学科带头人。因为有彭教授这样的学术巨人的指引和帮助，我的很多位师兄已成为享誉国内外的著名学者，我们这个师兄弟姐妹团体也被外科的同道们亲切地称为外科界的“彭家军”。

我是彭教授入门较晚的学生之一，出生于新疆的偏远小城。2000年从新疆医科大学硕士毕业后来报考彭教授的博士研究生。还记得第一次见到彭教授是在2000年9月。彭教授原来的办公室在浙医二院老门诊楼的5楼。作为偏远地方来的草根学生，第一次见到大名鼎鼎的彭教授，我有些诚惶诚恐，但敲门后见到的却是一位和蔼可亲的教授。

自报家门后，彭教授便亲切地请我进去并搬来一张椅子让我坐下。彭教授的办公

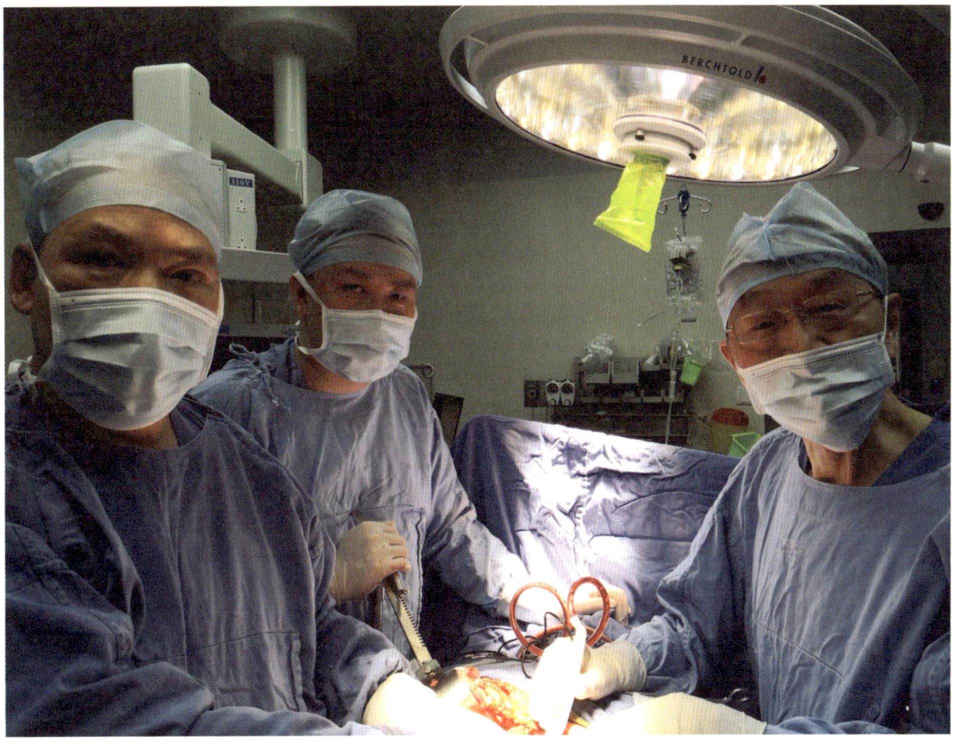

2020 年 4 月 14 日，彭教授在邵逸夫医院和王先法主任开肝脏手术

室是一个狭长的房间，靠墙一边放着书桌和书柜。面积不大的书桌周围和书柜上全都摆满了书和资料，还有很多看不懂名字的英文书。彭教授亲切地询问了我的情况，出人意料的是彭教授对新疆的情况十分了解。他嘱咐我安心学习准备考试，并让刘颖斌师兄指导和帮助我。

从刘师兄那里知道，彭教授对学生的出身并无倾向，而且在同等情况下会优先录取外地学生。因为彭教授知道外地学生要付出加倍的努力才能考取同样的成绩，这让我们这些外地来的考生非常安心。

参加过浙江大学的统一笔试后，面试要等到考试过后一个月才举行。所以我再次来到彭教授的办公室，并冒昧地提出，因为我往返新疆路途遥远、交通不便，能否为我提前单独举行面试。现在看来这是一个多么大胆而冒昧的请求。没想到彭教授却很体谅我的困难，并爽快地答应了我的请求。于是第二天由王家骅教授、江献川教授、彭承宏教授对我单独进行了面试。2001 年的 3 月，我们这届春季博士研究生入学的时候，同学们惊奇地发现我是提前单独进行面试的，于是他们猜测我肯定背景深厚被提前录取。但我知道这是彭教授对来自偏远地区草根学生的慈悯之心，令人感念。

有时候彭教授也是很严厉的。记得刚入读博士研究生的时候，有一次彭教授让我和王建伟每人为《中国实用外科杂志》写一篇综述。20 多年前，检索文献非常困难，

2021年12月22日，彭教授在邵逸夫医院指导我们手术。许斌的表弟也是一名外科医生（新疆医科大学第二附属医院），当时在邵逸夫医院进修。许斌及其表弟与彭教授合影留念

我们要到医学院的图书馆去查找每本期刊，并把相关的文章复印回来。于是我和王建伟在图书馆满是灰尘的过刊室里折腾了两天后，每人各炮制了一篇文稿，拿去给彭教授交差。

过了两天，彭教授把我俩叫到他那间狭小的办公室去当面修改文稿。让我们吃惊的是，彭教授认真地阅读了我们的文稿，并在每一页上都注满了批注和修改意见。彭教授对我们写的文章非常不满意。他认为这种质量的文章发表在《中国实用外科杂志》上是很丢人的，他很严厉地批评了我们。然后，我们两人灰溜溜地离开彭教授的办公室，回去重新写文稿。

刘颖斌和史留斌师兄知道我俩的遭遇后哈哈大笑，并对我们说："彭老师批评你们是好事，说明他很关注你们，真心希望帮助你们提高自己。如果他对你们很客气，不来指出你们的问题，反而很糟糕。"此后，我们经常到彭教授的办公室接受教导，对于写论文的事情再也不敢掉以轻心。

彭教授还在一张纸片上写下Bismuth、Nimura、Makuuchi、Yamamoto、Blumgart这些国际著名专家的名字，并嘱咐我们认真查阅他们的文献。在彭教授的严格要求下，我们的论文写作能力和英文阅读水平都开始有了明显的进步。后来，王建伟教授将捆

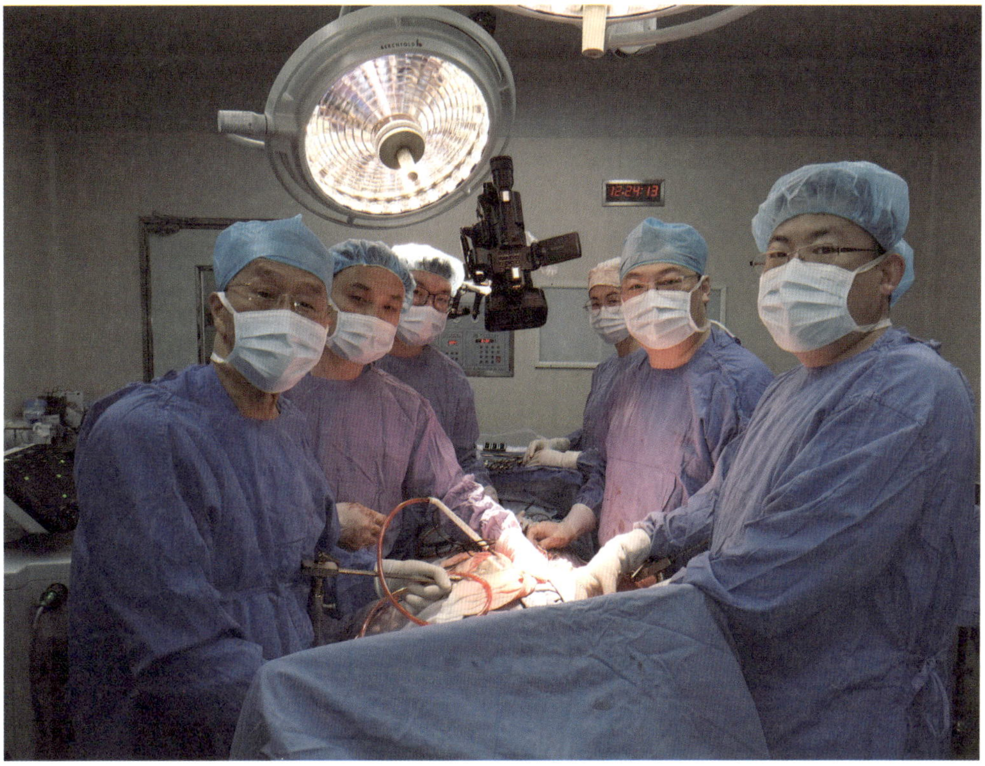

2022 年 4 月 13 日，彭教授和我们一起做肝脏手术，同台的还有王遂函医生、应汉宁医生和黄培龙医生（河南兰考县医院进修医师）

绑式胰肠吻合术的临床资料写成高质量的英文专著并发表在 *Annals of Surgery*（《外科年鉴》）这样的顶级期刊上，他还申请到多项国家自然基金，并成为博士研究生导师，实在是令人钦佩。

我们在浙医二院攻读博士学位期间，有很多时间是在手术室里度过的。当时浙医二院的手术室里经常出现一大奇观，每当彭教授做手术，手术台边上便围满了人，他们都是从全国各地来的进修医生和研究生。从手术台的正面望过去，彭教授低头在手术，在他的头顶和周围还有密密麻麻的十多个脑袋，十几双眼睛都紧盯着手术野，生怕错过了精彩的部分，而彭教授精湛的技艺每次都让人大开眼界，甚至终身难忘。

我当时还承担着一项重要的工作，就是负责拍摄手术照片和视频，努力记录下每一个精彩的瞬间。因此，每次观看彭教授手术，我享有优先挑选位置的特权。每次观看彭教授做手术，我都请围观的同道们把彭教授身后的那个位置留给我。摄像机拍摄手术的最佳机位，就在彭教授右肩上方的耳朵边上。从这个角度所获得的视野跟主刀是一致的，从摄影专业的角度讲，称之为第一人称视野。我们拍摄的照片和视频都是从主刀者的角度看手术，更容易让人有身临其境的感觉，更容易与术者产生共鸣。

更为难得的是，彭教授经常在术后与我们一起看视频，他往往要找出手术中的不足之处，以便于下次改进。这就像舞蹈家要对着镜子跳舞来发现自己的不足之处一样，彭教授就是这样要求自己精益求精的。因此，彭教授每次在国内外学术会议上通过精彩的视频和照片展示自己的学术成果时，总是受到热烈的欢迎。而我在求学期间，通过彭教授右肩上方的这个视角，观摩和记录了百余台手术，对众多疑难手术有了更深刻的体会和认识。从这个意义上讲，我就是那个站在巨人肩膀上看世界的学生。

毕业后，我在彭教授的推荐下留在浙江大学医学院附属邵逸夫医院工作，也有幸能够得到彭教授更多的指导和帮助。每当遇到疑难的手术，总是想请彭教授来帮忙，我职业生涯中的第一例肝门部胆管癌手术、第一例复杂肝肿瘤手术都是在彭教授的帮助下完成的。彭教授总是有求必应，而且每次都是站在副手的位置上帮我们。这种与彭老师肩并肩一起工作的经历最为难忘。

彭教授这种甘为人梯、扶持年轻人的精神令人感动。我们也因为有这样伟大的导师而开启了自己精彩的外科职业生涯。

薛建锋：在他身边的3年让我华丽蜕变

薛建锋，教授，主任医师，郑州大学第一附属医院肝胆胰外科。

我是彭老师2003级的博士研究生，于2006年6月毕业。在彭老师的教导下，度过了3年难忘且收获巨大的学生生活，这也为我后来的工作成长打下了坚实的基础，可以说是彭老师给了我腾飞的翅膀，也给我指引了飞翔的方向。

其实认识彭老师，比入学早了2年。那是2001年9月，我的硕士研究生导师，郑州大学第二附属医院普外科王广田教授，带领我们去广州参加第八届全国肝癌会议。印象中，肝胆胰手术特别复杂、特别困难。而这一次，我在会场看到了截然不同的肝胆胰外科手术。彭老师精彩的演讲、先进的理念，深深地震撼了我。尤其是他在做手术方式和手术照展示时，整个会场鸦雀无声，所有人竖起耳朵，目不转睛地盯着讲台上的彭老师。这一切足以说明彭老师的讲座带给大家前所未有的震撼。原来手术可以做成顶级艺术品，原来解剖可以这么清晰、精准，原来手术野可以这么清爽、干净。我从那时下定决心，要报考彭老师的博士研究生，做一名像彭老师这样卓越的肝胆胰外科医生。

薛建锋（左二）和彭淑牖教授等人合影留念

2003年，我有幸通过博士研究生入学考试，成为彭老师的一名弟子，实现了多年的愿望。入学第一个学期是课程教育，彭老师让我们学习课程的同时，多阅读国内外的最新文献，注重科研进展，尤其是肝胆胰脾领域的前沿研究成果，包括临床和基础研究。彭老师在肝胆胰外科领域的创新取得了令世界肝胆胰外科界瞩目的成就，捆绑式胰肠吻合和彭氏多功能手术解剖器的创新众所皆知，但彭老师从不停歇，取得这么大的成就仍然谦虚地向别人借鉴经验，依然时刻关注着国外肝胆胰领域所取得的研究成果，经过引进、吸收、消化、改良，创造出适合我国患者的手术方法。

2003年10月在厦门召开的肝胆胰会议上，彭老师介绍了由法国教授首创、经彭老师改良的肝后隧道建立绕肝提拉，前入路解剖性右半肝切除术的方式。该术式大大地降低了手术风险，简化了手术操作，缩短了手术时长，并且可以降低患者由传统方式引起的肿瘤播散的风险，也为肝胆胰外科年轻医生的成长提供了加速器。在这里，我从彭老师身上学到了始终自我加压、永无止境、追求卓越的品格。

进入临床后，经过一段时间的临床工作，有一段时间我负责给彭老师拍手术录像。我心想这不就是个力气活嘛，手提着摄像机把彭老师做手术的过程记录下来就行。每次拍完，我们复盘、导入电脑，将其剪辑成30分钟版本、10分钟版本，根据会议要求，进行学术交流。到最初几次复盘时才知道，我不是关键步骤没抓住，就是拍摄画面不清楚。彭老师没有责备我，耐心地跟我讲解：这个手术的解剖结构是怎么样的，这个患者有什么解剖变异；这个步骤比较重要，其他人需要学习的；怎么拍才能让别的医生看清楚，能够学会，能够推广。在拍手术录像的过程中，彭老师启发、引导我们做好知识储备，带着问题去工作。拍摄时，摄像机要从彭老师的右侧耳朵旁拍摄，所以每次彭老师都有意识地把头偏向左侧，以利于我们拍摄出更加清晰的画面。需要彭老师亲自做的肝胆胰手术非常复杂，手术时间长，但彭老师为了教学和交流，为了鼓励年轻医生成长，始终以一种不太舒服的姿势坚持整台手术。在这里，我从彭老师身上学到了围手术期要做好各种准备，不打无把握之仗。术前对各种情况要了然于胸，术后参照对比，仔细研究，为了学术勇于奉献的精神。

2005年的夏天，彭老师为了让我们开阔眼界，自费带我们参加了在泰国召开的亚洲肝胆胰外科会议，后来也多次带师兄们去美国、欧洲参加国际会议，交流学术成果和先进经验。在国际舞台上，我们见到了国际医学界顶尖的学者，学到了国外肝胆胰外科领域的最新成就，也展示了以彭老师为代表的中国肝胆胰外科技术的实力和飞跃；紧盯国外顶尖研究院所，对标国外优秀学者，增强了我们的自信。国外外科医生做到的，彭老师做到了；国外外科医生没做到的，彭老师也做到了；在西方发明的西医领域，我们也可以傲立潮头。在这里，从彭老师身上，我们学到了自信，学到了自强，学到了自立。

平时彭老师很注重锻炼身体，在工作之余经常打乒乓球。记得有人说过彭老师曾是浙医二院的乒乓球冠军。彭老师说："医生要拥有健康的体魄才能坚持十几个小时完成高难度手术，也才能给更多患者带来健康。”在泰国会议间歇，我们还一起在大海畅游。2005 年 10 月 31 日，我们前往济南参加肝胆外科会议。在前一天晚上，因为演讲时间限制，为了更好地展示手术操作关键步骤，便于参会人员学习，彭老师和我们一起反复一帧一帧地修改手术视频，把 3 个小时的手术浓缩到 3 分钟。直至凌晨 2 点多，我说：“彭老师我们早点起床吧，7 点我来叫您。”彭老师笑着说：“7 点还算早呀？6 点起床吧，吃早餐是享受生活。”彭老师只睡了 4 个小时，但是精神抖擞地高质量完成了学术讲座。在这里，我从彭老师身上看到他对工作孜孜不倦的追求，对生活的热忱，对运动的热爱。

2006 年，我回到郑州大学第一附属医院工作，开展了肝胆胰外科的第一例改良联合腹腔干动脉切除的胰体尾切除术、第一例腔镜下保留脾脏血管的胰体尾切除术、第一例腹腔镜下肝脏切除术等一系列手术。这些手术我以前从来没有独立做过，能够高质量完成这些手术，得益于彭老师的指导和他给我打下的坚实基础。一上手术台，彭老师的手术步骤就像自动放映的电影一般出现在脑子里，清晰无比。因为彭老师做的都是特别困难、特别复杂的手术，所以我在独立的成长过程中，基本上靠着数年前在他那里练就的功底顺利开展工作的，从中也可以看出彭老师在培养学生方面的成功。

毕业后，我经常和彭老师以及师兄弟互动，相互促进，相互交流，共同进步。作为“彭家军”的一员，回忆起来，我深感幸运。

“彭家军”在全国肝胆胰外科领域有今天的成就和地位，主要是传承了彭老师的精神：始终奋斗在创新的第一线，做学问上永不知足，严于律己，勇于奉献，甘为人梯，追求卓越。

周斌：您对患者的大爱，奠定了我一生的方向

周斌，副主任医师，温州医科大学附属第二医院外科学科副主任，肝胆胰外科主任，外总教研室副主任。

时间荏苒，回忆穿越时空回到了 1995 年的某天午后，我和彭老师第一次在浙医二院的办公室见面。我内心忐忑。原以为大名鼎鼎的彭淑牖教授一定很严肃，没想到是如此和蔼可亲、平易近人。当我惴惴不安地提出想选他作为我的硕士研究生导师时，彭老师二话没说，一口答应。我顿时觉得我的眼前出现了一条洒满阳光的宽阔大道，一直延伸向远方。

彭淑牖教授和周斌

短短两年的硕士研究生学习，奠定了我一生的专业方向——肝胆胰外科。每当跟着彭老师完成一例例高难度的手术，心里的成就感便油然而生。经常会有全国各地的肝胆胰肿瘤患者前来找彭老师，这些患者往往经过各方求医无门，被判定为不可手术者，但是彭老师对他们从来都是不放弃、不抛弃的态度，尽自己最大的努力制定手术方案。这些超出常规甚至从来没有人做过的方案，一次又一次地让患者绝处逢生。在我从事肝胆胰外科专业的 27 年医生生涯中，对那些晚期肿瘤患者，我说过的最多的一句话就是：“只要你不放弃，我将尽我最大的努力去医治。”这是源于彭老师对待患者的态度，这也将是我终身努力的方向。

彭老师对于手术技术的精益求精，对于专业的严谨治学的态度，以及对学生倾囊相授的无私教学精神是我一直学习的榜样。每次手术之前反复推敲制定手术预案，充分考虑术中可能出现的各种情况；手术中步步为营，精细操作，用独创的刮吸手术解剖法完成手术，每个步骤都留下清晰的记录；术后对术中拍下的照片做好总结，为下次手术积累经验。如此反复，使得每个手术都成为精品。感觉彭老师的手术就像是在

下一盘围棋，从布局、中盘到收官，行云流水，一气呵成。这种对每一例手术认真对待的态度教导了我，也时刻提醒我从事肝胆胰外科不仅具备严谨认真、细心观察的素质，还要有与时俱进、独立思考的终身学习精神。

在我的从医生涯中，最幸运的就是遇见一位名师，为我指引了专业的方向，也是我一直坚持从事肝胆胰外科的原动力。此生遗憾的是未能在彭老师身边多待一些时间，多学一些东西。所幸的是老师虽高龄却仍然活跃于学术论坛和手术台，我们仍然能听到老师的创新技术和谆谆教诲，可谓学生之幸！

祝愿彭老师身体健康，万事顺意！

2011 年 11 月，彭淑牖教授 80 华诞学术研讨会

大师之徒

〔第二篇〕

徒孙

（以姓名拼音为序）

曹佳胜：他把医德融入骨髓里

曹佳胜，邵逸夫医院普外科在读博士。

彭淑牖教授是我国外科学泰斗、著名外科学专家，获美国外科学院荣誉院士、英国皇家外科学院荣誉院士、法国外科学院荣誉院士、欧洲外科学院荣誉院士等荣誉称号。彭教授发明了“神刀”——彭氏多功能手术解剖器（PMOD），突破了当时外科手术的局限，使过去许多疑难手术成为常规手术。该发明获得2001年度国家技术发明奖二等奖。同时，彭教授首创的“捆绑式胰肠吻合术”大大降低了胰腺术后胰漏的发生率，相关成果荣获2005年度国家科学技术进步奖二等奖。当然，彭教授的成绩远远不止这些，以上仅作部分罗列。作为后辈，我们都视他为楷模，希望能追随他的脚步，为我国甚至世界外科学的发展作出贡献。

第一次见到彭教授，是在我的导师蔡秀军教授主办的2018年国际微创外科大会西湖峰会上。当时，彭教授的演讲主题是“TBPVE和TELLP——对ALPPS的改进演化到肝癌治疗新模式的出现”。整个演讲过程，彭教授精神饱满，逻辑清晰，深入浅出，引得台下多次掌声雷动。令我印象深刻的是，无论是在台上还是台下，彭教授都不需要他人搀扶，走路很稳，完全不像已过耄耋之年的长者。

2019年，我有幸陪同彭教授出名医门诊，彭教授的专业水平和医德水平给我留下了深刻的印象。作为一名国际肝胆胰外科学权威，彭教授会非常细致地问诊，根据患者病情进行严格、完整的查体，再有针对性地开具相应检查项目，最后综合考虑做出诊断，并为患者提供一份详细的诊疗方案。彭教授经常说起，虽然外科学检查手段发展迅速，但是作为医生，规范、严密的诊疗思路是最重要的，其中有针对性的查体是必不可少的，在这个基础上，再结合相应的检查做出诊断，那就是如虎添翼。来彭教授门诊的患者大多病情很复杂，或者是外院无法实施手术的。面对这些患者，彭教授总是认真分析病情，耐心讲解，在自己专业水平允许的情况下敢于收治外院不敢收治的患者，敢于做其他医生不敢做的手术。

关于医德，彭教授真正地把“医德”二字融入骨髓里。每年春节前，大部分医生会停诊，而彭教授总是要求出诊。他告诫我说，这个时候患者还愿意来门诊看病，肯定是遇到了很棘手的情况，如果我们医生都停诊，那这些患者就无路可走了，我们一定要尽可能为他们着想。这句话对我的影响很大，在后来的临床工作学习中，我也牢记彭教授的教诲，处处为患者着想。

2019年后开展的一些学术会议，我也经常全程陪同彭教授参加。他每次都是亲自制作幻灯片，汇报前反复核对、检查，出门前整理好西装、领带，自信满满地登台汇报。每次汇报都能引发台下一众好评。彭教授对任何事情都追求极致的态度值得我们后辈学习。当天会议结束，彭教授总喜欢带我们去游泳。彭教授说，工作固然重要，但是要注意劳逸结合，拥有强健的体魄才能更好地工作。

如今，年满90岁的彭教授仍然奋斗在临床科研工作一线。每周四的名医门诊雷打不动。平时国内外医生遇到一些重大疑难手术，还会请彭教授指导，一台大手术3～5小时，彭教授总是坚持到手术结束才下台。科研方面，彭教授目前仍在坚持做临床研究，最近还在收集他主刀的肝癌伴门静脉癌栓患者行门脉取栓手术的相关资料，希望能为中国外科事业再添砖加瓦。

彭教授早已荣誉满身，但至今仍身体力行，坚持工作，全心全意地为患者着想，为外科事业发展不断做出贡献。

身为"彭家军"的一员，这些都在不断激励着我们。我们一定要牢记彭教授的谆谆教诲，将"彭家军"的精神发扬光大。

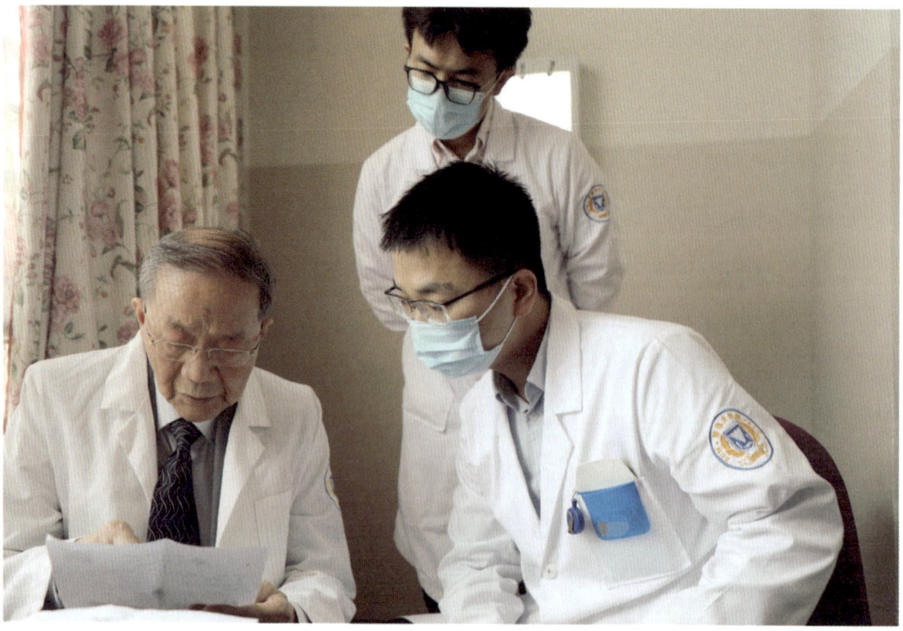

彭淑牖教授带曹佳胜、陈天恩（右一、二）出门诊

陈国俊：探索的脚步永不停止

陈国俊，主治医师，浙江大学医学院附属邵逸夫医院普外科。

在浙江大学医学院学习，特别是外科学学习时，彭淑牖教授是被提及最多的教授之一。在《外科学》课堂上授课的老师，经常提的一句话就是："我的老师彭淑牖教授告诉我们……"当时，我心里想的就是，这到底是怎样的一位大师，不仅有那么高的学术成就，还培养了那么多优秀的人才。

毕业后，我到了浙江大学医学院附属邵逸夫医院普外科工作。由于彭教授是医院普外科的顾问，所以我们常常能在科室、手术室或在会议上见到他。但真正感受到彭教授匠心精神的还是通过我主管的一位患者。通过这位患者的诊治过程，我学生时期的困惑终于解开了。

病房里有一位肝癌伴胆管癌栓的患者，在为患者安排检查并制定治疗方案时，我想当然地认为都有癌栓了，病期较晚，考虑非手术治疗为主。彭教授听说了这样一位患者后，非常感兴趣，主动联系我，并告诉我肝切除的范围未必与癌栓所在的部位完全一致：癌栓往往可在胆管腔内向远端延伸，却并不附着于管壁，这时只需要清除癌栓并切除肝癌所在的部位（肝段、肝叶、半肝、三叶等）即可。彭教授甚至亲自帮我找了文献，并告诉我他最近正在改进胆管癌栓分型，新的分型更具有临床指导意义。

在对该患者手术时，彭教授亲自上台指导手术，并告诉我们，这类罕见患者的手术需要录像，把宝贵的资料收集起来。手术结束后，彭教授仍不知疲倦，指导我剪辑手术视频、给视频配音，并鼓励我向美国外科学院（ACS）投稿，积极参加国际会议，与全球的外科同道交流我们的新分型。平常我们在诊治患者时，往往只关注手术，没有深入地思考和总结。

通过这例患者，我看到了彭教授身上那可贵的精神，对医学的探索，他永不停止脚步。他对临床有着无尽的热爱，想尽办法造福患者，坚持创新，追求真理，给我们年轻一辈树立了标杆。

彭教授高山仰止，景行行止，桃李不言，下自成蹊。他永不停止的探索精神时刻勉励和鼓舞着我们这一代年轻外科医生成长。很幸运能够得到彭教授的教诲，我辈必当勇立潮头，追求卓越，不辜负彭教授的期望。

陈鸣宇：手术台上"90后"大师和他的神兵利器

陈鸣宇，浙江大学医学院附属邵逸夫医院普外科医师。

2015年，我在浙大开启了普外科医师生涯，在这里遇到了肝胆外科的泰斗彭淑牖教授，并且非常有幸得到了彭教授的指点。其实早在我来浙大之前，身边的老师们便经常提起关于彭教授的传说。在外科"江湖"上，大家尊称彭教授为"神刀"，而且他还有一把自己研发设计的肝切神兵利器——彭氏多功能手术解剖器。

彭教授一直坚持门诊、手术、带教、做研究，他是外科大师，更是一名伟大的临床医学科学家。

彭教授对待每一位患者都非常认真负责。不管工作多忙、时间多晚，他一定会在术前亲自阅片和仔细查体，不放弃任何一个患者，总能让他们重燃对新生活的希望。记得有一个患者右肝巨大肝癌合并门脉主干癌栓，很多医院的医生告诉患者没有手术

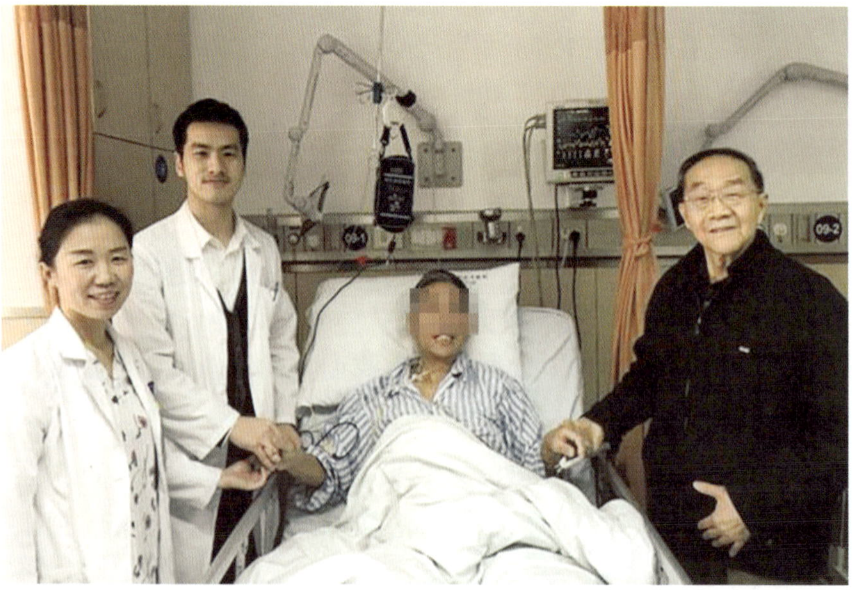

彭教授亲自床边查看右肝巨大肝癌合并门脉癌栓患者术后第1天的恢复情况。该患者术后恢复顺利，术后第2天下床活动，术后第6天就出院。

的机会了，患者抱着最后一丝希望来找彭教授。彭教授得知之后，仔细查体并亲自阅片，发现患者还有手术机会，只是手术难度大、风险高。彭教授不放弃，他亲自主刀。那台手术，虞洪师兄和我有幸担任助手，从划皮到肝脏切除再到门脉癌栓取出，手术全程流畅且顺利，仅用时 4 小时，这得益于彭教授娴熟的刀法、清晰的视野，以及对关键部位的精准处理。与此同时，彭教授还全程带教，内容从肝门血流控制技术、肝脏切除中管道的处理、彭氏电刀的正确使用到门脉癌栓处理的技巧。这台手术不仅让我领略了大师超高的手术造诣，感叹彭氏电刀在其设计者手上的威力，而且让我对彭氏电刀有了更深刻的认识，惊叹这把刀独特且绝妙的设计。

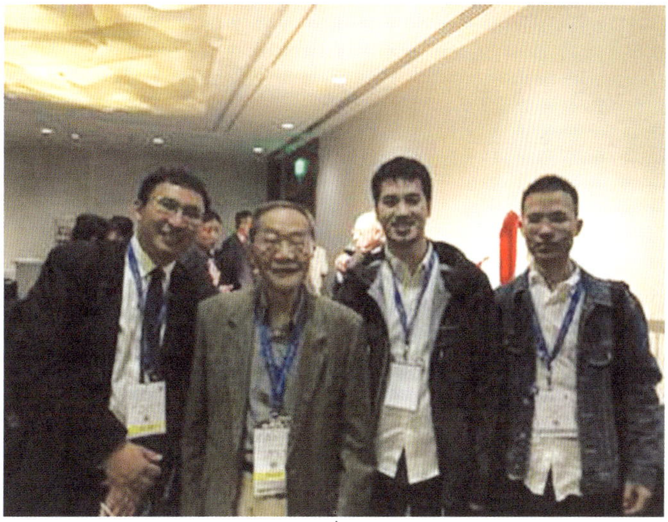

2019 年在美国旧金山举办的美国外科学年会现场，彭教授带领我们与同道们一起交流

彭教授在外科研究方面严谨且一丝不苟。彭教授经常教导我们要在临床中总结问题，再到实验室想办法解决，最后再应用到临床中去造福患者。彭教授作为鲐背之年“90 后”的外科大师，常常从临床中发现问题，通过临床研究和转化研究来解决临床实际问题并不断地造福患者。例如上述手术中提到的彭氏电刀就是典型代表之一。作为集钝性解剖、电切、电凝、吸引等多种功能于一体的切肝器械，它可以达到精细解剖、精准处理的效果，且具有高效的切肝效率。该器械已在各类腹部手术中被广泛使用。此外，彭教授还教导我们要多思考总结、敢于创新。在他的鼓励和支持下，我的老师和我，在传承中创新，先后发明了腹腔镜下多功能解剖器、机器人下多功能手术解剖器等一系列手术器械。

作为一名“90 后”的大师，彭教授依旧奋战在科研一线，且创新成果不断，比如近期提出的“取栓优先”策略、门静脉癌栓分型等。对于外科手术和研究，他有着我们“90 后”年轻人一样的热情和激情，甚至更甚，他的热情不断地感染着我们这些晚辈，并激励着我们不断前行。

对于患者，彭教授总是亲切对待，竭尽所能予以帮助；对于手术和科研，他始终秉承严谨、求真务实的精神，只为更好地服务患者；对于学生和晚辈，他时常予以关爱，因材施教助其成长。彭教授的言行举止及教导一直影响着我，让我终身受益。彭教授犹如一座灯塔，照亮了我们前行的路。

金佳斌：师公是我心目中的一座高山

金佳斌，副主任医师，上海瑞金医院普外科。

我有两位彭老师，彭承宏老师和彭淑牖老师。我的硕士研究生和博士研究生导师是彭承宏教授，彭淑牖教授又是彭承宏教授的老师，自然，彭淑牖教授就是我的师公。我个人更喜欢叫彭淑牖教授一声“师公”，“师公”更亲切。

有两件事让我从侧面感受到了师公的魅力。2007 年，我从上海交通大学医学院硕士毕业，去法国肝胆泰斗 Bismuth 教授的肝胆中心做外籍住院医师。在和他们的外科教授聊起胰腺手术时，他们无不竖起大拇指赞扬“彭氏吻合”（彭氏捆绑式胰肠吻合术）；2019 年，已经是一名经验丰富的胰腺外科医生的我，又去霍普金斯（Hopkins）胰腺中心访问，在和 Wolfgang 教授聊天时，又感受到了 Wolfgang 教授对师公的崇拜。

对师公的了解更多的是来源于导师彭承宏教授的点滴教诲。手术台上，彭老师讲得最多的，便是他的彭老师平时为人看病手术如何严谨、如何认真：“我们都遥不可及。”可见，师公在彭老师眼里是学无止境，高山仰止。每次碰到复杂的手术，彭老师就把他的彭老师——我们的师公搬出来，告诉我们师公曾经花了多少时间和精力做一台复杂度类似的手术，而且他还把手术资料完整地保留下来了。这个好习惯，我的彭老师他也一直保留着。我想，我以后有了学生，也会对他们讲，我的老师是怎么做的，老师的老师又是怎么做的。

与师公的近距离交集则来自于我们办的第四届亚洲机器人及腔镜大会。当时，我负责学术和会务。彭老师说这可能是他最后一次办会，一定要请师公来。我当然不辱使命，把师公请来授课。近距离接触，更让我深切感受到师公的大医精诚和深深教诲。我当时灵机一动，把在场的瑞金医院毕业的所有“彭家军”徒孙都叫来，留下了这张珍贵的合影。

第四届亚洲机器人及腔镜大会上“彭家军”第三代成员与师公合影

在师公的带领下，“彭家军”可以说是中国外科学界的“兵工厂”，人才辈出。作为“彭家军”一员，真是我外科医生生涯之大幸；而我有两位彭老师，更是三生有幸。

金赟：他那一声"加油"让我铭记终身

金赟，主治医师，浙江大学医学院附属第二医院肝胆胰外科。

躬身杏林七十载
钱塘江畔创魔刀
名扬五洲传四海
妙手回春医术高
——致敬师公彭淑牖教授

2011年，我有幸师从导师李江涛教授学习肝胆胰外科。不久之后，我就跟随李老师见到了闻名遐迩的彭教授。初见彭教授我略感紧张，但彭教授亲切的一声"小金，你好"，令我顿时放松了一半。此后十余年，我不断接受彭教授的教导和指点。这些点滴时刻激励着我向更高的目标前进。

2013年，我的论文被中华医学会第十七届全国外科学学术会议接收，并且我还被邀请做口头报告。彭教授亲自莅临报告会场并为我加油打气。他那声亲切的"加油"，让我感动得泪目，这对于当时还是一名年轻学生的我来讲是莫大的鼓励，也让我铭记一生。

2014年，我跟随李老师和彭教授一起出国参加国际肝胆胰会议。会议期间，我们各自做学术报告。间隙，彭教授不断地向我介绍他的国际朋友们，他们也都是著名的外科大家，包括日本"胆道之父"Nimura教授、横断式肝蒂创造者Takasaki教授、美国胰腺外科先驱Cameron教授，等等。在会议茶歇期间，彭教授放弃休息时间和我一起在壁报区学习当时肝胆胰外科的先进技术和成果。彭教授的这种终身学习的精神至今仍深深地影响着我。

"令公桃李满天下，何用堂前更种花。"作为彭家军第三代的一员，我倍感荣幸。作为国际外科学大家，彭教授每一次的提点和指导都让我醍醐灌顶。做外科手术，如履薄冰，有了他的指导，都能迎刃而解。鲐背之年，彭教授仍工作在第一线，每次会诊或手术他都亲自开车来单位。就在 2022 年 3 月，他在周末仍来指导我们开展一台复杂肠梗阻手术，患者既往有 3 次腹部手术史，当时术中复杂情况超出预期。彭教授耐心指导我们，最终我们得以顺利完成手术。术后，彭教授还特地电话联系我，向我传授手术理念和技巧。

我夫人的爷爷也是一名外科医生，还是彭教授的大学同学兼室友。当年他们在那么困难的条件下从无到有，各自开创事业。一脉相承，继往开来。如今，我也跟随前辈们踏入肝胆胰这一神圣而奇妙的领域，志存高远，脚踏实地，继续往前走。

彭教授和夫人谢教授莅临金赟及夫人的婚礼

李哲勇：大医精诚，厚德济生

李哲勇，副主任医师，浙江大学医学院附属邵逸夫医院普外科。目前任职浙江大学医学院附属邵逸夫医院新疆生产建设兵团阿拉尔医院副院长、普外科主任。

我和彭教授的缘分还得从我的导师蔡秀军教授说起。

2003年，我高中毕业考入浙江大学医学院临床医学专业。其实，临床医院专业并不是我自己的第一选择，而是在我父亲的要求下填的志愿；我的第二志愿是工业设计。两个专业风马牛不相及。幸运的是，我以高出最低录取分数线1分的微弱优势被浙江大学医学院录取，开启了我的学医生涯。然后，在各位老师尤其我的硕士研究生、博士研究生导师蔡秀军教授以及导师的导师彭淑牖教授的耳濡目染下，我对医学的认识也从不了解逐步到熟悉最后到热爱。选择这份职业是偶然，但是热爱这份职业是其天性使然，是人间真情，也是老师们的榜样和表率作用。

我们一开始是临床医学七年制本硕连读。2008年，我们完成大学通识课程和基础医学理论课程，就要进入硕士研究生阶段学习，每个同学都要选择专业方向和导师，这是医学职业生涯中至关重要的一关。男生一般选择外科，但是外科也有很多方向。我当时陷入了迷茫，毕竟那时对专业不了解，对未来也有不确定性。在选择导师的过程中，也只能根据导师的专业方向以及重点研究方向来选择。选择普外科蔡秀军教授作为导师，是我人生中重要的一个转折点。

20世纪90年代初，我国的外科手术还是以开放手术为主，很少有中心能够开展微创手术，邵逸夫医院作为与美国罗马琳达大学合作的医院，较早在国内开展微创手术，而蔡秀军教授正是这个领域的先遣者和探索者，我也对这个手术方式非常感兴趣，并且认为这肯定是以后外科手术发展的方向，也是人民群众选择手术的大方向，所以毅然决然选择了蔡秀军教授。

当时选导师是双向选择的，在我向蔡老师提交简历时他欣然答应。谁知，在正式面试时居然有11个人选择了蔡老师，而名额却只有4个。大家都很紧张，想方设法在面试中脱颖而出。竞争是残酷的，但是为了能够得到这个名额，大家都全力以赴。

蔡老师对外语要求比较高，面试时在了解了成绩以及基本情况后，让我们每个人阅片并翻译文献里的一段话，好在我英语还可以，顺利突围，这让我喜出望外，毕竟这是很难得的机会。而且现在回想看来,当时的选择是多么地正确,正因为有蔡老师的指引,抓住微创发展的机遇，也传承了彭淑牖教授开拓创新的精神，我们才会在巨人的肩膀上茁壮成长，成就自己的事业。

第一次知道彭淑牖教授的印象已经有点模糊了，只知道是我的师公。当时还在读研究生，在临床科室里实习时也听几位师长说起过彭教授，但并没有见过真容。每天做手术使用的彭氏多功能手术解剖器，他们都说是彭教授原创发明的，而且我们普外科做的很多手术方式,比如“单独肝尾状叶切除术”“绕肝提拉”“捆绑式胰肠吻合术”“捆绑式胰胃吻合术”都是彭教授发明的术式，心里早已对师公崇拜得五体投地，很想见见真容，希望能够得到彭教授的指点。但是不管从年龄还是级别上，深知自己与彭教授的差距不是一点点，基本是不抱有希望的。所以在我博士毕业以前，除了因手术室有疑难杂症复杂手术，其他师长会邀请彭教授前来指导时能够见一下真容之外，基本没有交流的机会，每次也只能在学术大会上听彭教授的讲座，聆听彭教授的学术思想，也默默赞叹这位神采奕奕的师公能够有这么前沿的学术思想和强劲的创新能力。

真正跟彭教授有深入接触，是从一个全球首创的创新术式开始的，现在称“蔡氏二步肝切除术”，最开始时称作“腹腔镜下绕肝带法二步肝切除术”，大家如果有了解彭教授学术成就，一听就知道其中缘由了。

我们先从背景讲起。2015 年，在微创手术进行得如火如荼时，全球各地均在开展腹腔镜外科手术。邵逸夫医院在建院初期在美方专家的指导下，在全国率先开展腹腔镜手术。我的导师蔡秀军教授在 1998 年就率先开展第 1 例腹腔镜肝脏切除术；2005 年就开展了第 1 例全腹腔镜胰十二指肠切除术，并且患者没有任何并发症，顺利出院。其间，他还先后开创了腹腔镜刮吸断肝解剖法、腹腔镜区域血流阻断技术、腹腔镜冲洗钝性解剖法等全球首创的手术技术，开展了首例全腹腔镜右半肝切除术、全腹腔镜单独尾状叶切除术、全腹腔镜二级脾蒂脾切除术等。

2015 年，国际文献上有报道一种新的手术方式，叫做二步肝切除术，它扩大了既成的肝切除术的手术适应证，一时成为肝脏外科界的热点。我们知道肝脏得了肿瘤一般行肝脏切除进行治疗。但是对于部分肝脏肿瘤患者，在切除肿瘤侧部分肝脏之后，剩下的肝脏体积不足，就不足以维持正常的肝功能，会导致术后发生肝功能衰竭。因此对于这部分患者，虽然从根治的角度能够切除肿瘤，但是从治疗效果的角度也不能行手术治疗，因为术后会发生肝功能衰竭。而二步肝切除术就是在这个基础上发展而来的。2007 年，德国的 Pro Han Schlitt 教授在进行肝门部胆管癌根治术时结扎了门静脉右支，离断了肝实质，在拟行肝脏右三叶切除时，发现剩下的左肝体积太小，继续切除可能导致术后发生肝功能衰竭而导致患者死亡。于是，Schlitt 教授选择停止手术，关闭腹腔。在随后的恢复过程中，这名患者不但没有恶化，反而恢复不错。出于好奇，Schlitt 教授对该患者复查了 CT，结果居然发现本来残留的左肝体积已经明显增加了，残肝体积短期内迅速增生。这让 Schlitt 教授信心大增，随后再次对该患者施行第二次手术，完整切除肿瘤，术后也没有发生肝功能衰竭。此后，国际数个中心相继报道了类似的手术方式，其中也包括中国学者周俭教授。关于其原因，很多学者也无从解释，猜想可能是门静脉结扎后血流均涌入正常侧，促进了肝脏的增生，也可能是肝实质离断导致的炎症反应促进残肝快速增生，大家争论不休。但是所报道的二步肝切除术采用的均是开放手术方式。

作为肝脏外科的知名专家，腹腔镜肝脏切除的领军人物，蔡秀军教授敏锐地察觉到这个手术方式有两个问题：首先，两次手术均采用开放的手术方式，对患者的创伤特别巨大，尤其第二次手术，术中的粘连也会比较严重，增加手术的风险；其次，在进行肝脏实质离断时存在创面，这个创面很有可能发生胆漏，随后继发腹腔感染导致手术失败。果然，随后的文献报道均说明其胆漏发生率和患者死亡率不低。

彭淑牖教授也对这个手术方式非常感兴趣。"如何改进这个手术方式，从而让患者最大限度获益呢？"这也是彭教授一直在思考的问题。他根据经验猜测，促进剩余肝脏快速增生的主要原因还是血流，而不是肝实质离断的炎症刺激。但是除门静脉结扎外，如何来隔断左右肝之间的交通支又不会出现胆漏呢？因为彭教授有开腹肝切除术绕肝提拉带以及捆绑法的经验，所以他提出来是否可以用绕肝带将左右肝脏捆扎起来，防止交通支血流相通，这样所有血流都涌向健侧肝；同时再结合蔡秀军教授的腹腔镜手术方式，将两次开放手术改成两次微创手术，既减少了创伤，也杜绝了胆漏的发生。蔡秀军教授做了两例这样的手术，术后肝脏增生效果也非常不错。

前两例手术，因为是自己的创新性设想，所以彭教授尽管当时已经 83 岁高龄，依然全程在手术室指导手术开展，亲自指导绕肝带法捆扎在哪个地方，在哪里做个凹陷设计防止移位，如何保证绕肝带捆绑得足够紧，减少左右肝交通支。术后也每日关心患者的恢复情况，因为我是管床医生，所以他向我详细询问患者的每一项数据。也是在这样的日常交流中，我深刻感受到，一个大医生、一个外科大师在 80 多岁高龄却仍然精神饱满，充满思想和创新，仍然能够细致入微地关心术后患者的每一项数据，一丝不苟地分析病情的转归，适时宜地做出临床决策，这是我一辈子学习的楷模。

彭教授的这种言传身教比口头上的谆谆教诲更让人印象深刻。一次两次也许能够做到，但是 10 年、20 年、数十年如一日地坚持原则，才是最珍贵的品质。被彭教授

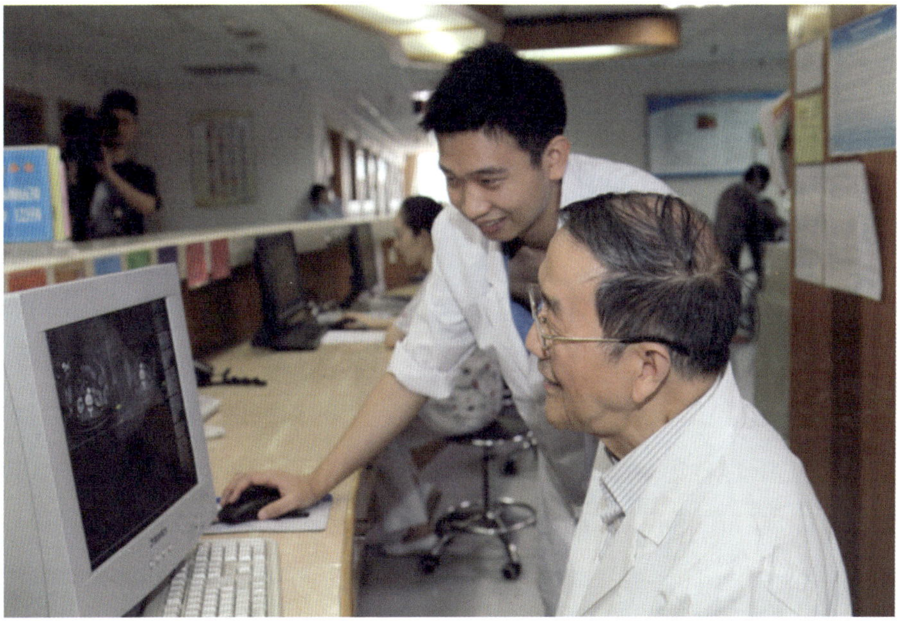

彭淑牖教授和李哲勇

的敬业精神所打动，我每天也会比其他住院医师起得更早，在患者床边花的时间更多，多观察、多交流、多汇报，养成了良好的行医习惯。我想也正是这种无距离感的讨论沟通，以及良好的行医习惯，得到了彭教授的夸奖，也使彭教授对我产生了较深的印象。“这个小伙子不错，以后肯定有前途。”也正是因为有这样的鼓励和夸赞，所以我更想做出成绩来回报彭教授的鼓励。

二步肝手术获得了很大的成功，连续做的两例手术患者都恢复得异常顺利。但光自己做得好不行，还要让更多的专家学者了解这个术式，为更多的患者服务，这就是彭教授的大爱无疆。

彭教授开始着手写二步肝术式的论文。这里值得一提的是，彭教授依然亲力亲为，和我分工合作共同完成这篇论文。因为我是直接参与管理的人员，所以只叫我写手术以及术后管理恢复的部分，而他亲自去写论文讨论这部分。我写好以后，他又亲自整合并审核修改，精益求精，连每一个标点符号和图片标注错误都给你修正出来，非常细致、严谨。

论文一经发表，引用率非常高，得到了全国同行的认可。这里我想说的是，彭教授能够因人而异地培养，不拘一格，也不怕青出于蓝而胜于蓝，将自己的想法、技能和盘托出给他的学生，我想这也是“彭家军”的灵魂所在。所以有幸能够得到彭教授倾囊相授的指导，是我这辈子莫大的财富，彭教授的言传身教是我一辈子受益的精神财富。

尽管二步肝手术在临床上取得了很好的疗效，但彭教授仍觉得有不足的地方。其虽然扩大了肝癌切除的手术适应证，也彻底解决了传统二步肝切除术胆漏的问题，但是毕竟患者仍需要经历两次手术，虽然是微创手术，但仍然有一定创伤，能不能把两次手术合并成一次手术呢？中间交通血流如何阻断呢？彭教授又开始了思考。

传统促进剩余肝脏体积增生的方式叫门静脉栓塞，但是肝脏增生体积效果不佳，且需要的时间比较久，往往需要 4 ～ 6 周的时间，增生效率不高。根据二步肝切除术的前期理论，除门静脉主干需要栓塞之外，左右肝之间的交通支也需要阻断。那能不能索性把病肝部分的门静脉包括属支全部栓塞呢？这样是不是会明显提高增生效率？于是，彭教授就开始尝试采用介入的方式，用特殊的栓塞材料将病肝的门静脉属支全部栓塞掉，再把主干也栓塞，保证没有血流进入病肝，完成了末梢门静脉栓塞。经过 10 ～ 14 天增生期后，健侧肝体积明显增生，效率大大提高，再进行根治性切除手术。这样的治疗方案用介入手术替代第一次腹腔镜手术，增生效率又较传统的门静脉栓塞术明显提高，在减少创伤的同时不改变治疗效果，在"彭家军"中广泛使用，疗效得到证实。彭教授从实际出发，以临床问题为导向，解决临床问题，以人为本，减少患者痛苦，这样的探索、创新、务实的精神一直鼓舞着"彭家军"的每一位成员。

彭教授虽然在学术上取得了辉煌的成就，但是丝毫没有架子，平易近人，对待任何人都和蔼可亲。作为学界泰斗，在各种会议上被要求合影是最正常不过的了。有一次在杭州国际博览中心召开全国西湖微创大会，彭教授做了学术报告。会议结束后，彭教授被许多医生团团围住要求合影，他笑容可掬地与各位医生合影，这是非常难能可贵的。

还有不得不提的是彭教授的夫人谢老师。我们每次随同彭教授出去开会，他的身边都会有谢老师的身影。因为谢老师有眼疾，彭教授每次去讲课时，都会特别关照我们，要照顾好谢老师，不能让谢老师一个人出门。这种夫妻之间的和谐恩爱，家庭和睦共处，也是能够让彭教授安心进行学术创造的前提，是值得我们后辈学习的楷模。

悠悠耄耋几十年，彭淑牖教授能够一如既往地学习、研究、总结、创新，成就大医，厚德济生；能够保持严谨、谦逊、不骄不躁，教导每一个"彭家军"成员独立自强、自成一派，在全国各地大放异彩，造福一方百姓。他不仅是我们"彭家军"的精神财富，更是无数患者的福祉。

梁霄：师公把医学论文写在了病床边

梁霄，教授，主任医师，浙江大学医学院附属邵逸夫医院下沙院区院长助理，普外科副主任。

我在1999年考上蔡秀军教授的硕士研究生。能够成为“彭家军”的一员，我觉得非常幸运。应该说，恩师蔡秀军教授带领我踏上了微创外科的人生路，教我做人做事做学问，见证了我的成长历程，而在我成长的道路上，师公彭淑牖教授也给予了我很多指导。蔡老师教导我，作为医者，要有敬畏生命之心；作为学者，要创新勇闯医学“禁地”；作为师者，要传道授业解惑。蔡老师20多年的言传身教，让我看到了“彭家军”的传承，也看到了师公的影子。

对于师公的最早记忆和了解，应该是从名扬外科界的彭氏多功能手术解剖器开始的。我记得读硕士研究生的时候，彭氏多功能手术解剖器已经在临床上应用非常广泛了，蔡老师一边拿着这把刮吸刀非常熟练地断肝，全程没有更换手术器械，一边详细地跟我们讲解如何使用这种手术刀。

在后来的日子里，他也跟我们讲述了当年师公和他们为了解决如何在手术时不必频繁地更换手术器械，将传统手术中的很多器械的功能集合起来变成一把“刀”，这样不仅可以缩短手术时间，减少出血量，而且能使手术野变得清晰。他们最初使用圆珠笔的塑料管等材料，不知经过多少次的动物实验才研制成功多功能手术解剖器。这把刮吸刀也成了“彭家军”每个成员的必备手术器械。到我自己成长为主刀后，我已经非常习惯于使用这把刀进行手术，深深体会到刮吸刀的优越性。

随着对师公的深入了解，我深刻体会到他是个勤于思考、矢志创新的人，很早就把临床的文章写在祖国大地上，写在患者床边。翻阅他的文章，发现都是从临床问题出发，解决临床难题的文章，比如封闭式网膜囊造袋术治疗出血坏死性胰腺炎，建立避免胰尾损伤的“二级脾蒂离断法”，序贯式外、内引流法治疗假性胰腺囊肿，等等。师公的特点是善于将复杂的问题简单化。

捆绑式胰肠吻合术是师公的另一项重要发明成果，在当时解决了胰漏这个世界性难题。从捆绑式胰肠吻合到捆绑式胰胃吻合，从末梢门静脉栓塞到门静脉取栓优先，再到提出门静脉癌栓新分型。尽管年近 90 岁，师公一直没有停止创新的思维，一直活跃在学术的最前沿。

在我的记忆中，师公是个对学术极其严谨的人。他的严谨不仅仅体现在患者的诊疗过程中，也体现在每次讲课所用的 PPT 制作上。

记得有一次，有个肝脏疑难患者请他会诊，我们做了肝脏三维重建，把资料发给师公。没过多久，他回复说，能否把原始影像发给他的学生黄从云教授再做下三维重建，结果出来后确实体积有差异。师公耐心地跟我们解释，肝脏三维重建最好还是由外科医生自己做比较好，要不断学习影像知识，因为公司的技术人员可能对专业的知识还不够了解，容易误导，从而做出错误的手术规划。这一点对我触动确实非常大，从中我感受到了师公严谨的学术作风。

还有一次，有个肝癌伴有下腔静脉癌栓的患者，手术难度非常大，蔡老师邀请师公一起会诊。术前邀请麻醉科、心外科、监护室等一起讨论，包括是否开胸、是否心脏停搏建立体外循环、是先做取栓还是先断肝等，师公花了整整一个下午的时间跟我们分享了以前做的病例的经验，对每种可能碰到的意外情况都做了预案，做了非常详细的手术规划。手术当天，师公一早就来到手术室并亲自上台协助手术以确保手术安全。他就是一个时刻把患者的安危放在首位的医生。

当一名优秀的外科医生需要强健的体魄。这一点，在师公身上得到了充分体现。他会踢足球，会游泳，会打乒乓球，而且水平都非常好。让我印象最深刻的一件事是，2005 年跟随师公去泰国参加第 15 届亚洲外科学术年会，会议闲暇时间，我们去芭堤雅海滩游泳。当时，我和薛建锋、许斌、王建伟等几位在海边游，师公也兴致勃勃地参加，有人提议说大家一起比比潜泳吧。当时的我也是年轻气盛，仗着自己多年游泳的功底，张口就说："好啊，那我们请师公当裁判吧。"师公乐呵呵地说"好啊。"游了几轮，我游得最远，不禁洋洋得意。

在岸边当裁判的师公这时候说："我也参加一起玩吧。"当时师公已经 73 岁了，一声令下我们就潜了下去，我想肯定又是我最远。当我探头出来往后找师公的时候，竟然没找到，我们都吓了一跳。过了几秒，不知谁喊了一声，师公在前面，我们往前看去，师公站在离我们五六米的前方朝我

2005 年参加在泰国举办的第 15 届亚洲外科学术年会

们招手呢。原来师公是游泳高手啊，我们一群小伙子还游不过70多岁高龄的老爷子，当时我们真的是佩服得五体投地。师公还教我们如何换气，如何标准自由泳，让我们感叹不已。

在后来的很多年，我也慢慢了解了师公，他当年在英国留学的时候还是足球场上一员猛将，打乒乓球也拿过冠军，他还说唱歌的时候是锻炼肺活量，正是年轻时喜欢运动，练就了健康的体魄，他才能在手术台上不知疲倦地啃下一个个“硬骨头”，做了很多超高难度、耗时长的手术。这也给我的外科生涯做出了很好的表率。直至今日，我也是在繁忙的工作中努力抽出时间去坚持游泳，坚持锻炼。

师公也是个执着、追求完美的人。2018年，师公在总结肝癌伴有门静脉癌栓患者的临床经验时，提出了门静脉取栓优先的策略，发现我们2014年做的一例腹腔镜下处理肝癌伴有门静脉取栓的病例仍然存活，他非常兴奋，马上给我电话，从很多录像中找到了这个手术录像，并每年随访。他存有患者家属的电话，他发给我并叮嘱我随访时要注意称呼，接电话的可能是患者的丈夫或者儿子，我真的非常感动。这么关注细节，能从患者家属的感受出发。我从师公身上也学到了“一屋不扫，何以扫天下”的精神。临床无小事，细节决定成败。这位患者由于家属一直在外地工作，自己感觉没有任何异常，术后很久没有回来复查，师公非常担心，因为这种患者复发的概率非常高，后续的随访非常重要。他反复叮嘱我一定要和患者儿子反复强调，安排好时间来复查。

家属也非常感动，我们沟通了至少5次，他们终于来蔡老师门诊复查。师公近90岁高龄也亲自过来看患者，复查结果也令人惊喜，术后7年没有复发转移征象，留下了这一张宝贵的影像资料。师公这种对患者高度负责的态度和执着精神，深深地感染了我。就像蔡老师经常和我说的：“做事情一定要追求极致，追求完美，不解决问题绝不放弃。”我想，这就是“彭家军”的精神吧。

师公对我们年轻外科医生的成长一直非常关注，一直鼓励我们年轻人多写文章，多参加国际会议，多做报告，多和同行交流。记得有一次我早上7点去浙医二院办公室找他。刚推开门，就听见英文广播的声音，师公告诉我，他一直坚持早上听英语广播，还勉励我也一定要养成这个好习惯，注重国际交流。

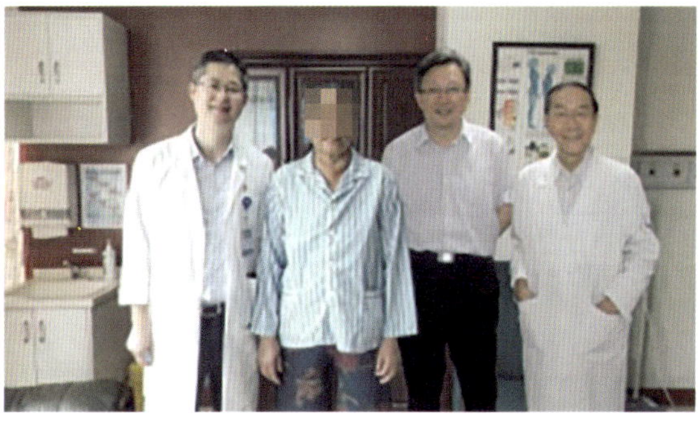

2021年10月7日，一例肝癌伴门静脉癌栓手术4年后的患者复查后与蔡秀军院长、彭淑牖教授、梁霄合影

2011年，我第一次去美国旧金山参加

美国外科学院年会（ACS 大会）做报告，心里忐忑不安。开幕式时，师公坐在主席台。开幕式结束后，他得知我有一个英文报告，就非常耐心、详细地给我讲一些英文发言的注意事项，让我不要紧张，他会亲自到会场支持我，给了我极大的信心。报告完成得非常顺利，我也收获了在国际舞台上学术交流的宝贵经验，他在后来的日子中也为我写推荐信，极力促成我成功申请美国外科医师学会会员（FACS）。

2017 年，我入围第四届全国普通外科医师学术论坛暨中华外科青年学者奖评比，师公第一时间发信息给我，预祝我更上一层楼。记得第 18 届全国肝癌学术会议在广州举办，我有个学术报告，但是因为疫情不能参加，师公特地给我发短信说："应当有线上的，您一定要多多露面展现才华和邵院风采！"

2021 年，在蔡院长的指导下，我们团队成功开展国际首例腹腔镜联合胸腔镜下腔静脉切开取癌栓治疗晚期肝癌，师公得知消息后，第一时间发微信给我："精彩，祝贺，加油！"类似的鼓励举不胜举，让我充满了信心，也让我充满了感激之情，感受到"彭家军"传统中不断鼓励年轻医生成长的育人精神。

彭淑牖教授、蔡秀军教授、梁霄参与拍摄《普外学者思享汇》

2019 年初，《中华外科杂志》组织拍摄《普外学者思享汇》，主题为"'彭家军'三代人的师生情"。我非常荣幸地参加了拍摄，作为主持人，也作为"彭家军"中的一员，再次近距离感受到了"彭家军"师生之间的温情，更加体会到"彭家军"一贯以来的家教——创新、严谨、执着、育人。蔡老师在拍摄中深情地说道："严师出高徒，是一种传承。"师公更是说："严格要求，这是一种对学生的爱护，而创新是为了解决患者的问题。"他们共同的目标是希望学生青出于蓝而胜于蓝。我永远记得师公说："A good surgeon should have an eagle's eyes, a lion's heart, and a lady's hands.（一个优秀的外科医生需要一双鹰的眼、狮子的心、一双巧妇的手。）"我想这也是"彭家军"对优秀外科医生的要求。

最后，我想把师公的工作原则和方法送给大家：永置患者利益于首位，仔细观察去发现问题，反复思考来分析问题，深入研究而解决问题；拒绝因循守旧，勇于改革创新，切勿迷信洋人，也不盲从权威，不断超越自我，赶超国际水平；不因事小而不为，莫为困难而却步，勤于积累资料，积极写作投稿，努力学习英语，坚持体格锻炼。这也是我一生宝贵的精神财富。

梁岳龙：他的蓬勃朝气感染着每一个年轻医者

梁岳龙，副主任医师，硕士研究生导师，浙江大学医学院附属邵逸夫医院普外科。

2006年，临床医学七年制第四年，我在普外科见习轮转，有幸被分配到了蔡秀军老师组。两周的见习，我第一次听说了我们的师公彭淑牖教授，也就在这两周时间内，无论蔡老师亲自带教，还是虞洪、梁霄老师带教，彭教授的故事都是最常被提及的，从彭教授查房到手术带教，从攻克肝尾状叶切除到创建捆绑式胰肠吻合技术，再到彭氏多功能手术解剖器（PMOD）的研发，他们的言语中充满浓浓的敬仰之情。彼时虽尚未见到彭教授真人，但毫无疑问，知道彭教授绝对是外科界的泰斗！见习的两周时间，我对普外科产生了浓厚的兴趣，由此确定了职业方向，彭教授和蔡老师成为我心目中的职业偶像。

后来，我如愿成为蔡老师的硕士研究生，也有了与彭教授接触的机会。记得初遇彭教授是在蔡老师举办的腹腔镜新技术新项目学习班（国际微创外科大会西湖峰会前身），彭教授作为第一位讲者讲解肝癌的外科处理，着重讲解门脉癌栓的分型和处理，并通过典型病例介绍手术方法，并在最后介绍了“彭家军”。

彭教授的演讲是他职业生涯的缩影，不仅仅传授专业知识和宝贵经验，更多的是讲述他对临床问题的思考和独到见解，讲到探索解决临床问题的方法时，穿插了“彭家军”创新发明的很多故事，内容丰富，干货满满。虽然在肝脏外科领域，我当时尚处于“小白”阶段，但毫无疑问，我已被彭教授所展现出的大师气质深深折服。彭教授不仅是一名外科学家，而且还是一名副其实的科学家。想想蔡老师平时教育我们恪守浙大人的“求是创新”精神，从临床问题出发，解决临床问题，这不也就是“彭家军”的传承吗？

后来，尤其是毕业后留在浙江大学医学院附属邵逸夫医院普外科工作以后，我有了更多的向彭教授学习的机会。每次在手术台上给彭教授做助手都有难忘的体验，受益匪浅。让我最难忘的是给一位从大连慕名而来的肝癌患者手术的过程。该患者是位中年男性，右三肝巨大肝癌，肿瘤紧贴门脉矢状部，压迫左肝管，手术难度相当大。

当时是梁霄师兄和我担任助手。时年 85 岁高龄的彭教授在这场 5 小时的鏖战中，从划皮到创面精细止血，全程无休，高度专注，我们是既佩服又心疼。在这台堪称艺术品的手术过程中，彭教授全程带教，从血流控制到 PMOD 切肝，把操作重点、要点详细讲述并示范，尤其是 PMOD 切肝过程中，彭教授指出了我们 PMOD 使用过程中的不足，把正确的使用手法详细讲述并手把手带教，让我们对 PMOD 的使用技巧有了更深的认识。

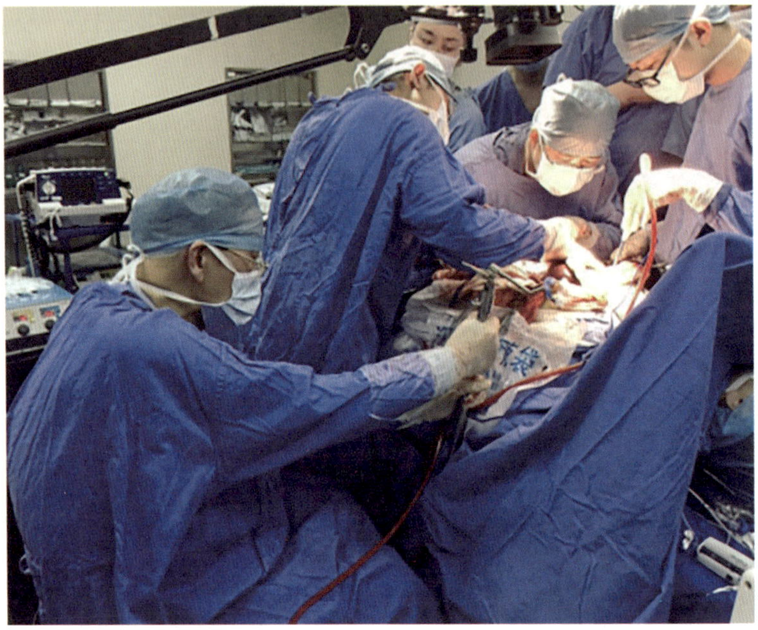

85 岁的彭教授和我们一起鏖战 5 小时后，在年轻人的催促下，扶着手术床的栏杆坐着小憩，这一幕让人既心疼又敬佩

这台手术也让我真正见识到了 PMOD 在其发明者手中的威力，娴熟的刀法、清晰的视野、关键部位的精准处理，使这台手术成为经典，为患者快速康复和长期生存创造了条件。该患者最后确诊胆管细胞癌，目前术后 5 年无瘤生存。在手术过程中，彭教授不放过任何一个细节，指出了我的一些不规范操作，同时语重心长地教育我们细节决定成败，让我及时纠正了这些平时不经意的动作，使我终身受益。

每每和彭教授聊天，都会有很多收获，产生很多感触。彭教授喜欢跟我们讲他最近的研究成果，他始终追踪热点、难点问题，勇于创新，并付诸实践，至今保持着超强的执行力；彭教授喜欢给我们看他手机上自己剪辑的精彩手术视频，实力玩转智能手机，让我们这些年轻人自愧不如；他喜欢唱英文歌曲，纯正、流利的口语让人羡慕。

彭教授身上无时无刻不散发着磅礴的朝气，淋漓尽致地展现什么叫学无止境、教无止境、研无止境，是我们年轻人永远学习的榜样。

2017 年 3 月 30 日，彭教授和年轻医生共度国际医师节

林辉：我愿用我的一切，换您岁月长留

林辉，主任医师，博士研究生导师，浙江大学生物医学工程与仪器科学学院副院长，浙江大学医学院附属邵逸夫医院普外科。

彭淑牖教授，我师父的师父，我的师公，我的偶像。平时我还是喜欢叫他“彭老”。不识其人，先闻其名。他就是这样一个人。1997年我考入浙江医科大学，外科“二彭”、眼科“二姚”的故事早就在校内风传，偶像的种子估计就在那个时候播下了。后来听说“二彭”是大彭小彭，是师徒；再后来又听说大彭风流倜傥，小彭英气逼人。直到进入附属二院（现浙医二院）见习，才发现传说都是真的。

第一次见到彭老的画面已经模糊，应该是在临床大查房的人缝里看到了第一眼。偶像崇拜的原因，后来我也成了他徒弟的徒弟，先是师从彭承宏老师，后来是曹利平老师，最后落脚在了蔡秀军院长门下。作为“彭家军”的第三代成员，跟彭老在临床中的接触自然也越来越多，从五助拉钩开始，逐渐升级，学生期间最好的纪录是二助拉钩。至于一助拉钩，那是我自己也成了老师以后的事了。最重要的是，工作之余跟彭老的互动也日益增多，一起喝过茶，碰过杯，吃过饭，唱过歌……感受了学术之外一个真切的“老顽童”。

工作上的彭老“生命不息，学习不止，创新不停，成果不断”，名副其实的外科界常青树，他的精神思想和丰功伟绩早就写进了教科书，刻进了外科学人的心里，影响了当代乃至未来肝胆胰外科的发展。作为“彭家军”三代，我也是其中的受益人。彭老学术成就太高，“高山仰止，心向往之”是我内心的真实写照。跟他在一起，无论什么场合，我们基本不聊学术，我只想跟他轻松地畅聊海阔天空，所谓学术的归学术，生活的还给生活。

生活中的彭老师“生命不息，学习不止，思考不停，快乐不断”。他的长寿秘诀，有人说是运动，有人说是自律，我认为他就是喜欢跟我们年轻人“混”在一起。快乐的片段太多，记忆中最深刻的是他的一次彭氏幽默。

那是2016年医院党政办组织采访他的一次小插曲，是个午后，地点在邵医咖啡馆小包厢。彭老师刚从外地出差回来，我们担心他没吃中饭，特意为他准备了一块新款奶酪蛋糕。在一番客套、感谢和对糕点精致外观的称赞后，他开始埋头享用，看得出只要是美食他都愿意尝试。

过了一小会，彭老大概注意到了我们一群小伙伴们坐在边上，有些不好意思地收起勺子准备切入采访“正题”。我们不肯，执意要等他吃完。他也拗不过，岔开话题说：“那这样吧，我给你们出道题。”这个有点意思，小伙伴们马上来劲。只见他随手拿起边上的蛋糕包装盒问大家：“你们说这个盒子有几个面？”

大家焦点刷一下子聚到了那个盒子上，这是一个上部有很多不规则面的小手提盒。主任接过盒子，大家围着开始认真数着。“9个？”彭老没说话，只是笑。“14个？”彭老还是没说话，还是笑。“12个？”“16个？”……盒子也在大家手里轮流转着，彭老始终没说话，直到糕点吃完，收拾好桌子。主任见状马上说：“彭老师，我们数不出来，那您说有几个面？”彭老接过盒子，伸出两根手指，慢条斯理地说：“两个面，一个是里面，一个是外面。”

大家一愣，包厢里随即响起了一片笑声。那天的采访内容我已经不记得了，但这个欢快的场景历历在目，不是幽默本身，而是幽默背后彭老与众不同的思维方式，“打破惯性，突破常规”，这不正是彭老一生创新不断的根源吗？

彭老，神一样的人，终究还是人。人一定会老，彭老也是。想起过去经常一起唱歌到凌晨，现在看来是不大可能了，毕竟90岁了。但彭老终究还是个停不下来的人，停不下手术，停不下写作，停不下创新，哦，还有停不下学些新歌。想起了筷子的《父亲》：“时光时光慢些吧，不要再让您变老了；我愿用我的一切，换您岁月长留……”

2020年5月29日，林辉（后排左起五）的两位博士（着西装者）答辩结束后与彭淑牖教授合影

刘坤：彭派武当，外科至尊

——北漂徒孙点滴回忆

刘坤，副主任医师，首都医科大学附属北京友谊医院普外科。

引　言

学在杭州，漂在北京。北京公园大爷大妈们很多喜爱京剧，不时会聚在一起切磋道艺，有些是票友，有些已是梨园清客。我不懂京剧，有时闲来旁听几句，也不经意间听到京剧行内的一些辞藻和规矩。例如，生人碰面开场会问："您宗哪派？梅尚程荀张……马谭余奚杨……"看来，万行皆有门派。那我宗哪派呢？

"80 后"的男生大多读过金庸系列武侠小说，至少也看过"飞雪连天射白鹿，笑书神侠倚碧鸳"中的一部或几部电视剧。金庸武侠描述的是一个宏伟绚丽的武侠世界，虽门派林立但都赤诚爱国。各大门派里，我最爱武当，最爱张三丰，爱他自幼习武，博采众长，大器晚成；开山立派，严格门风，行侠仗义，终成武林至尊。如果把外科学界比作江湖武林，那谁又是武当呢？

初入彭门

我是蔡秀军老师的学生，属于彭淑牖教授的徒孙辈，但当年我参加硕士研究生复试时，彭教授却是我初到杭州后见到的第一位导师。

我于 2000 年考入青岛大学医学院，大学男生的日常就是浑浑噩噩，没有波澜。2003 年进入临床见习时，逐渐对各个专业有了一点直观感受。众多带教老师们中，印象比较深刻的是青岛大学医学院附属医院肝胆外科卢云主任。他当时从西安交通大学博士研究生毕业不久，在给我们讲肝脓肿的治疗时就很大胆地说："教科书上写的是错误的。"（第 5 版人民卫生出版社《外科学》教材中还写道"肝脏切开引流术"和"肝切除术"）。对于当时懵懂的医学生来说，卢云老师的话的确很刺激。卢云老师还讲了外科的流派，说他读书的时候，西安的老师们要求深部打结用中指，而工作之后青岛的老师们要求深部打结用食指。6 年养成的习惯，要他用 6 个月的时间改过来。卢云老师还带我们参观了肝癌切除术和胰十二指肠切除术，他说："经典腹部外科三大手术是指右半肝切除、胰十二指肠切除和低位直肠癌手术，肝胆外科就占了 2 个。各位有意选择外科和愿意接受挑战的男生，应该选择肝胆外科。"当时觉得卢云老师特别睿智、精干，他算是第一个在我心里播下肝胆外科种子的人。

2004 年实习时，我去了烟台毓璜顶医院。毓璜顶医院肝胆外科的老师们都各怀绝技。我当时第一个夜班跟着孙世杰主任，急诊有一位右肝巨大脓肿伴高热的老年女性患者，人很瘦弱，经济条件很差。孙老师从手术室要了一根 T 管，用一个静切包在急诊床旁经肋间入路，分分钟就杵了一根肝脓肿引流管，放了 1000 多毫升脓液，观察 6 个小时就让患者回家了，没收一分钱。宋占文主任当时已经做了很多台腹腔镜肝脏切除术了，算是肝胆外科腔镜手术的领军人物。刘小方主任是浙江大学前辈（1990 年届），裘法祖院士的博士后，当时刚刚留日归来，给我们讲了国内外很多见闻。黄庆先老师当年刚从武汉协和医院王国斌院长那里博士毕业，是我的直接带教老师。

最后还必须要提周先亭主任。在一次肝移植手术之后，我俩在手术室餐厅吃饭，周主任花了 1 个小时和我聊专业选择，并很正式地建议我选择肝胆外科，他也是第一个给我介绍彭教授的老师。那时我说我哥哥在浙江大学读书，周主任就说："你应该考研去浙大，找彭教授或者其学生做导师。"他说可以帮我推荐。次年考研，我考了 334 分，按照往年的分数线（305 ～ 320 分）肯定是没问题的，但现实却开了一个大玩笑。2005 年浙江大学医学院分数线创了历史新高——335 分，我差了 1 分，落榜了，也就无脸再去找周主任了。不管怎样，毓璜顶医院肝胆外科的老师们是让我坚定选择肝胆外科的向导。

2005 年毕业后，我到青岛市市立医院工作，和我爱人张茗卉先后在各个科室轮转（山东省第二批次的住院医师规范化培训）。两年里我俩认识了很多带教老师，他们也都给了我俩很多帮助。2007 年，我再次报考浙江大学硕士研究生并通过了初试分数线。5 月份面试时，爱人张茗卉正好轮转到医务处，马晓鸥处长得知我要准备复试，主动提出带我俩去找肝胆外科胡义利主任。

马晓鸥处长领着我俩对胡义利主任说："这个小伙子想做肝胆外科，帮忙引荐一个浙江大学的导师。"胡义利主任二话没说，就让我爱人取了一张信纸，当场写了一封正式的推荐信，然后又找了医院的一个公笺信封，在信封上写了"彭淑牖教授亲启"。我爱人那时已经轮转过肝胆外科了，但我还没轮到。胡主任对我说："你考浙大必须找彭教授或者他的学生，他们是真正的外科大师。"他还和我讲了彭氏多功能手术解剖器和捆绑式胰肠吻合术，其实这些在两年前周先亭主任就和我说过的。胡主任还说，欢迎毕业之后回到市立医院工作。

2007年我到杭州参加复试，当时我哥在浙医二院肿瘤研究所胡讯老师门下读博士。我哥从同学那里打听到彭教授的办公室就在浙医二院门诊楼18层，就带我过去。作为一名无名小卒，前一天虽然已经想象了各种面见大教授的场景，但我心里还是很胆怯的。真正见面后，却发现事情与想象的完全不一样。

彭教授的办公室很小，开门进去就能看到很多照片、书、杂志和毕业论文册（毕业季），和我想象中大教授的豪华办公室差别很大。我当时战战兢兢地做了自我介绍，并把胡义利主任的介绍信呈给彭教授。彭教授非常和善，说他去过很多次青岛，和胡义利主任很熟等，使得我很快就没那么紧张了。然后，他问我考研的分数，问我有什么打算。彭教授说，他已经不带硕士研究生了，他推荐我去找方河清主任，也算是他的门生。虽然后来由于种种原因，我没有成为方河清主任的学生，但还是要感谢彭教授的初始接待。

后来，我在复试期间碰到了窘境，我爱人在青岛求助了当时市立医院肝胆外科的董汉光老师（现在上海市第一人民医院胰腺外科），他引荐我认识了他的研究生同学梁霄，霄哥帮我引荐，最终我成了蔡老师的学生。在复试结束后，我给彭教授发了一条短信，彭教授回复："蔡院长是我的学生，努力学习，祝学业有成。"

在复试结束返回青岛之前，我和我哥在浙医二院食堂吃饭，我哥说："读万卷书不如行万里路，行万里路不如阅人无数，阅人无数不如名师指路，名师指路不如登门入簿。""蔡老师就是名师指路，名师不只自己教你，手下师兄师姐都会教你，同时也是进入了'彭家军'的名簿，等你毕业之后会有很多'彭家军'的师叔、堂师兄弟帮助你。"我当时不懂，但现在我哥说的这番话都应验了。

我从小受的教育是"成家立业，先成家后立业"，所以2012年博士研究生毕业后我就回到了青岛市市立医院，再次和我爱人在同一单位工作。2014年，我爱人考博成功来到中国医学科学院阜外医院跟随王浩老师学习，我也想辞职去北京。还是董汉光老师指点我说："你先去北京做个博士后吧。"在联系北京的博士后导师时，我很是犹豫，因为我是一个非常传统的山东人，孔孟礼教中讲"一徒不拜二师，一子不认二祖"。我是蔡老师的学生、"彭家军"的弟子，这一生只能是蔡老师的学生、"彭家军"的弟子，于是我断然拒绝了很多亲友们的引荐，找到了阜外医院放射科的吕滨老师作为博士后导师。很多人不理解我的行为，包括霄哥，我都礼貌回复，对外都说为了和我爱人在一个单位，但真实的想法就是我不可能再找任何一个外科学的导师，哪怕是院士。在我心中，没有导师会比我的蔡老师更好，也没有人能撕掉我身上"彭家军"弟子的标签。我爱人问我，到底是什么原因让我这样选择的，我也说不清楚，只是一个单纯的信念，这也许就是蔡老师的言传身教和潜移默化，那种"彭家军"延续的信条和门风吧。

彭门绝技

进入浙江大学医学院附属邵逸夫医院（以下简称邵逸夫医院）后，在蔡老师、虞洪老师、霄哥和各位师兄弟的帮助下，我对肝胆外科的认识迅速提高，也逐渐学习到了各种彭门绝技。彭教授经常来邵逸夫医院做手术，我有时间都会观摩，但让我印象最深刻的有下面三台手术。

胆囊癌根治术：规范与精湛

2008 年，我在读研一，在邵逸夫医院 2 号楼 6 楼跟着胡海师兄管患者。一天收了一位 70 岁左右的胆囊癌女性患者，肿瘤肝侧已经侵犯肝脏，而且有中度黄疸。患者是慕名找到彭教授的，手术是彭教授、蔡老师、胡海和我一起上了手术台。

彭教授和蔡老师的手术行云流水，我在蔡老师的左侧（患者头侧）三助的位置上，各种心急想看但无奈视野不好。彭教授在我斜对面，抬头时看到了我垫脚翘首想看手术野的着急相，就和台下巡回护士徐米娜说："给他拿两个脚凳。"我当时算是手术室的新人，不好意思开口找巡回老师，彭教授的话在很大程度上帮助了我。再以后，我慢慢混熟了手术室，也就逐渐形成了规矩：只要我站在蔡老师的左侧（患者头侧）就摆放两个脚凳。

这台手术后，我在写手术记录时很感性地创造了一个词——"剥树皮"，以后成了师兄弟们写手术记录的模板。彭教授和蔡老师的手术规范且精湛，从肝总动脉入路，清扫动脉周围淋巴结并显露门静脉后，就转为切除Ⅵ b 段和Ⅴ段肝脏，肝脏离断后再在左右肝管汇合处横断肝总管，送检上切缘，用纱布包着肝脏向下牵拉切除胆总管及其周围组织。这时候就到了震惊到我的地方，彭教授和蔡老师用 PMOD 真的就像"剥树皮"一样从上到下把门静脉清扫得干干净净，直到清扫到胆总管胰腺段，送检下切缘，做到了真正的 en-bloc（整块切除）。

蔡老师在手术台上问彭教授："那个患者还挺好吧？"彭教授说，"十几年了，都挺好的。"下台之后我问虞洪老师，虞老师说彭教授之前做过一个类似患者的手术，患者已经术后存活 10 多年了。虞老师还说："手术是良心活，清扫多少只有你自己知道，细致做好每一台手术真的可以改变患者的命运。"

腹膜后肿瘤切除术：担当与挑战

2009 年胡海师兄毕业后，我就接管了 2 号楼 6 楼。有一天收了一位 50 多岁的来自内蒙古的患者。患者人高马大，很有草原大汉的风范。来住院时，患者手里有一摞摞的病历和影像胶片，原来他是感觉肚子胀和胃口差，先到所在地市的三甲医院检查，发现了腹膜后肿瘤，后来到了呼和浩特的自治区医院，再到北京、上海等多个大医院就诊，都说手术太难，做不了。患者慕名找到彭教授，说是可以做，于是我就非常关注这个“特殊患者”，期待彭教授的“绝妙演出”。

入院后的几天，在患者做完检查后，我特意找到了我放射科的同学陈仁彪，他带我找了张峭巍老师，研读了这个患者的影像学资料。在我刚回到病房时，蔡老师打电话过来，让我去找胡红杰主任，仔细看一下肿瘤与周围脏器的关系。我说：“好的。”我没和蔡老师说我其实已经找过放射科老师了，因为这就是蔡老师的风格。胡红杰主任和张峭巍老师的结论是一样的：①肿瘤巨大，从膈肌到盆腔。②形态怪异，矢状位看就像沿着整个腹膜后间隙生长的“浇筑的3D地图”，有高山、有丘陵、有平原，几个“高山”在肝肾隐窝、肝胃韧带后方延续至尾状叶、左肾下方；几个“丘陵”在胰腺后方、肠系膜后方，还有延续连接高山和丘陵的“平原”肿瘤。③肿瘤有包膜，除左肾有肿瘤侵犯肾皮质外，其他脏器都没有受累，而且主要血管也没有受累。那时候没有微信，我就编了一个很长的“9000短信”发给蔡老师。几个小时后，蔡老师回复：“知，后天手术。”

一台我期望的手术就要上演了，手术是彭教授、蔡老师、虞洪老师和我一起上的，还是老规矩，我踩着两个脚凳站在蔡老师的左侧（患者头侧）。这台手术切口很大，腹部从上到下，视野相对好很多。这台手术让我见到了将所有腹部脏器游离并清扫其后方的肿瘤。彭教授和蔡老师就像两个魔术师，似庖丁解牛，用PMOD将腹部脏器“玩弄于股掌之中”。

手术按照从前到后、从上到下、从右到左的顺序进行，先将肝周韧带游离，游离出肝肾隐窝的肿瘤，再结扎所有肝短静脉（部分已被肿瘤拉长），在不离断第一、第二肝门的情况下，蔡老师双手“V”字形抱起肝脏，彭教授顺势把右侧肝肾隐窝的肿瘤从肝脏后方（下腔静脉前方）拖到左侧，和肝胃韧带后方的肿瘤连在一起（哑铃型，中间不切断）。蔡老师当时那个面带憨笑＋叉腿站立＋耸肩双手抱起肝脏的动作简直太帅了，我至今记忆犹新，就像一个路边捡到大金元宝费力抱回家的孩子。我想，能将肝脏解剖到这个程度，绝对是最高等级的大师了。这比肝脏移植手术更难，因为这不是移除肝脏而是孤立一个存留的肝脏，只有出入管道“一线牵”的活的肝脏。

这台手术我还看到了如何托起胰腺。Kocher切口游离胰头到腹主动脉，再将脾脏和胰体尾从左侧翻起直到腹主动脉处会师。这种情况通常会切除脾脏的，但彭教授没有。蔡老师在操作的时候，彭教授都很小心地护着脾脏，这就是“器官保护”的意识，不该切的一定不切。这次是彭教授双手“V”字形托起胰腺和脾脏，蔡老师清扫胰腺后方的腹膜后组织。清扫之后，彭教授将脾脏轻轻地放回脾窝并用湿纱布填塞掩盖。彭教授还特意摸了一下胰头后上方第13组淋巴结的地方，和虞洪老师说：“这个位置一定要清扫干净，这是手术后肿瘤复发引起黄疸的一个主要因素。”

刘坤和彭淑牖教授在2017年国际微创大学西湖论坛上合影留念

这台手术中，同时切除了左肾和左输尿管。手术前，蔡老师让泌尿外科马亮医生备台，但手术中他并没有上台。我一直相信，真正的外科大师是可以横跨专业的，彭教授和蔡老师做肾脏切除一定是妥当的。为了清扫左侧腹膜后的肿瘤，我还看到了腰动脉，这可是真正的腹腔后壁了。

肿瘤切除之后，彭教授和蔡老师下台，嘱咐虞洪老师要仔细冲洗并注意把脏器固定好。我想也是啊，腹腔脏器都游离到这种程度，如果不固定的话肯定会在肚子里摆来摆去的。蔡老师下台之后，问徐米娜护士找一个最大的手术盆装切下来的肿瘤，但盆还是太小装不下，后来徐米娜护士只能找了一个偌大的黄色塑料袋才把全部肿瘤放下。蔡老师提着塑料袋跟在彭教授身后去给家属看标本，走廊里随即传来蔡老师爽朗的笑声，但彭教授并没有笑。哈哈，这台手术如果是我做的，我恐怕要笑上个三天三夜吧。

更让人匪夷所思的是，这台手术切除了三十多斤的肿瘤却没有输血。我在手术前特意给血库打的电话，按照重大手术备血，备了10单位的红细胞+2000毫升血浆，而且我提前在病历夹里准备好了提血单，结果手术中竟然没用到。回想起来，我还是年少不更事，没见过世面啊。

手术后患者恢复很顺利，很快就出院了。霄哥和我说，彭承宏师伯在2004年曾经做过一例腹腔多脏器（肝脏、胰腺、脾脏、胃、十二指肠、全小肠和结肠等）移植，这种涉及全腹腔脏器的手术，只有“彭家军”敢做、能做。患者出院之后的一天，王一帆师兄给我打电话让我去医院收发室取一个快递，然后送到蔡老师办公室。后来我才知道，快递是患者回家之后寄来的一个羊皮画卷，以表达对彭教授和蔡老师的感谢。

术后腹腔大出血：卓越与淡然

“常在河边走，哪能不湿鞋。”2010 年我已转博，蔡老师也有了更多的行政事务。一天晚上值班，我们自己组的一个胰腺手术患者突发腹腔大出血。给虞洪老师打过电话后，我们几个师兄弟急急忙忙把患者送到 10 号手术室。这个患者的名字我至今记得，姑且叫他“61”吧。

“61”是十二指肠癌患者，他姐夫曾经在邵逸夫医院做过手术，印象很好，就也介绍他到这里做手术了。“61”第一次手术也是我上台的，手术中胰腺很厚、质地很软，加上十二指肠癌的影响，患者食欲很差，空肠就偏细。做胰肠吻合时，胰管也很细，操作比较困难。手术后的前几天还是不错的，胃肠道功能很快恢复，患者逐渐开始进食，但进食后出现低热，突然在夜班时间腹腔引流就变成血性液体而且量很多，人也瞬间就休克了。

第二次手术中，腹腔出血很多，而且术野结构紊乱，很难找到出血部位。那是我第一次看到虞洪老师着急出汗，台上给蔡老师打电话，声音都是发颤地说：“情况不好，找不到出血点，止不住血！”蔡老师肯定知道，能让虞洪老师搞不定的事情一定是大事。蔡老师还在外面有公务，就给虞老师说：“找彭教授！”虞老师双手压着大概的出血部位，等着彭教授来救场，中间王先法主任也来到手术室帮忙，上台发现确实很棘手。我作为小辈，只能干着急，同时也期待心中的“圣骑士师公”驾到。

10 号手术间不大，比我们常去的 11 号手术间小很多，所以气氛显得尤为压抑。彭教授快步前来，但进入手术室后，语气和动作就慢了下来，这种“慢”就给全手术室的人一个信号，“稳”就是一切。彭教授很快穿戴两副手套（不刷手）上台，说：“虞洪，我来。”然后对着我说：“一起吸。”

彭教授一手拿着 PMOD，一手在手术区域摸索着，我也看不懂他在摸索什么，只能拼命地拿吸引器吸着。彭教授摸索一会，就和虞洪说“压着”，再过一会又开始摸索，我就又拼命吸着，然后再“压着”。两三次以后，彭教授转头问麻醉老师：“患者情况还好吧？”麻醉老师说：“不好，但还能维持。”彭教授再次做出了一个让我“惊掉下巴”的举动，他对台下巡回护士说：“要子宫针 +10 号线”。我是一直疑惑，虞洪只是一时疑惑。彭教授用手调整了一下虞老师的手势说：“虞洪，你这样压着。”然后，他拿起 48 毫米弧长的子宫缝合大针在我看不见的区域缝合了一个“八”字，打结之后说：“虞洪，你松手看看。”果然，出血明显好转。下台以后，虞洪老师心情很不好，我也就没问到底哪里出血，彭教授到底是怎么止血的，直到现在10多年过去了，我也没有再问虞老师。

1个月前，我刷抖音视频刷到一句话："优秀和卓越的区别在于，正常情况下超常发挥叫优秀，极端条件下正常发挥叫卓越。"这就让我又想起来10多年前彭教授的那台手术。在如此紧急且极端困难的条件下，在我们焦急的期盼中，如此淡然地拯救全场，挽救患者生命，这怎能不是卓越，怎能不让人膜拜？

彭家军传

在邵逸夫医院求学的5年，是改变我人生轨迹的5年。邵逸夫医院普外科（以下简称邵医普外）的老师们绝大多数是彭教授的学生，一定程度上可以将他们定义为"彭家外科天团"。在离开邵逸夫医院的10年里，我又在数家医院学习和工作过，都没有感受到那种属于邵医普外的科室氛围。我一直在想，用什么语言能描述出这种感觉呢？既然不能一下从现象中发现本质，那就应该究其源头，从源头寻找答案。

凡事皆有因缘，就在我思考彭家军基因来源的时候，"火石"从天而降。2020年8月12日，周素琴老师因为一个采访任务给我发来了邵逸夫医院手术室的照片，那是多么熟悉的手术室啊，还有那熟悉的蓝色手术衣和熟悉的人。周老师还特意拍了几张彭教授的照片，这更让我想起当年的时光。周老师的照片突然点燃了我的一个想法，一个很狂野的想法——让周老师出一本书，一本关于彭教授的书，一本能追寻到彭家军基因来源的书。

周素琴老师是天选之人。她感情细腻，喜欢写作，更能敏感地发掘出平凡事中的不平凡。2008—2009年，周老师在邵医普外科7楼工作时就在当年院内的BBS上写了几篇普外科的工作见闻连载，在那个没有微信、没有抖音的年代，BBS的传播力已是局域网内的"王者"（类似于"浙大88论坛"和"cc98"论坛）。慢慢地，周老师就在院内写出了名气，后汇总成篇并取名"普外科的那些事"。再后来，周老师离开了普外科，但我们一直保持联系。我毕业离开杭州后，周老师因为写长篇小说《夜班护士》和我聊了很多当年的往事。2021年初，周老师还给我邮寄了她主笔的《荆门战疫》，文笔更加成熟，并独具一格。我斗胆请周老师出山只是一种莫名自然的感觉——她能用特有的（医学）行内视角外加细腻的女作家文风探寻彭家军的基因来源，并把彭教授的伟大写给世人，把"彭家军"的强大告知世人。

时间一晃就到了2021年5月22日，吴孟超院士仙逝，更加激发了我之前的想法。"人生在世，只有两种营生之法，一是老天爷赏饭吃，一是祖师爷赏饭吃。"我出身平平、天资平平，能苟且漂在帝都，全凭在邵医普外学的本领。人要知恩图报，作为徒孙辈能为祖师爷做点什么，也算报恩吧。5月29日晚上9点多，我在憋了1周之后，冒然给彭教授发了一条微信，表达了我的想法，没想到彭教授回复了一个字“好”。天哪，我看到彭教授的微信后木呆了许久。我给周老师打电话，她也很是惊讶。再后来，我给蔡老师发微信汇报了这件事，蔡老师非常支持，对此我并不意外。此后的1年里，在蔡老师的大力支持下，在彭教授的费力协调下，在“彭家军”师叔伯和师兄弟的配合下，在彭教授众多亲友的帮助下，周老师几乎牺牲了所有的休息时间，终于有了书的雏形。这是一本我预想的“彭家军”典籍。

作为徒孙辈，没有资格评价彭教授的各种贡献、各种杰作和各种辉煌，只能各种学习和各种膜拜，但如果要从个人感觉去描述祖师爷的气象和风骨，我可以借用浙大“求是创新”的校训和邵逸夫医院“给您真诚、信心和爱”的院训。对事业、对学业、对专业，他求是创新；对学生、对同行、对患者，他给予了真诚、信心和爱。这也是我在邵逸夫医院5年学习最大的收获。以至于在我爱人怀孕之后，我就和她说，如果我俩生一个男孩，就取名叫“是新”；如果生一个女孩，就取名叫“诚爱”。在孩子出生后，我们就这样给孩子取名了。

结　语

学在杭州，漂在北京。我宗哪派？我宗彭派。外科江湖，谁是武当？彭派武当，外科至尊。

教诲如春风，师恩似海深。铭记师恩，不负韶华。

刘笑雷：他用自己的生命状态影响着我的未来

刘笑雷，副主任医师，北京中日友好医院肝胆胰外科二部。

2001—2008 年，我就读于浙江大学医学院临床医学七年制专业。我的硕士研究生导师是李江涛教授，而李江涛教授是彭淑牖教授的学生，因此我在就读硕士研究生期间，也非常有幸能与彭教授一起工作，向彭教授学习。

我与彭教授一起工作的时间不长，只有 2 年左右，但彭教授严谨的治学精神却在我心中打下了深深的烙印，一直激励着我在从医的道路上前进。当时，彭教授已经 70 多岁了，他为了避免早晚高峰时段交通拥堵耽误时间，每天早晨都是很早到办公室的，而晚上又等晚高峰过后再回家，如此高龄却又如此勤奋和自律，真是让我们这些年轻人汗颜。

毕业后，工作期间每当我产生懒惰情绪时，我就会回想起彭老师清晨出现在办公室的身影，内心不由得升起一股敬佩之情，并提醒自己真正的“外科巨匠”都应该如此地勤奋与自律。如果想在医学事业上有所建树，对工作和科研的激情与热情是必不可少的，但更重要的是持之以恒的毅力和不畏困难的坚韧，只有日积月累的进步，才能最终有所成。我猜想彭教授早出晚归的工作风格已经成为一种内化于心的生活习惯，也许并不会觉得辛苦，我也希望自己能养成这样的习惯，并且勤奋、自律、坚韧……

在我的记忆中，彭教授在工作上勤奋、严谨，而在生活上则简单、朴素。彭教授有一辆开了 10 多年的老式桑塔纳汽车（手动挡），每次去杭州地区的其他医院做手术，他都会自己开车去。因为有时候需要手术录像，我就会陪同彭教授一同前往，完成手术录像的拍摄工作。他在开车的时候就会跟我讲如何开车能省油，也说有好多学生建议他换辆车，但他却说这辆车还很好开，没必要。有时候医院内开会或其他活动后发盒饭，彭教授会把多余的盒饭带回办公室，他的办公室里有一个微波炉，傍晚的时候用微波炉把盒饭热一下，晚饭就这样简单解决了。类似的生活细节还有很多，但这两点让我印象非常深刻。彭教授工作上的精湛和生活上的简朴让我永生难忘，也对我的人生观、价值观产生了巨大的影响，对物质生活不要有太多要求，而对专业技能要精益求精。

彭教授的英语水平非常好，与外国专家沟通交流非常自如，而彭教授的学术视野也一直是国际化的，将国内优秀的肝胆胰外科治疗经验向国际同行介绍。在我就读硕士研究生期间，有来自美国、欧洲、印度的多位外科专家前来找彭教授学习、交流。受彭教授的影响，从那时起我就从未间断过英语学习，每天工作再辛苦也要抽出时间来复习单词、练习英语听力。工作至今，我个人已经发表了 10 多篇 SCI 论文，而这些英文论文全部是我自己写的。

医学是一门科学，需要取长补短，需要与国内外同行多交流，而语言是媒介、工具。更重要的是，彭教授的国际学术视角深深地影响着我，让我在工作中秉持着同样的理念，要向国际高水平的医学中心学习，将来要争取在专业领域达到同样的高度甚至完成超越。虽然彭教授的专业水平非常高，但为人谦逊低调，他总是谦虚、和蔼地与大家讨论问题，在手术台上也非常乐于向大家分享手术经验和心得，让我真正地感受到一种顶级的人格魅力，也懂得了要始终保持谦卑、开放的心态，才能持续发展和进步。

很有幸在刚刚入门外科专业的时候就遇见了彭淑牖教授，在与他的学习与交流中，我真切地感受到了彭教授高尚的人格、精湛的技术、谦虚的心态和朴素的生活。毕业后这些年，彭教授的形象一直像一座灯塔一样矗立在我的心中，指引着我在专业的道路上不断学习、探索、进步，同时谦虚、和善地对待身边的每一个人。

在将来的医学道路上，我不敢期望能取得彭教授一样的学术成就，但一定会秉持严谨的治学精神和勤奋的工作态度，不计较个人的名利得失，为真正推动医学事业的进步和发展做出自己的贡献。

鲁葆春：年轻医生成长的指引灯

鲁葆春，主任医师，绍兴市人民医院副院长兼肝胆胰外科主任。

当我 1996 年正式跨入普外科行列，成为一名外科医生时，彭淑牖教授已经是国内著名的外科学教授，无人不知，无人不晓，只能用“遥不可及”来形容彭教授在我心中的感觉。当时仅知道他从英国回来，发明了彭氏多功能手术解剖器和捆绑式胰肠吻合技术。我第一次见到彭教授是在 2001 年。我院职工的亲戚考虑肝肿瘤，慕名要求彭教授主刀，有幸让我在手术室脚踩两块踏脚板、弯着腰全程目睹了熟练的外科技巧及神奇的彭氏多功能手术解剖器，虽然觉得彭教授很和蔼，但作为小辈的我仍不敢和彭教授说上一句话，心底冒出一个想法“我有朝一日也拥有这外科技术该多好”。

自 2003 年成为蔡秀军教授的在职研究生、2010 年成为学科带头人开始，我有了较多的配合彭教授手术、聆听彭教授讲课的机会，也有了多次面对面和一对一的沟通交流，当然更多是通过老师和周围同道了解的彭教授。此次非常自豪能作为彭教授孙子辈学生、“彭家军”的小辈来谈谈心中的彭教授。彭教授对我影响和触动最大的有以下几点。

热爱、严谨、创新

彭教授 70 年如一日扎根在临床一线、无影灯下。现在已是 90 岁高龄，彭教授仍非常乐意站在手术台上指导学生手术，一站就是数小时；一有疑难患者会诊，哪怕再晚再累也必然给出会诊意见，这只能用对医学的热爱和执着来解释。从我为数不多的与彭教授见面交流中感受到，一旦聊起工作、特殊的病例以及临床的问题，彭教授都精神饱满、思路敏捷，并且无任何年龄代沟；一说起曾经治愈的病例和某台特别困难的手术，他都会表露出发自内心的愉悦。

临床工作是枯燥的、重复的。也有的年轻医生对医学没有发自内心的热爱，所以很难做到坚守，更无从谈成功。我一直以彭教授为榜样，只有专注某件事才能真正做好它，我就这样简单地听话照做，专心致志做临床，也让我很早就脱颖而出，38 岁走上科主任岗位。

我听了彭教授不少的讲座，他做的幻灯不是最漂亮的但一定是最实用、最有价值的，而且他一直坚持亲自做幻灯，用最令人信服的图片和文字，每套幻灯均为原创，这份严谨是目前年轻医生成长所必须具备的。彭教授和他的多位学生在不同时间段、不同场合多次强调创新是医学发展的动力、个人成长的推手，而且强调以临床问题为导向、把科研做在临床上、服务于临床的理念。为了找到便利的切肝器械，彭教授自主发明了彭氏刀，将切、凝、刮和吸的功能汇集在一把电刀上，大大提高了切肝的速度和安全性，该项发明在全国近30个省、市和自治区的众多知名医院临床应用，取得一致好评。此外，他为了更好地术前评估而提出新的胆管临床分型，为提升胰腺癌手术治疗效果而提出腹膜后淋巴脂肪板层根治性切除术概念，为了降低胰腺术后胰漏的发生而提出捆绑式胰肠吻合和胰胃吻合，为了解决残肝体积不足而提出改良ALPPS-末梢门静脉栓塞技术（TBPVE）等，不仅解决了多个临床实际问题，而且更安全、更有效。很多人称彭教授为创新大师。彭教授确实当之无愧，并且这种创新从未停止，如今90岁高龄还在持续提出很多新的外科理念。

认真负责

彭教授不仅严格要求年轻医生，要求他们在临床工作中必须认真观察病情变化、掌握患者的各项信息和检查数据，而且70年如一日严格要求自己，要求自己认真对待每位患者，术前必须亲自翻阅患者各类资料、术后必定回访患者的病情。我曾经有个胰腺肿瘤患者邀请彭教授手术，手术前我已将影像资料上传给他，但彭教授不满足于此，来到手术室后提出要查阅患者各项资料，明确无疑后才放心上台手术。并说："患者将性命托付于你，我们必须认真负责。"该患者手术过程顺利。术后第2天，我突然接到彭教授电话来询问术后情况。我当时真的非常感动，只有如此才能对得起患者所托和获得患者的真正信任，这也深深地影响了我日后的行医之路。

谦逊、平易近人

彭教授之所以能被我们大家尊称为彭老，不仅因为他学识渊博、技术高超、年龄大，而且因为他谦虚、和善、平易近人的人格魅力。2005年，我研究生毕业答辩，彭教授是答辩组组长。答辩结束后看见我，他就说："你汇报得不错，但研究不够深入，建议再加些数据会更好。"同时，欣然接受我的合影要求。我当时受宠若惊，彭教授竟然记得10多位年轻答辩学生中的每一位，而且全程认真听取每位学生的汇报。

这次接触拉近了我与彭教授的距离，往后我也就很自然地尊称他为"彭老"，每次他都高兴地答应并能叫出我的名字。每次学术会议，彭老都是最认真的一位，基本全程参与，每次讨论环节他不仅提出自己的看法，而且有耐心、毫无保留地解答晚辈提出的任何问题。

彭老也非常乐于助人。记得有一次开会我向他提出希望得到他的推荐，获得更高的学术任职和交流平台。然后，在中国抗癌协会胰腺癌专业委员会改选时，彭老向专业委员会推荐了我并亲自打电话给我，真的让我非常非常感动。虽然彭老是外科的大咖、前辈，但当你走近他，绝对不会感受到哪怕一点点高高在上的气息，他总是那么平易近人、善解人意，带着慈祥、真诚的微笑，让每一个走近他的人都感到非常温暖和舒服。

多彩生活，社会潮人

90 高龄仍能够上手术台、思路敏捷地提出创新观点、自己制作幻灯，这与彭教授对生活的态度、重视锻炼身体、紧跟时代潮流是密不可分的。每次遇见彭教授，他都是乐呵呵的，碰到学术上不同观点间的争论也是面露微笑地讨论；工作再忙、手术再多，彭教授一定会挤出时间锻炼身体，如打乒乓球、游泳、骑自行车、踢球和玩双杠等，当然最爱的当属打乒乓球和游泳了，学术会议和手术间隙只要有条件就会去挥两拍或游上半小时。彭老也非常喜欢唱歌，可以完成整首的《黄河颂》，中气十足，唱起苏联歌曲可以说是非常专业。

他作为一个“90 后”，努力拥抱“潮”生活，喜欢玩手机，熟练掌握微信、制图、拍照等手机技巧。因为他知道，手机能使他永不落伍，永远跟上时代发展的步伐，永远保持着与各个领域、各个地区、各个社会阶层人群的密切联系，并关注最新学术发展动态。

薪火相传

彭教授伟大的不是他个人获得多少成就，而是带出了一支“彭家军”，如蔡秀军、彭承宏、刘颖斌、秦仁义、谭志健、牟一平教授等等，在全国各个角落传递彭老的精神，服务于患者。纵览彭老师和他的“彭家军”骨干队伍专家们，不难发现他们具有一个共同的特点：勇于创新、追求卓越。

总之，彭教授对待患者的态度、对医学的执着、对临床问题的创新思维、对生活的热爱都是年轻外科医生成长过程中永恒的指引灯。

沈波：诲人不倦的医学教育家

沈波，主任医师，浙江大学医学院附属邵逸夫医院普外科。

我的研究生导师是蔡秀军教授，因此我算是彭淑牖教授的徒孙辈，属于“彭家军”的第三代。

2000年以后，我刚接触外科，对外科的一切都懵懵懂懂，在手术室里最常做的事就是上台拉钩，或者踩着高高的踏脚凳寻找最佳的视野观摩手术。印象中，只要是彭教授来参加的手术，观摩者肯定挤爆手术室，哪怕踩上两三层的踏脚凳都很难一窥，所以能和彭教授一起上台手术是我一直期待的学习机会。

第一次拥有这样的机会是一台肝脏全尾叶切除手术。“很好”“不着急”“暴露好，看清楚”，很普通的话从彭教授口中说出犹如定海神针。“肝后隧道”“绕肝提拉”，彭教授一边操作，一边详述这些技术的由来。一台高难度的手术就这样风轻云淡地完成了。摄像机记录了每一步操作，尤其到了关键步骤，彭教授还会亲自指导如何拍摄。其实，手术台上的我当时并不理解，但在我后来看到手术视频时，才算真正意义上“观摩”了这次手术，也才明白这些视频的珍贵和“传道授业解惑”的价值。

8年前，我跟随导师蔡秀军教授完成了首例全腔镜下绕肝带法二步肝切除术，将病例整理后在广州的学术会议上进行了汇报。回杭后在手术室遇见了彭教授，他的第一句话就是“二步肝切除的病例汇报非常好”。一个外科泰斗还能如此关心学术前沿，我的内心是异常震撼的。此后，彭教授就此项技术进行了改良，才出现了末梢门静脉栓塞的方法。

近些年来，我开展了重症胰腺炎的腔镜治疗。彭教授得知后，每每遇到我就会询问技术的开展情况，还向我讨要幻灯认真研读。对于我这个徒孙来说，这实在是有点受宠若惊。

作为后辈，我与彭教授的交集其实不多，但在有限的接触中，我深深地感受到了彭教授的与众不同，他是技术精湛的外科医生，是孜孜不倦的学者，更是诲人不倦的教育家。能成为“彭家军”的一员，我深感荣幸和自豪。

王俊：彭老，我的医工结合创业之路的启蒙明灯

王俊，宁波柳叶刀医疗科技有限公司总经理。

我师从刘颖斌教授，彭教授就是我的师公。我外科学硕士毕业后在国企历练了2年，之后创办了企业——宁波柳叶刀医疗科技有限公司。公司主要研发生产外科相关产品，多个产品系国内首创，创业之路至今已经走过13个年头，而这条路的起点，是彭老的彭氏多功能手术解剖器。

学医是为了治病救人，学外科就是为了用手术这样直接的办法解除病患的痛苦，而彭老师让我知道了，学了医还有很多条路可以走。那是大学5年级，针对下肢深静脉反流的疾病，我有个静脉外瓣膜的发明向导师刘颖斌教授求教，在给我答疑解惑后刘老师专门介绍了他的恩师彭淑牖教授的著名发明——彭氏多功能手术解剖器。瞬间，感觉一扇大门在我面前打开了，让我看到了一种让外科医生梦寐以求的武器，这种武器集多种功能于一体，分离、切割、止血和吸引，一应俱全，而这种武器来自外科医生的发明。的确，外科医生才是第一线的战士，他们时时刻刻接触医疗器械，他们的诉求是最真实也是最迫切的，彭老师精准发现产品痛点并给出了解决方案。从那之后，我开始意识到，应该充分结合所学的外科专业技术和自身的工程学天赋，走一条医工结合的创业之路。

路漫漫其修远兮，创业之路大多蜿蜒曲折。每次遇到挫折，我就会联想到彭老超乎常人的体能、严谨的作风、渊博的学识和锲而不舍的精神，这些激励、鞭策我不断前行；每次有什么新的创意，我都会向彭老求教，彭老也会在百忙中抽出时间并毫无保留地提出宝贵的建议，同时和蔼可亲地给我鼓励，让我在漫漫长路中看到了让人暖心的光明，也避免了很多弯路。

身为“彭家军”的一员，我从这个大家庭汲取了充足的养分，恩师刘老师的传道授业，师公彭老的榜样，苏英老师的帮扶，师兄弟们的互助，等等，让我觉得身处“彭家军”这个大家庭中是何其幸运，同时也让我学会感恩和反哺。

微创技术普及度越来越高，腹腔镜手术腹壁穿刺点的特殊性在一定程度上限制了彭氏多功能手术解剖器在腔镜手术中“推拨刮扒”的特有功能。针对这样的情况，我们采用第二代手术机械臂的专利技术，在彭氏多功能手术解剖器头上增加了可以全方位弯曲和旋转的结构，能将术者手腕的动作实时传递到刀头，从而实现彭氏多功能手术解剖器在腔镜手术中的“推拨刮扒”。我们已经着手开发样机。

希望在不久的将来，在腹腔镜微创手术中，彭氏刀也能发挥如在开放手术中般的神威，这就是我和彭老师的故事。

故事还在续写……

王敏："彭家军"的家风

王敏，副主任医师，副教授，华中科技大学同济医学院附属同济医院胆胰外科。

对孩子来说，家就是他认知世界的开始。最原始的对错、美丑都来自于家的第一印象。关于家风家教，中国自古以来就将其上升到极高的高度。孟子曰："天下之本在国，国之本在家，家之本在身。"

其实，家的概念表现为各种形式，有父母生养我们的原生态的家庭，有学校同学之间的"家"的概念，还有师承关系中的"家"。历史似乎遵循着一定的传承规律，人在原生态家庭中建立基本价值观，在学校建立社会价值观，师承关系建立职业价值观。这些不同阶段的家风建设，树立了一个综合的人。你想成为一个什么样的人？你想成为一个什么样的医生？在投入"彭家军"的那一刻，我似乎就开始受到"彭家军"家风的浸染，不知不觉中身上开始散发出一种独有的"彭家军"的气息。

按辈分算，我应该是彭三代，我的导师秦仁义教授是彭淑牖教授的博士生。秦仁义老师跟随彭老师的 5 年硕士、博士研究生学习期间，受到彭老师严格的培养和教育，后来成为我国著名的外科学家裘法祖院士的唯一一个博士后。在没有见到彭老师之前，我就了解到了关于彭老师的各种传奇故事，知道了我有一个师公，他是美国外科学院荣誉院士、英国皇家外科学院荣誉院士、欧洲外科学院荣誉院士、法国外科学院荣誉院士，他有一把独特的彭式刮吸刀（彭氏多功能手术解剖器），他有一种改变胰腺外科思路的吻合方式。这些传奇使得我在还没见到彭老师之前对他充满了好奇。

初识彭老师，是在上海的一次中德学术会议上，彭老师是那次会议的主持。一开始，我在台下并没注意到主持人是彭老师，在一位德国学者做完汇报后，主持人开始用流利的英语发问，一下子就把我吸引住了。在我的印象里，国内大部分专家教授并不习惯用外语进行交流与提问，而这位老教授的提问让我感到很是吃惊。我定睛一看，是彭老师，一股自豪和钦佩感油然而生。后来才慢慢地了解到了彭老师在英国的留学史，以及刘允怡教授要在中国大陆找一位能用全英文讲课的教授到英国授课的很多传奇故事。随着时间的推移，和彭老师接触的机会逐渐多了起来，从间接的了解到直接的接触，从间接的受教育到直接的接受指导，我开始真正地理解什么是"彭氏"家风。

家风里有创新的精神。为什么要创新？如何去创新？一个人的创新精神往往是根植于骨子里的，是一种习惯，而这个创新的基因来源于家风。在我最早期了解彭老师的时候就知道刮吸刀、捆绑式胰肠吻合法等发明，但那个时候觉得因为彭老师是大牌的教授，所以才可能有这些创新精神。后来，我跟随秦仁义老师攻读硕士、博士学位，竟然惊奇地发现秦老师在跟随彭老师读书期间就有了不少的专利和发明。这个传承一下子就打开了我的思路，让我认识到我也可以努力做创新。

当我看到彭老师年近 80 岁提出后腹膜的"神经淋巴管板层样结构"，并生动地将其形容为集装箱理论时，我已经不再感到惊讶，因为我知道创新已经是一种习惯。虽然我并没有太多的机会得到彭老师的直接指点，但和秦老师在一起工作生活的这么长时间里，我看到了传承下来的创新精神。秦老师在彭老师的指点下，有了关于胰十二指肠切除术切除方法的创新、吻合方法的创新、微创技术相关的创新。这种家风无时无刻地影响着我，当我在工作上遇到困难时，我自然而然地就会思考，有没有什么好的方法能解决。我很爱和我的研究生说这样一句话："当你在工作中感觉很不舒适或者很别扭时，这里就是有新发现的地方。"

家风里有挑战权威的精神。我非常有幸参加了彭老师从医从教60周年的庆祝仪式。彭老师谦虚地说道，他这 60 年做了一些当时认为不可能的手术。其中就有一个胆囊癌晚期病例，按照当时权威的判断已经没有办法治疗了，但彭老师通过仔细的分析和精湛的手术对患者进行了根治，这位患者至今已经存活了近 30 年。这样的例子举不胜举。在我的工作中也会碰到一些疑难病例，这些病例按照当前的诊疗策略无法解决只能放弃，我的老师秦老师每次都会和我说："再想想，指南很重要，但不能唯信指南，如果大家都照搬指南，科学怎么进步，谁来打破边界推动科学发展？"

慢慢地，当我遇到与指南说的不一样的情况时，我会静下来思考，指南对吗？指南为什么要这么说？甚至有时候秦老师和我说完一件事情后，我也会向他建议："秦老师，您看这样行不行？"这一家风让我的思维不再受到禁锢。如今我也为人师，这样的家风在我的学生中继续传承。

家风里有严谨的作风。就在不久前，秦老师和牟一平老师做了一场线上的手术直播，同为彭三代的周育成和我共同解说了两位老师的手术。交流中，我们竟然发现手术台上的两位老师在手术理念上有这么多的相似，他们对手术严谨的要求竟然是这么一致。我们不禁感叹道，今天不仅仅是秦老师和牟老师的手术表演，从头到尾都是"彭家军"风格的展示。其实，在平时的工作中，这种严谨的家风无时无刻地影响着我。有一次手术要结束的时候，我固定引流管打结稍微高了一点，秦老师马上就说："如果这个结是在彭老师面前打的，你立马就会被赶下手术台。”从此以后，我开始重视我的每一个动作、每一个细节。这样的家风让我知道了，手术是有风格的，这种风格就是极致的严谨。

每个人对家的认识会有不同,但那种根植于潜意识的家风,影响至深。作为彭三代，我也经常思索，为什么我的老师会这样做？他怎么就有这么多的创新想法？他为什么如此勤奋用功？他的事业的基因是什么？我慢慢地知道了，那就是“彭家军”的家风。这支队伍有一股独特的气质，让人不自觉地渴望融入。“彭家军”的家风有很多很多，这些家风不仅仅体现在彭老师“十大医学泰斗”、多国荣誉院士等头衔下，更体现在他身上的大医情怀。今天，“彭家军”在医学界受到广泛的认可，“彭家军”的家风也将一直传承下去，为健康中国建设不断贡献“家”的力量。

王许安：此生有幸拥有这样一位完美的师公

王许安，副主任医师，上海交通大学医学院附属仁济医院胆胰外科。

我是彭老师的第二代弟子，我觉得自己特别幸运能跟在彭老师身边学习了很久，和他有了更近距离的接触，从而对彭老师有了更深的了解。我的师父是刘颖斌教授，他在杭州学习和工作时，一直跟在彭老师身边。我从2004年跟在师父身边学习，开始接触彭老师。2008年，我师父去了上海交通大学医学院附属新华医院普外科开启新的征程，而我当时硕士研究生毕业先留在杭州工作，这期间有了更多的时间接触我尊敬的师公。

被迫退役的桑塔纳

彭老师有一辆老款的桑塔纳，去机场的时候，我们经常一起开这辆车去。那时，我驾照刚拿到，彭老师会坐在副驾驶座上指导我开车，他教了我很多开车的技巧，并和我说开车如开刀，是相通的，如今深以为然。“严谨、精准”：对于刹车和车距的控制，他要求我早做刹车，要稳稳地停到与前车最好的车距，即刚好看到前车后保险杠下方，隐约看到车子后轮上缘，这样与前车的距离最好，不会太近而追尾，也不会太远让周边的车子借机插队（经常被车子插队会增加自己的风险）；而刹车时要做到在方向盘前方放半碗水而保证水不洒出（但是这个我一直没尝试，特别是当他坐在副驾驶座上时，我会紧张，再加上车子是20世纪90年代的桑塔纳，方向盘和刹车都很硬，估计达不到这个要求）。从这点可以看出，他在生活上都这么严谨，在工作中就更是了。“快、狠”：超车的时候，他对我的要求是要把握时机，通过后视镜评估后方的车距和车速后，打好转向灯后就干净利落地打过方向盘，不要拖泥带水，反复看后视镜。以上这两点特别符合手术的要求：快、准、狠。难怪我们刚一起开车时他就和我说开车如开刀，道理都是一样的，该快时要快，该慢时则要慢，节奏要控制好，判断变道时机干净利落。另外，还有很多技巧和预判，比如我们会一起经朝晖路上的高架开往浙医二院解放路院区，这个路口经常堵车，特别是进入高架口之后，后面接着就是庆春路的出口，他告诉我上面有几个道，哪个道有实线哪个道可以让车变道早点到出口，这样我们可以早点避开上高架后可能会被堵在一条道上。道路就是一个城市的血管，这就和我们手术一样，对解剖要有充分的认识并熟悉，才不至于在术中“堵车”。另外，还有开车省油的技巧，比如早点预判车距和前车车速以及红绿灯的情况，尽量少用刹车，“一脚刹车5毛钱”，一次提醒就是一辈子都不会忘记的话，幽默处透露出彭老师的智慧。

提起这辆桑塔纳，还有更多趣事，这是彭老师买的第一辆车也开了近20年，直到杭州市把这种车型列为黄标车，才开始退役。中间修过无数次，还掉过车门，当成半敞篷车开过。无数人问过彭老师同一个问题：“您怎么还不换车？”他也一直是同一句话回答每个人：“等您买车了，我就换。”

我也有幸开过这部老爷车去过杭州的很多地方。去龙井支路练车时，四月的晚风就透着古老的车窗吹向你的脸颊，八月的桂花香就融着古老车子的味道沁入你的心脾；去医院时，保安一眼就认出医院里最有年代感的车子，引导它去自己的泊位；去彭老师借给我住的老房子，两者的风格就特别搭，那里才是它的港湾……很多很多回忆。对彭老师的这部车，我也感情深厚，就像一匹陪了您多年的老马，突然间就老了，跑不动了。

再后来，我追随恩师去了上海。有一次回杭州开会（应该是2016年下半年，蔡秀军师伯的会议）。会议结束后，留给我去火车站的时间已经不多了，打车恐怕已来不及，彭老师和我说：“我送你去吧。”当时我是相当紧张的，那年他84周岁，我心想如果是我开车过去，回来时彭老师只能一个人开车，火车站人和车都很多，会增加他开车的危险。还没整理好思路，他又接着说：“这次我来开，你多年没回来了，路况不熟，我开车，时间上更有保障。”我还没来得及找借口反对，他已经开始往停车场去了。这一路上，作为读者的您，会感觉到受宠若惊，还是受惊若宠呢？结果是，我们确实一路顺利并提前到达火车站，完美避开各个可能拥堵的路口，下车时我留了这张弥足珍贵的照片，心里满满的感动。

2016年会议结束后，彭老师开车送王许安去火车站

这是我的拐杖，您不要替我拿

十几年前，我们曾一起参加过一个会议，会务组给每个参会人员发了一个拉杆箱，

四个轮子的那种。彭老师很喜欢，一直用到现在，箱子表面的帆布破过、拉链坏过，彭老师就是没舍得换。我们一起参加会议，无论国内的还是国外的，他用的都是这个拉杆箱。每次出行，接他的人都会出于尊敬、崇敬或关爱年长的学者而争抢着帮他拿拉杆箱，替他减轻负担。但是因为很多人是初次相识，他们都不太了解彭老师，他是非常"倔强"的，自己的事情一定会自己做，行李从来都是自己拿的，因而经常发生你推我攘、反反复复争抢的画面。后来，彭老师想了个好办法，任何人再抢的时候，他就说："这是我的拐杖，您不要替我拿。"从此一句话解决问题。他每次说这句话的时候，我都会会心一笑，因为我知道这句话是他的借口。

彭老师和他一直使用的拉杆箱（一直被争抢的那只）

"化繁为简"，是彭老师讲外科手术创新时经常提到的，"彭氏多功能手术解剖器""刮吸手术解剖法""捆绑式胰肠吻合术"等都是这一理念的最佳体现。我想，这个理念也早已融入彭老师生活的方方面面，一句"这是我的拐杖，您不要替我拿"，节约了多少时间，又缓解了多少尴尬。

今天会后，我们先去打乒乓球，再去游泳

锻炼身体，享受生活，快乐工作。彭老师常说外科医生的身体素质很重要，坚持体格锻炼，也要会享受生活。Work while you work, play while you play（工作的时候好好工作，放松的时候好好放松）。人生的意义在于奉献，奉献当然也要享受生活，这些是他在 2016 年"我与外科 60 年"的报告中提到的。比如他 80 ～ 85 岁那几年，我们还偶尔去唱歌，他还可以完成整首的《黄河颂》，中气十足。2012 年，杭州市公共自行车刚投入使用，为了尝试新事物，我们会后会骑自行车环游西湖。

彭老师锻炼身体的方法很多，最爱的当属打乒乓球和游泳了。和彭老师一起参会时，在会议休息期间，他最常说的就是："今天会后，我们先去打乒乓球，再去游泳吧。"在浙医二院彭老师办公室的楼上有一间乒乓球室，里面有三张乒乓球台，我的师父、

2012 年杭州公共自行车刚推出不久，王许安和彭老师在会后尝鲜了一次，骑车环游西湖

师叔师伯们都在这里和他打过乒乓球。据彭老师的夫人谢老师和我说，年轻的时候，彭老师参加过不少乒乓球比赛，拿过很多奖项。我是不擅长打乒乓球的，尽管我胜在体力，但彭老师的乒乓球技巧很多，上、下、侧旋球和拉、调等，一场球下来，我的体力也会被消耗殆尽。2015 年去美国芝加哥参加美国外科年会时，我们所住的酒店刚好有乒乓球台，彭老师更加兴趣盎然，师叔李江涛也在，我们打的时候还有几位参会的外国专家围观。除了打乒乓球，就是游泳。刚开始，我还担心彭老师的身体，后来估计他为了打消我的顾虑，让我们先在浅水区憋气，彭老师第一次还能憋 36 秒，让人叹服，适应水温之后我们就开始向深水区游去了。彭老师一般先开始蛙泳，之后再自由泳，最后再仰泳，每次在 50 米的游泳池里我们间歇性地游五六个来回。彭老师的动作依然熟练且标准。看他游泳，我想用这句诗来形容非常合适——“黄昏不畏总高阳，依旧青春，体健身柔”。有时他在岸边休息时会看我游泳，之后再帮我纠正动作，比如在自由泳中手臂入水和出水的几个动作。这两年因为疫情，很少有线下的学术活动，我们最后一次一起游泳是 2021 年在海南举办的胆道会议期间。希望疫情早些结束，可以再和彭老师一起蝶泳、仰泳，去感受他那种“会当击水三千里，自信人生两百年”的满怀豪情。

长明寺巷上的风水宝地

在杭州市上城区长明寺巷有两处风水宝地。一处是位于马坡巷，被誉为“三百年来第一流”、写就“我劝天公重抖擞、不拘一格降人才”的龚自珍先生的出生地，现在称为龚自珍纪念馆。另一处就是位于小米巷的彭老师的老宅子，那是彭老师和谢老师参加工作时分配的。面积很小，不到 60 平方米，没有电梯，厨房和卫生间都小得只能容下一人，客厅里放了一个小冰箱和一张两人的小沙发，一张木质的小八仙桌也很有年代感了，作为饭桌得挨着厨房的边上放着，因此最多只能容纳下三个人一起吃饭，并且一个人如果想先离席，得有一个人先起身侧立让行。老宅有两个房间，先说次卧，长约 4 米，宽不到 2 米，小小的木质窗户只能开一扇。窗口隐约能看到龚自珍书画院的围墙（我非常喜欢这个房间，住进去感觉莫名有种安全感，后来彭老师也提到他很中意这个小房间）。主卧略大，外面朝东有个长方形小阳台，站在阳台向北望，就可以清晰地看到龚自珍纪念馆了。2008 年，我毕业刚参加工作时，经常入不敷出，彭老师就让我住到了这里。我刚进来时，主卧的上了年代的橱柜里有一个印有武汉会议的帆布提包,里面有一把早期的彭氏多功能手术解剖器,还有一叠相关的文献。我想，彭老师在创立新的手术器械、新的手术方法时，这个房子也有贡献吧。想一想彭老师和谢老师在这里生活了数十年，并且还产生了许多学术成果，不禁让人感慨万千。隔壁的龚自珍老先生为了社会疾呼"我劝天公重抖擞、不拘一格降人才"，彭老师则身体力行地为我国外科界亲手培养了一批大师，我的恩师刘颖斌教授，师伯蔡秀军教授、彭承宏教授，师叔李江涛教授，以及我国腹腔镜胰十二指肠手术的三位先驱——师伯秦仁义教授、师叔洪德飞教授和牟一平教授等，不一而足。

"君子食无求饱，居无求安，敏于事而慎于言，就有道而正焉，可谓好学也已。"出自《论语》学而篇里的这句话，可以说是彭老师生活方面的最好概括了。

生命不息，创新不止

很多人称彭老师为"创新大师"，彭老师确实当之无愧，并且他的创新从未停止。这几年有幸参与并整理彭老师最新的创新和理念，更加切实体会到这一点。比如，他提出的对五种胆道疾病依据解剖部位的临床分型、腹膜后淋巴脂肪板层根治性切除术、末梢门静脉栓塞术（TBPVE）等。特别是末梢门静脉栓塞术，设计得很巧妙，余肝体积不足是目前做肝切除的最大屏障，在出现联合肝脏分割和门静脉结扎的分阶段肝切除术（ALPPS）之前，国际上促进余肝体积增生的办法主要是延续日本专家提出的门静脉栓塞术（portal vein embolization，PVE），但采用这种技术，肝脏体积增生慢且成功率不高，会有 20% ～ 50%（各家报道不一）的患者在等待期间因为肿瘤进展或者肝体积增生不足而丧失手术机会。后来 ALPPS 的出现打破了这种局面，可以让肝脏在短期内（7 天）增生率达 80%,不得不说是医学上一个巨大的进步,但高获益代表高风险。采用 ALPPS，患者病死率很高达（6% ～ 15%），且术后胆漏、感染等并发症发生率也很高，技术难度也高，只有大流量大中心的医生才能实施，以致基层的患者获益较少。基于此，彭老师仔细分析、总结了 PVE 和 ALPPS 的优缺点，提出了 TBPVE，通过类似 PVE 的技术路径而达到 ALPPS 彻底阻断两侧门静脉末梢交通支的效果。术后 7 天和 14 天的增生率分别有 56.2% 和 57.8%，提高了手术切除可能的同时，相较于采用 ALPPS，TBPVE 大大降低了患者的死亡率和并发症发生率。若非心中装着患者，在 80 多岁高龄是很难提出这些创新技术的。

总之，对我来说，彭老师的教育是润物细无声的，是身体力行的，从生活点点滴滴帮助我们培养好习惯。我锻炼身体的习惯、开车的习惯、打包行李的习惯，甚至住酒店时使用牙刷后放置的位置，都有他的影子。此外，是彭老师打开了我的国际视野，多次带我参加美国外科学院年会，引导我在国际学术会议投稿、发言，并举荐我在 2017 年加入美国外科学院，成为外籍会员，得以近距离领略世界上最为出色的一些外科大家的风采。也是彭老师教育我做学问要拒绝因循守旧，要勇于改革创新，切勿迷信西方、盲从权威，要善用相关指南，但他说指南是前人制定的，是为了让后人打破的，也不能一概跟随指南制定治疗方案。最重要的是，针对这一点，他给了我这样一句教导："The patient is the center of the medical universe, around which all our works revolve, and towards which all our.（患者利益至上，要永远将患者的利益置于首位。患者为医学天地之核心，乃吾人奋斗的方向，吾等全部工作皆围绕该中心而运转）"我想，作为一名医生，我会将这句话谨记于心，并用一生去践行。

2017 年因彭老师的推荐，王许安得以加入美国外科医师学院成为外籍会员

王一帆：我的师公是一座智慧宝库

王一帆，副主任医师、博士研究生导师，浙江大学医学院附属邵逸夫医院普外科。

彭淑牖教授是我的导师蔡秀军教授的老师，是我的师公，因此我很幸运能在诸多场合跟着彭教授学习并获得指点。2003年冬天，我第一次见到彭教授，当时彭教授和我的导师共同完成了一台高难度的肝切除手术。术后，我送彭教授离开手术室时，他问我："对于这个手术，你有什么体会？有没有什么地方可以改进的？"当时的我还刚接触临床，支支吾吾许久没答上来。虽然当时的回答非常糟糕，但这促使我每次手术时都会审慎地思考手术策略、技术细节和改进方法。

彭教授是一位善于思考的外科名家，有非常精湛的外科技术，但他并不满足于此，更是对临床难题不断思考并加以创新，以他独特的智慧和勇气，不断突破外科手术的瓶颈，开创了多项外科治疗新技术、新策略。

我曾有幸参与了彭教授主持的"末梢门静脉栓塞促进肝脏再生"课题研究，彭教授指导我整理归纳临床使用的栓塞材料、外科胶的产品说明书，并仔细对比了各种材料的分子大小、物理形状、影像学特征，再根据肝血窦可通过物质的最大直径筛选材料，反复对比论证。在这个过程中，彭教授教给我的不仅仅是技术，更重要的是严密的科研逻辑思维和严谨的科学态度。当时彭教授给我的形象是医生、生理学家、物理学家的"结合体"。还记得参与编写 *Hepatic Caudate Lobe Rescetion*（《肝尾叶切除术》）时，彭教授亲手绘制了一叠模式图，以便更直观地讲解书中的内容。他随手拿起其中一张，就能详细介绍这种手术方法的由来，并由此展开讲解如何在这项手术中总结经验、改进方法，最终解决问题，我每次听完都受益匪浅。

在培养我们临床和科研技能的同时，彭教授还带领我们走出国门，走向国际大舞台。在美国外科年会、国际肝胆胰协会年会、亚太肝胆胰协会年会等国际有影响力的肝胆胰外科大会上，总能看到彭教授的身影，总有机会聆听彭教授用流利的英语做报告。每次跟着彭教授参加国际会议，都能见到许多经常出现在教科书上的国际大专家。彭教授和他们谈笑风生，之后还会给我们介绍这些专家的成长故事。

虽然彭教授和我们年龄相差很多，但平时他就像我们的知心好友，会关心我们的生活日常，会风趣地和我们开玩笑，会与我们探讨社会热点话题，会一起玩智能手机，会陪我们一起研究如何剪辑手术视频，等等。在我情绪低落时，彭教授会打电话安慰我。记得2010年时，一位患者在我做手术时意外大出血，彭教授听闻后立刻从家里赶到手术室，冷静地帮助我把最棘手的问题解决了。最后，虽然患者被救了回来，但在手术过程中经历的波折让我很沮丧，当时情绪非常低落。彭教授觉察到了我情绪低落，深夜打电话给我，像爷爷一般和我分享了他年轻时经历的各种危急场面，记得他当时说："这是一名优秀的外科医生在成长路上必然经历的，我遇到过更糟糕的情况，没有必要就此灰心丧气，但是要总结教训，吸取经验。"他的安慰和鼓励让我很快从中走了出来，重拾信心，吃一堑长一智，往后不断磨炼自我。

孙思邈曾语："为医者，胆欲大而心欲小，智欲圆而行欲方。"在我心中，彭淑牖教授是医者的标杆。彭教授是我敬仰的师公，是患者心中坚实的依靠，他为外科事业奉献了自己数十载人生年华。在彭教授的潜移默化下，作为他的后辈，我也始终以彭教授和他培养的"彭家军"为自己发展和前进的榜样，希望能像他们那样，为医一方，造福四方！

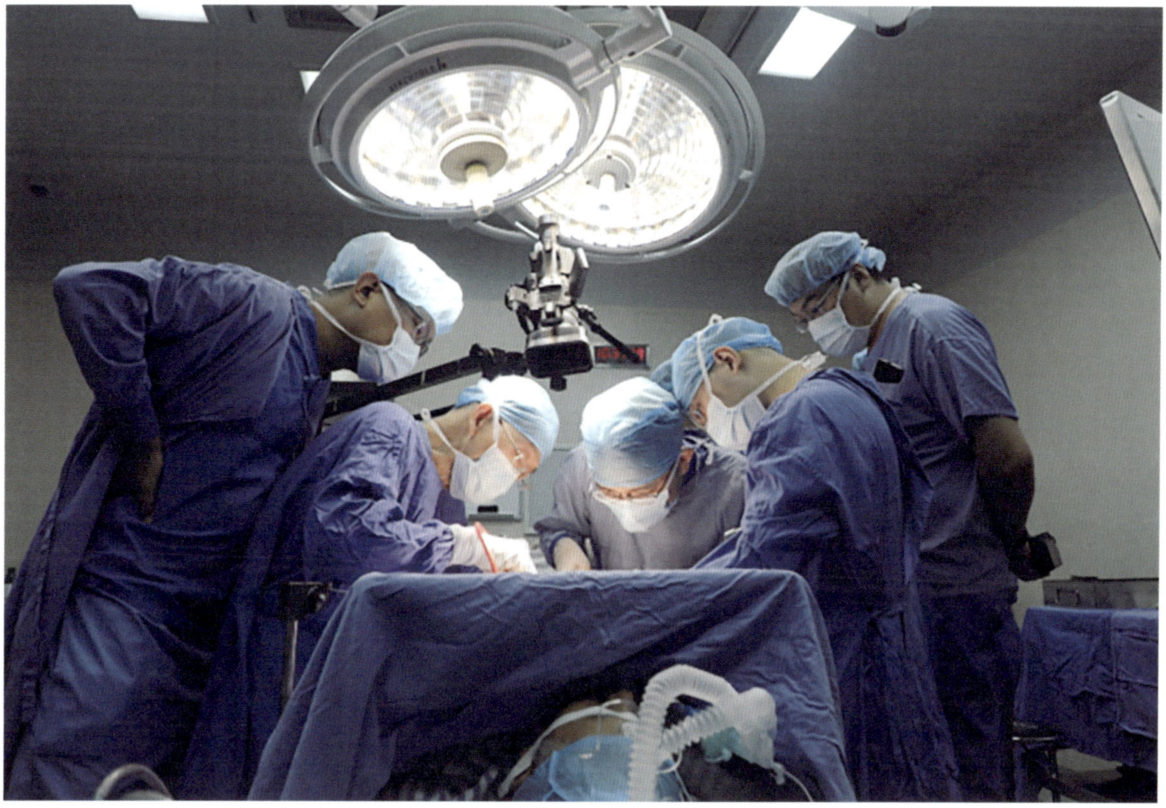

彭淑牖教授带王一帆等人做手术

王涌：外科领域的“大宗师”

王涌，副主任医师，宁波市卫生健康委员会副主任、党委委员，宁波大学兼职教授、硕士研究生导师。

浙江大学医学院附属第二医院的彭淑牖教授是国际著名的外科学专家，也是业界赫赫有名的“彭家军”领头人[1]。1999 年 9 月，我师从时任浙医二院外科主任彭承宏教授，开始研究生的学习生涯，也就很荣幸地加入“彭家军”的行列，成为彭老的众多徒孙之一。尽管直接跟随彭老学习的机会不多，但彭老渊博深厚的学识、炉火纯青的技术、严谨治学的作风、终身锻炼的习惯依然给我留下了深刻的印象，并在我的人生中发挥着极其重要的引领作用。

初次见到彭老，是在一次大查房。当时，一大群外科主任、教授们拥簇着一位戴着眼镜的老专家涌入病房，我的心情非常激动，终于见到传说中的彭老。彭老个子不高，步履沉稳，面带微笑，见到患者主动打招呼“我是彭医生”，然后仔细询问病史、亲自做体格检查、详细询问辅助检查结果、细致全面地分析病情，最后嘱咐患者“不必担心，我们一定会给你最好的治疗方案”。那一天查房结束后，我的上级医生长长地舒了一口气，表示终于熬过这一关了。我表示不解，彭老如此和蔼可亲，有什么可紧张的？上级医生没说什么，只是对我说：“以后你就知道了。”在之后的几次大查房中，我才慢慢体会到上级医生的话中含义。彭老对患者非常和蔼，但对各级医生非常严格，汇报病史必须十分熟练，辅助检查结果要脱口而出，不能照着化验单读，分析病情时经常会提问，考察年轻医生的基本功是否扎实，还时不时地考问一些英文术语。别说是年轻的住院医师和主治医师，有时候就连主任医师都会被考得面红耳赤、满头大汗。在这样的环境下成长，也促使我养成了熟记每位患者的病史并且主动思考和分析病情的良好习惯，而不只是被动地接受和执行上级医生的指令。

几个月之后，我终于有幸在一次肝癌手术中与彭老同台，当然我只负责“拉钩”。手术过程中，彭老做手术指导，担任主刀的主任对巡回护士发出指令，将电刀强度调到 40（当时实际强度为 25）。当时，巡回护士刚好在忙着其他工作，没有立即执行。

为了提醒护士，作为三助的我重复了一遍调整电刀强度的指令，同时为了稳妥起见，我自作聪明地让护士将电刀强度先调到 30。本以为逐步加大电刀强度是临床上的常用方法，但就是这么一句简单的话，被彭老听到了。他立即严肃地问我："为什么主刀说调到 40，而你却告诉护士调到 30？"我一下子涨红了脸，老老实实回答："我有点担心强度太大会损伤血管，逐步上调比较安全。"彭老认真地对我说："你的想法是好的，但做法是不对的。每一次手术就像一场战役，主刀医生就是战役的指挥官，其他医生、护士、麻醉医生都是作战团队，要坚决维护指挥官的权威，严格执行他的指令，才能确保战役取得最终胜利。"我使劲地点头，认真地记住了这段话。后来，随着时光流逝，我已经记不清那次手术的其他细节了，但这段话始终铭刻在我的心里，时时鞭策着我。

由于种种原因，直接聆听彭老教诲的机会不多，但彭老的一句名言令我感触颇深。彭老说："作为一名外科医生，如果只会日复一日地机械重复着手术操作，而不去深入思考、认真总结、努力改进，那充其量只是一个熟练的'开刀匠'，而无法成为一名'外科大师'。"正是在这样的思想主导下，彭老数十年如一日，孜孜不倦地在外科领域钻研着、思考着、总结着、改进着，提出了一个又一个新的理论，探索出一个又一个新的技术，发明出一个又一个新的器械，从而攀上了一个又一个新的医学高峰。也正是在这样的思想引领下，"彭家军"团队成员一个个成长为知名的医学专家，取得了令人瞩目的杰出成就。

尽管由于工作需要，后来我调离了浙医二院，也没能在外科医生的道路上坚持走下去，转行做了医院管理，后来又调到政府部门从事卫生行政管理，但是作为"彭家军"一员，彭老的谆谆教诲和言传身教始终教导着我在工作中要主动学习、坚持思考、勇于创新。虽然我这辈子无法成为优秀的外科医生，但我一定会将"彭家军"的精神传承下去并发扬光大。

向我终身景仰的彭老致敬！我以身为"彭家军"的一员而自豪！

王知非：彭教授，我的人生指路明灯

王知非，主任医师，博士研究生导师，中国首位机器人外科博士后，浙江省人民医院肝胆胰外科及微创外科后备学科带头人，兼国际合作交流办公室主任。

彭教授，是我博士研究生导师蔡秀军教授的导师，也是我的师公。

2004年，还在哈尔滨的部队医院做军医的我，准备考博士研究生，就一直在丁香园考博考研论坛上看各地的信息交流，最后决定报考浙江大学医学院附属邵逸夫医院蔡秀军教授的博士研究生。考试结束回来等消息，正赶上黑龙江外科学会学术活动，彭教授和后来的师叔刘颖斌教授受邀来讲学。学术交流间隙，我看到彭教授还在修改他的英文手术录像，就冒昧凑上前自报家门。彭教授很高兴，让我看一看他的手术录像并问我有没有听懂。恰好英语是我的长项。彭老师很惊喜，于是嘱咐刘师叔，向蔡秀军教授推荐了我。幸福就是来得如此突然，那时我的科主任等所有人都为我的幸运喝彩。

由此，开启了我与杭州的不解之缘，也即将迎来我人生中的三次重要时刻。

让我的英语优势得到最大发挥的老师，就是彭教授。博士研究生入学不久，彭教授就举荐我兼职了《浙江临床医学》的英文编辑，让我在读书期间多了一份收入，更让我在各个医学学科相关的专业英语方面都得到持久的锻炼与提高，并拓宽了视野和知识面。这份工作我已经持续做了17年。

那时，彭教授经常来邵逸夫医院指导手术，手术之余他会关心我的学习和生活情况，也和我讲起他正在编撰的诸多书稿，其中一些手术录像需要英文配音。没有想到，彭教授如此信任我，这般重任让我来尝试。于是，好几次下班后，就在他的办公室，彭教授一点点给我讲解手术的步骤，并逐字逐句斟酌英文解说词，每次都是弄到后半夜。那时候，我才更深入领悟到彭教授原来不仅手术做得顶峰造极，专业英文也如此之好。在那段日子里，无论是在外科手术还是专业英文撰写上，我都得到了极大的提升。

记得手术录像英文配音的最后一天，彭教授接近午夜12点才离开办公室，我也配音到了凌晨4点多。完成后，我累得都忘记自己是骑自行车来的，居然从浙医二院出门打车就回邵逸夫医院了。到了宿舍不久，就接到了彭教授的短信："Well done! Thank you!"那一刻，我眼泪真的都要流出来了，是彭教授那么耐心地一点点指导我，我才有了如此的进步和收获。我才是最幸运的人。

后来，在他70大寿的盛宴上，他告诉五湖四海来祝寿的满天下桃李们，刚刚播放的由浙江大学出版社和Springer联合出版的*Hepatic Caudate Lobe Rescetion*（《肝尾叶切除术》）书里的诸多手术录像是由我做的英文配音。我想，那一刻，很多人能感受到我就是那个最值得羡慕的人。

第二次重要的时刻就是在我博士研究生毕业之际，美国著名的外科机器人胰腺外科专家Anasuk Yiengpruksawan医生在读了彭教授发表在*Annals of Surgery*（《外科学年鉴》）上的文章"彭氏捆绑式胰肠吻合术"后，慕名来杭州拜访彭教授。彭教授和蔡老师委托我来接待。那些天与几位外科顶尖高手的交流，不仅让外国专家对"彭家军"各位高手大为赞赏，而且也给了作为团队成员的我一个绝顶的好机会，即2008年末拿到美国医院的机器人外科国际奖学金（International Fellowship）去美国新泽西州Valley医院学习达芬奇手术机器人，由此我得以成为中国最早一批有达芬奇手术机器人主刀证书的医生，也是唯一一个在美国获得证书的中国医生。

也正是在Valley医院，我结识了我后来的博士后导师，中国机器人外科的开拓人周宁新教授。他对彭教授非常钦佩，而我之前在给手术视频做英文配音向彭教授学习的关于肝胆胰复杂手术的专业英文讲解也在机器人外科博士后的学习工作中派上了大用场，我成为那时所有来华机器人外科交流以及手术中做直播讲解的那个让人惊讶不已的年轻外科医生。

第三次人生最重要的时刻是在2012年。那年我在哈尔滨医科大学事业发展缓慢而不甘，想到求助于远在杭州的彭教授。他非常热情地鼓励我，并认真帮我分析。后来在他的推荐下，我和我爱人作为人才引进落户杭州，进了浙江省人民医院。到杭州后，彭教授鼓励我说："一定会大有作为。"初到新医院上班，适应过程就是在彭教授的鼓励和指导中愉快过渡的。

还记得，有一次在手术室更衣室，那时微信刚刚兴起，我帮助彭教授安装了微信，并教会他使用。之后，他和我还兴致勃勃地体验了刚刚安装的达芬奇手术机器人。他告诉我，到了一定阶段要总结并形成自己的特色，无论做任何事情，都要全身心投入。他还经常和我聊起他的很多新理念，比如门脉栓塞和胰腺外科解剖等，而每一样他都研究到极致，这对我影响很大。从此，我下决心把胃食管反流病研究作为自己的主攻方向，做到极致，于是有了现在的一点点成就。

再后来，我兼职了医院国际交流合作办公室主任，在彭教授推荐下成为美国外科学院的会员，也时常参加美国外科医师学会（ACS）等国际外科学术会议。会上，我见证了彭教授能在世界顶级外科年会上坐在大会主席台荣誉院士之列，受到那些耳熟能详的国际大牛们的尊重和赞扬，我除了钦佩，更是崇拜。学术无国界，得到国际学界的认可，才是真正的学术认可，这样的中国医生还是太少了。可喜的是，在国际学术盛会上，“彭家军”的身影和声音越来越多。记得有一次在 ACS 会场，诸多已经是国内领军人物的“彭家军”外科医生们一起合影，那种自豪感记忆犹新。

科研转化方面，彭教授更是给我树立了榜样：做临床最需要的科研，不遗余力地推广，让更多外科医生获益，最后是患者获益。这个理念深深地影响了我。

现在，我找到了外科手术培训外科医生的痛点，也就是医工结合，并在科技部重点研发项目支持下，研发了基于 3D 打印的外科手术培训模型及培训体系，并转化获得杭州政府创业资助成立了科技有限公司，还荣获浙江省科学技术进步奖三等奖。现在，有越来越多的外科医生能从我的科研转化中获益，使其外科手术学习曲线更短、更安全，而最终获益的是患者。

现在，我也带了博士研究生、硕士研究生，每个接触过我的学生的人都说他们训练有素，谦虚好学。他们有非常难得的品质，也都做出了很多成果。我和学生们有非常清晰的奋斗方向，因为前方，彭教授一直在引领着我。虽然是师孙辈分，但彭教授说我也是“彭家军”一员。算来自己都快 50 岁了，与“彭家军”的各位精英相比，惭愧之余，庆幸自己一直被激励着、被帮助着。

2016 年，王知非在美国外科学院年会上被授予美国外科学院会员后与彭淑牖教授合影留念

魏芳强：丹心厚载，润人无声

——我与彭老的爷孙情

魏芳强，主治医师，杭州医学院硕士生导师，浙江省人民医院肝胆胰外科、微创外科。

彭淑牖教授是我的恩师蔡秀军院长的老师，我的师公。初识彭教授那会儿，我还是浙江大学08级临床七年制的研究生。那是在2012年末，我刚进入浙江大学医学院附属邵逸夫医院开始临床见习。我很幸运通过面试，成为蔡秀军院长的学生，开始跟随他攻读硕士及博士学位，也因此荣幸地成为“彭家军”的一员。那时，彭教授每周都来邵逸夫医院门诊，也经常出现在医院手术室、病房，我们这些“徒孙辈”自然而然有很多机会接触到这位外科界的“泰斗”。在与彭教授的接触中，他一直是仁心仁术、亲力亲为、和蔼可亲的老先生形象。“丹心厚载，润人无声。”往日里我与谦和慈爱的彭教授交流的点点滴滴如春风化雨般渗入我的心头。

彭教授对待患者非常仔细耐心、认真负责，并时刻保持积极进取、创新破难的精神风貌。我记得有一例按常理无法行手术治疗的慕名而来的肝癌患者。当时，彭教授带着我的导师蔡院长，以及我的师兄虞洪副院长一直研究患者的CT片子。因为剩余肝体积不够，这个患者无法行一期手术切除。他之前做过多次射频消融和TACE（经肝动脉栓塞化疗）术，但是仍无法消除右侧肝脏里的巨大病灶。彭教授和蔡院长提出通过行ALPPS，进而行右半肝切除的想法。我问彭教授：“还有机会做手术吗？”彭教授说：“有任何可能做手术，都要帮助患者切除肝癌病灶。”当时，ALPPS手术在国内鲜有报道。在彭教授的指导下，蔡院长更是创造性地在第一步手术中用一根绕肝带代替传统的左右肝实质的离断，不仅可以防止胆漏的发生，而且能减轻第二次手术时的粘连。在治疗过程中，彭教授时刻关注患者，“以患者为中心”，对患者进行精准全面的术前评估，了解患者的切身感受来分析手术治疗方案是否合理可行。在第一步手术后，彭教授非常重视对患者的术后管理，主动来到患者床旁观察患者是否有发生并发症，并追踪患者的复查 CT 片子，仔细观察患者左肝生长情况。非常幸运，这位患者的剩余左肝体积从第一步手术前的只有 36% 增加到第一步手术后的 49%，达到了第二步根治手术所需的剩余肝脏体积大于 40% 的要求。彭教授非常高兴："他的肝癌可以切了！"在彭教授亲自指导下，2 周后的第二步手术进行了腹腔镜右半肝切除，由蔡院长、虞洪副院长配合顺利完成。术后患者恢复顺利，康复出院。彭教授对患者关怀备至，出院时还亲自来看望并和患者握手道别，我深深佩服彭教授精湛的技术，也深切感受到他医者仁心的医德品质。

彭教授在临床上身体力行、一丝不苟的精神一直引领着我前行。我记得还有一次在邵逸夫医院下沙院区，虞洪副院长做一例肝癌手术，当时我也在台上，彭教授亲自来指导。当时他已经 80 多岁，但他仍然精神矍铄、老当益壮，亲自开车来到位于杭州市郊的邵逸夫医院下沙院区，与我们一起上台手术，面对术中的各种解剖及病灶仍轻车熟路、宝刀未老，提供了很大的帮助。仍然记得他在聚光灯下的聚精会神。"我们不能错过任何一个细节。"这是他对我们的叮嘱，也是他对患者尽心尽责的体现。中午，彭教授又同我们大家一起吃盒饭，和蔼可亲，十分平易近人。他还跟我聊起天，"魏医生，早上乘什么交通工具来下沙？""中饭够不够吃？"等等，短短的几句话语让人倍感亲切。一直记得研究生时期的这些温暖瞬间，让我最初感受到了"爷孙情"。

2016 年，我拿到了国家公派留学奖学金，到美国匹兹堡大学进行博士联合培养。新的环境给了我新的挑战，在宝贵的一年半时光里，我从事科研工作，又在间歇前往临床学习手术。在美忙碌、枯燥的工作有时让我身心俱疲，但却也有了更多独处、思考的时间。在美期间，时不时阅读彭教授曾经发表的一些文章，回顾他曾经切除过无法切除的肿瘤的很多经历，他远赴千里美国做报告的故事，他开拓创新创造发明的心得……在美国匹兹堡的手术室里，我向著名肝胆外科 DavidGeller 教授介绍并展示了彭教授的这把集切割、剥离、吸引、电凝于一体的彭氏多功能手术解剖器的照片，以及后来蔡院长升级版的腹腔镜多功能手术解剖器。Geller 教授拍手称奇，还问我如何能买到这种"武器"。后来，在国内的蔡院长还给 Geller 教授寄了一本他主编的 *Laparoscopic Hepatectomy*：*Atlas and Techniques*（《腹腔镜肝切除术：图谱和技术》）。这种"武器"的使用秘诀在这书里面有详细介绍。我也倍感自豪。此外，当我阅读到彭教授获得国家科学技术进步奖二等奖的捆绑式胰肠吻合术的故事时，备受鼓舞，临床上的思考能转化成真正的解决办法，并且最后能帮助成千上万的患者降低胰漏的发生率，确保了手术后的恢复，进而延长生存时间、提高生活质量，这种创新与实践直接激励着我。我当时正在总结在国内收集到的关于腹腔镜手术治疗肝内胆管癌的资料，这种棘手的肿瘤在微创下的治疗当时还鲜有报道。在彭教授和蔡老师的指导下，在我赴美国的第 3 个月，这篇论文就被顺利接收了，提前近 2 年完成了浙江大学博士毕业的论文要求，我把喜悦分享给了他们。“太好了！”“祝贺你！”彭教授和蔡院长不约而同地对我肯定，让我充满信心继续开拓。当我读到“彭淑牖：永置病人利益于首位”这篇文章时，我把故事通过朋友圈分享给了我的朋友们，彭教授给我发了微信，他很谦虚地向我表达了感谢，并且关心我回国的动态。一年半时光，在导师们的指引下顺利度过。

正所谓“鹤发银丝映日月，丹心热血沃新花”。认识彭教授的人都能感受到彭教授对后辈的谆谆教导和诚恳勉励。

2018 年从美回国后博士毕业时，彭教授全程参与并悉心帮助指导我完成博士论文，他提出了许多问题，对我的帮助很大。我仍记得他亲切地勉励我要不断创新，对患者负责，为患者造福。“不仅要做一名优秀的医生，更要做一名有温度的人文关爱者。”他对我说的这句话一直深深地烙印在我的心里，也是我现在工作时常常提醒自己努力做到的箴言。

2018 年博士答辩，彭淑牖教授（右一）全程参与并悉心指导魏芳强（左一）

毕业后，我到浙江省人民医院工作，彭教授继续一如既往地支持和帮助我。2019 年，我在申请上海的一项关于胆道肿瘤的开放基金时，给他发了微信。我没想到他亲自帮我联系刘颖斌教授，并向刘教授引荐我，给予我很大的帮助。记得彭教授对我说：“你对胆道肿瘤感兴趣，太好了，这个领域很难但要积累坚持。你要向你的师伯（刘颖斌教授）学习，他积累了 1 万例胆道肿瘤的资料，研究做得很好。”我也因此结识了这位优秀的师伯。后来，我曾想去上海进修机器人手术，他表示十分支持并亲自引荐了彭承宏教授。他说："小彭教授是机器人领域的佼佼者，你要向他学习。"后来又结识彭师伯，彭师伯还亲自给我发了短信，并帮助我安排进修机器人手术事宜。虽然最后因疫情未能成行，但我十分感激彭教授和彭师伯。诸如此类恩情，数不胜数，彭教授一直以来给予我的支持和帮助让我感觉到，即使独自行走在寒冬里，也万般温暖。因为前方有一盏灯，这盏灯就是彭老，不仅照亮了远方的路，更照暖了我的心。这是我内心感受到的深切的"爷孙情"。

2019 年，我们医院举办肝胆胰外科及微创外科年会，我开车去接他来会场。他怕我不熟悉路，提前一天就把地址和路线发给了我，并叮嘱我注意安全。第 2 天一早他就已起床，并给我发信息说他已经准备好了。他准时在家门口等我，那时他已 87 岁高龄。彭教授在工作上一直保持清醒的头脑，在车上还在问我开会的流程时间等细节。"几点开始报告，报告时间有多久？"后来，亲自上台做了一个十分精彩的报告，我还记得他报告的中英文题目是"PVTT can be effectively treated with either open or laparoscopic surgery"（门静脉癌栓诊疗新视角），他讲述了这个高难度疾病状态的处理心得，并提出了新的分型，包括微栓 MVI PVTT、段栓 Segment PVTT、支栓 Branch PVTT、叶栓 Lobe PVTT 以及干栓 Trunk PVTT。"取栓优先"的理念也因此一直刻印在我的脑海里。当时参加那场会议的同僚们都受益匪浅，收获良多。

彭教授不仅关心"彭家军"们的临床和科研工作，也非常关心"彭家军"们的生活。他期望"彭家军"们都能成家立业、事业有成。"最近过得好不好，有没有什么困难？"

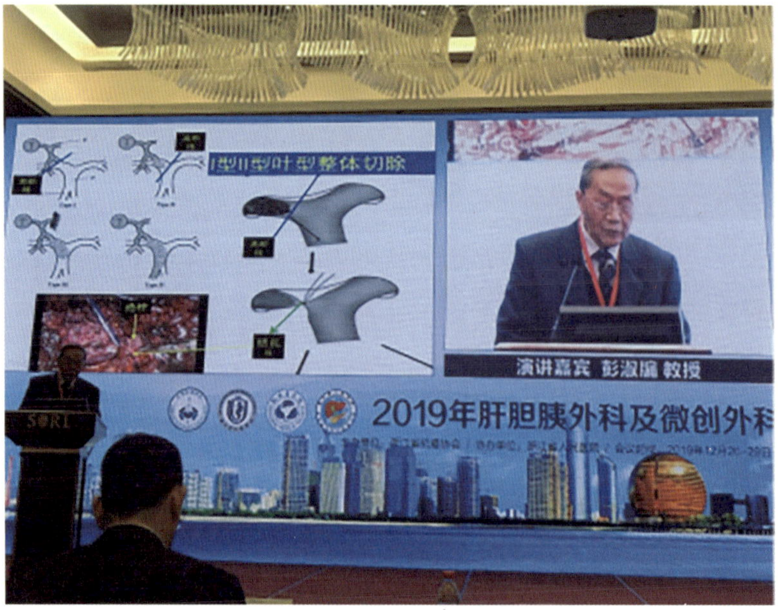

2019 年肝胆胰大会，彭淑牖教授亲自上台演讲

他对弟子们的生活和工作都一直非常关心。

彭教授视患者如亲人，视学生如子女，“彭家军”的成就离不开彭教授的培养、支持和帮助。感慨万千,所有言语汇成最朴实的一句“感激不尽”,我很荣幸能成为“彭家军”中的一员，也明白身上的责任。时至今日，我在临床工作和指导学生工作中仍深受其影响。如今，我也像当初彭教授诚恳地教导我那般，不断地告诉我的学生们要追求创新，相互之间多交流、多帮助，尽我最大的能力为热爱科研、热爱临床的后辈们提供他们所需要的帮助。

今年是认识彭教授刚好第10年，这10年他对我的指引无时无刻不在，在学习上、工作中、生活里都给予了我莫大的支持和指引。

十载“爷孙情”,容我一辈子去回味！丹心厚载,润人无声！期待“爷孙情”继续，“彭家军”的故事继续……

2019年肝胆胰大会，彭淑牖教授（中）、胡智明教授（左一）与魏芳强（右一）

吴向嵩：“务实、创新、传承”，师公传给我的六字精髓

吴向嵩，副主任医师，上海交通大学医学院附属新华医院普外科。

时光匆匆，转眼成为“彭家军”已经15年了，回顾从第一次听闻师公的名字到在师公和我师父身边学习的往昔岁月，很多美好又难忘的回忆涌上心头。

缘分的开始，医学生得缘加入“彭家军”

亚专业选择是医学生生涯里的一件大事，这次选择决定很多人以后一生的发展方向。我是浙江大学医学院七年制的学生，通常而言，我们于硕士研究生阶段选定亚专业，而我与“彭家军”的缘分却早早地始于大学本科一年级。浙江大学医学院临床医学系设立了本科生导师制度，以帮助指导学生解决一些学习上的困惑和问题。导师由学校随机分配。刚入学没几天，大家就在学校的安排下第一次见到了各自的导师，回来之后，大家饶有兴致地聊起各自的导师，有院长、有科主任、有博导。初进医学院，我印象最深的是一位女同学提起她导师时的那份自豪感。她说，她的导师是浙医二院普外科的旗帜，在中国普外的学术界有崇高的地位，创新了一系列手术方式。这位教授就是我们尊敬的彭淑牖老师。

很快就到了2007年,在过去的4年里我也基本完成了临床医学大部分理论课的学习，开始为硕士生阶段选导师做准备。肝胆胰外科是外科系统里最经典又最具挑战性的亚专业之一，该领域内国内外星光璀璨，令人向往。出于对外科手术的热爱及憧憬，我毫不犹豫地选择了肝胆胰外科作为我今后的发展方向。我的导师是彭教授的爱徒之一刘颖斌教授。时至今日,回忆当时的面试可谓别具一格,当时联系刘老师询问能否有幸拜入门下,他爽快地说:“来手术室吧,我们见一面。”当我穿着隔离衣进入手术室见到刘老师的时候,他正同彭教授一起进行一台胰十二指肠切除联合血管切除重建的高难度手术。我被这一场别开生面又不拘一格的面试彻底震慑，原来外科大咖是这样的!

突破禁区，一位外科医生的担当与勇气

自有幸加入“彭家军”成为彭三代之后，我很快迎来了第一次与彭教授同台手术的机会，尽管我是那个站在主刀身旁拉钩的小助手，但可以如此近距离地观摩彭教授

的手术让我兴奋不已。那位患者，肝脏尾状叶长了巨大肿瘤，辗转全国多地，最后慕名找到彭教授。当时肝脏外科被认为有两个禁区：第Ⅷ段和尾状叶。这两个位置由于被肝脏主要血管的主干所包绕，所以手术中出血的风险极大，无数外科医生对这两个位置的肿瘤望而却步。但是，彭教授创造性地发明了彭氏多功能手术解剖器。这被业内称为“彭氏电刀”的手术器，是对外科器械的一个开创性发明。如今我自己主刀开腹行肝胆胰手术，已基本离不开这个手术解剖器。彭教授结合自己在肝脏外科领域多年钻研的经验，提出了一整套关于尾状叶切除的手术策略，突破了肝脏手术的禁区。在我这个站在肝胆胰外科大门口的晚辈眼里，这些知识是超出教科书的神奇存在。一位外科医生的本职工作是根据书本教会的知识以及积累的经验，在力所能及的范围内给患者做手术治病；但面对书本上没出现过的情况或疾患，如何去探索、突破，在科学的层面尽可能地救治这些患者，这才是一位外科医生的担当与勇气所在。

当天在手术台上，彭教授站在我身旁拿起他的彭氏电刀时，我激动而拘束，一场外科手术的盛宴即将开始！这位患者的肿瘤巨大，位于尾状叶，如果从前面看，犹如一颗巨大的炸弹埋在大山里！为了安全而有效地切除肿瘤，保留足够的健康肝脏，彭教授采用了肝脏正中裂劈开的策略，这犹如老话说的“逢山开路”，将左右侧肝脏连接处切开后，保护肝中静脉，暴露肿瘤，再进行肿瘤的完整切除。手术台上，他和刘颖斌老师的两把“彭氏电刀”配合默契，切开、止血、吸引、推刮，手术完成得非常顺利。即使现在肝脏外科号称已无禁区，想起当时的场景，这仍是一台难度系数为五颗星的外科手术。

坚持创新，“彭家军”前进的原动力

许多外科医生一生只为将一些手术做熟、做快、做精细，追求的往往是一台手术用了多少时间、出血量多少。而彭教授与他们有所不同，除手术技艺精湛外，在手术创新方面的贡献早已名声远扬。他对胰十二指肠切除术中胰腺吻合方式进行创新、改进，提出了捆绑式胰肠吻合术，在极大程度上改善了胰十二指肠切除术的安全性。加入“彭家军”之后，我才逐渐明白彭教授的这些成就可能是源于他内心深处对创新精神的不断追求，更重要的是，解除患者的疾苦是他做所有工作的初心与核心。2007 年底，他的捆绑式胰肠吻合已经成为一个标准成型的术式，被广大学者所认可。然而，在临床工作中发现一部分胰腺手术患者胰腺残端比较肥大，无法套入小肠。一般而言，遇到这种情况，多数外科医生可能在其他成型的手术方式中选择替代方案，但是在胰腺吻合方式中，其他吻合手段存在较高的胰漏风险，彭教授不满足于这些已有的成形术式，通过构思与实践，创新性地发明了捆绑式胰胃吻合，将胰腺残端套入胃内，并进行胃壁的捆绑，从而既解决了肥大胰腺残端无法套入小肠的问题，又实现了捆绑式吻合，降低了胰漏的发生风险。

要知道他当时已是75岁高龄，多少人在这个年纪已经开始颐养天年了，但是他不仅还奋战在手术一线，为患者解除病痛，而且会针对已有手术的不足，进行相关的改进、创新与发明，这份创新的精神和博爱的胸怀让我们这些学生晚辈为之震撼。这也解释了“彭家军”中为什么会出现这么多优秀的外科医生，他们传承了彭老的衣钵，不仅外科技艺了得，而且对外科学技术理论等提出了很多创新性想法，为我们国家肝胆胰外科的发展做出了重要贡献。

脚踏实地，外科医生必须务实

刚入门“彭家军”的时候，刘颖斌老师就让我参与了很多拍手术录像剪辑录像的工作。这个工作就是站在彭教授或刘颖斌老师的身后，手持一个专业的摄像机进行手术录像的拍摄，拍摄结束之后在电脑前进行录像的剪辑，将手术录像剪出最精华的10分钟。为了将精华的部分剪辑和呈现出来，一个镜头我要来回平均看3次。因此，经常是一台手术录像拍摄3小时，剪辑要9小时。对于一名医学生而言，让我经常进行繁琐且劳累的拍摄与剪辑工作，上手术台观摩和动手操作的机会比别人少多了。时间长了，我难免心生失落与不解。

一次偶然的机会，在和彭教授去外地会诊的路上，我和彭教授说起了内心的苦闷。当时彭教授说的话让我记忆犹新，他说：“学习是一个过程，要脚踏实地，拍录像、剪辑录像虽然很辛苦，但是这些录像是非常珍贵的学习资料，比任何书本的插图都要具体、形象，也是目前学习外科手术最有效、快捷的办法。你拍一个录像再剪辑，相当于这个手术已经看了3遍，是一个非常难得的学习过程，你付出努力、坚持下来，将来肯定会看到你的进步。”

后来，在与几位师叔的交流与沟通中发现，原来“彭家军”拍摄录像、剪辑录像是一个传统。彭教授通过这种方式，不仅保留了很多珍贵的学习资料，供其他外科医生学习，而且更重要的是，通过这个拍摄与剪辑，他的学生们取得了更大的进步。后来，我的经历也验证了彭教授的观点，经过两年的拍摄与剪辑工作，我对肝胆胰复杂手术的认识及相关解剖知识的理解比同年级外科的其他同学要深入不少。

时至今日，我也保留了拍录像的习惯，虽然再没有时间进行剪辑，但是会定期复盘近期的手术录像。每次观看录像的过程中都会对手术有所反思，并有新的体会，争取下次做得更加尽善尽美。将来，我也会将“彭家军”这个传统传承给我的学生，让他们通过这个方式更快、更好地学习。

彭教授突破禁区的勇气、持续创新的精神、脚踏实地的学习态度，让我心生崇敬；彭教授始终是我学习的榜样，终感恩！

徐俊杰：我眼中严谨又幽默的师公

徐俊杰，主治医师，硕士研究生导师，浙江省万人计划青年拔尖人才，浙江大学医学院附属邵逸夫医院普外科科研办主任助理，浙江大学医学院科研办副主任。

初识彭教授是因为一个巨大肝内胆管细胞癌的患者。患者慕名彭教授的声望，从大连远道而来。肿瘤大小足足有 20 厘米，放眼全国，有胆识做这个手术的肝胆外科医生屈指可数。

我是管床医生，跟患者进行了充分的沟通。当时，患者心中其实不确定彭教授是否会亲自为他诊治，如此德高望重的外科泰斗，应该是有距离感的。说实话，当时的我也有这样的疑虑，但彭教授对患者体贴入微的细致程度，让我这个徒孙备感惭愧。

彭教授说，患者既然不远千里来找我，如此信任我，我必须对他负责。这个患者从术前准备（做末梢门静脉栓塞，缩小肿瘤）、术中操作、术后恢复及随访，彭教授都十分上心。

患者一开始抗拒手术，觉得自己可能下不了手术台，彭教授亲自跟他进行心理建设；每次患者来随访，彭教授都会按照约定时间与他碰面，偶尔还留下合影，见证这外科奇迹下挽回的生命。如今，这位患者术后已经 5 年了，零星的复发通过及时的局部治疗也得到了很好的控制，全家人对彭教授感恩戴德。

彭教授是一位非常能接受新鲜事物的大师。大家可能很难想象，已经 90 岁高龄的他不仅玩转微信，而且还会跟你发“我已经不是小鲜肉了”这样幽默的话，让人不得不佩服他对新鲜事物的接受能力。

与此相对应地，彭教授仍然保持着创新的原动力，对新术式和新方法的探索没有终点，在各大学术会议上总能听到彭教授前沿的观点，持续鼓舞和激励着后辈们。

徐晓武：师公为我饯行，恩情终身难忘

徐晓武，主任医师，博士研究生导师，复旦大学附属肿瘤医院胰腺外科副主任，胰腺微创手术中心主任。

我于 1996 年考入浙江大学医学院 7 年制临床医学专业学习，2001 年师从牟一平教授攻读硕士学位，也因此有幸成为“彭家军”的一员。作为“彭家军”的第三代，我们没太多的机会跟彭淑牖教授一起上手术台，所以彭教授在我们眼中少了一份严厉，更多的是对我们这些晚辈的爱护和关心。其中，有两件事让我记忆最深刻。

2003 年我硕士毕业，硕士毕业论文的课题是“捆绑式胰肠吻合术捆绑前后吻合口耐受压测定及意义”。毕业答辩时，彭教授是答辩委员会的主席，来参加答辩的老师都是当时浙江省内外科的大专家。我第一次参加这样的答辩，难免非常紧张。论文汇报阶段讲得还算马马虎虎，等到提问阶段，来参加答辩的专家都对彭教授的捆绑式胰肠吻合术非常感兴趣，提了很多非常专业的问题，其中我印象最深的一个问题是问我捆绑式吻合捆绑的松紧度应该如何掌握。我硬着头皮一一回答，但也知道答案肯定是很不到位的。彭教授是答辩委员会的主席，所以是最后一个提问。等我回答结束后，彭教授不仅对我表示了鼓励，还亲自起身对我前面回答中不到位的地方为大家做了详细的讲解说明，这不仅体现了彭教授对晚辈的关怀，而且展现了他严谨的治学态度。对此，我深受感动。

第二件事是在 2018 年夏天，因为个人发展的原因，我打算离开杭州去复旦大学附属肿瘤医院胰腺外科。尽管牟老师很支持我的决定，但当时我内心其实依然非常纠结，一方面是希望可以换个平台发展，另一方面也觉得有负于老师对我那么多年的培养。令我意外的是，彭教授知道这件事之后亲自给我发来了消息，不仅表示祝贺，还激励我在更大的平台上努力奋进，为“彭家军”添光增彩。彭教授的这条消息，消除了我很多顾虑。8 月 28 日，复旦大学附属肿瘤医院倪泉兴老师和虞先濬院长来杭州，牟老师在医院小食堂请大家吃饭为我送行，彭教授和谢老师又特意赶来参加，表示对我的鼓励和支持，这份恩情让我终身难忘。

彭教授桃李满天下，很多学生已经是名满全国的大家，“彭家军”的第三代更是数量众多，大家平时可能有很多素不相识，但是每当聊到我们都是“彭家军”一员时，大家都倍感亲切，我想这凝聚力就是彭教授的人格魅力，就是彭教授的精神力量。

薛洪源：彭淑牖教授，毕生学习的榜样

薛洪源，复旦大学附属华山医院普外科医师。

2016年秋季，我从青岛大学医学院毕业，很幸运地考取了复旦大学附属华山医院杜建军教授的硕士研究生。那年开学前，在腹腔镜消化道疾病手术及重建高级培训班上，我第一次从双剑博师兄口中听到了"彭家军"三个字。那时的我稚气未脱，一脸懵懂，尚不知这三个字的渊源与分量。彭氏刮吸刀、捆绑式胰肠吻合、胰胃吻合……伴随着"彭家军"成员杜老师的讲解，我在一个个新奇的名字和周围师长的口口相传中，有幸见识到彭淑牖教授这位医学大家以及"彭家军"这支传奇队伍的风采。

2017年12月27日，在杜老师的培训班开班前夕，我有幸与彭教授和谢老师共进晚餐。结束时，彭教授说："欢迎加入'彭家军'！"这句话似一抹暖阳，驱散了上海冬日里湿冷的寒气，也为我打开了新世界的大门，并在往后的日子里一直鼓舞和激励着我，要拼搏、要奋进，要像"彭家军"的每一位师长一样优秀，将来有一日能真正配得上"彭家军"这个名号。

作为"彭家军"的徒孙，很感激彭教授给我这个机会，让我可以从一个后辈的角度与大家分享我心目中的人生榜样——彭淑牖教授。由于我们在上海，平时除了跟随杜老师到杭州参会等有机会拜见彭教授之外，杜老师组织开办的腹腔镜下缝合与消化道重建培训班便是我拜见彭教授的绝佳机会。值得一提的是，每次培训班都可以算得上是"彭家军"的小型聚会：彭淑牖教授、彭承宏教授、牟一平教授、谭志健教授等诸位大咖齐聚一堂，报告着各自团队最新的研究与成果。由此，我们也可对"彭家军"诸位师长在领域内的卓越地位与领先水平窥见一斑。

令人印象最深刻的是彭教授对新知识、新技术持续学习的热情和坚持。作为多国荣誉院士、顶尖的外科大家，参加学术会议时在做完演讲后离场休息无可非议，但彭教授不同，培训班每天8～10小时的学术报告及手术示教，彭教授总是和全国各地的学员一起从第一场听到最后一场。期间，杜老师常会关心彭教授是否需要回酒店休息，彭教授总会笑笑婉拒。精神矍铄的彭教授以一名初学者的姿态继续留座会场。

杜老师的培训班已举办十期有余，反响热烈，这离不开彭教授及“彭家军”各位师长的支持。只要有时间，彭教授一定不会缺席，并且第一时间与我确认行程。他对学生的支持及对会务人员的体谅着实令人感动。培训班的内容常听常新，每当彭承宏教授细致入微地从缝线选择讲到血管缝合，张能维教授“京味儿”十足地讲解着腔镜下缝合打结新技巧，谭志健教授讲解腔镜下舞动的针尖如何缝合几毫米的胰管时，彭教授总会频频举起手机，聚精会神地录下整个过程，同时也会让我把杜老师等各位讲者关于动物手术示教的全程视频录像发送给他，他会后回看学习。我想，彭教授能有今天这般卓越的成就，一定和他这种虚心若愚、求知若渴的精神与境界分不开。

“彭家军”何以称军？回顾彭教授与“彭家军”每一位师长的奋斗史，不难发现，正是诸多优秀的品质造就了这样一支传奇的队伍。

创新是灵魂。无论是彭氏刮吸刀、彭氏捆绑，还是胆肠四针缝合法、基于解剖位置的胆道损伤分型、末梢门静脉栓塞技术在余肝体积不足的肝细胞癌中的应用，等等，都是彭教授在致力解决临床实际问题时做出的重要医学创新。我很幸运地为彭教授绘制过部分插图，翻看与彭教授的聊天记录，每一次深夜的探讨与修改，充实又美好。

杜老师在全腔镜下消化道重建创新技术方面的成就同样是“彭家军”创新灵魂的体现。数不清多少个夜晚、周末，杜老师和我一起为每一次准确、巧妙的命名而欣喜若狂，为每一个单词、插图的每一处细节而“锱铢必较”，终于有了封面发表的 Poke 技术、U 形平行荷包缝合技术、Handover 技术等系列创新理念与技术。

遇到困难时，杜老师常常会把彭教授教导他的一句话送给我——“you do you can do”。无论逆境还是顺境，“我做我能做的”。这是顺境时一种平和的心态，更是逆境时不惧困难、笑看风雨的豁达与坚韧，柔中带刚，坚韧不拔。“彭家军”的每位师长谦逊温和却不失坚定，大概是这句话的最好诠释。

作为后辈，我深感任重道远，“彭家军”每一位师长都是我的老师，彭教授更是我毕生学习的榜样，我定将不忘初心，不断拼搏进取。祝愿“彭家军”明天会更好！

杨晓平：走再远都不忘"彭家军"的初心

杨晓平，医学博士，主任医师，硕士研究生导师，宁波市第一医院肝胆胰外科病区主任。

我是蔡秀军教授的学生，按辈分应该是第三代"彭家军"成员，一直以"彭家军"为傲，也一直以"彭家军"的优良传统——不忘初心、传承创新，严格要求自己和学生。

记得20年前刚踏入研究生学习阶段，那时蔡老师已经是浙江大学医学院附属邵逸夫医院的副院长。有一天，蔡老师让我送一份资料到浙医二院给彭淑牖老师。我既紧张又兴奋，兴奋的是，蔡老师已经如此优秀，那他的老师会是怎样的一个重量级大咖，刚成为肝胆胰外科研究生的我，就有机会去办公室见他，自豪感油然而生；紧张的是，蔡老师教导过我，任何一项与医学有关的事必须认真对待，我反复检查我需要带的资料后，骑上自行车就飞奔浙医二院。到办公室，我一眼就认出了祥和的彭老师，但来不及端详他的面容，就被他办公室所呈现的景象所折服，办公室约5平方米大，办公用品、桌椅、386电脑都挺老旧但干净，书桌和书架上都叠满了老式的录像带、磁盘、各类书籍、纸质资料、CT片等，有些都摞到了天花板，相对瘦小的彭老师被这些包围其中，但却显得如此高大。

"彭老师，我是蔡老师的学生，前几天您在邵逸夫医院做的手术，老师让我送资料过来。"

"哦，你是蔡院长的学生啊，那很优秀啊，你喜欢外科吗？"

"喜欢！"

"肝胆外科挺累的，你喜欢吗？"

"喜欢，不累！"

"好好干！"

"好！"

这是我和彭老师的第一次见面，20多年来从未忘记，今后也不会忘。从此，我踏上了肝胆胰外科之路，任何其他的"诱惑"，比如高薪海外保险公司、转行当乳腺外科医生等，都没有让我改变选择，就因为“我喜欢”，我想这就是“不忘初心”！

彭老师对晚辈的好，是真的好，无论晚辈何时需要帮助，他都会义无反顾地出现。“彭家军”遍布全国各地，学生时代受到彭老师严谨带教，毕业后得到彭老师无私指导，他的足迹遍布全国各个角落，乃至整个世界，肝胆胰外科界，哪里需要，他就出现在哪里。他经常会亲自开车，带着自己的学生去各地会诊，时刻想着会诊疑难杂症的同时，也让学生紧跟他的步伐，与时俱进。彭老师也经常半夜自己开车，到地级市医院临时救驾。有一个会诊，我至今难忘。那时我刚毕业不久，一个胰腺癌术后患者反复高热、肝功能受损严重，我们排除了由胆胰漏等引起的腹腔感染、肺部感染等之后，很难找到原因。我们主任立马想到彭淑牖老师，决定请他出手相助。彭老师连夜自己驱车4小时赶到我们医院，仔细询问诊疗经过，查体，查看术后各项化验指标和影像学资料，做出诊断：由肝动脉细菌栓塞引起的高热和肝功能衰竭。患者转危为安。这是我第一次碰到这样的并发症，也是至今的唯一一次。

还有一个手术会诊病例，让我开始领悟到医者仁心，不轻易言放弃，同时也让我懂得如何做好临床科研，总结经验不断进步。那是个近80岁的老年患者，肝癌伴黄疸，心肺功能尚可，我们都不敢动刀，但家属不想放弃。“有难题找彭老。”我们再次请教彭老师。彭老师仔细分析病情后指出，肝癌位于肝中叶，黄疸并不是肝硬化、肝储备功能不足引起的，而是由胆管癌栓引起，还指出这样的病例术后预后较好。彭老师亲自主刀行肝中叶肝癌切除、胆管癌栓取出、T管引流术。手术顺利，患者术后恢复良好。

外科医生的很多第一次需要前辈带路和指引。我们很幸运也很荣幸，因为我们是“站在巨人的肩膀上”前行的。术后，彭老师还指出，对于这样“有意思”的病例，我们应该完整积累病例资料，包括手术录像或照片，因为成就一篇很好的论文，需要平时的积累，同时我们也可以总结经验进行学术交流，与同仁分享，大家共同进步。当下，我想起在彭老师办公室的所见，觉得我真的愧对“彭家军”三个字。后来，我开始注重临床资料的积累，并不断学习文献，主动提升自己，从“喜欢”状态进入“迷恋”状态，也成就了我的第一篇发表在《中国实用外科杂志》的论文“原发性肝癌伴胆管癌栓的外科处理”。

彭老师一生中有无数的创新，创新手术、创新器械、创新理念，其中应用彭氏多功能手术解剖器（PMOD）行刮吸法手术解剖，对于我们“彭家军”而言，影响深远。记得在读研时，就有幸聆听彭老师现场讲课，观摩彭老师手术演示，工作后我也开始苦练此项绝技。在上海工作时，我给同事们演示了刮吸法肝切除，他们都惊叹手术的快、准、稳，手术出血量明显减少。蔡秀军老师在彭老师的PMOD的基础上，研发了腹腔镜下的PMOD。在2015年的全国腹腔镜肝脏手术比赛中，有专家赞扬说，手持一把彭氏电刀，就能从头到尾把肝外和肝内的血管都解剖得清清楚楚，可能只有“彭家军”才能做到。

当然，全国各地的普外科医生都受惠于彭老师的这项发明，还有国外好多专家对PMOD也有浓厚的兴趣。2008年，我又重新回到邵逸夫医院进修学习，有着“欧洲肝脏之父”美誉的Henri Bismuth教授来到邵逸夫医院学术交流，彭老师给Bismuth教授演示了刮吸法尾状叶切除，Bismuth教授很有兴趣地上台向彭老师学习此项绝技，还把PMOD和刮吸技术带回欧洲。开句玩笑，Bismuth教授可能是彭淑牖老师最大牌的学生了。

作为“彭家军”的一员，在前行的道路上，我深感任重道远，彭教授和“彭家军”的各位师长都是我毕生学习的榜样。无论未来走多远，我都不会忘记“彭家军”的初心。

于源泉：我和老爷子浓浓的祖孙情

于源泉，主治医师，浙江大学医学院附属第二医院肝胆胰外科。

第一次听闻彭淑牖教授是在2010年的春天。那年，我考研被录取后，在嘉兴的一家医院实习。当时科里的老师听说我要去浙江大学医学院附属第二医院读研，告诉我那里有个彭淑牖教授，是中国外科界的泰斗。同年8月，我师从李江涛教授（彭淑牖教授的博士后），自此我成了彭教授的徒孙，彭教授便是我的师公。

第一次见到师公是在2011年，见面之前从各种途径了解到彭教授的一些事迹，想象中他应该是我们高山仰止的师公，不是一般人能够接近的。见面后，我发现师公竟是如此和蔼可亲，不摆架子。后来接触多了，我当面称呼他彭老师，私下称其“老爷子”，一个谦和、慈爱的老爷子。

彭教授给我最深的印象是好奇心强，对新事物非常感兴趣，从不停止学习，谦虚好问。我认识彭教授的时候他已经快80岁了，然而他对电脑、智能手机、平板等各种新式玩意儿都精通，还亲自制作各类学术会议幻灯片、剪辑手术录像，常常会让我帮忙小做修改，我也因此有幸近距离地感受到了大师的风采。

2011年11月，为了筹备彭教授80大寿宴会，我负责联络世界各地的“彭家军”成员，这次机会也让我对“彭家军”有了较全面的了解。彭教授一手带起来的“彭家军”为全球医学界输送了一位位优秀的外科领军人才，这与他老人家的言传身教、以身作则有着密不可分的联系。

读研期间，每周我都要去跟彭教授的特需门诊。他喜欢分享自己的从医经验，就像讲故事一样。有一天接诊了一位老患者。彭教授娓娓道来，说这是我们最早的第Ⅷ段肝切除手术患者，他是原浙江农业大学的教授，1987年因患肝癌做手术。过去被认为是身患“绝症”的肝癌患者却在彭教授这里和他维系了20多年的医患感情。当时，我是手术室的摄影师，彭教授带着我师父李江涛教授一起做手术，我就扛着摄像机全程拍摄手术过程，回去后精心剪辑、仔细观摩，在潜移默化中领会彭教授手术的精髓。由繁至简的入路、层次分明的解剖、清爽干净的术野，一台手术观摩下来，可谓一场充满美感的艺术之旅。

还记得我刚参加工作时，有一次跟彭教授和师父同台做肝脏手术，师父临时被请去隔壁手术室救急，这时彭教授对我说："小于，你到主刀位置来，我们继续手术。"懵懵懂懂的我拿着 PMOD 不知所措。看到我手法生疏，彭教授便和蔼而又严肃地给我讲解"剖肝之道"，真正地手把手带我做手术。

有个周末，彭教授给我打电话，说："后天有个国际性的学术会议，主办方邀请我在线做一个全英文报告，我想你能够替我讲。"彭教授给予了我信任与鼓励，并耐心指导我，把我推向国际舞台。我是何等之荣幸啊！

说到这里，我还是想亲昵地喊彭教授一声"老爷子"。记得老爷子刚认识我不久，听说我会开车，便让我送他回家。大概开出一里路，他说："我教你怎么开车。"到家后，他把车钥匙给我，让我自己开回去，明天一早去接他。我感觉每次去老爷子家就跟回自己家一样，熟门熟路。老爷子对我们这些徒孙都有种"隔代宠"的情感，每次看到我们都是一脸笑容，满目慈祥。我和他相处的时间多，祖孙感情深厚，我们一起踏青、游泳、唱歌、打球、逛菜场、吃自助餐；他还会半夜喊我去他家里帮忙开电脑，临走时不忘给我塞点水果；新装了个声控台灯，他像孩子一样兴奋地演示给我看。

一日为师，终身为父。老爷子是我的老师、我的前辈。作为徒孙，我和老爷子之间的感情堪比祖孙。

于源泉和彭淑牖教授

虞洪："彭家军"，传承的是一种精神

虞洪，主任医师，教授，博士研究生导师，浙江大学医学院附属邵逸夫医院副院长，移植中心、重症胰腺炎多学科诊治团队负责人，浙江省"万人计划"科技创新领军人才。

有幸能与彭教授、蔡秀军教授等一众"彭家军"一起学习与工作，是我至今时常回想还会觉得十分幸运的一段人生经历。作为医术精湛的外科大家，他们在临床上有足够权威的技术，但最为难得也让我时时自省向之看齐的是，老师们一以贯之，和善、儒雅、不吝赐教的为人品质。

默默仰望

与彭教授的缘分，起于默默仰望。在浙江医科大学上大学时，我就曾听学长们提过几位外科名家。犹记得，他们提起一名外科医生，姓彭，是郑树校长从英国请回来的教授，肝脏手术做得非常好。大学本科毕业后，我到邵逸夫医院普外科工作，接触到了第二代"彭家军"王先法。他虽然和我同批进入邵逸夫医院工作，但较我年长，也有过工作经验。王主任平时话不多，但只要一提起他的老师彭教授，他就精神一振、双眼放光、语调拉高、滔滔不绝，说对学生特别是对他怎么好、手术做得有多好，言语中充满了崇敬和自豪。因为他多次提及、介绍，所以尽管我们未曾谋面，但是彭教授的形象在我心目中渐渐立体化、丰满起来。

工作次年，彭教授的另一位学生，蔡秀军老师加入了我们科室。他是科室的第一位博士，声名在外，一来就有很多患者闻名来访，他在科室期间开展了很多高难度的手术。蔡老师经常会请彭教授来会诊，每次彭教授来过，我就会听说蔡老师的医疗组又做了一个超难的手术，或者某个病情很重的患者开始好转了。

由于我比较腼腆，当时也不在蔡老师的医疗组，所以每次彭教授来，我都待在距离彭教授最远的位置。但只要在走廊迎面而过，或有机会叫一声"彭教授"，他都会很和蔼地朝我笑笑，礼貌地说声"你好"。

对于科室里年资最低的我来说，难以想象一直仰望的对象可以如此亲切与真诚。自此，在我心中，彭教授虽然个子不高，但形象愈发高大。

"彭家军"精神一代代传承

后来和彭教授、蔡老师更加亲近，是在两年后我备考在职研究生入学考试时。此前一年多的工作经历里，蔡老师的人格魅力，他对患者的全心全意，对技术的精益求精，深深地吸引着我。在选择研究生导师时，我鼓起勇气问蔡老师是否能当我的导师。令我出乎意料的是，蔡老师说："我现在没有什么名气，你想有所作为的话，应该选择我的老师彭教授做导师！"

这事之后一段时间，彭教授被聘为我们科室的顾问，我便有了第一次和心目中神一样的"大佬"一起做手术的机会。那天，我们医疗组收治了一位肝癌患者，主诊医师（Attending）决定请彭教授来做手术。手术很顺利，肝癌切除后需要做肝动脉泵植入，我站在二助的位子上，学习彭教授那娴熟的技术手法。没想到，他突然停下来，对着我说："虞洪，你来！"在彭教授手把手的帮助下，我很顺利地完成了自己第一次肝动脉置管的操作。虽然整个过程很短，但之后的几天，我都感到自己受到了鼓舞，工作起来特别带劲！术后，听说我想报考蔡老师的硕士研究生，彭教授还鼓励我："好好努力，他会是一个很好的老师！"

1998 年，我顺利通过研究生入学考试，成为蔡老师的第一个硕士研究生。在他的教导下，我完成了自己职业生涯中的很多台个人的"第一台"手术，也在他的带领下做了腹腔镜下国内或者省内首创的很多手术，包括蔡氏 ALPPS。

时间过得很快，一晃 24 年过去了，我自己也带了学生。在面对自己学生的时候，诸如"蔡老师是这么教的……""彭教授当时是这么说的……"这类话，我会不假思索地脱口而出。正如蔡老师指导我时，对我说"彭教授是这样说的……"一样，我觉得，这就是"彭家军"精神的传承，不止于医学技术的教学，也在于知无不言、言无不尽、为人护航的做事态度，以及不断钻研、师生共同进步的医学精神。

2014 年，探望全球首例蔡氏 ALPPS 术后患者后的合影（左起：虞洪、蔡秀军、彭淑牖、李哲勇）

张斌：他是与时俱进的医学泰斗

张斌，浙江大学医学院附属邵逸夫医院普外科。

当我还在本科生阶段学习的时候，我就听说浙江大学医学院有位非常有名的外科医生，那就是彭淑牖教授。彭教授作为我国外科学的泰斗，不仅设计、发明了彭氏多功能手术解剖器，在肝胆胰外科做了非常多开创性的研究，造福了广大的患者，而且还培养了一大批优秀的外科医生，那就是“彭家军”。得知彭教授已经不再招收学生，我就定下了一个目标：努力成为“彭家军”中老师的学生。很幸运，我的这个目标在读研期间实现了，自此成为“彭家军”的一名徒孙，更为荣幸的是在读博期间能够接受彭教授面对面的指导。

记得第一次和彭教授面对面沟通是在 2018 年，在浙江大学医学院附属邵逸夫医院的特需门诊。彭教授作为“90 后”，每次出门诊都自己开车前往，停车技术一流，让我们都望其项背。他对科技产品也非常感兴趣，玩转微信等各类软件，并亲自制作各类学术会议的 PPT，我们都会惊叹于他如此之强的学习能力。

对于每个门诊患者的诊疗，彭教授都会耐心倾听患者的主诉，然后有针对性地提出自己的治疗方案。许多患者是慕名而来的，他们中的绝大多数在看了很多专家之后，对治疗方案犹豫不决、纠结不定。可是在他们听完彭教授的建议后，我能感觉到患者及家属的眼神中多了一份坚定。门诊中，彭教授也会给我们讲述自己的从医经验，包括为晚期肝癌伴癌栓的患者做了手术后他们能够长期存活，还能够生二孩；也有针对胰漏的解决方案——捆绑式胰肠吻合术。彭教授的这些宝贵经验让我获益颇多。对于门诊收治的患者，特别是手术有难度的患者，彭教授总会亲自上台手术，为患者手术的安全实施保驾护航。不管是在门诊还是在手术台上，彭教授都不需要他人搀扶。他说：“作为外科医生，我们需要拥有强健的体魄，需要注意劳逸结合。”我们都应该向彭教授学习。

作为美国外科学院荣誉院士、英国皇家外科学院荣誉院士、欧洲外科学院荣誉院士、法国外科学院荣誉院士，彭教授经常在国际舞台上作为中国大陆外科界的代表发出中国声音。我也非常荣幸能够在2019年和彭教授一起前往美国旧金山参加美国外科医师年会。在会议开幕式上看到彭教授精神抖擞、神采奕奕地坐在大会主席台上，我才真正领会到医学泰斗的真正魅力。美国和中国有时差，然而飞机落地后，我发现彭教授一点都不困，惊叹于彭教授精力如此充沛的同时，也向彭教授请教如何解决长距离飞行后的时差问题。彭教授解释道，在登上飞机的那一刻就需要根据目的地时间调整作息，这样一下飞机就能适应当地时间作息，投入工作，可以去手术室开刀。直到现在，彭教授仍积极参加国内外学术会议，并且能用流利的英语与外国专家无障碍交流。

我非常佩服彭教授能与时俱进，坚持学习，保持创新，还始终坚守在临床、科研一线，针对传统ALPPS改进发明了末梢门静脉栓塞术，针对肝门胆管癌分型发明了根据解剖部位的新分型，针对肝癌伴门静脉癌栓分型设计了新分型系统用于指导手术，等等，可谓为中国的外科事业贡献了自己的一份力。

2019年，在美国旧金山参加美国外科学院年会，张斌与彭淑牖教授合影

郑雪咏：每年的毕业季，他都如约赴会

郑雪咏，主任医师，硕士研究生导师，浙江大学医学院附属邵逸夫医院普外科。

5月，又到了答辩季，我再一次邀请彭教授担任学位点研究生答辩会主席，彭教授欣然答应。想起以往的点滴，莫名感动，于是有感而发。

作为“彭家军”三代，我师从腔镜外科领军人物蔡秀军教授，因此与彭淑牖教授的结缘有着得天独厚的优势。自从1998年被导师招收为外科学的硕士研究生之后，我就经常能看到彭教授的身影，时而在病房查房、分析病情；时而在手术室中实施复杂的手术。作为晚辈，我偶尔也会被叫上手术台，为彭教授主刀的手术承担拉钩的工作。每每遇到这种机会，我都会兴奋异常，同时也战战兢兢、诚惶诚恐，担心自己生疏而不默契的配合会影响彭教授的操作。

彭教授初遇我这个新晋的外科硕士研究生，上台前尽是关怀与鼓励，在手术时却是非常严格的，精益求精，同时亦会悉心指导，点拨一二，纠正我一些不规范的操作，让我这个外科菜鸟备受鼓舞。不仅如此，彭教授对我的实验也颇为关心，不时会问起我实验的进展，并提出一些建议，使我在受益匪浅的同时也深受感动。

每逢到了答辩季，蔡教授都会邀请彭教授担任研究生答辩的主席。我在2000年和2006年分别完成了普外科硕士研究生和博士研究生的论文答辩。每次答辩，彭教授都会认真倾听我的论文汇报，对论文提出中肯的建议，指出文中的不足之处，但更多的是探讨如何将研究进一步深入下去，以期获得更加重大的成果。彭教授拳拳之心、殷殷之情，对晚辈不吝赐教之意，每次都让我感动。每次答辩结束后，彭教授都会开心地和我合影留念，这也是我医路生涯中一个个难忘的时刻。

博士研究生毕业后，我顺利留在了浙江大学医学院附属邵逸夫医院普外科工作。在蔡教授的带领下，在彭教授不遗余力的扶持下，邵逸夫医院普外科和微创外科日益发展和壮大，于2012年建立了国内首个微创外科学位点。我们这些“彭家军”三代也渐渐成长为导师，我也担负起了学位点秘书的工作。

学位点招收的研究生越来越多，每年毕业的研究生也越来越多，所以现在参加答辩的研究生数量与以往已经不可同日而语，每次学科都有 20 多位研究生要参加答辩，往往需要一整天才能全部完成。彭教授近鲐背之年，但每次接到我的邀请，都欣然答应，并且每次都事先做足功课，对如此数量的毕业论文都逐本过目。每年答辩时，彭教授都精神百倍，全神贯注倾听每位研究生的汇报，并言简意赅、一针见血地指出不足，提出建议，高屋建瓴地指出进一步研究的方向。彭教授治学之严谨、反应之敏锐、思想之深邃，让我们这些晚辈都深为敬佩和折服！每每答辩结束后，彭教授又会主动留下来，露出慈祥和开心的笑容，亲切地和每位答辩的研究生合影留念。

我想，那一刻，彭教授一定是在为“彭家军”的桃李满天下感到欣慰和自豪！

钟小生：他一路带领我们走进世界外科舞台的中央

钟小生，副主任医师，广东省中医院胰腺中心主任。

2004 年，我入职广东省中医院外科，在谭志健主任带领下接触彭氏多功能手术解剖器和解剖“三分”技术（分辨、分离和分别处理）的手术理念，从而与彭淑牖相识得缘。当时，我才懵懂入行外科，彭教授已经在国内外肝脏胆胰外科非常知名，初次接触，不敢轻易接近。后来，慢慢得知彭教授发明彭氏多功能手术解剖器的经过，将电凝、吸引、剥离等功能集于一体，引起临床手术观念变革。在彭教授的帮助下，谭志健主任使用彭氏多功能手术解剖器在肝胆胰、胃肠外科的手术达到视野清晰、手术时间短、出血量少的效果。科室所有医生、大小手术都青睐彭氏多功能手术解剖器。我院妇科、泌尿外科、胸外科、甲状腺外科等专科医生也纷纷“换刀”。从谭志健主任那里得知，彭氏多功能手术解剖器自 1997 年被引入我院外科后，为解决腹部复杂手术发挥了重要作用。后来，彭教授被医院聘任为主任导师，彭教授也因此不时来科室查房、阅片、手术。其间发现彭教授不仅知识渊博，而且非常平易近人。后来，彭教授经常表扬谭主任的用刀技巧，我们也耳濡目染。

钟小生与彭淑牖教授合影

2006 年 12 月，彭教授支持我们在广州承办第三届全国“刮吸解剖技术”临床应用高级研讨班。彭教授在会上介绍了他发明的刮吸解剖技术在复杂肝胆胰手术中的临床应用。也有很多外科同道展示刮吸解剖技术在复杂的普通外科手术场景的应用和技法。那时，我对外科界大佬们都还很陌生。

同年，中华医学电子音像出版社出版《刮吸解剖手术系列》，彭淑牖教授出任医学顾问，谭志健主任主刀演示了刮吸解剖手术方法在腹部外科开放手术的应用，包括右肝癌切除术、左半肝切除术、胰十二指肠切除术、胃癌根治术等，这些手术画面现在看来也还很有美感。当时，我负责大部分的拍摄、剪辑工作。在这个工作中获益良多，体会到刮吸解剖手术方法是一种高效、实用、安全的创新技术，具有“化难为易、变不能为能、突破禁区、无须频繁更换器械”等特点，使复杂手术简易化、手术时间显著缩短、组织损伤减少，并且手术切除率和根治率也提高了。

2009 年，广东省中医院肝胆胰外科正式成立，彭淑牖教授应邀担任主任导师，时常指导我们开展复杂的肝切除、肝门部胆管癌切除、复杂的胆管损伤修复等手术。这使得我对肝门及肝内解剖的领悟更加深入，对出入肝血流的预制、绕肝提拉、刮吸解剖断肝法等肝外科技术有了进一步的理解。他还支持鼓励我们开展腹腔镜肝切除。我们因此也成为广东省较早成熟开展腹腔镜肝切除的单位。

同期，彭教授带给我们全新的胰腺切除的手术方法和新的理念，包括动脉入路的胰十二指肠切除、胰头癌行根治性胰十二指肠切除扩大清扫策略（腹膜后淋巴脂肪板层根治性切除术）等等。同时，他还指导我们开展捆绑式胰肠、胰胃吻合手术及处理胰腺并发症。在当时的广东地区，开放的动脉入路胰十二指肠切除还是很新鲜的手术方式，这是一种全新的做法。

记得 2013 年 10 月，彭教授指导我们肝胆胰外科联合心胸外科为一位右肝巨块型肝癌心房癌栓的患者手术，谭志健主任、何军明主任将右半肝脏所有入肝和出肝血流完全控制，用刮吸解剖断肝法 20 分钟便将右侧半肝完全离断，全程暴露生长癌栓的肝后下腔静脉及右肝静脉。紧接着开胸，由心胸外科林宇主任在下腔静脉和右心房旁路搭桥，阻断下腔静脉，在不进行体外循环、心脏不停跳的情况下操作。在准备切开下腔静脉取栓时，彭教授站到了谭主任的右侧，简单再沟通了几句，温和而又坚定地对谭主任说：“不要紧，你来，前期工作很充分，做得很好。”我作为手术摄影站在谭主任的背后，清晰地听到彭教授的鼓励，非常有触动，也非常佩服彭教授高超的外科技术。谭主任在彭教授的鼓励下迅速切开下腔静脉，取干净右心房及充满肝后下腔静脉的癌栓，将右半肝及癌栓整块移除，手术做得很彻底，顺利收官。

彭教授经常给我们带来他最新技术的手术视频，术前反复为我们讲解，术中再亲自示范手术要点。彭教授对国内外不同时期、主要单位的做法都非常了解，简直是一部“外科宝典”。那时，彭教授腰板硬朗，动作敏捷，脾气温和，开展复杂的肝胆胰手术时会一直陪我们站到关腹之前，叮嘱要如何放好引流才脱手术衣。几个小时下来，他不知疲倦，还要带领谭主任、何主任和我们一起回顾手术主要流程和关键细节，探讨可以改进的地方。我们手术室护士长和外科组手术护理骨干成员黄春霞、严春兰、黄诗贤等手术护士也成为彭教授在广东省中医院手术室熟悉的面孔，彭教授也见证了她们从当年的美少女变成优秀的护理骨干和孩子的妈妈。

可能是祖籍广东梅州的缘故，彭教授对广东地区肝胆胰外科医生有特殊的感情，是肝胆胰外科学术会议的常客。彭教授经常来广州为广东地区肝胆胰外科医生传经送宝，所以经常有机会见到彭教授，聆听他的学术讲课。他一段时间后又有新的做法和总结。20 世纪 90 年代用手术视频做学术分享的专家还不太多，但彭教授的手术视频处理得非常精美。他也把我们广东省中医院肝胆胰外科和我们开展的工作介绍给广东的外科同行。

在广州的学术会议，早期谭主任的学术分享环节在下午专场，虽然有时会场气氛没有上午热闹，国家级肝胆胰大专家多数已经离场，但是彭教授总是会出现在会场的后排，那时他总是会场最大的咖，我时常给他递上一杯热咖啡，坐到他的身旁听他讲关于肝胆胰外科的最新见地。虽然每次来广州会务及事务都很繁忙，但他时常会特别留出时间与我们广东省中医院肝胆胰外科的骨干共进晚餐，餐后有机会再陪我们高歌几曲，《卡萨布兰卡》和《鹿港小镇》等是彭教授的“经典成名曲”。他时常鼓励我们：“你们是广东肝胆胰开刀最好的团队，你们要有信心。”这些鼓励给我们在广州开展肝胆胰外科手术多了一些底气和勇气。

有几次晚上，陪彭教授、谢老师回到住宿处，虽然年过八十，但是到了门口，彭教授每次都能很精准地拿出钥匙包中的钥匙，而且钥匙插入钥匙孔的方向也很精准，这让我非常诧异。他修改学术 PPT 特别严谨，对手术视频的编辑、标注、配音每个环节特别认真，好几次直到深夜一两点钟还不罢休，让我这个年轻人汗颜。

当我成为腹腔镜胰腺外科医生

2013 年左右，在谭主任的带领下，我的专业逐渐转向胰腺和胆道外科，特别是腹腔镜胰腺外科。2013 年秋天，那时我们开展腹腔镜胰十二指肠手术还是比较吃力的，时常筋疲力尽，手术下来有时到半夜。彭教授特地介绍谭主任和我来到浙江大学医学院附属邵逸夫医院的 10 号手术间，现场观摩牟一平主任团队两台腹腔镜胰十二指肠切除，我们也因此认识了徐晓武、张人超、金巍巍。第二台手术是比较困难的胰头癌手术，但是牟一平主任和徐晓武主任还是坚持把手术顺利做下来。晚餐时间比平时正常迟一些。彭教授、谢老师已经在医院附近的餐厅点好杭州菜，等了我们好一会儿。还记得当时彭教授和牟主任鼓励我们一定要把这个工作开展起来。彭教授当时预言，几年以后，腹腔镜胰十二指肠切除可能会像当时的腹腔镜胆囊切除一样普及。

2015 年，彭教授陪同我们来到华中科技大学同济医学院附属同济医院，参观学习秦仁义教授、朱峰主任团队的 LPD 手术，彭教授在手术室内全程陪同我们。王敏医生详细地为我们介绍他们团队的后腹膜入路手术流程和要点。记得当时那个病例的胰管非常细小，断胰颈后胰管寻找困难。到中午时间，手术团队完成切除后，取出标本。在彭教授指导下，秦仁义教授重新用剪刀修剪胰断端后找到极其细小的主胰管，顺利完成全腹腔镜下吻合。

2017 年，首届羊城胰腺微创外科论坛召开。"珠峰"般的腹腔镜胰十二指肠切除手术在谭主任带领下在我院常规开展，我们还成了该领域的佼佼者。彭教授祝贺我们把"登珠峰"变成了"爬白云山"。学术会议还举办了形式新颖的腹腔镜缝合打结比赛，彭教授现场参与，为国内腹腔镜胰腺领域的青年才俊加油。赛后，对我们胰腺微创中心腹腔镜缝合打结的模拟和模型训练的经验，彭教授也饶有兴趣，他还给我们讲了 20 世纪二三十年代，彭教授家乡梅州的世界级球王李惠堂的故事，身处乱世但刻苦训练，把家门口的柚子当足球踢，最终带领我国足球走向世界。

2019 年秋天，美国外科医师学会（ACS）大会在美国旧金山召开。在会议隆重庄严的开幕式上，彭教授作为荣誉院士在主席台就座。我同谭志健、沈展涛、王许安、王知非主任一道亲眼目睹开幕式的盛况，作为"彭家军"的一员，我深感自豪。

会上，我们全面展示了我院独创的谭氏三步法腹腔镜胰十二指肠切除术、无接触原位胰十二指肠切除术、腹腔镜保留十二指肠全胰头切除术等。来自中国的腹腔镜胰腺外科医生的精湛手术技术赢得了现场参会国际专家的广泛认同和赞誉。会议结束后，我们在彭教授的带领下参加会议的隆重晚宴。晚宴的舞会环节，彭教授开心地在舞池中跳了一曲，彭教授脚步轻盈，节奏感不错。彭教授说道："小生，你这是走进世界外科舞台的中央。"当时，我备受鼓舞。

2020 年 10 月，在美丽的杭州举办的第五届全国普通外科中青年医师手术展演暨中华外科金手指奖评比总决赛上，我汇报的腹腔镜原位胰十二指肠切除获得评委的好评，夺得全国总决赛胰腺组冠军。会上，彭教授亲自为我颁奖并祝贺我，会后特别在"彭家军"的微信群内祝贺并鼓励我，我特别感动。

高山仰止，景行行止。彭教授高尚的人格、高超的技术、高贵的品质令我们敬仰。彭教授教导我们"永置患者利益于首位""拒绝因循守旧，勇于改革创新""切勿迷信洋人，也不盲从权威""手术欲速则不达""奥林匹克的主旨不在取胜而在参与，人生的主旨不外征服而在战斗得好""请赐我一颗宁静的心去接受我根本无法改变的事物，赐我勇气去改善我能做到的一切，赐我智慧来区别这两者"。这些箴言已经深入我的脑海，身处幸运时代，感恩彭淑牖教授，感恩有幸成为"彭家军"的一员。

朱锦辉：我成长的每个关键节点都有他温暖的注脚

朱锦辉，主任医师、博士研究生导师，浙江大学医学院附属第二医院肝胆胰外科。

2003年是我们七年制双向选择导师的一年。此前，我在医学院医学英才中心工作时，与外科学王建伟博士建立了良好的个人关系，也逐步对外科学产生了兴趣。一次做动物实验时，王建伟拿起圆珠笔，说道："将这支笔削个斜面，连上吸引就是彭氏刀了。"然后跟我讲了彭氏刀（彭氏多功能手术解剖器）解决什么问题，彭老还做了哪些突出的贡献。这是我第一次听说彭淑牖教授，当时就有了一个"假如我选外科学，希望能找这样的大咖当老师"的念头。

但等到选导师时，发现有很多学生想选彭老，也担心这样的大咖会没有时间管我们这些"小硕"。于是，我找王建伟商量，次日他便带我去见了刘颖斌老师。刘老师当年已经晋升了硕导，但下一年才能招生，于是跟我说："我引荐你去找彭老，彭老作为第一导师，我作为第二导师，一起培养你如何？"就这样商定后，我像个孩子一样，怀着兴奋又紧张的心情跟在刘老师后面去见彭老。

"为什么喜欢外科？有什么特长？外科是比较辛苦的哦，有没有吃苦的准备？"彭老简单地提了几个问题，语速不快，嗓音充满磁性，非常有亲和力。临走，彭老还不忘叮嘱我："跟着刘老师好好学，刘老师是个全才，你很幸运能跟着刘老师。"现在看来，有彭老和刘老师两位导师真的是无比幸运，两位老师的人格魅力深深影响着我。

后来，很快就进入了临床实习和研究生轮转期，我终于有机会跟着彭老和刘老师一起做手术，见证一个又一个奇迹。记得有一次遇到一个右肝巨大肿瘤，显露了第一、第二肝门，解剖了肝下下腔静脉，并预置好阻断带。彭老一边解剖一边给我讲解第三肝门是什么、肝短血管该如何结扎，等等。突然，肝门部一支血管由于牵拉太用力撕扯引起出血，彭老以迅雷不及掩耳之势提起预置阻断带，并用Pringle手法捏住肝门。正当我们提着的心刚放下时，彭老说："你们看着啊，出血了就这样控制。"一边说一边放开，重新演示了一遍该如何处理肝门部的出血。每次彭老做手术，他身边都围满了来自全国各地的进修生，而他每次都会结合具体手术倾囊相授。

2006 年毕业季，朱锦辉与彭老和刘颖斌老师合影

彭老除了对医学专业方面保持着兴趣，对很多新鲜事物也兴趣盎然。根据彭老发明的捆绑式胰肠吻合的原理和动物实验，我用 Adobe Flash（一种二维动画软件）制作了一个动画。当我把动画演示给彭老看的时候，彭老很有兴致地了解制作的过程，和我探讨动画演示的细节，力求动画效果更好、更精致。彭老也将该动画引入他的 PPT 中，在国内和国际会议上交流使用。

还有一次，彭老的电脑系统崩了，我在给他的电脑重装系统和安装各种办公软件时，有两个中年人提着大大的影像袋子来找彭老，说他们已辗转去过全国各地，上海东方肝胆外科医院吴孟超院士推荐来找彭老，吴老说在全国范围内，如果彭老不能做这个手术就没有人能做了。在彭老的精心安排下，患者后来先进行了若干次介入，最后顺利完成了手术。

彭老申请国内院士的那几年刚好是我跟着他学习的几年，在得知落选的消息时，我们都有些愤愤然，然而彭老非常豁达，跟我们解释说：“全国优秀的人那么多，院士名额有限，也不是申请者都能入选的。”彭老这种严谨治学、求是创新又低调豁达的精神和品质影响着一代又一代的“彭家军”。

后来，我入职浙江省人民医院微创外科。在彭老和刘颖斌老师历经 3 年多的培养下，我得以具备扎实的临床基础，参加工作后很快得到了单位上级医生和领导的认可，他们一致认为彭老培养的学生就是不一样。

正是“彭家军”的烙印鞭策我，使我在后来的工作中更加踏实，不敢放松，深怕不够努力而辱没了“彭家军”。后来，虽然我与彭老的接触不如我读研阶段时那么多，但彭老仍然一如既往地关怀着我的成长。每当遇到疑难杂症，我就拿着资料去求教。正是在彭老的大力支持下，若干年后我又回到了浙医二院工作。初期是非常困难的，同样是在彭老的支持下，我撑过时艰，工作逐渐步入正轨。从开腹的胆囊癌根治术、肝门胆管癌根治术、胰十二指肠切除术，到腔镜下的上述手术，彭老从手把手教到台下指导，最后到完全放手，他将他那严谨、精细的手术风格传给“彭家军”的一代又一代。也是在彭老的关心和帮助下，我从主治医师一路顺利晋升到主任医师和博士研究生导师。每一个节点，彭老都倾其所能地予以帮助和提携。

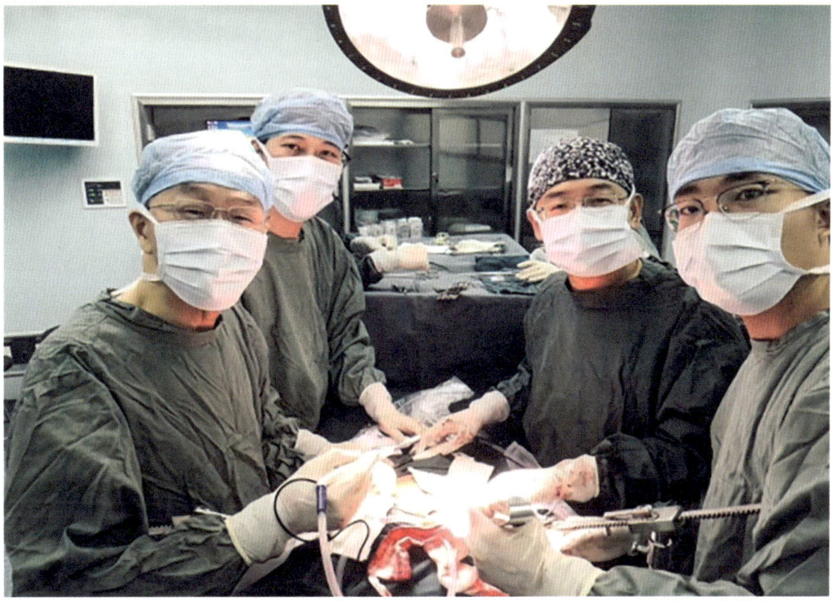

2019 年 11 月，朱锦辉与彭老一起完成一例胆囊癌手术

记得我是在 2003 年初次遇见彭老的，转眼 19 年已逝，我也从一名懵懵懂懂的医学生成长为肝胆胰外科的骨干，一路走来，身上也深深地烙刻着“彭家军”精益求精、严谨治学的特质。

有幸遇彭老，终身受益。

朱玲华：他用工匠精神专注于每一台手术

朱玲华，医学博士，主任医师，浙江大学医学院附属邵逸夫医院普外科副主任、胃癌诊治中心副主任、减重与代谢外科中心主任。

时光飞逝，记得1995年9月本科毕业后来浙医二院普外科开始硕士研究生阶段学习时，我第一次见到尊敬的彭教授，继而在1998年7月毕业到邵逸夫医院普外科工作，跟随蔡秀军教授读博，这一路不知不觉走过了27年。在这段人生中最充满激情向上的时光里，从住院医师到独立带组的Attending（主诊医师）再到现在，一直在彭教授、蔡老师和多位“彭家军”老师的引领、指导、鼓励下学习、成长，能受教于这样一位让人高山仰止的长辈和“彭家军”这样的一支团队，我何其有幸！回忆起来，美好又温暖。

我进入浙大二院硕士研究生阶段学习期间，作为外科小白，和同学们聊起来，第一次知道浙医二院外科的彭教授原来是在全国极有影响力的一位外科大家。那时，我和陈健（现任浙医二院胃肠外科主任）一起进入浙医二院外科病房，第一次进入临床就分在肝脏组学习。每次彭教授来手术、查房，都是充满期待和紧张。

因为那时肝脏手术相对而言还是算高难度的，彭氏吸刮新技术刚刚推广。尤其在实施一些大肝癌和尾状叶肿瘤切除、胰腺肿瘤手术时，彭教授的手术室总是满满当当地围满本院和进修的医生。每次手术，彭教授总会关注到台上的每一位，恰如其时地给予鼓励，感觉没有印象中的大主任的威严。作为研究生参加手术学习，即使拉钩暴露也是有压力的。其中有一次，彭教授还特意嘱咐给我加个脚踏凳，真的如沐春风。

给我留下深刻记忆的还有彭教授替我修改推荐信。我在硕士研究生毕业前因为要来邵逸夫医院普外科参加入职面试，那时邵逸夫医院还处于美国罗马琳达大学管理期内，需要英文推荐信。于是，我的导师王家骅教授请彭教授为我推荐。我带着写好的英文推荐信，依约来到彭教授位于门诊楼的办公室。这么多年过去了，我依然清晰地记得推开他办公室门时那难忘的一幕：办公室里堆满了文献书刊，略显拥挤；桌前的彭教授，风华正茂、风度翩翩，正忙碌着。看到我来了，他立马放下手头的工作，拉我坐下，和蔼又耐心，仔仔细细地询问了我的情况和毕业论文的内容。这一切，让我瞬间放下了心中的忐忑。彭教授一边修改推荐信，一边询问并核对，鼓励我选准方向，早点做好继续攻读博士学位的规划。改好后，彭教授将那份用红笔写满了修改意见甚至连标点符号都做了修改的推荐信和一份他亲自手写并签名的正式推荐信交给我，语重心长地对我说，外科医生英语技能非常重要，以后到邵逸夫医院在外语工作环境下要对自己有更高的要求，并随意考了我一个单词“lean”。这一次短暂的面对面交流，修改推荐信这么一件小事情，让我深深感受到彭教授在繁忙工作中的严谨与严格，这也让我对自己的下一步学习规划有了更明晰的方向。

我到邵逸夫医院工作后，在担任住院医师和主治医师期间，跟随蔡秀军院长、牟一平主任、王先法主任、洪德飞主任等诸位“彭家军”老师一起，多次与彭教授同台手术，在日常大量复杂的肝胆胰和胃肠手术期间甚至危难时刻，真真切切地感受到彭教授那种临危不乱、镇定自若的大师风范，以及手术台上精益求精和随机应变的精神和能力。总是感觉他的锦囊里有无数的应对策略，正所谓“兵来将挡，水来土掩”，最后经他的手都能够将事情顺利处理好。2006 年，在我成为 Attending（主诊医师）独立带组以后，无数次请彭教授同台指导手术，在大量的临床实践中，外科手术技术能力和信心得到很大的提升，同时我的外科视野也得以拓展，外科思维也得以训练和提高。确切地说，是彭教授和蔡老师，还有几位“彭家军”老师，引领、扶持、陪伴着我们这样的年轻一代 Attending 成长。对此，我始终心怀感恩。

彭氏多功能手术解剖器、吸刮法断肝术、彭氏捆绑式胰肠吻合术等，对于彭教授的这些创新发明，业界都耳熟能详。其实，几乎每次手术，彭教授都会带来新方法，不断有新的技术、技巧创新和改进。比如彭教授带领我们做胰管对空肠黏膜的捆绑式吻合尝试，将创新体现在手术细节的改进过程中。再比如，我们现在在胃癌手术中十二指肠残端普遍采用大荷包包埋的方法；而彭教授早在 20 年前就教我们双道丝线结扎式断空肠，再分别用大荷包包埋空肠断端、残端，所需费用比现在的切割闭合器断肠低，是一种简单、快捷又节约的好方法。彭教授这种不断创新与改进的激情和精神，总是会激励我们年轻一代更好地前进。

随着专业分工越发细化，我进入胃肠外科亚专业，所以我日常开展的手术更多是全腹腔镜胃癌手术。大概 2 年前，有一次彭教授来指导、观摩一台腔镜胃癌手术。我常规清扫幽门下区淋巴结后断十二指肠，把胃下部往左上翻开，转胰腺上区和肝门部清扫，而胃右血管和组织依然牵绊阻挡术野。这时彭教授非常犀利地指出：“我们在断十二指肠的同时，可以断胃右血管，这样既解放了助手，又使得整个胰腺上区视野暴露得更好，尤其是肥胖患者。我们按照彭老的建议执行，结果果然视野更好，助手无须关注离断的胃的遮挡，清扫也更加便利。从此以后，我们在清扫胰腺上区常规断十二指肠的同时断胃右血管和肝胃韧带组织，视野非常清晰，操作更加方便。彭教授对这些手术细节非常重视，在手术中不停地思考与改进，精益求精。敬佩于彭教授这样的一种大师视野和工匠精神，他真的是我们后辈学习的楷模。

“斯人若彩虹，遇上方知有。”工作着是美好的。我们珍惜在彭教授这样一位孜孜不倦、持续创新的长者身边学习成长的美好日子，感恩有彭教授和蔡老师等“彭家军”诸位老师的引领。追随着前辈老师精益求精、无私奉献、克服困难前进的足迹，我们必将在临床工作岗位上为解除病痛做出更大的贡献。

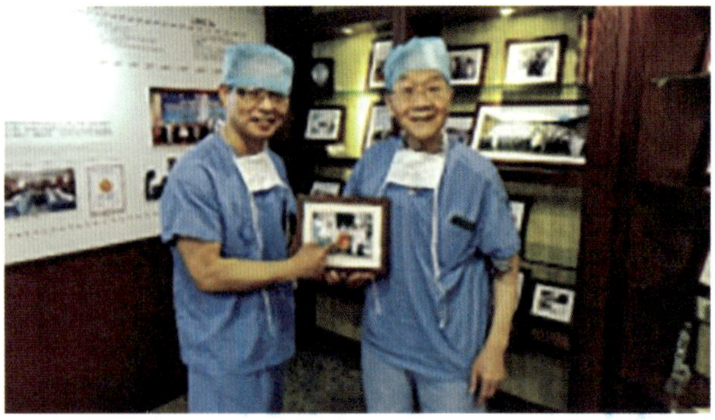

2021 年 6 月，手术后，在邵逸夫院史馆找到建院初期彭教授和 Clark Hoffman（克莱克·霍夫曼）医生的合影

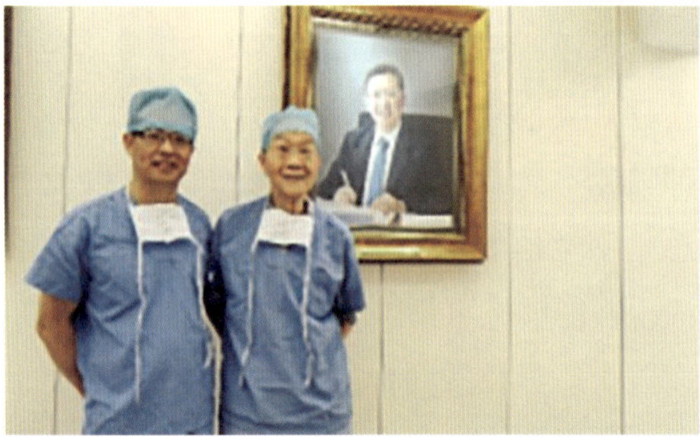

2021 年 6 月，手术后，朱玲华和彭教授在邵逸夫院史馆院长画廊合影

大师传奇

〔第三篇〕

国内专家

（以姓名拼音为序）

别平：我心中的彭淑牖教授

别平，主任医师，教授，博士研究生导师，重庆医科大学附属第三医院肝胆胰外科（原第三军医大学西南医院肝胆外科）主任。

彭老是我最为敬重的前辈，虽没直接师从彭老，但心中早就尊他为我职业生涯的老师之一。当我还是年轻医生时，就常常听闻业界对彭老的赞誉，在学术会议、学术期刊上经常听到、看到彭老的研究创新与成果：胰肠捆绑吻合、彭氏刮吸刀、疑难复杂病例创新术式……尤其彭老在80余岁高龄时还亲率后辈，为减轻患者痛苦，开拓性探索肝癌肝动脉与门静脉末梢联合介入栓塞后切除替代二步法肝切除（ALPPS），并获得成功。彭老诸多研究成果在临床上非常实用，便于推广，造福患者。

千禧之年（2000年），董家鸿院士领导的西南医院肝胆外科召开首次消化外科国际学术会议，我非常有幸在肝占位手术切除的实况转播中给彭老做助手，得以近距离目睹外科大家的风采。他和蔼的学者风范、严谨的学术思维、丰富的临床经验、高超的手术技艺，深深地折服了我。

在这次手术中，我第一次亲眼见到彭老使用彭氏刮吸刀，将切、凝、吸、刮集合一体，运用自如，手术精、准、快，肝断面齐整，几乎未出一滴血，让人震撼，受教良多。岁月流逝，吾已老矣，然而对这段幸事，记忆犹新。

彭老从医数十载，献身学术，献身临床，思维活跃，勤于思考，勇于创新，成果丰硕，桃李满天下。彭老今虽已90岁高龄，仍思清身健，酷爱无影灯、柳叶刀。笔耕不辍，著书立说，将毕生经验留给后学。

彭老，您永远是我及后学的榜样！

蔡端：我所敬爱的彭淑牖老师

蔡端，复旦大学医学院外科学系顾问，复旦大学附属华山医院外科资深教授。

提起彭淑牖教授，亲切的长者形象即浮现在脑海：他风度儒雅，谦恭温和，总是带着慈祥的微笑，总能以他深厚宽广的专业知识底蕴，给人以教益和帮助。彭老师是肝胆外科领域享有盛誉的泰斗级的专家、教授，具有国内外众多重要专业学术组织的领衔职务。

20 世纪 70 年代初期，从我开始从事外科临床工作时起，我就在专业期刊上知道了彭淑牖老师。他诸多的临床心得、学术研究成果引发了我们这些进入普外科领域的青年医师的极大兴趣，给予我们极大的启发与帮助来解决外科临床专业问题和建立科学研究的思路。80 年代初期，彭老师又发明了临床上更实用、更简便的手术方法和手术器械。他创造性地研究和推广了捆绑式胰肠吻合术，从而大大降低了胰十二指肠切除后的胰漏发生率。他发明的 PMOD 和刮吸解剖技术，使手术切割、电凝止血、组织剥离以及术中吸引融为一体，大大提升了手术效果，该项技术在国内外也得到了广泛认可和推广。上述两项技术分别获得国家技术发明奖二等奖 1 项、国家科学技术进步奖二等奖 2 项，以及何梁何利基金奖。至今，彭老师已获省部级以上奖励 20 余项，国家发明专利 17 项。

彭老师不仅是一位视野开阔、瞄准国际前沿领域并勇于创新的功勋卓著的医学科研工作者，一生潜心钻研、笔耕不辍、著作等身，而且是一位颇有前瞻性教学方法和理念、诲人不倦的医学教育学家，甘为人梯，奖掖后学。他的学生遍布海内外，有的是当今学术领域的领军人物，有的担任了重要岗位的领导职务……

即便如此，彭老师依然保持着虚怀若谷、真诚热情、诲人不倦的大医良师的本色。我每次去浙江大学参加学术会议或评审，彭老师总是亲往迎送，对我们的点滴意见总是那么专注地记录下来。我们凡有请教，彭老师也总是不厌其烦地予以解疑释惑。彭老师来上海，也常约我们一聚，彭老师和师母还亲切地与我及爱人一起留影，为我们留下了最珍贵、最温馨、最难忘的记忆。

这就是将学术道德与科学精神内化于心、外化于行，堪称学界泰斗、医界楷模的——当代外科学家、医学科研先行者、医学教育学家彭淑牖教授——我所崇敬的彭老师——独特的人格魅力！真诚地祝愿彭老师健康长寿！生命之树长青！学术青春永驻！

蔡建强：他是中国外科界一面永不褪色的旗帜

蔡建强，主任医师，中国医学科学院肿瘤医院肝胆外科，现任肿瘤医院副院长。

欣闻邵逸夫医院蔡秀军院长计划组织编写《医学泰斗彭淑牖与“彭家军”传奇》，我由衷地感到高兴，并表示祝贺。彭淑牖教授是肝胆胰外科界一面永不褪色的旗帜。旗帜就是方向，旗帜就是力量。彭老不但在推动我国肝胆胰外科技术领域发展取得了卓越的成就，而且更是努力培养造就出众多堪当时代重任的接班人。作为一个晚辈，我也曾有幸多次聆听彭老的学术讲座，且面对面得到彭老多方面的指导，他对学术研究的那种坚持不懈、勇于探索的精神让人赞叹不已。今天，能够受邀讲述自己眼中的彭老，也是荣幸至极。

学术探索，永不停歇

作为中国外科界的常青树，彭淑牖教授一直活跃在外科临床第一线，他勤于思考，善于总结，勇于实践和创新；他发扬工匠精神，坚守初心，无悔从医路。彭老曾获得何梁何利基金奖、国家技术发明奖 1 项、国家科学技术进步奖 2 项，发表专业论文 700 余篇，并分别被授予美国外科学院、英国皇家外科学院、欧洲外科学院及法国外科学院荣誉院士。

我虽未能与彭老共事，但也经常在国内学术会议中聆听到彭老的精彩演讲，在与彭老的多次交流学习过程中，深深感受到他能够取得今天的巨大成就绝非偶然。

首先，彭老是一位真正的临床科学家，善于从临床工作中发现问题。例如，作为一名肝胆胰外科医生，他发现由于肝脏解剖结构特殊，含有复杂的管道系统，所以术中出血是影响肝脏手术最主要的因素。之前的肝切除手术常常依靠传统的钳夹或者指捏，这样很难避免术中出血，整个手术过程就像在“血管丛里跳舞”一样，只要医生在分离血管过程中稍有不慎，就极有可能造成术中大出血。为了减少术中出血，术者必须尽快完成手术，而这样就给精细化操作加大了难度，特殊部位的疑难手术也很难完成。

虽然进口超声吸引刀能够在用超声击碎肝组织的同时保护管道系统，达到精准切除的目的，但进口器械价格非常昂贵，很难普及。并且，国内患者大多合并比较严重的肝硬化，超声吸引刀遇到硬化的肝脏就会“水土不服”，硬化的肝组织很难被打碎，术中工作效率会大大降低。

面对这样一个棘手的难题，彭老独创出了“刮吸法断肝术”。所谓“刮”，就是在手术中运用刮耙将肝组织刮碎；“吸”则是用吸引器将刮出的碎屑吸除，露出肝内的大小管道，再根据血管的大小分别进行电凝或结扎处理。这样不仅可以增强止血效果，而且可以减少出血量和异物的残留，使术野清晰。在此基础上，彭老还创造性地发明了彭氏多功能手术解剖器，巧妙地将电刀、吸引器、推刮器融合在一起，利用这一把刀就可以实现术中的切割、剥离、吸引、电凝止血等一系列操作，避免反复更换器械而造成术中大量出血，从而大大提高了工作效率。这样一把实用且高效的手术刀，结构并不复杂，造价也不昂贵，非常适合在基层医院推广使用，又被称为“彭氏刀”。目前，彭氏刀已经被国内外600多家医院应用，彭老也因此荣获了国家技术发明奖二等奖。

彭老另一项被国内同行津津乐道的创举是改良了胰腺手术中最容易出现问题的胰肠吻合方式。胰肠吻合最容易出现的问题是胰漏。具有强腐蚀性的胰液漏入腹腔后，很容易发生感染、大出血，患者死亡率极高。面对这样的难题，国内外学者都在探索改进胰肠吻合以避免胰漏的方式，所以各种不同的吻合方式也是层出不穷，但大多是扬汤止沸，只能解决表面问题。彭老极具创造性地提出了捆绑式吻合的新方法，跳出了胰肠吻合“缝”的固有思维模式，巧妙地改“缝”为“捆”。这简单的一字之差却避免了胰液自针道漏出，也挡住了胰液从其他缝隙漏出的机会，更体现了彭老思路开阔、不断突破传统观念、不断开拓创新的学术精神。

其实，上面两个例子仅仅是彭老在外科领域不断探索、勇于创新最为典型的案例。每次听彭老的学术演讲，我都能够深深地感受到彭老的勤于思考应用于工作的每一天、实施的每一台手术、救治的每一个患者。彭老总是能够敏锐地从我们习以为常的诊疗过程及手术中及时发现问题，并找到解决问题的金钥匙。每次听彭老的学术讲座都受益匪浅，收获满满。通过学习，我们不但能强烈地感受到彭老敏锐的洞察力、精益求精的工匠精神和创新能力，而且能体会到彭老悲天悯人的医者情怀。彭老所有的改良、所有的创新、所有的进步，都是出于“医生多技傍身，患者才能获益更多”的毕生追求。

提携晚辈，不遗余力

彭淑牖教授不仅仅是技术精湛、勇于创新的外科学家，更是俯首甘为孺子牛的医学教育学家。彭老桃李满天下，他的学生在各自领域都已成为像彭老一样的领军人物，被业内亲切地称为“彭家军”。彭老不仅仅对自己的学生，对业内的年轻医生也是有求必应，全心全意鼎力相助。我每年主办腹部肿瘤高峰论坛，彭老作为前辈，是我每次一定特邀的演讲专家。彭老每次都是欣然应允、认真准备，绝不敷衍怠慢。

我更有幸于2005年邀请彭老来我院进行手术演示和指导。当时已70余岁高龄的彭老依然精神抖擞、步伐矫健，他不但充满激情地结合宝贵的亲身经历与我们科室的年轻医生分享了应该如何做一名合格的外科医生，而且更是亲自为一位V段原发性肝癌患者施行了手术。虽然患者合并较为严重的肝硬化，但彭老手持彭氏多功能手术解剖器，胸有成竹，推、刮、切、凝，动作行云流水，短短一个多小时就完成了手术，患者的出血量不到200毫升，这让身边的年轻医生惊叹不止。术中，彭老还详细地讲解了肝脏的手术规范和彭氏多功能手术解剖器的使用技巧。幸运的是，那次手术演示我们全程录制，17年以后的今天我再看这段手术视频，仍然被彭老精湛的手术技巧所折服。

热爱生活，淡泊名利

彭老在工作中一丝不苟、认真负责，在生活中温和儒雅、关爱家人，每次看到他，他总是带着微笑，和蔼可亲。他是一位可亲可敬的长者。彭老工作繁忙，即使是周末，也有满满的会诊手术和学术交流的任务。让我印象最为深刻的是，彭老参加各种活动总是尽可能带着夫人，看到两位前辈相濡以沫，有着恋爱般味道，总是让我们年轻人发自内心地羡慕和钦佩。

彭老平时热衷于锻炼，尤其喜欢游泳。他在工作中能够始终保持精力充沛、思维敏捷，与他坚持不懈地锻炼是分不开的。尤其，彭老发明的捆绑式胰肠吻合正是在游泳中获得的灵感。虽然彭老现在已经是外科界的"巨人"，赫赫有名，荣誉等身，但他始终淡泊名利。无论是学术演讲还是平时交流，他更愿意跟我们年轻人分享他的学术体会和独特的灵感。每次会议结束，闲暇之余，他也愿意融入年轻人的朋友圈，一起交流生活或高歌一曲，大家和睦相处，乐此不疲。彭老的英语歌唱得特别好，经常以一曲*Edelweiss*（《雪绒花》）让在座的所有人感心入耳，余音回旋不绝。

《言医·序》云："德不近佛者不可以为医，才不近仙者不可以为医。"彭淑牖教授身体力行，诠释了这两句话的真正含义。他心系患者，高调做事、低调做人，俯首甘为孺子牛，影响了一代又一代的外科医生。彭老永远是我们心中的不老男神、不老英雄。

衷心祝福彭老身体健康，继续带领我国的肝胆胰外科事业青云万里、展翅高飞。

曹晖：济世守初心，不老柳叶刀，外科传奇，垂范后世

——他在的地方，就有光的照耀

曹晖，主任医师，博士研究生导师，外科学二级教授，上海交通大学医学院附属仁济医院、临床医学院外科教研室主任（兼大外科主任），仁济医院医学伦理委员会主任委员、胃肠外科主任、原普外科主任。

若要在一个行业中成为口口相传的传奇，需得有超群横溢的技艺才华、革故鼎新的精神和虚怀若谷的品格，才能受到世人的认可和推崇。在我的心中，高手林立、人才辈出的中国普外科界，要论起“非精不能明其理，非博不能致其得”的为医之道和处世之风，彭淑牖教授当属屈指可数的传奇人物之一。更为可贵的是，彭老虽无人们想象中外科医生的高大威猛之躯，却兼有温文儒雅的君子之谦和坦荡仗义的侠士风采，是外科界有口皆碑、受人敬仰的前辈和典范。

家风承继，弃理从医；海外学成，强国之志

20世纪30年代，彭老出生于广东梅县的一个医生世家，父亲彭致达及数位长辈均是当地名医。彭老的名字中，“淑”有君子清澈和效仿贤良之意，“牖”则代表着“穿壁以木为交窗也”的窗户之意，其名字既清奇又深奥，难懂、难读、难记、难写，体现了书香门第父辈的期冀和熏陶。事实上，名如其人，彭老后来的人生履历和成就完美地诠释了父辈的期许，成为中国外科学界一扇视野开阔、让后辈得以一窥和效法的明窗。自古以来，广东梅县人杰地灵、人才辈出，曾经诞生了开国元帅叶剑英、香港爱国企业家曾宪梓、著名画家林风眠和坚守四行仓库的抗战名将谢晋元等名人义士。20世纪的梅县还是全国闻名的“足球之乡”，享有“北延边，南梅县”的美誉。彭老在这样的家乡氛围和自强不息精神的耳濡目染下成长，自然也心怀鸿鹄之志。

1950年，彭老在考试中理化、语文和外语成绩优异，同时被燕京大学化学系和南京大学医学院录取，出于深厚的家学渊源和童年的耳濡目染，彭老遵从父亲和长兄的建议，选择放弃化学专业而进入医学院学习。现在想来，若是当时彭老做出了另一种

选择，我们可能就少了一位独树一帜的外科巨匠，但也会多一位化学领域的栋梁之材。

1952 年，他转入浙江大学医学院（以下简称浙医）学习，师从我国著名外科学家余文光教授。1953 年，他目睹余老在国内开展首例 Whipple 手术，并在心中留下了深刻的印象。自此，不惧挑战、敢为人先的信念愈发深植在彭老心中，也铸就了其一生的专业选择和毕生致力于胰十二指肠手术的技艺追求。

1955 年从浙医毕业后，他即进入浙医二院工作。1981 年，彭老因出色的业务和外语能力，以及过硬的政治品格获得了公派赴英留学的资格，这在当时属于凤毛麟角。1981—1985 年公派留英期间，他在专业知识的海洋里如同干渴的海绵，汲取了外科技术的大量新型研究成果，并取得了斐然的成绩，获得了英国皇家医学会的认可，被授予“英国皇家医学会会员”的荣誉。留学结束后，彭老满怀着一腔爱国热血，带着开放兼容的国际视野，选择回国传播国外的先进知识和手术理念，志在引领当时仍相对落后的中国外科迈上新的台阶，逐渐拉近甚至实现赶超世界先进水平的梦想。

他刚一回到浙医二院即被委以重任，担任外科主任和外科研究所所长。彭老分别于 1979 年和 1986 年开始招收硕士研究生和博士研究生，是国内外科学最早的研究生导师之一，就此开启了培养我国外科年轻人才，桃李满天下的学术生涯和不倦旅程。

慷慨仗义，聚义求和；行益至善，立人树德

与彭淑牖教授的相识源于我的前辈、仁济医院前两任普外科主任陈治平教授、吴志勇教授的介绍和引荐。陈治平教授与彭老是多年老友。1994 年，吴志勇留美归来。1996 年，陈、吴两位陪同吴主任的美国导师、世界著名的门静脉高压症权威 Benoit JN 在访问仁济医院后游览天下闻名的杭州西湖。其间，彭老尽地主之谊热情款待两位，泛舟西湖，大家相谈甚欢。

初印象中，彭老虽没有伟岸的身材，但儒雅、平易的风度和坦率、赤诚的待人风格以及纯正、深厚的外文交流能力无不令人印象深刻。深入交流之后，我更是为彭老的广博学识所折服。彭老不仅上知天文，下晓地理，而且融会贯通、自成一体，有着十分广泛的兴趣爱好和高贵的生活品质情操，还是个不折不扣的足球迷和游泳爱好者。在彭老身上，我能看到老一辈外科医生身上所特有的集责任与担当、家教与素养、信仰与纯真为一体的精神风骨。

后来就时常能听闻彭老培养带领的“彭家军”勇攀学术高峰的事迹，也就丝毫未感惊奇。在我看来，以彭老仗义热忱、广结天下志士的处事风格与一呼百应、富于人格魅力的号召力和凝聚力，必然能够吸引一批杖履相从、引为榜样、以救死扶伤和追求手术精进为信仰的外科征战队伍。现在我有幸与“彭家军”中以猛将著称的刘颖斌

教授共事，从刘教授的大刀阔斧、不惧风险、勇闯禁区、雷厉风行、重情重义、豁达大气、举重若轻的行事风格中，都可体味到彭老作为"彭家军"领袖的风范和气度。"彭家军"中我所熟识的蔡秀军、彭承宏、牟一平教授等皆成为行业中的领军帅才人物而享誉学界。

敢为人先，自主创新；深耕细作，笃行致远

胰腺外科是行业公认的技术难度高、手术风险大、细节要求苛刻、手术并发症较高发的领域。面对高难度手术，千锤百炼的技艺、从容不迫的心态、复杂手术境况下决断的魄力，是一名优秀胰腺外科医生应该具备的品质。彭老就在这样一个堪称外科危境的领域数十年如一日地潜心钻研、乐此不疲，破除手术壁垒；而除精湛的手术技能之外，他潜心钻研手术器械的应用发明，彭氏多功能手术解剖器（PMOD）和彭氏捆绑式胰肠吻合术的发明创新就是他砥志研思的心血和成果。

此前，我就数次从刘颖斌处听闻 PMOD 发明的始末。每每听闻及亲眼目睹刘颖斌熟练自如地运用这项工具和技术，都让我肃然起敬。手术器械的研制绝非易事，对材料、精度和实用性设计都有极高的要求，彭老自从发现从国外花重金引进的超声雾化刀 CUSA 破碎肝组织的效果不尽如人意之后，一直想制作一种更为实用的手术器械。于是，他充分发挥理工科背景的优势，利用手头一切可供改造的材料，包括旧收音机

2014 年 10 月 27 日，曹晖于美国旧金山参加美国外科学院（ACS）年会时与 John L. Cameron（左三）、彭淑牖教授合影留念

的天线，亲自到工厂车间打磨挫平，其间的反复尝试和殚精竭虑不足为外人道。PMOD发明伊始，便获得了国内外的高度评价和推广应用，在一定程度上甚至改变了外科的手术方法，集吸引、电凝、电切和分离技术于一体，使得后辈外科医生在面对复杂肿瘤手术时拥有了一把可攻可守的“战场利器”。2001 年，他研发的“刮吸手术解剖法的建立与多功能手术解剖器的研制”获得了国家技术发明奖二等奖！

然而,彭老的发明和创新还远未止步于此。20 世纪 90 年代,彭老又成功研制了“彭氏胃减压肠营养同步导管”。在研发过程中，他依旧秉持着身体力行的研发态度，通过亲身置入来体验导管的可耐受性。用现在的流行语来说,彭老可谓是我国医学界的“跨界大咖”。除拥有高明医术外，还兼具发明创造的本领，是名副其实的医学发明家。他在中国外科学界树立了一个难以跨越的人生成功丰碑。

见证荣耀，享誉中外；老骥伏枥，志在千里

彭老是外科大师、国之栋梁，在普外科领域成绩斐然，屡获殊荣。他分别于 2004 年、2006 年、2009 年、2016 年当选美国外科学院荣誉院士、英国皇家外科学院荣誉院士、欧洲外科学院荣誉院士、法国外科学院荣誉院士，这些荣誉以及如此多方位的国际尊重和认可，即使在当今的中国外科学界也罕有人能够企及。

2006 年，我和王坚医生赴美国约翰斯・霍普金斯大学附属医院进行为期 3 个月的临床访学，其间认真参与观摩手术、交班、查房、学术会议等。临回国前，全球胰腺癌权威专家 John L. Cameron 教授请我俩在以外科医生 Hasted 命名的私人俱乐部吃饭为我俩践行，仅由 Richard D. Schulick 和 Christopher L. Wolfgang 教授二人作陪。

席间畅叙时，他颇为感兴趣地向我询问，说他听闻中国的一名医生发明了捆绑式胰肠吻合，问这到底是一个什么样的概念？我俩当时也尽可能形象和直观地向他讲述了这项术式的优点和创新之处以及我们的理解。Cameron 教授听毕陷入了沉思，似乎有了初步的理解。众人皆知，Cameron 教授素以严厉的授业方式著称，也十分心高气傲。他当晚请客吃饭的方式和举动及如此认真地询问中国医生的手术方式，也令其他两位美国医生倍感意外和不得其解。

十分凑巧的是，彭老撰写的关于捆绑式胰肠吻合的临床研究成果“Conventional versus binding pancreaticojejunostomy after pancreaticoduodenectomy. A prospective randomized trial”于次年（2007 年）发表于 *Annals of Surgery*（《外科学年鉴》）。Cameron 阅读完此文后对捆绑式胰肠吻合有了深刻理解和认可，随即派出了其得力助手 Christopher L. Wolfgang 医生与彭老处建立联系，并前来中国杭州交流学习。这在当时的国际外科学术话语环境下是极其难能可贵的。谁能想到，美国顶尖医院的医生会前来我国学习

手术技术呢？我对此的理解和激动之处在于：首先，胰十二指肠切除术术后的胰漏确实是一个世界性难题，大家都在寻找可以攻克和改善的技术；其次，我俩的介绍使得Cameron教授有了先入为主的印象和初步理解，而Cameron教授作为一位善于学习、不断总结的著名学者，他不断进取的态度让人心生敬佩；最后，最让我感动的是，彭老的外文功底与临床实践相结合，把成果发表在外科学的顶级期刊上，让国外同行了解了中国外科界的新技术、新动态。2021年，在肝胆胰肿瘤循证医学论坛中美病例线上研讨会上，Wolfgang教授再次对话彭老时还反复提到，当年在中国的那段访学交流让他学习到了很多新的知识，看到很多新的角度，是一段令人怀念的回忆，并让他和彭老、牟一平等发展出了延续至今的珍贵的跨国友谊。可以说，是彭老不惧挑战、勇于探索的精神，及良好的英语能力和令人折服的个人魅力，使得我国胰腺外科有了站在更高水平与国际对话的实力、资本和底气。

2014年，我被授予美国外科学院（ACS）会员，赴美国旧金山参会并接受授绶带典礼。在隆重的仪式上，我荣幸地与彭老、Cameron教授一起话叙和合影，留下了值得纪念的瞬间，并目睹了彭老在ACS开幕式上作为中国大陆唯一代表在主席台上就坐，在场中国外科医生无不为之自豪和动容。彭老虽已高龄，但作为中国外科医生、医学科学家的杰出代表，仍然精神矍铄，在台上用流利的英语侃侃而谈，大家风范着实令人赞叹。我当时就在想，中国外科医生，向来不缺手术技术高超和有胆有量的高手，但稀缺的就是彭老这样具有开阔的国际视野、兼收并蓄的格局、中英文俱佳，且文理皆备、触类旁通、语文功底深厚的能文能武的大家。

2014年10月27日，ACS开幕式上，彭教授作为中国大陆唯一代表就坐于主席台

数十年间，彭老精心培养，硕果频出。瑞金医院彭承宏作为手术机器人在中国最早的应用者和推广者，与沈柏用一起成为国内胰腺疾病领域机器人手术的领军人物之一，手术量位列全球前三位；邵逸夫医院蔡秀军、浙江省人民医院牟一平不仅是我国

2017 年 10 月 23 日，曹晖（左二）和彭淑牖教授等人在美国外科学院年会上的合影

腹腔镜外科的佼佼者、倡导者和推广者，而且更是医学行政管理的栋梁；仁济医院刘颖斌也是武文兼备、有勇有谋，集外科技艺、科学研究、行政管理、医学教育于一身的国内外科跨界人才之一。而以瑞金医院沈柏用和中山医院楼文晖为代表的胰腺外科翘楚等以其良好的教育背景、宽广的视野、扎实的外语功底、帅气的儒雅形象、丰富的外科临床经验，活跃在国际学术交流前沿舞台，在国际学术交流中以中国新一代外科医生良好的形象和素质，发出越来越多的中国声音。

彭淑牖教授以自身为典范，书写了一位外科医生的传奇生涯，也教导并激励着后辈们为了中国外科事业的发扬光大继续砥砺前行。

我虽未曾获得彭老的直接指导，但在我心中，彭老亦师亦友，与我结下了忘年之交的友情，是我敬重的前辈、老师和朋友，他心怀天下的高尚精神和敢为人先的奇伟风骨对我的执业生涯影响良多。"彭家军"现已遍布全国各地，如同星星之火，将彭老的精进技术和精神火种播撒到五湖四海，为我国外科事业的发展做出了巨大贡献。彭老对学生的全方位培养也深深影响着包括我在内的许多外科导师培养学生的方式。

杏林春暖，橘井泉香，祝愿彭老身体健康、平安长寿！

陈兵：遥望“传奇”

陈兵，主任医师，浙江大学医学院附属第二医院血管外科主任，浙江大学医学院附属第二医院创面中心（滨江院区）血管保肢中心（博奥院区）主任。

传奇是指情节离奇或人物行为不寻常的故事，古代社会有高雅文体“传奇”，现代社会有无数人痴迷的网游传奇，艺术领域有代表张爱玲的最高境界的文集《传奇》还有传唱广泛的歌曲《传奇》。今天我顶礼膜拜的“传奇”是生活中一位平凡却伟大的医生：呈一身中华风骨，获美国外科学院荣誉院士、英国皇家外科学院荣誉院士、欧洲外科学院荣誉院士、法国外科学院荣誉院士的世界著名外科医生彭淑牖教授（后文我会尊称他为彭老）。

非常荣幸受邀参与《医学泰斗彭淑牖与“彭家军”传奇》的撰写，颇有受宠若惊的感觉。作为晚辈，我只能是以师承的一些记忆描述彭老和“彭家军”。我不确定，是否所有参与此间的作者中，我是唯一非腹部外科肝胆专业的血管外科医生。世界很大又很小，缘分从来都是说不清的机遇。20 世纪 90 年代，我是一位普通外科的住院医生，曾经在做住院总医师的时候，为一位胆道感染、肝内胆管结石的患者急诊独立完成了肝门胆管成型手术，自觉膨胀到忘乎所以。但我的老师告诉我这么简单的操作不值得骄傲，肝胆胰腺专业国内强手如云，有很多“高峰”，其中一个“高峰”就在杭州，是一位喜欢蹬着皮靴、骑着摩托车风驰电掣为各处患者实施完美手术的大师。我顿时心生敬意，期望有缘拜见这位高人。那时没有互联网、没有智能手机，我当时并不确定这位传说中的“重机大师”就是彭老。

我同彭老的第二段缘分起自于我的恩师中国科学院汪忠镐院士。阴差阳错，我后来走入了血管外科的天地。随着时间的推移，我逐渐淡忘了“重机大师”的形象。后来，陪汪院士做事情，他也偶尔会谈起他在不同时期在各家医院工作、生活的经历。汪院士是浙江萧山人，很是留恋和热爱家乡，更多的就是聊起在杭州的工作、生活经历。在他的并不连续和完整的叙述中，我知道他有两位医学上的挚友和工作中的战友——原浙江医科大学校长郑树和原浙江大学医学院附属第二医院外科研究所所长彭淑牖。

汪院士更多的是描述两位大师在各自研究领域中所取得的傲人成绩，讲述他们的成就在国际上的巨大影响力，他甚至直接表达两位的成就在某些方面超越了自己，他们更有资格成为代表中国医学最高学科水平的科学院院士。

在越来越多的信息堆叠中，我突然意识到原来我心目中的“重机大师”就是彭淑牖教授，那几乎消失的影像再次涌现在脑海，于是恳请汪院士有机会带我拜见一下两位大师。我自己也颇喜欢摩托车，真心想早日见到这位“重机大师”。

其实，等我真正有机缘见到彭教授，由于年龄和社会发展的关系，彭老已不再驾驶重机，而是坚持自己开车上下班了，遗憾未能亲眼目睹彭教授“重机大师”风驰电掣的风采。但以我对恩师汪院士学术水平的了解，汪院士为推动中国血管外科站在世界血管外科的舞台上做出了巨大贡献，可以想象汪院士极为推崇的彭老对中国肝胆胰外科，乃至全世界肝胆胰外科领域中所产生的巨大影响。

好奇心让我找机会了解偶像级大师的成就，叹为观止。彭教授作为中国腹部外科的大师，勇闯腹部外科禁区，对肝、胆、胰、脾等疑难疾病的处置处于国际领先水平。他尤其擅长肝胆胰疑难重症，如肝尾叶肿瘤、高位胆管癌、中晚期胆囊癌、肝癌伴门静脉癌栓等的治疗。所发明的捆绑式胰肠吻合术将胰漏降至极低的水平，解决了困扰世界医坛60多年的胰漏难题。同时，彭老作为一位医学创新大师，成功研制出多功能手术解剖器，改变了外科手术方式，提高了手术效率，被外国专家称为世界外科领域划时代的进步。彭老创立了“彭氏刮吸手术解剖法”，简化了手术过程。这些创举享誉国际医学界，并分别被命名为“彭氏多功能手术解剖刀”和“彭氏捆绑式胰肠吻合术”。彭老耄耋之年，依然在努力追求，他的学术水平不仅让我景仰，而且刷新了我对知识体系的理解，如末端分支门静脉栓塞术诱导残余肝快速增殖等新技术。彭老所培养的“彭家军”和有强大传播能力的国内外技术团队，已经是中国腹部外科令人瞩目的、能代表中国最高水平的团队之一。

我和彭教授真正的缘分起于2014年，在汪院士的引荐下，我从北京宣武医院来到有150余年历史的浙江大学医学院附属第二医院创立血管外科，有幸来到彭教授身边工作。汪院士每次来我这里指导工作，只要他有时间，都会邀请彭教授和郑树校长一起见面，讨论高深的医学事业，追忆他们年轻时的美好时光。我也是第一次跟随汪院士见到彭老和郑树校长。汪院士把我介绍给两位大师，并请他们代为关照和指导。我内心极其紧张和惶恐，以茶代酒敬二位大师。郑树校长和蔼的语气和彭教授始终呈现的笑容让我逐渐放松下来，我知道两位大师的支持将赋予我在新的工作岗位上前进的动力和勇气。

创立血管外科的过程确实充满艰辛和困难，有幸结识并得到“彭家军”中的李江涛主任的大力帮助。江涛是彭老的得意弟子之一，因为工作理念和职业理想的重合，我和江涛成为挚友。江涛对彭老的叙述更增加了我对彭教授的敬仰。普外科微创趋势越来越明显，但江涛主任的很多手术还是要开腹进行，开始我颇不理解，后来才知，江涛继承彭老“服务患者、拯救患者”的理念，收治了很多被其他地方拒绝、手术失败或肿瘤复发的患者，这些患者不得不采用最基础、最朴实的开腹手术。因此，彭老时不时会出现在浙大二院滨江院区的手术室。彭老虽然身材也没有以前那么挺拔了，但坚定的步伐和灵便的活动还是让人难以想象他已近 90 岁高龄。由于彭教授参与的手术多是疑难重症，因此彭老经常要耗费 4 ～ 6 小时甚至更长的时间来完成手术，这种能力、毅力、体力、魄力皆令人惊叹。

有一天中午，我在食堂就餐。当时，餐厅坐满了人，很是喧闹。我突然感觉到中间的一个座位上有股无形的气场，我定眼望去，一位清瘦略显驼背的老人在安静地进餐，专注、安详，是彭老。我不敢过多打扰，估计一会又要有一台极具挑战的手术等待着彭老，所以只是过去恭敬地问候彭老。他立刻认出了我，安详的笑容、温馨的问候和关怀依旧。顿时，我觉得我也可以安静、自信地面对当天对我来说同样是极具挑战的血管外科手术了。还有一次，突然接到彭老的电话，说要向我“请教”肝脏手术后门静脉血栓的事情，“请教”的结果是我只讲了一点点抗凝药的特点，而我从彭老那里学到了更多的关于围手术期抗凝处理的知识。

2015 年 12 月，彭淑牖教授从医 60 年庆典上，陈兵和彭教授合影留念

传奇之所以成为传奇，就是很多事情似乎完全超越了常人能想象的生命轨迹。从彭老在国人中唯一荣膺美国外科学院荣誉院士、英国皇家外科学院荣誉院士、欧洲外科学院荣誉院士、法国外科学院四大荣誉院士，特别是全球外科领域公认的最高荣誉——美国外科学院荣誉院士，成为传奇已是必然。90 岁高龄的彭老不仅依然活跃在医疗第一线，而且还积极参与代表未来趋势的互联网医疗，利用网络互联互通的优势把自己的医学知识和对患者的关爱播撒到全世界。

彭老说："作为医生，心里要始终装着患者，而且必须得做好两件事情，一是要教书育人，培养更多的医生为患者服务；二是研究新的诊疗技术，提高诊治水平。如此，才能挽救更多的患者，为生命多开一扇窗。" 彭老还说："Work while you work. Play while you play. Do what you can do！"

在我心中，永远都有那骑着重机车，风驰电掣的传奇形象，模糊又清晰，重机的轰鸣犹如出战的军鼓震响在我内心，令我遥望"传奇"。

谨以此文献给恩师汪忠镐院士的挚友彭淑牖教授，中国外科医生的楷模，充满阳光能量的"90 后"大龄青年，我的传奇"重机大师"。

陈规划：我们受益于他的两项发明成果

陈规划，教授，博士研究生导师，中山大学附属第三医院肝脏外科暨肝移植中心，曾任中山大学附属第三医院院长。

彭淑牖教授是中国肝胆胰外科领域著名的医学专家，对我国肝胆外科领域的发展做出了重要贡献。中山大学附属第三医院肝脏外科暨肝移植中心在发展过程中得到了彭教授的大力支持。彭教授为人真诚坦荡、平易近人、淡泊名利，工作上兢兢业业，学术上精益求精；在肝胆胰外科领域的成绩硕果累累，同时培养了著名的“彭家军”，桃李满天下，很多学生成为中国肝胆胰外科领域的领军人物，令人钦佩。

彭教授从医、从教几十年，一直工作在临床、科研的第一线，所取得的大量成果对肝胆胰外科领域产生了深刻的影响，其中影响最大的是两项获得国家科技大奖的医学发明。一是彭氏多功能手术解剖器及刮吸手术解剖法，其集多年临床经验为大成，化繁为简，同时汇集钝切、刮耙、吸引、电凝于一体，国内外有上千家医院在使用。我院有幸在早期得到彭老赠送的彭氏多功能手术解剖器，在临床上使用后获得一线医生的称赞。二是捆绑式胰肠吻合术，把胰肠吻合中的“缝”改为“捆”，大大降低了胰腺手术后胰漏的发生率。在我院，该技术也很早就应用于胰十二指肠切除术等。此项技术简洁方便，操作性强，显著降低了胰肠吻合术后合并症的发生。目前，捆绑式胰肠吻合术已为我院大多数肝胆外科医师所掌握和运用，成为常规术式。彭教授积极探索肝尾状叶切除术的方法与策略，在肝尾状叶切除手术策略与方法的研究[①] 中提出了规范化、系统化的理论体系，涉及的技术细节翔实具体，体现了“臻于至善，匠心品质”的追求，也为我们提供了很好的学习经验。

中山大学附属第三医院肝脏外科暨肝移植中心是教育部国家临床重点学科和卫健委临床重点专科，是我国华南地区最大的肝脏移植中心。我们已经成功举办了12届“羊城肝脏移植高峰论坛”，该论坛已成为我国相关领域最具知名度和影响力的品牌论坛之一，并且得到了彭教授及其多位学生的大力支持。彭淑牖教授多次受邀在论坛发表主题演讲，反响热烈，有力促进了先进外科技术和理念的推广。

① 彭淑牖，洪德飞，许斌，等．经正中裂入路单独完整肝尾状叶切除术的策略探讨（附19例报告）[J]. 中华外科杂志，2007，45（19）：1321-1324.

陈健：他为我播下成为优秀医者的种子

陈健，主任医师，浙江大学医学院附属第二医院胃肠外科主任。

我于1990年进入浙江医科大学（以下简称浙医大）开始我的医学求学生涯。生性活泼爱运动的我以将来能做一名外科医生为梦想。这个梦想贯穿了我大学前4年半，日复一日，强烈执着。

浙江大学医学院附属第二医院起源于1869年，时为广济医院，是由英国基督教会在杭州建立的国内较早的西医医院。20世纪80年代，浙江省的外科以浙医二院为代表，民间称"二刀"。"二刀"的外科造就了余文光、齐伊耕、彭淑牖等蜚声海内外的外科大师，在我刚进入浙医大学习时就已如雷贯耳。从《外科学》学习开始，我就有幸聆听齐伊耕、钱礼、彭淑牖三位先生的讲课，这更是坚定了我立志成为一名"二刀"外科医生的梦想。

我曾经认为，做外科医生最难的是专业技术，尤其是手术技能的学习和精进。因此，在刚开始进入浙医二院外科实习时，我着重关注的是每个主刀医生对不同病种的手术技巧。每每在完成病房七七八八的工作后，就飞快冲到"二刀"的手术室观摩外科手术，几乎每天都去观摩，乐此不疲。

难以找到观摩位置的手术

彭淑牖主任的手术是我最想观摩的，但又很难找到合适位置看到手术场景。彭主任主要做肝、胆、胰的外科手术。在那个年代，肝癌、高位胆管癌、胰腺癌手术是外科手术的制高点，国内开展此类手术的医院和外科大咖少之又少，彭主任每一次手术都是外科医生梦寐以求的"观摩盛宴"。当时，科内就有很多不同年资的医生、研究生，以及来自全国各地及海外的进修医生想要上台做助手或者在台边观摩，等到我一个实习生忙完病房的换药、医嘱、病历书写再赶去手术室时，已基本没有好的观摩位置了。因此，到吃中饭前，我基本是一边拿着教科书对着患者的检查片子在书本里领会疾病的要义，想象着彭主任手术的过程，想象着他如何分离那些错综复杂的血管、胆管，一边还能时不时听到台上的特有语句"血管钳，打结结扎，剪刀剪线，吸引器……"。

好在手术一般会跨越午饭时间，我就等那些占据有利观摩位置的医生去吃中饭了，迅速占领理想的观摩位。次数多了，彭主任就会趁手术间隙抬头看看我说："小陈肯定没吃午饭，他要挤进来看手术的。"每每听到这个，我就忘了饥饿。

查房的两个"早"字精髓

一个合格的外科医生首先要管理好患者，了解患者的点点滴滴，心细如发，持之以恒，才能术精、业精。

每周一次，彭主任大查房。彭主任查房有个特点——两个"早"。

第一个"早"是查房时间早。做实习医生的时候很贪睡，不容易早起，但是彭主任基本上在早上 7 点之前就查好房了。当时不是很理解，查房随时都可以查，为啥要这么早？大家都 8 点上班，查早了有何用？有一次斗胆问了，彭主任咧嘴一笑，早查房缘于他在英国学习时的习惯，西方发达国家的外科查房都很早，有的甚至 5 点就开始了，这样做对患者非常有利。通常经历一个晚上的变化，到第二天早上患者是非常想早点看到医生的，越早越好。早查房可以在上班前发现一些病情的变化，主管医生可以及时关注，可以第一时间修改医嘱，这样一来所修改的医嘱在上班后就能执行。如果上班后修改医嘱，患者往往要到下午才能得到处理，这样病情处理就会被至少耽误半天。

第二个"早"就是要经常去病房转转，早发现患者的异常改变。所以彭主任查房一直是"眼疾手快"，第一时间看患者腹腔引流管的情况，提问非常细。除了回答引流液的量、颜色外，还要知晓引流量的变化，细到每小时的流量，引流液中胆红素（TBIL）的数值，当时就搞懵了很多低年资医生。引流液还能测 TBIL？没错！这个 TBIL 数值还要与血液中的 TBIL 数值进行比对。

对于彭主任查房的精髓，随着年资渐长，我也慢慢地深刻理解了。对外科患者的管理，除运用专业知识和技术外，还要用心、用脑，有行动。了解患者的疾苦才能静下心来去细致地管理。对于年轻医生而言，这是一条可以快速成长的艰辛之路，没有捷径，唯有努力付出并持之以恒。

让我肾上腺素飙升的三助角色

在我做外科实习生的第 3 个月，有一天早上，小彭主任（彭承宏教授）开好了手术通知单，然后转过脸笑呵呵地对我说："陈健明天早饭吃饱点，少喝水。"我会心一笑，我懂的，明天我能上台做助手拉钩了。"吃饱点，少喝水"啥意思呢？但凡看过彭主任做肝尾叶切除或扩大右肝切除的医生都知道，这是个大手术。当时国内开展此类手术的外科医生很少，所以在整个外科研究生学习阶段，我们经常可以看到国内知名的外科大咖来浙医二院交流，切磋此类手术。那几年，我可以看到黄志强院士、汤钊猷院士、黎介寿院士甚至裘法祖院士来浙医二院交流或参加外科研究生的毕业答辩，能聆听这些大咖的授课都是外科医生毕生的幸运。

2021 年，陈健和彭淑牖教授在浙大二院院史馆内合影

转回到彭主任的大手术，他做的都是疑难复杂的手术，但过程却有惊无险。每个参与手术的助手，站在台上看彭主任行云流水般地操作，那真的是全程肾上腺素飙升。第二天，我果然作为第三助手上台了，那种紧张和兴奋是难以言表的，并会铭刻到你终身的记忆里。在众多的学生中我能有机会上台，那是无比地自豪。

手术开始了，我站在彭主任左边，持续拉钩。不像给有些医生做手术三助，总是持续性拉钩，间断性挨骂。彭主任在手术台上游刃有余，所以他从来不会抱怨我拉钩的状态，只是偶尔提醒我"翘一下拉钩"。一个尾状叶的切除通常要从早上 8 点开始持续到晚上 8 点，中间几乎不上厕所、不吃东西，"二刀"的一天不分白天黑夜。

现在想来，那种拼搏的精神真的令人肃然起敬。彭主任做到了，那时候几乎每周都有这样的大手术。在实习阶段，我坚持上台做三助参加这样的手术，真的受益匪浅，以至于我的认识由当初认为外科学习最难的是技术的精进，转变到外科是仁心仁术的体现。外科年轻医生的成长不但要努力学习基本的专业知识和技术，而且更要有一颗为患者付出的心。

后　记

我于 2016 年从美国 MD Anderson 癌症中心学习回来，和彭老聊到了胃癌肝转移的难治性。彭老回去想了一周就打电话来说："陈健，我们可以尝试肝转移灶的插管化疗，转化以后再做胃癌手术。"听取彭老的建议后，我们就开始了这样的尝试。内心为彭老的钻研精神所折服，当时他已 85 岁高龄了。

陈力、陈开波：84 岁，17 个小时，他创造了一个奇迹

陈力，主任医师，浙江大学医学院附属第二医院普外科。
陈开波，浙江大学医学院附属第二医院普外科。

自从在浙江大学医学院学习外科，我就时不时听说彭淑牖教授的传奇事迹——“彭氏刀”的发明和应用、“捆绑式胰肠吻合术”的大胆创新、多国院士的荣誉称号等。进浙医二院外科工作时，彭教授已年逾八十，平时并不能时常见到他，但在我们年轻医生眼中，彭教授不仅是“高山仰止”的榜样，还是解决外科疑难病例的最后一座“靠山”。

刚入职不久，我就碰到了一例很棘手的外科病例。患者范师傅是当地辛勤工作的模范职工，临近退休，腹部逐渐膨胀。一次 CT 检查发现，腹腔内长满了脂肪肉瘤，向上抵达肝脏，向下深入盆腔，向前顶起腹壁，往后占据了大片腹膜后间隙。范师傅前一年已接受过一次手术，当时仅能切除右上腹最大的两个肿瘤。术后，肿瘤继续生长，患者腹胀难忍，最后连输入肠内营养液都十分困难，不仅生活质量很差，而且再发展下去也有可能危及生命。因此，患者强烈要求手术治疗。

医院外科当时组织了消化内科、放射科、肿瘤科、放疗科、病理科等一起进行多学科讨论（MDT）：脂肪肉瘤对放化疗不敏感，患者病灶已经压迫腹腔脏器和血管，外科手术可做，只是手术难度很大。对于这种复杂的手术，我的导师陈力教授自然就想到请彭教授最后定夺。这样，我也有了一次近距离接触彭教授的宝贵经历，这也是我第一次见到他本人。彭教授虽然德高望重，但却十分谦和，脸上始终带着笑容。他对病例讨论非常重视，态度一丝不苟。彭教授分析了病情和各种影像学资料，根据丰富的临床经验，指出手术尚有可能。重要的是手术已成为患者的希望，我们应该再努力一下！

接下来，经过术前精心准备和评估，彭教授亲自上阵，率领整个手术团队进行了手术。刚探查进入腹壁，腹腔内的情况就令在场的每个医护人员十分震惊：整个肿瘤简直是漫无边界、深不可及。虽然直形切口从剑突一直到达耻骨，上下延长到了极限，但仍然不能暴露整个肿瘤。因此，又增添横切口自脐部向左延伸至侧腹。浅黄色和肉

色的巨大肿瘤，看上去已与腹腔内的脏器长成一体，除胃、上段小肠及肾脏外，其他脏器大部分被包埋在肿块之中。面对如此复杂困难的情况，大多数外科医生可能会将根治手术视为畏途，因为切除如此巨大复杂的肿瘤不仅几乎无成功的可能，而且还十分危险。是进还是退？“艺高人胆大”的彭淑授凭借他从医 60 年的丰富经验和高超的技术底蕴，决定知难而上，力图完全切除肿瘤，最大限度解除患者的病痛。手术进行得十分缓慢，为了分离肠管、血管、神经以及输尿管等重要的脏器，有时需用彭氏手术解剖器一毫米一毫米地前进。

最令我印象深刻的是，因为手术过程漫长，大家已经饥肠辘辘，双脚也感觉酸胀难耐，我们几个年轻医生已经交替换台去进食，连陈力教授也吮吸了几口牛奶补充水分和能量，但是彭教授始终没有离开手术室。在无影灯的照射下，仿佛有某种力量在持续输注，彭教授绿色手术衣下略显瘦小的身躯看起来像一台精密的仪器，分毫不差地在分离、电凝、缝合、打结。

功夫不负有心人，经过漫长的手术，空肠、结肠、输尿管、肠系膜上下血管、髂血管和股神经等重要脏器和组织逐渐从肿瘤中被精确地分离出来，已融合成一体的 6 个巨大肉瘤被切除了，其中最大的肿瘤直径超过 20 厘米，一段回肠也同时被切除了，肠管修补吻合、输尿管修复整形、胃肠造瘘和腹腔引流等操作随机进行。就这样，通过不懈努力和坚持，彭教授在 84 岁高龄做了一台持续 17 小时的手术，这是多么不可思议的“奇迹”啊！

令人欣喜是，经过医护人员精心的术后管理，以及家属的密切配合和照顾，患者逐渐恢复了饮食和自主活动。出院当天，患者家属精心准备了锦旗，对彭教授的医德、医术赞叹不已！

有一句名言如是说：“一位优秀的外科医生，需要有一双鹰一样的眼睛、一颗狮子般的心和一双女人的手。”这与我们医院第一任院长梅藤根院长的“3H”精神不谋而合。“3H”，即 Head（脑）、Hand（手）和 Heart（心）。我非常有幸参与并目睹了彭教授这次高难度的手术，从中我感受到了彭教授作为一名医学大师面对困难时勇往直前的果断、自信和精准判断，面对患者时的医者仁心。

陈敏：医学巨匠，外科传奇

——拾光里的彭淑牖教授

陈敏，教授，陆军军医大学第一附属医院全军肝胆外科研究所，《中华消化外科杂志》副总编辑、编辑部主任。

多国荣誉院士，一身中华风骨；一位站在西医外科手术前沿的中国人，一名耕耘医学科学创新前沿的仁爱者；大医精诚的彭淑牖教授，他以“读万卷书”的奋进历程、“行万里路”的丰富阅历、“渡万里船”的送教讲学，漫话医学与时代的故事。

仰大师之学，慕大师之德

彭淑牖教授集智慧于临床与学术，铸就彭氏柳叶刀拯救无数患者生命，创造彭氏捆绑术引领学术前沿，日日夜夜陪伴无影灯，耄耋之年坚守手术台，“医”路高光，实为中国医学泰斗。

彭淑牖教授倾心血于教书与育人，精心培育蔡秀军教授、彭承宏教授、刘颖斌教授、秦仁义教授、洪德飞教授等后代名医，横跨“肝胆胰”，遍布江浙沪，桃李满天下，铸就“彭家军”旗帜。

大师之学，坚持与追求，真理与创新；大师之德，责任与担当，仁爱与情怀，实令我们敬佩和仰慕。

承大师关怀，造名家之刊

从《消化外科》到《中华消化外科杂志》，从杂志创刊到杂志成功转型，彭淑牖教授赐予我刊多篇名作，其代表作有《结肠癌急性梗阻一期切除吻合的肠减压方法》——创新肠减压法提高手术安全性，《肝门部胆管癌根治性切除手术技巧》——规范肝门部胆管癌手术技巧，《胆囊癌手术方式的合理选择》——指导胆囊癌手术方式选择，《损伤性高位良性胆管狭窄的外科治疗策略》——评述损伤性高位良性胆管狭窄治疗，《中国胆囊癌流行病学特征与诊治及预后分析（附6159例报告）》——指导研究进展等。

每一篇经典之作都诠释了他先进的学术理念，每一段述评之语都展现了他渊博的学术观点，成为广大临床医师提升自我的精神食粮。

从中国消化外科学术会议到国际肝胆胰协会世界大会，从全国胆道外科学术会议到“乐享我术”系列品牌活动，20 多年来我与彭淑牖教授结下了深厚的消化外科学术友谊之缘。

2000 年 6 月，第十届全国胆道外科学术会议暨第一届中国消化外科学术会议在重庆召开，彭淑牖教授亲临指导，与黄志强院士同台主持、点评。他指点医学，激扬文字。彭淑牖教授台上、台下对医学求真的精神以及对未来医学的期盼让我敬佩不已。

2012 年 7 月，在巴黎召开的第十届国际肝胆胰协会世界大会上，我有幸聆听了彭淑牖教授的大会学术报告。那天学术会场座无虚席，彭淑牖教授深信中国学者的研究一定能走向世界。他充满自信、神采飞扬地报告中国学者在肝胆胰外科取得的学术研究成果，并深深吸引了众多外国学者的关注，获得了一致好评和赞誉。我立刻用相机记录下彭淑牖教授在国际论坛发表中国之声的精彩瞬间，他深感欢欣和珍爱。

休息间隙，钟守先教授、姜洪池教授等中国代表团专家与彭淑牖教授在会场合影，留下珍贵的记忆。此后多次会议上，彭淑牖教授每次引用这幅照片，都会眉飞色舞地道“这是陈敏为我拍的会议照”，俨然一副“老小伙”模样。我时常听“彭家军”讲述彭淑牖教授的轶事，忍俊不禁，却又深感他的活力与激情、淡泊与平和。

彭淑牖教授在巴黎第十届国际肝胆胰协会世界大会上做报告，会议厅内座无虚席

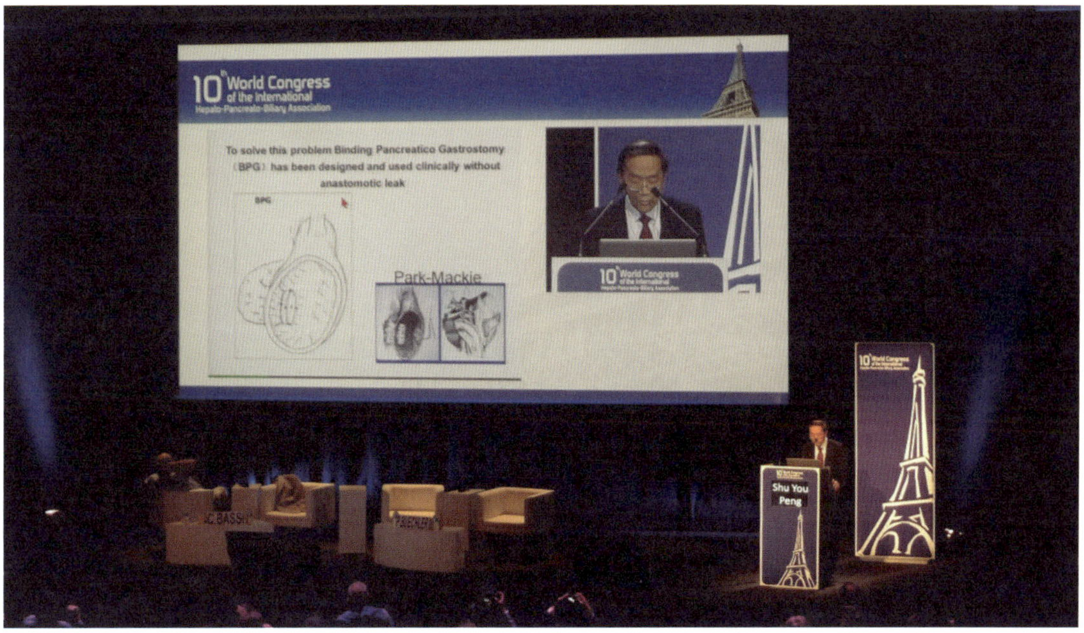

彭淑牖教授在巴黎举办的第十届国际肝胆胰协会世界大会上做题为“捆绑式胰胃吻合术的临床应用”的主题演讲

2020年10月17日，由《中华消化外科杂志》编辑委员会主办的“乐享我术”2020年肝胆胰外科手术视频学术交流峰会在上海成功举办。彭淑牖教授作为指导专家，在致辞中高度赞赏“乐享我术”系列学术会议呈现给全国消化外科同道的学术盛宴，殷切希望各位专家同道秉承“传承创新”的理念，在实践中规范提高。

合影时，彭淑牖教授目光矍铄，面带笑容还与众多专家一起配合摄影师摆拍姿势，亲切而温暖。当日晚宴，众多“彭家军”围坐在彭淑牖教授身边，他主动关心杂志近况，勉励各位同道支持《中华消化外科杂志》，共同推动中国消化外科发展。我深受感动，备受鼓舞，决心一定不负他的希望，汇聚全国专家同道打造中国一流名刊。

善寿彭淑牖教授，中国外科常青巨匠；大医彭淑牖教授，站在时代前列，引领我们一起向未来！

陈敏山：含德之厚　比于赤子

——我所遇见的彭淑牖教授

陈敏山，教授，主任医师，博士研究生导师，中山大学附属肿瘤医院肝脏外科主任。

我从医30余载，虽说在领域内也有些许建树，但在医坛常青树、外科巨擘彭淑牖教授面前，仅算是晚辈后生。现今受邀执笔，忆起彭老数次来院会诊手术的情景和学术活动中的报告交流，点滴故事涌上心头，深深钦佩满盈心间。

再忆初识——义无反顾驰援，心中唯病患

与彭教授初次结缘是在2002年。那时，还只是副教授的我遇到了一个棘手的病例。深圳宝安的一位患者在Whipple术后2年出现了肿瘤复发，经过全面的检查、评估，我们发现再次手术的难度很大，风险也很高，但手术又不得不做。在没有充足把握的情况下，我们只能尝试性地邀请在业界赫赫有名的彭淑牖教授前来会诊。没想到，70岁高龄的彭教授当即应邀飞来广州主刀，漂亮地完成了这场高难度手术。初次观摩，他手术刀下的精妙和细致令人赞叹不已。自此以后，医院多次邀请彭教授来广州参与疑难病例会诊和手术，他从不推辞，每次都是第一时间赶来支援。

从杭州到广州，三四个小时的行程对于一位古稀之年的老教授来说并不轻松。还记得那时候，每次彭教授来广州会诊，他的夫人谢隆化教授都会陪同照料。两位老人常常是头一天晚上抵达广州，第二天上午彭教授做完手术，当天下午他们就飞回杭州。要是赶上天气不好或者飞机延误，可能在路上连顿饭都吃不好，夜里更是要很晚才能抵达目的地。来回奔波的辛苦，我想来都觉得有些吃不消。更何况，每次会诊的病例往往病情凶险、手术难度高，手术台上，彭教授常常一站就是四五个小时，甚至五六个小时。面对连轴转的行程和高强度的工作，彭教授却从无抱怨，更不提要求，只埋头工作，毫不马虎。他的手术操作从来都是精益求精，再难治的病例也都要想尽办法去治疗。观摩他的每台会诊手术，我不禁叹服于他精湛的技术，更感动于他为患者倾尽所学、拼尽全力的职业精神和职业信仰，其中蕴藏着的医者大爱一直深深地影响着我。

他身上闪耀着的大医精诚之光，值得所有青年医师敬仰与学习。

仰望丰碑——从教桃李天下，治学誉满医坛

他是卓越的手术匠，也是模范的教书匠。彭教授培养了一支医德高尚、医术高超的“彭家军”。我虽不曾师从彭老，未有机会聆听他的教诲，但我深谙培养一名优秀外科医生的不易。彭教授必定是躬耕杏林、诲人不倦的良师，更是率先垂范、领航开路的先锋，才使得他门下人才辈出，培养的“彭家军”个个都是领域内的中流砥柱，其中更有十几位或担任院长或担任科主任，业界知名，堪称栋梁之才。

每当聆听彭教授的讲课与报告，我感到他更是一位创新大师。他的手术台不只是治病救人的工作台，更像是发现问题、解决问题的创新舞台，他在舞台上不断创造出生命的奇迹。

为攻克中晚期肝癌手术难关，他研发出彭氏多功能手术解剖器，在一把刀上将电切、电凝、吸引、剥离四大功能集于一体，随之诞生的刮吸手术解剖法更是大大加快手术速度、减少术中肝脏出血，使原本难以进行手术的肝区不再是外科禁区，使更多中晚期患者重获新生。此外，他首创的捆绑式胰肠吻合术有效地控制了胰十二指肠手术中发生胰漏的风险，极大地减少了凶险并发症的发生，保障了无数患者的良好预后。彭教授的科研硕果具有划时代的意义，他瞄准世界难题，攻克手术禁区，为推动世界外科学发展做出了卓越贡献，多国荣誉院士实至名归。

见微知著——彰显学者品格，诠释大医精诚

与彭教授相比，无论是在年岁上还是在成就上，我都只能算是个“年轻”医生，但每次在学术会议中遇见彭教授，他总是用客气、尊重又谦逊的态度同我交流学术见解。其中一次会议上发生的小故事，令我记忆犹新。那是一次线上召开的全国大会，当时我排在彭教授的后面做报告，等我发言完毕，出乎意料地收到了彭教授发来的短信——他一方面赞扬和鼓励了我，另一方面就报告中的部分内容与我探讨。在深感荣幸的同时，我更惊讶于彭教授竟在发言后仍留在线上，认真听取后辈报告。这虽是一件小事，却充分体现了他诚恳、谦逊的学者品格和终身学习的从医态度，这种对学术前沿持之以恒的关注和对技术改进孜孜不倦的追求，源自他一切为了患者的职业信条。

榜样的力量催人奋进。彭淑牖教授出生于广东梅县，不由地让我想起汤钊猷院士、黄志强院士等同样来自广东，他们都是我国肝胆胰外科领域著名的老一辈专家——他们义无反顾、永不言退，用一颗颗赤子之心服务于每一位病患，奉献自己点燃患者生的希望；他们精勤不倦、迎难而上，只为让更多“不可能治愈”成为“可能治愈”，竭尽所能地加固守护生命的防线。前辈们璀璨的成就让我作为其同乡感到无比自豪，更觉要奋力追赶。

陈汝福：一位彻悟人生的外科界智者

陈汝福，教授，博士研究生导师，现为广东省医学科学院副院长，广东省人民医院普外科主任、胰腺中心主任。

我于1995年9月考取同济医科大学临床医学研究生。导师裘法祖院士和邹声泉教授经常教育我们要向彭淑牖教授学习。他发明了新型手术刀“彭氏刮吸刀”，还有捆绑式胰肠吻合术。从那时候起，我对彭教授心生敬佩，期待有一天能见到他。

之后多次在全国学术会议上，我有幸聆听了彭教授关于肝尾状叶切除、胰肠吻合要点等重大、疑难手术和技术的传道授业，对彭教授高超的手术技术、精细的操作、严谨的治学态度印象深刻。现在回首，彭教授当时的很多理念是非常超前、具有先验性的。

2000年，我博士研究生毕业后被分配到中山大学孙逸仙纪念医院工作。在我们举办的岭南外科高峰论坛上，我作为负责联络彭教授的工作人员，对他有了更深的了解。彭教授平易近人，博学多才，善于助人。当时，我对肝门部胆管癌的外科治疗非常感兴趣，在国内首次证实了丙肝病毒感染导致肝门部胆管癌发生。彭教授为我细致地讲解了肝门部胆管癌的分型，并指出目前分型存在不足。他强调用彭氏多功能手术解剖器钝性分离肝门部血管、胆管以及分离肝实质，能加快手术速度、减少出血、提高成功率，并为我们演示了一台肝门部胆管癌根治术。当时我即对彭教授自信的操作、娴熟的解剖、行云流水的手术过程深感震撼。

这些年间断见到彭老，感受他虽然年事已高，却还有着青年人的干劲，依然坚守在讲台上、手术台上，仍然激情地分享着他的手术感想，每次都会激励我，在医学道路上要永不止步。

生活中的彭老淡泊、平和，给人印象总是笑眯眯的。他就这样笑着，笑看来时路，笑对身后名，无所畏惧，宠辱不惊。他笑眯眯地开始一天的生活，笑着面对他的患者，笑着开始一个又一个医学研究，也和蔼地笑对我们，在专业知识上不吝赐教，经常对朋友圈中一个个成功的手术、病例点赞，也在多个场合表扬我们团队在胰腺微创手术方面取得的成绩。

作为一名外科前辈，彭老培养了一批又一批优秀的学生，他培养出了蔡秀军、彭承宏等一大批杰出人才。我敬佩他对学术孜孜不倦的追求、对生活永远充满激情的态度。与彭老相处的点点滴滴激励着我尊师重教、厚德育人。

陈亚进：1995 年那个夏天的故事温暖我一生

陈亚进，教授，中山大学孙逸仙纪念医院肝胆外科主任、普外科主任，国际肝胆胰协会中国分会肝胆胰 ERAS 专业委员会主任委员。

1995 年 5 月，正值我博士学位论文准备答辩之际，需要邀请外院博士研究生导师进行论文评阅。那个年代，博士研究生导师非常稀缺，均是国内顶尖级的外科大家；而我只是一名普通的在职博士研究生，对这些外科大家既崇拜又敬畏。博士答辩非常严格，临床博士研究生要先考手术，然后是病例汇报，最后才是论文答辩，需要持续 1 天半。

论文评审是博士学位论文答辩前必须迈过的第一道坎。正在愁眉之际，导师区庆嘉教授建议我请彭淑牖教授评阅论文。当时觉得既荣幸又忐忑，心想如果彭教授能给我评阅论文，那真是三生有幸，但又担心自己的论文达不到彭教授的严格标准。

当时通信没有现在这么发达，导师也没有彭淑牖教授的联系方式。我自己推断，像彭教授这么出名的专家，单位一定会给他装分机，于是我选择在周六晚饭后打长途电话到浙江医科大学总机，非常肯定地对接线员说："请转彭淑牖教授家。""好的，请您稍等！"话筒那边传来女接线员亲切的声音。在等待电话接通的过程中，我的心跳不由自主加速，心想事先没有任何沟通，小辈贸然打扰，不知结局如何。

不一会儿，电话接通了，那头传来了彭教授略带江浙口音的温暖且友好的声音，我忐忑的内心突然一下子变得平静了。我马上做自我介绍，并提出希望请他担任我的论文评阅人，没想到彭教授非常热情地答应了，并且留下联系方式，让我马上把论文寄过去。我当时心情异常激动，千恩万谢，没想到全国著名的彭教授是如此地平易近人。论文寄过去不到一周，有一天我正在早交班，病区的分机电话响了，护士喊我说有长途电话。拿起话筒，听到那熟悉的江浙口音，"亚进，你好，邮寄件上留有电话，估计这个点你肯定在，怕你着急，我打电话告诉你一声，论文看了，非常好！评阅书今天寄出，祝你答辩顺利！"彭教授在电话那头说道。听闻此言，我当时不知道说啥好，只顾不停地说感谢。

心想我何德何能，让彭教授对一个素不相识的博士研究生如此上心。论文评阅书收到后，我看到彭教授用钢笔手书的满满一页的评价，这一下就让我找到了答辩的自信，也知晓了研究中的不足。在后来的接触中我才发现，彭淑牖教授对学生、晚辈，既严格要求，又不遗余力地给予关怀和支持。我想也正是彭教授的学识和人格魅力锻造了今日外科界著名的“彭家军”。

每每谈起我博士研究生阶段的学习，我都会非常自豪地说：“彭淑牖教授是我的论文评阅人！”

自 1995 年那个夏天开始，彭淑牖教授就成了我的偶像和老师。彭教授的每一次创新都刷新了我对外科学的认知。他虽然年事已高，但仍不停歇，不断地追求外科艺术的最高境界，造福广大患者，实为当今社会最值得追随和仰慕的标杆和楷模。

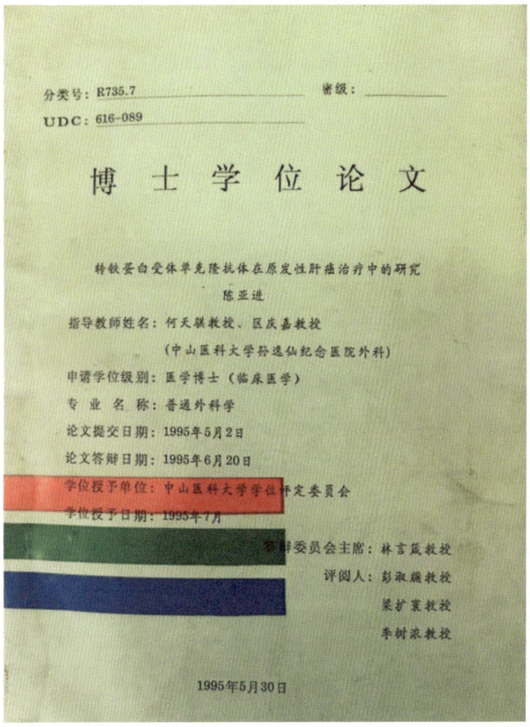
分类号：R735.7　　密级：

UDC：616-089

博士学位论文

转铁蛋白受体单克隆抗体在原发性肝癌治疗中的研究

陈亚进

指导教师姓名：何天骐教授、区庆嘉教授

（中山医科大学孙逸仙纪念医院外科）

申请学位级别：医学博士（临床医学）

专业名称：普通外科学

论文提交日期：1995年5月2日

论文答辩日期：1995年6月20日

学位授予单位：中山医科大学学位评定委员会

学位授予日期：1995年7月

答辩委员会主席：林言箴教授

评阅人：彭淑牖教授

梁扩寰教授

李树浓教授

1995年5月30日

陈亚进博士学位论文的封面

陈志强：他是一位为中医打 CALL 的外科宗师

陈志强，教授，主任中医师，博士研究生导师；全国老中医药专家学术经验传承工作指导老师，广东省名中医；原广东省中医院副院长兼大外科主任，外科学术带头人；中国医师协会中西医结合分会副会长，中国中西医结合学会围手术期专业委员会名誉主任委员。

十多年前，我们广东省中医院要开展外科学科建设，尤其是亚专科的组建。谭志健教授负责组建肝胆胰外科。他了解到彭淑牖教授是一位在外科学领域很有建树的专家，尤其是他的刮吸手术解剖法及多功能手术解剖器在国内甚至国际上都很有影响力，于是提议引进彭教授来我院指导开展外科学科建设以及肝胆胰外科的发展。谭志健教授和院领导专程去杭州拜访了彭教授，此后他也成为了我院的特聘专家与特聘教授。我也因此有幸认识了彭教授，并跟随他学习。通过交往，我得以更深入地了解这位令我敬仰的大家，一位精于业、诚于心、厚于德的大医。

彭教授是我国为数不多的能够在美国、欧洲都成为外科学院院士的专家之一，可以说是享誉全球的专家。我认为他的这些成就与他的敬业、专注是分不开的。随着与他的交往的深入，我逐渐了解到他把自己所有的心思、精力、才华都用到了外科事业上。他善于学习、善于总结，专心敬业，这些都给我留下了深刻的印象。他发明的"刮吸手术解剖法及多功能手术解剖器"在肝胆胰外科、泌尿外科、肛肠外科、胃肠外科等领域应用广泛，并获得了一致好评。业精于勤，我们可以发现，他为了设计这套设备技术花费了大量的心血，如果没有一如既往的努力，不断地思考琢磨，不断地总结改进，很难做到被大家普遍认可和接受。

他勤于钻研、精益求精的工匠精神值得我们学习。他独创的"捆绑式胰肠吻合术""肝门阻断法"等肝胆胰外科领域的核心技术，引领了医学前行之路。他两度获得国家科学技术进步奖二等奖和国家技术发明奖二等奖，我们都为之喝彩。他受邀在欧美等地的全世界顶尖医学殿堂发言，这都要有过硬的技术和高超的学术水平。

我们曾经在休息日去过他的工作室。听周围的同事说，彭教授除因公外出外，几乎所有时间都是留在工作室和科室，整天都在思考“学术怎么进步”“技术怎么改进”等问题。

他的所思所想都是为了患者，只要患者有问题，他都会积极想办法解决。他曾给我们介绍了一例巨大肿瘤的病例。当时患者情况很复杂，如果直接手术切除，风险和创伤都太大。于是，他另辟蹊径提出，先介入、栓塞肿瘤的血管，让肿瘤减容，再做手术，最终顺利挽救了患者的生命。这样的病例，在他的行医生涯中并非个例。面对着临床上无数的疑难问题，他都用他精益求精的敬业精神、高超的专业技术、持之以恒的工作态度予以解决。所以当他获得“全国五一劳动奖章”时，我深以为然，这正是对他敬业精神的最佳肯定。

他虚怀若谷，情系苍生。大家都知道，在国内说是中西医并重，但实际上，中医确确实实没有能够做到与西医并重，并且中医医院的外科很难与西医医院的外科相提并论。彭教授作为西医外科的学术泰斗，并不会因为西医外科手术做得好而质疑“中医是否能做手术”。他认为，中医医院发展外科手术也是治病救人，中医同样也能够在外科手术领域发挥作用。

当时我是中国中西医结合学会围手术期专业委员会的主任委员，想邀请他担任顾问，说实话心里很忐忑：“他那么知名的一个外科宗师，是否会愿意呢？”结果他欣然同意，还积极参与我们的学术讨论。我觉得这就是一种态度，是一种胸怀宽广的表现。在临床上，我们经常与他一起讨论疑难问题，包括一些需要手术处理的外科病例。他也非常认可在围手术期应用中医药发挥特色与优势，并不断鼓励我们，为了实现更好的疗效，要考虑怎样发挥中医药的特色与优势并进行研究。他希望我们能够把中医药与手术结合起来，为患者提供最佳的治疗方案。

他没有因为医学本位主义而小看中医或是看不起中医，他心里想的是患者，想的是最佳疗效，想的是为患者健康提供最佳诊疗服务。好多次与彭教授探讨病例时，他除了跟我们一起讨论西医怎么认识“病”、怎样制订方案、分析技术要点外，还不忘提点如何用中医的办法来解决西医所解决不了的问题，或者中医药在围手术期能够发挥优势的特点。

彭教授是一位平易近人的大家，他心里永远想着如何帮助他人。如果我们在临床上遇到疑难病例，无论他是在现场，抑或是通过电话、视频、邮件等方式，只要我们提出问题，向他请教，他都有求必应，这令我非常感动。为这些疑难病例会诊时，他从不计较自己是否在休息时间，他总是孜孜不倦地为我们提供帮助。会诊过程中，他从不会因为自己是权威的专家而摆架子，也不会因为我们是中医院外科而觉得有什么不一样。他总是平易近人、和颜悦色，遇到问题，他会毫无保留地与我们分享经验和交流。甚至在遇到一些疑难病例时，他 80 多岁高龄还上台与我们医院的医生一起解决问题。他对我们医院外科学科发展的襄助，令我终生难忘。

我非常荣幸能够认识彭教授，也感谢他对我们学科、对中西医结合事业、对围手术期专业的发展给予的支持与帮助。希望能够将这份师生、师友之情延续下去。

陈治平：致我心中那位可敬的兄长

陈治平，主任医师，上海交通大学医学院附属仁济医院普外科。

初识彭教授是在1986年沈阳举行的全国普外科门脉高压专题大会上。我作为特邀代表做了题为“经动脉门静脉造影对门脉高压外科的意义”的发言，引起了与会者广泛的热议和兴趣。这是由于门静脉系列影像既直观又生动，为外科临床提供了很多有用的信息。这是外科与放射科的合作研究，其中具体实施穿刺、X线暴露下的穿刺、插管和术后观察是由外科医生完成的。据我所知，多家三级医院外科的同仁都期待能实现这样的研究，而我们的实践证明了联合科室间协作，边做边摸索是切实可行的。会后讨论中，我很荣幸地与彭教授相识。他年纪稍长于我，为人谦和，总是诚恳地聆听，平和地回应，身上有一种自然的亲和力。我们几个人边散步边聊着工作，当话题转到门静脉造影引起如此大的反响时，彭教授对我们的进取心、胆识和担当给予了肯定和赞扬。他如兄长般的鼓舞对我日后的科研发展起到了至关重要的作用。

此后，有段时间，彭教授时常邀请我参加研究生毕业论文答辩会，还多次要我任评审主持人，这种被尊重和被欣赏让我受宠若惊。他在培养研究生方面，除重视理论与实践的结合外，还特别注意动手能力的训练。彭教授的以身作则深深影响了他的学生们，他培养了很多德才兼备的医生，既正直、谦逊、负责任，又拥有高超的专业能力。这让我想起了一句古话：“古人学者必有师，师者，所以传道授业解惑也。”

每当我们聊到某些手术，比如肝胆胰的高难度手术，彭教授总会从小包里取出他喜爱的小相册，一边为我展现近期完成的手术中不同角度、不同景深的影像，给我指出重点和难点所在，一边娓娓叙述手术过程中的细节。彭教授的讲解，让我们觉得手术就像是一个作品，有可能是一幅逼真的油画，也有可能是一首好听的曲子。他有把握，更乐于突破。他对困难手术的钻研和突破，为患者解除病痛带来了福音。在手术方面，他还重视技术的改进和创新。比如，发明了在做肝胰切除时可组合断离、冲洗、吸引，功能与超声吸引器相似，但价格低廉却有效的刮吸器。彭教授对每一次小小的进步和突破都流露出天真与欢喜。这份专注令我感动，那就是热爱和敬业。

如今，我们年事已高，想起过往的一幕幕，岁月何止留下了我们的足迹，还记录了我们的友情。

程南生：他是我一辈子追寻的那道光

程南生，教授，博士研究生导师，四川大学华西医院副院长。

我是土生土长的成都人，一直在华西医科大学（现四川大学华西医学中心）学习和工作。我有幸师从冉瑞图、肖路加、彭其芳等大家，在他们严谨、严格又似亲人般的关心与关爱中不断成长。与此同时，彭淑牖老师也是最值得我敬仰、需要一辈子效仿和追寻的好长辈、好老师。

我与彭老相识是在20年前的一次ACS年会上，那是我第一次参加专业方面的国际盛会。我充满好奇，也非常珍惜出国学习的机会，于是辗转各个会场，希望能聆听世界级大师的报告，了解更多的国际前沿技术与研究成果。那时有资格站在那个最高学术讲台做报告的专家大多来自欧美、日本、韩国甚至印度，也有部分来自中国香港和台湾地区，但来自中国内地的专家却是凤毛麟角。直到我进入一个会场，同行的中国专家激动地说彭淑牖教授在这个会场。我小心翼翼地选了一个远处的空位坐下，恰好彭老在台上主持，他温文尔雅的风度、渊博的知识和生动流畅的英文表达，使得他全身闪烁着智慧的光芒。此刻，我对彭老师的敬意油然而生，同时我也发自内心地为他感到骄傲与自豪。

会议结束后，我希望与这位备受尊敬的大教授认识一下。我怀着惴惴不安的心情在走廊里等待，心里忐忑着："不知道这么著名的教授会不会将我这个素不相识的年轻人拒之于千里之外。"

只见彭老在一群外国医生的簇拥下，边走边聊并不时停下来讨论。那会儿时间应该比较晚了，彭老还有其他活动安排，我正犹豫着可否与他交流时，彭老看见了我，微笑并亲切地主动和我打招呼，我当即上前做了自我介绍。

让我没有料到的是彭老非常平易近人，就如同家里的长辈，语气平缓、充满关切，甚至还询问我有没有地方吃饭。独在异乡为异客，有这么一位著名的学者还能在生活细节上关心我这个第一次见面的年轻后辈，瞬间，我的心里充满了温暖与感动。

彭老是中国大陆第一批获得美国外科学院荣誉院士的学者，他还获得英国、欧洲和法国等授予外国医生的诸多最高荣誉。从这以后，我们经常交流，建立了深厚的师生情和友情。从他身上我不仅感受到学术大家的儒雅风范，还学到了他在做人做事上的大气与平和。我常对他说："您就是我心目中最为尊敬的老师和长辈，值得我一辈子追寻和效仿。"

后来，我常与彭老在国内外学术会议上见面，我也多次邀请彭老到四川为我们的学术会议做专题演讲。现在越来越多的中国学者参与国际学术交流，不断提升中国学术的国际话语权和传播力、影响力。但在 20 多年前，像彭淑牖老师一样能在国际学术殿堂发出中国声音并广受尊敬的学者不是很多。后来我培养了很多研究生，与学生初次见面时，我都会告诉他们我心目中的彭老，我永远的榜样，希望大家也以他为榜样，不断提升自己的修养和各方面的综合能力。

我非常庆幸能与彭老建立非常亲密的师生情、朋友谊。这么多年过去了，我与彭老保持着密切联系，他对我也是非常关心。记得有一次在成都的学术会议上，彭老语重心长地对后辈们说："年轻医生是我们的未来，外科技术固然重要，但必须心中时刻装着患者，教书育人，培养更多的优秀外科医生。同时，不断地研究和改进新的技术，为我们的患者提供最高水平的医疗服务，这是每一位医生应该追求的。"

彭老不仅这样要求我们，而且用他的一生践行着自己的诺言。最让我感受深刻的是，彭老对临床创新技术的不断追求，以及他精湛的医术。尤其有两个创新让我记忆深刻：第一个是捆绑式胰肠吻合术；第二个是刮吸手术解剖法和多功能手术解剖器（我们都称之为彭氏刮吸刀）。很久以前，在一次国际学术会议上，彭老进行专题发言并展示了几个手术视频，其中有一例就是使用彭氏刮吸刀通过前入路精准切除了一个位于第一、二、三肝门的肿瘤。彭老的演讲和手术演示引起了巨大反响，现场的所有外科大咖们无不赞叹。

作为一名外科大家，彭老荣誉等身，获国家科学技术进步奖 2 项、国家技术发明奖 1 项，独创 9 种新的术式，国内外率先开展 5 项新技术，获国家发明专利 17 项，以及省部级以上科学技术进步奖 20 余项。在实践中发现问题，并不断创新，是彭老的孜孜追求，也贯穿了他 67 年的从医生涯。在我们心目中，他不仅为患者解决疾苦，而且是一位最名副其实的"创新大师"，是业界的一面旗帜，备受我们后辈尊敬！

彭老不仅医术精湛、医德高尚，而且在教书育人上也是我们的楷模。彭老以他渊博的学问，低调做人、高调做事的态度，书写了他对医学的毕生追求，也是在润物细无声中为他的学生们树立起了一个高大的榜样。他培养出一大批优秀的外科学领军人物，学界津津乐道的"彭家军"既是彭老育人成果最好的呈现，又折射出他老人家一生都在践行如何做一名优秀的医生。

我至今记忆犹新的是在中华医学会外科学分会第十九届胆道外科年会上，组委会专门设计了一个“大师面对面”的对话环节，请彭老和他的学生蔡秀军院长师徒俩登台，畅谈为师之道和为徒之道，吸引了台下无数的同道……

彭老现已 90 岁高龄，但是他从来没有停止学习，让我们尤为惊讶的是彭老对新生事物的学习欲望是如此的强烈。好些年前，彭老主动对我说：“我们加个微信吧，以后联系会更方便一些。”他常常给我发来大段文字，对新信息技术的使用一点不输年轻人。当下“互联网 + 医疗”方兴未艾，彭老敏锐并深刻地感受到这项技术会给未来医学以及患者的就医模式带来巨大变革，必须主动适应，于是他又开始拥抱互联网医疗，积极参与线上的远程会诊，为百姓就医提供便捷。

我非常庆幸能与彭老成为忘年交。在与彭老的交往中，他对患者的关怀，对后辈和学生的关心、体贴及无私传授，对技术的精益求精，对创新的孜孜追求，对学习的态度，无时无刻不在指引着我们这些后辈。

他是我一辈子追寻的那道光。

程树群：他身上有我们这个时代需要的一种精神

程树群，主任医师，教授，博士研究生导师，教育部"长江学者"特聘教授；现任中国医师协会肝癌专业委员会主任委员、海军军医大学附属东方肝胆外科医院肝外六科主任；海军军医大学门静脉癌栓专病诊治中心负责人。

记得从30年前我刚步入外科职业生涯起，彭淑牖老师的名字就如雷贯耳，伴随着我们这一代年轻医生成长。朦胧中或远或近，远的是我不是彭老师的正牌学生，没有他亲手指导手术的机会，但如神秘的量子纠缠，好像常常可以感受到他亲切的鼓励的目光；近的是我和他会经常见面，亦师亦友，常常会交流一些学术问题，聆听他的谆谆教诲。随着时间的推移、交往的增多，我们之间的友情也越来越深，如忘年交的兄弟一样，无话不谈。

这几年，我发现彭老师的作用越来越重要、影响也越来越大，是他的爱国、创新、奉献，还是他麾下庞大的"彭家军"团队？一时说不清楚，潜意识中好像特别需要一种精神，特别对于这个时代和我们这代人。后来我仔细琢磨着，逐渐领悟了，除我与彭老师之间特殊的感情之外，这个时代需要标杆、需要灯塔。彭老师就是我们需要的标杆和榜样！榜样的力量是无穷的，它可以超越时空、超越国界、超越信仰，又如人间四月天，春风细雨，滋润大地。

在我的心目中，彭老师就是这样一个榜样，他高山仰止但又平易近人，他功勋卓越但又儒雅含蓄，他大医救世但又淡泊名利。总之，他是我爱戴的导师，是我敬仰的外科界榜样。

榜样的影响

20世纪90年代，我在上海中山医院肝癌所求学时，对彭老师的名字早有耳闻，一是因为他是浙江名医，我是浙江人，我老家好多肝胆胰危重患者是经他手术治愈的，他在老百姓中有很高的知名度；二是因为他是早年留学回来的，国内这样的教授不多，而且还是英国皇家医学会会员。英国皇家医学会会员是什么？当时我觉得这名称很高大、很神秘，所以就开始关注起这位“洋教授”了。

后来在国内的全国外科学术大会上听到了他的捆绑式胰肠吻合术，这种手术大幅降低了胰腺手术的胰漏发生率，很有创意又特别简单。最让我感到震撼的是，他的捆绑式胰肠吻合术竟然在国外某著名外科杂志上发表了。

大家知道，当时很少有中国专家在国外发表英文文章，更何况还是手术创新的文章！100多年来，几乎所有的开创手术都是国外专家发明并以他们的名字命名的，如Whipple手术、Halsted手术、McVay手术等，不一而足，几乎没有中国人的名字出现。

彭老师发明的手术在国外杂志上发表，相当于被国外同行认可，而且第一次采用了中国人的名字命名，这个很新鲜，也鼓舞了中国人的士气。这在我们年轻医生中引起了很大的冲击波，一下子激发了国人特别是年轻医生的自信心和荣誉感。

彭老师手术创新的可贵之处在于：一是责任担当，他勇闯手术禁区，以延长患者生命为己任；二是工匠精神，他锲而不舍、专心致志地关注某一问题，想方设法攻克之。

后来，彭老师的成果潜移默化地激励着我们行医的方向和争当好医生的初心。我后来专攻肝癌门静脉癌栓这个临床国际难题，持之以恒地做好这一件事，建立国际上认可的门静脉癌栓分型，将“程氏分型”写入国内外指南中，也或多或少受到了彭老师那种执着精神的影响。

榜样的教诲

早有耳闻，彭老师在肝胆胰外科领域有一套独门独技——彭氏刀法。简单地说，他发明了一种彭氏多功能手术解剖器，在切肝组织时通过器械刮耙，将肝组织刮碎，并用吸引器将碎屑吸除，使肝内的大小管道显露出来，然后根据血管的大小，分别进行电凝或结扎处理。这种方法增强了止血效果，使得断肝时间比传统手术所用时间缩短了40%。这项技术获得了浙江省科学技术进步奖一等奖、国家技术发明奖二等奖，听说还被国外同行评价为“这是继200年前镊钳发明以来外科器械最伟大的发明”。这么大的成就，我作为同领域的年轻医生也很想了解彭老师的技术和方法。

记得在一次全国肝胆胰外科学术大会上，他介绍了用彭氏吸刮器行肝脏尾状叶肿瘤切除的手术视频。让我大为震惊的是，这样高难度、高风险的肝脏手术，在他手上却是游刃有余、一气呵成，宛如艺术大师的一场现场秀。切割、剥离、吸引、电凝瞬间变换，创面无血、无烟、无渣，真是绝了！会后，我便追问彭老师的手术技巧，他现场拿来彭氏多功能手术解剖器，特别耐心地讲解了这个吸刮器的原理、使用方法、比较优势，如数家珍。后来碰到我，他多次说：“程教授，你们单位或者您如需要使用这个刮吸器，我可以送给你们，或者我亲自去您单位教你们如何使用。”这么大牌的教授对外科事业孜孜以求又平易近人，让我深受感动。事实上，他发明彭氏多功能手术解剖器和刮吸手术解剖法，更重要的是想改变我国医疗器械长期以来依赖进口的现实窘态，改变进口器械高附加值、高收费的“垄断”，最大限度地减少患者的医疗费用。这让我很有感触，我的导师吴孟超院士一生为患者做手术上万台次，每台手术都要花一点时间自制一个简易的塑料引流管，一是简单实用，二是为了给患者减少手术费用。我想所谓大师，就是在日常工作中时时刻刻都对患者有高度的责任感和仁心，时时刻刻想着患者的利益，这让我不得不叹服！

榜样的鼓励

大凡大师都有一个重要的特点，那就是桃李满天下。早就听说彭老师培养了几十位博士研究生、硕士研究生，且名师出高徒，这些学生现在都在国内各大医院担任翘楚或骨干，让人很是羡慕和“嫉妒”！羡慕他的学生个个技高胆大，继承了彭老师的技术“武功”，在当地都有很好的口碑。“嫉妒”的是彭老师对他的学生太好了，有时他的学生调岗到外地工作，他都会找到当地的同行，非常真诚地说道：“我的学生今后与你们在一个城市共事，请你们多多关照！”

拳拳之心，历历在目！不要说导师了，就是亲生父母也很难做到如此“溺爱”了。有时想想，自己也在当研究生导师了，但与彭老师相比，差距实在太大。事实上，彭老师一贯这样为人师表，如慈父般呵护他认识或不认识的年轻同道，常常给予鼓励和支持。

让我印象极深的有好几件事。如每次碰到彭老师，他都会热情、主动地鼓励我：“小程，您在肝癌门静脉癌栓研究方面做得很好，我们应该向您学习。”这让我受宠若惊！多次在国内学术会议上提到肝癌合并门静脉癌栓诊治进展时，他还引用我的门静脉癌栓的中国分型，特别强调“这是我们中国的程氏分型，对临床肝癌诊治有重要指导意义”。

每次邀请他来参加我们中国医师协会主办的肝癌年会或者上海国际肝癌门静脉癌栓高峰论坛，他都欣然同意，而且会提前来会址，准时参会，给予我们极大的鼓励和支持。

我们牵头制定《肝癌合并门静脉癌栓多学科诊治中国专家共识》，他也给予了很多、很好的建议和意见，并多次参加我们的共识讨论会。当知道我们的专家共识已被国外同行认可并发表在国际知名杂志 *Liver Cancer*（《肝癌》）上时，他竖起大拇指称赞道：“了不起！了不起！这是中国人的骄傲！”这让我们倍感荣幸和温暖。

他就是这样的大公无私、宽阔胸怀，勉励和鼓舞着我们这一代年轻外科医生成长，他是我们敬仰的外科界榜样！

程向东：让我受用一辈子的三件事

程向东，主任医师，教授，博士研究生导师，中国科学院大学附属肿瘤医院党委书记。

在和彭淑牖教授的交往中，有三件事让我受用一辈子。

第一件事当然是关于手术技巧。20 世纪末，随着对疾病的不断深入了解，手术理念和技巧的不断提升，PMOD 的发明和广泛临床应用，彭教授开创了肝胆胰肿瘤精细化根治术的新时代。当时要观摩彭教授的手术是非常难的事，观摩人群往往是里三层外三层，如果不提早占据有利位置，看到的都是一个个后脑勺，手术野什么都看不到。所以最佳的观摩办法是能够上台，哪怕是做三助、四助，都是很好的，当然这样的机会也是非常难得的。

记得我有幸有过两次当三助的机会，一次是肝门部胆管癌根治术，另一次是规则性右半肝切除术。我认为我国肝门部胆管癌精细化解剖、肝十二指肠韧带淋巴结清扫术、肝脏大范围切除术是从彭教授开始的。过去我们对肝十二指肠韧带的解剖是陌生的，因为害怕，所以不敢去解剖。但我看到彭教授手握 PMOD 边刮边吸边凝，解剖分离游刃有余，很轻松地解剖游离肝固有动脉、胆总管、门静脉，彻底清除了肝十二指肠韧带的淋巴结、脂肪结缔组织。

对于Ⅲ型肝门部胆管癌，争取上切缘阴性是比较困难的事情。记得有次手术，切缘送了三次冰冻病理终于达到了切缘阴性，但随之带来的是胆肠吻合困难。当时彭教授说了一句话，让我记忆犹新，他说："我们手术台上多花半小时，给患者可能带来的是几年的生存。"彭教授的解剖手法、手术路径、手术思路和医者仁心，让我受用一辈子。

第二件事是毕业论文答辩。我们那届的毕业论文答辩主席是彭教授，我第一个答辩。毕业论文答辩，大家都是精心准备的，我也不例外。记得我一汇报完，彭教授马上就说："在提问之前，我讲几句话，程向东汇报的 PPT（幻灯片）做得非常好，以各种图表为主，文字描述为辅，文字描述均为提纲式，字体大小、颜色选择得体，简洁、大方、流畅。演讲声音洪亮，口齿清楚，表述流畅，我们大家要向他学习。我们很多同学做的 PPT 常常是大段大段地文字表述，演讲也是照本宣科，这样是不行的。我们大家以后都要走上全国舞台、世界舞台，漂亮的 PPT 展示特别重要。”时隔 20 年，彭教授还经常提起这事。彭教授的认可和表扬，让我激动不已，也受用一生。现在我也是这样要求我的学生。

第三件事有关人生态度。对于彭教授没能如愿成为院士，作为学生心里总有不平。彭教授却常开导大家，名利乃身外之物，一个医生真正的意义在于更好地为患者服务，能培养更多更优秀的学生。

彭教授特别喜欢和年轻人在一起，一起讨论、研究、手术，也一起唱歌、跳舞、游泳、旅游，接触更多的新鲜事物，让自己保持青春活力。记得4年前，有次想邀请彭教授讲课，我微信刚发出，他几乎秒回，说他在意大利机场候机，很高兴接受邀请。作为一位如此高龄的老人，他对微信等新鲜事物的接受度和熟练程度如此之高，让我很惊讶。我常想，彭教授的人生态度，对待名利、对待事业、对待老年生活，永远值得学习和效仿。

崔云甫：我追随了彭老10年

崔云甫，主任医师，教授，博士研究生导师，哈尔滨医科大学二院普外科一病房主任。

自2012年1月邀请彭老来哈尔滨参加我们主办的首届“2012哈尔滨肝胆胰外科论坛”开始，我便有“彭家军”弟子般的感觉，一直追随学习彭老在国内外肝胆胰外科领域不断开拓创新的非凡技术、理念……

之后无论是在国内还是国外举办的学术会议上，我一定会去现场聆听彭老的主题报告，每次都收获满满！

特别感谢有着大智慧的彭老这十余年来对我的深远影响。

戴朝六：我与彭教授交往的几个第一次

戴朝六，主任医师，教授，博士研究生、硕士研究生导师，博士后指导教师，中国医科大学附属盛京医院肝胆脾外科主任。

彭淑牖教授是国际著名肝胆胰外科专家，是我最为敬仰与崇拜的外科大师之一，堪称外科医生的楷模。我第一次听到彭淑牖教授的名字，是在20世纪80年代中后期。当时，我的导师陈淑珍、夏振龙教授，以及科室主任余云教授得知我来自浙江，就不时跟我谈到他们与浙江外科界几位知名教授的交往轶事，其中就有彭淑牖教授，并且印象特别深刻，因为当时我不认识“牖”字，还特意查了字典，确认了准确的发音读“yǒu”后，就标注在学习笔记上。从此，彭教授的名字就深深地印在了我的脑海中。彭教授是我家乡最著名的大学——浙江医科大学的教授，自然格外引起我的关注，更容易产生亲近感，之后也确实在与彭教授的交往中结下了不解之缘，成为他的“编外”学生。我常常为我们浙江有这样的肝胆外科大师而骄傲。

第一次见到彭教授，则是在20世纪90年代初，我与夏振龙教授一道去上海参加全国肝癌学术会议，当时我与夏教授同住一室。夜间休息时，突然有人敲门，原来是彭教授特意领着他的研究生，手拉手来拜访夏教授。他详细介绍了弟子的个人情况与专业研究方向，更希望夏教授作为老一辈专家将来能多多关照、提携，密切关注他学生的成长与发展。此事尽管已过去30多年，但每当我看到“彭家军”的中青年专家在肝胆外科舞台上活跃的身影时，就会想起彭教授如父亲一般拉着学生的手来见夏教授的一幕，深深感受到“彭家军”的崛起绝不是偶然的，总觉得自己就是见证者。

彭教授在肝胆胰外科领域成就卓著，尤其在复杂的肝脏肿瘤切除与胰十二指肠切除术胰肠吻合口漏的预防方面，属于开拓者和引领者。20世纪90年代以前，由于肝脏S_8段与尾状叶肿瘤位置特殊，解剖关系复杂，所以该部位肿瘤的切除被视为肝脏外科的禁区，鲜有文献报道。而我第一次听彭教授的学术报告，是在20世纪90年代末，彭教授受《中国实用外科杂志》编辑部夏志平主任之邀，在沈阳金城宾馆做题为“肝脏尾状叶肿瘤切除术”的专题报告。与会专家和代表无不为彭教授精湛的手术技术与精美的 PPT 所折服，代表们对彭教授的崇敬之心油然而生。

会上，我鼓足勇气向彭教授请教了一个问题，“尾状叶位置深在、固定，且空间狭小，您却提出了多种入路方法，尤其是经肝劈开入路，风险很大，碰到具体病例到底如何选择？”这也是我第一次在学术会议上面对面向彭教授请教。正当我忐忑不安时，彭教授回答我的第一句话是：“这位年轻医生的问题很好，问到了点子上。”然后，他从尾状叶的解剖学入手，深入浅出、不厌其烦地为我做了讲解，强调一定要根据肿瘤的部位、大小，术前做足功课，术中胆大心细、随机应变，以患者的安全为第一考量，在变与不变中选择手术路径，才能顺利完成手术。彭教授的回答让我恍然大悟，当下我切实体会到了“大师一句话，胜读十年书”的真正含义。

从此以后，我立志要以彭教授为榜样，做好肝脏外科手术，掌握肝脏尾状叶巨大肿瘤切除这一当时象征肝脏外科技术水平的标志性手术。2005 年 3 月，我就任中国医科大学附属盛京医院肝胆外科（兼乳腺外科）主任。同年 6 月下旬，我们举办了辽宁省第一届肝脏外科学术会议（首届盛京肝胆外科论坛），会议特邀彭教授前来做专题报告，这也是彭教授首次受邀到我院做报告。他演讲的主题是“肝中裂分离在疑难复杂肝胆手术中的应用”，报告非常精彩，对推动我院肝脏外科的发展起到了重要的作用。会议间隙我与彭教授攀谈，感觉他是那么地和蔼可亲、平易近人；后来也参观了彭教授在我院的手术演示，受益良多。目前，“盛京肝胆外科论坛”已成为我院的品牌会议之一，每 1 ～ 2 年举办一次，深受辽宁省外科医生的欢迎。

随着全国性学术活动的增加，我亦有更多的机会向彭教授请教学习，聆听他的学术报告。每次参加学术会议，拿到会议日程时，我都要首先了解彭教授在会议期间的学术讲座安排，几乎是场场必到，并且要提早到会场占位置，如果晚去，就只能在座无虚席的会场角落或门口站着，在被拥挤的人群推推搡搡中听完他的报告，但即便如此，也要欣然聆听，因为总会感觉收获满满、不虚此行。更让我高兴的是，2010 年 8 月，我有幸第一次收到彭教授的亲笔签名著作 *Hepatic Caudate Lobe Resection*（《肝尾状叶切除术》），这本书成为我的案头书，每当我碰到复杂尾状叶肿瘤切除时，总要打开相关章节学习，为自己充电、加油。此后，

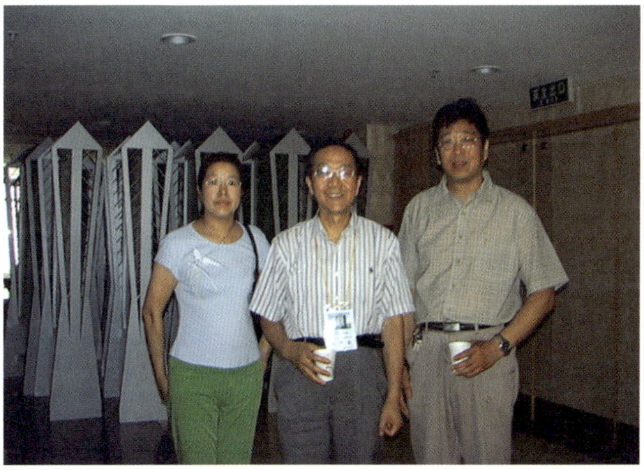

2005 年 6 月彭教授（中）第一次受邀来我院讲学，与接待人员邱芳医生（左）、马凯医生（右）合影留念

我陆续收到“彭家军”成员的著作，如蔡秀军教授的 *Laparoscopic Hepatectomy: Atlas and Techniques*（《腹腔镜肝切除术》）等。

我第一次与彭教授一同出国参加学术会议则是在 2012 年 7 月初于巴黎举行的第 10 届国际肝胆胰学术会议。大会的重头戏是邀请国际肝胆胰外科界的翘楚作主旨演讲，彭教授是此次会议唯一一位作主旨演讲的中国学者，他报告的题目是“彭氏捆绑式胰肠吻合术预防胰十二指肠切除术后胰漏”。容纳数千人的主会场演讲台上，彭教授神情泰然、语气流畅，且自信满满，一气呵成完成了英语演讲。台下则座无虚席，外国同行纷纷举起手中的相机拍照。瞬间，一种民族自豪感油然而生，我情不自禁地举起相机记录了这难忘的一幕。彭教授演讲结束后，代表们纷纷与他合影留念，我也有幸在国际场合第一次与彭教授单独合影留念，记录下了自己学术生涯中重要的一天。

2012 年 7 月，彭教授在法国巴黎第 10 届国际肝胆胰学术会议上做主旨演讲，演讲结束与彭教授合影留念

很遗憾，不记得我具体何时第一次有幸使用彭教授研制的“彭氏刮吸刀”了，感觉是彭教授第一次推出，我就有幸拿来试用，此后一发而不可收拾，越用越顺手，直到爱不释手，目前这把刀成了我们肝胆外科手术台上的必备器械。“喝水不忘挖井人”。每当我用这把刀完成手术，感受到彭氏手术刀给患者带来的好处，就从心底感谢彭教授：您的发明创造改善了我们的工作体验，提升了我们的手术质量，您是当之无愧的外科学巨匠；您精益求精、永无止境的学术追求，是年轻人的学习榜样，也是我们这一代人的宝贵精神财富。一提到您的名字，我就会马上想起毛主席的诗句“谁敢横刀立马，唯我彭大将军”。中国肝胆外科界因为有您这样“彭大将军”式的“元帅”而精彩！

彭教授参加学术会议，常常带着夫人谢隆化老师一同前往并出席重要晚宴，这种温馨的场面在国内外科界我也很少见到。隐约记得自己在全国学术会议上第一次见到这种相濡以沫的场景也就是彭教授夫妇，给我的感受是：彭教授告诉我们，年轻肝胆外科医生的成功，离不开家庭的支持。彭教授不但是专业技术上的导师，也是我们生活上的榜样。当我碰到生活上的烦恼时，也会特意请教彭教授，他总是那么地平易近人、谆谆教诲，使人豁然开朗、获益多多。

我与“彭家军”团队中的中青年专家都很熟悉，与他们成为了工作、生活中的好

2015 年 12 月，在杭州庆祝彭教授从医从教 60 周年音乐答谢宴会上，与彭教授及其夫人谢老师合影留念

朋友、好兄弟，他们对我科室和本人的支持很多，每年的“盛京肝胆外科论坛”讲台上均有他们的身影，我也经常出席他们主持召开的学术会议，科室的青年医生经常参加他们举办的学习班，确实受益匪浅。更要感谢浙江大学医学院附属邵逸夫医院蔡秀军院长在 2017 年末出席“盛京肝胆外科论坛”时，选择我们盛京医院第一次对外公开他的最新研究成果——“可降解肠道吻合支架的研制与应用”，由此表明我们之间的感情达到了更高的层次与新高度。这种情谊与交流一定不会辜负彭教授的期望，能一代代很好地传下去。

最后，我要在这里对彭教授说一声：尊敬的彭教授，您是我们浙江人民的守护神，您是浙江人民修得的福分！有您和“彭家军”守护着家乡人民的健康，我们工作在外的浙江人多了一份安心与放心！衷心感谢您，祝您健康长寿、家庭幸福。

丁克峰：我用了10年才读懂彭氏刀法

丁克峰，主任医师，浙江大学医学部教授，博士研究生导师，现任浙江大学医学院附属第二医院副院长。

彭老师是一位慈祥的长者。记得1989年的一个夏日，我们参加工作刚一年，在病房楼的楼梯上，年轻的我迎面遇见极其受人尊敬的彭淑牖教授。那时的他，已是从英国外科界成名回国的外科大主任，是我们年轻外科医生心目中的偶像。怯生生的我不敢直视他的眼睛，轻轻地叫了一声“彭主任”；面带笑容的他，用一句“Hi, You are very smart!”瞬间让我温暖得像个孩子，享受着做学生的幸福。彭老师是如此地高大，虽然我一直未成为他的入门弟子、不是“彭家军”的一员，但我心里一直把他当作我的老师，一位可敬的长者、学习的榜样。

彭老师是一位充满创新思想的智者。当年，我在普外科轮转了一年余。那个年代，B超、CT等检查设备和技术是非常缺乏的，临床经验是诊断的主要手段之一。除具备丰富的临床经验之外,彭老师还总会寻求具有科学循证的创新诊治技术。记得1990年，我分管了一个甲状腺肿块入院患者，临床触诊甲状腺肿物非常硬，准备手术切除。因对该患者的疾病诊断没有把握，故请彭老师查房。他检查过后明确指示，需要鉴别甲状腺癌和木样甲状腺炎。

他跑回自己办公室，从他的八宝箱抽屉里找出一根自制的穿刺空心针（他的抽屉里还有很多临床应用的“小发明”）。经过消毒后，他手把手地教我完成了我的第一例甲状腺穿刺活检。病理明确为良性的木样甲状腺炎，非肿瘤，患者避免了一次创伤性的手术和器官毁损。那个年代，穿刺针是没有商品化的，但彭老师抽屉里有一堆像穿刺针一类的“小发明”，这些既是临床经验，也是创新思维，更包含了医学智者对患者的爱。

彭老师是用大脑做手术的外科大师。我用了10年以上的时间，才慢慢地读懂了他的手术，一生受用。任何一个年轻的外科医生都会崇尚用“行云流水”形容他的绝技刀法，我也不例外。曾经有一位外院的外科老教授郑重地教诲我：“你应该多去观摩和学习彭淑牖教授的手术，一定会受益多多。”

我遵照老教授的话去做了。我走近彭老师的手术台，用心观摩他的一招一式。除了去现场看他做手术外，我还在电脑前反复研究他的手术录像。1 年、2 年、3 年……10 年，我从领会不到优势，到越来越能体会到他在手术中的理念、思维、程序、原则等，逐渐读懂了彭氏刀法的精髓（也许还不是全部），但随着理解深入，我的获益就越来越多。

手随脑动。彭老师绝对具备超强外科思维的大脑，彰显出并不华丽但内功浑厚的彭氏刀法，我要用一生来学习他这精妙的“剑术”。

段伟宏：鬼手佛心　大爱无疆

——感恩前辈彭淑牖教授

段伟宏，医学博士后，主任医师，火箭军总医院肝胆外科主任。

在中国的外科领域，有这样一位特殊的人和一个特殊的群体——浙江大学医学院附属第二医院的彭淑牖教授和他卓越的弟子们——"彭家军"。这是一个正在书写传奇的领头人和团队，他们的光芒耀眼且温暖，给很多年轻的同道树立了奋斗的榜样，更是为我指明了职业生涯前进的方向。

第一次接触彭老，还是在1998年，当时我硕士研究生毕业，准备继续深造。久仰彭老的大名，我冒昧前往杭州拜访彭老，并表达了希望在彭老门下继续深造的愿望。彭老是名贯中西的外科名家，但第一次见彭老，他完全没有想象中名家大师那种拒人于千里之外的傲气，对我这个冒昧登门的晚辈后生亲切有加。他就像一位慈爱的长者，耐心、温和地听我介绍自己及对专业方向的憧憬，然后告诉我说："段医生，你很优秀，但是很抱歉，我们今年的招生工作基本结束了，希望你能去其他录取工作还未结束的院校尝试一下。如果不行，欢迎你明年报考我的专业。"短暂的一面之缘，虽未能如愿，但是彭老对年轻医生那种亲切、慈爱的态度、极富教养的表现，让我内心极受震撼。这是真正的知识分子的形象——儒雅、亲切；这是真正的精神贵族——谦逊有礼、体贴真诚。

就是这次杭州之行，彭老极具人格魅力的表现在我的心里播下了一颗种子——我要成为彭老那样谦谦君子般的学者：温润如玉、恭俭有礼、学识渊博、厚德载物。

而后的职业之路虽然与彭老没有太多的交集，但他的学术思想始终影响着我。经过10多年的探索与努力，2013年，我将个人发展方向设定为"极限外科开放手术"。彭老在这一领域早已蜚声海外，他早年完成的肝胰十二指肠联合切除手术，在当时与日本顶尖的肝胆外科名家高崎健教授几乎同时完成，并发表文章，让中国的肝胆外科事业登上了国际肝胆外科舞台。后期的巨大中肝及尾状叶手术、胰十二指肠联合切除的彭氏捆绑法吻合、彭式刮吸刀的设计应用等，每一项工作，彭老都以求真务实的态度，一步一个脚印地完成，把中国外科医生的智慧和才华一点一滴地镌刻在国际肝胆外科舞台，在那里发出中国医生的声音，让全球同仁们知道我们的努力与成绩。

以彭老为榜样，我逐渐爱上了攻坚克难，喜欢在极限外科手术领域探索，逐渐完成了“儿童的离体肝切除”“自体肝移植手术和全肝联合全胰腺切除”“异体肝脏移植手术”等一系列复杂手术。渐渐地，彭老注意到了我，但他并不知道，我就是那个1998年初春被他鼓舞和影响过的年轻医生。

2014年，我从博士后恩师周宁新教授手中接过了火箭军总医院肝胆外科主任的重担。为了促进学科发展，我们开始每年举办一次涉及中、美、日、欧的国际学术交流会议。在拟订国内知名专家的邀请名单时，我第一个想到的就是彭老，希望能有幸邀请到他来为我们传道授业。天遂人愿，在与彭老连线之后，他不顾高龄，欣然同意。从此，我们再续前缘，彭老也想起了16年前的短暂一晤，并再次勉励我——很欣慰当年的懵懂青年逐渐在成熟。

此后，每年的学术年会我都会邀请彭老出席，而他从不顾旅途的舟车劳顿，每次都携夫人一同前来，白发丹心，令人感动。特别是有一年，浙医二院本院举办的年会与我们的会议日期正好冲突，我心想彭老这次恐怕没办法来了。没想到会议的前一天，彭老告诉我，他已安排好次日的行程，上午在本院讲座，之后就赶最快一班飞机莅京，参加我们的交流会。听闻之后，我感动不已，真是“鹤发银丝映日月，丹心热血沃新花”。

进入21世纪，本应退休颐养天年的彭老，乐以忘忧，老骥伏枥，紧跟世界外科发展趋势。随着外科二次手术ALPPS技术与理念的传播，全世界对巨大肝脏肿瘤不能一次完成手术、需二次手术的这一术式展开了探索。彭老独辟蹊径，采用“一次介入下阻断门静脉末梢促进健侧肝脏生长再行手术”的方法，让罹患巨大肝癌的患者仅需一次手术即可达到国外二次手术的效果与价值，再次充分体现了彭老思学敏捷、不拘一格的作风。

彭老博学多艺、笔耕不辍、著作等身，培养学生时更是倾囊相授、倾情付出、诲人不倦。而今，在中国外科舞台上熠熠生辉的许多优秀外科专家师出彭老——蔡秀军教授、彭承宏教授、刘颖斌教授、洪德飞教授等，学界尊称其为“彭家军”。这是一个影响中国外科学界、声望震天的团队。“绿野堂开占物华，路人指道令公家，令公桃李满天下，何用堂前更种花。”

诸弟子如此，为师者夫复何求！

2019年岁末，我在兄弟医院做一台肝癌手术。手术结束时，隔壁手术间骨科手术突然发生大出血的情况，急邀我会诊。患者为中年女性，失血性休克，右下肢瘀青，判断为椎间盘手术中损伤右侧髂总动脉。经过短暂的思想斗争后，我决定不顾自己可能遇到的风险与后果，全力施救。紧急开腹后止住了右侧髂总动脉出血，并借用左侧髂内动脉拉向右侧，替代受损的右侧髂外动脉恢复右下肢动脉血供。经过一番惊心动魄的抢救，终于保住了患者的生命和右下肢。

震惊之余，我写了一篇短文分享了自己当时的忐忑与紧张，文章被多家自媒体反复转载。彭老也在医生群里看到了，当即在一个有500位医生的交流群里发言，赞扬我的忘我及无私，直言要向我学习。我当时并未及时看到彭老的留言，还是湖南省人民医院尹新民教授电话提醒，他说："段主任，快去看，彭老在群里夸你呢。"我赶紧前往微信群，看到了彭老真挚的发言。那一刻，我的眼眶湿润了。我知道，彭老当年在我心灵中播下的那颗"当好医生"的种子，已经长成树了。真的是"长大后，我就成了你"。

回顾与彭老相识、相交的点滴过程，我想到日本东京女子医科大学高崎健教授曾经给我们看过的日本医学专著《鬼手佛心》。已故医学泰斗裘法祖院士曾说过："德不近佛者，不可为医，才不近仙者，不可为医。"彭老不就是中国现实版"德近佛，才胜仙"的"鬼手佛心"吗？他的无疆大爱、他的鬼手佛心，影响了一代又一代的年轻学子。仁心妙手、精益求精，在医学的殿堂里驰骋飞扬，他的思想也会一直激励我们在外科之路砥砺前行、永不停歇！

谨以此文献给我的人生导师彭淑牖教授！

方驰华：不断创新、追求卓越的世纪外科大咖

方驰华，主任医师，南方医科大学珠江医院肝胆一科主任。

彭淑牖教授在外科领域是泰斗级人物，从医从教已 60 多载，也是我在从医道路上最为敬佩的医学前辈之一。他是名副其实的医界丰碑，是推动医学这个行业不断前行的坚实力量，是名副其实的“外科常青树”。2022 年 3 月 18 日，在第七届中国医学家年会上，彭老被授予“十大医学泰斗”荣誉称号，以表彰他对推动医学事业前行做出的巨大贡献。

在肝胆胰外科发展历程中存在三大现状：一是现代影像学发展推动了肝胆胰外科疾病形态学诊断的发展；二是先进的外科设备和器械的发展推动了外科手术方式的改进和革新；三是微创外科的诞生给传统开腹手术的发展带来了新的挑战。针对第二现状，早期外科手术器械发展相对滞后，严重限制了外科手术技能的提高。20 世纪 90 年代初期，彭老战斗在肝胆胰外科临床第一线，以临床问题为导向，以临床需求为目的，针对复杂性肝胆胰手术缺乏有效、一体化的器械的问题，他潜心钻研，创新性研制出具有自主知识产权的集切割、剥离、吸引、电凝功能于一体的多功能手术解剖器（PMOD），并创立了“彭氏”刮吸手术解剖法，突破了既往外科解剖器械的瓶颈，简化了手术过程，使过去许多被列为禁区的疑难手术变成了常规性手术。

在解决器械的问题后，彭老又关注了另一个临床难题——胰肠吻合口漏，这是胰十二指肠手术最凶险的并发症，致死率为 25% ～ 50%。胰腺很脆且胰液的腐蚀力特别强，流到哪里就腐蚀到哪里，导致腹腔感染、腹腔大出血等致死性后果。怎样能让胰液不外流？全世界的外科工作者针对这个问题不断进行探索，仍没有找到攻克的方法。彭老带领他的团队通过大量实验验证，进行了新的创新，创立了捆绑式胰肠吻合术式，将胰漏的发生率降至极低的水平，从“缝”变成“绑”，一字之差，攻克了胰漏这个困扰胰腺外科半个多世纪的世界性难题，为肝胆外科的进步做出了中国贡献。他的两大创举享誉国际医学界，分别被命名为“彭氏多功能手术解剖器”和“彭氏捆绑式胰肠吻合术”。鉴于其卓越的临床创新及贡献，彭老获得了包括国家科学技术进

步奖等在内的诸多奖项。2004—2016年，他分别当选美国外科学院荣誉院士、英国皇家外科学院荣誉院士、法国外科学院荣誉院士、欧洲外科学院荣誉院士。

进入21世纪以来，以人工智能、影像组学、三维可视化、3D打印、虚拟现实、分子荧光成像、多模态图像实时手术导航等为代表的技术，开启了数字智能化诊疗的新时代。本应退休颐养天年的彭老，老骥伏枥，仍以高度敏锐力和创新的眼光不断关注肝胆外科前沿研究，他没有被以往丰富的临床经验所束缚，反而更加结合新技术发展的成果，提出一些独到的见解。肝切除术为肝脏恶性肿瘤较为有效的治疗方式，但有一部分患者肝切除术后剩余肝体积不足，容易导致术后肝功能衰竭，这一问题再次摆在彭老的面前。彭老结合他在肝脏外科深厚的解剖学功底和临床经验，创新性地将门静脉栓塞技术和三维可视化技术结合，在国际上首次提出"末梢门静脉栓塞"的理论、技术和方法，通过一次手术既能避免断肝后的并发症，又能阻断两侧门静脉交通支促进余肝急速显著性增生，提高手术效率以及简化步骤，挽救了许多复杂中晚期肝癌患者。在中国研究型医院学会数字医学临床外科专业委员会学术年会暨第二届国际数字医学大会上，彭老专门对此进行了汇报。他说："只要我还有健全的手脑，我就会不断发现问题，动脑子去解决它。"勿以善小而不为，勿以繁简论医术。治病救人，没有最好，只有更好，彭老如是思，如是说，如是做。

从医60余年来，彭老一直如勇士一般，频频向外科领域的疑难禁区发起进攻，不断发现问题，开拓创新，在肝、胆、胰、脾外科临床实践中处于国际领先水平。不仅如此，他还时常鼓励及支持年轻医生进行创新与探索学习。我记得第一次见到彭老是十几年前在重庆举办的一次外科学术论坛上，并有幸获得向他近距离讨教的机会。彭老虽是名贯中西的外科名家，但完全没有想象中那种拒人于千里之外的傲气与冰冷；相反，他像家中长辈一样耐心地与我探讨问题，更赠予我他所著的 *Hepatic Caudate Lobe Resection*（《肝尾叶切除术》）。彭老精益求精、医者仁心、谦逊慈爱的品质，让我内心极受震撼。

"夫医者，非仁爱之士，不可托也；非聪明利达，不可任也；非廉洁纯良，不可信也。"这是古人对医者的要求，而彭老一直在身体力行地向我们后辈阐释这句话的内在含义。有人说，彭淑牖教授是"当今最容易被请上手术台的医生"，对此我深有体会。记得当时的我还在研究三维可视化系统，刚好收治了一例非常复杂的尾状叶巨块型肝癌患者。该患者在两年前在某省会三甲医院已经被诊断为尾状叶巨块型肝癌（55毫米×110毫米），门静脉右支及主干受推压向前移位，右肾推压变形，部分层面病灶与胰头部、胆囊分界不清。外院判断为中晚期肿瘤，已失去了手术机会，在进行多次经肝动脉插管化疗栓塞（TACE）术后，虽然肿瘤较前稍有缩小，但由于右肝动脉基本闭锁，所以既

彭淑牖教授参观珠江医院肝胆一科成果展

不能继续进行 TACE，也不能进行手术治疗。绝望之下，患者来到了广州南方医科大学珠江医院。经过三维可视化术前评估，我们诊疗团队认为，虽然右侧尾状叶肿瘤巨大，侵犯右肝，但所幸肝动脉、门静脉主干、肝静脉、下腔静脉形态基本完整，可行尾状叶 + 右半肝切除术。了解到彭老在尾状叶肿瘤切除的建树，本着求知学习的态度，我特别邀请彭老来珠江医院指导诊治。其间，彭老饶有兴趣地参观了三维可视化成果展，主持了患者的术前讨论，认真研读患者的病史和检验检查结果，并亲自主刀完成了肝尾状叶 + 右半肝切除术，将患者从死亡线上拉了回来。手术非常成功，术后没有任何并发症，术后各项指标也都正常。将术前演练仿真手术与真实手术进行对比，结果显示一致。

值得回忆的是，在羊城国际肝胆胰外科论坛上，彭老专门对此次尾状叶肿瘤病例做了汇报分享并表示了高度的认可，他说他最爱一句话："患者是医学天地的核心，我们的一切努力都朝向它，我们全部工作都围绕这个中心而运转。"彭老在指导诊治的过程中，不仅让我们感受到他对患者的关怀备至，而且让我们切身体会到他对后辈的提携。在病房里，他工作细致、亲力亲为地为患者画手术标识；在手术台上，他毫无保留、耐心地向年轻医生传授他的手术经验以及技术要点。这次难得的体验，让我们感受到他不是难以接近的外科大咖，他对年轻医生总是孜孜不倦地认真教诲，言传身教地悉心帮带，发自内心地深切关爱，让我们感受到如同父辈、兄长、朋友般的温暖。彭老对医学的认真严谨、脚踏实地、勇于探索、挑战不可能的精神更是深深地影响了我。

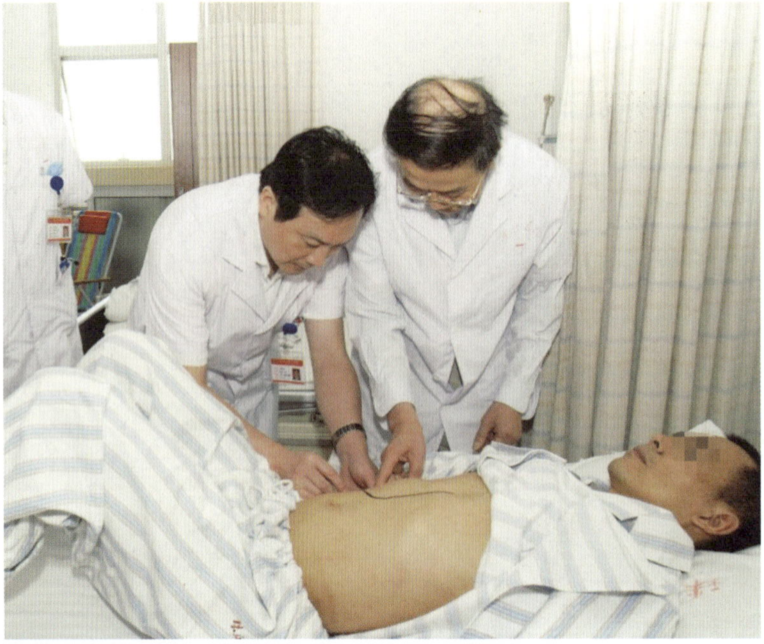

彭淑牖教授亲自为可手术患者画手术标识

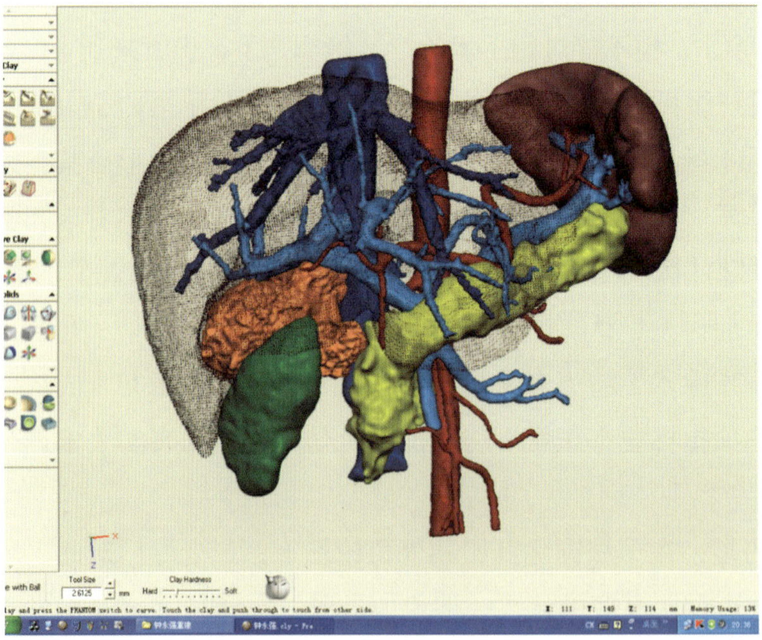

巨块型尾状叶肿瘤三维可视化模型

近 20 年中，彭老先后发明和创新了 10 多项外科技术，其中有 8 项是具有自主知识产权的外科器械，主持申报了 8 项国家专利，撰写了 27 部医学专著，出版了 7 部医学专业影像教材，发表各种学术论文 760 多篇。基于此，彭老还将自己的经验传授给后辈，并积极鼓励他们进行科学研究和创新。

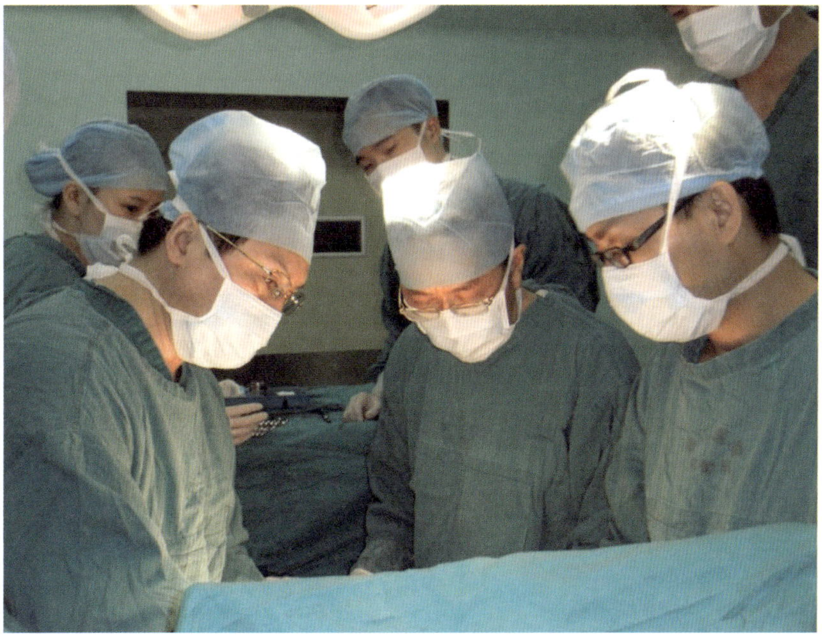

彭淑牖教授、方驰华主任共同完成尾状叶 + 右半肝切除术

以彭老为榜样，我也逐渐爱上了攻坚克难，喜欢在极限外科创新领域探索。秉持源于临床、高于临床、回归临床的理念，通过医、理、工科交叉，我们团队研发了三维可视化系统，改变了二维影像学的诊治模式，并提供了方便、准确的虚拟仿真手术方式和个体化肝脏体积计算方法，实现了复杂性肝胆胰疾病精确形态可视化；构建了三维可视化联合吲哚菁绿分子荧光影像技术，可以从分子、细胞水平层面实现肿瘤边界界定可视化；我们自主研发的增强与混合现实导航系统应用于复杂肝胆胰手术，从而实现了三维可视化与腹腔镜手术图像、吲哚菁绿分子荧光影像的实时融合，实现了导航手术可视化。我们团队能取得如此丰硕的成果少不了彭老的鼓励和鞭策。2016 年 11 月 11 日，第五届杭州国际肝胆胰外科和微创外科大会上，彭老专门赠予我《医术人生》并题词留念，这给了我莫大的鼓舞，也鞭策我进一步探索和努力。

2019 年 5 月，首届国际数字智能化诊疗技术大会在广州召开。我作为大会主席，特别邀请了彭老前来指导。彭老在收到邀请后欣然应允，对大会议程中数字智能化诊疗技术前沿研究的议题展现了浓厚兴趣，称自己不想错过这样一次学术交流的盛宴，会安排好行程前来参会。听闻这一回复，我辈不禁感叹，高龄的彭老依旧这样勤勉笃行。会议期间，彭老认真聆听了大大小小不计其数的报告，并深入参与讨论，给予年轻的肝胆外科医生鼓励和指导，提出自己独到的见地，基于切实的临床问题给年轻学者提出今后研究可能的方向。在会议议程中，彭老更是亲自做了“三维可视化技术指导腹腔镜精准肝切除”的精彩报告，并十分欣喜地与嘉宾讨论三维可视化技术。彭老的言

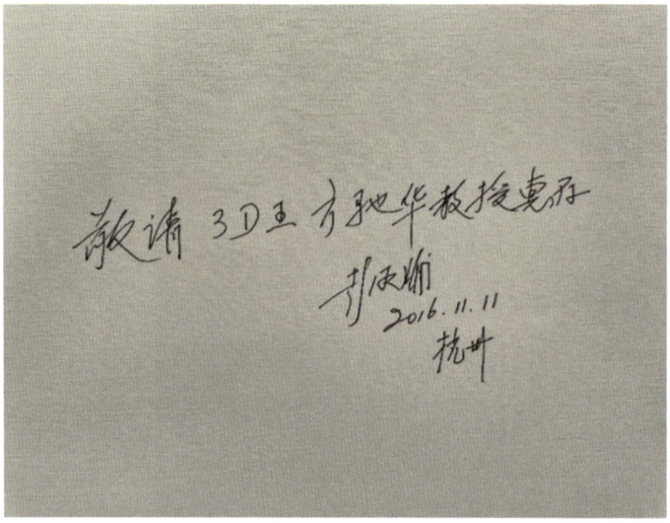

彭淑牖教授专门赠予《医术人生》并题词留念

彭淑牖教授和钟世镇院士进行交谈

语无处不流露着对后辈的关爱和希冀，也对新时代的年轻医生提出了更高的要求：希望年轻一代要接好接力棒，一起前赴后继地把我国肝胆外科事业推向更高的台阶。数字智能化诊疗技术是其中的一块高地，我们仍需不断进取，才能抢占这块高地。彭老的教诲深深烙印在我的心里，至今仍鞭笞着我不断前行。

在彭老看来，他名字中的“牖”在古汉语里是“窗户”的意思，它昭示了自己一生的奋斗目标——努力多挽救一些患者，为生命多开一扇窗。而在我看来，他更是为医学领域开了一扇窗，为医学界所有的外科人开了一扇窗，他用平常却不平凡的言行举止告诉我们每一个人：什么是创新探索，什么是匠心精神，什么是精益求精。他的思想也会一直激励着我在外科创新之路砥砺前行，永不停歇！

适逢彭老九十大寿，祝愿彭老杏林长青，桃李成蹊！

高鹏：他是医学界的奇才和侠士

高鹏，主任医师，教授，甘肃省人民医院腹腔镜中心主任。

我认识彭教授已是27年前。岁月如梭，光阴似箭，一点都不假。1995年8月，我接到了到浙江进行专业学习的通知，参加浙江医科大学附属第二医院普外科举办的"全国肝癌外科新技术学习班"。然后，我坐了2天火车，跨越了5个省区，于8月13日下午2点多，到达杭州火车站。27年前的杭州火车站与国内中心城市火车站一样，熙熙攘攘，而南方特有的以肩挑、背篓为主的搬运方式，让人感受到与西北完全不同的风格。杭州火车站喧闹的空气中弥漫着的特有的温热、甜香气味扑鼻而来，一扫我乘坐长途火车的紧张和疲惫。

我买了一张杭州市区地图，前往目的地——浙江医科大学附属第二医院普外科，报到，安顿住宿，熟悉环境。

次日早晨，大家集中到普外科示教室进行学习班的学习。第一课，第一个小时，由外科老师讲"肝脏外科解剖基础"部分，因学习班介绍有15人一组的手术室现场观摩，坐在后排的我大部分时间在想着能否被抽到去观摩组，早已心猿意马。大约9：30，有个穿着短袖白大褂的年轻医生走进教室到后排找到一位戴着眼镜、清秀的医生，说："彭老师，手术麻醉好了。"

我看见彭教授拿着一张名单开始进行第一组手术观摩医生的点名，庆幸的是我也在其中。无法想象一台有15人观摩的肝脏Ⅷ段肿瘤切除手术，仅用了大约50分钟。而出于手术台周围拥挤和视野原因，我在手术台的外围转了好几圈，但手术过程我什么也没有看到，最后只看到彭教授拿着切除病灶的标本，但我的内心仍激动不已。在那个年代，一个从西北来的低年资外科医生能直面一位能切除肝脏Ⅷ段肿瘤的老师是多么地幸运，而且手术操作过程还不到1小时，更是敬仰。下午理论课，我才清晰见到彭教授，清秀风骨、知识渊博、阅历丰富，尤其在英国学习工作、手术的经历更是令人仰慕。晚饭后，彭教授来到招待所，接上我们外省人员中的四位，坐上他的小奥拓，赏杭州夜景，游西湖景区。对这些美景，除了第一次来杭州的新鲜以外，我没有特别

彭淑牖教授（中）、导师李徐生院长（左一）和高鹏合影留念

的印象，大脑的思绪还一直停留在那神奇的肝脏Ⅷ段肿瘤切除手术中。

第二次被选中进入手术室观摩是在开班第 4 天。这次我有进入手术室的经验了，无论巡回护士、麻醉医师如何要求，我都没有离开手术患者头部右侧的位置，这虽然不是视距最佳的位置，但这个看点不易被移动，视野也能满足我这个当时初次近距离学习肝脏外科手术的新手。

从手术切口的设计、肝脏整体的游离、上下肝门的暴露、止血带的预置，到肝门的解剖、结扎、断离、止血，尤其右半肝切除中专用解剖刀（即后来的彭氏外科解剖刀）的使用，游刃有余。手术顺利，无血。这是我第一次见到清晰的肝门解剖处理和清晰的肝脏切除断面，也逐渐把思绪从内心对彭教授的敬畏移向我什么时候才能做肝脏手术的思索中。

授课中，彭教授也多次提到外科解剖器的应用方法和特点。这次进修学习应该说是我个人在肝胆胰外科中启航的第一个灯塔。一周的学习是如此地短暂，我兴奋地带着彭教授送我的一支肝脏外科刮吸刀，登上了返回兰州的火车。

回到兰州后，我向李徐生教授汇报了在杭州的所见所闻，尤其是彭教授应用自制的解剖器对肝脏Ⅷ段肿瘤切除的流畅过程、规范的技术。李教授说，他在参加全国会议中已见到了彭教授介绍的这把器械实物，科室也已订购，正在完成交接的过程中。

在我个人的记忆中，在 20 世纪 90 年代，我们科里只有李徐生教授在用这把解剖器，而且反复消毒，应用并不太普及。现在回头分析，是因为我院当时的吸引管并非是一次性的，而是一种很厚重的橡皮管，能多次消毒、反复使用的那一种，要把它接到外科解剖器的后部，使用时很沉重，拖动后影响术者的精细解剖。那个年代，手术室的吸引器是瓶装的电动马达式，极易损坏，需要另外一名助手拿在手里不断地提醒巡回护士。另一个原因是，当时整体的肝脏手术不多，而李徐生教授在汤钊猷院士处学习归来，已开始收治肝脏肿瘤患者；加之李徐生教授率领我们一群年轻医生在全省率先开展的腹腔镜外科手术占外科手术的大部分，而刮吸刀在全院的应用不是特别普及，所以在外科医生中，普及刮吸刀的应用及使用数量方面有一定限度。

1998 年，听闻彭教授到我省另一家医院会诊，救治 1 例腹腔镜下胆囊切除胆道断离并发症患者，我内心心生佩服。因为当时这个病例在短短的 1 个月内已有 3 次手术史，这个因腹腔镜外科性损伤而导致的棘手的并发症，也引起了甘肃省外科界的高度重视，患者所在的医院请彭淑牖教授前来救治，最后挽救了这个患者的生命。在此后的 10 年中，甘肃省人民医院普外科在李徐生教授的带领下组建了腹腔镜外科中心并成为全省首批重点学科，因此我参加各类全国专业会议基本上是微创或腹腔镜外科相关主题，均未遇到彭教授。但我经常能在国家级重要专业刊物上拜读到彭教授关于肝、胆、胰方面的大作，受益良多。就在我国腹腔镜外科发展处于非常好的时期时，我们遇到了专业上的争议：腹腔镜外科技术与消化系统肿瘤清扫术，技术性突破和理论性研究之间存有莫大的分歧。现在看来，因为技术突破困难而理论研究无法按设计完成，成为当时分歧的主要矛盾，这种腹腔镜清扫技术不成熟的问题也同样困扰着我们。

自 2002 年，甘肃省人民医院普外科肝胆组也积极在常规开腹的经典手术方式中，艰难探索消化道恶性肿瘤骨骼化清扫技术的瓶颈。正在此时，一次偶然的机会，我遇到了上海东方肝胆医院姜小清教授，并受邀参加他本人正在积极筹备的“中国抗癌协会胆道肿瘤专业委员会”预备会。于是在 2009 年 12 月，我再次见到了彭教授，他风采依旧，在大会上手术报告所演示的内容让我看到了另一个外科世界，尤其是肝门部胆管癌和肝脏解剖性切除，我大为仰视，甚至没敢提出合影的请求。到次年的成立大会暨第一次学术会议中，我才有机会与彭教授合影。

在上海东方肝胆医院的巧遇也开启了我们肝胆胰外科走进现代外科的旅程。在筹备会的学术会议上，彭教授介绍的是肝门部胆管癌的相关内容。在次年的第一届年会中，彭教授介绍的是一种全新的捆绑式胰肠吻合术。对于这两种手术方式，我们在此后的工作中都进行了大胆尝试和应用，同时也得到了姜小清教授的全力支持和指导。

在这次筹备会的学术会议中，演讲者的内容中有 30% 在展示肝门部胆管癌方面的研究，而肝十二指肠韧带的骨骼化、肝门重建的复杂手术更是让人大开眼界。腹部外科界对肝门部胆管癌外科研究如此地热衷，因肿瘤所在的肝门部血管纵横交错，位置险要，历来是肝胆外科治疗的难点之一，更因手术风险大，一度被视为“禁区”，当时在甘肃省外科界也无人敢涉及。在长三角外科大咖们的带领下，以彭教授为代表的长三角为中心的中国肝胆胰外科医生优势群体逐渐形成。肝门部肿瘤手术、重建技术也被像我这样来自西北地区的外科医生所认识、学习和模仿。在中国抗癌协会胆道肿瘤专业委员会的积极帮助和推动下，甘肃省建立“胆道肿瘤专业委员会”起步较早。我们参加了全国胆道肿瘤专业委员会的筹备会议，争取到全国委员，在看到这个学会的优势后，在 2010 年 12 月参加胆道肿瘤专业委员会年会期间，我向姜小清教授请教成立专业委员会的事项和经验。经过 1 年的准备，我们于 2011 年 7 月 15 日成立了中国抗癌学会胆道肿瘤专业委员会甘肃分会，并成功举办了“中国抗癌学会胆道肿瘤专业委员会第二届学术年会”，参加的代表有 150 余人之多。自此之后，10 次年会的会议工作汇报都有甘肃的声音。而在第十二届全国会议上，彭教授作为重中之重的嘉宾做了最精彩和最前卫的演讲。彭老虽然已近 90 岁高龄，但是仍然继续引领手术台上最精彩的操作与精髓。这份敬业精神，也令我们十分敬仰。

不知不觉，27 年过去了，甘肃省胆道肿瘤学术会议也已举办了 11 届，更为荣幸的是，在甘肃省第八届、第九届、第十一届会议中，我们邀请到彭老来兰州、临夏、陇南等地会议上做演讲，而每次来甘肃参会，彭老都需要长途跋涉 8 ～ 10 小时。我从内心由衷感谢彭老对甘肃省肝胆胰外科发展的支持和指导。

同时，又感到忐忑不安。甘肃省第八届会议期间，临夏的 5 月，大雪纷飞，气温骤降，彭老返回杭州得走 250 千米高速公路前往飞机场。天冷路滑，那天我内心生起巨大的不安和内疚感。

2021 年 4 月，彭老接受在甘肃陇南市举办的甘肃省第十一届胆道肿瘤专业委员会年会的邀请，于 6 月 18 日早上 4 点即赶往萧山机场，拉开了汽车→飞机→汽车→高铁→汽车，长达 15 小时，大约 2500 千米的里程，到陇南市已是晚上 7 时。89 岁的彭老不辞辛苦，终于来到中国西部地区做专业学术指导。返程时，我把自己出差常用的一个颈枕让彭老带上，能否暂时缓解彭老因长途乘坐而带来的颈背不适不得而知，但好像我自己倒有不安的一丝释怀。当知道彭老安全返回杭州家中时，这种歉意才能稍稍舒缓一点点。

在往后的工作中，我也一直得到彭老的引领。彭老从医 60 余年，就像金庸笔下武学奇才张三丰。首先，彭教授创立了一个“彭家军”。彭老在长三角有学生，在西北的兰州也有学生，我们也是“彭家军”。其次，彭教授发明了一种“武器”——彭氏多功能手术解剖器。最后，彭教授写下了“秘籍”——各种中英文著作、论文并流传于全球。

正所谓亲其师，信其道，我们在彭老的指引下披荆斩棘，攀登着肝胆外科一座又一座的大山。彭老不惜付出，不惧风霜，宽厚弘毅，不计辛勤，芬芳四溢，桃李天下。他用平常却不平凡的言行举止，告诉我们每一个人什么是大医风范，什么是匠心精神。

彭老，践行着医学发展最本质的初衷，更是我们每名医务人员学习的楷模。

顾晋：我见证了外科医生偶像的荣光一刻

顾晋，北京大学肿瘤医院（北京肿瘤医院）结直肠肿瘤外科主任医师，北京大学首钢医院院长，法国外科学院荣誉院士。

彭淑牖老师是我国著名的外科学家，是我一直非常敬仰的外科前辈。记得2009年10月15日，我到美国芝加哥出席美国外科年会并参加美国外科学院每年新会员（Fellow）加冕仪式。那一年，我和解放军总医院的董家鸿院士、上海交通大学医学院附属瑞金医院的朱正刚院长、复旦大学附属中山医院秦新裕院长及四川大学华西医院的周总光院长一起获批美国外科学院会员。对于中国外科医生来说，这是非常难忘的高光时刻。仪式开始前，我们都换上了专门给来自世界各地新会员定制的黑色的礼服。我们按照要求在指定的地点站好。美国外科学院每年会从世界各国的优秀外科医生里

2009年，彭老师在美国芝加哥参加美国外科学院年会

2009 年，彭老师在美国芝加哥参加美国外科学院年会

选拔会员，就在外科年会上举行新会员加冕仪式。

仪式开始了，音乐响起，主持人宣布新会员入会仪式开始。首先是美国外科学院荣誉会员，由来自世界各地外科领域的顶尖专家组成的美国外科学院荣誉会员组成的团队走在仪式的最前列，他们的入场代表美国外科学界最高荣誉的会员，也就是学会精英阶层的代表。

这个方阵的最前头，有一个穿着类似教皇的长老，他穿的衣服是红色的。衣服的前后有长长的丝带，只见长老年纪很大，头上戴着和衣服同一颜色的类似皇冠的帽子，最有特点的是他手里拿着一根长长的神杖。虽然他步履缓慢，但是气宇轩昂。

这种仪式我第一次参加，有着厚重的仪式感，场面非常震撼。我们都惊奇地发现，中国的外科前辈彭淑牖老师也在荣誉会员的行列中！这让我们感到意外和惊喜，一股自豪感油然而生！

我们在国内的许多学术会议上聆听过彭老师的学术报告，而且也听到过许多关于彭老师手术技术的传说，还有他亲自发明的彭氏多功能手术解剖器。在我们心里，彭老师就是外科医生的偶像！但是，我们真的不知道，彭老师其实已经是国际公认的外科学家。在我的印象中，彭老师总是平易近人、谦虚谨慎。其实，他是我国外科医生的代表。我赞叹美国外科学院的慧眼识金，聘彭老师为荣誉会员，彭老师当之无愧！这也更进一步增加了我们对彭老师的崇敬之情。

2009 年，美国外科学院年会，后排左起第 5 位为顾晋

2021 年，我在临床实践中发现一些外科医生对基础知识不够重视，只是单纯追求外科的技术，而基础不扎实就会限制后劲发展。面对这一现象，我查阅了许多文献，最后写了一篇文章《二十一世纪外科学概念》。鉴于彭老师在外科学界的崇高地位和学术影响，我把文章发给彭老师，请他给我指导一下。彭老非常爽快地答应了。几天后，彭老反馈了他的意见，他对我的文章给予了高度肯定，并提出建设性意见。我再一次被彭老师认真、严谨的学风和工作态度所折服。

彭老师是我国外科医生的榜样。作为晚辈，我非常敬佩他的人品、他的学识，以及他一丝不苟、孜孜以求的精神。愿彭老师身体健康，永远年轻。

顾万清：彭淑牖教授与《中华肝胆外科杂志》

顾万清，《中华肝胆外科杂志》编辑部主任。

彭淑牖教授是国内外著名的肝胆外科专家、前辈。我认识彭老是在20世纪90年代兼任《中华肝胆外科杂志》编辑部主任时，那是在一次定稿会上，我的老师刘永雄教授拿了一篇彭老学生投来的论文向我介绍："这篇文章可能是彭淑牖教授的学生写的，彭教授是南方一把刀，手术非常棒，妙手仁心。"这是第一次经别人向我介绍彭淑牖教授，给我留下了深刻印象。

后来由于《中华肝胆外科杂志》学术发展的需要，与彭老的接触越来越多。当然，每次接触不是为了寻找优质稿源，向彭老获取学术论文，就是邀请彭老在编辑部组织的中华医学会肝胆胰外科学术论坛上演讲。每次，彭老都爽快地答应我们编辑部的请求。自1995年《中华肝胆外科杂志》创刊以来，彭老在我刊共发表论文30余篇。在2015年第7期上发表的《腹膜后淋巴脂肪板层根治切除术——胰头癌根治术的新策略》一文获得"中华医学会2019年度百篇中华医学优秀论文"称号。《中华肝胆外科杂志》正因为有一批像彭老这样的前辈的帮助，在他们长期的呵护、关心和支持下，才能从无到有，不断发展和壮大。感谢彭老在学术上的贡献，感谢彭老对《中华肝胆外科杂志》的大力支持！

彭老从医从教60余年，桃李满天下，德高望重。彭老谦虚务实、执着追求、无私奉献的精神，体现在他对我国肝胆外科事业发展的贡献和奋斗轨迹的每一个细微之处。我和《中华肝胆外科杂志》的部分编委及同事们有一个共同的感觉，彭老有三多：每年发表的优质学术论文多、实用的创新术式和临床成果多、德才兼备已有学术成就的学生多。薪火相传，奋飞不辍，彭老的学生将其求真、务实的科研精神传承下去。《中华肝胆外科杂志》编辑部共承办了21届中华医学会肝胆胰外科学术论坛，每届会议上都有彭老或他的学生演讲的精彩内容，他们每次的演讲都能带来学术上的创新内容和临床实用经验，精彩纷呈，为此也吸引了一批喜欢听他们演讲的专家和同仁们。因此，全国很多专家和同仁包括我自己都是听着彭老的课成长起来的，受益颇多。

“莫道桑榆晚，为霞尚满天。”今天能代表《中华肝胆外科杂志》编辑部，为鲐背之年、激情不衰的彭老写一段肺腑之言，深感荣幸。衷心感谢彭老和他的学生们长期以来对《中华肝胆外科杂志》的支持和关心。

祝彭老：春秋不老，鲐背重新，鹤颜康健，欢乐远长！

何军明：刀“肝”“牖”影

何军明，主任医师，教授，广东省中医院肝胆外科科主任。

1998年，我入职广东省中医院外科。当时，我院外科尚未细分专科，我从事的是普通外科工作。那时的手术以大块结扎切除为主。作为刚入职的新手医生，很难在手术台上看到精细的解剖，更难理解真正的手术解剖。手术解剖技巧的学习与进步成为中医院年轻外科医生的最大困扰。偶尔有一些肝脏手术，也是以局部切除为主，主要效仿钳夹法切肝，出血较多，手术过程中血肉模糊的术野无法精细显示肝内管道的解剖，这使得刚入门的外科“小菜鸟”产生很多困惑、迷茫。

后来，谭志健教授在手术台上偶尔用彭氏刮吸解剖电刀来做肝脏手术，虽然切除时也会有出血，但在刮吸解剖技术的加持下，瞬间获得了清晰的管道显露，让我们年轻医生有了认识肝内外管道的机会。也正是那个时候，我从谭教授口中得知彭淑牖教授的大名，了解谭教授如何从接触刮吸解剖电刀到认识彭教授，并师从彭教授门下的过程。当时一次很难得的机会，我获得了一把彭氏刮吸解剖电刀，每次术后自己都要认真清洗、吹干，细心呵护。

从1998年的普通外科到2003年的腹部外科，在谭教授的带领下，刮吸解剖技术从肝脏外科走向了整个普外科，越来越多人了解和使用彭氏刮吸解剖电刀，解剖的“分辨、分离和分别处理”三分手术理念得到推广，成为我院普外科开放手术的技术基础。

2003年，我院成立腹部外科。同年，在广州东湖宾馆举办了首届广东省中医院腹部外科手术技术培训班。当时，有幸邀请彭教授做题为“刮吸解剖技术在肝脏外科手术中应用”的学术报告，在业界引起了很大的反响。同时，彭教授也给我们带来了最新的第二代一次性使用彭氏刮吸解剖电刀，并在会后第二天右半肝切除手术直播中，谭志健教授和我应用刮吸解剖技术进行了切肝演示，得到了主持人梁力建教授以及一众学员的高度评价。

这是我第一次见到彭教授本人，第一次听到彭教授现场讲授刮吸解剖技术，第一次得到彭教授的手术指导，受益匪浅；更进一步深入了解到刮吸解剖技术是一种高效、实用、安全的创新技术，具有化难为易、变不能为能、突破禁区、无须频繁更换器械等特点，可以使复杂手术简单化、手术时间显著缩短、减少组织损伤、提高手术切除率和根治率。

2005 年，时任广东省中医院院长吕玉波聘请彭教授为我院腹部外科客座教授，并邀请他定期来我院指导查房、讨论疑难病例和参加复杂手术。在那个时期，我院腹部外科在彭教授的指导下得到飞速的发展。彭教授指导我们在胰十二指肠切除手术中改进胰肠吻合方式，第一次引进了捆绑式胰肠、胰胃吻合术式，大大降低了胰腺术后胰漏的发生率；在肝脏外科方面，指导我们使用第一肝门间歇血流阻断方式，让我们进一步了解肝脏缺血再灌注的损伤理论，大大降低了术后肝功能衰竭的发生率，使我院肝胆胰外科技术水平有了长足的进步。同年，我院外科也在彭教授的支持下举办了以刮吸解剖技术的应用为主的第二届腹部外科手术技术培训班。

2006 年 12 月，在彭教授支持下，我院外科举办了第三届全国“刮吸解剖技术”临床应用高级研讨班。彭教授在会上详细地介绍了他发明的“刮吸解剖技术”在复杂肝胆胰手术临床中的应用。会上也有很多外科同道展示刮吸解剖技术在复杂的普外科手术场景的应用技法。同年，“十一五”国家重点音像出版物出版规划项目之一，中华医学会医师培训工程，由中华医学电子音像出版社出版的 DVD《刮吸解剖手术系列》推出，彭淑牖教授出任医学顾问，我作为一助手配合谭教授主刀演示了刮吸解剖手术法在腹部外科开放手术的应用，包括右肝癌切除术、左半肝切除术、胰十二指肠切除术、胃癌根治术等。该系列录像资料画面清晰、手术步骤讲解细腻、手术操作流畅、图文声像并茂，直观易懂，成为腹部外科及相关专业临床医生、进修生、研究生观摩及培训使用的绝佳材料。

2008 年，工作后的第十年，我担任了广东省中医院普通外科主任。随着学科的细分，2009 年我院肝胆胰外科正式成立，由我担任科主任，同时聘请彭教授作为学科主任导师。彭教授时常运用肝脏的区域血流预阻断、绕肝提拉技术、捆绑式胰肠吻合等肝胆胰外科技术，指导我们开展复杂的肝叶切除、肝门部胆管癌切除、胆管损伤修复、胰十二指肠切除等，并对我们探索改进的“多刮、快吸、瞬时清晰”刮吸解剖技术给予了充分肯定。同时，也支持和鼓励我们开展腹腔镜肝切除手术，使我院成为广东地区较早成熟开展腹腔镜肝切除手术的单位。

彭教授知识渊博，对国内外不同时期、不同单位开展的肝胆胰手术做法都非常了解，对新技术的接受和吸收能力特别强，这让我佩服不已。2004 年至今，18 年里，彭教授指导我们的手术不计其数，其中有几例手术尤其令我记忆犹新。

记得 2013 年 10 月，我科收治了一位右肝巨块型肝癌并右心房癌栓的患者，我们马上向彭教授求教。时年82岁高龄的彭教授从浙江飞来广东，从术前的手术规划到术中的操作，全程指导了这个手术。谭教授和我在刮吸解剖断肝技术的护航下，采用右半肝入肝和出肝血流完全阻断，20分钟便将右侧半肝完全离断，全程暴露生长癌栓的肝后下腔静脉及右肝静脉。后由我院心胸外科林宇主任在下腔静脉和右心房旁路搭桥，阻断下腔静脉，谭教授和我在不进行体外循环、心脏不停跳的情况下顺利取出癌栓。

2016年8月，一位全尾状叶肿瘤患者入住我科。在术前手术规划中，想到了彭教授的经正中裂入路单独完整肝尾状叶切除手术的指导思想，于是给彭教授打了数次电话求教，彭教授每次都详细介绍术中的注意要点，并从开腹手术的经验扩展至腹腔镜肝切除，尤其说到腹腔镜下肝切除更应该利用好“分辨、分离、分别处理”的三分手术理念，利用刮吸解剖技术延伸出来的边吸引、边超声刀离断肝实质，顺利完成腹腔镜下全尾状叶切除手术。

还有包括巨大右肝癌手术、脾切除、贲门周围血管离断手术在内的多次疑难、复杂手术，彭教授都亲自在手术台上指导我完成。

在彭教授的指导和影响下，广东省中医院外科在谭教授的带领下快速发展。2014年12月12日，第三届国际肝胆胰外科及微创外科大会在杭州举办。期间，全国普外科视频总决赛是大会的重要环节，由我主刀的腹腔镜下解剖性右半肝切除手术获得一等奖，由彭教授和中国科学院院士刘允怡教授亲自颁奖，并受邀于第二年在芝加哥举办的美国外科年会上做专题讲座。2018年，全国美刀手术视频大赛全国总决赛，我科腹腔镜解剖性肝中叶切除术又获得比赛第一名，并获邀参加同年9月在瑞士日内瓦举行的国际肝胆胰协会第13届世界大会。

“立德树人、潜心问道”——彭教授高尚的人格、高超的技术，高贵的品质令我们钦佩。“人生的主旨不在于征服，而在于战斗得好。”这是彭教授经常用于自勉和教导学生的话。彭教授教导我们，作为医生，心里要始终装着患者，而且必须得做好两件事情。一是要立德树人：用心培养更多优秀的专业医生为患者服务。他的学生被尊称为“彭家军”，遍布全国各地，成为各大知名三甲医院肝胆胰专科的优秀领军人物。二是潜心问道：研究新的诊疗技术，全面提升诊治水平，持续创新手术理念。这是这位医学大家此生孜孜不倦的追求，是他的一种战斗方式。如此才能挽救更多的患者，为生命多开一扇窗。

薪火相承，我院肝胆胰外科团队20余年来一直专注于彭淑牖教授的刮吸解剖技术的理论和应用研究，继承并发扬了相关技术。近年来，本人专注于肝脏外科的技术研究，每一项技术的革新都有彭淑牖教授的影子。我们站在巨人的肩上改进创新腹腔镜肝切除术式，创新提出腹腔镜“顺时针四切面法”解剖性肝中叶切除、腹腔镜肝蒂预处理荧光正染解剖性肝 S_7 段切除、腹腔镜下中肝劈开解剖性肝 S_8 段切除等术式，使原本复杂的肝外科手术更流畅、标准，便于学习推广，使得更多的患者能够获得高水平的专科诊疗，顺利康复。有创新的“多刮、快吸、瞬时清晰”刮吸解剖技术作为指引，让我们专科在精准肝外科时代更有信心开展各种高难度手术，更有勇气挑战每一个专业极限，突破每一个技术难关。

何生：致敬外科之星

——彭淑牖教授鲐背礼赞

何生，四川大学华西医院普外科教授，博士研究生导师，著名肝胆外科专家，入选英国剑桥《世界名人录》；中国诗歌学会会员，四川省作家协会会员，四川诗歌学会会员。

贺彭淑牖教授鲐背之庆

山外青山楼外楼
剑坛风雷几曾休
神工绝技江海醉
生命奇迹惊五洲

鹧鸪天

不废江河万古东，杏林春水浪千重。
神医妙手推人望，外科勋绩补国风。
青史吟，歌才雄，几多忧乐入篇中。
明珠难与收沧海，老树新葩映日红。

致敬外科之星——彭淑牖教授鲐背礼赞

医学的梦
在历史天空驰骋
那些驾驭着生命的诺亚方舟的人沥胆披肝
在生命的惊涛骇浪里
铸造着大医精诚

你为医学而生
挚爱医学一如挚爱生命
血液中萌动着济世救人的基因
灵魂心灵的夜空上悬挂着人性的明灯

无愧外科疆场的豪杰
你用神奇之手，打开
一个又一个“手术禁区”的窗牖
堪称医学珠峰上的男神
你用仁慈之剑，拯救
一个又一个在死神利爪下战栗的生命

每救治一个患者就点亮一盏生命的灯
你点亮的灯千盏万盏，宛若满天繁星
朗照长空，穿越混沌
用仁心仁术树起的丰碑
耸峙在广大民众的心灵

你焚膏继晷，鞭着时间的马
追赶日月星辰
掀起一场又一场手术的革命
你化繁为简，革故鼎新
发明集刮、切、吸、凝为一体的 PMOD
成为攻坚克难的“神器”

你首创捆绑式胰肠吻合的术式
将胰漏的噩梦清扫干净
从而刷新胰十二指肠切除术的历史
变艰难困惑为波澜不惊

你精妙绝伦的手术技艺
入手微处，匠心独运
创造无数生命奇迹
蜚声中外、举世闻名

你呕心沥血，滋兰树蕙
培育出一代代外科英才
为中华之崛起建立不朽功勋

你文采飞扬，著作等身
锦绣文章皆成传世经典
引领潮流、启迪后坤

六十载沧桑风雨
九十年壮丽人生
如同 DNA 那两条闪光的螺链
编织了医学史的辉煌

站在岁月的高岗回望
令人感动的不仅仅是灯火阑珊处的悲壮
大江东去，浪淘不尽
你金色的背影
富于传奇色彩的外科之星
将永远照耀杏林

何裕隆：我心目中的杏林圣手

何裕隆，二级教授，博士研究生导师，中山大学医学院院长；中山大学附属第七医院院长、消化疾病研究中心学科带头人；中山大学附属第一医院国家重点学科 / 国家临床重点专科普外科学科带头人。

肝胆外科是外科中最为复杂、最具变数的学科，号称“外科学界的珠峰”。回顾我国的肝胆外科发展史，彭淑牖教授是不得不提的老前辈。彭淑牖教授是美国外科学院荣誉院士、英国皇家外科学院荣誉院士、欧洲外科学院荣誉院士、法国外科学院荣誉院士，是国内外科界唯一的多国荣誉院士。彭老的两大原创技术彭氏多功能手术解剖器和彭氏捆绑式胰肠吻合术对全球外科的发展都具有重要影响。

20 世纪 90 年代，还是懵懂青年的我跟随恩师王吉甫教授在珠海初识彭老。恩师王吉甫教授与彭老、郑树教授是大学同学，因而我有幸近距离地接触彭老。彭老不仅仅是一位医术精湛的杏林圣手，更是一位谆谆教诲、循循善诱的良师益友。彭老治学严谨，对学生们和蔼可亲。每次开会遇到彭老，他不仅耐心解答我学术上的疑问，还对我的职业发展提出很多宝贵的建议。记得 30 年前有一次彭老与我分享他在国外访学的见闻，结束前彭老还叮嘱我：“小何，有机会一定要去国外学习。”彭老的叮嘱让我十分感动。一位外科权威如此平易近人地与年轻人分享他的独创心得（胰腺癌 Whipple 手术、空肠 – 胰腺捆绑式吻合术以及吸刮刀的用法及优点），使我们在临床上获益良多。彭老在我的从医道路上，亦师亦友。

彭老在培养年轻人方面具有无限热情，并且总是无私奉献。每次全国消化肿瘤高峰论坛，不管工作多么繁忙，彭老每次都会到场并主讲，与后辈分享多年的临床经验和学科进展。自 2011 年开始，80 岁高龄的彭老每年不辞辛劳地参加我们主办的学术年会，这更是对后辈的一种支持。彭老是广东梅县人，每次请彭老到广东参加学术会议，我们都倍感亲切，这对彭老来说也是难得的“省亲”机会。记得有一年我陪彭老一起赴梅州市人民医院参加吴祖光院长举办的学术会议，彭老虽贵为国际知名专家，却一点架子都没有，对于徒孙辈的提问，他总是和蔼可亲、面带微笑地耐心解答。

2011 年广州第四届胃肠肿瘤学术研讨会期间，何裕隆与胡祥教授（右一）同彭淑牖教授夫妇合影留念

2019 年，何裕隆与学生杨东杰在美国外科学院学术年会期间与彭老合影留念

彭老和谢隆化老师虽然年事已高，但他们生活自律简朴，不愿给学生们添麻烦，多次婉拒学生们在生活上的帮助。在学术上和生活上，谢老师一直默默地支持着彭老，两老相敬如宾、相濡以沫，是我们青年一代学习的榜样。

彭老甘为人梯的精神使他桃李满天下，彭老的学生中很多已是国内外知名专家，还包括4名“长江学者”特聘教授。彭老在推动国内专家国际化方面可以说是呕心沥血、不遗余力，我本人也是在彭老的影响下很早就参加每年一度的美国外科学院临床年会；更是得益于彭老的推荐，2019年我有幸获授“美国外科学院院士”。

侯宝华：他不因事小而不为

侯宝华，主任医师，博士研究生导师，广东省人民医院普通外科行政主任、胰腺中心行政副主任。

彭淑牖教授是国内外知名教授、外科学家，他的平易近人却给我留下了深刻印象。

大约在 2019 年，我们广东省医师协会胰腺外科分会和韶关医学会一起举办基层医院的普通外科学术会议。在会议上，我非常意外地看到彭淑牖教授也来参加会议，并且提前一天到达。作为这个级别的教授能够到一个地市级医院参加学术会议非常少见。更让我感到意外的是，他不但讲课课件做得非常精美、内容丰富，讲课更是一丝不苟。讲课后，对于基层医院医生提出的问题，他也是耐心、详细地解答，让基层医院的医生不但领略了大师的风采，而且能感受到他和蔼可亲、平易近人的人格魅力。

他不因事小而不为，为了传播医学最前沿的知识，为了给基层年轻医者赋能，不远千里来到一家地市级医院，他的仁心仁术让我们看到了医者的使命和担当。

黄志勇：站在国际肝胆胰外科舞台上的大师

黄志勇，主任医师，教授，博士研究生导师，华中科技大学同济医学院附属同济医院肝脏外科中心。

我是自从美国留学回国之后，于2006年8月在英国爱丁堡召开的第七届国际肝胆胰学术大会上，由我的老师陈孝平教授介绍认识彭淑牖教授的。随后，在国际肝胆胰外科的学术舞台上有幸多次见到彭教授并聆听他的学术报告。彭教授谦和儒雅、英文流利，他的报告主题新颖，兼具创新性与实用性，获得了国际肝胆胰外科同仁的高度赞扬。

记得在印度孟买召开的一次国际肝胆胰学术大会上，他做了由他自主研发的刮吸刀在肝胆胰外科应用的学术报告，彭教授精准流利的英文演讲以及几乎无出血的手术野彻底征服了国际同行，在肝胆胰外科国际大会中发出了强有力的中国声音，会场响起了阵阵热烈掌声。作为在场的中国人，我倍感骄傲，并由衷地敬佩彭教授。自此，我便十分关注彭教授的研究工作，并多次在国内外的学术会议上聆听他的学术报告，每次都备受启发、收获良多。

彭教授严谨求实、不断探索创新的精神也一直激励着我。为了彻底解决胰十二指肠切除术后胰漏这一难题，彭教授从未停止探索，不断有最新研究数据报告，并取得了令人瞩目的研究成果。记得在2012年7月巴黎召开的第10届国际肝胆胰协会学术大会上，彭教授作为大会的重量级参会嘉宾，与国际一线胰腺外科专家共同担任胰腺专场的主持人，并做了捆绑式胰肠吻合术的学术报告，受到国际同行的一致好评。由他创立的捆绑式胰肠吻合术受到国际同行的高度评价，各国同行纷纷将捆绑式胰肠吻合术作为一种重要的胰肠吻合方法式来引用并开展对照研究，奠定了捆绑式胰肠吻合术在国际胰腺外科领域的重要学术地位。

尽管如此，彭教授还在坚持不断创新。2014年3月，彭教授又在韩国首尔召开的第十一届国际肝胆胰协会学术大会上报告了捆绑式胰肠吻合术和捆绑式胰胃吻合术疗效比较的研究结果，再次赢得了国际同行的关注与赞扬。一直困扰胰腺外科手术的难题，在彭教授的不懈努力下，取得了一系列重要进展，使得胰腺手术后的胰肠吻合口漏的发生率大大降低了。这一切皆与彭教授不满足已取得的成绩，坚持不断探索、创新，直至找到解决问题的最佳方法的务实精神分不开。

更让我敬佩的是，彭教授不仅自己在学术上身体力行、硕果累累，还十分关注年轻医生的现状与需求，注重对年轻学生的指导与培养。我作为一名小辈医生，每次请教彭教授，都能感受到他谦逊平和，乐意随时与小辈讨论学术问题，让人如沐春风、备受鼓舞。彭教授总是积极推荐、带领自己的学生参加各种国际性学术大会，尽量帮助学生们开阔眼界，启发学术思维。正是因为彭教授对学生的言传身教和悉心培养，他的一大批学生已成长为国内外知名的肝胆胰外科专家，并在肝胆胰外科学术界担任重要职位，成为我国肝胆胰外科的骨干力量。这可能就是彭教授和他的学生们被称为我国肝胆胰外科"彭家军"的原因所在吧。

霍枫：我认识的彭淑牖教授

霍枫，解放军南部战区总医院首席专家，国家人体器官捐献与移植委员会委员，全军肝胆外科专业委员会副主任委员。

记得第一次见到彭淑牖教授是在20世纪90年代初，当时在广州召开中华医学会全国胆道大会，承办单位是我们医院。我作为会务人员参加会议。

在会议上认识了彭老及其弟子蔡秀军教授等。当时，广州已改革开放，有些电器产品的品种和价格相比较国内其他地方有一定的优势。广州海印电器城比较有名，外地来的客人很多喜欢利用空闲时间去海印电器城看看。

会议空闲期间，彭老他们也想去看看，我很有幸陪同彭老和蔡秀军教授一行去海印电器城逛逛。彭老对电器城里的很多东西饶有兴致，比如相机、随身听、录音机等。这次电器城之行，让我感受到彭老的人格魅力。

记得20世纪90年代末，我第一次在广东省的外科学术会议上听彭老讲解捆绑式胰肠吻合术和多功能手术解剖器的应用，很受启发。之后我们在临床上应用了捆绑式胰肠吻合术和多功能手术解剖器，非常实用且方便，我的手术技艺也随之提升，我打心里感恩能遇到彭老这位外科宗师为我们指路。我开始关注彭老发表的论文，不知不觉中也受到了他的学术熏陶。此后每次国内的各种学术会议，我都非常希望能看见彭老的身影，近距离聆听他的发言，有机会当面向他讨教。从彭老的每次演讲中，我都能感悟到他对外科事业的创新、严谨，更能感受到他的谦和、博学和亲和。随着外科工作经验的不断增长，我对彭老的肝胆胰领域的学术研究和创新有越来越深的领悟。可以说，彭老在我本人成长、成熟和进步的过程中起到了非常重要的作用。

简志祥：他为腹部外科筑起了一道安全网

简志祥，广东祈福医院副院长、外科中心主任，广东省医师协会外科医师分会主任委员。

回顾我与彭老相识的十余年，彭老一直以“患者的利益高于一切”为己任，用不断研习的精湛技术、心系患者的仁爱之心和事必躬亲的敬业态度深深感染了我。

在世界医坛上，彭淑牖教授是非常有名望的中国医生，是中国外科最有影响力的人之一。我初次参加美国外科学院年会时，看到彭淑牖教授作为唯一一位中国医生坐在主席台上，聚光灯打在他的身上，让身为中国人的我不由得挺直腰板，心中生起了难以言表的崇敬之情。

彭淑牖教授是一位创新者，他的刮吸手术解剖法，将“七刀八剪”化为“一把刀”，精练一身技艺于刀锋，被誉为“神刀”。通过改进，将电切、电凝、吸引、剥离四大功能融汇一体，将肝区疑难手术变为常规手术，避免了原有手术中需要数十把器械的不断更换，提高医者手术效率，缩短手术时间，减少术中出血量，堪称患者的一大“福音”。

彭老的捆绑式胰肠吻合术受到国内外专家的高度认可，真正意义上筑牢胰腺手术的安全网，为数以万计的病患带去焕发新生的机会。

彭老的技术创新让我深切地感受到：医学是一场永无止境的学习，行之以躬，不言而信，唯有如此，才能巩固医生技术的安全底线，担住肩上的重担。

作为医学大咖，彭老学生遍布国内外，其培养的26位博士研究生导师、4位“长江学者”特聘教授在外科舞台上纷纷绽放英姿。彭老带领他的“彭家军”在全国各地为医学发光发热，在外科学术上，为国争光；在患者医治上，服务至上。

“人生的主旨不在于征服，而在于战斗得好。”这数十年来，彭老于我犹如“指路灯”，给予我很多帮助和启迪。在我们主办的珠江肝胆胰外科高峰论坛暨广东省医师协会委员会上，彭老每年都会来讲课，积极推动肝胆外科高难度手术的进展，对胰腺癌等病症的综合治疗方向给予深刻建议，深切与医学界的各位人士进行友好交流，毫无高位者的俯瞰态度，尽显坦然与尊重，令我等后辈倍感亲切和温暖。

“患者是医学天地的核心，我们的一切努力都朝向它，我们全部工作都围绕这个中心而运转。”为了让患者得到及时、有效的治疗，彭老深谙“有所为，有所不为”，经常会推荐患者到各大专家处就医，也曾把患者推荐给我。为此，我深受感动，这不仅是彭老对我个人的信任与鼎力支持，也是为患者计之深远。

彭老，无论医术还是为人，都是我学习的楷模，向彭老致敬！

江献川：要有101％的把握才能做

江献川，浙江大学医学院附属第二医院普外科退休教授。

与彭主任共事多年，他身上有太多的闪光点，值得所有人学习。我搜索了这些年藏在记忆深处的一些往事，聊聊我眼中的他。

彭淑牖教授担任浙医二院普外科主任期间，每周一次的大查房从不间断，他的大查房也是同事们最期待和最开心的事情。我们喜欢倾听彭主任的讲解。结合病情分析，既有经典知识，又有最新进展及边缘学科的相关知识，还经常有很多他观察并总结的冷知识，很实用。比如，胃管与导尿管的长度是固定的，胃管是120厘米，第一个标志是45厘米，是门齿至贲门的距离；导尿管粗细是号码称谓，号码与厘米之间有一个0.3的系数，统一换算后就是1毫米=3号，6毫米=18号。

他没有节假日的概念，逢年过节也经常到病房看望患者，尤其要对危重症患者的病情了然于胸。每年的除夕下午，他必定到病房与值班医生一个不漏地全面查房。有一年除夕我值班，查房发现一位肝脓肿患者伴发热，彭主任立即决定当天下午立即手术。他亲自主刀，做了一次标准的示教手术，并讲解肝脓肿引流分为一期与二期引流，二期是将腹壁切口先做好，肝与腹壁间用凡士林纱布围着形成粘连，2天或3天后切开引流。他类似这样实用的创新发明，举不胜举。

他始终带着临床问题搞科研，成绩斐然。当年，胰十二指肠切除术后胰漏发生率相当高，是一个世界性难题，彭主任决定攻克它。经过多年的琢磨研究，终于研发了胰肠捆绑吻合术，让胰漏的发生率大大降低，得到国内外同行的好评。他独创的彭氏多功能手术解剖器也是基于肝脏手术过程中的止血问题限制腹部外科的发展而诞生的。我们当年做肝脏手术，用高压水枪法、超声刀，效果都不理想。后来，他用刮吸法解决了这个"拦路虎"，这把集刮吸凝剥四合为一体的多功能手术解剖器享誉国内外医学界。

他做事追求完美。我们从20世纪90年代中期开始做肝移植。开始先做猪动物实验，第一次就非常成功，半年多做了10次，没有一次失败，我想可以到临床实践了。这时，彭主任认真地说：“肝移植只能成功不能失败，要有 101%的把握才能做。”接着又做了 10 次实验，这 20 次没有一次失败。我们第一次肝移植选择了两位肝胆管狭窄良性患者，结果一举成功。他做事严谨，注重细节，也勉励着我常怀敬畏之心做人、做事。

他在我心里还是一位“四好医生”。

有一次，我跟彭主任去浙江医院会诊，给有肝肿瘤的一位农民患者做手术。术后，了解到该患者家庭经济拮据，他婉拒了手术会诊费。家属非常感激地说：“浙二医生真好！谢谢！谢谢！”其实，德高望重的彭主任不收会诊费已不是一次两次了。

他读书也很多。整形科马奇主任曾说：“没有人比老彭读书多。”他的办公室里桌上、凳上、地上除了书还是书，他夜以继日地读。有一次，我对彭主任说：“昨晚上想给你打电话，一看已是 11 点多，太迟了就没打。”结果他说自己 12 点前是不会睡的，我知道他是在读书。

他的文章写得又多又好。760 余篇文章是他几十年工作的总结，已由中华外科杂志社汇编成册，这是长期的厚积结果。

他的手术做得特别好。他对解剖学掌握到位，手术时每一刀、每一钳、每一剪都能做到精准。我们科室高顺良医生曾特地观摩彭主任手术，回到科室很高兴地对大家说：“彭主任的手术诀窍我学到了，局部解剖做得很精细，出血少、手术野清晰，真的很漂亮。”高医生现在是浙江大学医学院附属第一医院肝胆外科副主任，肝移植做得既快又好。

彭主任年轻时就立志要走出国门。他不止一次说过，要立足于国内，走出国门，勇于创新。后来，他应邀走遍五大洲交流学习，结交了很多世界顶尖外科学家。他的这个梦想早已成真，可喜可贺！

姜翀弋：我和彭老师的点滴回忆

姜翀弋，主任医师，复旦大学附属华东医院肝胆胰脾外科主任、普外科副主任。

彭淑牖老师是我国肝胆胰外科领域的大师、杰出代表，学贯中西，蜚声国际。

我在上海交通大学医学院附属瑞金医院读研期间，正值彭承宏教授被人才引进到瑞金医院担任普外科主任，有幸和彭承宏教授一起上台手术，被他精湛的手术技艺所震撼。听师兄们说，彭承宏教授的手术技艺均来自彭淑牖老师的亲传。自此，"彭淑牖"三个字就成为我一个年轻医生心目中神一般的存在。

博士研究生毕业后，我到复旦大学附属华东医院普外科，被安排在王巍教授组里工作。当时，胃肠道肿瘤的微创手术在国内已经开展得如火如荼，而胰腺微创技术的发展还处于个案报道阶段。恰逢 2009 年第一批达芬奇机器人被引入国内，在外科主任袁祖荣教授的支持下，王巍教授带领我一起开始探索微创技术在胰腺肿瘤切除手术中的应用。我们率先完成了达芬奇机器人胰体尾切除术，此后又完成了腹腔镜胰十二指肠切除术等全部胰腺外科手术术式。

2014 年 8 月，王巍主任召开第一届华东胰腺微创外科论坛，我负责具体的筹备和接待工作。这次大会除了我的老师张圣道教授亲临会场外，当时国内外科学界尤其胰腺外科的大咖悉数到场。也是借此良机，我与彭老师有了初次见面。会议那天，彭老师最早到达会场。只见一名身着黑色西装、风度翩翩、谦恭儒雅的长者从商务车上下来，我认出他正是仰慕已久的彭淑牖老师，连忙快步迎接上去。虽已是国内肝胆胰外科学界的大腕，但彭老师毫无架子，对我这名负责接待的年轻医生态度亲和，还连声感谢我们的会务安排。

大会上，彭老师对我们发展胰腺微创技术的方向予以极大的肯定，这也坚定了我们朝着这一既定目标前进的信心。此后几届华东胰腺微创外科论坛，彭老师都会在百忙中前来参加会议，并且每次都坚持到会议结束。一位耄耋老人，又是外科大咖，有着如此认真、严谨的治学态度，令人敬佩不已。

2018 年，我代表华东医院胆胰外科团队参加了由中华医学会外科分会主办的"外科金手指"手术视频比赛。参赛作品是当时还较少有人开展的"结肠下入路的腹腔镜胰十二指肠切除术"。复赛在杭州举行，彭淑牖老师正好是评委之一。复赛中我以第一名的成绩入围随后将在西安举办的总决赛。结果公布后，我免不了兴高采烈，并向各位评委老师表示感谢。彭淑牖老师在祝贺之余，又细致地为我一一指出在演讲与视频播放过程中的不足之处。正是得益于彭老师的指点，我最终在西安的总决赛中获得了该项赛事胰腺组的全国一等奖。

作为晚辈，我非常庆幸有机会能够与彭老师相识，并得到他的点拨。他以其严谨的治学态度，对晚辈学生的关心、照顾与无私传授，成为我心目中学习的楷模。

姜小清：彭老是“三会榜样”

姜小清，上海东方肝胆医院外科主任。

初识彭老师，是在杂志上。他的彭氏捆绑胰肠吻合术、肝尾叶切除术、肝门部复杂肝癌的手术，让晚辈仰之弥高。

真正见识彭老师的手术，是2001年在浙江省人民医院给一位二次手术的患者会诊并手术。彭老师对肝门骨骼化淋巴结的清扫，干净又漂亮。

2009年，作为后辈晚生，我斗胆成立了中国抗癌协会胆道肿瘤专业委员会。彭老师不但担任学会顾问，为我们站台，亲自讲课，还精锐全出，“彭家军”中彭承宏、刘颖斌、洪德飞、李江涛等都加入并予以支持，让胆道肿瘤专业从无到有、从小到大。

作为肝胆胰领域取得巨大贡献的传奇学者，自己90高龄仍在临床和科研一线，手术、讲学、著作，这就是吴老和裘老所讲的三会榜样（会做、会说、会写）。对于我们取得的一点点进步，他从不吝啬表扬、支持，也常常提出改进的意见。彭老师对我厚爱有加，我在电话、微信里总是称呼其为“太公”，倍感亲切。

姜小清（二排右一）和彭教授（二排右二）等人在中国抗癌协会胆道肿瘤专业委员会成立大会合影

蒋桂星：我和彭氏刀的不解之缘

蒋桂星，副主任医师，浙江大学医学院附属邵逸夫医院普外科。

有幸与彭老相识十多年，如今我依然十分清晰地记得第一次见彭老时的情景。2008年的某一天，那时我还是哈尔滨医科大学的一名医学生，科室里一位复杂的胆囊癌患者需要请彭老前来手术。听科里的老师说这是一位非常厉害的外科大师，这次还带来了他发明的“神刀”——彭氏多功能手术解剖器，又称彭式刀。

那天我抑制不住兴奋的心情，早早来到了手术室等候，这是我第一次见彭老。手术室门打开，进来一位清瘦矍铄的老者，个子不高，戴着眼镜，非常和蔼。手术准时开始。下午三四点，在老师们的赞叹声中手术结束了，这也是我第一次见识彭氏多功能手术解剖器。下了手术台，导师崔云甫教授带着彭老参观了科室。彭老不辞辛劳地又在示教室为大家做了讲座，介绍自己的一些发明和开展的工作等。我在后排静静地听着，心中充满了崇拜。彭老来自我的家乡浙江，当时身在北方上学的我觉得特别亲切。讲座结束后，我很冒昧地跑到彭老面前说：“彭老师好，我是崔老师的学生，目前还在读书，浙江绍兴人。”

彭老一听我是浙江人，也觉得有点惊讶，就问：“你怎么跑这么远来读书？”交谈了一会，彭老在字条上留了电话号码和邮箱给我。虽然只是短短几分钟的交流，但对我的学医生涯产生了深远的影响。彭老给人感觉特别亲切、随和，没有一点架子，做学问务实、严谨。虽然彭老当时已年近八十，仍坚持阅读最新的英文文献、书籍，奋战在临床一线。彭老的这种务实、严谨的治学态度和敬业精神一直激励着我完成博士学业。

当时只知道要努力学习，不敢奢望毕业能到彭老所在的医院工作。通过博士阶段的努力学习，很幸运，2010年博士研究生毕业后我拿到了彭老所在的浙江大学医学院附属第二医院外科的offer（录用通知），离曾经仰望的“巨人”更近了一步，与他成为同事。

到了浙江大学医学院附属第二医院，我可以在科室大查房和疑难讨论时近距离聆听彭老的教诲，同时也开始跟着这里的老师们真正地接触和学习彭老的刮吸手术解剖法。2014 年，随着工作调动我来到了浙江大学医学院附属邵逸夫医院工作。蔡秀军教授在彭老刮吸刀的基础上研制出了适合腔镜下使用的刮吸刀。于是，我又开始系统学习腹腔镜刮吸法肝切除。经过几年的系统学习和临床实践，特别是在肝切除中，不管是开放手术还是腹腔镜手术，目前我已经彻底离不开彭氏多功能手术解剖器了。

现在我在办公室里总会备几把开放和腔镜下的彭氏刀。因为有些医院没有彭氏刀，所以我出去会诊时总习惯随身带几把过去，随身携带的彭氏多功能手术解剖器也是我的底气。

回首从学生时代第一次遇见彭老到现在，一晃十多年过去了，很荣幸毕业后能一直跟着彭老和彭老的著名弟子们（如蔡秀军教授、曹利平教授、洪德飞教授等）学习。虽然我不是彭老的直系学生，但是彭老的谆谆教诲一直激励和指引我前行。

蒋奎荣：他把化繁为简的手术理念倾囊相授

蒋奎荣，主任医师，教授，南京医科大学第一附属医院胰腺中心主任。

我与彭淑牖教授的初次见面是2000年在连云港召开的江苏省胰腺外科学年会上。会上，彭教授介绍了捆绑式胰肠吻合，并提到了肝尾状叶癌切除术，这是全球最大病例组的报道。当时会做肝尾状叶癌切除手术的外科医生本身就很少，而彭教授能做90多例肝尾状叶癌切除手术以及创新的胰肠吻合，着实令人啧啧称奇。

后来，陆续在各种学术会议上看到彭教授和“彭家军”的身影，在惊叹于彭教授的严谨治学与精湛技艺的同时，更佩服于他培养出了国内一大批著名学者，如蔡秀军、彭承宏、牟一平、洪德飞、秦仁义、刘颖斌、谭志健、李江涛教授等。

2021年我们中心举办的Grand Round“名家大查房”活动，苗毅教授邀请彭教授来给我们中心的医生授课“复杂手术简易化”。彭教授欣然答应,不辞辛苦地来到南京，将他复杂手术简单化的秘诀倾囊相授，让我们整个团队都获益匪浅，对彭教授深感钦佩！彭教授与我们的友好交流，尽显智者风范，令后辈们倍感亲切和温暖。

金钢：我眼中的彭教授

金钢，教授，主任医师，博士研究生导师，海军军医大学附属长海医院肝胆胰脾外科主任。

彭淑牖教授是蜚声海内外的“彭家军”领袖，是中国肝胆胰外科界非常令人敬重的前辈、大师。我还是年轻医生时，就经常拜读彭教授的著作，聆听彭教授的讲座，并且在成长的过程中得到了彭教授的悉心指导和帮助。

彭教授待人总是非常和蔼，慢声细语，儒雅温润。但是，在手术台上，彭教授动作如行云流水，干净利落，反应敏捷，展现出外科大师的风范。平时向他请教问题时，彭教授总是非常耐心地引经据典、旁征博引、详细解答，毫无保留地传授技艺。有两次，过了一段时间再碰到我，他还就我前面提的问题，专门告诉我说，他回去查了一些最新资料，认为还有更为合适的解决方法，这令我非常感动！

彭教授在肝胆胰外科领域开创性地提出了很多富有创新性和想象力的新技术，解决了很多棘手的难题，推动了肝胆胰外科事业的发展和进步。在他儒雅温和的外表下，是一颗极富创造力和开拓精神的强大心脏。彭教授令人敬重的人格与风骨，是中国外科界一份宝贵的精神财富。

“彭家军”的一代传奇，是中国医学事业披荆斩棘、发展壮大历史的一个缩影，既有彭教授艰辛开拓、勇闯禁区的创业史，也有一代代“彭家军”薪火相传、驰驰不息、超越前人的奋斗史，细细品读，令人赞叹不已；既感慨其中的艰辛、坚守，又感动于他们的仁心、仁术，大道而成，卓然一家。

金政锡：他曾经冒着严寒来东北“赴约”

金政锡，主任医师，黑龙江省医院副院长。

彭淑牖教授是蜚声中外的著名肝胆胰外科专家，是我的良师益友，更是我敬仰和学习的人生楷模。

自 1999 年在杭州全国胰腺癌国际会议上第一次邂逅彭老以来，已然度过了 23 个春秋，不得不感叹光阴似箭，岁月如梭。随着岁月的沉淀，我也从当时年富力强的外科干将超脱为两鬓斑白，将奔“古稀之年”。尽管岁月不饶人，但在我的内心一直有一股“不服输”的韧劲：这就是 20 多年来彭老的言传身教对我潜移默化的无形、巨大的感染力。

2002 年 1 月初，第一届黑龙江省胰腺外科学术会议在时任中国抗癌协会胰腺癌专业委员会主任委员倪泉兴教授的大力支持下顺利召开。会议盛况空前的主要原因是我们邀请到了在我国普外科界久负盛名的肝胆胰外科巨匠——彭淑牖教授。彭老所做报告中丰富的学术内容和精湛的外科技术给参会的黑龙江外科同道留下了深刻的印象。就像我国著名大肠癌专家、哈尔滨医科大学肿瘤医院董新舒教授对我说的那样，“金主任，搞大肠癌的我之所以来参加你主持召开的全省胰腺外科会议，主要是来听彭老的学术报告，你能把彭老请来做学术报告，我认为是这次会议的最大亮点！”是的，彭老的到来给冰天雪地寒冬中的哈尔滨带来了暖融融的春意。

可以说，我是带着满心的感激之情迎接彭老莅临这次会议的。因为是在哈尔滨最寒冷的季节召开这次“胰腺外科会议”，所以邀请生活在南方的专家参会是有很大顾虑的，毕竟南北温差太大。因此，从会议筹备开始，我就非常强烈地有心想邀请彭老来哈尔滨参加会议，但迟迟没敢对他老人家张口。 直到距会议召开仅剩最后 3 天时，我才抱着非常忐忑的心情给彭老打了电话，没想到他二话没说欣然答应了，让我深切地感受到彭老对我这个年轻后辈的关心、爱护和支持。

更让我感动的是，会议的前一天晚上，彭老并不是从杭州飞到哈尔滨，而是在新疆开完学术会议后，全然不顾疲劳地直飞哈尔滨。这还不算，更让我感动得无以名状的是，师母谢老师也风尘仆仆地陪同彭老飞到了天寒地冻的哈尔滨。我的内心充满了无限感激，同时也充满了无比的歉意！

晚宴后，考虑到南方的老师难得冬天来到哈尔滨，我特意邀请彭老和倪泉兴教授、傅德良教授到"冰雪大世界"去看冰灯，而彭老和师母谢老师则兴趣盎然地接受了邀请。我们提前准备了棉军大衣和棉帽、棉鞋、棉手套，待我们到达"冰雪大世界"时已是晚上 9 点多，没想到进入"冰雪大世界"里面才发现气温要比外面低很多，至少要低五六度。让我和陪同的科里同事非常感佩的是，彭老和谢老师全然没有表露出丝毫的寒冷感，还饶有兴趣地吃着冰淇淋观赏俄罗斯舞蹈表演。同时，还能够感受得到他们同年轻人相处得很融洽。第二天会议开幕式后，第一位做专题报告发言的就是彭老，题为"复杂、疑难肝胆胰恶性肿瘤的外科手术"，丰富又精彩的内容和精湛的外科手术技术搏得了会议全场的热烈掌声，特别是彭老熟练地应用刮吸刀（彭氏刮吸解剖器）做精细手术的视频演示，让黑龙江的外科同道们第一次真正领略了肝胆胰外科大家高超的手术技艺与卓然的风采。

2011 年，倪泉兴教授在上海召开中德胰腺癌国际会议。在欢迎晚宴快结束时，虞先濬教授走到我旁边对我说："金老师，晚宴结束后请您别离开，我们为彭老安排了唱歌，请您好好陪他老人家放松放松，一定要让老爷子尽兴！"就这样，我们一行七八个人陪同彭老去唱歌。彭老点的第一首歌是英文歌曲《卡萨布兰卡》。当他手拿麦克风唱歌的那一瞬间，我突然感觉彭老身上充满了无限的生命力，他老人家对生活是那么地热爱，特别是唱到优美高音时那种震撼空灵的穿透力，彰显出他高度的自信和人生豪迈之情，这种自信和豪迈深深地感染了我们在场的每一个人，同时也让我们感到彭老是那么地平易近人，是那么地活泼可爱，俨然生龙活虎般的不老松或顽童存在。

唱歌的间歇，我们坐在一起闲聊，大家都对彭老的歌声赞赏有加，彭老很谦逊地说："唱得不好！唱得不好！主要是为了增强增加肺活量，而且经常唱歌能使自己保持愉悦心情！"此时我才恍然大悟，原来这是彭老的特殊养生之道，让我在生命的道路上获益匪浅。

彭老是我国外科学界的骄傲，是德高望重的楷模，更是德艺双馨的外科大家和伟大的医学教育家。彭老在肝胆胰外科领域的众多临床科技发明创新，引领和推动着中国乃至世界外科学界向前发展，如他发明的彭氏刮吸解剖器在外科临床上的应用，既经济又实用；还有捆绑式胰肠吻合术解决了困扰全世界外科医生"谈胰色变"的胰漏问题。彭老还多次把国外肝胆胰领域的先进技术首次介绍给国内的同行，如"肝脏提拉带技术无血肝切除""ALPPS 手术"以及"精准肝切除"等，使我国肝脏外科达到与国际并驾齐驱的水平。尤其是对肝脏的巨大肿瘤采用介入法"超选择肝内分支门静

脉栓塞术 -TBPVE”，使 ALPPS 手术简单易行，使患者免受二次开腹的巨大痛苦，并大大降低了临床风险和医疗费用。

在这里，我特别推崇的是：“彭老根据他多年来对胰腺癌的外科临床观察和实践研究，为达到胰腺癌外科根治目的，在全球首次提出了实施“腹膜后脂肪板层全切除术”在“Whipple’s 手术中的应用的意义”。毫不夸张地说，彭老堪称中国肝胆胰外科的第一刀！彭老作为伟大的医学教育家，可谓桃李满天下。被中国肝胆胰外科界誉为“彭家军”及其每个成员的辉煌业绩就是最好的诠释。彭老对我国医学界最卓越的贡献就是培养了一大批优秀的弟子，正所谓“强将手下无弱兵”。著名的蔡秀军教授、彭承宏教授、秦仁义教授、刘颖斌教授、牟一平教授、洪德飞教授、李江涛教授等，都是我国肝胆胰外科学界的领军人物，几乎撑起了中国肝胆胰外科领域的半壁江山，他们每个人都有自己的临床传奇故事和辉煌的创新业绩。在这里，我为中国肝胆胰外科学界的“彭家军”点赞！

最后，由衷地向彭老和“彭家军”致敬！

景鸿恩：他是中国外科医学领域的创新泰斗

景鸿恩，教授，主任医师，硕士研究生导师，青海省华山医院院长，青海省湘雅医院副院长。

十几年前，在兰州参加国际外科会议茶歇期间，在大厅里听到大家在说："看，那个长者就是著名的彭淑牖教授。"

彭教授来了！我顿时欣喜万分！因为彭教授太有名了，一直想见却都没有机会见到。我马上快步走到彭教授旁边，他正专注地与另一位年轻的学者交谈，我就在旁边先静静地听着。彭教授对这位年轻的学者说："这种手术也应该简单化啊。"

彭教授已经简单化了许多疑难手术，现在还在想着又一种疑难手术的简单化。我顿时强烈地感觉到这不就是苹果手机之父乔布斯的理念嘛！乔布斯的传记中说到乔布斯在设计苹果手机时要求工程师们要简单化，他说他小时候玩过一个游戏机，开关一打开就可以玩游戏，非常简单，手机也应该这样（当时的手机打开后需要许多程序才能工作）。彭教授则是把复杂手术简单化！

彭教授将肝胆胰外科最大、最复杂的手术——胰十二指肠切除术简单化了：外科手术最怕吻合口漏，特别是胰漏，肠管和胰腺残端缝得越多越易漏，这是一个世界难题。但彭教授却用一个非常简单又安全的方法解决了这个世界难题——他把肠管套到胰腺残端，在外捆绑，胰液应该是流到肠管内了，从而避免了肠漏，手术不但简单，而且安全。这是天才的智慧，用简单的方法解决了复杂的问题，从而使得让外科医生望而却步的复杂、疑难、危险的大手术得到了普及，使许多患者得到了救治。

还有著名的彭氏手术刀，把几种功能的手术工具集中、简化，将两人操作的工具简单一体化，由术者一人操作，不仅简单，而且效果好，因而深受外科医生的欢迎。

当时在彭教授和年轻学者旁边，我没听清具体是哪种手术，但我听到了彭教授对他的谆谆教导："手术一定要简单化。"这是外科发展的必然道路。

这时，彭教授结束了与年轻学者的谈话。我怀着对彭教授崇敬的心情，向彭教授介绍了自己，从此有幸认识了彭教授。以后每年在国内会议上，我都幸运地有机会当面向彭教授请教。

同时，我也看到了彭教授桃李满天下。他的学生都是全国医学界的精英。彭教授手术简单化的理念使得学生们不断创新，也取得了辉煌的成绩。我在彭教授的教导下将疑难手术简单化，也解决了许多疑难问题。

现在，彭教授的简单化理念已在我国外科领域广泛普及。他也被授予中国医学界的“十大医学泰斗”和“十大医学名医”。可以说，在全国外科医生心目中，彭教授是中国医学界的一代天骄。

冷希圣：他就是那位令人如沐春风的长者

冷希圣，教授，主任医师，曾任北京大学人民医院肝胆外科主任。

彭教授既是我们非常可亲的长者，又是我们国家乃至全国著名的肝胆外科专家和先行者。彭教授把毕生精力都奉献给了外科学事业，一生革新、创新不断，造福无数患者，有口皆碑。彭教授又悉心教导，言传身教，桃李满天下，一代又一代优秀学生遍及全国，成为栋梁。我多次有机会在国内外学术论坛上聆听彭教授演讲，感觉很亲切、很接地气，没有居高临下的威严，而是给人如沐春风的感觉。

我想所谓大音无声、大爱无形也就是这个道理吧。这绝不是我这支拙笔所能表达于万一的。

李德宇：他是我心目中神一样存在的外科大家

李德宇，二级教授，主任医师，河南省人民医院外科学院执行院长，肝胆胰腺外科主任。

彭淑牖教授一直是我心目中的外科大家。知道彭教授的大名，还是从捆绑式胰肠吻合开始的。最困扰所有肝胆胰腺外科医生的难题之一，无疑是胰十二指肠切除术后的胰漏。彭教授的胰肠吻合方式，简便、易行，可操作性强，胰漏发生率非常低，非常好地解决了胰腺外科的这个大难题。但是，我虽然早闻彭教授大名，也在很多学术大会上聆听过彭教授的演讲，但一直苦于没有机会面对面讨教。

后来，在一次国际会议上，彭教授就捆绑式胰肠吻合做了主旨演讲，接下来是一个提问和讨论环节。我印象中是 Beger 教授作为讨论主持，他向彭教授提了几个问题，彭教授侃侃而谈，一一解答。我们当时也作为讨论嘉宾，虽然没有发言，但对彭教授渊博的学识由衷地钦佩，同时也为作为中国的一名外科医生而感到自豪。

再次向彭教授面对面讨教是在武汉举办的一次国际肝胆胰大会上，我向彭教授请教了很多问题，他都耐心地一一作答。彭教授思维缜密，治学严谨，深深地打动了我。还有一点让我很感动，虽然与彭教授仅仅是第二次面对面交流，彭教授又是那样高高在上的大神一样的存在，而我仅是默默无闻的一名医生，但彭教授居然可以很准确地叫出我的名字！

那年，彭教授 82 岁，他风趣地说自己是“80 后”。其实，如果真的抛开年龄，彭老的学识、对新知识的接受度甚至对很多时尚的理解都远胜于我们年轻人。因此，有时候我在和同行们聊天时会说，那时候彭教授是“80 后”，现在是“90 后”，因为彭教授的思维和学术永远是超前的。

李宏为：他是外科界的佼佼者

李宏为，教授，主任医师，博士研究生导师，原上海交通大学医学院附属瑞金医院院长。

每一位有理想的外科医生都有追求学术领先、技术精湛的梦想；都会尊重和崇拜具有真才实学、为人师表的楷模！在我年轻的时候，我的同辈就视傅培彬教授为偶像，学习他“敬事业，爱患者”。如今，在瑞金医院的草坪上伫立着傅老师的铜像，他激励着无数后生晚辈为医学事业鞠躬尽瘁，奉献终身！

彭淑牖教授比我年长7岁，早年在全国的各类学术交流、评奖、评审以及协同手术中遇见时，他已然是外科界的佼佼者、学生们的偶像，我的敬佩之情油然而生。

我第一次近距离接触彭教授，是参加何梁何利基金奖的评审（我作为主审之一），那次才真正领略了他的学术水平、创新意识和钻研精神。他所发明的“彭氏刮吸刀”被国内外同行接受和广泛应用，取得了极佳的手术效果。

此后，更令人赞叹的是彭教授培养的数十名博士研究生，他们不但发表了高水平的论文，而且还是浙江省乃至全国诸多三级医院外科学科带头人、科主任甚至优秀的医院管理者。人才济济，桃李天下！业界纷纷赞叹——“彭家军”是我国的外科事业发展的先行部队。

以上海为例，20世纪90年代初期，瑞金医院诚挚邀请彭淑牖教授协助完成1例疑难、复杂的肝脏移植手术。我目睹了他和他的学生彭承宏教授精湛的手术技艺和为医风格，钦佩不已！我求贤若渴，引进彭承宏教授。他全身心投入，带领瑞金医院肝移植外科及现今的机器人外科迈向一个新的时代！

彭淑牖教授造诣深厚、育才有方、为人谦逊，为外科事业做出了卓越贡献！他是我们外科医生的榜样、终身学习的楷模！

李嘉枝：他为我烙的那张饼，我感动了60多年

李嘉枝，教授、主任医师，曾任外总教研组副主任，温州医学院附属第一院肿瘤科主任，个人业绩载入英国剑桥世界传记中心《世界名人传记辞典》。

1960年1月—1964年4月，我在浙江医科大学附属第二医院工作期间，我和彭淑牖、陈建、黄志云、余长峰等5人同住医院宿舍3楼一个大约18平方米的寝室。黄志云、余长峰两位同学已成家，仅来午休；陈建同学在周末回上海看望父母；彭淑牖老师是广东人，我是福建莆田人，寝室内只剩下我俩，因为他比我年长几岁，我称他为彭老师。

彭老师非常勤奋，每天有空就学习中外文献和资料。他在香港大学工作的大姐彭淑兆教授，是国际著名的病理学家，经常寄来珍贵的医学资料给他学习。有一次，彭老师给我看他大姐寄来的彩色塑料灌注的肝动脉、肝静脉和胆管的结构树状解剖图。他学习后给我仔细讲解，这是我第一次看到清晰的肝脏解剖结构。60多年过去了，还是印象深刻。

有时，彭老师在急诊或手术处理重危患者，回到房间后常毫不保留地讲给我听，使我学习了不少处理急诊和危重症的知识和经验。他从上虞县医院下乡回来，向我介绍如何在没有麻醉师的条件下，他自己先打腰麻，并调整麻药剂的比重，调节患者体位后，使传统腰麻只能做疝气及阑尾炎手术，还能为急诊肠坏死患者做小肠切除手术，术后患者康复出院。

彭老师在浙南山区龙泉县所辖的偏僻乡村下乡时也发生过一件趣事。有一天，他去农村巡回医疗，中午回队后，天气很热，正准备吃中饭。突然跑来一位满头大汗的老农民，着急地说家中唯一的老黄牛难产，请求医生救它。大家面面相觑，都从未给牲畜接生过。彭老师考虑到老黄牛是老农家中唯一能代替劳动力的耕田动物，也是重要财产，他搁下碗筷，就跟老农民去抢救横位产的老黄牛了。

彭老师先将黄牛侧位躺下，然后弯腰蹲在黄牛一旁，轻轻用双手在黄牛肚子上一边按摩，一边将小黄牛头推至下腹部，逐渐送入盆腔内，然后续按摩老牛肚子，约莫

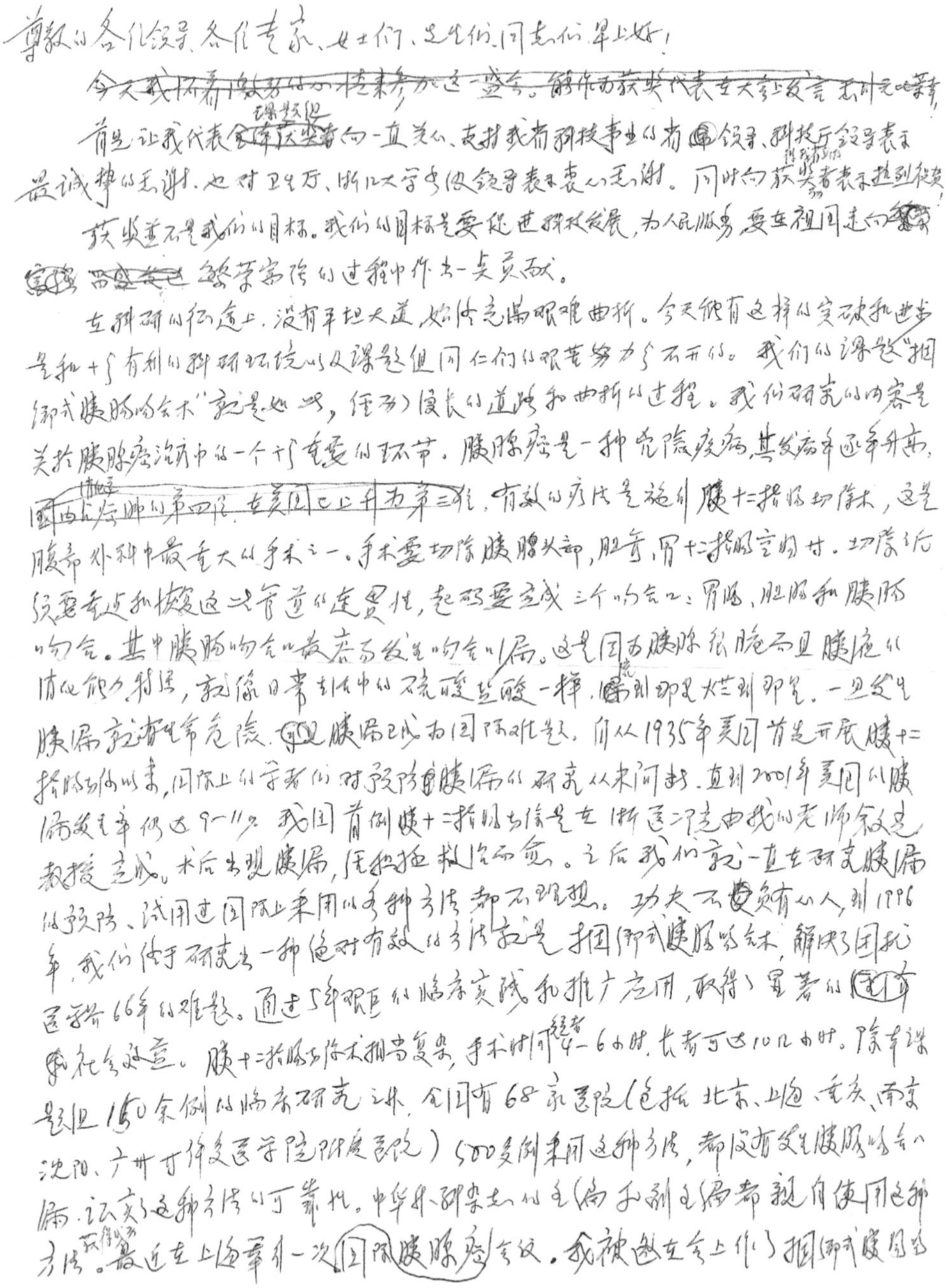
尊敬的各位领导、各位专家、女士们、先生们、同志们，早上好！

~~今天我怀着激动的心情来参加这一盛会。谨代表获奖代表在大会上发言，表示无比荣幸。~~

首先，让我代表课题组向一直关心、支持我省科技事业的省[illegible]领导、科技厅领导表示最诚挚的感谢。也对卫生厅、浙江大学等单位领导表示衷心感谢。同时向获奖者表示热烈祝贺！

获奖并不是我们的目标。我们的目标是要促进科技发展，为人民服务，要在祖国走向[illegible]繁荣富强的过程中作出一点贡献。

在科研的征途上，没有平坦大道，始终充满艰难曲折。今天能有这样的突破和进步是和十多年的科研环境以及课题组同仁们的艰苦努力分不开的。我们的课题"捆绑式胰肠吻合术"就是如此，经历了漫长的道路和曲折的过程。我们研究的内容是关于胰腺癌治疗中的一个十分重要的环节。胰腺癌是一种恶性疾病，其发病率逐年升高，~~国内已位居肿瘤的第四位，在美国已上升为第三位。~~有效的疗法是施行胰十二指肠切除术，这是腹部外科中最重大的手术之一。手术要切除胰腺头部、胆管、胃十二指肠空肠等。切除后须要重建和恢复这些管道的连贯性，起码要完成三个吻合口：胃肠、胆肠和胰肠吻合。其中胰肠吻合口最容易发生吻合口漏。这是因为胰腺很脆而且胰液的消化能力特强，就像日常生活中的硫酸、盐酸一样，[illegible]到那里烂到那里。一旦发生胰漏就非常危险。[illegible]胰漏已成为国际难题。自从1935年美国首先开展胰十二指肠切除以来，国际上的学者们对预防胰漏的研究从未间断。直到2001年美国的胰漏发生率仍达9—11%。我国首例胰十二指肠切除是在1945年由我的老师余文光教授完成，术后出现胰漏，经抢救治愈。之后我们就一直在研究胰漏的预防，试用过国际上采用的多种方法都不理想。功夫不负有心人，到1996年，我们终于研究出一种绝对有效的方法就是"捆绑式胰肠吻合术"，解决了国际医学界66年的难题。通过5年深入的临床实践和推广应用，取得了显著的[illegible]和社会效益。胰十二指肠切除术相当复杂，手术时间需4—6小时，长者可达10几小时。除本课题组150余例的临床研究外，全国有68家医院（包括北京、上海、重庆、南京、沈阳、广州等许多医学院附属医院）500多例采用这种方法，都没有发生胰肠吻合口漏。证实了这种方法的可靠性。[illegible]都亲自使用这种方法。最近在上海举行一次国际胰腺癌会议，我被邀在会上作了捆绑式胰肠吻

浙江省科学技术进步奖获得者代表发言稿第一页

半小时，老黄牛顺利产下小黄牛。老农民十分高兴，连连称赞彭老师是毛主席派来的好医生，连老黄牛难产都能救……

由此，我深深体会到彭老师迎难而上、一心为民的精神。

我在往后的医疗工作中也遇到过许多困难，但我时刻铭记彭老师的教导，把挽救患者的生命放在首位，尽心尽力为患者解决疾苦。

往事历历在目，还有一件事，我感动了60多年。1960年，我因营养不良患上“浮肿病”。彭老师很关心，特地将他大姐寄给他的少量面粉和砂糖加水混合，做成薄饼

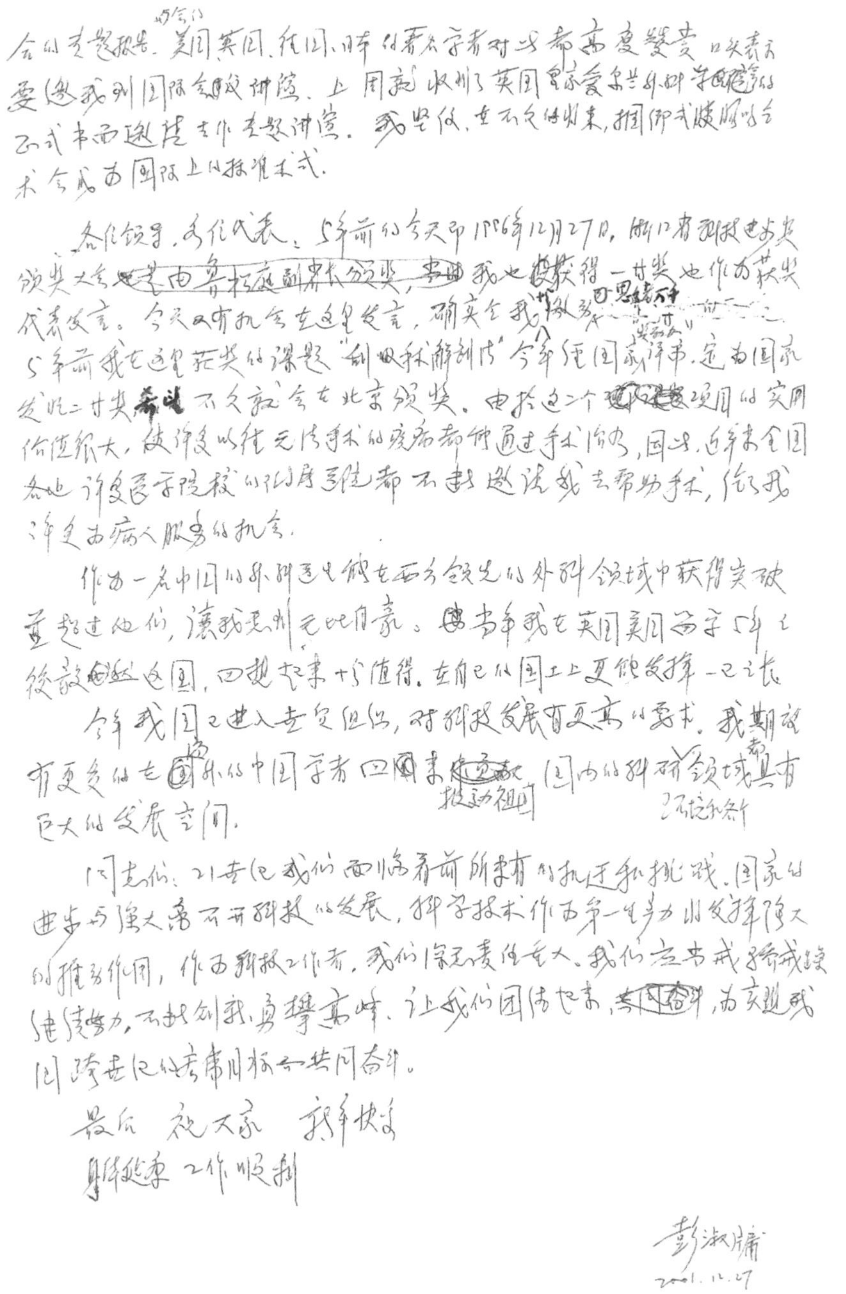

浙江省科学技术进步奖获得者代表发言稿第二页

分给我一起吃。我内心非常感激。60 多年过去了，回忆起来还是倍感亲切……

后来，我在参加浙江省医药高级职称评委肿瘤专业组会议后，彭老师送我回杭州市省公安厅旅馆住宿，请我去他家吃饭，他亲自下厨。桌上仅 3 个人，彭老师风趣地说："当年同寝室的陈建、您和我又团聚吃饭了。"我细看另外一位不像陈建，彭老师说是在诸暨县医院工作的陈建弟弟。他对往日室友的家人也是关心备至。

后来，我调到杭州市肿瘤医院工作。我每个月去找彭老师。有时和他一起打乒乓球，锻炼身体，以更好地承担日常繁重的外科任务。

彭老师体质很好，90岁，还在手术台为疑难患者做手术。联想到1995年左右，彭老师来温州为多个疑难肝肿瘤患者手术的情景，如今还依稀在眼前。那次我到杭州开会后和他同乘飞机抵达温州，下午1时到达。下午2时30分左右，彭老师即在温州市第二人民医院手术室为一名较晚期的肝癌患者施行手术，一直到晚上11时才下手术台。这时，手术室外面又传来消息，说温州市三院请他手术的患者已完成麻醉准备，于是他在凌晨0时又去市三院通宵做手术。

第二天上午7时，我到达温州医科大学附属第一医院手术室时，彭老师已经在为我院一位医生进行晚期肝癌手术。当日下午，他又赶到瑞安县医院施行一台肝癌手术，晚上赶回杭州。第三天上午，彭老师还要在浙江省人民大会堂，作为科技代表第一个发言。他的日程排得很满，没有健康体格和坚强意志是吃不消的。

他是我们医疗界一位名副其实的钢铁战士！

2011年10月浙医大1961届同学会时，我们夫妻俩前去拜访，祝彭老师全家身体健康、幸福快乐！

李建国：漳州外科界的发展离不开他的贡献

李建国，漳州正兴医院党委书记，分管科教研副院长，现任漳州正兴医院微创外科临床医学中心主任，漳州正兴医院肝胆胰脾诊疗中心主任、普外科主任。

第一次接触彭淑牖教授，我记得是在20世纪90年代初期。我们邀请他来做胰十二指肠切除术。我们为什么会请他呢？因为当时胰十二指肠手术后胰漏发生率非常高，我们有点担心。正好我们有一个老主任，原来在浙江医科大学附属第二医院当住院医生时跟过彭教授，见识过彭教授高超的手术技艺。很快，彭教授就应邀来到漳州，给我们做了一个非常漂亮的胰十二指肠胰胃吻合术。

之后，我们遇到这类手术，都请他来做。在他的指导下，我们漳州地区逐步开展了胰十二指肠胰胃吻合术。

2001年，他又来指导我们做胰十二指肠切除术，这次实施的是胰肠吻合，他说这个术式既简便，又可以降低胰漏的发生率。接着过了两年，他又带来胰肠吻合的新术式。记得在2000年左右，彭教授的捆绑式胰肠吻合术是肝胆胰外科的一个主流，我们就这样跟着他一起学习和开展手术，延续了很多年。

彭教授来的时候就随身带着一把彭氏刮吸刀。这把刮吸刀在手术中大放异彩，让我们大开眼界。他用刮吸刀给我们开展了肝门部胆管癌手术、肝尾叶和肝正中裂劈术。他的手术行云流水，尤其在做显露肝中静脉时，我们都没回过神来，他已经剥离好了。我们又学到了一招。

后来，由于他年岁渐增，我们发出的会诊邀请他有时候来不了，就非常热情地把“彭家军”的几个专家推荐过来。他推荐蔡秀军院长指导我们开展胰十二指肠切除和腹腔镜肝切除术。蔡院长来的时候都自带加长版彭氏电刀，真的是名师出高徒，蔡院长做手术又快又稳，诠释了彭教授的经典理论——复杂手术简单化。接着是刘颖斌教授指导我们开展胆囊癌、肝门部胆管癌手术，彭承宏教授手把手传授在放大镜下做胰管黏膜对黏膜的精准吻合术。2008年，彭淑牖教授与其学生洪德飞教授撰写了《腹腔镜肝胆胰脾外科手术操作与技巧》，还签名寄了一本给了我，我如获至宝。后来，我们也邀请洪德飞教授来指导手术。

彭教授和他的“彭家军”给我们漳州地区带来了刮吸法的先进理念，还有肝正中裂劈开术、肝尾叶肝癌切除、肝门胆管癌切除、胰肠吻合、胰胃吻合等先进术式。说真的，我们漳州地区的肝胆胰外科的发展离不开彭教授和“彭家军”的鼎力支持，他们的贡献非常大。

彭教授非常平易近人，不讲究排场。我们想着邀请像彭教授这样的大专家来，我们要妥当地服务好才行，想给他买个商务舱机票，他总说不要，经济舱就可以，快点到就行。想请他吃顿好吃的，他说:“你们不要安排得太繁琐，简单就好。”这些点滴的细节，给我们留下了非常深刻的印象。

李静：精进不止力笃行是他真实的写照

李静，《中华外科杂志》编辑部主任。

彭淑牖教授是我非常尊敬的一位前辈。他虽已鲐背之年，但仍然坚守在临床一线。彭教授非常谦逊和蔼，一直对身为后辈的我十分关心与爱护。我时常惊叹于彭教授充沛的精力、对工作的热爱和对手术技艺的执着，对彭教授充满了崇敬之情。

“创新”这个词仿佛一直伴随着彭教授。记得有一次，我在一次学术活动中遇到彭教授。他把我拉到一边，对我说他最近在研究一种新的肝癌治疗方式，可以使部分因余肝体积不足无法接受手术的患者重新获得手术机会；而且相较于当时的其他技术，这种新的治疗方式具有手术难度低、创伤小等优势。彭教授向我详细介绍了这种治疗方式的方法和要点，怕我理解不了，还找来一张纸，画出栓塞部位的示意图。后来，在论文发表前，彭教授又反复推敲技术的中英文名称，力求做到恰当和精准，最终确定该新治疗方法为“末梢门静脉栓塞技术（terminal branches portal vein embolization，TBPVE）”。

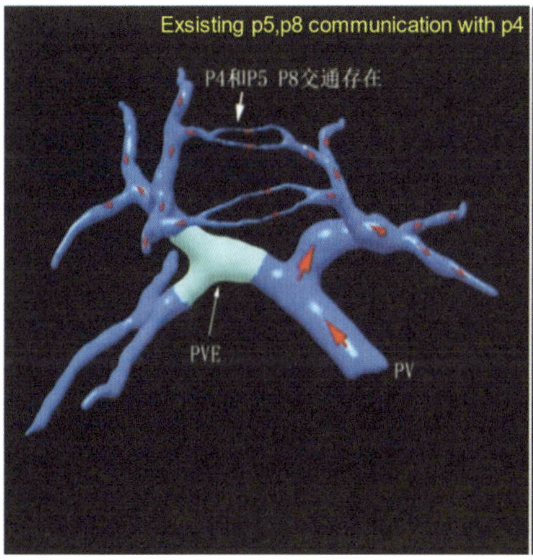

传统门静脉栓塞后，肝内仍有部分门静脉血供

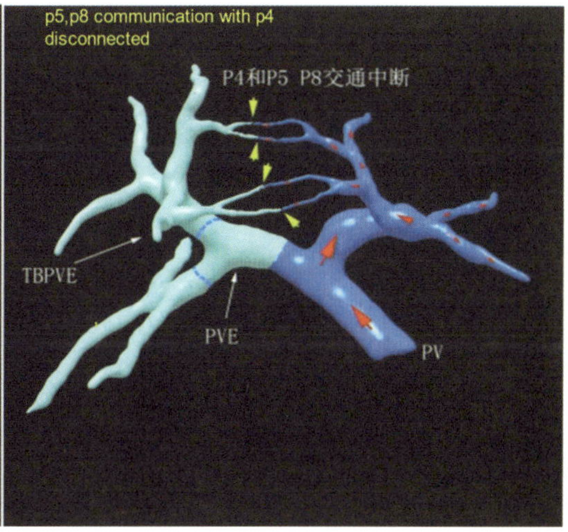

末梢门静脉栓塞后，肝内就完全没有门静脉血供

彭教授一直以来对手术有着近乎疯狂的执着，为了更多患者能恢复健康，他不断精进手术技术，忘我地工作和学习。有一次，由我们编辑部主办的"中华外科金手指奖"评比总决赛在杭州举办，这是一个为普通外科中青年医师搭建的展示手术技巧的平台，来自全国的青年才俊同台竞技。在活动进行中，我无意间环顾会场，竟然在会场的后排看到了彭教授的身影。我连忙跑到彭教授身边，邀请他于前排就坐并担任活动的评委，但彭教授执意坐在后排，并对我说："我来学习学习年轻人的手术。"直到活动结束，彭教授才悄然离开会场。

"敢为人先勇创新，精进不止力笃行。"这句话就是彭淑牖教授的真实写照。祝福彭教授如月之恒，如日之升，如南山之寿，不骞不崩，如松柏之茂，无不尔或承。

李君达：记我的临床指导老师

李君达，主任医师，原浙江大学医学院附属邵逸夫医院外科主任。

我于 1980 年考入浙江医科大学附属第二医院外科攻读硕士研究生，1981 年进入临床。当时，彭淑牖教授是我的临床指导老师。在我的印象中，彭老师是一位谦谦君子。作为一名临床医生，他医术高超，医德高尚；作为一名外科学教授，他知识渊博，授课传道时条理清楚、谆谆善诱，深受同学们的欢迎；作为一位医学科学研究者，他思维活跃、敏捷，不时有奇思妙想。

在选课题、做实验时，彭老师的指导让我受益匪浅。记得为弄清新的肝分段法，他指导我到学校解剖教研室观察肝脏的腐蚀模型。了解肝内四个管道的位置及关系，则为我以后的课题打下了良好的基础。硕士研究生学业结束后，我又参加了他主导的多项临床科研工作。

总之，在我的外科生涯中遇到彭教授，真是三生有幸。

李明皓：艺高为师，德高为范

——致我心目中的彭老

李明皓，主任医师，教授，硕士研究生导师，宁夏回族自治区人民医院肝胆外科主任。

彭淑牖教授是我国肝胆外科界的大师，学识渊博而平易近人，是我特别敬重的老师。

最早认识彭老还是在2002年在浙江宁波举办的全国肝胆外科峰会上，至今回想起来，仍历历在目。会议上彭老为全国同道作了题为“肝正中裂劈开治疗肝尾状叶巨大血管瘤”的精彩演讲，内容丰富而引人入胜，精湛的手术技艺令我深深折服，而他的多功能手术解剖器更是引人注目，边解剖、边吸引，使得手术野清晰干净，并且使用方便，这把解剖器后来在我们科的肝切除术中得到了充分应用。会议茶歇期间，我怀着忐忑的心情向彭老请教了一些问题，主要是自己做的全肝血流阻断病例，彭老悉心给予指导、肯定和鼓励。虽然是简简单单的几句话，但当时对于一个来自边远地区的年轻医生来说，真的是莫大的鼓舞！回来后，我自己又做了很多例手术，同时申报宁夏回族自治区的相关课题，发表核心期刊及SCI文章，并申请了宁夏回族自治区医学科技进步奖。

一代外科大师引领一个学科发展。彭老善于思考和创新，引领着外科界学科的发展。从最早的彭氏捆绑式胰肠吻合解决胰漏难题，到各种出入肝血流阻断技术的探索，再到近几年的PVE（门静脉栓塞）技术改进以提高健侧肝生长速度、减少极量肝切除术，彭老锲而不舍地探索外科学精髓，极大地推动了肝胆胰外科的发展。同时，彭老敢于为别人所不敢为的手术，特别是一些复杂的肝胆胰肿瘤手术，提高了肝肿瘤伴门脉癌栓和胆管癌栓患者的生存率。

彭教授不但是国内外享有盛誉的肝胆外科专家，而且是一位医学教育家，为我国肝胆外科事业培养了很多精英人才，如蔡秀军、彭承宏、牟一平、刘颖斌、秦仁义、洪德飞、李江涛、谭志健等，他们也都是国内大家。他经常给我们外科医生讲，要做到“三会”——会做、会写、会说，即外科医生第一也是最基本的要求是会做手术；第二是会写，将自己手术理念撰文发表；第三是会说，在重要会议上分享自己做手术的体会。敬仰之余，我也时常这样鼓励我的学生们。

在此后 20 多年里，几乎每年都能在全国重要肝胆胰外科会议上见到彭老的身影，他总会分享难度极高且富有新意的手术，让人获益匪浅。2014 年，第十六届全国胆道外科年会在宁夏银川隆重举行，彭老受邀如约参会，并在大会上做了专题发言，全场气氛热烈。《医术人生》一书是彭老从医 60 年光辉岁月的写真，每当我翻开首页，看到彭老给我的签名，以及书中由我提供的一张 2014 年胆道外科年会上彭老与国内外专家的合影，再回忆彭老当时来宁夏银川的情景，感到非常地亲切。

彭老虽然退休了，但退休不退岗，近年来仍活跃在临床和学术交流一线，这是对事业的孜孜追求和对晚辈的谆谆教诲；每次也能见到彭老陪伴着师母，这是对家人深深的爱。总之，彭老是我们肝胆外科界的一面旗帜，是我们永远学习的榜样！

祝彭老健康长寿，永葆青春活力！

李宁：润物无声，良师彭教授

李宁，主任医师，教授，硕士研究生导师，浙江省中医院肝胆胰外科主任。

2002 年，阳春三月，草长莺飞，坐落于美丽西子湖畔的浙江省中医院四楼会议室正举行隆重的受聘仪式，时任院长的宋康教授郑重地将“浙江省中医院特聘专家”证书递到彭淑牖教授手中，同时表彰他一直以来对医院外科工作的支持和帮助。

同年我院肝胆外科成立，医院任命我担任科室主任，我顿感责任重大，好在彭教授给予了我和科室无私的帮助，他严谨的学术风格深深感染了我，并手把手教我们“彭氏吸刮刀”操作技巧，以达到精准解剖的目的，由此填补了我院肝胆胰外科多项重大疑难手术空白。

彭教授严于律己、宽以待人、尊重生命的风格不仅深深感染了我，而且也影响了我的女儿。在一次国际学术研讨会上，小女有幸聆听了彭爷爷的英文报告，亦为他的学识之渊博、治学之严谨所折服。当年的如沐春风无疑成为润物无声。女儿入职以后踏实努力，屡受表彰，也为同事们交口称赞，并被提拔为部门负责人。

榜样者，楷模也！致敬良师彭教授！

李升平：从他身上看到了老一辈学者的风范

李升平，教授，主任医师，博士研究生导师，中山大学肿瘤医院胰胆外科副院长。

彭淑牖教授以及他领导的“彭家军”，享誉国内外肝胆胰外科领域，为国内外肝胆胰外科的发展做出了巨大的贡献。

记得第一次见到彭教授是2008年10月在新疆。当时我作为中央组织组部派遣的“第六批援疆干部”来到新疆医科大学肿瘤医院肝胆胰外科工作。彭教授的一位博士研究生毕业后分配到该科工作。有一次，他分管的一位胰头癌患者因手术难度大，特请彭教授过来指导。我也终于有机会当面向彭教授请教并观摩彭教授精湛的手术操作，内心非常激动！

彭教授前一天晚上很晚才到达乌鲁木齐，不顾疲劳与时差，第二天一早便准时开始手术。术中，彭教授熟练地运用他发明的彭氏多功能手术解剖器，解剖快速且准确，游刃有余，捆绑式胰肠吻合又快又好，手术过程行云流水，干净利落，给大家留下十分深刻的印象，也令我大开眼界。

除精湛的手术技艺外，彭教授的敬业精神也令我非常敬佩。当时，彭教授身体有点不适，但持续四五个小时的手术过程中彭教授一直在坚持，直至手术结束。这充分体现了老一辈医务工作者全心全意为人民服务，一切以患者为中心的崇高的敬业精神。

自此以后，我又在全国各地以及国际大会上聆听到彭教授的精彩演讲，聆听他传授教书育人、做人、做学问的宝贵经验。也许因为是广东人，彭教授对家乡的医疗特别是肝胆胰外科的发展非常关心，多次来广东及我院指导手术，会诊疑难病例，大大地推动了我院及广东肝胆胰外科的发展。

李徐生：他是甘肃外科界的良师益友

李徐生，兰州大学第二医院原常务副院长，第九届中国医师获得者，甘肃省优秀专家。

我和彭教授相识有30多年了，记得初识是在20世纪90年代初召开的一次全国肝胆外科学术会上，我聆听了国内众多专家的学术报告，包括彭教授的"彭氏解剖刀的临床应用"。我抽空到会外设的展台区，找到了彭氏解剖刀，看了又看，爱不释手，决定买5把，带回科里学习和应用。这时见到彭教授走过来，问我是哪个省的代表，在哪个医院工作。他非常和蔼可亲、平易近人。这让我不知所措，我面对的是著名的彭淑牖教授。我简单介绍我是甘肃省人民医院的外科医生李徐生。彭教授握住我的手说："甘肃，很远啊，那里的条件怎么样，生活怎么样？"我看彭教授没有一丁点架子，胆子就大了起来，向他一一介绍甘肃及医院的工作状况，尤其告诉他我们医院于1992年初也开始开展腹腔镜外科工作，做腹腔镜胆囊切除（LC）手术，这引发了他的高度关注。我说我也是肝胆外科的，曾在1982年去上海中山医院肝癌研究所学习，师从汤钊猷、余业勤教授，也去上海长海医院吴孟超教授处短期培训过，这更引起了彭教授的兴趣。当时，他就和我交换了联络方式和电话，我记得那个年代还没有手机。自那次认识以后，我和彭教授的来往也逐渐多了起来，尽量争取在次数有限的全国外科学术会上见面。每当彭氏解剖刀升级换代，我都能最早使用。一直到现在，我的办公室仍有未用完的彭氏解剖刀，这真是外科医生手术的好工具。与彭教授相交，不但能体会到彭教授人品好，具有长者风度，而且他也是我们做人做事的好标杆。

为了让更多的同事学会彭氏解剖刀的临床应用，20世纪90年代后期我又派我科的高鹏医生（也是我的大徒弟）专门去彭教授所在医院科室学习进修，提高彭氏解剖刀的应用技巧和水平，同时还在一起切磋LC手术，他也受益匪浅。他们也成了好朋友。

彭教授求真务实、严谨治学的精神永远值得我们学习。每次请彭教授来甘肃会诊及手术，他都不辞辛苦、不惧路途遥远，尽量争取来甘为患者解除病患。观摩过彭教授手术的医生，都觉得他对手术解剖刀的使用炉火纯青、流畅，从切肝定切线到分离处理的整个过程，每一个手术步骤及对各个管道、血管的处理都非常准确、清晰，出

1997 年 4 月 9—12 日，在陕西省西安市召开的第七届全国胆道外科会议上，李徐生与彭淑牖教授合影留念

血少，病变切除后肝断面非常干净，观摩他做手术真是一种艺术的享受，充分欣赏到一位外科大家的风范。

他带领我们查看患者，流程非常规范，从问诊到查体，不放过任何与疾病有关的线索，详细询问病史及各项检查结果。在术前讨论会上，他有理有据地分析病变及手术的适应证，并制定完整的手术方案，将一切准备就绪后才从容不迫地进手术室施行手术。

彭教授对甘肃外科界的成长和发展非常关注，除了有机会多次来甘肃会诊、演示手术外，还经常参加我省举办的外科学术会议，每次都做精彩的学术报告，足迹几乎遍布全省，包括交通不便的陇南、临夏也留下了彭教授的踪影。

彭教授一腔肝胆铸医魂，是我们"时代的楷模"，永远是我们的良师益友。他的许多医学巨著为推动我国肝胆外科的发展奠定了坚实的基础，是我们外科学术界同仁的宝贵财富。他培养了许多学生，如蔡秀军、洪德飞等教授已成为当代我国肝胆外科学术界的精英和带头人。彭教授不愧是大医为民，德技双馨！祝我的良师益友彭淑牖教授健康长寿，继续引领我国肝胆外科学术界走向世界。

李玉民：他是中国外科走向世界舞台的推动者

李玉民，主任医师，教授，博士研究生导师，现任兰州大学副校长、医学部主任，兰州大学第二医院普外科国家临床重点专科主任，甘肃省消化肿瘤重点实验室主任，兰州大学消化系肿瘤防治与转化医学工程创新中心主任。

彭淑牖教授是国际著名外科专家，在全球外科学领域享有非常高的学术地位，是令人非常敬佩的外科大师。他推动了外科技术的创新发展，为我国普通外科走向世界舞台做出了突出贡献。

睿慧博学，引领技术。我和彭教授相识于20世纪90年代中期召开的全国学术会议上，当时我在兰州大学第一医院普外科工作。在全国学术会议上，作为外科大家的彭教授，让我印象深刻的是当时大部分专家做学术报告用幻灯片，但彭教授用录像带（video），令人眼前一亮，彭教授的报告不但内容丰富，而且易于掌握。我认为彭教授是我国现代外科专业技术操作示范的引领者和推动者。虽然目前各种腔镜技术在各种学术会议上的演示非常成熟，但在30年前，彭教授的录像带演示是非常超前的。

独具匠心，创新发展。彭教授是外科医生创新之路的导师。20世纪90年代末，在学术会议上，我有幸学习了彭教授使用他发明的新器械彭氏多功能手术解剖器做手术的录像。其手术技术深深地吸引了我。于是，我就邀请彭教授到兰州指导。在彭教授的亲自带领下，我们用彭氏多功能手术解剖器先后为20多位肝癌、胆管癌、胰头癌及腹膜后肿瘤等患者进行了手术，手术都非常成功。在手术过程中，彭教授彰显外科大家风范，操作娴熟、如行云流水，风格优美、独具特色，让人大开眼界。更让我感到彭氏多功能手术解剖器既能解剖，又能刮吸，更能凝，是外科医生的"好武器"。即便遇到再大的手术，我们也不担心。

传道授业，诲人不倦。彭教授始终给人以谦虚可近、和蔼可亲、一丝不苟、严爱相济、润己泽人、仁心慈爱的感觉。每次向他请教问题，他总是非常热情，不厌其烦，直至我们理解为止。只要我们有困难要求，他都鼎力相助。我在兰州举办过很多次会议，每次请他来指导手术或做学术报告，他从不推辞，都能到场指导。

平易近人，良师益友。彭教授不仅是学术上的好导师，而且是生活中的良师益友。彭教授既有丰富的经验，又有理论基础和创新思想。记得 20 多年前的一个冬天，我请彭教授到兰州指导手术。彭教授前一天手术结束已经很晚，第二天早上又要去机场。大家都知道兰州中川机场离市区很远，有 60 多千米。兰州又下了一场大雪，雪下得很厚。早上起来，司机发现车子故障，最后和我的同事石斌、李汛商量决定，由我开车送彭教授前往机场。当时，高速路上雪很大、很厚，车不多，前面开过的车迹很快就被大雪覆盖了，路面特别湿滑。彭教授鼓励我说："不要怕，大胆开，走没有车子走过的路开，不容易滑。" 我一路上开得提心吊胆、如履薄冰、小心翼翼，终于把彭教授安全送到机场，一颗悬着的心落了地。

大师之缘，终身受益。彭教授是我的学术楷模和人生榜样。他在外科职业追求上，勇往直前、勇攀高峰，对学生精心培养，既是精于传道授业解惑的"经师"，又是涵养德行、具有仁爱之心的"人师"。在彭教授的指导下，我的外科专业技术有了快速提高，对肝胆胰的外科知识有了深刻的理解，视野也拓展了。彭教授更是教导了我如何做一名好医生、好老师，这对我人生的影响非常大，令我终身受益。

李志宇：他对晚辈的包容是最好的勉励

李志宇，主任医师，浙江大学医学院附属第二医院甲状腺外科副主任、胃肠外科副主任。

2004年，我怀着憧憬还有一丝忐忑来到了浙江大学医学院附属第二医院外科上班。初到时，作为一名主治医生，我每天的工作就是查房、写病历、换药和拉钩。我虽然在硕士研究生期间就知道浙二外科有很多大牛，特别是彭淑牖教授，其彭氏多功能手术解剖器和胰肠捆绑吻合法名扬天下，但是作为一名一线小医生，觉得这些离我还是太遥远，并没有期望短期就能有机会跟台学习。

出乎意料的是，机会很快就来了。我管床的患者中有一例要做复杂疑难手术，科主任告诉我彭老师要来。手术那天，第一次见到彭老师，没有想象中的前呼后拥，只有医生护士们尊敬地称呼："彭老师好！"彭老师笑呵呵地回答："您好啊！"手术场面比较严肃，但是不紧张。那是我第一次见识到彭老师的手术功底，整个手术过程，行云流水，一气呵成。手术有惊无险，非常顺利。

实话说，我在几个大医院都待过，也有幸见识过一些大牛的手术，可这是第一次见到解剖如此清晰和精准的手术，很是震撼，原来手术还可以这样做啊！在手术过程中，不知道是我过于紧张还是手太生，打结时我居然把线结扯断了。瞬间我的头皮一麻：坏了，我要挨训了。结果，彭老师没有说一句话，迅速压住出血点，不慌不忙地缝扎止血。然后问我"是哪里人，从哪个学校毕业，工作多久了"等问题。语气很温和，没有丝毫责备的意思。我如实回答，紧张的情绪慢慢消失，胆子也大起来了，趁机请教了他不少问题。

后来，慢慢地跟彭老师熟悉起来，组里有疑难病例，我也会去向他讨教。有一次，一例巨大肝占位的患者，从影像学上看手术难度很大，已经被几家医院拒绝手术。我去彭老师办公室请他帮忙，他正在埋头编写一本肝胆胰疾病的英文书，听到我的请求后，他即刻放下手中的工作进行阅片。

彭老师阅片以后，提出了手术方案，并且主动提出他会来参加手术。想到彭老师这么忙还愿意来参加手术，我很欣喜，也很感动。我赶紧告诉患者家属这个好消息，家属很激动，一定要感谢他，彭老师毫不犹豫地拒绝了。到了手术时间，彭老师如约而至，并且提议我主刀，他来当助手。这是我没有想到的，惊喜又忐忑。在彭老师的指导下，这么复杂的手术，居然非常顺利地完成了。事后不禁思考：彭老师不仅深耕学术，修炼己身，而且更擅言传身教，大胆放手于年轻一辈。由此，“彭家军”人才辈出，顺理成章。

几年后，我慢慢地转到普外科其他亚专业，肝胆胰手术做得少了，与彭老师同台手术的机会不多，不过手术室碰面的机会倒不少，他依然精神抖擞，神采奕奕，总是笑眯眯的，和蔼可亲。记得有一次向他请教如何保持良好的身体和精神状态，他告诉我他年轻时很喜欢打乒乓球和游泳，要坚持锻炼。后来又跟他聊到两步法肝切除术（ALPPS），他告诉我他最近在开展用介入的方法行末梢门静脉栓塞，不需要分两步切肝，这样操作创伤小，效果好。我钦佩不已——彭老师永远不会停下创新的脚步。

在回忆与彭老师相处的点点滴滴的过程中，有些相处的细节已经变得模糊，但彭老师在我脑海中的形象却如初见般清晰：温和、善良、严谨、博学、创新。

梁力建：医学界的多面手，他将医生做到了极致

梁力建，教授，主任医师，中山大学附属第一医院肝胆胰外科中心学科带头人，享受国务院政府特殊津贴，国家级教学名师。

我认识彭淑牖教授大约是在1987年，他从英国学成回国没多久。他的亲戚回国探亲，在香港给他购了一部摩托车托运回广州，他亲自到广州提车。要知道那个时候有部摩托车是非常了不起的事情。

到广州后，我的一位亲戚带他去取车，顺便带我去喝茶。就这样，我第一次见到彭教授。他给我的印象是朴素、健谈、平易近人。当他知道我也是肝胆外科的医生时，话匣子就打开了，滔滔不绝，但话题离不开肝胆外科疾病的诊治。他虽然是外科主任、大教授，但没有一点架子。

从我认识他的那一刻开始，我就感觉到他博学多才，且满怀报效祖国的雄心壮志。当时，我是一名普通的外科医生，把刚完稿的文章拿出来请他指教。他看后给了我很多的指导，让我打心底佩服他——学识渊博、思路敏捷。他告诉我，他是广东人，这更拉近了我与他的距离，我为认识这样著名的广东籍教授而感到自豪。当时，他的校友王吉甫教授是我院胃肠外科的主任，他希望能与王教授会面。次日，我非常乐意地带他到科里找到王教授，在办公室里他俩互致问候，亲切见面，交谈甚欢，可以看出他们是志同道合的好朋友。

后来，我经常在学术会议上见到他。每次见面时，我都非常认真地听他讲课。他的发言总是围绕临床问题而开展且图文并茂，让我受益匪浅。会议期间，他常常从口袋掏出一本影集，里面收藏着他的手术照片。他一页页翻开那些非常清晰的、最近完成的手术照片给我看并一一讲解。令我印象最深刻的是他用一幅幅图片将尾状叶的解剖、手术暴露和切除的精细的手术过程都展示出来，而且告诉我他是怎么做的。由此，我很清楚地了解了肝尾状叶的特殊解剖及各种的手术方法，丰富了学识。

我曾对彭教授说，我开会发言的幻灯片都是我自己做的，视频也是自己剪辑的。彭教授的回答更令我惊讶，他说他的照片是自己拍的，幻灯片是自己亲自做的，做了

还要看几遍，不断地修改。没想到一位德高望重的教授是如此地精益求精、一丝不苟，其求真务实的精神实在令人钦佩。

彭教授结合多年的经验发明了彭氏多功能手术解剖器（PMOD）。当第一代 PMOD 问世的时候，他就送了几把给我试用。其实之前我也常常把 PMOD 接上吸引器，既吸引又电凝，但没有想到可以把他们融合成一种器械。彭教授把电刀与吸引器巧妙地连为一体并加以改进，充分显示了他的聪明和智慧。在当时没有更好、更方便离断肝脏器械的年代，PMOD 确实非常简便且实用。他还把自己的使用心得告诉我，使得我应用时得心应手。我在医院应用 PMOD 时引起了很多医生的关注。我用此器械做了很多手术，获得了很好的效果。后来，他还多次送了不断改进的 PMOD 给我，尽管再后来有了很多新的器械，但应用 PMOD 进行肝胆胰外科手术还是有其实用的价值。

在彭教授的研究生中，我第一个知道的是陆才德教授，当时彭教授把陆医生的毕业论文寄来给我审阅，我看到论文是结合临床的研究，有较高的学术水平，从中深深体会到彭教授在教书育人方面所付出的心血。后来，他还邀请我审阅了他好几位研究生的毕业论文，每篇论文都有新的创造、新的观点，而且都是围绕临床上需要解决的问题展开讨论，并将其作为研究的重点。从中可以看出，导师是非常务实的临床专家。从彭教授和其学生发表的论文也可以看出，如尾状叶切除的研究、捆绑法胰肠吻合、改良的绕肝带前入路肝切除、胆囊癌根治、分支门静脉栓塞等相关论文，都能解决外科临床的问题，不断推进外科技术的发展。

后来，彭教授又分别给我介绍了他的学生，包括蔡秀军、彭承宏、刘颖斌、秦仁义、洪德飞等。由于都是肝胆胰外科的同行，所以我们经常有接触和来往，也成了较好的朋友。他们都发扬了彭教授的谦虚、务实的作风，创新的精神，都在各自的领域中做出了重要的贡献。

我多次请蔡秀军教授到广东介绍腹腔镜手术的经验，他讲课的内容几乎都是临床上经常遇到的问题和不断的改进。蔡教授成绩丰硕，但也总是像彭教授那样非常谦虚。在第一次做机器人辅助的胰十二指肠手术前，为了获取经验，我就向当时国内机器人辅助手术做得最多的彭承宏教授请教，彭教授在当天深夜画了具体的手术图发给我，从体位的摆放、穿刺孔的定位、手术者的站位到手术中的注意事项，一一给我亲手描绘图示。在他的帮助下，我次日便得以顺利完成我的第一例机器人手术。

为了加强学术交流，推广彭教授的学术思想，我经常请彭教授回广东为家乡的同行们进行授课和指导，每次他都会一口答应，从不爽约，并且每次讲授的都是新的内容、新的成就。我还多次和他一起奔赴他的家乡梅州，在那里受到父老乡亲的热烈欢迎。在梅州时，他还到他曾经住过的地方回忆童年时期的快乐。他能讲一口流利的粤语，更能讲标准的客家话。他热爱家乡，最近还发了一些用客家话介绍家乡习俗的视频给我看。

彭教授生活非常自律，不抽烟、少喝酒，经常锻炼身体，生活情趣高尚，爱好广泛。他熟悉电脑操作，对新事物非常感兴趣。我听过他唱英文歌曲，而且是快节奏的，字正腔圆，节拍准确，声音洪亮。他酷爱体育，特别是他的家乡是广东的足球之乡，他也非常喜欢足球，不久前还给我发来了欧洲杯埃里克森比赛中突然倒下的抢救片段的视频。可能正是因为他有着广泛的爱好，所以他的生活充满乐趣，他能乐观面对世事，与世无争，健康快乐地过好每一天，永葆青春的心态。

经过几十年的努力，彭教授不但在肝胆胰外科领域有众多的发明、创造，而且为国家外科学界培养了大批的人才。他的学生遍布全国，而且大部分已成为各个医院肝胆胰外科的中流砥柱。在国际会议上，看到他接过各个国家不同学会的聘书时，我也为中国人能登上国际外科学术舞台而感到自豪，所以不停地为他拍照。我接触到的他的学生都对彭教授无比地尊敬，都为能成为彭教授的学生而自豪。他们毕业后还能经常得到彭教授的指点。他们所取得的成就，与彭教授的精心培养是息息相关的。

活跃在肝胆胰外科领域的彭教授和他的学生，确实是一支名副其实的"彭家军"。彭教授确实是我在外科领域中的偶像，我们盼望彭教授老骥伏枥，志在千里，继续率领"彭家军"为肝胆胰外科做出更大的贡献。

梁敏怡：他们说“吾乃‘彭家军’”

梁敏怡，中国医师协会外科医师分会、专业信息传播和教育工作委员会委员、广东省医学会医事法学分会医疗与企业事务学组副组长、医师报特约通讯员，医师报《肝癌指南》专栏秘书长。

2013 年冬，机缘巧合，举办了《蓝色护航》肝脏手术视频大赛，此乃余首次与普外科专家缔结合作关系，对圈中各位大咖均了解不多。

比赛中与评委蔡秀军院长、彭承宏教授、刘颖斌教授等交流颇多，这几位业内大咖手术精致细腻，名震业界，问起其师承，均答曰：“吾乃‘彭家军’也！”起初不解其意，彭承宏教授姓彭，称呼“彭家军”尚可理解。而蔡院长、刘教授、洪主任均非彭姓，为何自称“彭家军”？

后经高人指点，这几位大咖的导师均为彭淑牖教授，彭老悉心培育英才，门下弟子众多，个个得到他的真传，“彭家军”手术技艺均达到出神入化的境界。高人再度指点我，凡手术视频中，术者把蓝色的彭氏刮吸刀挥舞得行云流水，清扫、分离一气呵成的，多半是“彭家军”，或者“彭家军”的二代、三代学生。彭氏刮吸刀应用医学科学与机械、电气相结合原理，集吸引、电凝（切）、刮扒、剥离四大功能于一体，与独创的刮吸解剖技术相结合，使各种高难度的肝脏外科手术化难为易、化繁为简、突破禁区……实乃中国外科界最伟大的发明之一。

“彭家军”人才辈出。蔡秀军院长风度翩翩，我国腔镜外科领军人物；彭承宏教授谦谦君子，机器人手术国内翘楚；刘颖斌教授文武双全，我国著名的胆道外科专家；还有牟一平、秦仁义、李江涛、曹利平、万钧等国内外赫赫有名的大专家。究竟是何等名师，能把一众学生调教得如此出色？

念念不忘，必有回响。2015 年 11 月 13 日，我在忐忑与期待中，在蔡秀军院长举办的“西湖微创外科论坛”上得以与彭老会面。彭老精神抖擞，和蔼可亲，乃每位“彭家军”成员一脉相承的谦逊是也……恰逢彭老的寿宴，“彭家军”弟子依次落座，众弟子奉上贺礼，礼轻情重，对彭老的尊重和感恩言溢于表。

医师报
2022年3月17日
责任编辑：陈惠
美编：蔡云龙
电话：010-58302828-6844
E-mail: ysbchenhui@163.com

第七届医学家年会（2022）
暨第二届医师职业发展论坛
特别报道

03

十大医学泰斗

见证医学发展 致敬医界丰碑

辛育龄 折服尼克松的胸外科奠基人

他是我国胸外科事业的奠基人、我国针刺麻醉的创始人和电化学疗法的发明者。

他的医术蜚声内外：1972年美国总统尼克松访华，代表团特别要求参观他的针刺麻醉肺切除手术，并为这一技术折服。在长达70年的医学生涯中，他始终笃信：作为一名优秀的人民医生，不仅要有“为人民服务”的崇高思想，还要有精湛的救死扶伤的医术。他不仅救治了许许多多的患者，还致力于医学教育，满腔热忱地培育新人，桃李满天下。

他说，自己最大的愿望，是做一棵“无影灯下的不老松”。

他就是**中日友好医院首任院长辛育龄**。

罗慰慈 尊重生命敬畏生命的呼吸大家

近百岁的白发长者，八十年的医海遨游。他步履缓慢，却坚定不移；他目光温和，却穿透有力。他是我国著名的呼吸病学家和临床医学家，将医术高超与医德高尚完美结合，他让温暖传递，他让爱心汇聚，他释放着父爱的深沉、母爱的慈祥，未曾请缨提旅，已是鞠躬尽瘁。

如今，虽近期颐之年，却依然心系学科发展。他始终坚持“医道臻于关爱”，一个医生能赢得如此的爱戴，那是因为在他的心里，有着对生命最虔诚的尊重和敬畏。

他就是**北京协和医院罗慰慈**。

汤钊猷 让世界认识中国的小肝癌研究奠基人

从20世纪60年代末开始，他领导一个小组解决了肝癌早诊早治的关键问题：首创对甲胎蛋白的动态分析诊断还没有症状的肝癌；倡导对合并肝硬化的小肝癌，以局部切除代替肝叶切除；提出对亚临床期复发的再切除可进一步提高疗效；更新了肝癌自然病程的概念等。这些创新使肝癌由“不治之症”转变为“部分可治之症”。他在国际上最早提出“亚临床肝癌”的概念，被认为“是人类认识和治疗肝癌的重大进展”。

20世纪90年代起，他研究肝癌转移复发，建成国际首例“高转移人肝癌模型系统”。至今仍然是国际上最有名的肝癌研究专家之一。

他就是**中国工程院院士、复旦大学附属中山医院汤钊猷**。

彭淑牖 站在世界外科手术前沿 “魔术刀”下救众生

从医从教61年，他在肝胆胰外科领域硕果累累，至今仍在临床一线工作。他的两项医学发明获国家科技大奖：一是刮吸手术解剖法，把“七刀八剪”集于一把“神刀”，现全球有近千家医院在使用，被国外学者称为外科手术上的一场革命；二是捆绑式胰肠吻合术，把胰肠吻合中的“缝”改为“捆”，大大降低了胰腺手术后的胰肠吻合口漏发生率，获得国内外同行的广泛应用，并被称为彭氏捆绑术。

创新，是这位医学大家孜孜不倦的追求。近年来，他不断推陈出新的手术技术，给患者带来一个又一个福音。

他就是**浙江大学医学院附属第二医院彭淑牖**。

管忠震 见证肿瘤化疗不断壮大的先行者

他是我国最早一批跨进肿瘤化疗领域的研究者，见证中国肿瘤化疗药物从无到有的发展历程。他最先在国内报告阿霉素的临床应用经验，在国内率先进行顺铂的临床研究，以及基因重组溶瘤腺病毒、双环铂等新抗癌药物的研究，是永不懈怠的医学探索者，从临床研究、基础科研到药物试验，他都怀有极大的热忱。

他是一名了不起的临床医生，摸索出何杰金氏病治疗的“中国模式”，挑战了当时世界通用标准，成为现在最普遍使用的临床治疗模式。

他就是**中山大学肿瘤防治中心管忠震**。

经方独到 潜心精诚 晁恩祥

他是首位会诊“非典”患者的中医师，提出瘟病辨证的理论，面对内科的疑难杂症，他经方独到、潜心精诚。怀着对中医的诚心，对学术的诚信和对患者的诚意，坚信治病救人是医者的天职，悬壶济世六十载，对患者赤诚相待，尽心尽力。

他重视中医肺系常见病的标准化、规范化诊疗研究，坚持“读经典、做临床，勤思悟、写文章，勇创新、慎研究”，推动了全国中医肺系病诊治学术水平与临床能力提升。他认为中医学继承与发展并用，为培养后学呕心沥血，为中医药事业的发扬光大殚精竭虑又乐此不疲。

他就是**国医大师、中日友好医院晁恩祥**。

悬壶功在济世 大医成于德艺 薛伯寿

作为蒲辅周的入室弟子，他参百家学说，融寒温一炉，打破门户之见，担当时代使命。治疗热病，效如桴鼓，传承岐黄，桃李天下。

他用药精于辨证，主张无病不服药，反对乱开补药。在临证诊疗中他既治病又治人。认为医者须追求无私奉献，做到心无旁骛，精益求精地救治病人。只有急病家之所急，才能真正有所为，成为能治病救人的大医。

他尊师重道，毕生践行周恩来总理指示，传承发扬蒲辅周医学，造福于人民。圣人无私心，以百姓心为心；医者无私心，以患者心为心。无私奉献，初心不改！

他就是**国医大师、中国中医科学院广安门医院薛伯寿**。

中国血管外科奠基人 胃食管反流病多学科联合诊治研究开拓者 汪忠镐

他与新中国一起成长，在跟随多位开创新中国医疗卫生事业的“鼻祖”学习和工作中，在从未间断的勤学苦练和勤耕细作中，他开拓了中国医疗新领域，成为中国血管外科奠基人，并在火箭军特色医学中心（原二炮总医院）跨学科创建了中国首家、也是唯一的一家胃食管反流病中心，成为我国胃食管反流病多学科联合诊治研究的开拓人。

他一直以“穷人的大夫”自居，以“解除患者痛苦”为最高使命，将“护佑患者服健康”作为自己的人生价值。

他就是**中国科学院院士汪忠镐**。

树人以“德”的中国医学教育家 王德炳

他有着不同的称谓：大夫、老师、教授、校长、书记，不同阶段在他的身上留下不同的烙印。他为我国第一例异基因骨髓移植患者捐献了血小板和白细胞，成功完成了亚洲首例异基因骨髓移植。在五十余年的职业生涯中，他为我国医学教育事业作出了开创性工作，培养了首批具有国际医学教育专业背景的医学教育管理人才，积极推动我国医学教育认证制度的建立，为中国医学教育改革和发展作出了重要贡献，是我国医学教育领域公认的学科带头人。

他就是**北京大学原党委书记王德炳**。

中国血栓与止血研究领域领军人 阮长耿

他是中国血栓与止血研究领域的开创者和领军人物，著名血液学专家。他鉴定了国际首株抗血小板单抗，开启了血小板研究的新纪元；他建立国内第一个血栓与止血研究室，开发出五大类、190余种苏州系列单抗。部分苏州单抗转化为血小板诊断试剂，检测方法纳入国际标准目录，3个诊断试剂获药品批准证书，被誉为“中国血小板之父”。

心怀家国，一生追梦。他说，如果能在自己的专业领域里，为祖国、为人民多做一点事，这就是最大的幸福。

他就是**中国工程院院士、江苏省血液研究所阮长耿**。

十位泰斗，是十大标杆，也是十面旗帜；他们是同行仰望的前辈，是学生敬仰的老师，也是患者眼中的大医。从无到有，他们是各学科领域的先驱者、奠基人；从弱到强，他们引领着新中国医疗卫生事业蓬勃发展，迈向辉煌。

（按年龄排序）

听医生说话 为医生说话
说医生的话 做医生的贴心人 医师自己的报纸！

中国“十大医学泰斗”

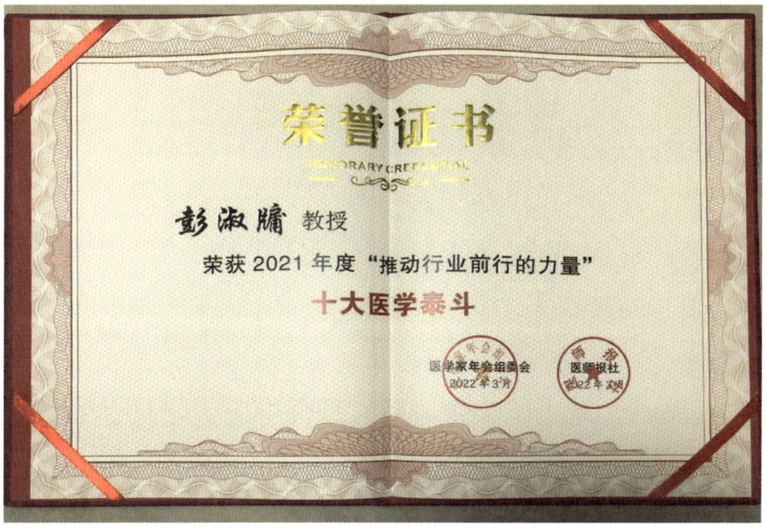

彭淑牖教授“十大医学泰斗”奖状

自此拉开了余与彭老愉快合作的序幕……2022 年年初，喜闻彭老与 90 岁高龄的汤钊猷院士一起荣获中国“十大医学泰斗”称号,向彭老表示热烈祝贺。众望所归的“中国十大医学泰斗”荣誉属于“彭家军”的领头人，属于同时为美国外科学院荣誉院士、英国皇家外科学院荣誉院士、欧洲外科学院荣誉院士、法国外科学院荣誉院士的彭氏刮吸刀发明人——彭淑牖教授。

刘超：彭老，身负绝学却从不藏私

刘超，肝胆胰外科教授，主任医师，博士研究生导师，现任中山大学孙逸仙纪念医院副院长、胆胰外科主任、器官移植中心主任。

彭老给我的印象是温文尔雅，平易近人，总是笑眯眯的。面对年轻医生，他从来不会盛气凌人或高高在上，总是那样的谦虚、温和。彭老不但手术做得精妙，还善于总结和创新，更不藏私，乐于将自己的宝贵经验与他人分享。从彭老那里，我也学到了很多知识，对我的临床工作有很大的帮助。

初识彭老，还是在我2005年归国后。在一次学术会议上，彭老介绍了他做肝尾状叶切除的经验。当时的我对肝尾状叶的解剖、手术技巧还有许多不懂的地方。彭老精彩的演讲让我受益匪浅。在会议茶歇期间，我找到了彭老，当面向他请教了关于肝尾状叶切除手术的一些问题。面对我这样的青年医生的提问，彭老丝毫没有不耐烦，反而耐心地从尾状叶的解剖等基础知识开始为我逐一讲解，还列举了几个他先前做的肝尾状叶手术病例，以帮助我加深理解。

2009年，彭老还特意赠给我一本他的英文著作 *Hepatic Caudate Lobe Resection*（《肝尾叶切除术》）。通过深入学习这本书中的精髓，我对肝尾状叶解剖和手术技巧的认知不断提升，对肝尾状叶手术不再畏之如虎。在后来的临床工作中，我自己也逐渐开始尝试各种入路的肝尾状叶手术。在手术过程中，我反复学习和参考彭老在书中传递的知识和经验技巧，真正地实现了自己的突破和成长。时至今日，曾被我视作难以逾越的"珠峰"——肝门部胆管癌手术、全尾状叶切除术等已经成为我的常规手术了。

在独立开展肝胆手术的初始阶段，我遇到了几例肝癌合并黄疸的患者，他们大多在外院因为合并黄疸而被认为是合并终末期肝病，从而丧失了手术的机会。一次偶然的机会，我发现这些患者的黄疸在引流后是可逆的，并非是肝性黄疸，从而在减黄后成功地为一位患者实施了手术，患者术后也未发生肝功能衰竭等并发症。其后又接诊了几例类似的患者，这让我开始关注肝癌合并胆管癌栓这一现象。后来，我在期刊上连续拜读了彭老发表的几篇关于肝癌合并胆管癌栓的论文，让我对该疾病有了更深的认识。特别是彭老在一篇文章中提到肝癌合并胆管癌栓单纯取出癌栓可能是不够的，术后易复发，而将联合受累的胆管切除可能是一种更好的选择。这理念带给我很大的启发。从此，我对肝癌合并胆管癌栓投入了更多的关注，开展了一系列的基础和临床研究，并逐渐形成了我自己对该疾病的治疗观点，即肝癌合并胆管癌栓需要规则性肝切除和联合受累胆管（包括肝外胆管）切除。

我从 2014 年开始关注肝门部胆管癌的临床诊治，并学习日本名古屋大学的诊疗经验，采取大范围肝切除联合全尾状叶切除手术治疗肝门部胆管癌。对于部分残余肝脏体积不足的患者，术前采用门静脉栓塞（PVE）以期增大残肝体积，提高手术切除率，降低术后肝功能衰竭的发生风险。但在临床实践中，我发现有很多患者 PVE 术后残肝无法增大，困扰我的一个问题是如何提高 PVE 术后肝再生的成功率。直至某次学术会议现场，我又学习到了彭老介绍的自己开展的“末梢门静脉栓塞”技术及临床经验，让我醍醐灌顶。我也尝试开展了数例，果不其然，均取得了良好的效果。如今，末梢门静脉栓塞已经是我在肝门部胆管癌患者术前准备过程中的一项常规工作。

后来，在另一次学术会议上，彭老介绍肝十二指肠韧带解剖时指出，肝右动脉和肝总管实际上是在一个“鞘”内。这个观点又给我指了一条路：肝门部胆管癌在被发现时大多侵犯肝右动脉，因此在做左侧肝切除治疗肝门部胆管癌时，术前要准备好肝右动脉切除、重建。

彭老不仅在肝胆外科，而且在胰腺外科也有很多创新和经验，如捆绑式胰肠吻合、在胰腺癌手术时如何完整切除胰腺钩突系膜等，彭老的这些宝贵经验对我大有裨益。

作为国内外著名的外科学家，彭老的临床技术全面，善于做临床研究，不断创新，很早就在国际著名外科期刊（如 *Annals of Surgery*）发表临床研究论文，发出中国人的声音，这让我仰慕不已。

克雷洛夫曾说过，“伟大不只在事业上惊天动地，他时常不声不响地深思熟虑”。而彭老就是不断地用他卓尔不群的思维方式，将实践成果无私地奉献给全球医学界。

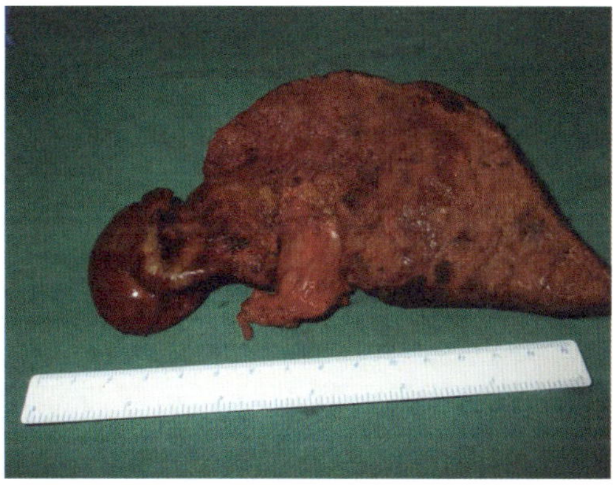

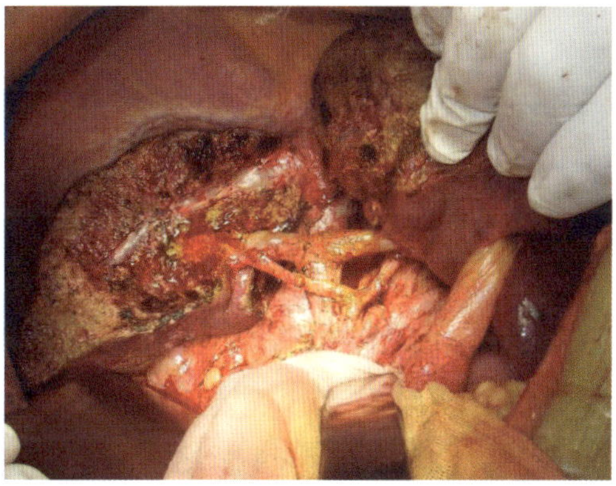

2022 年 4 月底，刘超做了 1 例肝 S_8 段肝癌合并胆管癌栓（蔓延至肝外胆总管），行肝右前叶合并全尾状叶和肝外胆管整块切除，所用的就是彭淑牖教授指导的方法

刘辰：三张照片，彭老师见证我三次成长

刘辰，复旦大学外科学博士，主任医师，博士研究生导师，现任复旦大学附属肿瘤医院胰腺外科行政副主任。

我与彭淑牖老师的渊源，大概要追溯到15年前，2007年我博士学位论文答辩时。那时，我在复旦大学附属华山医院攻读博士学位学习接近尾声。虽然工作过几年，但我还是一个低年资的主治医生。彭老师在当时已是肝胆胰外科的泰斗级人物，他带领的"彭家军"在中国的肝胆外科领域也早已名噪一时，彭老师的多位学生已成为大型三甲医院肝胆胰外科的领军人物。受我的导师倪泉兴教授的邀请，彭老师成为我博士答辩委员会的主席。

在答辩开始前的两个月，我给彭老师寄去了我的博士论文，是一项关于胰腺癌蛋白质组学研究的基础课题。让我没想到的是，彭老师在短短1周内就通过电子邮件给我发来了他的评审意见。彭老师提出了很多非常具有针对性的专业性意见，并指出了研究中的不足，甚至对一些专业性术语、错别字、标点符号都作了详细的修改。在我反复修改并通过邮件交流的第三次回复后，论文才得到了彭老师的认可。

在答辩会的合影环节，按照规定，评审专家坐在前排，参加答辩的研究生们站在后排。让我感动并难忘的是，当时并不认识我的彭老师在合影前特地回头，叫我站在他的身后。可惜的是，由于年代久远，这张合影我没有留存下来。

在此之后，再见到彭老师，都是在一些大型学术会议上，彭老师在台上授课，我在台下学习。直到2015年，我已经在复旦大学附属肿瘤医院工作，成为胰腺外科副教授。记得当时彭老师在浙江桐乡举办了一个关于胰腺肿瘤诊治的小型会议，我陪同倪泉兴教授受邀参加。恰好在此之前，我收到了彭淑牖老师参与主编的一本新书——*Pancreatic Cancer, Cystic Neoplasms, and Endocrine Tumors: Diagnosis and Management*，其内容对于胰腺肿瘤外科专业医生非常实用。

在会后，我拿着书上前找到彭老师，想让彭老师签名留念。彭老师笑眯眯地看着我说："你是刘教授吧？"我实在没有想到，在时隔8年之后，彭老师居然还记得我这

2015 年，刘辰和彭老师在胰腺肿癌诊治会议现场

个多年前的博士研究生。彭老师在签名并与我合影留念后，又对我说："你们这代肝胆胰外科的年轻教授，一定要学习并掌握腹腔镜技术，对你们的手术眼界会有提升，对你们的开放手术技术，也会有反哺。"在此之后，我潜心钻研腹腔镜胰十二指肠切除术，并积累了一定的病例数。我在心里一直想着，等再见到彭老师时，我一定要告诉他，向他汇报我的小成果。

终于在 2019 年，在成都，我等来了向彭老师当面汇报的机会，这是关于微创技术治疗胰腺肿瘤的全国范围的一个大型会议。白天我在会议上分享了自己从一个完全的开放手术医生，到慢慢开展腹腔镜胰体尾切除、腹腔镜胰腺中段切除，最后累积了近百例的腹腔镜胰十二指肠切除术的经验。我留意到彭老师一直在台下微笑着倾听。在会后的晚宴上，属于"彭家军"第三代的新生代力量（包括武汉同济的朱峰教授、牟一平教授的学生徐晓武教授等）都纷纷向彭老师致意并合影。这时，彭老师对着几米开外的我招了招手，说："刘教授，你也一起来吧。"晚上，我通过微信把照片发给了彭老师，彭老师回复说："又在成都会上见面，十分高兴！"那一天，我仿佛觉得自己也成为"彭家军"的一员了。

2019年，刘辰和彭老师等在微创技术治疗胰腺肿瘤的全国大会上合影

彭淑牖老师是我国肝胆胰外科领域的大家、宗师级的人物。他平易近人、儒雅谦和。"彭家军"中有我很多的老师和好朋友、好兄弟，他们对我予以无私的帮助，在很大程度上促进了我在腹腔镜手术技术上的提升和进步。

在一定程度上，医学是一种传承，是传递经验的科学。彭老师在学术上不拘教条、不断探索、推陈出新的创新精神，尤其对晚辈的扶持和激励，让我终身难忘，获益匪浅。

刘连新：医之大者

——身怀绝技的外科宗师

刘连新，二级教授，博士研究生导师，中国科学技术大学生命与医学部党委书记，中国科学技术大学附属第一医院（安徽省立医院）党委书记。

今年恰逢我国享誉全球的外科学家彭淑牖教授 90 岁寿辰，想起与彭老接触的点滴，便记录下来。

彭老是享誉世界的外科学家。他是美国外科学院荣誉院士、英国皇家外科学院荣誉院士、欧洲外科学院荣誉院士和法国外科学院荣誉院士。彭老在国内以其获得国家发明奖的彭氏多功能手术解剖器帮助了众多的外科医生及他们治疗的患者；其所创的捆绑式胰肠吻合术获得了国家科学技术进步奖二等奖，造福了胰十二指肠切除术的患者。彭老在国外的影响力远大于其在国内的影响力，我们在参加国际会议时经常与彭老一同见到全球很多知名的外科学家，他们对彭老的尊重，也间接反映出其巨大的影响力和感召力。

彭老是技艺超群的手术大师。彭老的手术技术享誉海内外。在 21 世纪初期，手术视频的传播还不是很方便，有手术的光盘就很不容易了，当时还不敢想象通过互联网直播手术。那是 2000 年，我博士研究生毕业，结束了在北京追随我的导师吴旻院士的科研工作，回到哈尔滨医科大学附属第一医院（简称哈医大一院）普通外科二病房工作，在我的导师姜洪池教授的带领下，继续开展临床工作。记得有一位肝门胆管癌患者，其家属慕名想请彭淑牖教授主刀手术。在姜老师的邀请下，彭老来到了哈医大一院现场手术演示。这是我第一次近距离接触彭老，看到彭老娴熟地应用刮吸刀，对解剖信手拈来，对手术游刃有余，对彭老的敬意就油然而生，遂在心中下定决心要成为一个像彭老这样的手术大师。正是在彭老力量的感召下，在导师姜洪池教授的悉心指导下，我在手术上逐渐有了自己的很多心得。

彭老是善于创新的发明大家。我们每个外科医生在手术中对手术器械和手术方

2013 年，刘连新入选美国外科学院会员时与彭教授合影

式都会有各种各样的想法，随着年龄的增长和经验的积累，可能会形成自己的一些做法，或对手术器械进行小的变革；而彭老则是发明了手术器械，并彻底解决了困扰外科医生的难点。我们外科医生都知道，平常在使用电刀时，有时会产生烟雾，不仅影响手术野，而且影响医护的健康；并且在用电刀时，有时因为局部有水或血液，使得电刀工作效率下降，这时就需要助手应用吸引器来吸走烟雾或者积液，使得电刀能够继续顺利、高效地工作。彭老发明的刮吸刀彻底解决了这个问题，不仅使得手术更加方便，减少了对医护人员健康的影响，而且节约了操作吸引器的人手，这是一个一劳多得的发明。目前，国内外使用刮吸刀的人越来越多，而且在蔡秀军教授的改良下，其在腔镜手术中的应用也使得主刀医生得心应手，事半功倍。

彭老是桃李满天下的医学教育家。在中国的普通外科界，只要提到"彭家军"，大家都是赞誉有加。他的众多弟子中，有享誉全球的我国微创外科的领军人物蔡秀军教授，手术技艺独步天下的彭承宏教授，睿智儒雅、德艺双馨的刘颖斌教授，技艺超群、善于思考的洪德飞教授，专注微创、勇于挑战的牟一平教授，谦和沉静、默默耕耘的李江涛教授……彭老很多学生在国内外普通外科学界享有很高的声望，形成一股中国普通外科学界蓬勃向上、团结互助的风气。他们在各自的领域中都做出了很多创新性的成绩。

彭老是提携后学的引领者。2000年，我有幸在学习彭老的精湛手术技艺之后，得以与彭老有一面之缘。我参加于2000年和2004年举办的在国内极具影响力的第五届和第七届全国普通外科中青年医师优秀论文评比，均获得了一等奖。在大家云集的评委中，每次都能见到彭老的身影，在现场汇报后也会得到彭老的指导，心中莫名感动。后来，在国内外科前辈的鼓励下，我申报了美国外科学院的会员（FACS），在美国外科学院成立100周年时，于美国旧金山获批加入，并在会场接受包括彭老在内的国际知名外科专家荣誉院士（honorable fellowship）的祝贺，心中倍感荣幸。除我之外，中国的很多外科医生也得到了彭老的推荐和支持。

在与彭老相识的20多年中，我经常在国内外的学术会议上看到彭老稳健的身影，聆听彭老睿智的报告，感受彭老对外科手术的无尽思考，学习彭老对疾病诊治手段的推陈出新。彭老虽已年届90，但其对外科前沿的把握和追踪，始终走在我们中青年医生的前列，他对ALPPS（分阶段肝切除）技术进行了革新，提出了末梢门静脉栓塞术等新术式，令我们这些晚辈自愧不如。

每每看到彭老走入会场，我都会心中都默默祝福最尊敬的彭老寿与天齐、幸福永享。

刘全达：您是无人能企及的丰碑

刘全达，主任医师，硕士研究生导师，技术大校，宁波大学附属医院肝胆外科主任。

彭淑牖教授是中国临床外科学界的泰斗级人物。彭老从医、从教近70载，做出了极其卓越的医学成就：他研发的彭氏多功能手术解剖器推动了外科学的发展；他发明的捆绑式胰肠吻合术解决了世界难题；他还是众多高难度手术的国内早期探索者。更难能可贵的是，90岁高龄的他至今仍在临床一线潜心探索，著作等身。彭老育人无数，桃李满天下，他培养的学生遍布全国各地，许多是国内顶级的外科大牛，如浙江大学医学院附属邵逸夫医院蔡秀军教授和洪德飞教授、上海交通大学医学院附属瑞金医院彭承宏教授、上海交通大学医学院附属仁济医院刘颖斌教授、香港大学玛丽医院万钧教授、华中科技大学同济医学院附属同济医院秦仁义教授、浙江省人民医院牟一平教授等。“医学泰斗”的荣誉称号，彭老实至名归。

无冕之王的外科大家

我和彭淑牖老先生交往并不多，早期对他的了解基本上是通过学术期刊及媒体的文章。我虽经常能看到他的大名，但并不认识彭老，最初印象是隐隐绰绰的，想象着彭老应该是一个不苟言笑、死板无趣的老学究。

我于2003年博士研究生毕业后到解放军总医院肝胆外科工作。当时，黄志强院士、周宁新主任把极富挑战性的肝门部胆管癌的外科治疗当作学科的一个重点研究方向，团队也是国内较早且积累病例数最多的研究团队；另外，黄老对肝脏尾状叶肿瘤手术也是饶有兴趣，曾在《消化外科》（2004）发表过述评《尾状叶外科——肝外科的最后领域》。我因此阅读了国内外的相关文献，赫然发现，国内有位学者彭淑牖在同时期也发表过较多诊治肝门部胆管癌、肝尾状叶肿瘤经验的文章。

胰腺外科医生都被“胰漏”这个阿喀琉斯之踵（Achilles' Heel）折磨得束手无策，无数医生想攻克这个难题，并研发了上百种胰腺消化道重建的术式。2007年，我惊喜地发现在国际上被普外科医生奉为圣经级期刊的 *Annals of Surgery*（《外科年鉴》）刊出了中国学者发明的捆绑式胰肠吻合术的临床研究成果。我不知道之前是否有中国学者在此期刊发表过论著，即使有，应该也是凤毛麟角的。这在当时是中国外科医生的莫大荣耀，对宣传中国外科工作成就有很大的贡献。这个研究的发起人就是彭淑牖教授。真心钦佩他，中国外科学界的执牛耳者。

2009年，我跟随周宁新教授调动至火箭军总医院工作。我早期独立开展的胰十二指肠切除术，就是依葫芦画瓢做的捆绑式胰肠吻合术。该术式化繁为简，简单易学，初学者容易上手。此外，在临床工作中经常会遇到晚期肝癌合并下腔静脉癌栓的患者，这类患者介入治疗的效果并不好，在当时除手术治疗外似乎没有其他办法（当时不像现在有分子靶向药物和免疫药物）。刚到不惑之年的我，内心充满了挑战高难手术的激情，立即着手开展文献查阅、多学科团队论证等工作。此时，案头最经典的文献是2006年《中华外科杂志》的文章——《肝癌合并下腔静脉癌栓的外科治疗》，作者是彭淑牖教授。

我内心充满感激，他虽没有耳提面命教导我，但已然是我的良师益友。

彭老在70岁高龄曾作为候选人，申报过中国科学院院士，最突出的贡献有“刮吸手术解剖法的建立与多功能手术解剖器的研制”荣获2001年度国家技术发明奖二等奖、“捆绑式胰肠吻合术的临床及实验研究”荣获2004年度国家科学技术进步奖二等奖。彭老最后遗憾落选中国的院士，但他的成就却在国际上得到了极大的认可，被评为美国外科学院荣誉院士、英国皇家外科学院荣誉院士、欧洲外科学院荣誉院士、法国外科学院荣誉院士。彭老，是外科界公认的无冕之王，是无人能企及的丰碑！

大器晚成的外科大家

记忆中第一次见到彭老是在2006年的春天。当时，解放军总医院骨科卢世璧院士夫人患病需要做胰十二指肠切除术，蒋彦永教授提议邀请彭淑牖教授过来会诊手术。手术当天，我也在手术室。借手术接台间歇，我进手术间观摩彭老手术。当时手术间里有很多学习的人，围绕手术台密密排了两圈，场面略有些嘈杂。我挤进内圈借观摩手术者的踏脚凳，见瘦削的彭老很专注地低头行手术操作……由于时间仓促，我作短暂停留就退出了手术间。

和彭老第一次真正的交往，是在上海东方肝胆外科医院姜小清教授牵头成立中国抗癌协会胆道肿瘤专业委员会的成立大会上。周宁新教授有事未能参加，我代表他参会。2009年11月27日晚，专业委员会领导机构投票选举后，彭老担任顾问，姜小清任主任委员，周宁新任副主任委员，我忝列委员。我借此机会当面向彭老汇报周宁新教授未参会的原因。彭老很关心周宁新教授的工作情况，当得知他在第二炮兵总医院开展达芬奇机器人手术如火如荼时，彭老很开心，对周教授予以很多褒奖和肯定，也让我转达对他的问候。通过这次接触，我对彭老的印象是，他学识渊博，精力旺盛，专注聚焦于临床难点，开展技术创新（记忆中彭老汇报的题目为“末梢门静脉栓塞术”）；他精神矍铄，温文儒雅，和蔼可亲，没有一点名家的架子。

我回单位后向周宁新教授转述了彭老的肯定和问候，周教授跟我说彭老是医学大家，学术成就很高，他大部分成就是在50岁以后做出来的，是大器晚成型大家。

我突然想，周宁新教授在55岁时离开解放军总医院到第二炮兵总医院二次创业，从事开创临床机器人外科手术和机器人国产化研发，不也是自我勉励要成为“大器晚成”的大家嘛？

提携后辈的外科大家

哈尔滨医科大学附属第四医院的王知非博士，于2010年到第二炮兵总医院博士后工作站学习，指导老师是周宁新教授，因此我们成了师兄弟。进而我了解到他的博士研究生导师是浙江大学医学院附属邵逸夫医院蔡秀军教授，彭老是他的师公，他每次提及彭老都言必尊称“师公”，极其尊崇彭老，身为第三代“彭家军”成员深感荣幸。他多次跟我娓娓道来“彭家军”称谓的来历，有哪些重要成员……彭老培养的学生里有26位博士研究生导师、4位“长江学者”特聘教授（截至2019年），个个都是如雷贯耳的国内外科界的实力派。

有一次，知非师弟回北京，很开心地告诉我，他已离开哈尔滨回到他最喜欢的杭州，入职了浙江省人民医院。帮助他入职浙江省人民医院的贵人就是彭老。知非师弟说，彭老对年轻人的提携从来不遗余力，会为学生们就业、创业搭建最好的平台。也正是因为彭老俯首甘为孺子牛，愿意当年轻人的引路人和铺路石，所以他的学生们即使已经是国内外科领域的顶级权威专家，现在也依旧与彭老保持着亦师亦友的密切联系，这更彰显彭老虚怀若谷、甘为人梯的高风亮节。

2018年6月，经火箭军总医院肝胆外科段伟宏主任策划，我们几个同事共同主编《肝胆胰手术技艺与解剖影像要点》，付梓前拟邀请彭淑牖教授作序，想借以突显本书的分量。我跟彭老电话联系后，彭老愉快地接受了邀请，亲自撰写了序言。

“周宁新教授是我非常尊重和欣赏的肝胆外科专家，他师从胆道外科之父黄志强院士，勤奋好学，对复杂胆道疾病进行了多年潜心探索，颇有成就；10多年前，他离开301医院到火箭军总医院二次创业，几年间就把中国机器人微创外科发展到国际级水平，并掀起了国内的机器人外科热潮。可惜天妒英才。但他留下了一支朝气蓬勃的肝胆外科团队。团队中的段伟宏、刘全达等中青年骨干，团结奋进、勇于探索，敢闯外科禁区。我一直关注着这个团队的发展。他们传承了周宁新教授的精神，在高难度复杂肝胆胰外科疾病方面进行了大胆探索和实践，并且注重国际合作，在国内占有很好的学术地位，在国际上也具有一定的学术影响力。该书就是他们将这些年来探索的临床经验进行案例汇编分析，既有腹腔镜及机器人热点微创手术，又有获得较好临床效果的高难度肝胆胰极限外科术式展示。作为周宁新教授的生前好友，看到他团队做出的成绩，由衷感到欣慰……希望这些青年才俊能够不忘初心，继续努力，为中国的肝胆胰外科领域做出更多的成绩和更大的贡献。”

新冠肺炎疫情暴发前的几年里，只要有时间，彭老都会亲自参加我们火箭军总医院肝胆外科每年举办的国际会议，给我们鼓励；他每次都要报告他的最新科研成果。我由衷地钦佩他，他独具慧眼，总能在外科热点处另辟蹊径，做出创新性成果。

周宁新老师离开我们整 6 年了。如果他还健在，应该是由他接受彭老的邀请，书写他们忘年交的往事。他们俩有个共同特点，就是在外科道路上不断探索创新，永不停歇；还有，我们晚辈在跟他们的交往中，内心时常会升腾起温暖的感觉，他们给我们依靠，给我们指引。

刘亚辉：他在耄耋之年为我们开启了新局面

刘亚辉，主任医师，教授，博士研究生导师，医学博士后，吉林大学第一医院肝胆胰外二科主任。

初识彭淑牖教授大概是在15年前，那时彭教授已经是国内外外科界非常有名望的老教授了，尤其在肝胆胰外科领域占据一席之地。当年我们医院普外科刚刚完成专业化分组，成立了肝胆胰外科。专科成立，要求我们把手术做得更精细，也需要挑战更高难度的手术，填补一些原来的领域空白。

就这样，我们开始有意联系国内的知名教授来帮助我们实现这一想法。当时，我们首先想到的就是彭老，我们想尽办法找到了彭老的联系方式，抱着试试看的心态，拨通了彭老的电话。毕竟相隔千里，那时的彭老已经75岁了，这么远距离过来一定会非常辛苦，但没想到彭老听到需要帮助的请求，立刻就答应了我们，并很快确定了来长春的行程。

不久，彭老就来到长春为我们授课和手术演示。初见彭老，我们就对他留下了深刻的印象。彭老个子不高，年龄的原因使得他身材不再挺拔，但仍然非常硬朗，走路步伐轻快，眼睛很有神，说话时脸上总是带着笑容，非常和蔼可亲。敏锐的思维也使得他丝毫不像一位七旬老人。

那次，彭老为我们演示了一台难度很高的肝门胆管癌根治术。一台难度极高的手术，在彭老的精湛技艺之下完成得如行云流水般流畅，过程非常精彩，让我们大开眼界。不仅如此，在手术的同时，彭老还特意仔细地将这类手术的难点和要点悉数详细讲解和传授给我们，为我们手术技能的提高和今后更加规范地开展这类手术起到非常关键的作用。

在那次愉快的合作之后，我们和彭老结下了不解之缘。彭老后来多次来我们医院进行学术交流，给我们讲课和进行手术演示。其中，我们受益最大的两项技术就是彭老发明的彭氏多功能手术解剖器（PMOD）和捆绑式胰肠吻合术。

PMOD的应用使得我们的肝脏手术技术取得了突破性提高，手术更加精细，术中出血明显减少，手术时间也大大缩短，很多过去不容易完成的手术也得以完成。捆绑式胰肠吻合术改“缝”为“绑”这一理念和方法的突破更是解决了胰十二指肠切除术后严重并发症胰漏的问题，使得这一非常常见但又危险的并发症的发生率降到了非常低的水平。也是从那时起，我们逐渐成为吉林省内完成胰十二指肠切除术最多的科室。彭老的这两项发明为我们科室在肝胆胰手术技术上的提高起到非常重要的作用，有力地促进了我们科室的发展。

千金易得，良师难求，我们很庆幸能遇到彭老，多年来一直受益于彭老对我们的帮助和教诲。“饮其流者怀其源，学其成时念吾师。”我们感恩彭老，祝彭老身体健康长寿，万事如意顺心！

刘志强：我敬佩的耄耋"第一刀"

刘志强，第十届全国工商联副主席，第八、九、十、十一届全国政协委员，中国企业家协会副会长，香江集团董事局主席。

我是刘志强，作为彭淑牖教授的老朋友，我和我的家人都受益于彭老精湛的医术，也深深折服于彭老崇高的人格和乐观的生命态度。

喜闻彭淑牖教授荣膺"十大医学泰斗"称号，内心无比激动和欣喜。这是一份至高无上的荣誉，亦是一位90岁老人在医学领域奋斗将近70年当之无愧的殊荣。

他是国际著名外科学教授，是外科领域的泰斗级人物，被誉为"中国神刀"，在肝胆胰外科领域硕果累累，先后荣获了国内外多个奖项，不仅发明了多功能手术解剖器和刮吸手术解剖法，还发明了"彭氏捆绑术"——捆绑式胰肠吻合术，解决了困扰世界医坛60多年的难题。他一度荣获国家科学技术进步奖、中国肝胆外科杰出贡献奖、终身成就奖等，并于2004年被授予"美国科学院美国外科学院荣誉院士"称号、2006年被授予"英国格拉斯哥皇家外科学院荣誉院士"称号、2009年被授予"欧洲外科学院荣誉院士"称号、2016年被授予"法国外科学院荣誉院士"称号等。

这样一位享誉国内外医学界的外科泰斗，于我而言，是一位亲切温和，总是面带笑容、精神抖擞的长辈。彭老是我们这个家的恩人，亦是我们老百姓之光，称之为"华佗在世"也一点不为过。

我与彭淑牖教授夫妇有幸结缘，是在我母亲患病那几年。听彭老的学生们讲述在浙江大学医学院附属第二医院有位泰斗级的外科"神刀"，是业内德高望重的"再世华佗"。那时，彭老虽已年过花甲，但仍极度敬业专注，经常为了患者的生命，废寝忘食，连着为患者操刀一台接一台的手术，有时甚至顾不上吃饭和喝水，有时一站便是十几甚至二十几个小时。初见彭老，看到他从举手投足到对事业的敬业专注，我对他的敬重之情油然而生。

彭老祖籍广东梅县，与我恰巧是同乡，让我倍感客家人的亲切和淳朴。80多岁高龄的他，却像三四十岁年轻人般精力充沛、神采奕奕。亲切、友善、和蔼的笑容就能给患者带来莫名的亲切又安定的感觉。印象中的彭老，除了在工作上展现独立、严谨，在医学上专业、专注外，生活中的他更像一个天真无邪的孩童，用和煦的笑容告诉大家“积极进取，乐观向上”。更为羡煞旁人的是，彭老与其夫人谢隆化老师相爱相惜，到哪里都是手挽手，出双入对，形影不离。

记得那一年，是我母亲在肝癌诊治过程中经历的最为关键的环节，86 岁的彭教授不远千里从杭州奔赴广州，飞机落地后便马不停蹄地直奔医院，与我母亲的主治医师团队——也是“彭家军”成员，深入仔细地了解病情，研究诊治方案，快速确定手术时间。第二天，这位德高望重的老教授一如既往地亲自操刀，为我母亲进行肝癌手术。手术顺利完成后，彭老不仅毫无疲倦之态，还面带笑容地和我们详细讲述后续的治疗推进计划；过后亦是主动询问了解病情，并多次亲自到医院看望我母亲，了解术后恢复状态，与团队研讨进一步的诊治方案细节，同时还不断地和我母亲交流谈心，鼓励母亲积极面对，战胜病魔。虽然我母亲后来还是离开了人世，但正是因为有彭老带领的专业、专注的“彭家军”精心治疗和孜孜不倦的鼓励和帮助，让我的母亲能够获得更多与病魔赛跑的时间，度过更多与家人团聚的珍贵时光。这份恩情令我一直铭记于心！

这是一段我与彭教授的缘分，让我有幸结识彭老，见证他对医学的严谨执着，见证他对患者的细心热情，见证他对夫人的携手相扶，见证他对生活的乐观积极。无论对待工作，还是对待生活，彭教授都是我们晚辈学习的楷模和榜样。

大医精诚，杏林春暖，就是这样一位耄耋老人，他对生命保持着慈悲和敬畏之心，对医术有着不断创新的动力和贡献，始终坚守“一切为了患者”的高尚医德。这样的学者，是祖国医学领域的栋梁，也是中华民族在新时代应该学习、颂扬的榜样和模范。

衷心祝愿彭老在医学领域再创高峰；祝愿他老人家学术传承源远流长，桃李满天下！

卢宠茂：我与"彭家军"20多年的友谊

卢宠茂，香港特别行政区医务卫生局局长。历任香港大学深圳医院院长，香港大学外科学系系主任、肝胆胰外科讲座教授和香港玛丽医院肝脏移植中心主任。国际知名肝胆胰外科和肝脏移植专家。带领香港登上世界肝脏移植的领导地位，并在 2005 年获颁国家科学技术进步奖一等奖。

国际肝脏移植学会前主席和国际消化外科学会主席，担任多份知名期刊包括 *American Journal of Transplantation*（《美国移植学杂志》）、*Liver Transplantation*（《肝移植》）、*Surgery*（《外科学》）和 *Annals of Surgery*（《外科学年鉴》）编委，在国际期刊上发表了逾 600 篇原著论文。美国外科学会和爱尔兰皇家外科学院荣誉院士、欧洲外科学会荣誉会员。

出任香港大学深圳医院院长期间，积极发挥深港合作的优势，倡导公立医院"绿色医疗改革"，并推动大湾区医疗融合。

从医从教近 70 年的彭淑牖教授，作为创造传奇的"彭家军"的灵魂人物，迎来人生迈进"90 后"的新高峰。

他是蜚声国际的肝胆胰外科领域翘楚，在肝胆胰外科领域一直勇于创新，不断突破极限。他有许多原创性成果，包括新术式、新器械和新理论，其中最具代表性的有彭氏多功能手术解剖器和彭氏捆绑式胰肠吻合术等，在临床上得到了广泛应用。这些成果也发表在国内外顶级期刊上。

在我担任香港大学李嘉诚医学院外科学系系主任时，我曾有幸邀请到前辈彭教授在香港外科论坛上介绍他的肝胆胰外科临床及转化的研究成果，他的精彩报告赢得了与会同道们的由衷赞叹，彭教授的许多独门绝活让人大开眼界。我在国际肝胆胰外科领域的会议中也领略过彭教授的风采，他儒雅风趣、思维活跃、充满活力。一谈到肝胆胰外科的新术式，彭教授就滔滔不绝，如数家珍，让我十分钦佩。

其实，与"彭家军"的渊源要追溯到 20 多年前，彭教授的一位弟子——万钧在他的鼓励下从杭州来到香港，加入了香港大学外科团队。至今，她秉承"彭家军"勤勉好学、勇于创新的精神，在肝癌与肝脏移植研究领域取得了一定的成绩，也与内地同仁建立了多方位的合作。

彭教授的国际视野和非凡的洞察力对引领“彭家军”登上肝胆胰外科领域国际舞台也起到了至关重要的推动作用。他是许多年轻同行开拓国际视野的引领者和鞭策者。

“彭家军”人才济济。在彭教授的带领下，“彭家军”在国内外崭露头角的年轻一代也已成为外科不同领域的领军人物。“彭家军”多位成员与香港大学外科团队有合作交流，包括蔡秀军院长、刘颖斌教授与牟一平教授等。

2014 年，在参加美国外科学院年会期间，我设宴招待了几位参会的好友，其中包括彭教授和李江涛教授。我在担任香港大学深圳医院院长时，也与“彭家军”成员有不少关于医疗与管理方面的切磋。

作为香港医务卫生局局长，我希望能在这流金岁月中可以创造更多的与彭教授及“彭家军”全方位交流与合作的机会，实现优势互补、共创传奇。

2014 年，美国外科学院年会上合影（左起：李江涛、郑永强、卢宠茂、彭淑牖、洪德飞、秦仁义）

卢绮萍：彭老师，我心中一颗明亮的星

卢绮萍，将军，中国人民解放军中部战区总医院普外科主任。

彭淑牖老师是我国著名的外科学教授，尤其在肝胆胰外科领域，可以说是无人不知、无人不晓。

当我还是一名青年外科医师时，有一次参加我科史陈让老主任做的一台胰十二指肠切除术，当一个帮忙拉钩子的小助手。在做胰肠吻合时，就听老主任用十分钦佩的语气跟我说："我们做的胰肠吻合是浙江的彭淑牖教授发明的捆绑式胰肠吻合术，既简单，又不容易发生并发症，还有胰胃吻合术等多种术式，也是经他倡导实行起来的。"那时我就知道，浙江有一位手术大师，叫彭淑牖，会做很多高难度的肝胆胰外科手术，做得又快又好。由于他和我的博士研究生导师裘法祖院士、吴在德教授都来自浙江杭州，所以我当时就有一种感觉——浙江盛产外科大师！

时光进入21世纪，外科学术交流活动越来越频繁，使得越来越多的外科医生走出了自己的小天地，更多地进入思想碰撞、学术启迪、技能跃升、友谊缔结的新天地。在我心目中有着传奇色彩的彭淑牖老师，也开始越来越鲜活地出现在我们外科医生的身边，使我们对这位外科大师有了更真实的切身感受。

我不太记得真正认识彭老师是在哪一次学术会上。在我的印象中，无论是大规模的有几千人甚至上万人参会的外科学术年会，还是规模小一点的年度亚专业学术分会，或是各地学术团体组织的学术高峰论坛，抑或是针对某一个专项问题召开的学术研讨会，都可以经常看到彭老师和陪同他一起参会的夫人谢隆化老师的身影。

不管会议规模大小，彭老师的出现常常具有几个鲜明的特点：第一，不是简单地参会，只听听别人的发言，而是经常参加并做主题演讲报告；第二，其报告常常围绕着密切结合、切实解决临床实际问题而展开；第三，这些报告常带有解决临床问题的创新思维、创新理念和结合其展开临床研究、临床实践的验证分析；第四，可以看出这些幻灯片、报告的具体内容常常出自作者本人的手笔。如果是应用他人的资料或图片辅以证明，必会附有明确的来源说明，以示对原作者的充分尊重，包括对他学生的

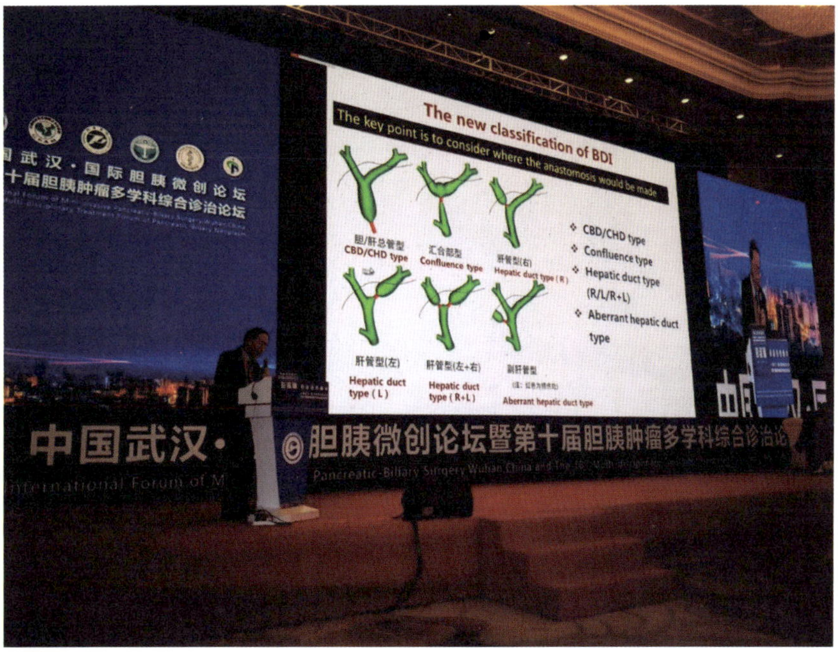

2019 年，彭淑牖老师在中国武汉胆胰微创论坛大会上做 5 种胆道疾病新的分型方法报告

资料也同样如此。

他对胰腺外科手术的改进起步很早，其贡献也有目共睹。前几年，他和他的团队多次在肝胆胰外科学术会议上报告如何对巨大肝脏肿瘤安全实施 ALPPS 手术的技术改进，赢得了大家的赞誉和充分肯定。

记得 2019 年 6 月在武汉举行的“中国武汉国际胆胰微创论坛暨第十届胆胰肿瘤多学科综合诊治论坛”大会上，彭老师给我们做报告。他结合外科医生最熟悉、最容易理解的胆道疾病解剖学特点，提出了 5 种胆道疾病新的分型方法。对这些分型，不仅给予平面图示的说明，而且给出利用三维可视化图像资料进行的描述，以便外科医生能够掌握对“神龙见首不见尾”的复杂胆道疾病诊断及外科治疗的精准抉择方法。后来在全国胆道外科专委会的学术大会上，我们听彭老师亲自讲述对这些分型方法的临床验证。我在最近参阅评审的《中华外科杂志》的一篇稿件中，又看到他所领导的多中心团队对他所做的胆管癌新的分型方法的临床验证研究工作进展的报道。

2019 年 5 月，他还参加了在广州举行的首届国际数字智能化诊疗技术大会，亲自做了运用现代三维可视化技术指导精准肝胆胰外科手术的精彩报告，并亲自与钟世镇院士、刘允怡院士、蔡秀军教授一起主持了人民卫生出版社组织的《数字化肝脏外科学》《数字化胰腺外科学》再版审稿定稿会。

我们从他的学术报告和工作中可以深切地感受到，一路走来，彭老师一直步履坚

2019 年 5 月，彭淑牖老师在首届国际数字智能化诊疗技术大会上做报告

实、思维敏捷并富有创新精神。他不仅注重用最新的理念和技术创造性地思考问题、提出问题，而且抓住核心问题不放松，不间断地持续进行解决问题的临床研究和临床实践，以求验证其真伪性、科学性和实用性，以期能够真正为解决患者的实际问题服务。如今，他虽已是 90 岁高龄，但是他的学术思想、学术思维依旧非常活跃，富有朝气，像一个年富力强、经验丰富、时时处于冲锋状态的中青年外科学斗士，完全没有一丝一毫暮气沉沉的势态，永远精神抖擞地奋斗在外科临床实践和创新发展的征途上。正因为他的报告总是既有创新性又有实际意义，彭老成了我们肝胆胰外科人聚会上的一颗闪亮的星，我也和许多的外科医生一样，不知不觉地成了彭老的“追星人”。

彭老师能成为让我们大家钦佩的“明星”，不仅是因为他学识渊博，创意丰富，还因为他的谦虚、和善、乐于助人、心怀若谷的人格魅力。彭老虽然对外科学贡献很大，但当你走近他时，绝对不会感受到他有一点点傲慢或高高在上的气息，他总是那么平易近人、善解人意，带着慈祥、真诚的微笑，让每一个走近他的人都感到非常温暖和舒服。在每一次学术会议休息间隙，我们常常可以看到年轻的外科医生们围着彭老师要求和他合影留念，他从不拒绝，快乐地充当着国宝“大熊猫”的角色，体验着和中青年外科医师们一起学习、一起成长的快乐。他作为一个“90 后”，努力拥抱“潮”生活，非常喜欢玩手机，熟练掌握微信、制图、拍照等手机技巧。因为他知道，手机能使他永不落伍，永远跟上时代发展的步伐，永远保持着和各个领域、各个地区、各个社会

2019 年 5 月，彭淑牖老师（右二）与钟世镇院士（左二）、刘允怡院士（左一）、蔡秀军教授（右一）一起主持由人民卫生出版社组织的《数字化肝脏外科》《数字化胰腺外科》再版审稿定稿会

阶层人群、最新学术发展动态的密切联系。

在学术会议上，他常常在我们做报告时亲自为我们拍照，并发给我们以资鼓励，使我们感受到他不是难以接近的伟人，他带给我们的是如同父辈、兄长、朋友一般的温暖。我就收到过他发给我的这类照片，感动至深。不论面对的是知名学者还是年轻医生，他总是耐心地向你解答你所提出的每一个问题，尽力满足你的每一个要求。有一次他在大会上做一个肝脏外科手术改进方式的报告，我感到自己没有完全领会，会后向他请教。他立刻认真地解答我提出的问题，又把他的手术视频、幻灯片内容毫无保留地发给我，帮助我理解他的手术技术要点。这个手术视频成为彭老师送给我的一份珍贵的礼物。

彭老师对他所有的学生也是如此，孜孜不倦地认真教诲，一丝不苟地严格要求，言传身教地悉心帮带，发自内心地深切关爱。不仅仅带教出他们精良的外科技术，更是培养出他们做外科医师的不懈追求和仁心医者的高贵品质，由此带出了一个在国内人人皆知、享有盛誉的以学识优良、技术精湛、为人谦和大度为特征的团队——“彭家军”。

众所周知，彭老师很注重创新意识，有过很多创新的理念和技术，对外科学的贡献在国内外的外科学界都是有目共睹的。但是，在他的报告和平常的言谈中，他却很少说道他个人的创新，而是经常强调这些成绩都是他的团队"彭家军"成员们共同努力的成果。他对于团队中每一个成员的工作成绩和贡献都如数家珍，时时铭记，却很少谈及他自己。同时，他非常尊重国内外其他外科学同行的学术成就、工作精神，经常在他的学术报告中真诚地阐述其他同行在外科学方面做出的成绩和贡献。他这种注重团队、尊重他人的谦和、大度的格局和精神，深深地感染了"彭家军"的每一个人。

纵览彭老师和"彭家军"骨干队伍专家们的言行举止，不难发现他们几乎都有一个共同的特点——严于律己、宽以待人。一方面，严格要求自己，要做最好的自己，在为外科学事业奋斗中不仅要追求优秀，而且更要追求卓越。蔡秀军教授在获得我国第一个腹腔镜肝脏外科手术创新发展的国家科学技术进步奖二等奖后并没有就此止步，他和全国的腹腔镜肝脏外科专家十多年来携手同心，共同倡导建立腹腔镜肝脏外科学院，在推进全国腹腔镜肝脏外科技术普及、使最广大病患受益方面做出了突出的贡献，在医院的科学化、数字化、智能化管理方面也做出了不凡的成绩，走在了全国的前列；刘颖斌教授不仅肝胆胰外科手术做得好，而且在基础与临床研究方面做了大量的工作，他的团队所做的有关胆道肿瘤方面的基础研究已有多篇论文发表于国际知名期刊，他牵头组织的中国胆囊癌外科治疗现状与病理学特征的多中心研究已经积累了 6159 例病例，这一卓有价值的大宗病例队列研究分析为中国胆囊癌的诊治决策提供了重要的依据。这样的例子在"彭家军"的团队里举不胜举。

同时，他们虚怀若谷，大度包容，尊重同行，善待他人。谈到别的专家、别的同行，总是能先看到别人的优点和长处，充分赞誉他人的哪怕一点点成绩，真诚地期望他人进步，支持他人的工作。所以，无论是"彭家军"成员间的相处，还是"彭家军"成员与其他专家的交往，总是能那么和谐与融洽。

在彭老师和"彭家军"团队的眼中，个人获得多少荣誉可能并不是那么重要；而团结和激励每一个外科医师一起愉快地工作、共同推动外科学的发展，是非常重要的，因为"众人拾柴火焰高"。谈到彭老师和"彭家军"，我常想起黄志强院士曾说过的一句话："一个优秀外科医生的成长，总是离不开团队精神下的培养，在这个团队里，每个人具有一个相同的目标，讲奉献，讲纪律，处处为他人、为整体着想，把集体荣誉放在第一位，要有开放的环境与气氛，作为一个外科医生，首先学会"做人"，学会尊重别人，包括别人的思想、劳动与成果；要客观地对待自己，知道自己所能所不能；要遵守学术的游戏规则。"①

彭老师及其团队对待成绩和荣誉的态度带给我们很多深思和启迪。可能正是因为彭老师和他的团队具有这种可贵的团队精神，所以他们总是朋友众多，总是朝气蓬勃，

① 黄志强 . 传统外科与消失中的外科传统——外科学的历史发展观 [J]. 消化外科，2005，4（2）：77-83.

总是不惧困难，总是聚力前行。也可能正是因为他们谦和、豁达、大度，大家总能记住彭老师和“彭家军”团队为我国外科学事业所做出的突出贡献。

在科学技术高度发展的今天，在外科医师群星璀璨的银河世界中，耀眼的星星很多很多，彭老师可能并不是最亮的那一颗，可是，在我的心中，他犹如天边的北斗，始终存在，始终温暖而坚定地告诉你：外科路，该怎么走；外科人，该怎么做。

彭老师，您是我心中始终存在的、值得我永远珍重的一颗明亮的星星，我是您的追星人。

罗创新：师生 50 年，携手研发新技术

罗创新，深圳市数泽科技有限公司董事长，创新型 3D 内窥镜系统的研发创始人。

我有幸于 1973 年在浙江医科大学师从彭淑牖教授，至今已近 50 年，与彭老师一直保持着良师益友的关系。彭老师严谨治学、孜孜不倦的精神对我影响很深，我在工作岗位上常以此为鉴。

在大学实习期间，彭老师与我们学生同吃同住，在生活方面给予我们关心和照顾，总是很随和亲切。彭老师还有凡事亲力亲为、以身作则的态度。我还观察到彭老师常常利用碎片时间查看和回复信息，查阅和学习新生事物，其敏锐的思维让人非常敬佩。一直到现在，彭老师依然保持着学习、研究的热情状态，关注新型医疗技术。

经过多年的努力，在 2021 年，彭老师和我们一起成功研发了一种创新型 3D 内窥镜系统，成像质量优于国内同类产品，有望替代国外进口产品，并大大降低国内医疗机构的使用门槛，对于医疗器械国产化造福人民有着非凡的意义。

彭老师始终为医疗事业贡献着自己的力量。于我而言，彭老师是榜样，是精神的力量，激励着我，鼓舞着我。

吕世亭：德高望重的医学大师

吕世亭，教授，曾任温州医学院党委书记、院长，浙江省卫生厅副厅长兼机关党委书记，原浙江医科大学党委书记兼副校长，曾被聘任绍兴文理学院医学院院长，曾兼任浙江省医学会副会长、浙江省神经外科分会主任委员、浙江省老教授协会会长，现为浙江大学医学院附属第二医院特聘专家。

因新冠肺炎疫情，我近两年较少外出活动，最近1个月参加两次会议:6月14日，列席浙江大学医学院附属第二医院第五次党代会；7月9日，浙江省老教授协会医科分会会员大会。两次均有幸与彭淑牖教授一起参会，两个人坐在一起，心情非常激动，老友之间深情交流，叙叙旧，特别珍惜那美好时光。他虽年事已高，但身体健康、精神饱满、神采奕奕，仍然坚持工作在临床第一线。

我们是好邻居、老朋友，他也是我非常尊敬的一位老师长，更是我和同行们学习的楷模和榜样。

去年我住院做健康检查，他就主动到病房看望、会诊，表达老友间的那份真挚的关爱。为此，我深表感谢！

他是一位品德高尚、医术高超、众人尊敬、德高望重的医学大师。他在临床工作中精益求精、埋头苦干、救死扶伤、疗效显著，受全国各大医院邀请为疑难杂症患者手术；他立德树人，桃李满天下，培养的众多医学人才已成为各家医院的栋梁之材；他在医学科学研究上取得卓越成果，创造发明专利和众多荣誉等身，被多国评为荣誉院士。

我曾提议浙江省老教授协会推荐中国老教授协会评选他为科技先进工作者，他受到大会表彰和奖励。

他的崇高品德和优良作风永远是同道们的学习榜样。我此生与这样一位德高望重的医学大师成为至交，这份友情弥足珍贵。

吕毅："彭家军"的家风精髓是一种大师风骨

吕毅，主任医师，教授，博士研究生导师，现任西安交通大学副校长，西安交通大学第一附属医院院长、党委副书记，精准外科与再生医学国家地方联合工程研究中心主任。

20 世纪 90 年代就听闻彭淑牖教授在肝胆领域手术做得非常漂亮，而且研制的肝脏手术器械在肿瘤分离和切除中能刮能吸，明显缩短手术时间，很神奇。

2000 年夏天的一场学术报告中，有幸现场聆听彭教授的精彩报告，他向与会同道分享了他们在切除巨大肝脏尾状叶中的经验和体会，深感敬佩。很多实用的手术技巧使我茅塞顿开。会议间隙我直冲过去，与彭教授简短请教与交流，索要了名片，也留下了自己的联系方式。回西安后，我在实际工作中遇到复杂疑难的病例，便通过 E-mail 向彭教授请教手术操作问题，彭教授很快回复，详细解答。自此，我便与彭教授及其弟子们结缘，成为良师益友。不觉间，一晃就 20 多年过去了。

"彭氏吸刮刀"是彭淑牖教授带领弟子们潜心研究的具有历史意义的发明成果，在国际肝胆胰外科领域享有盛誉，对提高肝脏外科手术治疗效果发挥了巨大作用，也把我国医学快速带向国际舞台。我在学习使用"彭氏吸刮刀"后，切实体会到了其在解剖性肝切除等当时被认为高难度手术过程中的操作便捷性和安全性。在其后的学术交流中，应用"彭氏吸刮刀"的手术成果分享越来越多。通过与彭教授和"彭家军"中刘颖斌、蔡秀军等专家的深入交流，学习到"彭氏吸刮刀"创新技术的推广经验，以及创新成果如何申报科技奖项的经验等。在临床工作中，我也带领团队按照彭教授的操作模式进行肝移植临床技术推广和肝移植临床基础研究。团队于 2005 年获陕西省科学技术进步奖一等奖。在我们团队钻研临床技术创新项目和成果申报中，彭教授以及"彭家军"起到了十分重要的指导作用。

彭教授带领"彭家军"所进行的捆绑式胰肠吻合创新研究，革新了传统术式，大幅降低术后胰漏的发生率。从中，我深刻体会到解决临床疑难棘手问题的实用性创新研究，对切实提高手术治疗效果、减少并发症、提高患者生活质量具有重大意义。

2010 年，我带领学生们建立了以临床问题为导向，医工结合外科技术创新的研究平台——外科梦工场，为有想法的医生搭建实践研究到临床转化应用实现梦想的场所。确定外科梦工场医工结合研究大方向为基于声光电磁物理要素的外科技术创新、新型生物功能材料临床应用研究。我向彭教授请求指导临床问题导向的医工结合科技创新研究，他老人家听后感到很欣慰，说在解决临床问题上只要肯钻研就是非常了不起的，成果以后一定能为患者造福。当谈到想将捆绑式胰肠吻合改为绑钉式胰肠吻合，我将“捆”变成“钉”具体设想介绍完后，彭教授当即表示，只要对改进手术操作有帮助，都要大胆尝试，在实验中有问题可以随时与他沟通。随后，我就给一名硕士研究生确定了“绑钉式胰肠吻合装置研发”课题。期间通过电话向彭教授多次汇报和请教，经反复修改，大动物实验验证其可行，通过新医疗新技术临床应用后，也显示出极强的实用性。

为了能让科室的年轻医生们学习和熟练掌握用彭氏吸刮刀进行解剖性肝切除、捆绑式胰肠吻合的技术，提高临床疗效，促进学科发展。我们邀请彭教授来西安进行手术演示，彭教授很快安排“彭家军”彭承宏教授到西安指导手术，精彩地展示“彭家军”的风采，毫无保留地分享临床经验，为肝胆外科年轻医生拓展临床思路、科室发展带来了活力。

彭教授对医学人才培养极为重视。在收到我们主办的全国研究生暑期学校“外科创新与实践”的授课邀请时，彭教授欣然应允。彭教授不畏酷暑，来西安为自全国各地的研究生、青年教师授课，讲述他的外科经历和临床创新思维，在学生中间反响巨大，极大地启发和鼓励了他们今后从事外科技术创新的想法。后面几届，彭教授安排“彭家军”刘颖斌教授接力，继续到西安为全国的学员们授课，为年轻学子们开启外科创新之旅。

最为感动、最为敬佩、最为记忆犹新的是 2018 年全国研究生暑期学校。

日程安排 7 月 29 日报到注册；30 日上午 10：10—11：30，上海交通大学医学院附属新华医院副院长刘颖斌教授做题为“重视外科临床实践中的细节问题”的报告；31 日 8：30—10：00，西安交通大学第一附属医院潘承恩教授做题为“如何成为一名好的外科医生——谈肝移植之父 Starzl 教授对世界外科的卓越贡献”的报告；14：00—15：30，彭教授做题为“彭淑牖的外科创新之路”的报告。由于医院临时事务不能来西安，刘颖斌院长安排他的学生、普外科副主任王许安前来。因飞机晚点，王主任在 7 月 29 日深夜约 23 时才到酒店。

也是在当天晚饭后，我在酒店向彭教授专门汇报了外科梦工场建立 8 年来，在医工结合外科技术创新临床实践中所取得的一些成绩，以及还存在的一些困惑，请彭教授再指导。彭教授仔细聆听后给予高度肯定，然后认真逐一分析我所述的困惑。建议进一步完善医工结合体系建设，尤其磁外科方向可做申报国家科学技术进步奖准备。

22：20，我怕耽误彭教授休息，让他早点回去休息，他说他还要等王许安，这会正好再把明天讲座的PPT修改一下。我说明早还有时间，彭教授说约好晚上见，一定要见。于是，我就离开了酒店。

23：30，我估计王许安主任应该到酒店了，就打电话给他。电话接通了，王主任说他们“爷孙俩”在一起，“师公”正在指导他明天讲座的PPT。当时，我愣了半天才回过神，彭教授年近九旬还能熬夜，而且指导徒孙修改PPT。

7月30日开学典礼，王许安告诉我，昨晚和师公讨论到0：30。开学典礼后，我准备送彭教授先回酒店休息，他说要听徒孙王许安做报告。我这才恍然大悟，原来“彭家军”的家风不是传说，我亲眼目睹彭教授严谨治学育人、孜孜不倦、精益求精。这是真正的师者风范，把为学、为事、为人统一起来，成为学生成长的引路人。一股感动、敬佩之情再次油然而生，无以言表，唯牢记于心、付诸于行!

7月31日上午，8：25到会场时，我看到彭教授和潘教授（我的导师）两人相拥，久违重逢的两位老朋友格外高兴。彭教授说多少年没见老朋友了，专门过来听老朋友报告的。听完潘教授的报告，彭教授说他回酒店把下午的PPT熟悉一下。13：45，彭教授到达会场，将PPT拷到电脑上，浏览了一遍，同时查看视频能否打开。一个半小时的报告，彭教授全程站在台前，一手持话筒，一手持激光笔。演讲声情并茂，声音洪亮，精神抖擞；问答互动环节气氛热烈，为学子解惑，言简意赅，掌声雷鸣。

得知我们在磁外科学方向持续发力，不断有新技术应用于临床，以“磁外科学机遇与挑战”为主题召开香山科学会议，磁外科体系构建日益完善，组织发起举办国际磁外科大会，彭教授极加赞赏，建议在有关学会或协会下成立专业委员会，进一步推广磁外科技术。在彭教授的支持和关心下，于2020年10月，在“彭家军”蔡秀军院长担任会长的中国医学装备协会转化医学分会下正式成立磁外科创新专业委员会，为进一步推动磁外科发展搭建具有历史意义的平台。

彭淑牖教授对中国西部外科事业的支持和推动贡献巨大，他那种以临床问题为导向，对外科技术持之以恒的开拓创新精神，将一直激励着我和我的团队。我们也在发扬和推广彭教授及“彭家军”的这种精神，促进外科学发展，造福人民健康。

吕玉波：广东省中医院与彭淑牖教授的故事

吕玉波，曾任广东省中医院院长。

一见如故，情投意合

广东省中医院与彭淑牖教授的结缘起于2004年。当时，正值医院大力扶持专科建设，打造品牌专科的关键阶段。时任普外科主任的谭志健找到我汇报工作，我们两人对普外科该如何发展进行了深入讨论。

当时的广东省中医院是应用彭教授发明的刮吸解剖技术最早、最好的单位之一，普外科利用该技术开展了大量复杂的手术，在业界有一定名气，但是也有明显的短板，如缺乏高影响力的学术带头人，人才梯队较薄弱，亚专科建设还不完善等。

如何补齐短板，打造品牌专科？

我和谭志健主任一致认为：技术是外科的关键，技术水平提高了，就能带动学科全面提高。刮吸解剖技术无疑是我院外科当时最有特色的技术，其优势也在实践中得到了充分体现，把它用好了，大有可为。我提出要创造机会，向彭教授深入学习，形成我院技术优势，以点带面，促进我院外科全面发展。

经过一番探讨，我提出了一个初步设想：邀请彭教授作为我院客座教授，重点发展肝胆胰外科，以肝胆促普外，以技术进步带动专科发展，全面提高普外科实力。

当时彭教授已获得2项国家奖项——国家技术发明奖二等奖、国家科学技术进步奖二等奖，在国内外肝胆胰外科界赫赫有名。能不能邀请到他，我们俩当时并没有把握。2004年8月，医院派谭主任与时任大外科主任的陈志强教授一起赴杭州，到浙江大学医学院附属第二医院拜访彭教授。出乎意料的是，彭教授一点架子都没有，会面十分轻松和愉快。谭志健主任回忆当时会面的场景时说："一见到彭教授，他原本忐忑的心情刹那间就消失了，彭教授亲和的态度、渊博的知识与睿智的谈吐给我留下了无法磨灭的印象。"彭教授对我院的外科技术水平大加赞赏，表达了共同努力推广先进技术、共同发展广东省中医院外科的强烈愿望。对于我院的邀请，他毫不迟疑地答应了。

2005 年 5 月，广东省中医院聘请彭教授为客座教授

2005 年 5 月，在我的主持下，医院正式聘任彭教授为肝胆胰外科客座教授，彭教授正式和广东省中医院紧紧联系在一起。至此，广东省中医院普外科也开始踏上了发展的快道。

全面支持，倾囊相授

被聘为客座教授以后，彭教授不辞辛劳，定期从杭州来到广东省中医院，指导查房、讨论病例、参与手术等，完全融入了外科团队，全心参与科室发展工作。

彭教授毫无保留地分享自己对刮吸解剖技术的理解和应用经验，在他的指导下，我院外科将刮吸解剖技术发挥得淋漓尽致，突破了很多以往的手术禁区，大大提高了手术的安全性和成功率，给很多患者带来重生的机会。

此外，谭志健主任还把操作技法与技术内涵总结成文章，在彭教授的推荐下，在国内顶尖杂志上发表，并多次在学术会议上推介，初步奠定了学术地位。

2006 年 12 月，医院主办“全国刮吸解剖技术临床应用高级研讨班”，肝胆胰外科

2009 年 2 月，彭教授出席广东省中医院肝胆胰外科成立仪式

团队进行肝脏复杂手术演示，彭教授全程参与，全方位支持医院工作。

2007 年 4 月，彭教授促成我院成立“刮吸解剖技术培训中心”，之后我院连续多年举办多期培训班，他每期都亲自授课，与我院外科团队一起培养了省内外众多刮吸解剖手术高手。

2009 年 4 月，我院出版业界首套“刮吸解剖手术系列光碟”（肝切除术、胃癌根治术、胰十二指肠切除术）并在全国发行。至此，我院形成刮吸解剖技术的“理论—教材—平台”系统性培训机构，展示了我院外科的实力，提升了学科影响力。2009 年 2 月，我院成立肝胆胰外科，彭教授成为我院肝胆胰外科主任导师。2010 年，彭教授与谭志健教授合编《肝脏门静脉高压外科学》中“肝切除术”章节。2011 年，美国著名肿瘤外科专家 ALi 教授专程到我院观摩刮吸解剖手术，并给予了高度评价。

至此，我院以技术促进专科化发展，以点带面的开局取得了满意的成绩。这些成绩的取得，与彭教授毫无保留的无私奉献息息相关。没有彭教授的不辞辛劳、谆谆教导，就没有我院外科的快速进步，也没有专科化的快速推进。

高瞻远瞩，引领潮流

进入 21 世纪，微创外科理念日渐深入人心，腹腔镜外科技术的快速崛起对传统开放手术造成了巨大冲击。我院虽然从 1998 年开始就开展腔镜手术，但最初 10 年仍局限于胆囊切除、阑尾切除、胆总管切开取石等难度较小的术式。我们的开放手术已经得到业内赞誉，腔镜有无拓展的必要？

彭教授的观点很明确，医院必须紧跟时代潮流，并且努力引领时代潮流。他指出："腔镜外科必然是外科发展的潮流，因为它以更小的创伤获得与开放手术相同甚至更佳的效果，开放手术的很多理念同样适用于腔镜手术，我们要积极开展。"

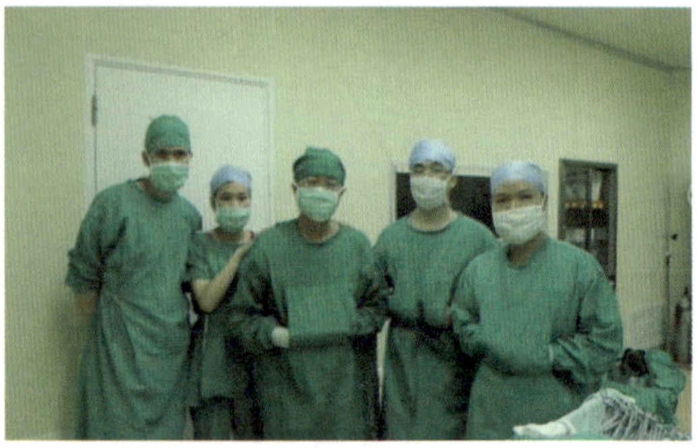

2009 年 2 月 12 日，彭教授指导开展复杂肝脏手术

在彭教授的支持下，广东省中医院迅速跨过"以开放手术为主"和"开放手术与腔镜手术并重"的两个阶段，全面进入腹腔镜时代。不仅常规开展腹腔镜胃肠手术，而且从 2008 年开始攻克腹腔镜肝脏手术。2015 年，何军明主任的"腹腔镜肝切除术"手术视频获全国手术比赛总冠军。2013 年，尝试开展腹腔镜外科最复杂的腹腔镜胰十二指肠切除术。2016 年，在第十五届世界内镜外科年会暨中华医学会腹腔镜及内镜外科年会上，谭志健主任的"3D 腹腔镜胰十二指肠切除术"手术视频获得一等奖。

在攻克肝脏手术和胰腺手术两个制高点后，广东省中医院肝胆胰外科腹腔镜手术驶入快车道。2016 年，开展我国首例联合血管切除重建的腹腔镜胰十二指肠切除术。2017 年，首创"谭氏三步法动脉入路"腹腔镜胰十二指肠切除术并编写入《腹腔镜胰腺手术学》。2017 年、2018 年、2019 年连续主办三届"羊城胰腺微创外科论坛"，并成功进行手术现场演示。2019 年 5 月，在国际上率先推出基于肿瘤手术学 No-touch 理念的原创术式——原位胰十二指肠切除术，并于 2020 年 10 月发表于《中华外科杂志》。我院胰腺微创团队也成为业界公认的优秀团队。

言传身教，立德树人

彭教授伴随了广东省中医院肝胆胰外科从无到有、从弱到强的整个历程，广东省中医院外科的每一个成员都从彭教授身上领略了"外科大家"的风范，同时接触到了赫赫有名的"彭家军"各位领军人物，他们都是年轻医生学习的榜样。年轻医生依靠在巨人的肩膀上，获得了迅速成长，在亚专科领域逐渐有所担当。2008 年，谭志健教授任大外科主任，何军明任肝胆胰外科主任；2016 年，黄有星任大学城医院腹部外科主任；2019 年，钟小生任胰腺中心主任。这些年轻的科主任，无一不是深受彭教授高

2016 年 5 月，彭教授出席广东省中医院胰腺微创中心成立仪式

尚的医德、严谨的治学态度、敬业的工作精神的影响。

如今的广东省中医院外科是一支朝气蓬勃的团队，凭借精湛的外科技术、优质的服务，加上走在前沿的中医特色，在群众和专业领域享有盛誉。

在肝胆胰外科成立 10 周年纪念活动上，我特别提到："肝胆胰外科走到今天，不能忘记彭教授等老师的支持与帮助，要在老师们的指导下，继续努力，继续前行。"正是由于彭教授多年的大力帮助，广东省中医院外科才能不断解放思想，开拓进取，走出了不寻常的发展自强之路。

马锋：我讲给医学生的最令人动容的故事

马锋，西安交通大学第一附属医院外科梦工场，陕西省再生医学与外科工程研究中心副主任。

第一次听闻彭淑牖教授通过创造发明系列外科手术“工具”，尤其是应用“彭氏吸刮刀”打破肝胆胰肿瘤传统“手术禁区”，显著提高患者预后效果的故事，是在21年前，吕毅教授在为一位患者实施胰十二指肠切除的手术台上讲述的。当时，我还是一名实习医生。

2005年以后，涉及肝胆外科、肝脏移植的各种学术交流活动逐渐增多。吕毅教授每次参会回来，都会结合临床工作给我们分享参会的收获。其中，提及最多的便是彭教授和“彭家军”各位前辈在临床手术中的技术创新、临床课题设计与项目申报等。彭教授和“彭家军”的名字早已如雷贯耳，深植入心，他们成了我学习的榜样和楷模。随着互联网的发展，获取信息的渠道更便捷，于是我也可以持续关注彭教授及“彭家军”的临床技术创新和相关成果。通过有关报道了解到彭教授从西子湖畔的大本营走上了国际舞台，为我们中国外科医生在国际学术大舞台上贴上荣誉标签。当下，一种敬意油然而生，无以言表。这也再次化作我踏踏实实干好外科的精神动力。

第一次与彭教授见面，是在2018年7月29日下午。86岁高龄的彭教授欣然接受吕毅教授的邀请，参加“全国研究生暑期学校——外科技术创新与实践”，并为来自全国各地的学员授课。我有幸全程陪同彭教授，内心无比激动。这次终于有机会与心心念念20多年，仅通过听说和互联网上了解和学习的彭教授见面和零距离交流了。

做事严谨，注重细节，为他人着想

来之前，彭教授给我打电话说：“我想带老伴谢教授一起前往西安，有她陪同方便一些，麻烦您问下吕教授是否方便？问好了回复我一下。”我当即回复彭教授：“可以的，没有什么不方便。我们欢迎二老来西安。”彭教授说：“谢谢，感谢您和吕教授为我们西安之旅提供便利。”

7 月 29 日上午，彭教授到机场后给我发信息，说司机已准时送达机场。登机前，因故起飞延迟，彭教授立刻打电话通知我，说飞机延误，登机后再给我发信息安排接机，以免等待时间太长。

我一直保留着彭教授那天和我的聊天记录，于细微之处见品质。

8 月 1 日中午 12：10，二老乘机返回杭州。12：42，彭教授给我发微信说："航班延误了。据称要延后一个半小时才能起飞。您看要不要通知接机司机？又麻烦您了。"我回复道："好的，彭老，又让您受苦了。"13：54，彭教授发微信："现在起飞了，延误两小时！"我立刻回复："可能是天气原因，南郊这边又是阵雨。我已跟接机师傅说了。"17：06，彭教授落地，发微信："到杭州了。网约车已经接上了。"一位年近九旬的医学泰斗，在日常的生活细节上，事情件件考虑周到，短暂接触中他回复信息速度之快也令我肃然起敬。这与媒体报道的彭教授"一切为患者着想"的工作作风一模一样。

精神矍铄，儒雅近人

在西安机场，我一眼便认出彭教授，比照片上更年轻、睿智和儒雅，根本看不出是"80 后"。我快步上前做自我介绍，激动地与彭教授右手相握，明显感觉到彭教授的力量。寒暄片刻，我接过行李箱，我们向车方向走去。彭教授走路轻快。我坐在副驾驶座上，转身向后排座的二老说："西安近期天热，坐了两个小时飞机，这会儿在车上休息一会儿，大概五十分钟到酒店。"彭教授说："在飞机上眯了一会儿，现在不累了。吕教授在医工结合外科技术创新取得丰硕成果，带领团队在磁外科做得非常好，国际首创、国内首例的很多新闻报道我都看过，您能简要讲讲你们团队的情况吗？"我就如数家珍般地讲起吕教授带领我们创建外科梦工场的初衷，以及确定平台大的研究方向和目前在研项目情况。期间，彭教授还给了一些非常中肯的建议。在交谈中，不知不觉我们就到了酒店。

来到房间，放下行李，告知晚宴时间和地点后，我不舍地离开二老。晚宴间，看不出彭教授疲惫之意，还小酌了几杯，当彭教授向我们介绍老伴谢教授从事微生物领域的研究成果，说谢教授近期还在给学生修改文章时，席间顿时鸦雀无声，落座的"老中青"对二老一脸敬佩。

7 月 31 日下午，彭教授第一个作报告，做了长达一个半小时的精彩演讲，彭教授一直在讲台下一手持激光笔、一手持话筒来回走动演讲，声情并茂。在彭教授整个演讲的过程中，台下掌声雷鸣，尤其当彭教授讲到：当时临床手术操作困难，一个个肿瘤患者因无法手术切除而失去生命，深深触痛到他内心深处，他于是开始研制"彭氏吸刮刀"进行传统认为是"禁区"的手术；如何针对胰肠吻合术后胰漏并发症进行"捆绑式胰肠吻合”技术探究而明显降低胰漏发生率；如何让中国外科医生的“中国技术”走上国际舞台；等等。提问环节中，彭教授一一耐心答疑解惑。

彭教授在演讲中讲到，“不要迷信权威，科学永无止境”“作为一名医生，永远将患者利益置于首位，永远将创新放在首位，不断超越自我”，这些我都铭记于心。

在这五年的工作中每次遇到困难，彭老演讲时的画面就会立刻出现，他的声音就在耳旁萦绕，使我鼓起勇气，大胆地去尝试。

短暂的相逢，收获的不仅仅是知识、情谊，更是从彭教授这位医学泰斗身上学会了做人做事的道理和一位外科医生应具备的素质和精神。在这五年中，彭教授的故事成为我给医学本科生、研究生实践教学中必讲的、不可或缺的内容。

马奇：不为良相，当为良医，他当之无愧

马奇，原浙江大学医学院附属第二医院整形科主任。

1962年8月下旬我从浙江医科大学毕业后，被分配到附属第二医院普外科工作，非常荣幸能与我们普外科众多医护人员在一起共事，其中就有彭淑牖教授。

彭教授比我年长6岁，既是我的学长，也是我的良师。彭教授平时话不多，但是对人诚恳随和，尤其是对待患者，手术治疗中处处为患者考虑，充分体现精准治疗的原则。因而，多年以来大家都未见过他有医疗纠纷发生，在业内及施治的患者中口碑极好。

彭教授爱国，爱自己的事业。改革开放初期，他到英国深造，以他的学术水平和在英国的亲属关系，完全可以移民英国。但5年后他毅然归国，回到我们普外科继续兢兢业业地工作，还输送了不少学生到国外学习。这些学生学成回国后，大多成为国内外科界的精英人才，如浙江大学医学院附属邵逸夫医院院长蔡秀军、上海交通大学医学院附属仁济医院胆胰外科主任刘颖斌、上海交通大学医学院附属瑞金医院肝胆外科主任彭承宏、华中科技大学同济医学院附属同济医院肝胆外科主任秦仁义、浙江省人民医院肝胆外主任科牟一平等。多年来，彭教授为国家培养了大批优秀的医学人才，真是桃李满天下。

我记得彭教授回国后不多年就组建浙江省中华显微外科学会并当选首届主任委员，我和黄宏前主任任副主任委员；次年，在杭州举办了全国第二届显微外科学术交流大会。当时，国内知名专家学者陈中伟、顾月东、朱盛修等都亲自到会讲学，为推动浙江省乃至全国显微外科普及和提高做出了贡献。

20世纪80年代初，彭教授面对肝脏手术的困境，对手术电刀不断进行摸索和改进，最终制造出兼有吸、刮、止血、切等多功能的彭氏多功能手术解剖器，给外科手术带来了极大的便利，更安全、出血更少，并且保持了清爽的手术野，大大提高了手术的成功率，减少手术并发症，让很多高难度的手术变成常规手术。现在“彭氏电刀”已成为中国外科学界普遍使用的手术器械。此后，彭教授又对惠普尔手术（Whipple）

进行了临床研究，开创了捆绑式胰肠吻合术，成功地解决了胰腺手术后胰漏的全球性难题。

彭教授从医67载，如今已是90高龄，但仍服务于杏林，悬壶济世，老骥伏枥，志在千里，印证了范仲淹的名言“不为良相，当为良医”。彭教授无愧为当代良医、医学泰斗！

苗毅：他是中国外科学界走向世界的代表人物

苗毅，南京医科大学第一附属医院胰腺中心外科教授，主任医师，博士研究生导师，现任南京医科大学外科学系主任，南京医科大学胰腺研究所所长，南京医科大学附属明基医院胰腺中心主任。

我与彭淑牖教授初次相识在桃红柳绿时节美丽的西子湖畔。记得2002年的初春，我从比利时鲁文大学（K U leuven）毕业归来不久，跟随我的老师刘训良教授到杭州参加由彭教授主持的胰腺癌学术会议。会议上有幸见到神采奕奕的彭教授以及当年主持会议的年轻的蔡秀军教授。当时彭教授给我的印象是文雅友善、干练有度。

每次美国外科学院（ACS）年会，最荣耀的时刻莫过于开幕式上随着唯一一位来自中国大陆的美国外科学院荣誉院士（ACS Honorary Fellow）彭淑牖教授登上主席台，五星红旗在ACS的会场上飘扬，从芝加哥、旧金山到华盛顿……令我深深地体会到作为一名中国外科医生的无比自豪感，是彭教授让我们分享了他和中国医生的荣耀。

彭教授是我国外科学界的杰出代表，是我们中国外科学界走向世界的代表人物。由于他的突出贡献受到了国际同行的高度认可，所以在全球各个地方举办的各种外科学学术会议上，我们经常能看到彭教授的身影。

2012年，有幸与彭教授一起参加在新疆举行的“中法澳肝胆外科学术会议”，从乌鲁木齐到石河子再到喀什，一路跟随彭淑牖教授、黄志强院士、董家鸿教授、温浩教授、Bismuth教授等国内外知名外科大家一同讲学，做学术交流、手术演示。彭教授与我也在喀什民族风情园留下了美好的合影留念。

2016年，ACS年会在美国芝加哥召开。临近中午时分，我正穿梭在各个会场之间，捕捉我所感兴趣的学术内容，突然听到有人喊我，回头一看，正是彭教授。他那慈祥的笑容洋溢在脸上，亲切地招呼我：“苗教授，你还在会场上啊？可惜开幕式后，会场上就少有中国外科医生的身影，今天总共看到了6个中国外科医生，包括你和任建安教授。”说着从包里拿出了巧克力和饼干，我们俩一边吃着巧克力，一边聊天，我深刻地感受到彭教授的言语中无不透露出对中国外科学界的期许以及对我们外科医生的关爱。

苗毅和彭教授合影

彭教授是我国最著名的外科医生之一。他有一颗年轻、睿智的心、一双灵巧的手、精湛的手术技艺，独创了许多新的术式，得到了国内外同行的认可。他同时具有深厚的国际学术背景、良好的语言表达能力、丰富的国外留学经历。这些共同巩固了他国际知名学者的地位。他是一位杰出的外科专家、医学发明家、医学教育家，是我们永远学习的楷模。

莫一我：他把“武林秘籍”传遍四方

莫一我，云南省第一人民医院专家组成员、二级教授、肝胆外科原主任。

彭淑牖教授是我尊敬的师长。在云南省第一人民医院肝胆外科的20余年来发展中，彭教授给予了无私但有力的指导和帮助，使我们肝胆外科成为了云南省内外有一定影响力的科室。每念及此，感激良深，向彭教授表示深深的敬意。

20世纪90年代末期，我有幸参加了一次在国内举办的国际肝胆外科学术会议。会议上，彭教授做了一次精彩的学术报告。我被彭教授深邃的学术思想、精湛的手术演示所折服，也因此结识了彭教授。

那段时期，也正值我们科室新老交替。很多肝胆外科新技术、新理念是我们必须努力学习、迎头赶上的。彭教授在肝脏尾状叶切除方面造诣极深，当时已积累很多的病例。为此，我们邀请彭教授来昆明指导我们开展肝脏尾状叶切除术，彭教授欣然应允。

手术中，彭教授毫无保留、认真细致地给我们讲解了肝尾状叶切除的重点及难点。经过多次的指导，我们对该手术有了清楚的认识。随后，彭教授又多次到我院指导和开展高位胆管癌R0（根治性切除）切除手术、中肝叶巨大肿瘤切除以及需行血管重建的疑难胰十二指肠切除手术等，使我们对肝、胆、胰等的重大手术局部解剖、病理生理、手术技巧有了更深的认识，为我们多年来开展此类重大手术打下了良好的基础。

2000年初期，我们科室在动物实验的基础上准备开展临床肝移植手术，我们团队无人到国内外进修过此方面的内容，因而困难重重。特别是我们即将准备开展的背驮式肝移植手术，手术技艺要求更高。当时，正值彭教授来我院指导工作，他教授我们如何安全地解剖和处理第三肝门，如何安全显露肝短血管及3根肝静脉，为我们顺利实施背驮式肝移植手术中病肝的顺利、安全切除奠定了扎实的基础，使我们成为当时全国较早开展背驮式肝移植的单位。

在彭教授多年的精心帮助下，我们科已可以自行开展肝脏尾状叶切除、高位胆管癌R0切除、复杂胰十二指肠切除、肝中叶切除等肝胆胰外科标志性手术，并于2005年9月，成功实施了一例脾窝异位辅助肝移植手术。

2014年，中国人体器官捐献与移植委员会主任委员黄洁夫来我们医院视察，得知我们肝胆外科所开展的业务范围时，他惊讶地说："云南省第一人民医院能开展如此规格的手术，实属难能可贵。"

我们肝胆外科的一些疑难手术得以顺利和成功实施，我们深感与彭教授多年对我们的指导密不可分，他把他的"武林秘籍"传遍四方，让更多的患者受益。每念及此，崇敬之情油然而生，一言概之，即"高山仰止，景行行止，虽不能至，心向往之"。

倪克樑：我当了他37年的忠实粉丝

倪克樑，硕士研究生导师，肿瘤外科主任医师，现任上海市公惠医院院长，党委副书记。

我叫倪克樑，行医40余年没有发生过1例差错事故、从未与一个患者红过脸；用彭氏捆绑式胰肠吻合术连续进行胰腺癌根治性手术数十例，无1例并发症发生；工作这些年，我在临床和科研领域获得过不少荣誉，所有这些成绩的取得正如我在最近出版的《消化道恶性肿瘤诊治进展》一书中所说的："如果说我在肿瘤外科领域取得了那么一点成绩，那都是我的恩师彭淑牖教授带教指导的结果，他不但教我如何行医，而且在日常工作中潜移默化地教我如何做人。"我虽然不是"彭家军"的嫡系传人，但在与彭老师的几十年的交往中深受其影响，影响之大不亚于"彭家军"成员。下面就讲几个小故事来印证彭淑牖老师就是一个不断创新、钻研技术、学识卓著，对患者无微不至关爱的"大先生"。

20世纪90年代，我还在绍兴医学院附属医院担任外科主任时，常常会请彭老师到绍兴会诊、手术。有一次手术时，他拿出一个像吸引器又带电源线的手术器械。在手术过程中，他熟练地使用这个器械进行电凝、剥离、刮扒和吸引，并边做边解释。当时，我就觉得用这个器械大大缩短了手术时间、减少了出血，并且淋巴清扫也更加清晰了。手术结束后，彭老师不但把这把器械留下，而且几天后又送了我们20把。后来，我们才知道这是彭老师亲自设计、发明的彭氏多功能手术解剖器。之后，我在彭氏多功能手术解剖器的帮助下，进行消化道各种肿瘤根除手术，取得了很好的效果。

我第一次见到彭老师大约是在1985年。那时，他刚从英国进修学习回来。我是去看望我在浙江医科大学附属第二医院外科的带教老师朱松太，在外科病区见到了彭老师。他温文尔雅、风度翩翩，一派学者风度，讲话缓和细声。他与我进行了详细交谈。第一次见面，我就非常激动，感觉自己见到了"偶像"。

或许是一种缘分，自从这次见面后，我内心一直有一种向往，今后一定要当一名像彭老师那样的外科医生。后来，我千方百计地找机会接触彭老师，有疑难病患者就会请他会诊，这是因为他技术高超，而且我们能从彭老师处获得知识、吸收养料。有时候遇到希望转诊到杭州的患者，我也总是转送到浙江医科大学附属第二医院请彭老师诊治。

在这些诊疗实践过程中，我也对彭老师有了进一步的了解。他对患者的问诊非常细心，对患者的术前诊断十分重视。为了掌握第一手的病患资料，彭老师会亲自带患者去做B超、做CT，与超声和放射医生一起核对肿瘤的位置，经过反复多次讨论，制定最终的治疗方案。

记得有一次，我们请他为一位胰头癌患者手术。他在术前仔细观察了患者，查看了CT片子，认真追问了患者的病史，得出的结论是有手术指征但可排除胰头癌。结果手术探查过程发现是十二指肠憩室。正是由于彭老师有这种认真负责的敬业精神，许多患者得到了正确的治疗，免受更大的痛苦。

在彭老师眼里，患者永远是第一位的。工作再忙，答应患者的事他也不会失约；即使自己身体不适，他也会坚持来会诊或手术。

我还在绍兴工作时就碰到过两件这样的事。有一次，我约他周二上午9点来绍兴给一位胰腺癌患者手术。周一晚上，他来电说邵逸夫医院周二有重大事情必须由他去完成，他很为难。我就在电话里告诉他："既然您有要事，那手术就改期吧。"可他略作停顿后马上说："患者心里期待着明天手术的，我明天起个早，你们辛苦下，早点手术吧。"结果第二天7点不到，他就从杭州驱车赶到了绍兴。手术后，饭也没吃就回杭州了。那一年，他应该已近70岁高龄。

还有一次彭老师来会诊时，我看他身体状态不太好，就说："彭老师，要不要先休息一下？"彭老师摇摇头告诉我："患者已进手术室了，一定很着急，我得抓紧给他手术。"整个手术过程中，彭老师咬牙坚持、大汗淋漓！

彭老师就是这样一个以患者的需求为他第一需求的人。

我虽然没有机会做彭老师的研究生，但他对我这个编外学生格外地爱护。平时他总是面带笑容、和蔼可亲、有问必答，有需要帮助时，他不管有多忙、多难，都会抽出空来帮助我、支持我。

大约在1998年5月，我收治了一名消化道出血患者，经一系列检查，发现患者右上腹部有肿块，肝脏内有多个边缘光滑的占位性病变。后经彭老师会诊，考虑是小肠肿瘤伴肝转移。因病情复杂，彭老师会诊后把患者带到了邵逸夫医院。手术那天，我赶去杭州，本想请彭老师打个招呼进手术室去观摩手术。当我将想法告诉彭老师后，他立即与牟一平主任商量说："这个患者是倪主任送来的，今天的手术我带他来做吧。"牟主任一口答应，彭老师不但亲自与手术室护士长打招呼，帮我找手术衣，上台后还把我介绍给麻醉师、洗手护士，使我感动万分。

手术时，彭老师边做边指导，许多操作是由他承担责任让我去完成的。整个手术进行了6个小时，除把小肠中的肿瘤切除外，又从整个肝脏中剥下不同大小、包膜完整的肿瘤21枚，整整一脸盆。手术后，这个患者被诊断为小肠肝样腺癌伴多发肝转移。这次手术是彭老师承担着巨大的压力和责任让我当了一次特殊的进修生，我受益匪浅、终身难忘。

2000年，我被引进至上海，随身带着的彭氏多功能手术解剖器引起了我所在医院外科医生的极大关注。我用这把彭氏多功能手术解剖器连续做了数百例各种消化道肿瘤手术，无一例并发症发生。后来，我在一次外科学术会议上介绍了这把彭氏多功能解剖器，当时就引起了上海第一人民医院副院长彭志海教授和复旦大学附属华山医院外科主任蔡端教授的极大兴趣。与会代表对彭氏多功能手术解剖器进行了认真讨论，大家认为手术人员手持彭氏多功能解剖器就能完成除缝合以外的各种操作，既可节约宝贵的时间，又可清晰解剖实质性脏器内的管道结构，使以往许多难以切除的肿瘤得以切除，并可减少并发症。

从此，彭氏多功能刮吸解剖器就在上海生根、开花、结果了，它对促进上海地区外科手术技术的进步做出了杰出的贡献。这个小小解剖器的发明、应用过程充分说明了彭老师对学术、技术和创新发展倾注了心血，也促进了世界外科技术的进步。

彭教授也一如既往地继续给予我支持和帮助。2006年，我们与美国西储大学进行学术研究，成立了中国闸北－美国凯斯肿瘤合作组织。2008年，我作为大会主席举办全国第四届消化道肿瘤诊治进展年会，彭老师带领团队来上海给我撑台，进行学术讲座。

我虽然只是彭淑牖教授的编外学生，但受他指导、教诲、影响很大，各种故事举不胜举。他对事业精益求精、对工作无私奉献、对患者大爱无疆的精神，永远是我学习的榜样！

祝彭淑牖老师健康长寿、幸福平安！

倪泉兴：他是我30多年的良师益友

倪泉兴，外科学教授，复旦大学附属肿瘤医院终身教授，复旦大学附属肿瘤医院胰腺外科荣誉主任。

自恩师张延龄教授领我入门以来，在肝胆胰外科领域中众多的前辈和同道给了我很大的帮助和支持。其中，彭淑牖教授对我的影响和教益尤为深刻，他是令我终身受益的一位良师益友。

彭教授是我从事胰腺肿瘤事业中对我影响最突出的一位老师。认识彭淑牖教授至今已有30多年，彭教授大我一轮，是我的师长辈，我十分敬重他。他在外科领域做出了杰出的贡献，尤其在肝胆胰腺肿瘤的诊断和治疗方面拥有令人叹服的造诣；在肝胆胰肿瘤的手术治疗中，他自主开发了经济实用有效的手术器械，开拓新的安全有效的手术途径和方法，为手术的安全做出了重要的贡献，也为广大患者带来生的希望。

我敬重他虚心好学，不断进取，勇于创新，善于总结。他积极参加国内外的学术活动，在广泛交流中学习新知识、新技术、新理论，并不断带领他的学生们赴之实践，通过总结形成自己的观念，达到实践出真知、实践出成果的目的。

我敬重他平易近人，平等待人。他从不以自身的声望成就和地位傲视他人，给人一种和蔼可亲的感觉。与他相处时，我不拘束，很自由，可以与他自由地讨论，有时也与他争论，他从不生气。每当有人提出问题，他总是耐心地深入浅出地解释，直至对方明了。这种百问不厌、诲人不倦的精神值得我永远学习。

我敬重他言教身传，以培养接班人为己任。在肝胆胰领域内培育了一大批德才兼备的后继人才，输送到全国各地，可谓桃李满天下。在相关领域内，他的学生们都已成了举足轻重的骨干，在当地的医疗体系中享有极高的声誉。彭教授对学生们悉心栽培，他的学生们也努力奋进。在我与他的相处中，从未见他夸耀自己的成就，但当谈及他的学生们，他的脸上总会露出欣慰的笑容。他常常会拿出他和学生们的合影，一个个介绍，说到高兴时，喜形于色，溢于言表。每当学生和同道们碰到困难，他常常会亲临一线，或自行驾车前往或乘飞机远行数千里，不辞辛劳，亲自辅佐解决难题，挽救患者的生命。

我敬重他不图名、不谋利，尽职尽责。1990年，在中国抗癌协会副理事长郑树教授的鼓励和支持下，我们发起组建中国抗癌协会胰腺癌专业委员会（筹备委员会），得到了彭教授等众多前辈的大力支持。鉴于彭教授在业界的威望、资历及在胰腺肿瘤领域内的成就，我推举他担任主任，但彭教授却建议由我担任此职，自己甘当副职。在任期间，他为我们出点子、提建议，在大家的不断努力下，在1991年由中国抗癌协会胰腺癌专业委员会（筹）主持召开的首届全国胰腺癌专业会议期间，成功落实了专业委员会组织架构。从此以后，中国抗癌协会胰腺癌专业委员会工作走上正轨。5年后，经全国抗癌协会总会和中国科协批准，民政部备案，正式成为中国抗癌协会下的一个分支机构——胰腺癌专业委员会。彭教授将机会让给年轻一代，并在他们后面鼎力支持，尽心尽责，指导他们做好工作。这种不求回报、甘为人梯、乐于助人的精神，令人敬佩，也值得我们继续传承下去。

我敬重他生命不息、战斗不止的勇气和勤勤恳恳的“老黄牛”精神。古人云：“人生70古来稀。”在彭教授那里，70岁还小着呢，不是人生（事业）的终点，而是新的起步。一般人70岁已经解甲归田，儿孙绕膝，享受天伦之乐；而彭教授现已经90岁高龄，虽然背不如往日笔挺，步履也没有以往矫健，但是他的思维依然敏捷，双手操刀依然稳健。他不畏年高，人不离医，手不离刀，还经常活跃在手术台上。手术是他为学生示范、为患者解痛的最好场所。他这一生，为外科而生，为患者而生。

我敬重他不仅是一位理论联系实际的外科学家、杰出的外科医生，而且还是一位出色的医学教育家。他一生不断实践，不断总结，在实践中总结经验，通过试验研究上升为理论，又在理论指导下再实践。在国内外学术期刊上，他发表了大量优秀的论文，编著了很多医学著作，在我们肝胆胰外科界具有重要的影响，在国外同道中也得到了广泛认同，为年轻一代外科医生提供宝贵的经验。虽然未能在国内两院取得席位，事实上，欧美医学界已充分肯定他的学术地位，并分别授予他外籍荣誉院士。

我敬重他一身正气、两袖清风、悬壶济世、拯救苍生的医者风范。他经常告诫我们以患者利益为重，设身处地为患者着想，即使碰到疑难病例、高难度手术，也不要轻言放弃，要制定合理的检查和治疗方案。经过他的双手，切除了原本以为手术不能切除的肿瘤，挽救了大量患者的生命，也挽救了他们的家庭。他不因年龄增长而退缩不前，依旧在探索中前进，也不断推动他的学生弟子们努力攀登高峰。

生命不息，奋斗不止。彭教授有很多值得我学习的地方，他有优良的品质和素质，丰富的理论和实践知识，高超的手术技能，勇于开拓、不断进取、甘为人梯的精神。

彭淑牖教授——我的良师益友，向你致敬，向你学习！

潘文胜：经师易遇，人师难遭，得遇良师何其幸也

潘文胜，主任医师，博士研究生导师，浙江省人民医院消化内科 & 内镜中心主任。

记得在20世纪90年代初出国前，我还是个小医生，是病房的一唤医生。当时有一个来自金华兰溪的患者，肝内巨大肿块，上腹部皮肤红肿，入住浙江医科大学附属第二医院消化内科病房。限于当时的医学条件，CT、超声、检验等方法都无法确定其肝内肿块是肝癌还是肝脓肿（肿块部分液化），要请彭淑牖教授（我们又爱称呼他“老爷子”）会诊。门诊部的诊室里，他很忙，周边围了一圈人。在门诊的空隙期，我终于挤到彭淑牖教授的面前说明来意。彭教授让我用三句话说明患者的情况，我迅速从脑海中检索出最重要又简明的三句话介绍患者情况以及拟解决的困难，并从半寸厚的影像胶片中拿出重要的几张胶片给他。彭教授细致地听取病史汇报，并仔细阅读了疾病变化的影像胶片，让我将患者转到他的病房，就说他已经看过片子，之后患者顺利地完成转科。转科之后，经穿刺活检病理检查，患者病症证实为“胆管细胞癌，伴液化形成”，而非肝脓肿。患者知晓全过程，非常感激。这是完全不同的两种疾病，不同的治疗方法，不同的预后。

彭教授忙而不乱，于细微处发现问题，用最简单的方法解决实际难题。我相信这样的病例对于彭教授而言是成千上万个中的一个，他不记得，我却记得，并影响了我的后半生。此后，不管是在国外留学还是回国后指导学生，我也希望学生能用三五句话讲完病史，在临床思维中善于应用简单的方法解决复杂的问题，即深入浅出。

回国后的某一天，彭淑牖教授亲自打电话给我，我又惊又喜。以“老爷子”的辈分打电话过来，后辈的我接到电话异常激动和兴奋。彭教授简单地介绍了一位患者的情况，胰腺癌晚期的排便困难者，直乙交界处上方集聚了较多的大便，需探明直乙部位的肠道情况。我给患者仔细地做了肠镜，发现直乙交界处肠道僵硬、弯曲锐利、成角明显，内镜通过的角度极其细小，但表面黏膜完整。我将检查结果向彭教授做了汇报，“老爷子”细致了解患者情况及内镜检查结果，发现置放肠道支架困难且效果不佳，为了解决患者排便困难，改善其生活质量，彭教授决定再次手术。再次手术后，直乙

交界处梗阻解除，排便困难的问题也得到了解决，患者又多活了 3 个月。患者的儿子是一个典型的孝子，为了让其母亲能延长生命，愿做一切，并表示在其母生命结束之时愿抱着其母亲，让她在儿子的怀抱中走完生命之路，最后这个儿子也是这么做的。

因为这次的缘分，我和彭教授又近距离接触了一段时间。在一次活动中，我第一次听到彭教授唱歌，唱的是《人生无悔》。他唱得那么专注，就好像在做手术、做学术研究。彭教授留学过英国，桃李满天下且不乏大家。他研究成果无数，在欧洲进行肝脏尾状叶肿瘤切除手术表演；发明了捆绑式胰肠吻合术，解决了胰十二指肠切除术后胰漏的国际难题；发明了彭氏手术刀，使肝脏手术变得更安全、更简单。就是这样一位国际级大师，为了一名患者，亲自打电话给晚辈，摸清情况后才进行精准的手术，使患者的生命延长了 3 个多月。这样小小的故事，以及彭教授“人生无悔”的精神，每一天都在激励着我。

出国留学之前，我与彭教授有过少量的接触，因为辈分不同，直接交流的机会较少。留学回国后，因与“彭家军”中的老牛（刘颖斌教授）共同工作较多，与彭教授接触机会也随之增多。其后与李江涛教授共同工作和研究，更有了与彭教授近距离接触和交流的机会。

有一次，我因人生困惑的事向他请教，百忙中的他不但专门腾出时间，还帮选择了一个合适的地方，详细地询问各个细节，逐一分析各种情况的利弊、可能性、可行性及变化的趋势，并谈了很多人生的道理，最后给出了合适的建议。他是那样细致和真诚，就像在为自家孩子考虑着未来，其后一直关心我的工作和生活。

“师者，传道授业解惑也。”为师者，彭教授在临床疾病的诊治、科学研究、发明创造等方面教给我很多知识。更重要的是，他言传身教中展现出的人格魅力深深地影响了我的工作和生活。

经师易遇，人师难遭。尽管我不是一个真正的“彭家军”，但是彭教授待我如“彭家军”，并且像教其他“彭家军”一样教育我。我很感激上苍，让我有机会遇到彭教授，他不但是我临床工作和研究中的良师，而且更是我人生的良师。

彭兵：心有鸿鹄之志的“90后”

彭兵，医学博士，主任医师，博士研究生导师，四川大学华西医院上锦分院肝胆胰微创中心主任。

腹腔镜技术在外科广泛开展，作为肝胆胰外科最后需要攻克的腹腔镜胰十二指肠切除术，近几年在国内外也取得了长足的进步，但是腹腔镜下胰肠吻合是这个手术的难点和关键点。我们中心根据自己团队经验总结出一套腹腔镜下胰肠吻合方式，投到国际知名杂志 *Surgery Endoscopic*(《内镜外科》)。其实，我们刚开始起名叫“Peng's”(彭氏)胰肠吻合，杂志社编辑说不能叫这个，因为已经有彭老命名的“彭氏捆绑胰肠吻合”。为了不重复，我们改成“Bing's”（兵式R8）吻合，总觉得名字取得不够有鲜明特色。后来有一次开会，我把这个事跟彭老汇报了，他脱口而出：“应该取名为Peng Bing's，彭兵式吻合更好。”确实，我们后来一想，彭老取的这个名字更好，既能体现我们团队所做的工作，又不容易重复，我也感受到了彭老睿智通透的大智慧。彭老不假思索地给出建议，说明非常认可我们的这个学术成果，让我们更有动力去拼搏。

后来，在团队的努力下，“兵式吻合”也创造了数项之最：在国际上最早提出经肠系膜上动脉前入路联合门静脉–肠系膜上静脉切除重建的腹腔镜胰十二指肠切除术。目前，我们中心已完成了150余例腹腔镜下联合血管切除重建的腹腔镜胰十二指肠切除术/全胰十二指肠切除术，是目前国际上完成腹腔镜下联合血管切除重建数量最多的中心。在2014年1月完成当时全球年龄最高(89岁)患者的腹腔镜胰十二指肠切除术。

由于工作的关系，我和“彭家军”的牟一平教授、秦仁义教授接触得更多一些，从他们口中感受到彭老的人格魅力。

牟一平教授曾跟我讲过，在他读彭老的硕士研究生期间，彭老不但教授外科技术和理念，而且眼界高远，经常带着他们到国内各种学术会议上作交流，最让他开阔视野的是带他出国交流学习。原来在国内交流学习时，他认为彭老就是做得最好的肝胆胰外科教授之一了。出国后，他的国际视野得到了开拓，使他真正了解了外科发展的方向，了解了自己与国际顶尖大咖的差距在哪里，优势在什么地方，真正做到与国际接轨。

我与秦仁义教授最初认识大概是在2012年，我知道他开放胰十二指肠切除术做得非常好，2014年以后，逐渐在腹腔镜胰十二指肠切除术领域做得风生水起。与他交流才得知，他进入胰腺外科这个亚专业方向，是因为彭老看到了世界外科未来的发展趋势，及时帮他调整发展方向。当然，他在这个转变过程伊始也非常痛苦，遇到了一些困难和瓶颈，但一路上都有彭老的关心和支持，让他们渡过难关。如今，秦仁义教授在国际上也领衔腹腔镜胰十二指肠多中心、前瞻性研究，发出了来自中国胰腺外科的声音。

“家有一老,如有一宝。”彭老是“彭家军”的定海神针,更是中国医疗界的常青树。我多次讲到彭老如今90岁高龄却仍然活跃在外科舞台上，真的是名副其实的心有鸿鹄之志的“90后”。他带领“彭家军”的众弟子们披荆斩棘，为他们指点迷津，攀登一座座外科高峰，总是让我们羡慕不已。

彭心宇：他是中国医学界一部行走的"教科书"

彭心宇，教授，原新疆石河子医科大学校长兼附属医院院长。

在中国普通外科这个领域，提起彭淑牖教授和他的"彭家军"，那是声名显赫，更是因为名师出高徒、名徒助高师。而我也有缘有幸与彭教授相识、相交、相助，更为我的本家有这样大师级的专家而感到骄傲。

身为在新疆生产建设兵团工作的一名外科医生，我非常有幸得到过彭教授的鼎力相助。那是20多年前，我在上海参加外科学术会议期间拜见我的恩师吴在德教授，并向他汇报了我毕业后的学习工作情况，重点汇报了近些年我在肝包虫病领域的工作和研究成果，深受吴老师肯定，吴老师当即说："你应该在此次会议上交流。"他立刻找到了当时的会议主持人彭淑牖教授，建议能给我一个机会在会议上交流。没有想到的是，彭教授爽快地答应了，让我从医以来第一次在全国学术会议上交流我们的学术报告，这成为我人生一个重要的转折点，让业内知道我们的工作，也让我们坚定了继续努力的信心。

汇报结束后，各位同行的提问更是让我受益匪浅。其中就有彭教授的高徒之一刘颖斌教授对我的研究提出了极其宝贵的意见，并建议我用彭教授发明的彭氏多功能解剖器做肝包虫手术。果然，彭氏多功能解剖器以其独有的性能，大幅提升了肝包虫手术（尤其外囊完整摘除术）的精准性，提高了手术安全性和手术质量。如今，彭氏多功能解剖器已成为我们医院普遍使用的手术器械，深受外科医生的欢迎。

彭淑牖教授的手术水平更是达到我们无法超越的境界。彭教授在百忙之中抽出他宝贵的时间来我们医院做手术演示，让我们亲眼目睹了大师的卓越风采。彭教授让我们佩服的还有他旺盛的精力，以及多才多艺。下了手术台，他就是一个"百变王"，彭教授可以辛苦工作一天，晚上还能一展歌喉。中外经典歌曲、流行曲民歌，他都会唱，实在让我们晚辈羡慕。他也是运动达人，爱玩。闲暇时间，拉一曲小提琴曲，玩一把京胡，怡然自得。虽然90高龄，他依然和年轻人一样，对一切新事物充满好奇心，能玩转互联网和手机上的各种App。他就是中国医学界一部行走的专业和生活的"教科书"。

钱小玫：靠近他，我们感受到顶级的人格魅力

钱小玫，吴勇萍，浙江大学医学院附属邵逸夫医院特需门诊。

彭教授到浙江大学医学院附属邵逸夫医院特需门诊开诊已有四五年光景。他每周来一次特需门诊，总是笑眯眯地眯缝起那双睿智的小眼睛，像一位慈祥的老爷爷看着孙辈们，满眼透着慈爱和期许。他对每一位工作人员，包括保安大哥和清洁工人，都十分友好，每次都朝他们点头微笑。说真的，每次他的到来，让我们周围的氛围仿佛也变得宁静祥和起来。

他的门诊是下午一点半开诊，可他总是早早地来到8楼，恰逢中午休息时间，诊室里有同事在午休，他就一个人坐在诊室外等候，静静的，也不敲门。每当我们打开诊室门看到彭教授半眯着眼坐在那儿打盹，心里很是歉疚，让一位年过九旬的老者在外久等实在过意不去。这时，彭教授总是笑眯眯地摆着手说："不要紧，不要紧，你们上班辛苦，中午好好休息一下，我没事的。"说完，他慢慢挪起身子走向他的诊间，开始他半天的门诊工作。

听他的学生助手说起，彭教授到诊室坐稳后，便打开电子病历，预习起今天要来看诊患者的情况。他教导他们在看诊之前要对自己的患者做到心中有数，不仅仅关注病情，更要关注患者这个"人"。

曾经有一位胰腺癌患者和家属慕名前来找到彭教授，这位患者已在多家医院反复就诊，几经周折从外地赶到杭州。彭教授仔细查看了患者的情况，逐条逐句查看了患者就诊过的其他三甲医院的检验检查报告，认真严谨地做了体格检查，耐心细致地询问了病情，仔细查看了每一张放射影像片子，生怕遗漏疾病的任何一个微小细节。当所有的检查结果都提示趋向于胰腺癌晚期时，彭教授的脸上掠过一丝无奈和同情，但很快，他镇定地微笑了起来。他温和地询问道："您还有哪里不舒服，请您告诉我。"

患者开始絮絮叨叨地说了很多，由于求医心切，患者说话也语无伦次、词不达意。这时，我看到彭教授握住患者的双手，把耳朵凑近患者，侧耳倾听患者的诉说，对患者说的每一个词、每一句话都点头表示鼓励。直到患者把要说的终于说完，他起身站

起来，挨到患者身旁，用他的右手轻轻拍着患者的肩膀，左手还握着患者的手，就这样持续了良久。

我闪着泪光默默地看着这一幕，久久舍不得退出诊室。我脑海中闪现的是长眠在纽约东北部撒拉纳克湖畔的特鲁多医生的墓志铭"有时是治愈，常常是帮助，总是去安慰"。透过彭教授这饱含深情的眼神和握手，我想，这样的时刻，虽然医学不是无所不能，但也绝非一无所能，至少可以让患者少一些恐惧和不安。

彭教授已 90 岁高龄，但心态非常年轻，喜欢与我们聊天，说到投机处还掏出智能手机跟我们互加微信。他爱学习新事物，紧跟互联网步伐。单看他每日自己开车来特需门诊出诊就让我们啧啧称服，更不要说他敏捷的思维和超强的记忆力。

前些日子，彭教授找我说想换个口罩，我赶忙塞给了他一包，彭教授接过那包口罩抽出一只，换上，把剩下的又还给了我，说一只换换就够了，还感激地对我说："前年疫情刚起的时候，护士长您已经给过我一包了，谢谢您！这次不用了。"

"咦？是吗？"我脑海里搜索良久方才隐约记得好像是有这么一回事。那是 2020 年初新冠肺炎疫情刚暴发的那段日子，由于防疫物资非常紧缺，彭教授那些日子来医院的路上披着一次性雨衣，看诊时穿着蓝色布隔离衣，口罩也是省着在用。那天，我见他戴的口罩有点潮湿，便顺手把节省下来的一包口罩递给了他，可他却一直记到了今天。

还记得 2021 年强台风"烟花"来袭，杭州发布台风黄色预警。那天，狂风骤雨，因为出行困难，来就诊的患者很少。离下午开诊还有十来分钟，整个候诊大厅只稀稀落落地坐着三五个患者，格外冷清。忽然看到彭教授从电梯口缓缓走来，裤腿和半边衣服已经湿透，我顿了一下，赶紧迎上去，问道："彭教授，这么大的雨您怎么还过来？"彭教授一脸慈祥地说："要来的，要来的，今天我出诊，我不能让患者等。"说着就径直往诊室走去。后来，我们才得知当天由于风大、雨大，约好的几位患者都"爽约"未能赶到。这就是我们可亲可敬的彭教授，心里装的全是患者。

彭教授就像春风细雨润物无声，让每一个靠近他的人都能感受到那份和煦的暖意。无论是患者还是同事，我们都喜欢靠近他，聆听他的每一句暖言。

钱晓鸣：塑造生命奇迹仁者的“外科手术方法论”

钱晓鸣，人民网研究院研究员，高级编辑。

2018年，在中国第一届医师节当晚，彭淑牖主任出席我女儿和女婿的婚礼，他们是一对年轻的医务工作者。我对彭教授和全体来宾说：“30年前，彭主任喝了我的新婚酒，今天彭主任又喝了我女儿的新婚酒，希望我女儿的孩子结婚时，继续请彭主任来喝喜酒！”

我和彭淑牖主任已经有30多年的友谊，彭主任不是我认识的第一位外科医生，但彭主任让我对医生特别是外科医生有了全新的认识，他是我至今经常交往的忘年交。

与彭主任相识是在20世纪90年代，彭主任刚从英国交流访学回来不久。当时，他正在根据他独创的刮吸手术解剖法开发和改进彭氏多功能手术解剖器（PMOD），浙江省电台有一位记者朋友向我推荐了彭主任的事迹。1995年，在浙医二院的病房楼道里，我第一次见到彭主任，黝黑的面庞，戴着眼镜，一脸和煦的笑容，岭南口音普通话。我跟随彭主任来到浙医二院外科研究所，听着彭主任给我讲述他一个个不断创新的外科手术。在我的不断追问下，他从最新的刮吸法一路回溯到1954年，彭主任还是学生时就在当年著名的《中级医刊》上发表论文的创新历程。第一次见他那年，彭主任正好从医40周年。

彭主任的讲解让我第一次对外科手术有如此直观、透彻的理解。对于我所问及的每一个他研究改进的手术，他都不厌其烦地跟我介绍因果关系的逻辑性、传统经典手术面临的难题，以及他解决问题的办法、术后效果；还讲到了他的带教老师余文光先生；讲到了外科的基本功是内科；讲到了手术术式和手术器械的革新；讲到了他在英国医院学习的经历。彭教授的讲解颠覆了我对医学对外科医学的认识。我第一次认识到外科医学是如此具有创新潜力，外科医生是如此富有科学精神、可以这般用高超技艺塑造生命奇迹。用今天时髦的话讲，从此我成了彭主任的“迷弟”。

30多年来，聆听彭主任讲解他创新手术的地点已经远远不局限于他的病房和研究所了。在苏州召开的全国肝胆外科年会上，我陪着彭主任到刘允怡院士的房间，给刘院士播放和讲解彭主任最新的创新手术到凌晨一点多。刘院士看了彭主任的手术录像并听了他的介绍，说："彭教授的手术很值得向国际外科同仁推荐。"当然，彭教授的英语也很好，与国际同行直接交流完全没有问题。在解放军总医院，著名肝胆外科权威黄志强院士办公室，80 多岁高龄的黄院士聚精会神地观看彭主任的手术录像。在彭主任几个小时的讲解中，黄院士时有问询。在全国科技大会期间，彭主任兴致勃勃地向我介绍他的创新手术到凌晨。我曾经向已故的被誉为"中国外科道长"的黄延庭教授（曾任北京医院外科主任）请教如何看待彭教授的创新手术，黄延庭教授欣喜地说："彭教授的手术方法很好，我用了效果不错！"

也许是受到的熏陶多了，我自然而然地成了彭主任手术创新事迹的研究者、推广者和宣讲者。"非典"期间，在我的推动下，北京大学肿瘤医院几位院长和彭主任热烈讨论手术。在武警北京市总队医院，彭教授应邀为该院做了教学手术并介绍创新手术。这些都是我亲身经历的场景。我曾向中央电视台拟专访彭教授的同行介绍过彭主任，曾向科技部、一些高校和医院的领导及有关人员介绍过彭主任的创造发明，并推动和组织"刮吸法手术"在全国的推广。在我请彭主任师生诊治的患者中，有人告诉我那位彭教授简直就是"老神仙"。

在我的采访和报道中，曾经有一篇刊登于《中国日报》，我和李华宏报道一位美国患者慕名发传真来向彭主任求医问药。我还认识了彭主任所带出来的博士和硕士，有人把彭主任和他的学生们称作"彭家军"，我更愿意称他们为"彭氏学群"，因为他们都是彭主任外科手术方法的实践者，他们继承和发扬着彭主任尽心尽力为患者服务的大医精诚和不断创新的科学精神。

钦伦秀：他铸就了中国外科界的一个传奇

钦伦秀，复旦大学附属华山医院外科主任／华山医院北院常务副院长，国家杰出青年基金获得者、教育部“长江学者”特聘教授、教育部创新团队带头人和国家“973项目”首席科学家。

浙江大学医学院附属邵逸夫医院蔡秀军院长组织撰写《医学泰斗彭淑牖与“彭家军”传奇》，我非常荣幸地被彭先生邀请作为“亲友团”，聊聊我眼中的彭老师以及与彭老师间的难忘故事。

1990年，我硕士研究生毕业成为一名外科医生。就是那一年，彭先生成功研制出肝胆外科“神器”——多功能手术解剖器（也称彭氏刮吸刀）。后有机会在外科会议上聆听彭先生的精彩报告。“高山仰止，景行行止，虽不能至，然心向往之。”这些词最能反映我当时的心情。1993—1996年，我成为汤钊猷先生的博士研究生，有机会更近距离认识彭先生。就在那段时间，风靡肝胆胰外科界的“彭氏捆绑术”问世了。

而我与彭先生的真正面对面交流始于20年前，那时受汤先生的委托，特别邀请彭先生在“全国肝癌新理念与新技术进展学习班”上作专题演讲。我认真学习了彭先生每一个创新的缘由、思考、坚持和攻坚的心路，深为彭先生的严谨治学、锐意进取、不畏权威、勇于开拓创新的精神所震撼。20年来，每次相见，先生都不吝赐教，给予我热情鼓励和谆谆教诲，激励我不畏艰难险阻、继续努力攀登。由此也建立了亦师亦友的深厚感情。彭先生的传奇精神让我等外科晚辈受益终身。

先生具有极强的创新意识，始终聚焦临床诊疗重大难题，不畏艰难，上下求索，研发世界级的原创性成果，推动外科技术的发展，铸就“外科发明家传奇”。彭氏刮吸刀的发明就是针对外科手术器械繁多、杂乱，频繁更换费时费力，缺乏有效分离、止血的“武器”等问题，先生集多年临床经验之大成，化繁为简，将电切、电凝、吸引、剥离四大功能集而为一，研制成多功能手术解剖器，并开创了集组织分离、淋巴清扫、血管止血等于一体的彭氏刮吸手术解剖法，使传统外科手术中多器械分步进行的步骤可同步实施，瞬间转换，明显缩短手术时间、减少出血量。外国同行高度评价这是世界外科划时代的进步，这项发明也获得了国家技术发明奖二等奖。而其另一项世界级发明——捆绑式胰肠吻合术（"彭氏捆绑术"），针对的是"胰肠吻合口漏"这一困扰世界医坛60多年的难题，彭老把胰肠吻合中的"缝"改为"捆"，大大降低了胰腺手术后的胰肠吻合口漏发生率。美国著名外科教授克莱克评价说："他的技术和创造在外科史上具有划时代意义。"先生无愧是一名外科发明家，先后取得了来自临床一线的10多项发明和创新技术成果，救治了大批濒临绝望的患者。

先生桃李芬芳，培养了一批外科优秀人才，打造了一支外科界的"彭家军"，此乃"潜心育人传奇"。"彭家军"的许多成员已成为多家医学院校的外科学术带头人，我与他们大多有非常深厚的"渊源"：有的成为我的领导（蔡秀军教授是中华医学会外科分会副会长兼肝脏外科学组副组长；彭承宏教授曾任上海医学会普外科分会主任委员；刘颖斌教授为上海医师协会普外科分会主任委员），有的成为我的同事（杜建军和史留斌教授是我在华山医院外科的战友）和好友（浙江省人民医院牟一平教授、邵逸夫医院洪德飞教授等），并结下深厚情谊。彭先生潜心育人、倾力提携年轻人的高尚品格，令人敬仰。我这个"彭家军"的编外人员，每次聆听彭老的报告、在学术会议上短暂面见，均能得到彭老的谆谆教导和指点，对我的成长与进步产生深远影响。

先生谦逊有礼的外表下藏着永不停息的"坚定与执着"，成就"常青树传奇"。先生总是那么淡泊平和、和蔼可亲，"微笑"是先生最突出的特征性标志。他总是微笑地面对一切事和人，无所畏惧，举重若轻，宠辱不惊。先生虽年已90，仍宝刀不老，坚守外科临床一线，救治危重复杂疾病的患者；或飞行于世界各地，活跃在各种学术会议上，极其认真地全程参与学术交流。他仍孜孜不倦、擦亮"彭家军"的创新魂，在肝胆胰外科技术方面不断推出系列原创性成果，无愧于外科界的常青树。

欣闻在2022年3月18日的第七届中国医学家年会上，"90后"的彭先生荣膺"十大医学泰斗"殊荣。敬祝彭先生健康平安快乐每一天！

秦锡虎：彭老祖的“刀”与秦老虎的“舞”

秦锡虎，教授，博士研究生导师，主任医师，南京医科大学附属常州市第二人民医院党委书记。

20世纪90年代末，我国的外科技术水平尚处于相对落后的状态。大部分地市级医院只能施行胃肠及胆道手术，无法施行肝脏和胰腺手术；学术会议也很少，交流学习的机会更鲜有；杂志和图书也以文字和图谱为主，基本没有视频教学，现在所流行的手术直播更是闻所未闻。总之，学习和提高外科技艺的渠道少、难度大。

当时，全国普外科学界的博士研究生导师只有寥寥20多位，江苏省仅有两位，一位是苏州医学院的陈易人教授，另一位是南京军区南京总医院的黎介寿教授。我有幸师从陈教授。2000年，我博士研究生毕业回常州市第一人民医院工作。一次，我的老师黄伯华主任参加一个学术会议，会后带回一把手术刀——彭氏多功能手术解剖器（PMOD），说是浙江的彭淑牖教授发明的。黄主任明确地告诉我们，PMOD有神奇功效，可以高效完成肝切除术。当时，在常州市第一人民医院肝胆外科，肝切除术尚是高风险的“禁区”，每年仅做3～5例，还仅限于边缘的、较小的肿瘤。我拿到PMOD，心中狂喜，仿佛张无忌得到了屠龙刀，以为从此可以在肝脏禁区“驰骋沙场”。然而，某日用PMOD一试，肝脏出血依然出血不止，难以驾驭。

初生牛犊不怕虎。术后，我打电话到杭州，咨询PMOD使用诀窍，没想到彭淑牖教授亲自接电话。电话中，彭老详细传授“武功秘籍”：“手术中以电凝为主，电切为辅，肝脏创面电凝功率可以调至最大120W……”

从此，作为彭老“电教”速成的学生，我操起PMOD，在肝脏、胰腺等器官上“翩翩起舞”。在自我摸索的同时，我内心特别希望得到彭老的面授机宜。然而，彭老在我心中是高山仰止。于是乎，我邀请小彭教授来常州（彭承宏教授，作为彭淑牖教授的嫡传弟子，因为手术技艺神妙，惊艳同行，业内尊称“妖刀”，表示极大的赞誉。）小彭教授言传身教，使我迅速掌握PMOD的使用窍门，也使我的手术技术迅速提升，完成了一些高难度手术。我利用2000—2002年间开展的12例肝癌、17例胰腺癌和

7例肝门胆管癌资料，撰写学术论文《多功能手术解剖器PMOD在肝胆胰恶性肿瘤手术中的应用体会》，于2003年发表在《肝胆外科杂志》上。2003年，肝脏手术突破百例大关，当年38岁的我当选为常州市医学会外科专业委员会主任委员。2004年，我独立完成原位肝移术。我开始在外科界崭露头角，沪宁线上不少医院都知道常州有一位使用PMOD开刀的"秦老虎"。

2011年，四年一届的"中华外科周"在北京举行。中华医学会外科分会决定进行一次手术视频比赛，首次在国内设立手术艺术奖，分设肝、胆、胰、胃肠等7个专项奖，在专项奖基础上，再设立"金剪刀奖""金针"和"金手指奖"3个综合奖项，共产生10名获胜者。评比分两个阶段，第一阶段先上传手术视频，由全国同行盲评，胜出后再由专家评审。当年，我用PMOD施行了全国首创的一个手术——"胰头下部切除术"。上传后得到一致好评，尤其是署名"彭老祖"的同道点评"手术设计巧妙，手法娴熟，操作精细流畅"。我估计应该是彭老的点评，给了我莫大鼓励。果然，该手术视频在网上高票胜出，后又在专家评审中胜出，获得中华医学会首个手术艺术奖——"金手指奖"。

2015年，我遇到一个特殊病例，我给他做了一个胰头沟槽区域病灶切除术，保留了患者的十二指肠，同时也完整保留了患者的胆总管及主胰管，手术效果很好。但是，对这样没有先例的"标新立异"手术，我底气不足。于是，我鼓足勇气，带着手术视频来到杭州，请彭老指点，这也是我第一次得到心中"男神"面对面的指导。

记得当时是一个星期天，彭老还在浙江大学医学院附属第二医院办公室工作。彭老首先肯定了我的创新之举，认为手术设计巧妙合理，最大限度地减少损伤，有益于患者，并建议将该手术命名为"胰腺沟槽切除术"。我听从彭老建议，撰写论文"Groove Resection of Pancreatic Head in Groove Pancreatitis: a Case Report"发表在国际期刊*Experimental and Therapeutic Medicine*(《实验与治疗医学》)上(2017,14:1983–1988)。

岁月不居，时节如流。与"彭家军"弟子比，虽然我得到彭老耳提面命的机会屈指可数，但从2000年使用PMOD开始，我就一直受惠于彭淑牖教授。彭老有教无类，让我入了门、长了技、得了道。如今，我即将步入花甲之年，传道授业是我的主要任务，我要向彭老学习，学习他大爱无疆的精神，要尽可能地关爱和提携后辈，让更多的年轻人在外科之路上茁壮成长。

秦新裕：上德若谷
——我敬仰的彭淑牖教授

秦新裕，教授，博士研究生导师，曾任复旦大学附属中山医院党委书记，复旦大学普通外科研究所所长。

彭淑牖教授是我国普外科学界德高望重、德艺双馨、备受敬仰的老前辈。从医六十多载，彭教授在普外科领域有诸多建树和创造性发明，如捆绑式胰肠吻合术、彭氏多功能手术解剖器等。临床工作中，他以精良的医术挽救了无数患者的生命。学术上，他作风严谨，勤于笔耕，论文无数。在国际学术界，他先后被美国外科学院、英国皇家外科学院、欧洲外科学院和法国外科学院聘为荣誉院士。在教学中，他教书育人，诲人不倦，桃李满园，是我们眼中儒雅谦恭又和蔼可亲的师长。

我心目中的彭教授是一位睿智儒雅、风度翩翩、和蔼可亲、令人敬仰的长者。记得 20 多年前，我应彭教授邀请，赴浙江医科大学附属第二医院会诊一例术后胃排空障碍患者。当时，彭教授邀请了两位会诊医生，除我之外，还有中山医科大学附属第一医院王吉甫教授。王教授时任中华医学会外科分会胃肠外科学组组长，是我国大名鼎鼎的资深胃肠外科专家。而我，仅是一个名不见经传的普通外科医生，在英国获得博士学位回国后继续着胃肠动力学和术后胃瘫方面的研究。我很惊讶彭教授会关注到我这样的无名之辈，备受鼓舞，也感觉很开心。彭教授非常尊重会诊医生，亲自陪同我们去病房看患者，问病史，查病体。讨论时，他也非常认真、仔细地倾听我们的意见，和我们一起寻究该患者发生胃瘫的起因，探讨最佳的处理办法。虽然会诊的时间是短暂的，但让我见识了大师的学识与胸怀，收获良多。

时光流逝，其实每一天，导师们都在改变或影响着学生及周围人的思想。

我心目中的彭教授，不但自己技艺超群，还扎扎实实培养了一批品学兼优的学生，很多学生已成为全国各地普外科学界的带头人，可谓桃李满天下。大家熟悉的彭承宏教授和刘颖斌教授都是彭淑牖教授钟爱的高徒。在彭教授的指导下，彭承宏教授和刘颖斌教授业已成长为国内知名的外科专家。后来，他们俩先后作为人才引进，来到上海工作。我清晰地记得当时彭淑牖教授还特意打电话给我。连线中，我能听出他热忱支持彭承宏教授和刘颖斌教授来上海医院工作，殷切期望两位学生能在上海做出一番事业，同时也叮嘱我关心和帮助两位。“一日为师，终身为父”，一位导师对学生的关爱之心，溢于言表，细微周全，深情厚意。他们两位也不负导师期望，都在上海的工作岗位上做出了骄人的成绩。彭承宏教授担任了上海交通大学医学院附属瑞金医院普外科主任和上海医学会普外科专业委员会主任委员；刘颖斌教授担任了上海交通大学医学院附属新华医院副院长、上海交通大学医学院附属仁济医院普外科主任和上海医师协会普外科分会会长。彭承宏教授和刘颖斌教授还都是上海市的劳动模范。

彭教授虽已是 90 岁高龄，但新冠肺炎疫情暴发以前在学术会议上，我们仍然可以看到彭淑牖教授活跃的身影，与同行分享他的临床经验和体会。彭教授对工作精益求精，生活也富有情趣。业余时间他还喜欢唱歌，给同行高歌一曲，其饱满的热情与清亮的嗓音让我们对“90 后”的彭教授钦佩不已。

仇毓东：他让中国医学事业焕发时代光彩

仇毓东，医学博士，主任医师，博士研究生导师，现任南京大学医学院附属鼓楼医院胆胰外科主任、普外科副主任。

彭淑牖教授是我国著名的肝胆胰外科专家，也是我的老师。20多年前，我有幸结识彭老。多年来得到他无私的关怀和帮助，内心充满感激之情。借此机会，回忆了彭老的两件小事，表达对彭老的崇敬和感激之情！

我是吴孟超院士的徒弟，也是“吴氏刀法”的传人之一。在吴老身边学习时，他老人家常常教导我们：“不要骄傲自满，固步自封，一定要向国内外的专家和同道虚心求教，才能不断进步。”彭老就是吴老和我们心目中的外科大家。记得我刚到新单位工作就遇到了难题。随着手术技术的不断进步，肝脏外科的禁区不断被突破。位于肝门区肿瘤的手术越来越多，而在风险难度极高的肝门区域，用传统的手术技术常常有些力不从心。我带着这些问题，参加了2001年在武汉举行的全国肝脏外科年会，期望能在会议上汲取全国同道的宝贵经验。

会议期间，我们被彭淑牖教授的肝门区和尾状叶肿瘤切除技术深深地震撼了。图片显示出干净的手术野，清晰的解剖结构，完整切除的肿瘤病灶，让全体参会者耳目一新，同时也不约而同地提出疑问：“彭教授是怎么完成这样的手术的？”

会后休息时，我怀着惴惴不安的心情来到彭教授身边，不知彭教授会不会搭理我这个“小白”。可让我没想到的是，彭教授非常和蔼可亲，让我一下子消除了紧张感，我把工作中遇到的问题向彭教授一一汇报。

彭淑牖教授非常耐心地听完我的介绍，满面笑容地说：“小伙子，你有非常好的肝脏外科基础，做好肝门部的手术不成问题。肝门区解剖结构复杂，需要小心细致地解剖。但是，血管丰富的区域常常使我们难以获得清晰的手术野，预先善其事，必先利其器。”说完，彭教授从包中拿出一把模样别致的手术刀，耐心地向我介绍他发明的彭氏刮吸刀的原理和使用方法。

彭教授的讲解和示范使我茅塞顿开，采用有吸引装置的特殊手术刀，可以在手术中同步将渗出的血液、组织残渣清理干净，完整清晰地显示各种复杂的结构，便于手术者精细解剖，完整切除肿瘤，最大限度地保留功能，达到精准的手术效果。

后来，彭教授把他发明的“彭氏手术刀”赠送给我，经过不断实践和总结，我逐渐掌握了精细解剖的技术和方法，为完成高难度肝门区肿瘤的切除打下了良好的基础。更重要的是，彭教授的创新精神一直鼓舞着我不断努力和进步。

在前辈们的关心和指导下，我从一位年轻的医生成长为经验丰富的肝胆外科专家。2012年，我第一次受邀在法国举行的国际肝胆胰外科会议上做大会发言和手术演示。接到会议的邀请，我心里略感不安，幸运的是，来到美丽的巴黎后，我在下榻酒店里遇到了彭淑牖教授，彭老是受邀来做大会主题报告的。

见面后，彭老亲切地和我打招呼，当听到我也受邀来做报告和手术展示时，彭老非常高兴，连连说：“好啊！好啊！咱们国家后继有人，我们要把中国人精湛的手术技术推向世界，让全球同道都知道咱们中国人拥有最好的技术和最优秀的外科医生。”

我听了彭老的话语，心里备受鼓舞。但是，我也向彭老说出了自己的担心。彭老听完我的担心，拍了拍我的肩膀说：“不要紧，我来给你助阵，你一定能讲好！如果有疑问，尽管找我。”听了彭老的话，我内心平静了一些，但还是有些不放心。于是，轻轻地说：“彭老，您能不能帮我看下讲稿？如果方便，听我试讲一下，提提宝贵意见。”没想到，彭老立刻爽快地答应了。连续几天，彭老不辞辛劳，帮我修改了讲稿，还抽出宝贵时间听我讲了一遍，耐心指点我报告中需要注意的技巧，使我获益匪浅。

到报告那一天，我来到会场，惊奇地发现彭老带着他的学生坐在前排，他是来为我压阵、助力的，我非常感动！彭老在我上台报告前，特别叮嘱不要紧张，语速平缓。在展示手术视频时要放慢语速，突出重点，让国际同道充分领略我们的手术细节。在彭老的悉心指点下，我顺利完成了报告，并荣获本单元优秀手术展示。彭老一直坐在前排，全程听完了我的报告。

他平静、慈祥的面容给台上的我极大鼓励。我深切地感受到，有像彭老这样的大家为我们引领，中国的医学事业定会蒸蒸日上，焕发出强劲的生命力！

裘正军：他永远是年轻医生的楷模

裘正军，主任医师，教授，博士研究生导师，上海市第一人民医院普外科中心。

早在20余年前，我还是一名年轻的外科医师时，就正敬仰彭淑牖教授的渊博学识、精湛的临床技术、创新性学术成就和学术地位，当时主要来自老师辈的介绍、学术会议和文献的获知；我的大学同学牟一平（彭教授的博士研究生）也介绍了老师彭教授培养学生的切身体会，令我更敬佩彭教授。2000年后，在学术会议上得以有机会当面向彭教授请教复杂肝胆胰疾病处理及进展，彭教授非常平易近人，毫无保留地传授他多年积累的经验。

曾在2003年，我科遇到一位多次胆道手术后肝门部胆肠吻合口狭窄及合并结石的病例，影像学检查肝门部结构不清。当时，我对这方面的手术经验不足，就想到能否请彭教授会诊，并且这是一个非常好的学习机会。彭教授答应会诊，并还愿意亲自手术。这让我喜出望外，能与彭教授同台手术学习是我莫大的荣幸。手术完整取出了因线结而致的胆道结石，重建了胆肠吻合，手术非常顺利。彭教授在手术过程中展示了对解剖了然于胸的胆大精细的外科大家风采，并且在手术中详细讲解关键问题的处理及原理等，使我和我的同事受益匪浅。

近年来，与彭教授的见面机会更多，他每次都会关心我的工作等情况，激励我们探索临床技术创新，并分享自己开展的新技术。彭教授作为一名著名的外科学家，他的言传身教、严谨治学、精益求精、勤于思考和不断创新的精神永远是年轻医生学习的楷模。

单江、黄钟英：老友间最朴素的温暖

单江，原浙江大学医学院附属第二医院心内科主任。

黄钟英，原浙江大学医学院附属第一医院大外科主任。

我和彭淑牖教授是师生、同事、邻居、球友。当年，我们一起住在马市街一号，是隔壁邻居，两家的孩子们从小就在一个院里玩耍，亲密无间。

我还是彭教授的一个病友。20世纪70年代，有一天我在门诊出诊，突感腹部剧痛，我自己做了简单的腹部触诊，右下腹的麦氏点压痛明显，我估计自己得了急性阑尾炎。我的爱人黄钟英那时是浙江医学院附一院外科主任，但此时赶到她那里，一则我走不动，二则时间也不允许。这时，我脑子里想到的第一个要求助的人就是彭淑牖教授。于是，我给他打了电话，说自己得了急性阑尾炎，想让他给我做手术。他正在手术台上，答应手术下来马上给我检查。他手术台下来，马上为我进一步做检查确诊，确认是急性阑尾炎。于是，他给我做了急诊手术。虽然是一个常规小手术，但是他就是做得漂亮，我恢复得很好，没几天就返回岗位上班了。

我再分享一个我身边的故事。2000年前后，我一个在新疆工作的同学有一天焦急地找我，说他的夫人被诊断为胰腺癌晚期，去了好多家医院，都说没有手术时机了。请我帮忙介绍医生再给看看是否还有一丝机会。我不假思索，马上去找彭教授。彭教授详细研究了同学夫人的情况后，说可以手术。就这样，他二话不说，第一时间飞到新疆做手术。手术非常成功，同学夫人术后健存了好多年。后来，同学夫人去世后，她的女儿打电话给我，表达对彭教授的救命之恩的感谢，让她妈妈多陪了她几年。她讲了一个小插曲，说当时彭教授去新疆手术时，我同学为了表达感激之情，特地在宾馆里预定了贵宾房间，结果被彭教授婉拒了，坚持让他们换成标间，他说自己就是一个普通的医生，住普通客房即可。家属拗不过他，只好换成标间。这件事情让很多新疆当地人特别感怀，说彭教授没有一点大教授的架子，低调、谦逊、务实，他们也发自内心地尊重德高望重的彭教授。

彭教授是我的伯乐，在工作上给予了我很多帮助，我算是他的半个入室弟子。

1994年，我在浙医二院心内科做了国内第一例人工除颤起搏器植入术。起搏器是德国百多力公司的第一世代产品，体积相当大，无法在胸部的皮下安装，那只能装在腹部。

安装起搏器的过程也颇费周折。我们从患者的胸部到腹部“打隧道”，将起搏器的管路经过“山路十八弯”通到腹部，手术很顺利。一年半后，装在患者体内的起搏器电池即将衰竭。这时，我正好到德国柏林开国际会议，遇到了德国百多力公司的总裁，我和他说起这个首例患者的起搏器电池即将用完，而患者的经济能力无法承担第二台起搏器的费用。对方听我说起这是中国大陆第一个装起搏器的患者，觉得很有意义，于是答应免费赠送一台第二世代的除颤起搏器，体积要小得多，可安装在胸部皮下。

我开心得不得了，兴冲冲地将起搏器带回国准备更换。结果遇到棘手的问题了，发现之前安装在腹腔内的起搏器的导管要从原路径取出来，难度很大。怎么办？

这时，我依然想到了彭教授。赶紧把他请来解决燃眉之急。彭教授做手术的技巧真的是行云流水。手起刀落，看似简单的几个招式，一下就把我的难题解决了。他在做手术的过程中，和我仔细地讲解每个关键的步骤该怎么做，注意哪些细节。他教我的这些“武林秘籍”我都一直牢牢记在心里，对我后来的工作帮助极大。同时，他从不吝于鼓励我的夫人黄钟英在外科专业领域的发展，我们夫妇俩特别感激他的倾囊相授。

彭教授也是个奇才，他真的是学什么像什么，我想这跟他爱钻研的特质有关。就拿打乒乓球来说，我六七岁就开始学打乒乓球了，而他则是在70岁以后才开始学的。我们俩的技术比起来，我好歹勉强算个专业的，他是“半路出家”的，怎么着我也是技高一筹。他学乒乓球时，不像一般人上来就呼呼呼地拉练开打，而是站在一边看别人打，认真研究如何发球、接球、旋球的技术窍门。和他做手术一样，他也要构建一套科学循证的关于打乒乓球的理论体系。后来，我们医院举行乒乓球比赛，结果，他拿了个冠军，而我则是季军。

他是我的榜样，我现在83岁了，也学习他退而不休，坚持开车上班，每周2次出门诊，有时候还上手术台和后生们一起做起搏器植入术。我想适当地忙碌比闲着好，这方面受他的影响很大。

我们这么多年的老友，有很深厚的友谊。每次看到他取得成就，我就发自内心地为他高兴。尤其是2022年3月，他获得了“十大医学泰斗”殊荣，我们这群老朋友为他欢呼鼓舞。他真的是实至名归。

我们这点感想朴素平易，但是发自肺腑。这是老友间最朴素的温暖。

邵成浩：与彭老交往二三事

邵成浩，主任医师，教授，博士研究生导师，海军军医大学第二附属医院（上海长征医院）普外科主任，胰胆外科学科带头人。

彭淑牖教授是我国外科领域的泰斗级大师。在长达60多载的职业生涯中，彭老勇于改革创新，开创了多项引领性工作，著名的有彭氏多功能手术解剖器、捆绑式胰肠吻合、绕肝提拉法肝切除术等。在专注于临床创新的同时，彭老一直坚持教书育人、言传身教，为国家培养出一代又一代外科学专家。如今，彭淑牖教授的学生已经遍布海内外，很多人已成为国内知名教授，业内也尊称他们为“彭家军”。

初知彭淑牖教授时，我还是一名在职读研的小医生。我在1999年的《中华外科杂志》上拜读了彭老的文章《肝尾叶切除术26例报告》。那时，肝尾状叶肿瘤的切除是肝脏外科领域的高难手术。后来，我又在各种学术会议上多次聆听彭老的学术报告。彭老的每次报告都是满满“干货”，有理论、有文献，更有他的手术照片和手术经验的介绍，让初入外科大门的我受益匪浅。我对彭老肃然起敬，也满心渴望有一天能成为像彭老那样技术超群的外科医生。

第一次和彭老面对面交流是在2012年法国巴黎举办的国际肝胆胰外科年会上，那也是我第一次参加国际会议。我抓住机会坐到彭老身边，问：“彭老，您今天怎么还在会场？”彭老答：“我想听一听国际上有哪些新的进展，学习学习。”这句话令我至今记忆犹新。当时，彭老在国内外医学界都已经拥有很高的影响力和学术地位，但即使已经获得如此高的成就和造诣，彭老也仍从未停止过学习。后来在美国外科年会的会场，也与彭老有多次交集，他总是一如既往地坚持坐在会场主持、讨论和听讲。

彭老是儒雅、谦和的一代大师，无论何时见到彭老，他总是笑眯眯的，很亲切地和我们这些后辈交谈。正因为彭老平易近人，我这个后辈才有机会多次当面请教。再后来，我自己举办学术会议，也多次邀请彭老授课，他都会精心准备，并提前到会场。授课内容也是自己精心制作的——更新幻灯片、剪辑手术视频。彭老的精益求精、孜孜不倦、严谨认真，给了我很大的震撼和启发。

新冠肺炎疫情暴发前几年，国内学术会议很多，我多次和彭老一起参加会议。有两件事印象很深：一是彭老的胃口比我们年轻人还好。二是精力旺盛，一次在广州开会，会后，我们一起打乒乓球和唱歌放松，彭老让我们再次心生仰慕，他不仅球艺惊人，而且中英文歌曲切换自如，还唱得好。这让我们不禁感慨，优秀的外科医生必须千锤百炼拥有一副好身体，吃得下睡得香，精力超人，才经得起千辛万苦的磨炼。

邵钦树：他教诲我要做一个“手术大师”

邵钦树，教授，主任医师，浙江省人民医院胃肠胰外科主任。

彭淑牖教授是享誉全球的外科学泰斗。他今年九十高寿，却依然兢兢业业地奋斗在临床一线。

他为人谦逊、真诚，专业技术精湛；对患者关怀备至，不论贫富，均一视同仁，倾尽全力救治，披肝沥胆。对年轻医生的培养，他不遗余力，言传身教，呕心沥血。他严谨细致、甘于奉献的作风，彰显一名大医者对专业的挚爱和人生境界。

20世纪90年代末，一次偶然的机会，我有幸认识了彭教授，被他的大家学者风范深深地打动。我记得那是在一次全国外科学术会议上，我做大会发言，提出了“目前胃癌手术方式已明显精进，但5年生存率提高不明显”“胰腺癌依然手术切除率低，5年生存率低”等难题。彭教授会后专门找到我，语重心长地对我说：“外科医生不是单纯的‘手术匠’，而是要做‘手术大师’。要善于总结临床经验教训，勤于思考，潜心钻研，对发现的临床问题进行科研转化。”

在彭教授的鼓励和启发下，我在手术之余积极进行科学研究，以“从肿瘤的生物行为出发来提高消化道肿瘤的治愈率”为切入点，成功申报了浙江省自然科学基金重大专项“胃癌外周血基因标志物的筛选与鉴定”。该研究使我院当时的早期胃癌诊断率由7%提高到20%左右。紧接着，我又成功申报了浙江省科技厅攻关项目“胰头癌综合治疗的临床研究”。在该项研究的支持下，通过全科同事的共同努力，我院胰头癌的切除率由9%提高到40%，也受到医院的高度关注。以上研究得到了浙江省人民政府和浙江省卫生健康委员会的嘉奖，获得了浙江省科学技术奖二等奖、三等奖等荣誉。彭教授得知我在专业方面的进步非常欣慰，指导我为《中华医学杂志》和《浙江医学杂志》的专家论坛栏目撰写了《胰头癌手术方式的若干问题》和《胰头癌手术方式的争论与共识》等多篇学术论文。

在手术技能上，彭教授手把手地教我开展复杂胰头癌的胰十二指肠切除、血管切除重建术。他发明的捆绑式胰肠吻合术解决了胰漏这一世界性难题。记得当时彭教授已是七十高龄，仍全程陪同我在一天内连续完成两台高难度胰头癌手术，从早上一直站到晚上，耐心指导我进行胰头癌区域的神经廓清、淋巴清扫、血管移植重建和胰胃吻合。在彭教授的精心呵护、教导和培养下，我从一名外科小医生成长为一名成熟、有担当的外科医生，为医学事业贡献绵薄之力。

彭教授一直以救死扶伤为使命，他的心里装满对患者无尽的关心和爱护。有多少次，我陪同病情复杂的肝癌、胰腺癌患者到彭教授办公室，请他读片、指导。他总是耐心、专业地帮我分析病情，指导制定进一步治疗方案。面对这些绝望的患者，彭教授总是用笑容来安慰他们，用言语鼓励他们，让患者重拾生的信心与希望。在他的帮助下，很多患者获得了新生。

彭教授是我们年轻一辈学习的楷模，他凭借着坚持不懈和创新精神，取得了举世瞩目的成就。他医术精湛，攻克一个个手术难关，挽救了数以万计疑难重症患者的生命；他勇于创新，发明彭氏多功能手术解剖器，大大缩短手术时间和减少出血量，有“中国神刀”之称；他对学生用心指导，为中国培养了一批又一批的外科大腕，被誉为“彭家军”；他热爱医学研究，科研论文不断发表，至今已经发表学术论文 700 多篇，在国际学术领域有巨大的影响力……他是全中国、全球外科界的导师。他的思想精神指引我们外科界一代代专家的成长。

沈柏用：外科的领路人

沈柏用，主任医师，博士研究生导师，上海交通大学医学院附属瑞金医院副院长。

上海交通大学医学院附属瑞金医院（以下简称瑞金医院）在1977年便完成了我国第一例肝脏移植手术，但鉴于种种原因，我院肝移植外科在之后一直处于发展停滞状态。多年后，我的老师，时任瑞金医院院长的李宏为教授决定重启我院肝移植工作，并邀请彭淑牖教授来担任重启后第一台肝移植手术的主刀医生。

记得那是一位因肝脏术后肝硬化而接受肝移植的患者。由于是二次手术，且患者肝功能处于失代偿阶段，所以手术过程十分困难。那也是我第一次见识到彭老师发明的彭氏刮吸刀，集切、凝、吸、剥为一体的多功能手术解剖器，特别适合创面容易渗血的肝脏手术。再配合彭老师精湛的手术技法，整个手术过程行云流水，极其流畅，给我留下深刻印象。

在此之后，我有幸在各种学术会议期间与彭教授交流，向他讨教各种外科学术问题。令我备受感动的是，彭老师多年来一直践行着“日新月异”的医学精神，对于微创外科、快速康复、机器人手术等外科新技术、新理念，他都欣然接纳并积极学习。在2018年举办的“亚洲腔镜机器人手术大会”上，我邀请彭教授做了题为“微创ALPPS发展”的学术报告，从他的演讲中，我听到的不仅是一种手术方式的革新发展，更是彭教授对外科学孜孜不倦的探索和思考。

彭教授对我们后辈的学习和成长也十分关心并给予支持。不管是主办会议邀请他做报告，组稿会邀请他赐稿，还是出版书籍邀请他作序，他都欣然答允。非常感谢彭教授一直以来的关爱，真诚地祝愿彭教授健康长寿！

沈锋：他身上散发的魅力，出自大师的高度和境界

沈锋，主任医师，教授，博士研究生导师，海军军医大学第三附属医院（东方肝胆外科医院）副院长

我第一次见到彭淑牖教授，是在20世纪90年代初我院举办的一次学术会议上，我的老师吴孟超教授和陈汉教授邀请彭老来讲课。此后许多次聆听他的学术报告，领略到他理论联系实践、长期奋发创新的风采。但是，第一次与彭老近距离接触，是在2012年巴黎举行的国际肝胆胰协会大会上。彭老与我们一行住在同一个酒店。因为酒店距离会场至少有三四公里，所以有同事联系了一辆车早晚接送。第一天，我突然在车窗外看到彭老在人行道上走着赶向会场，心中非常惭愧，想彭老已是80岁高龄却还在步行，赶紧说停一下请老人家上车，但因为大街上不能停车只好作罢。晚上见到彭老，请他后面几天坐车一块去，他笑眯眯地说："不用不用，谢谢，我可以的。"会议期间，每天都能见到彭老聚精会神地听会或者提问，而且他是大会特邀做报告的来自中国的为数寥寥的专家之一。闭幕那天，我在大堂退房时见到彭老风尘仆仆地从会场赶回，他听完了最后一个学术报告。尽管这看似是小事，但对我的感触特别深刻，体会到彭老对学术的不懈追求。此后，我还了解到他起早贪黑，年近九旬每天工作10多个小时，以及更多故事，更深切地感受到他孜孜不倦、攻坚克难的大师精神，深感我们后辈应该努力学习他的精神。

彭老60多年如一日致力于肝胆胰外科的创新和发展。近年来，他的两个研究对我教育尤其深刻。2019年，彭老提出对胆道疾病分型的新思考并提出新方案，我有幸受《中华外科杂志》邀请评述这项研究，自己感觉一是很忐忑，怎敢评议前辈的工作，二是这些分型在国际上已有很多，相对成熟，是否有必要重新分型？但读了彭老的文章后，我被深深地打动了。他为了将纷繁复杂的分型尽量简化，方便外科日常工作，对5种不同的胆道疾病分别从符合解剖和便于手术两个角度提出新分型。我从中感受到彭老对事业的执着追求，以及他雄厚的理论功底、精深的外科实践、清晰的思维逻辑，并为之付出的大量心血，同时也体会到他致力于去繁就简、探索临床实用方法。这正

是大师的一种高度和境界。

另一件事是 2019 年的一次学术会议上，彭老叫住我，告诉我有一个可以使肝脏增生更有效且安全的新思路，并初见成效。我说已经了解到他团队开展的消融加血管栓塞这项很好的工作。彭老说还不是这个，他在此基础上又进一步发展了末梢门静脉栓塞，使栓塞更彻底，肝脏增生更明显。我当时非常惊讶，但转念一想又觉得并不意外，因为彭老一直精益求精。后来，我又欣喜地了解到这项技术已被成功应用于巨大肝癌的切除。这些例子充分体现了彭老的医学发展没有最好、只有更好的观念，以及勤于探索、勇于创新的风范。

彭老待人总是和蔼可亲、笑容满面。吴院士健在时，每次他们相遇，彭老师总会对年长 10 岁的吴老嘘寒问暖，关心备至。每次会议上我见到彭老，他总会关切地询问吴老的身体情况，要我们照顾好。记得 10 多年前有一次陪吴老到国外开会，遇到彭老，他在与吴老的交谈之后发现吴老的腿脚有些不便，便把我叫到身边，叮嘱我一定要多加注意。彭老对我们后辈十分关怀，与他接触和学习的机会更多后，我的亲身感受，一是彭老乐于与后辈沟通交流，对学术畅所欲言，没有大师的架子；二是鼓励鞭策，对年轻医生的工作他不仅会认真倾听，而且总会给予积极的评价和建议。更重要的是，他以自己长期的言传身教作出表率，培养和激励了肝胆胰外科的大量优秀人才。

衷心祝愿彭老身体健康，事业和创新之树长青。

沈富女：我记忆中的彭教授

沈富女，浙江大学医学院附属邵逸夫医院门诊科护士长。

我于 1987 年进入浙江医科大学附属第二医院监护室工作，那时只是听闻医院外科有位彭淑牖教授做手术非常厉害，但没机会近距离接触。

记得第一次有机会近距离与彭教授交流是在彭教授为浙二医院第一位肝移植患者做手术时。因为手术时间长，大彭（彭淑牖）和小彭（彭承宏）两位教授手术接力，大彭教授中途台下休息。穿着手术衣的彭教授非常安静地坐在手术室隔壁的房间里，没有常见的外科医生下手术台后的那种轻松玩笑。他一边接受台下同事的肩部按摩，一边轻声说些什么（大致是说关于手术的一些细节，也有谈到术后需要关注的问题）。在场的，都是那次肝移植团队的术前术后管理团队人员，大家屏息倾听。那场景，安静但不严肃。术后每天早上，他会来床边看患者，问问患者的感受，交代我们继续关注什么细节。彭教授给我的初印象：非常温和，非常专业，工作非常投入和专注。

2001 年，我调到浙江大学医学院附属邵逸夫医院工作。2009 年，因为妈妈肿瘤术后肝转移，到浙医二院名医馆去看彭教授的门诊。妈妈非常消瘦，肝脏发现好多个转移灶，全身治疗怕身体抵挡不住，若不做治疗，又感觉不甘心。哪怕作为医务人员，面临亲人的大限将至时，也依然存在困惑。是为了延长一点寿命不顾病痛折磨，继续摧枯拉朽般地治疗，还是采取理智的决定，让亲人能有时间做好最后的安排，从容离开？一边是亲情与伦理，一边是冷静与决断，这是无数家庭都面对过，也是我即将面临的两难抉择。

在诊间里，彭教授非常仔细地看了我妈妈的 CT 片后，温和地跟我妈妈说："你这种情况，可以先吃中药，调理身体，提高抵抗力。"当我们离开时，彭教授和我一起走进电梯间，因为妈妈在身边，彭教授不动声色很自然地靠近我，非常轻声地跟我说："这个病过度治疗不一定能带来好处，可以考虑中医调理和治疗。"

听到这个非常清晰的建议，当时我忐忑不安的心马上安定下来，明白了下一步应该做什么。虽然妈妈已离开我们那么多年，现在想来还感觉心痛、难过。但我还是非常庆幸，当时听了彭教授真诚的建议，没有再做有创的治疗以及全身的化疗增加妈妈的痛苦。

彭教授对每一个宝贵生命的敬畏之心，他的“为”与“不为”让我心生敬佩，这是医者仁心的最好诠释。

2016年，我由重症监护室调到门诊，每次在门诊看到彭教授，感觉那么亲切，就像久别重逢的自家长辈。每周四下午，只要他来门诊，我都非常开心地为他来一杯自制的美式咖啡。每次他都要笑呵呵地起身双手接过咖啡杯，虽然我们的咖啡都是网购的，廉价又实惠。彭教授符合我心中“男神”的标准：宽容、谦和，但也“粗犷”。

能够认识彭教授，我感到非常荣幸。我知道我回忆的二三琐事对彭教授来说可能只是日常，但对我来说，却是温暖的力量。我希望我也能将这温暖的力量传递给我的患者和朋友。谢谢彭教授！

沈华浩：他创造的是看得见、摸得着的奇迹

沈华浩，教授，博士研究生导师，教育部“长江学者”特聘教授，浙江省特级专家；现任浙江大学呼吸疾病研究所所长、浙江大学医学院附属第二医院呼吸与危重症医学科主任；曾任浙江大学医学院副院长，浙江大学医学院附属第二医院内科教研室主任。

我和彭淑牖教授都是广东客家人，他比我早30年进入浙医二院，我们在一起共事了30年。那时候还有两位广东老乡，分别是呼吸内科刘富光主任和超声科冼棠超主任，这些老前辈都非常优秀，我们四个老乡的感情特别深厚。

彭老师不仅是我的老乡，而且是我的老师，我在临床上遇到一些疑难患者、重症患者都会请他来帮忙会诊。彭老师是一个真正的外科大师，别人会做的手术他都会做，别人不会做的他也会做。这些手术疗效是我们看得见、摸得着的奇迹，不是悬而不见的。

我们呼吸内科的一位知名老教授在2004年底年体检时发现肝脏有个5厘米左右的肿瘤，他在1989年做过肠癌手术，同时又有风湿病、高血压、糖尿病等基础疾病。当时我们多学科讨论时，考虑到老教授已是72岁高龄，又有这么多的基础疾病，手术风险相当大，大家举棋不定。

在多学科讨论前，我去看望了老教授，征求他的意见，他说想做手术，还给我写了一张纸条。我当时没打开，在讨论时我打开一看，上面赫然写着：“我本人强烈要求手术，后果自负！”

大家一看老教授的手术意愿这么强烈，那就要想办法达成，但是手术难度大、风险高，这两个客观现实摆在眼前。手术找谁来做呢？这时我想到了彭老师。我马上给他打电话，他正在新疆会诊手术，他说等他回来。

很快，彭教授从新疆回来就直奔医院，查阅了老教授的病历资料后，果断地对我们说：“这个手术我来做。”我们一听，激动得不得了，这颗悬而不下的心总算有了着落。

记得手术那天，我和王选锭等几位呼吸科同事一起陪着老教授进入手术室，彭

老师的手术总是有很多年轻医生围观学习，我就站在彭教授的身后观摩手术。

当时，我看他那双平时眯缝的双眼，一上了手术台，睁得可大了，真的是目光如炬。

我屏息凝气地注视着他的双手在手术野的操作，只见手术刀在他的手里出神入化，行云流水，手术野相当清爽，他简直是在雕琢一件艺术品。我不由得在心里连连赞叹：“名医就是名医，果然名不虚传。”大家口碑相传的彭老师手中的手术刀是有魔力的，今天我真正领略了外科大师的魅力。

老教授的手术非常成功，18 年过去了，如今他已 92 周岁，肝脏复查一直没有问题，我们特别开心。

在老教授手术后不久，我们的王选锭医生在体检时发现右肝有一个八九厘米的肿瘤，而且门静脉有癌栓，这意味着已是肝癌晚期。震惊之余，我们又立即求助彭老师。彭老师和我说，王选锭这样的病例应该是全球第 7 例。因为他的左肝发育不是很好，彭老师的治疗策略是分两步走，先做介入，栓塞右门静脉，等待左肝代偿性生长到 40% 以上，再做根治性切除。

那天王选锭做介入术时，我和彭老师都陪在旁边。我看着王选锭因为疼痛，额头上一直冒着豆大的汗珠，真的心疼，心里默默祈祷着介入治疗有效果。

老天眷顾好人，20 天后，再做检查，王选锭的肝脏该缩小的变小，该代偿长大的也如期增长了，完全达到了根治性手术切除的指征。

如今，王选锭医生已经术后 17 年了，肿瘤完全根治了。

在这之后，我同学的丈母娘患肝癌求助于我，我二话不说带着她找彭老师。老人家术后十几年依然健在，现在 90 多岁了，正享受着儿孙绕膝的天伦之乐。

纵观彭老师这一生，挽救了无数的患者，用自己高超的技术，把“不可能”变成“可能”，帮助无数患者重返生活轨道，正所谓大道善行。

彭老师不仅钻研医术，还非常关心年轻医生的教育。2009 年，我在医学院分管教学工作，我们请医学院的知名大教授给新生上一堂关于医德医风的课程，从而激发学生们对医学的热情和兴趣。

我们第一个请了郑树老校长，第二个就是彭淑牖教授。他用了很多生动的临床案例、高清的手术照片以及他获得的英、美、法、欧洲外科学院荣誉院士故事……我和学生们一起坐在台下聚精会神地聆听，现场鸦雀无声。课后，彭老师留下来和学生们互动，耐心地回答学生们的问题。他身上散发出来的那种儒雅大度、谦虚低调的大家风范，让我备受震撼。

彭老师不仅在学术上造诣深厚，而且桃李满天下。他培育的“彭家军”在外科领域独领风骚。说真的，彭老师真的是现代版的“神医华佗”。我们一定要把他高尚的医德和高超的医术传承下去，让我们的后代有更好的进步。

彭老师非常重情义，尤其对我这个忘年交的老乡。我两次因恙住院，他都非常关心，时常打电话、微信问候，还给我发来各种资料，宽慰我。2020年，我做了一个骨科手术，彭老师不顾近90岁的高龄，好几次亲自驱车从家里来到我的病床前探望，给我鼓励和关心，我一直铭记在心。

我非常有幸，能够做彭老师的学生，又能与他共事，一路上见证彭老师取得那么大的成就；他又潜移默化地影响我，让我在医学道路上砥砺前行。

施国明：感恩在职业生涯的前半段与您相遇

施国明，主任医师，副教授，复旦大学附属中山医院肝肿瘤外科。

1996年，我还是绍兴卫校（绍兴文理学院前身）附属医院的一名住院医生，当时有一台难度很大的胆囊癌手术，彭教授受邀来绍兴为患者主刀，我有幸参与了这台手术。那是我第一次见到彭教授。20多年过去了，回想起当时的场景，依然历历在目。彭教授手握特制武器彭氏多功能手术解剖器仔细、娴熟地解剖第一肝门，将进出肝脏的3根重要管道肝动脉、门静脉和胆管一一游离，肝十二指肠韧带骨骼化，切断胆囊管和肝脏方叶的血管、结扎，随后娴熟地切除肝方叶。整个过程行云流水，叹为观止。

手术结束后，我说："彭教授，您辛苦了，好好休息一下，我带您吃一点我们绍兴的美食吧。"彭教授笑笑摆摆手说："好意心领了，还有一台手术需要我去做。"我清晰记得那天彭教授只匆匆吃了一碗面条就坐车奔赴下一场手术了。彭教授当时担任浙江医科大学附属第二医院肝胆外科主任、浙江省普外科学术委员会主任，是全国著名肝胆外科专家。这样大咖级教授如此敬业，一心为患者着想，他秉持"患者至上"的精神带给我极大震撼，一直鞭策着我。

还有一次邀请彭教授来绍兴做手术正值春节前夕。手术结束后，他跟我说这几天还将应邀去美国参加美国临床肿瘤学会（ASCO）年会，在那次会议上他有一个口头报告。我还诧异地说："马上就是春节假期了，您不在家休息陪家人吗？"彭教授笑了，他说："美国人哪里过春节啊！国际学术会议是国际学术的盛宴，可以更好地开拓视野，促进相互成果交流，所以即使现在临近春节，我也要去会议好好交流。"随后，彭教授向我介绍了去美国交流的内容——他的又一创新力作"捆绑式胰肠吻合"。这简短的对话，就像一盏明灯指引着我未来要走的路。像彭教授这样德高望重、技术精湛的专家还在持续学习、矢志创新，我的医学之路更不能停下脚步。于是，2001年我决定报考硕士研究生。面对众多医科院校和导师，我有些手足无措，不知道该选择报考哪所学校和哪位导师。当我跟彭教授请教时，彭教授听取我个人对专业选择的一些想法后，仔细帮我指点迷津，还把我推荐给了他在昆明医学院的好友张小文教授。

硕士研究生学习期间，他经常关心我的学业。全国第八届肝脏外科大会在昆明举行，会议期间我跟彭教授汇报了我想继续攻读博士研究生的想法。我又再一次得到了彭教授的帮助，他把我推荐给了国际著名肝肿瘤专家、复旦大学医学院的樊嘉院士。一转眼，20 年过去了，我职业生涯的前半段路得到了彭教授的指点和提携，这份恩情一生不忘。

最近一次见到彭教授是 2021 年 5 月在河南许昌举办的学术会议上。那次，我也应邀参加会议并做学术报告。从会议日程中我获悉彭教授有专题演讲，于是早早地到了会场，去聆听他的讲座。站在讲台上的他，精神矍铄，神采奕奕。看着满头白发、略显驼背的彭教授，我的眼眶不禁红了。“90 后”的彭教授为年轻后辈们讲了一个关于复杂手术简单化的报告，半小时的演讲不时被台下热烈的掌声打断。彭教授在鲐背之年还在为祖国医学事业添砖加瓦、倾囊相授。

我感恩遇见彭教授，他高超的医术、敬业的专业精神、对患者极度负责的态度、对晚辈的无私关怀，永远值得我辈学习。

宋向阳：在景仰中感受温暖

宋向阳，主任医师，肿瘤学博士，浙江大学医学院附属邵逸夫医院乳腺中心。

我于1995年从当时的浙江医科大学临床医学系第一届七年制临床医学专业毕业，工作于浙江大学医学院附属邵逸夫医院普外科。有一年，我在蔡秀军教授组里工作和学习（Residency和Fellowship时期），于是有幸有机会近距离接触彭淑牖教授。

当时，彭教授已经是誉满全国、声闻全球的外科大家，时常在浙江大学医学院附属第二医院和邵逸夫医院普外科查房手术，朝乾夕惕，忙碌异常。一开始，我不免有些诚惶诚恐；未想接触之后，这种感觉就一扫而空。其时，我师从肿瘤学吴金民教授攻读博士学位，但彭教授丝毫没有门户之见，对一个刚入道的年轻医生鼓励有加。当时我初生牛犊不怕虎，在专业方面不时提出问题向他请教，他总是循循善诱、不厌其烦。其后，在普外其他Attending医生组轮转，偶尔在病房或手术室偶遇，他总是微笑点头：或致问“小宋，还好吗？”，令人如沐春风。

彭教授对我们这样的年轻医生始终温言鼓励。记得很清楚，2006年10月的第2周，第92届美国外科学院年会（The 92nd Congress of the American College of Surgeons）在美国芝加哥召开，我有一个有关乳腺癌前哨淋巴结活检的临床研究被大会接受作为壁报展出。当时在会场，浙江大学医学院有两位德高望重的教授前来祝贺并勉励不已，一位是肿瘤学的郑树教授，另一位就是外科学的彭淑牖教授。当时，彭教授还和邵逸夫医院的外籍专家与我一起合影，此照片我至今珍藏留存。可惜，其中已有两位美国专家过世，和彭教授说起此事，唏嘘不已！

在我晋升高级职称，自己作为带组Attending医生后，彭教授还时常来邵逸夫医院指导或主刀一些重大疑难手术。因此，我在手术室也可不时地邂逅彭教授。有一天，彭教授开了一台肝胆原发性疾病的疑难手术，该患者五六年前因胃癌由我主刀进行了根治手术。手术结束后，刚好碰到我在手术室餐厅就餐，他专门对我说：“宋主任，今天开的一台肝胆手术，五六年前你做过胃癌根治术，开腹进去后丝毫没有腹腔粘连，真不错！”说着还朝我翘了个大拇指。那张手术后还带着汗水的笑容，那竖起大拇指

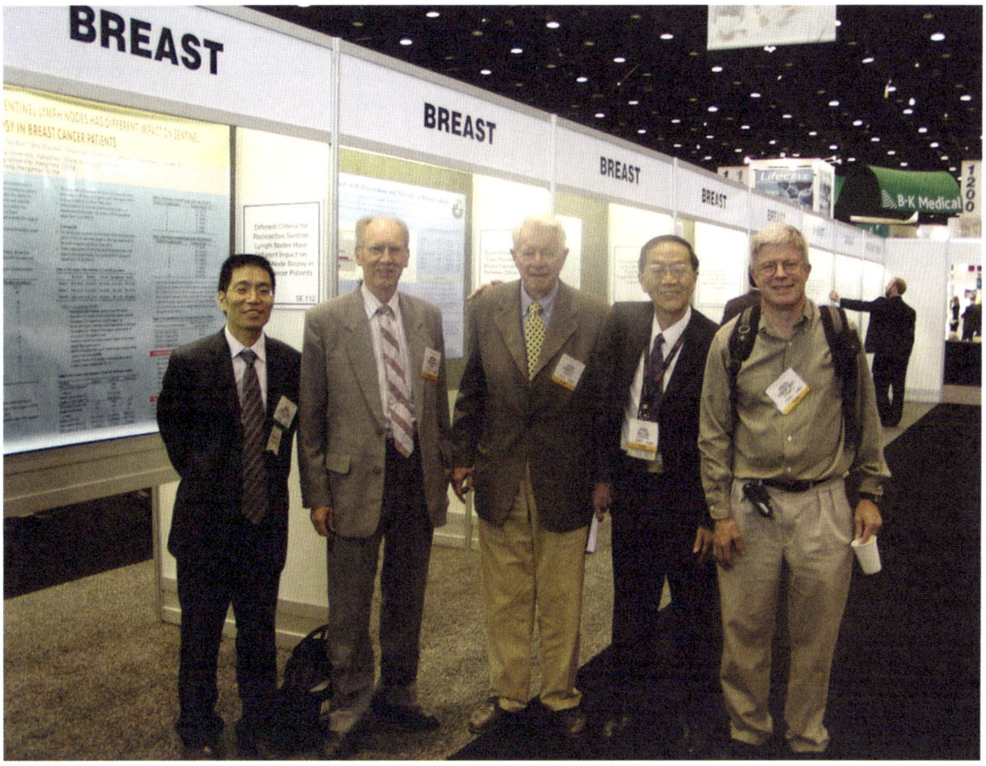

宋向阳与彭淑牖教授等专家合影

的姿态，我至今难忘。虽然这只是一个小小的交流，但彭教授那种时时扶携、常常鼓励的温言暖语，影响着包括我在内的许多年轻医生。

虽然我不是医学学科意义上的彭教授的学生，但他对我的指导和鼓励也不亚于我的恩师吴金民教授。在我心里，彭教授也是我的导师。其实，在和他的交往中，还有很多温言暖语和事迹影响和鼓励着我。限于篇幅，谨以此二三事的回忆致敬彭教授，在景仰中再次感受温暖。

孙备：丹心未泯创新愿　白发犹残求是辉

孙备，教授，哈尔滨医科大学附属第一医院外科主任。

提到彭淑牖教授，在我国普外科领域可谓无人不知，无人不晓。他是我们中青年外科医生发自肺腑敬仰的外科界顶级大家。他为人谦和、儒雅、智慧、低调，在中国外科界乃至国际外科领域创造了一个又一个奇迹，可谓“大医精诚、一代宗师”。下面聊一下与彭老及“彭家军”交往的几件小事。

勇于啃硬骨头，向手术禁区挑战

记得2004年初，我院有一名肝尾状叶巨大肿瘤的患者，请彭老前来会诊手术。患者的基础条件很不理想，而且身体异常肥胖，因肿瘤巨大累及多肝门，手术难度非常之大。彭老不顾旅途劳累，下飞机即去看患者。他仔细分析肝脏CT片，全面评估患者的各项检查，尔后为我们详细讲解了手术的不同入路以及可能发生的几种情况。彭老始终贯彻的原则是以患者为中心，科学严谨、一丝不苟、脚踏实地、力求精益求精，将手术做到极致，而不拘泥于完成任务，绝不做表面文章。应该讲，无论是肝尾状叶切除还是肝门部胆管癌根治术，在20世纪90年代都可谓手术禁区，几乎无人问津，而彭老以他超凡的技术与担当，均做了“先吃螃蟹者”，做了大胆的尝试、实践、探索与突破，并将这些技术惠及祖国各地。

勇立潮头，技术与理念始终在创新

记得2000年以后，黑龙江省的普外科年会或者胰腺外科年会，彭老都是我们邀请的最重要嘉宾。彭老的最大特点是，每次到会演讲都有非常新颖的内容，即便是在同一年度中，演讲内容绝不重复，这是非常不易的，必须有足够的新技术、新理念与新进展补充与完善。大家都非常熟悉彭老的两大成就，即彭氏刮吸刀（PMOD）与彭氏胰肠捆绑吻合术，这两项成就使彭老荣获两项国家科学技术奖二等奖，我们都以为彭老已经达到事业的巅峰，可以鸣金收兵了。而那次胰腺外科年会的会议中，彭老又讲到“胰胃吻合术”，这个出乎意料的“节目”令我们耳目一新。

我们无不好奇地请教彭老，既然胰肠捆绑式吻合术已如此完美，为什么还要做其他术式呢？彭老讲到，在有些患者肠管较细或者胰腺较粗时，可能不适于套入式捆绑吻合术；在胰肠吻合术出现胰肠吻合口并发症时，均可以选择胰胃吻合术。可见，彭老对手术是追求极致，臻于至善。

此外，彭老在国际上最早提出了暴发性胰腺炎的概念与治疗、二级脾蒂的概念、LLLRRR 方法清扫腹膜后淋巴结的理念与技术，同时，巧妙地将肝门部胆管癌的分型完善，提出Ⅲ L、Ⅲ R 等，这些均得到了国内外同行的广泛认可。

求知若渴，虚怀若愚

还记得 2010 年在长春举行的一次外科研讨会上，我做了题为“创伤性胰腺炎的专科化救治”的主题发言。茶歇时，彭老把我叫住，很诚恳地说：“你的发言很好，幻灯片也不错，临床资料与诊治理念很好，可否让我学习一下。”我很惊讶，也受宠若惊，当即将幻灯片拷贝给彭老。彭老如此谦逊、低调，着实令人佩服。在交流中，彭老又讲到，在肝胆胰手术中，巧妙地应用血管悬吊带，不仅仅增加了视觉的观赏性，更为重要的是提高手术的安全性。

彭老对一切新的知识、新的领域，都永远保持着一颗年轻又充满好奇的心，这也是彭老勇于突破创新、打破条条框框、不迷信于权威的重要因素。这也就让我们能够理解，彭老 90 岁高龄仍能驾车自如，参加国内与国际会议不仅沉稳帅气、从容淡定，而且精神饱满。并且他很愿意与年轻人一并在会后共同欢歌笑语、促膝长谈。正如中国科学院院士刘允怡教授评价，“彭老是集英文交流能力与外科手术创新于一身的难得的外科大家”。

“彭家军”传承的精髓——敢为人先

截至目前，彭老已培养 67 名硕士研究生、博士研究生、博士后等，遍及祖国神州大地，他们均已成为各地外科界的领军人物。正如我们的老校长——中国工程院院士巴德年教授多次在各类会议中赞许他：彭淑牖教授的外科技术当之无愧，堪称了不起；而他培养的“彭家军”更是无与伦比，堪称外科的脊梁。巴德年院士能够如数家珍地将彭老的多位杰出弟子逐一点出名字。

20 余年来，我与“彭家军”的弟子们在学术界的交往与联络更多一些，从他们身上我学到了太多。他们每个人身上都能体现彭老的印迹，“彭家军”传承的精髓——敢为人先，即创新精神。

彭老麾下的弟子都是医疗界的翘楚。蔡秀军教授，在国际上首创腹腔镜 ALPPS，国际上腹腔镜肝切除术例数最多，在医院管理领域也做出杰出贡献；彭承宏教授，国内机器人胰腺手术领先者，被誉为“沪上妖刀”；刘颖斌教授，胰腺全系膜切除术的创造者，胆囊癌的研究居国际领先；洪德飞教授，洪氏 ALPPS 手术的创建者，洪氏一针法胰肠吻合术创建者；牟一平教授，国内率先开展腹腔镜胰腺手术，提出了优化的腹腔镜胰腺手术流程；秦仁义教授，提出了胰腺癌新的分型，牵头开展国内 LPD 的多中心临床研究；李江涛教授，协助彭老提出并实施 LLLRRR 手术，肝癌分子研究达到国际先进水平。

我就不逐一列举了，彭老的弟子遍天下，真可谓“一枝独秀不是春，百花齐放春满园”。他们都是我们学习的楷模。

孙枫林：彭淑牖教授与深圳特区的外科之缘

孙枫林，博士，主任医师，深圳市龙华区中心医院大外科主任、胃肠肝胆外科主任

记得那是在2012年的一个晴朗的秋日，我怀揣着兴奋的心情登上了飞往美国芝加哥的航班，参加美国外科医师学会（ACS）百年华诞年会与庆典。乘机落座后，我发现邻座竟然是刘颖斌大哥。

颖斌："老弟，彭教授和师母来了！"我一阵激动："是在头等舱吗？我过去拜见下。""不是，他们乘坐另一个航班，落地后我们会一起晚餐。"

我一直崇敬彭淑牖教授，这不仅仅因为彭老的顶尖专业造诣，更多的是他的独一无二的国际视野与全球专业影响力，可之前未曾见过。

那天的晚餐是主办方半年前预定的牛排晚宴，我不知大家吃了多少，反正我连1/3都没吃下。因为这是与彭老的第一次相识，我只想把时间多留在与彭老的交流和请教上，那是相见恨晚的荣幸。彭老对深圳特区外科发展表达了那么多的关注与期望，我至今依然记忆犹新。

次日，作为专业性极强的ACS会议同时兼具百年庆典，场面给了我从未有过的震撼。更为触动的是，彭老位于ACS特邀的四位国际院士之列的C位，大会主席开场首先介绍他。作为一个中国外科医生，我第一次感到前所未有的骄傲，双目湿润。举起我的佳能70–200镜头的相机记录下了这非凡时刻，虽然被女警给予两次警告。

翌日，我陪伴彭老夫妇还有颖斌大哥等人坐游船观赏古老的芝加哥河，那是一个细雨飘飘的朦胧秋日。交谈之余，我也想保留珍贵的回忆，同时也记录彭老在繁忙工作外的短暂休憩。可是，回看没了图像，原来是相机的CF卡仓进雨水了。后来到深圳最牛的华强北电子市场也未能恢复硬盘，但这些珍贵的瞬间都依然存在我脑海深处，是我一生珍贵的亲历与记忆。

回程的航班上，颖斌大哥从公文包里掏出几把彭氏手术刀送给我，并详细介绍了刮吸手术解剖法和刮吸法断肝术。回到深圳我就用上了，切肝真的是干净、麻利、快捷，然后我就引进并在深圳推广。

与彭老结识后，我感知到他对深圳特区外科发展的浓烈兴趣与关切。医学需要传统与积淀。此后，每届的深圳市外科专业委员会年会、近四届的大湾区医学人文与医生养成会议，我每次都忐忑地邀请彭老，生怕彭老太忙而无法莅临，但他每每都亲临并细致、耐心授课。我深知深圳特区的外科医生从彭老那里获益匪浅。就在几个月前我主持的人文会中，梁力健教授在去惠州紧急会诊的车上，打电话对我说："老孙，我在车上一直在看你的会议，脖子都痛了。彭老的演讲太精彩了，能马上把他的 PPT 发给我吗？"我说："没有 PPT，有视频。"梁教授次日自己找彭老要到了课程原件。

至今我和彭老结识已十载，彭教授的身躯也不再像当年那样挺拔，但他依然精神矍铄，依旧豪情满怀，不停创新。

中国有位彭淑牖教授，是我们外科医生的骄傲，更是中国外科的骄傲！

汤朝晖：彭老，年轻医生的引路人

汤朝晖，主任医师，上海交通大学医学院附属新华医院普外科。

20多年来，只要是肝胆胰外科的国内外学术会议，大家就可以见“彭家军”各位大咖（蔡秀军院长、彭承宏主任委员、刘颖斌院长、秦仁义教授等）的身影；只要是手术视频大赛，也少不了“彭家军”应用PMOD的出神入化的技法。这一切，都是因为有肝胆外科的常青树、年轻医生的引路人——彭淑牖教授。

彭老今年90岁了，但依然在用精湛的医术为肝胆胰肿瘤患者解除痛苦，挽救他们的生命；他虽然年事已高，但依然熟练使用通信软件、电脑等，在线上、线下参加各种学术交流活动，还可以经常游泳、打乒乓球、唱歌等，精力充沛，思维活跃。

我虽然未能拜师于彭老的门下，但从彭老身上学到了很多，这对我个人的成长有着特别重要的意义。

作为一名肝胆外科医生，如何在术中熟练地使用各种手术器械，仔细地分离、解剖，快速、准确地止血等，至关重要。尤其是年轻医生，一旦术中遇到致密粘连、肿瘤侵犯血管及重要脏器，就特别容易着急，总是感觉没有合适的器械能够一下完成分离、解剖、吸引、止血等动作。2009年，一次偶然的机会，我使用了PMOD，当时就感觉特别方便，可以在不更换手术器械的前提下，基本完成大多数手术操作。从此，我每次手术都要求使用PMOD，甚至外出手术时，也要求对方尽量提供PMOD。那段时间，我感觉自己的手术技术有了明显的提高。

尽管在PMOD的加持下，我的手术技艺日益增长，但在PMOD使用过程中，我还是会遇到一些困难，没有完全掌握操作技巧。PMOD的精髓我还没有彻底了解。因此，在一次国内学术会议上，我在聆听彭老精彩的讲课之后，斗胆来到前排，向彭老诚惶诚恐地介绍了自己，并提出了自己在使用PMOD手术中碰到的一些疑惑。原以为彭老可能不会顾及我这样的年轻外科医生（因为当时周围还有不少外科大咖在等着与彭老交流、合影），哪知彭老非常慈祥和耐心，亲切地喊着我的名字，让我坐在他身边，在回答我的疑惑的同时，还问了一些我自己没有想到的问题，并做了详尽的解答，令人非常感动。

尤其令人感到意外的是，彭老担心我没有听明白，还主动问了我的联系方式，说要寄一本他的专著给我学习。这一次，彭老让我感受到他的大家风范、教书育人的风度、严谨治学的风格，令我受益匪浅。

从此，我一直和彭老保持着联系，从他那里受益颇多，彭老成了我外科生涯中的又一引路人。

唐喆：晚辈心中的传奇

唐喆，主任医师，博士研究生导师，浙江大学医学院附属第四医院副院长、党委委员，浙江大学国际医学院党委委员、普外科负责人、外科教研室主任。

接到邀请写一点与彭淑牖教授的故事，我诚惶诚恐，觉得自己文笔水平不行，写不出对彭教授的尊重和感激，但又很想表达一个晚辈对传奇大师和“彭家军”的敬仰之情。回想20多年来，彭教授对自己的帮助和支持太多了：带我参加手术，入门肝胆外科这个领域；鼓励我不但要做好手术，还要探索出肝癌消融道路；在我遇到困难时支持、鼓励我继续前进；办会议时认真准备，亲自到场授课……点点滴滴，无不凝聚着一位长者对晚辈的关爱。

1999年，我第一次见到彭教授，那时我还在上学，同学们都在传浙医二院有个外科大教授叫彭淑牖。在我们学生眼里，彭教授就是个传奇。第一次见面，他非常和蔼可亲，对我很客气，让我有困难可以找他。由于我会一点点计算机，所以经常在老门诊5楼帮各位老师做幻灯片、拍照片、导录像等。彭教授有时候会叫我做幻灯片，特别严谨和认真，他会一个字一个字地把内容告诉我，让我记下来，完全按照他的意思做，图表、图片要反复改。

有一次晚上快11点了，我按照彭教授的要求修改幻灯片，做完都12点多了，保安习惯性地早就把链条锁交给我锁门。我在锁门前突然想，彭教授会不会还在？过去一敲门，果然还在。彭教授一边看文献一边说：“幻灯片改好了？我还要看一下。”彭教授严谨的学术态度给我留下了深刻的印象。从此，再苦再累，我就对自己说：“我这样的小医生，比得上彭教授吗？他都这么认真，我还有什么理由不努力？”这种刻苦的精神至今鼓舞着我，我经常对我学生说起这件事，告诉他们成功的道路上没有捷径，唯有刻苦与努力。

还有一次科室召开国际肝胆胰会议，由于给彭教授的题目临时有变动，所以会议的前一天彭教授还在改写课件，课件里需要增加一个案例。彭教授一大早就来到科室，打开电脑翻阅病历资料，认认真真地看着患者的病史和影像资料，遇到电脑系统有不熟悉的地方还会咨询边上的实习同学。为了课件里一个典型的案例，彭教授翻看着一个个患者的病历，像是一个老侦探翻看资料破大案一样。晚上下班时，彭教授的办公室仍然还亮着灯，我透过门缝依然可以看到年过耄耋之年的老教授还在弯着腰敲打键盘改写课件。

我脑海中记得最多的还是和彭教授一起上手术台。有一次做一个肝门胆管癌手术，做了6次，胆管切缘都是阳性，那时候大家都非常累了，有位进修医生轻轻说了句："差不多了。"彭教授严肃地说："不能算了，一定要切到阴性为止，我们现在多花半小时，患者可能可以多活好几年。"彭教授这种认真、严谨的精神，促使我们至今都养成了非常好的习惯——不完美，不下台。

有一个本院教授的妈妈，要做巨大的胆管结石手术，请彭教授主刀。那时候彭老已经80岁了，走路时已经有那么一点点驼背，但是一上手术台，立马像换了个人似的，他手持手术器械，如剑客手持利剑一般游刃有余，解剖胆管，切开胆管，从胆总管内取出一弯盘结石，最大结石直径有近8厘米。手术时，拉钩的实习同学有点打瞌睡，彭教授用止血钳轻轻地拍打了下同学的手背，不带责怪地对同学说要注意拉钩，实习同学也被老教授这突如其来的提醒一个激灵地惊醒了，完全没有了睡意，整台手术认认真真地拉钩观摩。这一台手术进行了5个小时，彭教授丝毫没有倦意。彭教授下台时，实习同学问："他的体力怎么这么好？"我说："你以为呢？彭教授年轻时可是体育健将，特别擅长乒乓球，你们要好好锻炼身体，才能跟得上彭教授。"

和彭教授同台做的疑难手术实在太多了。有一个外地医院介绍到彭教授门诊的老年女性患者，因为上腹部胀痛就诊，做了检查考虑是巨大肝血管瘤，肿瘤直径足有20厘米，大约有排球大小，压迫下腔静脉、门静脉、肝动脉等，正常肝脏组织已经被压迫得薄如纸片，肿瘤前方顶住腹壁，上方顶住膈肌，下方顶住胃肠道，虽然是良性肿瘤，但是肿瘤压迫使患者寝食难安，而且正常肝脏组织被压迫得所剩无几，有发生肝衰竭的风险。像这么大的血管瘤，手术风险其实要远高于一般的肝癌手术，一旦手术不慎会引起大出血，患者甚至有死在手术台上的风险。由于长年做高风险肝胆手术，所以彭老做肝脏手术已经没有"禁区"。对于大部分医生唯恐避之不及的高风险手术，彭教授一般不会拒绝，告知患方手术可以做但风险较大后，家属有所动摇，思量许久后决定到上海更大的医学中心求医。但跑了上海多家医学中心后，最后各大医院都觉得手术风险过大，且给了一致意见——让患者到浙医二院求助彭淑牖教授手术。患者跑上海虽然无果，但回来后对彭老的信任和崇拜程度已经明显加深，最后彭老使用他自创的彭氏刮吸刀和刮吸法有惊无险地切除了肿瘤。

在向彭教授学习期间，我觉得我学到的不单单是他的技术，还有他的精神。他的刻苦、认真、严谨和谦逊的精神，他的一切为患者着想的精神，他提携学生、帮助晚辈、毫无保留地传授自己的经验的精神。我为我能有机会向这样的医学大家学习而自豪。至今，彭教授的精神还在鼓励我不断探索、不断前进。

陶锋：永远的“灯塔”

陶锋，主任医师，硕士研究生导师，绍兴市人民医院胃肠外科主任，浙江省重点扶植学科消化系肿瘤学科带头人。

从医 30 余年间，我见过许多医学大师，交过许多医学界朋友，但要说人生的导师、事业的“灯塔”，非彭淑牖教授莫属。

初次近距离接触彭教授是在 1996 年，在我院一例胆管细胞癌病例的会诊手术台上。与以前见过的许多专家不同，彭教授的外科操作手法及思路独具风格，细腻、精准又不失利索，给我留下了十分深刻的印象。此后每逢遇到复杂、困难的手术，我总是向彭教授求助。他是如此地平易近人，对于我一个外地年轻医生的求助，他每次都会毫无保留地悉心指导。虽然医学道路崎岖，但在彭教授的指引下，我却越走越坚定，也越走越有信心。

随着国内外医学交流的广泛开展，彭教授的外科发明和专利技术在国际医学界也获得了极高的声誉。我曾有幸多次跟随彭教授参加国际医学大会，见证了彭教授在国际外科界的崇高学术地位。其中，有两次给我留下了特别深刻的印象。

一次是在 2006 年爱丁堡举行的国际肝胆胰外科年会，彭教授和刘颖斌教授及我一同参会。记得当时到伦敦希思罗机场已是晚上 10 点多，我在英国留学的妻子冯燕来接我们，第二天一早我们便坐火车赶赴爱丁堡。这次会议吸引了全球数千名外科专家前往参会，英国皇室安妮公主也亲临会场致辞。我在会场还见到了尊敬的“中国肝胆外科之父”吴孟超院士，我也有幸与彭教授及吴院士留下了珍贵的合影。彭教授的大会主会场学术报告“绕肝带辅助肝尾状叶切除”赢得了与会专家极高的赞誉。这次会议同时评出 9 部最佳手术录像。彭教授的“正中裂劈开肝尾叶切除术”获得第一名，并在大会闭幕式前在大会上重播。刘颖斌教授也在大会上报告了自己的学术成就。会议结束后，刘颖斌教授因需参加全国胰腺癌手术比赛领奖而提前回国，我陪同彭教授继续英国之行。其间，我们访问了爱尔兰皇家外科学院和北爱尔兰的贝尔法斯特，彭教授在 20 世纪 80 年代曾学习和工作过的地方。

吴孟超院士、彭教授和陶锋合影

还有一次是在2009年随彭教授赴奥地利维也纳参加欧洲外科年会。在这次大会上，彭教授被推选为欧洲外科学院荣誉院士。当时，全球非欧洲籍的荣誉院士总共不到30位。国际著名外科专家法国Bismuth教授亲自在大会上介绍了彭教授的学术成就和对现代国际外科事业的突出贡献。作为国内唯一一名参会者，我有幸在现场见证这历史性时刻，并留下了珍贵的音像资料，那是中国医学界的荣光时刻，也是亚洲外科界的骄傲。虽然已过去13年了，但那个令人激动的场景至今仍历历在目。

在与彭教授20多年的师生情谊里，我从他身上学到的不仅是医者仁心和创新精神，还有对生活、对人生的理解和感悟。他与妻子谢老师相濡以沫以及对年轻后辈的关爱都深深地感染了我。最近一次见到彭教授是在2022年7月由《中华消化外科杂志》编辑部组织的“乐享我术”学术活动中，在会议最后一个环节的访谈节目中，我引用了鲁迅先生的一句名言，“其实世上本没有路，走的人多了，也便成了路”。在医学的道路上，当我们遇到艰难险阻时，正是像彭教授一样的一代代先驱为我们披荆斩棘，才让年轻一代的我们走得更远。

在我的人生道路上，彭教授一直并将永远是我前行的“灯塔”。

田利国：仁者仁医、德艺双馨的典范

田利国，编审，《中国实用外科杂志》编辑部主任。

我从事医学期刊编辑工作已经33年了，一直在《中国实用外科杂志》编辑部工作至今。与我国著名的医学教育家、外科学家彭淑牖教授认识30年左右，冒昧一点讲，我们是亦师亦友的关系，既有工作上的合作，也有生活里的联系。

20世纪90年代初，我从事编辑工作不久就有幸结识彭淑牖教授。这30余年来，我多次拜访彭教授，并与彭教授在期刊编辑、选题、组稿等工作中有很多次愉快的合作。

我的父亲也是一名外科医生，与彭教授关系甚好，他也极为推崇彭教授的为人和学术成就。

我与彭教授及其夫人每次相见，都感到分外亲切。彭教授对我嘘寒问暖，从工作到生活，甚为关心。我们之间不仅仅有工作上的联系，更觉得有很多亲情在其中，就是长者和前辈与晚辈之间的一种浓浓的亲情……

彭教授在我的心目中是这样的人：热爱生活，工作尽责，技术高超，为人和善，不断创新……

记得第一次拜访彭淑牖教授时，我二十五六岁，是一个刚从事编辑工作的毛头小伙子，而彭教授已然在国内具有较高的学术地位。我到了杭州，彭教授竟然亲自开车来车站接我，令我大为惊讶和不安。彭教授衣着朴素，谈吐稳重中不失热情，口音中透露着软软的客家人的语调，满满的一位长者和智者的形象，令我至今记忆犹新。

后来有很多次与彭教授一同参加美国外科学院年会（ACS）。那时，彭教授已经70多岁，我却惊讶地发现，彭教授都是和一群年轻中国外科医生一样坐经济舱往返。那时他已然作为中国外科界的代表，多次坐在开幕式的主席台上，得到全球医学界外科同道的仰慕。这也是彭教授淡泊名利、不过于注重自己生活的表现。

今日回顾彭教授的外科学生涯，令人感慨良多。彭教授为我国外科学乃至医学事业做出的巨大贡献，令我们敬佩之意难以言表。

彭教授为《中国实用外科杂志》的发展和壮大做出了巨大贡献，做出了不可磨灭的历史功绩。他曾积极参加《中国实用外科杂志》(原《实用外科杂志》)的编辑和撰稿、审稿工作，身体力行，团结编委，领导编辑，率先垂范，事必躬亲，上至确定办刊方略，下到撰写、审阅稿件。时至今日，在彭教授及全国外科同道的关爱下，《中国实用外科杂志》已成为国内最具学术影响力的外科学专业期刊之一。当看到一本本杂志在外科医生手中传阅时，回首来路，相信彭教授和我们一样，心中感慨良多。在我的内心，以彭教授为代表的诸位专家才是这本杂志的真正主人。

彭淑牖教授是我国著名的医学教育家和外科学家，是我国现代外科学发展和进步过程中具有代表性的人物。

彭教授勤勉好学，勇于实践。作为一名医术高超、医德高尚的医学巨匠，在其60多年的临床工作中，用缜密的思维和精湛的技艺救治了无数的患者。

彭教授还是一位诲人不倦、笔耕不辍的杰出的医学教育家。亲聆彭淑牖教诲的学生们早已成为学界栋梁，而彭教授也医文并茂、著作等身。“彭家军”已经成为我国外科界乃至医学界的传奇佳话和有生力量，而其中一些代表性人物，如彭承宏、蔡秀军、刘颖斌、洪德飞、牟一平等，在彭教授的精心培养和言传身教之下，均为我国外科界知名专家和管理者。我也有幸在彭教授的指引下，与“彭家军”的诸位从相识到紧密合作，成为好朋友、好伙伴。

彭教授从医从教60余年，在各个领域均取得不可磨灭的成就。他一直站在外科学的前沿。单就他的学术成就，已令人赞叹！更为可贵的是，彭教授为人轩昂磊落又平易可亲，让我们每一位与他接触的人如坐春风。我只想说，作为一名医学编辑，能在彭教授指导和关心下工作是幸运的。

彭教授尽管取得了如此巨大的成就，但他依旧奋斗在临床第一线，身体力行地向我们展示了“大医精诚”的精髓，是后辈们职业与道德的楷模！

祝彭淑牖教授青春永驻，身体康泰，老凤清音，再谱华章！

田鲁谦、韩忠镕、杜国光、顾文霞：原浙江医学院外本科1955级毕业班同窗的祝福

老彭：

谢谢发来授奖的照片，真为你骄傲。

我们新55级外本乙组27人，现在活跃在外科第一线，成绩斐然的也只有你了。真心祝贺！

现在你还是游泳，又是挂单杠，不输小年轻呀！

你数十年的艰苦努力，得此荣誉，名至所归。

祝百尺竿头，不断进步，身体健康。

老班长：田鲁谦贺于美国

衷心祝贺淑牖兄荣获2022年度外科领域的“十大医学泰斗”荣誉，实是名副其实，众望所归！这也是我国新时代人才领域的新成果、新体现。祝我中华医学事业大发展、大繁荣！

在你67年的从医生涯中，患者永远是你工作的核心。为了拯救更多的生命，你在临床手术中研发多功能手术刀，集七刀八剪于一体，成为“魔刀（神刀）”令主刀者得心应手，手术时间缩短一半，术中出血量也大幅度下降，成为外科手术的一项重大革命。对于胰腺手术后严重的并发症胰漏这只“老虎”，你经过奇思妙想，创建新术式，采用套袖式术式，解决了这个世界性难题。

你年近九旬，仍拼搏于重大手术第一线。我们这些老同学觉得，应该让你退居二线，有足够的时间、有充沛的精力去培养高端外科人才。

同学：韩忠镕

欣闻彭淑牖老同学荣获“十大医学泰斗”大奖，实至名归，倍感欣喜。忆浙医同窗岁月时，彭兄苦苦埋头学业，从不显露头角，岂料在登上手术台后能像夜明珠一样

大放异彩。

他所创新的手术方式在世界各地拯救了无数生命，功德无量。他的成就为全球外科学界所首肯。

试看彭兄的高风亮节，从不计较名利，一切淡然处之。夜明珠终究是夜明珠，其光芒是任何阴暗都挡不住的，终究会大放异彩。

我们热烈地祝贺彭兄获此殊荣，也由衷地祝愿他健康幸福！

杜国光及顾文霞敬贺于芝加哥

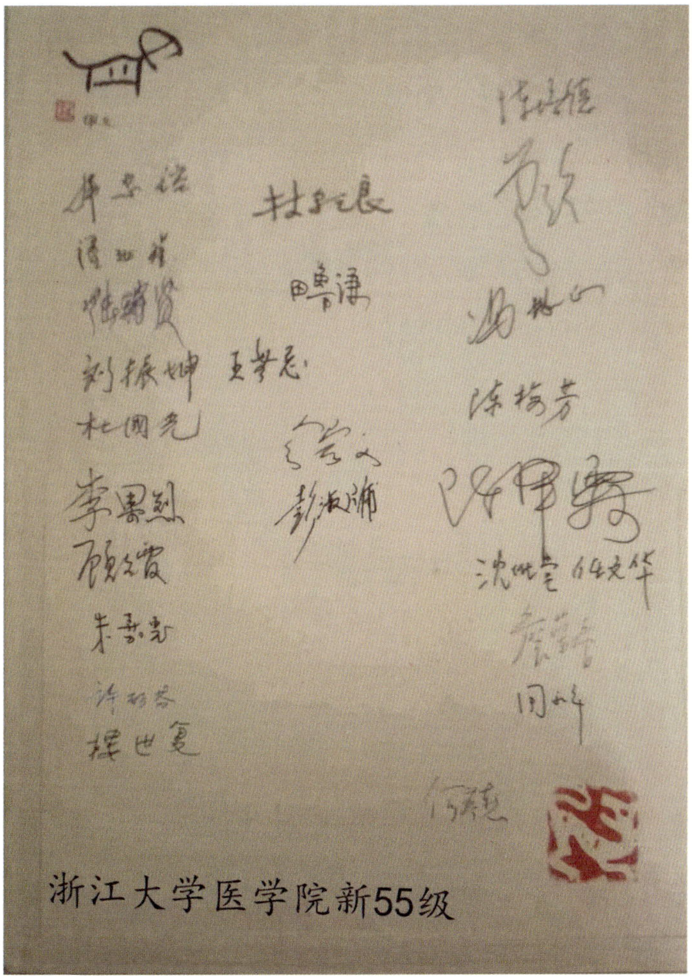

浙江大学医学院新55级（1955级）同学签名

田雨霖：他的创新之举是另一种“至善”

田雨霖，主任医师，教授，曾任中国医科大学附属第一医院胃肠胰外科主任，沈阳市外科学会主任委员。

彭淑牖教授90岁高龄，从事医教研60余年，他是我国著名的外科学家、医学教育家。

他待人真诚，热情友善，学识渊博，医术精湛，医德高尚，深受患者及其家属爱戴。他教书育人，弟子遍天下，在医教研工作中取得辉煌业绩，获得多项重大科技奖项，在国内外荣获众多的荣誉称号。作为他的老朋友，我由衷地感到高兴，也十分钦佩他。

彭淑牖教授在中国外科界的学术成就之高有目共睹，但他却把自己的姿态放得很低。

1992年10月，由《中国实用外科杂志》编辑部主办的“全国普通外科学术研讨会”在杭州召开。我们乘火车携带600余本会议汇编及投影仪，烦请彭教授派几位年轻医生接站。让我们十分钦佩和感动的是，出现在火车站接站的人是已年过六旬的我国著名的外科专家彭淑牖教授。30年过去了，他亲自驾车来车站接站的故事仍传为佳话。

彭教授桃李满天下，他培养的67位弟子中有37人是博士，26人为博士研究生导师，4人为“长江学者”特聘教授。他培养了外科界众多栋梁之才，所以医学教育家实至名归，他当之无愧。

20世纪90年代初，彭教授请我评阅蔡秀军、彭承宏的博士研究生学位论文。由于是老朋友的学生，我常常关注二人毕业后的成长与业绩情况。每逢学术会议见面时，总是要聊一聊，十分高兴听到他们在工作及学术上取得的成绩。

如今，蔡秀军教授是浙江大学医学院附属邵逸夫医院院长、博士研究生导师，享受国务院政府特殊津贴；是国内外知名的腹部外科、肝胆胰外科、微创手术专家；获得国家科学技术进步奖二等奖2项、国家技术发明奖二等奖1项，是国际肝胆胰外科与微创外科领军人物之一。

彭承宏教授是上海交通大学医学院附属瑞金医院普外科主任、博士研究生导师、美国外科学院院士；获得国家科学技术进步奖二等奖 2 项、国家技术发明奖二等奖 1 项。是国内胰腺疾病领域机器人手术领军人物之一，现已用机器人完成复杂胰腺手术超 1000 例。

从事肝胆胰外科的同行们都熟知胰腺部分切除后，残胰断端与消化道重建的主要方法有 Whipple 法、Child 法、Cattle 法以及残胰断端与胃吻合方法等。但这些方法不仅费时、费力，而且术后胰漏的发生率居高不下，一旦发生胰漏，病死率甚高。甚至于为防止术后发生胰漏，有学者不惜牺牲患者胰腺内外分泌功能，主张行全胰切除术。彭教授医者仁心，以高度的同情心及责任感，研发创新手术方法——捆绑式胰肠吻合术。他把胰肠缝合术中的“缝”改为“捆”，从而解决了困扰世界外科界 70 多年的难题，大大地降低了胰漏发生率。该方法在国外被称为彭氏捆绑术。

为向同道们分享新手术方法并给患者带来福音，彭教授撰文投于《中国实用外科杂志》，编辑部把文章送给我看，我建议全文刊登。

他在学术会议上介绍手术操作要点及注意事项，后经多中心报道的数据证实，该方法操作简单、容易掌握，对防止胰漏的发生行之有效。我在临床上应用胰肠捆绑术，也取得了满意效果。

在 PMOD 面世前，传统的手术操作中要经常更换手术器械，如手术刀（电刀）、钳子、剪刀等，也常常遇到手术野积满血污而不得不停下手术清理血污（吸引器或纱布）的情况。这会延长手术时间，增加术中出血量，延长术后康复时间。

彭教授研发的 PMOD 及刮吸手术解剖法，集多年丰富的临床经验之大成，化繁为简，把手术剥离、切割（断）、电凝、吸引等多种功能集为一体。PMOD 是被誉为“神刀”的手术器械。看到他在学术会议上视频演示，使用刮吸手术解剖法，得心应手，娴熟敏捷，精雕细刻，简直就是一种艺术享受。因此，这被国外学者称为外科手术上的一场革命。

我十分喜欢用他研发的 PMOD，更欣赏他的熟练操作技巧。我建议我院设备科购置 POMD，向外科同道们推荐使用 PMOD，行刮吸手术解剖法，造福患者。

王炳煌、张小文：他的无私是我们前行的加速剂

王炳煌，教授，研究生导师，曾任昆明医学院第二附属医院临床外科副主任、主任、院长，云南省肝胆胰外科研究中心主任。

张小文，教授，医学博士，博士研究生导师，现任昆明医科大学第二附属医院外科教研室主任，曾任肝胆胰外二科主任。

彭淑牖教授是我们的好朋友，我们很早就认识。早年经常在各种全国性学术会议上聆听到他的学术报告。他的学术造诣很高，手术做得非常好。听他介绍自主潜心研发的PMOD、捆绑式胰肠吻合术等多种发明创造，又感觉他是一名开拓者。我们使用PMOD后感觉特别实用，价廉物美。一把小小的手术刀，集切割、吸引、剥离、电凝等为一体，极大地加快了手术速度，使得解剖清晰，层次分明，出血明显减少，手术疗效明显提高。我们在胰十二指肠切除术中应用彭教授的捆绑式胰肠吻合术，使胰肠吻合变得简单、快捷，效果好。

每当我们遇到疑难和风险巨大的手术时，很自然地就会想到彭教授，经常请他会诊，他每次都“有求必应”。只要他有时间，一定会安排来昆明指导手术，术中我多次向他请教如何应用好PMOD及捆绑式胰肠吻合技巧，每次他都会耐心、详细地给我们介绍和演示。

记得2009年12月在一次来昆明手术后，他送我一本他主编的全英文学术专著*Hepatic Caudate Lobe Resection*（《肝尾叶切除术》），并在书的扉页上写上“小文教授指正”并签名，使我非常感动并珍藏至今。他给我们的印象是为人谦和、学风严谨、胆大心细、精力充沛。他勤于学习、勤于总结、勤于创新，不仅手术做得好，而且文章也写得好，出版多部医学专著，是值得年轻医生尊敬的良师益友。

2013年11月，我们邀请彭淑牖教授来昆明参加云南省肝胆胰外科疾病诊疗规范及手术并发症防治学术论坛暨云南省外科学会胆道外科学组成立会议，他欣然同意参会并在大会上做题为“胆囊癌手术切除范围的探讨”的专题讲座。他认为，胆囊癌预后不良需要认真对待；手术切除是胆囊癌获得长期生存的唯一机会，根据临床分期选

择合适的手术方式以及合理的手术范围，术前进行腹腔镜探查有助于合理的术式选择，主动脉旁淋巴结是亚临床远处转移或全身疾病的前哨淋巴结，采用胆囊癌扩大根治术前应先做活检。这些理念有助于加深我们对胆囊癌诊治的认知。会后，彭教授还将他亲自操刀完成的胆囊癌根治术和肝尾状叶切除术的 8 个录像拷贝给我们。彭教授精湛的手术技艺让我们叹为观止。手术录像中，他亲自讲解手术要点、操作技巧、注意事项等，部分录像是全英文讲解，这充分体现了彭教授培养年轻医生的大公无私的精神，使我们受益匪浅。

彭教授对外科事业的执着追求、学无止境的科学态度、不断创新的精神、潜心育人的学者风范、悬壶济世的高尚医德等，都是我们学习的榜样。

王成锋：亦师亦友的外科泰斗

王成锋，主任医师、二级教授，国家癌症中心、中国医学科学院肿瘤医院胰胃外科主任、胰腺肿瘤中心主任，国家分子肿瘤学重点实验室 PI，北京协和医学院博士研究生导师，北京航空航天大学前沿科学技术创新研究院博士研究生导师。

我和彭淑牖老师相识于 30 年前的一次学术会议上。初次见面，平易近人的彭老很容易拉近你与他的距离，并以高度的亲和力接纳你成为好友。在之后的交往中，从线上、线下的学术会议交流、现场手术的观摩、疑难病例的会诊（包括全国第一家互联网医院的线上会诊）以及自己遇到学术疑惑时向彭老的请教，甚至学术交流间隙的旅游和小酌等难忘的经历，我深深感觉到彭老看似单薄的身躯却蕴含着无限的能量和智慧。和彭老相识 30 年，我从他身上学到的不仅仅是专业知识、手术技能，更重要的是人生哲理和做人、做学问的道理。彭老许许多多的优秀品质，值得我辈终身学习和借鉴。

医者仁心，彭老是充满爱心的外科泰斗。

彭老从医近 70 年，始终以患者为中心，任劳任怨，以解除患者的病痛为己任，无怨无悔。在与彭老相识的 30 年间，每年春节的互相拜年已成为常态，彭老总是“秒回”，没有一点架子。有一年除夕夜，我发短信给彭老拜年，彭老很久没有回复，本以为是因为给彭老拜年的人太多了。结果，大年初一收到了彭老的祝福短信，而且抱歉地说大年三十突然接到我国边陲一家医院的救急邀请，去会诊一个疑难重症患者，会诊后还实施了急诊手术，手术取得圆满成功。因此，没能及时回复短信。看到这条短信后，我瞬间感触良多。彭老为解除患者的病痛和家属的烦恼，在一年之中最隆重的传统佳节之际，放弃与家人团圆的机会，不顾舟车劳顿，去解除患者的病痛，这充分彰显了彭老的大医精诚、医者仁心。

勇于创新，彭老是勇于探索的拓荒者。

彭老对外科技术一丝不苟、精益求精，孜孜不倦、勇闯禁区，先后开拓性地研发了彭氏多功能手术解剖器和彭氏捆绑式胰肠吻合术等享誉国世界医坛的创新发明。

这些科研成果让复杂的手术更简单、更高效、更安全，患者获益更大，极大地推动了我国外科技术的进步和发展，也得到了国内外同行的高度赞誉和认可。彭老不愧是我国肝胆胰外科界的泰斗。

充满好奇心，彭老对新鲜事物抱有好奇心。

活到老,学到老。彭老对电脑和互联网技术的掌握和使用如同他的外科技术一样，炉火纯青。在电脑、互联网技术应用的初期，彭老就能驾轻就熟地自己制作 PPT、剪辑手术视频和配置背景音乐等，其效果赛过专业水准，令我辈自愧不如。

享受生活，懂生活，会工作，彭老是热爱生活的强者。

彭老爱生活、懂生活、会生活、享受生活，闲暇之余喜欢高歌一曲，无论是老歌还是新歌、外文歌还是中文歌、经典歌还是流行歌，彭老大多可以演绎得恰到好处，让听者尽情享受、兴趣盎然。

彭老以其丰富多彩的人生阅历、精湛的医学技术、高尚的人生品格，成为我国外科界的一面旗帜，是我辈永远学习的楷模。

王春友：他是驾驭生命之舟的医学大师

王春友，主任医师，二级教授，博士研究生导师，曾任华中科技大学附属协和医院胰腺外科主任，中国胰腺病学会副会长兼副理事长。

我心中的他，是以崇高的医德和精湛的医术驾驭着生命的“诺亚方舟”；他，是挽救了无数的病患，让患者信赖同时备受同行敬重的医学大家；他，还是一位良师，身体力行，以身示范，用专业知识与职业素养悉心地教导晚辈如何直面医学的难点、如何用技术解除患者的疾苦、如何以高尚的医德体恤患者的身心之创和抚慰他们的心灵；如此日复一日、年复一年，将嘉德懿行的职业精神在潜移默化中传承，坚定着年轻一代医学从业者对职业信念的执守。

他就是中国胰腺外科的开创者之一，享誉国内外的“彭家军”的领军人——彭淑牖教授。

时光荏苒，距离我认识彭老已过去20多年了。如今，再回忆那些交往伊始的点点滴滴，我可以自豪地说，无论是在专业选择还是在职业生涯上，彭老都对我影响至深。

犹记得2000年，当时的我刚从美国做了3年的访问学者归来，回到华中科技大学同济医学院附属协和医院（简称武汉协和医院）普外急诊外科工作。在美国，我的研究学习方向是肝胆胰。刚回国不久，我就参加了由胰腺外科学组组长张圣道和彭老在杭州主持召开的全国胰腺大会,并就重症急性胰腺炎外科治疗作了发言。彼时的我，对于专业的选择既有很多想法，也有些顾虑。对此，彭老和张老鼓励我：“春友，你的很多理念蛮新，观念不错，对于专业选择来说，在外科手术领域，胰腺手术属于非常复杂的手术，它是一般外科医生难以企及的领域，也是很有挑战的领域，你可以挑战一下嘛。不过，话说回来，选择了胰腺外科就意味着一辈子的挑战与奉献！胰腺外科领域难度大、风险高，但研究前景也相当广阔。”正因为这两位前辈大家的鼓励，我坚定地选择了胰腺外科工作。

那次见面后不久，我又受彭老的邀请，参加了他的学生牟一平举办的胰腺微创成果鉴定会，全国外科领域有很多专家莅临现场。那时，别说胰腺微创，对于整个普外来说，微创都是个新生事物。会上，牟一平展示了用微创行胰腺切除、胰腺囊肿内引流还有胰腺坏死清除等。在那次鉴定会上，我对彭老说："以我在美国到访过的所有胰腺中心手术的经验来说，今天我看到牟一平在腔镜下做的这些胰腺手术，有些同行说这已经达到国内领先，我觉得岂止是国内领先，说达到国际领先也不为过。"我提出的这个意见最后也被参会专家们所采纳。随后，这个胰腺微创成果获得了浙江省以及国家多项科技进步奖。

在彭老的带领下，以蔡秀军、彭承宏、牟一平、秦仁义等为代表的"彭家军"在胰腺外科的微创手术方面也引领了整个行业的风气之先。

彭老与我是亦师亦友的关系，彭老对我影响颇深。从学术层面上讲，彭老擅于创新与发明，让我受益匪浅，他的彭式捆绑式胰肠吻合术解决了"胰漏"这一胰腺外科的世界性难题，还有他发明的肝切除"提肝带"等诸多手术技术改进，更是影响了几代医者。

我在担任武汉协和医院普通外科主任期间，设计并推动了普外科分科和专科化建设的工作，这与彭老的鼓励密不可分。1999 年，独立的胰腺外科在武汉协和医院普外科率先创立了，并进行专科化试点。2003 年，我在普外科全面推行专科化，分为急诊外科、胰腺外科、肝胆外科、血管外科、胃肠外科、小儿外科、乳腺甲状腺外科等 7 个专科，实现专科看专病。我自己则将重点精力放在发展胰腺外科的专科化建设上。

20 多年来，我时刻牢记彭老的教诲，历经耕耘。武汉协和医院胰腺外科逐步发展壮大，不仅是国内最早成立的胰腺疾病诊疗中心之一，还发展成为胰腺病研究所，拥有普通病房、重症监护室、内镜治疗室和实验室，现拥有两个病区，定编床位接近 100 张，年收治患者 2000 余人，其中胰腺肿瘤占 60%，已成为国内规模最大的胰腺疾病专业诊疗中心之一。

彭老和蔡秀军教授都曾参观过武汉协和医院胰腺外科病房，对我能够将一个单一病种做得如此大、如此好，表示赞许和肯定。20 多年来，我坚持每年主办"中国武汉胰腺高峰论坛"，已经成为国内行业品牌会议。彭老在百忙之中，先后 10 多次亲临会场，给我莫大的鼓励。

对彭老，还有一些细节也让我非常难忘。好几次，我们一起参加在美国召开的美国外科医师年会（ACS），在开幕式上，彭老师总是坐在主席台，做大会主题报告，彭老师总是意气风发、激情饱满。彭老在欧美医学界的朋友很多，他英语很好，互动也很热烈。会议结束后，彭老乘坐长达 10 多个小时的国际航班回国。然而，回国后，他并未第一时间回家，而是不顾漫长旅途劳累，接着换乘国内航班，赶往乌鲁木齐、呼和浩特等其他城市为患者做手术。在机场贵宾室里，他都会习惯性地吃上一碗泡面，滚烫的开水将泡面独有的咸辣气味冲散，弥散在空气里，彭老会旋即紧紧捂住碗盖，然后陷入沉思状态。我坐在一旁的沙发上，静静地看着他那副正在思考问题的专注模样，彼时彼刻，他应该是徜徉在医学发展的知识海洋中吧。

大爱无言，如同细雨润物无声，彭淑牖教授是名副其实的胰腺外科领域的领军人，一位呵护生命的医学大家，在他的身上映射出创新的精神、仁厚的爱心、精湛的医术和高尚的灵魂。他是我永远的良师益友，亦是我毕生学习的榜样。

光阴似箭，日月如梭，如今我已近古稀之年，从事胰腺外科一晃都快30年了，相比于彭老的丰功伟绩，我很惭愧，但好在身体还算硬朗，还有继续努力的空间。

最后说几句话与同龄人共勉：壮志未酬身先老，初心不改砥砺行，行稳甘当铺路石，登峰自有后来人。

王坚：吾辈楷模　誉满杏林

王坚，上海交通大学附属第六人民医院肝胆胰外科主任医师，教授，博士研究生导师，上海领军人才，美国外科医师学会会员，现任中华医学会外科分会胆道外科学组委员、中国医师协会外科医师分会胆道外科医师委员会副主任委员。

彭淑牖教授，是我十分敬仰的一位外科前辈。他和我的导师施维锦教授是生活中的好友，更是学术上的知己。在我还是学生的时候，就有幸见过先生们一起探讨医学问题，同台开展手术。那时，我对彭老的印象是：一位儒雅随和、睿智博学的前辈，一位技艺精湛、才思敏捷的大师，一位平易近人、谦逊和蔼的长者。

彭老对外科事业的执着追求，是我们后辈学习的榜样。他是中国最早一批走向国际的外科医师，无数次受邀于国际会议，闻名于国际学术讲台，荣膺美国外科学院荣誉院士、英国皇家外科学院荣誉院士、欧洲外科学院荣誉院士、法国外科学院荣誉院士，向世界展示了中国肝胆胰外科的理念与水平。我相信每一位中国外科同道都会为彭老的累累硕果感到骄傲与自豪。彭老之所以能取得如此耀眼的成就，离不开他对外科事业的热爱与求索，他不仅兢兢业业地做好每一台手术，而且本着不断探索和创新的精神，将自己的思考与感悟融入手术中、升华到创新中。令我印象尤深的是，彭老根据自己多年经验所创造的“彭氏刮吸刀”和“彭氏捆绑式胰肠吻合术”这两项代表中国人智慧的创举，大大推动了肝胆胰外科技术的发展。

2006 年，我赴美国约翰·霍普金斯医院进修，曾向全球著名肝胆胰外科大师 Cameron 教授提起捆绑式胰肠吻合术，哪知 Cameron 教授说他早已读过彭老的文章，并对彭老的理念非常赞赏。若干年后，Cameron 教授的学生 Wolfgan 特地前往彭老处学习捆绑式胰肠吻合术，这在业界是一段美谈。

我回国后也一直采用捆绑式胰肠吻合术。该术不仅简便易学，降低了吻合难度，提高了吻合速度，而且降低了术后胰漏的发生率。正是受彭老这种不断创新、不断思考、不断学习和不断挑战精神的感染，在我至今近 30 年的外科生涯中，我努力效仿彭老，把手术当作一种艺术追求，做到精益求精、至善至美。我后来建立的围肝门外科技术体系，也是在一定程度上吸收了彭老的外科理念，并有幸得到彭老的指点与认可。

彭老不仅是一名大医，治好了无数疑难杂症，而且更是一位良师，桃李满天下。对于每一位学生，彭老都倾囊相授、因材施教。彭老从不吝于对学生的褒奖和鼓励，同时严格要求和磨砺学生们的手术技艺。众所周知，他已经培养了蔡秀军、彭承宏、牟一平、刘颖斌、洪德飞等一批卓越的外科大家，为中国的外科界培养了一大批才俊。如今，“彭家军”在国内外都是知名的大牌专家与教授，彭老真正做到了“诲人不倦、授人以渔”，实现了医技和医德的传承。

对于年轻的后辈，彭老一直秉持着“甘为人梯、奖掖后学”的育人精神。我清晰地记得2010年在阿根廷举办的国际肝胆胰大会上，彭老因航班原因未能参会，便委托我代做报告，让我能在国际会议上崭露头角。我非常感恩彭老给予我这样宝贵的机会，也非常感怀彭老对我的信任。这些年来，我能从容地站在国内外学术讲坛上，得益于那次难忘的经历。

彭老是中国肝胆胰外科界的泰斗之一，他为中国肝胆胰外科的发展贡献了智慧与理念，贡献了技术与学识，更贡献了人才与队伍。相信《医学泰斗彭淑牖与“彭家军”传奇》的读者们一定能够从这本书中感悟到彭老精益求精、勇于创新的为学之道，感受到彭老慎思笃行、甘为人梯的为师之道，感怀到彭老妙手回春、丹心厚载的为医之道。

王捷：一张照片的回忆

王捷，主任医师，教授，博士研究生导师，中山大学孙逸仙纪念医院肝胆外科主任。

在我的相册中保存着一张照片。它记载着我的一次粤东行，是我的老同学梅州市人民医院彭广福院长组织的一场区域性学术活动。

“粤东行”合影

在会场上巧遇老前辈彭淑牖教授，他年过八旬，精神抖擞，精力充沛，思维敏捷，紧跟前沿。虽说与彭老在广东多次相聚，但这次是在彭教授的故乡，实在难得。

彭老为我们讲述了二步肝切的专题。从他早年借助肝动脉介入技术、门静脉分支栓塞，到当时刚兴起的门静脉分支结扎并肝实质离断，控制肿瘤，促进残肝代偿增生，争取安全有效切除荷瘤肝叶段。他的临床实践与思考，使与会者获益良多。

由此我回忆起，我第一次见到彭教授是在20世纪90年代末，由我导师区庆嘉教授任广东省外科学会主任委员时组织的一场省年会，邀请众多粤籍省外专家回家乡授课。彭教授是受邀者之一，他和弟子蔡秀军教授一同出席会议。会后，他们参观了我们医院，全国最老的西医院——孙逸仙纪念医院。在学术交流中，我深刻体会到他学识渊博、融汇中西、勇于创新、技术细腻、为人谦逊、平易近人，给我留下了深刻印象。

2000年后，我接任了我院普外科主任之重任，开始筹备岭南外科学术论坛。彭教授在业界成绩显赫，荣获多国外科学院荣誉院士。他在医学领域创新追求，特别是两大原创医学技术对世界外科手术产生重要影响。一是PMOD，他集多年临床经验之大成，化繁为简，把“七刀八剪”集于一把刀上。这把被誉为“神刀”的手术器械，在美国匹兹堡举行的“世界新发明新技术展示会”上，“刮吸手术解剖法和刮吸手术解剖器”荣获了医学类唯一的一等奖。二是彭氏捆绑式胰肠吻合术，大大降低了胰腺手术后的胰肠吻合口漏发生率，赢得了国内外同行的广泛赞誉，并被国外学者称为彭氏捆绑术。故在岭南外科论坛上，多次邀请彭老作主题演讲。他从不推脱，而且身体力行，每次都给我们带来最新资讯及他的肝胆胰外科疑难病例的实践体会，尤其是他与其弟子们的创新实践，令同行耳目一新，受益匪浅。

作为客居省外的粤籍外科大家，彭老为广东省肝胆胰外科事业发展不遗余力地奉献。近年来，广东省肝胆胰外科进步迅速，位于国内第一阵营。这不仅与省内同行不懈努力有关，而且更与彭淑牖教授等国内众多外科大家们的大力支持有关。

我们由衷地感谢彭老给我们传经送宝，感谢彭老对广东同行们的关爱与支持！祝彭老健康长寿！

王平：他用身体力行教会我如何做一个好医生

王平，主任医师，现任中华医学会外科分会甲代学组委员，海西甲状腺微创美容外科医师委员会主任委员，浙江省抗癌协会甲状腺专业委员会主任委员，浙江大学医学院附属第二医院外科副主任、甲状腺外科主任。

从严格意义上来说，我不是正统的“彭家军”一员，不是彭教授的亲传弟子，但我从毕业以后参加工作到融入临床的最初数年，都是跟着彭教授学习和磨炼的，见证了彭教授治病救人的医者仁心,也耳濡目染了彭教授严谨治世的治学态度。故事很多，也不能一一尽述，我只能挑几件我印象深刻、对我影响深远的事情说说。

1988 年的夏天，那是我参加工作的第一个年头。对于年轻的外科医生来说，初生牛犊不怕虎，最向往的是手术台上运刀如飞、运筹帷幄的那种风华。不过，彭教授却给我上了不同的一课。他告诉我，要想做一个好的外科医生，首先必须是一个好的内科医生，手术台下对患者症状细致入微的观察、对病情波动敏锐的洞察和专业果断的判断处理能力，才是保证患者手术安全和治病救人的关键因素。

我记得那天我值班，来了一个外伤导致十二指肠破裂的老年男性患者，彭教授亲自上台，带着我做了破裂修补造瘘等手术，手术过程非常顺利。可是，术后患者由于电解质大量丢失，出现严重的水电解质紊乱导致心律失常，一度情况非常危险。那天晚上，彭教授从手术结束后，亲自带着我调整补液容量和电解质比例，时刻监测电解质波动和生命体征，终于用了一个通宵，稳定了患者的病情。这对于刚入临床的我来说，可以说是上了理论转化为实践的第一课。从此以后，我对我带的每一个学生都说，好的外科医生不止是手术做得好，台下的功夫才更体现医生的价值和水平。

对于我而言，彭教授不仅是我外科生涯的启蒙导师，还是我人生规划方向的指路明灯。他不仅在手术技艺、患者管理等临床方面给我了无数启迪，而且对我未来的道路和选择给了很多指导。

彭教授还鼓励我们多参加临床研究，并多与同行交流学术心得。我刚开展腔镜甲状腺手术时，受到了来自业界和很多同行的诸多质疑，有时我难免感到焦虑和不自信。彭教授常鼓励我说:"认定了方向就要勇敢去做,但也不能盲干,需要多出去交流,所谓理越辩越明。水不能堵,质疑更不能躲。"于是,我从怯于上台演讲,到2013年在厦门做腔镜甲状腺癌根治的英文报告,这都离不开彭老的鼓励和帮助。在厦门,彭老更是全程在会场给我鼓励和支持,让我备受鼓舞。

最让我印象深刻和受益匪浅的是,彭老在外科领域器械研发方面的努力和探索精神。手术台上,彭老常教导我,外科医生不仅要会做手术,还要熟悉自己手术的器械,并且要设计自己的器械。在彭氏电刀成型和临床试验过程中,他经常教导和询问我的意见,也是在这个过程中,我形成了外科器械研发的初步构想和思路。

在此后的医生生涯中,器械研发如同我工作生命的一部分,时时在我的脑中萌芽、在我的思维中绽放。也正因为有这点星火,我后来研发设计了一些自己的专利产品,并应用于临床。

裘法祖院士曾经说过,"做医生不难,做好医生很难,永远做好医生更难"。彭教授也用他自己的身体力行教会我如何做一个好医生。

王世洞：我的老友
——老彭

王世洞，原浙江医科大学附属第二医院副院长、大内科主任。

20 世纪 60 年代初，我进浙医二院工作就一直与老彭同住一个宿舍。那时的他是一个年轻的外科医生，留给我的第一印象是勤奋好学。

随着时间的推移，以及与他更深入的接触，我对他的亲近感逐渐增加，我也越发尊重他。他为人真实和气，对所有人一视同仁，处事严谨细致，是值得我永远学习的榜样。

可惜我笔拙，写不了几句，难以表达我内心的诸多感受。要是能泡上一杯龙井茶，遇上知己闲谈，肯定对老彭有道不尽的赞叹。“彭教授”这称呼，我只在正式场合应用，平时我总欢喜呼他“老彭”，呼之有亲切感并兼尊重。

老彭虽是誉满全国，对医院贡献很大，但在生活等方面从不向行政领导提要求，更不用说有什么过度的要求。他一直淡泊、低调地生活着。

记得他去英国访问学习时，时值出国非常兴盛的时期。当时曾有学校党委委员被公派美国学习，结果一去不复返。当时，我想老彭在英国皇家学会享有一定声誉，是不大可能会回国的。但是出乎我所料，老彭学成回国了，且正是年富力强、经验丰富、为推动祖国医学事业大展拳脚的好时候。我想，真正的爱国就是热爱自己生活的这片土地。

老彭在普外科领域的理论和技术水平是众所周知的，我这个外行就不再赘述了。

此外，他在培育人才方面也是令我十分敬佩的。他的学生可以说遍布全国，很多还是大医院相关学科的领军人物，如浙江大学医学院附属邵逸夫医院院长蔡秀军教授、原上海交通大学医学院附属瑞金医院普外科主任彭承宏教授、浙江省人民医院普外科主任牟一平教授等，都是医界所熟知的。

老彭桃李满天下，作为他的好友，我也倍感自豪！

寥寥数语，无法道尽我和老彭这 60 多年的老友情，我就希望鲐背之年的老彭身体健康，为更多的年轻医生传授毕生所学，奉献毕生智慧力量。

王巍：27 年前的那张手术幻灯片成为我的座右铭

王巍，主任医师，复旦大学附属肿瘤医院胰腺外科，上海市胰腺肿瘤研究所常务副所长。

彭淑牖老师是我国外科学界最受尊崇的外科大师之一，他在肝胆胰外科领域做出了杰出贡献，在国际外科界也享有盛誉。

最早结识彭老师是在 27 年前。1995 年 4 月，中华医学会外科学分会胆道外科学组第六届全国会议在上海召开。本届会议由上海第二医科大学附属瑞金医院外科承办，我的导师张圣道教授作为胆道外科学组组长，是本届大会主席。我正在读研，和一众师兄弟当仁不让地成为大会工作人员。

20 多年前，办会条件相当艰苦。会议就放在上海市委党校举行，到会的 600 多名全国各地代表就住在学校的宿舍里，几个人一间。条件虽然艰苦，但参会代表热情很高，有些代表是坐了几天几夜的火车来开会的。会议开幕式后，正式大会发言，当时在发言间隙并没有茶歇，而是在大会场座椅中间的走道上放了两个话筒供代表提问。我作为工作人员，就坐在会议礼堂二楼电影放映点的位置上放幻灯片，幻灯片也是发言代表做好的一张一张的插片式幻灯片，按发言顺序插在老式幻灯播放机的圆盘上。

在大会胆道肿瘤阶段，有一位着西装的中年医生找到我们放映台，和和气气地和我说："你好，同学，我有 5 张幻灯片，等会我在会议提问环节会到话筒前参与讨论，能不能麻烦你帮我放一下？"这在当时算突发情况，我们也不能决定，于是立刻联系会务具体执行的韩天权老师，并经请示张圣道老师后，同意播放。于是，在第一节结束提问环节时，他气定神闲地走到话筒前，自我介绍："我是浙医二院外科彭淑牖。"

20 世纪 90 年代，国内经济刚刚起步，全国性学术会议还很少。作为在读研究生，我们并不熟悉彭老师，听他自我介绍后，也没有特别感觉。他说，请会务组帮我放几张幻灯片。第一张幻灯片投影在大会幕布上时，全场立刻鸦雀无声。因为画面中展现了一个高清完全血管裸化的肝门部手术解剖照片，就像在实体解剖一般。连续几张幻灯片都展示了他高超的手术技巧和对肝门部胆管癌外科治疗的深刻理解。

当彭老师在话筒前侃侃而谈时，他一定没想到会让一名小小的外科研究生如此震撼，真正感受到外科手术的魅力，就像在欣赏手术的艺术。自此以后，我自己暗下决心，要像张圣道老师一样宅心仁厚、视患者如亲人，治疗疾病必先理解疾病的发生、发展规律；也要像彭淑牖老师这样，根据疾病的特点，将外科手术做成一件艺术精品，这一点也成为我前进道路上的座右铭。

我国胆道外科创始人黄志强院士在21世纪到来之时曾说过，21世纪是移植外科的时代，也是微创外科的时代。2000年，我在学习腔镜外科技术后，先从腔镜胆囊切除起步，再逐步开展肝、脾、胃肠外科微创手术，但将微创技术运用到胰腺外科中去一直是我的梦想。

2009年，复旦大学附属华东医院在国内第一批引进了达芬奇机器人系统。在时任华东医院外科主任也是国内知名的胰腺外科专家袁祖荣教授的支持下，我率先使用达芬奇机器人完成了胰体尾切除手术。随后几年，又采用高清腔镜完成了胰腺外科各种常用术式，包括胰十二指肠切除术、胰体尾切除术及胰腺肿瘤局部剜除术等，但腔镜技术在胰腺外科中是否有运用优势一直是国内医学界争议的焦点。

“在胰腺外科，微创手术没意义，体现不了微创的优势。”这些反对声在一段时间内甚至占据外科界的主流。2014年初，我准备组织召开一个学术研讨会，邀请国内胰腺外科的知名专家坐在一起讨论胰腺微创手术的未来发展。我第一时间想到了彭淑牖老师，他当时已是国内外肝胆胰外科领域的著名学者、外科大师，但专注于开放手术。“他愿意来参加一个晚辈召开的这样的学术研讨会吗？他会不屑微创手术吗？”当时，我心里很忐忑。

在4月份杭州举行的一次肝胆胰外科大会上，茶歇时，我鼓足勇气走到了彭老师面前，刚把我的想法向他汇报完，他就欣然允诺一定参加。我欣喜万分。

2014年8月，我召开了第一届华东胰腺微创外科论坛，这是国内外科界第一次将会议主题聚焦于胰腺微创技术的学术会议，彭老师提前来到了大会现场。这次会议，我的导师84岁高龄的张圣道教授亲临开幕式并给予热情洋溢的致辞，国内胰腺外科大咖倪泉兴教授、王春友教授、周宁新教授、苗毅教授、胡先贵教授、张太平教授、杨尹默教授、彭承宏教授、刘荣教授、梁廷波教授悉数参加；国内外科大咖李宏为教授、秦新裕教授、蔡端教授、郑民华教授，以及已开展或刚开展胰腺微创手术的牟一平教授、彭兵教授、秦仁义教授、洪德飞教授等都做了主题发言。

彭淑牖老师在大会发言上对胰腺微创技术的发展给予充分的肯定，并给予我们希望。成功得到如此多的外科大咖的支持，本次会议由此确立了胰腺微创发展的方向，树立了我们继续开展胰腺微创外科手术坚定的决心。

随后在2015年4月，在中国抗癌协会胰腺癌专业委员会倪泉兴教授和虞先濬教授的支持下，牟一平教授和我共同牵头成立了国内第一个聚焦胰腺微创的专业学组——中国抗癌协会胰腺癌专业委员会微创诊治学组，邀请彭淑牖老师担任学组顾问，牟一平教授和我共同担任组长。在国内以彭淑牖老师为代表的老一辈外科大师的支持和鼓励下，以学组的成立为契机，有力推动了国内胰腺微创外科的蓬勃发展。

从1995年有幸结识彭淑牖老师至今，这20多年，我从一名胰腺胆道外科的新兵，成长为专业领域内的中坚力量，离不开彭老师这样的外科大咖们的点滴支持和培养。他们就像前进道路上的灯塔，引领我们前行！

王雪峰：他是外科医生的标杆

王雪峰，主任医师，上海交通大学医学院附属新华医院普外科党支部书记、副主任。

不记得自己是哪一年认识的彭教授，因为在2000年前后，每次全国性学术会议都有彭教授的主旨学术报告，彭教授的每次讲课都能以近乎艺术效果的手术图片和手术视频赢得持久的雷鸣般掌声。如果用当下时髦点的话说，那时全国外科学术圈掀起了“彭热”,彭教授绝对是当时外科学界的顶级流量,圈粉无数,而我当时就是千万“彭粉”之一。每次听他的学术报告，我都特别专注，从他简洁的幻灯片中看到他解决外科疑难问题的思考，最后找到自己的解决方案，每一个方案不仅实用，而且有外科理论高度。可以说,彭教授对腹部外科的每一个疑难问题都有自己的思考和独到的见解。后来，我在临床当中遇到同样的问题，总是习惯性地想到彭教授的方法，屡试不爽，外科手术的技巧和能力也从而慢慢得到提升。

2008年，彭教授的爱徒刘颖斌教授加盟上海交通大学医学院附属新华医院普外科，成为我们的科主任。我借此机会也开始比较深入地了解彭教授。在刘颖斌教授身上，我看到了优秀的外科医师所有的属性:谦虚、低调，有担当;勤奋、自勉，能带人;对病患，有济世情怀；对手术，痴迷精进……随着与彭教授交流的机会不断增多，我明白了一脉相承的内涵，刘颖斌教授优秀外科医师的品质源于彭教授的言传身教。

刘颖斌教授喜欢做大手术，喜欢做别人做不了的手术，手术难度大、风险高。做这样的大手术身体累、心理也很累，但是刘主任乐此不疲。后来在闲聊中得知，彭教授在日常查房和教学中经常提醒学生不要放弃任何患者，要给他们留有活着的希望。简单朴实的话语中透露着彭教授做外科医生的纯粹，正是这份纯粹陪伴着彭教授勇闯外科禁区，在肝尾状叶切除、捆绑式胰肠吻合术、“三头”阻断技术、彭氏多功能手术解剖器（PMOD）发明……硕果累累。彭教授逐渐成为医学大家、医学发明家、医学教育家，成为外科医生的标杆，成为医学生的榜样。

与彭教授第一次上手术台是做一台肝脏尾状叶巨大肿瘤手术，要做肝全尾状叶切除。肝脏尾状叶切除是肝脏手术里难度最大、风险最高的手术，也一度被人认为是肝脏外科手术的禁区。彭教授是对肝尾状叶切除最有经验、研究最深的专家。

记得那天，彭教授在杭州完成工作后一路舟车劳顿，到上海已经很晚了。我陪彭教授简单吃了个夜宵当晚饭，本想着送彭教授回酒店休息。可吃完饭后，彭教授要求先回医院在电脑上看一下患者的 CT 片，这样他回酒店可以有时间思考明天手术该怎么做，怎样做才是最安全、最优的选择。于是，我陪彭教授回医院，刚到病房，彭教授要求先看患者，与患者做简单交流后，他面带微笑，温和地告诉患者晚上要放松心态、要早点休息，明天的手术是个简单手术，不用太担心，并与患者确定是否需要服用药物帮助睡眠。这也是彭教授交流的风格,重要的事情会与你确认得非常清楚。

看好患者后，彭教授就到办公室电脑上浏览 CT 片，彭教授看得非常认真也很慢。我瞬间明白彭教授安排先看患者的用意，就是告诉患者他已经到了，明天手术已安排好了，让患者安心休息。彭教授看 CT 片会不时与我确认片子上关键的解剖标志，测量肿瘤各个维度的大小,并测量肿瘤与手术中重要血管与解剖标志的距离。看完片子，看各种检查报告，询问备血情况……整个过程井然有序，丝毫没有遗漏。

第二天，彭教授早早地到手术室开始手术，彭教授特意安排了学生负责手术拍摄录像，教他拍摄的位置、角度和注意事项。这也是彭教授做手术的惯例，会用摄像机记录手术过程，以便后续进行研究总结、经验分享以及教学报告等。彭教授可以说是国内最早开始对手术进行录像、拍摄的专家。早期用的还是磁带式的摄像机，彭教授在他的很多著作里除有文字描述外，还有手术图片和精彩手术录像的展示，这在当时的医学著作里也是一大特色和创新，让大家可以通过视频、图片学习相对枯燥的医学知识，这样的学习可能更易理解和掌握，这大概也是彭教授对现代医学教育和交流的一大贡献吧。今天视频和图片的演示已经成为交流学习最重要的方式，使得外科医师培养周期更短、成长更快。

彭教授在耐心指导学生有关术中摄像的注意事项后，就开始手术了。彭教授那天选择的是前入路肝尾状叶全切术，他系统讲解了尾状叶切除的各个入路和难点，如数家珍、侃侃而谈，但丝毫不影响手中的操作。在描述前入路翻开肝脏暴露肝尾状叶过程时，更是形象地用“翻开一本书”来形容，而彭教授发明的 PMOD 以及刮吸解剖法就是如何“翻开这本书”的钥匙。PMOD 是彭教授获得国家技术发明奖的手术器械，汇集吸引、电凝（切）、刮耙、剥离四大功能于一体，以低廉的价格和良好的手术效果打破当时国外手术器械独占市场的局面。PMOD 与彭教授独创的刮吸解剖技术相结合，使得手术解剖过程轻盈飘逸，给相对刻板的手术注入了美感，让手术成为视觉上的盛宴。劈肝、分离、切除整个手术过程行云流水，有扎实的理论知识分享，更有手术视觉上的享受。

彭教授虽年已90，但依旧活跃在外科学术圈，是德高望重的大咖。他最让我钦佩的一点是彭教授对外科仍有很多的创新和思考。前段时间在一次学术会议上，彭教授听了我关于胰肠、胆肠吻合后远期并发症的内镜下治疗非常感兴趣，在小肠镜辅助下ERCP解决胆肠、胰肠吻合口狭窄问题。彭教授详细询问了手术过程，成功率如何、内镜下治疗风险如何等一系列核心问题，最后鼓励我要再接再厉，这个技术对患者来说很有意义，可以避免再次行外科手术，符合现代医学微创要求，应该赶紧总结经验、发表论文、推广技术方法，让更多医师了解这个技术，最终使更多的患者获益。可能很多与彭教授相处过的同道会有同样的感动，彭教授作为业界的大咖，他会一直鼓励你，给你很多帮助和建议，希望你做得更好。

2016年7月，王雪峰与彭教授在哈尔滨合影

彭教授一直是我的偶像，作为最忠实的“彭粉”，希望我的偶像一路长虹，希望我们外科医师的标杆继续老骥伏枥，指引着我们不断前行。

祝彭老健康长寿。

温浩：彭老师，我们心目中一位援疆兵地融合之大师

温浩，省部共建中亚高发病成因与防治国家重点实验室主任，新疆医院协会会长，新疆医科大学第一附属医院消化血管外科中心名誉主任。

彭淑牖教授是我国著名的肝胆胰外科学专家，他发明并转化应用于临床的 PMOD 属于肝胆外科之原创，给我们新疆外科同仁留下极为深刻的印象，并且受益匪浅。日月如梭，回忆起来那还是在 2002 年初夏，我主持的中法澳肝胆胰外科国际研讨会召开，我特别邀请了浙江大学附属医院的彭淑牖教授和我在法国的博士后导师 George Mantion 教授出席大会。国内外的专家、学者千里迢迢来到新疆维吾尔自治区乌鲁木齐。中法两位肝胆外科学者用英文交流十分顺畅，相见如故。研讨会议插播示范手术作为首次尝试。当时，G. Mantion 教授示范"胰体尾癌侵及腹腔干"手术，实施了联合腹腔干切除的胰腺癌根治术（Applyby）手术，难度大，属前沿探索性手术。彭老做肝癌的右半肝解剖性肝切除示范，解剖清晰，层次分明，行云流水，较早完成了根治性病灶切除及肝肠吻合。彭老一下手术台，立刻赶到了学术报告厅，见到 G. Mantion 教授的 Appleby 手术示范正值关键阶段，便主动承担起手术翻译，为现场观摩手术的外科同仁们答疑解惑，与 G. Mation 教授用英文互动交流。这一幕，成为肝胆胰外科国际研讨会议上一道亮丽的风景，赢得了与会同仁们的赞誉。我的导师 G. Mation 教授特别向彭教授表示感谢。两位肝胆胰外科大师由此结识，彼此欣赏，友情持续至今。

2003 年，彭老应新疆石河子大学第一附属医院彭心宇教授的邀请，赴兵团系统知名医院开展示范手术和学术报告，成为新疆肝胆胰外科医生尤其中青年外科医生的良师益友和忘年交。此后，彭老不辞辛苦，几乎年年来新疆，先后到访乌鲁木齐诸多医院指导，包括新疆医科大学肿瘤医院、军区总医院、自治区人民医院、自治区中医院等，并做示范手、解决疑难病。

2002 年，新疆医科大学第一附属医院正式获批建立新疆维吾尔自治区器官移植研究所，我们有幸邀请到时任卫生部副部长的黄洁夫教授、中华医学会器官移植分会的陈实主任委员以及中法澳肝胆胰国内外同仁们精诚合作，这极大地促进了肝移植在

边疆的发展，为日后实现诸多“零的突破”和诸多成果打下坚实的基础。乌鲁木齐连接石河子学术会议呈现出“兵地融合”相互学习的良好氛围，也促使新疆在包虫病诊治、人才梯队形成和行业规范出台方面步入国内外前进行列。在浓郁的学习交流氛围和西域民俗文化交织中，与会国内外学者和代表们有幸聆听过黄志强院士即兴演唱的新疆歌曲《掀起你的盖头来》，还观看过黄院士和祝学光教授表演交谊舞。彭老亦表现出麦霸风采，学唱《达坂城的姑娘》和流行的各民族歌曲，水准不俗，引发在场代表们的阵阵掌声，气氛活跃，令人难忘。

彭老每年都来疆，累积次数难以记清，他对兵地医疗机构肝胆胰外科的发展倾注心血，亲力亲为。从杭州飞达乌鲁木齐需要 5 ～ 7 小时，他常常不顾旅途劳顿，直奔乌鲁木齐、石河子及地州医院开展各类疑难手术。无论是复杂肿瘤占位，还是胆道损伤，彭老都以他特有的缜密思维，富有创新和博学的精神，外科大师的风采，让患者化险为夷，手到病除，而且手把手地指导中青年后辈，直至示范讲解明白。

彭老首创的 PMOD 的应用技能，彭心宇教授和石河子肝胆外科团队完全掌握，并拓展到包虫病根治性手术，持续改进以解决临床实际问题，真正为解决新疆兵地医疗机构的临床难题提供了思路。彭老成为我们新疆肝胆胰外科界一座闪亮的灯塔，不仅是因为他学识渊博、创意丰富、热爱边疆，还有他谦虚和善、儒雅睿智、乐于助人的人格魅力。虽然他当时已是七十古来稀，可是每每踏上新疆这片热土，就表现出一副年富力强、实时冲锋在前的外科战士形象，丝毫没有迈入老年的心态，从而激发了新疆老中青外科同仁以及医学生们的求知欲望，激励着大家紧随大师的步伐前行。

2014 年初，我和彭老及北京朝阳医院的朱志学教授受邀参加了法兰西外科学院外籍院士颁奖典礼，时任法兰西外科学会主席、法国医学科学院院士 G. Mation 教授为我们三位颁发了法国外科学院的外籍院士证书。这是国际同仁对中国肝胆外科医生临床创新实践的高度认可。我也是生平第一次着西装佩领结，接受庄重的证书和奖章颁发，倍感荣幸。当时见证的合影，我珍藏至今。

2002 年彭淑牖为 G. Mantion 教授演示的 Appleby 手术进行讲解和翻译

如今，彭老已是 90 岁高龄，可是他的学术思想、创新思维依旧活跃，没有丝毫暮气。他把活到老，学到老，永葆青春的奋斗精神鲜活地展现在我们眼前，永久激励着中国肝胆胰外科同仁们在临床实践和创新发展的征途上奋进。彭老对他的所有学生，包括远在边疆的我们，也是如此。他孜孜不倦地认真教诲，一丝不苟地严格要求，言传身教地悉心帮带，发自内心地深切关爱，不仅带教精良的外科技术，而且更是培养做外科医师的医者仁心的高尚品格。

众所周知，彭老特别注重创新意识，持有很多创新理念和技术，对外科学的贡献在学界有目共睹，但是在他的学术报告和言谈举止中，却很少说到哪些成绩属于他个人的创新，而常常强调成绩都是他团队成员共同创新的结果，对团队中每一位成员的工作成绩和贡献都如数家珍、实时铭记。彭老的英语表达能力极强，经常在学术报告中用中英双语阐述或现场直译，为国内外同行在外科学方面的交流做出了极大的贡献。他的这种注重团队、尊重国内外同仁的谦和大气深深地影响着新疆的同仁和学子们。

今年是彭老90华诞，由衷祝福彭老越活越年轻。期待彭老百岁华诞，再表敬意之情。

文宇：希望有朝一日我也能成为您

文宇，主任医师，博士研究生导师，中南大学湘雅二医院肝胆胰外科。

彭教授一直是我最敬仰的外科学专家。

他的彭氏多功能手术解剖器和捆绑式胰肠吻合术闻名于世。为了学习独门绝技，我于2009年晋升副教授后即来到浙江大学医学院附属邵逸夫医院进修学习，见到了我的偶像彭淑牖教授。他个头不高，略微有点驼背，笑容一直挂在脸上。他查房时动作轻柔，一口江浙腔听起来特别舒服；每个患者见到彭老，眼里都充满了希望。记得观摩彭老和他的得意弟子洪德飞教授一起做一台困难的胰头癌根治术，他们各自拿一把彭氏多功能手术解剖器，推、拨、吸、切，游走在组织间隙中，几乎不出血。关键是当时彭老已经年近80，他全程完成整台手术，我不禁为他的精湛技术和充沛的体能叫绝。我在日后职业生涯中的很多技术动作是在模仿彭老。

后来我还了解到，彭老培养的众多弟子都是国内肝胆胰外科的领军人物。有一张彭老带着大部分精英弟子在机场的合影至今让我印象深刻。如今我也晋升为博士研究生导师了，我也希望自己有朝一日能像彭老这样培养出更多能对祖国医学做出贡献的学生。

我还记得有个29岁胰腺颈部肿瘤的患者，第一次手术，我未能将其肿瘤切除；两年后，患者再次找到我，希望手术切除。对于这么复杂的病例，我第一时间就想到了彭老。利用在上海开会的机会，我带着患者的影像片子，找到了彭老和洪德飞教授。他们阅片后，认为还有机会切除。在他们的精心安排下，患者入住邵逸夫医院，并顺利完成联合血管切除胰十二指肠切除。术后10天，患者出院。至今，患者还在随访中，一直感谢我为他介绍了这么好的教授，给了他新生。

吴嘉：照片里的故事是他的荣耀

吴嘉，副主任医师，中国科学院大学附属肿瘤医院（浙江省肿瘤医院）肝胆胰外科。

我与彭淑牖教授相识于2013年，当时我在浙江省人民医院工作，洪德飞教授时任我们肝胆胰外科及微创外科主任，彭老担任我们科室的名誉教授，他经常来我们科指导手术和疑难病例的治疗。因此，我们也有幸成为编外的"彭家军"。

彭老在外科领域取得的成就，鼓舞和激励了一代又一代的年轻学者。我对彭教授的深入了解，始于纪念彭淑牖教授从医从教60周年的画册——《医术人生》，当时受洪德飞教授委托，我负责收集和排版这本画册。

对于我来说，收集的过程就是一个学习的过程。彭老出生于医学世家，留学归国后毫无保留地与同道分享自己的技术创新，致力于促进国内外科学的发展；同时，积极与国际同道交流，他所取得的成就受到了许多国际知名专家学者的赞誉，他也是英、美、法和欧洲外科学院荣誉院士。"彭家军"是对彭淑牖教授及其弟子们的尊称。看一眼"彭家军"名单，你会发现"彭家军"的成员遍布全国外科界，他们取得的成就令人瞩目，教授、博士研究生导师、主任医师、长江学者多多。

在收集的过程中，我经常需要就照片中的一些细节与彭老交流、确认。因此，那时我经常去彭老办公室，眼前这位国际知名的大专家对待我这个小医生没有任何架子，还给我冲了一杯咖啡，然后对着照片与我讲述起每张照片背后的故事，便于我总结和归类。从他的言谈举止中我可以看到，他最引以为傲的事情就是培养了这一大批已经在国内外外科领域取得卓越成就的学生。我也从照片中发现，他对学生们的事业也是尽全力支持，介绍他们参加国内外各大学术会议与交流活动，亲自远赴外地予以手术指导，为学生们提供各大平台促进其自身和所在地学科的发展，等等。

这就是一位外科学巨匠的风采。

致敬彭淑牖教授，致敬"彭家军"！

吴新民：来自青海高原的一份敬意

吴新民，教授，主任医师，曾任青海省卫生厅副巡视员，青海省人民医院副院长，青海省医学会外科学分会主任委员。

彭淑牖教授是国内外著名的外科学专家。他出生于医学世家，从小受到家庭良好的熏陶。在67年的从医生涯中，他勤勤恳恳，刻苦钻研，孜孜不倦，追求卓越，攻克了一个又一个医学难题，创造了一个又一个医学奇迹。他以独特的人格魅力和深厚的学术造诣感染和激励着全国各地一代又一代的外科医生茁壮成长，是中国外科医生的楷模。

在半个多世纪的临床工作中，彭淑牖教授以高尚的医德和精湛的医术解决了无数患者的疾苦，挽救了大量危重症患者的生命；在科研工作中，他作风严谨，求真务实，勤于思考，笔耕不辍，著作等身，发表学术论文数百篇，创造了多项重大发明；在教学工作中，他谆谆教诲，教书育人，为人师表，诲人不倦，为我国的医学事业培养了一大批德才兼备的优秀人才。他分别受聘于美国外科学院、英国皇家外科学院、欧洲外科学院和法国外科学院荣誉院士，是名副其实的医学大师。

我与彭淑牖教授相识于1994年在武汉召开的一次全国性学术会议上。那天，彭教授在大会上介绍了他发明的彭氏多功能手术解剖器，并播放了用多功能手术解剖器行肝脏肿瘤切除的手术录像。我看到彭教授用他发明的新式手术器械，将让我望而生畏的肝脏肿，通过剥、切、凝、吸等一系列流畅转换操作，一气呵成地完整切除，术野干净清晰，手术创面无出血。当时，我就被彭教授精彩的演讲、高超的手术技巧以及超前的学术思路所震撼，并陷入了深深的沉思中，下决心一定要向彭教授求教。

会议休息期间，彭教授被代表们团团围住，被请教最多的问题是肝脏切除手术和多功能手术解剖器的使用。我挤到前方，向彭淑牖教授介绍自己，并表达了想去他科室学习的意愿。彭教授说："哎呀，青海比较远，你怎么也对多功能手术解剖器感兴趣？欢迎你来。"

两个月后，在去上海出差期间，我专门前往彭教授所在的浙江医科大学附属第二医院。彭教授非常热情地接待了我，并在第二天上午让我观摩了一台使用多功能手术解剖器的切肝手术。两天后，我怀揣20支多功能手术解剖器踏上回程的火车，一路上心潮澎湃。

彭教授平易近人、和蔼可亲，却有着极为严谨的学术思想，给我留下了很深的印象。回院后，我不断地与新器械磨合，期间也向彭教授请教过。随着使用经验的不断积累，我和我的团队很快掌握了使用技巧，应用范围也不断扩大，尤其在肝包虫病手术中，刮吸器发挥了其明显的优势，减少了包虫囊液的外溢，大大提高了手术质量，使得我院肝脏手术水平得到了很大的提高。这无疑给高原地区以及高原地方病患者带来了福音。我申报的“多功能刮吸术的临床应用”项目，在2003年荣获青海省卫生科技二等奖，其中的一篇论文《刮吸切肝法与微波刀及钳折法肝切除效果的对比观察》被《中华医学杂志》刊用。

在后来的多次学术会议上，我总能看到彭淑牖教授的身影，只要是他的学术报告，我必认真聆听，每次都深受感动，受益匪浅。我也总找机会向他请教平时工作中遇到的一些难题和困惑，他总是不厌其烦，耐心解答，使我受益终身。渐渐地，彭教授就成了我名副其实的老师和引以为傲的好朋友。

20世纪90年代后期的一次学术会议上，彭教授报告了他的另一项重要成果——捆绑式胰空肠吻合术。随后，我在外科杂志上找到了他关于该项目的学术论文，并认真阅读了多遍，又一次受到了很大的触动。过去，我院每年做20例左右胰十二指肠切除术，但术后的胰漏却是我们的一块心病，有的患者甚至因此而失去了生命。在接下来的手术中，我们严格按照彭教授的“捆绑法”，认真地完成每例胰十二指肠切除术，遇到问题就在电话中直接向彭教授请教，术后胰漏的发生率果然明显降低了。彭教授的这两项重大发明创造对我的业务水平提高起到了非常大的作用，对我院乃至青海省肝胆胰外科事业的发展产生了重大影响。正是有这些因素存在，我于1995年被国家人事部授予“中青年有突出贡献专家”称号；两年后，享受国务院政府特殊津贴，并当选为中国共产党第十五次全国代表大会代表。我所在的肝胆胰专科被评为青海省特色专科，普外科被评为青海省重点学科和青海省名科，我本人也被评为青海省名医。

“杏林春意暖，桃李满天下。”几十年来，彭淑牖教授为我国的医学事业培养了一批又一批的医学人才，仅博士研究生或博士后就培养了60多位，其中我熟知的蔡秀军教授、彭承宏教授、秦仁义教授、刘颖斌教授、牟一平教授、洪德飞教授、李江涛教授等均已成为我国肝胆胰外科领域的领军人物，他们就是大家口中“彭家军”的代表。

我衷心祝愿彭淑牖教授春秋不老、健康长寿，也祝愿“彭家军”在彭淑牖教授这面旗帜的指引下不断发展壮大，为我国的外科事业做出更大的贡献。

吴志明：中国普外科有这样的泰斗，未来可期

吴志明，主任医师，绍兴市中心医院副院长。

回想与彭老交往的点点滴滴，如电影般一幕幕呈现在我的眼前，纵有千言万语，然纸短情长，只能选其对我人生影响较大之事叙之一二。

1991 年，我到浙江医科大学附属第二医院进修，当时已久仰彭老大名许久。第一次看他用 PMOD 做肝脏手术，围观他手术的人员可谓“里三层，外三层”，我在外围只能用手术凳子垫起，观看他娴熟的技法，行肝门解剖犹如神刀在血管上跳舞，肝组织的离断犹如大刀阔斧，行云流水，将他自己发明的“神刀”用得出神入化，正所谓人刀合一，这深深地改变了我对手术技法的认知。随后，我陆续观摩了彭老在胰腺、胆管、胃等疾病高难度手术中的精妙技法，尤其是彭老的捆绑式胰肠吻合，当时可谓耳目一新，大大降低了胰十二指肠切除术的胰漏发生率。那时，我心里也种下了追求极致外科精益技法的种子。

对于彭老的这把“神刀”，当时我就很是向往，感觉得了此刀，便可在手术台上挥洒自如。进修结束时，我怀着忐忑的心向彭老要了一把“神刀”，彭老毫不犹豫地答应了。带着这把“神刀”，我也勉励自己有一天能像彭老一样。

可谓无巧不成书。进修后两个月，我院便接诊了一位 34 岁肝破裂的男性患者，右半肝叶粉碎性破裂，当时出血 5000 毫升左右，出现失血性休克。由于当时没有转院条件，患者情况又比较严重，我凭借着进修经验和彭老赠予的这把“神刀”，在脑海中不断复习彭老的切肝步骤，一遍又一遍，让我有了完成该例手术的信心。功夫不负有心人。虽然我在整个过程中战战兢兢、如履薄冰，但我还是完成了这例肝部分切除术，这在我个人职业生涯里及我院都是首例。现在回想，虽然手术过程很艰难，但当时成就感满满。随后，也开启了我在肝胆、胰脾、胃肠等普外科大手术的篇章。

彭老在普外科领域可谓是泰斗级的引领人物。记得 1993 年，我有个胃癌患者请彭老手术，彭老做了一个标准的 D2 根治术。这对我的触动很大，因为当时我院只做胃大部分切除术，先进的标准 D2 根治在国内并不常见，幸而彭老给做了彻底性手术，

这位患者目前还很健康地生活着。

另外一件事情是发生在 1997 年浙江省外科年会时。借着茶歇的空隙，我面对面向彭老讨教学术。他告诉我，微创应该是未来医学的一个方向，指点我可以朝这方向努力研究。对此，我深信不疑，随后便到北京大学第一医院、澳大利亚皇家布里斯班医院进修腹腔镜技术，这也开辟了我们医院的微创之路，使得我院成为绍兴地区最早开展微创技术的单位之一，我自己也很荣幸地当选绍兴市医学会微创外科主任委员。

还有一件事让我印象深刻。当时，我从澳大利亚进修回来，带了澳大利亚新西兰肝胆胰协会主席 Nick O'Rourke 送的一个腹腔镜右半肝切除的手术录像，与彭老分享。他兴趣很浓，邀我到他办公室细谈。当时给我很大触动的是，彭老的办公室并不大，但各种医学书籍及文献堆得满满当当，桌上放着一台电脑，彭老坐在那里一字一字敲打键盘，做授课幻灯片……那时的彭老已经是浙江省医学会外科学会主任委员，谁能想到年过花甲、桃李满天下的彭老，竟然亲自做幻灯片！这让我感受了他对学术的真切追求与虔诚。

在生活中，彭老给我的印象是一位名副其实的“老小伙”。他虽然已年至九旬，但依然热爱生活，积极向上，对一切新鲜事物都充满期待与兴趣。2020 年，绍兴市

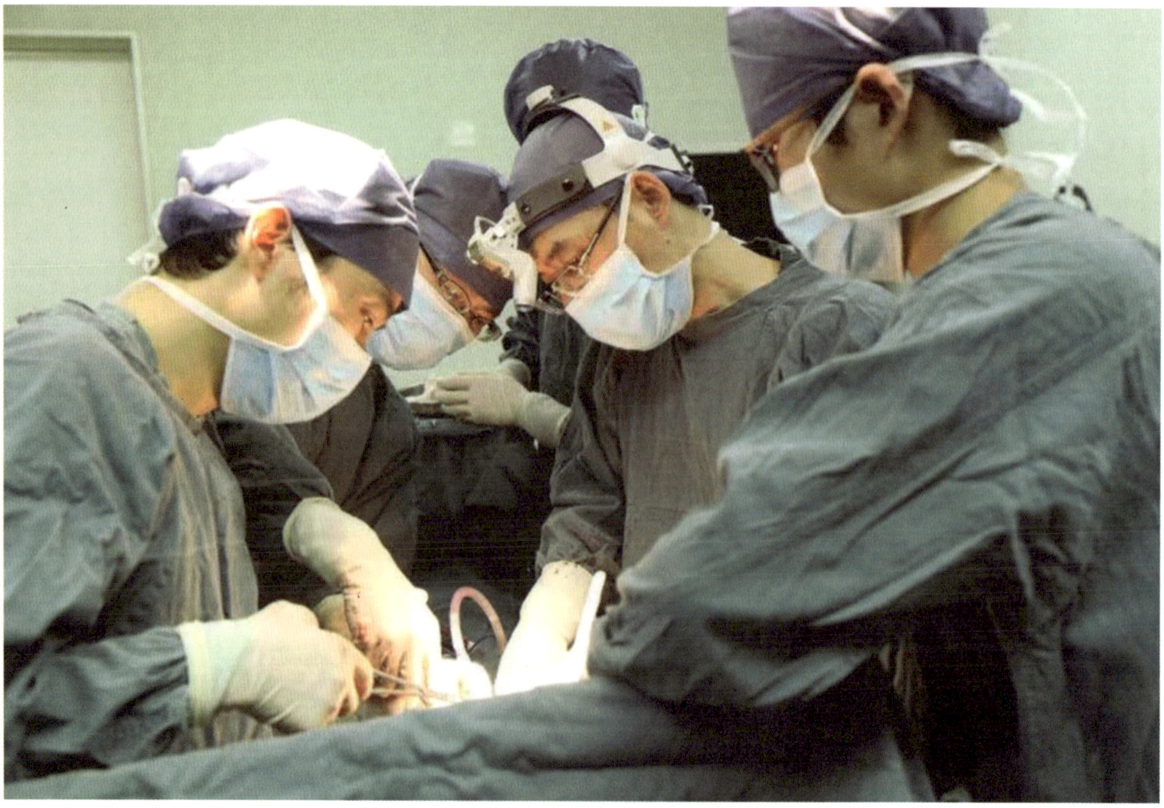

用 PMOD 做右半肝切除手术

澳大利亚新西兰肝胆胰协会主席 Nick O'Rourke 来杭讲学时，与彭淑牖教授、蔡秀军院长等合影

举办了线上肝胆胰 MDT 学术研讨会，会后我邀请彭老和他的夫人一同到绍兴佛教圣地——兜率天宫参观游览。当时彭老已经 88 岁，面对兜率天宫的 100 多级台阶，他毫无怯色，反而兴致满满，拾级而上，我不禁佩服彭老的体力和毅力。遗憾的是，由于电力检修停电，我们最终没能登顶，我开玩笑地对彭老说道："真是遗憾，不过遗憾也是生活的一种美。"没想到彭老笑着说："不是遗憾，应该是期待，期待下次再来一睹风采。"短短的一句话，把我们当时的败兴情绪一扫而光。岁月虽然改变了彭老的容颜，却带不走他那颗期待美好和希望的心。这件小事也让我受到启发：转变思维、换个角度，也许就会柳暗花明，生活如此，工作何尝不是。

回程路上，台阶比较陡峭，我主动搀扶一下彭老，彭老摆摆手，笑道："吴院长，不用搀扶我，你可以站在台阶前面，我把手搭在你的肩上。如果你搀扶我，我是被动的，人反而不灵光了，而你在我前面我可以掌握主动权，你走起来也方便。"事后，我想彭老真不愧是有"创新大师"之称的医学泰斗，生活中的小问题他都善于发现、善于思考、善于创新。

还有一件事，彭老对我的影响比较大。记得有一次我问彭老："彭老，外科对医生的身体素质要求还是蛮高的，您有什么秘诀，在这个年龄还能做手术的？""游泳，

吴志明与彭淑牖教授在学术交流会上的合影

我一直都在坚持游泳。”彭老告诉我。从此，我向彭老看齐，也将游泳作为我的一项必修课，并一直坚持到现在，确实受益匪浅。

岁月辗转成歌，时光流逝如花。作为推动外科行业发展的中坚力量，彭老不遗余力地将自己的一生献给了医学事业，也为中国普外科培养了一批著名外科专家，人称“彭家军”，如蔡秀军、彭承宏、刘颖斌、秦仁义、牟一平、洪德飞……他对学术研究的孜孜不倦、对手术技法的极致追求与创新、对后辈的悉心教诲、对生活的无比热爱，都深深地影响我，而现在我也时常对自己的学生讲述彭老的传奇。

中国普外科有像彭老这样的泰斗，我相信未来可期。

吴志勇：他是我成长路上的助力者

吴志勇，医学博士，主任医师，主任医师教授，博士研究生导师，曾任上海交通大学医学院附属仁济医院普外科主任，兼任上海交通大学医学院附属第三医院普外科主任。

每每回忆与彭淑牖教授的过往，我都用“钦佩”和“敬意”两个词来形容。彭淑牖教授的精湛技术、无私品格、不断创新和全心全意为患者服务的精神，深刻影响我一生的成长，也令业内无数医生由衷折服和敬佩。

谈起与彭淑牖教授的缘分，要追溯到20世纪90年代。1991—1994年，我到美国路易斯安那州大学什里夫波特（Shreveport）医学中心进行博士后研究，师从Benoit教授。1996年，Benoit教授来中国访问，说想去杭州看看。于是，我与科主任陈治平教授陪同Benoit教授访问浙江医科大学附属第二医院。彭淑牖教授对我们一行人予以热情接待并安排Benoit教授做学术讲座。他组织全科医师参加，并与Benoit教授进行交流、讨论。对此，这给我的美国导师留下了深刻印象。彭教授把接待Benoit教授当作自己的事情精心安排，使我深刻感到彭教授对同行的深情厚谊与博大胸怀。

2000年，我参加彭教授的博士研究生的毕业论文答辩。研究生的课题是捆绑式胰肠吻合防止胰漏的实验研究，认为距胰腺断端3厘米捆绑能有效抵抗肠腔内的高压，能防止胰漏发生，但提出4厘米可能更好。彭教授认为研究生不应在答辩时再提出假说，应在答辩前进行实验加以论证。彭教授严谨的学风和科学态度让我至今难忘。

20世纪末21世纪初，国内肝移植开始发展。我们仁济医院也开展了相关的研究。1997年，我们医院派遣一个团队到美国科罗拉多大学医学院进修肝移植。2001年2月9日，仁济医院进行了第一例肝移植手术，这也是上海市的第二例肝移植手术（比第一例晚了1周）。我联系彭教授，希望他能亲临指导（他当时已进行9例肝移植手术）。正巧彭教授在香港进行学术交流，但还是非常热心，请他最得力的助手彭承宏教授和一位青年医生来协助我们。

彭承宏教授在我们医院观察患者两天，另一位医生协助术后处理1周。我作为主刀，彭承宏教授作为助手协助我进行手术。在完成肝动脉吻合观察腹内有无出血及是否有胆流过程中，发现肝瘀血明显、极度肿胀，彭承宏教授立即在下腔静脉的前壁加缝3针缩短冗长的吻合口，肝肿胀迅速消失。患者围手术期恢复顺利，术后长期存活时间超过10年。彭承宏教授在术中应急处理能力令我震惊,使我深刻感受到“彭家军”丰富的临床经验、精湛的手术技术及全心全意帮助兄弟医院的高尚品格。

彭淑牖教授首创胰十二指肠切除术行捆绑式胰肠吻合。我多次在学术交流会议上及私下向彭教授请教这一方法的技术细节，他不厌其烦地给我讲解。比如胰肠吻合时肠黏膜灼伤的处理，缝合肠管缝针只能穿过黏膜而不能穿透浆膜，以防针孔处胰液漏出，捆绑时要松紧适当，张力既不能太紧，又不能太松。这种只能体会而较难量化的经验，彭教授都毫无保留地传授给我，使我受益匪浅。虽然现在胰管空肠黏膜端侧吻合技术运用越来越多，但彭教授的捆绑式胰肠吻合仍是胰肠吻合的重要术式。我在临床实践中发现，对于胰腺组织软或脂肪变性、胰管极细甚至无法找到胰管的，采用捆绑式胰肠吻合无疑是最合理的选择。运用这种方法我做了几百例，几乎无严重胰漏的发生。彭教授的这一发明永存医学发展史册。

彭淑牖教授是国际知名的外科大师，他的创造发明推动了我国外科学的发展。他还培养了一批杰出的外科学家，如先后被上海知名三甲医院引进的彭承宏、刘颖斌教授都是国内著名的肝胆胰外科专家。2020年6月，刘颖斌教授来到仁济医院后，秉承彭淑牖教授的“创新、求实、谦虚、坚韧”的工作作风，在王平治教授、张柏根教授、陈治平教授等仁济外科前辈的关怀和支持下，很快融入仁济大家庭，将仁济医院普外科的医、教、研带到了一个新的高度。

彭淑牖教授是名副其实的医界丰碑，我们以他为傲。

夏强：一台手术见识了外科大师的不凡风采

夏强，主任医师，教授，博士研究生导师，现任上海交通大学医学院附属仁济医院院长、上海器官移植研究所所长、上海市器官移植与免疫工程技术研究中心主任，上海医学会器官移植分会主任委员，*Hepatobiliary & Pancreatic Diseases International*、《中华器官移植杂志》副主编等；获国家科技进步二等奖、上海科技进步奖一等奖、高等学校科学技术进步奖一等奖、华夏医学科技进步奖一等奖和上海医学科技奖一等奖，主持国家自然科学基金重大研究计划等国家和省部级课题 25 项，在国内外学术期刊发表论文 300 余篇。

在成人及儿童肝移植领域做出了杰出贡献，已完成肝移植 6000 余例，名列全国前茅。至 2022 年 5 月已完成儿童肝移植 2800 余例，年完成量连续 9 年居世界首位，术后 1 年、5 年生存率，居世界领先水平。近年来致力于儿童肝移植技术的推广应用，出版发布相关临床诊疗指南，推动中国儿童肝移植跻身世界先进行列。

记得我在还是年轻的普外科医生时，就将彭教授作为学习的楷模。我时常听前辈们介绍彭教授治学严谨、手术技艺精湛、为人谦逊的各种故事。这样德才兼备的外科大师让我心生敬佩，更是向往能与他近距离接触，但一直没有机会现场领略，大部分源于彭教授的学术报告。

2004 年 9 月，我初到仁济医院组建肝移植团队。次年，我就遇到了一例肝移植术后胆道并发症。由于是肝移植术后病例，我当时没有这方面的手术经验，所以就想到能否请彭教授会诊。万万没有想到，彭教授不但答应会诊，而且还愿意亲自手术。这让我喜出望外，能够和彭教授同台手术学习是我莫大的荣幸。手术非常顺利，我们在术中取出了完整的因胆道缺血性病变而形成的“胆道铸型”。彭教授凭借多年丰富的手术经验，在手术中异常胆大心细，展现出优秀外科医生在手术台上的果断细致、沉着冷静，让我和我的同事获益匪浅。让我真切感受到那一句话：一名优秀的外科医生，要具备狮之心、鹰之眼、巧妇手。而这一台手术，彭教授让我们真正见识到了一位外科大师的不凡风采。

近些年，我虽和彭教授接触较少，但一直听闻彭教授在外科手术上的创新不断，如改良的 ALPPS、以实际解剖部位命名对五种胆道疾病分型、创立末梢门静脉栓塞术等，甚至在 80 岁高龄还完成第一台达芬奇机器人手术。他终身都在为他所热爱的肝胆外科事业砥砺前行。

彭教授作为一名外科大家，他的谦虚谨慎、精益求精、勤于思考和不断创新的精神是年轻医生永远学习的楷模。

项美香：我要把他身上的“医道”传承下去

项美香，教授，博士研究生导师，主任医师，浙江大学求是特聘医师，浙江卫生领军人才，浙江省杰出人才，浙江省突出贡献中青年专家。现任浙江大学医学院附属第二医院副院长。

虽然我不是“彭家军”成员，但我也是“彭家军”的编外人员。

彭教授是我非常敬仰的前辈，也是我要终身学习的榜样。

我第一次与彭教授接触，还是我读大学去外科轮转实习的时候，他给我留下了极其深刻的印象。

他像一座高山，让我们这些学生仰慕不已。我们常常跟在彭老师身后看他查房，他对每一名患者都暖如春风，耐心、细致地为他们讲解病情。他在科室也会经常组织同事们一起讨论复杂疑难病例，他的知识面非常广，一旦涉及其他专科的知识，他都能信手拈来，而且对病例的剖析非常透彻、全面。对我们这些实习生，他平易近人，经常鼓励我们多观察、多思考、多实践。

后来，我去了内科系统，经常听到他的故事，他救治了好多常规难以（无法）治愈的患者，我发自内心地敬佩他。

彭教授在学术上造诣深厚，荣誉等身，在国际上的影响力很大，他是我国为数不多的英、美、法和欧洲外科学院荣誉院士，这是我们中国医疗界的荣誉，也是我们医院的荣誉。

他非常支持年轻人的成长，在我担任医院党委副书记分管团委工作期间，有一次邀请他给全院年轻医务人员讲讲他从医的心路历程，他欣然接受了邀请，并多次电话沟通，他认真负责的态度工作，对年轻人的重视深深地感动了我。那天会议室济济一堂，过道上都站满了人，我记得他的主题是“人生无悔”，他讲述了作为一名外科医生、一名中国外科医生的成长历程，他攻克了许多外科“禁区”，他谆谆教诲我们要在临床中主动发现问题、分析问题和解决问题，这在彭教授身上得到了最好的诠释；他鼓励我们要为国家争得荣誉，在专业上有突破，在技术上有创新，不断超越自我，赶超国际水平。他精彩生动、幽默风趣的演讲，使我们如沐春风，也深深激励了我们。这样德高望重的老专家是我们医院的财富，更是医学界的财富。彭教授虽已是鲐背之年，但他是活到老、学到老的典范，他很有国际范，英语水平特别高，还一直坚持学英语。我之前一直以为他是海归派，后来才知道，他 50 岁才开始出国学习，是大器晚成的大家。

彭教授为人非常真诚。有一次，我们一个退休的外科主任生病了，彭教授很关心，不顾自己高龄，亲自参与讨论和制定治疗方案。彭教授一直是我敬仰的前辈和老师，他是我职业生涯中的一个标杆和榜样，也引领着我努力成为像他这样德艺双馨的好医生。每次我在给浙江大学医学院医学生讲职业道德课时，会把彭教授的故事分享给学生们，以榜样的力量来激励他们成长。而我作为他的学生，要传承从他身上学到的“医道”，更要把这种“医道”传授下去，仁心仁术，为医学事业，为人民健康贡献力量。

项伟岚：我与“90后”的忘年之交

项伟岚，曾任浙江大学医学院附属邵逸夫医院手术室大科护士长，中华护理学会安宁疗护专委会副主任委员。

医院之本，救死扶伤；医生之本，德术并举。世人眼中，彭教授有如身披霞光，所到之处，病魔全消。而我眼中的彭教授，在褪去一身光环后，依然是那个最朴实无华、全心全意只为治病救人的医生；是一个攀登一个又一个医学高峰，荣获无数荣誉后依然不骄不躁、宠辱不惊，已然90高龄却仍愿为救治病患亲力亲为、和蔼可亲的长者。

清晰的解剖积累、利索的手术技巧、大胆的改革创新、屏气凝神的专注……不管手术有多复杂、多困难、多棘手，只要有彭教授亲临指导，一切都能迎刃而解。常常听到彭教授说：“当一名好医生，其实是很幸福的，我认为最有价值感的事就是治愈了一大批疑难病例，从而延长了他们的生存时间。”这就是我眼中的彭教授，永远微笑着面对病患，手到病除、妙手回春的伟大医生。

知遇之恩，永生难忘

千里马常有，而伯乐不常有。彭教授在他的执教生涯中，培育了一大批卓越的外科临床骨干医生；而在他为数不多的护理岗位的编外学生中，我有幸成为其中的一员。彭老与我的渊源源自他医者仁心的人格魅力和对我工作的肯定和持续的鼓励。是彭教授重视患者、尊重患者、关心患者、爱护患者的大医精诚和言传身教，影响和激励着我想病患所想、急病患所急，并重视、关注最弱势群体——终末期患者心身灵社的全方位照护，并影响周围的同事及全省的同行。也正是彭教授的鼓励和引导，勉励我在安宁疗护这一领域踏实工作、努力创新、积极拓展，让我有幸成长为在全国安宁疗护领域有一定声望的护理专家，并成为中华护理学会安宁疗护专委会副主任委员、中国生命关怀协会生死教育和安宁疗护专业委员会副主任委员、浙江省护理学会安宁疗护专业学组主任委员。

彭老就是这样一位独具慧眼的伯乐，他不仅能发现学生的特长，而且也会为了他们更好地发挥自己的特长而不断地引导、鼓励学生，并为其搭建更广阔的平台。

忘年之交，亦师亦友

“90 后”的彭教授，可谓是我的忘年交了。他从不嫌弃我是个年轻小辈，对我知无不言，我有任何工作或学术上的困惑，他都乐意为我排忧解难。一些医生们的学术交流会，他也会安排让我去参加、学习和分享经验。彭老不仅是学术上的大咖，还是全能的百科全书和生活上的智者。5 年前，彭教授因学术交流，来到我的故乡浙江丽水，在看到丽水古堰画乡景区的千年古坝——通济堰时，彭教授告诉我们，这是一座以引灌为主、惠及浙江千百年并兼备蓄泄两点的我国古代五大水利工程之一……侃侃而谈的彭教授，让我这个到访过古堰画乡不下 10 次的地道的丽水人才真正了解到通济堰的前世今生，收获满满。

彭教授来我们邵逸夫医院交流指导时，还会常常顺道来看望我，询问我最近工作与生活的情况，给我传道解惑。有时他会请我小酌一杯咖啡，有时我们还会在医院附近的小饭馆吃饭唠家常。彭老对我的帮助和关怀，使我们成为亦师亦友的好朋友，而他这种乐观积极的态度也是我终身学习的榜样。

谢恬：他那一身医者风骨，正是医界后学之典范

谢恬，杭州师范大学药学院、整合肿瘤学研究院院长，浙江省榄香烯类抗癌药物研究重点实验室主任，浙江省中药资源开发与应用工程研究中心主任。

医者在从医道路上少不了灯塔，我有幸结识了彭淑牖教授，承蒙教诲，彭老便是我医药生涯中的灯塔。彭老的伟大成就和对医学之贡献，言不尽、道不完。“多国院士，一身风骨，桃李芬芳，教泽绵长”——恰逢彭老鲐背寿辰，回忆起与彭老的相识与彭老对我的关爱，心中自有无限崇敬与感动。

我心中的彭老，是医学泰斗，也是医药领域的不老常青树。1990 年，我获得医学博士学位，被分配到杭州市中医院从事中西医结合、中药学相关临床和转化研究。其后，在老乡——时任浙江医科大学附属第二医院神经外科陶祥洛主任的介绍下，与彭老初次相识。彭老的学术造诣和职业精神深刻鼓舞和指引着我在医药领域前行。

彭老说：“只要眼不花，手不抖，还有很好的判断力，就能继续为患者服务。”经手了上万台手术后，彭老这把外科不老神刀依然是“当今最容易被请上手术台的医生”，这只因彭老无论再忙，都可以为了患者不顾一切，时刻把患者记在心中，这也恰恰是彭老常常提点年轻医生的一点。

2004 年在美国外科学院年会上，彭老当选美国外科学院荣誉院士，在场的外国专家由衷称赞：“你们中国人，就是善于创造奇迹的人。”的确，彭老就是这样一位创造医学奇迹的前辈。他率先尝试的彭氏捆绑式胰肠吻合术解决了外科手术中胰肠吻合口漏这一世界性难题；他研发的彭氏多功能手术解剖器解放了外科医生的双手，使疑难手术的实施成为可能。不久前的第七届中国医学家年会授予彭老“十大医学泰斗”称号，这一荣誉，彭老实至名归。

我心中的彭老，是良师益友，亦是后辈行医路上的楷模。“先达德隆望尊，门人弟子填其室，未尝稍降辞色。”彭老就是这样一位德高望重的长者。对于晚辈，他倾囊相教，春风化雨，传授医学知识；对于后辈，他用心提携，循循善诱，是无数医者职业生涯的引路人。每逢我在医药领域获得一点成绩，彭老都会电话或短信给予祝贺和鼓励。

彭老涉猎广泛且因材施教。在彭老那里，我曾有幸聆听他对中西医结合、中药学领域的独到见解。彭老对中西医结合在急腹症方面的作用尤其推崇，也认可中药调理在胰腺炎、阑尾炎等急腹症围手术期中的临床价值。彭老提出的许多理念对我们后辈常常是醍醐灌顶的启发，其角度之新、底蕴之厚、内涵之深都令我印象深刻，我们从中受益匪浅。

从医从教60余年，彭老带出的博士及博士后不计其数，不少医者已在各自领域建树颇丰，彭承宏、刘颖斌、秦仁义、蔡秀军、牟一平等专家都是“彭家军”的中坚力量，在医学界贡献自己的力量。教书育人，彭老喜看“青出于蓝而胜于蓝”；桃李芬芳，“彭家军”这股后浪已然勇立时代潮头。

桃李满天下，春晖遍四方。彭老登峰造极的专业水准是外科学的一座标杆；彭老一身医者的风骨和智慧，是医学界后辈学习之典范！

作为后学，谨以此文祝福彭老如月之恒、如日之升，如南山之寿、如松柏之茂，福寿绵绵、天伦永享！

邢宝才：他对年轻医师的支持不遗余力

邢宝才，教授，主任医师，博士研究生导师，北京大学肿瘤医院肝胆外科一病房主任，大外科教研室主任。

初识彭老，是在2001年4月《中华肝胆外科杂志》刘永雄教授主办的第五届全国肝胆胰脾外科新进展新技术学术年会上。彭老受邀在大会主会场分享题为“第三肝门肝短静脉离断”的手术视频。彭老在术中从下向上逐一离断肝短静脉，使肝脏与下腔静脉的右前部分完全游离开，解剖得非常清晰，让学习的人感觉肝脏手术似乎没有那么复杂与高风险。可能今天对大家来说，这个技术应该是一个常规的操作，但是在20多年前，能够把肝脏解剖做得这么清晰的医生还是不多的。我当时刚刚接受医院的工作安排，主攻肝胆外科，在大会上看了彭老的手术展示，受益颇丰。

等彭老的大会发言结束后，我便去找彭老请教问题。尽管与彭老素不相识，且彭老又是国内外顶尖的肝胆外科大家，但是彭老仍特别认真细致地解答了我的问题，并且表示以后有什么问题都可以联系他。当时，我作为一个年轻医生，真的感觉特别温暖。2002年底，彭老在杭州举办“刮吸手术解剖法与多功能手术解剖器”推广学习班，我有幸参加。会议有手术直播的内容，演示的是捆绑式胰肠吻合手术。我联系了彭老，希望有机会在手术室直接观摩他的手术。令我意想不到的是，彭老不仅非常爽快地答应了，而且安排专人带我去手术室，手术中还为我极其细致地讲解捆绑式胰肠吻合的技术要点。这是我第二次与彭老相遇。这次与彭老的接触，让我感觉到彭老不仅具有渊博的学识，而且平易近人，对一个年轻医生也是热情周到。

2003年4月下旬，我们医院（北京大学肿瘤医院）举办学术会议，我希望邀请彭老来北京做一场学术报告并请他演示一台右半肝切除手术。当时正值“非典”，北京市内已经出现一些病例，在联系彭老前，我自己心里也有一点忐忑。当我和彭老说明情况后，彭老没有丝毫犹豫便答应了我的邀请。虽然我与彭老仅有过几面之缘，但是彭老仍欣然地给予一个与自己关系不大的年轻肝胆外科医生巨大的支持与帮助。在他的心里，年轻医生的培养是我们国家未来至关重要的事情，要竭尽所能为年轻人的成

2019 年在成都参加外科学术会议，邢宝才与彭老相遇留下的合影

长助力和提供机会。

这件事对我影响很大，现在每当遇到年轻医生需要我帮助时，我也是尽力地给予他们帮助。

自此以后，我与彭老的联系越来越多。我们主办的学术会议，每次发出邀请，彭老都莅临支持。每当我遇到临床问题请教彭老，彭老都毫无保留地把自己的经验传授给我。

彭老是国际知名的肝胆外科医生，他知识渊博，手术技艺精湛，善于发现临床问题，并善于思考去解决这些问题；他平易近人、乐于助人；他为人师表；他幽默，热爱生活……这些闪光点都给我人生以巨大的启迪。

彭老是我一生学习的楷模。

许元良：有幸在他身边工作40余年

许元良，主任医师，硕士研究生导师，浙江大学医学院附属第二医院肝胆胰外科。

彭淑牖教授是我省腹腔镜外科、纤维胆道镜外科的开拓者、引领者和坚强维护者。

浙江省是肝内胆管结石好发的大省，由于肝管结构复杂，结石成因的多重性，所以患者危及生命往往遭受多次手术的痛苦。1987年，在科主任彭淑牖教授的领导下，我们开展了肝内胆管残余结石取石治疗艰苦而又细致的工作。从第一例开始到许多复杂病例，彭主任亲力亲为，分析难点、疑点，制定最优的诊治方案。在大宗病例中，特别是来自沿海地区台州，及黄岩、温岭、玉环的患者，最小的患者9岁发病，年长的70多岁，有的肝硬化并发脾大、脾亢，免受二次手术，取得了理想的效果。

1990年，我参加了在广州举行的全国第五届胆道外科学术会议，回来向科主任汇报会议的重点和亮点，尤其是香港外科同道在大会做的腹腔镜主题相关的发言。彭主任高瞻远瞩，认为“腹腔镜外科前景不可估量”“星星之火，可以燎原”，马上拍板，写计划，向医院申请，复习文献，安排科室人员，联系香港定购设备（当时省内尚无开展的医院，国内尚无定购的单位），模型训练等，并在短期内，有条不紊地确立了攻关力量并转向临床的工作。之后，其他兄弟外科也与我们展开了合作，很快“微创手术”得到了普及和提高。

彭主任永远把成功作为下一个目标的起点。他又将自己发明的彭氏多功能解剖器与腹腔镜技术完美结合，开展了更难但对患者创伤更小的精湛手术，不断创新，不断克服手术“禁区”，惠及广大患者。

我在彭主任身边工作40多年，我常庆幸能有彭主任这样一位知识渊博、平易近人且时常可以请教的好主任、好老师。

薛建国：莫逆之交　不解之缘

薛建国，浙江日报报业集团高级记者、资深时事评论员。

时光真的如白驹过隙，一晃，我同彭教授从相识到相知至相交，已近20年。

2004年，硕果累累的金秋10月，我的一位同事让我帮个忙，说浙江大学医学院附属第二医院有个医生是她的山西老乡，要她请个记者报道一下他的导师。他的导师刚从美国回来，获得"美国外科学院荣誉院士"称号，是迄今为止中国大陆第一人，非常了不起。说实话，我是一名政法记者，平日里与公检法司打交道比较多，医疗线几乎没有接触过。但碍于同事情面，我还是答应下来了。

同事的老乡就是今天的上海交通大学医学院附属仁济医院的刘颖斌教授，而他的导师就是大名鼎鼎的彭淑牖教授。约好采访的前一天，按职业习惯，我自然要做一些案头准备。彭教授名字的最后一个字，笔画较多，不是常用字，直觉告诉我应该念（yōng），但想到明天要采访的是一位医学大家，治学肯定是非常严谨的，如果把他的名字念错了，岂不尴尬，甚至可能还会影响采访效果。于是，我上网查了一下，原来这个字还真不念（yōng），正确读法为（yǒu），古汉语里"窗户"的意思。

采访就是从彭教授名字里的这个字开始的。他告诉我，正因为这个字不常用，一般人叫他彭淑（yōng），叫的人多了，他也就接受了，甚至还经常自称彭淑（yōng），他说这样可以避免别人因误读而尴尬。当时我就觉得能故意把自己名字念错的彭教授是可爱的，也是非常善解人意的。其实，大家的风范就藏在这些不经意的细节中。

这次采访注定是轻松的。我们既聊彭教授的医学成就，也谈他的家庭出身及父母亲人等。他出生医学世家，我就问他："这个字是不是父母期望他长大后从医，用精湛的医术，多挽救一些患者，为生命多打开一扇窗？"他笑了，是那种很惬意的笑，午后的阳光洒在他脸上，一片柔和。一句"建国，你懂我的"，让我的心一下与他拉近了。

文章见报后，刘颖斌教授打来电话表示感谢，并说导师很满意。因为我不是跑医疗线的记者，报道完成了，与彭教授一般不再会有什么交集。不承想，几天后，彭教授打电话给我说，他到福建手术顺便给我爱人和女儿带了两盒原产地的老婆饼。这个电话让我感动不已，两盒老婆饼是有价的，但彭教授的这份情义是弥足珍贵的。我知道，生活中尚且如此细心之人，对待患者定当一丝不苟。

渐渐地，我们就成了朋友。那一年，我三十冒尖，他七十出头，我们成了典型的“忘年交”，但更是莫逆之交。在杭州的日子，我经常去他的办公室，干什么呢？会老友。见面谈什么？谈他的外科手术。彭教授常说我真会打比方，通过比方，原本很复杂的手术，外行听了也能懂。比如肝尾叶切除，过去这是一个手术禁区，现在是他的拿手强项。听了他的漫长介绍，我打开他桌上的一本书，让书靠在一只茶杯上，用右手做一个劈的动作。然后问他：“肝尾叶切除就是将书劈开取出后面的茶杯吗？”彭教授连连点头：“建国，你说得对，我咋就想不到用这样简单的表述……”

彭教授是谦逊的，其实他才是最擅长创造“简单”的。他发明了一把刀，全国有上千家医院在使用，这就是获得国家技术发明奖二等奖的多功能手术解剖器。这把刀凝聚手术台上的“七刀八剪”，同时具有电切、电凝、吸引、剥离四大功能。他的这一发明改变了世界外科手术的方法，使被列为禁区的疑难手术变成常规手术，并让手术时间缩短 40%、出血量减少 50%，这在世界外科史上史无前例。

彭教授告诉我，他是广东客家人，1955 年从浙江医学院毕业，到附属第二医院做了实习医生。在浙二医院，对他触动最大的一件事是目睹了中国第一例胰十二指肠切除手术，操刀者是他的老师余文光教授。当切除胰的癌灶部分后，手术者将小肠和胰腺直接缝合在一起，以维持食物和营养的正常运行。切除手术很成功，然而可怕的事情却发生了——患者出现了胰漏。起先，他也在“缝”字上下功夫，可很快就发现这条路走不通。因为要避免空隙，就要增加缝合密度，而增加缝合密度，就增加了针孔，这互相矛盾。能不能不用缝合的方法把两个器官接起来？于是，“绑”这个字在他脑海中跳了出来。从“缝”变成“绑”，一字之差解决了 60 多年来外科界未能攻克的世界难题。这是他继多功能手术解剖器后，对世界医坛所作的又一大贡献。

多年下来，我对彭教授的医学成就可谓如数家珍，他是我眼中真正的“创新大师”，而他则表扬我是“翻译大师”，能够把深奥的医学理论作通俗易懂的表达，并说他的学术功夫在手上，而我的功夫在嘴上。一次，我们与几位艺术家朋友小聚，当我兴致勃勃地介绍彭教授的医学成就时，在场的好朋友、天目琴行董事长刘为明先生开玩笑地将了我一军：“大光头，你讲得头头是道，你能给患者动刀吗？”我一时语塞，没想到，一旁的彭教授微微一笑，说：“建国可以的，我给他当助手。”

我认识彭教授时，他住的地方是单位多年前分的老房子，开的是一辆破旧的桑塔纳。他完全有条件改变这些，但他说舍不得把时间花在办这些“杂事”上。他的“正事”在手术室和办公室。他曾经创下在 7 天里奔波于杭州、北京、南昌、乌鲁木齐四地，先后做了7台大手术的纪录，救了7条命，而平均每台手术都要四五个小时。看见他满满一抽屉的登机牌，我说他是“空中飞人”，他呵呵一乐，说：“建国，你这个比喻把我说成神不是人了。”

到过彭教授办公室的人，都会发现办公室有点凌乱，除了书之外，最多的东西是什么呢？是装各种糕饼的盒子。

外科医生是脑力和体力的双重劳动者，一台手术下来往往会误了饭点，所以，零食是必备的。彭教授对生活要求极低，中午一般是盒饭。我担心他吃盒饭营养跟不上，他说盒饭有荤有素，且经常变换花样，就够了。对彭教授来说，最宝贵的是时间。每次拿盒饭时，他会多要一双一次性筷子或一次性纸杯。有客人来访，他用一次性杯子冲泡速溶咖啡，用一次性筷子进行搅拌，他说这样客人走后，处理起来较为方便，也节约时间。晚上，他一般先在办公室吃上几块糕点，9点左右回家，再喝一点夫人做的蔬菜汤。

在彭教授的办公室，你还会有一个奇怪的发现，门背后、座位旁、电脑边、书橱上等都粘有小纸袋，里面插有笔和纸片，他这样做，是方便把想到的东西随时记下来。

熟悉彭教授的人都说他很低调，不过在我面前有过一次“高调”，这个“高调”是他对自己英文水平的肯定。他说中国医生中外语水平高的有不少，但在国际医学大会上，面对外国同行提问能用英文作答的却不多，他是其中一个。他告诉我提高英文表达水平的一个诀窍，就是每天晚上看英文原版碟片……

当然，彭教授也是个性化比较明显的人，特别是谈及他的学生时，他总是眉飞色舞，对他们的技术创新和学术成果多有嘉褒。尽管我与彭教授形成亲密无间的关系，但他从没主动要求我报道他，而当某个学生完成高难度手术或有重要成果问世，他总是及时向我介绍，并建议我去采访报道。因为与彭教授走得近，自然与他的多位学生也成了朋友。彭教授桃李满天下，中国多家大医院的肝胆胰外科掌门人或者挑大梁者是他的学生，他们不仅师承彭教授医术，而且一如彭教授都富有仁爱之心，这是一个由中国优秀分子组成的医生团队，而“彭家军”三个字的首次出现即在我的新闻报道中。我很羡慕“彭家军”的弟子们，此生得遇如此良师该是多大的幸事啊！有一次，我笑着对彭教授提出，能不能当他的关门弟子，我想，治病救人的活儿干不了，但提高一点医学素养还是可能的。他说，你有学医的悟性，当时感觉已认下了。后来，事实证明，他是认真的。每次“彭家军”师生聚会我必不可少，有一次我出差去了外地，发现我不在，他马上打电话询问。还有一次，一个学术活动结束后，彭教授一位在省外医院工作的学生宴请彭教授及师兄弟们，彭教授让他通知到我，因为人员是由这位学生的学生负责通知的，结果把我给漏了，彭教授没有见到我，立即追问是怎么回事。这位负责通知的学生马上打电话给我一再表示歉意，弄得我都不好意思了。在彭教授的眼里，我就是“彭家军”的一员，包括这次写这篇文章，也是应了彭教授的要求。开始我说都是业内大咖回忆与您的过往，将我忝列恐有不妥。彭教授立即说：“你也是‘彭家军’的人，必不可少。”被世界名医、中国医学泰斗如此器重，我受宠若惊，亦倍感荣幸！

彭教授虽然是个医学大家，但他待人非常亲切，也很真实，没有半点架子，所以与他交往中也就少了顾忌，遇事就爱找他，而他每次都认认真真，不遗余力。多年前，一位同事找我，说外婆肝肿瘤想请彭教授手术，让我问问彭教授可不可以。同事的外婆在江苏南通，而那段时间彭教授特别忙，我对同事说，如果患者在杭州应该是可以的，但在外地我不能保证。我同彭教授讲了这事，彭教授笑着说：“建国，我听你的。”当地医院的医生听家属说请彭教授来手术，不敢相信这是真的，认为这么大的专家不可能请得动。为此，我还专门在电话中给这个医生作了保证。

手术这天，我同事凌晨5点开车去接彭教授，从杭州出发。上午9点，他走进南通老人所住医院的手术室，至下午3点，彭教授给和他同龄的老奶奶完成肝肿瘤切除，手术非常成功。后来，同事告诉我，彭教授出来后吃了一碗面，即赶往上海虹桥机场，从上海坐飞机去北京，因为次日北京有一个重要的学术活动，他要在会上作主旨发言。让一位老人如此辛苦奔波，说实话我有点愧疚。后来当我向他表达这份愧疚时，他则显得风轻云淡，说：“建国，这是我的工作常态，千万不要放在心上。”时隔多年，同事见面常说，彭教授是他们全家忘不了的救命恩人。这位老奶奶术后状况一直很好，直至前两年年近九旬才因其他基础性疾病离世。

再有一次，我的一位老领导确诊胆管癌，他是一位著名的新闻人，善于调查分析和研究，写过无数有影响力的报道，还有很多内参得到中央领导批示。得知自己的病情后，他查阅了大量资料，对未来非常悲观。有人告诉他我同彭教授私交很好，于是他托我请彭教授给他手术。第一次见面，他即同彭教授讲，他不怕死，但他知道这种病的凶险，他希望彭教授在手术过程中如果发现无望，让他走得痛快一点。走出病房，彭教授对我说，患者的心理状况不对，需要辅导。随后几天，我陪着彭教授又去看望他两次，彭教授反复仔细地给他作医学解释和病况分析，终于帮他树立了信心。手术是成功的，令患者和家属感动的是，刀口缝合都是彭教授一针一线穿行的。出院后，我的这位老领导到处给熟悉的媒体推荐彭教授，让他们去写写这位好医生，这是为更多的患者传递福音。

我经常麻烦彭教授，但彭教授认为这不是麻烦，是信任，况且看病和做手术本来就是一个医生的分内事。他说，如果拒绝患者，把看病和做手术当着麻烦事，这绝对不是一个好医生。

当个好医生，是彭教授的初心，也是他的毕生追求。在彭教授67年的外科学从医历程中，他不仅在外科领域攻克了一个又一个世界性的医学难题，还引领中国外科医生走向世界外科舞台。彭教授的医学成就及其人品，在业内有口皆碑，国内两次院士参评落选，不知有多少人为他鸣过不平。作为记者，我也想极力发出自己的声音。2011年12月，在彭教授第二次参评院士落选后，我专门写了一篇时评，题为“不求院士名，但求学术正”。评论说：“院士这顶桂冠是优秀科学家向往的圣塔，是荣誉的象征，更是对学术地位的肯定。中国是个人口大国，优秀科学家灿若群星。能够成为一名院士，当然值得骄傲和珍惜，但院士毕竟有严格的名额限制，所以优秀的科学家并不一定会成为院士，也不是说只有成为院士的科学家才足以称为优秀。虽然不是院士，但学术贡献远胜无数院士的科学家大有人在。在我们身边，有一位外科专家就非常值得敬重，他就是浙医二院教授彭淑牖。今年80岁的他曾两次参选院士未成，但仍活跃在医学一线，每天工作10小时以上，用精湛的医术为无数患者带来生的希望。刮吸手术解剖法和捆绑式胰肠吻合术是他为世界外科学所作出的两大贡献，先后当选美国外科学院荣誉院士、英国皇家外科学院荣誉院士、欧洲外科学院荣誉院士、法国外科学院荣誉院士。对这些荣誉，他并没有多少欣喜，因为他一生的努力只为患者一句话——“彭淑牖是个好医生”。像这样的科学家，你不想敬重都难。”

只要有可能，我就想多陪陪彭教授和谢师母。和他们在一起，他们那份淡然和超越物我的境界，令人甘之如饴、如沐春风。忘不了，饭桌上，我俩为大家以歌助兴，彭教授不但美声、通俗、民歌全来，而且苏州评弹、安徽黄梅戏等亦不在话下；忘不了，绍兴鉴湖边，我们买上一串臭豆腐边走边吃边聊；忘不了，浙西小镇上，一大早我俩在路边小摊上挑选露天蔬菜……这样接地气的医学大家可亲、可近，亦可敬。

在杭的“彭家军”师兄弟在蔡秀军院长的提议下，基本做到每月与导师及师母聚会一次，这既是感谢师恩，也是一个继续学习的过程。当然，这种学习更多的是潜移默化，比如感受他的敏锐和好奇。每次聚会，他对我们所说的每一件事或每一句话都充满兴趣，并一定要问个明白。一次饭桌上，我们开一位师兄弟玩笑，酒喝多了说大话，回家夫人要让他跪榴莲。彭教授听到这里，感到很好奇，马上问：“老话说不是跪搓衣板吗，现在为什么要跪榴莲？”我们告诉他这是现在年轻人的说法，他想了想说：“这也是与时俱进，洗衣机普及后，搓衣板不太有了，榴莲浑身是刺，以榴莲代之更能起到惩戒作用。”他的这一解释，引发我们满堂大笑。和这样的前辈在一起，我们没有半点违和感。有好奇心才会有学习和探究的驱动力。彭教授说，他的每一个创新成果都是建立在好奇心之上的。再比如，感受他和师母的美好爱情，他俩相濡以沫大半个世纪，师母一直是他手心里的宝，每次出门他必让师母先上车；饭桌上，他总是为师母先夹菜，有的菜他还要先尝尝，如果太辣、太咸或太硬，就不建议她吃；每次出来吃晚饭，他身上有一样东西是必备的，就是小电筒，师母视力不太好，一出门，他就会打开小电筒，牵着师母的手，认真走好每一步……彭教授经常教导学生，要执着于事业，也要经营好各自的小家庭，家和万事兴。在学生们眼里，他就是最好的榜样。

人为什么而活着？人应该怎样而活着？我在彭教授身上找到了答案。他是我的人生导师、生命的坐标。从他身上我看到了理想之光，感受到信仰的力量，也找到了自己的精神高地。衷心感谢彭教授，我的人生因您而充盈。如果有来生，我想继续当您的好学生。

杨迪生：我们的腾飞得益于他的鼎力助推
——骨科与彭淑牖教授的不解之缘

杨迪生，原浙江医科大学附属第二医院骨科主任。

20世纪70年代，医院临床科室的学科建设受到严重影响，学术团队梯队断档、青黄不接，与先进的医学科技差距拉大。改革开放后，医院学术气氛渐浓，年轻医生摩拳擦掌、跃跃欲试，大家追求上进。如我们骨科的范顺武医生（后调邵逸夫医院骨科）非常睿智聪慧，上进心极强，希望攻读博士研究生以深造。当时，我们骨科为非博士点，还没有博士研究生导师。

一天，我与范顺武医生去找某位教授，希望他能招收范顺武医生，但这位教授委婉拒绝了。

后来，我们找到医院大外科的博士研究生导师彭淑牖教授，他满口答应说："我很乐意为我们骨科第一位博士生的培养出把力。"经校研究生处协调，范顺武医生顺利考取彭教授的博士研究生。后来，范顺武成为我们医院骨科建科以来的第一位博士，也是我省骨科界的首位博士。接着，我科的陈维善、陶惠民医生也相继成为彭教授的博士研究生。彭教授为培养骨科年轻医生以及推动骨科学科发展倾注了自己的心血。他们三位也不负彭教授的殷切教导，获取博士学位后都成为业务骨干，为骨科学科发展作出很大贡献。尤其范顺武医生，调到邵逸夫医院骨科后，白手起家，带领一批年轻人把骨科领域中的难题——下腰椎疾病的诊治与研究提升到国内领先水平，成绩斐然。

彭教授心中的理念是始终把培养与扶持年轻人放在重要的地位，深知年轻人才是医院和科室的未来。我们骨科与彭教授特别有缘。我自己的职称晋升也是得到了彭教授的大力支持。在晋升教授职称与博士研究生导师评定时，我在送报材料中有一份发表在《中华骨科杂志》上的有关骨肉瘤诊治"述评"的资料。后来有"风声"传出，有评审者说杨迪生的论文和课题等评审材料已达标，但"述评"不能算论文，存在缺陷；但是，彭教授极力推崇，能在中华杂志上撰写"述评"的应该是该领域中有影响的学者，说明其学术水平达到晋升的要求，结果顺利通过评审。彭教授的提携与爱护，又一次助推了我们骨科的学科发展。从此，我们骨科终于有了博士研究生导师与博士学位点。当时，我们骨科同时成为博士研究生导师的还有陈正形医生，就这样，我们可以开始招博士研究生了，这使得骨科学科发展前进了大大一步。

在彭教授注重学科建设与培养年轻人的理念感召下，我也向彭教授学习，在担任骨科主任期间，充分运用学校政策支持，使骨科的博士研究生导师发展到 8 位，强大的博导团队当时被称为骨科的“八大将”，带领一大批研究生，学科建设氛围也大大升腾。接着，在后起之秀的两位主任严世贵、叶招明教授的带领下，现在骨科的博士研究生导师已达 14 位，在更高的水平上，百尺竿头更进一步了。

骨科的学术水平突飞猛进，学科建设的进一步拓展，这都与彭教授当年的支持与助推分不开。衷心感谢彭教授，请彭教授继续关注骨科的学科发展，并提供宝贵的建议。

彭教授虽已九十高龄，但宝刀不老，还能去解决省内外肝胆胰领域的疑难杂症；且笔耕不息，继续著书立说，把宝贵经验传授给晚辈。在医院遇到彭教授，谈起学术研究，他总说他的学术成果大多在 60 岁后取得，你们年轻人还要努力再努力，要不断上进才是。其实，我们也不年轻了，但在他眼里我们还年轻，不努力真不行。彭教授“老骥伏枥，壮心不已”，令我们晚辈特别佩服，同时我们也感到十分惭愧，感觉跟不上他的步伐。

在我心中，彭教授永远是我们晚辈的榜样、楷模。

杨东杰："徒孙"眼中的彭淑牖教授

杨东杰，主任医师，博士研究生导师，中山大学附属第一医院胃肠外科中心二科副主任

我叫杨东杰，本科毕业于中山大学，硕士、博士师从何裕隆教授，毕业后于广州中山大学附属第一医院胃肠外科工作至今。

彭淑牖教授作为国际知名专家，作为我国普通外科的奠基人之一，一直是个传奇。早在2001年，我作为一名医学生轮转普通外科时已对彭氏多功能手术解剖器（刮吸刀）和彭氏捆绑术（捆绑式胰肠吻合）等耳熟能详了。因此，对于那时的我来说，彭淑牖教授更像是神一般的传说。直到10年后的2011年，彭淑牖教授受邀来广州参加中山一院胃肠外科举办的学术会议时，我才有幸亲眼见到了彭淑牖教授。彭教授终于从"传说"和"传奇"变成了现实中的"师公"，因为彭淑牖教授与我的师公王吉甫教授是大学同学。彭师公给我的第一印象是：和蔼可亲、充满智慧、严谨认真。我想从亲身经历的几件小事谈谈我这"徒孙"眼中的彭淑牖教授。

杨东杰（左一）与彭教授夫妇、李江涛教授（右一）合影

杨东杰手持《中华外科杂志　创刊65周年彭淑牖教授纪念文集》与彭淑牖教授合影

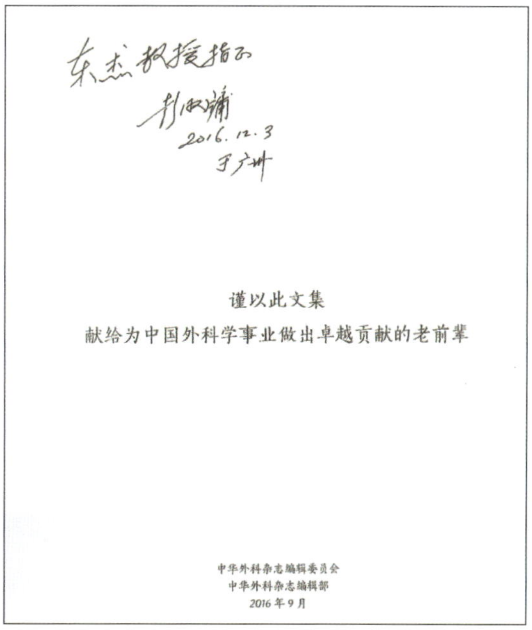
东杰教授指正
彭淑牖
2016.12.3
于广州

谨以此文集
献给为中国外科学事业做出卓越贡献的老前辈

中华外科杂志编辑委员会
中华外科杂志编辑部
2016年9月

《中华外科杂志　创刊65周年彭淑牖教授纪念文集》扉页

结缘美国外科学院学术会议

2016年10月17日美国外科学院学术年会开幕式上，我认出了作为当时我国大陆唯一一位名誉院士并于主席台就坐的彭淑牖教授。开幕式后，我主动向他汇报我也过来参会，彭教授非常高兴，立即邀请我第二天与他和夫人以及浙江大学医学院附属第二医院李江涛教授共进午餐。当时，彭教授主动建议我申请FACS并表示他非常乐意推荐。我那时自认为与FACS要求相差甚远，所以根本就没这个念头，但在彭老的鼓励下，2017年我顺利申请到FACS。我的导师何裕隆教授也是在彭老的鼓励和推荐下成功申请到FACS。彭老对中国年轻人的培养可谓大爱无疆、呕心沥血。

榜样力量　馈赠专著

2016年12月3日，受詹文华、何裕隆教授邀请，彭淑牖教授来穗参加第一届珠江国际胃肠肿瘤学术会议。会议期间，彭老专门找到我，当面赠送我刚刚出版的《中华外科杂志创刊65周年彭淑牖教授纪念文集》，当时的我内心充满意外、惊喜和感动，彭老对年轻人成长的殷切期望由此可见。单从这本杂志收录的专著即可窥见彭老传奇行医70余载之一斑。早在1958年，彭老还是住院医生时就已经发表了题为“腰交感神经节切除术中的严重错误——漏切神经节避免此错误的一种简易方法”的论文，从中我们不仅可感受到彭老当时重视临床并发症的医者仁心，而且可领略到彭老当时作为一名年轻“规培医生”的创新求变。

彭淑牖教授、黄健灵教授和何裕隆教授合影

郑永强教授、彭淑牖教授、何裕隆教授和杨东杰医生合影

2019 年美国外科学院年会

2019 年 10 月 27 日，美国外科学院年会在美国圣地亚哥举行。彭老邀请何裕隆教授和我们几位同道参加我国香港大学玛丽医院黄健灵和郑永强教授团队举办的招待会，一一介绍我们与各位友人相识。彭老在推动中国内地外科医生学术交流方面可谓不遗余力。

杨广顺：他的一生就像他的"牖"字

杨广顺，主任医师，教授，博士研究生导师，海军军医大学附属第三医院（东方肝胆外科医院）肝外五科主任。

彭淑牖教授在外科领域是泰斗级人物，尤其在肝胆胰腺外科贡献突出、成就斐然，是美国外科学院荣誉院士、英国皇家外科学院荣誉院士、欧洲外科学院荣誉院士、法国外科学院荣誉院士。像我们这一批20世纪80年代开始进入肝胆外科专科学习的医生，几乎都久仰彭老的大名，拜读过他的论文、著作，或观摩、学习过他的精彩手术。他发明的彭氏多功能手术解剖器和独创的捆绑式胰肠吻合法，大大提升了肝胆、胰腺外科手术的安全性，正如美国著名外科教授克莱克所说："他的技术和创造在外科史上具有划时代意义。"

我与彭老相识近40年，他工作在杭州，虽然没有机会一起共事，但作为后辈学生和同道，我们之间的交流更多地来自各种学术会议和疑难病例会诊。专业技术上的指导和教诲自然是不胜枚举，而更让我钦佩的是他摈弃浮躁的学术和社会风气，始终保持严谨治学、孜孜求索、勇于创新的精神。

他是广东梅州人，具有典型的南方知识分子特质，是一位非常儒雅的外科大师和学者。每一次学术讲座他总能不拘一格，直击学科前沿和临床瓶颈，提出真知灼见，而且思维缜密、治学严谨，娓娓道来、平易近人，无论是年轻医生还是学科大咖都视之为极好的学术盛宴。

对于学术上的争论，他开放、谦逊、求同存异，只要是对研究工作改进有益的意见或批评，都会欣然接受。他英文很好，即便是年已九十，依然每天坚持听英语新闻，阅读英文文献，始终关注学科前沿发展。这可以从他近年来在ALPPS、肝癌合并PVTT的"thrombectomy first"手术、腹腔镜肝切除术等相关学术讲座中清晰地感受到。

除外科技术外，他对介入技术的发展也同样关注，他首创使用外科胶（α–氰基丙烯酸正丁酯胶）+碘化油乳化剂的末梢门静脉栓塞术（TBPVE），在不增加门脉栓塞术（PVE）风险的情况下使得肝再生的效果接近ALPPS，得到国内外同行的广泛认可和临床应用。

他曾经说过:“我从来没想过退休，即使做不了手术了，我还能写，就算写不动了，我也还可以口述自己的想法和经验。”我想正是因为对临床工作无比热爱和不倦求索，他才会屡创佳绩。他说他名字中的“牖”，在古汉语里是“窗户”的意思，昭示自己一生的奋斗目标就是努力多挽救一些患者，为生命多开一扇窗。

从医从教60余载，他不仅救治的患者数以万计，而且还特别注重医学人才的培养，培养了一支优秀的“彭家军”，可谓桃李满天下。江浙沪一带大医院，不少院长、外科主任是他的学生。由于专业相同、年龄相近，我与彭教授的学生们交往更为密切一些，很多还是多年挚友，从他们身上我更是看到了“彭家军”特有的品质，那就是“工于临床，勇于创新，治学严谨，笔耕不辍”。我想这应该也是彭老大医风范和匠心精神的最好写照与传承吧。

“高山仰止，景行行止。”彭老是我们永远学习的楷模，衷心祝愿彭老身体安康、万事顺意、阖家幸福!

杨尹默：叩开大匠之门　大师迎面而来

杨尹默，主任医师，教授，博士研究生导师，北京大学第一医院院长、党委副书记，北京大学肝癌诊疗研究中心副主任。

画界大师齐白石先生有一方经常在书画作品中使用的印章，印文是“大匠之门”，后被引申为在某一领域取得卓越成就而被其学生传承并发扬光大的专业人士。以此来形容彭淑牖教授，我认为非常贴切。

最早听说到彭老是在20多年前，我留学德国时的老师Beger教授来京访问，向我询问彭老的捆绑式胰肠吻合，流露赞许之意。当年中外交流不多，Beger教授知道的中国外科医生寥寥无几，他对彭老的询问给我留下了深刻印象。由于当年检索文献也远不如现在这样方便，学术交流也少，我对彭老及捆绑式胰肠吻合并不知晓。后来，我的老师黄莛庭教授多次和我提到彭老对胰肠吻合、肝尾叶切除及肝门胆管癌根治等多种高难度手术均有创新性实践，言语之中，非常敬佩。

初次见到彭老，则是在10多年前的一次国内学术会议上。现实中的彭老与我心目中的原始想象还有些距离。他身形瘦削，衣着朴素，略有驼背，即使对待像我这样名不见经传的隔辈人，也始终面容谦和、彬彬有礼，脸上始终挂着平和的微笑。这平和的微笑后面，隐约可见的是一种动人心魄的淡定与执着，而这一定是源于他内心深处的自信与从容，令人肃然起敬。后来，随着接触的不断增多及自身职业阅历的积累，对彭老的学识特别是他在肝胆胰腺外科方面取得的卓越成就，体会更加深刻。

外科以手术为基本要素，动手能力是评价外科医生职业水平的基本要素，外科医生特别需要具有工匠精神。何谓工匠精神？我的体会是异乎寻常、执着而不顾一切地追求事物的完美，在技术层面不断突破极限。这背后一定需要一种沉稳而远离功利的心态，乐在其中而难以自拔，如此方可成就工匠精神。匠人可谓手艺高超，但还谈不到工匠精神，因为匠人只是做重复的事情，虽然精致，但毫无创新性，而创新性恰是工匠精神的基本内涵。彭老在肝胆胰外科方面不断突破手术禁区，在理念与技术层面均多有创新之举，他是一位温文尔雅的学者，更是一位极富工匠精神的外科大家。

杨尹默与彭教授在会前合影

与彭老相识10余年来，由衷体会到他非常乐于尝试和接受新鲜事物，决不会排斥。一般而言，70岁的人可能难免保守，可能习惯于按部就班，而彭老似与他的年龄不相称，在不断挑战高难度手术的同时，仍与时俱进，在其他技术层面也走在了同龄人甚或年轻人的前面。10余年前，学术讲演中展示视频还比较少见，一方面是设备原因，另一方面也是术者的意识欠缺，学术演讲多以文字展示，术中图片也较为少见；而彭老的演讲每每以视频展示其学术思想，且制作精美，配音配字，从肝尾叶切除到肝门胆管癌根治，再到彭氏刮吸技术，无不亲力亲为，令人刮目相看，印象深刻。这恰恰是彭老极富创新性的工匠精神的生动体现。

从匠人到工匠，从工匠到大匠，折射出彭老从外科医生到外科学家的成长历程，特别是他培养了一大批活跃在临床一线的外科名家，业内有“彭家军”之称，其人数之多、地域之广、影响力之大，堪称大匠之门。

作为彭老的一位忘年交，在此表达对彭老由衷的敬意，祝愿彭老健康长寿、职业青春永驻！

杨镇：他的一生都在创新、缔造奇迹

杨镇，教授，博士研究生导师，主要从事普通外科临床与实验研究，重点是肝胆和门脉高压外科，目前在华中科技大学同济医学院附属同济医院老年外科从事医疗和保健工作。

时间过得真快，在近60年的职业生涯中，我曾结识许多著名的医学大师，彭淑牖老师就是其中一位。虽然彭老师远在杭州，但对我的启发帮助极高、影响造就巨大。我记得我的老师裘法祖院士当年曾多次给我们介绍、夸赞彭淑牖老师，那都是发自老人家内心深处的赞誉，极其真挚、诚恳，给我留下了极深的印象。

后来，裘法祖院士和我的师兄邹声泉教授录取了彭淑牖老师的一位博士毕业生做博士后，他就是秦仁义教授。

有一天，我听说秦仁义教授要给一位胰头肿瘤的患者做手术，征得他的同意后，我专门到手术室参观学习。因为他是彭淑牖老师手把手教出来的，学习他的手术其实就是学习彭淑牖老师的手术技巧与创新发明。

那天我带了照相机，还带了面包。为什么要带面包呢？这里有一点奥妙。那时我刚从美国约翰·霍普金斯医院进修回来不久，这家医院的胰腺外科号称全美第一。有一次，我到该院的手术室观摩外科专家的一台Whipple手术。手术确实做得非常精细，但这台手术从早做到晚，中午，手术者还要下手术台去进食午餐，那天我没带食物，结果饿得心慌眼黑。

所谓百闻不如一见，真是名师出高徒。秦仁义教授仅用了3个小时，手术就完美收官了。我带的午餐根本不需要，而且当年同济医院在中午会给术者每人一杯牛奶，术后在医院食堂还有补餐。秦仁义教授采用的是彭淑牖老师首创的捆绑式胰肠吻合术，彭老师创立的刮吸手术解剖法、多功能手术解剖器更是让我惊喜万分，这无疑是机器人和腹腔镜手术的先导和创新！

后来征得秦教授的同意，我把术中拍摄的珍贵照片编写到我主编的《胰脏外科学图解》（上海科学技术出版社，2009），使本书光彩大增。

从此以后，在每次全国性学术会议上，我都专门去听彭淑牖老师的报告和演讲，收获颇丰。有一次，上海市第一人民医院彭志海院长在上海外滩举办学术会议，专门请彭淑牖老师做学术报告，我也有幸应邀赴会了。那时，我母亲居住在上海，她在我会议报到的当晚到宾馆来看我。令我无比感动的是，彭淑牖老师和夫人闻讯，专门到餐厅陪我们母子俩共进晚餐。那晚上海外滩的夜景、美食和亲切无比的畅谈，我至今仍历历在目，仿佛就发生在昨天一样。

我经常在学术期刊上拜读彭淑牖老师发表的论著。21 世纪初，《中华外科杂志》发表了彭老师两篇震撼人心的论著——《绕肝提拉法在正中裂劈开肝脏切除中的意义》和《逆行性肝尾状叶切除 7 例报告》，对我的启发极高。当时，我刚巧收治了一名孤立性肝尾状叶肿瘤的患者，我对该术式把握不大。当时，我的学生王新保被彭淑牖老师录取为博士后研究生。后来，我就通过王新保将该患者转到彭淑牖老师那里，请他老人家诊治，结果手术非常成功。我当时曾打算请假去杭州参观学习这次罕见、复杂的手术，可惜当时有急事要办，没去成杭州，有点遗憾！好在后来在彭老师的指导下，王新保各方面有明显进步，他现在在浙江省肿瘤医院担当重任。说心里话，彭老师能录取他为博士后研究生，就是对我们最大的支持和爱护！

彭淑牖老师也是门脉高压外科专家，特别精通巨脾切除、断流、分流手术，并在晚期血吸虫病诊治中做出重要贡献。

浙江省早年也是血吸虫病的重疫区，我记得我还在上海第一医学院基础部读书时，1966 年底至 1967 年初，江西井冈山暴发“流感”“乙型脑炎”大流行，我当时参加了学校组织的学生救助队步行去井冈山大串联。

在路过浙江嘉善县时，当地县医院的医生以为我们是专家，说：“快点到医院帮我们切巨脾吧，那里有不少晚血患者！”我们赶紧回答：“我们是医学生，巨脾是什么样子，我们还不知道呢！”现在经过半个多世纪的艰苦努力，我国血吸虫病得到有效控制了。毛主席“送瘟神”诗中“千村薜荔人遗矢，万户萧疏鬼唱歌”的悲惨景象一去不复返了。

前几年，我们组织全国专家编写了一部《血吸虫病防控和临床诊疗图解》，彭淑牖老师为本书撰写了序言并给予了大力支持，令我们深受鼓舞。

在序言中，彭淑牖老师写道：“我阅读了《血吸虫病防控和临床诊疗图解》的初稿后非常高兴和激动，不禁又回想起早年和中国外科学界泰斗裘法祖老前辈一起工作和战斗在血防第一线的情景，我国众多外科专家奋力救治了无数晚期患者，为送“瘟神”做出了重要贡献。本书全面回顾了这项意义重大的工作和历程，总结了很多成功经验和指出了值得改进之处，为今后更好地开展晚期血吸虫病的治疗指出更明确的方向。”

值得庆贺的是，这本书的电子版已发行近 3 年，其中第一章节的阅读人数已近 5 万人。在这里，我们要向尊敬的彭淑牖老师表示最衷心的感谢！

易滨：不遗余力提携晚辈 耄耋之年再登峰顶

易滨，主任医师，教授，博士，硕士研究生导师，上海东方肝胆外科医院器官移植科主任，原胆道一科副主任。

作为后辈，我初识彭淑牖教授是在2008年，彭老受吴孟超院士邀请到东方肝胆外科医院来授课。彭老气质儒雅谦和、学识饱学精深、学风笃学不倦，让我深深折服。恩师姜小清教授也多次邀请彭老给我们传经送宝。那时，彭老已经是美国外科学院、英国皇家外科学院荣誉院士。后来每次请教，彭老对我都是"来者不拒"，还帮我改过一篇文章，后来文章果然顺利发表，我常常心存感激。

2010年，我晋升副主任医师之后，萌生了出国学习的想法。那时，彭老又当选了欧洲外科学院荣誉院士，在欧美赫赫有名。我看到法国Bismuth教授的Bismuth研究所有一个在欧洲三个临床中心学习一年的Master's Program，很是心动，于是联系了Bismuth研究所，获得了确认函，初步确定在法国巴黎十一大学Paul Brousse医院、德国柏林洪堡大学Charité 医学院Virchow医院、英国利兹大学St James医院三个肝胆中心学习。

2011年年底，我顺利申请到了教育部国家留学基金委的青年骨干教师计划，获得了资助批件，方向法国，我满心欢喜。谁知申请法国签证却遇到了麻烦，Bismuth研究所迟迟不能出具有效的接待协议，一晃已到2012年6月，留学资格有效期眼看过去一半了，我心里火烧火燎。得知彭老7月初要去巴黎参加国际肝胰胆协会（IHPBA）的第10届世界大会，情急之下，我只好厚着脸皮向彭老求助，没想到彭老爽快地答应了，帮我问问法国的教授们。

彭老在巴黎会议上代表中国肝胆外科侃侃而谈、挥洒自如，我在上海家里如坐针毡、度日如年。7月15日，彭老的一封Email"从天而降"，说："Prof. Adam已有正面回应。现在转去一阅。建议你可直接和他联系商讨。祝一切顺利！"我仔细阅读了彭老的邮件，原来在IHPBA世界大会上，彭老为了我，当面和Adam教授说好了推荐我去学习。回国以后，彭老给Adam教授发了正式推荐信。次日，Adam教授就回信表示非常高兴和彭老在巴黎再见面，乐于接受我去学习一年，还对彭老很尊重地说：“I remain at your disposal”。

后来彭老告诉我，不光是 Adam 教授，彭老还帮我问了 Belghiti 教授等好多法国外科大佬。正是踏破铁鞋无觅处，得来全靠彭教授。彭老弹指一封邮件，锁定晚辈我留学法国经历。

随后，在彭老的支持和帮助下，Adam 教授给我提供了一切手续。我于 2013 年 6 月至 2014 年 6 月在巴黎十一大 Paul Brousse 医院肝胆中心访问学习一年，我也尽全力在彭老提供的新的平台上认真学习。2016 年年底，借中国抗癌协会第七届胆道肿瘤大会之机，我们邀请彭老和 Adam 教授莅临上海指导，两位老师热烈交流、畅谈叙旧、其乐融融。每每回顾留法经历，我总是庆幸能得到彭老的恩泽，慨叹彭老对学生和晚辈的厚爱，无以报答，唯有以大师为榜样踔厉前行，方不辜负彭老的期望。

熟悉彭老的人都能对他的创新成果如数家珍，多功能手术解剖器、捆绑式胰肠吻合术，等等。彭老身上的不屈不挠的创新精神成就了他在医学界辉煌的事业，值得后学晚辈们学习和尊重。而且，他还在耄耋之年开拓末梢门静脉栓塞，汤国内的门静脉栓塞技术进入国际赛道。门静脉栓塞术（PVE）是一种大范围肝切除术前、诱导未来残余肝术前事先增大的血管介入技术，由日本学者 Makuuchi 首先应用于肝切除术前。国内 PVE 研究起步较晚，但技术进步迅速。1994 年，吕明德等首先报告了经皮经肝

2016 年，易滨与彭淑牖教授等在中国抗癌协会第七届胆道肿瘤大会上合影

彭淑牖教授与 René Adam、姜小清教授讨论交流（2016 年）

细针穿刺注射法 PVE，应用于肝细胞癌术前。一时间，细针穿刺法 PVE 在多个中心被报道。然而，栓塞的靶静脉无法超选、不能做门静脉造影评价等缺陷极大地限制了 PVE 的发展。2004 年，杨维竹等报告了经皮经肝导管法，以明胶海绵、无水乙醇和钢圈（弹簧圈类）为栓塞材料的 PVE，应用于肝细胞癌。导管法 PVE 逐步走上了 PVE 的前台，适用的肿瘤也从肝癌拓展到了其他病种。2007 年，项灿宏等报告了 1 例明胶海绵 + 钢圈 PVE 应用于肝门胆管癌肝切除术前。2009 年，我们也报告了导管法对侧路径钢圈 PVE 用于肝门胆管癌肝切除术前的成组研究。导管法经皮经肝 PVE 在国内各大中心逐渐被作为大范围肝切除术前诱导未来残余肝增生、降低术后肝衰竭的有效技术，当时主要将弹簧圈、明胶海绵、碘油、无水酒精等作为栓塞材料。

然而，一直到 2010 年代中期，由于栓塞材料选择的限制，弹簧圈 + 明胶海绵的 PVE 在国内是主流，而基于近侧弹簧圈、远侧明胶颗粒的栓塞虽然基本解决了 PVE 安全性的问题，但在门静脉支末梢栓塞上没有找到安全合适的材料，诱导肝增生的效能上存在明显不足。与西方发达国家相比，国内 PVE 技术仍然处于落后状态，国内许多肝胆大咖只能望洋兴叹。

彭老敏锐地观察到了这一点，在一次学术会议上，彭老兴奋地对我说："ALPPS 手术已经出现了，做肝脏分隔的基本原理就是阻断门静脉分支的交通，如果我们在 PVE 末梢栓塞材料的选择上探索，应该能找到合适的材料，栓掉末梢门静脉的交通支，增加肝增生的效果。现在国家条件好了，我正在找好的外科胶水，你可以试试末梢栓塞

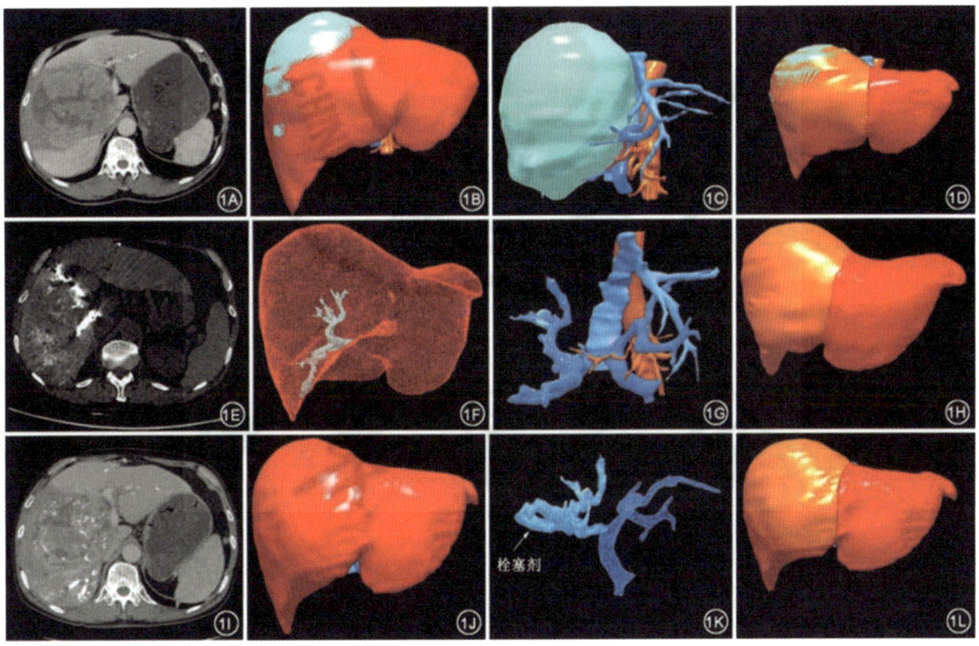

末梢门静脉栓塞示意图

的颗粒性材料。”

果不其然，2016 年，彭老在《中华外科杂志》率先报告了末梢门静脉栓塞（TBPVE）的研究，采用国产 NBCA 外科胶＋碘油，顺利地完成了的末梢栓塞、右半肝切除，获得了满意的效果。到此为止了吗？不是！ 2021 年，彭老又报告了“末梢门静脉栓塞技术在余肝体积不足肝细胞癌中的应用价值”，彭老率领团队完成 TBPVE 150 例，PVE 后两周的增生率达到了 57.8%，TBPVE 联合 TACE 组的 3 年总体生存率高于不联合 TACE 组。

不仅如此，在很多会议上，彭老毫无保留地详细介绍了 TBPVE 原理、栓塞材料成分、栓塞技术细节、应用于肝癌的技术要点，众多学生晚辈们如获至宝、如痴如醉，许多中心依此开展了 TBPVE。在彭老的关心下，我们中心随后也开展了 NBCA 胶＋碘油的 TBPVE，在 TAGM 栓塞微球的 TBPVE 上也取得了进展，发表了论文。作为关注 PVE 领域的医生，我不禁感慨：没有彭淑牖教授大师级的开拓引领，国内 PVE 就不会有近 5 年的巨大飞跃。悄然之间，国内的 PVE 效果已经达到了西方主流肝胆中心的同等水平，国内的 PVE 技术已经进入了国际赛道，基于此平台的 PVE、肝切除、肝再生研究方兴未艾……

殷晓煜：每场聆听都是一次精神洗礼

殷晓煜，医学博士，教授，博士研究生导师，现任中山大学附属第一医院副院长、胆胰外科学科带头人。

彭淑牖教授是我国一位在肝胆胰外科领域做出卓越贡献的著名学者。至今90岁高龄仍活跃在外科临床和科研一线的彭淑牖教授，不拘泥于传统的外科手术方法，不断开拓创新，相继提出了一系列的手术方式及理念创新，包括捆绑式胰肠吻合术、刮吸手术解剖法，并发明了多功能手术解剖器、末梢门静脉栓塞技术，以促进肝再生等，为解决肝胆胰外科临床难题做出了突出贡献。

我于1992年大学本科毕业于中山医科大学，后加入了中山医科大学附属第一医院肝胆外科。早年我知道彭教授始于在杂志上读他的论文，读他写的书，当时很敬仰彭教授渊博的学识、精湛的手术技术。有幸与彭教授当面认识则是在20多年前在苏州举办一次全国会议上。当时，我与科室主任梁力建教授刚好碰到彭淑牖教授与他的一位学生。梁教授就跟我介绍了彭教授并向他引荐了我，那是我第一次跟彭教授这位学界大咖面对面地交流。当时，我还是有点紧张的。但彭教授和蔼可亲、平易近人，让我很快放松心情。当他得知我是浙江温州人时，他说我跟他刚好相反，他是广东人在浙江工作，而我是浙江人在广东工作。他开玩笑地说，无论从哪个角度讲，我们都是半个老乡啊，这又平添了几分亲切感。虽然第一次见面的时间不长，但彭教授和蔼可亲、平易近人的风格给我留下了深刻的印象。

此后很长一段时间，跟彭教授的交流都是在各种学术会议上。每次向他问问题，他都很高兴、很耐心地回答、解释。随着交流次数的增多，我们越来越熟悉了。我很喜欢听彭教授的学术报告，他每次的学术报告都能给我们带来一场学科创新发展的饕餮盛宴，每场聆听都是一次精神洗礼。这对我本人的专业技术水平提高起到了很重要的引导作用，譬如捆绑式胰肠吻合术就是在听他学术报告的基础上学会的。

彭教授对广东肝胆胰外科学界的学术交流非常支持。自2015年开始，我作为大会执行主席每年举办一次“南粤中山肝胆胰外科论坛”，每次邀请他莅临指导，他都

殷晓煜参加彭教授的从医60周年音乐答谢会

2015年，彭教授出席第一届南粤中山肝胆外科论坛

2015 年，彭教授出席第一届南粤中山肝胆外科论坛

很爽快地答应并能如约而至。虽然他彼时已经是 80 多岁高龄了，但每次给我们带来的学术报告都是新内容、新理念、新技术，干货满满，如末梢门静脉栓塞技术用于计划性肝切除术，让我们很惊奇、很赞叹——“85 后”的彭教授还能奋战在临床一线、并且还在不断创新。

虽然我不是彭教授直接教出来的学生，但是非常有幸能跟彭教授相识、相熟。彭教授渊博的学识、精湛的技术及人格魅力是我毕生学习的榜样。

余小舫：读彭淑牖教授住院医生期间的学术论文，悟优秀外科医生不断创新的素养

余小舫，外科学教授，主任医师，深圳市人民医院肝胆胰外科学科顾问。

彭淑牖教授一直是我所敬仰的一位传奇式的外科大家。作为晚辈，这次有幸受邀为《医学泰斗彭淑牖 与“彭家军”传奇》写点文字，不胜荣幸。客观而言，在我职业生涯中与彭老的直接交往并不多，主要限于拜读他的著述和在各种学术会议上聆听他的演讲。为了更深入地了解彭淑牖教授，更好地完成这篇文稿，我到数据库系统搜索了一遍彭老在各类中文期刊所发表的文章，共计436篇。据权威统计，彭老迄今为止实际在国内外期刊共发表中英文学术论文763篇。最早的一篇题为“膀胱潮式引流装置及其改进”，最近的一篇题为“双极电凝镊夹断肝技术的临床应用”（中华外科杂志，2022；60（5）：449）。

众所周知，彭淑牖教授于1955年毕业于浙江医学院，之后一直在他的母校工作至今，当下已是90岁高龄。毕业后工作不到一年写成并以第一作者发表题为“膀胱潮式引流装置及其改进”的论文。该文不仅追根溯源、图文并茂地对该装置的4种常见类型的原理、操作要点进行了详细介绍和临床经验分享，更难得的是针对其中两个不同类型装置的缺点进行了合理改进，使其功能更加完善、操作更加简易。90岁高龄，彭老仍然以第一作者身份发表了一篇回顾性研究，用最传统的双极电凝镊夹进行肝脏外科最基本的操作（肝断面离断）与超声刀进行对比，结果发现前者较之后者在离断肝脏的速度、减少术中出血量方面更有优势。两篇文章相距66年，沧海桑田、斗转星移。作者的学识见地、临床经验不可同日而语，科学技术的进步、学科理念的更新更是天壤之别，但不变的是彭老那几十年如一日的在外科学领域务真求实的探索精神和他那独特的始终紧贴临床、简单方法解决大问题的学术风格。

更令我叹服和震惊的是，彭老在他5年住院医生期间所公开发表的全部学术论文。我敢断定没有多少同行能想到彭老在浙医二院5年住院医生期间（1955—1959年）竟

能发表 13 篇学术论文（详见参考文献），并且其中一半以上（7/13）没拘泥于一般的临床经验总结和分享，而是有自己的技术创新或改良甚至推出原型新器材。看完这份成绩单,虽然我无法想象 60 多年前的彭老以“715（每周 7 天,每天工作 15 小时）”甚至“007（0 点到 0 点，每周 7 天）”的工作节奏蹲守在病房、浸泡在手术室的情景，但在仔细研读完这十多篇论文后，一个优秀年轻外科医生的形象跃然脑海中，也更加深了对彭老在深圳的一次演讲中所谈及的，创新性研究工作中的几个原则和方法的理解。

第一,“拒绝因循守旧,勇于改革创新。”一个住院医生刚入行就对司空见惯的“持续静脉输液”穿刺针进行大胆革新，并且后来耗费彭老几十年精力发明了 PMOD，这些都是他在寻常事物中发现不寻常的功力体现。还有那篇题为“漏切腰交感神经节”的论文也是一个典型，为什么之前能容忍 38.8% 的错误率而不去想办法改进呢?

第二，“切勿迷信洋人，也不盲从权威。”大学毕业不到一年就针对几种常用的由洋人发明的“膀胱潮式引流装置”的缺点进行改进，如果没有一点底气和勇气，是难以做到的。

第三,“不因事小而不为，莫为困难而却步。”在常人看来，护士用的静脉穿刺针、持续性脊椎麻醉的给药导管，以及外科医生每天用的电刀都是小得不能再小的事，可在彭老却都发现了里面的大学问。60 年前，彭老那根用于持续静脉输液的塑胶管或许还是世界首创呢!

第四，“不断超越自我，赶超国际水平。”彭老在国内外学界所受到的尊重和获得的荣誉恐怕业内能与其比肩者不多。这些都源自于其默默地不断超越自我、赶超国际水平的努力。捆绑式胰肠吻合术式改进了一次又一次，PMOD 升级了一代又一代。虽早已硕果累累、著作等身，却不断见他在否定自己，超越自己。

第五，“仔细观察去发现问题，反复思考来分析问题，深入研究为解决问题。”彭老称之为“创新性研究工作的三部曲”。彭老是演绎这三部曲的高手。他发现问题独到，分析问题精准、深刻，解决问题简单、实用。还有一大特点是来自于临床又能回到临床。无论是早年静脉穿刺针的大胆革新，膀胱引流装置和麻醉给药导管的改进，大隐静脉剥离器的发明，还是后期捆绑式胰肠吻合术的改进和 PMOD 的发明，都是最好的例证。

第六，“勤于积累资料，积极写作投稿。”打破“守旧”“盲从”的禁锢，充满“不断超越”“赶超”的渴望，具备“发现、分析和解决问题”的能力固然重要，犹如十月怀胎。如果日常不注重资料的积累、懒于写作投稿，则不能获得一朝分娩的喜悦，更不能分享给同行、促进科学技术的进步、惠及更多的患者。彭老能在 5 年住院医生期间发表 13 篇论文足见他对资料的收集多么用心，写稿多么勤奋。

有言道:“少年强，则国强”。穿越 60 多年，一睹风华正茂年代的彭老之后或许能帮助我们更深刻理解眼前这位具有高尚品格、渊博学识、高超外科技巧和源源不断创新思维的彭淑牖教授。英国爱丁堡大学外科系主任詹姆斯·利尔蒙思（James Learmonth，1895—1967）曾说过："在探寻引领伟人们走向成功的重要规律时，我们更应该探究的是他们的思想活动而非其技术成就。"

参考文献（彭淑牖教授在住院医生期间所发表论文一览表）

参考文献序号	署名	论文题目	发表刊物	论文类型
01	第一作者	十二指肠重复畸形	中华外科杂志，1959，7（11）：1090	病例报道
02	唯一作者	应用塑胶管进行持续静脉输液	中级医刊，1959（10）：37	自创新技术、新器材
03	第一作者	简单的大隐静脉剥离器及其使用方法	中华外科杂志，1959，7（8）：815.	自创新技术、新器材
04	唯一作者	小剂量的低腰部硬脊膜外阻滞在会阴部手术中的应用——附30（31次）阻滞分析报告	浙医学报，1959（6）：558	临床论著（自创新技术）
05	第一作者	手术后并发化脓性腮腺炎一例报告	浙医学报，1959（5）：417	病例报道
06	第二作者	一种安全的骶前腹膜后充气造影术——利用塑胶管进行注气的初步报告	中华外科杂志，1959，7（4）：415	自创新技术、新器材
07	唯一作者	指（趾）甲下血肿18例临床报告	浙医学报，1959（3）：257	病例报道
08	第一作者	腰交感神经节切除术中的严重错误—漏切神经节避免此错误的一种简易方法	中华外科杂志，1958，6（8）：927	临床论著（自创新技术）
09	唯一作者	诊断性腹腔穿刺术在急腹症的应用	中级医刊，1958，（6）：43	讲座
10	第一作者	持续性脊椎麻醉利用塑胶管进行鞘内插管麻醉的初步报告	浙医学院学报，1958，1（3）：253	自创新技术、新器材
11	唯一作者	幽门窦的生理功能与胃段切除术	浙江医学院学报，1958，1（3）：271	综述

续表

参考文献序号	署名	论文题目	发表刊物	论文类型
12	唯一作者	BillrothⅠ式和Ⅱ式手术的采用问题	浙江医学院学报，1958，1（2）：181	综述
13	第一作者	膀胱潮式引流装置及其改进	中级医刊，1956（3）：158	自创新技术、新器材

虞先濬：他是光而不耀的太阳

虞先濬，教授，主任医师，博士研究生导师，复旦大学附属肿瘤医院副院长。

彭淑牖教授是我从事胰腺肿瘤外科专业的引路人之一，是我尤为敬仰的前辈和老师。时光荏苒，“90后”的彭老不忘初心，以崇高的爱国情怀、正气的医者风骨和精湛的医术，67年如一日地奋斗在临床医教研一线，为我国外科领域培养了中坚力量，造就了一代又一代优秀医学人才。

细数过往，彭老对我的谆谆指导和言传身教，历历在目。印象尤为深刻的是2003年，时值我博士毕业答辩，彭老受邀担任我的答辩委员会主席，百忙之中亲临答辩现场。他认真聆听了我的答辩，对我博士期间的学术工作和个人对胰腺疾病的思考提出了诸多切实意见和建议，鼓励我时刻带着发现问题的眼睛看待胰腺癌这一恶性肿瘤，不断思考以获得学术上的提升和进阶。“守少则固，力专则强。”彭老的指教为我后续坚定地选择攻克胰腺恶性肿瘤、聚焦胰腺肿瘤外科治疗新策略及机制研究这一方向注入了“强心针”。时至今日，彭老的谨言“患者是医学天地的核心，我们的一切努力都朝向它，我们全部工作都围绕这个中心而运转”，时刻鞭策着我，也影响着我的学生们。

彭老有着崇高的信念、谦和的态度与顽强的毅力，他工作时极致认真，激励着我在日常的高强度工作中保持勤勉与专注。早在1995年，他领衔团队发明捆绑式胰肠吻合术，有效控制了胰十二指肠术中发生胰漏的风险，这一术式在国际外科领域引起强烈反响，并得到国内外的广泛认可与推广。受此启发，2013年，我们团队创新性发明了“乳头状残端封闭型”胰肠吻合术，并主持Ⅲ期临床试验，证实其能够大幅降低胰漏发生率和围手术期死亡率，显著提高手术安全性。在此过程中，我们亦得到了彭老等前辈的悉心指导和帮助。人到半山不停步，船到中流当奋楫，医学在传承和创新中进步，正因如此，才共筑了我国医疗诊疗水平的整体提升。

彭老深入人心的不只是对医学事业孜孜不倦的追求和奉献，还有身体力行、率先垂范的高风亮节。2016年，恰逢中国抗癌协会胰腺癌专业委员会改选之际，彭老主动让贤，广纳贤才，大力举荐年轻人，并指导专业委员会的发展和建设，为我们搭建学习和交流的优秀平台。他胸怀博大，给予我们后辈诸多关怀、爱护和提携。在生活中，彭老时刻保持着积极乐观的心态，正如“有风有雨是常态，风雨无阻是心态，风雨兼程是状态”，激发着我们向上、向善。

大音希声，医学事业之所以伟大，是因为它由无数经验、教训和智慧凝结而成，由无数前辈攻坚克难沉淀而来。后辈们有幸耳濡目染于彭老等前辈的高尚医德、精湛医术、严谨医风，并以之为榜样和旗帜，始终恪守、秉持这样的精神，必将信心满怀、步履坚定，不负光阴韶华，共同为祖国医药卫生事业的发展奋斗终身，为人民健康福祉做出新贡献！

张成武：一座巍峨的丰碑，我景仰的彭老

张成武，主任医师，教授，硕士研究生导师，浙江省人民医院肝胆胰外科、微创外科主任。

2022年7月22日，在绍兴召开的由《中华消化外科杂志》编辑部主办的“乐享我术”10周年学术会议上，我又见到了尊敬的彭淑牖教授。他是我国肝胆胰外科界泰斗级的人物，是具有国际影响力的传奇式的外科前辈，著作等身，桃李满天下。

他虽然年事已高，但仍笔耕不辍，作为著名的外科学教授，又十分平易近人，在我等外科晚辈的心目中具有崇高的地位。在本次会议的最后一个环节，关于年轻外科医生成长之路的访谈中，彭老语重心长地对在座的和线上的青年医生谆谆教诲，反复强调“一切以患者为中心”“不以善小而不为”。他说：“作为外科医生，在每一次决定治疗方案时，都应该问一下自己，如果这个患者是你的亲人，你会怎么做。”他鼓励青年外科医生应该不断创新探索，积极开展临床研究。

访谈快要结束时，他还告诉大家，虽然他早已没有晋升等压力，现在仍十分重视专业论文的撰写，不久将有数篇论著发表。听了他朴实无华的讲话，我感慨万千。像彭老这样的外科前辈所体现的医者仁心，既是我们的学习榜样，又是今后我们学习进步的动力。

我也倍感荣幸，在我的从医生涯中，有彭老这样一位充满智慧的人生导师，一直引领着我正确且坚定地前行。

记得20多年前，我还是一个初出茅庐的年轻外科医生，在杭州参加一个学术研讨会，而彭老是此次会议的主席。在这个会议上，我做了关于肝切除手术病例的分享汇报，也是第一次在正式学术场合见到了我所景仰的彭老，心里既紧张又激动。汇报结束后，彭老对我的发言做了详细的点评指导，特别是他对我的鼓励和肯定，使我向肝胆胰外科迈出了坚定的一步。也是从那时候开始，我一有机会就认真学习彭老在各种专业杂志上发表的学术论文，其中印象较深的一篇文章是2000年发表在《中华普通外科杂志》上关于中晚期胆囊癌外科治疗的论著，总结分析30多例中晚期胆囊癌

张成武和彭老合影

的手术治疗经验。在当时那个年代，胆囊癌手术切除率低、疗效差，对外科治疗普遍持悲观态度，彭老他们通过自己的经验，提出对中晚期胆囊癌积极进行手术治疗，能改善患者生活质量，延长生存期，确实很有胆识和远见。

彭老在肝胆胰外科领域不断探索耕耘，不仅在学术上早已硕果累累，具有极高的学术造诣，而且更重要的是培养出了包括蔡秀军院长、彭承宏教授、刘颖斌教授等在内的肝胆胰外科领域的众多重量级专家，即著名的“彭家军”。彭老对他学生的培养和支持有目共睹，记得很多年前的一次全国性学术会议上，彭老带着他一名年轻的学生参加会议，在会议茶歇的短暂时间里，我亲眼看他领着他的学生，将他逐一介绍给与会的多位国内知名专家，让当时的我既敬佩又羡慕。

彭老是业界著名的手术大师和创新大师，他是一座巍峨的丰碑，推动了中国外科的发展。彭老根据自己丰富的手术经验发明的多功能手术解剖器有彭氏多功能手术解剖器的美誉，在外科临床得到广泛应用，把一些原来不能做的手术变成常规手术。10多年前，作为我们科室名誉教授的彭老经常来我们医院指导手术，我有幸多次观摩他的肝脏手术。有一次，他主刀的巨大肝癌切除术需要扩大半肝切除术，手术虽然非常复杂、难度很大，但他从容不迫，术中将彭氏多功能手术解剖器多种功能在复杂肝切除术中应用的优势发挥得淋漓尽致，整个手术过程出奇顺利，让人叹为观止，同时

2021 年在海南岛举行的全国胆道学术会上，张成武主持交流环节

也让我目睹了彭氏多功能手术解剖器的魅力所在。

在我的心目中，彭老虽然学术威望极高，但从不高高在上，对年轻一代外科医生和蔼可亲，不时给予指导和帮助。他的做事和为人，是作为医者的我们的真正楷模。

张承烈：记彭淑牖教授二三事

张承烈，浙江省医学会名誉会长，原浙江省卫生厅厅长。

最近，我连续看了浙医二院院报和《生活与健康报》《钱江晚报》《都市快报》《杭州日报》等媒体发表的关于浙医二院外科教授彭淑牖老专家的从医、从教经历和精湛的医技、高尚的医德的报道。读了以后，感慨万千，深受教育。

其实，我早在一年多前就想动手写这篇文章，而且我曾经在浙江省老教授学会的座谈会上多次表达我的想法，希望我们老教授能够撰写一些文章，把我们周围医学界的老前辈从医、从教的人生经历记录下来，教育年轻一代的医生，也使社会能了解我们医药卫生界这些老专家的经历，从而缓解并加深医患关系。但是由于惰性，加上手头还有专业文章和书籍要写，所以搁置下来，感到很内疚。我是一个普通老中医，照理和西医这个专业干系不大，但是因为我个人从医、从政、从教的经历，使得我与西医界的医生、护士、药学人员结下了不解之缘。

参加医药卫生高评会

彭淑牖教授是著名的外科专家，他参加医药卫生高评会，担任外科学组的组长。而我本人身兼西医高评会和中医高评会两个委员会的主任，这对我一个从事中医专业的人来讲难度极大，我必须依靠浙江省政府职称改革办公室、浙江省人事厅和卫生厅的领导来制定评审医药卫生人员高级职称的方针、政策和程序，而具体实施过程中我只能依靠中医、西医、中西医结合的专业组和高评委的专家来评审和投票。职称评定，既要有学历，又要有从医的业绩经历、医德、技术水平、论述论著和外语成绩等。有一段时间，还要对评审对象进行“抽签答题”、面对面的“考问”“考核”和“背靠背”的评审。有的评审对象为此精心钻研业务、撰写论文、攻读外语……有的夜不能寐甚或压抑烦躁。我应该对这些评审人员负责，既要坚持评审原则，掌握评审尺度，又要呵护体谅他们。

在望江山高评会上，我要到各个专业组专家那里拜访各位专家，听取他们的意见。

这其中当然少不了彭淑牖教授，他是外科的权威，对基层医护人员非常关怀。我每次经过外科评审组的门口，都看到彭淑牖教授伏案在看评审意见。我进去以后，他就和我讲："县级医院和县以下医院的外科医生，他们不管白天黑夜，都在救死扶伤的第一线。真正到省级大医院来住院开刀的患者，只有极少数。"他对副高以上外科主任医师的评审条件掌握得非常谨慎，有的甚至在专业组投票时出现 0 票、1 票或 2 票，但只要基本符合条件的，他都能够投赞成票；但是对那些医疗业绩不佳、论文水平一般、外语考试不及格的，宁缺毋滥，也从不迁就。他说："我们这些评委对这些来申报高级职称的外科同行们应该有个明确的交代，要说出不合格的原因，投票要慎之又慎。"他跟我开玩笑地讲："干这个活，比开刀还累。也是'治病救人'，责任重大。"

高评委委员报到的第一天，还没有正式开始评审工作，有半天空余时间。我去房间看他，他在翻阅外文杂志。彭教授从不抽烟喝酒，也不闲谈，在我面前从不议论其他专家的是非长短，偶尔会去打乒乓球，说既可以锻炼身体，又可以锻炼手腕的灵活度和旋转技巧。

有一年高评委结束后，大家各自回单位上班。路上，驾驶员跟我讲："前面那辆白色小轿车是彭淑牖教授自己在开的，速度蛮快。"过了一段时间，我在浙医二院看到他，我顺便说："那天你从望江山下来，车子开得蛮快。"他说："我平时开车很慢，那天医院有个急会诊，开得是快了点。我平时开车速度还是蛮慢的。"我是很相信他的话的，在这些外科医生心目中，抢救患者是第一位的。

赴港参加学术活动

应香港肿瘤外科学术会议的邀请，彭淑牖教授、浙江省卫生厅医政处处长沈世竑主任医师和我三人去参加大会。报到后，会务组安排我主持第一天的学术交流大会，而且议程已经打印好，很难改动。此时，我面露难色，因为香港的专家喜欢讲英语，而我初中学英语，高中学俄语，大学学日语，沈世竑处长英语尚能"自保"，而我虽然认识三种语言的字母，却不懂一门外语。此时，彭淑牖教授和我讲："张厅长，议程很难改变了，开会时我坐你旁边，我准备好纸和笔。做学术报告的人如讲英语，或者参会的人用英语提问题，我就把他们讲的主要的内容写在纸上。如要回答问题，你可以推到我这里来。"3 个多小时的会议总算过去了，我逃过一"劫"，没有出洋相，外界的人不知道这个"内幕"，只有我从心里感谢彭淑牖教授，佩服他的外语水平，更敬重他的为人。

香港学术会议结束以后，第二天我们很愉快地到机场登机。此时，我已经检票"通关"，但彭淑牖教授的行李体积过大，一位年轻的机场女关员坚持要他退回去做"行李托运"，我把邀请函给这位关员看，我讲："他行李里有件大棉袄，是否能够通融一下。"

结果，此事非但没有成功，她还叫我这个已经过关的乘客也“出关”去托运行李，重新入关，并将我和彭淑牖教授、沈处长三人的行李都开箱检查，要求必须做好行李托运方可登机。这是我第一次到香港，对彭淑牖教授要做行李托运才能“出关”，而对我来讲要我做行李托运才能重新“入关”明明是个刁难，我火冒三丈。我讲：“我已经办好出关手续了，为什么还要做行李托运，那你前面检查是不是错了？”但这位女关员“铁面无私”，不为所动。彭淑牖教授过来劝我：“张厅长，我们还是重新出去做行李托运吧。”我们三人的心情同样是委屈、无奈，但彭淑牖教授帮我拿了箱子去做行李托运。这点小事反映出彭教授为人的大度、忍耐和谦让。

为“老革命”做手术

浙江省卫生厅副厅长张世贤是位老革命，参加过抗日战争，解放战争时受过好几次伤，他干事麻利，但个性急躁。有次他病了，患腹腔肿瘤，已经做过一次手术，10个月后复发，第二次住浙江医院，他要求开刀。医院为他组织了大会诊，专家一致认为肿瘤太大，切除不了，不宜开刀，但他执意要开刀把肿瘤拿掉。家属劝他也没有用，我们前后5次劝他也没有用，实在拗不过他，只能打电话叫彭淑牖教授来。彭淑牖教授也说：“我已经去会诊3次了，肿瘤晚期，手术风险很大。”

我们再次去医院劝说张副厅长，此时，他暴跳如雷。无奈之下，彭淑牖教授说：“这样吧，两天后我来为您手术。”然后，我们与张副厅长的家人谈话，再三说明手术的风险。家属一致表示：“这次如果手术出了意外，不怪你们，我们签字。”

第三天早上八点半，我赶到浙江医院手术室，彭淑牖教授已经在手术室做术前准备。经过两个半小时的手术，彭淑牖教授就用他自己研制的“神刀”，一点一点地剥离止血、切除肿瘤。大约切除了一半的肿块，手术也暴露出很多血管，没办法再下刀了。彭教授和我说：“我已经尽到最大努力了。”我讲：“我去和家属谈。”经家属同意，彭教授开始关腹腔，手术结束。虽然只经过两个半小时的手术，但彭教授额头上已经布满了汗水，显得十分疲惫。我认为，他对患者已经用尽了他的心血和技术，对得起这位老革命了。

另有一年，玉环县海岛有位女患者，38岁，肝脏上面生了个肿块，县人民医院的外科主任说：“手术，这里动不了，你去浙医二院找彭淑牖教授可能还有一点希望。”这位女患者通过我在温州医学院附属医院工作时相识的一位患者来找我，一定要我帮忙。

我看了病历，跟她做了很多的解说工作，说：“这个手术风险太大，八九成要死在手术台上的。”但患者苦苦哀求。我实在无奈，拨通了彭教授的电话向他汇报了这个情况，彭教授讲：“叫患者先到我办公室来，我看一下片子。”

出于同情，我就陪患者去彭淑牖教授的办公室。这个办公室很小，堆满了杂志和书籍。他惊讶地问:“您怎么亲自陪来了？”我说:“我也来学点知识,最终结果由你定夺。”他详细地看了片子与检查报告，向患者和家属做了解释，再三讲明手术的风险，让他们做好思想准备，然后开出住院单。我认为此时这不是一张普通的住院单，因为做这个手术要冒极大的风险，透过这张住院单，我看出彭教授对患者的一份担当和责任。

后来，手术居然成功了，这位海岛渔民捡回了一条命。家属告诉我说他们曾三次送红包给彭教授，他都拒收。据我所知，彭教授拒收红包的口碑比比皆是，他这种为患者开刀的风险和他的医技、医德令人敬仰。

我虽然是一名中医，但也需要学习一些西医知识，有时生病也要到医院看病开药。我曾经担任浙江省医学会和浙江省中医学会的会长，特别是在主持一些重大学术会议时，我不得不依靠中医、西医和中西医结合三支“部队”。这就是我热衷于中西医结合的原委。我相信只有中西医融会贯通、取长补短，才能攻克医疗难题，为人类战胜疾病做出更大的贡献。

重视医学科普知识的教育

彭淑牖教授从事的是尖端学术，但他很重视医学科普知识的普及。他经常挂在口边的一句话就是:“一定要普及医学科普知识，把防治疾病的知识教给群众。”

1987年，我调至浙江省医药管理局任职。有一天下午，浙江中医学院王任教授、任中鲁教授带了应文辉主任医师、黄良夫主任医师登门拜访。他们提出要办个医药科普杂志，要我解决办刊费用。我欣然支持，答应帮助联系。后来在民生药厂的帮助下，筹措到6000元办刊费。过了一年，黄良夫教授提出要办《浙江临床医学》杂志，经过浙江省科学技术委员会昌金铭主任、黄良夫教授、丁德云教授、彭淑牖教授等诸位领导、专家的努力，终于得到了同意办刊的批复。这本杂志办了好几年，为浙江省二级期刊，它的出版解决了省内很多医药卫生人员论文刊发难题，也是我省医学技术交流的园地。杂志由彭淑牖担任主编，他严格把握办刊方向，每期杂志的文章都要由专家修改。彭淑牖教授以身作则，对编委严格要求。虽然审阅修改一篇稿子只有8～12元，但我们对学术问题不敢怠慢，逐字逐句修改，并最后表态建议录用还是退稿。

这本杂志办了两三年，后来编委之间出现矛盾，亟须调解。最后双方争执不下，把报告送到省卫生厅。我事先知情，看了报告后，我批示“和为贵”。这是我从政21年中正式批文字数最少的一次。后来派了一位分管的副厅长前去协调。彭淑牖教授很支持卫生厅的工作,希望能把此事协调好。但是,知识分子之间磕磕碰碰的事是很多的。后来，由金昌铭主任、黄良夫主任、原浙江医科大学丁德云副校长、卫生厅戴迪老厅长和我一起开会讨论有关报告。会议由彭淑牖主编主持。我心直口快,头一个发言表态,大部分与会者同意我的意见，当然也有人反对。彭淑牖教授为人谦虚，先听取各位领导和编委的意见，然后以商量的口气发言，其他与会者再商量协调。后来，这本杂志停刊了三四个月，后经金昌铭主任、黄良夫主任、彭淑牖主编和浙江省武警医院赵圣川院长周旋，把杂志交由浙江中医药大学主办。这样经过整改，后由出版部门批准复刊。

我个人认为浙江省多一本二级医药期刊有利于医务人员晋升职称、交流学术、提高业务水平，实在是件好事。当然，前提是保证刊物质量，遵守出版法规，这本医学杂志才能正常出版。

在医药交流、学术活动中，专家之间难免会有不同见解甚至争议……我觉得彭淑牖教授为人十分厚道，从不背后议论人家，也不当面奉承领导，更不以权威自居，他重视医学科普知识的普及；希望他们的技术水平、外语水平有所提高；同时，他还重视中医、护理工作，每期刊物除西医论文外还有中医和护理方面的文章。在处理棘手的学术论文和有争议的材料中，对一些新的论点、论著，他往往亲自看稿、修改，再征求大家的意见，我认为他的为人、处理很不容易，这是主编、学者的一份担当和责任。

每年临床医学杂志和医学科普作家开会时，他总是提早到会，与每个与会者打招呼、握手，也不提早退场，经常讲的一句话是:“这两本杂志全靠大家才能办好。”一点也看不出一位大教授的架子。

我不是浙医二院的职工，但我也在浙医二院看病配药，也认识医院的不少领导、医生和护士，每期的浙医二院院报我都看。我前面讲了一些我所知道的彭淑牖教授的事，未观全貌，很难表达和升华彭淑牖教授的为人及其从医从教和科研的经历。他从事医学、教育、科研工作已有 67 年了。他说 2016 年要为 150 个患者开刀。那时，他应该已经 84 岁了。他经常说:“我是一个医生，要为患者开刀治病，但还有很多疾病我还解决不了。”

如何概括彭淑牖教授一生的经历和为人，我觉得他在讲坛上给学生讲课时、做学术报告时，他是一位学者；他在手术台上为患者开刀时，是一位横刀立马的“将军”；他在与人讨论病历时，是一个谦虚的智者；他在为患者看病时，又像是患者的一位亲人。

我希望年轻医生在看了这篇文章后，能更好地尊重医药卫生界的老前辈，从这些老教授、老专家身上学习技术，弘扬医德，不断更新知识技能，使自己尽早成为新一代的医学专家，对患者负责，尊重患者，履行医务人员救死扶伤的神圣职责。

张群华：他是一位拥抱互联网医疗的外科宗师

张群华，教授，主任医师，复旦大学华山医院普外科副主任，微医首席医疗官。

我国胰腺癌外科领域发展的引领者

彭淑牖教授是我国胰腺癌外科跨越式发展进程中名副其实的引领者。20 世纪 90 年代，我国胰腺癌诊治水平远落后于欧美国家，胰腺癌患者 5 年生存率低于 5%，胰腺癌也被称为“癌中之王”。尤其，我国能够开展胰十二指肠切除手术的三甲医院屈指可数。复旦大学华山医院成立了院级胰腺癌诊治中心，我们到武汉同济医院拜访了中国外科界泰斗裘法祖院士，聆听了裘法祖院士介绍欧美国家胰腺癌诊疗的先进理念和胰十二指肠手术的技术难点。他对我国胰腺外科提出“攻克胰腺癌”的战略设想。同时，裘法祖院士对我国外科界正在或将要从事胰腺癌诊疗的专家了如指掌，在介绍世界知名胰腺外科专家德国的 Beger 教授时，特意给我们介绍了彭淑牖教授。彭淑牖教授在 1996 年设计的捆绑式胰肠吻合术，提高了手术安全性，使胰漏发生率低于 10%，解决了困扰世界医坛 60 多年的难题。

彭淑牖教授的外科技术和医德如雷贯耳。我们在举办首届全国胰腺癌诊治学术大会时邀请彭淑牖教授做主题报告。正是在这次大会上，裘法祖院士在致词中吹响了我国外科努力攻克胰腺癌的“集结号”。这次会议集聚了朱预教授等一大批外科专家。会议传递了重要共识，应该抓紧组建中国抗癌协会胰腺癌专业委员会。我和倪泉兴教授找到了严律南教授、邵永孚教授、彭淑牖教授，一拍即合。由我和彭淑牖教授找了时任浙江医科大学校长、中国抗癌协会常务副理事长的郑树教授，阐明组建胰腺癌专业委员会对拓展我国胰腺癌诊疗的重要价值，获得了郑树校长的高度认可和支持。在申办胰腺癌专业委员会过程中，彭淑牖教授推荐了众多热心于在胰腺癌领域发展的中青年专家，长江后浪推前浪，诸如蔡秀军教授、秦仁义教授、刘颖斌教授等。现在这些年富力强的专家已经成为胰腺癌外科领域的领军人物。

申请成立胰腺癌专业委员会的整个过程，既繁琐又严谨，彭淑牖教授始终对我关爱有加。我作为副主任委员兼秘书长，在彭淑牖教授面前既是学生又是忘年交。每逢胰腺癌专业委员会主办的全国胰腺癌诊疗学术大会或国际胰腺癌外科交流会议，彭淑牖教授总会在百忙之中抽时间参会，与国内外同道交流他不断创新的外科手术。他的彭氏捆绑式胰肠吻合术和手术刮吸刀的应用，在国际胰腺癌外科领域贡献了“中国智慧”。他的科技向善的责任和担当正好验证了他的初心——患者是医学天地的核心，我们一切努力都朝向它。我们全部工作都围绕这个中心而运转。

30 年过去了，正是在彭淑牖教授这一代胰腺癌外科引领者的共同努力下，胰十二指肠外科手术在全国大型三甲医院成为常规手术，胰腺癌患者 5 年生存率提高到 10%。中国胰腺癌外科在国际胰腺癌外科领域也有了话语权。

我国互联网医疗的开拓者

互联网医疗现在我国已经普及。然而在 2015 年，互联网医院还是鲜为人知的，还处于初创期，彭淑牖教授就以其独特的远见积极拥抱互联网医疗，并且用极大的热情支持开拓互联网医疗。特别可贵的是作为外科界泰斗，他在 2015 年初就参加了中华医学杂志创刊 100 周年学术大会暨互联网医疗高峰论坛（上海站），并做了学术报告，拥抱了互联网医疗。2015 年 12 月，在第二届互联网大会期间，他与高润霖院士、夏照帆院士、廖万清院士、严律南教授、倪泉兴教授等百名专家学者，为全国首家乌镇互联网医院揭牌。这是我国互联网医疗的里程碑。我作为微医创办的乌镇互联网医院创始院长，与众多院士、专家畅谈互联网医院的未来。让我们振奋的是，院士和专家们对互联网医院的创新发展寄予厚望，认为互联网医院将会为提高医生的工作效率、方便患者就医，并且可以有效缓解中国优质医疗资源短缺的问题。就是这样简单而朴实的初心，为乌镇互联网医院的发展打下了基石。习近平总书记在第二届世界互联网大会主旨报告中称赞了乌镇互联网医院。

彭淑牖教授一直支持乌镇互联网医院。在 2016 年下半年，他再次与倪泉兴教授等来到乌镇互联网医院远程会诊中心，给青海省互联网医院的胰腺癌患者进行远程视频会诊。通过详细询问病史，仔细查看腹部胰腺 CT 及 CA199 等肿瘤标志物检查结果，他们给患者制订了周密的诊疗计划。青海省当地医生受益匪浅，患者也不用长途跋涉就能获得高质量的治疗。

让我们敬佩的是，彭淑牖教授尽管已然“90 后”，但他那种活到老，学到老、干到老的精神，激励着我们以更高昂的工作姿态投入互联网医院的创新发展。也正是在乌镇互联网医院同一个远程会诊中心，2018 年 5 月，国务院副总理孙春兰调研乌镇互联网医院的创新发展。我向孙副总理介绍了正在进行远程会诊的疑难病例来自甘肃省互联网医院。孙副总理对互联网医院的模式给予支持和认可。强调了互联网医疗 + 健康的意义。同年 8 月，国家卫健委陆续发布了互联网医疗的文件。互联网医院在我国成为国家认可的医疗模式。不久之后，国家医保局出台新政策，医保可以支付在线医疗。尤其是新冠肺炎疫情催生了互联网医院的高光时刻。截至 2021 年 6 月，全国已有 1600 家互联网医院，在抗疫攻坚战中发挥了积极作用。

经过 5 年快速发展，互联网医院进入了 2.0 时代，已经形成门诊患者线上化、住院患者连续化、线上专家批量化、预约门诊化的互联网诊疗平台。当下互联网医疗将进入 3.0 时代，标志着随着 5G 和人工智能技术的介入，互联网医疗呈现规模化、常态化和智能化。由此可见，彭淑牖教授在早期 1.0 互联网医院创建时就站得高、看得远，全力支持互联网医院新业态。在短短 6 年内，互联网医院从 1.0 时代跨越进入 3.0 时代。彭淑牖教授不仅在医学领域卓有成就，而且在互联网医疗方面也卓有远见。

可喜的是，截至 2021 年 12 月，中国网民规模达到 10.32 亿人。互联网普及率达到 73%。使用手机上网的比例达到 99.7%。在线医疗用户规模达到 2.9 亿，同比增长 38.2%。国家卫健委《医疗机构设置规划指导原则（2021—2025 年）》指出，大力发展互联网诊疗服务，形成线上、线下一体化服务模式，提高医疗服务体系整体效能。由此可见，我国互联网医疗正方兴未艾。纵观互联网医疗的创新发展史，彭淑牖教授的超前意识和睿智及开拓精神，值得我们学习，是我们临床医生学习的楷模。

张水军：彭老，值得

张水军，主任医师，教授，博士研究生导师，郑州大学第一附属医院党委书记。

彭淑牖教授从医 67 年，始终坚持“行医先做人，一个医生心里要始终装着患者”的原则，以最好的疗效为目标。面对患者求生的目光，他从未选择逃避，怀着大爱，迎难而上，主动承担风险。

曾有一位手术难度极高的肝癌患者慕名找到彭老。她的丈夫因癌症去世，如果她得不到及时、有效的治疗，那么 11 岁的儿子会失去双亲。面对这个不幸的妈妈，彭老反复研究手术方案，仔细评估手术风险，甚至连每一个手术步骤都做了缜密的应急预案。最终，手术非常成功。这个妈妈很快回到了孩子身边，阳光再度洒入这个曾陷入绝望的家庭。我想，这个 11 岁的小男孩依偎在妈妈身边时，心里肯定非常感激那个救了妈妈的彭爷爷。

说起家庭，工作忙而难顾家的彭老师与夫人谢隆化老师相濡以沫，相敬如宾。参加学术会议期间，常能看到彭老对夫人的关心、问候和尊重，点滴细节之处看到了彭老师的体贴入微。

彭老培养了 67 名博士研究生，如蔡秀军、彭承宏、刘颖斌、洪德飞、王新保、李江涛、秦仁义等著名外科专家，都是彭老师的学生。对于学生的名字、工作单位、业绩荣誉，他如数家珍。薛建锋教授是我们医院肝胆胰外科的同事，每次谈起导师彭淑牖教授，总是赞不绝口，我们也羡慕他有这样的导师。

对于我们这些编外学生，彭老也是热心指导、关怀备至。虽然他有美国外科学院荣誉院士等众多荣誉和头衔，在业界有崇高的威望，但对年轻人从不摆架子。一次在杭州参加学术会议，会议代表都希望能与彭老这位外科大家合影，彭老来者不拒，并热情地与大家交流，我也不肯错过，近距离与大师交流。

彭老出身于医学世家，他把医学当成终身追求的神圣事业。因为热爱医学事业，年近 50 岁还要到英国学习深造；因为敬业，才会在非典型肺炎流行期间，不顾个人安危，逆行出征，到广州、北京等地开展疑难手术，救治患者；因为追求，90 岁高龄却还坚守在临床一线。

荣誉等身的彭老从未停止攀登医学高峰的脚步。他因对我国肝胆胰外科事业所做的突出贡献，在全国肝脏外科大会上获得了“终身成就奖”，2022 年再获“十大医学泰斗”。这些殊荣，在我们的眼里，实至名归。

彭老，创新到老，奉献到老，所有对他的赞誉，值得！

张水军（右一）和彭老、秦新裕（左一）合影

张太平、刘子文：杏林常青树 医坛领军人

张太平，教授，博士研究生导师，北京协和医院基本外科主任。

刘子文，教授，博士研究生导师，北京协和医院基本外科主任医师。

喜逢彭淑牖教授90岁诞辰，受浙大同仁的邀请，为《医学泰斗彭淑牖与“彭家军”传奇》撰文。我和刘子文教授虽是外科学界的后生晚辈，但是由于在协和医院工作，并为朱预教授和赵玉沛院士的学生，所以我们得以很早就认识彭教授，至今算来有20多年了。

彭教授是我国著名的外科学家，早在我们读研究生阶段，就知道胰十二指肠切除术切除术后胰肠吻合有不同的方法，但是胰漏的问题是一直悬而未决的难题，在众多由外国人发明的吻合方式中，第一次看到中国人发明的吻合方法就是彭氏捆绑式胰肠吻合术。这种方法大大降低了当时胰肠吻合口漏的发生率。后来，又出现了以彭氏命名的手术器械——彭氏多功能手术解剖器，这把被誉为“神刀”的手术器械集分离、电切、吸引和电凝于一体，突破了原有外科手术的局限，特别在肝脏手术中做到精准解剖、术野无血、化难为简。

彭教授是一位勇毅创新、心思笃定、攻克一个又一个世界性医学难题的外科巨匠，更是一位笔耕不辍、融汇中西、引领中国外科医生走向世界外科舞台的学术大师。认识彭教授是在多次学术会议上，20世纪90年代，很少有中国的外科医师走上国际会议讲台，彭教授便是最早参加ACS年会并成为FACS和在ACS做报告、当主持人的中国教授，而且到80多岁高龄还不辞辛苦、长途飞行去美国参加ACS年会。他是集美国外科学院荣誉院士、英国皇家外科学院荣誉院士、欧洲外科学院荣誉院士、法国外科学院荣誉院士于一身的中国教授，实属难能可贵。

回忆与彭教授交往的点滴，有几件事情至今还历历在目。彭教授做人、做事、做学问的精神一直在感召我，影响着我的成长。作为学识渊博的外科教授，彭教授对新知识非常好奇、孜孜以求。一次在全国胰腺外科研讨会上，我受会议的安排做关于胰腺囊性肿瘤进展的报告。事先，我花了很长时间阅读文献，做PPT，因此所得观点比较新。

我发言后，彭教授来到我跟前主动说：“太平教授，你今天讲的内容很新颖，能不能把你的 PPT 拷给我，我回去好好学习学习。”一位全国知名的大专家来找我要 PPT，至今想来还是既激动又感动。古人说不耻下问，彭教授的小小举动让我理解了这句话的真谛，也影响了我一生。

彭教授对新技术特别关注，从不排斥，不因循守旧。由于年龄的原因，彭教授不做腹腔镜手术，但是对腹腔镜和机器人技术非常关心和支持。在我和秦仁义教授等专家制定《中国腔镜胰十二指肠手术的专家共识》时，几次研讨会彭教授都亲自参加，而且在会上提出他自己的观点，对微创技术的发展、对青年外科医师的成长，他也倾注了心血。

彭教授经常讲，做一个好的外科医生必须有好的身体，要想有好的身体必须有好的胃口。记得有一次去芝加哥参加 ACS，会后几位中国教授去吃西餐，每人上了一块牛排，由于旅途劳顿和时差的关系，很多年轻医生吃到一半就吃不下去了。彭老却精神非常好，胃口也很好，吃下了整块牛排。80 岁高龄，同样十几个小时的长途飞行，却依然能有强健的体魄和好的胃口，这与他平时的锻炼分不开。彭教授言传身教告诉我们，外科医生必须有强壮的身体才能挑战复杂的高难度的手术。这也揭示了一位 80 岁高龄的外科教授仍然能做几个小时甚至十几个小时手术的秘密。

彭教授对中国普通外科的影响是巨大的，除了学术成就之外，他还培养了大批现代国内外科的骨干和中坚力量，被业内骄傲地称为“彭家军”，其中有国内著名的蔡秀军教授、彭承宏教授、刘颖斌教授、秦仁义教授等。彭教授培养的学生中，现在已经有 26 位博士研究生导师、4 位“长江学者”特聘教授。

彭教授给我们的印象永远是他那慈祥的笑容，他笑对人生、笑对患者、笑对困难、笑对学问。“莫道桑榆晚，为霞正满天。”祝彭老身体健康，愿医坛常青树更加根深叶茂，为中国的外科事业创造出更多的原创性成果，带出更多的优秀人才。

张学文：我与彭教授的点滴往事

张学文，主任医师，教授，博士研究生导师，吉林大学第二医院肝胆胰外科主任、普通外科中心主任、副院长。

我与彭淑牖教授初识是在我硕士研究生毕业时。当时，彭教授是我硕士学位论文的外审专家。在电脑尚未普及的年代，外审评议书往往由专家手写。彭教授的评语深中肯綮，字迹清晰有力，从研究设计、内容结构到文字表述等方面都提出了宝贵的意见和建议，对一篇硕士学位论文能够如此认真细致地评阅，在使我获益良多的同时，也让我由衷地钦佩彭教授严谨求实的治学态度。时至今日，我仍然保留着彭教授当年的评语，并不时向我的学生们分享老前辈对待学术的严谨作风。

后来，我与彭教授有了更多的接触和交集，也对他“以德立身、以德立学、以德施教”的治学态度有了更为深入的认识。彭教授从医从教60余年来，始终以扎实的学术基础、严谨的治学态度，将自己所思、所想、所学、所研奉献给每一位在医学之路上上下求索的学子。他高山景行的人格魅力深深地感染着我，也影响着我，使我受益终身。

张永杰：他是师之楷模、医之典范

张永杰，主任医师，教授，博士研究生导师，上海东方肝胆外科医院普外科主任，中华医学会胆道学组委员。

我初识彭淑牖教授是在1999年全国外科大会上。会上，彭教授做了一个关于肝门胆管癌手术治疗的报告。当时报告就给了我极大的震撼，我心里暗赞："这个手术标本的照片太清晰、完整了。"从此以后，我就一直在关注彭教授的学术进展。在国内各大学术会议上，我们经常碰面，每一次我都会特别用心地聆听彭教授的学术报告。彭老给我印象最深的是他的创新精神，不光是彭氏刮吸刀、捆绑式胰肠吻合术，还包括他对一些外科热点问题的思考。他从未因为年岁增长而停止思考和创新。每次从他的学术报告中，我都能感受到他一直在琢磨，特别让我感动，值得我们学习。

彭老是一个对学术追求没有止境的人，也是一位自我要求极高的智者。他能够把很多看似很复杂的问题，用一些符合科学原则和逻辑的方法整合起来，给全国外科同行们展示了非常好的理念。

彭老不仅手术做得好，而且理论体系构建也让我们仰慕不已。这恰恰是我们国内很多外科医生所缺乏的学术研究素养。所谓学而不思则罔，我们很多医生只是简单地做手术，却很少去思考和总结。但是彭老会在以往经验的基础上进行总结，继而发现问题，进行研究。我觉得中国肝胆胰外科能有今天这样一个比较高的临床水平，与彭老是分不开的，他为中国肝胆胰外科的发展做出了非常巨大的贡献。这是所有业内同行，老、中、青三代人共有的切身感受。

彭老特别平易近人，对晚辈后生，他不吝鼓励和支持。我很多次跟彭老一起开会，他都会发自内心地鼓励我"你这个事情做得好""那个观点说得好"。我备受鼓舞，也有信心继续深入研究。彭老作为一个德高望重、名誉天下的学者，对晚辈后生们时常提携指点，甘为人梯。这样谦逊、无私的精神，我觉得特别了不起。

众所周知，彭老培养的学生个个都很优秀，我觉得这是他以身作则教导学生的结果。我曾经问过彭教授，我说："怎么这些年轻人到了你这里，个个都变得那么优秀啊？"

他说："他们很聪明啊。"

彭老的这些学生都是国内知名的教授专家，聪明是毋庸置疑的。但彭老能发掘出他们每个人的亮点，然后根据他们的长处进行拓展和提升，使他们个个都能够成为领军人才，这一点特别了不起，这也是"彭家军"在中国外科界赫赫有名的一个很重要的原因。我想应该是因为彭老自己以身作则，教导他的学生。

彭老是我们心目中的师之楷模、医之典范。他一辈子专注于外科事业，一辈子深入细致地研究，一辈子不放弃创新，取得累累硕果，麾下人才辈出，也造福无数患者。彭老这一辈子真的是功德无量，是一位永远值得被大家尊重的大家。

我发自内心地尊重和敬仰彭老。有幸能在职业生涯中遇到彭老，是我特别开心的一件事。

张宗明：妙手仁心，73岁彭老成功救治清华大学资深院士

张宗明，主任医师，教授，博士研究生导师，北京电力医院副院长。

2005年11月9日，国际著名肝胆胰外科专家、浙江大学医学院附属第二医院彭淑牖教授，应邀为清华大学水利系资深院士实施肝门部胆管癌根治术并取得成功，受到了清华大学及社会各界的高度赞扬。

患者72岁高龄，既往有风湿性心脏病并合并瓣膜病、房颤、高血压、双眼剥脱综合征等病史，5年前行主动脉瓣和二尖瓣人工机械瓣膜置换术，4年前因心动过缓置入心脏起搏器。1个月前，体检发现肝酶升高，肝门部占位性病变，进一步明确诊断为肝门部胆管癌，并侵犯门静脉。曾在北京某国际著名三级甲等医院住院，多科会诊后，医生考虑患者手术风险大、根治希望渺茫而拒绝手术。

鉴于该患者是中国科学院院士，为我国水利建设做出了杰出贡献，患病后得到清华大学领导、水利系师生和广大校友的高度重视，学校领导指示要不惜一切代价全力救治。

经多方咨询和重点推荐，最终确定请国际著名肝胆胰外科专家彭淑牖教授亲临北京手术，并安排转入清华大学第一附属医院普外科住院。沈院士入院后，陈明哲院长、吴剑平书记高度重视，成立了由兼任普外科主任的张宗明副院长挂帅的医疗小组，多次组织普外科、麻醉科、药剂科、输血科、病理科、医务处、护理部等有关专家讨论，制定完善的治疗方案和应急预案。

11月9号，彭淑牖教授亲自主刀为沈院士实施了肝门部胆管癌根治性切除、左半肝切除、肝尾状叶切除、胆肠Roux-en-y吻合术，历时8.5个小时，手术取得圆满成功，沈院士术后顺利康复。彭淑牖教授奏响了一曲挽救疑难危重症患者生命的赞歌，受到医院上下、学校内外、社会各界的广泛赞扬。

沈院士康复出院后，彭淑牖教授经常利用出差北京的机会，去看望、慰问和随诊。患者深受感动，重燃了生命之光。自此，彭淑牖教授技术精湛、高度负责、救死扶伤、人文关怀的事迹在清华大学及其附属医院被传为佳话。

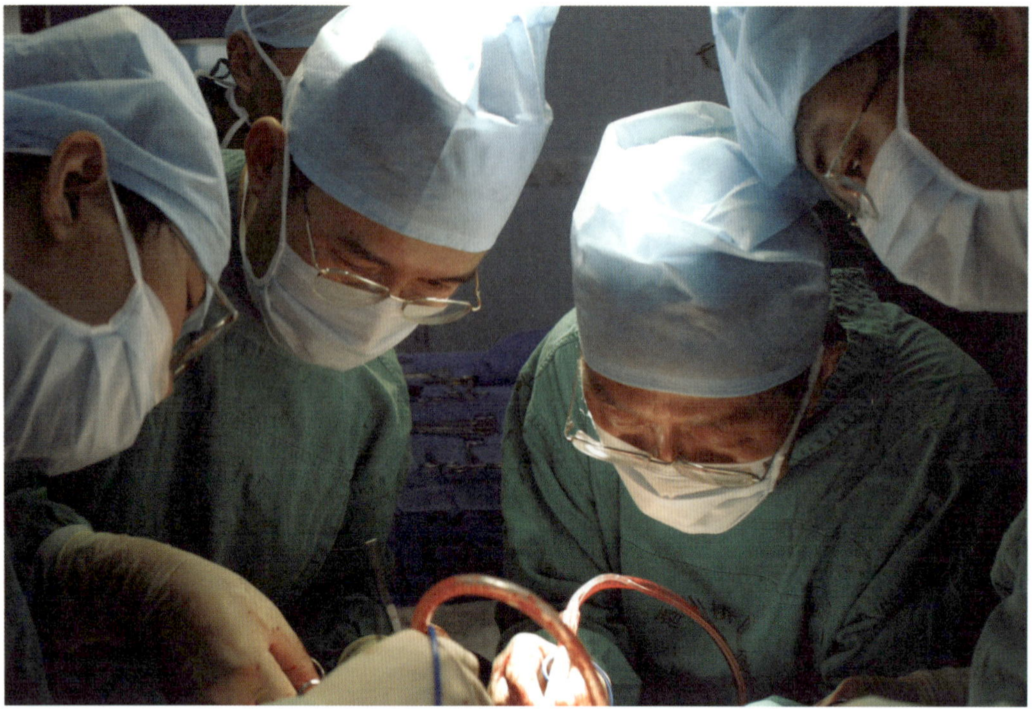

2005 年 11 月 9 日，彭教授亲自主刀沈院士的手术

赵聪男：我所熟知的彭教授

赵聪男，原上海海员医院院长，现上海中医药大学附属曙光医院普外科主任医师，《中华航海医学与高气压医学杂志》副总编辑，《肝胆外科杂志》编委，上海胆道疾病会诊中心专家。

彭淑牖教授是享誉国内外的中国外科专家，集美国外科学院荣誉院士、英国皇家外科学院荣誉院士、欧洲外科学院荣誉院士、法国外科学院荣誉院士于一身，在普外科领域取得了举世瞩目的成就，尤其擅长肝胆胰外科。他总是以患者为中心，不顾自己身体，甚至一天奔波于几个城市，许多危重症患者都在他手里起死回生。

他不但注重医疗，还注重科研。他发明了彭氏多功能手术解剖器，集切割、止血、吸引于一体，大大提高了手术效率。对于胰十二指肠吻合术的胰漏问题，经过潜心研究，他提出了彭氏捆绑式胰肠吻合术，大大降低了胰漏的发生率，造福于患者，他也因此获得了国家技术发明奖二等奖、国家科学技术进步奖二等奖及何梁何利基金奖。

彭教授还注重育人，他培养了许多硕士、博士研究生，他们中的许多人已成为国内外大医院院长、普外科主任，由此而得“彭家军”的美誉。

我院普外科要开年会，我冒昧地给他写了封邀请信，没想到百忙之中的彭老从国外打来电话，表示参加会议。那年夏天，他冒着酷暑赶到上海，并在大会上作了胰腺癌手术最新进展的精彩演讲，受到数百与会者的热烈欢迎。

我作为晚辈，此时此刻无比激动。彭教授就是这样平易近人，帮助患者，提携后辈。他为我国普外科尤其肝胆胰外科的发展做出了杰出的贡献。

赵青川：他的医者精神刻在我的心里

赵青川，主任医师，教授，博士研究生导师，空军军医大学西京医院副院长、胃肠外科主任。

2002年4月，我前往浙江大学医学院附属第二医院观摩、学习彭老的手术，之前多次在学术会议上听过彭老的学术报告，但近距离的面对面交谈，这还是第一次。

彭老面带微笑，和蔼可亲，使我刚见面时的紧张情绪瞬间消失。走进彭老的办公室，除案台上摆满各类书籍和电脑外，还有一张简朴的沙发引起了我的注意。沙发大小与办公室并不匹配，略微偏小。询问后才知道这沙发展开后可以是一张小型的床，可供短暂的休息。身边的人告诉我，彭老每天在办公室工作12小时以上，这个沙发是彭老短暂休息、缓解疲劳的宝贝。对此，我深受感动。

在浙医二院参观学习了彭老的两台手术，一台是右半肝切除术，一台是胰十二指肠切除术。为了减少术中出血，彭老发明了多功能手术解剖器，集吸、刮、切、凝为一体，使术中出血量减少80%以上。右半肝切除术，短短40分钟即告完成，这种简捷、快速、全面的操作令人敬佩。这个多功能手术解剖器历经几次升级迭代，从中反映了彭老孜孜不倦、永远探索的精神，令人感动，无以言表。

胰十二指肠切除术是腹部外科易发生胰漏等严重并发症的大型手术。我参观彭老手术的目的之一，是想看彭老在胰头切除后如何做消化道重建。令我吃惊的是，彭老并没有用针线缝合胰腺肠道吻合口，而是将肠管捆扎在胰腺断端，全程没有一针一线，不留一个针眼，使手术重建的时间缩短了一半。术后我请教彭老，该术式可靠吗？彭老回答，该术式在应用于临床之前在犬身上做过数十例的动物实验，效果非常好。有这些临床前期的吻合研究基础，在临床上应用于230多例胰头癌患者，竟无一例发生吻合口瘘的严重并发症，该成果的多篇相关文章也在外文期刊上发表。

彭老的这种严谨务实、精益求精的精神，令我终身难忘。

甄作均：三识彭淑牖，中国肝胆胰外科医学史上的“改革家”与“创新家”

甄作均，主任医师，教授，博士后合作导师，硕士研究生导师，广东省佛山市第一人民医院名誉首席专家。

屈指数来，与彭淑牖教授相识已近40年。我与彭教授时相往还，不绝如缕，从早年的请教学术相互砥砺，中年的事业扶持与帮助，到晚岁两人都息影林泉后的彼此牵萦与朝夕问候，40年来从未中断。

如此种种，既承载着我俩跨40年而益深益厚的私谊，实实却也编织着中国肝胆胰外科医学突飞猛进历程中的一段民间私人交往历史，就正是在这大历史递进的滔滔洪流中，个人的主观视角逐渐褪去，一个实在的彭教授的身影，渐次显影定格下来——中国肝胆胰外科医学史上一个既不可多得也不可或缺的“改革家”与“创新家。”

把性情温和、低调谦逊，一向予人温良恭俭印象的谦谦君子彭教授，描述成勇健刚猛的改革家与顶梁柱，相信所有熟悉他的朋友们肯定多有不惯，即使是我本人，对彭教授的认识，实际也经历了完全不同的三个阶段，并最终定格下来这个认知——“改革家”与“创新家”。

初识彭教授，是在纸上。20世纪80年代末90年代初，我还是一个初入肝胆外科门槛的唇边略有须的青年后生，适逢国家改革，学术猛进，整个医学界外科领域也如其他战线一样，无日无夜地学习和追赶西方先进科学技术。我工作之外的大量时间，也都在恶补各种专业知识，期间学习到了对我个人医学生涯具有重要影响的著作和论文，每每读到精彩的著作或者创新性的论文，都忍不住击节赞赏，心中涌起“高山仰止，景行行止，虽不能至，然心向往之”的冲动。彭淑牖教授就是这样一位经常被我高山仰止的前辈作者之一，因为他的论文给我留下的印象太过深刻，更让我情不自禁地在吃了“鸡蛋”之后，就像今天的追星族一样，还想要进一步认识这个“下了蛋的母鸡”。我了解到彭教授原来是我们广东梅州的客家人，是地道的广东老乡，这种地域上的联系纽带，让我涌起更为强烈的“生不愿封万户侯，但愿一识韩荆州"的冲动，结识彭教授，成了我那时最为强烈的一个心愿。

这个心愿，最终在香港中文大学刘允怡院士的介绍与促成下，终究玉汝于成。我终于认识了仰慕已久的彭教授的"真身"与"本尊"，由此缔结下长达近40年的深厚友谊。

20世纪90年代初，因为地域便利，我得以有机会跟从刘老师学习肝胆胰外科手术，时常往来于粤港之间，观摩手术，参加培训，学写论文。现在回想起来，那既是我本人青壮年代最值得珍惜和回忆的美好时光，也是中国肝胆医学在"国际化推手"刘老师"助产"下，突飞猛进、快速发展的黄金时代。

朝夕研学之余，刘老师常与我辈后学一代"坐而论道"。一次闲谈中，我谈起了对彭教授论文观点的认识和对他本人的崇敬。令我没有想到的是，刘老师本人对彭教授也极为认可。刘老师告诉我们，虽然彭教授没有获评中国两院院士，却是西方多国的外籍院士，他外语娴熟卓越，学术功底深厚，取得的成就早已享誉国际，是中国为数不多被国际外科医学界认可的肝胆胰外科医学专家，也是当时内地第一个走出国门，被国际专家完全认可的中国专家，这在当时中国肝胆医学发展状况下，殊为不易，也不可多得。

及至得识"本尊"，才发现，这位享誉国际的前辈是一位学识渊博、思想犀利深刻，却没有一点架子的长者，和蔼慈祥、平易近人、温和敦厚、乐于助人，他的人格魅力就像磁石一样吸引着我们。

1999年，经过本人反复实践探索，研制开发获得国家发明实用专利的全方位腹部牵开器。由于人微言轻，推广普及效果并不理想。彭教授听说后，就主动承担起推广责任，利用他的广泛人脉向各大医院推荐使用，腹部牵开器很快获得了广泛传播和普及。他对我个人的帮助，至今想来，我依然感念于心。

2008年，我所在的佛山市第一人民医院建院百年、2017年粤港肝胆外科高峰论坛暨刘允怡院士学术思想研讨会活动，彭教授都不辞劳苦，亲往佛山出席活动，并给予大力支持和帮助，他为佛山市第一人民医院百年院庆题写的"关爱生命，奉献医学"，成为医院座右铭并悬挂在医院历史展览馆。

彭教授不仅在外科领域攻克了一个又一个世界性医学难题，引领中国外科医学走向世界，而且注重薪火传承，精心帮扶后学，悉心培养了"彭家军"，蔡秀军、彭承宏、刘颖斌、洪德飞等一代年轻新秀现均已成为国内屈指可数的顶级人才。他的学生里已经有26位博士研究生导师、4位"长江学者"特聘教授。

彭教授被西方医学界给予高度肯定，对世界外科医学主要有两项巨大的贡献。第一项就是他发明的彭氏多功能手术解剖器。这个解剖器改变了外科手术方式，被外国专家称为世界外科领域划时代的进步。彭教授在长期的临床工作中，目睹患者的痛苦，渐渐产生了一个想法：如果将传统手术中的七刀八剪变成一把刀，医生手术时就不必来回更换手术器械，便可缩短手术时间，减少出血量，还能使手术野变得清晰。他“抓住”这一想法，就地取材，听诊器的金属管、圆珠笔的塑料管都成了他试验的材料。经过无数次的动物试验，1990 年，一把比圆珠笔稍长一点的刮吸刀——多功能手术解剖器——诞生了，同时诞生的还有刮吸手术解剖法。这把“神刀”的使用，使传统外科手术中多器械分步进行的步骤可同步实施，瞬间转换，手术时间缩短 40%、出血量减少 50%，使被列为禁区的疑难手术变成常规手术，为许多患者挽救了生命。我国肝胆胰外科手术水平也由此领先世界。目前，这把获得国家技术发明奖二等奖的小小“神刀”，不仅被肝、胆、胰、胃领域的外科医生所钟情，也使骨科、泌尿外科、胸外科、脑外科医生纷纷“换刀”，全球使用的医院有 1000 多家。第二项贡献就是捆绑式胰肠吻合术。1996 年，彭教授再次惊动世界，他首创捆绑式胰肠吻合术，改“缝”为“绑”，解决了多年未能攻克的世界难题。美国著名外科教授克莱克评价说：“他的技术和创造在外科史上具有划时代的意义。”

彭教授的这两项巨大贡献，在中国乃至全球的外科医学界早已广为人知。然而，却鲜少有人从中国肝胆医学史的角度来认识这两大改革与创新的意义。作为与彭教授往还近 40 年的老友，我也是在近些年来才逐步认识和理解他的医学史价值与意义。这是我第三次认识彭教授。

在中国现代医学意义上的肝胆医学，裘法祖和吴孟超两位老师是筚路蓝缕、开启山林进而开宗立派的一代宗师，刘允怡老师等是则横贯东西两个半球之间，是中国肝胆医学步入现代化和国际化发展的有力推手和启蒙大师。

而在这之中，彭教授则是一位务实进取、矢志变革的“改革家”和“创新家”，他既具有广博的国际化视野，又有立足于现实和技术的具体而微的专业关照和用志用心，最终大道化简，把“七刀八剪”化为“彭氏一刀”，由此为中国肝胆医学乃至外科医学建构出全新的流程改革与定格，形成外科医学的一个“场域”革命；而他的变“缝”为“绑”，则更有大禹治水改堵为疏的革命性变革。呼之为“改革家”“创新家”，实不为过。而这些新的手术程序的革新和场域革命的定格，则非在中国肝胆医学与外科医学史的框架下进行认识，实不足以洞察其价值。

我不是医学史学的工作者，但数十年来浸于中国肝胆医学和普通外科医学实践领域，是中国肝胆医学发展历史的一个普通见证者和亲历者，冒昧提出从医学史角度理解和认识彭教授创举的价值和意义，是对老友的一点私心之爱，更是对祖国医学事业的衷心之爱。

郑民华：他对年轻一代的提携让我刻骨铭心

郑民华，教授，博士研究生导师，上海交通大学医学院附属瑞金医院普外科主任、胃肠外科主任，上海市微创外科临床医学中心主任。

彭教授是我国著名的外科学界老前辈，在肝胆胰手术方面有独特的建树，其手术行云如水，创造了许多外科手术方法及著名的彭氏刮吸刀。除对外科理论与手术学发展的贡献外，彭教授数十年如一日，悉心培养学生，带出了一批优秀的子弟，被誉为“彭家军”。

我于 1986 年被公派到法国做住院医生。1988 年底，在我导师的鼓励下做了我职业生涯的第一个腹腔镜胆囊切除手术。1991 年底回国后，开展了各种类型的腹腔镜手术。那时彭教授的弟子，国内最早开展腹腔镜肝胆手术之一的蔡秀军教授，在不同的会议上介绍了彭教授的手术，让我大开眼界。通过蔡教授举办的会议，我也有幸在 20 世纪 90 年代就认识了彭教授，聆听了他的学术报告，学习了彭教授严谨的学风。我也经常在参加国际学术会议时聆听彭教授用流利英文做的学术报告，那时的国内专家很少能在国际上发言。

虽然腹腔镜手术在国内起步时还有很多争议，但彭教授非常支持新技术的应用。对青年医生，他也经常鼓励。彭教授每次碰到我都会亲切地嘘寒问暖，询问我的事业发展，关心我的成长。

在我的成长路上，有一件刻骨铭心的事。彭教授是美国外科学院荣誉院士，有一次他主动跟我联系，推荐我成为美国外科学院院士，并推荐我参加英国皇家外科学院的学术活动，现在我也有幸成为英国皇家外科学院院士。

蔡秀军教授和我都受益于彭教授对全国外科界的大力支持，才使我国的腹腔镜外科取得了突飞猛进的发展。在此，我深深地感谢彭教授对我及我国腹腔镜外科学界的大力支持和鼓励，并祝彭教授身体健康，为我国的外科事业的发展做出新的贡献。

郑树国：渊渊淑贤，熠熠牖明

郑树国，主任医师，教授，博士研究生导师，陆军军医大学第一附属医院（西南医院）全军肝胆外科研究所，外科学与野战外科学教研室主任。

渊者，才识广博深邃也；熠者，德望彰明彪炳也。二者兼备之士，强国兴邦之中坚。彭淑牖教授就是这样一位才识与德望令我由衷钦佩的泰山北斗。

彭淑牖教授是肝胆胰外科领域驰名中外的巨匠，他一生坚持创新、勇攀医学高峰，发明了彭氏多功能手术解剖器，开创了捆绑式胰肠吻合术、肝尾状叶切除术、末端分支门静脉栓塞术等外科新术式，解决了外科领域诸多复杂疑难问题，同时荣膺多国荣誉院士，引领中国外科医生走向国际舞台，极大地推动了世界肝胆胰外科的发展。

早在学生时期，我便听闻彭淑牖教授的大名。与彭老的最初结缘是在重庆这座城市。记得 2000 年 6 月我们单位在重庆举办第一届中国消化外科学术会议。当时还是一名青年医师的我有幸担负起接送彭淑牖教授的工作，那也是我初次结识彭老。印象中，彭老衣着素雅，平易近人，虽早已在医学界声名远播，却丝毫没有架子。短短 2 天的相处，我便为彭老"君子端方，温润如玉"的气度修养深深折服。世纪之初的这场学术盛会可谓大师云集、群英荟萃，来自海内外的知名专家教授们展示和分享当时消化外科领域的最新技术进展与学术成果。就是在这次会议上，我第一次目睹了由彭老亲手操刀并配以精美文字注解的解剖性肝切除手术视频，并从中学习、领会到彭老的精湛外科技艺与学术思想，在那个 PPT 尚未普及的年代，能有幸欣赏到彭老精美的手术视频，我受到了极大的震撼。

第二次见到彭老是在 2004 年 4 月的中国国际肝胆外科论坛上。作为大会的主办单位，我们邀请彭老前来重庆第三军医大学西南医院进行现场手术演示，并与欧洲和美国专家同时直播竞技。彭老巧夺天工的彭氏刮吸解剖技法如行云流水，游刃有余，1 个多小时即完成一台标准的解剖性半肝切除手术。手术画面宛若一幅雕塑的艺术品，令与会专家叹为观止，也令当时正在研修肝脏外科手术的我回味无穷、获益良多。

不久之后，在 2006 年底的重庆市医学会外科分会学术年会上，我们再次邀请到彭老前来重庆授课，我也有幸再次聆听彭老的教诲，学习彭老精湛的外科技艺、丰富的临床救治经验、严谨务实的治学态度和精益求精的工作作风。

现在回想起来，在我青年医师时期，能够有机会与彭淑牖教授这样的大师巨匠接触、学习和交流，着实令我的外科生涯受益匪浅，我后来能够在腹腔镜肝脏外科领域深耕细作并小有成就，不得不说是在一定程度上受到了彭老的影响、鼓励和启迪。

众所周知，彭淑牖教授一直是一位非常重视学术交流的国际化学者，由彭教授研发的彭氏多功能手术解剖器械很早便受到了全世界外科医生的关注，在国内外医学界获得广泛赞誉。早在2002年英国皇家外科学会年会上，彭老受邀参会，通过精彩的英语演讲介绍推广其研发的捆绑式胰肠吻合术，这一技术创新极大地降低了胰腺手术术后胰漏的发生率，在西方外科学界引起巨大的轰动，得到外国同道的高度评价。2015年在法国巴黎举行的国际肝胆胰大会上，我再次与彭老相会，并有幸一睹彭老与国外同行学术交流时超逸绝伦的大师风范。虽已至耄耋之年，彭老仍然精神矍铄地端坐在大会主席台上，操一口标准、流利的英语，与西方外科专家们侃侃而谈、谈笑风生，共同商讨胰腺外科的热点与难点话题。整个会议上，彭老思维清晰敏捷，语言形象生动、风趣幽默，谈话内容紧扣外科学前沿，聚焦胰腺外科关键技术和重大理论问题，尽显一代宗师的杰出才华和人格魅力，令人很难想象这是一位年过八旬的垂垂老者。

彭老对中国外科事业的贡献不仅在于研发手术器械和革新外科术式，而且更在于其对学生及后辈言传身教、倾囊相授，从而为我国培育了一大批优秀的外科学术带头人。作为近十几年来中国肝胆胰外科事业蓬勃发展的亲历者，我亲眼见证了蔡秀军教授、彭承宏教授、刘颖斌教授、秦仁义教授、牟一平教授、洪德飞教授等"彭家军"骨干专家们取得了一个又一个可喜可贺的突破性科研学术成果。他们现今都是活跃于全国各大肝胆胰医学中心临床、教学及科研一线的中流砥柱。作为同道，其中很多位是我相识十余年、经常在一起切磋技艺、互相勉励的挚友与兄弟。也是在与诸位"彭家军"同行们的相处与交流中，我更进一步体会到彭淑牖教授及其"彭家军"团队悬壶济世、心系苍生的大爱情怀，不断进取、锐意创新的开拓精神，以及虚怀若谷、谦和大度的优秀品质。

古代儒家有所谓"立德、立功、立言"三不朽，吾辈当代医者，则应以彭淑牖教授为楷模，树立仁心济世、淡泊名利的德行，创立革故鼎新、福泽万民的功业，建立桃李芬芳、薪火相传的医脉传承。医之大者，德术并彰。在我心中，彭老及"彭家军"所奋斗拼搏的事业正是造福人民、实干兴邦的基业。彭淑牖教授是真正的国之名士、民族脊梁。

衷心祝愿彭老健康长寿，继续率领"彭家军"披肝沥胆，再创佳绩。

周俭：两次相遇，铭记终身

周俭，教授，主任医师，博士研究生导师，复旦大学附属中山医院副院长。

提起彭淑牖教授，大家无一不为他的各项荣誉和功绩所惊叹：从医执教67年，先后被评为美国外科学院荣誉院士、英国皇家外科学院荣誉院士、欧洲外科学院荣誉院士、法国外科学院荣誉院士（集多国外科学院荣誉院士于一身，全国唯一）；捆绑式胰肠吻合术、彭氏多功能手术解剖器、末梢门静脉栓塞术发明人，共培养出了26位博士研究生导师、4位“长江学者”特聘教授……

对我来说，与彭老的两次相遇，印象深刻，让我受用终身。

犹记2000年9月，在宁波参加由中华医学会外科学分会主办的第五届全国普外科中青年医师学术交流会，我正在会场紧张地准备第二天论文比赛的擂台赛。这时走来一位长者（当时只闻彭老大名，未识其人），他见我紧张的样子，便与我亲切攀谈起来。当了解到我是汤钊猷院士的学生后，彭老说：“汤老师是真正的医学大家，他的学术思想融会贯通，富于中国特色。你是名师出高徒，一定要好好努力，把汤院士的学术精神发扬光大。”

后经同行提醒，我才知道他就是大名鼎鼎的彭淑牖教授，当时既兴奋又懊悔：兴奋的是外科大师如此平易近人、提携后进；懊悔的是因为要准备幻灯片，没能与彭老更多地交流学习。彭老的一番激励极大地鼓舞了我，使我信心倍增。第二天的擂台赛，我顺利发挥，成功获得一等奖。虽然这只是一个普通的奖项，但我深知它饱含着彭老对我的鼓励和期许，这也是我第一次获得全国性比赛的一等奖，对我而言弥足珍贵，且印象深刻。

再次近距离接触彭老，则是在2004年10月参加美国新奥尔良会议。我跟随樊嘉院士和董家鸿院士等国内大牌外科专家参加第90届全美外科年会，全球有1.4万名外科学界精英共襄盛会。经过美国外科学院委员会委员投票，彭老被授予“美国外科学院荣誉院士”——这是体现在世界外科医教研领域做出突出贡献的一项崇高荣誉。彭老是获得这一荣誉的中国内地第二位外科医生（第一位乃吴阶平教授）。当时在会场看着彭老上台受礼，受礼后在主席台就座，得到世界外科医生的瞩目，作为观众席上的中国外科医生，我心情无比激动，也感到无比自豪。第二天在会场的会议展示厅，我们碰巧看到彭老正在为老外们讲解他精心准备的捆绑式胰肠吻合术治疗胰腺癌的录像。当时，彭老已经72岁，依然"老当益壮，不移白首之心"，我不由衷地敬佩和感怀：彭老为我们年轻外科医师树立了榜样，既要手上技术功夫过硬，又要积极开动大脑、勇于技术创新，把"一切为了患者"作为发明创造的原动力，精益求精、不断进取，这样才能成为一名出色的外科医师，为民造福，为国争光。

彭老除了是一位外科名家外，还是一名医学教育家，他培养了以蔡秀军、彭承宏、刘颖斌、洪德飞、牟一平等众多著名外科专家为代表的"彭家军"。每次与彭老的弟子们在一起开会，总能听到他们不由自主地说起彭老的丰功伟绩、对他们的谆谆教诲，以及他们发自内心的对彭老的敬重。彭老医术精湛、医德高尚，桃李满天下。正因为如此，在2022年3月18日举行的第七届中国医学家年会上，与多名两院院士一起，彭老被授予"十大医学泰斗"这一荣誉称号。此乃众望所归。

自从与彭老的那两次相遇后，在各种会议上，只要看到彭老，我都会主动地道一声"彭老好"，趁机摸摸他的手，沾沾喜气。彭老每次都给予我鼓励和信心，遇到肝外科的热点问题也乐意与我讨论，每次我都能从中得到启发和提高。我想，中国外科学界与我有类似经历的中青年医生不在少数，虽然我们不是彭老的入室弟子，但一样可以得到彭老的指导、教导和引导，吾辈真的感到很幸运。谢谢您，彭老！

衷心祝愿敬爱的彭老师宝刀不老，寿比南山！

周杰：忘年之交的点滴珍贵回忆

周杰，主任医师，教授，博士研究生导师，南方医科大学南方医院肝胆外科暨肝移植中心主任，广东省医学会肝胆胰外科学分会主任委员。

在我国肝胆外科界，有几位广东籍的大师：黄老（黄志强院士）和汤老（汤钊猷院士）是广东新会人，彭老（彭淑牖教授）是广东梅州人。梅州以前叫梅县，是著名的足球之乡，也是开国元勋叶剑英元帅的故乡。人杰地灵的广东，拥有如此多的肝胆外科大师级人物，是我们广东从事肝胆外科工作者的荣耀。

一直以来，对彭老的敬仰，犹如滔滔江水，绵绵不绝。我们作为学生级的晚辈，平时对彭老犹如高山仰止，有一种敬而生畏的感觉，但是在近距离接触之后，才发现彭老不但学术水平了得、学术地位高、学识渊博，而且特别平易近人，没有一点架子。

10 多年前，广东省医学会在国内率先成立了肝胆胰外科学分会。在举办分会的学术年会时，首任主任委员梁力建教授特意邀请彭老来广州授课，因而我们有幸与彭老近距离接触。闲谈之中，得知彭老的夫人居然是浙江余姚人，是我一个县的同乡。顿时，与彭老的关系感觉又亲近了许多。彭老对我们这些晚辈非常客气，不但毫无保留地传授他多年来的经验，还热情地邀请我们广东同道们去杭州参加学术大会，让我们倍感荣幸。

彭老生长在一个书香门第之家，据说他 8 个兄弟姐妹中有 5 个是医学大家及科学家，不是 Ph.D（哲学博士）就是 MD（医学博士）。我曾经拐弯抹角地向彭老求证，彭老谦虚地表示“这没什么”。让我们极为羡慕的同时，也深深地感叹：诗书的熏陶，父母及兄弟姐妹们潜移默化的影响，以及暗地里“较劲”式的努力与拼搏，成就了彭老的一生，彭老才有了当今的成就和学术地位。

彭老在全球肝胆胰外科界非常知名，荣任美国外科学院荣誉院士、英国皇家外科学院荣誉院士、欧洲外科学院荣誉院士、法国外科学院荣誉院士等。后来我们才知道，此“荣誉”非彼“荣誉”。在国内，“荣誉”只是一个表示尊敬的称号，一般不担任具体的职务也不履行相关的责任义务。在欧美，“荣誉”（honor）是非常了不起的称号。

在欧美，院士可以有很多，有点类似于国内的“会员”“委员”；而带了 Honor 前缀的院士则凤毛麟角，有点类似于国内的“常委”，甚至比常委更加重要、更加高级。要知道，彭老被西方学术组织邀请出席会议时，开幕式上他必坐主席台，能享受如此殊荣的，又有几人呢？

有一次，彭老在德国开会期间，到他朋友的医院参观访问，朋友请他会诊一名肝尾状叶肿瘤患者，当时能做尾状叶切除手术的外科医生凤毛麟角，彭老当场就为他们演示了一台完美的肝尾状叶切除术，令他们叹为观止！

2009 年 11 月，我非常荣幸地获赠彭老他亲笔签名的英文版专著 *Hepatic Caudate Lobe Resection*（《肝尾状叶切除术》），如获至宝！我们办公室几经搬迁，很多书籍在搬家时“断舍离”处理掉了，而彭老亲笔签名的这本专著一直珍藏在案头。我们现在开展腹腔镜下肝尾状叶切除，手术路径、步骤等很多是参考了彭老这本专著。

记得有一天，某公司高管来办公室拜访我，看到了这本书，惊喜地问：“原来您也是彭教授的好朋友啊！”我连忙澄清：“哪敢称朋友啊！彭老是老师、大师级的人物。咦，你怎么会这样问？”“哦，我是他的亲戚。”原来，他们是很亲的亲戚。这位高管也姓彭，潮汕籍人士，潮汕、梅州同在粤东，真是无巧不成书，世界就是这么小、这么奇妙。

彭老的开门弟子陆才德教授是我的好友兼同乡，现在他在宁波李惠利医院担任肝胆胰外科的学术带头人，也是宁波市医学会的主任委员。每次我回宁波或在学术会议上与陆主任见面，都要拍张合影寄给彭老。彭老每次都会非常客气地回复：“老乡会老乡，笑逐又颜开！”

2022 年，在央视网、中国医药卫生事业发展基金会、中国医药卫生文化协会及医师报社等单位联合主办的第七届医学家年会上，彭老毫无悬念地当选为“致敬医界丰碑：中国十大医学泰斗”。得知这一喜讯，我正想要发信息祝贺彭老，同时又犹豫会不会打扰到他，没想到彭老的祝贺信息先发过来了！因我也当选为“十大医学促进专家”。自忖何德何能，正在惶恐不安之际，收到了彭老的祝贺信息！作为晚辈，我立刻回复给彭老：“您是泰斗级的大师，我们作为晚辈有那么一点点小的进步，都是在你们这些大师级的老师们的关心关爱下成长的结果。”

我们相约在厦门的颁奖大会上见面，后来因疫情未能如愿，颁奖改为互联网上进行。但这份忘年交的深厚情谊被刻画在记忆的最深处，成了最值得回忆的温暖感触。

周伟平：我被他的创新精神影响了30年

周伟平，主任医师，教授，博士研究生导师，海军军医大学附属东方肝胆外科医院。

我有幸认识彭淑牖教授30多年，这也是在彭教授指导下成长的30多年。他的创新精神、精湛的肝脏外科技术，深深影响和鼓舞着我，伴随着我的成长。

我大学毕业不久，我就经常在杂志上看到彭教授发表的文章，并注意到彭教授的文章以肝胆胰手术技术的创新和改进为主，非常实用。那都是他自己经验的积累和技术的创新，读来受益匪浅。20世纪80年代末，他发明了多功能手术解剖器（具有刮、吸、凝、剥四种功能）。我看到他的手术视频，就被他精湛的肝脏手术技术所折服。那时没有超声刀和CUSA，只有钳夹法离断肝实质，创面渗血多，解剖不够清晰。看到彭教授用多功能解剖器切肝的手术演示，惊叹手术切面整洁，血管显露清楚，与我们传统的切肝方法完全不一样。我也真正感受到了解剖性肝切除的真谛。从此，我更加关注彭教授的手术演示和发表的文章，每当参加全国肝胆外科会议，只要有彭教授的报告，我每场必到，认真仔细地观看他的肝脏手术入路和解剖要点及新技术的展示。回医院后，再按照彭教授的技术方法逐步实践，使自己对肝脏外科解剖有新的认识，肝脏外科手术技术也有了质的飞跃。

第一次看到彭教授率先在国内会议上报告经中央入路肝尾状叶肿瘤切除术的手术视频，令我们叹为观止。我们以往行尾状叶肿瘤切除往往要联合左半肝或右半肝切除，这样需切除大块的正常肝组织。术后易导致肝功能衰竭，尤其伴有肝硬化的患者往往因剩余肝体积不够而放弃手术。中央入路尾状叶肿瘤切除是从肝脏中央劈开肝组织，再从左右两侧游离尾状叶，最终完整切除肿瘤而完整保留了左右叶正常肝组织，降低了术后肝功能衰竭的发生率。该项技术的发展提高了尾状叶肿瘤的切除率，也体现了肝脏外科手术技术达到了顶峰。会后，我又详细请教彭教授有关肝脏解剖与手术操作技术的问题，回医院后，又在手术中不断摸索和实践，终于深得要领，熟练掌握了该项技术。

肝脏解剖法游离控制第二肝门处肝静脉血流技术，又是一项令我佩服的肝静脉分离控制技术。肝脏手术中最常见也最危险的出血就是肝静脉出血，尤其靠近第二肝门区的肿瘤，由于压迫肝静脉根部，术中很容易撕裂肝静脉而造成大出血或空气栓塞。以往多采用全肝血流阻断技术来控制肝静脉出血，在肝实质内分离结扎肝静脉，但由此可能造成血流动力学紊乱。

在一次全国会议上，我看到彭教授报道肝外肝静脉分离控制技术的手术演示，被彭教授精湛的技术和艺高胆大的魅力所深深震撼。由于肝静脉根部与下腔静脉之间的间隙很小，其汇入下腔静脉的角度及直径不一样，所以很容易误伤肝静脉后壁而造成大出血。以往未见过有人成功解剖分离肝静脉，既能有效控制肝切除术中肝静脉大出血，又可保持下腔静脉通畅，防止血流动力学紊乱，这是一种创新性的技术。我仔细观看彭教授的手术录像，会后又向彭教授请教有关肝静脉的解剖以及手术操作要点，彭教授都毫无保留地给予了指点。回去后，我又按照彭教授论文中介绍的技术路线进行实践，终于掌握了这一高难度技术，肝脏手术中的出血量也明显减少，使我的肝脏手术技术水平又上了新的台阶，并发表了 10 余篇相关主题的 SCI 论文。

彭教授的创新精神令人敬佩。近年来，有关肝癌二步切除的应用受到关注。联合肝脏离断和门静脉结扎的两步肝切除法（ALPPS）与门静脉栓塞（PVE）是提高大肝癌二步切除率的有效方法，我们也在开展这些技术，以提高大肝癌的切除率。但未考虑如何使肝癌坏死，提高手术后的效果。在全国会议上看到彭教授关于 TACE（经肝动脉插管化疗栓塞）联合 PVE 后二步切除肝癌的报道。这样的方法由于联合了 TACE 与 PVE，达到了既能使肝癌坏死，又能增加残余肝体积的双重目的，使手术后的复发率明显降低，真正达到了肝癌降期手术的目的。我称之为肝癌的双转化治疗策略，即针对肝癌的降期转化治疗与针对残余肝体积不足的增体积转化治疗，从而拓展了肝癌 PVE 二步切除与转化治疗的内涵，提高了大肝癌切除的效果。目前，这种大肝癌的综合治疗技术已在国内广泛应用。我们的数据统计，这种方法下大肝癌患者的 4 年生存率达到 59%，比传统的大肝癌手术后生存率高出 15%。

彭教授平易近人，对年轻医生总是给予鼓励和关心，把自己的技术倾囊相授，为他们的进步而高兴，体现了一位长者博大的胸怀，因此在业界受到广泛的尊敬。他培养的学生在国内外肝胆胰外科领域独领风骚，被称为“彭家军”而享誉国内外。

我虽然不是彭教授的研究生，但我的肝脏外科技术的提高离不开彭教授长期的精心指导，我一直把他当成我最尊敬的老师之一。

邹瞭南：彭教授给了一股无形的力量，指引着我

邹瞭南，副主任医师，广东省中医院珠海分院肝胆胰外科主任。

如今的我，在普通外科摸爬滚打了近20年。多少次在普外手术中，旁边的人夸我手术做得好，但我何尝不知，如果离开刮吸刀，我好像换了一个人似的，手术做得很别扭，特别不习惯。刮吸刀，是我外科职业生涯的一把“利器”。有时外出基层医院会诊手术，遇到开腹且疑难复杂手术时，当时没有刮吸刀，用的普通电刀感觉尤其别扭。为此，我还时不时在车里备几把，以备在会诊一些复杂手术时应急。刮吸刀将切、凝、刮、吸等多功能于一体，功能在秒间转换。由于持续吸引，手术野、解剖层次可以随时保持干净清晰，且对助手的依赖降到最低。仔细回想起来，如果没有彭氏多功能手术解剖器，我还会不会做手术？

行业内众所周知，刮吸刀是彭淑牖教授发明创造的手术解剖刀。

彭淑牖教授是国内乃至全球肝胆外科学界的泰斗级大师，一生中发明创造颇多，学术成就斐然。我已经不记得第一次是如何认识此等外科大神的，应该来说得益于我的科主任谭志健教授。从我进入医院普外科工作的那天起，我就得知，他做手术就只用刮吸解剖刀。当时每天忙于医疗繁杂琐碎之事，只知谭教授喜欢用刮吸解剖刀做手术，也没有细想他为何钟情于这把手术刀。

记得有一天上午，科室召集大家去开会，一到会场看到很多院领导也在。随着会议流程的展开，从院领导和谭志健教授的讲话中才得知，我院正式聘请彭淑牖教授为我院普外科的客座教授。当时，彭教授也来到了会场，这是我和他的第一次见面。在受聘仪式上，他作了简短的致辞，从讲话中可以体会到他情商很高，除表达一些感谢邀请之外，还表扬我院及普外科的成绩和过人之处，提出一些期望和建议。简短的几句话，我从中深深地体会到他的医者情怀，以及他作为广东客家人对家乡医疗事业发展的那种乡情式的关爱和渴望。那时我刚硕士研究生毕业，除每天起早摸黑地忙于临床工作外，对国内普外科的发展现状、行业内名人几乎一无所知。当然，那时信息相对不发达，医院与医院之间，同行与同行之间交流的机会也少。

在彭教授受聘会后还开了一个彭氏刮吸刀应用研讨学术会，谭志健教授详细地讲解这种解剖器在各种普外科手术中的应用技巧。作为彭氏多功能手术解剖器的发明人，彭教授也介绍了这种解剖器的开发之路、设计原理、应用特点及使用技巧。我当时由于年资低，几乎没有主刀过什么手术，对这种解剖器只是见过多次，但基本上没有使用过，对讲课的知识灌输不太理解。因此，当彭教授讲完课之后和蔼地问台下有什么问题时，我举手发言问道："彭教授，您发明的这种解剖刀有什么缺点？"台下顿时一片哄堂大笑，也许是因为我心直口快，提问鲁莽，还单纯。彭教授没有丝毫避讳，坦率地说了使用中的几个缺点，如刀头由于反复电凝容易起焦痂，继而容易堵管，也影响吸引，并提出了一些改进设想，如刀头圆钝的弧度调整一些，再涂上一些防黏材料（效仿不粘锅材料）等，讲得非常直白，而且对此刀的性能非常熟悉且有过深入思考。我第一次对这位长者教授有了好感和敬仰。

自从医院聘任彭教授为我院普外科客座教授以来，每逢有疑难复杂的手术，谭志健教授都会邀请彭教授来科室指导诊治，并不时地请他上台参加手术。台上的彭教授是一位儒雅的学者，沉着稳重，一刀一式皆耐心讲解。有时手术出现一些小小的意外，如肝切除时的大出血，他也没有太多的慌乱，稳如磐石。每每谈及刮吸解剖刀，彭、谭二位教授无话不说，如棋逢对手，彼此闻弦歌而知雅意。

当时对于只是一名小医生的我来说，站在旁边观看手术，亦受益匪浅，其间一些先进的外科知识、操作技巧、手术理念都让我耳目一新，潜移默化，牢记在心。

回想起来，我目前的手术风格和理念除有谭志健教授和万进教授两位师傅的印记之外，骨子里的外科创新意识应该有彭教授的一点影子，这为未来我提出腹腔镜尾侧入路法右半结肠癌根治术埋下了创新的种子。

当然，这种影子更多来自我对彭教授的尊重和崇拜。他在外科的成就，时刻提醒我，普外学科的发展并不是一成不变的，某些现成的理念、技术有改进甚至创新推翻的可能，有些方式方法不一定是真理甚至是有错误的。彭教授自己就是中国顶级外科大师中极具创新的典范，他发明创造的彭氏刮吸刀号称彭氏神刀，几乎每一个普外科医生都知晓。在肝胆胰界，捆绑式胰肠吻合术、捆绑式胰胃吻合术、刮吸断肝术等都是他的创新杰作，标志性成果累累。他在言语之间也不时地教诲我们，在规范指南的框架下，做医生要有自己的思考与见地。也许正是在他的感召下，我开始有意识地关注他的文章、学术讲课及他创造发明的彭氏解剖手术刀。2016 年，我刚好有机会到美国明尼苏达大学医院结直肠肛门病外科学习，科室老主任是 Dr. Goldberg, 他是彭教授的老友。巧的是，为了欢迎国外研修人员，他在家中举行了一次聚会。当他得知我来自中国后，甚为热情。一番寒暄之后，他马上问我是否认识彭淑牖教授，说他们是多年的老朋友了。由于他的美式发音，我听了三次也没有听出他说的究竟是哪个人。他着急了，急忙从房间拿了一幅彭教授签名赠送给他的苏绣字画，我一看哑然大笑，真是有缘了。于是，我和 Dr. Goldberg 就把话题集中到彭教授身上，我把个人及医院与彭教授的关系来龙去脉、缘由细细说给他听，也从 Dr. Goldberg 的话语之间得知，他非常尊重彭教授的为人，更认同彭教授的学术地位。

Dr. Goldberg 在美国的学术地位很高，是明尼苏达大学医学院结直肠肛门病外科的重量级教授。他与彭教授皆为美国外科学院院士，应该是在外科学术交流中培育了良好的个人友谊。我回国后，有一次和彭教授聊起 Dr. Goldberg，彭教授说 Dr. Goldberg 每年新年都给他邮寄贺年卡片，十几年如一日。正是这一层关系，在一次明大医院的学术会上，Dr. Goldberg 一看到我就招呼我坐在他身边，主动关心我的生活与学习，时不时地也和我讨论一些学术问题，我也算是沾了彭教授的光。2018 年初，医院外派我前往珠海分院担任肝胆胰外科主任。随着腹腔镜微创技术的发展，我亟须掌握术中腹腔镜下 B 超应用技术，尤其是 B 超对肝切除定位的应用技巧。由于当时能开展腹腔镜微创肝切除的医院不多，所以这方面的培训班很少。当时，浙江大学医学院好像是国内第一个开办超声学院的，专门开展肝切除术中 B 超应用的培训项目，但培训名额有限。当我把想法告知彭教授时，他不但鼓励我且马上答应提供帮助。现在，我在珠海分院做肝胆胰外科主任已 4 年，对腹腔镜 B 超的应用技巧早已熟练于心，这让我对腹部器官手术的领悟多了一个角度，同时也开拓腹部术种疆界。

彭教授非常真诚，很爱帮助人，没有一点泰斗级教授的架子。当我在临床上遇到疑难复杂病例，需要精准的临床决策时，他会无私地提供帮助。几年前，我打算申请美国外科学院会员（FACS），除需要满足学会的基本要求之外，也要求有几位资深会员的推荐信，我第一个想到的就是彭教授。在我向他表达请求后，他满口答应，于是历经两年余的审核，我终于正式成为美国外科学院会员，这对个人学术的推动和发展极为有利，大大地拓展了学术疆域。

从彭氏刮吸刀到浩瀚深邃的学术思想，彭教授给了我一股无形的力量，并且一直潜移默化地影响着我、指引着我前行。

邹强：他有着外科医生应有的样子

邹强，教授，主任医师，复旦大学附属华山医院普外科副主任、甲乳外科主任。

我与彭淑牖老师相识于1993年初，在武汉举行的第十二届中华外科学会年会上。我当时29岁，是最年轻的中华外科学会委员。我第一次通过彭氏多功能手术解剖器了解到彭老师，还有在会场外介绍解剖器的苏英老师。通过后续多方了解，才知道在上海以外还有这样德高望重的高手。

我曾提出要去浙江医科大学附属第二医院彭老师那进修，得到了彭老师的首肯和苏老师的支持。但后来我一直从事普外甲乳专业，就没去成，没能亲眼目睹彭老师的风采，留有遗憾，希望下次能特地去观摩。

虽然没有跟彭老师直接学习，但刮吸刀在乳腺手术中得到发扬光大，我也是起了重要作用的。我在很早就提出，吸烟环保的概念，丰富了刮吸刀的作用，拓展了包括乳腺小手术，单人操作时，刮吸刀可以随时保持创面清洁、利于止血等功效，改进了适合乳腺手术的刀柄，并获得了专利申请。

在连续担任两届中华外科学会委员后，我和彭老师一起退出中华外科学会委员。彭老师笑着对我说："你怎么也退休了？"虽然是一种玩笑轻松的话，但我也能从彭老师的话中感受到他的豁达。我也接受这个现实，后来在甲乳专业学会继续发展。

我们是国内较早开展肾性甲旁亢手术的单位之一，我的第一篇SCI论文就是有关这方面的。投稿《中华医学杂志》英文版，因为当时这方面的研究在国内还是空白，编委对这个可能也不太了解，稿件被拒了。后来经过力争，杂志社同意再审，但要求是送交国内知名专家审稿。我们邀请彭老师审稿，得到了彭老师的充分肯定，并用了"拜读大作"的词汇，使得文章顺利发表。这项工作在后来的20多年里在国内得到普及与推广，也与彭老师当初的认可有关。可以说，彭老师具有丰富的阅历与卓越的眼光，再次感谢！

彭老师值得我仰慕的重点之一就是他的理论与实践高度统一，问题从实践中来，到实践中去，把外科理论与实践发挥到极致，这完全就是一个真正外科学者应该做的事情。把外科医生的属性发挥到极致，这也是我的目标与追求。

除工作和学习外，彭老师的业余生活也同样我们值得学习。曾经有机会和彭老师一起去唱歌，一曲《黄河颂》让我回味到现在，一支慢四步国标恍如在眼前。我就觉得，这就是外科医生应该有的样子，不仅能看病、做手术、搞科研，还会享受生活的点滴美好，以此来调剂紧张的工作。

邹声泉：他是一位国宝级的外科大师

邹声泉，教授，主任医师，博士研究生导师，曾任湖北省医学会普外学会主任委员，华中科技大学同济医学院附属同济医院胆胰外科。

我与彭老师结识几十年了，他是我国腹部外科的一位大家，是我最为敬重的医学泰斗级前辈，是值得我永远学习的榜样。

彭老师是一位永远追求真理的出类拔萃的普通外科大家，他把自己精湛的医术、宝贵的经验无私地奉献给中国普通外科事业，传授给他的学生及外科学后辈，尤其是“彭家军”遍布全国各地，为我国普通外科事业奉献了毕生精力。

20 世纪 90 年代初，我有幸陪同裘法祖院士回到裘老的故乡杭州去参加全国外科教材学术会议，时值郑树教授任浙江医科大学校长，齐伊耕教授任浙江医科大学附属第二医院外科主任，当时彭淑牖教授亦是颇有建树的外科教授。

我记得，在浙医二院一楼大厅有一幅很大的壁画，画中一位小孩向一位老者鞠躬致敬，慈祥的老者亦恭敬地向小孩回礼。这幅画传承了浙医二院“以人为本，尊师重教，为民服务，礼貌待人”的高贵品质。裘先生对我讲，我们同济医院也应该向浙医二院学习，提倡并发扬“尊师重教，礼貌待人”的精神。

浙医二院前面临杭州市解放路，其后有一条小河，河上有一座拱桥，过小桥后是一个花草密林的“后花园”，美丽的鲜花盛开，许多青年男女欢声笑语，老人家坐在桥上歇息，享受幸福的晚年生活。那美好的一幕，至今还深深地印刻在我的脑海里。

更为值得一提的是，浙医二院右侧边有一个杭州市非常有名的老中医“坐堂”为民服务，这位老医生就是裘法祖院士的亲姐姐裘笑梅老先生。彭淑牖教授长期对裘老中医关怀和照顾，裘教授十分感激。

我和彭淑牖老师还有幸陪同裘法祖院士去拜访其他族屋亲友，这次回家探亲访友是裘老师最高兴的事情。每次与他谈及那次回杭州的往事，裘老师都很高兴，并对彭淑牖教授表示感谢。

彭淑牖教授是我国普通外科界国宝级大师，从医执教已六十余年，他为我国乃至世界普通外科学攻克了许多医学难题、创造了许多奇迹，他的一生心血全部贡献给了中国的普通外科事业。

彭淑牖教授是一位集医疗、教学、科研工作为一体的著名学者，他从医生涯中总是把患者放在第一位，处处事事时时为患者着想，视每个患者为亲人，对每个患者的病情了如指掌。他结合每个患者的病情实际情况，用自己的聪明才智和丰富的临床经验，拯救了他们的生命。

彭淑牖教授在外科临床的工作独具一格，创新见解和科研成果颇多，可谓硕果累累，尤其是他研发的彭氏多功能手术解剖器，具有独特的创新之举。这个彭氏多功能手术解剖器既是一把手术刀，又是术中吸取渗血和积液的利器，为手术提供非常清晰、干净的视野，能大大提高手术的精准程度，并将创伤减至最小，保护组织器官。

在我心里，彭老师还是一位刻苦钻研、不断进取的医学家，他把患者当亲人，他与病友总是微笑着轻声细语地交谈。他医治的患者把彭教授当成自己亲切的长辈和知心朋友，患者有什么心里话都愿意向彭教授含情倾吐。彭老师潜心钻研医术，在医学领域颇有重大的建树，一生有许多发明专利和医学著作，是美国、英国、欧洲和法国外科学院荣誉院士，也是我们中国的“十大医学泰斗”“人民好名医”，荣誉等身，不计其数。

大师传奇

〔第三篇〕

国外专家

（以姓名拼音/字母为序）

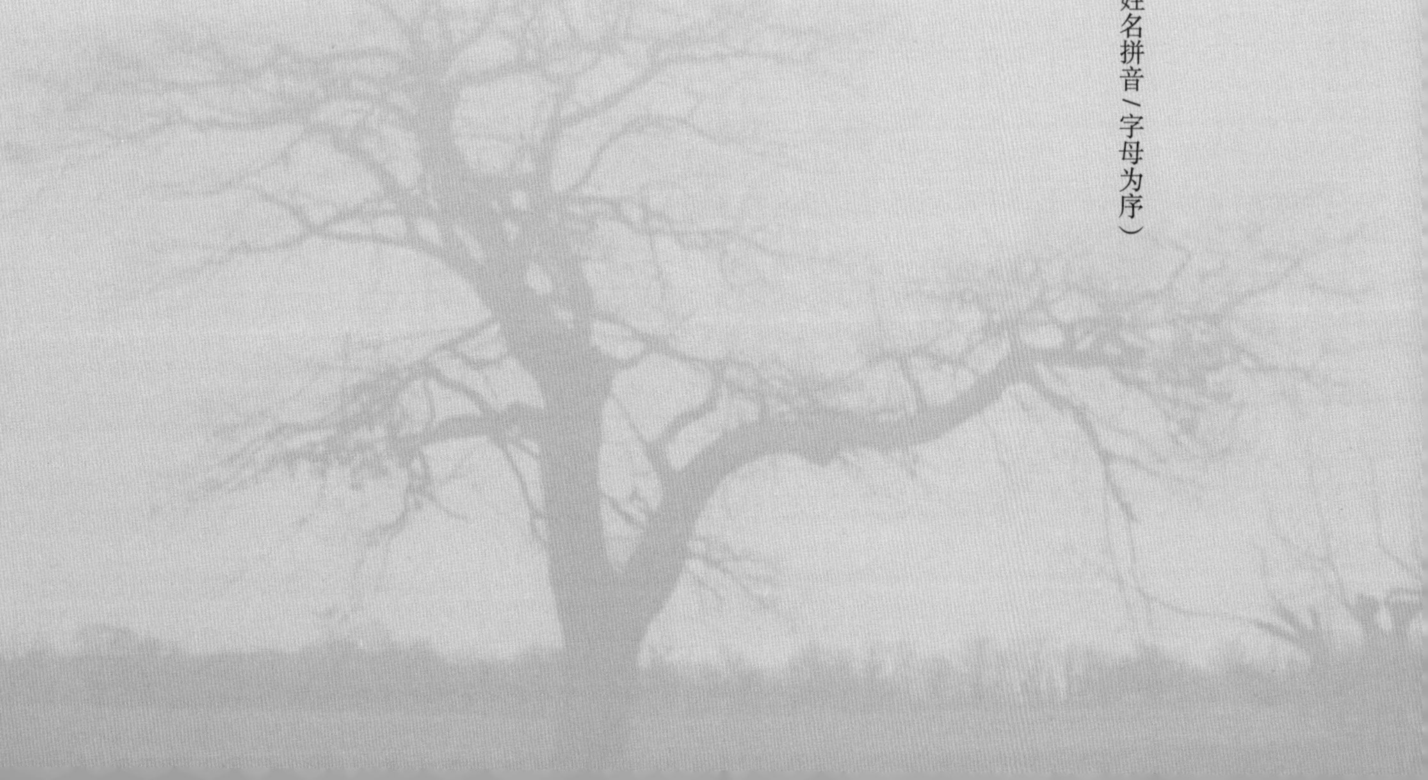

Hans G. Beger：20 年的国际老友的祝福

Hans G. Beger，医学博士，美国外科学院荣誉院士，日本外科医师学院荣誉院士，中华医学会外科学分会荣誉院士，美国外科协会荣誉院士，外科学教授，德国乌尔姆大学。

Dear Professor Peng,

A surgeon, who celebrates his 90th birthday and who has spent all his professional life with surgical treatment of patients suffering predominantly GI-tract diseases, deserves sincere congratulations.

I remember many encounters with you on the occasion of conferences in China and elsewhere. We discussed personal experiences in surgery of your preferred issues in the field of liver transplantation and robotic surgery of the pancreas. I wish you good health and a successful celebration of your honorary day.

Sincerely yours,

Hans G. Beger

亲爱的彭教授：

身为一位外科医生，他的整个职业生涯都在为包括腹部疾病以及其他疾病的患者进行手术治疗。今年他迎来90大寿，值得真诚地祝贺。

我们在中国和其他地方的会议上见过很多次会面。我们讨论了您擅长的在肝移植和胰腺机器人手术领域的手术经验。祝您身体健康，并祝您的荣誉日庆祝活动圆满成功。

谨上！

Hans G. Beger

Rajeev M. Joshi：他是印度许多肝胆胰外科医生的老师

Rajeev M. Joshi，医学硕士，国际外科医师学院会员，印度外科医师学院会员，胃肠外科 & 肝胆胰外科资深外科医生（顾问级），沃克哈特医院，Saifee 医院& K. J. Somaiya 超级专科医院和研究中心。

K. J. Somaiya 医学院外科教授，T. N. 医学院和 B.Y.L. 奈尔慈善医院名誉教授，上海交通大学和新华临床医学院（国际）客座教授。

On the occasion of Professor Shuyou Peng's 90th birthday celebrations, it gives me immense pleasure to wish my friend, philosopher, guide and mentor "A Very Happy Birthday" and an ongoing active and healthy life in his march towards a centenary as a "Living Legend" . May he long continue to inspire us in the field of HPB surgery, surgical innovations and as a role model of how good a human being can be—full of grace, humility, elegance and discipline.

I have known Professor Peng since 2002 when he first invited me to his centre in Hangzhou as a visiting scholar to learn the nuances of HPB surgery and especially the Peng's Binding P-J stomy. What stood out was his enthusiasm to impart knowledge, learn from mutual interactions and a tireless attitude towards his work. Even though he was the "Big Boss" in the field of HPB surgery in China, it never came in the way of his friendly demeanor and I distinctly remember him driving me up and down from Sir Run Run Shaw Hospital to the Second Affiliated Hospital of Zhejiang University School of Medicine, juggling between surgeries at these hospitals and discussing the same along the way.

Over the last two decades our friendship has only grown—what started as a professional interaction between two international surgeons with a common interest in HPB surgery, gradually blossomed into a great friendship cutting across cultural and geo-political barriers. It has always been a pleasure interacting with Professor Peng at numerous meetings held by the International Hepato-Pancreato-Biliary Association (IHPBA) , the Asian-Pacific Hepato-Pancreato-Biliary Association (A-PHPBA), the Asian-Pacific Hepato-Pancreato-Biliary Association (CCIHPBA) and learning from his presentations. He has been a popular faculty at various Indian chapter meetings and an esteemed teacher for many HPB surgeons in India.

Having known him closely over the years I can say that Professor Peng is not only a surgeon par excellence and a great innovator of many a surgical equipment（e.g., PMOD）, but also an excellent host, singer, connoisseur of fine arts and a true philanthropist. I cherish the social evenings spent over red wine and dinner with Professor Peng and the ever smiling and gracious Mrs. Peng, and carry special memories of Professor Peng singing at the karaoke in his melodious voice.

It has been an honour and a privilege to know him closely and learn from him. For so long he has been the "Face of China" at international meetings. I am sure the currently acclaimed Chinese HPB surgeons like Professor Liu, Professor Mou and Professor Li would endorse my view that Professor Peng along with Professor Wu Mengchao from Shanghai have laid down a legacy in HPB surgery for all of the HPB surgeons in China and even all over the world to follow.

Professor Peng remains a role model epitomizing all the attributes that a good surgeon and human being should endeavor to possess and therein lie his greatest contribution.

Long Live Professor Peng! Long Live the Legend! Long Live the Legacy!

值彭淑牖教授 90 寿辰之际，我非常高兴地祝愿我的朋友、学者、事业导师和精神导师生日快乐，祝他在迈向“活的传奇”百年诞辰的过程中继续积极健康地生活。愿他在肝胆胰手术、手术创新领域继续激励我们，成为每个人的榜样——优雅、谦逊、从容和自律。

我于 2002 年认识彭教授，他第一次邀请我作为访问学者到位于杭州的浙二医院了解肝胆胰外科手术的细微差别，尤其是彭氏捆绑式胰肠吻合术。他最突出的特点是热衷于传授知识，从互动中学习以及对工作孜孜不倦的态度。尽管他是中国的“大佬”，但从不妨碍他友善的举止。我清楚地记得他开车带我从邵逸夫医院到浙医二院，在两家医院交替做手术，并在此过程中讨论手术相关的问题。

在过去的 20 年里，我们的友谊不断加深——最初是两位对肝胆胰外科手术有着共同兴趣的国际外科医生之间的专业互动，逐渐发展成为跨越地域、文化、政治障碍的伟大友谊。我在众多的 IHPBA、A-PHPBA、CCIHPBA 会议上与彭教授互动并从他的演讲中学习，一直很愉快。他一直是各大印度分会会议的受欢迎的教员，也是印度许多肝胆胰外科医生尊敬的老师。

据多年来对彭教授的深入了解，我可以说，彭教授不仅是一位卓越的外科医生，还是许多外科设备（例如 PMOD）的伟大创新者，还是一位出色的主持人、歌手、美术鉴赏家和真正的慈善家。我很珍惜与彭教授以及永远微笑、给人亲切感的彭夫人共度的红酒和晚餐的社交之夜，并将与彭教授唱卡拉 OK，聆听他那优美歌声的特别记忆珍藏。

能够近距离了解彭教授并向他学习是我的荣幸。长期以来，他一直是国际会议上的“中国面孔”。我相信目前备受赞誉的中国肝胆胰外科医生如刘颖斌教授、牟一平教授和李江涛教授会赞同我的观点，即彭教授与上海的吴孟超教授为中国乃至全世界的肝胆胰外科手术发展留下了创新与传承。

彭教授一直是我们的榜样，体现了一个优秀的外科医生和出色人才应该努力拥有的所有品质，这也是他最大的贡献。

祝彭淑牖授健康长寿！传奇万岁！传承万岁！

Karl-Heinrich Link：值彭淑牖教授90岁大寿时的一些回忆和感想

Karl-Heinrich Link，医学博士，德国乌尔姆大学外科学教授，德国黑森州首府威斯巴登市（Wiesbaden）阿斯科勒匹尤斯医院（Asklepios Paulinen Klinik）首席外科医生、消化外科（外一科）主任，国际结直肠癌俱乐部（ICRCC）的创始人。曾任德国阿斯科勒匹尤斯医院首席外科医生、消化外科主任。

Not only oneself, but also old friends get older–even if one appears to be "steady state" all the time. Just recently I learnt to know that the 90th birthday of a long-term surgical "steady state" friend, Professor Shuyou Peng, is approaching by the end of this year 2022. This is an excellent occasion for me to reflect on a very fruitful time together–either in presence or in one's mind. Professor Peng is a surgeon and character that you like to shed thoughts on in your mind and to meet personally, whenever there is an occasion–even at the operating table. Friendships need to be connected: At my first time to visit China as the ambassador of the University of Ulm, the friendship university of the so-called Railways University in Nanjing, Professor Zhenling Ji, my surgical friend from the time of his exchange program at the University of Ulm, was my host in October 2000 in Nanjing. He later connected me with (his admired) surgical friend Professor Peng.

On occasion of my multiple following visits to scientific meetings in Nanjing, Shanghai, Nantong, Taizhou and other Chinese cities, Professor Ji as a good friend and surgical trainee of Professor Peng introduced me to Professor Peng. We (Peng/Link) quickly got acquainted with each other, not only during the scientific meetings, but also at the social events. As the founder and head of the International Colon and Rectal Cancer Club (ICRCC), I was delighted that Professor Peng followed our invitation to give a lecture on segment I liver resection at the 4th Biebrich International Conference on Colon- and Rectal Cancer (4th BIC, Wiesbaden, September 29th-October 1st, 2005). We know that this special type of surgery needs a lot of skills and experience, and that Professor Peng has been one of the world most well recognized

Mr and Mrs Link、Professor Zhenling Ji and Professor Shuyou Peng at Professor Link' s home

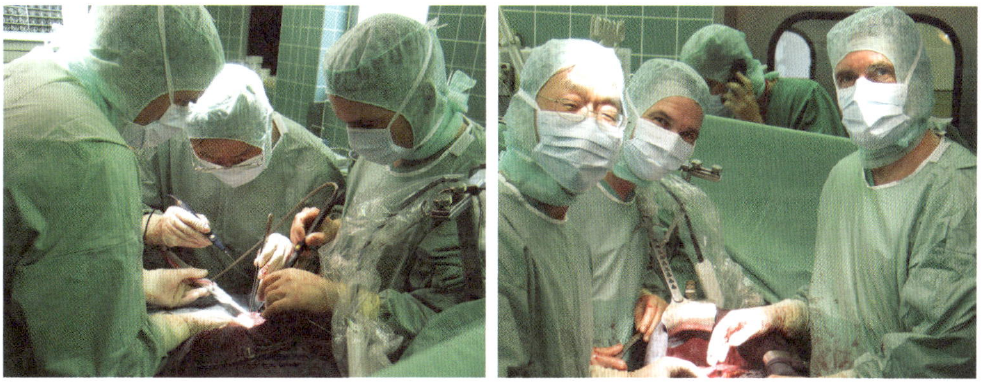

Chinese-German cooperative liver resection (left: Link; middle: Peng) at APK Wiesbaden in May 2005 with concentrated operative proceeding and very good success

liver surgeons, especially in the highly dangerous segment Ⅰ location, e.g., in cases with metastases from colon- or rectal cancer.

His lecture was admired by the audience, as I was informed by several professors of various disciplines participating at the 4th BIC. Knowing Professor Peng's international reputation on liver surgery, especially resection of segment Ⅰ tumors, I felt free to ask him to actively participate in the major resection of a patient with downstaged rectal cancer liver metastases the week following the 4th BIC. I resected the right liver and carefully assisted Professor Peng with

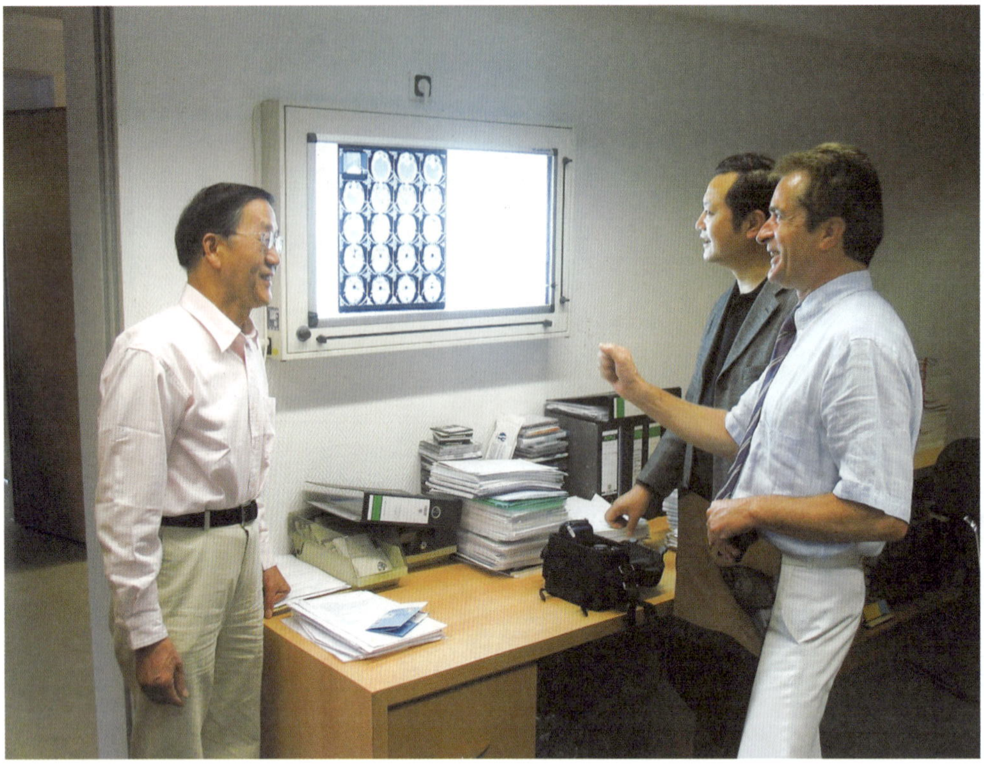

Professor Peng, Ji and Link discussing on a patient's case at Dept. Surgery APK Wiesabden in May

his resection of a major segment Ⅰ metastasis. We achieved an R-0 resection. Some pictures of Professor Peng's visit and surgery at our Dept. SurgeryI/APK/Wiesbaden are showing that we were a good team.

After the patient had recovered, I immediately informed Professor Peng, who had returned to China, on the status of the patient (who was a former head of of a clinical department at our hospital) , since he definitely wanted to know the outcome: It was without complications and the patient turned out to be cured in the long-term follow-up.

Performing a difficult surgical procedure together ligated the friendship between the Chinese and German surgeons Peng-Link as permanent.

In June 2006 I had the chance with a German team to visit Professor Peng at his surgical university department in Hangzhou, and participate in one of his specialized liver resections of segment Ⅰ. Very soon, Professor Peng was fully integrated into the leading teams organizing ICRCT-congresses in Germany (Ulm) , Russia (St. Petersburg) , and, of course, in China (e.g., Nanjing, Shanghai) . He was an important lecturer at these interdisciplinary congresses, as obvious from the following program-excerpts and pictures from the meetings.

Professor Peng not only turned out to be an excellent scientist, but up to now is very

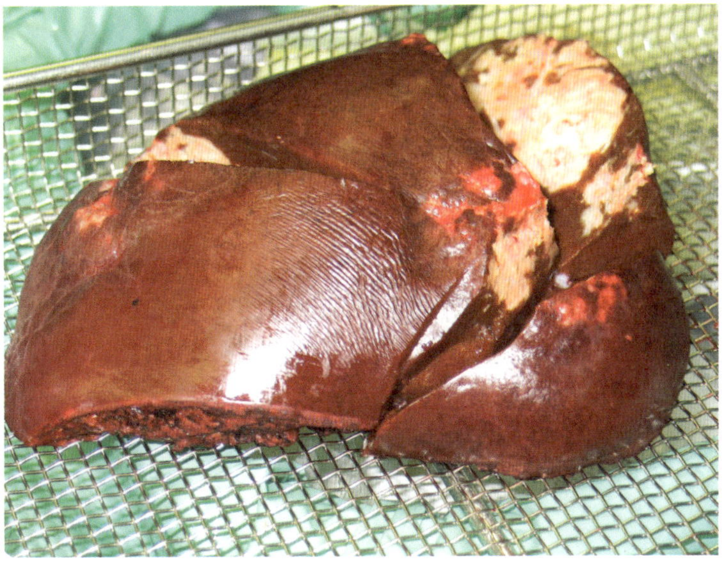

Specimen of right lobectony with caudate lobe resection by Professor Link and Professor Peng

eager to develop better surgical techniques and multimodal treatment of malignant tumors, even based on translational research studies in his department together with his surgical colleague Jiangtao Li at Zhejiang University School of Medicine, Hangzhou, China. Beyond the professional characteristics, Professor Peng has a very pleasant personality leading very friendly conversations at private meetings or congress dinners. With this pleasant and friendly appearance he is very well supported by his lovely wife.

It has been an exceptional reward for engaged international exchanges in academic surgery, I think for both, the German, and I do assume for the Chinese side. This is not only my opinion, but also of my many colleagues in various countries, who had to learn to know the worldwide known and well respected surgeon from Hangzhou, China. Academic exchanges result in long standing communication with deep trust and friendship. This is certainly an experience Professor Peng will like to summarize as a very positive aspect when looking back on his very successful 90-year-ever-young life.

Chinese guests Professor Shuyou Peng, Professor Yingbin Liu, Professor Zhen-ling Ji, et al. discussing successful surgery at APK Wiesbaden, May 2005

ICCRC 2017 年圣彼得堡会议（从左至右：Professor Maistrenko、Professor Lang、彭淑牖教授、Professor Ivanov、Professor Kornmann、Professor Link、李江涛）

不仅自己会变老，老朋友也会变老——即使他看似一直被岁月厚爱。我在最近才知道，2022 年 11 月，我的一位外科界的“常青树”朋友——彭淑牖教授 90 岁生日即将来临。这是一个很好的机会，让我回忆我们在一起度过的美好时光。彭教授是一位让你愿意想起他并想亲自见面的外科医生，无论任何场合，即使是在手术台上见都可以。建立友谊需要桥梁：我第一次以乌尔姆大学代表团的身份访华，乌尔姆大学和当时的南京铁道医学院（现东南大学）是传统友好大学，曾经在乌尔姆大学交流学习的嵇振岭教授是我的朋友，也是 2000 年 10 月南京之行的东道主，后来他介绍我和他钦佩的彭教授认识并联系上。

Link 教授夫妇（左一、二）、嵇振岭教授（右一）和彭淑牖教授（右二）合影于 Link 教授家

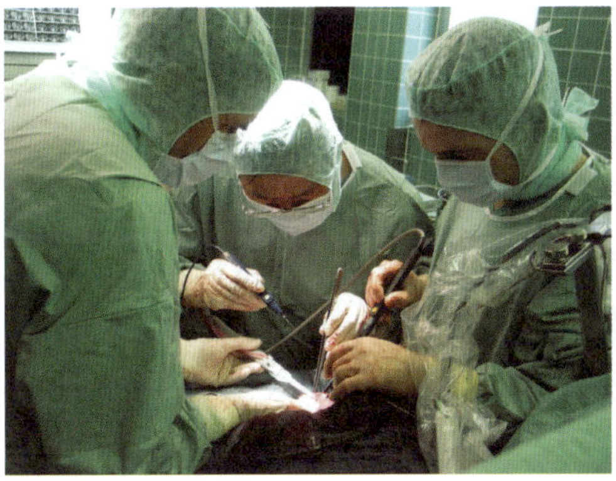

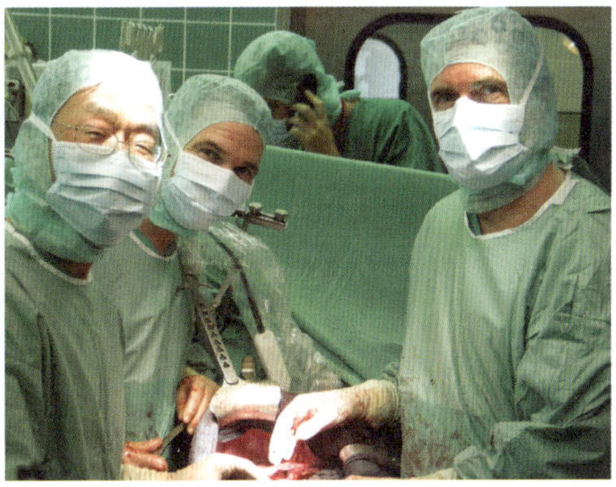

2005 年 5 月，彭淑牖教授和 Link 教授组成的中德团队合作行肝切除术（左：Link 教授；中：彭淑牖教授），手术非常成功

在我多次到南京、上海、南通、泰州等中国城市参加学术会议之际，嵇振岭教授作为彭教授的好朋友兼博士研究生（学生）将我介绍给了彭教授。我俩一见如故，在学术会议上和其他很多社交活动中都会见面，彼此逐渐相熟。作为国际结直肠癌俱乐部（ICRCC）的创始人和负责人，我很高兴彭教授能接受我们的邀请，在第四届比布里希国际结直肠癌会议（于 2005 年 9 月 29 日至 10 月 1 日在德国威斯巴登召开）做Ⅰ段肝脏（尾状叶）切除术相关的报告。我们知道，如此复杂的手术需要高超的手术技艺和丰富的手术经验，彭教授一直是世界上最知名的肝脏外科医生之一，尤其擅长在结肠癌或直肠癌转移的情况下复杂程度高、难度大的Ⅰ段肝脏（尾状叶）手术。

我从参加第四届比布里希国际结直肠癌会议的不同学科的几位专家那里得知，彭教授的演讲非常精彩，给大家留下了深刻的印象。了解彭教授在肝脏手术，尤其是Ⅰ段肿瘤切除方面的国际声誉，我很高兴能请他在第四届比布里希国际结直肠癌会议后的那周一起为一名降期之后的直肠癌肝转移患者施行手术。我切除了患者的右肝，并仔细协助彭教授切除了主要的Ⅰ段转移灶。我们实现了 R-0 切除。从彭教授到我们阿斯科勒匹尤斯医院外科一病区时的合影及我们在手术中留下的照片中，可以看出我们合作得很愉快。

患者痊愈后，我立即将患者（曾任我院某临床科室主任）的情况告知已经回国的彭教授，因为他肯定想知道结果：患者未出现并发症，在长期随访下一直处于治愈状态。

中德外科医生一起完成了一台高难度的手术，彭淑牖和 Link 两位教授之间的友谊自此天长地久。

2006 年 6 月，我有机会与一个德国团队一起来到杭州拜访彭教授所在的浙江大学，并参加了一台他所擅长的肝尾叶切除手术。很快，彭教授就完全融入了组织国际结直肠癌俱乐部的领导团队，在德国（乌尔姆）、俄罗斯（圣彼得堡），当然还有中国（例如南京、上海）举办研讨会。从以下项目摘要和会议图片中可以明显看出，彭教授是这些跨学科研讨会的重量级的专家、学者。

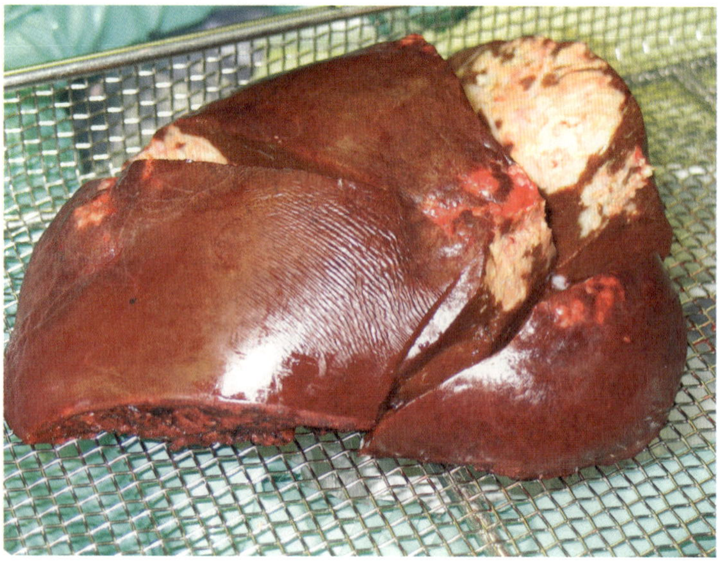
彭淑牖教授受 Link 教授之邀，在德国合作做的右半肝和尾状叶手术标本

彭教授不仅是一位优秀的科学家，而且至今还非常热衷

2005 年 5 月，彭淑牖教授、嵇振岭教授和 Link 教授在阿斯科勒匹尤斯医院外科一病区讨论患者病例。

于研发更好的手术技术和多模式治疗恶性肿瘤，甚至在他的部门与浙江大学医学院的外科同事李江涛一起进行转化研究。除了专业上的造诣，彭教授性格开朗，在私人会议或大会晚宴上能进行非常友好的交谈。凭借这随和、友善的性格，他得到了他妻子的大力支持。

如今，中德外科领域的国际学术交流日益频繁，并取得显著成绩。对于这一点，毋庸置疑。这不仅是我的想法，相信也是世界各国同事们一致的认知。他们从国际学术会议上了解并认识了这位来自中国杭州的受人尊敬的世界知名外科医生。国际学术交流促进彼此建立信任，增进友情，愿这份深厚的友谊源远流长。相信在彭教授回顾起他那卓越的 90 年的常青人生时，一定会想起这段积极又难忘的经历。

2005 年 5 月，中国客人（彭淑牖教授、刘颖斌教授、嵇振岭教授等）在阿斯科勒匹尤斯医院讨论已成功完成的手术

ICCRC 2017 年圣彼得堡会议（从左至右：Maistrenko 教授、Lang 教授、彭淑牖、Ivanov 教授、Kornmann 教授、Link 教授、李江涛教授）

李敏：他和“彭家军”仿若三秋桂子，正开得满树灿烂

李敏，美国俄克拉荷马大学医学院副院长，美国胰腺学会主席，*Cancer Letters*（《癌症通讯》）常务副主编。

初秋的上海到处弥漫着桂花的香味，浓郁而醉人。2009年，在上海的一次学术会议上，在复旦大学肿瘤医院倪泉兴教授的介绍下，我有幸初识了温文尔雅的中国肝胆胰腺外科学泰斗彭淑牖教授。很早之前，我就多次听闻彭教授以及“彭家军”的传奇故事，有一种高山仰止的感觉。尽管彭老当时已经70多岁高龄了，但仍然积极参加国内外的学术会议，并与同行交流最新的肝胆胰腺研究进展。对于大家对他身体的担心，彭教授幽默地回答：“年纪大了，夫人不放心我一个人经常出门，那就干脆带她一起出来，老两口互相有个照应，什么事都好办了，大家不用担心。”

彭教授虽是业界泰斗级人物，但永远保持一颗年轻的心。他热衷于与青年才俊交流，耐心聆听晚辈们对外科手术的想法，说年轻人的话，解年轻人的惑，指年轻人的路，跟晚辈们谈心，和年轻人唱歌。彭教授深情演唱的俄罗斯民歌《三驾马车》赢得满堂喝彩，让人印象深刻。彭老的言行举止让我深刻理解了塞缪尔·厄尔曼的那句名言：“一个人年轻与否，取决于心境，与年龄无关。”我与这样一位智慧且随和的长者十分聊得来，我们也很快成了忘年交。

彭教授心系患者，毕生追求肝胆胰手术方式的改进，让患者受益，让后辈受教。2014年12月，我到杭州参加一个国际会议。彭老说，尽管他已经退休，但是每天上手术台已然成为他生活中必不可少的一部分。他热情地邀请我参观了他工作的两家医院：浙江大学医学院附属第二医院和邵逸夫医院。其间，彭教授把自己的得意弟子邵逸夫医院蔡秀军院长隆重地介绍给我，也向我提到了他培养的一批国内胰腺外科顶尖专家（牟一平教授、秦仁义教授、彭承宏教授、刘颖斌教授等）。他一直心系后辈外科医生的培养，他说外科医生的培养不仅仅是手术技能的培养，还要培养其善于发现

问题的能力与深刻思考的习惯，引导他们通过手术去认识疾病，进一步改进手术方式，从而更好地为患者减轻痛苦与经济负担。彭教授鼓励国内外同行之间多交流，在频繁深入的学术交流中激发大家深刻理解问题和弥补认知的不足。同年，在美国夏威夷举办的美国胰腺学会年会上，彭教授在与我们一起共进早餐时再次重申坚持国际合作的重要性，强调合作共赢。由于我大部分时间待在美国，所以与彭教授近距离接触的机会并不多,这也是我的遗憾。如果能有机会多跟彭老在一起,那我一定可以学习到更多。

彭教授在外科领域的杰出贡献受到了国际同行的广泛认可，2004 年受邀成为美国外科学院荣誉院士，2006 年成为英国皇家外科学院荣誉院士，2009 年成为欧洲外科学院荣誉院士，2016 年成为法国外科学院荣誉院士。彭老培养了 20 多位肝胆胰领域领军人物，其中多数已经成为所在医院的学科带头人，数位已经成为国内肝胆胰外科享有盛名的教授，如上海交通大学医学院附属瑞金医院外科主任彭承宏教授、上海交通大学医学院附属仁济医院胆胰外科主任刘颖斌教授、华中科技大学同济医学院附属同济医院胆胰外科主任秦仁义教授、浙江大学医学院附属邵逸夫医院院长蔡秀军教授、浙江省人民医院肝胆胰外科主任牟一平教授等，真可谓桃李满天下。如今“彭家军”在国内胰腺外科大放光彩。通过彭教授的介绍，我有幸结识了多位“彭家军”的专家，并展开国际交流与合作。尤其与秦仁义教授一见如故，秦教授多次邀请我到武汉讲课，并将他的高徒史秀慧博士送到我的实验室进行博士联合培养和博士后培养。从彭教授到秦仁义教授，再到史秀慧博士，我看到了彭老与他的“彭家军”所传承的朴实无华、温润雅致、善于思考、踏实做事、创新进取、热爱医学的精神。大医精诚，“彭家军”如三秋桂子，正开得满树灿烂、满园芬芳。

郑雷：一位美国同行眼中的彭淑牖教授

郑雷，美国约翰·霍普金斯医院，肿瘤学教授，胰腺癌精准医学卓越计划中心联合主任。

彭淑牖教授是我的长辈。我认识彭教授是通过他的学生、我的好友李江涛教授。随后，我又结识了彭教授的很多弟子，他们也都成为我的好友。每次介绍我认识时，介绍的人都要先提一下他（她）也是彭教授的学生，我感觉关系就拉近了很多。

彭教授桃李满天下，走到哪里都能碰到他的学生。他们自己也都成名已久，但对彭教授都永远保持着尊敬。彭教授对他的学生也都很尊重，每次做报告，都要展示他和学生们的合影，从不忘提到其他作者的贡献。他非常鼓励学生们在外科手术技术上的创新。他很早就意识到多学科诊治对胰腺癌的重要性，他携手他的一众弟子把中国的胰腺癌多学科诊治向前推进。

彭教授在美国有位惺惺相惜的同行，他就是我所任职的约翰·霍普金斯医院的 Cameron 教授。和彭教授在中国胰腺外科界的地位一样，Cameron 教授是美国胰

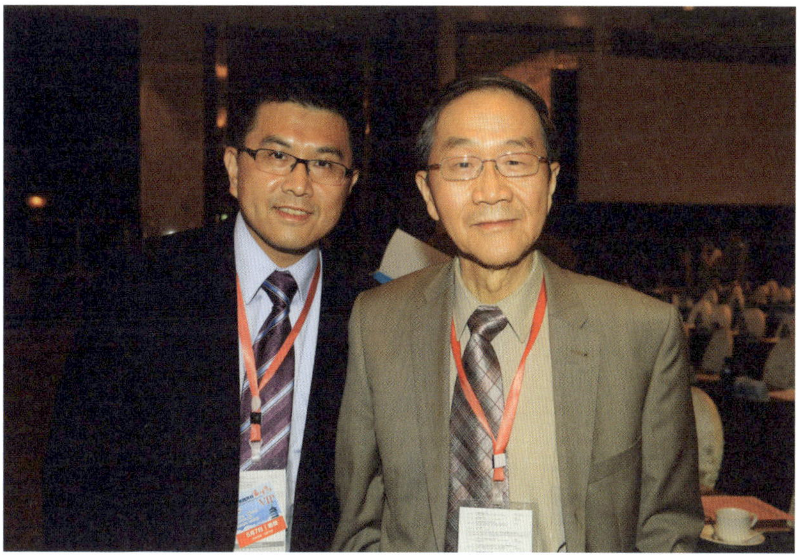

郑雷与彭淑牖教授合影

腺外科的泰斗，同样桃李满天下，也有多位弟子在各大医院担任外科系主任。比起Cameron教授，彭教授更加谦虚，只是因为我在美国行医专长是胰腺癌，所以他一直把我当作对等的国外同行，其实我应该算是“彭家军”的一个编外人员。

不过，彭教授确实有个“洋弟子”，他是我曾经的同事Wolfgang教授。将近20年前，Cameron教授派当时还很年轻的Wolfgang教授到杭州向彭教授学习“彭氏捆绑法”。

Wolgang教授在杭州度过了一段美好的时光，也与“彭家军”建立了深厚的友谊。在后面的十几年间，Wolfgang教授担当了中美胰腺外科交流合作的桥梁。我第一次听人提起彭教授，就是在听Wolfgang教授讲述他这一段难忘的经历时提起的。

〔第三篇〕

大师传奇

患者家属

（以姓名拼音为序）

蔡振键：这27年，我们一直享受着他创造的幸福

蔡振键，患者家属。

中共十一届三中全会之后，改革的春风吹满中华大地。温州率先响应让一部分人先富起来的号召，小作坊、小工厂遍地开花。这给人们带来了财富，其中也夹带了一些麻烦。

由于小工厂设备简陋，安全认知不足，防范意识差，我妈妈就在这样的环境下不分昼夜地工作。

记得那是1995年的冬天，当得知我妈妈（当年才46岁）身患癌症时，我们全家都惊呆了。我妈妈辛苦半辈子，还没好好休息过，更别说享福了，难道生命就要这么结束了？我们束手无策，还好堂大姐说温州市有位领导不久前亦患此疾，是在浙江医科大学附属第二医院做的手术，主刀的是彭淑牖教授。于是，堂大姐找人帮忙找到了彭教授。

我们在绝望中看到了一丝希望，赶紧动身去杭州。那天，陪我妈妈一起去的有我爸、我堂二哥、我姐夫和我。我们心急如焚，因为我们在当地医院CT检查后，医师叫我们马上到温州市医院；在温州医学院附属第一医院磁共振检查诊断后，医师叫我们直接到省城医院。

感谢所有人的倾力相助让我妈妈有幸得到彭教授主刀治疗。彭教授说我妈妈病情非常严重，要进一步明确诊断，尽快安排手术。那天，我们在彭教授的办公室里，我非常激动地恳求彭教授一定要治好我妈妈的病，二哥说彭教授桌上的玻璃差点被我的头磕裂了，可这也是我们全家人的拜托啊。

天随人愿，彭教授用高超的手术技术把我妈妈从死亡线上拉回来了。记得那天手术时间很长，我们都在外面焦急地等待，可想而知彭教授他们在手术室里的战斗是多么地艰辛和紧张。当我们看到年过六旬的彭教授一身疲惫地从手术室里出来，告诉我们手术很成功时，我们很高兴，但同时也很愧疚。高兴的是，我妈妈有救了，但同时感到有点愧疚，不知对彭教授的恩德将何以报答。我想，我们唯有把妈妈照顾好，也

许是对彭教授最好的回报。

在往后近两个月的治疗中，彭教授总是给我妈妈鼓励和安慰。他是那么地用心，那么地慈祥，那么地坚毅。

如今27年过去了，我妈妈一直健康地生活着，是彭教授的仁心和高超的医术创造了医学史上的奇迹，让我们每天都可以幸福地喊一声妈妈。彭教授每年都询问和关心我妈妈的身体状况，让我深刻体会到什么是医者仁心。

“高山仰止，景行行止。”“得众动天，美意延年。”感谢的话无以言表，只有默默地记在心中。

黄慧珍：我们何其有幸遇到他

黄慧珍，患者家属。

我丈夫是浙江省中医院的医生，医学博士。2002年8月初，我丈夫突然脸色发黄，胃口变差，原来强壮的身体出现疲惫，平时最普通不过的工作强度，也有严重的疲劳感，明显是身体出了状况。于是，做了血常规、血生化、B超、CT、磁共振、ERCP等一系列检查。由于生化指标异常，B超和CT显示胆管、胰管等扩张，知道大概是上腹部壶腹三角区出问题了。但具体病因（结石还是肿瘤）和堵塞的准确部位，所有的检查都判断不了。病情一天天在加重，8月中旬，他饭也吃不下，人也从白面书生变成了面黄肌瘦的重患者。

作为家属的我，既心疼又害怕更着急，毕竟丈夫是家里的顶梁柱，才40岁出头，正处在治病救人，发挥专业特长的大好年华，突然间病倒了，不焦虑那是不可能的。于是，连着几天整夜失眠。当时，单位领导和同事很关心也很着急，最后商议采用剖腹探查的方法，但这种高难度、高风险手术得请个技术好的医生。有的建议去上海，有的建议去北京。经过四处打听，才知道不用舍近求远，浙江大学医学院附属第二医院彭淑牖教授就是这方面的顶级专家，他发明的相关技术还荣获了国家科学技术进步奖二等奖。

当时，彭教授刚好去英国讲学还未归来，我们就决定等他回来再做手术。1周后，彭教授终于回杭州了，我紧绷的心也略为放松了。

这是腹部最大的手术之一，难度极高。当天，手术从早上8点一直做到下午5点，持续9小时。当彭教授走出手术室时，我连忙迎上去深深地鞠了一躬："彭教授，您辛苦啦！"

彭教授随即安慰说："手术成功，清除彻底。"听到这句话，我紧张的心情立马放松了许多，对彭教授连声道谢。后来，术后病理报告显示是胆管癌，已经浸润到周边组织器官（如胰腺、十二指肠等）。

因为彭教授手术技巧独特、清除彻底，所以20年过去了，我丈夫患的胆管癌未发生复发和转移，早已痊愈。但当时情景——彭教授走出手术室时面带笑容，脚步稳健，语气坚定，至今历历在目。

我一直在想，彭教授当年也近 70 岁高龄了，连续 9 小时手术后，还那么神清气朗，且彭教授独创的外科技术挽救了包括我丈夫在内的无数癌症患者的生命，我们是何其有幸，遇到这样的好医生。

彭教授，谢谢您！因为有了您，我丈夫才能一如既往地工作在临床第一线；因为有了您，他更加热爱自己所从事的医疗专业。当然，他一直以来也是以您为榜样，用医者仁心救治、关爱和温暖更多患者。

刘波：他为我父亲做了山东省首例肝尾叶切除术

刘波，患者家属。

我有幸与彭淑牖教授相识，起源于我父亲患上肝癌，在四处求医不治的情况下，经人介绍找到了救星彭教授。在为我父亲治疗的整个过程中，彭教授严谨的医学态度、和蔼的语气、耐心解答问题、为患者着想和高度负责的高尚医德都令我万分感激，终身不忘。

1997 年 10 月，在一次体检中发现我父亲有肝尾状叶肿瘤。当时，在青岛市无法进行手术切除。在青岛市市立医院肝胆外科杨绍龙主任的建议下，1997 年 11 月，我和杨主任赶到浙江杭州，来到浙江医科大学附属第二医院求助于彭教授。

因为当时我和杨主任均不认识彭教授，所以十分冒昧地闯入彭教授的办公室。我当时心里既忐忑，又迫切渴望见到彭教授。见到彭教授后，我们做了自我介绍，彭教授热情地接待了我们，态度和蔼，没有一点架子。对我来说，这就是一种莫大的安慰。

彭教授仔细地与杨主任分析了我父亲的病情，沉思一段时间后说可以手术切除，而且他亲自到青岛手术。我当时激动的心情无以言表，对父亲来说这就是重新燃起生的希望。我一直沉重压抑的心情放松了下来。

手术确定在 1998 年元旦之后进行。按照彭教授的要求，杨主任回到青岛市立医院之后进行了认真准备。彭教授于 1998 年 1 月 7 日上午到达青岛。彭教授首先认真、详细地检查了我父亲的身体情况。1 月 8 日上午，进行了手术。青岛市立医院组织了手术现场观摩。手术非常成功。手术过程中又植入了皮下埋泵，便于今后化疗。大家一致用“漂亮”“完美”等词来总结手术的成功，据说这也是山东省第一例肝尾叶切除术。我们一家人感到无比幸运。

术后 3 个月左右，彭教授专程飞到青岛为我父亲进行回访，并指导今后的治疗方案。在彭教授的关怀和治疗下，我父亲的身体恢复得非常好。之后，彭教授多次到青岛回访我父亲的病情，平时也多次电话沟通。为此，我父亲与彭教授也建立了深厚的感情，他非常钦佩彭教授。我父亲的肝癌经彭教授治疗后，健在了 14 年多。至 2012 年，父亲因脑瘤、心力衰竭去世，享年 80 岁。

在与彭教授结识的过程中，我深刻地感受到彭教授是一位可亲、可敬、可爱、可信的医学专家，医德高尚，令人敬佩。

后记

周素琴：为您，值得

2021年12月22日下午2点左右，我迷糊地睁开双眼，茫然地看着头顶上的白色日光灯，脚底的暖风机在呼呼地吹着，干燥舒适的感觉蔓延至全身的细胞，我的意识在慢慢地回转。

这时，耳边传来一个温和的声音："素琴，你醒来啦？彭老在你手术期间，来手术间看了你3次。术中做了3次冰冻切片检查，都是良性的。"

我把头缓缓地转向声音的方向，看到了麻醉科副主任周大春。我想开口，才发现嘴巴里还插着气管插管。

"来，配合我一下，我要给你拔气管插管了。"周主任开始给我拔管。气管插管从我的口腔里拔出的那一瞬间，我使劲地呼了一口气，脑子更加清醒了。这时脑海中有两个关键词：彭老，良性。那一刻，我觉得我是最幸福的人，老天眷顾我。

第二天一早8点不到，一个熟悉的身影出现在我的病床边。我一看，是彭教授。他的羽绒服上还带着严冬清晨那种冷冽的气息，握住我的双手的那双大手，也带着一丝凉意。

"彭教授，您怎么来了？这么冷的天，您应该待在家里啊。"我的惊喜中掺杂着心疼。

"我不放心你，所以赶过来看看。"彭教授笑呵呵地看着我的床头柜上监护仪的数据，那一溜表示稳定的数据让他比较踏实。

"彭教授，那个书稿，我准备……"我刚开口，他马上摇摇手，打断我，"书稿的事情，你现在一定要抛之脑后，身体养好是首要任务。"

我想起手术前一天，怀着复杂的心情把写了一半的书稿和所有素材都打包发到彭教授的邮箱，我不敢问他当时收到邮件时的心情。在这之前，他一直在关心我的手术方案，直到我把主刀医生最终的方案告诉他时，他说了一句："很好，应该用这个方案。"

他一再让我暂时停下创作，好好休息，而我内心却是一种无以名状的愧疚感，总想再多写点。好在老天厚待我，我在不久后又可以继续了。

病房的护士帮我把彭教授送到电梯间，回来好奇地问了一句，“你怎么和彭教授这么熟悉啊？”

“缘分！”我轻轻地回答。

2008 年底，我调至普外科，有机会参与科室的一些活动。在 2010 年 1 月 15 日的一次科室活动中，我第一次见到彭淑牖教授。那天，他和大家一起参与活动，并演唱了一首《黄河颂》，深沉而浑厚的男中音，气势十足，太震撼了。当时的我坐在一个离舞台很远的角落里，看着舞台上这位精神矍铄的老教授，敬仰之心油然而生。一个如此著名的外科学家，还如此有趣，有人间烟火气。

后来，我离开了普外科，但这里是我的娘家，科室有一些大的活动，同事们都会喊我回来一起参加。

2020 年 1 月 17 日，我在普外科医护人员的大群里发了十年前那次科室活动的照片，里面也有彭教授唱《黄河颂》的照片，群里一下子燃起了回忆往昔美好岁月的热潮。没想到，彭教授主动加了我的微信，当时的我还很忐忑，这么顶级的医学界泰斗，竟然主动加我的微信。没想到，彭教授很真诚地感谢我，让他重温了美好的往事。

彭教授的那种亲切、自然，一下子让我的紧张感消弭于无形。我壮着胆子和他说了一句：“以后您来邵逸夫医院门诊或者手术时，我可否给您拍几张照片？用单反相机。”我特地强调了“单反相机”，是因为我在网上看到他的工作照片并不是很多，作为晚辈，我很想为这位德高望重的老教授拍几张比较好的工作场景照。虽然我的技术也是菜鸟级别，但是我想有总比没有好。

“好呀，谢谢您！”彭教授马上回复我，还用了尊称。

就这样，我给他拍了两次照片，一次是在门诊，一次是在手术室，拍了好多他站在手术台上的特写，他很开心。我也很开心，能为这位我敬仰的大教授做点我力所能及的事情。

也许缘分就是这么巧合，在蔡秀军院长的大力支持下，没想到我这个资质平平的人，竟然有幸帮彭教授整理他的一些生平素材。

在整理他的个人传记的大纲时，我翻遍了之前收集整理的一些关于他的报道，随着资料搜索的深入，我发现了彭教授传奇的人生色彩。这反而让我心生忐忑，我担心自己万一做不好，反而对不住彭教授。

彭教授看出了我的心思，用温和又坚定的眼神看着我，说：“不用担心，我相信你可以的，因为我看过你写的书，你的文字很真实。”

有了他的鼓励，我也鼓足了勇气，把这些顾虑抛之脑后，心想，“我就尽力去做，无论结果如何，有总比没有好”。

当他拿到我拟好的近1万字的书稿大纲时，他问我："这么多内容，你要写多少字啊？"

"至少30万字，我预计。"我张开十指，翻转了三下。

"那可是万里长征哟。"彭教授笑眯眯地看着我。

"千里之行始于足下，我们不总盯着结果，只要一步一个脚印，我想我们可以走到终点的。"我也在给自己鼓气，这对我来说也是一个巨大的挑战。

彭教授是个执行力极强的人，他极力配合我搜索各种历史材料。他说他一有空就在家里翻箱倒柜找旧照片、论文、笔记、幻灯片、书稿。

他为了节约我的时间，不过多影响工作，每次都是自己开车来医院找我接受访谈。每次都会提着一个塑料袋，里面装着让我惊喜不已的各种宝贝素材，尤其他们家族的旧照片，让我真实地看到了一百年前的梅县，拉近了时空和文字之间的距离，让我整理的时候，感觉不那么陌生。

有一天，彭教授给我发来一张他在浙医二院手术室的照片，身穿紫色的工人工作服，口罩、帽子全副武装，专注地在一本本子上记录着，在他的面前摊着几本20世纪50年代的一些手术记录本。他在帮我查找当年他的老师余文光做的第一台胰腺手术，说在里面已经待了大半天了，像孩子一样兴奋地把查到的资料拍图发给我。

看着照片中专心致志地查资料的鲐背之年的彭教授，我既敬佩又心疼。告诫自己，一定要全力以赴写好他的故事。

回忆往事，有笑声也有泪水。彭教授在回忆故乡、童年、父母手足的时候，脸上洋溢着幸福。回忆留学岁月，是一种自信和怀念。回忆"文革"岁月，则是黯然神伤。聊到他面对病患的疾苦和医学界难题时，苦苦思索探寻，渴求用最简单的方法，去化解那一个个棘手的问题，当他找到一点灵感和思路时，那种兴奋，溢于言表。他就像一个在路边发现宝贝的孩子，两眼闪烁着光芒。为了让我理解一些复杂的解剖结构和手术入路，他顺手会把手边的物品拿来做演示，我每次都会不由自主地轻呼一声：原来那么简单！我也逐渐明白了他的复杂手术简易化的理念。

我被彭教授的这些情绪带动着，有边写边笑的愉悦，也有边写边抹泪的感伤。尤其是写到他在"文革"期间下乡，夜里出诊摔到河沟把腰椎摔断的那一个章节时，正值国庆长假，我回到了大山里的家乡。那天我正好坐在家门口河边的亭子里写这篇稿子，我望着河沟里的乱石堆、河岸边崎岖的山路，想象着他在黑暗中挣扎着，拖着两条不能动的腿一路爬回去，胳膊被砂石磨得血肉模糊的情景，我哭得泣不成声，至今想起，依然心疼不已。我还有一次恸哭，是写他初到英国，面对妈妈的遗像时，他无限思念远在天堂的妈妈，子欲孝而亲不在的那种悲恸，也让我想起了我去世多年的妈妈。

随着访谈的深入，我仿佛穿越了时光的隧道，来到了他童年的乐园五云洞，看到了他父亲的培元医院；站在了他上学路上的那条凌风西路上；也跟随着他的思绪来到了查林十字街。我反复地踩在他曾经走过的脚印上，一点一点在探寻往事。我看到了那个在梅江畅游的懵懂小少年蜕变成一位医学界卓越大师的成长之路。我一直被激励着，跟随着他的身影，一点一点前行。

后来，我们又收到了来自彭教授的学生们以及国内外同道写的关于他们与彭教授的二三事,两百多篇稿子里,居然没有一篇故事是重复的。我热切地读着这些朴素无华、情真意切的文字，又看到了彭教授的人格魅力。他就像医学大山里的那尊雕塑，越来越清晰，越来越生动，越来越让人敬仰。

就这样，在彭教授一路的鼓励下，在蔡秀军院长的支持下，在同事、好友、亲人们的帮助下，我们一起慢慢走向了当初那个看似遥远的终点，收获了这本书稿的雏形。

周素琴和彭教授夫妇合影

在这里，我也很想分享一下我女儿竞予一直鼓励我的话："妈妈，你不要怕辛苦，一定要把爷爷的故事写好，因为全中国只有一个这样神奇的彭爷爷。我也希望，将来天上有一颗行星能冠以爷爷的名字，叫彭淑牖星。"

2021 年 9 月 9 日，我们开启第一次访谈。转眼间，我们在时间的这片土壤上已耕耘了 1 年。回看来时路，千言万语，千头万绪，我感恩所有的遇见，也很想对彭教授真诚地说一句："彭老，为您，值得！"

感谢这一路上的各位领导、同事、亲朋好友的支持和鼓励，谢谢你们！

也由于笔力有限，时间匆促，文稿还是有诸多不足之处，敬请各位谅解。

周素琴

2022 年 9 月写于杭州

# 致谢

《医学泰斗彭淑牖与“彭家军”传奇》于2022年11月第一次印刷出版后不久即售罄。读者反响热烈，其间来信来电，感言纷纷，建议加印。

衷心感谢香江集团和梓昆科技（中国）股份有限公司对本次加印的大力支持！

衷心感谢香江集团董事局主席刘志强先生和梓昆科技（中国）股份有限公司董事长顾梓昆先生！

衷心感谢广大读者对本书的厚爱和鼓励！